AF276651

ACCESO GRATIS a la Lectura en la Nube + Actualizaciones

Para visualizar el libro electrónico en la nube de lectura envíe junto a su nombre y apellidos una fotografía del código de barras situado en la contraportada del libro y otra del ticket de compra a la dirección:

ebooktirant@tirant.com

En un máximo de 72 horas laborables le enviaremos el código de acceso con sus instrucciones.

LEGISLACIÓN CONCURSAL

LEGISLACIÓN CONCURSAL

32ª Edición a cargo de

ANA BELÉN CAMPUZANO

Catedrática de Derecho Mercantil

tirant lo blanch

Valencia, 2025

© ANA BELÉN CAMPUZANO

© TIRANT LO BLANCH
EDITA: TIRANT LO BLANCH
C/ Artes Gráficas, 14 - 46010 - Valencia
Telfs.: 96/361 00 48 - 50
Fax: 96/369 41 51
Email: tlb@tirant.com
www.tirant.com
Librería virtual: www.tirant.es
DEPÓSITO LEGAL: V-3534-2025
ISBN: 979-13-7021-252-0

Si tiene alguna queja o sugerencia, envíenos un mail a: atencioncliente@tirant.com. En caso de no ser atendida su sugerencia, por favor, lea en www.tirant.net/index.php/empresa/politicas-de-empresa nuestro procedimiento de quejas.

Responsabilidad Social Corporativa: http://www.tirant.net/Docs/RSCTirant.pdf

ÍNDICE

§1. LEY ORGÁNICA 7/2022, DE 27 DE JULIO, DE MODIFICACIÓN DE LA LEY ORGÁNICA 6/1985, DE 1 DE JULIO, DEL PODER JUDICIAL, EN MATERIA DE JUZGADOS DE LO MERCANTIL

PREÁMBULO

I

La reforma del texto refundido de la Ley Concursal para la incorporación a la legislación española de la Directiva (UE) 2019/1023, del Parlamento Europeo y del Consejo, de 20 de junio de 2019, sobre marcos de reestructuración preventiva, exoneración de deudas e inhabilitaciones, y sobre medidas para aumentar la eficiencia de los procedimientos de reestructuración, insolvencia y exoneración de deudas, y por la que se modifica la Directiva (UE) 2017/1132 (Directiva sobre reestructuración e insolvencia), plantea la necesidad de determinados ajustes en el diseño del reparto competencial atribuido a los Juzgados de lo Mercantil a fin de conseguir la celeridad y eficiencia procesal requerida por la norma europea.

Efectivamente, el artículo 25 de la Directiva (UE) 2019/1023 señala que, sin perjuicio de la independencia judicial y de la diversidad de la organización del poder judicial en el territorio de la Unión, los Estados miembros deben garantizar que los procedimientos de reestructuración, insolvencia y exoneración de deudas se tramiten de forma eficiente, a los fines de una tramitación rápida de estos procedimientos.

Ello implica un ajuste en el reparto de materias que actualmente se atribuyen a los Juzgados de lo Mercantil y a las secciones especializadas de las Audiencias Provinciales, lo que requiere de la modificación de la Ley Orgánica 6/1985, de 1 de julio, del Poder Judicial y, por tanto, se hace preciso que la presente ley tenga el rango de orgánica.

Atendiendo a una necesidad sentida desde hacía tiempo, la Ley Orgánica 8/2003, de 9 de julio, para la Reforma Concursal, procedió a modificar la Ley Orgánica 6/1985, de 1 de julio, del Poder Judicial, para atribuir a unos Juzgados de Primera Instancia, con sede en la capital de la provincia y con jurisdicción en toda ella, el conocimiento de los concursos de acreedores. Con esta denominación, concurso de acreedores, la ley ordinaria tramitada en paralelo, que resultó en la Ley 22/2003, de 9 de julio, Concursal, regulaba un instituto unitario en el que se refundían procedimientos hasta entonces autónomos, que se distinguían por razón de la condición civil o mercantil del deudor común.

La creación de los Juzgados de lo Mercantil constituía una reforma que, según advertía la exposición de motivos de la Ley Orgánica 8/2003, de 9 de julio, tenía que someterse a evaluación en los años venideros en función de la experiencia adquirida. Se anunciaba así que esa experiencia sería la determinante de la decisión política de conservarlos o suprimirlos, y, en caso de mantenerlos, de la ampliación o de la reducción de la competencia objetiva a ellos atribuida.

Los años transcurridos desde entonces avalan el acierto de esa creación. La especialización de los jueces ha tenido como consecuencia la mejora sustancial de la calidad de las sentencias. Especialmente, en una materia como la concursal, en la que se pone a prueba de continuo la solidez de las construcciones dogmáticas y la necesidad de colmar inevitables lagunas. La labor de los Juzgados de lo Mercantil y de las secciones especializadas de las Audiencias Provinciales ha sido encomiable.

La presente ley persigue que no se frustren las muy positivas aspiraciones que justificaron la creación de los Juzgados de lo Mercantil y de las secciones especializadas de las Audiencias Provinciales por la Ley Orgánica 8/2003, de 9 de julio, a cuyo fin es indispensable descargar de competencias a esos juzgados y a esas secciones.

Para ello se prevé que sean los Juzgados de Primera Instancia los competentes para conocer de las acciones colectivas previstas en la legislación sobre condiciones generales de la contratación y en la legislación sobre defensa de los consumidores y usuarios; y, estableciendo que, por excepción a la competencia que tienen reconocida los Juzgados de lo Mercantil en materia de transporte terrestre, marítimo y aéreo, no sean estos competentes para conocer de las cuestiones a que se refieren el Convenio para la unificación de ciertas reglas para el transporte aéreo internacional hecho en Montreal el 28 de mayo de 1999; el Reglamento (CE) n.º 261/2004, del Parlamento Europeo y del Consejo, de 11 de febrero de 2004, por el que se establecen normas comunes sobre compensación y asistencia a los pasajeros aéreos en caso de denegación de embarque y de cancelación o gran retraso de los vuelos, y se deroga el Reglamento (CEE) n.º 295/91; el Reglamento (CE) n.º 1371/2007, del Parlamento Europeo y del Consejo, de 23 de octubre de 2007, sobre los derechos y las obligaciones de los viajeros de ferrocarril; el Reglamento (UE) n.º 181/2011, del Parlamento Europeo y del Consejo, de 16 de febrero de 2011, sobre los derechos de los viajeros de autobús y autocar, y por el que se modifica el Reglamento (CE) N.º 2006/2004; y el Reglamento (UE) número 1177/2010, del Parlamento Europeo y del Consejo, de 24 de noviembre de 2010, sobre los derechos de los pasajeros que viajan por mar y por vías navegables, y por el que se modifica el Reglamento (CE) n.º 2006/2004. En cuanto contratantes y usuarios de esos servicios de transporte, los pasajeros podrán ejercitar ante los Juzgados de Primera Instancia todas aquellas pretensiones que consideren legítimas con base en esos reglamentos de la Unión Europea.

En el mismo sentido, se descarga a las secciones especializadas de las Audiencias Provinciales, mediante la reconducción a las secciones de lo civil del conocimiento de las materias relativas a las condiciones generales de la contratación: no sólo de los recursos contra las sentencias estimatorias o desestimatorias de las acciones individuales que se hubieran ejercitado ante los Juzgados de Primera Instancia, competencia adicionada, sino también de las acciones colectivas previstas en la legislación sobre condiciones generales de la contratación y en la legislación sobre defensa de los consumidores y usuarios, que era una competencia originaria. No obstante, a fin de permitir la homogeneidad, siempre deseable, en materias tan delicadas como las señaladas, se ha considerado oportuno dejar abierta la posibilidad de que el Consejo General del Poder Judicial, oída la Sala de Gobierno del Tribunal Superior de Justicia, pueda acordar que una o varias Secciones civiles de la misma Audiencia Provincial asuman el conocimiento de los recursos que se interpongan contra las resoluciones dictadas por los Juzgados de Primera Instancia sobre estas materias o sobre cualesquiera otras.

Al mismo tiempo, se continúa el proceso de especialización abierto por la Ley Orgánica 8/2003, de 9 de julio, tanto en primera como en segunda instancia. Así, se ha previsto que en aquellas capitales de provincias en que existan más de cinco Juzgados de lo Mercantil, dos o varios de ellos asuman con carácter exclusivo el conocimiento de determinadas materias de entre las que sean competencia de estos juzgados y en las que exista más de un Juzgado de lo Mercantil y menos de cinco, las solicitudes de declaración de concurso de acreedores de persona natural se repartirán a uno solo de ellos. En segunda instancia, al establecer que, si las Secciones de una misma Audiencia Provincial especializadas en lo mercantil fueran más de una, el Consejo General del Poder Judicial deberá distribuir las materias competencia de los Juzgados de lo Mercantil entre esas Secciones. De este modo, por ejemplo, podrán existir juzgados especializados y secciones especializadas única y exclusivamente en concursos de acreedores o especializados única y exclusivamente en materia de propiedad intelectual e industrial, competencia desleal y publicidad.

A la reducción competencial de los Juzgados de lo Mercantil se contrapone volver a residenciar en estos juzgados el conocimiento de los concursos de acreedores de aquellas personas naturales que no sean sujetos mercantiles. Se recupera así una competencia original perdida. Si la especialización es un logro, lo tiene que ser para toda clase de deudores. La condición civil del deudor no constituye argumento consistente para continuar atribuyendo a jueces no especializados la competencia para conocer de estos concursos. Además, la nueva concepción de la exoneración del pasivo insatisfecho de la que parte la Directiva 2019/1023, de 20 de junio de 2019, que de ser un beneficio ha pasado a ser un derecho cuando concurran determinadas condiciones, aconseja que sean especialistas los que conozcan de estas solicitudes.

Esa sustitución de concepciones en favor de una segunda oportunidad se acompaña de una medida complementaria, a fin de conseguir la homogeneidad deseable en este ámbito. Así, en todas aquellas provincias en las que exista más de un Juzgado de lo Mercantil, los concursos de deudores personas naturales deben repartirse a uno solo; y, si fueran más de cinco, a dos o más igualmente determinados. En aquellas provincias en que así se ha hecho, los resultados han sido positivos.

II

Las modificaciones de los demás artículos de la Ley Orgánica del Poder Judicial que contiene esta ley o son de mejora de redacción, o contienen aclaraciones o actualizaciones, u objetivan criterios o, como sucede en el caso del concurso, obedecen a la necesidad de armonizar la Ley Concursal y la Ley Orgánica del Poder Judicial.

Entre las actualizaciones puede mencionarse la referencia a los artículos 101 y 102 del Tratado de Funcionamiento de la Unión Europea y, dentro de la misma norma, el reconocimiento expreso en la Ley Orgánica del Poder Judicial de que los Juzgados de lo Mercantil son competentes para conocer de las reclamaciones de daños por infracción del Derecho de la Competencia.

La objetivación de criterios se manifiesta en el establecimiento, en el artículo 86 de la Ley Orgánica del Poder Judicial, de un número fijo de habitantes para que el Gobierno, por Real Decreto, a propuesta del Consejo General del Poder Judicial y, en su caso, con informe de la Comunidad Autónoma con competencias en materia de Justicia, pueda establecer en un municipio distinto de la capital un Juzgado de lo Mercantil con jurisdicción en ese municipio y en aquellos otros limítrofes que se considere oportuno; y para extender a una provincia la jurisdicción del Juzgado de lo Mercantil de otra limítrofe perteneciente a la misma Comunidad Autónoma.

La coordinación entre la Ley Orgánica del Poder Judicial y el texto refundido de la Ley Concursal se aprecia en las enumeraciones de las materias en las que el juez del concurso ostenta jurisdicción exclusiva y excluyente, y en la indispensable referencia a los planes de restructuración.

En fin, la incorporación a la Ley Orgánica del Poder Judicial de materias que hasta ahora estaban en la ley ordinaria no es sino expresión de aquella regla según la cual las extensiones de jurisdicción de los Juzgados de lo Mercantil deben figurar necesariamente en la primera. Así, se incorpora a la Ley Orgánica del Poder Judicial la extensión de la jurisdicción del juez del concurso para conocer de las acciones sociales que tengan por objeto la modificación sustancial de las condiciones de trabajo, el traslado, el despido, la suspensión de contratos y la reducción de jornada por causas económicas, técnicas, organizativas o de producción que, conforme a la legislación laboral y a lo establecido en la legislación concursal, tengan carácter colectivo, así como de las que versen sobre la suspensión o extinción de contratos de alta dirección. Así también se incorpora la extensión de la jurisdicción del juez del concurso para conocer de las cuestiones prejudiciales civiles, sin más excepciones que las establecidas en la legislación concursal, las administrativas y las sociales directamente relacionadas con el concurso de que se trate o cuya resolución sea necesaria para la adecuada tramitación del procedimiento concursal.

III

La presente reforma también incluye la atribución a las Secciones especializadas de las Audiencias Provinciales de los recursos que se planteen contra las resoluciones que agoten la vía administrativa de la Oficina Española de Patentes y Marcas en materia de propiedad industrial. A tal efecto se reforman los artículos 74.1 y 82.2. 3.º de la Ley.

Esta atribución competencial a dichas Secciones especializadas, se justifica tanto en su alto grado de experiencia en materia de propiedad industrial como en la conveniencia de evitar criterios jurisprudenciales diferentes en esta materia al ser competentes dos órdenes jurisdiccionales, el contencioso-administrativo y el civil, favoreciendo por tanto el principio de seguridad jurídica.

La entrada en vigor del nuevo reparto competencial se difiere en la disposición final quinta de la presente ley al 14 de enero de 2023, fecha de entrada en vigor de la habilitación competencial a la Oficina Española de Patentes y Marcas para declarar la nulidad y caducidad de los signos distintivos regulados en la Ley de Marcas, en la redacción dada por la disposición final séptima del Real Decreto-ley 23/2018, de 21 de diciembre, de transposición de directivas en materia de marcas, transporte ferroviario y viajes combinados y servicios de viaje vinculados.

Asimismo, para atender a la posibilidad contemplada en la Ley 20/2011, de 21 de julio, del Registro Civil, según la redacción dada a la disposición transitoria décima de la misma por la Ley 6/2021, de 28 de abril, de permanencia como Encargados, para algunos de los magistrados que actualmente sirven en Registros Civiles Exclusivos y en el Registro Civil Central, y que cuentan con una mayor experiencia en el cargo, se ha procedido a la inclusión de una nueva disposición transitoria, cuadragésima tercera, en la Ley Orgánica del Poder Judicial, que regula su destino, sustituyendo la situación actual de excedencia voluntaria por la de servicios especiales.

IV

La disposición final primera modifica la Ley 1/2000, de 7 de enero, de Enjuiciamiento Civil, en concordancia con la competencia que se traslada a los Juzgados de lo Mercantil, y se regula la acumulación de acciones, la acumulación de procesos y la reconvención, con el fin de introducir un *forum conexitatis* a favor de los Juzgados de lo Mercantil para conocer de determinados litigios ajenos a su competencia pero que presentan conexión con el concurso, a fin de evitar resoluciones contradictorias.

En cuanto a la disposición final segunda, se procede a suprimir lo dispuesto en la disposición adicional primera apartado 3 de la Ley 17/2001, de 7 de diciembre, de Marcas, pues su contenido se recoge con la presente reforma en el artículo 86 quinquies de la Ley Orgánica del Poder Judicial para, de esta manera, eliminar posibles incoherencias o duplicidades.

Las disposiciones transitorias y la disposición final quinta regulan los aspectos temporales para la adecuación de la organización judicial vigente a la que esta ley establece.

Artículo único. *Modificación de la Ley Orgánica 6/1985, de 1 de julio, del Poder Judicial*

– La **Ley Orgánica 1/2025, de 2 de enero**, acomete en el título primero la reforma organizativa de la Administración de Justicia en todos sus ámbitos y, en el título segundo, un gran bloque de reformas, referidas, principalmente, a los medios adecuados de solución de controversias en vía no jurisdiccional, que se abordan en el capítulo primero, y a la introducción de reformas procesales tendentes a una mayor agilización en la tramitación de los procedimientos judiciales, que se incluyen en el capítulo segundo de su título segundo (además, la Ley incluye ocho disposiciones adicionales, quince disposiciones transitorias, una disposición derogatoria y treinta y ocho disposiciones finales). Entre las numerosas modificaciones realizadas por la **Ley Orgánica 1/2025, de 2 de enero**, se incluye la de diversos preceptos de la **Ley Orgánica 6/1985, de 1 de julio, del Poder Judicial**. Entre estos:
Artículo 75. La Sala de lo Social del Tribunal Superior de Justicia conocerá: 1.º En única instancia, de los procesos que la ley establezca sobre controversias que afecten a intereses de los trabajadores y trabajadoras y empresarios y empresarias en ámbito superior al de una Sección de lo Social del Tribunal de Instancia y no superior al de la comunidad autónoma. 2.º De los recursos que establezca la ley contra las resoluciones dictadas por las Secciones de lo Social de los Tribunales de Instancia de la comunidad autónoma, así como de los recursos de suplicación y los demás que prevé la ley contra las resoluciones de las Secciones de lo Mercantil de los Tribunales de Instancia de la comunidad autónoma en materia laboral, y las que resuelvan los incidentes concursales que versen sobre la misma materia. 3.º De las cuestiones de competencia que se susciten entre las Secciones de lo Social de los Tribunales de Instancia de la comunidad autónoma.

Artículo 82. (...) 2. Las Audiencias Provinciales conocerán en el orden civil (...): 3.º De los recursos que establezca la ley contra las resoluciones dictadas en primera instancia por las Secciones de lo Mercantil de los Tribunales de Instancia, salvo las que se dicten en incidentes concursales en materia laboral. Asimismo, conocerán de los recursos contra aquellas resoluciones que agoten la vía administrativa dictadas en materia de propiedad industrial por la Oficina Española de Patentes y Marcas (...).

Artículo 87. 1. Con carácter general, en el Tribunal de Instancia con sede en la capital de cada provincia, existirá una Sección de lo Mercantil con jurisdicción en toda la provincia y sede en su capital. 2. En aquellas provincias donde, por razón de la carga de trabajo, no se constituya una Sección de lo Mercantil el conocimiento de los asuntos referidos en este artículo corresponderá a uno de los jueces o a una de las juezas de la Sección Civil, o Civil y de Instrucción que constituya una Sección Única en el Tribunal de Instancia de la capital de provincia. 3. Por excepción a lo establecido en los apartados anteriores, cuando una provincia tenga una población inferior a los 500.000 habitantes, el Gobierno por real decreto, a propuesta del Consejo General del Poder Judicial con informe favorable previo de la comunidad autónoma con competencias en materia de Justicia o a propuesta de esta comunidad oído el Consejo General del Poder Judicial, podrá extender a esa provincia la jurisdicción de la Sección de lo Mercantil de otra provincia limítrofe perteneciente a la misma comunidad autónoma. 4. Cuando un partido judicial cuente con más de 250.000 habitantes y, perteneciendo a la misma provincia, no sea limítrofe con el de su capital, el Gobierno, a propuesta del Consejo General del Poder Judicial y con informe favorable previo de la comunidad autónoma con competencias en materia de Justicia o a propuesta de la comunidad autónoma con competencias en materia de Justicia y oído el Consejo General del Poder Judicial, podrá crear una Sección de lo Mercantil en el Tribunal de Instancia de aquel partido judicial con jurisdicción en él y en aquellos otros partidos judiciales limítrofes que se considere oportuno. 5. En aquellas capitales de provincia en las que exista más de un juez, jueza, magistrado o magistrada en la Sección de lo Mercantil y menos de cinco, las solicitudes de declaración de concurso de acreedores de persona natural se repartirán a uno solo de ellos. Si el número de jueces, juezas, magistrados y magistradas de dicha Sección fuera más de cinco, esas solicitudes se repartirán a dos o más igualmente determinados, con exclusión de los demás. 6. Las Secciones de lo Mercantil conocerán de las siguientes materias: a) De cuantas cuestiones sean de la competencia del orden jurisdiccional civil en materia de propiedad intelectual e industrial; competencia desleal y publicidad; sociedades mercantiles, sociedades cooperativas, agrupaciones de interés económico; transporte terrestre, nacional o internacional; derecho marítimo y derecho aéreo. Por excepción a lo establecido en el párrafo anterior, las Secciones de lo Mercantil no serán competentes para conocer de las pretensiones basadas exclusivamente en el Reglamento (CE) n.º 261/2004 del Parlamento Europeo y del Consejo, de 11 de febrero de 2004, por el que se establecen normas comunes sobre compensación y asistencia a los pasajeros aéreos en caso de denegación de embarque y de cancelación o gran retraso de los vuelos, y se deroga el Reglamento (CEE) n.º295/91; en el Reglamento (UE) 2021/782 del Parlamento Europeo y del Consejo, de 29 de abril de 2021, sobre los derechos y las obligaciones de los viajeros de ferrocarril; en el Reglamento (UE) n.º 181/2011 del Parlamento Europeo y del Consejo, de 16 de febrero de 2011, sobre los derechos de los viajeros de autobús y autocar y por el que se modifica el Reglamento (CE) n.º 2006/2004; y en el Reglamento (UE) n.º 1177/2010 del Parlamento Europeo y del Consejo, de 24 de noviembre de 2010, sobre los derechos de los pasajeros que viajan por mar y por vías navegables y por el que se modifica el Reglamento (CE) n.º 2006/2004. b) De las acciones relativas a la aplicación de los artículos 101 y 102 del Tratado de Funcionamiento de la Unión Europea y de los artículos 1 y 2 de la Ley 15/2007, de 3 de julio, de Defensa de la Competencia, así como de las pretensiones de resarcimiento del perjuicio ocasionado por la infracción del Derecho de la competencia. c) De los recursos directos contra las calificaciones negativas de los registradores y las registradoras mercantiles o, en su caso, contra las resoluciones expresas o presuntas de la Dirección General de Seguridad Jurídica y Fe Pública relativas a esas calificaciones. 7. Las Secciones de lo Mercantil conocerán, además, de cuantas cuestiones sean de la competencia del orden jurisdiccional civil en materia de concurso de acreedores o acreedoras, cualquiera que sea la condición civil o mercantil de la persona deudora, de los planes de reestructuración o del procedimiento especial para microempresas, en los términos establecidos por el texto refundido de la Ley Concursal, aprobado por Real Decreto Legislativo 1/2020, de 5 de mayo. En relación con la jurisdicción del juez o de la jueza del concurso: a) En todo caso será exclusiva y excluyente en las siguientes materias: 1.ª Las acciones civiles con trascendencia patrimonial que se dirijan contra la persona concursada, con excepción de las que se ejerciten en los procesos civiles sobre capacidad, filiación, matrimonio y menores. 2.ª Las ejecuciones re-

lativas a créditos concursales o contra la masa sobre los bienes y derechos de la persona concursada integrados o que se integren en la masa activa, cualquiera que sea el tribunal o la autoridad administrativa que la hubiera ordenado, sin más excepciones que las previstas en la legislación concursal. 3.ª La determinación del carácter necesario de un bien o derecho para la continuidad de la actividad profesional o empresarial de la persona deudora. 4.ª La declaración de la existencia de sucesión de empresa a efectos laborales y de seguridad social en los casos de transmisión de unidad o de unidades productivas y la determinación de los límites de esa declaración conforme a lo dispuesto en la legislación laboral y de seguridad social. 5.ª Las medidas cautelares que afecten o pudieran afectar a los bienes y derechos de la persona concursada integrados o que se integren en la masa activa, cualquiera que sea el tribunal o la autoridad administrativa que la hubiera acordado, excepto las que se adopten en los procesos civiles sobre provisión de medidas de apoyo y otros relativos a personas con discapacidad, filiación, matrimonio y menores. 6.ª Las demás materias establecidas en la legislación concursal. b) Cuando el deudor o la deudora sea persona natural, la jurisdicción del juez o de la jueza del concurso será también exclusiva y excluyente en las siguientes materias: 1.ª Las que en el procedimiento concursal debe adoptar en relación con la asistencia jurídica gratuita. 2.ª La disolución y liquidación de la sociedad o comunidad conyugal de la persona concursada. c) Cuando el deudor sea persona jurídica, la jurisdicción del juez o de la jueza del concurso será exclusiva y excluyente en las siguientes materias: 1.ª Las acciones de reclamación de deudas sociales que se ejerciten contra los socios de la sociedad concursada que sean subsidiariamente responsables del pago de esas deudas, cualquiera que sea la fecha en que se hubieran contraído, y las acciones para exigir a los socios de la sociedad concursada el desembolso de las aportaciones sociales diferidas o el cumplimiento de las prestaciones accesorias. 2.ª Las acciones de responsabilidad civil contra los administradores, administradoras, liquidadores o liquidadoras, de derecho o de hecho; contra la persona natural designada para el ejercicio permanente de las funciones propias del cargo de administrador persona jurídica; y contra las personas, cualquiera que sea su denominación, que tengan atribuidas facultades de la más alta dirección de la sociedad cuando no exista delegación permanente de facultades del consejo de administración en uno o varios consejeros delegados o en una comisión ejecutiva, por los daños y perjuicios causados, antes o después de la declaración judicial de concurso, a la persona jurídica concursada. En todo caso, quedará excluida de esta jurisdicción la revisión de las acciones de responsabilidad que ejerzan las Administraciones Públicas en el ejercicio de su autotutela. 3.ª Las acciones de responsabilidad contra los auditores y auditoras por los daños y perjuicios causados, antes o después de la declaración judicial de concurso, a la persona jurídica concursada. d) La jurisdicción del juez o jueza del concurso es exclusiva y excluyente para conocer de las acciones sociales que tengan por objeto la modificación sustancial de las condiciones de trabajo, el traslado, el despido, la suspensión de contratos y la reducción de jornada por causas económicas, técnicas, organizativas o de producción que, conforme a la legislación laboral y a lo establecido en la legislación concursal, tengan carácter colectivo, así como de las que versen sobre la suspensión o extinción de contratos de alta dirección. La suspensión de contratos y la reducción de jornada tendrán carácter colectivo cuando afecten al número de trabajadores establecido en la legislación laboral para la modificación sustancial de las condiciones de trabajo con este carácter. e) La jurisdicción del juez o jueza del concurso se extiende a todas las cuestiones prejudiciales civiles, sin más excepciones que las establecidas en la legislación concursal, las administrativas y las sociales directamente relacionadas con el concurso o cuya resolución sea necesaria para la adecuada tramitación del procedimiento concursal. La decisión sobre estas cuestiones no surtirá efecto fuera del concurso de acreedores en que se produzca. 8. Las Secciones de lo Mercantil serán competentes para el reconocimiento y ejecución de sentencias y demás resoluciones judiciales extranjeras cuando éstas versen sobre cualquiera de las materias a que se refiere este artículo, salvo que, según los tratados y otras normas internacionales, el conocimiento de esa materia corresponda a otro órgano judicial. 9. Las Secciones de lo Mercantil tendrán competencia exclusiva para conocer en primera instancia, de acuerdo con la atribución de competencia objetiva, territorial y funcional establecida en la Ley 1/2000, de 7 de enero, de Enjuiciamiento Civil, de los recursos contra las resoluciones dictadas por la Sección Primera de la Comisión de Propiedad Intelectual para resolver las cuestiones litigiosas sobre el acuerdo previsto en el artículo 129 bis.3 del texto refundido de la Ley de Propiedad Intelectual, aprobado por Real Decreto Legislativo 1/1996, de 12 de abril. Dichos Juzgados podrán, en todo caso, pronunciarse sobre el fondo de la controversia, así como suspender cautelarmente la ejecución de la resolución dictada por la Sección Primera mientras se resuelve el procedimiento en sede judicial. 10. Además de la competencia para conocer con jurisdicción en toda la provincia de las materias a que se refiere este artículo, la Sección de lo Mercantil del Tribunal de Instancia de Alicante tendrá competencia exclusiva para conocer en primera instancia con jurisdicción en todo el territorio nacional de aquellas acciones que se ejerciten al amparo de lo establecido en el Reglamento (UE) 2017/1001 del Parlamento y del Consejo, de 14 de junio de 2017, sobre la marca de la Unión Europea, y del Reglamento (CE) n.º 6/2002, del Consejo, de 12 de diciembre de 2001, sobre los dibujos y modelos comunitarios. A los solos efectos de la competencia específica a que se refiere el párrafo anterior, dicha Sección se denominará Tribunal de Marca de la Unión Europea y tendrá también competencia exclusiva para conocer de aquellas demandas civiles en las que se ejerciten acumuladas acciones relativas a marcas de la Unión y a marcas nacionales o internacionales idénticas o similares; y de aquellas en las que existiera cualquier otra conexión entre las acciones ejercitadas si al menos una de ellas estuviera basada en un registro o solicitud de marca de la Unión.

La Ley Orgánica 6/1985, de 1 de julio, del Poder Judicial, queda modificada en los términos siguientes:

Uno. Se modifica la letra i) del apartado 1 del artículo 74, que queda redactado como sigue:

– El artículo 74 de la Ley Orgánica 6/1985, de 1 de julio, del Poder Judicial, ha sido modificado con posterioridad por la **Ley Orgánica 1/2025, de 2 de enero.**

Dos. Se modifica el apartado 2 del artículo 82 y se introduce un nuevo apartado 3 en los términos siguientes, pasando el actual apartado 3 a ser el apartado 4:

«2. Las Audiencias Provinciales conocerán en el orden civil:

– El artículo 82 de la Ley Orgánica 6/1985, de 1 de julio, del Poder Judicial, ha sido modificado con posterioridad por la **Ley Orgánica 1/2025, de 2 de enero.**

Tres. Se añade un nuevo artículo 82 bis con la siguiente redacción:

– El artículo 82 bis de la Ley Orgánica 6/1985, de 1 de julio, del Poder Judicial, ha sido modificado con posterioridad por la **Ley Orgánica 1/2025, de 2 de enero.**

Cuatro. Se suprime el apartado 6 del artículo 85.

– El artículo 85 de la Ley Orgánica 6/1985, de 1 de julio, del Poder Judicial, ha sido modificado con posterioridad por la **Ley Orgánica 1/2025, de 2 de enero.**

Cinco. Se modifica el artículo 86, que queda redactado como sigue:

– El artículo 86 de la Ley Orgánica 6/1985, de 1 de julio, del Poder Judicial, ha sido modificado con posterioridad por la **Ley Orgánica 1/2025, de 2 de enero.**

Seis. Se modifica el artículo 86 bis que queda redactado como sigue:

– El artículo 86 bis de la Ley Orgánica 6/1985, de 1 de julio, del Poder Judicial, ha sido suprimido con posterioridad por la **Ley Orgánica 1/2025, de 2 de enero.**

Siete. Se modifica el artículo 86 ter que queda redactado como sigue:

– El artículo 86 ter de la Ley Orgánica 6/1985, de 1 de julio, del Poder Judicial, ha sido suprimido con posterioridad por la **Ley Orgánica 1/2025, de 2 de enero.**

Ocho. Se añade un nuevo artículo 86 quáter con la siguiente redacción:

– El artículo 86 quáter de la Ley Orgánica 6/1985, de 1 de julio, del Poder Judicial, ha sido suprimido con posterioridad por la **Ley Orgánica 1/2025, de 2 de enero.**

Nueve. Se añade un nuevo artículo 86 quinquies con la siguiente redacción:

– El artículo 86 quinquies de la Ley Orgánica 6/1985, de 1 de julio, del Poder Judicial, ha sido suprimido con posterioridad por la **Ley Orgánica 1/2025, de 2 de enero.**

Diez. Se modifica el artículo 98 que queda redactado como sigue:

– El artículo 98 de la Ley Orgánica 6/1985, de 1 de julio, del Poder Judicial, se deja sin contenido con posterioridad por la **Ley Orgánica 1/2025, de 2 de enero.**

Once. Se añade una nueva disposición transitoria cuadragésima tercera con la siguiente redacción:

«Cuadragésima tercera. Destino de los Jueces Encargados de los Registros Civiles Exclusivos y de los Encargados del Registro Civil Central.

1. Serán declarados en la situación de servicios especiales, con los efectos previstos en los apartados 1 y 2 del artículo 354 de esta ley orgánica, sin perjuicio de las precisiones que se indican en el párrafo siguiente, los jueces y magistrados que, en los términos que señala la disposición transitoria décima de la Ley 20/2011, de 21 de julio, del Registro Civil, opten por mantenerse ejerciendo funciones como Encargados de los Registros Civiles Exclusivos y del Registro Civil Central, siempre que se dieren las circunstancias de acceso a tales plazas antes del 22 de julio de 2011 a que se refiere dicha norma.

No obstante, los Jueces y Magistrados que pasen a la situación de servicios especiales conforme a lo indicado en el párrafo anterior no tendrán derecho a la reserva de plaza a que se refiere el apartado 2 del citado artículo 354. Además, mientras se mantengan en esta situación, seguirán percibiendo las retribuciones correspondientes al puesto que ya venían desempeñando con anterioridad a su pase a la misma, que se verá anualmente actualizada en los términos que prevea la ley de presupuestos generales del Estado.

Cuando los Jueces y Magistrados que se encuentren en situación de servicios especiales en los términos previstos en esta disposición adicional deseen incorporarse al ejercicio de la función jurisdiccional, solicitando plaza en la forma prevista para su provisión en cualquier órgano judicial, deberán solicitar el reingreso al servicio activo antes de participar en cualquier concurso.

2. Los asuntos jurisdiccionales pendientes de resolver se repartirán entre los Juzgados de Primera Instancia o de Primera Instancia e Instrucción según corresponda.

3. Las competencias jurisdiccionales atribuidas a jueces y magistrados por ostentar la condición de Encargados del Registro Civil, pasarán a corresponder a los Juzgados de Primera Instancia o de Primera Instancia e Instrucción conforme a las normas de competencia establecidas en las leyes procesales.

4. Los Jueces Encargados de los Registros Civiles exclusivos que con arreglo a lo dispuesto en esta ley dejen de ostentar tal condición quedarán provisionalmente a disposición del Presidente del Tribunal Superior de Justicia correspondiente, sin merma de las retribuciones que vinieren percibiendo. Mientras permanezcan en esta situación prestarán sus servicios en los puestos que determinen las respectivas Salas de Gobierno, devengando las indemnizaciones correspondientes por razón del servicio cuando éstos se prestaren en lugar distinto al del Registro Civil en el que estaban destinados, todo ello de conformidad con lo dispuesto en esta ley. Estos Jueces serán destinados a los juzgados o tribunales del lugar y orden jurisdiccional de su elección, en la primera vacante que se produzca en

el órgano elegido, a no ser que se trate de plazas de Presidente, de nombramiento discrecional o legalmente reservadas a magistrados procedentes de pruebas selectivas, salvo que éstos tuvieran esa condición, siempre y cuando reúnan el resto de condiciones objetivas previstas en esta ley para poder acceder a dichas plazas.

5. Los Encargados de los Registros Civiles Centrales que por virtud de esta ley dejen de ostentar tal condición quedarán adscritos a disposición del Presidente del Tribunal Superior de Justicia de Madrid. Mientras permanezcan en esta situación prestarán sus servicios en los puestos que determine la Sala de Gobierno y serán destinados a la primera vacante que se produzca en cualesquiera secciones civiles de la Audiencia Provincial de Madrid, a determinar por el Presidente, a no ser que se trate de las plazas de Presidente o legalmente reservadas a magistrados procedentes de pruebas selectivas, y para las que no se reconozca especial preferencia o reserva a especialista.

6. No obstante lo anterior, el tiempo durante el cual los jueces y magistrados afectados pueden permanecer en situación de adscripción provisional a las Presidencias de los Tribunales Superiores de Justicia podrá extenderse, a petición del propio interesado, a dos años a contar del momento en que perdieron la condición de Encargados del Registro Civil.

7. Los miembros de la Carrera Judicial que, a la fecha de entrada en vigor de la presente disposición transitoria, se encontraran en situación de excedencia voluntaria por la causa prevista en la letra b) del artículo 356, al haber optado por continuar prestando servicios con destino como Encargados de los Registros Civiles Exclusivos y del Registro Civil Central con ocasión de la entrada en servicio efectiva de las aplicaciones informáticas que permiten el funcionamiento del Registro Civil de forma íntegramente electrónica conforme a las previsiones de la Ley 6/2021, de 28 de abril, por la que se modifica la Ley 20/2011, de 21 de julio, del Registro Civil, serán considerados en situación de servicios especiales desde la fecha de pase a la situación de excedencia voluntaria, computándose como servicios efectivos en la Carrera Judicial el tiempo que hayan permanecido en dicha situación».

Disposición transitoria primera. *Juzgados de lo Mercantil existentes*

Se mantendrán los Juzgados de lo Mercantil con jurisdicción en un municipio distinto de la capital de la provincia que ya estuvieran establecidos a la entrada en vigor de la presente ley, aunque ese municipio no supere la cifra de población a que se refiere el apartado 3 del artículo 86 de la Ley Orgánica 6/1985, de 1 de julio, del Poder Judicial.

Disposición transitoria segunda. *Procedimientos judiciales pendientes*

1. La competencia para conocer de las demandas de las que corresponda conocer a los Juzgados de Primera Instancia y a los Juzgados de lo Mercantil y de las solicitudes de concurso presentadas antes de la entrada en vigor de esta ley orgánica que estuvieran pendientes de admisión a trámite se determinará por las normas legales vigentes a la fecha de la presentación.

2. La competencia para conocer de los recursos interpuestos antes de la entrada en vigor de esta Ley Orgánica contra sentencias dictadas por los Jueces de Primera Instancia

se determinará por las normas legales vigentes en la fecha en que se remitan los autos a la Audiencia Provincial.

3. Los procedimientos judiciales en tramitación a la fecha de entrada en vigor de esta ley orgánica continuarán tramitándose por el Juzgado que haya sido competente para conocer de ellos.

Disposición final primera. *Modificación de la Ley 1/2000, de 7 de enero, de Enjuiciamiento Civil*

La Ley 1/2000, de 7 de enero, de Enjuiciamiento Civil, queda modificada en los siguientes términos:

Uno. Se modifica el artículo 45, que queda redactado como sigue:

«Artículo 45. Competencia de los Juzgados de Primera Instancia.

Corresponde a los Juzgados de Primera Instancia el conocimiento, en primera instancia, de todos los asuntos civiles que por disposición legal expresa no se hallen atribuidos a otros tribunales. Conocerán, asimismo, dichos Juzgados de los asuntos, actos, cuestiones y recursos que les atribuye la Ley Orgánica del Poder Judicial».

Dos. Se modifica el ordinal 13.º del apartado 1 del artículo 52 y se añade un nuevo ordinal 13.º bis, en los siguientes términos:

«13.º En materia de propiedad industrial, será competente el tribunal que señale la legislación especial sobre dicha materia.

13.º bis. En los recursos contra aquellas resoluciones que agoten la vía administrativa dictadas en materia de propiedad industrial por la Oficina Española de Patentes y Marcas serán competentes las secciones especializadas en materia mercantil de la Audiencia Provincial en cuya circunscripción radique la ciudad sede del Tribunal Superior de Justicia de la Comunidad Autónoma del domicilio del demandante o, en su defecto, del domicilio del representante autorizado en España para actuar en su nombre, siempre que el Consejo General del Poder Judicial haya acordado atribuir en exclusiva a los Juzgados de lo Mercantil de esa localidad el conocimiento de los asuntos en materia de propiedad industrial. También serán competentes, a elección del demandante, las secciones especializadas de la Audiencia Provincial en cuya circunscripción radique la sede de la Oficina Española de Patentes y Marcas».

Tres. Se añaden dos nuevos párrafos segundo y tercero al ordinal 1.º del apartado 1 del artículo 73 con la siguiente redacción (…):

> – El apartado 1 del artículo 73 se modifica con posterioridad por el **Real Decreto-ley 6/2023, de 19 de diciembre, por el que se aprueban medidas urgentes para la ejecución del Plan de Recuperación, Transformación y Resiliencia en materia de servicio público de justicia, función pública, régimen local y mecenazgo.**

Cuando la acción principal deba ser conocida por los Juzgados de Primera Instancia, no se permitirá la acumulación inicial de cualesquiera otras que no sean de su competencia objetiva, de conformidad con lo previsto en el párrafo primero de este número».

Cuatro. Se añade un nuevo párrafo segundo al apartado 2 del artículo 77 con la siguiente redacción:

«No obstante lo anterior, podrá instarse la acumulación de procesos ante el Juzgado de lo Mercantil, aunque no esté conociendo del proceso más antiguo y alguno de ellos se esté tramitando ante un Juzgado de Primera Instancia, siempre que se cumplan los demás requisitos mencionados en los artículos 76 y 78».

Cinco. Se modifica el ordinal 4.º del apartado 1 del artículo 249, que queda redactado como sigue:

– El artículo 249 se modifica con posterioridad por el **Real Decreto-ley 6/2023, de 19 de diciembre, por el que se aprueban medidas urgentes para la ejecución del Plan de Recuperación, Transformación y Resiliencia en materia de servicio público de justicia, función pública, régimen local y mecenazgo.**

Seis. Se añade un nuevo apartado 3 al artículo 250, con la siguiente redacción:

– El artículo 250 se modifica con posterioridad por el **Real Decreto-ley 6/2023, de 19 de diciembre, por el que se aprueban medidas urgentes para la ejecución del Plan de Recuperación, Transformación y Resiliencia en materia de servicio público de justicia, función pública, régimen local y mecenazgo.**

Siete. Se añaden tres nuevos párrafos al apartado 2 del artículo 406 con la siguiente redacción:

«De igual modo, si se estuviera tramitando un proceso ante un Juzgado de Primera Instancia y se planteara mediante reconvención una acción conexa a la principal que fuera competencia de los Juzgados de lo Mercantil, previa audiencia del actor y demás partes personadas por un plazo de cinco días, el Juzgado de Primera Instancia deberá inhibirse del conocimiento del asunto, remitiendo los autos en el estado en que se hallen al Juez de lo Mercantil que resulte competente.

Se procederá de la misma manera cuando el demandado alegare la nulidad a que se refiere el apartado 2 del artículo 408 y ésta se fundare en una materia competencia de los Juzgados de lo Mercantil.

El auto que inadmita la reconvención por falta de competencia objetiva para conocer de la acción reconvencional podrá ser recurrido en apelación, suspendiéndose la tramitación del procedimiento principal hasta que dicho recurso sea resuelto».

Ocho. Se añade un nuevo artículo 447 bis, con la siguiente redacción:

«Artículo 447 bis. Especialidades para la tramitación de los recursos contra las resoluciones que agoten la vía administrativa dictadas en materia de propiedad industrial por la Oficina Española de Patentes y Marcas.

La impugnación de las resoluciones que agoten la vía administrativa dictadas en materia de propiedad industrial por la Oficina Española de Patentes y Marcas se sustanciará por los trámites del juicio verbal con las siguientes especialidades:

1.ª Están legitimadas para la interposición del recurso las partes que hubieran intervenido en el procedimiento administrativo previo cuya resolución se recurre.

2.ª El plazo para interponer el recurso será de dos meses contados desde el día siguiente al de la notificación o publicación en el Boletín Oficial de la Propiedad Industrial de la resolución dictada si fuera expresa. Si no lo fuera, el plazo será de seis meses y se contará a partir del día siguiente a aquel en que, de acuerdo con su normativa específica, se produzca el acto presunto.

3.ª Admitido el recurso, el letrado de la Administración de Justicia requerirá a la Oficina Española de Patentes y Marcas para que remita el expediente administrativo.

4.ª El expediente deberá ser remitido en el plazo improrrogable de veinte días, a contar desde que la comunicación judicial tenga entrada en el registro general de la Oficina Española de Patentes y Marcas.

5.ª Transcurrido el plazo de remisión del expediente sin haberse recibido completo, se reiterará la reclamación.

6.ª Recibido el expediente, el letrado de la Administración de Justicia acordará el emplazamiento de los interesados para que se puedan personar como demandados en el plazo de nueve días.

7.ª El emplazamiento de la Oficina Española de Patentes y Marcas se entenderá efectuado por la reclamación del expediente. La Oficina Española de Patentes y Marcas se entenderá personada por el envío del expediente.

8.ª Los interesados legalmente emplazados podrán personarse en autos dentro del plazo concedido. Si lo hicieren posteriormente, se les tendrá por parte para los trámites no precluidos. Si no se personaren oportunamente continuará el procedimiento por sus trámites, sin que haya lugar a practicarles, en estrados o en cualquier otra forma, notificaciones de clase alguna.

9.ª El letrado de la Administración de Justicia acordará que se entregue el expediente al recurrente para que se deduzca la demanda en el plazo de veinte días.

10.ª El demandante podrá pretender la declaración de no ser conforme a Derecho y, en su caso, la anulación de la resolución recurrida.

También podrá pretender el reconocimiento y restablecimiento de una situación jurídica individualizada y la adopción de las medidas adecuadas para el pleno restablecimiento de la misma.

11.ª Si la demanda no se presenta dentro del plazo, el Tribunal, de oficio, declarará por auto el archivo de las actuaciones.

12.ª Transcurrido el término para la remisión del expediente administrativo sin que éste hubiera sido enviado, la parte recurrente podrá pedir, por sí o a iniciativa del letrado de la Administración de Justicia, que se conceda plazo para formalizar la demanda.

Si después de que la parte demandante hubiera usado del derecho establecido en el párrafo anterior se recibiera el expediente, el letrado de la Administración de Justicia pondrá éste de manifiesto a las partes por plazo común de diez días para que puedan efectuar las alegaciones complementarias que estimen oportunas.

13.ª Presentada la demanda, el letrado de la Administración de Justicia dará traslado de la misma, con entrega del expediente administrativo o copia del mismo, a los interesados que hubieran comparecido, para que la contesten en el plazo de veinte días. Si la demanda se hubiere formalizado sin haberse recibido el expediente administrativo, se emplazará a la Oficina Española de Patentes y Marcas para contestar, apercibiéndola de que no se admitirá la contestación si no va acompañada de dicho expediente».

Nueve. Se modifica el artículo 468, con la siguiente redacción (…):

– El artículo 468 se deja sin contenido con posterioridad por el **Real Decreto-ley 6/2023, de 19 de diciembre, por el que se aprueban medidas urgentes para la ejecución del Plan de Recuperación, Trans-**

formación y Resiliencia en materia de servicio público de justicia, función pública, régimen local y mecenazgo.

Diez. Se añade un nuevo apartado 4 al artículo 477, con la siguiente redacción:

> – El apartado 4 del artículo 477 ha sido modificado con posterioridad por el **Real Decreto-ley 5/2023, de 28 de junio, por el que se adoptan y prorrogan determinadas medidas de respuesta a las consecuencias económicas y sociales de la Guerra de Ucrania, de apoyo a la reconstrucción de la isla de La Palma y a otras situaciones de vulnerabilidad; de transposición de Directivas de la Unión Europea en materia de modificaciones estructurales de sociedades mercantiles y conciliación de la vida familiar y la vida profesional de los progenitores y los cuidadores; y de ejecución y cumplimiento del Derecho de la Unión Europea** (posteriormente, el apartado 1 del artículo 477 ha sido modificado por el **Real Decreto-ley 6/2023, de 19 de diciembre, por el que se aprueban medidas urgentes para la ejecución del Plan de Recuperación, Transformación y Resiliencia en materia de servicio público de justicia, función pública, régimen local y mecenazgo**).

Disposición final segunda. *Modificación de la Ley 17/2001, de 7 de diciembre, de Marcas*

Se suprime el apartado 3 de la disposición adicional primera de la Ley 17/2001, de 7 de diciembre, de Marcas.

Disposición final tercera. *Naturaleza de la presente ley*

La presente ley tiene el carácter de ley orgánica. No obstante, tienen carácter de ley ordinaria las disposiciones finales primera y segunda.

Disposición final cuarta. *Títulos competenciales*

La presente ley orgánica se dicta al amparo de la competencia exclusiva en materia de Administración de Justicia y de legislación procesal atribuida al Estado por el artículo 149.1. 5.ª y 6.ª de la Constitución Española.

Disposición final quinta. *Entrada en vigor*

La presente ley orgánica entrará en vigor a los veinte días de su publicación en el «Boletín Oficial del Estado».

No obstante, la modificación de los artículos 74.1 y 82.2.3.º de la Ley Orgánica 6/1985, de 1 de julio, del Poder Judicial, en relación con los recursos contra las resoluciones de la Oficina Española de Patentes y Marcas que pongan fin a la vía administrativa, entrará en vigor el día 14 de enero de 2023.

§2. LEY ORGÁNICA 8/2003, DE 9 DE JULIO, PARA LA REFORMA CONCURSAL, POR LA QUE SE MODIFICA LA LEY ORGÁNICA 6/1985, DE 1 DE JULIO, DEL PODER JUDICIAL (Exposición de motivos; artículo 1)

EXPOSICIÓN DE MOTIVOS

I

La reforma concursal exige una modificación muy profunda de la legislación vigente, tanto en su aspecto sustantivo como en el procesal, algunas de cuyas medidas han de tener el rango de ley orgánica. Esta Ley Orgánica recoge aquellas disposiciones de la reforma concursal que, por su naturaleza o por afectar a normas vigentes de ese carácter, requieren dicho rango.

La primera de estas disposiciones se refiere a los derechos fundamentales del deudor. Tradicionalmente, la declaración de insolvencia ha producido efectos sobre la persona del deudor, que incluso podían consistir en el arresto del quebrado. La reforma concursal ha de orientarse, conforme a la doctrina del Tribunal Constitucional, en el sentido de atemperar el rigor de esos efectos, suprimir aquéllos de carácter represivo y limitarse a establecer los necesarios desde un punto de vista funcional, en beneficio de la normal tramitación del procedimiento y en la medida en que ésta lo exija, confiriendo al juez la potestad de graduarlos y de adecuarlos a las circunstancias concretas de cada caso, pero es inevitable que en algunos supuestos esos efectos alcancen a derechos fundamentales de la persona del deudor, como son los de libertad, secreto de las comunicaciones, inviolabilidad del domicilio y libre residencia y circulación por el territorio nacional.

La intervención de las comunicaciones, la imposición del deber de residencia y la entrada en el domicilio son medidas que, tanto en los supuestos de suspensión como en los de intervención del ejercicio de las facultades patrimoniales del concursado, pueden resultar necesarias para la normal tramitación del procedimiento, pero que siempre ha de adoptar el juez con las debidas garantías y motivando en todo caso la procedencia de la resolución.

El arresto domiciliario del concursado ha de contemplarse, además, sólo como medida extrema en aquellos casos en que infrinja el deber de residencia, incumpla la prohibición de ausentarse sin autorización judicial o existan motivos fundados para temer que lo haga.

II

El carácter universal del concurso justifica la concentración en un sólo órgano judicial de las materias que se consideran de especial trascendencia para el patrimonio del deudor, lo que lleva a atribuir al juez del concurso jurisdicción exclusiva y excluyente en materias como todas las ejecuciones y medidas cautelares que puedan adoptarse en relación con el patrimonio del concursado por cualesquiera órganos jurisdiccionales o administrativos, así como determinados asuntos que, en principio, son de la competencia de los juzgados y tribunales del orden social, pero que por incidir en la situación patrimonial del concursado y en aras de la unidad del procedimiento no deben resolverse por separado.

Mediante la correspondiente modificación de la Ley Orgánica del Poder Judicial (nuevo artículo 86 ter), esta atribución de jurisdicción exclusiva y excluyente se incorpora ahora expresamente a las competencias de los juzgados de lo mercantil.

La creación de estos nuevos juzgados especializados dentro del orden jurisdiccional civil, de cuya necesidad incuestionada se ha hecho eco expresamente el Pacto de Estado para la reforma de la Justicia firmado el 28 de mayo de 2001, responde a un doble propósito. Por una parte, dar respuesta a la necesidad que plantea la nueva Ley 22/2003 Concursal, que atribuye al juez del concurso el conocimiento de materias pertenecientes a distintas disciplinas jurídicas y que, hasta el día de hoy, estaban asignadas a diferentes órdenes jurisdiccionales, lo que exige del titular del órgano jurisdiccional y del personal al servicio del mismo una preparación especializada.

De otro lado, la complejidad de la realidad social y económica de nuestro tiempo y su repercusión en las diferentes ramas del ordenamiento aconseja avanzar decididamente en el proceso de la especialización. Con tal finalidad, se encomiendan a los juzgados de lo mercantil otras competencias añadidas a la materia concursal, abriendo con ello un camino de futuro que debe rendir frutos importantes en el proceso de modernización de nuestra Justicia. Interesa añadir en este punto dos aclaraciones importantes. La denominación de estos nuevos juzgados alude a la naturaleza predominante en las materias atribuidas a su conocimiento, no a una identificación plena con la disciplina o la legislación mercantil, siendo así que, ni se atribuyen en este momento inicial a los juzgados de lo mercantil todas las materias mercantiles, ni todas las materias sobre las que extienden su competencia son exclusivamente mercantiles. De hecho, el criterio seguido para esta atribución, dentro del orden jurisdiccional civil, no responde a directrices dogmáticas preestablecidas, sino a un contraste pragmático de las experiencias que han adelantado en nuestra práctica judicial este proceso de especialización que ahora se generaliza. Se parte así de unas bases iniciales prudentes que habrán de desarrollarse progresivamente en los años venideros, de acuerdo con la experiencia que se vaya acumulando.

A mayor abundamiento, con la creación de los juzgados de lo mercantil deben lograrse otros objetivos. En primer lugar, que la totalidad de las materias que se susciten dentro de su jurisdicción sean resueltas por titulares con conocimiento específico y profundo de la materia, lo que ha de facilitar unas resoluciones de calidad en un ámbito de indudable complejidad técnica. En segundo término, ello ha de contribuir a que esas mismas resoluciones se dicten con mayor celeridad, pues ese mejor conocimiento del juez en la materia se traducirá en una mayor agilidad en el estudio y resolución de los litigios. En tercer lugar, se conseguirá más coherencia y unidad en la labor interpretativa de las normas, siendo posible alcanzar criterios más homogéneos, evitándose resoluciones contradictorias en un ámbito de indudable vocación europea, lo que generará una mayor seguridad jurídica. Por último, la creación de estos juzgados especializados dentro del orden jurisdiccional civil supondrá una redistribución del trabajo que correlativamente favorecerá el mejor desarrollo de las previsiones de la nueva Ley de Enjuiciamiento Civil.

Por todo ello, esta especialización debe tener su implantación igualmente en la segunda instancia; para ello bastará que una o varias secciones de Audiencias Provinciales, en función del volumen de trabajo, asuman en exclusiva el conocimiento de los asuntos propios de esta jurisdicción mercantil, experiencia que como acaba de señalarse, ya ha sido llevada a la práctica en algunas Audiencias. Esta exclusividad contribuirá aún más a la unificación interpretativa de las normas sometidas a su consideración.

Tan importantes reformas implican la necesaria modificación de la Ley 38/1988, de 28 de diciembre, de Demarcación y de Planta Judicial. Por un lado, será necesaria la creación de algunos nuevos juzgados, especialmente en aquellas capitales de provincia en las que, tanto por ser núcleos en donde los procedimientos concursales son estadísticamente más frecuentes, como por tener atribuido el conocimiento exclusivo de determinadas pretensiones con exclusividad al resto (sedes del Tribunal Superior de Justicia), resulte así conveniente para el adecuado cumplimiento de la función jurisdiccional con respeto a los plazos procesales. Por otro, nada impedirá la mera reconversión de juzgados civiles en estos mercantiles de nueva creación, en aquellas provincias donde, en atención al volumen de asuntos, no sea necesaria la ampliación de la planta; sin perjuicio, además, de que algún juzgado pueda extender su jurisdicción a otra provincia, dentro de una misma Comunidad Autónoma, si eso resulta conveniente en función del volumen de asuntos.

Del mismo modo y por el mismo principio de eficacia y adecuación de medios, y en aquellos casos en que condiciones objetivas así lo aconsejen, se podrán establecer juzgados de lo mercantil en poblaciones distintas a la capital de provincia.

Al Consejo General del Poder Judicial corresponderá una selección y preparación rigurosa de los jueces que vayan a ocupar este tipo de órganos jurisdiccionales, a cuyo fin se prevé un sistema de especialización preferente en el que se deberán superar pruebas tendentes a acreditar un conocimiento específico de la materia.

III

La presente reforma de la Ley Orgánica del Poder Judicial permite también dar efectivo cumplimiento a las previsiones del Reglamento (CE) Reglamento (CE) número 40/1994, del Consejo de la Unión Europea, de 20 de diciembre de 1993, sobre la Marca Comunitaria, cuyo artículo 91 obliga a cada Estado miembro a designar en su territorio un número tan limitado como fuese posible de Tribunales nacionales de primera y de segunda instancia, denominados «Tribunales de marcas comunitarias», encargados de desempeñar las funciones que en el citado reglamento se establecen.

La opción que mayores ventajas presenta y que mejor se ajusta a las indicaciones de la referida normativa es la de designar a los juzgados de lo mercantil y a la sección correspondiente de la Audiencia Provincial de Alicante como tribunales de marcas comunitarias en España, en primera y segunda instancia, respectivamente, extendiendo su jurisdicción —a estos exclusivos efectos— a todo el territorio nacional. Es en Alicante precisamente donde tiene su sede la Oficina de armonización del mercado interior (OAMI), cuya misión principal es la promoción y administración de las marcas, dibujos y modelos en el ámbito de la Unión Europea, labor en la que comparte con las jurisdicciones de los Estados de la

Unión Europea la tarea de decidir acerca de las solicitudes de invalidación de estos títulos con posterioridad a su registro. El hecho de que Tribunales y Oficina tengan su sede en la misma ciudad permitirá optimizar mejor los recursos, así como garantizar agilidad y rapidez en las comunicaciones entre ambos, además de insertar la labor de estos nuevos órganos jurisdiccionales en un contexto en el que, desde hace años, vienen ya trabajando profesionales especializados en esta materia.

Con la reforma también se da cumplimiento a las previsiones del Reglamento (CEE) núm. 12/2003, del Consejo de la Unión Europea, de 16 de diciembre de 2002, relativo a la aplicación de las normas sobre competencia previstas en los artículos 81 y 82 del Tratado, para lo que se atribuye a los nuevos juzgados de lo mercantil la competencia para conocer de los litigios en que se apliquen dichos preceptos.

Artículo 1. *Efectos del concurso sobre derechos fundamentales del concursado*
1. Desde la admisión a trámite de la solicitud de declaración de concurso necesario, a instancias del legitimado para instarlo, o desde la declaración de concurso, de oficio o a instancia de cualquier interesado, y tanto en los casos de suspensión como en los de intervención de las facultades de administración y disposición del deudor sobre su patrimonio, el juez podrá acordar en cualquier estado del procedimiento las siguientes medidas:

1ª La intervención de las comunicaciones del deudor, con garantía del secreto de los contenidos que sean ajenos al interés del concurso.

2ª El deber de residencia del deudor persona natural en la población de su domicilio. Si el deudor incumpliera este deber o existieran razones fundadas para temer que pudiera incumplirlo, el juez podrá adoptar las medidas que considere necesarias, incluido el arresto domiciliario.

3ª La entrada en el domicilio del deudor y su registro.

2. Si se tratare del concurso de una persona jurídica, las medidas previstas en el apartado anterior podrán acordarse también respecto de todos o alguno de sus administradores o liquidadores, tanto de quienes lo sean en el momento de la solicitud de declaración de concurso como de los que lo hubieran sido dentro de los dos años anteriores.

3. La adopción de cualquiera de las medidas descritas en el apartado 1 de este artículo se acordará previa audiencia del Ministerio Fiscal y mediante decisión judicial motivada, conforme a los siguientes criterios:

a) La idoneidad de la medida en relación con el estado del procedimiento de concurso;

b) El resultado u objetivo perseguido, que se expondrá de manera concreta;

c) La proporcionalidad entre el alcance de cada medida y el resultado u objetivo perseguido;

d) La duración de la medida, con fijación del tiempo máximo de vigencia, que no podrá exceder del estrictamente necesario para asegurar el resultado u objetivo perseguido, sin perjuicio de que, de persistir los motivos que justificaron la medida, el juez acuerde su prórroga con los mismos requisitos que su adopción. Durante el tiempo de vigencia de la medida, el juez podrá acordar en cualquier momento su atenuación o cese.

4. La intervención de las comunicaciones telefónicas deberá realizarse conforme a lo previsto en la Ley de Enjuiciamiento Criminal.

5. La autorización judicial de entrada y registro en el domicilio del deudor o de las personas a las que se refiere el apartado 2 de este artículo, cuando nieguen su consentimiento, habrá de basarse en indicios racionales de existencia de documentos de interés para el procedimiento concursal, no aportados, o en la necesidad de esta medida para la adopción de cualquier otra procedente.

6. Las decisiones judiciales estimatorias podrán ser recurridas en apelación por el deudor en el plazo de cinco días, sin efectos suspensivos, ante la Audiencia Provincial. Este recurso tendrá tramitación preferente.

§3. LEY 16/2022, DE 5 DE SEPTIEMBRE, DE REFORMA DEL TEXTO REFUNDIDO DE LA LEY CONCURSAL, APROBADO POR EL REAL DECRETO LEGISLATIVO 1/2020, DE 5 DE MAYO, PARA LA TRANSPOSICIÓN DE LA DIRECTIVA (UE) 2019/1023 DEL PARLAMENTO EUROPEO Y DEL CONSEJO, DE 20 DE JUNIO DE 2019, SOBRE MARCOS DE REESTRUCTURACIÓN PREVENTIVA, EXONERACIÓN DE DEUDAS E INHABILITACIONES, Y SOBRE MEDIDAS PARA AUMENTAR LA EFICIENCIA DE LOS PROCEDIMIENTOS DE REESTRUCTURACIÓN, INSOLVENCIA Y EXONERACIÓN DE DEUDAS, Y POR LA QUE SE MODIFICA LA DIRECTIVA (UE) 2017/1132 DEL PARLAMENTO EUROPEO Y DEL CONSEJO, SOBRE DETERMINADOS ASPECTOS DEL DERECHO DE SOCIEDADES (DIRECTIVA SOBRE REESTRUCTURACIÓN E INSOLVENCIA) (Preámbulo; disposiciones adicionales; disposiciones transitorias; disposición derogatoria; disposiciones finales)

PREÁMBULO

I

En la exposición de motivos del Real Decreto Legislativo 1/2020, de 5 de mayo, por el que se aprobó el texto refundido de la Ley Concursal, se señalaba que la imprescindible reordenación, clarificación y armonización del derecho vigente que representaba esa refundición no excluía que el proceso de reforma del derecho de la insolvencia hubiera finalizado. Así, el texto refundido se presentaba como la base idónea para acometer de forma más ordenada, clara y sistemática la transposición de la Directiva (UE) 2019/1023, del Parlamento Europeo y del Consejo, de 20 de junio de 2019, sobre marcos de reestructuración preventiva, exoneración de deudas e inhabilitaciones, y sobre medidas para aumentar la eficiencia de los procedimientos de reestructuración, insolvencia y exoneración de deudas, y por la que se modifica la Directiva (UE) 2017/1132 del Parlamento Europeo y del Consejo, de 14 de junio de 2017, sobre determinados aspectos del Derecho de sociedades, tarea que, como también advertía esa exposición de motivos, reviste extraordinaria dificultad.

Los sistemas de insolvencia tienen como finalidad económica procurar una reasignación eficiente de los recursos productivos. En el caso de actividades económicamente viables, pero con dificultades financieras, estos procedimientos tratan de facilitar reestructuraciones del pasivo que garanticen a la vez los derechos de los acreedores y la continuidad de la empresa. En el caso de actividades inviables, el procedimiento trata de extraer el mayor valor de los activos para devolver a los acreedores el mayor porcentaje de sus créditos, siguiendo un orden de prelación. Cuando el deudor insolvente es una persona física, el concurso pretende identificar a los deudores de buena fe y ofrecerles una exoneración parcial de su pasivo insatisfecho que les permita beneficiarse de una segunda oportunidad, evitando su paso a la economía sumergida o a una situación de marginalidad.

El sistema de insolvencia está integrado, por una parte, por los denominados instrumentos preconcursales. Son procedimientos ágiles y con una participación reducida de la administración judicial, dirigidos a la consecución de acuerdos entre empresas viables y sus acreedores, preferentemente en un estadio temprano de dificultades financieras. Por otra parte, el sistema incluye el procedimiento concursal, formal y estrechamente supervisado por la administración judicial, dirigido a la consecución de acuerdos (convenios) cuando el deudor es viable o a su liquidación cuando no lo es.

Los instrumentos preconcursales eficaces incrementan la eficiencia del sistema de insolvencia de forma directa, al posibilitar una reestructuración temprana y rápida, pero también de forma indirecta, al liberar recursos administrativos y descongestionar el procedimiento concursal, permitiendo así una gestión más rápida de los concursos.

El análisis de nuestro sistema de insolvencia permite detectar una serie de limitaciones. En primer lugar, la utilización de los instrumentos preconcursales en nuestro país ha venido aumentando de forma lenta y su uso ha sido relativamente reducido. Por otra parte, la percepción más extendida es que si bien los acuerdos de refinanciación han constituido un instrumento útil, los acuerdos extrajudiciales de pagos, dirigidos a pequeñas y medianas empresas, no han cumplido de forma satisfactoria con su propósito. En segundo lugar, el recurso al concurso también ha venido siendo inferior, en términos comparados, al de otros países de nuestro entorno. Pero, además, cuando las empresas recurren al concurso lo hacen en una situación de dificultades avanzadas. En concreto, el porcentaje de deudores que solicita el concurso en una situación patrimonial crítica supera el 45% en la actualidad. Asimismo, los concursos se caracterizan por su excesiva duración, que ha venido aumentando en los últimos años y alcanzó en 2020 un promedio de 60 meses. Este incremento no es ajeno al sustancial incremento de la carga de trabajo en los juzgados de lo mercantil. Además, los concursos se caracterizan por que la mayoría terminan en liquidación, y no en un convenio. En concreto, para las personas jurídicas, el 90% de las fases sucesivas lo son de liquidación. Por último, se puede destacar que el procedimiento de segunda oportunidad se caracteriza por su reducida utilización.

La presente ley pretende afrontar este conjunto de limitaciones mediante una reforma estructural de calado del sistema de insolvencia.

En primer lugar, se introducen los denominados planes de reestructuración, un instrumento preconcursal dirigido a evitar la insolvencia, o a superarla, que posibilita una actuación en un estadio de dificultades previo al de los vigentes instrumentos preconcursales, sin el estigma asociado al concurso y con características que incrementan su eficacia. Su introducción incentivará una reestructuración más temprana, y por tanto con mayores probabilidades de éxito, y contribuirá a la descongestión de los juzgados y por tanto a una mayor eficiencia del concurso. En efecto, las empresas podrán acogerse a los planes de reestructuración en una situación de probabilidad de insolvencia, previa a la insolvencia inminente que se exige para poder recurrir a los actuales instrumentos. Su introducción lleva aparejada la supresión de los actuales instrumentos preconcursales. En la regulación de los planes de reestructuración se ha preservado el carácter flexible (poco procedimental) de los acuerdos de refinanciación y se han incorporado elementos que les otorgan mayor eficacia que a estos últimos, como la posibilidad de arrastre de clases disidentes, sujeta al cumplimiento de ciertas salvaguardas para los acreedores, que constituye el núcleo del modelo.

A su vez, la ley reforma el procedimiento concursal para incrementar su eficiencia, introduciendo múltiples modificaciones procedimentales dirigidas a agilizar el procedimiento, facilitar la aprobación de un convenio cuando la empresa sea viable y una liquidación rápida cuando no lo sea. En el diseño de estos procedimientos se ha prestado especial atención a las microempresas, que constituyen en torno al 94% de las empresas españolas, para las que los instrumentos vigentes no han funcionado satisfactoriamente: los acuerdos extrajudiciales de pago han tenido un uso escaso y el concurso tiene unos elevados costes fijos que detraen los escasos recursos disponibles para los acreedores. Por ello, la ley introduce un procedimiento de insolvencia único, en el doble sentido de que pretende encauzar tanto las situaciones concursales (de insolvencia actual o inminente) como las preconcursales (probabilidad de insolvencia) y que se aplicará de manera obligatoria a todos los deudores que entren dentro del concepto legal de microempresa. Este procedimiento está especialmente adaptado a las necesidades de las microempresas, caracterizándose, por tanto, por una simplificación procesal máxima.

Por último, la ley configura un procedimiento de segunda oportunidad más eficaz, ampliando la relación de deudas exonerables e introduciendo la posibilidad de exoneración sin liquidación previa del patrimonio del deudor y con un plan de pagos, permitiendo así que este conserve su vivienda habitual y sus activos empresariales.

La presente ley tiene como objeto la adopción de las reformas legislativas necesarias para la transposición al derecho español de la Directiva 2019/1023, del Parlamento Europeo y del Consejo, de 20 de junio de 2019. Para ello, lleva a cabo una importante reforma del texto refundido de la Ley Concursal, aprobado por el Real Decreto Legislativo 1/2020, de 5 de mayo, que constituye la base idónea para acometer de forma ordenada, clara y sistemática la transposición.

Esta reforma legislativa va a suponer el detonante de un cambio integral de la situación de los procedimientos de insolvencia en nuestro país, siendo clave para su flexibilización y agilización, y para favorecer los mecanismos preconcursales, con el fin último de facilitar la reestructuración de empresas viables y la liquidación rápida y ordenada de las que no lo son. Estos cambios normativos devienen, si cabe, más esenciales todavía como herramientas para afrontar la actual situación empresarial derivada de la pandemia de la COVID-19, ya que pese a las importantes ayudas que se han puesto en marcha, la supervivencia financiera de un importante número de las empresas españolas requerirá pasar por un proceso de reestructuración, y en caso de no ser factible, de una liquidación eficiente.

El antecedente directo en el ámbito europeo, a través del soft law, de dicha Directiva es la Recomendación de la Comisión Europea de 12 de marzo de 2014, sobre un nuevo enfoque frente a la insolvencia y el fracaso empresarial, que puso de relieve la diferente regulación de las normas nacionales en materia de insolvencia en cuanto a procedimientos de que disponen los deudores con dificultades financieras para reestructurar sus empresas y enfatizó la necesidad de fomentar una mayor coherencia entre los marcos nacionales de insolvencia para reducir divergencias e ineficacias que obstaculizan la reestructuración temprana de empresas con dificultades financieras y la posibilidad de la segunda oportunidad para los empresarios honrados y así reducir el coste de la reestructuración, tanto para deudores como para acreedores.

La necesaria armonización de las diferencias entre las normativas nacionales fue el objeto de la Directiva sobre reestructuración e insolvencia, para contribuir al correcto funcionamiento del mercado interior y eliminar los obstáculos al ejercicio de las libertades fundamentales, tales como la libertad de circulación de capitales y la libertad de establecimiento. Los ejes de la reforma que supone esta Directiva son tres: garantizar que las empresas y empresarios viables que se hallen en dificultades financieras tengan acceso a marcos nacionales efectivos de reestructuración preventiva que les permitan continuar su actividad; que los empresarios de buena fe insolventes o sobreendeudados puedan disfrutar de la plena exoneración de sus deudas después de un período de tiempo razonable, lo que les proporcionaría una segunda oportunidad; y que se mejore la eficacia de los procedimientos de reestructuración, insolvencia y exoneración de deudas, en particular con el fin de reducir su duración.

Se trata de una ley muy ambiciosa, inspirada con el objetivo de conseguir, de acuerdo a los ejes de reforma marcados por la Directiva, cuando sea objetivamente posible, una reestructuración de activos y pasivos para evitar la insolvencia o solucionar la ya acaecida; la decisión de convertir el beneficio de la exoneración de las deudas, cuando concurran determinadas circunstancias, en un derecho de la persona natural deudora; y la decidida voluntad legislativa de simplificar el concurso de acreedores en aras de las siempre deseadas rapidez de la tramitación y eficiencia institucional, con algunos mecanismos de alerta temprana que permitan al deudor responsable detectar la necesidad de actuar para evitar o para encauzar la insolvencia. El contenido de la Directiva es heterogéneo, y, por consiguiente, heterogéneo también tiene que ser el contenido de la norma de transposición. Al mismo tiempo, para evitar algunas disfunciones e incoherencias con las nuevas normas en que se materializa la transposición, se procede a reformar la Ley Concursal en las materias directamente relacionadas.

II

Los criterios seguidos en la transposición se han basado en los principios de la buena regulación, comprendiendo el principio de necesidad y eficacia al cumplir la obligación de transposición con fidelidad al texto de la Directiva y con la mínima reforma de la actual normativa, de manera que se evite la dispersión en aras de la simplificación; así como en los principios de proporcionalidad, al contener la regulación imprescindible para atender la necesidad a cubrir, y de seguridad jurídica, ya que se realiza con el ánimo de mantener el marco normativo estable, predecible, integrado y claro del texto refundido de la Ley Concursal. También se ha cumplido el principio de eficiencia, ya que la ley reforma el procedimiento concursal introduciendo modificaciones para la agilización del procedimiento, con reducción de los plazos. El principio de transparencia ha sido atendido en la tramitación, ya que la consulta pública previa ha sido celebrada de conformidad con el artículo 26.2 de la Ley 50/1997 de 27 de noviembre, del Gobierno, del 29 de noviembre de 2019 al 16 de diciembre de 2019 y el trámite de información pública conforme al artículo 26.6 de la Ley del Gobierno, se ha realizado del 4 de agosto de 2021 al 25 de agosto de 2021.

Esta ley va acompañada además de una Ley Orgánica por la que se modifica la Ley Orgánica 6/1985, de 1 de julio, del Poder Judicial, para mejorar el reparto competencial actualmente establecido para los juzgados de lo mercantil y para las secciones especializadas de las Audiencias Provinciales y correlativamente el de los juzgados de primera instancia y el de las demás secciones de las Audiencias Provinciales.

III

La Directiva exige la introducción en la legislación nacional de uno o varios marcos o procedimientos de reestructuración preventiva. La finalidad de estos marcos o procedimientos es asegurar la continuidad de empresas y negocios que son viables pero que se encuentran en dificultades financieras que pueden amenazar la solvencia y acarrear el consiguiente concurso.

El texto europeo deja espacio a la decisión de los legisladores nacionales en cuanto a la forma de alcanzar este objetivo. Ante esta libertad de opción, el legislador español ha considerado oportuno reducir las dos instituciones hasta ahora existentes, los acuerdos de refinanciación y acuerdos extrajudiciales de pago, a una sola institución, los planes de reestructuración, aunque con algunas adaptaciones para los deudores de menor activo, de menor cifra de negocios o de menor número de trabajadores; y ha considerado igualmente oportuno mantener el principio de decisión mayoritaria de los acreedores y una intervención judicial mínima, inspirada en los criterios de necesidad y proporcionalidad. Para garantizar el buen funcionamiento de cualquier mecanismo de decisión colectiva resultan imprescindibles ciertas garantías procedimentales. La ley vincula estas garantías a la concurrencia de tres elementos fundamentales: una correcta configuración de las clases de acreedores afectados por el plan de reestructuración, que son quienes van a tomar la decisión; una mayoría cualificada favorable dentro de cada una de estas clases y, por último, el respeto a un valor económico mínimo cuando haya acreedores o clases de acreedores disidentes.

La confianza en la decisión mayoritaria de los sujetos afectados permite reducir la intervención judicial conforme a los criterios de necesidad y proporcionalidad. Al igual que en el derecho que se deroga, la intervención de una autoridad judicial se reduce a dos momentos distintos e independientes: la comunicación de la apertura de negociaciones con los acreedores y la confirmación u homologación del plan de reestructuración alcanzado. La ley deja así que sean las partes afectadas las que privadamente negocien y alcancen un acuerdo sobre el plan de reestructuración, y se limita a fijar un marco normativo con el fin de facilitar esa negociación colectiva, garantizar unas salvaguardas mínimas del proceso y del resultado de la negociación, y asegurar un equilibrio entre la protección del interés de la mayoría y una tutela adecuada de las partes afectadas disidentes. Esta opción por mantener, en la mayor medida posible, el régimen vigente se justifica por los frutos que ha dado hasta ahora y permite que los destinatarios se beneficien de la experiencia acumulada. A partir del régimen vigente, la ley introduce dos clases de modificaciones principales. Por un lado, aquellas exigidas por la Directiva y que es preciso incorporar necesariamente al derecho español; y, por otro lado, aquellas que son opcionales según la Directiva pero que pueden resultar oportunas para incrementar la eficacia del sistema y hacerlo homologable y competitivo con los de nuestro entorno. En términos muy generales, los cambios que introduce la ley tienden a incrementar la flexibilidad del procedimiento. No hay dos reestructuraciones iguales y, por consiguiente, el marco normativo debe ser lo suficientemente ágil, flexible y versátil como para poder adaptarse a las particularidades de cada caso.

A los efectos de llevar a cabo la transposición, la ley opta por una sustitución completa del libro segundo de la Ley Concursal. El nuevo libro segundo se divide en cinco títulos. El título I se ciñe a determinar los presupuestos subjetivo y objetivo. El título II regula la comunicación de la apertura de negociaciones con los acreedores con el fin de alcanzar un plan de reestructuración. El título III se ocupa de los planes de reestructuración, su aprobación, su homologación judicial y el régimen de impugnación. El título IV trata del nombramiento y del estatuto del experto encargado de la reestructuración, nueva figura cuyo nombramiento contempla la Directiva en determinados supuestos. Y, por último, el título V establece ciertas especialidades para deudores que no alcancen determinados umbrales.

En cuanto al presupuesto subjetivo, el libro segundo tiene como destinatario a cualquier persona natural o jurídica que lleve a cabo una actividad empresarial o profesional y que no esté comprendida dentro del ámbito de aplicación del nuevo procedimiento especial regulado en el libro tercero. Por lo que respecta al presupuesto objetivo, la especialidad de los marcos de reestructuración temprana es para la Directiva la probabilidad de insolvencia. Probabilidad de insolvencia, insolvencia inminente e insolvencia actual son tres estados que se ordenan secuencialmente: la probabilidad de insolvencia es un estado previo a la insolvencia inminente y esta un estado previo a la insolvencia actual. Un deudor que tenga probabilidad de insolvencia no puede ser sujeto de un concurso de acreedores, pero puede utilizar los mecanismos que integran el derecho preconcursal. Con el fin de dar la mayor flexibilidad posible al sistema, la ley española no excluye el recurso a los institutos preconcursales cuando el deudor se halle en estado de insolvencia inminente o incluso de insolvencia actual. Ciertamente, la Directiva no establece como prepuestos del preconcurso los mismos presupuestos del concurso de acreedores, sino uno específico; pero no prohíbe esa extensión. Mientras que la empresa sea económicamente viable, está justificada su reestructuración para evitar los riesgos de destrucción de valor asociados al procedimiento concursal. Esta opción, por supuesto, no debe restringir el derecho de todo acreedor a solicitar el concurso del deudor insolvente. De ahí que el único límite temporal a la reestructuración de empresas en situación de insolvencia actual sea el que ya estuviera admitida a trámite una solicitud de concurso necesario.

La definición de probabilidad de insolvencia se hace en términos objetivos. La definición recogida en la ley permite que la reestructuración se lleve a cabo en una fase temprana, reduciendo la pérdida de valor empresarial y el consiguiente perjuicio para los acreedores y para el propio deudor. Para ello se opta por el modelo alemán, fijando un horizonte temporal dentro del que se prevé se van a materializar los incumplimientos de las obligaciones del deudor. En este sentido, se establece que se encuentra en probabilidad de insolvencia el deudor que no va a poder cumplir las obligaciones que venzan en los próximos dos años.

El título II regula la comunicación de apertura de negociaciones con los acreedores para alcanzar un plan de reestructuración. El sentido último de esta comunicación es que el deudor pueda disfrutar de una paralización o suspensión temporal de las ejecuciones singulares, judiciales o extrajudiciales, sobre los bienes necesarios para continuar con su actividad empresarial, con el fin de facilitar las negociaciones de ese plan de reestructuración. Esta continuidad permite preservar el valor de la empresa y, por consiguiente, si las negociaciones culminan satisfactoriamente, maximizar el excedente de valor asociado a una reestructuración preconcursal. A estos efectos, el derecho vigente es, en buena medida, compatible con la Directiva 2019/1023, por lo que la ley opta por introducir solo aquellas reformas exigidas por la propia Directiva o que se han considerado oportunas para mejorar la eficacia del sistema y salvaguardar suficientemente los intereses de todas las partes afectadas.

También es compatible con la Directiva la regulación específica de los procedimientos de ejecución de los acreedores públicos de la suspensión de ejecuciones singulares en los marcos de reestructuración preventiva mediante la que se incorpora a la norma interna parte del artículo 6.3 de la Directiva que sirve de base a esta exclusión, y que señala: «Los Estados miembros podrán prever que la suspensión de ejecuciones singulares pueda ser general, para todos los acreedores, o limitada, para uno o varios acreedores individuales o categorías de acreedores».

Así, la norma contempla que en estos casos la regla general es la imposibilidad de suspensión de ejecuciones singulares de los acreedores públicos y que, como excepción, la suspensión exclusivamente podrá acordarse durante la fase de realización o enajenación de los bienes o derechos necesarios para la continuidad de la actividad empresarial o profesional del deudor por un período limitado a tres meses.

La exclusión de los créditos de derecho público de la regla general de prohibición de inicio de actuaciones o suspensión de las iniciadas cumple con la premisa contenida en el artículo 6.4 de la Directiva que se pretende trasponer, en base a la propia naturaleza de los mismos, según se desprende de los considerandos 33, 34 y 44. Si el legislador europeo contempla expresamente la generación de deuda tributaria o de Seguridad Social como regla objetiva para que quien incurra en esta conducta no pueda beneficiarse, en ningún caso, de la suspensión de la ejecución de sus créditos, no parece razonable pretender en coherencia con el texto europeo, en aplicación de la Directiva, que los créditos públicos, como categoría específica especialmente cualificada, no puedan quedar excluidos de la suspensión automática con carácter particular. Dada la finalidad de favorecer las negociaciones (artículo 6.1 de la Directiva) y que en los considerandos de la Directiva se indica: «el paso del tiempo normalmente solo se traduce en una mayor pérdida de valor del deudor o de su empresa» y que «las dificultades financieras de los empresarios pueden tratarse de manera eficiente no solo mediante procedimientos de reestructuración preventiva sino también a través de procedimientos que pueden llevar a la exoneración de deudas o a reestructuraciones informales a partir de acuerdos contractuales», equivaliendo los aplazamientos y fraccionamientos regulados en la normativa tributaria a las reestructuraciones informales de la Directiva, es evidente que la utilización del sistema de aplazamientos y fraccionamientos determina, con carácter general, la no suspensión de ejecuciones singulares para el acreedor público.

En virtud de las consideraciones previamente formuladas, ha de concluirse que la presente regla específica de la suspensión en la ley cumple con las dos premisas recogidas en el artículo 6.4 de la Directiva; la misma no pone en peligro la reestructuración de la empresa, en la medida en que la regulación específica tanto en Derecho tributario como en Seguridad Social cuenta con mecanismos de reestructuración de la deuda de empresas en el presupuesto del libro segundo, como el aplazamiento y el fraccionamiento de deuda, lo que además resulta coherente con la naturaleza de la regulación sectorial, en la medida en que en el Real Decreto 1415/2004, de 11 de junio, por el que se aprueba el Reglamento General de Recaudación de la Seguridad Social, la presentación de la solicitud de aplazamiento no suspende el procedimiento recaudatorio, lo que no ha impedido la reestructuración y flexibilización de las condiciones de regularización de la deuda de las empresas, en ejercicio de las facultades de autotutela de la Administración Tributaria y de Seguridad Social.

Este título II se divide en tres capítulos. El capítulo I regula fundamentalmente los aspectos procesales de la comunicación. La ley mantiene el principio de que la iniciativa corresponde al deudor y exige que concurra el presupuesto objetivo y, por consiguiente, que se encuentre en estado de insolvencia probable, inminente o actual. Se introducen medidas para evitar conductas abusivas y se recoge la novedad de presentar una comunicación conjunta, especialmente en el caso de que abarque a varias sociedades dentro de un grupo. Como sucedía en el derecho hasta ahora vigente, una vez presentada la comunicación, sus efectos se producen de forma automática, ope legis, y el control se limita a dos aspectos: el contenido formal de la comunicación, en especial de la información que debe acompañarla, y la competencia del juzgado ante el que se ha presentado.

El capítulo II regula los efectos de la comunicación y se divide en siete secciones. La sección 1.ª contiene un único artículo que se dedica a los efectos de la comunicación sobre las facultades patrimoniales del deudor; en coherencia con el principio de intervención mínima, en la fase preconcursal no hay ningún tipo de suspensión o intervención sobre las facultades del deudor para administrar y disponer de sus bienes. La sección 2.ª regula los efectos de la comunicación sobre los créditos y las garantías personales o reales de terceros; aunque se mantiene el principio general del régimen hasta ahora vigente, conforme al cual la comunicación no impide que, una vez vencida la obligación principal, un acreedor que goce de garantía personal o real de tercero pueda dirigirse contra este para satisfacer su crédito, se introduce como excepción la posibilidad, a instancia del deudor que ha presentado la comunicación, de extender sus efectos suspensivos a las garantías personales o reales prestadas por terceros que pertenezcan al mismo grupo de sociedades que la deudora principal cuando la ejecución de la garantía pueda precipitar la insolvencia de la sociedad garante y del deudor, con la consiguiente frustración de las negociaciones, y evitando así que la única alternativa para prevenir ese resultado sea instar una comunicación también por la sociedad garante, lo que se espera contribuya a mejorar la competitividad de nuestro sistema jurídico. La sección 3.ª regula los efectos de la comunicación sobre los contratos con obligaciones recíprocas pendientes de cumplimiento; tal y como exige la Directiva, la ley recoge el principio general de vigencia de esos contratos y, en consecuencia, deja sin efecto las cláusulas contractuales que puedan contrariarlo (las llamadas «cláusulas ipso facto»), con reglas especiales para los contratos de suministro de bienes o energía. La sección 4.ª del capítulo II se ocupa de los efectos de la comunicación sobre las acciones y los procedimientos ejecutivos, judiciales o extrajudiciales, sobre bienes o derechos del deudor necesarios para la continuidad de sus actividades, con exclusión, en todo caso, de tales efectos sobre los créditos de derecho público; como novedad, se da más versatilidad al régimen vigente para ajustar el alcance de la suspensión a las necesidades particulares de cada caso. La sección 5.ª del capítulo II regula la posibilidad, contemplada igualmente en la Directiva, de prorrogar, por una sola vez, los efectos de la comunicación por un período adicional de tres meses, lo cual puede ser pertinente en negociaciones muy complejas, que involucran a muchos y muy heterogéneos acreedores, e incluso accionistas, como puede suceder en el caso de una sociedad cotizada. En la sección 6.ª se prohíben las nuevas comunicaciones y el capítulo II concluye con una sección 7.ª relativa a los efectos de la comunicación sobre las solicitudes de concurso; su contenido es prácticamente idéntico al régimen establecido por el texto refundido, con una mínima adaptación para el caso de que los efectos de la comunicación se prorroguen.

El capítulo III del título II regula los efectos de la comunicación sobre determinados deberes legales del deudor; en concreto, el deber de solicitar el concurso y el deber de promover la disolución por pérdidas cualificadas. La novedad más importante atañe a los supuestos en los que sea la deudora quien solicite voluntariamente el concurso, de forma que la solicitud podrá ser suspendida cuando existan probabilidades de alcanzar un plan de reestructuración en un breve plazo con el fin de prevenir que la deudora frustre la adopción de un plan de reestructuración cuyas negociaciones están ya muy avanzadas.

El título III contiene el régimen aplicable a los planes de reestructuración, su aprobación y homologación judicial. El término «plan», en lugar de «acuerdo», es el utilizado por la Directiva y refleja la posibilidad de imponerlo, bajo ciertas condiciones, incluso a los socios del deudor. El régimen aplicable a los planes de reestructuración descansa sobre un principio de intervención judicial mínima y a posteriori. La negociación y votación del plan es informal y al margen de cualquier proceso reglado o de la intervención de ninguna autoridad judicial, sin perjuicio de la posible designación de un experto en la reestructuración, cuando proceda imperativamente o a instancias de las partes. El juez solo interviene al final del proceso, para homologar el plan ya aprobado por las clases y mayorías exigidas por la ley.

El título III se divide en siete capítulos. El capítulo I tiene como finalidad delimitar el ámbito de aplicación de este título. En primer lugar, la ley opta por una definición muy amplia del concepto de «planes de reestructuración» e incluye las medidas de reestructuración que afectan tanto al pasivo como al activo. La ley también acoge la opción, permitida por la Directiva, de homologar un plan de reestructuración que prevea la venta de partes o incluso de la totalidad de la empresa, los llamados planes liquidativos, que pueden resultar una opción atractiva, en particular, para las pequeñas y medianas empresas. En segundo lugar, el ámbito de aplicación objetivo viene determinado por los efectos que se pretendan dar al plan de reestructuración. El recurso al régimen especial que se prevé en este título será necesario cuando se pretendan extender sus efectos a acreedores disidentes dentro de una clase, a clases enteras de acreedores disidentes o incluso a los socios, esto es, cuando se excepcione el juego de las reglas generales del Derecho civil o mercantil. Igualmente, el recurso a este régimen especial será preciso cuando se quiera proteger el plan y las garantías, actos o negocios previstos en él de las reglas generales sobre acciones rescisorias concursales o conceder determinados privilegios a la financiación otorgada o comprometida en el contexto de un plan de reestructuración, en el caso de posterior concurso.

El capítulo II se ocupa de definir qué se debe entender por créditos afectados por un plan de reestructuración y su valoración. Créditos afectados son aquellos que, de conformidad con el plan, vayan a sufrir una modificación de sus términos o condiciones, con independencia de que además se altere su valor real. La ley, siguiendo a la Directiva, deja a los interesados que, en función de las necesidades de cada caso y del proceso de negociación, decidan si quieren afectar a la totalidad del pasivo o solo a una parte, y la cuantía o identidad de esta. El control judicial sobre cómo se han agrupado los créditos para formar las distintas clases presupone un control sobre cómo se ha delimitado ese «perímetro de afectación» y garantiza que responda a criterios objetivos y suficientemente justificados. La única excepción al principio de universalidad del pasivo susceptible de afectación son los créditos públicos, los créditos laborales, los alimenticios y los extracontractuales. Por invitación de la Directiva, la ley contiene reglas sobre cómo deben computarse los créditos a los efectos de ponderar el voto emitido; muchas de las reglas proceden de la legislación vigente, pero se ha añadido una novedad importante para resolver un problema habitual en la práctica, como es la valoración de los créditos contingentes. Como sucedía en el caso de la comunicación, la ley consagra el principio general de vigencia de los contratos con obligaciones recíprocas pendientes de cumplimiento, con la novedad de que la ley declara ineficaces las cláusulas de cambio de control que una capitalización de créditos pueda causar. La ley introduce otra novedad tomada del procedimiento concursal y de otros sistemas de nuestro entorno: la posibilidad de resolver contratos en interés de la reestructuración, incluidos, con alguna especialidad adicional, los contratos de alta dirección. Esta novedad es una de las pocas reglas especiales que se establecen en relación con la reestructuración del activo. En efecto, la ley establece un régimen general para la reestructuración del pasivo por lo que, tanto la reestructuración del activo como las medidas operativas que pudieran acordarse, quedan sujetas a su legislación específica atendiendo a su naturaleza (laboral, tributaria o administrativa) en modo tal que las controversias que respecto de ellas pudieran suscitarse se sustanciarán ante el juez competente y no ante el juez del concurso, que no tiene vis atractiva respecto de las mismas. Un buen ejemplo de ello lo constituyen las medidas de información y consulta con los trabajadores, que serán las previstas en la legislación laboral en función de la concreta medida operativa de que se trate. La presente ley se entiende sin perjuicio de los derechos de los trabajadores garantizados por el Derecho laboral comunitario y nacional, en particular en las Directivas 98/59/CE y 2001/23/CE del Consejo, y en las Directivas 2002/14/CE, 2008/94/CE y 2009/38/CE del Parlamento Europeo y del Consejo. Esto incluye las obligaciones de informar y consultar a los representantes de los trabajadores sobre la decisión de recurrir a un plan de reestructuración en la medida en que así se disponga en la normativa laboral y, cuando así se prevea en la misma, con carácter previo a la aprobación u homologación del plan.

El capítulo III se dedica a la formación de las clases. Para la aprobación del plan de reestructuración los créditos afectados deben votar separados por clases según su naturaleza. Esto no es ninguna novedad en la legislación española. Hasta ahora, el derecho vigente distinguía entre categorías de acreedores teniendo en cuenta dos variables: su carácter financiero y la existencia de una garantía real. Al extender la Directiva el ámbito de pasivos susceptibles de afectación, la formación de las clases deviene más compleja. La ley brinda varios criterios para determinar cómo deben formarse estas clases. Tras la cláusula general tomada de la Directiva, y que se remite a la existencia de un interés común de los acreedores integrantes de cada clase determinado conforme a criterios objetivos, la ley señala que el parámetro principal para formar las clases deben ser los rangos crediticios concursales: los créditos con rangos concursales distintos deben separarse en clases distintas. Adicionalmente, la ley permite que créditos del mismo rango se separen por clases teniendo en cuenta datos como su naturaleza financiera o no financiera; el activo sobre el que recae su garantía cuando se trate de créditos garantizados; cómo vayan a quedar afectados por el plan, cuando créditos de igual naturaleza vayan a recibir instrumentos de naturaleza distinta; y en particular que sus titulares sean pequeñas o medianas empresas y el plan de reestructuración suponga para ellas un sacrificio superior al cincuenta por ciento del importe de su crédito deberán constituir una clase de acreedores separada. El ejemplo paradigmático de sacrificio estaría constituido por las quitas o condonaciones de deuda. La ley también precisa que los créditos de derecho público constituirán una clase separada entre las clases de su mismo rango concursal. Sin embargo, guarda silencio en relación con los pactos contractuales de subordinación, dejando que sean los propios mecanismos internos de voto los que, en su caso, jueguen y se externalicen. Aunque normalmente la formación de las clases se controlará ex post, en la fase de homologación, como novedad se concede la opción a las partes interesadas de solicitar una confirmación judicial previa ante la autoridad judicial competente; esta opción puede ser útil para los supuestos en los que, durante la fase de negociación del plan, haya una disparidad de criterios entre los sujetos afectados sobre las clases formadas y sea preferible despejar las dudas sin necesidad de aguardar hasta el final de todo el proceso.

El capítulo IV se dedica a la aprobación del plan por las clases de créditos afectados. La ley conserva el régimen vigente y no establece ningún procedimiento formal o reglado sobre cómo debe procederse a la formación de clases y la votación del plan. Sí se requiere, por exigencia de la Directiva, que el plan tenga un contenido mínimo y sea notificado a todos los acreedores afectados antes de proceder a su homologación. Y se recoge el principio fundamental, también procedente de la Directiva, de que todos los acreedores afectados tienen derecho de voto ponderado en función del importe nominal de su crédito. El plan se entenderá aprobado por cada clase de créditos si vota a favor más de los dos tercios del pasivo incluido en esa clase. La mayoría se incrementa al setenta y cinco por ciento en la clase de créditos garantizados con garantía real. La ley mantiene, además, la regla especial para los créditos sometidos a un pacto de sindicación. Una vez aprobado por las clases necesarias, el acuerdo debe ser formalizado en instrumento público. La ley no introduce novedad alguna en este punto. Una de las cuestiones más complejas es la posición de los socios de la sociedad deudora cuando el plan de reestructuración afecta a sus derechos, esto es, conlleva medidas como ampliaciones de capital, modificaciones estructurales o disposición de activos esenciales que, bajo las reglas generales del derecho societario, requieren su consentimiento. También aquí la Directiva deja varias opciones a los Estados miembros. La ley opta por una solución que se aparta de la solución hasta ahora vigente en el derecho español y reconoce el derecho de voto de los socios cuando el plan de reestructuración afecta a sus derechos, pero permite que, en caso de insolvencia actual o de insolvencia inminente, el plan de reestructuración se homologue en contra de su voluntad, evitando así ciertas conductas abusivas que, en la práctica, comportan una redistribución de valor en su beneficio y en perjuicio de los acreedores sin justificación económica alguna. A los efectos de expresar su consentimiento, la ley respeta que la voluntad social se conforme bajo las reglas aplicables al tipo social correspondiente, al margen por tanto de las reglas procedimentales aplicables a los demás acreedores, pero con determinadas especialidades con el fin de acelerar el proceso y facilitar la consecución de un acuerdo favorable al plan.

El capítulo V regula los presupuestos y el procedimiento de homologación judicial del plan de reestructuración. Este capítulo se divide en cinco secciones. La sección 1.ª recoge el presupuesto objetivo necesario para la homologación y lo hace en términos muy amplios: que el deudor se encuentre en estado de probabilidad de insolvencia, de insolvencia inminente e incluso de insolvencia actual. El límite temporal es que se haya admitido a trámite una solicitud de concurso necesario. La ley, por exigencia de la Directiva, distingue dos tipos de supuestos, que refleja lo que, por influencia anglosajona, doctrinalmente se conocen como «planes consensuales» y «planes no consensuales». La mayor innovación de la ley, que procede de la Directiva, es la posibilidad de homologar un plan de reestructuración que no haya sido aprobado por todas las clases de acreedores, o incluso por los socios del deudor persona jurídica cuando el plan contenga medidas que requieran acuerdo de junta («plan no consensual»). Es lo que en la terminología anglosajona se conoce como cramdown o cross-class cramdown. Bajo ciertas condiciones, la ley permite que el plan no solo arrastre a acreedores disidentes dentro de una clase adherente o favorable (lo que se conoce como «arrastre intra-clase»), sino incluso que arrastre a clases enteras de acreedores disidentes o a los propios socios, si la junta ha votado en contra del plan («arrastre inter-clases»).

Salvo el requisito de la unanimidad entre las clases, estos planes no consensuales deben cumplir las condiciones generales para su homologación; esto es, deben recoger el contenido mínimo legal, deben haberse notificado a todos los acreedores afectados, las clases deben haberse formado correctamente y los créditos dentro de una misma clase deben recibir un tratamiento paritario.

La diferencia fundamental es que, en este caso, el plan de reestructuración puede homologarse incluso en contra de la voluntad de una o varias clases. Es suficiente con que haya sido aprobado por una mayoría de clases, entre las cuales al menos una de ellas sea una clase de créditos con privilegio especial o general. O, en su defecto, por al menos una clase de acreedores distinta de los socios y de cualquier otra clase que no hubiese recibido pago alguno o conservado ningún derecho o interés, aplicando los rangos concursales previstos por esta ley, en caso de una valoración del deudor como empresa en funcionamiento.

La ley recoge, en este punto, el tenor literal de la Directiva, que responde a un compromiso entre diferentes opciones de política legislativa. La aplicación de esta regla requiere, en primer lugar, verificar si hay una mayoría de clases afectadas que haya votado a favor del plan y si, entre ellas, hay al menos una clase sea de créditos con privilegio, especial o general, según la normativa concursal. En este caso basta una mayoría simple y no sería necesario determinar, al menos en esta fase, el valor del deudor como empresa en funcionamiento. Si no se logra esa mayoría, bastaría entonces con que una clase haya votado a favor, siempre que se trate de una clase que hubiese recibido algún pago, de conformidad con los rangos concursales, teniendo en cuenta el valor del deudor como empresa en funcionamiento. En este caso, sí que resulta necesario determinar este valor. En la práctica, una vez determinado el valor del activo, se debe calcular el pasivo e identificar las clases de acreedores, según su rango concursal, que hubiesen recibido algún pago de haberse vendido la empresa por aquel valor. Al menos una de estas clases debe haber votado a favor del plan. Esto es, el plan debe haber sido aprobado por una clase de acreedores afectados que, tomando como licencia el recurso al lenguaje más coloquial, esté «dentro del dinero» y típicamente por la clase «donde rompe el valor».

La sección 2.ª regula el procedimiento de homologación. Aunque la ley intenta mantener el principio de intervención judicial mínima y hacer ese procedimiento lo más ágil y abreviado posible, es inevitable introducir algunas modificaciones en el régimen vigente. En primer lugar, y por exigencia del Reglamento europeo de insolvencia, se introduce un control de oficio y a instancia de parte de la competencia del tribunal. A partir de aquí, y bajo ese principio de intervención mínima, la ley se basa en que el control inicial del juez es muy limitado. El sistema descansa así sobre el principio mayoritario: el mejor indicio de la razonabilidad del plan de reestructuración, incluida su necesidad e idoneidad para asegurar la viabilidad de la empresa deudora, es que una mayoría cualificada de acreedores está dispuesta a asumir el sacrificio que el plan comporta. El juez ha de verificar que se cumplen los presupuestos legales y este control lo hace exclusivamente a partir de la documentación presentada, sin perjuicio de la aplicación de las reglas generales sobre subsanación. La ley mantiene el principio de la eficacia inmediata del plan una vez homologado. Se introduce, sin embargo, una novedad muy importante en nuestro sistema: el acceso a los registros de los actos de ejecución del plan de reestructuración, incluso aunque no haya adquirido firmeza. Una impugnación del plan no impedirá la inscripción registral de esos actos. El interés en facilitar la inmediatez de la reestructuración en una situación de extraordinaria urgencia ante la inminencia del concurso justifica esta excepción a las reglas generales del derecho registral español. En este sentido, se prevé una modificación de la Ley Hipotecaria para reflejar esta especialidad. En esta misma sección, se introducen medidas especiales de protección de los acreedores con garantía real. Por último, se introduce también una novedad en relación con las garantías otorgadas por terceros. La ley parte, como no podía ser de otra manera, del mantenimiento de estos derechos de garantía. No obstante, y con el fin de facilitar las reestructuraciones de grupos de sociedades, los efectos del plan podrán extenderse también a las garantías personales o reales prestadas por cualquier otra sociedad del mismo grupo no sometida al plan de reestructuración, cuando la ejecución de la garantía pudiese causar la insolvencia de la sociedad garante y de la propia deudora.

La sección 3.ª se dedica a la impugnación del auto de homologación. Una vez dictado auto favorable, corresponde a los acreedores que no hayan votado a favor del plan o, en su caso, a los socios impugnarlo y probar que no se dan los presupuestos para su homologación, o que el plan incurre en alguna de las causas de impugnación adicionales. Esta distinción se explica en la medida en que la Directiva exige que determinados motivos o causas solo sean apreciables a instancia de parte. Estas causas varían en función de que el plan haya sido aprobado por todas las clases de créditos, y en su caso por los socios, o no. En el primer caso, y junto con la falta de concurrencia de los presupuestos para su homologación, los acreedores disidentes podrán impugnar el plan cuando el sacrificio de sus créditos sea manifiestamente mayor al que resulta necesario para garantizar la viabilidad de la empresa. También será motivo de impugnación cuando el plan no supere la llamada «prueba del interés superior de los acreedores». Adicionalmente, cuando el plan no haya sido aprobado por todas las clases de créditos o por los socios, la ley exige que se haya respetado la llamada «regla de prioridad absoluta» que tiene un doble contenido, expresado en el principio «nadie puede cobrar más de lo que se le debe, ni menos de lo que merece». La opción por la regla de prioridad absoluta, que es una de las opciones que ofrece la Directiva, se justifica por dos motivos. Por un lado, resulta más justa, ya que respeta los rangos crediticios negociados ex ante por los acreedores. Y, por otro lado, ofrece un marco más sencillo para la negociación entre las distintas clases y para la posterior homologación judicial del plan. No obstante, y como consecuencia de ese principio de flexibilidad que informa toda la ley, se permite que, en casos excepcionales, el plan se aparte de la regla de prioridad absoluta y deje algo de valor a una o varias clases de créditos de rango inferior, o a los socios, si ello es manifiestamente necesario para garantizar la viabilidad de la empresa y no perjudica injustificadamente los derechos de las clases de acreedores afectados que hayan votado en contra del plan. En relación con el procedimiento de impugnación del plan, la ley introduce sustanciales modificaciones en el régimen hasta ahora vigente. Estas modificaciones vienen exigidas por la Directiva y, en cualquier caso, resultan más garantistas. En principio, la Directiva 2019/1023 ofrece una alternativa a los Estados miembros: o un sistema de homologación unilateral o ex parte con una posterior impugnación ante una instancia superior; o un sistema de homologación tras un procedimiento contradictorio previo, en cuyo caso no se exige ese recurso. De nuevo bajo la idea de que no hay dos reestructuraciones iguales y que, por consiguiente, las situaciones pueden ser muy heterogéneas, la ley deja que sean los interesados quienes escojan la vía que prefieran. Será, así, la razón práctica la que determine cuál de los dos sistemas es más funcional. En primer lugar, se regula la solución que más se asemeja al sistema vigente. Tras la homologación judicial sin contradictorio previo, la competencia para conocer de la impugnación de la homologación del plan se otorga a la Audiencia Provincial, pero se establece un procedimiento simple y abreviado para dar la mayor agilidad posible a todo el proceso.

La sección 4.ª, por su parte, regula la vía alternativa a la homologación ex parte con impugnación ante un órgano superior. Si el interesado considera preferible ahorrarse los inconvenientes asociados a una posible impugnación ante la Audiencia Provincial, podrá, mediante una simple declaración en la solicitud de homologación, requerir al juez que con carácter previo a esta se dé trámite a las partes afectadas para que puedan oponerse a la homologación del plan. La ley introduce un procedimiento ágil y abreviado para dar cauce a estas posibles oposiciones y aclara que, bajo esta opción, la sentencia que conceda o deniegue la homologación no será susceptible de recurso.

El capítulo VI establece la protección del plan frente a las acciones rescisorias concursales. En primer lugar, se incluyen las definiciones de financiación interina y de nueva financiación. Las definiciones parten de las que hace la propia Directiva, pero con pequeños ajustes terminológicos. A partir de aquí, la ley establece distintos mecanismos de protección de esta financiación y de los actos, operaciones o negocios realizados en el contexto del plan de reestructuración frente a un concurso posterior. Con carácter general, esta protección resulta pertinente para incentivar esa financiación en un momento donde su concesión resulta más arriesgada, y en este sentido contribuye a reducir sus costes. La protección legal se condiciona a que el plan haya sido homologado y, por lo tanto, se den los presupuestos para esta homologación, y además concurra una determinada proporción de créditos afectados respecto del pasivo total. Si se dan las condiciones legales para esa protección, la ley concede además una preferencia de cobro a los acreedores de financiación interina o de nueva financiación en caso de posterior concurso, todo ello sin perjuicio de la obligación del deudor de cumplir con el pago de sus deudas cuyo devengo se produzca desde la apertura del concurso, en concreto, las deudas tributarias o de seguridad social, incluyendo cuotas y conceptos de recaudación conjunta. Naturalmente, esta protección solo está justificada si concurre el presupuesto objetivo para la homologación del plan y las demás condiciones, en concreto, la justificación de la financiación interina o de la nueva financiación, así como de la proporción del pasivo afectado. Para proteger adecuadamente los intereses de aquellos acreedores que, de forma indirecta o mediata, se puedan ver afectados por esa protección o por las preferencias de cobro de la financiación interina o de la nueva financiación, la ley amplía a cualquier acreedor la legitimación para oponerse al plan por estos motivos.

El capítulo VII contiene un único artículo relativo al incumplimiento de los planes de reestructuración. Frente a la solución vigente, la ley opta por rechazar el remedio resolutorio ante un incumplimiento del plan, pero deja la opción a las partes de que prevean otra cosa. De esta manera, se incentiva a las partes para que tengan en cuenta un escenario de incumplimiento del plan durante su negociación y regulen los posibles remedios frente al mismo o las consecuencias en caso de producirse.

El título IV se ocupa de una figura nueva en el derecho español: el experto en la reestructuración. La Directiva exige la designación obligatoria de este experto en determinados supuestos, fuera de los cuales tampoco en la norma de transposición es necesario el nombramiento, salvo que el deudor o una mayoría de acreedores lo solicite. Este título se divide, a su vez, en dos capítulos. El primero de ellos contiene las reglas relativas al nombramiento del experto.

El capítulo II se ocupa del estatuto del experto, sus funciones, deberes y régimen de responsabilidad. El diseño que ha hecho la ley de esta figura, dentro de los diferentes modelos que permite la Directiva, es más próximo a la figura de un mediador que facilite la negociación entre las partes, ayude a deudores con poca experiencia o conocimientos en materia de reestructuración, y eventualmente facilite las decisiones judiciales cuando surja alguna controversia entre las partes. Su función material más relevante quizás sea la responsabilidad de elaborar un informe sobre el valor en funcionamiento de la empresa en caso de planes no consensuales. El experto en ningún caso interviene o supervisa los poderes de administración y disposición patrimonial del deudor. De ahí que se haya optado por esa denominación, en lugar de la que utiliza la Directiva.

El título V es el último del libro segundo y contiene algunas especialidades para las personas naturales o jurídicas que no alcancen ciertos umbrales y no tengan la consideración de microempresa. Algunas de estas especialidades vienen exigidas por la Directiva y otras se explican por la necesidad de abaratar costes y facilitarles el acceso a los mecanismos preconcursales. En concreto, y como exige la Directiva, la ley excluye la posibilidad de imponer un plan de reestructuración que no cuente con la aprobación del deudor cuando esta sea una pequeña o mediana empresa. La Directiva entiende que, en este caso, los socios no tienen una posición meramente inversora en la sociedad y, en consecuencia, contribuyen con otros activos más allá del capital; incluso prevé que el riesgo de imponerles un plan de reestructuración pueda provocar un efecto contraproducente al generar un incentivo a la solicitud del concurso. Por esa razón, establece que los planes de reestructuración no puedan imponerse a este tipo de deudores, ni, cuando sea necesario su acuerdo, a los socios de la sociedad deudora. En coherencia con lo anterior, en estos mismos supuestos tampoco los acreedores o el experto en la reestructuración pueden paralizar la solicitud de concurso voluntario, ni pueden solicitar prorrogas de los efectos de la comunicación.

Además, y con el fin de dar una mayor consistencia al sistema, en este ámbito especial excluye el juego de la regla de prioridad absoluta, y opta por permitir la homologación de planes que respeten una prioridad relativa. Es suficiente con que la clase o clases de acreedores disidentes reciba un trato más favorable que cualquier clase de rango inferior, aunque acreedores de menor rango o los socios vayan a recibir cualquier pago o conservar cualquier derecho, acción o participación en la sociedad deudora pese a que aquella o aquellas vayan a recibir derechos, acciones o participaciones con un valor inferior al importe de sus créditos.

Por otro lado, y con una finalidad facilitadora y de reducción de costes, la ley prevé la elaboración de unos modelos oficiales de planes de reestructuración que podrán ser utilizados preferentemente por las pequeñas y medianas empresas. En este caso, la ley exime de la intervención notarial para la formalización del plan y de la certificación del auditor.

IV

Dentro de los cambios introducidos en el libro primero destacan los que tienen que ver con la exoneración del pasivo insatisfecho, institución que prescinde del sustantivo «beneficio» en su propia definición. Aunque la Directiva no lo impone, sí aconseja, y de hecho se ha optado, por mantener la regulación de la exoneración también para el caso de personas naturales cuyas deudas no provengan de actividades empresariales (consumidores).

La recuperación del concursado para la vida económica, tras el fracaso que el concurso supone, permite al deudor volver a emprender reincorporándose con éxito a la actividad productiva, probablemente sacando enseñanza de la crisis sufrida, en beneficio de la sociedad en general e incluso de los propios acreedores que tampoco obtendrían satisfacción a la legítima pretensión de cobro en ausencia de un expediente como el de la exoneración si el deudor, como la experiencia reiteradamente ha demostrado, se mantenía en situaciones de economía sumergida.

Los beneficios macroeconómicos de la «segunda oportunidad» han sido enfatizados en reiterados estudios de organismos económicos internacionales, como el Fondo Monetario Internacional o el Banco Mundial. Del mismo modo, un número creciente de legislaciones acogen ya la figura del «fresh start», incorporado a nuestro derecho por primera vez mediante la Ley 25/2015, de 28 de julio, de mecanismo de segunda oportunidad, reducción de la carga financiera y otras medidas de orden social.

Pero las estadísticas demuestran que en España se ha hecho un escaso uso de la exoneración del pasivo insatisfecho si se compara con lo que sucede en otros Estados de la Unión Europea. La explicación de esa menor incidencia en la práctica de este instituto en nuestro país ha de buscarse, quizá, en dos desajustes básicos que presenta la normativa vigente: por una parte, la modalidad básica de exoneración presupone el pago de un umbral mínimo de deuda, que se fija normativamente sin ninguna consideración de las circunstancias personales y patrimoniales del deudor. Por otra parte, el modelo hasta ahora vigente de exoneración del pasivo insatisfecho tiene como base o presupuesto la previa liquidación del patrimonio del deudor, lo cual resulta ilógico respecto del deudor que aspira a mantener una parte de sus bienes —precisamente aquellos que le permitirían desarrollar la actividad empresarial o profesional de la que resultarán esas rentas o ingresos futuros. Resulta indispensable superar esta limitación de nuestro sistema de exoneración, de modo que el deudor pueda optar entre una exoneración inmediata con previa liquidación de su patrimonio y una exoneración mediante plan de pagos, en la que destine sus rentas e ingresos futuros durante un plazo a la satisfacción de sus deudas, quedando exonerada la parte que finalmente no atienda y sin necesaria realización previa de todos sus bienes o derechos.

La Directiva 2019/1023 obliga a todos los Estados miembros al establecimiento de un mecanismo de segunda oportunidad para evitar que los deudores se vean tentados a deslocalizarse a otros países que ya acojan estos institutos, con el coste que esto supondría tanto para el deudor como para sus acreedores. Al tiempo, la homogeneización en este punto se considera imprescindible para el funcionamiento del mercado único europeo.

Uno de los cambios más drásticos de la nueva normativa es que, en lugar de condicionar la obtención de la exoneración a la satisfacción de un determinado tipo de deudas (como ha venido a recoger el artículo 487.2 del texto refundido de la Ley Concursal), se acoge un sistema de exoneración por mérito en el que cualquier deudor, sea o no empresario, siempre que satisfaga el estándar de buena fe en que se asienta este instituto, puede exonerar todas sus deudas, salvo aquellas que, de forma excepcional y por su especial naturaleza, se consideran legalmente no exonerables. Se mantiene la opción, ya acogida por el legislador español en 2015, de conceder la exoneración a cualquier deudor persona natural de buena fe, sea o no empresario.

En todo caso, dada la singularidad que todo mecanismo de segunda oportunidad supone en cualquier sistema legal que, como el nuestro, consagra la responsabilidad del deudor con todos sus bienes presentes y futuros para la satisfacción de sus deudas, se ha considerado oportuno seguir brindando la segunda oportunidad solo al deudor insolvente, sin extenderlo a deudores apenas aquejados, de momento, de sobreendeudamiento.

Sí que se ha considerado oportuno derogar la regla que imponía al deudor que quería beneficiarse de la exoneración haber intentado infructuosamente un acuerdo extrajudicial de pagos, al considerar, por una parte, que de ella resultaba una discriminación injustificada entre los distintos tipos de deudores y, por otra, que no parece que beneficie al deudor, a sus acreedores o a la economía en general que el deudor proponga una solución preconcursal en aquellos casos en los que esté completamente convencido de la imposibilidad de llegar a un acuerdo con una mayoría suficiente de sus acreedores. De esta forma, el deudor persona natural que se encuentre en insolvencia actual o inminente deberá acudir al concurso para poder beneficiarse de la exoneración, pero sin necesidad de perder tiempo o incurrir en el coste de intentar una solución preconcursal en cuyo éxito no confíe.

Se articulan dos modalidades de exoneración: la exoneración con liquidación de la masa activa y la exoneración con plan de pagos. Estas dos modalidades son intercambiables, en el sentido de que el deudor que haya obtenido una exoneración provisional con plan de pagos, puede en cualquier momento dejarla sin efecto y solicitar la exoneración con liquidación. Con estas dos rutas o itinerarios para la exoneración del pasivo, nuestro derecho se aproxima a otros como el derecho norteamericano, en el que cabe una exoneración inmediata para deudores que carecen de recursos (en el denominado Chapter 7 del Bankruptcy Code) y una exoneración con plan de pagos y sin obligatoria liquidación de la masa activa (en el Chapter 13), el derecho francés (art. L 742-24 del Código de Consumo/ Code de la Consommation), o el derecho finlandés (art. 36.1 de la Ley de reestructuración de deudas de la persona natural), en los que el deudor puede obtener una exoneración tras un plan de reembolsos, manteniendo parte de sus bienes.

La buena fe del deudor sigue siendo una pieza angular de la exoneración. En línea con las recomendaciones de los organismos internacionales, se establece una delimitación normativa de la buena fe, por referencia a determinadas conductas objetivas que se relacionan taxativamente (numerus clausus), sin apelación a patrones de conducta vagos o sin suficiente concreción, o cuya prueba imponga una carga diabólica al deudor. Se elimina el requisito para poder gozar de la exoneración consistente en que el deudor no haya rechazado oferta de empleo en los cuatro años anteriores a la declaración de concurso. Y también se elimina la obligación de haber celebrado, o haber al menos intentado, un acuerdo extrajudicial de pagos.

Se ha considerado igualmente oportuno reducir el plazo mínimo hasta ahora vigente de diez años que debía mediar entre una solicitud de exoneración y la exoneración anteriormente concedida al mismo deudor.

Se amplía la exoneración a todas las deudas concursales y contra la masa. Las excepciones se basan, en algunos casos, en la especial relevancia de su satisfacción para una sociedad justa y solidaria, asentada en el Estado de Derecho (como las deudas por alimentos, las de derecho público, las deudas derivadas de ilícito penal o incluso las deudas por responsabilidad extracontractual). Así, la exoneración de deudas de derecho público queda sujeta a ciertos límites y solo podrá producirse en la primera exoneración del pasivo insatisfecho, no en las sucesivas. En otros casos, la excepción se justifica en las sinergias o externalidades negativas que podrían derivar de la exoneración de cierto tipo de deudas: la exoneración de las deudas por costes o gastos judiciales derivados de la tramitación de la propia exoneración podría desincentivar la colaboración de ciertos terceros con el deudor en este objetivo (por ejemplo, los abogados), lo cual perjudicaría el acceso del concursado al expediente. De la misma forma, la exoneración de deudas que gocen de garantías reales socavaría, sin fundamento alguno, una de las piezas esenciales del acceso al crédito y, con ello, del correcto funcionamiento de las economías modernas, cual es la inmunidad del acreedor que disfrute de una garantía real sólida a las vicisitudes de la insolvencia o el incumplimiento del deudor. Por último, de forma excepcional, se permite al juez que declare la no exonerabilidad total o parcial de ciertas deudas cuando ello sea necesario para evitar la insolvencia del acreedor.

Se mantiene el derecho vigente en cuanto a los efectos de la exoneración respecto de los acreedores, los bienes conyugales comunes del deudor, y otros obligados solidarios y fiadores, si bien se amplía este último ámbito a los aseguradores y a quienes, por disposición contractual o legal, vienen obligados a satisfacer total o parcialmente deuda exonerada, de tal forma que la exoneración no afectará a los derechos de los acreedores frente a estos colectivos. En sintonía con la regla de responsabilidad del cónyuge contratante de deudas conyugales prevista en el Código Civil, se aclara que la exoneración de deudas conyugales comunes contratadas por ambos cónyuges o por el cónyuge del concursado no beneficia a este, salvo que obtenga él mismo el beneficio de la exoneración.

Para estimular la pronta reincorporación del deudor exonerado a la vida económica, la sentencia judicial que declare la exoneración supondrá mandamiento a los acreedores afectados por la exoneración para que informen de la exoneración a los sistemas de información crediticia a los que previamente hubieran comunicado el impago o mora de deuda exonerada, al objeto de la actualización de sus registros. El deudor podrá igualmente recabar testimonio de la resolución judicial para dirigirse directamente a los sistemas de información crediticia y requerir la actualización.

La exoneración puede ser revocada totalmente si se acreditase la ocultación por el deudor de bienes, derechos o ingresos. Se mantiene la revocación de la exoneración en caso de mejora sustancial de la situación económica del deudor, no solo para la modalidad de exoneración con plan de pagos (como en el derecho hasta ahora vigente), sino también en caso de exoneración con liquidación, siempre que esa mejora ocurra en los tres años siguientes y tenga causa en herencia, legado o donación, juego de suerte, envite o azar. Si la mejora de fortuna permitiera solo el pago de parte de la deuda exonerada, la revocación será parcial. Este régimen se considera compatible con el objetivo macroeconómico básico de la segunda oportunidad, ya que la mejora de fortuna se acota temporalmente y por referencia solo a circunstancias de azar o con causa gratuita y adicionalmente, y al contrario que en el derecho hasta ahora vigente, la revocación de la exoneración se produce únicamente respecto a la deuda exonerada que pueda satisfacerse con esa mejora de fortuna.

Se ha reducido de cinco a tres años la duración del plan de pagos del deudor, si bien se prevé la extensión a cinco años en algunos casos en los que los acreedores hacen concesiones o esfuerzos más gravosos a favor del deudor o cuando su riesgo de recobro es mayor. El plazo se computa desde la confirmación judicial del plan, sin perjuicio de los recursos que procedan.

El plan de pagos ha de contener una relación detallada de los ingresos y recursos previsibles del deudor para satisfacer deuda exonerable, deuda no exonerable y las nuevas obligaciones durante el plazo del plan (en especial, las de subsistencia del deudor y las que genere su actividad empresarial o profesional). Al igual que el convenio, el plan de pagos no puede consistir en la liquidación total del patrimonio del deudor, pero puede contemplar la realización o cesión en pago de bienes no necesarios para la actividad del deudor. El plan tampoco puede alterar el orden de pago de los créditos, salvo con el consentimiento de los acreedores afectados. El juez resuelve sobre el plan de pagos propuesto, tras escuchar a los acreedores personados, concediendo la exoneración provisional conforme al plan de pagos presentado por el deudor o con las modificaciones que estime oportunas.

Aunque no se requiere la aprobación de los acreedores afectados para la concesión por el juez de la exoneración, cualquiera de ellos podrá impugnarla en los casos previstos. Se considera adecuado conceder recurso de apelación respecto de la sentencia que resuelva la impugnación, sin efectos suspensivos. La exoneración provisional producirá efectos desde el término del plazo para la impugnación, si no se impugna, o desde la fecha de la sentencia judicial que la rechace.

Al igual que con el convenio, con la eficacia de la exoneración, decaen los efectos sobre el deudor de la declaración de concurso, que quedan sustituidos por los que, en su caso, contemple el plan y cesa igualmente la administración concursal. Los deberes de información y colaboración del deudor se mantienen, no obstante, hasta la exoneración definitiva.

Como en el derecho hasta ahora vigente, la exoneración provisional puede revocarse en caso de incumplimiento del plan de pagos y, adicionalmente, si se evidenciara que el deudor no hubiera destinado a la satisfacción de la deuda exonerable toda la renta y recursos efectivos en las condiciones que se determinan. La revocación de la exoneración implica la resolución del plan de pagos y de sus efectos sobre los créditos, procediéndose a la apertura de la liquidación. Se conservan, en todo caso, los actos realizados en ejecución del plan, salvo en caso de fraude, alteración de la igualdad de trato de los acreedores o actuación contraria al propio plan.

Se mantiene la posibilidad ya contemplada en el derecho vigente de que, pese al incumplimiento parcial del plan de pagos, se otorgue al deudor la exoneración definitiva, para el caso de que el juez aprecie que el incumplimiento ha resultado de accidente o enfermedad graves e inesperadas, ya del deudor, ya de las personas que con él conviven. Se han eliminado, sin embargo, los supuestos que el derecho hasta ahora vigente contemplaba para poder acceder a la exoneración no obstante el incumplimiento del plan de pagos, por dos razones: en primer lugar, porque eran situaciones excesivamente casuísticas; en segundo, porque resultaban herramientas o instrumentos adicionales —y de alguna forma, incongruentes— con los beneficios que la especial normativa de protección de los deudores hipotecarios ha venido incorporando desde el año 2013 en nuestro derecho.

V

La modernización del sistema legal para dar solución a la crisis de las microempresas es una pieza necesaria de la transposición al derecho español de la Directiva (UE) 2019/1023 del Parlamento Europeo y del Consejo, de 20 de junio de 2019. Por microempresas (o micropymes) se entienden aquellas empresas que hayan empleado durante el año anterior a la solicitud de inicio del procedimiento especial una media de menos diez trabajadores y tengan un volumen de negocio anual inferior a setecientos mil euros o un pasivo inferior a trescientos cincuenta mil euros según las últimas cuentas cerradas en el ejercicio anterior a la presentación de la solicitud.

En la definición de microempresas se ha tenido en cuenta el artículo 3 de la Directiva 2013/34 UE del Parlamento Europeo y del Consejo, de 26 de junio de 2013, sobre los estados financieros anuales, los estados financieros consolidados y otros informes afines de ciertos tipos de empresas, por la que se modifica la Directiva 2006/43/CE del Parlamento Europeo y del Consejo y se derogan las Directivas 78/660/CEE y 83/349/CEE del Consejo.

Resulta imprescindible que la actualización del derecho de la crisis empresarial contenga una parte dedicada a un sector de vital importancia en nuestra economía. Según los datos del Ministerio de Industria, Comercio y Turismo a 31 de agosto de 2020, las microempresas constituían el 93,82% de las empresas españolas y daban empleo a 4.887.003 personas, lo que representa el 31,63% del empleo total. En la mayoría de los sectores, las microempresas constituyen una parte esencial del tejido productivo: el 61,83% de las empresas del sector agrario son micropymes, el 49,58% en la construcción, y el 31,24% en el sector servicios.

Las microempresas constituyen un sector con una alta volatilidad y una enorme rotación. Así, los datos hasta el final de 2018 muestran que el 25,98% de las micropymes tienen una vida inferior a un año, el 14,27% sobreviven entre 2 y 3 años, el 16,72% entre 4 y 7 años, y solo el 20,58% de las empresas más pequeñas duran más de 15 años. Estos datos muestran la extraordinaria importancia que adquiere la implementación de un sistema que sea capaz de reducir la rotación, incrementando las posibilidades de continuidad de aquellas empresas viables, y que ofrezca instrumentos eficaces y eficientes de salida del mercado a aquellas empresas que no tienen valor añadido, de modo que se liberen los recursos y puedan ser asignados a usos más eficientes.

Por lo que al uso del sistema concursal se refiere, los datos no son positivos. El hasta ahora vigente acuerdo extrajudicial de pagos ha tenido un uso muy escaso y el concurso de acreedores no ha resultado ser una herramienta eficaz para salir de la crisis empresarial.

Las microempresas suelen acceder al procedimiento concursal cuando su situación financiera se ha deteriorado tanto y queda tan poco valor en la empresa que cualquier solución reorganizativa resulta poco viable. Pese a ello, el concurso de acreedores incluye pocas excepciones y especialidades en el tratamiento de la insolvencia de las microempresas. El concurso de acreedores responde a un procedimiento de corte clásico, formal y con un fuerte contenido procesal, lo que comporta, en su implementación, unos costes fijos altos, con independencia del tamaño de la empresa concursada. En esta tesitura no es infrecuente que la propia estructura procesal del concurso genere más costes que el valor residual que queda en la empresa insolvente. Es, por tanto, necesario diseñar un procedimiento para las microempresas que reduzca notablemente los costes fijos del propio sistema.

En primer lugar, el procedimiento diseñado en el nuevo libro tercero incluye un gran número de medidas dirigidas, precisamente, a solucionar este problema. Las principales características del procedimiento son:

El procedimiento especial diseñado busca reducir los costes del procedimiento, eliminando todos los trámites que no sean necesarios y dejando reducida la participación de profesionales e instituciones a aquellos supuestos en que cumplan una función imprescindible, o cuyo coste sea voluntariamente asumido por las partes. Todo ello, sin menoscabo de la plena tutela de los derechos de los participantes en el procedimiento.

La intervención del juez solo se producirá para adoptar las decisiones más relevantes del procedimiento o cuando exista una cuestión litigiosa que las partes eleven al juzgado. Los incidentes se solucionarán, salvo excepciones, por un procedimiento escrito; y, cuando sea necesaria la participación oral de las partes o de expertos se utilizarán las vistas virtuales, celebradas por medios telemáticos.

Los incidentes y los recursos no tendrán efectos suspensivos, aunque el juez podrá adoptar medidas cautelares o suspender determinados efectos. Con carácter general, las decisiones judiciales no serán recurribles.

Se pone a disposición de las partes un programa de cálculo y simulación de pagos en línea sin coste, lo que permitirá reducir los costes de asesoramiento del deudor.

En segundo lugar, se articula una simplificación procesal estructural para las partes basado en que la comunicación en el seno del procedimiento se realizará a través de formularios normalizados oficiales accesibles en línea, sin coste. Ello permite recibir la información en tiempo real, lo que garantiza la completitud de la información. Los trámites del procedimiento especial podrán transcurrir en paralelo, a diferencia del concurso de acreedores que se desarrolla de forma lineal con etapas consecutivas.

Para utilizar el procedimiento, los usuarios deben hacer uso de sus propios certificados electrónicos cualificados o de sistemas de identificación electrónica tales como Cl@ve y Cl@veJusticia.

Uno de los aspectos más innovadores de este sistema es su carácter modular. Tradicionalmente, el Derecho concursal lleva aparejados una serie de efectos automáticos que tienen costes fundamentalmente para los acreedores. El procedimiento especial permite a las partes que soliciten su aplicación solo si así lo desean: este es el caso de la paralización de ejecuciones sobre activos con garantía real y del nombramiento de profesionales.

Así, la participación de profesionales (mediador, administrador concursal, experto en reestructuración) se exige solo para ejecutar determinadas funciones o cuando lo soliciten las partes y asuman el coste.

El pilar del procedimiento es la veracidad de la información aportada. Por ello, la ocultación de información relevante, la manipulación de datos o la aportación de documentación incorrecta o no enteramente veraz tiene consecuencias severas. Es causa expresa de calificación culpable, se pone en conocimiento del Ministerio Fiscal.

En tercer lugar, el procedimiento especial es único: las microempresas no tienen acceso al concurso ni a los acuerdos de reestructuración.

Este procedimiento trata de combinar aquellos aspectos del concurso y de los planes de reestructuración que mejor se adaptan a las microempresas. Así, el presupuesto objetivo es amplio y se permite su utilización cuando la microempresa está en probabilidad de insolvencia (situación preconcursal), insolvencia inminente o insolvencia actual (situación concursal).

Los autónomos, además de tener acceso al procedimiento especial (si son microempresas), pueden acceder al procedimiento de segunda oportunidad.

Uno de los motivos por los que se regula un sistema único y simplificado es para facilitar su comprensión por los usuarios que, en su mayoría, carecerán de conocimientos específicos sobre instrumentos preconcursales y concursales y tendrán recursos limitados para contratar asesores externos.

Adicionalmente, son dos los elementos en los que se basa este procedimiento especial único: la negociación y el modo de finalización de esta.

De un lado, se trata de un procedimiento formal, en el que se contempla un período de negociación de tres meses no prorrogables, durante los cuales se suspenden las ejecuciones singulares y se puede preparar un plan de continuación o la enajenación de la empresa en funcionamiento. Finalizado este plazo se inicia un procedimiento formal, pero muy flexible y de bajo coste.

Se ha considerado que la regulación de un procedimiento formal es más adecuada por dos motivos: añade una «oficialidad» al sistema, que incrementa las posibilidades de que se proporcione toda la información necesaria para los acreedores y ayuda a reducir el fraude o su mal uso y promueve la participación de los acreedores profesionales cuya inactividad ha sido uno de los grandes problemas, pues es un sistema universal que afecta a todos los acreedores, y a todos los bienes y derechos (salvo los inembargables).

De otro, se establecen dos posibles itinerarios: una liquidación rápida (fast-track) o un procedimiento de continuación de rápida gestión y flexible. Debe aclararse que a través de este procedimiento solo podrán liquidarse empresas insolventes, pues la normativa societaria y mercantil ya ofrece vías para la liquidación de empresas solventes. Y los autónomos podrán acceder al procedimiento de segunda oportunidad a partir de cualquiera de los dos itinerarios, ya sea el de liquidación o el de continuación.

Como ocurre con los supuestos de concurso y de los planes de reestructuración, el procedimiento especial funcionará mejor cuanto antes se utilice, para lo cual es esencial que se perciba como un instrumento útil y manejable por parte del deudor.

El capítulo I del título I del libro tercero regula las disposiciones generales (ámbito subjetivo, presupuesto objetivo, las reglas procesales especiales del procedimiento y la ocultación o provisión de información o documentación). La primera de las reglas procesales especiales es la sustitución del sistema tradicional de presentación de escritos en papel ante el juzgado, por la entrega de formularios normalizados electrónicos, predeterminados, accesibles en línea, sin coste, y cuyo envío se produce de forma telemática. Otra especialidad, como se ha anticipado, consiste en la eliminación, con carácter general, de las vistas orales presenciales y su sustitución por vistas virtuales.

Otro de los principios esenciales radica en la proactividad de las partes. Así, la adopción de medidas concretas o el acceso a determinada información debe ser solicitada por los interesados, no generándose costes innecesarios. Estas características del procedimiento explican la creación de un sistema dinámico de acceso a la información por parte de los acreedores.

Por último, se regulan en este capítulo I las consecuencias que comportaría la ocultación, manipulación, aportación de documentación incorrecta o no enteramente veraz, a las que se ha hecho referencia.

El capítulo II del título I regula la comunicación por el deudor del inicio de negociaciones y la apertura del procedimiento especial. Tienen la potestad de solicitar la apertura del procedimiento el deudor, los acreedores y los socios personalmente responsables. El solicitante debe elegir el inicio de un procedimiento de continuación o uno de liquidación. En el caso de que el solicitante sea un acreedor o un socio, al inicio del procedimiento el deudor tiene la facultad de modificar el itinerario en los siguientes términos: si se solicitó un procedimiento de continuación, el deudor puede imponer la liquidación siempre que se esté en una situación de insolvencia actual; y si se solicitó un procedimiento de liquidación, el deudor puede poner en marcha un procedimiento de continuación. No obstante, una vez comenzada la tramitación de un procedimiento de continuación, los acreedores que representen una mayoría del pasivo podrán, en cualquier momento, forzar la liquidación en el caso de que el deudor sea insolvente.

El sistema combina la previsión de la Directiva que requiere el consentimiento de la microempresa para alcanzar válidamente un plan de continuación, con la necesidad de evitar que el proceso se prolongue innecesariamente cuando los acreedores no crean en la posibilidad de una solución concordataria.

En la solicitud de apertura el deudor podrá solicitar de manera voluntaria, por ejemplo, el nombramiento de un experto en la reestructuración o de un administrador concursal o la paralización de las ejecuciones sobre activos sujetos a garantía real.

Tras la comunicación de apertura de negociaciones de microempresas, en el caso de los acreedores públicos, la regla general es la imposibilidad de suspensión de sus ejecuciones singulares. Como excepción, la suspensión exclusivamente podría acordarse durante la fase de realización o enajenación de los bienes o derechos necesarios para la continuidad de la actividad empresarial o profesional del deudor por un período limitado a tres meses. Todo ello, sin perjuicio de la posibilidad del deudor de solicitar la suspensión de las ejecuciones a partir de la solicitud de apertura del procedimiento especial de continuación.

El deudor dispondrá de un plazo de tres meses no prorrogable para negociar con los acreedores. Una vez tramitada la solicitud, el procedimiento se abrirá por auto judicial, que tendrá un contenido simplificado. Con el fin de agilizar los trámites y reducir la carga de trabajo de los juzgados, la notificación de la apertura del procedimiento a los acreedores se realizará por el deudor, por correo electrónico. La apertura se publicará en el Registro público concursal y en los registros de bienes y personas.

El capítulo III del título I regula los efectos de la apertura del procedimiento especial.

En el procedimiento de continuación los acreedores que representen un mínimo porcentaje del pasivo total pueden solicitar la limitación de las facultades de administración y disposición del deudor. También es posible la intervención o la sustitución de dichas facultades mediante petición expresa en la solicitud de nombramiento de experto en la reestructuración. La sustitución requerirá además que el deudor esté en situación de insolvencia.

En el procedimiento especial de liquidación los acreedores cuyos créditos representen un mínimo porcentaje del pasivo total podrán solicitar el nombramiento de un administrador concursal que sustituya al deudor en sus facultades de administración y disposición de su patrimonio. El auto del juez que resuelva sobre la petición será recurrible en reposición, que se resolverá previa celebración de vista.

En defecto de lo anterior, el deudor continuará desarrollando esas facultades de administración y disposición, aunque solo podrá realizar aquellos actos de disposición que tengan por objeto la continuación de la actividad empresarial o profesional, siempre que se ajusten a las condiciones normales de mercado.

La apertura del procedimiento trae consigo los mismos efectos sobre los contratos y las cláusulas contractuales de vencimiento anticipado previstas en el libro segundo, y, de modo similar, como regla general, se produce la suspensión de las ejecuciones sobre el patrimonio de la microempresa, con la finalidad de preservar el valor de la empresa en funcionamiento hasta que se alcance un plan de continuación o la venta de la unidad productiva. En el caso de bienes y derechos sometidos a garantía real solo se produce cuando así se solicita expresamente por el deudor y se reúnen los requisitos legales para ello.

El título I recoge expresamente una regla de protección del crédito comercial que, en condiciones normales de mercado, se haya concedido al deudor en los tres meses anteriores a la apertura del procedimiento, por medio de la irrescindibilidad, en ausencia de fraude, de las compensaciones efectuadas en el marco de contratos de cuenta corriente o de líneas de financiación del circulante.

El capítulo IV del título I se ocupa de las acciones rescisorias y de las acciones de responsabilidad contra administradores, liquidadores o auditores de la sociedad deudora.

El ejercicio de la acción corresponderá a un administrador concursal, nombrado específicamente al efecto o previamente nombrado con carácter general en el procedimiento. En el primer supuesto, deberá ser solicitado por acreedores que reúnan un mínimo porcentaje, y podrá ser rechazado por acreedores con porcentaje superior, salvo que los solicitantes asuman el coste del pago de la retribución.

La acción rescisoria o la acción de responsabilidad solo podrán ejercitarse en este contexto en caso de insolvencia actual del deudor. Estas acciones pueden ser cedidas o transmitidas de otro modo a un tercero, generando así liquidez para la masa y mejorando las opciones de cobro de la generalidad de los acreedores. Igualmente, este tipo de acciones pueden ser incluidas como un activo más en el sistema de generación de recursos para el pago de los créditos del plan de continuación.

El título II regula el procedimiento de continuación, que es un procedimiento abreviado en el que el deudor y sus acreedores pueden alcanzar una solución acordada a la insolvencia, con independencia de la situación patrimonial del deudor.

La iniciativa para presentar el plan corresponde tanto al deudor como a los acreedores, aunque la propuesta de aquel tiene preferencia en caso de que se presenten varias. Queda a la iniciativa del deudor la notificación de la propuesta a los acreedores, a través de un sistema por el que quedan registradas las notificaciones en el juzgado. La inacción del deudor se trata como una muestra de desinterés que arroja suficiente duda sobre las posibilidades de éxito del plan, lo que tiene como consecuencia el cierre del procedimiento, si el deudor es solvente, o la apertura de la liquidación, cuando se encuentra en insolvencia actual.

Desde el punto de vista de la reestructuración de la empresa, el límite se encuentra en el régimen jurídico general; no hay, por tanto, ninguna limitación específica, y el deudor y sus acreedores tienen libertad para sanear la empresa con las medidas necesarias para devolverla a un estado de viabilidad sostenida en el tiempo. La proposición del plan es, procesalmente, el momento para la determinación de las clases de acreedores, que se ordenan de manera sencilla, de acuerdo con su valor económico, que coincide con la clasificación de créditos prevista en el libro primero, tanto en lo relativo a las categorías de créditos como a las distintas subcategorías que conforman el orden jerárquico de los créditos privilegiados, ordinarios y subordinados. En el caso de las micropymes, todos los acreedores participan, incluidos los subordinados. En el supuesto de sociedades, los socios expresan su voluntad a través del órgano societario, no como clase (o subclases) en el marco general de decisión de los acreedores. Esta diferencia del sistema de microempresas entronca directamente con la exigencia de la Directiva. La aprobación del plan se hace exclusivamente por procedimiento escrito. En este procedimiento se fusionan dos trámites procesales que, tradicionalmente, se han realizado de forma separada y sucesiva: la determinación de los créditos y la emisión del voto (y, por tanto, la aprobación o rechazo) del plan. Se realiza, además, con total transparencia, en cuanto a las alegaciones realizadas sobre el contenido del plan, lo que hará aflorar información que puede resultar de gran utilidad para la decisión de los acreedores sobre el destino del plan de continuación.

Presentado el plan, el deudor y los acreedores podrán formular alegaciones a cualquier elemento del plan, tras lo cual tendrá lugar la votación que se realizará por medio de formulario normalizado oficial o por cualquier medio telemático habilitado por el juzgado.

Transcurrido el periodo de votación, el letrado de la Administración de Justicia emitirá certificación con el resultado, que será notificado electrónicamente al deudor y los acreedores. Con la finalidad de evitar la prolongación excesiva del procedimiento de continuación en caso de impugnación de la lista de acreedores, el libro tercero prevé la posibilidad de la emisión de una certificación provisional del resultado. Esto acontecerá cuando las alegaciones aun no resueltas judicialmente sean de una cuantía no susceptible de alterar el resultado de la votación.

La votación se realizará por todos aquellos créditos que resulten afectados por el plan de continuación. La definición de qué crédito se entenderá afectado no tiene especialización para microempresas, y se aplica lo previsto en el libro segundo. De acuerdo con lo previsto por la Directiva, el deudor y en su caso los socios de la sociedad deudora legalmente responsables de las deudas sociales deberán dar su consentimiento al plan. Como regla, el plan podrá afectar a todos los créditos, incluidos los contingentes y los sometidos a condición. Existe, sin embargo, una excepción para el caso de los créditos por alimentos derivados de relación familiar, para determinados créditos laborales, y los créditos derivados de daño extracontractual. Estos son los tipos de créditos que no resultarían exonerables en caso de que el deudor persona física solicitase la exoneración. También se introducen límites para el caso del crédito público, que no podrá ser afectado en la parte que deba ser calificada como privilegiada, ni en los porcentajes de las cuotas de la seguridad social cuyo abono corresponda a la empresa por contingencias comunes y contingencias profesionales, ni en los porcentajes de la cuota del trabajador que se refieran a contingencias comunes o accidentes de trabajo y enfermedad profesional.

Existen dos aspectos en los que la aprobación del plan de continuación se separa de las reglas del libro segundo y que se fundamentan en las especiales características de las microempresas. En primer lugar, se entenderá que el acreedor que no emite voto alguno lo hace a favor del plan. Con esta regla se pretende incentivar la participación de los acreedores, sobre todo de aquellos de mayor tamaño, no infrecuentemente reacios a participar en los procedimientos de menor tamaño. En segundo lugar, la reducción de los porcentajes necesarios para que se entienda aprobado. Esta medida busca favorecer este tipo de acuerdos, preservando, en todo caso, mayorías amplias.

El sistema de homologación judicial del plan de continuación presenta también diferencias con el sistema de homologación del libro segundo. En el caso del procedimiento especial, el mecanismo de homologación se agiliza y se deja a la iniciativa de los interesados que así lo soliciten en aras de una mayor seguridad jurídica. Si ni el deudor ni los acreedores solicitan la homologación esta se producirá automáticamente de manera tácita.

Esta diferencia con el libro segundo se explica, además de por los principios anteriormente enunciados, por la existencia de control de legalidad con anterioridad a la homologación durante el procedimiento escrito de aprobación. En otras palabras, en este punto el sistema de homologación del plan de continuación se asemeja más a la aprobación judicial del convenio en el concurso de acreedores. Y esto es así, precisamente, porque, también en el supuesto de este libro tercero, los intereses de las partes se han protegido suficientemente antes de este último acto.

Ahora bien, esta es la regla general del procedimiento especial de continuación, pero existe también una excepción para el caso en que se haya considerado la ausencia de voto como voto a favor del plan. En este supuesto la homologación judicial se antoja necesaria. No parece adecuado que un plan de continuación se apruebe por una minoría de acreedores ante el desinterés de la mayoría sin que el juez entre a realizar un control adicional sobre el fondo.

El capítulo III del título II regula las distintas vicisitudes que pueden acontecer en relación con el plan de continuación. En primer lugar, el plan de continuación se entenderá cumplido una vez transcurridos treinta días desde el último pago previsto sin que nadie hubiera solicitado la declaración de incumplimiento. En segundo lugar, se regula la frustración del plan, que puede ocurrir por falta de aprobación, por rechazo a la homologación, en caso de estimación de una impugnación de la homologación, o, en fin, en caso de incumplimiento del plan. En todos estos supuestos, la consecuencia será, como regla general, la apertura del procedimiento especial de liquidación sobre la microempresa, salvo que esta no se encuentre, en el momento en que acontece la frustración del plan, en situación de insolvencia actual.

En tercer lugar, regula el incumplimiento del plan de continuación, incluyendo una serie de reglas similares a las previstas en el libro primero para el caso de incumplimiento del convenio concursal.

Cuando el plan de continuación no haya llegado a buen fin, el deudor persona física podrá intentar la vía de la exoneración del pasivo insatisfecho a través del cumplimiento de un plan de pagos de acuerdo con el procedimiento previsto en el capítulo II del título XI del libro primero. En este caso, el deudor no pasará directamente a un procedimiento especial de liquidación.

El último capítulo del título II incluye una serie de medidas y efectos no obligatorios, es decir, que solo se producirán cuando lo solicite el deudor o los acreedores, y se den todos los requisitos legales.

La primera de estas opciones o módulos consiste en la solicitud, por parte del deudor, de una suspensión de las ejecuciones iniciadas o por iniciar sobre bienes de la masa sometidos a garantía real. Otra de las opciones o módulos a disposición del deudor y de los acreedores es la solicitud de un procedimiento interno de mediación, que consiste en una especie de procedimiento interno paralelo, informal, breve y sin coste más allá de la retribución del experto, en el que el profesional cita a las partes a encuentros en un espacio virtual, con la intención de favorecer un acuerdo entre las partes. En tercer lugar, otra opción o módulo consiste en la solicitud de que el deudor se vea sometido a limitaciones en sus facultades de administrar y disponer sobre la masa activa ulteriores a las previstas con carácter general en el título I. Esta última opción o modulo se limita, sin embargo, a los deudores en situación de insolvencia actual, de conformidad con lo establecido en el artículo 5 de la Directiva, que establece la regla general del deudor no desapoderado.

El cuarto y último de los módulos regula el nombramiento de un experto en la reestructuración. El nombramiento de un experto en los supuestos de insolvencia de las microempresas debe ser opcional, no una necesidad como ocurre en el concurso de acreedores.

La solicitud del nombramiento de un experto en la reestructuración puede acompañarse de la petición de sustitución del deudor en sus facultades de administración y disposición de la masa activa, que pasarían a ser asumidas por el experto. En este supuesto el deudor podrá oponerse, no al nombramiento de un experto en la reestructuración, sino a la sustitución de dichas facultades, cuando no se encuentre en situación de insolvencia actual. El juez puede en ese caso acordar el nombramiento del experto con meras facultades de intervención. El deudor y los acreedores con una mayoría del pasivo podrán acordar el nombramiento de un experto en la reestructuración y también su retribución. Si no hay acuerdo, el nombramiento del experto se producirá por el juez de entre los inscritos en las listas de expertos en la reestructuración. Como regla general la retribución será a cargo de quien solicite el nombramiento, y esta se fijará mediante negociación de honorarios profesionales entre el solicitante y el profesional.

El título III se dedica al procedimiento especial de liquidación. Está concebido para dotar a las microempresas de un instrumento sencillo, rápido y flexible, que les permita terminar ordenadamente un proyecto empresarial que, por un motivo u otro, no ha resultado exitoso.

La liquidación se abrirá a solicitud del deudor o de los acreedores. El deudor podrá solicitar su apertura en caso de insolvencia inminente o actual. Los acreedores, por el contrario, solo podrán solicitarla cuando el deudor se encuentre en situación de insolvencia actual. La apertura de la liquidación también procederá en el supuesto de frustración del plan de continuación. En estos supuestos de frustración, la apertura de la liquidación se producirá siempre y cuando el deudor esté en situación de insolvencia actual, y fracasado el plan de continuación, no haya optado por el camino de la exoneración de deudas mediante un plan de pagos.

Los efectos de la apertura del procedimiento especial de liquidación variarán dependiendo de si existe o no la posibilidad de la transmisión de la empresa o de alguna unidad productiva en funcionamiento. Mientras exista esta posibilidad, la apertura del procedimiento no afectará a los contratos pendientes de ejecución por ambas partes y serán ineficaces las cláusulas que anuden la resolución automática con la apertura de la liquidación. El título III ofrece una indicación sobre cuándo debe entenderse, a estos efectos, que la posibilidad de transmisión de la empresa o de unidades productivas en funcionamiento ya no existe. Esto acontecerá cuando así lo reconozca el deudor en la propia solicitud de apertura de la liquidación, cuando se determine objetivamente en el plan de liquidación presentado por el deudor o por la administración concursal, o, en fin, cuando así se desprenda del plan de liquidación modificado por el juez tras las alegaciones de las partes. Una vez no sea objetivamente previsible la transmisión de la empresa en funcionamiento se producirán los efectos típicos de la apertura de la liquidación concursal, es decir, el vencimiento anticipado de los créditos y la conversión en dinero de aquellos créditos u obligaciones que consistan en prestaciones no dinerarias.

La apertura del procedimiento especial de liquidación supone en todo caso la disolución de la sociedad. Los acreedores que representen créditos con una mínima mayoría podrán solicitar el nombramiento de un administrador concursal que sustituirá al órgano de administración en sus facultades de administración y disposición. En defecto de dicho nombramiento, el órgano de administración continuará con sus facultades de administración y disposición sobre el patrimonio, con las limitaciones legales que se establecen.

El carácter opcional para los acreedores del nombramiento de un administrador concursal determina que una de las grandes novedades de este libro tercero radica en la posibilidad de que el deudor sea quien liquide la masa activa. Esta especialidad se justifica, en primer lugar, por la previsibilidad de que, en una buena parte de los casos, la masa activa, en el momento de apertura del procedimiento, incluirá pocos activos y su liquidación debería resultar sencilla, sobre todo teniendo en cuenta los mecanismos de liquidación a través de venta por plataforma previstos en este libro tercero; y en segundo lugar, también previsiblemente, algunos de esos activos —los más valiosos— estarán sometidos a garantía real o algún tipo de preferencia específica. Ello no impide, como se ha dicho, que el propio deudor o los acreedores, si así lo solicitan, puedan solicitar el nombramiento de un administrador concursal que realice las tareas de liquidación.

El procedimiento especial de liquidación incluye un sistema ágil y abreviado de determinación de la masa activa y de la masa pasiva. Sobre la base de la lista de bienes y de créditos aportada por el deudor, los acreedores pueden, en el plazo de veinte días hábiles, impugnar partidas del inventario o la cuantía, naturaleza y circunstancias con que ha sido incluido un crédito. En este libro tercero se aplican las normas de reconocimiento de créditos de carácter sustantivo incluidas en el libro primero. Este procedimiento abreviado de determinación de las masas activa y pasiva también permite insinuar su crédito a aquellos acreedores que no han sido incluidos por el deudor en la lista. Este particular puede ser especialmente importante en la práctica, sobre todo en los supuestos en que no hay nombramiento de la administración concursal. La omisión deliberada de créditos, incluidos los litigiosos, así como la inclusión de créditos no reales reciben una severa sanción en el marco del sistema creado por el procedimiento especial.

En el caso del procedimiento especial para micropymes el plan de liquidación supone la pieza central en el proceso de liquidación. La razón de la diferencia radica en la existencia, en el concurso de acreedores, de un informe de la administración concursal en el que se fijan los derechos de las partes y se contienen los elementos esenciales del procedimiento. En el caso de las microempresas, sin embargo, no existe una fase común, ni un informe de la administración concursal, sino que todo se desarrolla, por economía procesal, en una misma fase. Este plan, en el libro tercero, se diseña de manera flexible e informal, evitándose, de este modo, los problemas de retrasos e incumplimientos que eran propios de la práctica en el concurso de acreedores antes de la reforma.

En el plan se incluirá la forma en que se prevé la liquidación de los activos y el tiempo previsto para la misma. Como regla general, siempre que sea posible, se enajenará la empresa o una unidad productiva en funcionamiento; y la venta de los activos individualmente considerados se producirá, salvo excepción justificada y suficientemente explicada, a través de la plataforma de liquidación. El plan de liquidación deberá ejecutarse en tres meses, aunque existe la posibilidad, a solicitud del deudor o de la administración concursal, de obtener una prórroga de un mes adicional.

Además, el plan constituye una pieza informativa de primer orden en el procedimiento especial de liquidación. Los acreedores y, en su caso, los trabajadores, tendrán la posibilidad de formular alegaciones al plan, a las que tendrán acceso todos los acreedores. Existe también la posibilidad de un breve trámite incidental, basado en las alegaciones realizadas por las partes, en que el juez puede modificar o, en su caso mantener, el contenido del plan de liquidación.

La plataforma de liquidación conforma otra de las novedades más importantes de este procedimiento especial para microempresas. Será de acceso gratuito y universal, y en ella se volcarán los activos de todos los procedimientos especiales de microempresas en liquidación. Se conformará un catálogo de bienes, organizados por categorías, según criterios comerciales, y enajenables de manera individual o por lotes. La venta de los activos se realizará tanto a través de venta directa por acceso externo al catálogo de los clientes como a través de la realización de subastas electrónicas periódicas, que deberán ser más frecuentes en las etapas iniciales del periodo de liquidación.

La plataforma no solo contribuirá a agilizar la venta de activos, permitirá reducir el coste de la liquidación, incrementará notablemente la transparencia, y coadyuvará a descargar notablemente de trabajo al sistema judicial, sino que jugará un papel muy importante a la hora de permitir la terminación de los procedimientos especiales de liquidación en los plazos previstos. Con la clausura del procedimiento especial sin haber liquidado todos los bienes, el deudor, o la administración concursal, y en ambos casos con el control del juzgado, entregarán a la plataforma una lista con identificación precisa tanto de los activos remanentes como de los acreedores cuyos créditos resultan insatisfechos, ordenados por estricto orden de prioridad. Periódicamente todo dinero que se recaude sobre bienes de cada procedimiento será entregado a los acreedores del mismo mediante un sistema de transferencias bancarias automáticas.

El título III regula la transmisión de la empresa o de sus unidades productivas en funcionamiento, si bien deberá completarse con lo previsto en el libro primero. La transmisión de la empresa o de sus unidades productivas podrá producirse en tres momentos distintos: con la propia presentación de solicitud de apertura de un procedimiento especial de liquidación; o en un momento posterior, con su inclusión en el plan de liquidación; o, posteriormente sin inclusión previa en el plan de liquidación, a modo de oferta sobrevenida que no se había considerado inicialmente como una posibilidad. Esta última opción persigue otorgar flexibilidad a la liquidación. Las tres formas de transmisión de la empresa o de las unidades productivas presentan algunas especialidades regulatorias.

La vía de la presentación junto con la solicitud sigue de cerca la regulación de la institución equivalente en el libro primero. Igual que en el caso del concurso, la propuesta que involucre a una persona especialmente relacionada con el deudor deberá ir acompañada del apoyo previo de un porcentaje de los acreedores que no sean personas especialmente relacionadas con el deudor; además, en este caso, para incrementar la transparencia, la empresa deberá anunciarse en la plataforma especial para la liquidación. Otra especialidad de esta vía rápida consiste en el necesario nombramiento de un administrador concursal o de un experto en la valoración de la empresa, que emitirá un informe que, al igual que la propia oferta, será incorporado al plan de liquidación. Entre las alegaciones que los acreedores pueden realizar al plan se prevé en este caso expresamente la posibilidad de que requieran de manera vinculante la publicidad a través de la plataforma de liquidación. Incluso cuando la oferta se presente junto con la solicitud, el procedimiento especial de liquidación prevé la posibilidad de que se presenten ofertas adicionales. Estas ofertas adicionales serán igualmente sometidas a informe y se creará una especie de proceso abreviado de negociación. El sistema crea una suerte de subasta dinámica y transparente de manera informal.

Cuando se incluya la previsión de transmisión de la empresa o de las unidades productivas en el plan de liquidación, se prevé también la posibilidad de una valoración externa de la empresa o de la unidad productiva. Esta valoración será obligatoria si ya existe un administrador concursal nombrado. En caso de producirse una valoración externa, las partes podrán realizar alegaciones.

Por otra parte, la plataforma de liquidación podrá ser asimismo utilizada para favorecer la transmisión de la empresa o de las unidades productivas. Se prevé la posibilidad de que el deudor o el administrador concursal vuelque información con un grado de detalle suficiente sobre la empresa o las unidades productivas para generar interés en posibles compradores, actuando, así, como facilitador de mercado. Como se señalaba para el supuesto de presentación inicial de la oferta, la publicidad a través de la plataforma es un requisito para la transmisión, en última instancia, a una persona especialmente relacionada con el deudor. Si se produce un interés, los interesados potencialmente en adquirir la empresa o la unidad productiva darán a conocer tal circunstancia por medio de formulario normalizado oficial habilitado, interés que será notificado al deudor y/o a la administración concursal. Los interesados podrán solicitar información adicional que, por su carácter sensible o reservado, no es objeto de publicidad accesible en abierto. La plataforma actúa, de este modo, como mecanismo reductor de los costes de la due diligence previos a las adquisiciones de empresas, pero no es el mecanismo apropiado para ejecutar la transacción. Antes bien, la transmisión de la empresa o de la unidad productiva se dará a través de un sistema de venta directa, siempre bajo los principios de transparencia y publicidad, o, excepcionalmente, a través de subasta.

Cuando la transmisión de la empresa o de la unidad productiva se realice de forma directa o por subasta, se determinará un plazo para la presentación de ofertas, todo ello siempre de acuerdo con lo previsto en el plan de liquidación. Con la finalidad de incrementar la transparencia, los aspectos fundamentales de la operación se notificarán a todos los acreedores y se harán públicos a través de la inscripción del acuerdo en el registro de resoluciones concursales. El libro tercero incluye una especie de derecho de tanteo general que permitirá a cualquier tercero adjudicarse la empresa o la unidad productiva siempre que ofrezca, con el resto de las condiciones iguales, un incremento del 15% o más del precio fijado para la transacción original. Esta regla, por supuesto, persigue empujar al alza el precio en la venta directa de la empresa para beneficio de todos los acreedores del procedimiento especial de liquidación.

El precio inicial de venta o el precio inicial de la subasta será la valoración de la empresa o de la unidad productiva que se haya incluido en el plan de liquidación. Ahora bien, en todo caso, el valor por el que se transmita la empresa será siempre superior a la suma del valor de todos los activos incluidos en la masa individualmente considerados, de modo que una transmisión en funcionamiento no pueda, en ningún caso, perjudicar el derecho de los acreedores a su cuota de liquidación.

En el marco de las operaciones de liquidación, el procedimiento especial incluye reglas especiales en relación con los créditos que la microempresa tiene frente a tercero. Es habitual que una parte importante de los activos de una microempresa, al menos de aquellos que no están sometidos a garantía real y por tanto su realización puede ser utilizada para satisfacer los créditos de los acreedores no privilegiados, sean precisamente los créditos por cobrar. Este tipo de activos a menudo requiere actuaciones procesales para su conversión en dinero que se acompasa con dificultad a los tiempos del procedimiento especial, que, como todo procedimiento de insolvencia, exige una rápida resolución. Con la finalidad de evitar que la recuperación de estos créditos y, por tanto, la conversión en dinero de este tipo de actuaciones liquidativas retrase enormemente la clausura del procedimiento de continuación, causando, con ello, un grave perjuicio al sistema, se incluye un sistema de monetización de los créditos que tiene una doble vertiente: por un lado, un sistema de enajenación de los créditos, y, por otro, un mecanismo de cesión de los créditos con gestión de cobro, cuya finalidad consiste en que el cesionario litigue en nombre y por cuenta del deudor. Esta cesión permitirá cerrar el procedimiento concursal, y el dinero obtenido con el éxito del pleito cedido llegará a los acreedores en un momento posterior según sistema seguro de distribución de lo recaudado. El cesionario, profesional de la materia, cobrará su retribución a través de un porcentaje de lo obtenido, sin perjuicio de que, si es necesario, el dinero de la masa activa se utilice para cubrir parte de los gastos procesales antes de haberse asegurado el éxito del pleito.

El pago a los acreedores se efectuará en el orden y según el régimen jurídico establecido en el libro primero para la liquidación en el concurso de acreedores. Se incluye, igualmente, un tratamiento similar en relación con la financiación interina otorgada al deudor durante el periodo de negociación o durante los tres meses anteriores a la apertura del procedimiento especial, así como con respecto a la nueva financiación otorgada para la implementación del plan, siempre y cuando, en ambos casos, dicho plan haya acabado siendo aprobado. Naturalmente, este tratamiento no obsta a que la microempresa deba seguir cumpliendo con el pago de sus deudas cuyo devengo se produzca desde la apertura del procedimiento, en concreto, las deudas tributarias o de seguridad social, incluyendo cuotas y conceptos de recaudación conjunta.

El capítulo II del título III incluye las opciones o módulos que las partes pueden solicitar de manera voluntaria. Las razones que justifican este capítulo son las mismas que justifican estas opciones o módulos para el procedimiento especial de continuación. En el caso de la paralización de las ejecuciones sobre los bienes y derechos sometidos a garantía real, la especialidad en este tipo de procedimiento se encuentra en que tan solo sea posible dicha paralización cuando sea todavía posible la transmisión de la empresa o de sus unidades productivas. Naturalmente, en el poco frecuente supuesto de que haya más de una unidad productiva en una microempresa, el activo sometido a garantía cuya ejecución se suspende debe ser necesario para la actividad de esa unidad productiva concreta que se pretende transmitir.

Como ya se ha indicado, el nombramiento de un administrador concursal en la fase de liquidación solo se producirá, como ocurría con el experto en la reestructuración, cuando así lo soliciten los acreedores o el deudor. Como tercera opción o módulo se prevé la posibilidad del nombramiento de un experto en la valoración de la empresa. Es posible que se nombre este experto incluso en aquellos procedimientos liquidativos en que ya haya un administrador concursal. En este caso, la situación no puede suponer un coste adicional para el deudor y sus acreedores, de forma que repercutirá en el patrimonio del administrador concursal. La duplicidad de órganos en el procedimiento de microempresas debe ser una excepción.

En el capítulo III, se prevé que el deudor persona física podrá solicitar la exoneración del pasivo insatisfecho. Para ello, una vez completada la liquidación de la masa, deberá iniciar el procedimiento según se regula en el libro primero, cumpliendo todos los requisitos legales exigidos.

El capítulo IV incluye la regulación de un procedimiento abreviado de calificación del procedimiento especial. Las diferencias con la calificación del concurso de acreedores son varias. En primer lugar, la calificación solo podrá abrirse en caso de liquidación de la microempresa, pero no en caso del cumplimiento de un plan especial de continuación. Esto no quiere decir que los comportamientos antijurídicos realizados por el deudor o por aquellas personas que habrían podido resultar afectadas por la calificación queden sin remedio procesal, sino, simplemente, que deberán ventilarse en la instancia apropiada (por ejemplo, en un juicio de responsabilidad civil o en los juzgados de lo penal). Otra diferencia importante consiste en la no obligatoriedad de la apertura de una fase de calificación una vez concluida la liquidación en el procedimiento especial. De este modo, será necesario que, como regla general, acreedores que representen al menos el 10% del pasivo total soliciten la apertura de la calificación; o que lo hagan los socios personalmente responsables por las deudas de la sociedad, o cualquier acreedor, con independencia de su tamaño y naturaleza, cuando objetivamente se haya producido una ocultación o una falsificación de la información provista durante el procedimiento especial.

La calificación se realizará a través de un procedimiento abreviado, cuyo comienzo no requiere la finalización de las labores de liquidación, sino que puede desarrollarse en paralelo con el resto del procedimiento. En la calificación, la administración concursal juega el papel principal, debiendo ser nombrada si no lo había sido ya. El proceso sigue el esquema del concurso de acreedores, con la presentación de un informe por la administración concursal, que terminará la calificación cuando no encuentre motivos para justificar la culpabilidad. Cuando, por el contrario, se solicite la calificación del procedimiento especial como culpable, las personas afectadas podrán oponerse. Excepcionalmente, este trámite procesal sí debe realizarse con intervención de asistencia letrada. Se sustanciará mediante una vista virtual, si bien el juez podrá convocar una presencial cuando la práctica de la prueba así lo aconseje. Las presunciones de culpabilidad y el contenido de la sentencia se regulan por el libro primero. La especialidad en el ámbito del procedimiento para microempresas se sitúa en la atención que se concede a la veracidad y completitud de la información que el deudor debe aportar tanto en la solicitud como a lo largo del procedimiento.

El último capítulo del libro tercero incluye una serie de normas básicas sobre la conclusión del procedimiento. La pieza central es el informe final de la liquidación. Este informe deberá presentarse dentro del límite de tres meses, cuatro si el juez concede prórroga, previsto en el libro tercero para concluir las operaciones de liquidación. Excepcionalmente, el procedimiento especial de liquidación —y la presentación del informe final— se postergarán hasta que termine la tramitación de la calificación o de acciones rescisorias o de responsabilidad que se hubieren entablado por la administración concursal. Debido a que tanto la calificación como las mencionadas acciones deben correr en paralelo a las operaciones de liquidación, esta prolongación debería resultar una realidad excepcional.

En el informe se incluirá el detalle de las operaciones de liquidación realizadas, incluyendo el momento de cada operación liquidativa, las cantidades obtenidas, así como el momento y las cuantías satisfechas a los acreedores. Cuando las enajenaciones se hayan realizado por la plataforma de liquidación, se aportará certificación de la plataforma en el que se detallen los extremos relevantes de todas las operaciones realizadas. Como medida importante para evitar una prolongación excesiva de la liquidación, se prevé un mecanismo de continuación de la liquidación del activo remanente una vez transcurrido el plazo, sea de tres, sea de cuatro meses previsto para las operaciones de liquidación. Así, el informe final deberá incluir una lista de los activos aun no vendidos por la plataforma, según certificación aportada por esta, y una lista de los créditos que quedan por satisfacer. El deudor o la administración concursal deberán entregar la lista con los acreedores cuyos créditos están insatisfechos, jerarquizados por estricto orden de pago, con los detalles de pago, a la plataforma por medio electrónico que deje constancia de la entrega y recepción de la misma. De este modo, la plataforma podrá terminar la liquidación y distribuir el resultado sin necesidad de que, por ello, deba permanecer abierto el procedimiento de liquidación.

Se prevé, por último, la posibilidad de que el deudor o los acreedores presenten oposición al informe final o a la conclusión del procedimiento especial de liquidación.

VI

La Directiva 2019/1023 impone a los Estados miembros adoptar las medidas necesarias para asegurar que los procedimientos de insolvencia se tramiten de forma rápida y eficiente (artículo 25, letra «b»). La rapidez beneficia fundamentalmente a los acreedores, pero también al deudor y a los administradores de la persona jurídica deudora, porque aspiran a que esa situación excepcional que caracteriza al concurso de acreedores finalice cuanto antes. La eficiencia, íntimamente unida a una tramitación ágil, se manifiesta en muy distintos aspectos del procedimiento, entre los que tiene especial importancia el mantenimiento de aquellas unidades productivas que sean objetivamente viables.

La Directiva no especifica qué medidas deben adoptarse para conseguir ese doble objetivo, por lo que corresponde a cada Estado adoptar aquellas medidas que, atendiendo a la realidad de su legislación, se consideren más adecuadas para conseguir esas finalidades.

El análisis de los concursos de acreedores tramitados en España pone de manifiesto que el señalado doble objetivo de rapidez y eficiencia dista mucho de haberse alcanzado. Los procedimientos concursales, salvo excepciones, duran demasiado tiempo. Las cuestiones procesales prevalecen sobre lo que es esencial en caso de insolvencia: el rápido y eficaz tratamiento de la situación de crisis. No son infrecuentes casos en los que la insolvencia de un deudor provoca la de los acreedores, en una economía en la que la mayor parte de las empresas son de muy limitadas dimensiones, con efectos devastadores para la economía y para el empleo. La exigencia de que los concursos de acreedores sean más rápidos y eficaces contribuye a evitar el contagio de la insolvencia.

La experiencia acumulada en los años de vigencia de la Ley 22/2003, de 9 de julio, permite constatar que los errores de concepción de los que derivan los problemas esenciales del concurso de acreedores son los siguientes:

1.º La consideración de que el convenio es la «solución normal» del concurso, cuando la realidad demuestra que el convenio es solución excepcional. Más del noventa por ciento de los concursos tramitados finalizan por liquidación.

2.º Por lo general, el concurso se compone de dos fases sucesivas: la primera, que la ley denomina fase común, destinada básicamente a la determinación de las masas activa y pasiva, y una segunda, de contenido alternativo, que puede ser bien la fase de convenio, bien la fase de liquidación. Esta fase común se extiende desde el auto de declaración de concurso hasta la consolidación de los textos definitivos del inventario y de la lista de acreedores. Como la experiencia enseña, la «paralización» de la solución del concurso en tanto esos textos no devengan definitivos constituye un grave inconveniente para alcanzar esos postulados de rapidez y eficiencia. Cuando es elevado el número de impugnaciones del inventario o cuando se tramitan a ritmo lento las que se hayan presentado, la fase común puede durar varios años.

Ese modelo de dos fases no es rígido: puede reducirse a un modelo en el que a la fase común se superpone la fase de convenio o la fase de liquidación o ampliarse a un modelo de tres fases sucesivas.

3.º A ese exceso de procesalismo se añade un exceso de judicialismo. Se impone, pues, reducir trámites; conectar plazos, de modo tal que, cuando finalice uno, se abra automáticamente otro; suprimir decisiones judiciales; y atribuir a la administración concursal la competencia para determinadas decisiones sin perjuicio del imprescindible control de la actuación de este órgano de compleja naturaleza, una de cuyas dimensiones es precisamente la de actuar como auxiliar del juez.

En la presente ley la agilización del concurso de acreedores se intenta conseguir mediante la declaración de concurso. La solicitud de concurso presentada por el deudor, por acreedor legítimo o por cualquiera de los demás legitimados, debe ser objeto de reparto el mismo día de la presentación o el siguiente día hábil, de modo tal que el juez competente para la declaración de concurso pueda examinarla a la mayor brevedad posible. Del mismo modo, se reducen los plazos para la declaración de concurso voluntario y para la tramitación de la solicitud de declaración de concurso necesario.

Frente a la concepción según la cual solo el carácter definitivo del inventario y de la lista de acreedores es presupuesto para que el deudor opte por el convenio o por la liquidación, en el modelo diseñado por esta ley la presentación del informe de la administración concursal con el inventario provisional y la lista de acreedores provisional abre automáticamente el plazo de presentación de la propuesta de convenio por el deudor o por los acreedores que alcancen un determinado porcentaje del pasivo; y, además, esa presentación igualmente abre el plazo para que la administración concursal y los acreedores presenten informe de calificación.

Otro momento retardatario es la exigencia de que el juez apruebe un plan de liquidación. En lugar de este modelo, la ley opta por establecer normas legales de liquidación, facultando, no obstante, al juez del concurso para que, al acordar la apertura de la fase de liquidación de la masa activa o en resolución posterior, pueda establecer «reglas especiales de liquidación» atendiendo a la composición de esa masa, a las previsibles dificultades que tenga la liquidación o cualesquiera otras circunstancias concurrentes. El administrador concursal liquidará la masa conforme a las normas legales o, en su caso, conforme a esas reglas especiales fijadas por el juez del concurso.

Junto con las reglas dirigidas a agilizar la tramitación, la Directiva 2019/1023 exige el aumento de la eficiencia. Con esta específica finalidad, la presente ley introduce algunas modificaciones de las normas vigentes para hacerlas más adecuadas, más eficaces o más flexibles a las exigencias que la aplicación de la Ley Concursal ha puesto de manifiesto.

Especialmente importantes son las nuevas normas relativas a la solicitud de concurso con presentación de oferta de adquisición de una o varias unidades productivas. El deudor, junto con la solicitud de concurso, puede presentar una propuesta escrita vinculante de acreedor o de tercero para la adquisición de una o varias unidades productivas. De este modo, la ley da carta de naturaleza a instrumentos técnicos arraigados en otras experiencias jurídicas, como es el pre-pack administration.

Destaca también el régimen de los concursos sin masa. La ley sustituye los concursos que nacen y fenecen al mismo tiempo por un sistema más abierto al control de los acreedores. Si de la solicitud de declaración de concurso y de los documentos que la acompañen resultaren determinadas condiciones, el juez dictará auto declarando el concurso de acreedores con expresión del pasivo que resulte de la documentación, sin más pronunciamientos, ordenando que se publique edicto en el «Boletín Oficial del Estado» y en el Registro público concursal. El acreedor o los acreedores que representen, al menos, el cinco por ciento del pasivo pueden solicitar el nombramiento de un administrador concursal para que presente informe sobre si existen indicios suficientes de que el deudor hubiera realizado actos perjudiciales para la masa activa que sean rescindibles, si existen indicios suficientes para el ejercicio de la acción social de responsabilidad contra los administradores o liquidadores o si existen indicios suficientes de que el concurso pudiera ser calificado de culpable. En el supuesto de que el administrador concursal emita informe apreciando la existencia de tales indicios, el juez dictará auto complementario con los demás pronunciamientos de la declaración de concurso y apertura de la fase de liquidación de la masa activa, continuando el procedimiento conforme a lo establecido en la ley.

Con la finalidad de aumentar la eficiencia en el sistema de reintegración de la masa activa, la ley amplía los actos que se declaran rescindibles.

Sin propósito exhaustivo, entre las medidas arbitradas con ese propósito de simplificar el régimen legal deben mencionarse la unificación del régimen de responsabilidad de los bienes conyugales por las deudas contraídas en el ejercicio de la profesión de cualquiera de los cónyuges, con supresión de la distinción según que el deudor sea o no empresario, o la reordenación de los créditos contra la masa.

Al servicio de esa misma finalidad se han introducido algunas normas que tratan de evitar pronunciamientos judiciales en materias tradicionalmente conflictivas. Así, la declaración de que, en caso de insuficiencia de la masa activa, tienen la consideración de créditos imprescindibles para la conservación y liquidación los créditos por salarios de los trabajadores devengados después de la apertura de la fase de liquidación mientras continúen prestando sus servicios; la retribución de la administración concursal; y las cantidades adeudadas a partir de la apertura de la fase de liquidación en concepto de rentas de los inmuebles arrendados para la conservación de bienes y derechos de la masa activa.

Naturalmente, la consecución de la eficiencia no debe lograrse a costa de suprimir o restringir los derechos individuales o colectivos de los trabajadores, que se mantienen. Es más, los derechos individuales aumentan significativamente. Además de lo ya señalado en el caso de insuficiencia de la masa activa, al establecer el orden general de los créditos contra la masa, en la cúspide figuran los créditos anteriores a la declaración de concurso por indemnizaciones derivadas de accidente de trabajo y enfermedad profesional, tanto si son anteriores como posteriores a la declaración de concurso, seguidos de los créditos por salarios correspondientes a los últimos treinta días de trabajo efectivo realizado antes de la declaración de concurso en cuantía que no supere el doble del salario mínimo interprofesional.

Especial atención ha prestado la ley al convenio del concursado con los acreedores a fin de potenciar esta solución, de forma que se suprime el convenio anticipado, se suprime la junta de acreedores y se establece un régimen de aprobación muy parecido al previsto para los acuerdos de reestructuración. La supresión del convenio anticipado es consecuencia lógica de la articulación de un derecho preconcursal. La supresión de la junta de acreedores —a la que el derecho en vigor dedica especial atención— se enmarca dentro de la necesaria simplificación de la tramitación del concurso de acreedores, que también es uno de los objetivos de la Directiva (UE) 2019/1023, de 20 de junio. La reforma opta por modificar los artículos del texto refundido de la Ley Concursal en la medida en que sean indispensables para esa doble finalidad de supresión del convenio anticipado y de la junta de acreedores.

Finalmente, también se modifica el artículo 579 sobre concesiones sobre el dominio público, en línea con la sentencia del Tribunal Supremo 1/2021, de 24 de marzo, en la que se declaró que corresponde a la Administración la potestad para resolver, mediante el procedimiento administrativo apropiado, sobre la extinción de las concesiones demaniales.

VII

Las previsiones de la Directiva 2019/1023 respecto de los deberes de los administradores sociales se encuentran implícitos en la normativa vigente, por lo que no se introducen novedades en el régimen actual de la acción social ni en la posible calificación del concurso de acreedores como culpable.

La Directiva no contiene previsiones específicas en materia de calificación del concurso, dado que se trata de una institución que no tiene reflejo en el resto de los ordenamientos jurídicos de nuestro entorno, en los que, por el contrario, se encuentra muy desarrollado el Derecho penal de la insolvencia, con funciones parcialmente semejantes a las de la calificación. La presente ley mantiene la calificación del concurso de acreedores, aunque con importantes innovaciones relativas a la presentación del informe de calificación, con continuidad de plazos para acelerar la tramitación de la sección sexta, y a la supresión del dictamen del Ministerio Fiscal. Esta supresión se compensa con el reconocimiento de la legitimación los acreedores que alcancen un determinado porcentaje del pasivo para presentar informe de calificación simultánea e independientemente del informe del administrador concursal, solicitando que el concurso sea calificado como culpable.

La Directiva también regula las condiciones exigidas a los administradores concursales, por lo que la transposición atiende tanto al articulado como a los considerandos. Dos son los principios de los que debe partir la tarea de transposición: el primero, el de asegurar la formación y los conocimientos suficientes y adecuados de quienes aspiren a ser nombrados; y el segundo, el de la necesidad de atender las «particularidades» del caso. La ley proyecta el primero de esos principios a través de la doble exigencia de que las personas naturales o jurídicas que pretendan ser inscritas como administradores concursales en el Registro público concursal tengan la titulación y superen las pruebas que se establezcan en el Reglamento de la administración concursal. A través de esos requisitos se garantiza una formación adecuada, que se combina con el grado de complejidad del concurso debiendo añadir ese Reglamento mayores requisitos cuanta mayor sea la previsible complejidad de las funciones a desarrollar. En lugar de una clasificación de los concursos de acreedores en tres categorías en función de las dimensiones (pequeños concursos, concursos de grado medio y concursos de grandes dimensiones) la ley fija como parámetro el de la complejidad.

El segundo de esos principios, el de la adecuación al caso concreto, exige modular el sistema de «turno correlativo» en los concursos de mayor complejidad, entre los que cabe mencionar expresamente los concursos con elementos transfronterizos, en los que se tenga en cuenta el conocimiento de la lengua del país/es o la lengua inglesa; en todo caso, el juez, al efectuar el nombramiento, debe motivar la designación en la adecuación de los conocimientos y de la experiencia de la persona nombrada a las particularidades del. La combinación de ambas formas de designación permite configurar un sistema claro y transparente y, al propio tiempo, adaptado al caso concreto.

Al mismo tiempo, se ha modificado el artículo relativo a los deberes de los administradores concursales a fin de hacer explícitos los requisitos de actuación imparcial e independiente.

El objetivo de la eficiencia no se consigue simplemente con este sistema de nombramiento y la Directiva establece previsiones relativas a los mecanismos necesarios para relacionar retribución y eficiencia, conflicto de intereses y supervisión del ejercicio del cargo por parte del administrador concursal. Con el fin de fomentar la celeridad y agilidad del procedimiento, se entiende que la eficiencia debe ser promovida no solo por reducciones a la retribución sino también con incentivos a la pronta resolución de los trámites.

La Directiva 2019/1023 exige que los Estados miembros establezcan «herramientas de alerta temprana» para que el deudor, detectada la probabilidad de insolvencia, pueda actuar sin demora a fin de evitar que esa mera probabilidad se convierta en insolvencia actual.

Los mecanismos o herramientas de alerta temprana constituyen una de las novedades más relevantes introducidas en la Directiva 2019/1023, de 20 de junio, sobre marcos de reestructuración preventiva, segunda oportunidad y medidas para aumentar la eficacia de los procedimientos concursales. La Directiva impone a los Estados miembros la obligación de implantar instrumentos de alerta y prevención de la insolvencia, que tengan virtualidad para efectuar un diagnóstico precoz de posibles situaciones de dificultades financieras, a los efectos de preservar el valor de la empresa, incentivando la adopción de medidas de reorganización o reestructuración cuando todavía sea posible evitar la situación de insolvencia.

Así se establecerán servicios de asesoramiento gratuito y confidencial a empresas en dificultades para posibilitar el asesoramiento a pequeñas y medianas empresas en un estadio temprano de dificultades. Adicionalmente, se mantendrá la página web de «autodiagnóstico de salud empresarial» del Ministerio de Industria, Comercio y Turismo, que ya dispone de acceso libre y gratuito.

Finalmente, como medida de alerta, aunque muy tardía, la ley establece que, en caso de ejecución judicial, si el ejecutado no señalare bienes susceptibles de embargo o el valor de los señalados fuera insuficiente para el fin de la ejecución, se introduce el deber a cargo del letrado de la Administración de Justicia de advertir al ejecutado de que, en caso de probabilidad de insolvencia, de insolvencia inminente o de insolvencia actual, puede comunicar al juzgado competente el inicio o la voluntad de iniciar negociaciones con acreedores para pactar un plan de reestructuración de la deuda, con paralización de las ejecuciones durante esa negociación en los términos establecidos por la ley; y que, si encontrándose en estado de insolvencia actual no lo hace, tiene el deber de solicitar la declaración de concurso de acreedores dentro de los dos meses siguientes a la fecha en que hubiera conocido o debido conocer ese estado de insolvencia.

VIII

Las modificaciones introducidas en el libro cuarto del texto refundido de la Ley Concursal obedecen a dos tipos de motivos. Por un lado, la necesidad de adaptar ese texto al Reglamento (UE) 2015/848, del Parlamento Europeo y del Consejo, de 20 de mayo, sobre procedimientos de insolvencia; y, por otro lado, la necesidad de introducir ciertas reglas especiales con el fin de ajustar el régimen general previsto en este libro a la particular naturaleza de los institutos o procedimientos preconcursales regulados en el libro segundo.

A fin de asegurar la eficacia de las previsiones que el Reglamento establece respecto de las comunicaciones directas entre los jueces de distintos Estados miembros, se ha considerado preciso desarrollar el cauce procesal previsto en la Ley 29/2015, de 30 de julio, de cooperación jurídica internacional en materia civil, otorgando la flexibilidad necesaria al juez para que valore la procedencia de la comunicación directa y la forma de llevarla a cabo.

Por último, la ley contiene ciento cincuenta y ocho apartados, once disposiciones adicionales, siete disposiciones transitorias, una disposición derogatoria y diecinueve disposiciones finales.

Además, se añade al texto refundido de la Ley Concursal una disposición adicional relativa a las Haciendas Forales, especificando que en caso de que concurran sus créditos con los de la Agencia Estatal de Administración Tributaria, el límite global para la exoneración contemplado para los créditos de derecho público no se incrementa.

Dentro de las disposiciones adicionales y finales, destacan los mandatos normativos y no normativos dirigidos a reformar o aprobar, según proceda, el Reglamento de la administración concursal, el Reglamento del Registro público concursal, el sistema de estadística concursal, los modelos de solicitud de concurso voluntario de acreedores, la plataforma electrónica de liquidación de bienes, el programa de cálculo, los formularios del procedimiento especial de microempresas, y la web para el autodiagnóstico de salud empresarial.

Asimismo, se introduce una disposición adicional referida al régimen aplicable a los avales otorgados en virtud de los Reales Decretos-leyes 8/2020, de 17 de marzo, de medidas urgentes extraordinarias para hacer frente al impacto económico y social del COVID-19, y 25/2020, de 3 de julio, de medidas urgentes para apoyar la reactivación económica y el empleo, así como 6/2022, de 29 de marzo, por el que se adoptan medidas urgentes en el marco del Plan Nacional de respuesta a las consecuencias económicas y sociales de la guerra de Ucrania por razón de la especialidad que suponen respecto del régimen general aplicable a los créditos de derecho público. En el marco de la excepcionalidad derivada de la pandemia ocasionada por el COVID-19, entre otras medidas, se ha considerado conveniente hacer decaer la aplicación del régimen y procedimientos de recuperación y cobranza de los avales ejecutados previstos con carácter supletorio en la Ley 47/2003, de 26 de noviembre, General Presupuestaria, y encomendar los procedimientos de recuperación a las entidades financieras concedentes. Además, los Acuerdos de Consejo de Ministros que desarrollan las líneas de avales incorporan la cláusula pari passu, que determina que en caso de que se produzcan pérdidas como consecuencia del impago de las operaciones avaladas, el Estado y las entidades financieras las asumirán de manera proporcional al nivel de cobertura del aval. Con la presente disposición adicional se trata de preservar dicho régimen especial, distinguiéndolo claramente del régimen aplicable a los créditos de derecho público en sede de reestructuración en todos los procedimientos previstos en la Ley Concursal.

Adicionalmente, se incorpora una disposición adicional relativa a los aplazamientos y fraccionamientos de deudas tributarias por la Agencia Estatal de Administración Tributaria que viene a complementar la regulación de los mismos, contenida fundamentalmente en la Ley 58/2003, de 17 de diciembre, General Tributaria, y su normativa de desarrollo. También se eleva a rango legal en dicha disposición la exención de la obligación de aportar garantías en determinados aplazamientos y fraccionamientos, que hasta ahora venía regulada en la Orden HAP/2178/2015, de 9 de octubre, por la que se eleva el límite exento de la obligación de aportar garantía en las solicitudes de aplazamiento o fraccionamiento a 30.000 euros.

En lo que afecta a las disposiciones transitorias, la ley opta por mantener la regla general de irretroactividad de las normas procesales si bien que modulada ante la constatación de la excesiva duración de los concursos de acreedores. Así, las finalidades que se pretenden alcanzar con el nuevo régimen legal quedarían muy postergadas si no se fuera adelantando su aplicación a determinadas piezas, expedientes y trámites, como la exoneración del pasivo insatisfecho, el convenio o la pieza de calificación.

Particular referencia merece la entrada en vigor del libro tercero, que no puede aplicarse hasta tanto no estén disponibles los medios tecnológicos precisos, en particular, la plataforma electrónica de liquidación de activos. Por tanto, hasta tanto esa entrada en vigor tenga lugar, los concursos y preconcursos de las microempresas se regirán por las disposiciones de los libros primero y segundo con las especialidades previstas en la disposición transitoria segunda.

Por lo demás, las disposiciones transitorias tercera a sexta aclaran la vigencia de determinadas disposiciones del texto refundido y de la Ley 25/2015, de 28 de julio, de mecanismos de segunda oportunidad, reducción de la carga financiera y otras medidas de orden social. En la disposición derogatoria, se suprimen varios preceptos del Código de Comercio. En las disposiciones finales, además, se modifica el Código Civil, la Ley de Enjuiciamiento Civil, la Ley Hipotecaria, la Ley de Sociedades de Capital, la Ley de cooperación jurídica internacional en materia civil y la Ley de asistencia jurídica gratuita, se declara la incorporación de la Directiva 2019/1023 al ordenamiento jurídico español y se establece el plazo para la entrada en vigor.

IX

Esta ley está incluida en el Plan Anual Normativo de 2021, de conformidad con el artículo 25 de la Ley 50/1997, de 27 de noviembre, del Gobierno.

A su vez, esta norma se adecúa a los principios de buena regulación previstos en el artículo 129 de la Ley 39/2015, de 1 de octubre, del Procedimiento Administrativo Común de las Administraciones Públicas, comprendiendo el principio de necesidad y eficacia al cumplir la obligación de transposición con fidelidad al texto de la directiva y con la mínima reforma de la actual normativa, de manera que se evite la dispersión en aras de la simplificación; así como en los principios de proporcionalidad, al contener la regulación imprescindible para atender la necesidad a cubrir, y de seguridad jurídica, ya que se realiza con el ánimo de mantener el marco normativo estable, predecible, integrado y claro del texto refundido de la Ley Concursal.

En cuanto al principio de transparencia, el anteproyecto ha sido sometido al trámite de consulta pública establecido en el artículo 26.2 de la Ley 50/1997, de 27 de noviembre, del Gobierno, y ha sido sometido al trámite de audiencia e información pública del artículo 26.6 de la misma ley, que ha tenido lugar entre el 4 y el 25 de agosto de 2021.

Esta reforma normativa es una de las que conforman y se ha comprometido en el Plan de Recuperación, Transformación y Resiliencia (PRTR) de España.

Así, la modificación se integra en el Componente 13: Impulso a la pyme, dentro de la Reforma 1: Mejora de la regulación y del clima de negocios, que aborda entre otras cuestiones una importante modernización del marco concursal, con el fin de agilizar los procedimientos, facilitar las soluciones negociadas y tratar de minimizar la destrucción de valor para el conjunto de la economía.

Artículo único. *Modificación del texto refundido de la Ley Concursal aprobado por el Real Decreto Legislativo 1/2020, de 5 de mayo (...)*[1]

DISPOSICIONES ADICIONALES

Primera. *Modelos de solicitud de concurso voluntario de acreedores*

En el plazo máximo de seis meses desde la entrada en vigor de esta ley, el Ministerio de Justicia aprobará el modelo de solicitud de declaración de concurso voluntario de acreedores, que será accesible por medios electrónicos sin coste alguno en la página web del Ministerio.

Segunda. *Plataforma electrónica de liquidación de bienes*

1. Antes de la entrada en vigor del libro tercero del texto refundido introducido por la presente ley, el Ministerio de Justicia pondrá en marcha una plataforma electrónica de liquidación de bienes procedentes de procedimientos especiales de liquidación.

2. La plataforma consistirá en un portal público electrónico para la venta de los activos de las empresas en liquidación, que incluirá un catálogo integrado por los bienes que vayan siendo añadidos a través de comunicación por los deudores o por los administradores concursales tras la apertura de un procedimiento especial de liquidación. Salvo para aquellos supuestos excepcionales de bienes o derechos cuya transmisión se prevea a través de un sistema diverso en el plan de liquidación, el deudor o la administración concursal utilizarán la plataforma en línea de liquidación de bienes procedentes de procedimientos especiales de liquidación.

3. Los bienes y derechos se incorporarán al catálogo actualizado y clasificado por tipos de bienes. Salvo que el tipo de activo no lo aconseje, los bienes y derechos se incorporarán tanto a la sección de exposición de bienes individuales como a la sección por

---

[1]   Las modificaciones introducidas se recogen, consolidadas, en el texto refundido de la Ley Concursal (§4).

grupos agregados, junto con el precio inicial de cada bien y de los lotes. El precio inicial se corresponderá con la valoración concedida inicialmente al bien en el procedimiento especial de liquidación.

4. El deudor o la administración concursal remitirán a la plataforma la información detallada sobre los distintos activos, con descripción suficiente y estado de conservación, incluidas imágenes y todo cuanto determine la plataforma y sea susceptible de afectar el valor del activo.

5. La plataforma organizará la publicidad, la catalogación y la distribución de los bienes con criterios comerciales y de maximización de los ingresos. La venta de los bienes se producirá a través de subastas periódicas y, en casos justificados, mediante venta directa con los requisitos que se regulen reglamentariamente.

6. Si surgiera la posibilidad de transmisión de la empresa o de sus unidades productivas en un momento posterior a la elaboración del plan de liquidación, se realizará una valoración por el administrador concursal, si ha sido nombrado uno. En caso contrario, se deberá solicitar el nombramiento de un experto para la valoración.

7. La valoración sobrevenida de la empresa o de sus unidades productivas se notificará de manera específica al deudor y a los acreedores, que podrán hacer sus alegaciones durante cinco días hábiles. Transcurrido este plazo, el deudor, el administrador concursal o, en su caso, el experto confirmarán la valoración inicial o la modificarán en función de la información recibida.

8. El deudor o la administración concursal podrán incluir la empresa o sus unidades productivas en la plataforma a efectos de su exposición al mercado. La inclusión en la plataforma será requisito para la posterior presentación de ofertas de adquisición por persona especialmente relacionada con el deudor.

9. Para la inclusión de la empresa o de la unidad productiva en la plataforma, el deudor o, en su caso, la administración concursal aportarán, en la forma requerida por la plataforma, información sobre la forma de la persona jurídica concursada, el sector al que pertenece la empresa, el ámbito de actuación, el tiempo durante el que ha estado en funcionamiento, el volumen de negocio, el tamaño del balance y el número de empleados, el inventario de los activos más relevantes de la empresa, los contratos vigentes con terceros, las licencias y autorizaciones administrativas vigentes, los pasivos de la empresa con garantía real y la determinación de los bienes y derechos afectos, los procesos judiciales, administrativos, arbitrales o de mediación en los que estuviera incursa y los aspectos laborales relevantes. En la comunicación, el deudor o la administración concursal determinarán qué parte de la información provista puede ser publicada en abierto y qué parte solo tras su autorización.

10. Los interesados en la adquisición de la empresa comunicarán una expresión de interés no vinculante a través de la plataforma, que trasladará la misma al deudor o a la administración concursal inmediatamente.

11. Una vez notificada la expresión de interés en la empresa o en el o los establecimientos mercantiles, la adquisición deberá tramitarse de acuerdo con el sistema de enajenación previsto en el artículo 710.

12. Ejecutada la operación de liquidación, ya sea a través del procedimiento de subasta o de venta directa, la plataforma electrónica remitirá un certificado al letrado de la Administración de Justicia del juzgado de lo mercantil en el que se incluirá el contenido preciso que le permita verificar las condiciones de la enajenación, la identidad del adjudicatario o adquirente y los registros donde hacer constar la transmisión.

13. Mediante orden del Ministerio de Justicia se definirán las especificaciones relativas a la operación y utilización de los servicios prestados por la Plataforma electrónica de liquidación de bienes procedentes de procedimientos especiales de liquidación.

14. La plataforma creará la posibilidad de direccionar los distintos formularios normalizados a aquellos repositorios gestionados por el órgano competente según el libro tercero, de modo que la información llegue y pueda almacenarse por el Registro Mercantil o por el juzgado competente.

15. La información se publicará en estándares abiertos y reutilizables.

Tercera. *Programa de cálculo*

El Gobierno promoverá la puesta a disposición de los empresarios y profesionales de un programa de cálculo automático del plan de pagos, con inclusión de distintas simulaciones de plan de continuación. Este plan será accesible en línea y sin coste para el usuario.

Cuarta. *Formularios normalizados del procedimiento especial de microempresas*

Antes de la entrada en vigor del libro tercero del texto refundido introducido por la presente ley, por orden del Ministerio de Justicia se aprobarán las condiciones de acceso y modo de funcionamiento del servicio electrónico donde se podrá acceder y cumplimentar los formularios normalizados en ellos previstos. Dichos formularios serán electrónicos, accesibles en línea y sin coste. También serán accesibles en línea las directrices prácticas sobre la manera de su cumplimentación. El acceso a estos formularios normalizados implicará la posibilidad de su lectura y descarga, si bien su cumplimentación y envío se deberá realizar electrónicamente.

A los efectos de esta ley, se entenderán como formularios normalizados los servicios electrónicos donde poder cumplimentar y enviar la información necesaria en cada fase del procedimiento.

Quinta. *Web para el autodiagnóstico de salud empresarial*

El Ministerio de Industria, Comercio y Turismo mantendrá, en la dirección electrónica que se determine, un servicio de autodiagnóstico que permita a las pequeñas y medianas empresas evaluar su situación de solvencia.

Sexta. *Portal de liquidaciones en el Registro público concursal*

En el plazo máximo de seis meses desde la entrada en vigor de esta ley se creará en el Registro público concursal el portal de liquidaciones concursales, en el que figurará una relación de las empresas en fase de liquidación concursal y cuanta información resulte necesaria para facilitar la enajenación del conjunto de los establecimientos y explotaciones o unidades productivas.

Séptima. *Información por los registradores mercantiles*

En el plazo máximo de seis meses desde la entrada en vigor de esta ley se determinarán las condiciones y requisitos bajo los cuales el Colegio de Registradores de la Propiedad, Mercantiles y Bienes Muebles de España, pondrá a disposición del administrador societario que lo solicite un informe sobre la posición de riesgo de la sociedad en base a la información contenida en las cuentas.

Octava. *Régimen aplicable a los avales otorgados en virtud de los Reales Decretos-leyes 8/2020, de 17 de marzo, de medidas urgentes extraordinarias para hacer frente al impacto económico y social del COVID-19, 25/2020, de 3 julio, de medidas urgentes para apoyar la reactivación económica y el empleo, y 6/2022, de 29 de marzo, por el que se adoptan medidas urgentes en el marco del Plan Nacional de respuesta a las consecuencias económicas y sociales de la guerra en Ucrania*

1. Los avales públicos otorgados al amparo de los Reales Decretos-leyes 8/2020, de 17 de marzo, de medidas urgentes extraordinarias para hacer frente al impacto económico y social del COVID-19, 25/2020, de 3 de julio, de medidas urgentes para apoyar la reactivación económica y el empleo, así como 6/2022, de 29 de marzo, por el que se adoptan medidas urgentes en el marco del Plan Nacional de respuesta a las consecuencias económicas y sociales de la guerra en Ucrania, se regirán por el artículo 16 del Real Decreto-ley 5/2021, de 12 de marzo, de medidas extraordinarias de apoyo a la solvencia empresarial en respuesta a la pandemia de la COVID-19, y el Acuerdo del Consejo de Ministros de 11 de mayo de 2021 que lo desarrolla en relación con el régimen de cobranza de los avales otorgados en virtud de los referidos Reales Decretos-leyes y los sucesivos Acuerdos del Consejo de Ministros de desarrollo de los mismos. En todo caso, en los procedimientos previstos en la Ley Concursal se deberán tener en cuenta las especialidades recogidas en la presente disposición.

2. Los créditos derivados de los avales públicos regulados en esta disposición tendrán la consideración de crédito financiero, a los efectos previstos en la Ley Concursal, incluyendo la formación de clases y la exoneración del pasivo insatisfecho, sin perjuicio de lo previsto en el apartado 4 de la presente disposición adicional. Estos créditos tendrán el rango de crédito ordinario, sin perjuicio de la existencia de otras garantías otorgadas al crédito principal avalado, en que ostentará al menos el mismo rango en orden de prelación a los derechos correspondientes a la parte del principal no avalado.

3. En los procedimientos previstos en la Ley Concursal, corresponderá a las entidades financieras, por cuenta y en nombre del Estado, la representación de los créditos derivados de los avales públicos regulados en esta disposición, en los términos previstos en el Acuerdo del Consejo de Ministros de 11 de mayo de 2021 y los posteriores Acuerdos del Consejo de Ministros que lo modifiquen o desarrollen. Corresponderá a las entidades financieras titulares del crédito principal avalado el ejercicio por cuenta y en nombre del Estado de las comunicaciones y reclamaciones que fueran oportunas para el reconocimiento y pago de los créditos derivados de estos avales.

No obstante, los Abogados del Estado integrados en el Servicio Jurídico del Estado asumirán la representación y defensa de los créditos derivados de los avales públicos regulados en esta Disposición cuando el juez aprecie la existencia de conflicto de intereses o cuando por dicho motivo la Abogacía General del Estado, previa propuesta del Instituto de Crédito Oficial, entienda que la representación y defensa debe asumirse separadamente de la de los créditos de la entidad financiera.

Además, los Abogados del Estado integrados en el Servicio Jurídico del Estado también podrán intervenir en los procedimientos previstos en la Ley Concursal en defensa del crédito derivado de estos avales públicos conforme al régimen establecido en la Ley 1/2000, de 7 de enero, de Enjuiciamiento Civil, para la intervención de sujetos originariamente no demandantes ni demandados. Esta intervención podrá tener lugar, sin necesidad de especial pronunciamiento del tribunal, cuando así se solicite motivadamente por el Ministerio de Asuntos Económicos y Transformación Digital y, en todo caso y sin necesidad de que medie dicha solicitud, en los siguientes supuestos:

a) En la tramitación de la aprobación del convenio, en particular, para oponerse a la aprobación judicial del convenio.

b) En la tramitación de la aprobación y homologación del procedimiento especial de continuación, en particular, para oponerse a la formación de clases y para la impugnación del auto de homologación del plan de continuación.

c) En la tramitación del plan de reestructuración, en particular, para oponerse a la formación de clases y para impugnar u oponerse a la homologación del plan de reestructuración.

d) Para el ejercicio de las acciones que fueran procedentes en los procedimientos de la ley concursal, cuando existan indicios de presunto fraude o irregularidades respecto a alguno de los intervinientes en la operación de financiación, sin perjuicio de otras actuaciones que pudieran llevarse a cabo en otros procedimientos judiciales fuera del ámbito de la Ley Concursal.

4. Los planes de reestructuración, de continuación o propuestas de convenios que puedan afectar a los créditos derivados de estos avales públicos no pueden imponer a estos créditos ninguno de los contenidos siguientes: el cambio de la ley aplicable; el cambio de deudor, sin perjuicio de que un tercero asuma sin liberación de ese deudor la obligación de pago; la modificación o extinción de las garantías que tuvieren; o la conversión de los créditos en acciones o participaciones sociales, en créditos o préstamos participativos o en cualquier otro crédito de características o de rango distintos de aquellos que tuviere el crédito originario.

5. El auto de declaración de concurso y el auto de apertura del procedimiento especial para microempresas del deudor avalado, independientemente de que se haya iniciado o no la ejecución del aval o se haya producido pago al acreedor principal, producirán la subrogación del Ministerio de Asuntos Económicos y Transformación Digital por la parte del crédito principal avalado, en particular, para que se ejercite la adhesión u oposición a las propuestas de convenio o el derecho de voto en los planes de continuación conforme a lo previsto en el apartado 6 de la presente disposición.

Con independencia de esa subrogación, la entidad financiera seguirá en todo caso representando el conjunto de los créditos derivados de la operación financiera, incluyendo la parte del principal subrogado, en los términos previstos en el apartado tercero y los derivados de los Acuerdos del Consejo de Ministros dictados en aplicación del artículo 16 del Real Decreto-ley 5/2021, de 12 de marzo, de medidas extraordinarias de apoyo a la solvencia empresarial en respuesta a la pandemia de la COVID-19.

6. En el caso de los planes de continuación o propuestas de convenio, el ejercicio del derecho a voto o la adhesión u oposición a la propuesta de convenio corresponderá al órgano de la Agencia Estatal de Administración Tributaria que resulte competente para autorizar la suscripción y celebración de los acuerdos o convenios previstos en la legislación concursal conforme lo previsto en el artículo 10.3 de la Ley 47/2003, de 26 de noviembre, General Presupuestaria.

7. En los planes de reestructuración corresponderá en todo caso el derecho de voto a la entidad financiera titular del crédito principal avalado. Este derecho de voto se emitirá de forma separada por la parte del crédito avalado respecto de la parte restante del crédito no avalado que corresponde a la entidad financiera.

Para que las entidades financieras puedan votar favorablemente por la parte del crédito principal avalado en los planes de reestructuración deberán ser autorizadas previamente por la persona titular del Departamento de Recaudación de la Agencia Estatal de Administración Tributaria.

No obstante, las entidades financieras podrán votar favorablemente las propuestas de planes de reestructuración sin necesidad de recabar autorización de la Agencia Estatal de Administración Tributaria cuando concurran las circunstancias previstas en los correspondientes Reales Decretos y Acuerdos de Consejo de Ministros adoptados al amparo del Marco Temporal Europeo y el artículo 16.2 del Real Decreto Ley 5/2021.

En el momento de presentar la solicitud de autorización, las entidades financieras deberán presentar informe motivado que justifique su propuesta y certificar que la solicitud no cumple las condiciones previstas para poder beneficiarse de las autorizaciones generales recogidas en los reales decretos y Acuerdos mencionados en el párrafo anterior, siendo la solicitud objeto de inadmisión en caso de que no se certifique dicha circunstancia.

En caso de ser necesaria, la falta de autorización previa de la Agencia Estatal de Administración Tributaria determinará el perjuicio del aval, en la parte que no hubiera sido ejecutada y, en su caso, la conservación de los derechos de recuperación y cobranza por el Ministerio de Asuntos Económicos y Transformación Digital, sin que el contenido del plan de reestructuración produzca efectos frente al mismo.

8. Las autorizaciones previas y los votos y adhesiones u oposiciones realizadas por la Agencia Estatal de Administración Tributaria conforme a los dos apartados anteriores, se entienden emitidos exclusivamente respecto de los créditos derivados de los avales públicos previstos en esta disposición y no afectará ni vinculará al derecho de voto derivado de los restantes créditos públicos calificados como ordinarios cuya gestión corresponda a la Agencia Estatal de Administración Tributaria.

9. En todo caso, las autorizaciones, votos, adhesiones u oposiciones realizadas por la Agencia Estatal de Administración Tributaria tendrán los exclusivos efectos previstos en esta disposición, sin perjuicio de las ulteriores responsabilidades que pudieran resultar de procedimientos administrativos o judiciales.

– La redacción actual de la Disposición Adicional Octava procede del **Real Decreto-ley 20/2022, de 27 de diciembre, de medidas de respuesta a las consecuencias económicas y sociales de la guerra de Ucrania y de apoyo a la reconstrucción de la Isla de la Palma y a otras situaciones de vulnerabilidad,** que además determina el siguiente régimen transitorio: *Disposición transitoria tercera. Régimen transitorio aplicable a la modificación de la Disposición Adicional Octava de la Ley 16/2022, de 5 de septiembre. Lo dispuesto en el artículo 105 de este Real Decreto-Ley por la que se modifica la Disposición Adicional Octava de la Ley 16/2022, de 5 de septiembre, será de aplicación desde el 26 de septiembre de 2022 a los procedimientos concursales y a los trámites previstos en la Disposición Transitoria Primera de la Ley 16/2022, de 5 de septiembre, sin perjuicio de que mantengan su validez las solicitudes de autorización previa que ya hayan sido tramitadas y las autorizaciones, votos y adhesiones u oposiciones realizadas por la Agencia Estatal de la Administración Tributaria de conformidad con la redacción anterior. En particular, será de aplicación: 1. A los concursos de acreedores declarados a partir de esa fecha. 2. A los planes de reestructuración que se negocien y a las solicitudes de homologación que se hayan presentado a partir de esa fecha. 3. A las pro- puestas de convenio que se hubieran presentado a partir de esa fecha. 4. A los concursos consecutivos a un acuerdo de refinanciación o a un acuerdo extrajudicial de pagos que se declaren a partir de esa fecha.*

– El **Real Decreto-Ley 4/2025, de 8 de abril,** aprueba una línea de avales para la cobertura por cuenta del Estado de la financiación otorgada por entidades financieras para atender necesidades de liquidez o de inversión derivadas de la imposición por Estados Unidos de aranceles a la importación, a los que resulta aplicable el régimen jurídico de recuperación y cobranza previsto en la Disposición Adicional Octava de la Ley 16/2022, de 5 de septiembre: *Artículo 2. Régimen de cobranza y garantías. A los avales otorgados en virtud de este real decreto-ley les será aplicable el régimen jurídico de recuperación y cobranza previsto en la Disposición Adicional Octava de la Ley 16/2022, de 5 de septiembre, de reforma del texto refundido de la Ley Concursal, aprobado por el Real Decreto Legislativo 1/2020, de 5 de mayo, para la transposición de la Directiva (UE) 2019/1023 del Parlamento Europeo y del Consejo, de 20 de junio de 2019, sobre marcos de reestructuración preventiva, exoneración de deudas e inhabilitaciones, y sobre medidas para aumentar la eficiencia de los procedimientos de reestructuración, insolvencia y exoneración de deudas.*

Novena. *Referencias normativas*

Desde la entrada en vigor de la presente ley, las referencias normativas a los acuerdos de refinanciación y, en su caso, a los acuerdos extrajudiciales de pagos, han de entenderse realizadas a los planes de reestructuración regulados en el libro segundo y, tratándose de microempresas, a los planes de continuación en el libro tercero.

Décima. *Régimen aplicable a las certificaciones relativas a la administración concursal, en los concursos declarados desde el 1 de enero de 2020*

1. En relación con los concursos de acreedores declarados desde el 1 de enero de 2020, los letrados de la Administración de Justicia, dentro de los tres meses a contar desde la publicación de esta ley en el Boletín Oficial del Estado, remitirán al Consejo General del Poder Judicial y al Registro público concursal certificación acreditativa de los nom- bramientos, los ceses, con expresión de la causa, y, en su caso, la inhabilitación de los administradores concursales, de los auxiliares delegados y de los expertos en reestructu- raciones, con indicación del tribunal y de la clase y fecha de la resolución judicial y del juez que la haya dictado, así como el importe de la retribución fijada o modificada para cada una de las fases del concurso de acreedores y la clase y fecha de las resoluciones judiciales en que se hubiera fijado o modificado y del juez que las haya dictado, así como la fecha de clausura del procedimiento.

2. La relación de personas incluidas en la certificación estará ordenada alfabéticamen- te por apellidos, si fueran personas naturales, y por denominación si no lo fueran.

Undécima. *Aplazamientos y fraccionamientos de deudas y sanciones tributarias estatales en situaciones preconcursales por la Agencia Estatal de Administración Tributaria*

1. Las deudas y sanciones tributarias estatales que puedan ser objeto de aplazamiento o fraccionamiento conforme al artículo 65 de la Ley 58/2003, de 17 de diciembre, General Tributaria, para cuya gestión recaudatoria resulte competente la Agencia Estatal de Administración Tributaria y se encuentren en período voluntario o ejecutivo, podrán aplazarse o fraccionarse previa solicitud del obligado tributario, cuando su situación económico-financiera le impida de forma transitoria efectuar el pago en los plazos establecidos, en el supuesto de que el deudor haya comunicado al juzgado competente la apertura de negociaciones con sus acreedores de acuerdo con lo previsto en los artículos 585 o 690 del texto refundido de la Ley Concursal, aprobado por Real Decreto legislativo 1/2020, de 5 de mayo, y siempre que no se haya formalizado en instrumento público el plan de reestructuración, ni aprobado el plan de continuación, ni declarado el concurso, ni abierto el procedimiento especial para microempresas.

Los acuerdos de concesión que se dicten tendrán plazos con cuotas iguales y vencimiento mensual sin que en ningún caso puedan exceder de los regulados a continuación:

a) Plazo máximo de seis meses, para aquellos supuestos en los que se den las circunstancias previstas en el artículo 82.2.a) de la Ley 58/2003, de 17 de diciembre, General Tributaria, y se trate de personas jurídicas o de entidades a las que se refiere el apartado 4 del artículo 35 de la misma Ley.

b) Plazo máximo de doce meses, para aquellos supuestos en los que se den las circunstancias previstas en el artículo 82.2.b) de la misma Ley, o cuando se trate de personas físicas y concurran las circunstancias previstas en el artículo 82.2.a) de la citada Ley.

c) Plazo máximo de veinticuatro meses, para aquellos supuestos en que los aplazamientos y fraccionamientos se garanticen conforme a lo dispuesto en el artículo 82.1, párrafos segundo y tercero de la Ley 58/2003, de 17 de diciembre, General Tributaria.

d) Plazo máximo de treinta y seis meses para los supuestos en que los aplazamientos y fraccionamientos se garanticen conforme a lo dispuesto en el artículo 82.1, párrafo primero de la Ley 58/2003, de 17 de diciembre, General Tributaria.

2. En las solicitudes de aplazamiento y fraccionamiento de pago de las deudas de derecho público gestionadas por la Agencia Estatal de Administración Tributaria y por los órganos u organismos de la Hacienda Pública Estatal, con exclusión de las deudas a que se refiere el Reglamento (UE) 952/2013, del Parlamento Europeo y del Consejo, de 9 de octubre de 2013, por el que se establece el código aduanero de la Unión, que se regularán por lo dispuesto en dicho Reglamento, salvo las que se contraigan en aplicación del apartado 4 del artículo 105 del mismo, no se exigirán garantías siempre que su importe en conjunto no exceda de 30.000 euros y se encuentren tanto en periodo voluntario como en periodo ejecutivo de pago, sin perjuicio del mantenimiento, en este último caso, de las trabas existentes sobre bienes y derechos del deudor en el momento de la presentación de la solicitud.

A efectos de la determinación del importe de deuda señalado, se acumularán, en el momento de la solicitud tanto las deudas a las que se refiere la propia solicitud como cualesquiera otras del mismo deudor para las que se haya solicitado y no resuelto el aplazamiento o fraccionamiento, así como el importe de los vencimientos pendientes de ingreso de las deudas aplazadas o fraccionadas, salvo que estén debidamente garantizadas.

Las deudas acumulables serán aquellas que consten en las bases de datos del órgano de recaudación competente, sin que sea precisa la consulta a otros órganos u organismos a efectos de determinar el conjunto de las mismas. No obstante, los órganos competentes de recaudación computarán aquellas otras deudas acumulables que, no constando en sus bases de datos, les hayan sido comunicadas por otros órganos u organismos.

3. En todo lo no regulado expresamente en esta disposición, será de aplicación lo establecido en la Ley 58/2003, de 17 de diciembre, General Tributaria, y su normativa de desarrollo.

– La redacción de la Disposición Adicional Undécima procede de la **Ley 31/2022, de 23 de diciembre, de Presupuestos Generales del Estado para el año 2023.**

DISPOSICIONES TRANSITORIAS

Primera. *Régimen aplicable a los procedimientos y actuaciones iniciadas después de la entrada en vigor de esta ley*

1. La presente ley será de aplicación:

1.º A las solicitudes de concurso que se presenten por cualquier legitimado a partir de su entrada en vigor, incluidas las acompañadas de oferta de adquisición de una o varias unidades productivas, a la provisión de cualquiera de esas solicitudes y a la declaración de concurso.

2.º A las solicitudes de nombramiento de experto para recabar ofertas de adquisición de una o varias unidades productivas que se presenten a partir de su entrada en vigor.

3.º A los concursos de acreedores voluntarios o necesarios declarados a partir de su entrada en vigor.

4.º A las comunicaciones de apertura de negociaciones con los acreedores o de la intención de negociarlas que se realicen a partir de su entrada en vigor.

5.º A los planes de reestructuración que se negocien y a las solicitudes de homologación que se presenten a partir de su entrada en vigor.

2. Los concursos declarados antes de la entrada en vigor por la presente ley se regirán por lo establecido en la legislación anterior.

3. Por excepción a lo establecido en el apartado anterior, se regirán por la presente ley:

1.º El informe de la administración concursal con el inventario y la relación de acreedores elaborada por el administrador concursal que se presenten después de su entrada en vigor.

2.º Las acciones rescisorias que se ejerciten después de su entrada en vigor.

3.º Las propuestas de convenio que se presenten después de su entrada en vigor, las adhesiones de los acreedores, y la tramitación de la propuesta.

4.º La modificación del convenio que se solicite después de su entrada en vigor.

5.º La liquidación de la masa activa cuya apertura hubiera tenido lugar después de su entrada en vigor.

6.º Las solicitudes de exoneración del pasivo que se presenten después de su entrada en vigor.

7.º El régimen de calificación del concurso cuando la sección sexta hubiera sido abierta o reabierta después de su entrada en vigor.

8.º Los recursos a interponer contra las resoluciones del juez del concurso dictadas después de su entrada en vigor.

4. Los concursos consecutivos a un acuerdo de refinanciación o a un acuerdo extrajudicial de pagos que se declaren a partir de la entrada en vigor de la presente ley se regirán por lo establecido en los artículos 697 a 720 del texto refundido de la Ley Concursal, en la redacción dada por el Real Decreto Legislativo 1/2020, de 5 de mayo.

Segunda. *Régimen transitorio para el nombramiento de experto para recabar ofertas de adquisición de la unidad productiva y normas especiales en los concursos de acreedores de los microempresarios*

1. En tanto no entre en vigor el libro tercero del texto refundido introducido por la presente ley, en caso de probabilidad de insolvencia, los microempresarios, en el sentido dado a este término por el nuevo artículo 685, podrán solicitar el nombramiento de experto para recabar ofertas de adquisición de la unidad productiva.

2. En tanto no entre en vigor el libro tercero del texto refundido introducido por la presente ley, en los concursos de acreedores de los microempresarios, en el sentido dado a este término por el nuevo artículo 685, serán de aplicación las siguientes normas especiales:

1.ª El deudor, aunque se encuentre en situación de mera probabilidad de insolvencia, podrá presentar solicitud de declaración de concurso, incluir en la solicitud oferta de adquisición de la unidad productiva de que sea titular y, a pesar de no estar en situación de insolvencia actual o inminente, solicitar en cualquier momento durante la tramitación del procedimiento la liquidación de la masa activa.

2.ª El deudor obligado a llevar contabilidad no tendrá que acompañar a la solicitud de declaración de concurso los documentos contables o complementarios exigidos por los artículos 7 y 8 de la Ley Concursal, ni expresar en la solicitud la causa de la falta de presentación.

3.ª El informe del administrador concursal, con el inventario y la relación de acreedores, deberá presentarse dentro de los diez días siguientes a aquel en que hubiera finalizado el plazo para la comunicación de créditos por los interesados.

4.ª Si el informe de evaluación del administrador concursal fuera favorable y no contuviera reservas, la propuesta de convenio presentada por el deudor, cualquiera que sea su contenido, se entenderá que ha obtenido las mayorías necesarias si el pasivo que representan los acreedores adheridos fuera superior al pasivo de los acreedores que hubieran manifestado su oposición a la misma.

Tercera. *Régimen transitorio del nombramiento del administrador concursal en el procedimiento especial para microempresas*

En tanto no entre en vigor el nuevo apartado 2 del artículo 689 del texto refundido, el nombramiento del administrador concursal en el procedimiento especial para microempresas se llevará a cabo de acuerdo con lo dispuesto en el artículo 27 de la Ley Concursal en su redacción anterior a la entrada en vigor de la Ley 17/2014, de 30 de septiembre, por la que se adoptan medidas urgentes en materia de refinanciación y reestructuración de deuda empresarial.

Cuarta. *Régimen transitorio de la inscripción de las resoluciones judiciales de concesión de exoneración del pasivo insatisfecho*

Mientras no se haya aprobado el Real Decreto sobre estadística concursal al que se refiere la disposición final decimosexta de esta ley, el letrado de la Administración de Justicia remitirá al Registro público concursal las resoluciones judiciales que concedan la exoneración provisional con plan de pagos y aquellas que concedan la exoneración tras la liquidación de la masa activa. En ambos casos se precisará si la persona exonerada es o no empresaria.

Quinta. *Régimen transitorio hasta la aprobación del Reglamento de la administración concursal*

En tanto no se apruebe por el Gobierno, conforme a la disposición final decimotercera, el Reglamento de la administración concursal en el que se establecerá el acceso a la actividad, el nombramiento de los administradores concursales y su retribución, continuarán resultando de aplicación la disposición transitoria única del Real Decreto Legislativo 1/2020, de 5 de mayo, por el que se aprueba el texto refundido de la Ley Concursal, así como, en materia de arancel, la disposición transitoria tercera de la Ley 25/2015, de 28 de julio, de mecanismo de segunda oportunidad, reducción de la carga financiera y otras medidas de orden social.

Sexta. *Venta directa de bienes a través de la plataforma de liquidación*

La regulación sobre la venta directa de bienes a través de la plataforma de liquidación a que se refiere el apartado 5 de la disposición adicional segunda entrará en vigor cuando se apruebe su desarrollo reglamentario.

Séptima. *Efectos de la reducción en la cotización a la Seguridad Social aplicable a los trabajadores mayores de 62 años*

La modificación del apartado 4 del artículo 144 del texto refundido de la Ley General de la Seguridad Social, aprobado por el Real Decreto Legislativo 8/2015, de 30 de octubre, efectuada por la disposición final décima, producirá efectos desde el día 1 de enero de 2022.

DISPOSICIÓN DEROGATORIA

Se derogan los artículos 6 a 12 del Código de Comercio, publicado por Real Decreto de 22 de agosto de 1885.

DISPOSICIONES FINALES

Primera. *Modificación del Código Civil, publicado por Real Decreto de 24 de julio de 1889*

Se modifica el Código Civil, publicado por Real Decreto de 24 de julio de 1889, en los términos siguientes:

Uno. Se modifica el apartado 7 del artículo 92, que queda redactado de la siguiente forma:

«7. No procederá la guarda conjunta cuando cualquiera de los progenitores esté incurso en un proceso penal iniciado por intentar atentar contra la vida, la integridad física, la libertad, la integridad moral o la libertad e indemnidad sexual del otro cónyuge o de los hijos que convivan con ambos. Tampoco procederá cuando el juez advierta, de las alegaciones de las partes y las pruebas practicadas, la existencia de indicios fundados de violencia doméstica o de género. Se apreciará también a estos efectos la existencia de malos tratos a animales, o la amenaza de causarlos, como medio para controlar o victimizar a cualquiera de estas personas».

Dos. Se modifica el primer párrafo del artículo 914 bis, que queda con la siguiente redacción:

«A falta de disposición testamentaria relativa a los animales de compañía propiedad del causante, estos se entregarán a los herederos o legatarios que los reclamen de acuerdo con las leyes».

Tres. Se modifica el ordinal 2.º del artículo 1365, que queda redactado como sigue:

«2.º En el ejercicio de la profesión, arte u oficio o en la administración ordinaria de los propios bienes».

Segunda. *Modificación de la Ley Hipotecaria aprobada por Decreto de 8 de febrero de 1946*

Se modifica la Ley Hipotecaria aprobada por Decreto de 8 de febrero de 1946 en los siguientes términos:

Uno. Se modifica el artículo 3, que queda redactado como sigue:

«Artículo 3. Para que puedan ser inscritos los títulos expresados en el artículo anterior, deberán estar consignados en escritura pública, ejecutoria, o documento auténtico expedido por autoridad judicial o por el Gobierno o sus agentes, en la forma que prescriban los reglamentos. También podrán ser inscritos los títulos expresados en el artículo anterior en virtud de testimonio del auto de homologación de un plan de reestructuración, del que resulte la inscripción a favor del deudor, de los acreedores o de las partes afectadas que lo hayan suscrito o a los que se les hayan extendido sus efectos».

Dos. El párrafo primero del artículo 82 queda redactado como sigue:

«Las inscripciones o anotaciones preventivas hechas en virtud de escritura pública no se cancelarán sino por sentencia contra la cual no se halle pendiente recurso de casación, o por otra escritura o documento auténtico en la cual preste su consentimiento para la cancelación la persona a cuyo favor se hubiere hecho la inscripción o anotación, o sus causahabientes o representantes legítimos. La cancelación de inscripciones o anotaciones preventivas a favor del deudor, de los acreedores o de las partes afectadas que resulte de un plan de reestructuración homologado respecto a quienes lo hubieran suscrito o a quienes se les hubieran extendido sus efectos se practicará por testimonio del auto de homologación de ese acuerdo».

Tercera. *Modificación de la Ley 1/1996, de 10 de enero, de asistencia jurídica gratuita*
Se añade un nuevo apartado g) al artículo 2 de la Ley 1/1996, de 10 de enero, de asistencia jurídica gratuita, relativo al ámbito personal de aplicación, que desplaza el orden de las siguientes letras y queda redactado como sigue:

> – Con posterioridad, la **Ley Orgánica 5/2024, de 11 de noviembre, del Derecho de Defensa,** modifica la letra g) y añade la letra l): *g) En el ámbito concursal, se reconoce el derecho a la asistencia jurídica gratuita, para todos los trámites del procedimiento especial, a los deudores personas físicas o jurídicas que tengan la consideración de microempresa en los términos establecidos en el texto refundido de la Ley Concursal, a los que resulte de aplicación el procedimiento especial previsto en su libro tercero, siempre que acrediten insuficiencia de recursos para litigar. Igualmente, en el ámbito concursal, los sindicatos estarán exentos de efectuar depósitos y consignaciones en todas sus actuaciones y gozarán del beneficio legal de justicia gratuita cuando ejerciten un interés colectivo en defensa de las personas trabajadoras y beneficiarias de la Seguridad Social. (...) l) En el orden penal, las personas jurídicas, cuando por requerimiento judicial haya de designarse defensa letrada y, en su caso, representación procesal, siempre que la sociedad haya sido declarada judicialmente en situación de insolvencia actual o inminente, se encuentre en concurso de acreedores o no conste actividad económica en el último ejercicio cuando, en este último caso, la sociedad se halle disuelta o en trámite de disolución por las causas y por el procedimiento legalmente previsto para ello.*

Cuarta. *Modificación de la Ley 29/1998, de 13 de julio, reguladora de la Jurisdicción Contencioso-Administrativa*
Se modifica la letra b) del apartado 1 del artículo 12 de la Ley reguladora de la Jurisdicción Contencioso-Administrativa, que queda redactada como sigue:
«b) Los actos y disposiciones del Consejo General del Poder Judicial y del Fiscal General del Estado».

Quinta. *Modificación de la Ley 1/2000, de 7 de enero, de Enjuiciamiento Civil*
Se modifica la numeración del actual apartado 3 del artículo 589 de la Ley 1/2000, de 7 de enero, de Enjuiciamiento Civil, que pasa a ser apartado 4, y se introduce un nuevo apartado 3, con la siguiente redacción:
«3. Si el ejecutado no señalare bienes susceptibles de embargo o el valor de los señalados fuera insuficiente para el fin de la ejecución, el letrado de la Administración de Justicia dictará decreto advirtiendo al ejecutado de que, en caso de probabilidad de insolvencia, de insolvencia inminente o de insolvencia actual, puede comunicar al juzgado competente el inicio o la voluntad de iniciar negociaciones con acreedores para alcanzar un plan de reestructuración, con paralización de las ejecuciones durante esa negociación en los términos establecidos por la ley; y que, si encontrándose en estado de insolvencia actual no lo hace, tiene el deber de solicitar la declaración de concurso de acreedores dentro de los dos meses siguientes a la fecha en que hubiera conocido o debido conocer ese estado de insolvencia».

Sexta. *Modificación del texto refundido de la Ley de Regulación de los Planes y Fondos de Pensiones, aprobado por Real Decreto Legislativo 1/2002, de 29 de noviembre*

Se modifica el texto refundido de la Ley de Regulación de los Planes y Fondos de Pensiones, aprobado por Real Decreto Legislativo 1/2002, de 29 de noviembre, incluyendo un último párrafo en el apartado 8 del artículo 8 con la siguiente redacción:

«El concurso de acreedores no podrá dar lugar a la resolución judicial del plan de pensiones del concursado».

Séptima. *Modificación del texto refundido de la Ley de Sociedades de Capital, aprobado por el Real Decreto Legislativo 1/2010, de 2 de julio*

Se modifica el texto refundido de la Ley de Sociedades de Capital, aprobado por el Real Decreto Legislativo 1/2010, de 2 de julio, en los siguientes términos:

Uno. Se modifica el apartado 1 y se añade un apartado 3 al artículo 365 en los siguientes términos:

«1. Cuando concurra causa legal o estatutaria, los administradores deberán convocar la junta general en el plazo de dos meses para que adopte el acuerdo de disolución. Cualquier socio podrá solicitar de los administradores la convocatoria si, a su juicio, concurriera causa de disolución».

> – El apartado 3 del texto refundido de la Ley de Sociedades de Capital, aprobado por el Real Decreto Legislativo 1/2010, de 2 de julio, se modifica con posterioridad por la **Ley Orgánica 1/2025, de 2 de enero**. Dicho apartado establece ahora: *3. Los administradores no estarán obligados a convocar junta general para que adopte el acuerdo de disolución cuando hubieran solicitado en debida forma la declaración de concurso de la sociedad o comunicado al juzgado competente la existencia de negociaciones con los acreedores para alcanzar un plan de reestructuración del activo, del pasivo o de ambos. La convocatoria de la junta deberá realizarse en el plazo de dos meses desde que dejen de estar vigentes los efectos de esa comunicación.* **Ley 6/2024, de 20 de diciembre, para la mejora de la protección de las personas donantes en vivo de órganos o tejidos para su posterior trasplante.**

Dos. El artículo 367 queda redactado como sigue:

«Artículo 367. Responsabilidad solidaria por las deudas sociales.

1. Los administradores que incumplan la obligación de convocar la junta general en el plazo de dos meses a contar desde el acaecimiento de una causa legal o estatutaria de disolución o, en caso de nombramiento posterior, a contar desde la fecha de la aceptación del cargo, para que adopte, en su caso, el acuerdo de disolución o aquel o aquellos que sean necesarios para la remoción de la causa, así como los que no soliciten la disolución judicial en el plazo de dos meses a contar desde la fecha prevista para la celebración de la junta, cuando esta no se haya constituido, o desde el día de la junta, cuando el acuerdo hubiera sido contrario a la disolución, responderán solidariamente de las obligaciones sociales posteriores al acaecimiento de la causa de disolución o, en caso de nombramiento en esa junta o después de ella, de las obligaciones sociales posteriores a la aceptación del nombramiento.

2. Salvo prueba en contrario, las obligaciones sociales cuyo cumplimiento sea reclamado judicialmente por acreedores legítimos se presumirán de fecha posterior al acaecimiento de la causa de disolución o a la aceptación del nombramiento por el administrador.

3. No obstante el previo acaecimiento de causa legal o estatutaria de disolución, los administradores de la sociedad no serán responsables de las deudas posteriores al acaecimiento de la causa de disolución o, en caso de nombramiento en esa junta o después de ella, de las obligaciones sociales posteriores a la aceptación del nombramiento, si en el plazo de dos meses a contar desde el acaecimiento de la causa de disolución o de la aceptación el nombramiento, hubieran comunicado al juzgado la existencia de negociaciones con los acreedores para alcanzar un plan de reestructuración o hubieran solicitado la declaración de concurso de la sociedad. Si el plan de reestructuración no se alcanzase, el plazo de los dos meses se reanudará desde que la comunicación del inicio de negociaciones deje de producir efectos».

Octava. *Modificación de la Ley 5/2011, de 29 de marzo, de Economía Social*

Se introduce un nuevo artículo 10 bis a la Ley 5/2011, de 29 de marzo, de Economía Social, con la siguiente redacción:

«Artículo 10 bis. Capitalización de la prestación por desempleo para la adquisición de la condición de sociedad laboral o transformación en cooperativa por sociedades mercantiles en concurso.

1. La entidad gestora podrá abonar a las personas que reúnan todos los requisitos para ser beneficiarios de la prestación contributiva por desempleo, salvo el de estar en situación legal de desempleo, el valor actual del importe de dicha prestación, cuando pretendan adquirir acciones o participaciones sociales de una sociedad en la que prestan servicios retribuidos como personas trabajadoras con contrato de trabajo por tiempo indefinido de forma que, con dicha adquisición, individualmente considerada, o con las adquisiciones que realicen otras personas, trabajadoras o no de la sociedad, esta reúna las condiciones legalmente necesarias para adquirir la condición de sociedad laboral o transformarse en cooperativa.

La solicitud de la prestación y de la capitalización será simultánea y la fecha de la misma se asimilará, a efectos de reconocimiento y cálculo de la prestación, a la fecha de la situación legal de desempleo.

2. El abono de la prestación capitalizada requerirá que la empresa se haya declarado en concurso y que el juez de lo mercantil haya acordado la transformación de la sociedad en una sociedad cooperativa o sociedad laboral en el marco de lo dispuesto en los artículos 219 o 224 bis y artículos concordantes del texto refundido de la Ley Concursal.

3. En los supuestos establecidos en el apartado 1 la prestación se podrá capitalizar hasta el 100 por cien de su importe para destinarla a la adquisición de acciones o participaciones sociales de la sociedad en la que trabajen las personas solicitantes o, en el caso de no obtener la prestación por su importe total, el importe restante se podrá obtener conforme a lo establecido para subvencionar las cuotas a la seguridad social según lo que se dispone en el apartado 4.

4. Cuando la prestación se obtenga, en el importe que corresponda, para la subvención de las cuotas a la seguridad social, el abono por parte de la entidad gestora se realizará en los siguientes términos:

a) La cuantía de la subvención, calculada en días completos de prestación, será fija y corresponderá al importe de la aportación íntegra de la persona trabajadora a la Seguridad Social en el momento de la solicitud de la capitalización sin considerar futuras modificaciones, salvo cuando el importe de la subvención quede por debajo de la aportación del trabajador o trabajadora que corresponda a la base mínima de cotización vigente para cada régimen de Seguridad Social, abonándose, en tal caso, esta última.

b) El abono se realizará mensualmente por la entidad gestora al trabajador, previa comprobación de que se mantiene en alta en la Seguridad Social en el mes correspondiente.

5. Mediante desarrollo reglamentario se precisará el procedimiento mediante el cual la entidad gestora acreditará ante el juez del concurso que en caso de ser autorizado por este se autorizarán las capitalizaciones de las prestaciones por desempleo que posibilitarán la transformación de la sociedad en sociedad cooperativa o sociedad laboral».

Novena. *Modificación de la Ley 29/2015, de 30 de julio, de cooperación jurídica internacional en materia civil*

Se añaden cuatro nuevos apartados al artículo 4 de la Ley 29/2015, de 30 de julio, de cooperación jurídica internacional en materia civil, quedando su contenido actual como apartado 1, en los términos siguientes:

«2. El juez español deberá informar a la autoridad judicial extranjera de los términos en que se vaya a desarrollar la comunicación y de la forma en que se dejará constancia de ella.

3. En caso de que la comunicación se haga por escrito, y si el juez lo considera necesario, recabará la asistencia de un traductor. Si lo considera conveniente, y con carácter previo a la comunicación, dará audiencia a las partes para que formulen las alegaciones o peticiones que estimen oportunas. En todo caso, una vez terminada la comunicación, se dejará constancia de su contenido en las actuaciones y se dará traslado a las partes.

4. En caso de que la comunicación se efectúe de manera oral, y si el juez lo considera necesario, recabará la asistencia de un intérprete. Si lo considera conveniente, y con carácter previo a la comunicación, dará audiencia a las partes para que formulen las alegaciones o peticiones que estimen oportunas. De ser posible, y siempre que lo considere adecuado, el juez podrá permitir la presencia de las partes durante el desarrollo de la comunicación. En todo caso, una vez terminada la comunicación, se dejará constancia de su contenido mediante grabación u otro medio, que se incorporará a las actuaciones y del que también se dará traslado a las partes.

5. En cualquier caso, el juez adoptará las medidas oportunas para preservar la confidencialidad de la información objeto de comunicación que tenga esa naturaleza».

Décima. *Modificación del texto refundido de la Ley General de la Seguridad Social, aprobado por el Real Decreto Legislativo 8/2015, de 30 de octubre*

– El apartado 4 del artículo 144 del texto refundido de la Ley General de la Seguridad Social, aprobado por el Real Decreto Legislativo 8/2015, de 30 de octubre, que modifica la Disposición Final Décima se modificó por la **Ley Orgánica 1/2023, de 28 de febrero, por la que se modifica la Ley Orgánica 2/2010, de 3 de marzo, de salud sexual y reproductiva y de la interrupción voluntaria del embarazo** y, posteriormente, por la **Ley 6/2024, de 20 de diciembre, para la mejora de la protección de las personas donantes en vivo de órganos o tejidos para su posterior trasplante.**

Undécima. *Modificación del Real Decreto Legislativo 1/2020, de 5 de mayo, por el que se aprueba el texto refundido de la Ley Concursal*

Se modifica la disposición adicional primera del Real Decreto Legislativo 1/2020, de 5 de mayo, por el que se aprueba el texto refundido de la Ley Concursal, que queda redactada como se indica:

«Disposición adicional primera. Grupos de sociedades.

A los efectos del texto refundido de la Ley Concursal se entenderá por grupo de sociedades el definido en el artículo 42.1 del Código de Comercio, aunque el control sobre las sociedades directa o indirectamente dependientes lo ostente una persona natural o una persona jurídica que no sea sociedad mercantil».

Duodécima. *Asesoramiento a empresas en dificultades*

El Gobierno promoverá la prestación de servicios de asesoramiento a pequeñas y medianas empresas en dificultades en un estadio temprano de dificultades con el propósito de evitar su insolvencia.

Este servicio se prestaría a solicitud de las empresas, tendrá carácter confidencial y no impondrá obligaciones de actuación a las empresas que recurran a él ni supondrá asunción de responsabilidad alguna para los prestadores del servicio.

Decimotercera. *Reglamento de la administración concursal*

En el plazo máximo de seis meses desde la entrada en vigor de esta ley, el Gobierno, a propuesta de los Ministerios de Justicia y de Asuntos Económicos y Transformación Digital, aprobará mediante real decreto el Reglamento de la administración concursal, en el que se establecerá el acceso a la actividad, el nombramiento de los administradores concursales y su retribución.

Decimocuarta. *Reglamento del Registro público concursal*

1. En el plazo máximo de seis meses desde la entrada en vigor de esta ley, el Gobierno, a propuesta del Ministerio de Justicia, aprobará mediante real decreto la reforma del Real Decreto 892/2013, de 15 de noviembre, por el que se regula el Registro público concursal, en materia de estructura, contenido y sistema de publicidad, así como los procedimientos de inserción y de acceso a este registro y la interconexión con la plataforma europea.

2. El real decreto contemplará las condiciones para la publicación de las retribuciones fijadas para el administrador concursal en cada procedimiento en el que resulte designado.

Decimoquinta. *Reglamento de comunicaciones entre la Fiscalía y el Gobierno o entre la Fiscalía y los Consejos de Gobierno de las Comunidades Autónomas*

En el plazo de seis meses desde la entrada en vigor de esta ley, el Gobierno, a propuesta del Ministerio de Justicia, aprobará mediante real decreto las normas reglamentarias oportunas que regulen las comunicaciones entre la Fiscalía y el Gobierno de la Nación o entre la Fiscalía y los Consejos de Gobierno de las Comunidades Autónomas.

Decimosexta. *Reglamento sobre estadística concursal*

En el plazo máximo de seis meses desde la entrada en vigor de esta ley, el Gobierno, a propuesta conjunta de los ministerios de Justicia y de Asuntos Económicos y Transformación Digital, aprobará mediante real decreto un Reglamento sobre estadística concursal, que determinará las estadísticas que han de elaborarse para analizar adecuadamente la eficacia y eficiencia de los instrumentos preconcursales y concursales, y cumplir con lo dispuesto en el artículo 29 de la Directiva (UE) 2019/1023, del Parlamento Europeo y del Consejo, de 20 de junio de 2019, sobre marcos de reestructuración preventiva, exoneración de deudas e inhabilitaciones, y sobre medidas para aumentar la eficiencia de los procedimientos de reestructuración, insolvencia y exoneración de deudas, y por la que se modifica la Directiva (UE) 2017/1132.

Decimoséptima. *Incorporación de Derecho de la Unión Europea*

Mediante esta ley se incorpora al Derecho español la Directiva (UE) 2019/1023 del Parlamento Europeo y del Consejo, de 20 de junio de 2019, sobre marcos de reestructuración preventiva, exoneración de deudas e inhabilitaciones, y sobre medidas para aumentar la eficiencia de los procedimientos de reestructuración, insolvencia y exoneración de deudas, y por la que se modifica la Directiva (UE) 2017/1132 (Directiva sobre reestructuración e insolvencia).

Decimoctava. *Título competencial*

Esta ley se dicta al amparo del artículo 149.1. 6.ª de la Constitución, que atribuye al Estado la competencia exclusiva en materia de «legislación mercantil» y de «legislación procesal».

Decimonovena. *Entrada en vigor*

La presente ley entrará en vigor a los veinte días de su publicación en el «Boletín Oficial del Estado», con excepción del libro tercero del texto refundido de la Ley Concursal, que entrará en vigor el 1 de enero de 2023, salvo el apartado 2 del artículo 689, que entrará en vigor cuando se apruebe el reglamento a que se refiere la disposición transitoria segunda de la Ley 17/2014, de 30 de septiembre, por la que se adoptan medidas urgentes en materia de refinanciación y reestructuración de deuda empresarial y la disposición adicional undécima referida a los aplazamientos y fraccionamientos de deudas tributarias por la Agencia Estatal de Administración Tributaria, que entrará en vigor el 1 de enero de 2023.

§4. REAL DECRETO LEGISLATIVO 1/2020, DE 5 DE MAYO, POR EL QUE SE APRUEBA EL TEXTO REFUNDIDO DE LA LEY CONCURSAL

– En el texto se recogen consolidadas las modificaciones introducidas por:

– La **Ley Orgánica 1/2025, de 2 de enero, de medidas en materia de eficiencia del servicio público de justicia** *(BOE de 3 de enero de 2025)*. Esta Ley acomete en el título primero la reforma organizativa de la Administración de Justicia en todos sus ámbitos y, en el título segundo, un gran bloque de reformas, referidas, principalmente, a los medios adecuados de solución de controversias en vía no jurisdiccional, que se abordan en el capítulo primero, y a la introducción de reformas procesales tendentes a una mayor agilización en la tramitación de los procedimientos judiciales, que se incluyen en el capítulo segundo de su título segundo (además, la Ley incluye ocho disposiciones adicionales, quince disposiciones transitorias, una disposición derogatoria y treinta y ocho disposiciones finales). Con carácter general, la **Ley Orgánica 1/2025, de 2 de enero** entra en vigor a los tres meses de su publicación en el Boletín Oficial del Estado (el 3 de abril de 2025), sin perjuicio de que algunas disposiciones entran en vigor a los veinte días y otras a los nueve meses de dicha publicación. Así, la Disposición final trigésima octava —Entrada en vigor— de la referida Ley establece: *1. La presente ley entrará en vigor a los tres meses de su publicación en el Boletín oficial del Estado. 2. El título I; la disposición adicional primera; las disposiciones transitorias primera a octava, y la disposición final sexta de la presente ley entrarán en vigor a los veinte días de su publicación en el «Boletín Oficial del Estado». 3. La atribución de competencias en materia de violencia sexual a los Juzgados de Violencia sobre la Mujer, prevista en el apartado veintiocho del artículo 1, así como las modificaciones del artículo 14 de la Ley de Enjuiciamiento Criminal, del apartado uno del artículo veinte de la 50/1981, de 30 de diciembre, por la que se regula el Estatuto Orgánico del Ministerio Fiscal, y de la letra h) del artículo 2 de la Ley 1/1996, de 10 de enero, de Asistencia Jurídica Gratuita, entrarán en vigor a los nueve meses de su publicación en el «Boletín Oficial del Estado».*

Entre las numerosas modificaciones realizadas por la **Ley Orgánica 1/2025, de 2 de enero**, se incluye:

– En primer lugar, la reforma de algunos preceptos del texto refundido de la Ley Concursal aprobado por el Real Decreto Legislativo 1/2020, de 5 de mayo, en concreto, los artículos 86.1-2º, 415.5, 713.4 y 713.5.

– En segundo lugar, la **Ley Orgánica 1/2025, de 2 de enero**, incluye un Título II —medidas en materia de eficiencia procesal del Servicio Público de Justicia—. Capítulo I —medios adecuados de solución de controversias en vía no jurisdiccional— excluyendo de su ámbito de aplicación la materia concursal: *Artículo 3. Ámbito de aplicación de los medios adecuados de solución de controversias. 1. Las disposiciones de este título son de aplicación a los asuntos civiles y mercantiles, incluidos los conflictos transfronterizos. A estos efectos tendrán la consideración de conflictos transfronterizos los definidos en el artículo 3 de la Ley 5/2012, de 6 de julio, de mediación en asuntos civiles y mercantiles. En defecto de sometimiento expreso o tácito a lo dispuesto en este título, su regulación será aplicable cuando, al menos, una de las partes tenga su domicilio en España y la actividad negociadora se realice en territorio español. 2. Quedan excluidos, en todo caso, de lo dispuesto en este título las materias laboral, penal y concursal, así como los asuntos de cualquier naturaleza, con independencia del orden jurisdiccional ante el que deban ventilarse, en los que una de las partes sea una entidad perteneciente al sector público.*

– En tercer lugar, se introducen diversas modificaciones en la **Ley Orgánica 6/1985, de 1 de julio, del Poder Judicial**. Entre ellas:

Artículo 75. La Sala de lo Social del Tribunal Superior de Justicia conocerá:
1.º En única instancia, de los procesos que la ley establezca sobre controversias que afecten a intereses de los trabajadores y trabajadoras y empresarios y empresarias en ámbito superior al de una Sección de lo Social del Tribunal de Instancia y no superior al de la comunidad autónoma.

2.º De los recursos que establezca la ley contra las resoluciones dictadas por las Secciones de lo Social de los Tribunales de Instancia de la comunidad autónoma, así como de los recursos de suplicación y los demás que prevé la ley contra las resoluciones de las Secciones de lo Mercantil de los Tribunales de Instancia de la comunidad autónoma en materia laboral, y las que resuelvan los incidentes concursales que versen sobre la misma materia.

3.º De las cuestiones de competencia que se susciten entre las Secciones de lo Social de los Tribunales de Instancia de la comunidad autónoma.

Artículo 82. (...) 2. Las Audiencias Provinciales conocerán en el orden civil (...):

3.º De los recursos que establezca la ley contra las resoluciones dictadas en primera instancia por las Secciones de lo Mercantil de los Tribunales de Instancia, salvo las que se dicten en incidentes concursales en materia laboral. Asimismo, conocerán de los recursos contra aquellas resoluciones que agoten la vía administrativa dictadas en materia de propiedad industrial por la Oficina Española de Patentes y Marcas (...)

Artículo 87. 1. Con carácter general, en el Tribunal de Instancia con sede en la capital de cada provincia, existirá una Sección de lo Mercantil con jurisdicción en toda la provincia y sede en su capital.

2. En aquellas provincias donde, por razón de la carga de trabajo, no se constituya una Sección de lo Mercantil el conocimiento de los asuntos referidos en este artículo corresponderá a uno de los jueces o a una de las juezas de la Sección Civil, o Civil y de Instrucción que constituya una Sección Única en el Tribunal de Instancia de la capital de provincia.

3. Por excepción a lo establecido en los apartados anteriores, cuando una provincia tenga una población inferior a los 500.000 habitantes, el Gobierno por real decreto, a propuesta del Consejo General del Poder Judicial con informe favorable previo de la comunidad autónoma con competencias en materia de Justicia o a propuesta de esta comunidad oído el Consejo General del Poder Judicial, podrá extender a esa provincia la jurisdicción de la Sección de lo Mercantil de otra provincia limítrofe perteneciente a la misma comunidad autónoma.

4. Cuando un partido judicial cuente con más de 250.000 habitantes y, perteneciendo a la misma provincia, no sea limítrofe con el de su capital, el Gobierno, a propuesta del Consejo General del Poder Judicial y con informe favorable previo de la comunidad autónoma con competencias en materia de Justicia o a propuesta de la comunidad autónoma con competencias en materia de Justicia y oído el Consejo General del Poder Judicial, podrá crear una Sección de lo Mercantil en el Tribunal de Instancia de aquel partido judicial con jurisdicción en él y en aquellos otros partidos judiciales limítrofes que se considere oportuno.

5. En aquellas capitales de provincia en las que exista más de un juez, jueza, magistrado o magistrada en la Sección de lo Mercantil y menos de cinco, las solicitudes de declaración de concurso de acreedores de persona natural se repartirán a uno solo de ellos. Si el número de jueces, juezas, magistrados y magistradas de dicha Sección fuera más de cinco, esas solicitudes se repartirán a dos o más igualmente determinados, con exclusión de los demás.

6. Las Secciones de lo Mercantil conocerán de las siguientes materias:

a) De cuantas cuestiones sean de la competencia del orden jurisdiccional civil en materia de propiedad intelectual e industrial; competencia desleal y publicidad; sociedades mercantiles, sociedades cooperativas, agrupaciones de interés económico; transporte terrestre, nacional o internacional; derecho marítimo y derecho aéreo.

Por excepción a lo establecido en el párrafo anterior, las Secciones de lo Mercantil no serán competentes para conocer de las pretensiones basadas exclusivamente en el Reglamento (CE) n.º 261/2004 del Parlamento Europeo y del Consejo, de 11 de febrero de 2004, por el que se establecen normas comunes sobre compensación y asistencia a los pasajeros aéreos en caso de denegación de embarque y de cancelación o gran retraso de los vuelos, y se deroga el Reglamento (CEE) n.º 295/91; en el Reglamento (UE) 2021/782 del Parlamento Europeo y del Consejo, de 29 de abril de 2021, sobre los derechos y las obligaciones de los viajeros de ferrocarril; en el Reglamento (UE) n.º 181/2011 del Parlamento Europeo y del Consejo, de 16 de febrero de 2011, sobre los derechos de los viajeros de autobús y autocar y por el que se modifica el Reglamento (CE) n.º 2006/2004; y en el Reglamento (UE) n.º 1177/2010 del Parlamento Europeo y del Consejo, de 24 de noviembre de 2010, sobre los derechos de los pasajeros que viajan por mar y por vías navegables y por el que se modifica el Reglamento (CE) n.º 2006/2004.

b) De las acciones relativas a la aplicación de los artículos 101 y 102 del Tratado de Funcionamiento de la Unión Europea y de los artículos 1 y 2 de la Ley 15/2007, de 3 de julio, de Defensa de la Competencia, así como de las pretensiones de resarcimiento del perjuicio ocasionado por la infracción del Derecho de la competencia.

c) De los recursos directos contra las calificaciones negativas de los registradores y las registradoras mercantiles o, en su caso, contra las resoluciones expresas o presuntas de la Dirección General de Seguridad Jurídica y Fe Pública relativas a esas calificaciones.

7. Las Secciones de lo Mercantil conocerán, además, de cuantas cuestiones sean de la competencia del orden jurisdiccional civil en materia de concurso de acreedores o acreedoras, cualquiera que sea la condición civil o mercantil de la persona deudora, de los planes de reestructuración y del procedimiento especial para microempresas, en los términos establecidos por el texto refundido de la Ley Concursal, aprobado por Real Decreto Legislativo 1/2020, de 5 de mayo. En relación con la jurisdicción del juez o de la jueza del concurso:

a) En todo caso será exclusiva y excluyente en las siguientes materias:

1.ª Las acciones civiles con trascendencia patrimonial que se dirijan contra la persona concursada, con excepción de las que se ejerciten en los procesos civiles sobre capacidad, filiación, matrimonio y menores.

2.ª Las ejecuciones relativas a créditos concursales o contra la masa sobre los bienes y derechos de la persona concursada integrados o que se integren en la masa activa, cualquiera que sea el tribunal o la autoridad administrativa que la hubiera ordenado, sin más excepciones que las previstas en la legislación concursal.

3.ª La determinación del carácter necesario de un bien o derecho para la continuidad de la actividad profesional o empresarial de la persona deudora.

4.ª La declaración de la existencia de sucesión de empresa a efectos laborales y de seguridad social en los casos de transmisión de unidad o de unidades productivas y la determinación de los límites de esa declaración conforme a lo dispuesto en la legislación laboral y de seguridad social.

5.ª Las medidas cautelares que afecten o pudieran afectar a los bienes y derechos de la persona concursada integrados o que se integren en la masa activa, cualquiera que sea el tribunal o la autoridad administrativa que la hubiera acordado, excepto las que se adopten en los procesos civiles sobre provisión de medidas de apoyo y otros relativos a personas con discapacidad, filiación, matrimonio y menores.

6.ª Las demás materias establecidas en la legislación concursal.

b) Cuando el deudor o la deudora sea persona natural, la jurisdicción del juez o de la jueza del concurso será también exclusiva y excluyente en las siguientes materias:

1.ª Las que en el procedimiento concursal debe adoptar en relación con la asistencia jurídica gratuita.

2.ª La disolución y liquidación de la sociedad o comunidad conyugal de la persona concursada.

c) Cuando el deudor sea persona jurídica, la jurisdicción del juez o de la jueza del concurso será exclusiva y excluyente en las siguientes materias:

1.ª Las acciones de reclamación de deudas sociales que se ejerciten contra los socios de la sociedad concursada que sean subsidiariamente responsables del pago de esas deudas, cualquiera que sea la fecha en que se hubieran contraído, y las acciones para exigir a los socios de la sociedad concursada el desembolso de las aportaciones sociales diferidas o el cumplimiento de las prestaciones accesorias.

2.ª Las acciones de responsabilidad civil contra los administradores, administradoras, liquidadores o liquidadoras, de derecho o de hecho; contra la persona natural designada para el ejercicio permanente de las funciones propias del cargo de administrador persona jurídica; y contra las personas, cualquiera que sea su denominación, que tengan atribuidas facultades de la más alta dirección de la sociedad cuando no exista delegación permanente de facultades del consejo de administración en uno o varios consejeros delegados o en una comisión ejecutiva, por los daños y perjuicios causados, antes o después de la declaración judicial de concurso, a la persona jurídica concursada. En todo caso, quedará excluida de esta jurisdicción la revisión de las acciones de responsabilidad que ejerzan las Administraciones Públicas en el ejercicio de su autotutela.

3.ª Las acciones de responsabilidad contra los auditores y auditoras por los daños y perjuicios causados, antes o después de la declaración judicial de concurso, a la persona jurídica concursada.

d) La jurisdicción del juez o jueza del concurso es exclusiva y excluyente para conocer de las acciones sociales que tengan por objeto la modificación sustancial de las condiciones de trabajo, el traslado, el despido, la suspensión de contratos y la reducción de jornada por causas económicas, técnicas, organizativas o de producción que, conforme a la legislación laboral y a lo establecido en la legislación concursal, tengan carácter colectivo, así como de las que versen sobre la suspensión o extinción de contratos de alta dirección.

La suspensión de contratos y la reducción de jornada tendrán carácter colectivo cuando afecten al número de trabajadores establecido en la legislación laboral para la modificación sustancial de las condiciones de trabajo con este carácter.

e) La jurisdicción del juez o jueza del concurso se extiende a todas las cuestiones prejudiciales civiles, sin más excepciones que las establecidas en la legislación concursal, las administrativas y las sociales directamente relacionadas con el concurso o cuya resolución sea necesaria para la adecuada tramitación del procedimiento concursal. La decisión sobre estas cuestiones no surtirá efecto fuera del concurso de acreedores en que se produzca.

8. Las Secciones de lo Mercantil serán competentes para el reconocimiento y ejecución de sentencias y demás resoluciones judiciales extranjeras cuando éstas versen sobre cualquiera de las materias a que se refiere este artículo, salvo que, según los tratados y otras normas internacionales, el conocimiento de esa materia corresponda a otro órgano judicial.

9. Las Secciones de lo Mercantil tendrán competencia exclusiva para conocer en primera instancia, de acuerdo con la atribución de competencia objetiva, territorial y funcional establecida en la Ley 1/2000, de 7 de enero, de Enjuiciamiento Civil, de los recursos contra las resoluciones dictadas por la Sección Primera de la Comisión de Propiedad Intelectual para resolver las cuestiones litigiosas sobre el acuerdo previsto en el artículo 129 bis.3 del texto refundido de la Ley de Propiedad Intelectual, aprobado por Real Decreto Legislativo 1/1996, de 12 de abril. Dichos Juzgados podrán, en todo caso, pronunciarse sobre el fondo de la controversia, así como suspender cautelarmente la ejecución de la resolución dictada por la Sección Primera mientras se resuelve el procedimiento en sede judicial.

10. Además de la competencia para conocer con jurisdicción en toda la provincia de las materias a que se refiere este artículo, la Sección de lo Mercantil del Tribunal de Instancia de Alicante tendrá competencia exclusiva para conocer en primera instancia con jurisdicción en todo el territorio nacional de aquellas acciones que se ejerciten al amparo de lo establecido en el Reglamento (UE) 2017/1001 del Parlamento y del Consejo, de 14 de junio de 2017, sobre la marca de la Unión Europea, y del Reglamento (CE) n.º 6/2002, del Consejo, de 12 de diciembre de 2001, sobre los dibujos y modelos comunitarios.

A los solos efectos de la competencia específica a que se refiere el párrafo anterior, dicha Sección se denominará Tribunal de Marca de la Unión Europea y tendrá también competencia exclusiva para conocer de aquellas demandas civiles en las que se ejerciten acumuladas acciones relativas a marcas de la Unión y a marcas nacionales o internacionales idénticas o similares; y de aquellas en las que existiera cualquier otra conexión entre las acciones ejercitadas si al menos una de ellas estuviera basada en un registro o solicitud de marca de la Unión.

– Por último, la **Ley Orgánica 1/2025, de 2 de enero**, introduce modificaciones en la **Ley 36/2011, de 10 de octubre, reguladora de la jurisdicción social**, entre las que se incluye la reforma del apartado tercero del artículo 84: *En caso de no haber avenencia ante el letrado o la letrada de la Administración de Justicia y procederse a la celebración del juicio, la aprobación del acuerdo conciliatorio que, en su caso, alcanzasen las partes en dicho momento corresponderá al juez, la jueza o el tribunal ante el que se hubiere obtenido mediante resolución oral o escrita documentada en el propio acuerdo. Sólo cabrá nueva intervención del letrado o letrada de la Administración de Justicia aprobando un acuerdo entre las partes si el acto del juicio se llegase a suspender por cualquier causa. De celebrarse la conciliación anticipada prevista en el artículo 82 y resultar sin acuerdo, el letrado o la letrada de la Administración de Justicia dejará constancia en el acta de los aspectos controvertidos que hayan impedido el mismo y, de concurrir cuestiones procesales que pudieran suscitar la suspensión del acto del juicio, tales como la existencia de terceros que deban* *ser llamados al procedimiento o la situación concursal de cualquiera de los intervinientes, advertirá a las partes en los términos establecidos en el artículo 81.*

– Igualmente, en el texto se recogen consolidadas las modificaciones introducidas por:

– El **Real Decreto-ley 5/2023, de 28 de junio**, por el que se adoptan y prorrogan determinadas medidas de respuesta a las consecuencias económicas y sociales de la Guerra de Ucrania, de apoyo a la reconstrucción de la isla de La Palma y a otras situaciones de vulnerabilidad; de transposición de Directivas de la Unión Europea en materia de modificaciones estructurales de sociedades mercantiles y conciliación de la vida familiar y la vida profesional de los progenitores y los cuidadores; y de ejecución y cumplimiento del Derecho de la Unión Europea, que modifica los artículos 317.3, 317 bis, 399 ter y 631 del texto refundido de la Ley Concursal aprobado por el Real Decreto Legislativo 1/2020, de 5 de mayo.

– La **Ley 16/2022, de 5 de septiembre**, de reforma del texto refundido de la Ley Concursal, aprobado por el Real Decreto Legislativo 1/2020, de 5 de mayo, para la transposición de la Directiva (UE) 2019/1023 del Parlamento Europeo y del Consejo, de 20 de junio de 2019, sobre marcos de reestructuración preventiva, exoneración de deudas e inhabilitaciones, y sobre medidas para aumentar la eficiencia de los procedimientos de reestructuración, insolvencia y exoneración de deudas, y por la que se modifica la Directiva (UE) 2017/1132 del Parlamento Europeo y del Consejo, sobre determinados aspectos del derecho de sociedades (Directiva sobre reestructuración e insolvencia).

– El **Real Decreto-ley 24/2021, de 2 de noviembre**, de transposición de Directivas de la Unión Europea en las materias de bonos garantizados, distribución transfronteriza de organismos de inversión colectiva, datos abiertos y reutilización de la información del sector público, ejercicio de derechos de autor y derechos afines aplicables a determinadas transmisiones en línea y a las retransmisiones de programas de radio y televisión, exenciones temporales a determinadas importaciones y suministros, de personas consumidoras y para la promoción de vehículos de transporte por carretera limpios y energéticamente eficientes.

– El **Real Decreto-Ley 5/2021, de 12 de marzo**, de medidas extraordinarias de apoyo a la solvencia empresarial en respuesta a la pandemia de la COVID-19.

– En la aplicación del texto refundido de la Ley Concursal aprobado por el **Real Decreto Legislativo 1/2020, de 5 de mayo**, téngase en cuenta:

– El **Real Decreto-ley 6/2024, de 5 de noviembre**, por el que se adoptan medidas urgentes de respuesta ante los daños causados por la depresión aislada en niveles altos (DANA) en diferentes municipios entre el 28 de octubre y el 4 de noviembre de 2024; el **Real Decreto-ley 7/2024, de 11 de noviembre**, por el que se adoptan medidas urgentes para el impulso del plan de respuesta inmediata, reconstrucción y relanzamiento frente a los daños causados por la depresión aislada en niveles altos (DANA) en diferentes municipios entre el 28 de octubre y el 4 de noviembre de 2024 y el **Real Decreto-ley 8/2024, de 28 de noviembre**, por el que se adoptan medidas urgentes complementarias en el marco del plan de respuesta inmediata, reconstrucción y relanzamiento frente a los daños causados por la depresión aislada en niveles altos (DANA) en diferentes municipios entre el 28 de octubre y el 4 de noviembre de 2024. Así, el **Real Decreto-ley 6/2024, de 5 de noviembre** tiene por objeto la adopción de medidas urgentes de respuesta ante los daños causados por la depresión aislada en niveles altos (DANA) en los municipios incluidos en su anexo, entre el 28 de octubre y el 4 de noviembre de 2024. Las medidas que adopta son de aplicación, según determina, a las personas físicas y entidades públicas o privadas que hayan sufrido daños en sus bienes o derechos como consecuencia directa o indirecta de la depresión aislada en niveles altos (DANA), en los municipios incluidos en el anexo, siempre que resulten acreditados.

Entre las medidas urgentes que incluye este **Real Decreto-ley 6/2024, de 5 de noviembre**, se encuentra, de un lado, el artículo 30 referido al régimen de cobranza y garantías de los avales otorgados en virtud de esta norma, que reenvía a la Disposición Adicional Octava de la Ley 16/2022, de 5 de septiembre, de reforma del Texto Refundido de la Ley Concursal. El apartado primero de este artículo 30 ha sido modificado, posteriormente, por el **Real Decreto-ley 7/2024, de 11 de noviembre**:

Artículo 30. Régimen de cobranza y garantías.

1. A los avales otorgados en virtud de este Real Decreto-ley, en la medida en que sean compatibles con lo aquí previsto, les será aplicable el régimen jurídico de recuperación y cobranza previsto en la Disposición Adicional Octava de la Ley 16/2022, de 5 de septiembre, de reforma del Texto Refundido de la Ley Concursal, aprobado por el Real Decreto Legislativo 1/2020, de 5 de mayo, para la transposición de la Directiva (UE) 2019/1023 del Parlamento Europeo y del Consejo, de 20 de junio de 2019, sobre marcos de reestructuración preventiva, exoneración de deudas e inhabilitaciones, y sobre medidas para aumentar la eficiencia de los procedimientos de reestructuración, insolvencia y exoneración de deudas.

2. A los efectos de lo previsto en este Real Decreto-ley, tendrá la consideración de garantía financiera la pignoración o cesión de los derechos de crédito que puedan resultar de las indemnizaciones del Consorcio de Compensación de Seguros o de las ayudas que por cualquier Administración se concedan por razón de la DANA, aun cuando el deudor sea un consumidor, una pequeña empresa o una microempresa.

3. Las garantías financieras previstas en el apartado anterior serán válidas una vez que consten por escrito o de forma jurídicamente equivalente, sin que pueda exigirse ninguna otra formalidad para su constitución, validez, eficacia frente a terceros, ejecutabilidad o admisibilidad como prueba.

4. En todo lo que no contradiga este precepto, será de aplicación a las garantías financieras que se constituyan con arreglo al mismo, lo dispuesto en el Real Decreto-ley 5/2005, de 11 de marzo, de medidas urgentes para el impulso a la productividad y para la mejora de la contratación pública.

De otro lado, el **Real Decreto-ley 6/2024, de 5 de noviembre**, establece en la disposición adicional décima la suspensión de plazos procesales (en los términos acordados por el Consejo General del Poder Judicial), en la disposición adicional undécima la dispensa temporal de la obligación de solicitar la declaración de concurso de acreedores a aquellas personas físicas o jurídicas que se encuentren en estado de insolvencia y en la disposición adicional duodécima la suspensión de los plazos de prescripción y caducidad. Posteriormente, el **Real Decreto-ley 7/2024, de 11 de noviembre**, adicionalmente, suspende los plazos procesales, el deber de solicitar el concurso y los plazos de prescripción y caducidad y habilita la suspensión de los plazos administrativos. Así, su disposición adicional duodécima se refiere a la suspensión de los plazos procesales, que se acuerda con carácter indefinido en la provincia de Valencia, habilitando al Consejo de Ministros para, previo informe del Consejo General del Poder Judicial, levantar la suspensión cuando las circunstancias lo aconsejen (igualmente, podrá acordar que la suspensión se limite a uno o varios partidos judiciales, a medida que vaya recuperándose el funcionamiento ordinario de los servicios públicos) y, correlativamente a esta suspensión de plazos procesales, prevé, durante el período en que esté en vigor, y al igual que en el Real Decreto-ley 6/2024, de 5 de noviembre, la dispensa temporal de la obligación de solicitar la declaración de concurso de acreedores y la suspensión de los plazos de prescripción y caducidad. La referida disposición adicional duodécima del **Real Decreto-ley 7/2024, de 11 de noviembre**, referida a la suspensión de plazos procesales, establece entre sus previsiones que durante la suspensión de plazos procesales establecida serán también de aplicación las previsiones de la disposición adicional undécima y duodécima del Real Decreto-ley 6/2024, de 5 de noviembre. En particular, la disposición adicional undécima de este **Real Decreto-ley 6/2024, de 5 de noviembre,** establece:

Disposición adicional undécima. Plazo del deber de solicitud de concurso.

1. Hasta el levantamiento de la suspensión de los plazos procesales a que se refiere la disposición adicional décima, el deudor que se encuentre en estado de insolvencia actual, y cuyo domicilio se encuentre en alguno de los municipios del anexo de este Real Decreto-ley, no tendrá el deber de solicitar la declaración de concurso o la apertura de procedimiento especial. Hasta que transcurran dos meses a contar desde el levantamiento de la suspensión, los jueces no admitirán a trámite las solicitudes de concurso necesario que se hubieran presentado durante ese estado de insolvencia o que se presenten durante esos dos meses. Si se hubiera presentado solicitud de concurso voluntario, éste se admitirá a trámite, con preferencia, aunque fuera de fecha posterior.

2. Tampoco tendrá el deber de solicitar la declaración de concurso, durante la suspensión de los plazos procesales, el deudor cuyo domicilio se encuentre en alguno de los municipios del anexo de este Real Decreto-ley que hubiera presentado al juzgado de lo mercantil competente para la declaración de concurso la comunicación de la apertura de negociaciones con los acreedores para alcanzar un plan de restructuración o de continuación o solicitado la homologación de un plan de restructura-

ción, aunque hubiera vencido el plazo a que se refiere el artículo 611 del Texto Refundido de la Ley Concursal, aprobado por Real Decreto Legislativo 1/2020, de 5 de mayo.

Con posterioridad, el **Real Decreto-ley 8/2024, de 28 de noviembre**, entre las medidas que incluye, recoge la referida a la moratoria del deber de solicitud de concurso (art. 34). Así, la parte expositiva del referido Real Decreto-ley destaca que *el plazo fijado en la legislación concursal para que el deudor que se encuentre en estado de insolvencia actual solicite la declaración de concurso, la apertura de negociaciones con los acreedores para alcanzar un plan de reestructuración o de continuación, o la homologación de un plan de reestructuración, se amplía al 31 de diciembre de 2025. El alzamiento de la suspensión de los plazos procesales determinaría, de no adoptarse esta medida, que decayera también la suspensión del deber de solicitar el concurso, prevista en el Real Decreto-ley 6/2024, de 5 de noviembre, y en el Real Decreto-ley 7/2024, de 11 de noviembre. Sin embargo, es necesario evitar que el escenario posterior a la superación de la crisis de la DANA conduzca a la apertura de la fase de liquidación respecto de empresas que podrían ser viables en condiciones generales de mercado, con la consiguiente destrucción de tejido productivo y de puestos de trabajo. Y, añade, que esta medida permitirá, sin duda, que deudores y acreedores tengan plena seguridad jurídica, puedan realizar una adecuada planificación de los pagos o para el cumplimiento de sus obligaciones exigibles en una situación que extraordinariamente les puede haber llevado a un estado de insolvencia actual o inminente o de insolvencia probable.* En este sentido, el artículo 34 del **Real Decreto-ley 8/2024, de 28 de noviembre,** establece en el artículo 34, entre las medidas de carácter procesal y societario:

Artículo 34. Plazo del deber de solicitud de concurso.

1. Hasta el 31 de diciembre de 2025, el deudor que se encuentre en estado de insolvencia actual, y cuyo domicilio se encuentre en alguno de los municipios del anexo del Real Decreto-ley 6/2024, de 5 de noviembre, no tendrá el deber de solicitar la declaración de concurso o la apertura de procedimiento especial para microempresas. Hasta el 1 de marzo de 2026, los jueces no admitirán a trámite las solicitudes de concurso necesario que se hubieran presentado durante ese estado de insolvencia o que se presenten hasta dicha fecha. Si se hubiera presentado solicitud de concurso voluntario, éste se admitirá a trámite, con preferencia, aunque fuera de fecha posterior.

2. Tampoco tendrá el deber de solicitar la declaración de concurso, hasta el 31 de diciembre de 2025, el deudor cuyo domicilio se encuentre en alguno de los municipios del anexo del Real Decreto-ley 6/2024, de 5 de noviembre, que hubiera presentado al juzgado de lo mercantil competente para la declaración de concurso la comunicación de la apertura de negociaciones con los acreedores para alcanzar un plan de reestructuración o de continuación o solicitado la homologación de un plan de reestructuración, aunque hubiera vencido el plazo a que se refiere el artículo 611 del texto refundido de la Ley Concursal, aprobado por Real Decreto Legislativo 1/2020, de 5 de mayo.

– La **Ley Orgánica 5/2024, de 11 de noviembre, del derecho de defensa**, en la disposición final tercera, modifica la letra g) e introduce una nueva letra l) en el artículo 2 de la **Ley 1/1996, de 10 de enero, de asistencia jurídica gratuita,** en los siguientes términos:

g) En el ámbito concursal, se reconoce el derecho a la asistencia jurídica gratuita, para todos los trámites del procedimiento especial, a los deudores personas físicas o jurídicas que tengan la consideración de microempresa en los términos establecidos en el Texto Refundido de la Ley Concursal, a los que resulte de aplicación el procedimiento especial previsto en su libro tercero, siempre que acrediten insuficiencia de recursos para litigar.

Igualmente, en el ámbito concursal, los sindicatos estarán exentos de efectuar depósitos y consignaciones en todas sus actuaciones y gozarán del beneficio legal de justicia gratuita cuando ejerciten un interés colectivo en defensa de las personas trabajadoras y beneficiarias de la Seguridad Social.

l) En el orden penal, las personas jurídicas, cuando por requerimiento judicial haya de designarse defensa letrada y, en su caso, representación procesal, siempre que la sociedad haya sido declarada judicialmente en situación de insolvencia actual o inminente, se encuentre en concurso de acreedores o no conste actividad económica en el último ejercicio cuando, en este último caso, la sociedad se halle disuelta o en trámite de disolución por las causas y por el procedimiento legalmente previsto para ello.

ÍNDICE

REAL DECRETO LEGISLATIVO 1/2020, DE 5 DE MAYO, POR EL QUE SE APRUEBA EL TEXTO REFUNDIDO DE LA LEY CONCURSAL

I

La historia de la Ley Concursal es la historia de sus reformas. Es difícil encontrar una ley que, en tan pocos años, haya experimentado tantas y tan profundas modificaciones. Las esperanzas que había suscitado ese derecho de nueva planta, con la lógica aspiración a la estabilidad normativa, pronto se desvanecieron: desde la fecha de promulgación de esta ley, sucesivas leyes y decretos-leyes, con un ritmo acentuado en la décima legislatura, han sustituido principios y enmendado normas legales, a la vez que han constituido el cauce para la inclusión de nuevas instituciones y de nuevas soluciones.

Durante la gestación de la que habría de ser la Ley 22/2003, de 9 de julio, Concursal, se había debatido sobre la conveniencia de incorporar al entonces derecho proyectado las instituciones propias del denominado derecho preconcursal, aprovechando para ello algunas experiencias de otros ordenamientos jurídicos; se habían identificado los riesgos que comportaba la rígida estructura del procedimiento, dividido en fases, y los derivados de un exceso en la atribución de competencias al juez del concurso, en detrimento del imprescindible ámbito de autonomía de la administración concursal; y, en fin, se había advertido de los costes, de tiempo y económico, del diseño en que se trabajaba.

Sin embargo, la mala experiencia que, en el inmediato pasado, había supuesto la deformación de los procedimientos formalmente predispuestos para el tratamiento de situaciones de iliquidez, que habían terminado por superponerse a los procedimientos tradicionales para la solución de las auténticas insolvencias, militaba en contra de la distinción entre el derecho concursal y el preconcursal. La admisión de la insolvencia inminente como presupuesto alternativo para el concurso voluntario se consideraba suficiente. Y, además, quizás faltase perspectiva para apreciar que los nuevos institutos emergentes en otros sistemas legislativos poco tenían que ver con las antiguas suspensiones de pagos.

De otro lado, la alegada rigidez del procedimiento concursal y las muchas funciones atribuidas el juez del concurso no se consideraban especial problema por la simultánea creación de los Juzgados especializados en los que se confiaba plenamente para una segura y rápida tramitación de los concursos de acreedores. En el ánimo del legislador la figura del convenio anticipado era el cauce predispuesto para la rápida solución de la insolvencia.

Pero, a poco de promulgada la ley, la profunda crisis duradera por la que atravesó la economía española, evidenció los defectos y las insuficiencias de la nueva normativa, y el correlativo aumento de los procedimientos concursales no tardó en colapsar los juzgados de lo mercantil. Al mismo tiempo, comenzaron a apreciarse síntomas de la «huida de la Ley Concursal». En efecto, algunas importantes sociedades españolas en situación de crisis, en lugar de solicitar el concurso por razón de una insolvencia real o inminente, acudían, siempre que era posible, a foros extranjeros, con buenos resultados, para beneficiarse de soluciones de las que carecía la legislación española.

El legislador español se sintió constreñido a intervenir, con frecuencia, invocando razones de extraordinaria y urgente necesidad, para tratar de dar solución adecuada a lo que no la tenía, aunque ello comportara, en ocasiones, la sustitución de elementos básicos del recién estrenado sistema concursal y la ampliación de las posibilidades que originariamente ofrecía la nueva ley con el fin de conseguir una más adecuada, más flexible y más justa solución de los intereses en conflicto. Entre otras modificaciones fundamentales, pueden mencionarse la incorporación del criterio del valor razonable del bien o del derecho sobre el que se hubiere constituido la garantía como límite del privilegio especial del crédito garantizado, el reconocimiento del derecho del deudor a solicitar en cualquier momento la apertura de la liquidación, el régimen de los concursos sin masa suficiente para hacer frente a los costes el procedimiento y la introducción del beneficio de la exoneración del pasivo insatisfecho del que, en ciertas condiciones, puede gozar el deudor persona natural.

Junto con reformas estables, aquellas que, una vez introducidas, no han sido objeto de reconsideración, ha habido casos de reformas de lo reformado, en un proceso continuado de diseño y rediseño, como sucedió con el régimen de los acuerdos de refinanciación, a medida que se manifestaban las insuficiencias de las primeras soluciones, acentuando así la inestabilidad de la normativa. De aquel derecho que aspiraba a ser estable se pasó así a un derecho en perpetua redacción.

Esa acumulación de reformas justificó que la disposición final octava de la Ley 9/2015, de 25 de mayo, de medidas urgentes en materia concursal, habilitara al Gobierno para aprobar un texto refundido de la Ley 22/2003, de 9 de julio. La finalización del plazo establecido para la refundición ha motivado que en la Ley 1/2019, de 20 de febrero, de Secretos Empresariales, se incluyera una disposición final tercera que habilitaba un nuevo plazo para aprobar un texto refundido a propuesta de los Ministros de Justicia y del entonces denominado de Economía y Empresa. Esta autorización incluye la facultad de regularizar, aclarar y armonizar los textos legales que deban ser refundidos.

En pocos casos la necesidad de un texto refundido es más necesaria. Las dificultades que, tras tantas reformas, suscita la lectura y la interpretación de las normas legales e incluso la comprensión de la lógica interna del sistema concursal vigente exigían no posponer por más tiempo esa tarea que, aunque delicada, resulta insoslayable afrontar.

II

Las Cortes Generales han establecido el método y, al mismo tiempo, fijado los límites del encargo al poder ejecutivo. El texto refundido de la Ley Concursal debe ser el resultado de la regularización, la aclaración y la armonización de unas normas legales que, como las que son objeto de refundición, han nacido en momentos distintos y han sido generadas desde concepciones no siempre coincidentes. Regularizar significa ajustar, reglar o poner en orden. Aclarar es verbo de múltiples significados: a veces, alude a quitar lo que impide apreciar la realidad de alguna cosa; otras, implica la idea de explicar. Y armonizar equivale a hacer que no discuerden dos o más partes de un todo. La autorización no se circunscribe a la mera formulación de un texto consolidado, sino que incluye esa triple facultad.

La fidelidad al mandato recibido impide, pues, la mera yuxtaposición de artículos. De las dos posibilidades que ofrece la Constitución (artículo 82.5), las Cortes han optado por la más ambiciosa. Esa fidelidad al mandato parlamentario exige desarrollar una compleja actuación en pos de ese triple objetivo en el que, por razón del interés general, descansa la decisión legal.

Los amplios términos con que ha sido configurada la delegación al Gobierno para la elaboración del texto refundido permiten así solucionar un buen número de problemas sin alterar el sistema legal vigente. De ahí que, al redactar el texto refundido, el Gobierno no se haya limitado a reproducir, con mejor orden, las normas legales objeto de la refundición, sino que haya debido incidir en esa normativa en una muy delicada labor para cumplir fielmente la encomienda recibida. Ordenar un texto que las sucesivas reformas habían desordenado; redactar las proposiciones normativas de modo que sean fáciles de comprender y, por ende, de aplicar, y eliminar contradicciones —o incluso normas duplicadas o innecesarias— han sido pautas esenciales que han guiado la encomienda recibida.

La doctrina del Consejo de Estado ha señalado que regularizar, aclarar y armonizar textos legales supone, en primer lugar, la posibilidad de alterar la sistemática de la ley y, en segundo lugar, la posibilidad de alterar la literalidad de los textos para depurarlos en la medida necesaria para eliminar las dudas interpretativas que pudieran plantear.

En primer lugar, la alteración de la sistemática facilita la identificación de la norma y la comprensión de la función que cumple. Con la nueva sistemática, se aspira a que la aplicación del derecho no tenga como presupuesto la previa localización de la norma a aplicar. La determinación del derecho aplicable no puede tener mayores dificultades que la interpretación jurídica de las leyes.

Al servicio de esta manifestación del principio de la seguridad jurídica en que la reordenación consiste, el texto refundido se divide en tres libros: el primero, el más extenso, está dedicado al concurso de acreedores. Pero el lector del texto pronto comprobará que, en la distribución de la materia entre los distintos títulos de que se compone este primer libro, existen diferencias importantes con la sistemática de la Ley 22/2003, de 9 de julio. Así, por ejemplo, hay un título específico sobre los órganos del concurso, dividido en dos capítulos, uno dedicado al juez del concurso y otro a la administración concursal; hay, al igual que en la Propuesta de Anteproyecto de Ley Concursal de 1995, un título sobre la masa activa y otro sobre la masa pasiva; hay un título sobre el informe de la administración concursal; hay un título propio para el pago de los créditos a los acreedores; y un título sobre publicidad. Esta nueva sistemática ha supuesto el traslado y la recolocación de muchas normas contenidas en títulos diferentes de la Ley Concursal. Entre otros muchos ejemplos significativos, en el título IV, dedicado a la masa activa, no solo se incluye lo relativo a la composición de esa masa o lo relativo a la conservación de la misma, sino también las reglas generales de enajenación de los bienes y derechos que la componen, muchas de ellas ahora contenidas en el título sobre liquidación; el régimen de la reintegración de la masa, procedente del título sobre los efectos de la declaración de concurso; el régimen de la reducción de la masa; y la regulación de los créditos contra la masa, que se enumeraban en aquella parte de la ley que tenía por objeto la composición de la masa pasiva, incluidas las especialidades en caso de insuficiencia de la masa para hacer frente a dichos créditos, materia de la que se ocupaba el título dedicado a la conclusión del concurso.

Las normas concursales generales se integran en los doce primeros títulos de este libro. Simultáneamente, se han excluido de esos títulos aquellas normas especiales que estaban dispersas por el articulado, sin distraer al aplicador del derecho con aquellas particularidades de ámbito más o menos restringido. En el título XIV, que es el título final de este libro I, se han agrupado, junto con el concurso de la herencia, las especialidades del concurso de aquel deudor que tenga determinadas características subjetivas u objetivas.

El libro II está dedicado a ese otro derecho de la crisis que es alternativo —y, en ocasiones, previo— al derecho tradicional de la insolvencia. Este segundo libro se divide en cuatro títulos independientes: el primero, procedente del artículo 5 bis, tiene como objeto la comunicación de la apertura de negociaciones con los acreedores; el segundo, se ocupa de los acuerdos de refinanciación, cuyo episódico régimen, tan trabajosamente diseñado por el legislador, adquiere ese mínimo de unidad y autonomía que todos reclamaban; el tercero es el relativo a los acuerdos extrajudiciales de pago, cuya disciplina se ha añadido a la Ley Concursal por la Ley 14/2013, de 27 de septiembre, modificado por la Ley 25/2015, de 28 de junio; y el último se ocupa de las especialidades del concurso consecutivo, sea a un acuerdo de refinanciación, sea a un acuerdo extrajudicial de pagos. Se ha optado por mantener la terminología de esos nuevos instrumentos legales por ser la incorporada al anejo A del Reglamento (UE) 2015/848, del Parlamento y del Consejo, de 20 de mayo de 2015, sobre procedimientos de insolvencia.

Pero la elaboración de este libro ha sido, probablemente, la de mayor dificultad técnica: dificultad por las reconocidas deficiencias, incluso terminológicas, del régimen de estos «expedientes» o «procedimientos». Quizás sea aquí donde los límites de la refundición resultan más patentes: no faltarán quienes consideren que el Gobierno hubiera debido aprovechar la ocasión para clarificar más el régimen jurídico aplicable a esos institutos y, en especial, del régimen aplicable a los acuerdos de refinanciación —un régimen más preocupado por la consecución de determinados objetivos que por la tipificación institucional—, solventando las muchas dudas que la aplicación de las normas legales ha permitido identificar. Sin embargo, en la refundición de esas normas se ha procedido con especial prudencia para evitar franquear los límites de la encomienda, pues la delegación para aclarar no es delegación para reconstruir sobre nuevas bases las instituciones.

En fin, en el libro III se incluyen las normas de derecho internacional privado que hasta ahora contenía el título IX de la Ley Concursal. La razón de la creación de este último libro se encuentra en el ya citado Reglamento (UE) 2015/848. A diferencia del Reglamento (CE) 1346/2000, del Consejo, de 29 de mayo de 2000, el nuevo Reglamento, es de aplicación no solo a los concursos de acreedores, sino también a los «procedimientos» que el texto refundido agrupa en el libro II. Existen normas del derecho internacional privado de la insolvencia, hasta ahora circunscritas al concurso de acreedores, que deberán aplicarse a los acuerdos de refinanciación y a los acuerdos extrajudiciales de pagos, por lo que la coherencia sistemática exigía esta posposición.

En segundo lugar, la alteración de la literalidad de un buen número de textos es la manifestación más significativa del mandato de claridad. Un elevado número de artículos se han redactado de nuevo, para precisar, sin alterar el contenido, cuál es la interpretación de la norma. La terminología se ha unificado; el sentido de la norma se hace coincidir con la formulación, evitando el mayor número de incertidumbres posibles; y las fórmulas legislativas más complejas se exponen con la mayor simplicidad posible.

Esta alteración de la literalidad ha ido unida a una nueva relación entre el continente y el contenido. En el texto originario de la Ley Concursal y, sobre todo, en el ya reformado existían artículos que, por razón de la materia, era aconsejable dividir en varios independientes. En el texto refundido se dedica un artículo a cada materia, evitando que un mismo precepto se ocupe de heterogéneas o distintas cuestiones y, al mismo tiempo, el epígrafe de cada artículo intenta anticipar el objeto de la norma. En casos concretos, un solo artículo de la Ley Concursal ha dado lugar a todo un capítulo o a toda una sección. Así, el artículo 5 bis de la Ley Concursal, sobre comunicación de negociaciones con los acreedores; el artículo 64, sobre los efectos de la declaración de concurso sobre los contratos de trabajo; el artículo 100, sobre contenido de la propuesta de convenio; el artículo 149, sobre reglas legales en materia de liquidación de la masa activa; el artículo 176 bis, sobre especialidades de la conclusión del concurso por insuficiencia de la masa activa; o el artículo 178 bis, sobre el beneficio de la exoneración del pasivo insatisfecho. Un caso particular es el artículo 71 bis, sobre el régimen especial de rescisión de determinados acuerdos de refinanciación, y de la disposición adicional cuarta, sobre homologación de esos acuerdos, que han dado lugar a todo un título. La consecuencia de la utilización de estos criterios ha sido el sustancial aumento del número de artículos. La Ley Concursal apenas supera los 250 artículos; el texto refundido casi ha multiplicado por tres este número.

Pero no solo esto: al redactar el texto refundido, el Gobierno no solo aspira a ofrecer un conjunto normativo que fuera sistemático y que fuera claro e inteligible. Por supuesto, el texto refundido no puede incluir modificaciones de fondo del marco legal refundido, así como tampoco introducir nuevos mandatos jurídicos inexistentes con anterioridad o excluir mandatos jurídicos vigentes. Pero, dentro de los límites fijados por las Cortes, la tarea exigía, como en ocasiones similares ha señalado el Consejo de Estado, actuar «con buen sentido» pues la refundición no puede ser una tarea meramente mecánica, sino que requiere, a veces, ajustes importantes para mantener la unidad de las concepciones; para convertir en norma expresa principios implícitos; para completar las soluciones legales colmando lagunas cuando sea imprescindible; y, en fin, para rectificar las incongruencias, sean originarias, sean consecuencia de las sucesivas reformas, que se aprecien en las normas legales contenidas dentro de la misma Ley. Por estas razones, la labor técnica que supone la elaboración de un texto refundido, cuando la delegación es tan amplia, implica no solo interpretación, sino también integración —es decir, un «contenido innovador», sin el cual carecería de sentido la delegación legislativa—, pudiendo incluso llegar a la explicitación de normas complementarias a las que son objeto de refundición (sentencias del Tribunal Constitucional números 122/1992, de 28 de septiembre, y 166/2007, de 4 de julio). En el texto refundido que ahora aprueba el Gobierno, el aplicador del derecho comprobará a cada paso la importancia que ha tenido este criterio orientador, el tesón por la coherencia con los principios, esa preocupación por explicitar lo implícito o esa frecuencia de normas complementarias.

La imprescindible reordenación, clarificación y armonización del derecho vigente que representa este texto refundido no excluye que el proceso de reforma del derecho de la insolvencia haya finalizado. España tiene pendiente de transponer la Directiva (UE) 2019/1023, del Parlamento Europeo y del Consejo, de 20 de junio de 2019, que tiene como finalidad establecer mecanismos de alerta ante el riesgo de insolvencia, dar una regulación más completa y coherente a los procesos de reestructuración preventiva de las deudas, simplificar el derecho concursal, aumentar la eficiencia, aligerar costes, y ampliar las posibilidades de obtención del beneficio de liberación de deudas. Pero el texto refundido que ahora se aprueba constituye la base idónea para acometer de forma más ordenada, clara y sistemática esa inexcusable transposición, tarea que, ya por sí misma reviste extraordinaria dificultad.

El Derecho concursal se reivindica como una herramienta fundamental para la conservación de tejido empresarial y empleo; y de ello es consciente el legislador y la propia Unión Europea que ha desarrollado una importante iniciativa normativa a través de Directivas como la mencionada inmediatamente antes. Esta finalidad conservativa del Derecho concursal se manifiesta no solo a través de normas con vocación de permanencia como el presente texto refundido, sino que en el contexto de la crisis sanitaria originada por el COVID-19 también se han adoptado medidas urgentes, de naturaleza temporal y extraordinaria, con incidencia en el ámbito concursal. El ámbito temporal de aplicación de estas medidas es limitado, pues tratan de atender de manera extraordinaria y urgente la situación de los procesos concursales tras la finalización del estado de alarma y la situación de las empresas afectadas por la disminución o el cese de actividad motivada precisamente por las consecuencias económicas generadas por la mencionada crisis sanitaria, de modo que durante un cierto período de tiempo ambas normas, texto refundido y normas excepcionales, coincidirán en su aplicación, si bien cada una en su respectivo ámbito.

En su virtud, a propuesta del Ministro de Justicia y de la Ministra de Asuntos Económicos y Transformación Digital, de acuerdo con el Consejo de Estado y previa deliberación del Consejo de Ministros en su reunión del día 5 de mayo de 2020,

Dispongo:

Artículo único. *Aprobación del texto refundido de la Ley Concursal*

Se aprueba el texto refundido de la Ley Concursal que se inserta a continuación.

Disposición adicional primera. *Grupos de sociedades*

A los efectos del texto refundido de la Ley Concursal se entenderá por grupo de sociedades el definido en el artículo 42.1 del Código de Comercio, aunque el control sobre las sociedades directa o indirectamente dependientes lo ostente una persona natural o una persona jurídica que no sea sociedad mercantil.

Disposición adicional segunda. *Remisiones normativas*

Las referencias normativas contenidas en otras disposiciones a la Ley 22/2003, de 9 de julio, Concursal, se entenderán realizadas a los preceptos correspondientes del texto refundido que se aprueba.

Disposición adicional tercera. *Tabla de correspondencias*

Dentro del mes siguiente a la publicación en el «Boletín Oficial del Estado» de este real decreto legislativo se divulgará a través de la página web de los Ministerios de Justicia y de Asuntos Económicos y Transformación Digital, con efectos meramente informativos, una tabla de correspondencias de los preceptos de la Ley 22/2003, de 9 de julio, Concursal, con los del texto refundido que se aprueba mediante este Real Decreto legislativo.

Disposición adicional cuarta. *Estadística concursal*

El Gobierno adoptará las medidas pertinentes para garantizar la elaboración, a partir de la información suministrada por la oficina judicial, los Registros Mercantiles y el Registro público concursal, de estadísticas que permitan evaluar el funcionamiento del sistema concursal y contribuyan a la organización y funcionamiento de la cuenta de garantía arancelaria.

Disposición transitoria única. *Régimen transitorio*

1. El contenido de los artículos 57 a 63, 84 a 89, 560 a 566 y 574.1 todos ellos inclusive, de este texto refundido, que corresponda a las modificaciones introducidas en los artículos 27, 34 y 198 de la Ley 22/2003, de 9 de julio, Concursal, por la Ley 17/2014, de 30 de septiembre, por la que se adoptan medidas urgentes en materia de refinanciación y reestructuración de deuda empresarial, entrarán en vigor cuando se apruebe el reglamento a que se refiere la disposición transitoria segunda de dicha ley. Entre tanto permanecerán en vigor los artículos 27, 34 y 198 de la Ley Concursal en la redacción anterior a la entrada en vigor de dicha Ley 17/2014, de 30 de septiembre.

2. El contenido de los artículos 91 a 93, ambos inclusive, de este texto refundido, correspondientes a los artículos 34 bis a 34 quáter de la Ley 22/2003, de 9 de julio, introducidos por Ley 25/2015, de 28 de julio, de mecanismo de segunda oportunidad, reducción de la carga financiera y otras medidas de orden social, entrarán en vigor cuando se apruebe el desarrollo reglamentario de la cuenta de garantía arancelaria.

Disposición derogatoria única. *Derogación normativa*

1. Se derogan los artículos 1 a 242 bis, así como las disposiciones adicionales segunda, segunda bis, segunda ter, cuarta, quinta, sexta, séptima y octava y las disposiciones finales quinta y sexta de la Ley 22/2003, de 9 de julio, Concursal.

No obstante, la derogación de sus disposiciones adicionales y finales señaladas en el párrafo anterior no afectará a los contenidos de las leyes modificadas por las mismas, que se mantienen en sus términos actualmente vigentes:

a) Disposición adicional primera. Referencias legales a los procedimientos concursales anteriormente vigentes.

b) Disposición adicional tercera. Reforma de las leyes de Sociedades Anónimas y de Responsabilidad Limitada.

c) Disposición transitoria primera. Procedimientos concursales en tramitación.

d) Disposición transitoria segunda. Juzgados de lo Mercantil.

e) Disposición final primera. Reforma del Código Civil.

f) Disposición final segunda. Reforma del Código de Comercio.

g) Disposición final tercera. Reforma de la Ley de Enjuiciamiento Civil.

h) Disposición final cuarta. Reforma de la Ley de Asistencia Jurídica Gratuita.

i) Disposición final séptima. Reforma de la Ley Hipotecaria.

j) Disposición final octava. Reforma de la Ley de Hipoteca Mobiliaria y Prenda sin Desplazamiento.

k) Disposición final novena. Reforma de la Ley de Hipoteca Naval.

l) Disposición final décima. Reforma de la Ley General Presupuestaria.

m) Disposición final undécima. Modificación de la Ley 58/2003, de 17 de diciembre, General Tributaria.

n) Disposición final undécima bis. Reforma de la Ley del Impuesto sobre el Valor Añadido.

o) Disposición final undécima ter. Modificación de la Ley 20/1991, de 7 de junio, de modificación de los aspectos fiscales del Régimen Económico Fiscal de Canarias.

p) Disposición final duodécima. Reforma de la Ley del Impuesto sobre Transmisiones Patrimoniales y Actos Jurídicos Documentados.

q) Disposición final decimotercera. Reforma de la Ley de Contratos de las Administraciones Públicas.

r) Disposición final decimocuarta. Reforma del Estatuto de los Trabajadores.

s) Disposición final decimoquinta. Reforma de la Ley de Procedimiento Laboral.

t) Disposición final decimosexta. Reforma de la Ley General de la Seguridad Social.

u) Disposición final decimoséptima. Reforma de la Ley Cambiaria y del Cheque.

v) Disposición final decimoctava. Reforma de la Ley del Mercado de Valores.

x) Disposición final decimonovena. Reforma de la Ley del Mercado Hipotecario y de la Ley de Medidas de Reforma del Sistema Financiero.

y) Disposición final vigésima. Reforma de la Ley de Sociedades Anónimas.

z) Disposición final vigésima primera. Reforma de la Ley de Sociedades de Responsabilidad Limitada.

aa) Disposición final vigésima segunda. Reforma de la Ley de Cooperativas.

ab) Disposición final vigésima tercera. Reforma de la Ley de Sociedades de Garantía Recíproca.

ac) Disposición final vigésima cuarta. Reforma de la Ley de entidades de capital-riesgo.

ad) Disposición final vigésima quinta. Reforma de la Ley de agrupaciones de interés económico.

ae) Disposición final vigésima octava. Reforma de la Ley de Contrato de Seguro.

af) Disposición final vigésima novena. Reforma de la Ley sobre Contrato de Agencia.

ag) Disposición final trigésima. Reforma de la Ley de Navegación Aérea.

ah) Disposición final trigésima primera. Reforma de la Ley de Defensa de Consumidores y Usuarios.

ai) Disposición final trigésima segunda. Título competencial.

aj) Disposición final trigésima tercera. Proyecto de Ley reguladora de la concurrencia y prelación de créditos.

ak) Disposición final trigésima cuarta. Arancel de retribuciones.

2. Quedan también derogadas cuantas disposiciones de igual o inferior rango se opongan a lo dispuesto en este real decreto legislativo y en el texto refundido que aprueba y, en particular, las siguientes:

a) Disposición adicional tercera de la Ley 36/2003, de 11 de noviembre, de medidas de reforma económica.

b) Letra d) del apartado 1 de la disposición derogatoria única del Real Decreto Legislativo 7/2004, de 29 de octubre, por el que se aprueba el texto refundido del Estatuto Legal del Consorcio de Compensación de Seguros.

c) La disposición adicional tercera del Real Decreto-ley 5/2005, de 11 de marzo, de reformas urgentes para el impulso a la productividad y para la mejora de la contratación pública.

d) Disposición adicional primera; apartados 1 y 2 de la disposición final tercera de la Ley 6/2005, de 22 de abril sobre saneamiento y liquidación de las entidades de crédito.

e) Capítulo III (artículos 6 a 12); disposiciones adicionales primera, segunda y tercera; disposiciones transitorias segunda a octava del Real Decreto-ley 3/2009, de 27 de marzo, de medidas urgentes en materia tributaria, financiera y concursal ante la evolución de la situación económica.

f) Artículo decimoséptimo de la Ley 13/2009, de 3 de noviembre, de reforma de la legislación procesal para la implantación de la nueva Oficina judicial.

g) Disposición final tercera de la Ley 11/2011, de 20 de mayo, de reforma de la Ley 60/2003, de 23 de diciembre, de Arbitraje y de regulación del arbitraje institucional en la Administración General del Estado.

h) Disposición final sexta de la Ley 9/2012, de 14 de noviembre, de reestructuración y resolución de entidades de crédito.

i) Artículo 10 del Real Decreto-ley 11/2013, de 2 de agosto, para la protección de los trabajadores a tiempo parcial y otras medidas urgentes en el orden económico y social.

j) Artículo 21; artículo 31; disposición transitoria de la Ley 14/2013, de 27 de septiembre, de apoyo a los emprendedores y su internacionalización.

k) Disposición final séptima de la Ley 26/2013, de 27 de diciembre, de cajas de ahorros y fundaciones bancarias.

l) Artículo 10 de la Ley 1/2014, de 28 de febrero, para la protección de los trabajadores a tiempo parcial y otras medidas urgentes en el orden económico y social.

m) Artículo único del Real Decreto-ley 4/2014, de 7 de marzo, por el que se adoptan medidas urgentes en materia de refinanciación y reestructuración de deuda empresarial.

n) Artículo único del Real Decreto-ley 11/2014, de 5 de septiembre por la que se adoptan medidas urgentes en materia de refinanciación y reestructuración de deuda empresarial.

o) Artículo único de la Ley 17/2014, de 30 de septiembre, por la que se adoptan medidas urgentes en materia de refinanciación y reestructuración de deuda empresarial.

p) Artículo 1; disposiciones adicionales primera, segunda y tercera; y disposición transitoria primera del Real Decreto-ley 1/2015, de 27 de febrero, de mecanismo de segunda oportunidad, reducción de carga financiera y otras medidas de orden social.

q) Disposición final primera de la Ley 5/2015, de 27 de abril, de fomento de la financiación empresarial.

r) Disposición final quinta de la Ley 9/2015, de 25 de mayo, de medidas urgentes en materia concursal.

s) Disposición final quinta de la Ley 11/2015, de 18 de junio, de recuperación y resolución de entidades de crédito y empresas de servicios de inversión.

t) Disposición final quinta de la Ley 20/2015, de 14 de julio, de ordenación, supervisión y solvencia de las entidades aseguradoras y reaseguradoras.

u) Artículo 1 y disposición transitoria primera de la Ley 25/2015, de 28 de julio, de mecanismo de segunda oportunidad, reducción de carga financiera y otras medidas de orden social.

v) Disposición final quinta de la Ley 40/2015, de 1 de octubre, de Régimen Jurídico del Sector Público.

Disposición final primera. *Título competencial*

El texto refundido de la Ley Concursal se dicta al amparo de lo dispuesto en el artículo 149.1.6.ª de la Constitución, que atribuye al Estado la competencia exclusiva en materia de «legislación mercantil» y de «legislación procesal».

Disposición final segunda. *Entrada en vigor*

El presente real decreto legislativo y el texto refundido de la Ley Concursal que aprueba entrarán en vigor el 1 de septiembre del año 2020.

TEXTO REFUNDIDO DE LA LEY CONCURSAL

La disposición adicional octava de la **Ley 16/2022, de 5 de septiembre, de reforma del texto refundido de la Ley Concursal, aprobado por el Real Decreto Legislativo 1/2020, de 5 de mayo, para la transposición de la Directiva (UE) 2019/1023 del Parlamento Europeo y del Consejo, de 20 de junio de 2019, sobre marcos de reestructuración preventiva, exoneración de deudas e inhabilitaciones, y sobre medidas para aumentar la eficiencia de los procedimientos de reestructuración, insolvencia y exoneración de deudas, y por la que se modifica la Directiva (UE) 2017/1132 del Parlamento Europeo y del Consejo, sobre determinados aspectos del derecho de sociedades (Directiva sobre reestructuración e insolvencia)** establece:

Octava. Régimen aplicable a los avales otorgados en virtud de los Reales Decretos-leyes 8/2020, de 17 de marzo, de medidas urgentes extraordinarias para hacer frente al impacto económico y social del COVID-19, 25/2020, de 3 julio, de medidas urgentes para apoyar la reactivación económica y el empleo, y 6/2022, de 29 de marzo, por el que se adoptan medidas urgentes en el marco del Plan Nacional de respuesta a las consecuencias económicas y sociales de la guerra en Ucrania

1. Los avales públicos otorgados al amparo de los Reales Decretos-leyes 8/2020, de 17 de marzo, de medidas urgentes extraordinarias para hacer frente al impacto económico y social del COVID-19, 25/2020, de 3 de julio, de medidas urgentes para apoyar la reactivación económica y el empleo, así como 6/2022, de 29 de marzo, por el que se adoptan medidas urgentes en el marco del Plan Nacional de respuesta a las consecuencias económicas y sociales de la guerra en Ucrania, se regirán por el artículo 16 del Real Decreto-ley 5/2021, de 12 de marzo, de medidas extraordinarias de apoyo a la solvencia empresarial en respuesta a la pandemia de la COVID-19, y el Acuerdo del Consejo de Ministros de 11 de mayo de 2021 que lo desarrolla en relación con el régimen de cobranza de los avales otorgados en virtud de los referidos sucesivos Reales Decretos-leyes y los sucesivos Acuerdos del Consejo de Ministros de desarrollo de los mismos. En todo caso, en los procedimientos previstos en la Ley Concursal se deberán tener en cuenta las especialidades recogidas en la presente disposición.

2. Los créditos derivados de los avales públicos regulados en esta disposición tendrán la consideración de crédito financiero, a los efectos previstos en la Ley Concursal, incluyendo la formación de clases y la exoneración del pasivo insatisfecho, sin perjuicio de lo previsto en el apartado 4 de la presente disposición adicional. Estos créditos tendrán el rango de crédito ordinario, sin perjuicio de la existencia de otras garantías otorgadas al crédito principal avalado, en que ostentará al menos el mismo rango en orden de prelación a los derechos correspondientes a la parte del principal no avalado.

3. En los procedimientos previstos en la Ley Concursal, corresponderá a las entidades financieras, por cuenta y en nombre del Estado, la representación de los créditos derivados de los avales públicos regulados en esta disposición, en los términos previstos en el Acuerdo del Consejo de Ministros de 11 de mayo de 2021 y los posteriores Acuerdos del Consejo de Ministros que lo modifiquen o desarrollen. Corresponderá a las entidades financieras titulares del crédito principal avalado el ejercicio por cuenta y en nombre del Estado de las comunicaciones y reclamaciones que fueran oportunas para el reconocimiento y pago de los créditos derivados de estos avales.

No obstante, los Abogados del Estado integrados en el Servicio Jurídico del Estado asumirán la representación y defensa de los créditos derivados de los avales públicos regulados en esta Disposición cuando el juez aprecie la existencia de conflicto de intereses o cuando por dicho motivo la Abogacía General del Estado, previa propuesta del Instituto de Crédito Oficial, entienda que la representación y defensa debe asumirse separadamente de la de los créditos de la entidad financiera.

Además, los Abogados del Estado integrados en el Servicio Jurídico del Estado también podrán intervenir en los procedimientos previstos en la Ley Concursal en defensa del crédito derivado de estos avales públicos conforme al régimen establecido en la Ley 1/2000, de 7 de enero, de Enjuiciamiento Civil, para la intervención de sujetos originariamente no demandantes ni demandados. Esta intervención podrá tener lugar, sin necesidad de especial pronunciamiento del tribunal, cuando así se solicite motivadamente por el Ministerio de Asuntos Económicos y Transformación Digital y, en todo caso y sin necesidad de que medie dicha solicitud, en los siguientes supuestos:

a) En la tramitación de la aprobación del convenio, en particular, para oponerse a la aprobación judicial del convenio.

b) En la tramitación de la aprobación y homologación del procedimiento especial de continuación, en particular, para oponerse a la formación de clases y para la impugnación del auto de homologación del plan de continuación.

c) En la tramitación del plan de reestructuración, en particular, para oponerse a la formación de clases y para impugnar u oponerse a la homologación del plan de reestructuración.

d) Para el ejercicio de las acciones que fueran procedentes en los procedimientos de la ley concursal, cuando existan indicios de presunto fraude o irregularidades respecto a alguno de los intervinientes en la operación de financiación, sin perjuicio de otras actuaciones que pudieran llevarse a cabo en otros procedimientos judiciales fuera del ámbito de la Ley Concursal.

4. Los planes de reestructuración, de continuación o propuestas de convenios que puedan afectar a los créditos derivados de estos avales públicos no pueden imponer a estos créditos ninguno de los contenidos siguientes: el cambio de la ley aplicable; el cambio de deudor, sin perjuicio de que un tercero asuma sin liberación de ese deudor la obligación de pago; la modificación o extinción de las garantías que tuvieren; o la conversión de los créditos en acciones o participaciones sociales, en créditos o préstamos participativos o en cualquier otro crédito de características o de rango distintos de aquellos que tuviere el crédito originario.

5. El auto de declaración de concurso y el auto de apertura del procedimiento especial para microempresas del deudor avalado, independientemente de que se haya iniciado o no la ejecución del aval o se haya producido pago al acreedor principal, producirán la subrogación del Ministerio de Asuntos Económicos y Transformación Digital por la parte del crédito principal avalado, en particular, para que se ejercite la adhesión u oposición a las propuestas de convenio o el derecho de voto en los planes de continuación conforme a lo previsto en el apartado 6 de la presente disposición.

Con independencia de esa subrogación, la entidad financiera seguirá en todo caso representando el conjunto de los créditos derivados de la operación financiera, incluyendo la parte del principal subrogado, en los términos previstos en el apartado tercero y los derivados de los Acuerdos de Consejo de Ministros dictados en aplicación del artículo 16 del Real Decreto-ley 5/2021, de 12 de marzo, de medidas extraordinarias de apoyo a la solvencia empresarial en respuesta a la pandemia de la COVID-19.

6. En el caso de los planes de continuación o propuestas de convenio, el ejercicio del derecho a voto o la adhesión u oposición a la propuesta de convenio corresponderá al órgano de la Agencia Estatal de Administración Tributaria que resulte competente para autorizar la suscripción y celebración de los acuerdos o convenios previstos en la legislación concursal conforme lo previsto en el artículo 10.3 de la Ley 47/2003, de 26 de noviembre, General Presupuestaria.

7. En los planes de reestructuración corresponderá en todo caso el derecho de voto a la entidad financiera titular del crédito principal avalado. Este derecho de voto se emitirá de forma separada por la parte del crédito avalado respecto de la parte restante del crédito no avalado que corresponde a la entidad financiera.

Para que las entidades financieras puedan votar favorablemente por la parte del crédito principal avalado en los planes de reestructuración deberán ser autorizadas previamente por la persona titular del Departamento de Recaudación de la Agencia Estatal de Administración Tributaria.

No obstante, las entidades financieras podrán votar favorablemente las propuestas de planes de reestructuración sin necesidad de recabar autorización de la Agencia Estatal de Administración Tributaria cuando concurran las circunstancias previstas en los correspondientes Reales Decretos y Acuerdos de Consejo de Ministros adoptados al amparo del Marco Temporal Europeo y el artículo 16.2 del Real Decreto Ley 5/2021.

En el momento de presentar la solicitud de autorización, las entidades financieras deberán presentar informe motivado que justifique su propuesta y certificar que la solicitud no cumple las condiciones previstas para poder beneficiarse de las autorizaciones generales recogidas en los reales decretos y Acuerdos mencionados en el párrafo anterior, siendo la solicitud objeto de inadmisión en caso de que no se certifique dicha circunstancia.

En caso de ser necesaria, la falta de autorización previa de la Agencia Estatal de Administración Tributaria determinará el perjuicio del aval, en la parte que no hubiera sido ejecutada y, en su caso, la conservación de los derechos de recuperación y cobranza por el Ministerio de Asuntos Económicos y Transformación Digital, sin que el contenido del plan de reestructuración produzca efectos frente al mismo.

8. Las autorizaciones previas y los votos y adhesiones u oposiciones realizadas por la Agencia Estatal de Administración Tributaria conforme a los dos apartados anteriores, se entienden emitidos exclusivamente respecto de los créditos derivados de los avales públicos previstos en esta disposición y no afectará ni vinculará al derecho de voto derivado de los restantes créditos públicos calificados como ordinarios cuya gestión corresponda a la Agencia Estatal de Administración Tributaria.

9. En todo caso, las autorizaciones, votos, adhesiones u oposiciones realizadas por la Agencia Estatal de Administración Tributaria tendrán los exclusivos efectos previstos en esta disposición, sin perjuicio de las ulteriores responsabilidades que pudieran resultar de procedimientos administrativos o judiciales.

La redacción actual de la Disposición Adicional Octava procede del **Real Decreto-ley 20/2022, de 27 de diciembre, de medidas de respuesta a las consecuencias económicas y sociales de la guerra de Ucrania y de apoyo a la reconstrucción de la Isla de la Palma y a otras situaciones de vulnerabilidad**, que además determina el siguiente régimen transitorio: *Disposición transitoria tercera. Régimen transitorio aplicable a la modificación de la Disposición Adicional Octava de la Ley 16/2022, de 5 de septiembre. Lo dispuesto en el artículo 105 de este Real Decreto-Ley por la que se modifica la Disposición Adicional Octava de la Ley 16/2022, de 5 de septiembre, será de aplicación desde el 26 de septiembre de 2022 a los procedimientos concursales y a los trámites previstos en la Disposición Transitoria Primera de la Ley 16/2022, de 5 de septiembre, sin perjuicio de que mantengan su validez las solicitudes de autorización previa que ya hayan* *sido tramitadas y las autorizaciones, votos y adhesiones u oposiciones realizadas por la Agencia Estatal de la Administración Tributaria de conformidad con la redacción anterior. En particular, será de aplicación: 1. A los concursos de acreedores declarados a partir de esa fecha. 2. A los planes de reestructuración que se negocien y a las solicitudes de homologación que se hayan presentado a partir de esa fecha. 3. A las propuestas de convenio que se hubieran presentado a partir de esa fecha. 4. A los concursos consecutivos a un acuerdo de refinanciación o a un acuerdo extrajudicial de pagos que se declaren a partir de esa fecha.*

– El **Real Decreto-ley 6/2024, de 5 de noviembre**, por el que se adoptan medidas urgentes de respuesta ante los daños causados por la depresión aislada en niveles altos (DANA) en diferentes municipios entre el 28 de octubre y el 4 de noviembre de 2024 incluye un artículo 30 referido al régimen de cobranza y garantías de los avales otorgados en virtud de esta norma, que reenvía a la Disposición Adicional Octava de la Ley 16/2022, de 5 de septiembre, de reforma del Texto Refundido de la Ley Concursal. El apartado primero de este artículo 30 ha sido modificado, posteriormente, por el **Real Decreto-ley 7/2024, de 11 de noviembre**, por el que se adoptan medidas urgentes para el impulso del plan de respuesta inmediata, reconstrucción y relanzamiento frente a los daños causados por la depresión aislada en niveles altos (DANA) en diferentes municipios entre el 28 de octubre y el 4 de noviembre de 2024:

Artículo 30. Régimen de cobranza y garantías.

1. A los avales otorgados en virtud de este Real Decreto-ley, en la medida en que sean compatibles con lo aquí previsto, les será aplicable el régimen jurídico de recuperación y cobranza previsto en la Disposición Adicional Octava de la Ley 16/2022, de 5 de septiembre, de reforma del Texto Refundido de la Ley Concursal, aprobado por el Real Decreto Legislativo 1/2020, de 5 de mayo, para la transposición de la Directiva (UE) 2019/1023 del Parlamento Europeo y del Consejo, de 20 de junio de 2019, sobre marcos de reestructuración preventiva, exoneración de deudas e inhabilitaciones, y sobre medidas para aumentar la eficiencia de los procedimientos de reestructuración, insolvencia y exoneración de deudas.

2. A los efectos de lo previsto en este Real Decreto-ley, tendrá la consideración de garantía financiera la pignoración o cesión de los derechos de crédito que puedan resultar de las indemnizaciones del Consorcio de Compensación de Seguros o de las ayudas que por cualquier Administración se concedan por razón de la DANA, aun cuando el deudor sea un consumidor, una pequeña empresa o una microempresa.

3. Las garantías financieras previstas en el apartado anterior serán válidas una vez que consten por escrito o de forma jurídicamente equivalente, sin que pueda exigirse ninguna otra formalidad para su constitución, validez, eficacia frente a terceros, ejecutabilidad o admisibilidad como prueba.

4. En todo lo que no contradiga este precepto, será de aplicación a las garantías financieras que se constituyan con arreglo al mismo, lo dispuesto en el Real Decreto-ley 5/2005, de 11 de marzo, de medidas urgentes para el impulso a la productividad y para la mejora de la contratación pública.

LIBRO PRIMERO DEL CONCURSO DE ACREEDORES

TÍTULO I. De la declaración de concurso

CAPÍTULO I. De los presupuestos de la declaración de concurso

Artículo 1. *Presupuesto subjetivo*

1. La declaración de concurso procederá respecto de cualquier deudor, sea persona natural o jurídica.

2. Los deudores incluidos en el ámbito de aplicación del libro tercero se sujetarán exclusivamente a las disposiciones de ese libro.

3. Las entidades que integran la organización territorial del Estado, los organismos públicos y demás entes de derecho público no podrán ser declarados en concurso.

Artículo 2. *Presupuesto objetivo*

1. La declaración de concurso procederá en caso de insolvencia del deudor.

2. La solicitud de declaración de concurso presentada por el deudor deberá fundarse en que se encuentra en estado de insolvencia.

3. La insolvencia podrá ser actual o inminente. Se encuentra en estado de insolvencia actual el deudor que no puede cumplir regularmente sus obligaciones exigibles. Se encuentra en estado de insolvencia inminente el deudor que prevea que dentro de los tres meses siguientes no podrá cumplir regular y puntualmente sus obligaciones.

4. La solicitud de declaración de concurso presentada por cualquier acreedor deberá fundarse en alguno de los siguientes hechos externos reveladores del estado de insolvencia:

1.º La existencia de una previa declaración judicial o administrativa de insolvencia del deudor, siempre que sea firme.

2.º La existencia de un título por el cual se haya despachado mandamiento de ejecución o apremio sin que del embargo hubieran resultado bienes libres conocidos bastantes para el pago.

3.º La existencia de embargos por ejecuciones en curso que afecten de una manera general al patrimonio del deudor.

4.º El sobreseimiento generalizado en el pago corriente de las obligaciones del deudor.

5.º El sobreseimiento generalizado en el pago de las obligaciones tributarias exigibles durante los tres meses anteriores a la solicitud de concurso; el de las cuotas de la seguridad social y demás conceptos de recaudación conjunta durante el mismo período, o el de los salarios e indemnizaciones a los trabajadores y demás retribuciones derivadas de las relaciones de trabajo correspondientes a las tres últimas mensualidades.

6.º El alzamiento o la liquidación apresurada o ruinosa de sus bienes por el deudor.

CAPÍTULO II. De la legitimación

Artículo 3. *Legitimación*

1. Para solicitar la declaración de concurso están legitimados el deudor y cualquiera de sus acreedores.

Si el deudor fuera persona jurídica, será competente para decidir sobre la presentación de la solicitud el órgano de administración o de liquidación.

2. Por excepción a lo dispuesto en el apartado anterior, no está legitimado el acreedor que, dentro de los seis meses anteriores a la presentación de la solicitud, hubiera adquirido el crédito por actos ínter vivos y a título singular, después de su vencimiento.

3. Para solicitar la declaración de concurso de una sociedad, están también legitimados los socios que sean personalmente responsables de las deudas de aquella.

Artículo 4. *De la intervención del Ministerio Fiscal*

1. Cuando en las actuaciones por delitos contra el patrimonio y contra el orden socioeconómico se pongan de manifiesto indicios de estado de insolvencia de algún presunto responsable penal, el Ministerio Fiscal instará del juez que conozca de la causa la comunicación de aquellos hechos a los acreedores cuya identidad resulte de las actuaciones

penales en curso, a fin de que, en su caso, puedan solicitar la declaración de concurso o ejercitar las acciones que les correspondan.

2. De igual modo, el Ministerio Fiscal instará del juez que esté conociendo de la causa la comunicación de los hechos al juez competente para conocer del concurso del deudor por si respecto de este se encontrase en tramitación un concurso de acreedores.

CAPÍTULO III. De la declaración de concurso a solicitud del deudor

SECCIÓN 1.ª Del deber de solicitar la declaración de concurso

Artículo 5. *Deber de solicitar la declaración de concurso*

1. El deudor deberá solicitar la declaración de concurso dentro de los dos meses siguientes a la fecha en que hubiera conocido o debido conocer el estado de insolvencia actual.

2. Salvo prueba en contrario, se presumirá que el deudor ha conocido que se encuentra en estado de insolvencia cuando hubiera acaecido alguno de los hechos que pueden servir de fundamento a una solicitud de cualquier otro legitimado.

SECCIÓN 2.ª De la solicitud del deudor

Artículo 6. *Solicitud del deudor*

1. El deudor que inste la declaración del propio concurso deberá expresar en la solicitud el estado de insolvencia actual o inminente en que se encuentre y acompañar todos los documentos que considere necesarios para acreditar la existencia de ese estado.

2. La solicitud se presentará por procurador en el modelo oficial, con la firma de este y de abogado. El poder en el que el deudor otorgue la representación al procurador habrá de estar autorizado por notario o ser conferido apud acta por comparecencia personal ante el letrado de la Administración de Justicia de cualquier oficina judicial o por comparecencia electrónica en la correspondiente sede judicial y deberá ser especial para solicitar el concurso.

Artículo 7. *Documentos generales*

A la solicitud de declaración de concurso, el deudor acompañará los documentos siguientes:

1.º Una memoria expresiva de la historia económica y jurídica del deudor; de la actividad o actividades a que se haya dedicado durante los tres últimos años y de los establecimientos, oficinas y explotaciones de que sea titular, y de las causas del estado de insolvencia en que se encuentre.

Si el deudor fuera persona casada, indicará en la memoria la identidad del cónyuge, la fecha del matrimonio, el régimen económico por el que se rija y, si se hubiera pactado, la fecha de las capitulaciones matrimoniales. Si el deudor tuviera pareja inscrita, indicará en la memoria la identidad de la pareja y la fecha de inscripción en el registro correspondiente.

Si el deudor fuera persona jurídica, indicará en la memoria la identidad de los socios o asociados de que tenga constancia; la identidad de los administradores o de los liquidadores, de los directores generales y, en su caso, del auditor de cuentas; si tiene admitidos valores admitidos a cotización en un centro de negociación, y si forma parte de un grupo de sociedades, enumerando las que estén integradas en este, con expresión de la identidad de la sociedad dominante.

2.º Un inventario de los bienes y derechos que integren su patrimonio, con expresión de la naturaleza que tuvieran, las características, el lugar en que se encuentren y, si estuvieran inscritos en un registro público, los datos de identificación registral de cada uno de los bienes y derechos relacionados, el valor de adquisición, las correcciones valorativas que procedan y la estimación del valor de mercado a la fecha de la solicitud. Se indicarán también en el inventario los derechos, los gravámenes, las trabas y las cargas que afecten a estos bienes y derechos, a favor de acreedor o de tercero, con expresión de la naturaleza que tuvieren y, en su caso, los datos de identificación registral.

3.º La relación de acreedores con expresión de la identidad, el domicilio y la dirección electrónica, si la tuviere, de cada uno de ellos, así como de la cuantía y el vencimiento de los respectivos créditos y las garantías personales o reales constituidas. Si algún acreedor hubiera reclamado judicialmente el pago del crédito, se identificará el procedimiento correspondiente y se indicará el estado de las actuaciones.

4.º Si el deudor fuera empleador, el número de trabajadores, con expresión del centro de trabajo al que estuvieran afectos, y la identidad de los integrantes del órgano de representación de los mismos si los hubiere, con expresión de la dirección electrónica de cada uno de ellos.

Artículo 8. *Documentos contables y complementarios*

1. Si el deudor estuviera legalmente obligado a llevar contabilidad, acompañará a la solicitud de declaración de concurso, además, los documentos siguientes:

1.º Las cuentas anuales y, en su caso, los informes de gestión y los informes de auditoría correspondientes a los tres últimos ejercicios finalizados a la fecha de la solicitud, estén o no aprobadas dichas cuentas.

2.º Una memoria de los cambios significativos operados en el patrimonio con posterioridad a las últimas cuentas anuales formuladas, aprobadas y depositadas.

3.º Una memoria de las operaciones realizadas con posterioridad a las últimas cuentas anuales formuladas, aprobadas y depositadas que, por su objeto, naturaleza o cuantía hubieran excedido del giro o tráfico ordinario del deudor.

2. Si el deudor formase parte de un grupo de sociedades, como sociedad dominante o como sociedad dominada, acompañará también las cuentas anuales y el informe de gestión consolidados y el informe de auditoría correspondientes a los tres últimos ejercicios sociales finalizados a la fecha de la solicitud, estén o no aprobadas dichas cuentas, así como una memoria expresiva de las operaciones realizadas con otras sociedades del grupo durante ese mismo período y hasta la solicitud de concurso.

3. Si el deudor estuviera obligado a comunicar o remitir estados financieros intermedios a autoridades supervisoras, acompañará igualmente a la solicitud de declaración de concurso los estados financieros elaborados con posterioridad a las últimas cuentas que acompañan a la solicitud.

Artículo 9. *Falta de aportación de documentos*

Cuando el deudor no acompañe a la solicitud alguno de los documentos exigidos o faltara en ellos alguno de los datos o de los requisitos establecidos en esta ley, deberá expresar en la solicitud de declaración de concurso la causa que lo motivara.

SECCIÓN 3.ª De la provisión sobre la solicitud del deudor

Artículo 10. *Provisión sobre la solicitud del deudor*

1. La solicitud de concurso presentada por el deudor será repartida y remitida a la oficina judicial que corresponda el mismo día de la presentación o el siguiente día hábil. En el mismo día o, si no fuera posible, en el siguiente día hábil al del reparto, el juez competente examinará la solicitud.

2. Si el juez se considera competente y si de la documentación aportada, apreciada en conjunto, resulta que concurren los presupuestos subjetivo y objetivo para la declaración, el juez declarará el concurso de acreedores el primer día hábil siguiente.

Artículo 11. *Subsanación de la solicitud del deudor*

1. Si el juez estimara que la solicitud de declaración de concurso presentada por el deudor o la documentación que la acompaña adolecen de algún defecto material o procesal o que la documentación es insuficiente, señalará al solicitante un único plazo de justificación o de subsanación que no podrá exceder de tres días.

2. Si el deudor no procede dentro de plazo a la justificación o a la subsanación requerida, el juez dictará auto inadmitiendo a trámite la solicitud.

3. Una vez justificado o subsanado el defecto o la insuficiencia dentro de ese plazo, el juez en el mismo día o, si no fuera posible, en el siguiente hábil dictará auto declarando el concurso o desestimando la solicitud.

Artículo 12. *Recurso contra el auto de inadmisión o desestimación de la solicitud del deudor*

Contra el auto que inadmita o desestime la solicitud de declaración del concurso presentada por el deudor el solicitante solo podrá interponer recurso de reposición.

CAPÍTULO IV. De la declaración de concurso a solicitud de acreedor y de otros legitimados

SECCIÓN 1.ª De la solicitud de acreedor y de otros legitimados

Artículo 13. *Solicitud de acreedor y de los demás legitimados*

1. El acreedor que inste la declaración de concurso deberá expresar en la solicitud el origen, la naturaleza, el importe, las fechas de adquisición y vencimiento y la situación actual del crédito, del que acompañará documento o documentos acreditativos, así como el hecho o los hechos externos reveladores del estado de insolvencia de entre los enumerados en esta ley en que funde esa solicitud.

2. Los demás legitimados deberán expresar en la solicitud el carácter en el que la formulan, y acompañarán el documento del que resulte la legitimación para solicitar la declaración de concurso, o propondrán la prueba que consideren necesaria para acreditarla.

3. En todo caso, se expresarán en la solicitud los medios de prueba de que se valga o pretenda valerse el solicitante para acreditar el hecho o los hechos externos reveladores del estado de insolvencia que hubiesen alegado. La prueba testifical no será bastante por sí sola.

SECCIÓN 2.ª De la provisión sobre la solicitud de acreedor y otros legitimados

Artículo 14. *Provisión sobre la solicitud de acreedor y otros legitimados*

1. La solicitud de concurso presentada por acreedor o por los demás legitimados será repartida y remitida a la oficina judicial que corresponda el mismo día de la presentación o el siguiente día hábil. En el mismo día o, si no fuera posible, en el siguiente hábil al del reparto, el juez competente examinará la solicitud.

2. Si el juez se considera competente y si de la documentación aportada, apreciada en conjunto, resulta la legitimación del solicitante y que concurre el presupuesto subjetivo para la declaración procederá del siguiente modo:

1.º Si la solicitud presentada por el acreedor se fundara en la existencia de una previa declaración judicial o administrativa de insolvencia del deudor siempre que sea firme; en la existencia de un título por el cual se hubiera despachado ejecución o apremio sin que del embargo hubieran resultado bienes libres conocidos bastantes para el pago, o en la existencia de embargos por ejecuciones pendientes que afecten de una manera general al patrimonio del deudor, el juez declarará el concurso de acreedores el primer día hábil siguiente.

2.º Si la solicitud presentada por el acreedor se fundara en alguno de los hechos externos reveladores del estado de insolvencia enumerados en esta ley distinto de los anteriores o si la solicitud procediera de cualquier otro legitimado, el juez el primer día hábil siguiente dictará auto admitiéndola a trámite, ordenando el emplazamiento del deudor, con traslado de la solicitud, para que comparezca en el plazo de cinco días, dentro del cual se le pondrán de manifiesto los autos y podrá formular oposición a la solicitud, proponiendo los medios de prueba de que intente valerse.

3. En el auto de admisión a trámite de la solicitud, el juez ordenará la formación de la sección primera, que se encabezará por la solicitud y todos los documentos que la acompañaren.

4. Esta resolución judicial se notificará el mismo día de su adopción por medios electrónicos a los organismos y a las administraciones públicas a las que deba notificarse la declaración de concurso.

Artículo 15. *Acumulación de solicitudes*

Admitida a trámite la solicitud, las que se presenten con posterioridad se acumularán a la primeramente repartida y se unirán a los autos, teniendo por comparecidos a los nuevos solicitantes sin retrotraer las actuaciones.

Artículo 16. *Emplazamiento del deudor*

1. Admitida a trámite la solicitud, el Letrado de la Administración de Justicia procederá al emplazamiento del deudor. Si no se conociera el domicilio de este o el resultado del emplazamiento fuera negativo, se utilizarán, de oficio o a instancia de parte, los medios oportunos para averiguar el domicilio o residencia del deudor conforme a lo establecido en la Ley de Enjuiciamiento Civil.

2. Cuando en el domicilio registral del deudor persona jurídica no pudiera esta ser emplazada y no se conociera el domicilio real, el Letrado de la Administración de Justicia deberá dirigirse al registro público en el que se encuentre inscrita dicha persona para determinar la identidad de los administradores, liquidadores o directores generales de la entidad. Una vez identificados, el emplazamiento de la persona jurídica deudora se realizará a través de dichos administradores, liquidadores o directores generales.

3. Cuando el Letrado de la Administración de Justicia agotara todas las vías para el emplazamiento del deudor, el juez podrá declarar el concurso con base en los documentos que acompañaren a la solicitud, a las alegaciones del solicitante o solicitantes y a las averiguaciones que se hubieran realizado.

Artículo 17. *Subsanación de la solicitud del acreedor y de otros legitimados*

1. Si el juez estimara que la solicitud de declaración de concurso presentada por acreedor o por cualquier otro legitimado distinto del deudor o el documento del que resulte la legitimación del solicitante son defectuosos o insuficientes, procederá del modo establecido para el mismo caso respecto de la solicitud del deudor.

2. Si el solicitante no procede dentro de plazo a la subsanación requerida, el juez dictará auto inadmitiendo a trámite la solicitud. Contra el auto que inadmita la solicitud de declaración del concurso el solicitante solo podrá interponer recurso de reposición.

3. Una vez justificado o subsanado el defecto o la insuficiencia dentro de ese plazo, el juez en el mismo día o, si no fuera posible, en el siguiente hábil procederá conforme a lo establecido en el artículo anterior.

Artículo 18. *Medidas cautelares anteriores a la declaración de concurso*

1. A petición del legitimado para instar el concurso necesario, el juez, al admitir a trámite la solicitud, podrá adoptar, de conformidad con lo previsto en la Ley 1/2000, de 7 de enero, de Enjuiciamiento Civil, las medidas cautelares que considere necesarias para asegurar la integridad del patrimonio del deudor.

2. El juez podrá pedir al solicitante que preste fianza para responder de los eventuales daños y perjuicios que las medidas cautelares pudieran producir al deudor si la solicitud de declaración de concurso resultara finalmente desestimada.

3. En el mismo auto en el que declare el concurso o desestime la solicitud, el juez se pronunciará necesariamente sobre las medidas cautelares que hubiera acordado antes de ese auto.

Artículo 19. *Allanamiento del deudor*

1. Admitida a trámite la solicitud, si el deudor emplazado se allanase a la pretensión del solicitante, el juez dictará auto declarando el concurso de acreedores.

2. El mismo efecto que el allanamiento tendrá el hecho de que, con posterioridad a la solicitud de cualquier legitimado, el deudor, antes de ser emplazado, hubiera solicitado la declaración del propio concurso o, una vez emplazado, no hubiera formulado oposición dentro de plazo.

SECCIÓN 3.ª De la oposición del deudor

Artículo 20. *Oposición del deudor*

1. El deudor podrá basar la oposición a la solicitud de declaración de concurso en la falta de legitimación del solicitante; en la inexistencia del hecho externo revelador del estado de insolvencia en que se fundamente la solicitud, o en que, aun habiéndose producido ese hecho, no se encontraba en estado de insolvencia o ya no se encuentra en ese estado.

2. Si el deudor alegase que no se encuentra en estado de insolvencia, le incumbirá la prueba de su solvencia.

Artículo 21. *Citación para la vista*

En caso de oposición, el Letrado de la Administración de Justicia, al siguiente día, citará a las partes a una vista, a celebrar en el plazo de los diez días siguientes a aquel en que hubiera formulado oposición, previniéndolas para que comparezcan a ella con todos los medios de la prueba que pueda practicarse en el acto y, si el deudor estuviera obligado legalmente a la llevanza de contabilidad, advirtiendo a este para que comparezca con los libros contables de llevanza obligatoria.

Artículo 22. *Celebración de la vista*

1. La vista se celebrará bajo la presidencia del juez.

2. Si el deudor no compareciera, el juez dictará auto declarando el concurso. Si compareciera, en el caso de que el crédito del acreedor instante estuviera vencido, el deudor deberá consignar en el mismo acto de la vista el importe de dicho crédito a disposición del acreedor, acreditará haberlo hecho antes de la vista o manifestará la causa legítima de la falta de consignación. En caso de que hubiera varios acreedores personados y se hubieran acumulado o se acumulasen las solicitudes de concurso presentadas, el deudor deberá proceder del mismo modo en relación con cada uno de esos acreedores.

3. En caso de que el solicitante no compareciera o, habiéndolo hecho, no se ratificase en su solicitud, y el juez considerase que concurre presupuesto objetivo para la declaración del concurso necesario, y de las actuaciones resulte la existencia de otros posibles acreedores, antes de dictar el auto que resuelva sobre la solicitud, se concederá a esos acreedores un plazo de cinco días para que formulen las alegaciones que les conviniesen.

4. En caso de falta de consignación y en los que, a pesar de haber sido efectuada, el acreedor se hubiera ratificado en la solicitud, el juez oirá a las partes y a sus abogados sobre la procedencia o improcedencia de la declaración de concurso. La misma regla será de aplicación cuando el crédito del instante no hubiera vencido o cuando el legitimado para la declaración de concurso necesario no tuviera la condición de acreedor.

Artículo 23. *Proposición y práctica de la prueba*

1. El juez decidirá en la vista sobre la pertinencia de los medios de prueba propuestos en la solicitud o solicitudes acumuladas de concurso o que se propongan por los solicitantes o por el deudor en ese acto.

2. Las pruebas declaradas pertinentes se practicarán de inmediato si se pudieran realizar en la propia vista. En otro caso, ese mismo día o, si no fuera posible, en el siguiente hábil, el letrado de la Administración de Justicia señalará fecha para la práctica de las restantes. La práctica de estas otras pruebas deberá realizarse en el más breve plazo posible, sin que pueda exceder de diez días.

3. El juez podrá interrogar directamente a las partes, a los testigos y a los peritos.

4. El juez apreciará las pruebas que se practiquen conforme a las reglas de valoración contenidas en la Ley 1/2000, de 7 de enero, de Enjuiciamiento Civil.

SECCIÓN 4.ª De la resolución sobre la solicitud

Artículo 24. *Resolución sobre la solicitud*

1. Una vez practicadas las pruebas declaradas pertinentes o transcurrido el plazo fijado para ello, el juez, dentro de los tres días siguientes, dictará auto declarando el concurso o desestimando la solicitud.

2. En caso de declaración de concurso a solicitud de acreedor o de los demás legitimados distintos del deudor, las costas tendrán la consideración de créditos contra la masa. En caso de desestimación de la solicitud, el auto condenará al solicitante al pago de las costas, salvo que el juez aprecie, y así lo razone, que el caso presentaba serias dudas de hecho o derecho. La condena al pago de las costas al acreedor que hubiera solicitado la declaración de concurso no procederá si el crédito de que fuera titular hubiera vencido seis meses antes de la presentación de la solicitud, salvo caso de temeridad o mala fe.

Artículo 25. *Recursos contra el auto estimatorio o desestimatorio de la solicitud de concurso presentada por acreedor*

1. Contra el pronunciamiento del auto sobre la estimación o desestimación de la solicitud de declaración de concurso presentada por acreedor o por cualquier otro legitimado distinto del deudor podrá interponerse recurso de apelación. La interposición del recurso no tendrá efecto suspensivo salvo que, excepcionalmente, el juez acuerde lo contrario. En ese caso, al admitir a trámite el recurso, el juez deberá pronunciarse sobre el mantenimiento, total o parcial, de las medidas cautelares que hubiera acordado o adoptar aquellas que considere necesarias.

2. Para apelar el auto de declaración de concurso están legitimados el deudor que no la hubiese solicitado y cualquier persona que acredite interés legítimo, aunque no hubiera comparecido con anterioridad. Para apelar el auto desestimatorio solo estará legitimada la parte solicitante del concurso.

3. Contra los demás pronunciamientos contenidos en el auto de declaración del concurso, cualquiera de las partes podrá interponer únicamente recurso de reposición.

4. El plazo para interponer el recurso de reposición y el recurso de apelación contará, respecto de las partes que hubieran comparecido, desde la notificación del auto, y, res-

pecto de los demás legitimados, desde la publicación de la declaración de concurso en el «Boletín Oficial del Estado».

5. La desestimación de los recursos determinará la condena en costas del recurrente.

Artículo 26. *Estimación del recurso*

En el caso de que, interpuesto recurso de apelación contra el auto de desestimación de la solicitud, el recurso fuera estimado por el tribunal superior, en el auto se fijará como fecha de la declaración de concurso la de la resolución apelada.

Artículo 27. *Indemnización de daños y perjuicios*

1. En caso de desestimación de la solicitud de concurso, una vez firme el auto, el deudor podrá presentar escrito ante el juez que hubiera conocido de la misma solicitando liquidación de los daños y perjuicios que considere que le han sido causados por esa solicitud, acompañando una relación detallada de esos daños y perjuicios. Al escrito podrá acompañar los documentos, dictámenes e informes periciales que estime convenientes.

2. La determinación de la existencia y de la cuantía de los reclamados se ajustará a lo establecido en la Ley 1/2000, de 7 de enero, de Enjuiciamiento Civil, para la liquidación de daños y perjuicios.

3. Una vez determinados los daños y perjuicios, se requerirá de pago al solicitante del concurso, procediéndose de inmediato, si no los pagase, a su exacción forzosa.

CAPÍTULO V. Del auto de declaración de concurso

SECCIÓN 1.ª Del auto de declaración de concurso

Artículo 28. *Auto de declaración de concurso*

1. En todo caso, el auto de declaración de concurso contendrá los siguientes pronunciamientos:

1.º El carácter voluntario o necesario del concurso, con indicación, en su caso, de que el deudor ha presentado propuesta de convenio, ha solicitado la liquidación de la masa activa o ha presentado una oferta vinculante de adquisición de unidad o unidades productivas.

2.º Los efectos sobre las facultades de administración y disposición del deudor respecto de la masa activa.

3.º El nombramiento de la administración concursal, con expresión de las facultades del administrador o de los administradores concursales nombrados.

4.º El llamamiento a los acreedores para que pongan en conocimiento de la administración concursal la existencia de sus créditos en el plazo de un mes a contar desde el día siguiente a la publicación de la declaración de concurso en el «Boletín Oficial del Estado».

5.º La publicidad que haya de darse a la declaración de concurso.

2. En caso de concurso necesario, el auto deberá contener, además, el requerimiento al concursado para que, en el plazo de diez días a contar desde la notificación de la declaración de concurso, presente los mismos documentos que el deudor debe acompañar a la solicitud de concurso.

3. En el auto de declaración de concurso, el juez podrá acordar las medidas cautelares que considere necesarias para asegurar la integridad, la conservación o la administración de la masa activa hasta que el administrador o los administradores concursales acepten el cargo.

4. En caso de que el deudor fuera empleador, el auto de declaración de concurso se notificará a la representación legal de las personas trabajadoras aún en los supuestos en los que no se hubiese personado o no hubiera comparecido como parte en el procedimiento.

Artículo 29. *Concurso voluntario y concurso necesario*

1. El concurso de acreedores tendrá la consideración de voluntario cuando la primera de las solicitudes presentadas hubiera sido la del propio deudor. En los demás casos, el concurso se considerará necesario.

2. Por excepción a lo dispuesto en el apartado anterior, el concurso de acreedores tendrá la consideración de necesario cuando, en los tres meses anteriores a la fecha de la solicitud del deudor, se hubiera presentado y admitido a trámite otra por cualquier legitimado, aunque este hubiera desistido, no hubiera comparecido en la vista o no se hubiese ratificado en la solicitud.

Artículo 30. *Apertura de la fase común*

1. El auto de declaración de concurso abrirá la fase común del concurso.

2. Si el deudor hubiera solicitado la liquidación de la masa activa, el juez la acordará en el propio auto en el que declare el concurso solicitado, con simultánea apertura de la fase de liquidación y con los demás pronunciamientos establecidos en esta ley.

Artículo 31. *Apertura de secciones*

1. El mismo día de la declaración de concurso, el letrado de la Administración de Justicia procederá a la formación de la sección primera, si el concurso se hubiera declarado a solicitud del deudor, que se encabezará con la solicitud y todos los documentos que la acompañaren, y, cualquiera que hubiera sido el solicitante, la formación de las secciones segunda, tercera y cuarta, cada una de las cuales se encabezará por el auto o, en su caso, la sentencia de declaración de concurso.

2. Si el deudor hubiera solicitado la liquidación de la masa activa, el letrado de la Administración de Justicia procederá a la formación de la sección quinta, que se encabezará por la solicitud de liquidación.

Artículo 32. *Eficacia del auto de declaración de concurso*

El auto de declaración de concurso producirá de inmediato los efectos establecidos en esta ley y tendrá fuerza ejecutiva aunque no sea firme.

SECCIÓN 2.ª De la notificación del auto de declaración de concurso

Artículo 33. *Notificación del auto de declaración de concurso*

1. El Letrado de la Administración de Justicia notificará el auto a las partes que hubiesen comparecido. Si el deudor no hubiera comparecido, la publicación de la declaración

de concurso en el «Boletín Oficial del Estado» producirá, respecto de él, los efectos de notificación del auto.

2. Si el concursado estuviera casado, el auto se notificará al cónyuge. Del mismo modo procederá el Letrado de la Administración de Justicia en el caso de que el concursado tuviera pareja inscrita.

3. El auto de declaración de concurso se notificará por medios electrónicos a la Agencia Estatal de Administración Tributaria y a la Tesorería General de la Seguridad Social.

Artículo 34. *Fecha de las notificaciones*

Las notificaciones de la declaración judicial de concurso se efectuarán bajo la dirección del Letrado de la Administración de Justicia en el mismo día de la fecha del auto.

SECCIÓN 3.ª De la publicidad de la declaración de concurso

Artículo 35. *Publicidad de la declaración de concurso*

1. El mismo día de la aceptación del cargo por el administrador concursal, el letrado de la Administración de Justicia remitirá por medios electrónicos al «Boletín Oficial del Estado», para su publicación en el suplemento del tablón judicial edictal único, y al Registro público concursal el edicto relativo a la declaración de concurso, redactado en el modelo oficial para que sea publicado con la mayor urgencia. La publicación del edicto tendrá carácter gratuito.

El edicto contendrá los datos indispensables para la identificación del concursado, incluyendo el número de identificación fiscal que tuviera; el órgano judicial que hubiera declarado el concurso, el número de autos y el número de identificación general del procedimiento; la fecha de presentación de la solicitud, la fecha en que se hubiera repartido, la fecha del auto de declaración de concurso; el régimen de intervención o de suspensión de las facultades de administración y disposición del concursado sobre los bienes y derechos que integren la masa activa; la identidad del administrador o de los administradores concursales; el plazo para la comunicación de los créditos, la dirección electrónica y postal, para que los acreedores efectúen la comunicación de créditos y cuantas otras comunicaciones dirijan a la administración concursal, y la dirección electrónica del Registro público concursal en el que se publicarán las resoluciones que traigan causa del concurso.

2. En el mismo auto de declaración del concurso o en resolución posterior, el juez, de oficio o a instancia de interesado, podrá acordar cualquier publicidad complementaria que considere imprescindible para la efectiva difusión del concurso de acreedores.

Artículo 36. *Anotación e inscripción en los registros públicos de personas*

1. Si el concursado fuera persona natural, se anotarán y, una vez el auto devenga firme, se inscribirán en el Registro civil la declaración de concurso, con indicación del órgano judicial que la hubiera dictado, del carácter de la resolución y de la fecha en que se hubiera producido; la intervención o, en su caso, la suspensión de las facultades de administración y disposición del concursado sobre los bienes y derechos que integren la masa activa, así como la identidad del administrador o de los administradores concursales.

2. Si el concursado, persona natural o jurídica, fuera sujeto inscribible en el Registro mercantil, se anotarán y, una vez el auto devenga firme, se inscribirán en la hoja que esa persona tuviera abierta la declaración de concurso, con indicación del órgano judicial que la hubiera dictado, del carácter de la resolución y de la fecha en que se hubiera producido; la intervención o, en su caso, la suspensión de las facultades de administración y disposición del concursado sobre los bienes y derechos que integren la masa activa, así como la identidad del administrador o de los administradores concursales. Cuando no constase hoja abierta al concursado, se practicará previamente la inscripción de este en el Registro mercantil.

Si la concursada fuera persona jurídica no inscribible en el Registro mercantil pero que constara o debiera constar inscrita en otro registro público, se inscribirán en este las mismas circunstancias señaladas en el párrafo anterior.

Artículo 37. *Anotación e inscripción en los registros públicos de bienes y derechos*

1. Si el concursado tuviera bienes o derechos inscritos en registros públicos, se anotarán y, una vez el auto devenga firme, se inscribirán en el folio correspondiente a cada uno de ellos la declaración de concurso, con indicación del órgano judicial que la hubiera dictado, del carácter de la resolución y de la fecha en que se hubiera producido; la intervención o, en su caso, la suspensión de las facultades de administración y disposición del concursado sobre los bienes y derechos que integren la masa activa, así como la identidad del administrador o de los administradores concursales.

2. Una vez practicada la anotación o la inscripción, no podrán anotarse respecto de aquellos bienes o derechos más embargos o secuestros posteriores a la declaración de concurso que los acordados por el juez de este, sin más excepciones que las establecidas en esta ley.

SECCIÓN 4.ª De la declaración de concurso sin masa

Artículo 37 bis. *Concurso sin masa*

Se considera que existe concurso sin masa cuando concurran los supuestos siguientes por este orden:

a) El concursado carezca de bienes y derechos que sean legalmente embargables.

b) El coste de realización de los bienes y derechos del concursado fuera manifiestamente desproporcionado respecto al previsible valor venal.

c) Los bienes y derechos del concursado libres de cargas fueran de valor inferior al previsible coste del procedimiento.

d) Los gravámenes y las cargas existentes sobre los bienes y derechos del concursado lo sean por importe superior al valor de mercado de esos bienes y derechos.

Artículo 37 ter. *Especialidades de la declaración de concurso sin masa*

1. Si de la solicitud de declaración de concurso y de los documentos que la acompañen resultare que el deudor se encuentra en cualquiera de las situaciones a que se refiere el artículo anterior, el juez dictará auto declarando el concurso de acreedores, con expresión del pasivo que resulte de la documentación, sin más pronunciamientos, ordenando la

remisión telemática al «Boletín Oficial del Estado» para su publicación en el suplemento del tablón edictal judicial único y la publicación en el Registro público concursal con llamamiento al acreedor o a los acreedores que representen, al menos, el cinco por ciento del pasivo a fin de que, en el plazo de quince días a contar del siguiente a la publicación del edicto, puedan solicitar el nombramiento de un administrador concursal para que presente informe razonado y documentado sobre los siguientes extremos:

1.º Si existen indicios suficientes de que el deudor hubiera realizado actos perjudiciales para la masa activa que sean rescindibles conforme a lo establecido en esta ley.

2.º Si existen indicios suficientes para el ejercicio de la acción social de responsabilidad contra los administradores o liquidadores, de derecho o de hecho, de la persona jurídica concursada, o contra la persona natural designada por la persona jurídica administradora para el ejercicio permanente de las funciones propias del cargo de administrador persona jurídica y contra la persona, cualquiera que sea su denominación, que tenga atribuidas facultades de más alta dirección de la sociedad cuando no exista delegación permanente de facultades del consejo en uno o varios consejeros delegados.

3.º Si existen indicios suficientes de que el concurso pudiera ser calificado de culpable.

2. En el caso de que, dentro de plazo, ningún legitimado hubiera formulado esa solicitud, el deudor que fuera persona natural podrá presentar solicitud de exoneración del pasivo insatisfecho.

3. El auto de declaración de concurso, en caso de que el deudor fuera empleador, se notificará a la representación legal de las personas trabajadoras.

Artículo 37 quater. *Solicitud de nombramiento de administrador concursal*

1. En el caso de que, dentro de plazo, acreedor o acreedores que representen, al menos, el cinco por ciento del pasivo formularan solicitud de nombramiento de administrador concursal para que emita el informe a que se refiere el artículo anterior, el juez, mediante auto, procederá al nombramiento para que, en el plazo de un mes a contar desde la aceptación, emita el informe solicitado. En el mismo auto fijará la retribución del administrador por la emisión del informe encomendado, cuya satisfacción corresponderá al acreedor o acreedores que lo hubieran solicitado.

2. El deudor deberá facilitar de inmediato toda la información que le sea requerida por el administrador concursal para la elaboración del informe a que se refiere el artículo anterior.

Artículo 37 quinquies. *Auto complementario*

1. Si en el informe el administrador concursal apreciara la existencia de los indicios a que se refiere el artículo 37 ter, el juez dictará auto complementario con los demás pronunciamientos de la declaración de concurso y apertura de la fase de liquidación de la masa activa, continuando el procedimiento conforme a lo establecido en esta ley.

2. El administrador concursal deberá ejercitar las acciones rescisorias y las acciones sociales de responsabilidad antes de que transcurran dos meses a contar desde la presentación del informe a que se refiere el artículo anterior. Si no lo hiciera, el acreedor o los acreedores que hubieran solicitado el nombramiento de administrador concursal estarán

legitimados para el ejercicio de esas acciones dentro de los dos meses siguientes. El régimen de las costas y de los gastos será el establecido en esta ley para los casos de ejercicio subsidiario de acciones por los acreedores.

CAPÍTULO VI. De los concursos conexos

SECCIÓN 1.ª De la declaración conjunta de concursos

Artículo 38. *Declaración conjunta de concurso voluntario de varios deudores*

Aquellos deudores que sean cónyuges, socios o administradores total o parcialmente responsables de las deudas de una persona jurídica y las sociedades pertenecientes al mismo grupo podrán solicitar la declaración judicial conjunta de los respectivos concursos.

Artículo 39. *Declaración conjunta de concurso necesario de varios deudores*

El acreedor podrá solicitar la declaración judicial conjunta de concurso de varios de sus deudores cuando sean cónyuges, cuando se trate de sociedades que formen parte del mismo grupo o cuando exista entre ellos confusión de patrimonios.

Artículo 40. *Declaración conjunta de concurso de pareja de hecho*

El juez podrá declarar el concurso conjunto de dos personas que sean pareja de hecho inscrita, a solicitud de los miembros de la pareja o de un acreedor, cuando aprecie la existencia de pactos expresos o tácitos o de hechos concluyentes de los que se derive la inequívoca voluntad de los convivientes de formar un patrimonio común.

SECCIÓN 2.ª De la acumulación de concursos ya declarados

Artículo 41. *Acumulación de concursos*

1. La acumulación de concursos ya declarados procederá en los casos de concursos de los cónyuges; de las parejas de hecho inscritas cuando concurran los mismos requisitos establecidos para la declaración conjunta del concurso de la pareja; de los socios, miembros, integrantes o administradores que sean personalmente responsables, total o parcialmente, de las deudas de una persona jurídica; de quienes sean miembros de una entidad sin personalidad jurídica y respondan personalmente de las deudas contraídas en nombre de esta; de las sociedades que formen parte de un mismo grupo; y de quienes tuvieren confundidos los respectivos patrimonios.

2. Cualquiera de los concursados o cualquiera de las administraciones concursales podrá solicitar al juez, mediante escrito razonado, la acumulación de los concursos conexos ya declarados. En defecto de esta solicitud, la acumulación podrá ser solicitada por cualquiera de los acreedores mediante escrito razonado.

3. La acumulación procederá aunque los concursos hayan sido declarados por diferentes juzgados.

SECCIÓN 3.ª De la tramitación coordinada de los concursos conexos

Artículo 42. *Tramitación coordinada*

Los concursos declarados conjuntamente y acumulados se tramitarán de forma coordinada, sin consolidación de las masas.

Artículo 43. *Consolidación de masas*

Excepcionalmente, el juez, de oficio o a solicitud de cualquier interesado, podrá acordar la consolidación de las masas de concursos declarados conjuntamente o acumulados cuando exista confusión de patrimonios y no sea posible deslindar la titularidad de activos y pasivos sin incurrir en demora en la tramitación del concurso o en un gasto injustificado.

TÍTULO II. De los órganos del concurso

CAPÍTULO I. Del juez del concurso

SECCIÓN 1.ª De la competencia

Artículo 44. *Competencia objetiva*

Son competentes para declarar y tramitar el concurso de acreedores los jueces de lo mercantil.

Artículo 45. *Competencia territorial*

1. La competencia para declarar y tramitar el concurso corresponde al juez en cuyo territorio tenga el deudor el centro de sus intereses principales. Por centro de los intereses principales se entenderá el lugar donde el deudor ejerce de modo habitual y reconocible por terceros la administración de tales intereses.

2. En caso de deudor persona jurídica, se presume que el centro de sus intereses principales se halla en el lugar del domicilio social. Será ineficaz a estos efectos el cambio de domicilio inscrito en el Registro mercantil dentro de los seis meses anteriores a la solicitud del concurso, cualquiera que sea la fecha en que se hubiera acordado o decidido.

3. Si el domicilio del deudor y el centro de sus intereses principales radicara en territorio español, aunque en lugares diferentes, será también competente, a elección del acreedor solicitante, el juez en cuyo territorio radique el domicilio.

Artículo 46. *Competencia en caso de concursos conexos*

1. Será juez competente para la declaración conjunta de concurso el del lugar donde tenga el centro de sus intereses principales el deudor con mayor pasivo y, si se trata de un grupo de sociedades, el de la sociedad dominante o, en supuestos en que el concurso no se solicite respecto de esta, el de la sociedad de mayor pasivo. Si ya hubiera sido declarado el concurso de la sociedad dominante, será juez competente para la declaración del concurso de cualquiera de las sociedades del grupo aquel que esté conociendo del concurso de aquella.

2. Será competente para decidir sobre la acumulación de los concursos conexos, si estos hubiesen sido declarados por diferentes juzgados, y para su posterior tramitación

conjunta, el juez que estuviera conociendo del concurso del deudor con mayor pasivo en el momento de la presentación de la solicitud de concurso o, en su caso, del concurso de la sociedad dominante o cuando esta no haya sido declarada en concurso, el que primero hubiera conocido del concurso de cualquiera de las sociedades del grupo.

Artículo 47. *Efectos de la declaración de concurso*

1. Los efectos del concurso declarado conforme a las reglas de competencia establecidas en el artículo que regula la competencia territorial tendrán alcance universal. En el ámbito internacional, el concurso declarado conforme a esas reglas tendrá la consideración de concurso principal.

2. La masa activa comprenderá todos los bienes y derechos del deudor, estén situados dentro o fuera del territorio español, con independencia de que se abra o no en el extranjero un concurso territorial. En el caso de que sobre los bienes y derechos situados en el territorio extranjero se abra un procedimiento de insolvencia, se tendrán en cuenta las reglas sobre reconocimiento de procedimientos extranjeros y coordinación de procedimientos paralelos previstas en el libro cuarto.

Artículo 48. *Preferencia para la declaración de concurso*

Si se hubieran presentado solicitudes de declaración del concurso ante dos o más juzgados competentes, será preferente aquel ante el que se hubiera presentado la primera solicitud, aunque esa solicitud o la documentación que la acompañe adolezcan de algún defecto procesal o material o aunque la documentación sea insuficiente.

Artículo 49. *Competencia por razón de radicar en España un establecimiento*

1. Si el centro de los intereses principales del deudor no se hallare en territorio español pero tuviese en este un establecimiento, será competente para declarar y tramitar el concurso de acreedores el juez en cuyo territorio radique ese establecimiento y, de existir varios, donde se encuentre cualquiera de ellos, a elección del solicitante. Por establecimiento se entenderá todo lugar de operaciones en el que el deudor ejerza de forma no transitoria una actividad económica con medios humanos y materiales.

2. Los efectos de este concurso, que en el ámbito internacional se considerará concurso territorial, se limitarán a los bienes y derechos del deudor, afectos o no a la actividad de ese establecimiento, que estén situados en territorio español. En el caso de que sobre los bienes y derechos situados en el extranjero se abra un procedimiento de insolvencia, se tendrán en cuenta las reglas sobre reconocimiento de procedimientos extranjeros y coordinación de procedimientos paralelos previstas en el libro cuarto.

Artículo 50. *Examen de oficio de la competencia*

El juez examinará de oficio su competencia y determinará la regla legal en la que se funde.

Artículo 51. *Declinatoria*

1. El deudor podrá plantear cuestión de competencia internacional y territorial por declinatoria dentro de los cinco días siguientes a aquel en que se le hubiera emplazado.

También podrán plantearla los demás legitimados para solicitar la declaración de concurso, en el plazo de diez días desde la publicación del edicto de la declaración del concurso en el «Boletín Oficial del Estado».

2. La interposición de declinatoria, en la que el promotor estará obligado a indicar cuál es el órgano competente para conocer del concurso, no suspenderá el procedimiento concursal. En ningún caso se pronunciará el juez sobre la oposición del deudor sin que, previa audiencia del Ministerio Fiscal, haya resuelto la cuestión de competencia planteada. En caso de que estime la cuestión de competencia, deberá inhibirse a favor del órgano al que corresponda, con emplazamiento de las partes y remisión de lo actuado.

3. Aunque se estime la declinatoria por falta de competencia territorial será válido todo lo actuado en el concurso.

SECCIÓN 2.ª De la jurisdicción

Artículo 52. *Carácter exclusivo y excluyente de la jurisdicción*

1. La jurisdicción del juez del concurso será exclusiva y excluyente en las siguientes materias:

1.ª Las acciones civiles con trascendencia patrimonial que se dirijan contra el concursado, con excepción de las que se ejerciten en los procesos civiles sobre adopción de medidas judiciales de apoyo a personas con discapacidad, filiación, matrimonio y menores.

2.ª Las ejecuciones relativas a créditos concursales o contra la masa sobre los bienes y derechos del concursado integrados o que se integren en la masa activa, cualquiera que sea el tribunal o la autoridad administrativa que las hubiera ordenado, sin más excepciones que las previstas en la legislación concursal.

3.ª La determinación del carácter necesario de un bien o derecho para la continuidad de la actividad profesional o empresarial del deudor.

4.ª La declaración de la existencia de sucesión de empresa a efectos laborales y de seguridad social en los casos de transmisión de unidad o de unidades productivas, así como la determinación en esos casos de los elementos que las integran.

5.ª Las medidas cautelares que afecten o pudieran afectar a los bienes y derechos del concursado integrados o que se integren en la masa activa, cualquiera que sea el tribunal o la autoridad administrativa que las hubiera acordado, excepto las que se adopten en los procesos de adopción de medidas judiciales de apoyo a personas con discapacidad, filiación, matrimonio y menores.

6.ª Las demás materias establecidas en la legislación concursal.

2. Cuando el deudor sea persona natural, la jurisdicción del juez del concurso será también exclusiva y excluyente en las siguientes materias:

1.ª Las que en el procedimiento concursal debe adoptar en relación con la asistencia jurídica gratuita.

2.ª La disolución y liquidación de la sociedad o comunidad conyugal del concursado.

3. Cuando el deudor sea persona jurídica, la jurisdicción del juez del concurso será también exclusiva y excluyente en las siguientes materias:

1.ª Las acciones de reclamación de deudas sociales que se ejerciten contra los socios de la sociedad concursada que sean subsidiariamente responsables del pago de esas deudas, cualquiera que sea la fecha en que se hubieran contraído, y las acciones para exigir a los socios de la sociedad concursada el desembolso de las aportaciones sociales diferidas o el cumplimiento de las prestaciones accesorias.

2.ª Las acciones de responsabilidad contra los administradores o liquidadores, de derecho o de hecho; contra la persona natural designada para el ejercicio permanente de las funciones propias del cargo de administrador persona jurídica y contra las personas, cualquiera que sea su denominación, que tengan atribuidas facultades de la más alta dirección de la sociedad cuando no exista delegación permanente de facultades del consejo de administración en uno o varios consejeros delegados o en una comisión ejecutiva, por los daños y perjuicios causados, antes o después de la declaración judicial de concurso, a la persona jurídica concursada.

3.ª Las acciones de responsabilidad contra los auditores por los daños y perjuicios causados, antes o después de la declaración judicial de concurso, a la persona jurídica concursada.

Artículo 53. *Jurisdicción del juez del concurso en materia laboral*

1. La jurisdicción del juez del concurso es exclusiva y excluyente para conocer de las acciones sociales que tengan por objeto la modificación sustancial de las condiciones de trabajo, el traslado, el despido, la suspensión de contratos y la reducción de jornada por causas económicas, técnicas, organizativas o de producción que, conforme a la legislación laboral y a lo establecido en esta ley, tengan carácter colectivo, así como de las que versen sobre la suspensión o extinción de contratos de alta dirección.

2. La suspensión de contratos y la reducción de jornada tendrán carácter colectivo cuando afecten al número de trabajadores establecido en la legislación laboral para la modificación sustancial de las condiciones de trabajo de carácter colectivo.

Artículo 54. *Medidas cautelares*

1. La jurisdicción exclusiva y excluyente del juez del concurso se extiende a cualquier medida cautelar que afecte o pudiera afectar a los bienes y derechos del concursado integrados o que se integren en la masa activa, cualquiera que sea el tribunal o la autoridad administrativa que la hubiera acordado, excepto las que se adopten en los procesos civiles sobre capacidad, filiación, matrimonio y menores, así como de cualquiera de las adoptadas por los árbitros en el procedimiento arbitral.

2. Si el juez del concurso considerase que las medidas adoptadas por otros tribunales o autoridades administrativas pueden suponer un perjuicio para la adecuada tramitación del concurso de acreedores, acordará la suspensión de las mismas, cualquiera que sea el órgano que las hubiera decretado, y podrá requerirle para que proceda al levantamiento de las medidas adoptadas. Si el requerido no atendiera de inmediato al requerimiento, el juez del concurso planteará conflicto de jurisdicción, conflicto de competencia o cuestión de competencia, según proceda.

Artículo 55. *Extensión objetiva de la jurisdicción*

1. La jurisdicción del juez del concurso se extiende a todas las cuestiones prejudiciales civiles, con excepción de las excluidas en los artículos anteriores, las administrativas y las sociales directamente relacionadas con el concurso o cuya resolución sea necesaria para la adecuada tramitación del procedimiento concursal.

2. La decisión sobre las cuestiones a las que se refiere el apartado anterior no surtirán efecto fuera del concurso de acreedores en que se produzca.

Artículo 56. *Alcance internacional de la jurisdicción*

En el ámbito internacional la jurisdicción del juez del concurso comprende única-mente el conocimiento de aquellas acciones que tengan su fundamento jurídico en la legislación concursal y guarden una relación inmediata con el concurso.

CAPÍTULO II. De la administración concursal

– El **Real Decreto Legislativo 1/2020, de 5 de mayo, por el que se aprueba el texto refundido de la Ley Concursal** establece en el apartado primero de la *Disposición transitoria única. Régimen transitorio: El contenido de los artículos 57 a 63, 84 a 89, 560 a 566 y 574.1 todos ellos inclusive, de este texto refundido, que corresponda a las modificaciones introducidas en los artículos 27, 34 y 198 de la Ley 22/2003, de 9 de julio, Concursal, por la Ley 17/2014, de 30 de septiembre, por la que se adoptan medidas urgentes en materia de refinanciación y reestructuración de deuda empresarial, entrarán en vigor cuando se apruebe el reglamento a que se refiere la disposición transitoria segunda de dicha ley. Entre tanto permanecerán en vigor los artículos 27, 34 y 198 de la Ley Concursal en la redacción anterior a la entrada en vigor de dicha Ley 17/2014, de 30 de septiembre.* La disposición transitoria segunda de la Ley 17/2014, de 30 de septiembre, por la que se adoptan medidas urgentes en materia de refinanciación y reestructuración de deuda empresarial establece: *Disposición transitoria segunda. Régimen de la administración concursal. Las modificaciones introducidas en los artículos 27, 34 y 198 de la Ley 22/2003, de 9 de julio, Concursal, no entrarán en vigor hasta que lo haga su desarrollo reglamentario, que deberá aprobarse, a iniciativa de los Ministerios de Justicia y de Economía y Competitividad, en un plazo máximo de seis meses.* De conformidad con lo indicado, la redacción de los artículos 27 y 34 anterior a la Ley 17/2014, de 30 de septiembre, es:

–Artículo 27. Condiciones subjetivas para el nombramiento de administradores concursales. 1. La administración concursal estará integrada por un único miembro, que deberá reunir alguna de las siguientes condiciones: 1º Ser abogado en ejercicio con cinco años de experiencia profesional efectiva en el ejercicio de la abogacía, que hubiera acreditado formación especializada en Derecho concursal. 2º Ser economista, titulado mercantil o auditor de cuentas con cinco años de experiencia profesional, con especialización demostrable en el ámbito concursal. También podrá designarse a una persona jurídica en la que se integre, al menos, un abogado en ejercicio y un economista, titulado mercantil o auditor de cuentas, y que garantice la debida independencia y dedicación en el desarrollo de las funciones de administración concursal. 2. Como excepción a lo dispuesto en el apartado 1: 1º En caso de concurso de una entidad emisora de valores o instrumentos derivados que se negocien en un mercado secundario oficial, de una entidad encargada de regir la negociación, compensación o liquidación de esos valores o instrumentos, o de una empresa de servicios de inversión, será nombrado administrador concursal un miembro del personal técnico de la Comisión Nacional del Mercado de Valores u otra persona propuesta por ésta con la cualificación del número 2º del apartado anterior, a cuyo efecto la Comisión Nacional del Mercado de Valores comunicará al juez la identidad de aquélla. 2º En caso de concurso de una entidad de crédito o de una entidad aseguradora, el juez nombrará al administrador concursal de entre los propuestos respectivamente por el Fondo de Garantía de Depósitos y el Consorcio de Compensación de Seguros. 3º En caso de concursos ordinarios de especial trascendencia el juez nombrará, además del administrador concursal previsto en el apartado 1 de este artículo, a un administrador concursal acreedor titular de créditos ordinarios o

con privilegio general no garantizado de entre los que figuren en el primer tercio de mayor importe. A estos efectos, cuando el conjunto de las deudas con los trabajadores por los créditos señalados en el párrafo anterior estuviera incluida en el primer tercio de mayor importe, el juez podrá nombrar como administrador acreedor a la representación legal de los trabajadores, si la hubiere, que deberá designar un profesional que reúna la condición de economista, titulado mercantil, auditor de cuentas o abogado, quedando sometido al mismo régimen de incapacidades, incompatibilidades, prohibiciones, remuneración y responsabilidad que los demás miembros de la administración concursal. El primer administrador concursal designado será el que ostente la representación de la administración concursal frente a terceros en los términos previstos en esta ley para los supuestos de administración concursal única. Cuando el acreedor designado sea una Administración pública o una entidad de Derecho Público vinculada o dependiente de ella, la designación del profesional podrá recaer en cualquier empleado público con titulación universitaria, de graduado o licenciado en ámbitos pertenecientes a las ciencias jurídicas o económicas, y su régimen de responsabilidad será el específico de la legislación administrativa. 3. En los decanatos de los juzgados competentes existirá una lista integrada por los profesionales y las personas jurídicas que hayan puesto de manifiesto su disponibilidad para el desempeño de tal función, su formación en materia concursal y, en todo caso, su compromiso de continuidad en la formación en esta materia. A tal efecto, el Registro Oficial de Auditores de Cuentas y los correspondientes colegios profesionales presentarán, en el mes de diciembre de cada año, para su utilización desde el primer día del año siguiente, los respectivos listados de personas disponibles, incluidas las personas jurídicas. Los profesionales cuya colegiación no resulte obligatoria podrán solicitar, de forma gratuita, su inclusión en la lista en ese mismo período justificando documentalmente la formación recibida y la disponibilidad para ser designados. Igualmente las personas jurídicas recogidas en el inciso final del apartado 1 de este artículo podrán solicitar su inclusión, reseñando los profesionales que las integran y, salvo que ya figuraran en las listas, su formación y disponibilidad. Las personas implicadas podrán solicitar la inclusión en la lista de su experiencia como administradores concursales o auxiliares delegados en otros concursos, así como de otros conocimientos o formación especiales que puedan ser relevantes a los efectos de su función. 4. Los administradores concursales profesionales se nombrarán por el juez procurando una distribución equitativa de designaciones entre los incluidos en las listas que existan. No obstante, el juez: 1º Podrá, apreciándolo razonadamente, designar a unos concretos administradores concursales cuando el previsible desarrollo del proceso exija una experiencia o unos conocimientos o formación especiales, como los vinculados a asegurar la continuidad de la actividad empresarial o que se puedan deducir de la complejidad del concurso. 2º Para concursos ordinarios deberá designar a quienes acrediten su participación como administradores o auxiliares delegados en otros concursos ordinarios o, al menos, tres concursos abreviados, salvo que el juez considere, de manera motivada, idónea la formación y experiencia de los que designe en atención a las características concretas del concurso. 5. En supuestos de concursos conexos, el juez competente para la tramitación de éstos podrá nombrar, en la medida en que ello resulte posible, una administración concursal única designando auxiliares delegados. En caso de acumulación de concursos ya declarados, el nombramiento podrá recaer en una de las administraciones concursales ya existentes. 6. Cualquier interesado podrá plantear al Decanato las quejas sobre el funcionamiento o requisitos de la lista oficial u otras cuestiones o irregularidades de las personas inscritas con carácter previo a su nombramiento, de acuerdo con lo previsto en el artículo 168 de la Ley Orgánica 6/1985, de 1 de julio, del Poder Judicial.

– Artículo 34. Retribución. 1. Los administradores concursales tendrán derecho a retribución con cargo a la masa, salvo cuando se trate del personal de las entidades a que se refieren los párrafos 1º y 2º del apartado 2 del artículo 27. 2. La retribución de la administración concursal se determinará mediante un arancel que se aprobará reglamentariamente y que atenderá a la cuantía del activo y del pasivo, al carácter ordinario o abreviado del procedimiento, a la acumulación de concursos y a la previsible complejidad del concurso. El arancel se ajustará necesariamente a las siguientes reglas: a) Exclusividad. Los administradores concursales sólo podrán percibir por su intervención en el concurso las cantidades que resulten de la aplicación del arancel. b) Limitación. La administración concursal no podrá ser retribuida por encima de la cantidad máxima que se fije reglamentariamente para el conjunto del concurso. c) Efectividad. En aquellos concursos en que la masa sea insuficiente, se garantizará el pago de un mínimo retributivo establecido reglamentariamente, mediante una

cuenta de garantía arancelaria que se dotará con aportaciones obligatorias de los administradores concursales. Estas dotaciones se detraerán de las retribuciones que efectivamente perciban los administradores concursales en los concursos en que actúen en el porcentaje que se determine reglamentariamente. 3. El juez, previo informe de la administración concursal, fijará por medio de auto y conforme al arancel la cuantía de la retribución, así como los plazos en que deba ser satisfecha. 4. En cualquier estado del procedimiento, el juez, de oficio o a solicitud de deudor o de cualquier acreedor, podrá modificar la retribución fijada, si concurriera justa causa y aplicando el arancel a que se refiere el apartado 2 de este artículo. 5. El auto por el que se fije o modifique la retribución de los administradores concursales será apelable por cualquiera de éstos y por las personas legitimadas para solicitar la declaración de concurso.

– La **Ley 16/2022, de 5 de septiembre, de reforma del texto refundido de la Ley Concursal, aprobado por el Real Decreto Legislativo 1/2020, de 5 de mayo, para la transposición de la Directiva (UE) 2019/1023 del Parlamento Europeo y del Consejo, de 20 de junio de 2019, sobre marcos de reestructuración preventiva, exoneración de deudas e inhabilitaciones, y sobre medidas para aumentar la eficiencia de los procedimientos de reestructuración, insolvencia y exoneración de deudas, y por la que se modifica la Directiva (UE) 2017/1132 del Parlamento Europeo y del Consejo, sobre determinados aspectos del derecho de sociedades (Directiva sobre reestructuración e insolvencia),** establece en la *Disposición final decimotercera. Reglamento de la administración concursal. En el plazo máximo de seis meses desde la entrada en vigor de esta ley, el Gobierno, a propuesta de los Ministerios de Justicia y de Asuntos Económicos y Transformación Digital, aprobará mediante real decreto el Reglamento de la administración concursal, en el que se establecerá el acceso a la actividad, el nombramiento de los administradores concursales y su retribución. E, igualmente,* la **Ley 16/2022, de 5 de septiembre,** dispone en la *Disposición transitoria quinta. Régimen transitorio hasta la aprobación del Reglamento de la administración concursal. En tanto no se apruebe por el Gobierno, conforme a la disposición final decimotercera, el Reglamento de la administración concursal en el que se establecerá el acceso a la actividad, el nombramiento de los administradores concursales y su retribución, continuarán resultando de aplicación la disposición transitoria única del Real Decreto Legislativo 1/2020, de 5 de mayo, por el que se aprueba el texto refundido de la Ley Concursal, así como, en materia de arancel, la disposición transitoria tercera de la Ley 25/2015, de 28 de julio, de mecanismo de segunda oportunidad, reducción de la carga financiera y otras medidas de orden social. La redacción de la referida disposición transitoria tercera de la Ley 25/2015, de 28 de julio, es: Disposición transitoria tercera. Arancel de derechos de los administradores concursales. Hasta que se apruebe el nuevo desarrollo reglamentario del artículo 27 de la Ley 22/2003, de 9 de julio, Concursal, el arancel de la administración concursal se regirá por lo dispuesto en el del Real Decreto 1860/2004, de 6 de septiembre, por el que se establece el arancel de derechos de los administradores concursales, con las siguientes especialidades: a) La cantidad que resulte de la aplicación de lo establecido en los artículos 4 y 5 del Real Decreto 1860/2004, de 6 de septiembre, por el que se establece el arancel de derechos de los administradores concursales se incrementará hasta un 5 por ciento por cada uno de los supuestos enunciados en el artículo 6.1 del mismo Real Decreto, sin que el incremento total pueda ser superior al 15 por ciento si el concurso fuera clasificado como de tamaño medio o superior al 25 por ciento si fuera calificado de gran tamaño, respetando en todo caso los límites establecidos en el artículo 34.2.b) de la Ley 22/2003, de 9 de julio, Concursal. b) La retribución de los administradores concursales profesionales durante cada uno de los seis primeros meses de la fase de liquidación será equivalente al 10 por ciento de la retribución aprobada para la fase común. A partir del séptimo mes desde la apertura de la fase de liquidación sin que hubiera finalizado esta, la retribución de los administradores durante cada uno de los meses sucesivos será equivalente al 5 por ciento de la retribución aprobada para la fase común. A partir del decimotercer mes desde la apertura de la fase de liquidación la administración concursal no percibirá remuneración alguna salvo que el juez de manera motivada y previa audiencia de las partes decida, atendiendo a las circunstancias del caso, prorrogar dicho plazo. Las prórrogas acordadas serán trimestrales y no podrán superar en total los seis meses.*

SECCIÓN 1.ª Del nombramiento de la administración concursal

Subsección 1.ª De la composición de la administración concursal

Artículo 57. Administración concursal única

La administración concursal estará integrada por un único miembro, que podrá ser persona natural o jurídica.

Artículo 58. Administración concursal dual

1. En aquellos concursos en que concurra causa de interés público, el juez del concurso, de oficio o a instancia de un acreedor de carácter público, podrá nombrar como segundo administrador concursal a una Administración pública acreedora o a una entidad de derecho público acreedora vinculada o dependiente de aquella.

2. La representación de la administración concursal frente a terceros recaerá sobre el primer administrador concursal.

Artículo 59. Administración concursal en los concursos conexos y acumulados

1. En los concursos conexos, el juez competente para la declaración y tramitación de estos, podrá nombrar, cuando resulte conveniente, una administración concursal única.

2. En caso de acumulación de concursos ya declarados, el juez que conozca de los procedimientos concursales acumulados podrá nombrar de entre las existentes una única administración concursal.

Subsección 2.ª Del requisito de la inscripción en el registro público concursal

Artículo 60. Carácter obligatorio de la inscripción

1. Solo podrán ser nombradas como administrador concursal las personas naturales o jurídicas que estén inscritas en la sección cuarta del Registro público concursal.

2. En la solicitud de inscripción en el Registro o después de haberse practicado esta, la persona interesada deberá hacer constar el ámbito territorial específico en el que esté en condiciones de ejercer las funciones propias del cargo.

Artículo 61. Requisitos para la inscripción

1. Solo podrán inscribirse en el Registro público concursal como administradores concursales las personas naturales que tengan la titulación y superen el examen de aptitud profesional que se establezca en el Reglamento de la administración concursal. Excepcionalmente se podrá excluir de la realización de la prueba a los abogados, economistas, titulados mercantiles y auditores que acrediten la experiencia previa como administrador concursal que se determine reglamentariamente.

2. Las personas jurídicas podrán inscribirse en el Registro público concursal cuando cumplan los requisitos establecidos en el Reglamento de la administración concursal, si bien sus socios o representantes legales deberán sujetarse a lo establecido en el apartado anterior.

3. La inscripción se practicará especificando las clases de concursos en las que puede ser nombrado el administrador concursal. A tales efectos, en el Reglamento de la adminis-

tración concursal los concursos de clasificarán en tres clases por razón de la complejidad que previsiblemente tuvieren y se precisarán los requisitos que el administrador concursal ha de cumplir para poder ser inscrito en cada clase. Los inscritos en una clase superior se entienden habilitados para actuar como administradores concursales en concursos de la clase o clases inferiores.

4. Quienes superen el examen de aptitud profesional estarán habilitados para el desempeño de sus funciones en los concursos de menor complejidad.

Subsección 3.ª Del nombramiento de la administración concursal

Artículo 62. Del nombramiento

1. Como regla general, el nombramiento del administrador concursal deberá recaer en la persona natural o jurídica inscrita en el Registro público concursal que corresponda por turno correlativo en función de la clase de concurso de que se trate, siempre que hubiera hecho constar estar en condiciones para actuar en el ámbito territorial del juzgado que realice el nombramiento.

2. En los concursos de mayor complejidad el nombramiento recaerá en la persona natural o jurídica inscrita en el Registro público concursal habilitada para ejercer las funciones propias del cargo en dichos concursos que el juez designe, debiendo motivar la designación en la adecuación de la experiencia, los conocimientos o la formación de la persona nombrada a las particularidades del concurso, en los términos que se determinen reglamentariamente. En todo caso, antes de efectuar el nombramiento, el juez deberá consultar el Registro público concursal.

3. En los concursos con elementos transfronterizos, el nombramiento deberá recaer en persona que, además, acredite en el momento de su aceptación el conocimiento suficiente de la lengua del país o países relacionados con esos elementos o, al menos, el conocimiento suficiente de la lengua inglesa. Alternativamente, podrá acreditar que cuenta con personas trabajadoras o ha contratado a un traductor jurado con dichos conocimientos

Artículo 63. Representación de la persona jurídica administradora concursal

1. Cuando el nombramiento de administrador concursal recaiga en una persona jurídica, esta, al aceptar el cargo, deberá comunicar la identidad de la persona natural que haya de representarla para el ejercicio de las funciones propias del cargo.

2. Cuando la persona jurídica haya sido nombrada administradora concursal por su cualificación profesional, esta deberá concurrir en la persona natural que designe como representante para el ejercicio de las funciones propias del cargo.

3. Cuando se proceda al nombramiento del segundo administrador concursal, la Administración pública acreedora o la entidad de derecho público acreedora vinculada o dependiente de aquella designadas deberán comunicar la identidad del empleado público con titulación universitaria de licenciado o graduado, que desempeñe sus funciones en el ámbito jurídico o económico, que haya de representarlas para el ejercicio de las funciones propias del cargo.

4. Al representante de la persona jurídica nombrada administradora concursal le será de aplicación el mismo régimen de incompatibilidades, prohibiciones, recusación, separación y responsabilidad establecido para los administradores concursales.

Artículo 64. *Incompatibilidades*

No podrán ser nombrados administradores concursales:

1.º Quienes no puedan ser administradores de sociedades anónimas o de responsabilidad limitada.

2.º Quienes hayan prestado cualquier clase de servicios profesionales al deudor o a personas especialmente relacionadas con este en los últimos tres años, así como quienes durante ese plazo hubieran compartido con aquel el ejercicio de actividades profesionales de la misma o diferente naturaleza.

3.º Quienes se encuentren, cualquiera que sea su condición o profesión, en alguna de las situaciones de incompatibilidad previstas en la legislación en materia de auditoría de cuentas, en relación con el propio deudor, sus directivos o administradores, o con un acreedor que represente más del diez por ciento de la masa pasiva del concurso.

Artículo 65. *Prohibiciones*

1. No podrán ser nombrados administradores concursales quienes estén especialmente relacionados con alguna persona que haya prestado cualquier clase de servicios profesionales al deudor o a personas especialmente relacionadas con este en los últimos tres años.

2. En el caso de que existan suficientes personas disponibles en el listado de inscritos, no podrán ser nombrados administradores concursales ni auxiliares delegados en los concursos de mayor complejidad aquellas personas naturales o jurídicas que hubieran sido nombradas discrecionalmente para cualquiera de esos cargos por el mismo juzgado o por el mismo juez en tres concursos dentro de los dos años anteriores contados desde la fecha del primer nombramiento. En el cómputo del límite máximo de nombramientos se incluirán los concursos en los que esas personas hubieran sido designadas representantes de la persona jurídica nombrada para el ejercicio de las funciones propias del cargo de administradora concursal o de auxiliar-delegada. Los nombramientos efectuados en concursos de sociedades pertenecientes al mismo grupo de empresas se computarán como uno solo.

3. No podrán ser nombrados administradores concursales quienes hubieran sido separados de este cargo dentro de los tres años anteriores, ni quienes se encuentren inhabilitados por aplicación de lo dispuesto en esta ley.

4. No podrá ser nombrado administrador concursal quien en la negociación de un plan de reestructuración hubiera sido nombrado experto en la reestructuración.

Artículo 66. *Deber de aceptación*

1. El nombramiento de administrador concursal será comunicado al designado por el medio más rápido. Dentro de los cinco días siguientes al de recibo de la comunicación, el designado deberá comparecer ante el juzgado y aceptar el cargo.

2. Por excepción a lo establecido en el apartado anterior, la Administración pública acreedora o la entidad acreedora vinculada o dependiente de aquella que hayan sido nombradas segundas administradoras concursales podrán no aceptar el nombramiento.

Artículo 67. *Régimen de la aceptación*

1. En el momento de la aceptación del cargo, el nombrado deberá acreditar que tiene vigente, en los términos que se desarrollen reglamentariamente, un seguro de responsabilidad civil o garantía equivalente proporcional a la naturaleza y alcance del riesgo cubierto para responder de los posibles daños en el ejercicio de su función y manifestar si acepta o no el cargo. Cuando el nombrado sea una persona jurídica recaerá sobre esta y no sobre la persona natural representante la exigencia de suscripción del seguro de responsabilidad civil o garantía equivalente.

2. En el momento de la aceptación del cargo, el nombrado deberá facilitar al juzgado las direcciones postal y electrónica en las que efectuar la comunicación de créditos así como cualquier otra notificación. La dirección electrónica que señale deberá cumplir las condiciones técnicas de seguridad de las comunicaciones electrónicas en lo relativo a la constancia de la transmisión y recepción, de sus fechas y del contenido íntegro de las comunicaciones. La dirección postal y la dirección electrónica señaladas a efectos de comunicaciones serán únicas, cualquiera que sea el número de administradores concursales.

3. En el caso de que concurra en el administrador concursal nombrado alguna causa de recusación, estará obligado a manifestarla en ese momento.

4. Cuando el nombrado fuera una persona natural, deberá manifestar si se encuentra integrado en alguna persona jurídica profesional al objeto de extender el mismo régimen de incompatibilidades a los restantes socios o colaboradores.

5. En los concursos de mayor complejidad, en el momento de la aceptación del cargo, el nombrado deberá entregar al juzgado declaración firmada de los concursos de acreedores en que haya sido nombrado administrador concursal o auxiliar delegado que todavía se encuentren en tramitación, con indicación del tribunal que le haya nombrado, la fecha de la declaración de concurso y el juez que la haya dictado. Si alguno de estos concursos de acreedores se encontrara en fase de liquidación, se indicará la fecha de la resolución de apertura de esa fase y, en el caso de que haya transcurrido más de un año desde la misma, las razones por las cuales el concurso no se encuentra concluido.

> – **Real Decreto 1333/2012, de 21 de septiembre**, por el que se regula el seguro de responsabilidad civil y la garantía equivalente de los administradores concursales.

Artículo 68. *Credencial del administrador concursal*

1. En el mismo momento de aceptación del cargo, el Letrado de la Administración de Justicia expedirá y entregará al nombrado documento acreditativo de su condición de administrador concursal.

2. La credencial deberá ser devuelta al juzgado en el momento en el que por cualquier causa se produzca el cese del administrador concursal.

Artículo 69. *Nuevo nombramiento*

Si el nombrado no compareciese, no tuviera suscrito un seguro de responsabilidad civil o garantía equivalente suficiente o no aceptase el cargo, el juez procederá de inmediato a un nuevo nombramiento.

– **Real Decreto 1333/2012, de 21 de septiembre**, por el que se regula el seguro de responsabilidad civil y la garantía equivalente de los administradores concursales.

Artículo 70. *Inhabilitación por falta de comparecencia, por falta de cobertura o por falta de aceptación*

A quien sin justa causa no compareciese, no aceptase el cargo o no tuviera suscrito el seguro, no se le podrá designar administrador durante el plazo de tres años en aquellos concursos de acreedores que se declaren en el mismo ámbito territorial.

Artículo 71. *Renuncia*

1. Una vez aceptado el cargo, el nombrado solo podrá renunciar por causa grave o por haber perdido de forma sobrevenida las condiciones exigidas para ejercer el cargo.

2. Por excepción a lo establecido en el apartado anterior, la Administración pública acreedora o la entidad acreedora vinculada o dependiente de aquella que hayan sido nombradas segundas administradoras concursales podrán renunciar al nombramiento en cualquier momento.

Subsección 4.ª De la recusación de la administración concursal

Artículo 72. *Legitimación para recusar*

Los administradores concursales podrán ser recusados por cualquiera de las personas legitimadas para solicitar la declaración de concurso.

Artículo 73. *Causas de recusación*

Son causas de recusación las circunstancias constitutivas de incompatibilidad o prohibición contenidas en esta ley, así como las establecidas en la Ley 1/2000, de 7 de enero, de Enjuiciamiento Civil, para la recusación de peritos.

Artículo 74. *Régimen de la recusación*

1. La recusación habrá de promoverse por el legitimado tan pronto como el recusante tenga conocimiento de la causa en que se funde.

2. La recusación se sustanciará por los cauces del incidente concursal.

3. La recusación no tendrá efectos suspensivos. En tanto se tramita el incidente, el recusado seguirá actuando como administrador concursal, sin que la resolución que recaiga afecte a la validez de las actuaciones.

Subsección 5.ª De los auxiliares delegados

Artículo 75. *Auxiliares delegados*

Cuando la complejidad del concurso así lo exija, la administración concursal podrá solicitar del juez el nombramiento de uno o varios auxiliares delegados, con especificación de las funciones a delegar, que pueden incluir las relativas a la continuación de la totalidad o parte de la actividad del deudor.

Artículo 76. *Nombramiento obligatorio de auxiliares delegados*

Suprimido

Artículo 77. *Régimen legal de los auxiliares delegados*

1. La resolución judicial en la que se nombren auxiliar o auxiliares delegados especificará las funciones delegadas y establecerá la retribución de cada uno de ellos.

2. Será de aplicación a los auxiliares delegados el régimen de inhabilitaciones, prohibiciones, recusación y responsabilidad establecido para los administradores concursales y sus representantes.

Artículo 78. *Retribución de los auxiliares delegados*

La retribución de los auxiliares delegados correrá a cargo de la administración concursal y se abonará a medida que esta perciba la que le corresponda. Salvo que expresamente el juez acuerde otra cosa, la retribución de los auxiliares delegados se fijará mediante un porcentaje respecto de la que perciba la administración concursal.

Artículo 79. *Carácter irrecurrible de la resolución*

1. Contra la decisión del juez del concurso relativa al nombramiento de auxiliares delegados no cabe recurso alguno.

2. Si la solicitud de nombramiento de auxiliares delegados hubiera sido denegada, la administración concursal podrá reproducirla cuando se modifiquen las circunstancias que dieron lugar a la denegación.

Sección 2.ª Del ejercicio del cargo

Artículo 80. *Deberes del administrador concursal*

1. Los administradores concursales y los auxiliares delegados desempeñarán el cargo con la debida diligencia, del modo más eficiente para el interés del concurso.

2. Los administradores concursales deberán actuar con imparcialidad e independencia respecto del deudor y, si fuera persona jurídica, de sus socios, administradores y directores generales, así como respecto de los acreedores concursales y de la masa.

Artículo 81. *Ejercicio de funciones en caso de administración concursal dual*

1. Cuando la administración concursal esté integrada por dos miembros, las funciones de este órgano concursal se ejercitarán de forma mancomunada. En caso de disconformidad, resolverá el juez.

2. El juez podrá atribuir determinadas competencias de forma individualizada a uno de los administradores o distribuirlas entre ellos.

3. Las decisiones y los acuerdos de la administración concursal dual que no sean de trámite o de gestión ordinaria se consignarán por escrito y serán firmados por los dos miembros del órgano.

Artículo 82. *Supervisión judicial*

La administración concursal está sometida a la supervisión del juez del concurso. En cualquier momento, el juez podrá requerir a la administración concursal una información específica o una memoria sobre el estado del procedimiento o sobre cualquier otra cuestión relacionada con el concurso.

Artículo 83. *Resolución judicial*

Las resoluciones judiciales que se dicten para resolver las cuestiones relativas al ejercicio del cargo por la administración concursal revestirán forma de auto, contra el que no cabrá recurso alguno. Sobre la materia resuelta no podrá plantearse incidente concursal.

SECCIÓN 3.ª De la retribución

– Real Decreto 1860/2004, de 6 de septiembre, por el que se establece el arancel de derechos de los administradores concursales.

Subsección 1.ª Del régimen jurídico de la retribución

Artículo 84. *Derecho a la retribución*

Los administradores concursales tendrán derecho a retribución con cargo a la masa.

Artículo 85. *Determinación de la retribución*

La retribución de la administración concursal se determinará mediante un arancel que se aprobará reglamentariamente. El arancel atenderá a las funciones que efectivamente desempeñe la administración concursal, al número de acreedores, al tamaño del concurso según la clasificación establecida a los efectos del nombramiento de la administración concursal y a la acumulación de concursos.

Artículo 86. *Reglas de determinación de la retribución*

1. El arancel que determine la retribución de la administración concursal se ajustará necesariamente a las siguientes reglas:

1.ª Regla de la exclusividad. Los administradores concursales solo podrán percibir por su intervención en el concurso las cantidades que resulten de lo establecido de la aplicación del arancel. En consecuencia, no podrá devengarse con cargo a la masa activa cantidad alguna adicional a la fijada inicialmente, en favor del administrador concursal o de persona especialmente vinculada al mismo por cualquier actuación de asistencia técnica o jurídica ni por la interposición de cualquier tipo de recursos, en el marco del concurso.

2.ª Regla de la limitación. La cantidad total máxima que la administración concursal puede percibir por su intervención en el concurso será la menor de entre la cantidad de un millón de euros un millón quinientos mil euros y la que resulte de multiplicar la valoración del activo del concursado por un cuatro por ciento.

El juez, oídas las partes, podrá aprobar de forma motivada una remuneración que supere el límite anterior, cuando debido a la complejidad del concurso, lo justifiquen los costes asumidos por la administración concursal, sin que en ningún caso se pueda exceder de cincuenta por ciento de dicho límite.

3.ª Regla de la duración del concurso.

a) Cuando la fase común exceda de seis meses, la retribución de la administración concursal aprobada para esta fase será reducida en un cincuenta por ciento, salvo que el juez de manera motivada, en el plazo de tres días a contar desde la solicitud, entienda que existan circunstancias objetivas que justifiquen ese retraso o que la conducta del administrador hubiese sido diligente en el cumplimiento de las demás funciones.

b) Cuando la fase de convenio exceda de seis meses, la retribución de la administración concursal aprobada para esta fase será reducida en un cincuenta por ciento, salvo que el juez de manera motivada, en el plazo de tres días a contar desde la solicitud, entienda que existan circunstancias objetivas que justifiquen ese retraso o que la conducta del administrador hubiese sido diligente en el cumplimiento de las demás funciones.

c) Cuando la fase de liquidación exceda de ocho meses, la retribución del administrador se reducirá en, al menos, un cincuenta por ciento salvo que el juez, de manera motivada, en el plazo de tres días a contar desde la solicitud, entienda que existan circunstancias objetivas que justifiquen ese retraso o que la conducta del administrador hubiese sido diligente en el cumplimiento de las demás funciones.

4.ª Regla de la eficiencia. La retribución de la administración concursal se devengará conforme se vayan cumpliendo las funciones atribuidas por esta ley y el juez del concurso.

En su determinación deberán tenerse en cuenta incentivos para garantizar la eficiencia de la administración concursal orientados a lograr una mayor celeridad y agilidad, que podrán referirse, entre otros, a la pronta ejecución del plan de liquidación, a la transmisión de unidades productivas o a la realización de los bienes y derechos en liquidación por un valor superior al porcentaje determinado reglamentariamente del valor definitivo de los mismos, fijado en el informe de la administración.

La retribución inicialmente fijada será reducida por el juez de manera motivada por el incumplimiento de las obligaciones de la administración concursal, un retraso atribuible a la administración concursal en el cumplimiento de sus obligaciones o por la calidad deficiente de sus trabajos.

Si el retraso consistiera en exceder en más de la mitad del plazo legal que la administración concursal deba observar o el procedimiento concursal se dilatara en más de dieciséis meses desde la fecha de declaración del concurso, o se incumpliera el deber de información de los acreedores, el juez deberá reducir la retribución, salvo que el administrador concursal demuestre que el retraso no le resulta imputable, que existan circunstancias objetivas que justifiquen ese retraso o que la conducta del administrador hubiese sido diligente en el cumplimiento de las demás funciones.

Se considerará que la calidad del trabajo es deficiente cuando se resuelvan impugnaciones sobre el inventario o la relación de acreedores en favor de los demandantes en proporción igual o superior al quince por ciento del valor del inventario provisional o del importe de la relación provisional de acreedores presentada por la administración concursal. En este último caso, el juez deberá reducir la retribución, al menos, en la misma proporción que la modificación, salvo que concurran circunstancias objetivas que justifiquen esa valoración o ese importe o que la conducta del administrador hubiese sido diligente en el cumplimiento de las demás funciones

2. En aquellos concursos que concluyan por la insuficiencia de la masa activa para satisfacer los créditos contra la masa se garantizará a la administración concursal el pago de un mínimo retributivo mediante una cuenta de garantía arancelaria.

– La redacción del artículo 86, apartado 1, regla 2.ª, se modifica por la **Ley Orgánica 1/2025, de 2 de enero, de medidas en materia de eficiencia del servicio público de justicia**, con entrada en vigor a los tres meses de su publicación en el Boletín Oficial del Estado (el 3 de abril de 2025). *2.ª Regla de la* *limitación. La cantidad total máxima que la administración concursal puede percibir por su intervención en el concurso será la menor de entre la cantidad de un millón de euros y la que resulte de multiplicar la valoración del activo del concursado por un cuatro por ciento. El juez, oídas las partes, podrá aprobar de forma motivada una remuneración que supere el límite anterior cuando, debido a la complejidad del concurso, lo justifiquen los costes asumidos por la administración concursal, sin que en ningún caso pueda exceder del cincuenta por ciento de dicho límite.*

Artículo 87. Cuantía de la retribución y vencimiento del crédito

1. La cuantía de la retribución se fijará por medio de auto conforme al arancel.

2. El auto fijará también los plazos en que la retribución deba ser satisfecha, conforme al arancel. El devengo del crédito se producirá al vencimiento de cada uno de los plazos.

Artículo 88. Modificación de la retribución

En cualquier estado del procedimiento, el juez, de oficio o a solicitud del concursado o de cualquier acreedor, podrá modificar la retribución fijada, si concurriera justa causa, con aplicación del arancel.

Artículo 89. Recursos en materia de retribución

El auto por el que se fije o modifique la retribución de la administración concursal será apelable por el interesado y por las personas legitimadas para solicitar la declaración de concurso.

Artículo 90. Deber de comunicación

El concursado o cualquier tercero que abone cualquier clase de retribución al administrador concursal estarán obligados a comunicarlo al Letrado de la Administración de Justicia del juzgado ante el que se tramita el concurso, con indicación del importe abonado, de la causa y la fecha del pago. Igual obligación recaerá sobre la administración concursal respecto de las retribuciones de cualquier clase que pueda percibir por causa o con ocasión del concurso.

Subsección 2.ª De la cuenta de garantía arancelaria

– El **Real Decreto Legislativo 1/2020, de 5 de mayo,** por el que se aprueba el texto refundido de la Ley **Concursal** establece en el apartado segundo de la *Disposición transitoria única. Régimen transitorio: El contenido de los artículos 91 a 93, ambos inclusive, de este texto refundido, correspondientes a los artículos 34 bis a 34 quáter de la Ley 22/2003, de 9 de julio, introducidos por Ley 25/2015, de 28 de julio, de mecanismo de segunda oportunidad, reducción de la carga financiera y otras medidas de orden social, entrarán en vigor cuando se apruebe el desarrollo reglamentario de la cuenta de garantía arancelaria.*

– La **Ley 16/2022, de 5 de septiembre,** de reforma del texto refundido de la Ley Concursal, aprobado por el Real Decreto Legislativo 1/2020, de 5 de mayo, para la transposición de la Directiva **(UE) 2019/1023** del Parlamento Europeo y del Consejo, de 20 de junio de 2019, sobre marcos de reestructuración preventiva, exoneración de deudas e inhabilitaciones, y sobre medidas para aumentar la eficiencia de los procedimientos de reestructuración, insolvencia y exoneración de deudas, y por la que se modifica la Directiva **(UE) 2017/1132** del Parlamento Europeo y del Consejo, sobre determinados aspectos del derecho de sociedades (**Directiva sobre reestructuración e insolvencia**), establece: *Disposición transitoria quinta. Régimen transitorio hasta la aprobación del Reglamento de la administración concursal. En tanto no se apruebe por el Gobierno, conforme a la disposición final decimotercera, el Reglamento de la administración concursal en el que se establecerá el acceso a la actividad, el nombramiento de los administradores concursales y su retribución, continuarán resultando* *de aplicación la disposición transitoria única del Real Decreto Legislativo 1/2020, de 5 de mayo, por el que se aprueba el texto refundido de la Ley Concursal, así como, en materia de arancel, la disposición transitoria tercera de la Ley 25/2015, de 28 de julio, de mecanismo de segunda oportunidad, reducción de la carga financiera y otras medidas de orden social.*

Artículo 91. Constitución, gestión y funcionamiento de la cuenta de garantía arancelaria

1. La cuenta de garantía arancelaria será única y su gestión corresponderá al Ministerio de Justicia, que la ejercerá ya sea directamente o a través de terceros.

2. El funcionamiento de la cuenta, incluido el régimen de disposición de los fondos, se regirá por lo establecido en esta ley y en cuantas normas se dicten en su desarrollo. Reglamentariamente se regulará el régimen de distribución de la cuenta de garantía arancelaria.

3. La gestión de la cuenta y el control de los ingresos y los cargos se realizará a través de la aplicación informática que determine el Ministerio de Justicia. La aplicación dispondrá de los mecanismos adecuados de control, seguridad y supervisión, y deberá garantizar la autenticidad, confidencialidad, integridad y disponibilidad de los datos, permitir la disposición de fondos mediante la expedición de órdenes telemáticas de transferencia y mandamientos de pago, así como proporcionar información sobre los movimientos y saldos de las cuentas.

4. En los casos de falta de medios informáticos adecuados o imposibilidad técnica sobrevenida, se podrán emitir mandamientos de pago u órdenes de transferencia de forma manual utilizando los impresos normalizados.

Artículo 92. Deber de dotación

1. La cuantía de la dotación a efectuar por cada administrador concursal a la cuenta de garantía arancelaria se calculará por aplicación de los siguientes porcentajes sobre las retribuciones que efectivamente perciba en el concurso de acreedores:

a) Un dos y medio por ciento por la remuneración obtenida que se encuentre entre los 2.565 euros y los 50.000 euros.

b) Un cinco por ciento por la remuneración obtenida que se encuentre entre los 50.001 euros y los 500.000 euros.

c) Un diez por ciento por la remuneración obtenida que supere los 500.000 euros.

2. El administrador concursal cuya retribución efectivamente percibida en el concurso de acreedores no alcance la cantidad de 2.565 euros, así como los que tengan derecho a percibir la retribución con cargo a la cuenta de garantía arancelaria estarán excluidos del deber de realizar dotaciones.

Artículo 93. Ingreso de las dotaciones

1. Cada administrador concursal deberá ingresar en la cuenta de garantía arancelaria las dotaciones obligatorias establecidas en el artículo anterior antes de la rendición de cuentas.

2. En el momento del ingreso en la cuenta de garantía arancelaria de las dotaciones obligatorias, cada uno de los administradores concursales deberá dar cuenta al Letrado de la Administración de Justicia del juzgado en el que se tramita el concurso del importe ingresado en la cuenta de garantía arancelaria.

3. Si en el momento de la rendición de cuentas el administrador concursal no hubiera realizado el ingreso de la dotación a que estuviera obligado, el Letrado de la Administración de Justicia le instará a que, dentro del plazo de diez días, cumpla con ese deber. Si no lo hiciera, será dado de baja en la sección cuarta del Registro público concursal hasta que proceda a su abono.

SECCIÓN 4.ª De la responsabilidad

Artículo 94. *Presupuestos de la responsabilidad*

1. Los administradores concursales y los auxiliares delegados responderán frente al concursado y frente a los acreedores de los daños y perjuicios causados a la masa por los actos y omisiones contrarios a la ley y por los realizados incumpliendo los deberes inherentes al desempeño del cargo sin la debida diligencia.

2. En caso de administración concursal dual, el régimen de responsabilidad de la Administración pública acreedora o de la entidad de derecho público acreedora vinculada o dependiente de ella y la de la persona designada para el ejercicio de las funciones propias del cargo será el específico de la legislación administrativa.

Artículo 95. *Carácter solidario de la responsabilidad*

Los administradores concursales responderán solidariamente con los auxiliares delegados de los actos y omisiones lesivos de estos, salvo que prueben haber empleado toda la diligencia debida para prevenir o evitar el daño.

Artículo 96. *Derecho de reembolso*

Si la sentencia contuviera condena a indemnizar daños y perjuicios, el acreedor que hubiera ejercitado la acción en interés de la masa tendrá derecho a que, con cargo a la cantidad efectivamente percibida, se le reembolsen los gastos necesarios que hubiera soportado.

Artículo 97. *Prescripción*

Las acciones de responsabilidad por los daños y perjuicios causados a la masa activa por los administradores concursales y los auxiliares delegados prescribirán a los cuatro años, contados desde que el actor hubiera tenido conocimiento del daño o perjuicio por el que reclama y, en todo caso, desde que los administradores concursales o los auxiliares delegados hubieran cesado en su cargo.

Artículo 98. *Acción individual de responsabilidad*

1. Quedan a salvo las acciones de responsabilidad que puedan corresponder al concursado, a los acreedores o a terceros por actos u omisiones de los administradores concursales y auxiliares delegados que lesionen directamente los intereses de aquellos.

2. Las acciones de responsabilidad a que se refiere el apartado anterior prescribirán a los cuatro años, contados desde que el actor hubiera tenido conocimiento del daño o perjuicio por el que reclama y, en todo caso, desde que los administradores concursales o los auxiliares delegados hubieran cesado en su cargo.

Artículo 99. *Juez competente y procedimiento aplicable*

Las acciones previstas en esta sección, cuando se dirijan a exigir responsabilidad civil, se sustanciarán ante el juez que conozca o haya conocido del concurso por los trámites del juicio declarativo que corresponda.

SECCIÓN 5.ª De la separación y de la revocación

Artículo 100. *Separación y revocación*

1. Cuando concurra justa causa, el juez, de oficio o a instancia de cualquiera de las personas legitimadas para solicitar la declaración de concurso o del otro miembro de la administración concursal, podrá separar del cargo a cualquiera de los administradores concursales o revocar el nombramiento de los auxiliares delegados.

2. En todo caso será causa de separación del administrador concursal el incumplimiento grave del deber de diligencia, así como el incumplimiento del deber de imparcialidad e independencia respecto del deudor y, si fuera persona jurídica, de sus administradores y directores generales, así como respecto de los acreedores concursales. No obstante la concurrencia de esta causa de separación, el juez podrá mantener al administrador concursal en el ejercicio del cargo cuando concurran circunstancias objetivas que así lo aconsejen.

3. La separación o revocación del representante de una persona jurídica implicará el cese automático de esta como administrador concursal o como auxiliar delegado.

4. La resolución judicial de cese por separación o revocación revestirá forma de auto, en el que se consignarán los motivos en los que el juez funde la decisión.

Artículo 101. *Nuevo nombramiento*

1. En todos los casos de cese de un administrador concursal, el juez procederá de inmediato a efectuar un nuevo nombramiento. Al cese y al nuevo nombramiento se dará la misma publicidad que hubiera tenido el nombramiento del administrador concursal sustituido.

2. Si la persona jurídica nombrada administradora concursal revocara a la persona natural que la representaba en el ejercicio de las funciones propias del cargo, deberá comunicar simultáneamente al juzgado la identidad del nuevo representante. A la revocación y a la nueva designación se dará la misma publicidad que hubiera tenido la designación del revocado.

Artículo 102. *Rendición de cuentas*

1. En el caso de cese del administrador concursal antes de la conclusión del concurso, el juez le requerirá para que en el plazo de un mes presente una completa rendición de cuentas.

2. Esta rendición de cuentas se regirá por lo establecido en la sección 3.ª del capítulo I del título XI del libro primero.

Artículo 103. *Recursos contra el nombramiento, revocación y cese de los administradores concursales y auxiliares delegados*

1. Contra las resoluciones sobre nombramiento, revocación y cese de los administradores concursales y auxiliares delegados cabrá recurso de reposición y, contra el auto que lo resuelva, el de apelación que no tendrá efecto suspensivo.

2. Estarán legitimados para recurrir el concursado, la administración concursal, el administrador concursal afectado, el auxiliar delegado afectado y quienes acrediten interés legítimo, aunque no hubieran comparecido con anterioridad.

Artículo 104. *Baja en el registro público concursal*

La separación del administrador concursal o la revocación del auxiliar delegado determinarán la baja del afectado en el Registro público concursal. La baja será cautelar mientras la resolución de cese no sea firme.

TÍTULO III. De los efectos de la declaración de concurso

CAPÍTULO I. De los efectos sobre el deudor

SECCIÓN 1.ª De los efectos sobre el concursado en general

Artículo 105. *Efectos sobre las comunicaciones, residencia y libre circulación del concursado*

Los efectos de la declaración de concurso sobre los derechos y libertades fundamentales del concursado en materia de correspondencia, residencia y libre circulación serán los establecidos en la Ley Orgánica 8/2003, de 9 de julio, para la Reforma Concursal, por la que se modifica la Ley Orgánica 6/1985, de 1 de julio, del Poder Judicial.

– Exposición de motivos y artículo 1 de la **Ley Orgánica 8/2003, de 9 de julio, para la reforma concursal, por la que se modifica la Ley Orgánica 6/1985, de 1 de julio, del poder judicial.**

Artículo 106. *Efectos sobre las facultades patrimoniales del concursado*

1. En caso de concurso voluntario, el concursado conservará las facultades de administración y disposición sobre la masa activa, pero el ejercicio de estas facultades estará sometido a la intervención de la administración concursal, que podrá autorizar o denegar la autorización según tenga por conveniente.

2. En caso de concurso necesario, el concursado tendrá suspendido el ejercicio de las facultades de administración y disposición sobre la masa activa. La administración concursal sustituirá al deudor en el ejercicio de esas facultades.

3. No obstante lo dispuesto en los apartados anteriores, el juez podrá acordar la suspensión en caso de concurso voluntario o la mera intervención cuando se trate de concurso necesario. En ambos casos, deberá motivarse el acuerdo señalando los riesgos que se pretendan evitar y las ventajas que se quieran obtener.

Artículo 107. *Ámbito objetivo de la limitación o de la suspensión de facultades*

1. El ámbito de la intervención y de la suspensión estará limitado a los bienes y derechos integrados o que se integren en la masa activa, a la asunción, modificación o ex-

tinción de obligaciones de carácter patrimonial relacionadas con esos bienes o derechos y, en su caso, al ejercicio de las facultades que correspondan al deudor en la sociedad o comunidad conyugal.

2. El concursado conservará la facultad de testar.

Artículo 108. *Modificación de las facultades patrimoniales del concursado*

1. A solicitud de la administración concursal, el juez, oído el concursado, podrá acordar en cualquier momento, mediante auto, el cambio de las situaciones de intervención o de suspensión de las facultades del concursado sobre la masa activa.

2. Al cambio de las situaciones de intervención o de suspensión y la consiguiente modificación de las facultades de la administración concursal se le dará la misma publicidad que la acordada para la declaración de concurso.

Artículo 109. *Infracción del régimen de limitación o suspensión de facultades*

1. Los actos del concursado que infrinjan la limitación o la suspensión de las facultades patrimoniales acordada por el juez del concurso solo podrán ser anulados a instancia de la administración concursal, salvo que esta los hubiese convalidado o confirmado.

2. Cualquier acreedor y quien haya sido parte en la relación contractual afectada por la infracción podrá requerir de la administración concursal que se pronuncie acerca del ejercicio de la correspondiente acción o de la convalidación o confirmación del acto.

3. La acción de anulación se tramitará por los cauces del incidente concursal. De haberse formulado el requerimiento, la acción caducará al cumplirse un mes desde la fecha de este. En otro caso, caducará con el cumplimiento del convenio por el deudor o, en el supuesto de liquidación, con la finalización de esta.

4. Los actos realizados por el concursado con infracción de la limitación o de la suspensión de facultades patrimoniales no podrán ser inscritos en registros públicos mientras no sean confirmados o convalidados, alcance firmeza la resolución judicial por la que se desestime la pretensión de anulación o se acredite la caducidad de la acción.

Artículo 110. *Pagos al concursado*

El pago realizado al concursado solo liberará a quien lo hiciere si, al tiempo de efectuar la prestación, desconocía la declaración de concurso. Se presume el conocimiento desde la publicación de la declaración de concurso en el «Boletín Oficial del Estado».

Artículo 111. *Continuación del ejercicio de la actividad profesional o empresarial*

1. La declaración de concurso no interrumpirá la continuación de la actividad profesional o empresarial que viniera ejerciendo el deudor.

2. Hasta la aceptación de la administración concursal el concursado podrá realizar los actos que sean imprescindibles para la continuación de su actividad, siempre que se ajusten a las condiciones normales del mercado, sin perjuicio de las medidas cautelares que hubiera adoptado al respecto el juez al declarar el concurso.

Artículo 112. *Autorización general de determinados actos u operaciones en caso de intervención*

Con el fin de facilitar la continuación de la actividad profesional o empresarial del concursado, la administración concursal, en caso de intervención, podrá autorizar, con carácter general, aquellos actos u operaciones propios del giro o tráfico de aquella actividad que, por razón de su naturaleza o cuantía, puedan ser realizados por el concursado o por su director o directores generales.

Artículo 113. *Continuidad del ejercicio de la actividad profesional o empresarial en caso de suspensión*

En caso de suspensión de las facultades de administración y disposición del concursado, la administración concursal adoptará las medidas que sean necesarias para la continuación de la actividad profesional o empresarial.

Artículo 114. *Cierre de oficinas y establecimientos*

1. El juez, a solicitud de la administración concursal, previa audiencia del concursado y, si existieran, de los representantes de los trabajadores, podrá acordar, mediante auto, el cierre de la totalidad o de parte de las oficinas, establecimientos o explotaciones de que fuera titular el concursado, así como, cuando ejerciera una actividad empresarial, el cese o la suspensión, total o parcial, de esta.

2. Cuando las medidas supongan la modificación sustancial de las condiciones de trabajo, el traslado, el despido, la suspensión de contratos o la reducción de jornada, siempre que tengan carácter colectivo, la administración concursal deberá solicitar al juez del concurso la adopción de la decisión, que se tramitará conforme a lo establecido en esta ley.

Artículo 115. *Deber de formular las cuentas anuales en caso de intervención*

1. En caso de intervención, la obligación legal de formular y de someter a auditoría las cuentas anuales corresponderá al concursado y a los administradores de la persona jurídica concursada bajo la supervisión de la administración concursal.

2. La administración concursal podrá autorizar al concursado o a los administradores de la persona jurídica concursada a que el cumplimiento de la obligación legal de formular las cuentas anuales correspondientes al ejercicio anterior a la declaración judicial de concurso se retrase al mes siguiente a la presentación del inventario y de la lista de acreedores. La aprobación de las cuentas deberá realizarse en los tres meses siguientes al vencimiento de dicha prórroga. De ello se dará cuenta al juez del concurso y, si la persona jurídica estuviera obligada a depositar las cuentas anuales, al Registro mercantil en que figurase inscrita. Efectuada esta comunicación, el retraso del depósito de las cuentas no producirá el cierre de la hoja registral, si se cumplen los plazos para el depósito desde el vencimiento del citado plazo prorrogado de aprobación de las cuentas. En cada uno de los documentos que integran las cuentas anuales se hará mención de la causa legítima del retraso.

Artículo 116. *Deber de formular las cuentas anuales en caso de suspensión*
En caso de suspensión, la obligación legal de formular y de someter a auditoría las cuentas anuales corresponderá a la administración concursal.

Artículo 117. *Revocación del nombramiento del auditor*
A solicitud fundada de la administración concursal, el juez del concurso podrá acordar la revocación del nombramiento del auditor de cuentas de la persona jurídica concursada y el nombramiento de otro para la verificación de las cuentas anuales.

Artículo 118. *Declaraciones y autoliquidaciones tributarias*
1. En caso de intervención, la obligación legal de presentar las declaraciones y auto-liquidaciones tributarias corresponderá al concursado bajo la supervisión de la administración concursal.
2. En caso de suspensión, esa obligación legal corresponderá a la administración concursal.

Sección 2.ª De los efectos sobre la representación y defensa procesal del concursado

Artículo 119. *Representación y defensa del concursado en caso de intervención*
1. En caso de intervención, el deudor conservará la capacidad para actuar en juicio, pero necesitará la autorización de la administración concursal para presentar demandas, interponer recursos, desistir, allanarse total o parcialmente y transigir litigios cuando la materia litigiosa pueda afectar a la masa activa.
2. Si la administración concursal estimara conveniente para el interés del concurso la presentación de una demanda y el concursado se negare a formularla, el juez del concurso podrá autorizar a aquella a presentarla.

Artículo 120. *Representación y defensa procesal del concursado en caso de suspensión*
1. En caso de suspensión, corresponderá a la administración concursal la presentación de demandas y la interposición de recursos en interés del concurso.
2. La administración concursal, actuando en interés del concurso pero en representación del concursado, sustituirá a este en los procedimientos judiciales civiles, laborales o administrativos que se encuentren en trámite a la fecha de la declaración de concurso, sin más excepciones que las de los procedimientos civiles en que se ejerciten acciones de índole personal. Una vez personada la administración concursal en el procedimiento, el Letrado de la Administración de Justicia le concederá un plazo de cinco días para que se instruya de las actuaciones.
3. En los procedimientos civiles en los que se ejerciten acciones de índole personal, el concursado necesitará autorización de la administración concursal para presentar la demanda, interponer recursos, allanarse, transigir o desistir cuando por razón de la materia litigiosa la sentencia que se dicte pueda afectar a la masa activa.
4. La administración concursal necesitará autorización del juez del concurso para desistir, allanarse, total o parcialmente, y transigir litigios que se hubieran iniciado antes de la declaración del concurso. De la solicitud de autorización presentada por la adminis-

tración concursal, el Letrado de la Administración de Justicia dará traslado al concursado y a aquellas partes personadas en el procedimiento que el juez estime deban ser oídas.

En los casos a que se refiere el párrafo anterior, las costas impuestas como consecuencia del allanamiento o del desistimiento autorizados por el juez tendrán la consideración de crédito concursal. En caso de transacción, se estará a lo pactado por las partes en materia de costas.

Artículo 121. *Mantenimiento de la representación y defensa separadas por el concursado*

1. El concursado podrá actuar de forma separada, por medio de procurador y abogado distintos de los de la administración concursal, en los procedimientos en trámite a la fecha de la declaración de concurso en que hubiera sido sustituido por la administración concursal y en los nuevos procedimientos promovidos por esta, siempre que un tercero haya garantizado de forma suficiente ante el juez del concurso que los gastos de su actuación procesal y, en su caso, la efectividad de la condena al pago de las costas no recaerán sobre la masa activa del concurso, y así lo acredite el concursado en el procedimiento en que estuviera personado.

2. Si el deudor mantuviera representación y defensas separadas, no podrá realizar aquellas actuaciones procesales que, conforme al artículo anterior, corresponden a la administración concursal con autorización del juez, ni impedir o dificultar que esta las realice.

Artículo 122. *Legitimación subsidiaria de los acreedores*

1. Los acreedores que hayan instado por escrito a la administración concursal el ejercicio de una acción de carácter patrimonial que correspondiera al concursado, con expresión de las concretas pretensiones en que consista y de la fundamentación jurídica de cada una de ellas, estarán legitimados para ejercitarla si el concursado, en caso de intervención, o la administración concursal, en caso de suspensión, no lo hiciesen dentro de los dos meses siguientes al requerimiento.

2. En ejercicio de esta acción subsidiaria, los acreedores litigarán a su costa en interés de la masa. En caso de que la demanda fuese total o parcialmente estimada, los acreedores, una vez que la sentencia sea firme, tendrán derecho a reembolsarse con cargo a la masa activa de los gastos y costas en que hubieran incurrido hasta el límite de lo efectivamente percibido por la masa.

3. Las demandas que se presenten por los acreedores conforme a lo establecido en los apartados anteriores deberán notificarse a la administración concursal.

SECCIÓN 3.ª De los efectos específicos sobre la persona natural

Artículo 123. *Derecho a alimentos*

1. En el caso de que en la masa activa existan bienes bastantes para prestar alimentos, el concursado persona natural que se encuentre en estado de necesidad tendrá derecho a percibirlos durante la tramitación del concurso, con cargo a la masa activa, para atender sus necesidades y las de su cónyuge y descendientes bajo su potestad. El derecho a percibir alimentos para atender a las necesidades de la pareja de hecho solo existirá cuando

la unión estuviera inscrita y el juez aprecie la existencia de pactos expresos o tácitos o de hechos concluyentes de los que se derive la inequívoca voluntad de los convivientes de formar un patrimonio común.

2. En caso de intervención, la cuantía y periodicidad de los alimentos serán las que determine la administración concursal; y, en caso de suspensión, las que determine el juez, oídos el concursado y la administración concursal.

3. En caso de suspensión, el juez, a solicitud del concursado con audiencia de la administración concursal o a solicitud de esta con audiencia del concursado, podrá modificar la cuantía y la periodicidad de los alimentos.

Artículo 124. *Deber de alimentos*

1. En el caso de que en la masa activa existan bienes bastantes para prestar alimentos, las personas distintas de las enumeradas en el artículo anterior respecto de las cuales el concursado tuviere deber legal de prestarlos solo podrán obtenerlos con cargo a la masa si no pudieren percibirlos de otras personas legalmente obligadas a prestárselos.

2. El interesado deberá ejercitar la acción de reclamación de los alimentos ante el juez del concurso en el plazo de un año a contar desde el momento en que hubiera debido percibirlos. El juez del concurso resolverá sobre su procedencia y cuantía.

3. La obligación de prestar alimentos impuesta al concursado por resolución judicial dictada con anterioridad a la declaración de concurso se satisfará con cargo a la masa activa en la cuantía fijada por el juez del concurso. El exceso tendrá la consideración de crédito concursal ordinario.

Artículo 125. *Derecho a solicitar la disolución de la sociedad conyugal*

1. El cónyuge del concursado tendrá derecho a solicitar del juez del concurso la disolución de la sociedad o comunidad conyugal cuando se hubieran incluido en el inventario de la masa activa bienes gananciales o comunes que deban responder de las obligaciones del concursado.

2. Presentada la solicitud de disolución, el juez acordará la liquidación de la sociedad o comunidad conyugal, el pago a los acreedores y la división del remanente entre los cónyuges. Estas operaciones se llevarán a cabo de forma coordinada, sea con el convenio, sea con la liquidación de la masa activa.

3. El cónyuge del concursado tendrá derecho a que la vivienda habitual del matrimonio que tuviere carácter ganancial o común se le incluya con preferencia en su haber hasta donde este alcance. Si excediera solo procederá la adjudicación si abonara al contado el exceso.

SECCIÓN 4.ª De los efectos específicos sobre la persona jurídica

Artículo 126. *Mantenimiento de los órganos de la persona jurídica concursada*
Durante la tramitación del concurso, se mantendrán los órganos de la persona jurídica concursada, sin perjuicio de los efectos que sobre el funcionamiento de cada uno de ellos produzca la intervención o la suspensión de las facultades de administración y disposición sobre los bienes y derechos de la masa activa.

Artículo 127. *Efectos sobre los órganos colegiados de la persona jurídica concursada*

1. La administración concursal tendrá derecho de asistencia y de voz en las sesiones de los órganos colegiados de la persona jurídica concursada. A estos efectos, deberá ser convocada en la misma forma y con la misma antelación que los integrantes del órgano que ha de reunirse.

2. La constitución de junta o asamblea u otro órgano colegiado con el carácter de universal no será válida sin la concurrencia de la administración concursal.

3. Los acuerdos de la junta o de la asamblea que puedan tener contenido patrimonial o relevancia directa para el concurso requerirán, para su eficacia, de la autorización de la administración concursal.

Artículo 128. *Representación de la persona jurídica concursada frente a terceros*

1. En caso de intervención, la representación de la persona jurídica concursada en el ejercicio de las facultades de administración y de disposición sobre los bienes y derechos que integren la masa activa corresponderán a los administradores o liquidadores, pero el ejercicio de esas facultades estará sometido a la autorización de la administración concursal, que podrá conceder o denegar esa autorización según tenga por conveniente.

2. El juez, a solicitud de la administración concursal, podrá atribuir a esta en interés del concurso, la representación de la persona jurídica concursada en el ejercicio de los derechos políticos que correspondan a las cuotas, acciones o participaciones sociales integradas en la masa activa, que podrá delegar en quien tenga por conveniente. La administración concursal podrá delegar el ejercicio de esos derechos en quien tenga por conveniente.

3. En caso de suspensión, la representación de la persona jurídica concursada en el ejercicio de las facultades de administración y disposición sobre los bienes y derechos que integren la masa activa corresponderá a la administración concursal.

4. Los apoderamientos que pudieran existir al tiempo de la declaración de concurso quedarán afectados por la intervención o por la suspensión de estas facultades.

Artículo 129. *Representación de la persona jurídica concursada en el concurso*

Los administradores o liquidadores del deudor persona jurídica continuarán con la representación de la entidad dentro del concurso, incluso durante la liquidación de la masa activa.

Artículo 130. *Supresión o reducción del derecho a la retribución de los administradores de la persona jurídica concursada*

Si el cargo de administrador de la persona jurídica fuera retribuido, el juez del concurso podrá acordar que deje de serlo o reducir la cuantía de la retribución a la vista del contenido y la complejidad de las funciones de administración y de la importancia de la masa activa.

Artículo 131. *Efectos de la declaración de concurso sobre las acciones contra los socios*
1. Durante la tramitación del concurso de la sociedad, corresponderá exclusivamente a la administración concursal el ejercicio de la acción contra el socio o socios personalmente responsables por las deudas de esta anteriores a la declaración de concurso.
2. Durante la tramitación del concurso de la sociedad, corresponderá exclusivamente a la administración concursal la reclamación, en el momento y cuantía que estime conveniente, del desembolso de las aportaciones sociales que hubiesen sido diferidas, cualquiera que fuera el plazo fijado en la escritura o en los estatutos, y de las prestaciones accesorias pendientes de cumplimiento.

Artículo 132. *Efectos de la declaración de concurso sobre las acciones contra los administradores, liquidadores o auditores de la sociedad deudora*
1. Declarado el concurso, corresponderá exclusivamente a la administración concursal el ejercicio de las acciones de responsabilidad de la persona jurídica concursada contra sus administradores o liquidadores, de derecho o de hecho; contra la persona natural designada para el ejercicio permanente de las funciones propias del cargo de administrador persona jurídica y contra la persona, cualquiera que sea su denominación, que tenga atribuidas facultades de más alta dirección de la sociedad cuando no exista delegación permanente de facultades del consejo en uno o varios consejeros delegados.
2. Declarado el concurso, corresponderá exclusivamente a la administración concursal el ejercicio de las acciones de responsabilidad de la persona jurídica concursada contra sus auditores, así como contra los expertos independientes que hubieran valorado aportaciones sociales o dinerarias en las ampliaciones de capital de la sociedad concursada.

Artículo 133. *Embargo de bienes*
1. Desde la declaración de concurso de persona jurídica, el juez del concurso, de oficio o a solicitud razonada de la administración concursal, podrá acordar, como medida cautelar, el embargo de bienes y derechos de los administradores o liquidadores, de derecho y de hecho, y directores generales de la persona jurídica concursada así como de quienes hubieran tenido esta condición dentro de los dos años anteriores a la fecha de aquella declaración, cuando de lo actuado resulte fundada la posibilidad de que en la sentencia de calificación las personas a las que afecte el embargo sean condenadas a la cobertura total o parcial del déficit en los términos previstos en esta ley.
2. Desde la declaración de concurso de la sociedad, el juez, de oficio o a solicitud razonada de la administración concursal, podrá ordenar, como medida cautelar, el embargo de bienes y derechos del socio o socios personalmente responsables por las deudas de la sociedad anteriores a la declaración de concurso, cuando de lo actuado resulte fundada la posibilidad de que la masa activa sea insuficiente para satisfacer todas las deudas.
3. El embargo se acordará por la cuantía que el juez estime bastante y se practicará sin necesidad de caución con cargo a la masa activa.
4. A solicitud del afectado por la medida cautelar, el juez podrá acordar la sustitución del embargo por aval de entidad de crédito.

5. Contra el auto que resuelva sobre la medida cautelar cualquier afectado podrá interponer recurso de apelación.

SECCIÓN 5.ª De los deberes de comparecencia, colaboración e información del concursado

Artículo 134. *Libros y documentos del deudor*

1. El concursado pondrá a disposición de la administración concursal los libros de llevanza obligatoria y cualesquiera otros libros, documentos y registros relativos a los aspectos patrimoniales de su actividad profesional o empresarial.

2. A solicitud de la administración concursal, el juez acordará las medidas que estime necesarias para la efectividad de lo dispuesto en el apartado anterior.

Artículo 135. *Deberes de comparecencia, colaboración e información*

1. El concursado persona natural y los administradores o liquidadores de la persona jurídica concursada y quienes hayan desempeñado estos cargos dentro de los dos años anteriores a la declaración del concurso tienen el deber de comparecer personalmente ante el juzgado y ante la administración concursal cuantas veces sean requeridos y el de colaborar e informar en todo lo necesario o conveniente para el interés del concurso.

2. Los directores generales de la persona jurídica concursada y quienes lo hayan sido dentro del período señalado tienen igualmente estos mismos deberes.

CAPÍTULO II. De los efectos sobre las acciones individuales

SECCIÓN 1.ª De los efectos sobre las acciones y sobre los procedimientos declarativos

Artículo 136. *Nuevos juicios declarativos*

1. Desde la declaración de concurso y hasta la fecha de eficacia del convenio o, si no se hubiera aprobado convenio o el aprobado se hubiera incumplido, hasta la conclusión del procedimiento:

1.º Los jueces del orden civil y del orden social no admitirán a trámite las demandas que se presenten en las que se ejerciten acciones que sean competencia del juez del concurso, previniendo a las partes que usen de su derecho ante este último.

2.º Los jueces de lo mercantil no admitirán a trámite las demandas que se presenten en las que se ejerciten acciones de reclamación de obligaciones sociales contra los administradores de las sociedades de capital concursadas que hubieran incumplido los deberes legales en caso de concurrencia de causa de disolución.

3.º Los jueces de primera instancia no admitirán a trámite las demandas que se presenten en las que se ejercite contra el dueño de la obra la acción directa que se reconoce a los que pusieren su trabajo y materiales en una obra ajustada alzadamente por el contratista.

2. De admitirse a trámite las demandas a que se refiere el apartado anterior, se ordenará el archivo de todo lo actuado, previa declaración de nulidad de las actuaciones que se hubieran practicado.

3. Los jueces o tribunales de los órdenes social, contencioso-administrativo o penal ante los que, después de la declaración del concurso, se ejerciten acciones que pudieran

tener trascendencia para la masa activa, emplazarán a la administración concursal y, si se personase, la tendrán como parte en defensa del interés del concurso.

Artículo 137. *Continuación de juicios declarativos en tramitación*

Los juicios declarativos que se encuentren en tramitación a la fecha de la declaración de concurso en los que el concursado sea parte, continuarán sustanciándose ante el mismo tribunal que estuviere conociendo de ellos hasta la firmeza de la sentencia, salvo aquellos que, por disposición de esta ley, se acumulen al concurso o aquellos cuya tramitación quede suspendida.

Artículo 138. *Acumulación de juicios declarativos en tramitación*

1. Los juicios en los que se hubieran ejercitado acciones de responsabilidad contra los administradores o liquidadores, de derecho o hecho; contra la persona natural designada para el ejercicio permanente de las funciones propias del cargo de administrador persona jurídica, contra la persona, cualquiera que sea su denominación, que tenga atribuidas facultades de más alta dirección de la sociedad cuando no exista delegación permanente de facultades del consejo en uno o varios consejeros delegados, y contra los auditores por los daños y perjuicios causados a la persona jurídica concursada, se acumularán de oficio al concurso, siempre que se encuentren en primera instancia y no haya finalizado el acto del juicio o la vista.

2. Los juicios acumulados continuarán su tramitación ante el juez del concurso conforme al procedimiento por el que viniera sustanciándose la reclamación.

3. Contra la sentencia que se dicte se podrán interponer los recursos que procedieran como si no hubieran sido objeto de acumulación.

Artículo 139. *Suspensión de la tramitación de juicios declarativos*

1. Desde la declaración del concurso hasta la fecha de eficacia del convenio o, en caso de liquidación, hasta la conclusión del procedimiento quedarán en suspenso los procedimientos iniciados antes de esa declaración de concurso en los que se hubieran ejercitado acciones de reclamación de obligaciones sociales contra los administradores de las sociedades de capital concursadas que hubieran incumplido los deberes legales en caso de concurrencia de causa de disolución.

2. Desde la declaración del concurso hasta la fecha de eficacia del convenio o, en caso de liquidación, hasta la conclusión del procedimiento quedarán en suspenso los procedimientos iniciados antes de esa declaración en los que se hubiera ejercitado contra el dueño de la obra la acción directa que se reconoce a los que pusieren su trabajo y materiales en una obra ajustada alzadamente por el contratista.

Artículo 140. *Pactos de mediación, convenios y procedimientos arbitrales*

1. La declaración de concurso, por sí sola, no afectará a la vigencia de los pactos de mediación ni a los convenios arbitrales suscritos por el deudor.

2. Los procedimientos de mediación y los procedimientos arbitrales en tramitación a la fecha de la declaración de concurso continuarán hasta la terminación de la mediación o hasta la firmeza del laudo arbitral. La representación y defensa del concursado en estos

procedimientos se regirá por lo establecido para los juicios declarativos en el capítulo I de este título.

3. El juez del concurso, de oficio o a solicitud del concursado, en caso de intervención, o de la administración concursal, en caso de suspensión, podrá acordar, antes de que comience el procedimiento de mediación o de que se inicie el procedimiento arbitral, la suspensión de los efectos de esos pactos o de esos convenios, si entendiera que pudieran suponer un perjuicio para la tramitación del concurso. Queda a salvo lo establecido en los tratados internacionales.

4. En caso de fraude, la administración concursal podrá impugnar ante el juez del concurso los pactos de mediación y los convenios y procedimientos arbitrales.

Artículo 141. *Sentencias y laudos firmes*

Las sentencias y los laudos firmes dictados antes o después de la declaración de concurso vinculan al juez de este, el cual dará a las resoluciones pronunciadas el tratamiento concursal que corresponda.

SECCIÓN 2.ª De los efectos sobre las acciones y sobre los procedimientos ejecutivos

Subsección 1.ª De las reglas generales

Artículo 142. *Prohibición de inicio de ejecuciones y apremios*

Desde la declaración de concurso, no podrán iniciarse ejecuciones singulares, judiciales o extrajudiciales, ni tampoco apremios administrativos, incluidos los tributarios, contra los bienes o derechos de la masa activa.

Artículo 143. *Suspensión de las actuaciones y de los procedimientos de ejecución*

1. Las actuaciones y los procedimientos de ejecución contra los bienes o derechos de la masa activa que se hallaran en tramitación quedarán en suspenso desde la fecha de declaración de concurso, sin perjuicio del tratamiento concursal que corresponda dar a los respectivos créditos. Serán nulas cuantas actuaciones se hubieran realizado desde ese momento.

2. El juez del concurso, a solicitud de la administración concursal, previa audiencia de los acreedores afectados, podrá acordar el levantamiento y cancelación de los embargos trabados en las actuaciones y los procedimientos de ejecución cuya tramitación hubiera quedado suspendida cuando el mantenimiento de esos embargos dificultara gravemente la continuidad de la actividad profesional o empresarial del concursado. El levantamiento y cancelación no podrá acordarse respecto de los embargos administrativos.

Artículo 144. *Excepciones a la suspensión de las actuaciones y de los procedimientos de ejecución*

1. Cuando se incorpore a las actuaciones o al procedimiento correspondiente el testimonio de la resolución del juez del concurso que declare que un bien o derecho concreto que hubiese sido objeto de embargo no es necesario para la continuidad de la actividad profesional o empresarial del deudor, podrán proseguirse las actuaciones y procedimientos de ejecución de las siguientes clases:

1.º Las ejecuciones laborales en las que el embargo de ese bien o derecho fuese anterior a la fecha de declaración del concurso.

2.º Los procedimientos administrativos de ejecución en los que la diligencia de embargo fuera anterior a la fecha de declaración del concurso.

2. El dinero obtenido con la ejecución se destinará al pago del crédito que hubiera dado lugar a la misma y el sobrante se integrará en la masa activa. No obstante, si en tercería de mejor derecho ejercitada por la administración concursal se determinase la existencia de créditos concursales con preferencia de cobro, el importe de lo obtenido al que alcance esa preferencia se pondrá a disposición del concurso.

Subsección 2.ª De las reglas especiales para los procedimientos de ejecución de garantías reales y asimilados

Artículo 145. *Efectos sobre las ejecuciones de garantías reales*

1. Desde la declaración de concurso, los titulares de derechos reales de garantía, sean o no acreedores concursales, sobre bienes o derechos de la masa activa necesarios para la continuidad de la actividad profesional o empresarial del concursado, no podrán iniciar procedimientos de ejecución o realización forzosa sobre esos bienes o derechos.

2. Desde la declaración de concurso, las actuaciones de ejecución o realización forzosa ya iniciadas a esa fecha sobre cualesquiera bienes o derechos de la masa activa quedaran suspendidas, aunque ya estuviesen publicados los anuncios de subasta.

Artículo 146. *Inicio o continuación de ejecuciones de garantías reales sobre bienes o derechos no necesarios*

Los titulares de derechos reales de garantía, sean o no acreedores concursales, sobre bienes o derechos de la masa activa no necesarios para la continuidad de la actividad profesional o empresarial del concursado que pretendan iniciar procedimientos de ejecución o realización forzosa sobre esos bienes o derechos o que pretendan alzar la suspensión deberán acompañar a la demanda o incorporar al procedimiento judicial o administrativo cuya tramitación hubiera sido suspendida el testimonio de la resolución del juez del concurso que declare que no son necesarios para esa continuidad. Cumplido ese requisito podrá iniciarse la ejecución o alzarse la suspensión de la misma y ordenarse que continúe ante el órgano jurisdiccional o administrativo originariamente competente para tramitarla.

Artículo 147. *Declaración del carácter necesario o no necesario de bienes o derechos de la masa activa*

1. La declaración del carácter necesario o no necesario de cualquier bien o derecho integrado en la masa activa corresponde al juez del concurso, a solicitud del titular del derecho real, previa audiencia de la administración concursal, cualquiera que sea la fase en que se encuentre el concurso de acreedores.

2. Las acciones o participaciones de sociedades cuyo objeto real exclusivo fuera la tenencia de un activo y del pasivo necesario para su financiación no se considerarán necesarias para la continuación de la actividad, salvo que la ejecución de la garantía

constituida sobre las mismas fuera causa de modificación o de resolución de las relaciones contractuales que permitan al concursado mantener la explotación de ese activo.

3. La previa declaración del carácter necesario de un bien o derecho no impedirá que se presente por el titular del derecho real una solicitud posterior para que se declare el carácter no necesario de ese mismo bien o derecho cuando hayan cambiado las circunstancias.

Artículo 148. *Fin de la prohibición de inicio o continuación de ejecuciones de garantías reales sobre cualquier clase de bienes*

1. Los titulares de derechos reales de garantía sobre cualesquiera bienes o derechos de la masa activa, sean o no acreedores concursales, podrán iniciar procedimientos de ejecución o realización forzosa sobre esos bienes o derechos y continuar aquellos cuya tramitación hubiera sido suspendida en los siguientes casos:

1.º Desde la fecha de eficacia de un convenio que no impida el ejercicio del derecho de ejecución separada sobre esos bienes o derechos.

2.º Desde que hubiera transcurrido un año a contar de la fecha de declaración de concurso sin que hubiera tenido lugar la apertura de la liquidación.

2. La demanda de ejecución o la solicitud de reanudación de las ejecuciones suspendidas se presentará por el titular del derecho real ante el juez del concurso, el cual, de ser procedente la admisión a trámite de la demanda o de la solicitud de reanudación, acordará la tramitación en pieza separada dentro del propio procedimiento concursal, acomodando las actuaciones a las normas propias del procedimiento judicial o extrajudicial que corresponda.

3. Iniciadas o reanudadas las actuaciones ejecutivas, no podrán ser suspendidas por razón de las vicisitudes propias del concurso.

Artículo 149. *Efectos de la apertura de la fase de liquidación de la masa activa sobre las ejecuciones de garantías reales*

1. La apertura de la fase de liquidación producirá la pérdida del derecho a iniciar la ejecución o la realización forzosa de la garantía sobre bienes y derechos de la masa activa por aquellos acreedores que no hubieran ejercitado estas acciones antes de la declaración de concurso o no las hubieran iniciado transcurrido un año desde la declaración de concurso. Los titulares de garantías reales recuperarán el derecho de ejecución o realización forzosa cuando transcurra un año desde la apertura de la liquidación sin que se haya enajenado el bien o derecho afecto.

2. Las ejecuciones que hubieran quedado suspendidas como consecuencia de la declaración de concurso se acumularán al concurso de acreedores como pieza separada. Desde que se produzca la acumulación, la suspensión quedará sin efecto.

Artículo 150. *Régimen de las acciones de recuperación*

Lo establecido en los artículos anteriores será de aplicación a las siguientes acciones:

1.º A las acciones resolutorias de compraventas de bienes inmuebles por falta de pago del precio aplazado, aunque deriven de condiciones explícitas inscritas en el Registro de la propiedad.

2.º A las acciones tendentes a recuperar los bienes vendidos a plazos o financiados con reserva de dominio mediante contratos inscritos en el Registro de bienes muebles.

3.º A las acciones tendentes a recuperar los bienes cedidos en arrendamiento financiero mediante contratos inscritos en los Registros de la propiedad o de bienes muebles o formalizados en documento que lleve aparejada ejecución.

Artículo 151. *Condición de tercer poseedor del concursado*

La declaración de concurso no afectará a la ejecución de la garantía real cuando el concursado tenga la condición de tercer poseedor del bien o derecho objeto de esta.

CAPÍTULO III. De los efectos sobre los créditos

Artículo 152. *Suspensión del devengo de intereses*

1. Desde la declaración de concurso quedará suspendido el devengo de los intereses, legales o convencionales.

2. Se exceptúan de lo establecido en el apartado anterior los créditos salariales, que devengarán intereses conforme al interés legal del dinero y los créditos con garantía real, que devengarán los intereses remuneratorios pactados hasta donde alcance el valor de la garantía.

Artículo 153. *Compensación*

1. La compensación cuyos requisitos hubieran existido antes de la declaración de concurso producirá plenos efectos aunque sea alegada después de esa declaración o aunque la resolución judicial o el acto administrativo que la declare se haya dictado con posterioridad a ella. El hecho de que el acreedor haya comunicado al administrador concursal la existencia del crédito no impedirá la declaración de compensación.

2. Declarado el concurso, no procederá la compensación de los créditos y deudas del concursado a excepción de aquellos que procedan de la misma relación jurídica. Queda a salvo lo establecido en las normas de derecho internacional privado.

3. La controversia sobre el importe de los créditos y deudas a compensar y la concurrencia de los presupuestos de la compensación se resolverá por el juez del concurso por los cauces del incidente concursal.

Artículo 154. *Suspensión del derecho de retención*

1. Declarado el concurso, quedará suspendido el ejercicio del derecho de retención sobre bienes y derechos integrados en la masa activa.

2. Si en el momento de conclusión del concurso esos bienes o derechos no hubieran sido enajenados deberán ser restituidos de inmediato al titular del derecho de retención cuyo crédito no haya sido íntegramente satisfecho.

3. Esta suspensión no afectará a las retenciones impuestas por la legislación administrativa, tributaria, laboral y de seguridad social.

Artículo 155. *Interrupción de la prescripción*

1. Desde la declaración hasta la conclusión del concurso quedará interrumpida la prescripción de las acciones contra el deudor por los créditos anteriores a la declaración.

2. La interrupción de la prescripción no producirá efectos frente a los deudores solidarios, así como tampoco frente a los fiadores y avalistas.

3. Desde la declaración hasta la conclusión del concurso quedará interrumpida la prescripción de las acciones contra socios y contra los administradores, los liquidadores, la persona natural designada para el ejercicio permanente de las funciones propias del cargo de administrador persona jurídica, y la persona, cualquiera que sea su denominación, que tenga atribuidas facultades de más alta dirección de la sociedad cuando no exista delegación permanente de facultades del consejo en uno o varios consejeros delegados, así como contra los auditores de la persona jurídica concursada y aquellas otras cuyo ejercicio quede suspendido en virtud de lo dispuesto en esta ley.

4. En caso de interrupción, el cómputo del plazo para la prescripción se iniciará nuevamente a la fecha de la conclusión del concurso.

CAPÍTULO IV. De los efectos sobre los contratos

SECCIÓN 1.ª De los efectos sobre los contratos

Artículo 156. *Principio general de vigencia de los contratos*

La declaración de concurso no es causa de resolución anticipada del contrato. Se tendrán por no puestas las cláusulas que establezcan la facultad de la otra parte de suspender o de modificar las obligaciones o los efectos del contrato, así como la facultad de resolución o la de extinción del contrato por la declaración de concurso de cualquiera de ellas o por la apertura de la fase de liquidación de la masa activa.

Artículo 157. *Efectos sobre los contratos pendientes de cumplimiento por uno de los contratantes*

En los contratos con obligaciones recíprocas, cuando al momento de la declaración del concurso una de las partes hubiera cumplido íntegramente sus obligaciones y la otra tuviese pendiente el cumplimiento total o parcial de las que fueran a su cargo, el crédito o la deuda que corresponda al concursado se incluirá, según proceda, en la masa activa o en la pasiva del concurso.

Artículo 158. *Efectos sobre los contratos con obligaciones recíprocas pendientes de cumplimiento por ambas partes*

La declaración de concurso, por sí sola, no afectará a la vigencia de los contratos con obligaciones recíprocas pendientes de cumplimiento tanto a cargo del concursado como de la otra parte. Ambas partes deberán ejecutar las prestaciones comprometidas, siendo con cargo a la masa aquellas a que esté obligado el concursado.

Artículo 159. *Supuestos especiales*

1. La declaración de concurso no afectará al ejercicio de la facultad de denuncia unilateral del contrato en los casos en que así se reconozca expresamente por la ley.

2. La declaración de concurso no afectará a la aplicación de las leyes que dispongan o expresamente permitan pactar la extinción del contrato en los casos de situaciones concursales o de liquidación administrativa de alguna de las partes.

SECCIÓN 2.ª De la resolución de los contratos

Subsección 1.ª De la resolución por incumplimiento

Artículo 160. *Resolución por incumplimiento anterior*

Declarado el concurso, la facultad de resolución del contrato por incumplimiento anterior a la declaración de concurso solo podrá ejercitarse si el contrato fuera de tracto sucesivo.

Artículo 161. *Resolución por incumplimiento posterior*

Declarado el concurso, la facultad de resolución del contrato con obligaciones recíprocas pendientes de cumplimiento podrá ejercitarse por incumplimiento posterior de cualquiera de las partes.

Artículo 162. *Ejercicio de la acción de resolución*

La acción de resolución del contrato por incumplimiento se ejercitará ante el juez del concurso y se sustanciará por los trámites del incidente concursal.

Artículo 163. *Efectos de la resolución del contrato*

1. En caso de resolución del contrato por incumplimiento, quedarán extinguidas las obligaciones pendientes de vencimiento.

2. Si el incumplimiento del concursado hubiera sido anterior a la declaración del concurso, el crédito que corresponda al acreedor que hubiera cumplido sus obligaciones y el correspondiente a la indemnización de los daños y perjuicios causados por ese incumplimiento tendrán la consideración de crédito concursal, cualquiera que sea la fecha de la resolución.

3. Si el incumplimiento del concursado fuera posterior a la declaración de concurso, el crédito que corresponda al acreedor que hubiera cumplido sus obligaciones y el correspondiente a la indemnización de daños y perjuicios causados por el incumplimiento tendrán la consideración de crédito contra la masa.

Artículo 164. *Mantenimiento del contrato por resolución del juez del concurso*

1. Ejercitada la acción de resolución de un contrato de tracto sucesivo por incumplimiento anterior a la declaración de concurso o de cualquier contrato, sea o no de tracto sucesivo, por incumplimiento posterior a esa declaración, el concursado, en caso de intervención, o la administración concursal, en caso de suspensión, podrán oponerse a la resolución solicitando en interés del concurso que se mantenga en vigor el contrato incumplido. Si el incumplimiento fuera posterior a la declaración de concurso, al formular oposición deberá ofrecerse al demandante el pago con cargo a la masa, dentro de los tres meses siguientes a la fecha de la sentencia, de las cantidades adeudadas por las prestaciones realizadas.

2. El juez, oído el demandante, resolverá sobre el mantenimiento del contrato según proceda.

3. En caso de estimación de la oposición a la resolución solicitada, si el pago de las cantidades adeudadas no se realizase dentro de plazo, el mantenimiento del contrato quedará sin efecto.

4. Contra la sentencia que acuerde el mantenimiento del contrato la parte que se considere perjudicada podrá interponer recurso de apelación.

Subsección 2.ª De la resolución en interés del concurso

Artículo 165. *Resolución judicial del contrato en interés del concurso*

1. Aunque no exista causa de resolución, el concursado, en caso de intervención, y, la administración concursal, en caso de suspensión, podrán solicitar la resolución de cualquier contrato con obligaciones recíprocas si lo estimaran necesario o conveniente para el interés del concurso.

2. Antes de presentar la demanda ante el juez del concurso, las personas legitimadas podrán solicitar al Letrado de la Administración de Justicia que cite al concursado, a la administración concursal y a la otra parte en el contrato a una comparecencia ante el juez del concurso. Celebrada la comparecencia, de existir acuerdo en cuanto a la resolución y sus efectos, el juez dictará auto declarando resuelto el contrato de conformidad con lo acordado. Si hubiere discrepancias, cualquiera de los legitimados podrá presentar demanda de resolución conforme a lo establecido en el apartado anterior.

3. La demanda de resolución se tramitará por los cauces del incidente concursal. El juez decidirá acerca de la resolución solicitada acordando, en su caso, las restituciones que procedan. El crédito que, en su caso, corresponda a la contraparte en concepto de indemnización de daños y perjuicios tendrá la consideración de crédito concursal.

Si el contrato a resolver fuera de arrendamiento financiero, a la demanda se acompañará tasación pericial independiente del valor de los bienes cedidos, que el juez podrá tener en cuenta para fijar la indemnización.

SECCIÓN 3.ª Del derecho a la rehabilitación de contratos

Artículo 166. *Rehabilitación de contratos de financiación*

1. La administración concursal, por propia iniciativa o a instancia del concursado, podrá rehabilitar a favor de este los contratos de crédito, préstamo y demás de financiación cuyo vencimiento anticipado por impago de cuotas de amortización o de intereses devengados se haya producido dentro de los tres meses precedentes a la declaración de concurso.

2. La notificación del ejercicio de la facultad de rehabilitación a la otra parte del contrato deberá realizarse por la administración concursal antes de que finalice el plazo para presentar la comunicación de créditos, con previa o simultánea satisfacción o consignación de las cantidades debidas al momento de la rehabilitación y con asunción de los pagos futuros con cargo a la masa.

3. La rehabilitación no procederá cuando el acreedor se oponga por haber iniciado antes de la declaración de concurso el ejercicio de las acciones en reclamación del pago

de las cantidades debidas contra el propio deudor, contra algún codeudor solidario o contra cualquier garante.

Artículo 167. *Rehabilitación de contratos de adquisición de bienes con precio aplazado*
1. La administración concursal, por propia iniciativa o a instancia del concursado, podrá rehabilitar los contratos de adquisición de bienes muebles o inmuebles con contraprestación o precio aplazado cuya resolución se haya producido dentro de los tres meses precedentes a la declaración de concurso.

2. La notificación del ejercicio de la facultad de rehabilitación a la otra parte del contrato deberá realizarse por la administración concursal antes de que finalice el plazo para la comunicación de créditos, con previa o simultánea satisfacción o consignación de las cantidades debidas al momento de la rehabilitación y con asunción de los pagos futuros con cargo a la masa.

3. El transmitente podrá oponerse a la rehabilitación cuando, con anterioridad a la declaración de concurso, hubiese iniciado el ejercicio de las acciones de resolución del contrato o de restitución del bien transmitido, o cuando, con la misma antelación, hubiese recuperado la posesión material del bien por cauces legítimos y devuelto o consignado en lo procedente la contraprestación recibida o hubiese realizado actos dispositivos sobre el mismo en favor de tercero, lo que habrá de acreditar suficientemente si no constare a la administración concursal.

4. El posterior incumplimiento del contrato que hubiera sido rehabilitado conferirá al acreedor el derecho a resolverlo sin posibilidad de ulterior rehabilitación.

Artículo 168. *Rehabilitación de contratos de arrendamientos urbanos*
1. La administración concursal podrá enervar la acción de desahucio ejercitada contra el deudor con anterioridad a la declaración del concurso, así como rehabilitar la vigencia del contrato de arrendamiento urbano hasta el momento mismo de practicarse el efectivo lanzamiento.

2. La notificación a la otra parte del ejercicio de la facultad de rehabilitación del contrato o de enervación de la acción de desahucio del contrato deberá realizarse por la administración concursal con previo o simultáneo pago con cargo a la masa de todas las rentas y conceptos pendientes, así como con el compromiso de satisfacer las posibles costas procesales causadas hasta ese momento.

3. El ejercicio de los derechos a que se refiere este artículo podrá realizarse aunque el arrendatario ya hubiera enervado el desahucio en ocasión anterior.

SECCIÓN 4.ª De los efectos sobre los contratos de trabajo y sobre los convenios colectivos

Subsección 1.ª De los efectos sobre los contratos de trabajo

Artículo 169. *Legislación aplicable*
1. Declarado el concurso, la modificación sustancial de las condiciones de trabajo, el traslado, el despido y la suspensión de contratos y la reducción de jornada por causas eco-

nómicas, técnicas, organizativas o de producción, se tramitarán por las reglas establecidas en esta Subsección cuando tengan carácter colectivo.

2. En todo lo no previsto en esta Subsección se aplicará la legislación laboral. Los representantes de los trabajadores tendrán cuantas facultades les atribuya esa legislación.

Artículo 170. *Medidas colectivas en tramitación*

1. Si a la fecha de la declaración del concurso el empresario hubiera iniciado los trámites para la modificación sustancial de las condiciones de trabajo, el traslado, el despido, la suspensión de contratos o la reducción de jornada, de carácter colectivo, el concursado lo pondrá inmediatamente en conocimiento del juez del concurso. En el caso de que aún no se hubiera alcanzado un acuerdo o no se hubiera notificado la decisión empresarial, dentro de los tres días siguientes al de la comunicación, el Letrado de la Administración de Justicia citará a comparecencia a los legitimados previstos en el artículo siguiente para exponer y justificar, en su caso, la procedencia de continuar con la tramitación de las medidas colectivas, conforme a lo previsto en esta Subsección. Las actuaciones practicadas hasta la fecha de la declaración de concurso conservarán su validez en el procedimiento que se tramite ante el juzgado.

2. Si a la fecha de la declaración del concurso ya se hubiera alcanzado un acuerdo o se hubiera notificado a la decisión adoptada con relación a la modificación sustancial de las condiciones de trabajo, al traslado, al despido, a la suspensión de contratos o la reducción de jornada, de carácter colectivo, corresponderá a la administración concursal la ejecución de tales medidas.

3. Si al tiempo de la declaración de concurso el acuerdo o la decisión empresarial hubieran sido impugnados ante la jurisdicción social, el procedimiento continuará ante los órganos de esta jurisdicción hasta la firmeza de la correspondiente resolución.

4. En los casos a que se refiere este artículo, la declaración de concurso habrá de ser comunicada a la autoridad laboral a los efectos que procedan.

Artículo 171. *Legitimación activa*

1. La legitimación activa para solicitar del juez del concurso la modificación sustancial de las condiciones de trabajo, el traslado, el despido, la suspensión de contratos o la reducción de jornada, de carácter colectivo, que afecten a los contratos de trabajo en que sea empleador el concursado, corresponde a este, a la administración concursal o a los trabajadores de la empresa concursada a través de sus representantes legales.

2. La representación de los trabajadores en la tramitación del procedimiento corresponderá a los sujetos indicados en el apartado 4 del artículo 41 del texto refundido de la Ley del Estatuto de los Trabajadores, aprobado por el Real Decreto Legislativo 2/2015, de 23 de octubre, en el orden y condiciones señalados en el mismo. Transcurridos los plazos indicados en el referido artículo sin que los trabajadores hayan designado representantes, el juez podrá acordar la intervención de una comisión de un máximo de tres miembros, integrada por los sindicatos más representativos y los representativos del sector al que la empresa pertenezca.

Artículo 172. *Presentación de la solicitud*

La adopción de las medidas previstas en el artículo anterior solo podrá solicitarse del juez del concurso una vez presentado el informe de la administración concursal, salvo que se estime que la demora en la aplicación de las medidas colectivas pretendidas puede comprometer gravemente la viabilidad futura de la empresa y del empleo o causar grave perjuicio a los trabajadores, en cuyo caso, y con acreditación de esta circunstancia, podrá realizarse la solicitud al juez en cualquier momento procesal desde la declaración de concurso.

Artículo 173. *Contenido de la solicitud*

1. En la solicitud se deberán exponer y justificar, en su caso, las causas motivadoras de las medidas colectivas pretendidas y los objetivos que se proponen alcanzar con estas, acompañando los documentos necesarios para su acreditación.

2. Si la medida afectase a empresas de más de cincuenta trabajadores, deberá acompañarse a la solicitud un plan que contemple la incidencia de las medidas laborales propuestas en la viabilidad futura de la empresa y del empleo.

Artículo 174. *Período de consultas*

1. Una vez recibida la solicitud, el juez convocará al concursado, a la administración concursal y a los representantes de los trabajadores a un período de consultas, cuya duración no será superior a treinta días naturales, o a quince, también naturales, en el supuesto de empresas que cuenten con menos de cincuenta trabajadores.

En los casos en que la solicitud haya sido formulada por el concursado o por la administración concursal, la comunicación a los representantes legales de los trabajadores del inicio del período de consultas deberá incluir copia de la solicitud y de los documentos que, en su caso, se hubieran acompañado.

2. La administración concursal o los representantes de los trabajadores podrán solicitar al juez la participación en el período de consultas de otras personas naturales o jurídicas que indiciariamente puedan constituir una unidad de empresa con la concursada.

3. Durante el período de consultas, el concursado, la administración concursal y los representantes de los trabajadores, deberán negociar de buena fe para la consecución de un acuerdo.

Artículo 175. *Deber de colaboración y auxilio judicial*

1. La administración concursal podrá requerir la colaboración del concursado y el auxilio del juzgado que estime necesarios para la comprobación de las causas de la solicitud y de la exactitud de los documentos que la acompañen.

2. En caso de que los representantes de los trabajadores o la administración concursal soliciten al juez la participación en el período de consultas de otras personas naturales o jurídicas que indiciariamente puedan constituir una unidad de empresa con la concursada, podrán interesar el auxilio del juzgado que se estime necesario para esa comprobación. Igualmente, para el caso de unidad empresarial, y a efectos de valorar la realidad económica del conjunto empresarial, se podrá reclamar la documentación económica consolidada o la relativa a otras empresas.

Artículo 176. *Sustitución del período de consultas*

1. La apertura del período de consultas no será necesaria en caso de que la solicitud venga acompañada de acuerdo suscrito por la administración concursal y los representantes de los trabajadores.

2. En cualquier momento, el juez, a instancia de la administración concursal o de la representación de los trabajadores, podrá acordar la sustitución del período de consultas por el procedimiento de mediación o arbitraje que sea de aplicación en el ámbito de la empresa, que deberá desarrollarse dentro del plazo máximo señalado para dicho período.

Artículo 177. *Acuerdo*

1. El acuerdo requerirá la conformidad de la mayoría de los representantes legales de los trabajadores o, en su caso, de la mayoría de los miembros de la comisión representativa de los trabajadores siempre que, en ambos casos, representen a la mayoría de los trabajadores del centro o centros de trabajo afectados.

2. En el acuerdo se recogerá la identidad de los trabajadores afectados y se fijarán las indemnizaciones, que se ajustarán a lo establecido en la legislación laboral, salvo que, ponderando los intereses afectados por el concurso, se pacten de forma expresa otras superiores.

Artículo 178. *Comunicación al juez*

Al finalizar el plazo señalado o en el momento en que se consiga un acuerdo, la administración concursal y los representantes de los trabajadores comunicarán al juez del concurso el resultado del período de consultas.

Artículo 179. *Informe de la autoridad laboral*

1. Una vez realizada la comunicación prevista en el artículo anterior, el Letrado de la Administración de Justicia recabará informe de la autoridad laboral sobre las medidas propuestas o el acuerdo alcanzado.

2. El informe de la autoridad laboral deberá ser emitido en el plazo de quince días, pudiendo esta oír a la administración concursal y a los representantes de los trabajadores antes de su emisión.

3. Recibido el informe por el juez del concurso o transcurrido el plazo de emisión, seguirá el curso de las actuaciones. Si el informe es emitido fuera de plazo, podrá no obstante ser tenido en cuenta por el juez del concurso al adoptar la correspondiente resolución.

Artículo 180. *Plazo de emisión de la resolución*

Cumplidos los trámites ordenados en los artículos anteriores, el juez, en un plazo máximo de cinco días, resolverá mediante auto, sobre las medidas propuestas.

Artículo 181. *Resolución en caso de acuerdo*

De existir acuerdo, el juez lo aprobará, salvo que en la conclusión del mismo aprecie la existencia de fraude, dolo, coacción o abuso de derecho. En este caso, determinará lo que proceda conforme a la legislación laboral.

Artículo 182. *Resolución en caso de inexistencia de acuerdo*
1. Si no hubiera sido alcanzado un acuerdo, el juez del concurso dará audiencia a quienes hubieran intervenido en el período de consultas, para lo cual, el Letrado de la Administración de Justicia los convocará a una comparecencia en la que podrán formular alegaciones y aportar prueba documental. El juez podrá sustituir esta comparecencia por un trámite escrito de alegaciones por tres días.
2. En todo caso, el juez determinará lo que proceda conforme a la legislación laboral.

Artículo 183. *Eficacia de la resolución que acuerde la suspensión y el despido colectivos*
En caso de acordarse la suspensión de los contratos de trabajo de carácter colectivo o el despido colectivo, el auto surtirá efectos constitutivos desde la fecha en que se dicte, salvo que en él se disponga otra fecha posterior, y originará la situación legal de desempleo de los trabajadores afectados.

Artículo 184. *Suspensión del derecho de rescisión de contrato con indemnización*
1. Durante la tramitación del concurso, quedará en suspenso el derecho de rescisión del contrato con indemnización que reconoce la legislación laboral al trabajador perjudicado en el supuesto de acordarse una modificación sustancial de las condiciones de trabajo de carácter colectivo durante la tramitación del concurso.
2. La suspensión prevista en el apartado anterior también será de aplicación cuando se acordare un traslado colectivo, siempre que el nuevo centro de trabajo se encuentre en la misma provincia que el centro de trabajo de origen y a menos de sesenta kilómetros de este, salvo que se acredite que el tiempo mínimo de desplazamiento, de ida y vuelta, supera el veinticinco por ciento de la duración de la jornada diaria de trabajo.
3. Las suspensiones previstas en los apartados anteriores no podrán prolongarse por un período superior a doce meses, a contar desde la fecha del auto autorizando la modificación o el traslado.

Artículo 185. *Extinción del contrato por voluntad del trabajador*
1. Desde que se acuerde la iniciación del procedimiento previsto en esta Subsección para el despido colectivo, los jueces del orden social suspenderán la tramitación de la totalidad de los procesos individuales posteriores a la solicitud del concurso pendientes de resolución firme en los que se hubieran ejercitado contra el concursado acciones resolutorias individuales con fundamento en las causas que determinan la extinción del contrato por voluntad del trabajador al amparo de la legislación laboral motivadas por la situación económica o de insolvencia del concursado. La suspensión de los procesos individuales subsistirá hasta que adquiera firmeza el auto que ponga fin a dicho procedimiento.
2. La resolución que acuerde la suspensión se comunicará a la administración concursal a los efectos del reconocimiento como contingente del crédito que pueda resultar de la sentencia que en su día se dicte, si fuera alzada la suspensión.
3. El auto que acuerde el despido colectivo producirá efectos de cosa juzgada sobre los procesos individuales suspendidos, que se archivarán sin más trámites.

Subsección 2.ª De los efectos sobre los contratos del personal de alta dirección

Artículo 186. *Extinción y suspensión de los contratos del personal de alta dirección por decisión de la administración concursal*

1. Durante la tramitación del concurso, la administración concursal, por propia iniciativa o a instancia del concursado, podrá extinguir o suspender los contratos de este con el personal de alta dirección.

2. En caso de extinción del contrato de trabajo, el juez del concurso podrá moderar la indemnización que corresponda al alto directivo, quedando sin efecto en ese caso la que se hubiera pactado en el contrato, con el límite de la indemnización establecida en la legislación laboral para el despido colectivo.

Artículo 187. *Extinción del contrato del personal de alta dirección por decisión del alto directivo*

En caso de suspensión del contrato, este podrá extinguirse por voluntad del alto directivo, con preaviso de un mes, conservando el derecho a la indemnización en los términos del artículo anterior.

Artículo 188. *Aplazamiento de pago*

La administración concursal podrá solicitar del juez que el pago del crédito relativo a la indemnización que corresponda al alto directivo se aplace hasta que sea firme la sentencia de calificación.

Subsección 3.ª De los efectos sobre los convenios colectivos

Artículo 189. *Modificación de condiciones establecidas en convenios colectivos*

La modificación de las condiciones establecidas en los convenios colectivos que sean aplicables solo podrá afectar a aquellas materias en las que sea admisible con arreglo a la legislación laboral, y, en todo caso, requerirá el acuerdo de los representantes legales de los trabajadores.

SECCIÓN 5.ª De los efectos sobre los contratos con las administraciones públicas

Artículo 190. *Contratos de carácter administrativo*

Los efectos de la declaración de concurso sobre los contratos de carácter administrativo celebrados por el concursado con Administraciones públicas se regirán por lo establecido en su legislación especial.

Artículo 191. *Contratos de carácter privado*

En defecto de legislación específica, los efectos de la declaración de concurso sobre los contratos de carácter privado celebrados por el concursado con las Administraciones públicas y otras entidades del sector público se regirán por lo establecido en esta ley.

TÍTULO IV. De la masa activa

CAPÍTULO I. De la composición de la masa activa

Artículo 192. *Principio de universalidad*

1. La masa activa del concurso está constituida por la totalidad de los bienes y derechos integrados en el patrimonio del concursado a la fecha de la declaración de concurso y por los que se reintegren al mismo o adquiera hasta la conclusión del procedimiento.

2. Se exceptúan de lo dispuesto en el apartado anterior aquellos bienes y derechos que, aun teniendo carácter patrimonial, sean legalmente inembargables.

Artículo 193. *Bienes conyugales*

1. En caso de concurso de persona casada, la masa activa comprenderá los bienes y derechos propios o privativos del concursado.

2. Si el régimen económico del matrimonio fuese el de sociedad de gananciales o cualquier otro de comunidad de bienes, se incluirán en la masa, además, los bienes gananciales o comunes cuando deban responder de obligaciones del concursado.

Artículo 194. *Derechos de adquisición del cónyuge del concursado*

1. El cónyuge del concursado tendrá derecho a adquirir la totalidad de cada uno de los bienes gananciales o comunes incluidos en la masa activa satisfaciendo a la masa la mitad de su valor.

2. El precio de adquisición será el que de común acuerdo determinen el cónyuge del concursado y la administración concursal. En defecto de acuerdo, se estará al que, oídas las partes, determine el juez del concurso como valor de mercado. Cuando lo estime oportuno, el juez podrá solicitar informe de experto.

3. Por excepción a lo establecido en el apartado anterior, se considerará que el valor de la vivienda habitual del matrimonio será el mayor entre el valor de tasación que tuviera establecido o el de mercado.

Artículo 195. *Presunción de donaciones*

1. Si el concursado estuviera casado en régimen de separación de bienes, se presumirá en beneficio de la masa activa, salvo prueba en contrario, que el concursado había donado a su cónyuge la mitad de la contraprestación satisfecha por este durante el año anterior a la declaración de concurso para la adquisición a título oneroso de bienes o derechos.

2. Si se acreditara que la contraprestación procedía directa o indirectamente del patrimonio del concursado, se presumirá, salvo prueba en contrario, la donación de la totalidad de la contraprestación.

3. Las presunciones a que se refiere este artículo no regirán cuando en el momento de la realización del acto los cónyuges estuvieran separados judicialmente o de hecho.

Artículo 196. *Pacto de sobrevivencia entre los cónyuges*

Los bienes adquiridos por ambos cónyuges con pacto de sobrevivencia se considerarán divisibles en el concurso de cualquiera de ellos, integrándose en la masa activa la mitad correspondiente al cónyuge concursado.

Artículo 197. *Cuentas indistintas*

1. En caso de concurso del titular de una cuenta indistinta se presumirá, salvo prueba en contrario, que la totalidad del saldo acreedor de la cuenta es propiedad del deudor. La administración concursal, cualquiera que sea el régimen de limitación de las facultades de administración y de disposición de la masa activa, ordenará de inmediato bien la transferencia del saldo a la cuenta intervenida o bien ordenará a la entidad financiera la modificación pertinente en el régimen.

2. Cualquier interesado podrá impugnar la decisión sobre el saldo. La impugnación se sustanciará por los trámites del incidente concursal.

CAPÍTULO II. Del inventario de la masa activa

Artículo 198. *Deber de elaboración del inventario*

1. La administración concursal deberá elaborar un inventario de la masa activa, que incluirá la relación y la valoración de los bienes y derechos de que se componía el día de la solicitud de concurso. En el inventario se indicará si alguno de esos bienes o derechos que en él figuren hubiera dejado de pertenecer al concursado o hubiera variado de valor entre la fecha de la solicitud y el día inmediatamente anterior al de presentación del informe de la administración concursal.

2. En caso de concurso de persona casada en régimen de gananciales o cualquier otro de comunidad de bienes, se incluirán en el inventario la relación y la valoración de los bienes y derechos privativos del concursado, así como las de los bienes y derechos gananciales o comunes cuando deban responder de todas o algunas de las obligaciones de este, con expresa indicación de ese carácter.

3. Los bienes de propiedad ajena en poder del concursado y sobre los que este tenga derecho de uso, no se incluirán en el inventario, ni será necesario su avalúo. Por excepción se incluirá en el inventario el derecho de uso sobre un bien de propiedad ajena si el concursado fuera arrendatario financiero.

Artículo 199. *Descripción de los bienes y derechos*

La administración concursal expresará en el inventario la naturaleza, las características, el lugar en que se encuentren y, en su caso, los datos de identificación registral de cada uno de los bienes y derechos relacionados. Se indicarán también en el inventario los derechos, los gravámenes, las trabas y las cargas que afecten a estos bienes y derechos, a favor de acreedor o de tercero, con expresión de la naturaleza que tuvieren y, en su caso, los datos de identificación registral.

Artículo 200. *Unidades productivas*

1. Si en la masa activa existieran uno o varios establecimientos, explotaciones o cualesquiera otras unidades productivas de bienes o de servicios, se describirán como anejo del inventario, con expresión de los bienes y derechos de la masa activa que las integren.

2. Se considera unidad productiva el conjunto de medios organizados para el ejercicio de una actividad económica esencial o accesoria.

Artículo 201. *Valoración de los bienes y derechos*

1. El avalúo de cada uno de los bienes y derechos incluidos en el inventario se realizará con arreglo al valor de mercado que tuvieren.

2. Además del valor de mercado se indicará en el inventario el valor que resulte de deducir los derechos, los gravámenes o las cargas de naturaleza perpetua, temporal o redimible que directamente les afecten e influyan en su valor, así como las garantías reales y las trabas o embargos que garanticen o aseguren créditos no incluidos en la masa pasiva.

Artículo 202. *Relaciones complementarias*

1. Al inventario se añadirá una relación de todos los litigios cuyo resultado pueda afectar a la masa activa y otra comprensiva de cuantas acciones debieran promoverse, a juicio de la administración concursal, para la reintegración de esa masa.

2. En ambas relaciones se informará sobre la viabilidad, los riesgos, los costes y las posibilidades de financiación de las correspondientes actuaciones judiciales.

Artículo 203. *Asesoramiento de expertos independientes*

1. La administración concursal podrá recurrir al asesoramiento de uno o varios expertos independientes para la estimación de los valores de bienes y derechos de la masa activa sin necesidad de autorización judicial.

2. La retribución de los expertos independientes será a cargo de la administración concursal.

3. Los informes emitidos por los expertos y el detalle de los honorarios devengados se unirán al inventario.

4. Será de aplicación a los expertos independientes el régimen de incompatibilidades, prohibiciones, recusación y responsabilidad establecido para los administradores concursales y sus representantes.

CAPÍTULO III. De la conservación y de la enajenación de la masa activa

SECCIÓN 1.ª De la conservación de la masa activa

Artículo 204. *Deber de conservación*

En tanto no sean enajenados, la administración concursal deberá conservar los elementos que integren la masa activa del modo más conveniente para el interés del concurso. A tal fin, la administración concursal podrá solicitar del juzgado el auxilio que estime necesario.

SECCIÓN 2.ª De la enajenación de bienes y derechos de la masa activa

Subsección 1.ª De las reglas generales

Artículo 205. *Prohibición de enajenación*

Hasta la aprobación del convenio o hasta la apertura de la fase de liquidación, los bienes y derechos que integran la masa activa no se podrán enajenar o gravar sin autorización del juez.

Artículo 206. *Excepciones a la prohibición legal de enajenación*

1. Se exceptúan de lo dispuesto en el artículo anterior:

1.º Los actos de disposición inherentes a la continuación de la actividad profesional o empresarial del deudor, en los términos establecidos en este capítulo.

2.º Los actos de disposición indispensables para satisfacer las exigencias de tesorería que requiera la tramitación del concurso de acreedores.

3.º Los actos de disposición indispensables para garantizar la viabilidad de los establecimientos, explotaciones o cualesquiera otras unidades productivas de bienes o de servicios que formen parte de la masa activa.

La administración concursal deberá comunicar inmediatamente al juez del concurso los actos de disposición a que se refieren los números primero, segundo y tercero de este apartado con justificación del carácter indispensable de esos actos.

2. Se exceptúan igualmente de lo dispuesto en el artículo anterior los actos de disposición de bienes que no sean necesarios para continuidad de la actividad cuando se presenten ofertas que coincidan sustancialmente con el valor que se les haya dado en el inventario. Se entenderá que esa coincidencia es sustancial si en el caso de inmuebles la diferencia es inferior a un diez por ciento y en el caso de muebles a un veinte por ciento, y no constare oferta superior.

La administración concursal deberá comunicar inmediatamente al juez del concurso la oferta recibida con justificación del carácter no necesario de los bienes. La oferta presentada quedará aprobada si en plazo de diez días no se presenta una superior.

3. Cuando se presente a inscripción en los registros de bienes cualquier título relativo a un acto de enajenación o gravamen de bienes o derechos de la masa activa realizado por la administración concursal antes de la aprobación judicial del convenio o de la apertura de la fase de liquidación, la administración concursal deberá declarar en el instrumento público el motivo de la enajenación o gravamen sin que el registrador pueda exigir que se acredite la existencia del motivo alegado.

Artículo 207. *Enajenación de bienes y derechos litigiosos*

1. Los bienes o derechos sobre cuya titularidad o disponibilidad exista cuestión litigiosa promovida, podrán enajenarse con tal carácter, quedando el adquirente a las resultas del litigio.

2. La administración concursal comunicará la enajenación al juzgado o tribunal que esté conociendo del litigio. Esta comunicación producirá, de pleno derecho, la sucesión procesal, sin que pueda oponerse la contraparte y aunque el adquirente no se persone.

Artículo 208. *Prohibición de adquirir bienes y derechos de la masa activa*

1. Los administradores concursales no podrán adquirir por sí o por persona interpuesta, ni aun en subasta, los bienes y derechos que integren la masa activa del concurso.

2. Los que infringieren la prohibición de adquirir quedarán inhabilitados para el ejercicio del cargo, procediendo el juez de inmediato a un nuevo nombramiento, y reintegrarán a la masa, sin contraprestación alguna, el bien o derecho que hubieran adquirido. Si el

administrador concursal fuera acreedor concursal, perderá este, además, el crédito de que fuera titular.

Subsección 2.ª De las especialidades de la enajenación de bienes o derechos afectos a privilegio especial

Artículo 209. *Modo de realización de los bienes afectos*

La realización de los bienes y derechos afectos a créditos con privilegio especial se hará por el administrador concursal mediante subasta electrónica, salvo que el juez autorice otro modo de realización.

Artículo 210. *Realización directa de los bienes afectos*

1. En cualquier estado del concurso, el juez podrá autorizar la realización directa de los bienes y derechos afectos a créditos con privilegio especial.

2. La solicitud de realización directa deberá ser presentada al juez por la administración concursal o por el acreedor con privilegio especial y se tramitará a través del procedimiento establecido en esta ley para la obtención de autorizaciones judiciales.

3. El juez concederá la autorización solicitada si la oferta lo fuera por un precio superior al mínimo que se hubiese pactado al constituir la garantía, con pago al contado. El juez podrá autorizar excepcionalmente la realización directa por un precio inferior si el concursado y el acreedor o los acreedores con privilegio especial lo aceptasen de forma expresa, siempre y cuando se efectúe a valor de mercado según tasación oficial actualizada por entidad homologada para el caso de bienes inmuebles y valoración por entidad especializada para bienes muebles.

4. Concedida la autorización judicial, las condiciones fijadas para la realización directa se anunciarán con la misma publicidad que corresponda a la subasta del bien o derecho afecto y, si dentro de los diez días siguientes al último de los anuncios se presentase en el juzgado mejor postor, el juez abrirá licitación entre todos los oferentes determinando la fianza que hayan de prestar para participar en ella.

Artículo 211. *Dación en pago o para pago de los bienes afectos*

1. En cualquier estado del concurso, el juez podrá autorizar la dación de los bienes y derechos afectos a créditos con privilegio especial en pago o para el pago al acreedor privilegiado o a la persona que él designe.

2. La solicitud de dación en pago o para pago deberá ser presentada por el acreedor con privilegio especial o por la administración concursal con el consentimiento expreso y previo de aquel. La solicitud se tramitará a través del procedimiento establecido en esta ley para la obtención de autorizaciones judiciales. Cualquier interesado podrá efectuar alegaciones sobre la pertinencia de la dación o sobre las condiciones en las que se haya propuesto su realización.

3. Mediante la dación en pago quedará completamente satisfecho el crédito con privilegio especial.

4. La autorización de la dación para pago deberá exigir que la posterior realización del bien o derecho afecto al crédito con privilegio especial se efectúe por un valor no inferior

al de mercado según tasación oficial actualizada por entidad homologada para el caso de bienes inmuebles y valoración por entidad especializada para bienes muebles. Si hubiera remanente, corresponderá a la masa activa. Si no se consiguiese la completa satisfacción del crédito, la parte no satisfecha será reconocida en el concurso con la clasificación que corresponda.

Artículo 212. *Enajenación de bienes y derechos afectos con subsistencia del gravamen*

1. A solicitud de la administración concursal, el juez, previa audiencia de los interesados, podrá autorizar la enajenación de bienes y derechos de la masa activa afectos a créditos con privilegio especial con subsistencia del gravamen y con subrogación del adquirente en la obligación del deudor. Subrogado el adquirente, el crédito quedará excluido de la masa pasiva.

2. Por excepción, no tendrá lugar la subrogación del adquirente, a pesar de que subsista la garantía, cuando se trate de créditos tributarios y de seguridad social.

Artículo 213. *Destino del importe obtenido*

1. Cualquiera que sea el modo de realización de los bienes afectos, el acreedor privilegiado tendrá derecho a recibir el importe resultante de la realización del bien o derecho en cantidad que no exceda de la deuda originaria, cualquiera que fuere el valor atribuido en el inventario, conforme a lo establecido en esta ley, al bien o derecho sobre el que se hubiera constituido la garantía. Si hubiera remanente, corresponderá a la masa activa.

2. Si no se consiguiese la completa satisfacción del crédito, la parte no satisfecha será reconocida en el concurso con la clasificación que corresponda.

Artículo 214. *Bienes y derechos incluidos en establecimientos o unidades productivas*

1. En todo caso, si los bienes y derechos de la masa activa afectos a créditos con privilegio especial estuviesen incluidos en los establecimientos, explotaciones o cualesquiera otras unidades productivas que se enajenen en conjunto se aplicarán las siguientes reglas:

1.ª Si se transmitiesen sin subsistencia de la garantía, corresponderá a los acreedores privilegiados la parte proporcional del precio obtenido equivalente al valor que el bien o derecho sobre el que se ha constituido la garantía suponga respecto al valor global de la unidad productiva transmitida.

Si el precio a percibir no alcanzase el valor de la garantía será necesaria la conformidad a la transmisión por los acreedores con privilegio especial que tengan derecho de ejecución separada, siempre que representen, al menos, el setenta y cinco por ciento de la clase del pasivo privilegiado especial, afectado por la transmisión. La parte del crédito garantizado que no quedase satisfecha será reconocida en el concurso con la clasificación que corresponda.

Si el precio a percibir fuese igual o superior al valor de la garantía, no será preciso el consentimiento de los acreedores privilegiados afectados.

2.ª Si se transmitiesen con subsistencia de la garantía, subrogándose el adquirente en la obligación de pago a cargo de la masa activa, no será necesario el consentimiento del acreedor privilegiado, quedando el crédito excluido de la masa pasiva. El juez velará por que el adquirente tenga la solvencia económica y los medios necesarios para asumir la obligación que se transmite.

3.ª Cuando se trate de créditos tributarios y de seguridad social, no tendrá lugar la subrogación del adquirente a pesar de que subsista la garantía.

Subsección 3.ª De las especialidades de la enajenación de unidades productivas

Artículo 215. *Modo ordinario de enajenación de unidades productivas*

Hasta la aprobación del convenio o hasta la apertura de la fase de liquidación, la enajenación del conjunto de una empresa o de una o varias unidades productivas se hará mediante subasta electrónica, salvo que el juez autorice otro modo de realización.

Artículo 216. *Autorización judicial para la enajenación directa o a través de persona o entidad especializada*

En cualquier estado del concurso, o cuando la subasta quede desierta, el juez, mediante auto, podrá autorizar la enajenación directa del conjunto de la empresa o de una o varias unidades productivas o la enajenación a través de persona o de entidad especializada.

Artículo 217. *Determinaciones a cargo de la administración concursal*

En caso de enajenación del conjunto de la empresa o de una o varias unidades productivas, la administración concursal, cualquiera que sea el sistema de enajenación, deberá determinar el plazo para la presentación de las ofertas y especificar, antes de la iniciación de ese plazo, los gastos realizados con cargo a la masa activa para la conservación en funcionamiento de la actividad del conjunto de la empresa o de la unidad o unidades productivas objeto de enajenación, así como los previsibles hasta la adjudicación definitiva.

Artículo 218. *Contenido de las ofertas*

Cualquiera que sea el sistema de enajenación, las ofertas deberán tener, al menos, el siguiente contenido:

1.º La identificación del oferente y la información sobre su solvencia económica y sobre los medios humanos y técnicos a su disposición.

2.º La determinación precisa de los bienes, derechos, contratos y licencias o autorizaciones incluidos en la oferta.

3.º El precio ofrecido, las modalidades de pago y las garantías aportadas. En caso de que se transmitiesen bienes o derechos afectos a créditos con privilegio especial, deberá distinguirse en la oferta entre el precio que se ofrecería con subsistencia o sin subsistencia de las garantías.

4.º La incidencia de la oferta sobre los trabajadores.

Artículo 219. *Regla de la preferencia*

1. En caso de subasta, el juez, mediante auto, podrá acordar la adjudicación al oferente cuya oferta no difiera en más del quince por ciento de la oferta superior cuando considere que garantiza en mayor medida la continuidad de la empresa en su conjunto o, en su caso, de la unidad productiva y de los puestos de trabajo, así como la mejor y más rápida satisfacción de los créditos de los acreedores.

2. Esta regla se aplicará también a las ofertas de personas trabajadoras interesadas en la sucesión de la empresa mediante la constitución de sociedad cooperativa o laboral.

Artículo 220. *Audiencia de los representantes de los trabajadores*

1. Las resoluciones que el juez adopte en relación con la enajenación de la empresa o de una o varias unidades productivas deberán ser dictadas previa audiencia, por plazo de quince días, de los representantes de los trabajadores, si existieran.

2. En el caso de que las operaciones de enajenación implicaran la modificación sustancial de las condiciones de trabajo, el traslado, el despido, la suspensión de contrato o la reducción de jornada de carácter colectivo, se estará a lo dispuesto en esta ley en materia de contratos de trabajo.

Artículo 221. *Sucesión de empresa*

1. En caso de enajenación de una unidad productiva, se considerará, a los efectos laborales y de seguridad social, que existe sucesión de empresa.

2. El juez del concurso será el único competente para declarar la existencia de sucesión de empresa, así como para delimitar los activos, pasivos y relaciones laborales que la componen.

3. En estos casos el juez podrá recabar informe de la Inspección de Trabajo y Seguridad Social relativo a las relaciones laborales afectas a la enajenación de la unidad productiva y las posibles deudas de seguridad social relativas a estos trabajadores.

El informe deberá emitirse por la Inspección de Trabajo y Seguridad Social en el plazo improrrogable de diez días.

Artículo 222. *Subrogación del adquirente*

1. En caso de transmisión de una o varias unidades productivas, el adquirente quedará subrogado en los contratos afectos a la continuidad de la actividad profesional o empresarial que se desarrolle en la unidad o unidades productivas objeto de transmisión, sin necesidad de consentimiento de la otra parte.

2. Por excepción a lo establecido en el apartado anterior, la cesión de contratos administrativos se producirá de conformidad con lo establecido en la legislación sobre contratos del sector público.

3. Cuando el adquirente continuase la actividad en las mismas instalaciones, también quedará subrogado en las licencias o autorizaciones administrativas afectas a la continuidad de la actividad empresarial o profesional que formen parte de la unidad productiva.

Artículo 223. *Exclusiones a la subrogación por voluntad del adquirente*

La transmisión de una unidad productiva no implicará la subrogación del cesionario respecto de aquellas licencias, autorizaciones o contratos no laborales en los que el adquirente, al formular la oferta, haya manifestado expresamente su intención de no subrogarse.

Artículo 224. *Efectos sobre los créditos pendientes de pago*

1. La transmisión de una unidad productiva no llevará aparejada obligación de pago de los créditos no satisfechos por el concursado antes de la transmisión, ya sean concursales o contra la masa, salvo en los siguientes supuestos:

1.º Cuando el adquirente hubiera asumido expresamente esta obligación.

2.º Cuando así lo establezca una disposición legal.

3.º Cuando se produzca sucesión de empresa respecto de los créditos laborales y de seguridad social correspondientes a los trabajadores de esa unidad productiva en cuyos contratos quede subrogado el adquirente. El juez del concurso podrá acordar respecto de estos créditos que el adquirente no se subrogue en la parte de la cuantía de los salarios o indemnizaciones pendientes de pago anteriores a la enajenación que sea asumida por el Fondo de Garantía Salarial de conformidad con el texto refundido de la Ley del Estatuto de los Trabajadores, aprobado por el Real Decreto Legislativo 2/2015, de 23 de octubre.

2. No será de aplicación lo dispuesto en el apartado anterior cuando los adquirentes de las unidades productivas sean personas especialmente relacionadas con el concursado.

Artículo 224 bis. *Solicitud de concurso con presentación de oferta de adquisición de una o varias unidades productivas*

1. El deudor puede presentar, junto con la solicitud de declaración de concurso, una propuesta escrita vinculante de acreedor o de tercero para la adquisición de una o varias unidades productivas.

En la propuesta el acreedor o el tercero deberá asumir la obligación de continuar o de reiniciar la actividad con la unidad o unidades productivas a las que se refiera por un mínimo de tres años. El incumplimiento de este compromiso dará lugar a que cualquier afectado pueda reclamar al adquirente la indemnización de los daños y perjuicios causados.

2. En el auto de declaración de concurso, el juez concederá un plazo de quince días para que los acreedores que se personen puedan formular a la propuesta las observaciones que tengan por conveniente y para que cualquier interesado pueda presentar propuesta vinculante alternativa. En el mismo auto, el juez requerirá a la administración concursal para que, dentro de ese plazo, emita informe de evaluación de la presentada.

3. La propuesta escrita vinculante de adquisición podrá ser realizada por personas trabajadoras interesadas en la sucesión de la empresa mediante la constitución de sociedad cooperativa, laboral o participada.

4. Si se presentasen una o varias propuestas alternativas de adquisición, el juez requerirá a la administración concursal para que, en el plazo de cinco días, emita informe de evaluación.

5. En el informe la administración concursal valorará la propuesta o propuestas presentadas atendiendo al interés del concurso, e informará sobre los efectos que pudiera tener en las masas activa y pasiva la resolución de los contratos que resultare de cada una de las propuestas.

6. Una vez emitidos el informe o informes por la administración concursal, el juez, si se hubieran presentado varias propuestas, concederá un plazo simultáneo de tres días a los oferentes para que, si lo desean, mejoren las que cada uno de ellos hubiera presentado.

Dentro de los tres días siguientes al término de ese plazo, el juez procederá a la aprobación de la que resulte más ventajosa para el interés del concurso. En caso de que se hubiera presentado una propuesta en los términos del apartado 3 y la oferta sea igual o superior a la de las demás propuestas alternativas presentadas, el juez priorizará dicha propuesta siempre que ello atienda al interés del concurso, considerando en el mismo la continuidad de la empresa, la unidad productiva y los puestos de trabajo, entre otros criterios.

7. Si la ejecución de la oferta vinculante aprobada estuviera sujeta al cumplimiento de determinadas condiciones suspensivas, tales como la aprobación de la adquisición por parte de las autoridades de la competencia o supervisoras, o a la realización de una modificación estructural que afecte a los activos a transmitir, el concursado y la administración concursal llevarán a cabo las actuaciones precisas para asegurar el pronto cumplimiento.

El juez podrá exigir al proponente adjudicatario que preste caución o garantía suficiente de consumación de la adquisición si las condiciones suspensivas se cumplieran en el plazo máximo para ello establecido en la oferta vinculante, o de resarcimiento de los gastos o costes incurridos por el concurso en otro caso.

8. La transmisión de la unidad o de las unidades productivas al adjudicatario estará sometida a las demás reglas establecidas en esta ley para esta clase de transmisiones.

9. La oferta de adquisición de una o varias unidades productivas se publicará en el portal de liquidaciones concursales del Registro público concursal el mismo día que se publique la declaración de concurso en la sección primera de dicho Registro. El juez podrá requerir tanto al deudor como al autor o autores de la oferta cuanta información considere necesaria o conveniente para facilitar la presentación de otras ofertas por acreedores o terceros. La información requerida se publicará igualmente en dicho portal.

**Subsección 4.ª Nombramiento de experto para recabar
ofertas de adquisición de la unidad productiva**

Artículo 224 ter. *Solicitud de nombramiento de experto para recabar ofertas de adquisición de la unidad productiva*

En caso de probabilidad de insolvencia, de insolvencia inminente o de insolvencia actual, el deudor, sea persona natural o jurídica, cualquiera que sea la actividad a la que se dedique, podrá solicitar del juzgado competente para la declaración de concurso el nombramiento de un experto que recabe ofertas de terceros para la adquisición, con pago al contado, de una o de varias unidades productivas de que sea titular el solicitante, aunque hubieran cesado en la actividad.

Artículo 224 quater. *Nombramiento del experto*

1. El nombramiento del experto podrá recaer en persona natural o jurídica que reúna las condiciones para ser nombrado experto en reestructuraciones o administrador concursal. La aceptación del nombramiento es voluntaria.

2. En la resolución el juez establecerá la duración del encargo y fijará al experto la retribución que considere procedente atendiendo el valor de la unidad o unidades productivas. El derecho a percibir la retribución podrá estar total o parcialmente en función del resultado.

La resolución por la que se acuerde el nombramiento del experto se mantendrá reservada.

Artículo 224 quinquies. *Deber de solicitar el concurso*

El nombramiento del experto no exime al deudor del deber de solicitar la declaración de concurso dentro de los dos meses siguientes a la fecha en que hubiera conocido o debido conocer el estado de insolvencia actual.

Artículo 224 sexies. *Especialidades del concurso posterior*

1. Será competente para la declaración de concurso el juez que hubiera nombrado al experto.

2. En la declaración del concurso, el juez podrá revocar o ratificar el nombramiento del experto. Si lo ratificara tendrá este la condición de administrador concursal.

3. La retribución que no hubiera percibido el experto tendrá la consideración de crédito contra la masa.

Artículo 224 septies. *Presentación de ofertas*

1. Quien realice la oferta no podrá actuar por cuenta del propio deudor.

2. En la oferta el oferente deberá asumir la obligación de continuar o de reiniciar la actividad con la unidad o unidades productivas a las que se refiera la oferta por un mínimo de dos años. El incumplimiento de este compromiso dará lugar a que cualquier afectado pueda reclamar al adquirente la indemnización de los daños y perjuicios causados.

Subsección 5.ª De la cancelación de cargas

Artículo 225. *Cancelación de cargas*

1. En el decreto del Letrado de la Administración de Justicia por el que se apruebe el remate o en el auto del juez por el que autorice la transmisión de los bienes o derechos ya sea de forma separada, por lotes o formando parte de una empresa o unidad productiva, se acordará la cancelación de todas las cargas anteriores al concurso constituidas a favor de créditos concursales. Los gastos de la cancelación serán a cargo del adquirente.

2. Por excepción a lo establecido en el apartado anterior, no procederá acordar la cancelación de cargas cuando la transmisión de bienes o derechos afectos a la satisfacción de créditos con privilegio especial se hubiera realizado con subsistencia del gravamen.

CAPÍTULO IV. De la reintegración de la masa activa

SECCIÓN 1.ª De las acciones rescisorias especiales

Artículo 226. *Acciones rescisorias de los actos del deudor*

1. Son rescindibles los actos perjudiciales para la masa activa realizados por el deudor dentro de los dos años anteriores a la fecha de la solicitud de declaración de concurso, así como los realizados desde esa fecha a la de la declaración, aunque no hubiere existido intención fraudulenta.

2. Son igualmente rescindibles los actos perjudiciales para la masa activa realizados por el deudor dentro de los dos años anteriores a la fecha de la comunicación de la existencia de negociaciones con los acreedores o la intención de iniciarlas, para alcanzar un plan de reestructuración, así como los realizados desde esa fecha a la de la declaración de concurso, aunque no hubiere existido intención fraudulenta, siempre que concurran las dos siguientes condiciones:

1.º Que no se hubiera aprobado un plan de reestructuración o que, aun aprobado, no hubiera sido homologado por el juez.

2.º Que el concurso se declare dentro del año siguiente a la finalización de los efectos de esa comunicación o de la prórroga que hubiera sido concedida.

Artículo 227. *Presunciones absolutas de perjuicio*

El perjuicio patrimonial se presume, sin admitir prueba en contrario, cuando se trate de actos de disposición a título gratuito, salvo las liberalidades de uso, y de pagos u otros actos de extinción de obligaciones cuyo vencimiento fuere posterior a la declaración del concurso, excepto si contasen con garantía real.

Artículo 228. *Presunciones relativas de perjuicio*

Salvo prueba en contrario, el perjuicio patrimonial se presume cuando se trate de los siguientes actos:

1.º Los actos de disposición a título oneroso realizados a favor de alguna de las personas especialmente relacionadas con el concursado.

2.º Los actos de constitución de garantías reales a favor de obligaciones preexistentes o de las nuevas contraídas en sustitución de aquellas.

3.º Los pagos u otros actos de extinción de obligaciones cuyo vencimiento fuere posterior a la declaración del concurso si contasen con garantía real.

Artículo 229. *Prueba del perjuicio*

Cuando se trate de actos no comprendidos en el artículo anterior, el perjuicio patrimonial para la masa activa deberá ser probado por quien ejercite la acción rescisoria.

Artículo 230. *Actos no rescindibles*

En ningún caso podrán ser objeto de rescisión:

1.º Los actos ordinarios de la actividad profesional o empresarial del deudor que hubieran sido realizados en condiciones normales.

2.º Los actos de constitución de garantías de cualquier clase a favor de créditos públicos, así como los actos de reconocimiento y pago de estos créditos tendentes a lograr la regularización o atenuación de la responsabilidad del concursado prevista en la legislación penal.

3.º Los actos de constitución de garantías a favor del Fondo de Garantía Salarial.

4.º Los actos comprendidos en el ámbito de leyes especiales reguladoras de los sistemas de pagos y compensación y liquidación de valores e instrumentos derivados.

5.º Las operaciones mediante las que se instrumenten las medidas de resolución de entidades de crédito y empresas de servicios de inversión.

Artículo 231. *Legitimación activa de la administración concursal*
La legitimación activa para el ejercicio de las acciones rescisorias corresponderá a la administración concursal.

Artículo 232. *Legitimación activa subsidiaria de los acreedores*
1. Los acreedores que hayan instado por escrito de la administración concursal el ejercicio de alguna acción rescisoria, identificando el acto concreto que se trate de rescindir y el fundamento de la rescisión, estarán legitimados para ejercitarla si la administración concursal no lo hiciere dentro de los dos meses siguientes al requerimiento. Las demandas presentadas por los legitimados subsidiarios se notificarán a la administración concursal.
2. El transcurso de este plazo no impedirá a la administración concursal el ejercicio de la acción de rescisión de ese acto, haya sido o no ejercitada la acción por los acreedores. Si ya hubiera sido ejercitada por los acreedores, el juez del concurso procederá de oficio a la acumulación de los procedimientos.
3. Los acreedores litigarán a su costa en interés del concurso. En caso de que la demanda fuera total o parcialmente estimada, tendrán derecho a reembolsarse con cargo a la masa activa, una vez que la sentencia alcance firmeza, de los gastos y costas en que hubieran incurrido hasta el límite de lo obtenido como consecuencia de rescisión.

Artículo 233. *Legitimación pasiva*
1. Las demandas de rescisión deberán dirigirse contra el concursado y contra quienes hayan sido parte en el acto impugnado.
2. Si el bien o el derecho que se pretenda reintegrar hubiera sido transmitido a un tercero, la demanda también deberá dirigirse contra este cuando el actor pretenda desvirtuar la presunción de buena fe del adquirente o atacar la irreivindicabilidad de que goce o la protección derivada de la publicidad registral.

Artículo 234. *Procedimiento*
Las acciones rescisorias se tramitarán por el cauce del incidente concursal.

Artículo 235. *Efectos de la rescisión*
1. La sentencia que estime la acción declarará la ineficacia del acto impugnado.
2. Si el acto objeto de impugnación fuera un contrato con obligaciones recíprocas, la sentencia condenará a la restitución de las prestaciones objeto de aquel que ya se hubieran realizado, con sus frutos e intereses.
3. Si se tratase de un acto unilateral, la sentencia, si procediera, condenará a la restitución a la masa activa de la prestación objeto de aquel y ordenará la inclusión en la lista de acreedores del crédito que corresponda.
4. Si los bienes y derechos salidos del patrimonio del deudor no pudieran reintegrarse a la masa activa por pertenecer a tercero no demandado o que, conforme a la sentencia, hubiera procedido de buena fe o gozase de irreivindicabilidad o de protección registral, se condenará a quien hubiera sido parte en el acto rescindido a entregar el valor que tuvieran cuando salieron del patrimonio del deudor concursado, más el interés legal.

5. Si la sentencia apreciase mala fe en quien contrató con el deudor, se le condenará, además, a indemnizar la totalidad de los daños y perjuicios causados a la masa activa.

Artículo 236. *Régimen del derecho a la contraprestación*

1. El derecho a la prestación que, en su caso, resulte a favor de cualquiera de los demandados como consecuencia de la rescisión de un contrato con obligaciones recíprocas tendrá la consideración de crédito contra la masa, que habrá de satisfacerse simultáneamente a la reintegración de los bienes y derechos objeto del acto rescindido.

2. El crédito que, en su caso, resulte a favor del demandado como consecuencia de la rescisión de un acto unilateral tendrá la consideración de crédito concursal con la clasificación que le corresponda.

3. Si la sentencia hubiera apreciado mala fe en el demandado, el crédito a la prestación tendrá la consideración de crédito subordinado. Igual clasificación tendrá el crédito a favor del acreedor de mala fe en caso de rescisión del acto unilateral.

Artículo 237. *Recurso contra la sentencia de rescisión*

Quienes hubieran sido parte en el incidente de rescisión podrán interponer contra la sentencia recurso de apelación. La tramitación y la resolución del recurso tendrán carácter preferente.

SECCIÓN 2.ª De las demás acciones de reintegración

Artículo 238. *Otras acciones de impugnación de los actos del deudor*

1. Declarado el concurso, también podrán impugnarse mediante el ejercicio de cualesquiera otras acciones que procedan conforme al derecho general los actos del deudor anteriores a la fecha de la declaración.

2. Las acciones de impugnación se ejercitarán ante el juez del concurso siendo de aplicación las mismas normas de legitimación, procedimiento y apelación establecidas para las acciones rescisorias concursales.

CAPÍTULO V. De la reducción de la masa activa

Artículo 239. *Separación de bienes y derechos*

1. Los bienes de propiedad ajena que se encuentren en poder del concursado y sobre los cuales este no tenga derecho de uso, garantía o retención serán entregados por la administración concursal a sus legítimos titulares, a solicitud de estos.

2. La denegación de la entrega del bien por la administración concursal podrá ser impugnada por el propietario por los trámites del incidente concursal.

3. La sentencia que se dicte en el incidente de separación será directamente apelable. La tramitación y la resolución de este recurso de apelación tendrán carácter preferente.

Artículo 240. *Imposibilidad de separación por enajenación del bien o del derecho*

1. Si los bienes y derechos susceptibles de separación hubieran sido enajenados por el deudor antes de la declaración de concurso a tercero de quien no puedan reivindicarse, el titular perjudicado podrá optar entre exigir la cesión del derecho a recibir la contrapres-

tación si todavía el adquirente no la hubiera realizado, o comunicar a la administración concursal, para su reconocimiento en el concurso, el crédito correspondiente al valor que tuvieran los bienes y derechos sea en el momento de la enajenación, sea en cualquier otro posterior, a elección del solicitante, más el interés legal.

2. En el plazo de un mes a contar de la firmeza de la resolución judicial que hubiere reconocido la imposibilidad de separación, el titular perjudicado deberá comunicar a la administración concursal el valor del bien o del derecho según la opción que ejercite, solicitando el reconocimiento del crédito que resulte. El crédito correspondiente al titular perjudicado tendrá la consideración de crédito concursal ordinario. Si la comunicación del crédito se efectuara transcurrido ese plazo de un mes, se producirán los efectos de la falta de comunicación oportuna.

Artículo 241. *Separación de buques y aeronaves*

1. Los titulares de créditos con privilegio sobre los buques y las aeronaves podrán separar estos bienes de la masa activa del concurso, mediante el ejercicio, por el procedimiento correspondiente, de las acciones que tengan reconocidas en su legislación específica. Si de la ejecución resultara remanente a favor del concursado, se integrará en la masa activa.

2. Si la ejecución separada no se hubiera iniciado en el plazo de un año desde la fecha de la declaración de concurso, ya no podrá efectuarse, y la clasificación de estos créditos se regirá por lo establecido en esta ley.

CAPÍTULO VI. De los créditos contra la masa activa

SECCIÓN 1.ª De los créditos contra la masa activa

Artículo 242. *Créditos contra la masa*

1. Son créditos contra la masa:

1.º Los créditos anteriores a la declaración de concurso por responsabilidad civil extracontractual por muerte o daños personales, así como los créditos anteriores o posteriores a la declaración del concurso por indemnizaciones derivadas de accidente de trabajo y enfermedad profesional, cualquiera que sea la fecha de la resolución que los declare. Si los daños estuvieran asegurados, el crédito del asegurador por subrogación, regreso o reembolso tendrá la consideración de crédito concursal ordinario.

2.º Los créditos por salarios correspondientes a los últimos treinta días de trabajo efectivo realizado antes de la declaración de concurso en cuantía que no supere el doble del salario mínimo interprofesional.

3.º Los créditos por alimentos a los que tuviera derecho el deudor y los que este último tuviera deber legal de prestar conforme a lo dispuesto en esta ley devengados antes o después de la declaración de concurso.

4.º Los créditos por costas en caso de declaración de concurso a solicitud del acreedor o de los demás legitimados distintos del deudor.

5.º Los créditos por la publicidad de la declaración de concurso y de cualquier otra resolución judicial que acuerde el juez, así como los relativos a la adopción de medidas cautelares.

6.º Los créditos por la asistencia y representación del concursado y de la administración concursal durante toda la tramitación del procedimiento y sus incidentes y demás procedimientos judiciales en cualquier fase del concurso cuando su intervención sea legalmente obligatoria o se realice en interés de la masa hasta la eficacia del convenio o, en otro caso, hasta la conclusión del concurso, con excepción de los ocasionados por los recursos que interponga el concursado contra resoluciones del juez cuando fueren total o parcialmente desestimados con expresa condena en costas.

7.º Los créditos por los gastos y las costas judiciales ocasionados por la asistencia y representación del concursado, de la administración concursal o de acreedores legitimados en los juicios que, en interés de la masa, continúen o inicien conforme a lo dispuesto en esta ley, salvo lo previsto para los casos de desistimiento, allanamiento, transacción y defensa separada del deudor y, en su caso, hasta los límites cuantitativos en ella establecidos.

8.º Los créditos por la condena al pago de las costas como consecuencia de la desestimación de las demandas que se hubieran presentado o de los recursos que se hubieran interpuesto por la administración concursal o por el concursado con autorización de la administración concursal o como consecuencia del allanamiento o del desistimiento realizados por la administración concursal o por el concursado con autorización de la administración concursal. En caso de transacción, se estará a lo pactado por las partes en materia de costas.

9.º Los créditos por la retribución de la administración concursal, así como los créditos por la retribución del experto para recabar ofertas de adquisición de la unidad productiva.

10.º Los créditos que resulten de obligaciones válidamente contraídas durante el procedimiento por la administración concursal o, con la autorización o conformidad de esta, por el concursado sometido a intervención.

11.º Los créditos generados por el ejercicio de la actividad profesional o empresarial del concursado tras la declaración del concurso hasta la aprobación judicial del convenio o, en otro caso, hasta la conclusión del concurso. Quedan comprendidos en este número los créditos laborales devengados después de la declaración de concurso, las indemnizaciones por despido o extinción de los contratos de trabajo, así como los recargos sobre las prestaciones por incumplimiento de las obligaciones en materia de salud laboral, hasta que el juez acuerde el cese de la actividad profesional o empresarial, o declare la conclusión del concurso.

12.º Los créditos que, conforme a lo dispuesto en esta ley, resulten de prestaciones a cargo del concursado en los contratos con obligaciones recíprocas pendientes de cumplimiento que continúen en vigor tras la declaración de concurso, y los créditos por incumplimiento posterior a la declaración de concurso por parte del concursado.

13.º Los créditos que resulten de obligaciones nacidas de la ley o de responsabilidad extracontractual por todo tipo de daños causados con posterioridad a la declaración de concurso y hasta la conclusión del mismo distintos de aquellos a los que se refiere el ordinal 1.º de este apartado.

14.º Los créditos por intereses y frutos en caso de retraso de la obligación de entrega de los bienes y derechos de propiedad ajena.

15.º Los créditos que, en los casos de pago de créditos con privilegio especial sin realización de los bienes o derechos afectos, en los de rehabilitación de contratos o de enervación de desahucio y en los demás previstos en esta ley, correspondan por las cantidades debidas y las de vencimiento futuro a cargo del concursado.

16.º En caso de liquidación, los créditos concedidos al concursado antes de la apertura de la fase de liquidación, para financiar el cumplimiento del convenio aprobado por el juez, según el plan de viabilidad presentado, si así se hubiera previsto en el convenio. La misma regla se aplicará a los créditos prestados por personas especialmente relacionadas con el concursado si en el convenio consta la identidad del obligado y la cuantía máxima de la financiación a conceder.

17.º El cincuenta por ciento del importe de los créditos derivados de la financiación interina o de la nueva financiación concedidos en el marco de un plan de reestructuración homologado cuando los créditos afectados por ese plan representen al menos el cincuenta y uno por ciento del pasivo total. En el caso de que esa financiación haya sido concedida o comprometida por personas especialmente relacionadas con el deudor, será necesario que los créditos afectados por el plan representen más del sesenta por ciento del pasivo total, con deducción de los créditos de aquellas para calcular esa mayoría.

18.º Cualesquiera otros créditos a los que esta ley atribuya expresamente tal consideración.

2. Cualquier acreedor de la masa podrá requerir en cualquier momento a la administración concursal para que se pronuncie sobre si la masa es insuficiente o es previsible que lo sea para el pago de esos créditos. Si el administrador concursal no contestara al requerimiento en el término de tres días o lo hiciera en términos genéricos o imprecisos, el acreedor de la masa podrá solicitar auxilio del juez del concurso a fin de que requiera al administrador concursal para que se pronuncie de inmediato o para que lo haga en términos concretos y precisos, con la advertencia, según tenga por conveniente, de la posible reducción de la retribución fijada o de la separación del cargo.

Artículo 243. *Fondo de garantía salarial*
La subrogación del Fondo de Garantía de Salarios en la titularidad de cualesquiera créditos contra la masa o concursales no afectará al carácter y a la clasificación de esos créditos.

SECCIÓN 2.ª Del régimen de los créditos contra la masa activa

Artículo 244. *Pago de los créditos contra la masa*
El pago de créditos contra la masa se hará con cargo a los bienes y derechos no afectos al pago de créditos con privilegio especial.

Artículo 245. *Momento del pago de los créditos contra la masa*
1. Los créditos por salarios que tengan la consideración de créditos contra la masa se pagarán de forma inmediata.

2. Los restantes créditos contra la masa, cualquiera que sea su naturaleza y el estado del concurso, se pagarán a sus respectivos vencimientos.

3. La administración concursal podrá alterar por interés del concurso la regla del pago al vencimiento si la masa activa fuera suficiente para la satisfacción de todos los créditos contra la masa. La postergación del pago de los créditos contra la masa no podrá afectar a los créditos por alimentos, a los créditos laborales, a los créditos tributarios ni a los de la seguridad social.

Artículo 246. *Reconocimiento de créditos contra la masa*

El reconocimiento de créditos contra la masa corresponderá a la administración concursal.

Artículo 247. *Juicios declarativos relativos a créditos contra la masa*

Las acciones relativas al reconocimiento o a la falta de reconocimiento por parte de la administración concursal de los créditos contra la masa, cualquiera que sea el momento en que se hubieran generado, y las de reclamación del pago de estos créditos se ejercitarán ante el juez del concurso por los trámites del incidente concursal.

Artículo 248. *Ejecuciones relativas a créditos contra la masa*

1. Las ejecuciones judiciales o administrativas para hacer efectivos créditos contra la masa solo podrán iniciarse a partir de la fecha de eficacia del convenio.

2. La prohibición de iniciar ejecuciones no impedirá el devengo de los intereses, recargos y demás obligaciones por razón de la falta de pago a su vencimiento del crédito contra la masa.

SECCIÓN 3.ª De las especialidades en caso de insuficiencia de la masa activa

Artículo 249. *Deber de comunicación de la insuficiencia de la masa activa*

En cuanto conste que la masa activa es insuficiente o es previsible que lo sea para el pago de los créditos contra la masa, la administración concursal lo comunicará al juez del concurso. El letrado de la Administración de Justicia notificará por medios electrónicos esta comunicación a las partes personadas.

Artículo 250. *Pago de los créditos contra la masa en caso de insuficiencia de la masa activa*

1. Desde que la administración concursal comunique al juez del concurso que la masa activa es insuficiente para el pago de los créditos contra la masa, tendrán preferencia de cobro los créditos vencidos o que venzan después de esa comunicación que sean imprescindibles para la liquidación de la masa activa.

2. En todo caso, se consideran imprescindibles para la liquidación los créditos por salarios de los trabajadores devengados después de la apertura de la fase de liquidación mientras continúen prestando sus servicios, la retribución de la administración concursal durante la fase de liquidación; y las cantidades adeudadas a partir de la apertura de la fase de liquidación en concepto de rentas de los inmuebles arrendados para la conservación de bienes y derechos de la masa activa. Si la masa activa fuera insuficiente para atender estos créditos, el pago de los que hubieran vencido se realizará a prorrata.

3. El pago de los créditos contra la masa que no sean imprescindibles para la liquidación de la masa activa se satisfarán por el orden establecido en el artículo 242.1, sin perjuicio de lo establecido en el siguiente apartado.

4. Tendrán prelación sobre los créditos del artículo 242.1.2.º los créditos por salarios e indemnizaciones por despido o extinción de los contratos de trabajo generados tras la declaración del concurso en la cuantía que resulte de multiplicar el triple del salario mínimo interprofesional por el número de días de salario pendientes de pago.

TÍTULO V. De la masa pasiva

CAPÍTULO I. De la integración de la masa pasiva

Artículo 251. *Principio de universalidad*

1. Todos los créditos contra el deudor, ordinarios o no, a la fecha de la declaración de concurso, cualquiera que sea la nacionalidad y el domicilio del acreedor, quedarán de derecho integrados en la masa pasiva, estén o no reconocidos en el procedimiento, salvo que tengan la consideración de créditos contra la masa.

2. En caso de concurso de persona casada en régimen de gananciales o cualquier otro de comunidad de bienes, los créditos contra el cónyuge del concursado, que sean, además, créditos de responsabilidad de la sociedad o comunidad conyugal, quedarán de derecho integrados en la masa pasiva.

CAPÍTULO II. De la comunicación y del reconocimiento de créditos

SECCIÓN 1.ª De la comunicación a los acreedores

Artículo 252. *Comunicación a los acreedores*

1. La administración concursal realizará sin demora una comunicación individualizada a cada uno de los acreedores cuya identidad y domicilio consten en la documentación que obre en autos, informando de la declaración de concurso y del deber de comunicar los créditos en la forma y dentro del plazo establecidos en esta ley.

2. Cuando conste la dirección electrónica del acreedor, la comunicación se efectuará por medios electrónicos.

Artículo 253. *Comunicación a organismos públicos*

1. La administración concursal comunicará sin demora la declaración de concurso a la Agencia Estatal de Administración Tributaria y a la Tesorería General de la Seguridad Social, conste o no su condición de acreedoras.

2. La comunicación se efectuará a través de los correspondientes medios que estén habilitados en las respectivas sedes electrónicas de estos organismos.

Artículo 254. *Comunicación a los representantes de los trabajadores*

La administración concursal comunicará sin demora la declaración de concurso a la representación de los trabajadores, si la hubiere, haciéndoles saber de su derecho a personarse como parte en el procedimiento.

SECCIÓN 2.ª De la comunicación de créditos

Artículo 255. *Comunicación de créditos*

Dentro del plazo señalado en el auto de declaración de concurso, los acreedores del concursado anteriores a la fecha de esa declaración comunicarán a la administración concursal la existencia de sus créditos.

Artículo 256. *Contenido de la comunicación*

1. La comunicación expresará nombre, domicilio y demás datos de identidad del acreedor, así como los relativos al crédito, su concepto, cuantía, fechas de adquisición y vencimiento, características y clasificación que se pretenda. Si se invocare un privilegio especial, se indicarán, además, los bienes o derechos de la masa activa a que afecte y, en su caso, los datos registrales.

2. En la comunicación, el acreedor señalará una dirección postal o una dirección electrónica para que la administración concursal realice cuantas comunicaciones resulten necesarias o convenientes. Las comunicaciones de la administración concursal a la dirección señalada por el acreedor producirán plenos efectos.

3. A la comunicación se acompañará copia del título o de los documentos relativos al crédito. En el caso de que el acreedor opte por realizar la comunicación del crédito por medio electrónico, la copia se remitirá por el mismo medio.

4. Salvo que los títulos o documentos figuren inscritos en un registro público, la administración concursal podrá solicitar los originales o copias autorizadas de los títulos o documentos aportados, así como cualquier otra justificación que considere necesaria para el reconocimiento del crédito.

Artículo 257. *Forma de la comunicación*

1. La comunicación se formulará por escrito firmado por el acreedor, por cualquier otro interesado en el crédito o por quien acredite representación suficiente de ellos, y se dirigirá a la administración concursal.

2. La comunicación podrá presentarse en el domicilio designado al efecto por el administrador concursal, remitirse a dicho domicilio o efectuarse por medios electrónicos.

Artículo 258. *Comunicación en concursos de deudores solidarios*

1. En caso de concursos de deudores solidarios, el acreedor o el interesado podrán comunicar la existencia de los créditos a la administración concursal de cada uno de los concursos.

2. El escrito presentado en cada concurso expresará si se ha efectuado o se va a efectuar la comunicación en los demás, acompañándose, en su caso, copia del escrito o de los escritos presentados y de los que se hubieren recibido.

SECCIÓN 3.ª Del reconocimiento de créditos

Subsección 1.ª De las clases de reconocimiento

Artículo 259. *Reconocimiento de los créditos por la administración concursal*

1. La administración concursal determinará la inclusión o exclusión de los créditos en la lista de acreedores.

2. La inclusión o la exclusión se adoptará respecto de cada uno de los créditos, tanto de los que se hayan comunicado expresamente como de los que resultaren de los libros y documentos del deudor o por cualquier otra razón constaren en el concurso.

Artículo 260. *Reconocimiento forzoso de los créditos*

1. La administración concursal incluirá necesariamente en la lista de acreedores aquellos créditos que hayan sido reconocidos por resolución procesal o por laudo, aunque no fueran firmes; los asegurados con garantía real inscrita en registro público; los que consten en documento con fuerza ejecutiva; los que consten en certificación administrativa, y los créditos de los trabajadores cuya existencia y cuantía resulten de los libros y documentos del deudor o por cualquier otra razón consten en el concurso.

2. No obstante el reconocimiento, la administración concursal, dentro del plazo para la emisión de su informe, podrá impugnar en juicio ordinario, los convenios o procedimientos arbitrales si concurriera fraude; la existencia y validez de los créditos asegurados con garantía real o que consten en documento con fuerza ejecutiva, así como, a través de los cauces establecidos al efecto por su legislación específica, los actos administrativos.

3. Cuando a la fecha de la declaración de concurso no se hubiera presentado alguna declaración o autoliquidación que sea precisa para la determinación de un crédito de derecho público o de los trabajadores, deberá cumplimentarse por el concursado, en caso de intervención, o por la administración concursal cuando no lo realice el concursado o en caso de suspensión de las facultades de administración y disposición. Si, por ausencia de datos, no fuera posible la determinación de su cuantía deberá reconocerse como crédito contingente.

Subsección 2.ª De los supuestos especiales de reconocimiento

Artículo 261. *Créditos sometidos a condición*

1. Los créditos sometidos a condición resolutoria se reconocerán como condicionales y, en tanto no se cumpla la condición, disfrutarán de los derechos concursales que correspondan a su cuantía y clasificación.

2. En caso de cumplimiento de la condición, podrán anularse, a petición de parte, las actuaciones y decisiones en las que el acto, la adhesión o el voto del acreedor condicional hubiere sido decisivo. Las demás actuaciones se mantendrán, sin perjuicio del deber de devolución a la masa, en su caso, de las cantidades cobradas por el acreedor condicional, y de la responsabilidad en que dicho acreedor hubiere podido incurrir frente a la masa o frente a los acreedores.

3. Los créditos sometidos a condición suspensiva serán reconocidos en el concurso como créditos contingentes sin cuantía propia y con la clasificación que corresponda, admitiéndose a sus titulares como acreedores legitimados en el procedimiento sin más limitaciones que la suspensión de los derechos de adhesión, de voto y de cobro.

4. La confirmación del crédito contingente o su reconocimiento en sentencia firme o susceptible de ejecución provisional, otorgará a su titular la totalidad de los derechos concursales que correspondan a su cuantía y clasificación.

5. Cuando el juez del concurso estime probable el cumplimiento de la condición resolutoria o la confirmación del crédito contingente, podrá, a petición de parte, adoptar las medidas cautelares de constitución de provisiones con cargo a la masa, de prestación de fianzas por las partes y cualesquiera otras que considere oportunas en cada caso.

Artículo 262. *Créditos litigiosos*

1. Los créditos litigiosos seguirán el mismo régimen de los créditos sometidos a condición suspensiva.

2. A los efectos de esta ley tendrá la condición de crédito litigioso desde que se conteste la demanda relativa al mismo.

Artículo 263. *Créditos garantizados con un patrimonio adicional de responsabilidad*

1. Los créditos que no puedan ser hechos efectivos contra el concursado sin la previa excusión del patrimonio del deudor principal se reconocerán como créditos contingentes mientras el acreedor no justifique cumplidamente a la administración concursal haber agotado la excusión, confirmándose, en tal caso, el reconocimiento del crédito en el concurso por el saldo subsistente.

2. Los créditos en los que el acreedor disfrute de fianza de tercero se reconocerán por su importe sin limitación alguna y sin perjuicio de la sustitución del titular del crédito en caso de pago por el fiador.

Una vez realizado el pago, con subrogación del fiador en la posición jurídica del acreedor afianzado, la administración concursal deberá reclasificar el crédito optando por la clasificación de inferior grado de entre las que correspondan al acreedor o al fiador.

Artículo 264. *Reconocimiento en caso de pagos parciales previos*

A solicitud del acreedor que hubiese cobrado parte de su crédito de un avalista, fiador o deudor solidario del concursado, podrán incluirse a su favor en la lista de acreedores tanto el resto de su crédito no satisfecho como la totalidad del que, por reembolso o por cuota de solidaridad, corresponda a quien hubiere hecho el pago parcial, aunque este no hubiere comunicado su crédito o hubiere hecho remisión de la deuda.

Artículo 265. *Créditos públicos*

1. Los créditos de derecho público de las Administraciones públicas y sus organismos públicos que a la fecha de la declaración de concurso hubieran sido recurridos en vía administrativa o jurisdiccional, tendrán la consideración de créditos sometidos a condición resolutoria, aun cuando su ejecutividad se encuentre cautelarmente suspendida.

2. Los créditos de derecho público de las Administraciones públicas y sus organismos públicos que pudieran resultar de procedimientos de comprobación o inspección se reconocerán como contingentes hasta su cuantificación, a partir de la cual tendrán el carácter que les corresponda con arreglo a su naturaleza sin que sea posible su subordinación por comunicación tardía.

3. En el caso de no existir liquidación administrativa, los créditos tributarios y los créditos de la seguridad social por cantidades defraudadas a la Hacienda Pública o a la Tesorería General de la Seguridad Social se reconocerán como contingentes desde la admisión a trámite de la querella o denuncia hasta que sean reconocidos por sentencia.

4. También se reconocerán como contingentes las liquidaciones vinculadas a delito, hasta que recaiga sentencia firme.

Artículo 266. *Efectos del cumplimiento de la condición o del acaecimiento de la contingencia*

Si antes de la presentación de la lista definitiva de acreedores se hubiera cumplido la condición o hubiera acaecido la contingencia a que se refieren los artículos de esta Subsección, la administración concursal, de oficio o a solicitud del interesado, deberá incluir en esa lista las modificaciones que procedan.

SECCIÓN 4.ª Del cómputo de los créditos

Artículo 267. *Cómputo de los créditos en dinero*

1. A los solos efectos de la cuantificación del pasivo, todos los créditos que se reconozcan se computarán en dinero y se expresarán en moneda de curso legal, sin que ello suponga su conversión ni modificación.

2. Los créditos expresados en otra moneda se computarán en la de curso legal según el tipo de cambio oficial en la fecha de la declaración de concurso.

3. Los créditos que tuvieran por objeto prestaciones no dinerarias o prestaciones dinerarias determinadas por referencia a un bien distinto del dinero se computarán por el valor de las prestaciones o del bien en la fecha de la declaración de concurso.

4. Los créditos que tuvieran por objeto prestaciones dinerarias futuras se computarán por su valor a la fecha de la declaración de concurso, efectuándose la actualización conforme al tipo de interés legal vigente en ese momento.

SECCIÓN 5.ª De la comunicación extemporánea de créditos

Artículo 268. *Comunicación extemporánea de créditos*

1. Una vez concluido el plazo de impugnación de la lista de acreedores y antes de la presentación de la lista definitiva, se podrán presentar nuevas comunicaciones de créditos. Estos créditos serán reconocidos o excluidos por la administración concursal conforme a las reglas generales establecidas para el reconocimiento o la exclusión, sin más excepciones que las establecidas en esta ley.

2. Si los créditos objeto de la comunicación extemporánea fueran reconocidos, se clasificarán como créditos subordinados. Cuando el acreedor justifique no haber tenido

noticia de la existencia de los mismos antes de la conclusión del plazo de impugnación, estos créditos serán clasificados según la naturaleza que les corresponda.

CAPÍTULO III. De la clasificación de los créditos concursales

SECCIÓN 1.ª De las clases de créditos

Artículo 269. *Clases de créditos*

1. Los créditos concursales se clasificarán, a efectos del concurso, en privilegiados, ordinarios y subordinados.

2. Los créditos privilegiados se clasificarán, a su vez, en créditos con privilegio especial, si afectan a determinados bienes o derechos de la masa activa, y créditos con privilegio general, si afectan a la totalidad de esa masa. En el concurso no se admitirá ningún privilegio o preferencia que no esté reconocido en la ley.

3. Se clasificarán como créditos ordinarios aquellos que en esta ley no tengan la consideración de créditos privilegiados o subordinados.

– La **Ley 11/2015, de 18 de junio, de recuperación y resolución de entidades de crédito y empresas de servicios de inversión** contempla que algunas entidades o sociedades, en determinadas circunstancias en las que la medida de resolución no redunda en el interés público, sean liquidadas de forma ordenada con arreglo al procedimiento previsto en el Título VIII del libro primero del texto refundido de la Ley Concursal (art. 19 bis Ley 11/2015, de 18 de junio). Y, en caso de concurso de estas entidades, serán considerados créditos ordinarios no preferentes, posteriores en el orden de prelación al resto de los créditos ordinarios previstos en el artículo 269.3 del texto refundido de la Ley Concursal, aquellos que resulten de instrumentos de deuda que cumplan las siguientes condiciones: a) que hayan sido emitidos o creados con plazo de vencimiento efectivo igual o superior a un año; b) que no sean instrumentos financieros derivados ni tengan instrumentos financieros derivados implícitos; y c) que los términos y condiciones y, en su caso, el folleto relativo a la emisión, incluyan una cláusula en la que se establezca que tienen una prelación concursal inferior frente al resto de créditos ordinarios y que, por tanto, los créditos derivados de estos instrumentos de deuda serán satisfechos con posterioridad a los restantes créditos ordinarios. Los créditos ordinarios que reúnan las condiciones enumeradas en las letras anteriores tendrán una prelación superior a los créditos subordinados incluidos en el artículo 281 del texto refundido de la Ley Concursal y serán satisfechos con anterioridad a estos (Disposición adicional decimocuarta, Régimen aplicable en caso de concurso de una entidad, Ley 11/2015, de 18 de junio).

SECCIÓN 2.ª De los créditos privilegiados

Subsección 1.ª De los créditos con privilegio especial

Artículo 270. *Créditos con privilegio especial*

Son créditos con privilegio especial:

1.º Los créditos garantizados con hipoteca legal o voluntaria, inmobiliaria o mobiliaria, o con prenda sin desplazamiento, sobre los bienes o derechos hipotecados o pignorados.

2.º Los créditos garantizados con anticresis, sobre los frutos del inmueble gravado.

3.º Los créditos refaccionarios, sobre los bienes refaccionados, incluidos los de los trabajadores sobre los objetos por ellos elaborados mientras sean propiedad o estén en posesión del concursado.

4.º Los créditos por contratos de arrendamiento financiero o de compraventa con precio aplazado de bienes muebles o inmuebles, a favor de los arrendadores o vendedores y, en su caso, de los financiadores, sobre los bienes arrendados o vendidos con reserva de dominio, con prohibición de disponer o con condición resolutoria en caso de falta de pago.

5.º Los créditos con garantía de valores representados mediante anotaciones en cuenta, sobre los valores gravados.

6.º Los créditos garantizados con prenda constituida en documento público, sobre los bienes o derechos pignorados que estén en posesión del acreedor o de un tercero.

7.º Los créditos a favor de los tenedores de bonos garantizados, respecto de los préstamos y créditos, y otros activos que los garanticen, integrados en el conjunto de cobertura, conforme al Real Decreto-ley 24/2021, de 2 de noviembre, de transposición de directivas de la Unión Europea en las materias de bonos garantizados, distribución transfronteriza de organismos de inversión colectiva, datos abiertos y reutilización de la información del sector público, ejercicio de derechos de autor y derechos afines aplicables a determinadas transmisiones en línea y a las retransmisiones de programas de radio y televisión, exenciones temporales a determinadas importaciones y suministros, de personas consumidoras y para la promoción de vehículos de transporte por carretera limpios y energéticamente eficientes, hasta donde alcance su valor.

Artículo 271. *Requisitos del privilegio especial*

1. Los créditos a que se refieren los números 1.º a 5.º del artículo anterior deberán tener constituida la respectiva garantía antes de la declaración de concurso con los requisitos y formalidades establecidos por la legislación específica para que sea oponible a terceros, salvo que se trate de los créditos con hipoteca legal tácita o de los refaccionarios de los trabajadores.

2. Si se tratare de prenda de créditos de la masa activa, será suficiente con que la constitución de la garantía conste en documento con fecha fehaciente anterior a la declaración de concurso.

3. Si se tratare de prenda sobre créditos futuros, será necesario que, antes de la declaración de concurso, concurran los dos siguientes requisitos:

1.º Que los créditos futuros hubieran nacido de contratos perfeccionados o de relaciones jurídicas constituidas antes de esa declaración.

2.º Que la prenda estuviera constituida en documento público o, en el caso de prenda sin desplazamiento, se hubiera inscrito en el registro público correspondiente.

4. Si se tratara de créditos futuros derivados de la resolución de contratos de concesión de obras o de contratos de concesión de servicios, además de lo exigido en el apartado anterior, será necesario que, antes de la declaración de concurso, la pignoración se hubiera constituido en garantía de créditos que guarden relación con la concesión o el contrato y hubiera sido autorizada por el órgano de contratación con arreglo a la normativa sobre contratos del sector público.

Artículo 272. *Límite del privilegio especial*

1. A los efectos del convenio y de los planes de reestructuración, el privilegio especial estará limitado al valor razonable del bien o derecho sobre el que se hubiera constituido la garantía, con las deducciones establecidas en esta ley.

2. El importe del crédito que exceda del reconocido como privilegio especial será clasificado según corresponda.

Artículo 273. *Determinación del valor razonable*

1. A los efectos de la determinación del límite del privilegio especial, se entenderá por valor razonable de los bienes y derechos de la masa activa:

1.º En caso de bienes inmuebles, el resultante de informe emitido por una sociedad de tasación homologada e inscrita en el Registro especial del Banco de España. Este informe no será necesario cuando dicho valor hubiera sido determinado por una sociedad de tasación homologada e inscrita en el Registro especial del Banco de España dentro de los seis meses anteriores a la fecha de declaración de concurso.

2.º En caso de valores mobiliarios que coticen en un mercado regulado, el precio medio ponderado al que hubieran sido negociados en uno o varios mercados regulados en el último trimestre anterior a la fecha de declaración de concurso, de conformidad con la certificación emitida por la sociedad rectora del mercado secundario oficial o del mercado regulado de que se trate.

3.º En caso de bienes o derechos distintos de los señalados en los números anteriores el resultante de informe emitido por experto independiente de conformidad con los principios y las normas de valoración generalmente reconocidos para esos bienes. Este informe no será necesario cuando dicho valor hubiera sido determinado por experto independiente, dentro de los seis meses anteriores a la fecha de declaración del concurso.

2. Los bienes o derechos sobre los que estuviesen constituidas garantías denominadas en moneda distinta al euro, se convertirán al euro aplicando el tipo de cambio de la fecha de la valoración, entendido como el tipo de cambio medio de contado.

3. El informe no será necesario cuando la garantía se hubiera constituido sobre efectivo, sobre el saldo de cuentas corrientes y de ahorro, sobre dinero electrónico o sobre imposiciones a plazo fijo.

Artículo 274. *Especialidades en caso de viviendas terminadas*

1. En caso de viviendas ya terminadas, el informe sobre bienes inmuebles previsto en el artículo anterior podrá sustituirse por una valoración actualizada cuando, entre la fecha de la última valoración disponible y la fecha de la valoración actualizada, no hubieran transcurrido más de seis años. La valoración actualizada se obtendrá aplicando al último valor de tasación disponible realizado por una sociedad de tasación homologada e inscrita en el Registro especial del Banco de España la variación acumulada constatada por el valor razonable de los inmuebles situados en la misma zona y con similares características desde la emisión de la última tasación a la fecha de valoración.

2. En el supuesto de no disponerse de información sobre la variación en el valor razonable proporcionado por una sociedad de tasación o si no se considerase representativa,

el último valor disponible podrá actualizarse con la variación acumulada del precio de la vivienda establecido por el Instituto Nacional de Estadística para la Comunidad Autónoma en la que radique el inmueble, diferenciando entre si es vivienda nueva o de segunda mano, siempre que entre la fecha de la última valoración disponible y la fecha de la valoración actualizada no hayan transcurrido más de tres años.

Artículo 275. *Deducciones del valor razonable*

1. Una vez determinado el valor razonable, para calcular el límite del privilegio especial la administración concursal procederá a realizar las siguientes deducciones:

1.º El diez por ciento del valor razonable del bien o derecho sobre el que esté constituida la garantía.

2.º El importe de los créditos pendientes que gocen de garantía preferente sobre el mismo bien o sobre el mismo derecho.

2. En ningún caso el valor de la garantía puede ser inferior a cero ni superior al valor del crédito con privilegio especial, así como tampoco al valor de la responsabilidad máxima hipotecaria o pignoraticia que se hubiera pactado.

Artículo 276. *Garantías constituidas sobre varios bienes*

En el caso de que la garantía a favor de un mismo crédito recayera sobre varios bienes de la masa activa, se aplicarán sobre cada uno de los bienes las reglas establecidas en los artículos anteriores, sin que el valor conjunto de las garantías constituidas pueda exceder del valor del crédito del acreedor correspondiente.

Artículo 277. *Garantías constituidas en proindiviso*

En caso de garantía constituida en proindiviso sobre uno o varios bienes o derechos de la masa activa a favor de dos o más créditos, el valor de la garantía correspondiente a cada crédito será el resultante de aplicar al límite del privilegio especial la proporción que en el mismo corresponda a cada uno de ellos, según las normas y acuerdos que rijan el proindiviso.

Artículo 278. *Coste de los informes y de las valoraciones*

1. El coste de los informes o valoraciones será liquidado con cargo a la masa y se deducirá de la retribución que corresponda a la administración concursal que esté pendiente de cobro.

2. Si el acreedor afectado solicitase un informe de valoración contradictorio, se emitirá a su costa.

Artículo 279. *Modificación del límite del privilegio especial*

1. Si concurrieran nuevas circunstancias que pudieran modificar significativamente el valor razonable de los bienes o derechos sobre los que se hubiera constituido la garantía, deberá aportarse un nuevo informe de sociedad de tasación homologada e inscrita en el Registro especial del Banco de España o de experto independiente, según proceda.

2. Cuando se alegue por el acreedor afectado la concurrencia de circunstancias que hagan necesaria una nueva valoración, el informe se emitirá a su costa.

Subsección 2.ª De los créditos con privilegio general

Artículo 280. *Créditos con privilegio general*

Son créditos con privilegio general:

1.º Los créditos anteriores a la declaración de concurso por salarios que no tengan la consideración de créditos contra la masa ni reconocido privilegio especial, en la cuantía que resulte de multiplicar el triple del salario mínimo interprofesional por el número de días de salario pendientes de pago; por indemnizaciones derivadas de la extinción de los contratos, en la cuantía correspondiente al mínimo legal calculada sobre una base que no supere el triple del salario mínimo interprofesional; y por los capitales coste de seguridad social de los que sea legalmente responsable el concursado y los recargos sobre las prestaciones por incumplimiento de las obligaciones en materia de salud laboral devengadas con anterioridad a la declaración de concurso.

2.º Las cantidades correspondientes a retenciones tributarias y de seguridad social debidas por el concursado en cumplimiento de una obligación legal.

3.º Los créditos de personas naturales derivados del trabajo personal no dependiente y los que correspondan al propio autor por la cesión de los derechos de explotación de la obra objeto de propiedad intelectual, devengados durante los seis meses anteriores a la declaración de concurso.

4.º Los créditos tributarios, los créditos de la seguridad social y demás de derecho público que no tengan privilegio especial ni el privilegio general del número 2.º de este artículo. Respecto de los créditos públicos señalados, el privilegio general a que se refiere este número solo alcanzará al cincuenta por ciento del importe de los respectivos créditos, deducidos de la base para el cálculo del porcentaje los créditos con privilegio especial, los créditos con privilegio general conforme al número 2.º de este mismo artículo y los créditos subordinados.

5.º Los créditos por responsabilidad civil extracontractual por daños causados antes de la declaración de concurso distintos de aquellos a que se refiere el número 1.º del apartado 1 del artículo 242, las liquidaciones vinculadas a delito contra la Hacienda Pública reguladas en el Título VI de la Ley 58/2003, de 17 de diciembre, General Tributaria, y los créditos por responsabilidad civil derivada del delito contra la Hacienda Pública y contra la Tesorería General de la Seguridad Social, cualquiera que sea la fecha de la resolución judicial que los declare. Si los daños estuvieran asegurados, el crédito del asegurador por subrogación, regreso o reembolso tendrá la consideración de crédito concursal ordinario.

6.º El cincuenta por ciento del importe de los créditos derivados de la financiación interina o de la nueva financiación concedidos en el marco de un plan de reestructuración homologado cuando los créditos afectados por ese plan representen al menos el cincuenta y uno por ciento del pasivo total. En el caso de que la financiación hubiera sido concedida o comprometida por personas especialmente relacionadas con el deudor, será necesario que los créditos afectados por el plan representen más del sesenta por ciento del pasivo total, con deducción de los créditos de aquellas personas para calcular esa mayoría.

7.º Los créditos de que fuera titular el acreedor a instancia del cual se hubiere declarado el concurso excluidos los que tuvieren el carácter de subordinados, hasta el cincuenta por ciento de su importe.

> – La **Ley 11/2015, de 18 de junio, de recuperación y resolución de entidades de crédito y empresas de servicios de inversión** contempla que algunas de estas entidades o sociedades, en determinadas circunstancias en las que la medida de resolución no redunda en el interés público, sean liquidadas de forma ordenada con arreglo al procedimiento previsto en el Título VIII del libro primero del texto refundido de la Ley Concursal (art. 19 bis Ley 11/2015, de 18 de junio). Y, en caso de concurso de estas entidades, serán considerados créditos con privilegio general, con posterioridad en el orden de prelación a los créditos con privilegio general previstos en el artículo 280.5.º del texto refundido de la Ley Concursal: a) los depósitos garantizados por el Fondo de Garantía de Depósitos de Entidades de Crédito y los derechos en que se haya subrogado dicho Fondo si hubiera hecho efectiva la garantía; y b) la parte de los depósitos de las personas físicas y de las microempresas, pequeñas y medianas empresas que exceda del nivel garantizado previsto en el Real Decreto-Ley 16/2011, de 14 de octubre, y los depósitos de las personas físicas y de las microempresas, pequeñas y medianas empresas que serían depósitos garantizados si no estuvieran constituidos a través de sucursales situadas fuera de la Unión Europea de entidades establecidas en la Unión Europea (Disposición adicional decimocuarta, Régimen aplicable en caso de concurso de una entidad, Ley 11/2015, de 18 de junio).

SECCIÓN 3.ª De los créditos subordinados

Artículo 281. *Créditos subordinados*

1. Son créditos subordinados:

1.º Los créditos que se clasifiquen como subordinados por la administración concursal por comunicación extemporánea, salvo que se trate de créditos de reconocimiento forzoso, o por las resoluciones judiciales que resuelvan los incidentes de impugnación de la lista de acreedores y por aquellas otras que atribuyan al crédito esa clasificación.

2.º Los créditos que por pacto contractual tengan el carácter de subordinados respecto de todos los demás créditos contra el concursado, incluidos los participativos.

3.º Los créditos por recargos e intereses de cualquier clase, incluidos los moratorios, salvo los correspondientes a créditos con garantía real hasta donde alcance la respectiva garantía.

4.º Los créditos por multas y demás sanciones pecuniarias.

5.º Los créditos de que fuera titular alguna de las personas especialmente relacionadas con el concursado en los términos establecidos en esta ley.

6.º Los créditos que como consecuencia de rescisión concursal resulten a favor de quien en la sentencia haya sido declarado parte de mala fe en el acto impugnado.

7.º Los créditos derivados de los contratos con obligaciones recíprocas, a cargo de la contraparte del concursado, o del acreedor, en caso de rehabilitación de contratos de financiación o de adquisición de bienes con precio aplazado, cuando el juez constate, previo informe de la administración concursal, que el acreedor obstaculiza de forma reiterada el cumplimiento del contrato en perjuicio del interés del concurso.

2. Por excepción a lo establecido en el número 5.º del apartado anterior, los créditos de que fuera titular alguna de las personas especialmente relacionadas con el concursado no serán objeto de subordinación en los siguientes casos:

1.º Los créditos por alimentos nacidos y vencidos antes de la declaración de concurso, que tendrán la consideración de crédito ordinario.

2.º Los créditos a que se refiere el número 1.º del artículo 280 cuando el concursado sea persona natural.

3.º Los créditos a que se refieren los números 1.º y 4.º del artículo 283 cuando los titulares respectivos reúnan las condiciones de participación en el capital que allí se indican, salvo que procedan de préstamos o de actos con análoga finalidad.

> – La **Ley 11/2015, de 18 de junio, de recuperación y resolución de entidades de crédito y empresas de servicios de inversión** dispone que los créditos subordinados incluidos en el numeral 2.º del artículo 281.1 del texto refundido de la Ley Concursal, tendrán la siguiente prelación: 1.º El importe principal de la deuda subordinada que no sea capital adicional de nivel 1 o capital nivel 2. 2.º El importe principal de los instrumentos de capital de nivel 2. 3.º El importe principal de los instrumentos de capital adicional de nivel 1. Y añade, que todos los créditos derivados de los instrumentos de capital de nivel 2 y de los instrumentos de capital adicional de nivel 1 contemplados en los numerales 2.º y 3.º del párrafo anterior, con independencia de que solo estén parcialmente reconocidos como instrumentos de capital de nivel 2 o instrumentos de capital adicional de nivel 1, serán posteriores en el orden de prelación al resto de créditos incluidos en el artículo 281.1 del texto refundido de la Ley Concursal y serán satisfechos con posterioridad a estos (Disposición adicional decimocuarta, Régimen aplicable en caso de concurso de una entidad, Ley 11/2015, de 18 de junio).

Artículo 282. *Personas especialmente relacionadas con el concursado persona natural*

Se consideran personas especialmente relacionadas con el concursado persona natural:

1.º El cónyuge del concursado o quién lo hubiera sido dentro de los dos años anteriores a la declaración de concurso, su pareja de hecho inscrita o las personas que convivan con análoga relación de afectividad o hubieran convivido habitualmente con él dentro de los dos años anteriores a la declaración de concurso.

2.º Los ascendientes, descendientes y hermanos del concursado o de cualquiera de las personas a que se refiere el número anterior.

3.º Los cónyuges de los ascendientes, de los descendientes y de los hermanos del concursado.

4.º Las personas jurídicas controladas por el concursado o por las personas mencionadas en los números anteriores así como sus administradores de derecho o de hecho. Se presumirá que existe control cuando concurra alguna de las situaciones previstas en el apartado primero del artículo 42 del Código de Comercio.

5.º Las personas jurídicas que formen parte del mismo grupo de empresas que las previstas en el número anterior.

6.º Las personas jurídicas de las que las personas descritas en los números anteriores sean administradoras de derecho o de hecho.

Artículo 283. *Personas especialmente relacionadas con el concursado persona jurídica*

1. Se consideran personas especialmente relacionadas con el concursado persona jurídica:

1.º Los socios que conforme a la ley sean personal e ilimitadamente responsables de las deudas sociales y aquellos otros que, en el momento del nacimiento del derecho de crédito, sean titulares, directa o indirectamente, de, al menos, un cinco por ciento del capital social, si la sociedad declarada en concurso tuviera valores admitidos a negociación en el mercado secundario oficial, o un diez por ciento si no los tuviera. Cuando los socios sean personas naturales se considerarán también personas especialmente relacionadas con la persona jurídica concursada las personas que lo sean con los socios conforme a lo dispuesto en el artículo anterior.

2.º Los administradores, de derecho o de hecho, los liquidadores del concursado persona jurídica y los directores generales de la persona jurídica concursada con poderes generales de la empresa, así como quienes lo hubieran sido dentro de los dos años anteriores a la declaración de concurso.

3.º Las sociedades que formen parte del mismo grupo que la sociedad declarada en concurso.

4.º Los socios comunes de la sociedad declarada en concurso y de otra sociedad del mismo grupo, siempre que, en el momento de nacimiento del derecho de crédito, sean titulares en esa otra sociedad, directa o indirectamente, de, al menos, un cinco por ciento del capital social, si la sociedad tuviera valores admitidos a negociación en el mercado secundario oficial, o un diez por ciento si no los tuviera.

2. No tendrán la consideración de personas especialmente relacionadas con el concursado los acreedores que hayan capitalizado directa o indirectamente todo o parte de sus créditos en cumplimiento de un acuerdo de refinanciación adoptado de conformidad con lo dispuesto en esta ley, de un acuerdo extrajudicial de pagos o de un convenio concursal, a los efectos de la calificación de los créditos que ostenten contra el concursado como consecuencia de la refinanciación otorgada en virtud de dicho acuerdo o convenio y aunque hubieran asumido cargos en la administración del deudor por razón de la capitalización.

Tampoco tendrán la consideración de administradores de hecho los acreedores que hayan suscrito un acuerdo de refinanciación, convenio concursal o acuerdo extrajudicial de pagos por las obligaciones que asuma el deudor en relación con el plan de viabilidad salvo que se probase la existencia de alguna circunstancia que pudiera justificar esta condición.

Artículo 284. *Presunción de especial relación con el concursado*

Salvo prueba en contrario, se presumen personas especialmente relacionadas con el concursado los cesionarios o adjudicatarios de créditos pertenecientes a cualquiera de las personas mencionadas en los dos artículos anteriores, siempre que la adquisición se hubiere producido dentro de los dos años anteriores a la declaración de concurso.

CAPÍTULO IV. De la lista de acreedores

Artículo 285. *Estructura de la lista de acreedores*

La lista de acreedores, referida a la fecha de solicitud del concurso, comprenderá una relación de los incluidos y otra de los excluidos, ambas ordenadas alfabéticamente.

Artículo 286. *Contenido de la lista de acreedores*

1. La relación de los acreedores incluidos expresará la identidad de cada uno de ellos; la causa, la cuantía por principal y por intereses, y las fechas de origen y vencimiento de los créditos reconocidos de que fueren titulares; las garantías personales o reales prestadas o constituidas, con indicación del valor atribuido en el inventario, conforme a lo establecido en esta ley, al bien o derecho sobre el que se hubiera constituido la garantía, y la calificación jurídica de cada uno de los créditos de que el acreedor fuera titular. En su caso, se indicará en esa relación el carácter de condicionales, litigiosos o pendientes de la previa excusión del patrimonio del deudor principal que tuviera cada uno de los créditos.

2. La relación de los excluidos expresará la identidad de cada uno de ellos y los motivos de la exclusión.

3. Si las hubiere, se harán constar expresamente en la lista las diferencias entre la comunicación y el reconocimiento y las consecuencias de la falta de comunicación oportuna.

4. Cuando el concursado fuere persona casada en régimen de gananciales o cualquier otro de comunidad de bienes, se relacionarán separadamente los créditos que solo puedan hacerse efectivos sobre su patrimonio privativo y los que pueden hacerse efectivos también sobre el patrimonio común.

Artículo 287. *Subclasificación de los créditos privilegiados*

Si en el momento de la presentación de la lista de acreedores no estuviera en tramitación la fase de liquidación o el concursado no hubiera solicitado la apertura de esa fase, los créditos que tuvieran privilegio general o especial respectivamente deberán incluirse en esa lista en alguna de las siguientes clases:

1.º Los créditos de derecho público.

2.º Los créditos laborales. Se consideran créditos laborales los créditos de los acreedores por derecho laboral y los créditos de los trabajadores autónomos económicamente dependientes en cuantía que no exceda de la prevista en el número 1.º del artículo 280. No tendrán la consideración de créditos laborales los derivados de una relación laboral de carácter especial del personal de alta dirección en la parte que exceda de la cuantía prevista en el número 1.º del artículo 280.

3.º Los créditos financieros. Se consideran créditos financieros los créditos procedentes de cualquier endeudamiento financiero por parte del deudor, con independencia de que los titulares de esos créditos estén o no sometidos a supervisión financiera.

4.º Los restantes créditos. En esta clase se incluirán los de los acreedores por operaciones comerciales y el resto de acreedores no incluidos en las categorías anteriores.

Artículo 288. *Relación de créditos contra la masa*

En relación adjunta a la lista de acreedores se detallarán y cuantificarán los créditos contra la masa ya devengados y pendientes de pago, con indicación de los respectivos vencimientos.

TÍTULO VI. Del informe de la administración concursal

CAPÍTULO I. Del informe de la administración concursal

SECCIÓN 1.ª De las comunicaciones electrónicas anteriores a la presentación del informe

Artículo 289. *Comunicación del proyecto de inventario y de la lista de acreedores*

1. Con una antelación mínima de diez días al de la presentación del informe al juez, la administración concursal dirigirá comunicación electrónica al concursado y a aquellos de cuya dirección electrónica tenga constancia que hubiesen comunicado sus créditos, remitiéndoles el proyecto de inventario y de la lista de acreedores, estén o no incluidos en la misma. En la comunicación se expresará el día en que tendrá lugar la presentación del informe.

2. Hasta tres días antes de la presentación del informe al juez, el concursado y los acreedores podrán solicitar a la administración concursal, igualmente por medios electrónicos, que rectifique cualquier error o que complemente los datos comunicados. La administración concursal dirigirá al concursado y a los acreedores, igualmente por medios electrónicos, una relación de las solicitudes de rectificación o complemento recibidas.

SECCIÓN 2.ª Del informe de la administración concursal

Artículo 290. *Deber de presentación del informe*

Dentro de los dos meses siguientes a contar desde la fecha de aceptación, el administrador concursal presentará al juzgado un informe con el contenido y los documentos establecidos en los artículos siguientes. En caso de administración dual, el plazo para la presentación del informe se contará desde la fecha en que se produzca la última de las aceptaciones.

Artículo 291. *Prórroga del plazo*

1. Si el plazo de comunicación de créditos venciera después del plazo legal para la presentación del informe, este se prorrogará de manera automática hasta los cinco días siguientes a la conclusión del plazo para la comunicación de los créditos.

2. Si concurrieran circunstancias excepcionales, la administración concursal podrá solicitar del juez la prórroga del plazo de presentación del informe por tiempo no superior a dos meses más.

En el caso de que el administrador concursal hubiera sido nombrado en, al menos, tres concursos que se encontrasen en tramitación la prórroga solo podrá concederse si el solicitante acreditara la concurrencia de causas ajenas a las específicas del ejercicio profesional.

3. Si el número de acreedores fuera superior a dos mil, la administración concursal podrá solicitar una prórroga por tiempo no superior a cuatro meses más.

4. Las solicitudes de prórroga solo podrán presentarse antes de que expire el plazo legal.

Artículo 292. *Estructura del informe*

El informe de la administración concursal contendrá:

1.º El análisis de la memoria que acompañe a la solicitud de declaración de concurso o que, en caso de concurso necesario, hubiera sido presentada por el concursado a requerimiento del juez.

2.º La exposición del estado de la contabilidad del concursado y, en su caso, el juicio sobre los documentos contables y complementarios.

3.º Una memoria de las principales decisiones y actuaciones de la administración concursal.

4.º La exposición motivada acerca de la situación patrimonial del concursado y de cuantos datos y circunstancias pudieran ser relevantes para la tramitación del concurso.

Artículo 293. *Documentos anejos al informe*

1. Al informe se acompañarán los documentos siguientes:

1.º El inventario de la masa activa, junto con la relación de los litigios en tramitación y la de las acciones de reintegración a ejercitar.

2.º La lista de acreedores, junto con la relación de créditos contra la masa ya devengados y pendientes de pago, con expresión de los vencimientos respectivos.

2. Si una empresa formara parte de la masa activa, se acompañará al informe la valoración de la empresa en su conjunto y de cada una de las unidades productivas que la integren, tanto en las hipótesis de continuidad de las actividades como de liquidación.

3. Si se hubiese presentado propuesta de convenio se acompañará al informe el escrito de evaluación.

Artículo 294. *Publicidad de la presentación del informe*

1. El mismo día de la presentación del informe, el letrado de la Administración de Justicia lo remitirá por medios electrónicos junto con los documentos anejos al Registro público concursal.

2. El mismo día de la presentación del informe la administración concursal remitirá el informe y los documentos anejos por correo electrónico al deudor, a aquellos que hubiesen comunicado sus créditos de cuya dirección electrónica tenga constancia, estén o no incluidos en la lista de acreedores, y a quienes, aunque no fueran acreedores, estuvieran personados en el concurso. Si no tuviera constancia fehaciente de la recepción del correo electrónico, deberá intentar la comunicación por cualquier otro medio que permita al acreedor conocer de su publicación en el Registro público concursal. Si no tuviera constancia de la dirección electrónica, el administrador concursal efectuará la remisión al procurador que los represente.

3. El juez podrá acordar, de oficio o a instancia del interesado, cualquier publicidad complementaria que considere imprescindible, en medios oficiales o privados.

Artículo 295. *Derecho a obtención de copia del inventario y de la lista de acreedores*

Suprimido

Artículo 296. *Infracción del deber de presentación del informe*

1. El administrador concursal que no presente el informe dentro del plazo legal o, en su caso, dentro de la prórroga concedida por el juez del concurso perderá el derecho a la remuneración y deberá devolver a la masa activa las cantidades percibidas. Contra la resolución judicial que acuerde imponer esta sanción cabrá recurso de apelación.

2. La infracción del deber de presentación será, además, justa causa para la separación del administrador concursal.

3. La indemnización de los daños y perjuicios que esa infracción hubiera podido causar a la masa activa será exigible conforme al régimen de responsabilidad de la administración concursal establecido en esta ley.

SECCIÓN 3.ª De la finalización de la fase común

Artículo 296 bis. *Finalización de la fase común*

1. Dentro de los quince días siguientes al de presentación del informe de la administración concursal con los documentos anejos, el letrado de la Administración de Justicia dictará decreto poniendo fin a la fase común del concurso, con simultánea apertura de la fase de liquidación si todavía no estuviera abierta.

2. La apertura de la fase de liquidación no procederá si se hubiera presentado propuesta de convenio, esté o no admitida a trámite

CAPÍTULO II. De la impugnación del inventario y de la lista de acreedores

Artículo 297. *Legitimación y plazo para impugnar*

1. Dentro del plazo de diez días las partes personadas en el concurso de acreedores podrán impugnar el inventario y la lista de acreedores.

2. El plazo para impugnar el inventario y la lista de acreedores se contará desde la inserción de esos documentos en el Registro público concursal.

Artículo 298. *Contenido de la impugnación*

1. La impugnación del inventario podrá consistir en la solicitud de la inclusión o de la exclusión de bienes o derechos, o del aumento o disminución del avalúo de los incluidos.

2. La impugnación de la lista de acreedores podrá referirse a la inclusión o a la exclusión de créditos concursales, así como a la cuantía o a la clasificación de los reconocidos.

Artículo 299. *Consecuencias de la falta de impugnación*

Quienes no impugnaren en tiempo y forma el inventario o la lista de acreedores acompañados al informe de la administración concursal no podrán plantear pretensiones de modificación del contenido de estos documentos, aunque podrán recurrir en apelación las modificaciones introducidas por el juez al resolver las impugnaciones de otros legitimados.

Artículo 300. *Tramitación de las impugnaciones*

1. Las impugnaciones se sustanciarán por los trámites del incidente concursal.

2. El juez podrá de oficio acumular todas o varias de ellas para resolverlas conjuntamente.

Artículo 301. *Publicidad de las impugnaciones*
Suprimido

Artículo 302. *Cancelación de garantías*
1. Si el titular de un crédito clasificado como subordinado no impugnare en tiempo y forma esta calificación, el juez del concurso, vencido el plazo de impugnación y sin más trámites, dictará auto declarando extinguidas las garantías de cualquier clase constituidas sobre bienes y derechos de la masa activa a favor de los créditos de que aquel fuera titular, ordenando, en su caso, la restitución posesoria y la cancelación de los asientos en los registros correspondientes. En caso de impugnación de esa calificación, el juez procederá del mismo modo cuando devenga firme la resolución judicial desestimatoria de la impugnación.

2. Cuando el concursado sea persona natural no procederá la cancelación de las garantías constituidas sobre bienes y derechos de la masa activa a favor de los créditos de los que sean titulares personas especialmente relacionadas con el deudor que según esta ley deban estar incluidos en la clasificación de créditos con privilegio general por salarios, indemnizaciones por extinción de contratos laborales, indemnizaciones por accidente de trabajo y enfermedad profesional, capitales coste de seguridad social de los que sea responsable el concursado y recargos sobre prestaciones por incumplimiento de las obligaciones en materia de salud laboral.

CAPÍTULO III. De la presentación de los textos definitivos

Artículo 303. *Presentación de los textos definitivos*
Suprimido

Artículo 304. *Remisión de los textos definitivos*
1. El mismo día de la presentación de los documentos definitivos, el letrado de la Administración de Justicia los remitirá por medios electrónicos al Registro público concursal.

2. El mismo día de la presentación de los documentos definitivos, el administrador concursal los remitirá por medios electrónicos al deudor y a los acreedores reconocidos de cuya dirección electrónica tenga constancia y a quienes estuvieran personados en el concurso, aunque no fueran acreedores. Si no tuviera constancia de la dirección electrónica, el administrador concursal efectuará la remisión al procurador que los represente.

Artículo 305. *Impugnaciones relativas a créditos comunicados extemporáneamente*
Suprimido

Artículo 306. *Finalización de la fase común*
Suprimido

Artículo 307. *Finalización anticipada de la fase común*
Suprimido

CAPÍTULO IV. De la modificación de la lista definitiva de acreedores

Artículo 308. *Modificaciones de la lista definitiva de acreedores*
El texto definitivo de la lista de acreedores podrá modificarse en los casos siguientes:

1.º Cuando se estimen los recursos interpuestos contra las resoluciones del juez del concurso en los incidentes de impugnación de la lista de acreedores.

2.º Cuando se resuelva la impugnación de las modificaciones derivadas de la comunicación extemporánea de créditos.

3.º Cuando se dicten resoluciones judiciales en el concurso de las que resulte la existencia, la modificación del importe o de la clase del crédito o la extinción de un crédito concursal.

4.º Cuando, en un procedimiento administrativo de comprobación o inspección iniciado después de presentado el informe de la administración concursal o el texto definitivo de la lista de acreedores, se dicte resolución administrativa que suponga la existencia de un crédito concursal de derecho público.

5.º Cuando, en un proceso penal iniciado después de la presentación del informe de la administración concursal o del texto definitivo de la lista de acreedores, se dicte sentencia que suponga la existencia de un crédito concursal.

6.º Cuando, en un proceso laboral iniciado después de la presentación del informe de la administración concursal o del texto definitivo de la lista de acreedores, se dicte sentencia que suponga la existencia de un crédito concursal.

7.º Cuando, después de presentados los textos definitivos, se hubiera cumplido la condición o contingencia prevista o los créditos hubieran sido reconocidos o confirmados por acto administrativo, por laudo o por resolución procesal firme o susceptible de ejecución provisional con arreglo a su naturaleza o cuantía.

Artículo 309. *Tratamiento de los créditos que modifican la lista definitiva de acreedores*
En caso de que resulten reconocidos, los créditos tendrán la siguiente clasificación:

1.º En los tres primeros casos del artículo precedente, la que les hubiera asignado la resolución judicial.

2.º En los demás casos, la que les corresponda con arreglo a su naturaleza, sin que sea posible su subordinación por comunicación tardía.

Artículo 310. *Sustituciones del acreedor inicial en la lista definitiva de acreedores*
1. En caso de sustitución de un acreedor reconocido, bien por adquisición del crédito, bien por subrogación en la titularidad del mismo, se mantendrá la clasificación del crédito correspondiente al acreedor inicial.

2. Por excepción a lo establecido en el apartado anterior, serán de aplicación las siguientes reglas:

1.º Respecto de los créditos salariales o por indemnización derivada de extinción de la relación laboral, la subrogación únicamente procederá a favor del Fondo de Garantía Salarial.

2.º Respecto de los créditos por cantidades correspondientes a retenciones tributarias y de seguridad social debidas por el concursado en cumplimiento de una obligación legal y de los créditos de derecho público que gozasen de privilegio general, el carácter privilegiado únicamente se mantendrá cuando el acreedor posterior sea un organismo público.

3.º En caso de pago por deudor solidario, por fiador o por avalista, la administración concursal procederá a reclasificar el crédito optando por la clasificación de inferior grado de entre las que correspondan al acreedor o al deudor solidario, al fiador o al avalista que hubiera pagado.

4.º En el supuesto en que el acreedor posterior fuera una persona especialmente relacionada con el concursado, la administración concursal procederá a reclasificar el crédito optando por la clasificación de inferior grado de entre las que correspondan al acreedor o a dicha persona especialmente relacionada con el concursado.

Artículo 311. *Procedimiento de modificación de la lista definitiva de acreedores*

1. Cuando la modificación de la lista definitiva sea consecuencia de una resolución judicial dictada en el concurso, la administración concursal modificará el texto definitivo de la lista de acreedores en cuanto tenga constancia de la misma.

2. En los demás casos, la modificación del texto definitivo de la lista de acreedores deberá solicitarse antes de que recaiga resolución por la que se apruebe el convenio o se presente en el juzgado el informe final de liquidación o la comunicación de insuficiencia de la masa activa para atender los créditos contra la masa.

A tal efecto los acreedores dirigirán a la administración concursal una solicitud con justificación de la modificación pretendida, así como de la concurrencia de alguna de las circunstancias previstas en este capítulo.

3. En el plazo de cinco días, la administración concursal informará por escrito al juez sobre la solicitud.

4. Si el informe fuera contrario a la modificación pretendida, el solicitante podrá promover incidente, dentro del plazo de diez días, para que se reconozca el crédito. Incoado el incidente, se estará a lo que se decida en el mismo. Si no lo promoviera en el plazo indicado, el juez rechazará la solicitud.

5. Si el informe fuera favorable a la modificación pretendida, se dará traslado del mismo, por término de diez días, a las partes personadas. Si no se efectuaran alegaciones o no fueran contrarias a la pretensión formulada, el juez acordará la modificación por medio de auto sin ulterior recurso. En otro caso, el juez resolverá, igualmente por medio de auto contra el que cabe interponer recurso de apelación.

Artículo 312. *Efectos de la modificación de la lista definitiva de acreedores*

1. La tramitación de la solicitud no impedirá la continuación de la fase de convenio o liquidación.

2. La modificación acordada no afectará a la validez del convenio que se hubiera podido alcanzar o de las operaciones de liquidación o pago realizadas antes de la presentación de la solicitud o tras ella hasta su introducción por resolución firme.

Artículo 313. *Medidas cautelares en orden a la modificación de la lista definitiva de acreedores*

Cuando estime probable la introducción de la modificación pretendida, el juez del concurso, a petición del solicitante, podrá adoptar las medidas cautelares que en cada caso considere oportunas para asegurar la efectividad de la resolución a dictar.

Artículo 314. *Ejecución provisional de la resolución judicial relativa a la modificación de la lista definitiva de acreedores*

El juez, a petición de parte, podrá acordar la ejecución provisional de la resolución relativa a la modificación de la lista definitiva de acreedores a fin de que:

1.º La modificación se admita provisionalmente, en todo o en parte, a los efectos del ejercicio de los derechos de adhesión y voto y para el cálculo de las mayorías necesarias para la aceptación de la propuesta de convenio.

2.º Los pagos a realizar tengan en cuenta las modificaciones pretendidas, quedando, no obstante, las cantidades correspondientes en la masa activa hasta que sea firme la resolución que decida sobre la modificación pretendida, salvo que garantice su devolución por aval o fianza suficiente.

TÍTULO VII. Del convenio

CAPÍTULO I. De la propuesta de convenio

SECCIÓN 1.ª De los proponentes

Artículo 315. *Autoría de la propuesta de convenio*

1. El deudor y los acreedores cuyos créditos superen una quinta parte de la masa pasiva podrán presentar propuesta de convenio en las condiciones de tiempo, forma y contenido establecidas en esta ley.

2. En ningún caso podrá presentarse propuesta de convenio si el concursado hubiera solicitado la liquidación de la masa activa.

Artículo 316. *Firma de la propuesta de convenio*

1. La propuesta de convenio se formulará por escrito y estará firmada por el deudor o por todos los acreedores proponentes, o por sus respectivos representantes con poder suficiente.

2. Cuando la propuesta contuviera compromisos a cargo de acreedores o de terceros para realizar pagos, prestar garantías o financiación o asumir cualquier otra obligación, deberá ir firmada, además, por los comprometientes o sus respectivos representantes con poder suficiente, incluso aunque la propuesta tuviera contenido alternativo o atribuya trato singular a los acreedores que acepten esas nuevas obligaciones.

3. Las firmas de la propuesta y, en su caso, la justificación de su carácter representativo, deberán estar legitimadas.

SECCIÓN 2.ª Del contenido de la propuesta de convenio

Subsección 1.ª De las reglas generales sobre la propuesta de convenio

Artículo 317. *Contenido de la propuesta de convenio*

1. La propuesta de convenio deberá contener proposiciones de quita, de espera o de quita y espera. La espera no podrá ser superior a diez años.

2. La propuesta de convenio podrá contener, para todos o algunos acreedores o para determinadas clases de acreedores, con excepción de los acreedores públicos, cuantas proposiciones adicionales considere convenientes el proponente o proponentes sin más limitaciones que las establecidas por la ley.

3. En la propuesta de convenio podrá incluirse la modificación estructural de la persona jurídica concursada.

Artículo 317 bis. *Propuesta de convenio con modificación estructural*

1. En la propuesta de convenio podrá incluirse la modificación estructural de la persona jurídica concursada. En ese caso la propuesta deberá ser firmada, además, por los respectivos representantes, con poder suficiente, de la entidad o entidades que sean parte en cualquiera de esas modificaciones estructurales.

2. En ningún caso la sociedad transformada, la sociedad absorbente, la nueva sociedad, las sociedades beneficiarias de la escisión o la sociedad cesionaria pueden llegar a tener un patrimonio neto negativo como consecuencia de la modificación estructural.

Artículo 318. *Prohibiciones*

1. En ningún caso la propuesta de convenio podrá suponer:

1.º La alteración de la cuantía de los créditos establecida por esta ley, sin perjuicio de los efectos de la quita o quitas que pudiera contener.

2.º La alteración de la clasificación de los créditos establecida por esta ley.

3.º La liquidación de la masa activa para la satisfacción de los créditos.

2. La propuesta de convenio no podrá suponer para los créditos de derecho público ni para los créditos laborales el cambio de la ley aplicable; el cambio de deudor, sin perjuicio de que un tercero asuma sin liberación de ese deudor la obligación de pago; la modificación o extinción de las garantías que tuvieren; o la conversión de los créditos en acciones o participaciones sociales, en créditos o préstamos participativos o en cualquier otro crédito de características o de rango distintos de aquellos que tuviere el crédito originario.

3. La propuesta de convenio no podrá suponer quita ni espera respecto de los créditos correspondientes a los porcentajes de las cuotas de la seguridad social a abonar por el empresario por contingencias comunes y por contingencias profesionales, así como respecto de los créditos correspondientes a los porcentajes de la cuota del trabajador que se refieran a contingencias comunes o accidentes de trabajo y enfermedad profesional.

Artículo 319. *Propuestas condicionadas*

1. La propuesta que someta la eficacia del convenio a cualquier clase de condición se tendrá por no presentada.

2. Por excepción a lo dispuesto en el apartado anterior, en caso de concursos conexos, la propuesta que presente uno de los concursados podrá condicionarse a que en otro u otros adquiera eficacia un convenio con un contenido determinado.

Artículo 320. *Propuesta con cláusula de intereses*

Cuando la propuesta de convenio no contenga proposiciones de quita podrá incluir el pago, total o parcial, de los intereses cuyo devengo hubiese quedado suspendido por efecto de la declaración de concurso, calculados al tipo legal o, si fuera menor, al convencional.

Artículo 321. *Propuesta con limitación de facultades*

1. La propuesta de convenio podrá contener medidas prohibitivas o limitativas del ejercicio por el deudor de las facultades de administración y de disposición, durante el periodo de cumplimiento del convenio, sobre bienes y derechos de la masa activa.

2. Las medidas prohibitivas o limitativas serán inscribibles en los registros públicos correspondientes y, en particular, en los que figuren inscritos los bienes o derechos afectados por ellas.

Artículo 322. *Propuesta con atribución de funciones a la administración concursal durante el período de cumplimiento del convenio*

En la propuesta de convenio se podrá atribuir a cualquier miembro de la administración concursal o al auxiliar delegado, con el previo consentimiento del interesado o interesados, el ejercicio de funciones determinadas durante el período de cumplimiento del convenio, fijando la remuneración que se considere oportuna.

Artículo 323. *Propuesta de convenio con previsiones para la realización de bienes o derechos afectos a créditos con privilegio especial*

1. La propuesta de convenio podrá contener previsiones para la enajenación de bienes o derechos afectos a créditos con privilegio especial, que deberán atenerse a los modos de realización y reglas establecidos al efecto en esta ley.

2. El acreedor privilegiado sujeto al convenio deberá recibir el importe que resulte de la realización del bien o derecho en cantidad que no exceda de la deuda originaria en los términos que resulten de las previsiones del convenio. Si hubiera remanente, corresponderá a la masa activa.

3. Si con dicha realización no se consiguiese la completa satisfacción del crédito en los términos que resulten de las previsiones del convenio, el resto será tratado con la clasificación que le corresponda.

Subsección 2.ª De la propuesta de convenio con asunción

Artículo 324. *La propuesta de convenio con asunción*

1. La propuesta de convenio podrá consistir en la adquisición por una persona natural o jurídica, determinada en la propia propuesta, bien del conjunto de bienes y derechos de la masa activa afectos a la actividad profesional o empresarial del concursado, bien de determinadas unidades productivas, con asunción por el adquirente del compromiso de continuidad de esa actividad durante el tiempo mínimo que se establezca en la propuesta, y de la obligación de pago, total o parcial, de todos o de algunos de los créditos concursales.

2. La transmisión de la unidad o de las unidades productivas al adquirente determinado en la propuesta de convenio estará sometida a las reglas especiales establecidas en esta ley para esta clase de transmisiones.

Subsección 3.ª Del contenido alternativo de la propuesta de convenio

Artículo 325. *Propuesta de convenio con contenido alternativo*

Además de una proposición de quita, de espera o de quita y espera, la propuesta de convenio podrá contener cualesquiera otras alternativas para todos o algunos créditos o clases de créditos, sin más limitaciones que las establecidas por la ley, que en ningún caso afectarán a los acreedores públicos.

Artículo 326. *Facultad de elección*

1. En la propuesta de convenio con contenido alternativo deberá determinarse el plazo para el ejercicio de la facultad de elección, así como la alternativa aplicable en caso de falta de ejercicio de esa facultad.

2. El plazo para el ejercicio de la facultad de elección no podrá ser superior a un mes a contar desde la fecha de la firmeza de la resolución judicial que apruebe el convenio.

Artículo 327. *Propuesta de convenio con conversión de créditos*

En la propuesta de convenio de contenido alternativo se podrá incluir como una de las alternativas la conversión de los créditos en acciones, participaciones o cuotas o en obligaciones convertibles de la propia sociedad concursada o de otra sociedad, o la conversión de los créditos en créditos participativos por período no superior a diez años, en créditos subordinados, en créditos con intereses capitalizables o en cualquier otro instrumento financiero con características, rango o vencimiento distintos de aquellos que tuvieran los créditos originarios.

Artículo 328. *Propuesta de convenio con conversión de créditos en acciones o participaciones sociales*

1. La conversión de créditos en acciones o participaciones sociales, con o sin prima, podrá realizarse aunque los créditos a compensar no sean líquidos, no estén vencidos o no sean exigibles.

2. Para la adopción por la junta general de socios del acuerdo de aumentar el capital social por conversión de créditos concursales en acciones o participaciones de la socie-

dad concursada no será necesaria la mayoría reforzada establecida por la ley o por los estatutos sociales.

Artículo 329. *Propuesta de convenio con cesión en pago*

1. En la propuesta de convenio de contenido alternativo se podrá incluir como una de esas alternativas la cesión en pago de bienes o derechos de la masa activa a los acreedores.

2. Los bienes o derechos de la masa activa objeto de cesión en pago no podrán ser los necesarios para la continuación de la actividad profesional o empresarial del concursado.

3. En la propuesta deberá determinarse, conforme a lo establecido en esta ley, cuál es el valor razonable de los bienes o derechos objeto de cesión.

4. El valor de los bienes y derechos objeto de cesión deberá ser igual o inferior al importe de los créditos que se extinguen. Si fuere superior, la diferencia se deberá integrar por el cesionario o cesionarios en la masa activa.

5. En ningún caso se impondrá la cesión en pago a los acreedores públicos.

Artículo 330. *Propuesta de convenio con cesión de las acciones o de los efectos de la reintegración*

En la propuesta de convenio de contenido alternativo se podrá incluir como una de esas alternativas la cesión a uno o a varios acreedores o clases de acreedores de las acciones de reintegración de la masa activa.

SECCIÓN 3.ª Del plan de pagos y del plan de viabilidad

Artículo 331. *El plan de pagos*

1. Las propuestas de convenio deberán presentarse acompañadas de un plan de pagos.

2. En el plan de pagos se determinarán, además, los recursos previstos para su cumplimiento, incluidos, en su caso, los procedentes de la enajenación de determinados bienes o derechos de la masa activa.

Artículo 332. *El plan de viabilidad*

1. Cuando para el cumplimiento del convenio se prevea contar con los recursos que genere la continuación, total o parcial, del ejercicio de la actividad profesional o empresarial, la propuesta deberá ir acompañada, además del plan de pagos, de un plan de viabilidad en el que se especifiquen los recursos necesarios, los medios y condiciones de su obtención y, en su caso, los compromisos de su prestación por terceros.

2. Los créditos comprometidos por acreedores o terceros que se concedan al concursado para financiar la continuidad de la actividad se satisfarán en los términos fijados en el propio convenio.

CAPÍTULO II. De la presentación de la propuesta y de la admisión a trámite

SECCIÓN 1.ª Del momento de presentación de la propuesta

Artículo 333. *Presentación anticipada de la propuesta convenio*
Suprimido

Artículo 334. *Adhesiones iniciales a la propuesta anticipada de convenio*
Suprimido

Artículo 335. *Prohibiciones*
Suprimido

Artículo 336. *Derecho a presentar nueva propuesta o a mantener la propuesta anticipada de convenio*
Suprimido

Artículo 337. *Presentación de la propuesta de convenio por el concursado*
El concursado podrá presentar propuesta de convenio, acompañada o no de las adhesiones que considere conveniente, junto con la solicitud de declaración de concurso o en cualquier momento posterior siempre que no hayan transcurrido quince días a contar desde la presentación del informe de la administración concursal.

Artículo 338. *Presentación de la propuesta de convenio por los acreedores*
1. Desde la declaración de concurso hasta que finalice el plazo establecido en el artículo anterior, el acreedor o acreedores personados cuyos créditos, individual o conjuntamente, superen una quinta parte del total pasivo podrán presentar propuesta de convenio.
2. Si la propuesta se presenta antes de que la administración concursal hubiera presentado la lista provisional de acreedores, ese porcentaje se calculará por la lista que el deudor hubiera acompañado a la solicitud o, en caso de concurso necesario, por la que hubiera presentado, una vez declarado el concurso, dentro del plazo establecido por la ley. Si la propuesta de convenio se presenta después de la presentación de la lista provisional de acreedores, se estará lo que resulte de esta lista.

Artículo 339. *Efectos de la no admisión a trámite de las propuestas de convenio.*
Si la propuesta o propuestas presentadas no se hubieran admitido a trámite, el juez acordará de oficio, mediante auto, la apertura de la liquidación el mismo día en que hubiera tenido lugar esa inadmisión

Artículo 340. *Efectos de la falta de presentación de propuestas de convenio*
Dentro de los tres días siguientes al de la finalización del plazo para la presentación sin que se hubiera presentado propuesta de convenio, el juez, de oficio, acordará mediante auto la apertura de la fase de liquidación.

SECCIÓN 2.ª De la admisión a trámite de la propuesta de convenio

Artículo 341. *Traslado de la propuesta de convenio*
1. El letrado de la Administración de Justicia dará traslado de la propuesta o propuestas presentadas a las partes personadas en el procedimiento.
2. El traslado de la propuesta o propuestas no procederá a aquellos acreedores que se hubieran adherido a la misma.

Artículo 342. *Admisión a trámite de la propuesta de convenio*

1. El juez admitirá a trámite la propuesta o las propuestas de convenio si cumplieran las condiciones de tiempo, forma y contenido establecidas en esta ley.

2. Si la propuesta de convenio previera la adquisición por un tercero bien del conjunto de bienes y derechos de la masa activa afectos a la actividad profesional o empresarial del concursado, bien de determinadas unidades productivas, con asunción por el adquirente del compromiso de continuidad de esa actividad, no podrá admitirse a trámite sin la previa audiencia de los representantes de los trabajadores.

3. Si el concursado hubiera solicitado la liquidación, no procederá la admisión a trámite de la propuesta o propuestas que se hubieran presentado.

Artículo 343. *Forma y momento de la admisión a trámite*

1. Cuando la propuesta de convenio se hubiera presentado con la solicitud de concurso voluntario, el juez resolverá sobre su admisión a trámite en el mismo auto de declaración de concurso.

2. Cuando la propuesta de convenio se hubiera presentado después de la declaración de concurso, el juez resolverá sobre su admisión a trámite mediante auto, que dictará dentro de los tres días siguientes al de la presentación.

Artículo 344. *Defectos de la propuesta de convenio*

De apreciar algún defecto en la propuesta o propuestas de convenio presentadas, el juez, dentro del mismo plazo establecido para la admisión a trámite, dispondrá que se notifique al concursado y, en su caso, a los acreedores para que dentro de los tres días siguientes al de la notificación puedan subsanarlo.

Artículo 345. *Recursos*

Contra el pronunciamiento judicial que resolviere sobre la admisión a trámite de cualquier propuesta de convenio solo podrá interponerse recurso de reposición. Contra el auto resolutorio del recurso de reposición no cabrá recurso alguno.

Artículo 346. *Prohibición de modificar o revocar la propuesta de convenio*

Las propuestas de convenio no podrán modificarse ni revocarse una vez hayan sido admitidas a trámite, pero el concursado podrá dejarlas sin efecto en cualquier momento mediante la solicitud de la liquidación de la masa activa.

CAPÍTULO III. De la evaluación de la propuesta de convenio

Artículo 347. *Evaluación de la propuesta de convenio por la administración concursal*

En la resolución que admita a trámite cualquier propuesta de convenio se acordará dar traslado de la misma a la administración concursal para que, en el plazo improrrogable de diez días, presente evaluación de la propuesta.

Artículo 348. *Contenido de la evaluación de la propuesta de convenio*

1. La administración concursal evaluará el contenido de la propuesta de convenio en relación con el plan de pagos y, en su caso, con el plan de viabilidad que la acompañe.

2. La evaluación deberá contener necesariamente un juicio favorable, con o sin reservas, o desfavorable, acerca de la viabilidad del cumplimiento del convenio propuesto.

Artículo 349. *Comunicación de la evaluación a los acreedores*

1. La administración concursal comunicará de forma telemática la evaluación a los acreedores de cuya dirección electrónica tenga conocimiento.

2. La evaluación realizada antes de la presentación del informe de la administración concursal se unirá a este y la realizada con posterioridad se pondrá de manifiesto en la oficina judicial desde el mismo día de su presentación.

Artículo 350. *Evaluación desfavorable o con reservas de la propuesta anticipada de convenio*

Suprimido

CAPÍTULO IV. De la aceptación de la propuesta de convenio

SECCIÓN 1.ª De la adhesión de los acreedores

Artículo 351. *Adhesión u oposición*

1. Los acreedores podrán aceptar cualquier propuesta de convenio mediante la adhesión a la misma dentro de los plazos y con los efectos establecidos en esta ley.

2. En caso de existir más de una propuesta de convenio, el acreedor podrá adherirse a una sola, a varias o a todas las presentadas expresando en esos casos el orden en el que debe computarse la adhesión. De no indicar el orden se considerará que opta por el orden legal de verificación de las propuestas.

3. Los acreedores podrán oponerse a cualquier propuesta de convenio dentro de los plazos y con los efectos establecidos en esta ley.

Artículo 352. *Acreedores sin derecho de adhesión*

1. Los titulares de créditos subordinados no tendrán derecho de adhesión a la propuesta de convenio, así como tampoco las personas especialmente relacionadas con el concursado que hubiesen adquirido un crédito ordinario o privilegiado por actos entre vivos después de la declaración de concurso.

2. Los acreedores a que se refiere el apartado anterior podrán adherirse a la propuesta de convenio por los demás créditos de que fueran titulares.

Artículo 353. *Acreedores sindicados*

En caso de créditos que, tras la declaración del concurso, continúen sujetos a un régimen o pacto de sindicación, se considerará que los titulares de esos créditos se adhieren a la propuesta de convenio cuando la suma de las adhesiones represente, al menos, el setenta y cinco por ciento de los créditos sindicados, salvo que en el régimen o el pacto de sindicación se hubiera establecido una mayoría inferior.

Artículo 354. *Contenido de la adhesión*

1. En la adhesión a la propuesta de convenio el acreedor expresará el importe del crédito o de los créditos de que fuera titular con los que se adhiere, así como su clase. Si la adhesión tuviere lugar antes de la presentación de la lista de acreedores, el importe y clase deberán ser los que se hubieran comunicado a la administración concursal. Si la adhesión tuviera lugar después, el importe y la clase deberán ser los que figuren en esa lista.

2. La adhesión a la propuesta de convenio será pura y simple, sin introducir modificación ni condicionamiento alguno. En otro caso, se tendrá al acreedor por no adherido.

Artículo 355. *Formas de adhesión y de oposición*

La adhesión o la oposición a la propuesta de convenio habrá de efectuarse por escrito con firma ológrafa o electrónica basada en un certificado cualificado que se entregará o remitirá a la administración concursal con acreditación de la identidad del firmante y, en su caso, de las facultades representativas que tuviere.

Artículo 356. *Acreedores con créditos de distinta clase*

En el caso de que un acreedor sea simultáneamente titular de créditos privilegiados y ordinarios, la adhesión se presumirá realizada exclusivamente respecto de los ordinarios, y solo afectará a los créditos privilegiados si así se hubiera manifestado expresamente en el acto de adhesión.

Artículo 357. *Adhesión de acreedores públicos*

La adhesión a la propuesta de convenio por parte de los titulares de créditos públicos se realizará conforme a las normas legales y reglamentarlas especiales que resulten aplicables.

Artículo 358. *Plazo de adhesión o de oposición*

1. Los acreedores podrán adherirse u oponerse a la propuesta o propuestas de convenio durante los dos meses siguientes a contar desde la fecha de la admisión a trámite de cada una de ellas. Si el término final venciera después del plazo legal para la presentación de la lista provisional de acreedores por la administración concursal, el plazo para la adhesión o la oposición se prorrogará automáticamente hasta los quince días siguientes a la fecha de presentación de la lista provisional.

2. Si las adhesiones presentadas fueran suficientes para considerar aceptada la propuesta de convenio presentada por el concursado, podrá este dar por finalizado en cualquier momento el periodo de adhesiones mediante simple comunicación al juzgado, aunque no hubiera finalizado el plazo de adhesión de otra u otras que hubieran presentado los acreedores.

3. Siempre que exista causa justificada y conste suficientemente acreditada, el juez del concurso podrá conceder, a instancias del deudor, una prórroga del plazo para recoger adhesiones a la propuesta de convenio, que, en ningún caso, podrá exceder del plazo de dos meses a contar desde la finalización del plazo de adhesiones previsto en el apartado 1 de este artículo

Artículo 359. *Aceptación de la propuesta de convenio por el concursado*

1. El concursado podrá aceptar la propuesta o propuestas de convenio presentada por los acreedores dentro del plazo para las adhesiones. La aceptación no supone revocación de la que el concursado hubiera presentado.

2. En defecto de aceptación, el convenio al que la propuesta o propuestas de los acreedores se refieran no podrá ser aprobado por el juez.

Artículo 360. *Revocación de la adhesión*

1. Las adhesiones que hubieran tenido lugar antes de la presentación de la lista provisional de acreedores por la administración concursal podrán revocarse dentro de los quince días siguientes a la fecha de la presentación de esa lista si el importe o la clase del crédito o créditos expresado en la adhesión no coincidiera con los que figuren en esa lista.

2. La revocación deberá realizarse mediante la misma forma utilizada para la adhesión.

3. Una vez aprobado el convenio, aunque la sentencia que recaiga en el incidente de impugnación modifique el importe o la clase del crédito, la adhesión efectuada en tiempo y forma no podrá ser revocada.

Artículo 361. *Resultado de las adhesiones*

1. Al siguiente día hábil al del vencimiento del plazo de revocación, la administración concursal presentará al juzgado escrito haciendo constar el resultado de las adhesiones, acompañado de una relación de los créditos ordinarios o privilegiados adheridos, con expresión del importe total que representen, y de una relación de los que se hubieran opuesto, con expresión del importe total que representen, acompañadas de copia de los escritos de adhesión y de oposición.

2. El escrito en el que conste el resultado y las dos relaciones adjuntas se remitirán por el administrador concursal al concursado y a los acreedores de cuya dirección electrónica tenga conocimiento. Estos documentos y las copias de los escritos de adhesión y de oposición quedarán de manifiesto en la oficina judicial donde podrán ser examinados por quienes estén personados en el procedimiento.

Artículo 362. *Deber de asistencia*
Suprimido

Artículo 363. *Derecho de asistencia*
Suprimido

Artículo 364. *Mesa de la junta*
Suprimido

Artículo 365. *Lista de asistentes*
Suprimido

Artículo 366. *Constitución de la junta*
Suprimido

Artículo 367. *Apertura de la sesión*
Suprimido

Artículo 368. *Derecho de información*
Suprimido

Artículo 369. *Debate sobre las propuestas*
Suprimido

Artículo 370. *Votación de las propuestas*
Suprimido

Artículo 371. *Prórroga de la junta*
Suprimido

Artículo 372. *Acta de la junta*
Suprimido

Artículo 373. *Grabación de la junta de acreedores*
Suprimido

Artículo 374. *Tramitación escrita*
Suprimido

Artículo 375. *Régimen de la tramitación escrita*
Suprimido

SECCIÓN 2.ª De las mayorías del pasivo ordinario necesarias para la aceptación de la propuesta de convenio

Artículo 376. *Mayorías necesarias para la aceptación de propuestas de convenio*

1. Cuando la propuesta de convenio consista en el pago íntegro de los créditos ordinarios en plazo no superior a tres años o en el pago inmediato de los créditos ordinarios vencidos con quita inferior al veinte por ciento y el resto a su respectivo vencimiento, será necesario que el pasivo que representen los acreedores adheridos a la propuesta sea superior al pasivo de los acreedores que hubieran manifestado su oposición a la misma.

2. Cuando la propuesta de convenio contenga quitas iguales o inferiores a la mitad del importe del crédito, o esperas, ya sean de principal, de intereses o de cualquier otra cantidad adeudada, con un plazo no superior a cinco años, será necesario que el pasivo que representen los acreedores adheridos a la propuesta sea superior al cincuenta por ciento del pasivo ordinario.

3. Cuando la propuesta de convenio o alguna de las alternativas que contenga tuviera cualquier otro contenido, será necesario el sesenta y cinco por ciento del pasivo ordinario.

Artículo 377. *Reglas de cómputo del pasivo ordinario*

A los efectos de la aceptación del convenio, se considerará pasivo ordinario la suma de los créditos ordinarios y de aquellos créditos privilegiados, especiales o generales, de los acreedores firmantes de la propuesta o que se hubieran adherido a ella.

Artículo 378. *Trato singular*

1. Para que se considere aceptada una propuesta de convenio que atribuya un trato singular a ciertos créditos o a grupos de créditos determinados por sus características será preciso, además de la obtención de la mayoría que corresponda, la adhesión, en la misma proporción, del pasivo no afectado por el trato singular.

2. A estos efectos, no se considerará que existe un trato singular cuando la propuesta de convenio mantenga a favor de los acreedores privilegiados que se adhieran a la propuesta las ventajas propias del privilegio de que gocen, siempre que esos acreedores queden sujetos a quita, espera o a ambas en la misma medida que los ordinarios.

3. Tampoco se considera como trato singular la aplicación de las prohibiciones del artículo 318.

SECCIÓN 3.ª De la determinación de la aceptación de la propuesta de convenio

Artículo 379. *Determinación de la aceptación de las propuestas*

1. El orden legal de verificación de las propuestas para determinar la aceptación de las mismas se iniciará por la presentada por el concursado. Si no resultara aceptada, se procederá a la determinación de la aceptación de las presentadas por los acreedores que hubieran sido aceptadas por el concursado por el orden que resulte de la cuantía mayor o menor del total de los créditos titulados por quienes las hubieran presentado.

2. Aceptada una propuesta no procederá computar el resultado de las siguientes.

Artículo 380. *Proclamación del resultado*

Aceptada una propuesta de convenio por los acreedores ordinarios el letrado de la Administración de Justicia proclamará el resultado mediante decreto que dictará dentro de los tres días siguientes a aquel en que hubiere finalizado el plazo de adhesiones, con advertencia a los legitimados del derecho a oponerse a la aprobación judicial del convenio.

CAPÍTULO V. De la aprobación judicial del convenio

SECCIÓN 1.ª Del carácter necesario de la aprobación judicial del convenio

Artículo 381. *Sometimiento a la aprobación judicial*

Si la propuesta de convenio hubiera obtenido la aceptación de los acreedores con las mayorías del pasivo concursal exigidas por la ley, el Letrado de la Administración de Justicia, en el mismo día de la proclamación del resultado o en el siguiente hábil, someterá el convenio aceptado a la aprobación del juez.

SECCIÓN 2.ª De la oposición a la aprobación judicial del convenio

Artículo 382. *Legitimación para formular oposición*

La legitimación activa para oponerse a la aprobación judicial del convenio corresponde a quienes no se hubieran adherido a la propuesta, así como a la administración concursal.

Artículo 383. *Motivos de oposición*

1. La oposición solo podrá fundarse en los siguientes motivos:

1.º En la infracción de las normas que esta ley establece sobre el contenido del convenio.

2.º En la infracción de las normas que esta ley establece sobre la forma y el contenido de las adhesiones cuando las adhesiones en que se hubiera producido esa infracción hubieran sido decisivas para la aceptación de una propuesta de convenio.

3.º En la adhesión a la propuesta por quien o quienes no fueren titulares legítimos de los créditos, o en la obtención de las adhesiones mediante maniobras que afecten a la paridad de trato entre los acreedores ordinarios, cuando esas adhesiones hubieran sido decisivas para la aceptación de una propuesta de convenio.

4.º En el error en la proclamación del resultado de las adhesiones.

5.º En caso de propuesta de convenio presentada por acreedores, en la falta de aceptación de esa propuesta por el deudor.

6.º En caso de que quien formule oposición podría obtener en la liquidación de la masa activa una cuota de satisfacción en cualquiera de los créditos de que fuera titular superior a la que obtendría con el cumplimiento del convenio. A estos efectos se comparará el valor de lo que habría de obtener conforme al convenio con el valor de lo que pueda razonablemente presumirse que recibiría en caso de que la liquidación de la masa activa se realizase dentro de los dos años a partir de la fecha en que finalice el plazo para oponerse a la aprobación judicial del convenio.

Artículo 384. *Oposición por inviabilidad objetiva del cumplimiento del convenio*

Los acreedores legitimados para formular oposición a la aprobación judicial del convenio que, individualmente o agrupados, sean titulares, al menos, del cinco por ciento de los créditos ordinarios y la administración concursal podrán oponerse, además, a la aprobación judicial del convenio cuando el cumplimiento de este sea objetivamente inviable.

Artículo 385. *Plazo de oposición*

La oposición a la aprobación judicial del convenio deberá presentarse en el plazo de diez días, contados desde el siguiente a la fecha de proclamación del resultado por el Letrado de la Administración de Justicia.

Artículo 386. *Tramitación de la oposición*

La oposición a la aprobación judicial del convenio se ventilará por los cauces del incidente concursal.

Artículo 387. *Medidas cautelares durante la tramitación de la oposición*

El juez, al admitir a trámite la oposición y emplazar a las demás partes para que contesten, podrá tomar cuantas medidas cautelares procedan para evitar que la demora derivada de la tramitación de la oposición impida, por sí sola, el cumplimiento futuro del convenio aceptado, en caso de desestimarse la oposición. Entre tales medidas cautelares podrá acordar que se inicie el cumplimiento del convenio aceptado, bajo las condiciones provisionales que determine.

SECCIÓN 3.ª De la aprobación judicial del convenio

Artículo 388. *Facultades del juez en orden a la aprobación del convenio*

1. El juez no podrá modificar el contenido del convenio sometido a su aprobación, aunque sí podrá subsanar errores materiales o de cálculo.

2. Cuando fuera necesario, el juez podrá fijar la correcta interpretación de las cláusulas del convenio.

Artículo 389. *Aprobación judicial del convenio*

Dentro de los cinco días siguientes al del vencimiento del plazo para oponerse a la aprobación, sin que se hubiere formulado oposición, o dentro del plazo de diez días una vez tramitado el incidente, si se hubiera formulado, el juez dictará sentencia aprobando o rechazando el convenio. En el auto en que se apruebe el juez deberá incluir íntegramente el convenio aprobado.

Artículo 390. *Publicidad de la sentencia aprobatoria*

A la sentencia por la que se apruebe el convenio se le dará la misma publicidad que a la del auto de declaración de concurso.

Artículo 391. *Sentencia estimatoria de la oposición*

La sentencia que estime la oposición declarará rechazado el convenio. Contra la misma podrá interponerse recurso de apelación.

Artículo 392. *Rechazo de oficio del convenio aceptado*

El juez rechazará de oficio el convenio aceptado por los acreedores si apreciare la existencia de motivo de oposición, aunque esta no hubiera sido presentada o lo hubiera sido por motivo distinto a aquel en que se fundamente el rechazo.

CAPÍTULO VI. De la eficacia del convenio

Artículo 393. *Comienzo de la eficacia del convenio*

1. El convenio adquirirá eficacia desde la fecha de la sentencia que lo apruebe.

2. No obstante lo establecido en el apartado anterior, el juez, por razón del contenido del convenio, podrá acordar, de oficio o a instancia de parte, retrasar esa eficacia a la fecha en que la sentencia de aprobación alcance firmeza. El retraso de la eficacia del convenio podrá acordarse con carácter parcial.

Artículo 394. *Cesación de los efectos de la declaración de concurso*

1. Desde la eficacia del convenio cesarán todos los efectos de la declaración de concurso, que quedarán sustituidos por los que, en su caso, se establezcan en el propio convenio.

2. Los deberes de colaboración e información subsistirán hasta la conclusión del procedimiento.

Artículo 395. *Cese de la administración concursal*

1. Desde la eficacia del convenio cesará la administración concursal.

2. La administración concursal rendirá cuentas de su actuación ante el juez del concurso dentro del plazo que este señale.

3. No obstante el cese, la administración concursal conservará plena legitimación para continuar los incidentes en curso así como para actuar en la sección sexta, con facultades para solicitar la ejecución provisional o definitiva de las sentencias que se dicten en esos incidentes y de la sentencia de calificación.

Artículo 396. *Extensión necesaria del convenio*

1. El contenido del convenio vinculará al deudor y a los acreedores ordinarios y subordinados, respecto de los créditos de cualquiera de estas clases que fuesen anteriores a la declaración de concurso, aunque no se hubieran adherido a la propuesta de convenio o aunque, por cualquier causa, no hubiesen sido reconocidos.

2. Los acreedores subordinados quedarán afectados por las mismas quitas y esperas establecidas en el convenio para los ordinarios, pero cada uno de los plazos anuales de espera establecidos para los créditos ordinarios se computarán como plazos trimestrales de espera para los créditos subordinados desde el íntegro cumplimiento del convenio respecto de los primeros sin que la totalidad de la espera desde el comienzo del cumplimiento del convenio pueda ser superior a diez años para todos los acreedores. Quedan a salvo los efectos que pueda producir el ejercicio de la facultad de elección por los acreedores subordinados.

Artículo 397. *Extensión del convenio a los créditos privilegiados*

1. Los acreedores privilegiados quedarán vinculados al convenio aprobado por el juez si hubieren sido autores de la propuesta o si se hubieran adherido a ella, salvo que hubieran revocado la adhesión, así como si se adhieren en forma al convenio ya aceptado por los acreedores o aprobado por el juez antes de la declaración judicial de su cumplimiento.

2. Sin perjuicio de lo dispuesto en el apartado anterior, los acreedores privilegiados quedarán también vinculados al convenio cuando, dentro de la misma clase a la que pertenezcan, se hubieran obtenido las siguientes mayorías:

1.º El sesenta por ciento del importe de los créditos privilegiados de la misma de la clase, cuando el convenio consista en el pago íntegro de los créditos en plazo no superior a tres años o en el pago inmediato de los créditos vencidos con quita inferior al veinte por ciento; o cuando contenga quitas iguales o inferiores a la mitad del importe del crédito; esperas, ya sean de principal, de intereses o de cualquier otra cantidad adeudada, con un plazo no superior a cinco años; o, en el caso de acreedores distintos de los públicos o los laborales, la conversión de los créditos en créditos participativos durante el mismo plazo.

2.º El setenta y cinco por ciento del importe de los créditos privilegiados de la misma clase, en los convenios que tuvieran otro contenido.

En el caso de acreedores con privilegio especial, el cómputo de las mayorías se hará en función de la proporción de las garantías aceptantes sobre el valor total de las garantías otorgadas dentro de cada clase.

En el caso de los acreedores con privilegio general, el cómputo se realizará en función del pasivo aceptante sobre el total del pasivo que se beneficie de privilegio general dentro de cada clase.

Artículo 398. *Eficacia objetiva del convenio*

Los créditos ordinarios y los créditos subordinados quedarán extinguidos en la parte a que alcance la quita, aplazados en su exigibilidad por el tiempo de espera y, en general, afectados por el contenido del convenio. La misma regla será de aplicación a aquellos créditos privilegiados a los que se extienda la eficacia del convenio.

Artículo 399. *Conservación de derechos*

1. El convenio no producirá efectos respecto de los derechos de los acreedores frente a los obligados solidarios con el concursado ni frente a los fiadores o avalistas, salvo que esos acreedores hubiesen sido autores de la propuesta, se hubieran adherido a ella, salvo que hubieran revocado la adhesión, o hubieran votado a favor de la misma. Los obligados solidarios, los fiadores y los avalistas no podrán invocar la aprobación del convenio ni el contenido de este en perjuicio de aquellos.

2. La responsabilidad de los obligados solidarios, fiadores o avalistas del concursado frente a los acreedores que hubiesen sido autores de la propuesta, se hubieran adherido a ella, salvo que hubieran revocado la adhesión, o hubieran votado a favor de la misma se regirá por los pactos que sobre el particular hubieran establecido y, en su defecto, por las normas legales aplicables a la obligación que hubieren contraído.

Artículo 399 bis. *Aumento del capital en ejecución de convenio*

1. Si el convenio en que se hubiera previsto la conversión de créditos concursales en acciones o participaciones de la sociedad deudora fuera aprobado por el juez, los administradores de la sociedad estarán facultados para aumentar el capital social en la medida necesaria para la conversión de los créditos, sin necesidad de acuerdo de la junta general de socios. En la suscripción de las nuevas acciones o en la asunción de las nuevas participaciones los socios no tendrán derecho de preferencia.

2. Aunque los estatutos sociales contengan cláusulas limitativas de la libre transmisibilidad de las acciones, las nuevas que se emitan en ejecución del convenio serán libremente transmisibles por actos inter vivos hasta que transcurran diez años a contar desde la inscripción del aumento del capital en el registro mercantil. Las nuevas participaciones sociales que se creen en ejecución del convenio serán libremente transmisibles hasta que transcurran diez años a contar desde la inscripción del aumento del capital en el registro mercantil.

Artículo 399 ter. *Fusión, escisión o cesión global de activo y pasivo en ejecución del convenio*

1. En el caso de que el convenio previera una modificación estructural los acreedores concursales no tendrán los derechos de tutela individual reconocidos en el libro primero del Real Decreto-ley 5/2023, de 28 de junio, por el que se adoptan y prorrogan determinadas medidas de respuesta a las consecuencias económicas y sociales de la Guerra de Ucrania, de apoyo a la reconstrucción de la isla de La Palma y a otras situaciones de vulnerabilidad; de transposición de Directivas de la Unión Europea en materia de modificaciones estructurales de sociedades mercantiles y conciliación de la vida familiar y la vida profesional de los progenitores y los cuidadores; y de ejecución y cumplimiento del Derecho de la Unión Europea.

2. La inscripción de la fusión, de la escisión total o la cesión global de activo y pasivo que produzca la extinción de la sociedad declarada en concurso, será causa de conclusión del concurso de acreedores

CAPÍTULO VII. Del cumplimiento del convenio

SECCIÓN 1.ª Del cumplimiento del convenio

Artículo 400. *Información periódica*

Con periodicidad semestral, contada desde la fecha de eficacia total o parcial de la sentencia aprobatoria del convenio, el concursado informará al juez del concurso acerca de su cumplimiento.

Artículo 401. *Cumplimiento*

1. El concursado, una vez que estime íntegramente cumplido el convenio, presentará al juez del concurso el informe correspondiente con la justificación adecuada y solicitará la declaración judicial de cumplimiento. El Letrado de la Administración de Justicia acordará poner de manifiesto en la oficina judicial el informe y la solicitud.

2. Transcurridos quince días desde la puesta de manifiesto, el juez, si estimare cumplido el convenio, lo declarará mediante auto, al que dará la misma publicidad que la de su aprobación.

SECCIÓN 2.ª De la modificación del convenio

Artículo 401 bis. *De la modificación del convenio*

1. Transcurridos dos años de su vigencia, el concursado podrá presentar propuesta de modificación del convenio que se encuentre en riesgo de incumplimiento por causa que no le sea imputable a título de dolo, culpa o negligencia y siempre que se justifique debidamente que la modificación resulta imprescindible para asegurar la viabilidad de la empresa. A la solicitud deberá acompañar una relación de los créditos concursales satisfechos, de los que estuvieran pendientes de pago y de aquellos que, devengados o habiendo sido contraídos durante el periodo de cumplimiento del convenio, no hubieran sido satisfechos, junto con un inventario de sus bienes y derechos, un plan de viabilidad y un plan de pagos.

2. La propuesta de modificación se tramitará conforme a las previsiones de esta ley para la aprobación de una propuesta de convenio si bien el cómputo de las mayorías necesarias para su aprobación se establecerá atendiendo a los importes de los créditos que quedan pendientes de pago conforme a lo que resulte del convenio que se propone modificar.

3. En ningún caso la modificación afectará a los créditos devengados o contraídos durante el periodo de cumplimiento del convenio originario ni a los acreedores privilegiados a los que se hubiera extendido la eficacia del convenio o se hubieran adherido a él una vez aprobado, a menos que se adhieran expresamente a la propuesta de modificación.

4. Mientras se encuentre en tramitación una propuesta de modificación de convenio no se admitirá a trámite solicitud de incumplimiento de convenio y de apertura de liquidación.

5. En ningún caso se admitirá que, modificado el convenio, el concursado proponga nueva modificación.

SECCIÓN 3.ª Del incumplimiento del convenio

Artículo 402. *Legitimación para solicitar la declaración de incumplimiento*
1. Cualquier acreedor que estime incumplido el convenio en lo que le afecte podrá solicitar del juez la declaración de incumplimiento.

2. La infracción de las medidas prohibitivas o limitativas del ejercicio por el deudor de las facultades de administración y de disposición sobre bienes y derechos de la masa activa durante el periodo de cumplimiento del convenio constituirá incumplimiento del convenio, cuya declaración podrá ser solicitada del juez por cualquier acreedor.

Artículo 403. *Régimen de la solicitud y de la declaración de incumplimiento*
1. La acción para solicitar la declaración de incumplimiento del convenio podrá ejercitarse desde que se produzca el incumplimiento y caducará a los dos meses contados desde la última publicación del auto de cumplimiento.

2. La demanda de declaración de incumplimiento del convenio se tramitará por el cauce del incidente concursal.

3. En el caso de ser estimada, en la declaración de incumplimiento del convenio, el juez lo declarará resuelto y abrirá la fase de liquidación de la masa activa.

4. Contra la sentencia que resuelva el incidente cabrá recurso de apelación.

Artículo 404. *Efectos de la declaración de incumplimiento*
1. Desde que alcance firmeza la declaración de incumplimiento, las quitas, las esperas y cualesquiera otras modificaciones de los créditos que hubieran sido pactadas en el convenio quedarán sin efectos.

Asimismo, a partir de ese momento, los acreedores con privilegio especial a los que se hubiera extendido la eficacia del convenio o se hubieran adherido a él una vez aprobado podrán reiniciar o reanudar la ejecución separada de la garantía con independencia de la apertura de la fase de liquidación. En este caso, el acreedor ejecutante hará suyo el importe resultante de la ejecución en cantidad que no exceda de la deuda originaria. El resto, si lo hubiere, corresponderá a la masa activa del concurso.

2. La declaración de incumplimiento del convenio no afectará a la validez y eficacia de los actos realizados por el concursado o por terceros en ejecución del convenio. En particular, producirán plenos efectos los pagos realizados, las garantías de financiación constituidas y cualesquiera acuerdos societarios adoptados para dar cumplimiento a aquel, incluidas las modificaciones del capital social, de los estatutos y las estructurales.

Artículo 405. *Anulación o rescisión de actos del concursado durante el periodo de cumplimiento del convenio*

1. No obstante lo establecido en el artículo anterior, desde que alcance firmeza la declaración de incumplimiento serán anulables los actos realizados durante el periodo de cumplimiento del convenio que supongan contravención del propio convenio o alteración de la igualdad de trato de los acreedores que se encuentren en igualdad de circunstancias.

2. Serán rescindibles conforme a lo establecido en el capítulo IV del título IV del libro primero los actos perjudiciales para la masa activa realizados por el deudor durante los dos años anteriores a la solicitud de declaración de incumplimiento del convenio o, en caso de imposibilidad de cumplimiento, de la solicitud de apertura de la fase de liquidación de la masa activa.

TÍTULO VIII. De la liquidación de la masa activa

CAPÍTULO I. De la apertura de la fase de liquidación

Artículo 406. *Apertura de la liquidación a solicitud del deudor*

El deudor podrá pedir la liquidación en cualquier momento y el juez, dentro de los diez días siguientes a la solicitud, dictará auto abriendo la fase de liquidación.

Artículo 407. *Deber de solicitar la liquidación*

Durante la vigencia del convenio, el concursado deberá pedir la liquidación desde que conozca la imposibilidad de cumplir los pagos comprometidos en este y las obligaciones contraídas con posterioridad a la aprobación de aquel.

Artículo 408. *Apertura de la liquidación a solicitud de la administración concursal*

La administración concursal podrá solicitar la apertura de la fase de liquidación en caso de cese total o parcial de la actividad profesional o empresarial. De la solicitud se dará traslado al concursado por plazo de tres días. El juez resolverá sobre la solicitud mediante auto dentro de los cinco días siguientes.

Artículo 409. *Apertura de oficio de la liquidación*

1. La apertura de la fase de liquidación procederá de oficio en los siguientes casos:

1.º No haberse presentado dentro del plazo legal ninguna propuesta de convenio o no haber sido admitidas a trámite las que hubieren sido presentadas.

2.º No haberse aceptado por los acreedores ninguna propuesta de convenio.

3.º Haberse rechazado por resolución judicial firme el convenio aceptado por los acreedores.

4.º Haberse declarado por resolución judicial firme la nulidad del convenio aprobado por el juez.

5.º Haberse declarado por resolución judicial firme el incumplimiento del convenio.

2. En los casos 1.º y 2.º del apartado anterior, la apertura de la fase de liquidación se acordará por el juez sin más trámites, en el momento en que proceda, mediante auto que se notificará al concursado, a la administración concursal y a todas las partes personadas en el procedimiento.

En cualquiera de los demás casos, la apertura de la fase de liquidación se acordará en la propia resolución judicial que la motive y se hará efectiva una vez esta adquiera firmeza.

3. Contra el auto o la sentencia de apertura de la fase de liquidación el concursado podrá interponer recurso de apelación.

Artículo 410. *Publicidad de la apertura de la liquidación*

A la resolución judicial que declare la apertura de la fase de liquidación, se dará la misma publicidad que a la del auto de declaración de concurso.

CAPÍTULO II. De los efectos de la apertura de la fase de liquidación

Artículo 411. *Efectos generales*

Durante la fase de liquidación seguirán aplicándose las normas contenidas en el título III del libro I de esta ley en cuanto no se opongan a las específicas del presente capítulo.

Artículo 412. *Reposición de la administración concursal*

Cuando en virtud de la eficacia del convenio la administración concursal hubiera cesado, el juez, en la misma resolución en la que acuerde la apertura de la liquidación, la repondrá en el ejercicio de su cargo o nombrará otra nueva.

Artículo 413. *Efectos especiales sobre el concursado*

1. Si el concursado fuera persona natural la apertura de la fase de liquidación producirá los siguientes efectos:

1.º La suspensión del ejercicio de las facultades de administración y de disposición sobre los bienes y derechos que integran la masa activa, con todos los efectos establecidos para la suspensión en el título III del libro primero.

2.º La extinción del derecho a alimentos con cargo a la masa activa, salvo cuando fuere imprescindible para atender a las necesidades mínimas del concursado, su cónyuge o pareja de hecho inscrita, descendientes bajo su potestad y ascendientes a su cargo.

3.º El derecho a solicitar la exoneración del pasivo insatisfecho, si concurren los presupuestos y requisitos establecidos en esta ley.

2. Si la concursada fuera persona jurídica, la resolución judicial que abra la fase de liquidación contendrá la declaración de disolución si esa persona jurídica no estuviese disuelta y, en todo caso, el cese de los administradores o liquidadores, que serán sustituidos a todos los efectos por la administración concursal, sin perjuicio de continuar aquellos en

representación de la concursada en el procedimiento concursal y en los incidentes en los que sea parte.

Artículo 414. *Efectos sobre los créditos concursales*

Además de los efectos establecidos en el capítulo III del título III del libro I de esta ley, la apertura de la liquidación producirá el vencimiento anticipado de los créditos concursales aplazados y la conversión en dinero de aquellos que consistan en otras prestaciones.

Artículo 414 bis. *Especialidades en caso de incumplimiento del convenio*

1. Los créditos contraídos por el deudor durante el periodo de cumplimiento del convenio tendrán la consideración de créditos concursales.

2. Las mismas reglas serán de aplicación en los casos de apertura de oficio de la declaración por nulidad del convenio aprobado.

CAPÍTULO III. De las operaciones de liquidación

SECCIÓN 1.ª De las reglas especiales de liquidación

Artículo 415. *Reglas especiales de liquidación*

1. Al acordar la apertura de la liquidación de la masa activa o en resolución posterior, el juez, previa audiencia o informe del administrador concursal a evacuar en el plazo máximo de diez días naturales, podrá establecer las reglas especiales de liquidación que considere oportunas, así como, bien de oficio bien a solicitud de la administración concursal, modificar las que hubiera establecido. Las reglas especiales de liquidación establecidas por el juez podrán ser modificadas o dejadas sin efecto en cualquier momento, bien de oficio bien a solicitud de la administración concursal.

2. El juez no podrá exigir la previa autorización judicial para la realización de los bienes y derechos, ni establecer reglas cuya aplicación suponga dilatar la liquidación durante un periodo superior al año.

3. Contra el pronunciamiento de la resolución judicial de apertura de la fase de liquidación de la masa activa relativa al establecimiento de reglas especiales de liquidación o contra la resolución judicial posterior que las establezca, así como contra la resolución judicial que les modifique o deje sin efecto, los interesados solo podrán interponer recurso de reposición.

4. Las reglas especiales de liquidación establecidas por el juez quedarán sin efecto si así lo solicitaren acreedores cuyos créditos representen más del cincuenta por ciento del pasivo ordinario o más del cincuenta por ciento del total del pasivo.

5. Cuando se presente a inscripción en los Registros de bienes, cualquier título relativo a un acto de enajenación de bienes y derechos de la masa activa realizado por la administración concursal durante la fase de liquidación, el registrador comprobará en el Registro público concursal si el juez ha fijado o no reglas especiales de la liquidación, y no solo podrá exigir a la administración concursal que acredite la existencia de tales reglas, si no constare referencia alguna a las mismas en la resolución judicial ni en el Registro Público concursal.

– La redacción del artículo 415, apartado 5, se modifica por la Ley Orgánica 1/2025, de 2 de enero, de medidas en materia de eficiencia del servicio público de justicia, con entrada en vigor a los tres meses de su publicación en el Boletín Oficial del Estado (el 3 de abril de 2025). Con anterioridad, este apartado establecía: *5. Cuando se presente a inscripción en los registros de bienes, cualquier título relativo a un acto de enajenación de bienes y derechos de la masa activa realizado por la administración concursal durante la fase de liquidación, el registrador comprobará en el Registro público concursal si el juez ha fijado o no reglas especiales de la liquidación, y no podrá exigir a la administración concursal que acredite la existencia de tales reglas.*

Artículo 415 bis. *Publicidad de los bienes y derechos objeto de liquidación*

En el caso de concursado persona jurídica, la administración concursal, una vez establecidas las reglas especiales de liquidación o acordado que la liquidación se realice mediante las reglas legales supletorias, deberá remitir, para su publicación en el portal de liquidaciones concursales del Registro público concursal, cuanta información resulte necesaria para facilitar la enajenación de la masa activa en los términos que reglamentariamente se determinen.

Artículo 416. *De la presentación del plan de liquidación*
Suprimido

Artículo 417. *Criterios legales de elaboración del plan de liquidación*
Suprimido

Artículo 418. *Observaciones al plan de liquidación y propuestas de modificación*
Suprimido

Artículo 419. *Aprobación del plan de liquidación*
Suprimido

Artículo 420. *Modificación del plan de liquidación*
Suprimido

SECCIÓN 2.ª De las reglas generales supletorias

Artículo 421. *Regla general en materia de liquidación*

De no haber establecido el juez reglas especiales de liquidación, el administrador concursal realizará los bienes y derechos de la masa activa del modo más conveniente para el interés del concurso, sin más limitaciones que las establecidas en los artículos siguientes y en el capítulo III del título IV del libro primero.

Artículo 422. *Regla del conjunto*

1. El conjunto de los establecimientos, explotaciones y cualesquiera otras unidades productivas de bienes o de servicios de la masa activa se enajenará como un todo, salvo que el juez, al establecer las reglas especiales de liquidación, hubiera autorizado la enajenación individualizada.

2. En todo caso, la administración concursal, cuando lo estime conveniente para el interés del concurso, podrá solicitar del juez la autorización para la enajenación individua-

lizada de los establecimientos, explotaciones y cualesquiera otras unidades productivas o de algunas de ellas, o de los elementos de que se compongan.

3. Contra el auto que acuerde la enajenación individualizada de los establecimientos, explotaciones y cualesquiera otras unidades productivas o de algunas de ellas, o de los elementos de que se compongan, no cabrá recurso alguno.

Artículo 423. *Regla de la subasta*

1. La realización durante la fase de liquidación de la masa activa de cualquier bien o derecho o conjunto de bienes o derechos que, según el último inventario presentado por la administración concursal tuviera un valor superior al cinco por ciento del valor total de los bienes y derechos inventariados, se realizará mediante subasta electrónica, salvo que el juez, al establecer las reglas especiales de liquidación, hubiera decidido otra cosa.

2. La subasta electrónica de los bienes y derechos deberá realizarse mediante la inclusión de esos bienes o derechos o parte de ellos, bien en el portal de subastas de la Agencia Estatal Boletín Oficial del Estado, bien en cualquier otro portal electrónico especializado en la liquidación de activos.

Artículo 423 bis. *Adjudicación de bienes hipotecados o pignorados subastados en caso de falta de postores*

1. Si en la subasta de bienes o derechos hipotecados o pignorados realizada a iniciativa del administrador concursal o del titular del derecho real de garantía no hubiera ningún postor, el beneficiario de la garantía tendrá derecho a adjudicarse el bien o el derecho en los términos y dentro de los plazos establecidos por la legislación procesal civil.

2. En el caso de que no ejercitase ese derecho, si el valor de los bienes subastados, según el inventario de la masa activa, fuera inferior a la deuda garantizada, el juez, oídos el administrador concursal y el titular del derecho real de garantía, los adjudicará a este por ese valor, o a la persona natural o jurídica que el interesado hubiera señalado. Si el valor del bien o del derecho fuera superior, ordenará la celebración de nueva subasta sin postura mínima.

CAPÍTULO IV. De los informes trimestrales de liquidación

Artículo 424. *Informes trimestrales de liquidación*

1. Cada tres meses, a contar de la apertura de la fase de liquidación, la administración concursal presentará al juez del concurso un informe sobre el estado de las operaciones. A ese informe se acompañará una relación de los créditos contra la masa, en la que se detallarán y cuantificarán los devengados y pendientes de pago, con indicación de sus respectivos vencimientos.

2. El informe trimestral quedará de manifiesto en la oficina judicial y será remitido por la administración concursal de forma telemática a los acreedores de cuya dirección electrónica tenga constancia. El incumplimiento de este deber podrá determinar la separación de la administración concursal y la exigencia de la responsabilidad si ese incumplimiento hubiera causado daño a los acreedores.

3. El informe trimestral que se presente transcurrido un año desde la apertura de la fase de liquidación de la masa activa, deberá contener como anejo un plan detallado, meramente informativo, del modo y tiempo de liquidación de aquellos bienes y derechos de la masa activa que todavía no hubieran sido realizados por la administración concursal. En los siguientes informes trimestrales, la administración concursal detallará los actos realizados para el cumplimento de ese plan o las razones que hubieran impedido ese cumplimiento.

CAPÍTULO V. De la consignación preventiva

Artículo 425. *De la consignación preventiva*

1. El juez, de oficio o a instancia de parte, podrá ordenar la consignación en la cuenta del juzgado de hasta un quince por ciento de lo que se obtenga en cada una de las enajenaciones de los bienes y derechos que integran la masa activa o de los pagos en efectivo que se realicen con cargo a la misma.

2. Las cantidades consignadas se utilizarán para hacer frente al pago de aquellos créditos concursales que resulten de los pronunciamientos judiciales estimatorios de los recursos de apelación interpuestos o que pudieran interponerse frente a sentencias de impugnación de la lista de acreedores o actos de liquidación.

Artículo 426. *De la liberación de las cantidades consignadas*

Las cantidades consignadas se liberarán cuando los recursos de apelación hayan sido resueltos o cuando el plazo para su interposición haya expirado. La parte del remanente consignado que haya quedado libre tras la resolución o expiración del plazo de interposición de los recursos, será entregada a la administración concursal para que esta la asigne de acuerdo con el orden de prelación legalmente establecido en esta ley, teniendo en cuenta la parte de los créditos que ya hubiere sido satisfecha.

CAPÍTULO VI. De la prolongación indebida de la liquidación

Artículo 427. *Separación de la administración concursal por prolongación indebida de la liquidación*

1. Transcurrido un año desde la firmeza de la resolución judicial por la que se hubiera procedido a la apertura de la fase de liquidación sin que hubiera finalizado esta, cualquier interesado podrá solicitar al juez del concurso la separación de la administración concursal y el nombramiento de otra nueva.

2. El juez, previa audiencia de la administración concursal, acordará la separación si no existiere causa que justifique la dilación y procederá al nombramiento de quien haya de sustituirla.

3. El auto por el que se acuerde la separación de la administración concursal por prolongación indebida de la liquidación se insertará en el Registro público concursal.

Artículo 428. *Pérdida del derecho a la retribución*

Los administradores concursales separados por prolongación indebida de la liquidación perderán el derecho a percibir las retribuciones devengadas, debiendo reintegrar a la masa activa las cantidades que en ese concepto hubieran percibido desde la apertura de la fase de liquidación.

TÍTULO IX. Del pago a los acreedores concursales

Artículo 429. *Deducción para pagos de créditos contra la masa*

Antes de proceder al pago de los créditos concursales, la administración concursal deducirá de la masa activa los bienes y derechos necesarios para satisfacer los créditos contra esta.

Artículo 430. *Pago de créditos con privilegio especial*

1. El pago de los créditos con privilegio especial se hará con cargo a los bienes y derechos afectos, ya sean objeto de ejecución separada o colectiva.

2. No obstante lo dispuesto en el apartado anterior, en tanto se encuentren paralizadas las ejecuciones de garantías reales y el ejercicio de acciones de recuperación asimiladas o subsista la suspensión de las ejecuciones iniciadas antes de la declaración de concurso, la administración concursal podrá comunicar a los titulares de estos créditos con privilegio especial que opta por atender su pago con cargo a la masa y sin realización de los bienes y derechos afectos. Comunicada esta opción, la administración concursal habrá de satisfacer de inmediato la totalidad de los plazos de amortización e intereses vencidos y asumirá la obligación de atender los sucesivos como créditos contra la masa y en cuantía que no exceda del valor de la garantía conforme figura en la lista de acreedores. En caso de incumplimiento, se realizarán los bienes y derechos afectos para satisfacer los créditos con privilegio especial conforme a lo dispuesto en el apartado siguiente.

3. El importe obtenido por la realización de los bienes o derechos afectos se destinará al pago del acreedor privilegiado en cantidad que no exceda de la deuda originaria. El resto, si lo hubiere, corresponderá a la masa activa. Si no se consiguiese la completa satisfacción del crédito, la parte no satisfecha será tratada en el concurso con la clasificación que le corresponda.

Artículo 431. *Prioridad temporal*

Si un mismo bien o derecho se encontrase afecto a más de un crédito con privilegio especial, los pagos se realizarán conforme a la prioridad temporal que para cada crédito resulte del cumplimiento de los requisitos y formalidades previstos en su legislación específica para su oponibilidad a terceros. La prioridad para el pago de los créditos con hipoteca legal tácita será la que resulte de la regulación de esta.

Artículo 432. *Pago de créditos con privilegio general*

1. Deducidos de la masa activa los bienes y derechos necesarios para satisfacer los créditos contra la masa y con cargo a los bienes no afectos a privilegio especial o al remanente que de ellos quedase una vez pagados estos créditos, se atenderá al pago de aquellos que gozan de privilegio general, por el orden establecido en esta ley y, en su caso, a prorrata dentro de cada número.

2. El juez podrá autorizar el pago de estos créditos sin esperar a la conclusión de las impugnaciones promovidas adoptando las medidas cautelares que considere oportunas en cada caso para asegurar su efectividad y la de los créditos contra la masa de previsible generación.

Artículo 433. *Pago de créditos ordinarios*

1. El pago de los créditos ordinarios se efectuará una vez satisfechos los créditos contra la masa y los privilegiados.

2. Los créditos ordinarios serán satisfechos a prorrata, conjuntamente con la parte de los créditos con privilegio especial en que no hubieran sido satisfechos con cargo a los bienes y derechos afectos, salvo que tuvieran la consideración de subordinados.

3. La administración concursal atenderá el pago de estos créditos en función de la liquidez de la masa activa y podrá disponer de entregas de cuotas cuyo importe no sea inferior al cinco por ciento del nominal de cada crédito.

Artículo 434. *Pago de créditos ordinarios con antelación*

1. En casos excepcionales, el juez, a solicitud de la administración concursal, podrá motivadamente autorizar la realización de pagos de créditos ordinarios con antelación cuando estime suficientemente cubierto el pago de los créditos contra la masa y de los créditos privilegiados.

2. El juez podrá también autorizar el pago de los créditos ordinarios antes de que concluyan las impugnaciones promovidas, adoptando en cada caso las medidas cautelares que considere oportunas para asegurar su efectividad y la de los créditos contra la masa de previsible generación.

Artículo 435. *Pago de los créditos subordinados*

1. El pago de los créditos subordinados no se realizará hasta que hayan quedado íntegramente satisfechos los créditos ordinarios.

2. El pago de estos créditos se realizará por el orden establecido en esta ley y, en su caso, a prorrata dentro de cada número.

3. Siempre que no cause perjuicio a tercero y forme parte de él el deudor, el pacto de subordinación relativa entre acreedores se reconocerá en el concurso y será ejecutable dentro del mismo. La administración concursal realizará los pagos conforme a los previsto en los pactos.

Artículo 436. *Pago anticipado*

Si el pago de un crédito se realizare antes del vencimiento que tuviere a la fecha de la apertura de la liquidación, se hará con el descuento correspondiente, calculado al tipo de interés legal.

Artículo 437. *Derecho del acreedor a la cuota del deudor solidario*

El acreedor que, antes de la declaración de concurso, hubiera cobrado parte del crédito de un deudor solidario, de un fiador o de un avalista del deudor tendrá derecho a obtener en el concurso del deudor los pagos correspondientes a aquellos hasta que, sumados a los que perciba por su crédito, cubran el importe total de este.

Artículo 438. *Pago de crédito reconocido en dos o más concursos de deudores solidarios*

1. En el caso de que el crédito hubiera sido reconocido en dos o más concursos de deudores solidarios, la suma de lo percibido en todos los concursos no podrá exceder del importe del crédito.

2. La administración concursal podrá retener el pago hasta que el acreedor presente certificación acreditativa de lo percibido en los concursos de los demás deudores solidarios. Una vez efectuado el pago, lo pondrá en conocimiento de las administraciones concursales de los demás concursos.

3. El deudor solidario concursado que haya efectuado pago parcial al acreedor no podrá obtener el pago en los concursos de los codeudores mientras el acreedor no haya sido íntegramente satisfecho.

Artículo 439. *Coordinación con pagos anteriores en fase de convenio*

1. Si a la liquidación hubiese precedido el cumplimiento parcial de un convenio, se presumirán legítimos los pagos realizados en él, salvo que se probara la existencia de fraude, contravención al convenio o alteración de la igualdad de trato a los acreedores.

2. Quienes hubieran recibido pagos parciales cuya presunción de legitimidad no resultara desvirtuada por sentencia firme de revocación, los retendrán en su poder, pero no podrán cobrar lo que les faltara percibir hasta que el resto de los acreedores de su misma clasificación hubiera recibido pagos en un porcentaje equivalente.

Artículo 440. *Pago de intereses*

Si resultara remanente después del pago de la totalidad de los créditos concursales, procederá el pago, total o parcial, de los intereses cuyo devengo hubiese quedado suspendido por efecto de la declaración de concurso, calculados al tipo convencional y, si no existiera, al tipo legal.

TÍTULO X. De la calificación del concurso

CAPÍTULO I. Disposiciones generales

Artículo 441. *Calificación del concurso*

El concurso se calificará como fortuito o como culpable.

Artículo 442. *Concurso culpable*

El concurso se calificará como culpable cuando en la generación o agravación del estado de insolvencia hubiera mediado dolo o culpa grave del deudor o, si los tuviere, de sus representantes legales y, en caso de persona jurídica, de sus administradores o liquidadores, de derecho o de hecho, directores generales, y de quienes, dentro de los dos años anteriores a la fecha de declaración del concurso, hubieren tenido cualquiera de estas condiciones.

Artículo 443. *Supuestos especiales*

En todo caso, el concurso se calificará como culpable en los siguientes supuestos:

1.º Cuando el deudor se hubiera alzado con la totalidad o parte de sus bienes en perjuicio de sus acreedores o hubiera realizado cualquier acto que retrase, dificulte o impida la eficacia de un embargo en cualquier clase de ejecución iniciada o de previsible iniciación.

2.º Cuando durante los dos años anteriores a la fecha de la declaración de concurso hubieran salido fraudulentamente del patrimonio del deudor bienes o derechos.

3.º Cuando antes de la fecha de declaración del concurso el deudor hubiese realizado cualquier acto jurídico dirigido a simular una situación patrimonial ficticia.

4.º Cuando el deudor hubiera cometido inexactitud grave en cualquiera de los documentos acompañados a la solicitud de declaración de concurso o presentados durante la tramitación del procedimiento, o hubiera acompañado o presentado documentos falsos.

5.º Cuando el deudor legalmente obligado a la llevanza de contabilidad hubiera incumplido sustancialmente esta obligación, llevara doble contabilidad o hubiera cometido en la que llevara irregularidad relevante para la comprensión de su situación patrimonial o financiera.

6.º Cuando la apertura de la liquidación haya sido acordada de oficio por incumplimiento del convenio debido a causa imputable al concursado.

Artículo 444. *Presunciones de culpabilidad*

El concurso se presume culpable, salvo prueba en contrario, cuando el deudor o, en su caso, sus representantes legales, administradores o liquidadores:

1.º Hubieran incumplido el deber de solicitar la declaración del concurso.

2.º Hubieran incumplido el deber de colaboración con el juez del concurso y la administración concursal, no les hubieran facilitado la información necesaria o conveniente para el interés del concurso, o no hubiesen asistido, por sí o por medio de apoderado, a la junta de acreedores, siempre que su participación hubiera sido determinante para la adopción del convenio.

3.º Si, en alguno de los tres últimos ejercicios anteriores a la declaración de concurso, el deudor obligado legalmente a la llevanza de contabilidad no hubiera formulado las cuentas anuales, no las hubiera sometido a auditoría, debiendo hacerlo, o, una vez aprobadas, no las hubiera depositado en el Registro mercantil o en el registro correspondiente.

Artículo 445. *Cómplices*

Se consideran cómplices las personas que, con dolo o culpa grave, hubieran cooperado con el deudor o, si los tuviere, con sus representantes legales y, en caso de persona jurídica, con sus administradores o liquidadores, tanto de derecho como de hecho, o con sus directores generales, a la realización de cualquier acto que haya fundado la calificación del concurso como culpable.

Artículo 445 bis. *Incumplimiento culpable del convenio*

1. El incumplimiento del convenio se calificará como culpable cuando hubiera mediado dolo o culpa grave del deudor o, si los tuviere, de sus representantes legales y, en caso

de persona jurídica, de sus administradores o liquidadores, de derecho o de hecho, de sus directores generales y de quienes, dentro del periodo de cumplimiento del convenio, hubieren reunido cualquiera de estas condiciones.

2. En todo caso, el incumplimiento se calificará como culpable en los siguientes supuestos:

1.º Si durante el periodo de cumplimiento del convenio hubieran salido fraudulentamente del patrimonio del deudor bienes o derechos.

2.º Si el deudor hubiera realizado cualquier acto jurídico dirigido a simular una situación patrimonial ficticia.

3. El incumplimiento del convenio se presume culpable, salvo prueba en contrario, cuando el deudor o, en su caso, sus representantes legales, administradores o liquidadores:

1.º Si durante el cumplimiento del convenio el deudor no hubiera reclamado el cumplimiento de las obligaciones exigibles.

2.º Si el deudor hubiera incumplido el deber de solicitar la liquidación de la masa activa.

3.º Si el deudor obligado legalmente a la llevanza de contabilidad, no hubiera formulado en tiempo y forma las cuentas anuales en alguno de los tres últimos ejercicios anteriores a aquel en que hubiera incumplido el convenio; no hubiera sometido esas cuentas a auditoría, debiendo hacerlo, o, una vez aprobadas, no las hubiera depositado en el Registro mercantil o en el registro correspondiente.

CAPÍTULO II. De la sección de calificación

SECCIÓN 1.ª De la formación y tramitación de la sección de calificación

Subsección 1.ª Del régimen general

Artículo 446. *Formación de la sección sexta*

1. En el mismo auto por el que se ponga fin a la fase común, el juez ordenará la formación de la sección sexta.

2. La sección se encabezará con copia auténtica del auto por el que se haya procedido a su formación y se incorporarán a ella copia auténtica de la solicitud de declaración de concurso, de la documentación aportada por el deudor, del auto de declaración de concurso y del informe de la administración concursal con los documentos anejos.

Artículo 447. *Alegaciones sobre la calificación del concurso*

Durante el plazo para la comunicación de créditos cualquier acreedor o cualquier personado en el concurso podrá remitir por correo electrónico a la administración concursal cuanto considere relevante para fundar la calificación del concurso como culpable, acompañando, en su caso, los documentos que considere oportunos.

Artículo 448. *Informe de calificación del administrador concursal*

1. Dentro de los quince días siguientes al de la presentación del inventario y de la lista de acreedores provisionales, la administración concursal presentará un informe razonado y documentado sobre los hechos relevantes para la calificación del concurso, con pro-

puesta de resolución. Si los acreedores o los que sin ser acreedores se hayan personado en el concurso hubieran formulado alegaciones para la calificación del concurso como culpable, esas alegaciones se unirán como anejo al informe de calificación.

2. El informe de calificación tendrá la estructura propia de una demanda si el administrador concursal solicitara la calificación del concurso como culpable.

3. Si la administración concursal propusiera la calificación del concurso como culpable, el informe expresará la identidad de las personas a las que deba afectar la calificación y la de las que hayan de ser consideradas cómplices, justificando la causa, así como la determinación de los daños y perjuicios que, en su caso, se hayan causado por las personas anteriores y las demás pretensiones que se consideren procedentes conforme a lo previsto por la ley.

4. El mismo día de la presentación, el administrador concursal remitirá el informe a la dirección de correo electrónico de quienes hubieran formulado alegaciones sobre la calificación del concurso.

5. Si después de la presentación del informe de calificación la administración concursal tuviera conocimiento de algún hecho relevante para la calificación, podrá presentar una ampliación de su informe.

Artículo 449. *Informe de calificación de los acreedores*

Dentro de los diez días siguientes al de la remisión del informe de calificación del administrador concursal, los acreedores que hubieran formulado alegaciones para la calificación del concurso como culpable podrán presentar también un informe razonado y documentado sobre los hechos relevantes para la calificación del concurso como culpable, con propuesta de resolución del concurso como culpable conforme a lo establecido en el artículo anterior, siempre que representen, al menos, el cinco por ciento del pasivo o sean titulares de créditos por importe superior a un millón de euros según la lista provisional presentada por la administración concursal.

Artículo 450. *Tramitación de la sección*

1. Si en alguno de los informes emitidos se hubiera solicitado la calificación del concurso como culpable, el juez, dentro de los cinco días siguientes a aquel en que hubiera transcurrido el plazo a que se refiere el artículo anterior, ordenará, mediante providencia, que se dé audiencia al concursado por plazo de diez días y, en la misma resolución, ordenará emplazar a todas las demás personas que, según resulte de lo actuado, pudieran ser afectadas por la calificación del concurso o declaradas cómplices, a fin de que, en plazo de cinco días, comparezcan en la sección si no lo hubieran hecho con anterioridad.

2. El mismo día de la providencia, el letrado de la Administración de Justicia señalará fecha y hora para la celebración de la vista, que deberá tener lugar dentro de los dos meses siguientes a la fecha de esa resolución.

3. A las personas que comparezcan en plazo el letrado de la Administración de Justicia les dará vista del contenido de la sección para que, dentro de los diez días siguientes, aleguen cuanto convenga a su derecho. Si comparecieren con posterioridad al vencimiento del plazo, les tendrá por parte sin retroceder el curso de las actuaciones. Si no compare-

cieren, el letrado de la Administración de Justicia los declarará en rebeldía y seguirán su curso las actuaciones sin volver a citarlos.

4. Si la prueba propuesta en los informes emitidos en los que se hubiera solicitado la calificación del concurso como culpable y en las alegaciones presentadas por el deudor, las demás personas afectadas por la calificación y los cómplices, fuese únicamente documental, el juez podrá dejar sin efecto el señalamiento para la celebración de la vista.

5. Salvo en caso de allanamiento, las alegaciones del deudor, de las demás personas afectadas por la calificación y de los cómplices deberán tener la estructura propia de una contestación a la demanda.

6. Si el informe de la administración concursal solicitara la calificación del concurso como fortuito y los acreedores legitimados no hubieran presentado informe de calificación, el juez, sin más trámites, ordenará, mediante auto, el archivo de las actuaciones. Contra el auto que ordene el archivo de las actuaciones no cabrá recurso alguno.

Artículo 450 bis. *Elevación de los informes al Ministerio Fiscal*

En el caso de que en cualquiera de los informes de calificación se pusiera de manifiesto la posible existencia de un hecho constitutivo de delito no perseguible únicamente a instancia de persona agraviada, el juez, en la misma resolución por la que acuerde el emplazamiento de las personas que pudieran quedar afectadas por la calificación o declaradas cómplices, lo pondrá en conocimiento del Ministerio Fiscal por si hubiere lugar al ejercicio de la acción penal.

Artículo 450 ter. *Personación de acreedores y demás legitimados*

Si el informe de calificación de la administración concursal solicitara la calificación del concurso como culpable, cualquier acreedor o persona que acredite interés legítimo podrá personarse en la sección sexta para defender esa calificación.

Artículo 451. *Oposición a la calificación*

1. Si el concursado o alguno de los comparecidos formulase oposición deberá hacerlo en la forma prevista para un escrito de contestación a la demanda. Para los trámites posteriores el procedimiento se sustanciará según lo previsto para el incidente concursal. De ser varias las oposiciones, se sustanciarán juntas en el mismo incidente.

2. Si no se hubiere formulado oposición, el juez dictará sentencia en el plazo de cinco días.

Artículo 451 bis. *Transacción*

1. La administración concursal, los acreedores que hubieran presentado informe de calificación y las personas que, según cualquiera de esos informes, pudieran quedar afectadas por la calificación o ser declaradas cómplices podrán alcanzar un acuerdo transaccional sobre el contenido económico de la calificación.

2. La eficacia del acuerdo transaccional está condicionada a la aprobación por el juez del concurso. Presentada la solicitud de aprobación, el letrado de la Administración de Justicia dará traslado de esa solicitud a los personados en la sección para que, en el plazo de diez días, aleguen lo que a su derecho convenga.

3. Contra el auto por el que se apruebe la transacción los personados en la sección que hubieran alegado en contra de que la transacción fuera aprobada podrán interponer recurso de apelación. Contra el auto por el que se deniegue la aprobación no cabrá interponer recurso alguno.

Subsección 2.ª Del régimen especial en caso de incumplimiento del convenio

Artículo 452. *Especialidades de la formación de la sección de calificación en caso de incumplimiento del convenio*

1. En la misma resolución judicial que acuerde la apertura de la liquidación por razón de incumplimiento del convenio, el juez procederá del siguiente modo:

1.º Si en la sección sexta se hubiera dictado sentencia de calificación o auto de archivo de la sección, ordenará la reapertura de esa sección, con incorporación a ella de la propia resolución que ordene esa reapertura.

2.º Si continuara en tramitación, ordenará la formación de una pieza separada dentro de la sección de calificación que se hallare abierta, para su tramitación de forma autónoma y conforme a las normas establecidas en este título que le sean de aplicación.

2. El plazo para la presentación del informe o informes de calificación se iniciará al siguiente día de la notificación de la apertura de la liquidación al administrador concursal y a los acreedores personados en el concurso.

Artículo 453. *Personación de acreedores y demás legitimados*

En caso de incumplimiento del convenio, si el informe o informes de calificación solicitaran la calificación del concurso como culpable, cualquier acreedor o persona que acredite interés legítimo podrá personarse en la sección sexta o en la pieza separada, antes de la celebración de la vista, para defender esta calificación.

Artículo 454. *Contenido de los informes*

En el caso de reapertura de la sección o de formación de pieza separada, el informe o informes de calificación se limitarán a determinar si ha concurrido dolo o culpa grave en el incumplimiento del convenio, con propuesta de resolución.

SECCIÓN 2.ª De la sentencia de calificación

Artículo 455. *Sentencia de calificación*

1. La sentencia declarará el concurso como fortuito o como culpable. Si lo calificara como culpable, expresará la causa o causas en que se fundamente la calificación.

2. La sentencia que califique el concurso como culpable contendrá, además, los siguientes pronunciamientos:

1.º La determinación de las personas afectadas por la calificación, así como, en su caso, la de las declaradas cómplices.

En caso de persona jurídica, podrán ser consideradas personas afectadas por la calificación los administradores o liquidadores, de derecho o de hecho, los directores generales y quienes, dentro de los dos años anteriores a la fecha de la declaración de concurso, hubieren tenido cualquiera de estas condiciones.

Si alguna de las personas afectadas lo fuera como administrador o liquidador de hecho, la sentencia deberá motivar específicamente la atribución de esa condición.

No tendrán la consideración de administradores de hecho los acreedores que, en virtud de lo pactado en el convenio tuvieran derechos especiales de información, de autorización de determinadas operaciones del deudor o cualesquiera otras de vigilancia o control sobre el cumplimiento del plan de viabilidad, salvo que se acreditara la existencia de alguna circunstancia de distinta naturaleza que pudiera justificar la atribución de esa condición.

2.º La inhabilitación de las personas naturales afectadas por la calificación para administrar los bienes ajenos durante un período de dos a quince años, así como para representar a cualquier persona durante el mismo período. Esta inhabilitación se notificará al Registro de la Propiedad y al Registro Mercantil para su constancia en la hoja de la concursada y en las demás del registro en que aparezca la persona inhabilitada, así como en el Índice único informatizado del artículo 242 bis de la Ley Hipotecaria.

La duración del periodo de inhabilitación se fijará por el juez atendiendo a la gravedad de los hechos y a la entidad del perjuicio causado a la masa activa, así como a la existencia de otras sentencias de calificación del concurso como culpable en los que la misma persona ya hubiera sido inhabilitada.

Excepcionalmente, en caso de convenio, si así lo hubiera solicitado la administración concursal en el informe de calificación, la sentencia podrá autorizar al inhabilitado a continuar al frente de la empresa o como administrador de la sociedad concursada durante el tiempo de cumplimiento del convenio o por periodo inferior.

3.º La pérdida de cualquier derecho que las personas afectadas por la calificación o declaradas cómplices tuvieran como acreedores concursales o de la masa.

4.º La condena a las personas afectadas por la calificación o declaradas cómplices a devolver los bienes o derechos que indebidamente hubieran obtenido del patrimonio del deudor o recibido de la masa activa.

5.º La condena a las personas afectadas por la calificación o declaradas cómplices a indemnizar, con o sin solidaridad, los daños y perjuicios causados.

3. En materia de costas, serán de aplicación las siguientes reglas especiales:

1.ª La sentencia que desestime la solicitud de calificación del concurso como culpable a solicitud de la administración concursal no condenará a esta al pago de las costas, salvo que concurra temeridad.

2.ª La sentencia que estime la solicitud de calificación del concurso como culpable no condenará a las personas afectadas por la calificación o declarados cómplices al pago de las costas en que hubieran incurrido los legitimados personados en la sección sexta para defender la calificación del concurso como culpable.

4. La sentencia declarará el incumplimiento del convenio como fortuito o como culpable. La sentencia que califique ese incumplimiento como culpable contendrá, además, los pronunciamientos a que se refieren los apartados 1 y 2.

Artículo 456. *Condena a la cobertura del déficit*

1. Cuando la sección de calificación hubiera sido formada o reabierta como consecuencia de la apertura de la fase de liquidación, el juez, en la sentencia de calificación,

podrá condenar, con o sin solidaridad, a la cobertura, total o parcial, del déficit a todos o a algunos de los administradores, liquidadores, de derecho o de hecho, o directores generales de la persona jurídica concursada que hubieran sido declarados personas afectadas por la calificación en la medida que la conducta de estas personas que haya determinado la calificación del concurso como culpable hubiera generado o agravado la insolvencia.

2. Se considera que existe déficit cuando el valor de los bienes y derechos de la masa activa según el inventario de la administración concursal sea inferior a la suma de los importes de los créditos reconocidos en la lista de acreedores.

3. En caso de pluralidad de condenados a la cobertura del déficit, la sentencia deberá individualizar la cantidad a satisfacer por cada uno de ellos, de acuerdo con la participación en los hechos que hubieran determinado la calificación del concurso.

4. En caso de reapertura de la sección sexta por incumplimiento del convenio, si el concurso hubiera sido ya calificado como culpable, el juez para fijar la condena a la cobertura, total o parcial, del déficit, atenderá tanto a los hechos declarados probados en la sentencia de calificación como a los determinantes de la reapertura.

Artículo 457. *Publicidad*

El contenido de la sentencia de calificación del concurso como culpable se inscribirá en el Registro público concursal.

Artículo 458. *Cumplimiento de las condenas de inhabilitación*

En el caso de que una misma persona fuera inhabilitada en dos o más concursos, el período de inhabilitación será la suma de cada uno de ellos.

Artículo 459. *Cese y sustitución de los inhabilitados*

1. La firmeza de la sentencia de calificación producirá el cese automático de los administradores y liquidadores de la persona jurídica concursada que hubieran sido inhabilitados.

2. Si el cese impidiese el funcionamiento del órgano de administración o liquidación, la administración concursal, aunque hubiera sido cesada, convocará junta o asamblea de socios para el nombramiento de quienes hayan de cubrir las vacantes de los inhabilitados. Los gastos de la convocatoria serán a cargo de la sociedad.

Artículo 460. *Recurso de apelación*

Quienes hubieran sido parte en la sección sexta podrán interponer recurso de apelación contra la sentencia de calificación.

Artículo 461. *Ejecución de la sentencia de calificación*

1. La legitimación para solicitar la ejecución de la condena o de las condenas que contenga la sentencia de calificación corresponderá a la administración concursal. Los acreedores que hayan instado por escrito de la administración concursal la solicitud de la ejecución estarán legitimados para solicitarla si la administración concursal no lo hiciere dentro del mes siguiente al requerimiento.

2. Todas las cantidades que se obtengan en ejecución de la sentencia de calificación se integrarán en la masa activa del concurso.

Artículo 462. *Regla de la no vinculación de los jueces de lo penal ni de los órganos de la jurisdicción contencioso-administrativa*

La calificación no vinculará a los jueces de lo penal que conozcan de aquellas actuaciones de las personas afectadas por la calificación o declaradas cómplices que pudieran ser constitutivas de delito, ni a los órganos de la jurisdicción contencioso-administrativa que conozcan de actuaciones sobre responsabilidad en el ámbito administrativo de terceras personas relacionadas con el concursado.

SECCIÓN 3.ª De la calificación en caso de intervención administrativa

Artículo 463. *Formación de la sección de calificación*

1. En los casos de adopción de medidas administrativas que comporten la disolución y liquidación de una entidad y excluyan la posibilidad de declarar el concurso, la autoridad supervisora que las hubiera acordado comunicará inmediatamente la resolución al juez que fuera competente para la declaración de concurso de esa entidad.

2. Una vez recibida la comunicación y, aunque la resolución administrativa no sea firme, el juez, de oficio o a solicitud de la autoridad administrativa, dictará auto acordando la formación de una sección autónoma de calificación, sin previa declaración de concurso.

3. Se dará al auto la publicidad prevista en esta ley para la resolución judicial de apertura de la liquidación.

Artículo 464. *Especialidades de la tramitación*

1. La sección se encabezará con la resolución administrativa que hubiere acordado las medidas.

2. Los interesados podrán personarse y ser parte en la sección en el plazo de quince días a contar desde la publicación prevista en el artículo anterior.

3. El informe sobre la calificación será emitido por la autoridad supervisora que hubiere acordado la medida de intervención, salvo que en la legislación específica se designe persona distinta.

TÍTULO XI. De la conclusión y de la reapertura del concurso de acreedores

CAPÍTULO I. De la conclusión del concurso

SECCIÓN 1.ª De las causas de conclusión del concurso

Artículo 465. *Causas*

La conclusión del concurso con el archivo de las actuaciones procederá en los siguientes casos:

1.º Cuando alcance firmeza el auto de la Audiencia Provincial que, estimando la apelación, revoque el auto de declaración de concurso.

2.º Cuando de la lista definitiva de acreedores resulte la existencia de un único acreedor.

3.º Cuando, terminada la fase común del concurso, alcance firmeza la resolución que acepte el desistimiento o la renuncia de los acreedores reconocidos, a menos que tras el desistimiento o renuncia resulte la existencia de un único acreedor en cuyo caso se estará a lo dispuesto en el ordinal anterior.

4.º Cuando, dictado auto de cumplimiento del convenio, transcurra el plazo de caducidad de las acciones de declaración de incumplimiento o, en su caso, sean rechazadas por resolución judicial firme las que se hubieren ejercitado.

5.º Cuando, en cualquier estado del procedimiento, se compruebe el pago o la consignación de la totalidad de los créditos reconocidos o la íntegra satisfacción de los acreedores por cualquier otro medio.

6.º Cuando se hayan liquidado los bienes y derechos de la masa activa y aplicado lo obtenido en la liquidación a la satisfacción de los créditos.

7.º Cuando, en cualquier estado del procedimiento, se compruebe la insuficiencia de la masa activa para satisfacer los créditos contra la masa, y concurran las demás condiciones establecidas en esta ley.

8.º Cuando, en los casos admitidos por la ley, la sociedad declarada en concurso se hubiera fusionado con otra u otras o hubiera sido absorbida por otra, se hubiera escindido totalmente o hubiera cedido globalmente el activo y el pasivo que tuviere.

SECCIÓN 2.ª Del régimen de conclusión del concurso

Subsección 1.ª De la conclusión del concurso por revocación de la declaración

Artículo 466. *Revocación de la declaración de concurso*

La conclusión del concurso se acordará mediante diligencia por el Letrado de la Administración de Justicia, una vez conste en el juzgado la firmeza del auto de la Audiencia Provincial que revoque el auto de declaración de concurso.

Subsección 2.ª De la conclusión del concurso por cumplimiento del convenio

Artículo 467. *Cumplimiento del convenio*

Una vez transcurrido el plazo de caducidad de las acciones de declaración de incumplimiento o, en su caso, rechazadas por resolución judicial firme las que se hubieran ejercitado, el juez dictará auto de conclusión del procedimiento.

Subsección 3.ª De la conclusión del concurso por finalización de la liquidación

Artículo 468. *Presentación del informe final de liquidación*

1. Dentro del mes siguiente a la conclusión de la liquidación de la masa activa, la administración concursal presentará al juez del concurso el informe final de liquidación solicitando la conclusión del procedimiento. Si estuviera en tramitación la sección sexta, el informe final se presentará en el mes siguiente a la notificación de la sentencia de calificación.

2. En el informe final de liquidación, el administrador concursal expondrá las operaciones de liquidación que hubiera realizado y las cantidades obtenidas en cada una de esas operaciones, así como los pagos realizados y, en su caso, las consignaciones efectuadas para la satisfacción de los créditos contra la masa y de los créditos concursales.

3. En el informe final de liquidación el administrador concursal expondrá si el deudor tiene la propiedad de bienes o derechos legalmente inembargables, y si en la masa activa existen bienes o derechos desprovistos de valor de mercado o cuyo coste de realización sea manifiestamente desproporcionado respecto del previsible valor venal, así como si existen bienes o derechos pignorado o hipotecados.

4. El informe final se pondrá de manifiesto en la oficina judicial a todas las partes personadas por el plazo de quince días.

5. La administración concursal remitirá el informe final mediante comunicación telemática a los acreedores de cuya dirección electrónica tenga conocimiento.

6. Lo establecido en este artículo será de aplicación al informe justificativo de la procedencia de la conclusión del concurso por cualquier otra causa de conclusión del concurso y al escrito en el que el administrador concursal informe favorablemente la solicitud de conclusión deducida por otros legitimados.

Artículo 469. *Oposición a la conclusión*

1. Si en el plazo de audiencia concedido a las partes, computado desde la puesta de manifiesto del informe final en la oficina judicial, se formulase oposición a la conclusión del concurso, se dará a esta la tramitación del incidente concursal.

2. Si no se formulase oposición en el plazo indicado, el juez resolverá sobre la conclusión del procedimiento en la misma resolución que decida sobre la rendición de cuentas.

Subsección 4.ª De la conclusión por insuficiencia de la masa activa simultánea a la declaración del concurso

Suprimida

Artículo 470. *Presupuestos*

Suprimido

Artículo 471. *Recurso contra el auto de conclusión del concurso*

Suprimido

Artículo 472. *Especialidades en caso de concurso de persona natural*

Suprimido

Subsección 5.ª De la conclusión por insuficiencia de la masa activa posterior al auto de declaración del concurso

Artículo 473. *Informe de la administración concursal sobre la insuficiencia sobrevenida*

1. En caso de insuficiencia sobrevenida de la masa activa para satisfacer todos los créditos contra la masa, la administración concursal, una vez pagados o consignado el

importe de aquellos ya devengados conforme al orden establecido en esta ley, deberá solicitar del juez la conclusión del concurso de acreedores, con rendición de cuentas.

2. A la solicitud de conclusión acompañará un informe con el mismo contenido establecido para el informe final de liquidación, en el que, además, razonará inexcusablemente:

1.º Que el deudor no ha realizado actos perjudiciales para la masa activa que sean rescindibles conforme a lo establecido en esta ley.

2.º Que no existe fundamento para el ejercicio de la acción social de responsabilidad contra los administradores o liquidadores, de derecho o de hecho de la persona jurídica concursada; o contra la persona natural designada por la persona jurídica administradora para el ejercicio permanente de las funciones propias del cargo de administrador persona jurídica y contra la persona, cualquiera que sea su denominación, que tenga atribuidas facultades de más alta dirección de la sociedad cuando no exista delegación permanente de facultades del consejo en uno o varios consejeros delegados.

3.º Que no existe fundamento para que el concurso pueda ser calificado de culpable.

4.º Que lo que se pudiera obtener del ejercicio de las correspondientes acciones no sería suficiente para el pago de los créditos contra la masa pendientes de pago.

3. El mismo día de la presentación de la solicitud de conclusión del concurso la administración concursal remitirá el informe a los acreedores de cuya dirección electrónica tenga constancia.

4. El mismo día de la presentación de la solicitud de conclusión o, si no fuera posible, en el siguiente, el letrado de la Administración de Justicia lo pondrá de manifiesto en la oficina judicial a todas las partes personadas por el plazo de diez días.

Artículo 474. *Presupuesto de la solicitud*

La administración concursal no podrá solicitar la conclusión del concurso por insuficiencia sobrevenida de la masa activa mientras esté en tramitación incidente de rescisión de cualquier acto del deudor perjudicial para la masa activa o de exigencia de responsabilidad de terceros o se encuentre en tramitación la sección de calificación, salvo que las correspondientes acciones ya ejercitadas hubiesen sido objeto de cesión o fuese manifiesto que lo que se obtuviera de ellas no sería suficiente para la satisfacción de los créditos contra la masa.

Artículo 475. *Oposición a la conclusión*

1. Dentro del plazo en que el informe estuviera de manifiesto en la oficina judicial, cualquier persona que acredite interés legítimo podrá formular oposición a la conclusión del concurso, siempre que justifique la existencia de indicios suficientes para considerar que pueden ejercitarse acciones de reintegración o de exigencia de responsabilidad o acrediten por escrito hechos relevantes que pudieran conducir a la calificación de concurso como culpable.

2. Al escrito de oposición deberá acompañar documento acreditativo de la constitución de depósito o la consignación en el juzgado de una cantidad suficiente para la satisfacción de los previsibles créditos contra la masa. El depósito o consignación podrá hacerse también mediante aval solidario de duración indefinida, pagadero a primer reque-

rimiento, emitido por entidad de crédito o sociedad de garantía recíproca, o por cualquier otro medio que, a juicio del tribunal, garantice la inmediata disponibilidad de la cantidad.

3. Si el juez considerase suficientes los indicios y los hechos acreditados por quien hubiera formulado oposición y suficiente la garantía, la admitirá a trámite conforme a lo establecido para el incidente concursal. Si considerase insuficiente la garantía concederá a quien hubiera formulado oposición el plazo de cinco días para que pueda mejorarla.

4. Si dentro del plazo establecido por la ley ninguna persona con interés legítimo formulase oposición a la conclusión del concurso, el juez resolverá mediante auto sobre la conclusión solicitada.

Artículo 476. *Solicitud de continuación del concurso*

1. Hasta la fecha en que se dicte el auto de conclusión del concurso, los acreedores y cualquier otro legitimado podrán solicitar la continuación del concurso siempre que justifiquen la existencia de indicios suficientes para considerar que pueden ejercitarse determinadas acciones de reintegración o aporten por escrito hechos relevantes que pudieran conducir a la calificación de concurso culpable y la constitución de depósito o la consignación en el juzgado de una cantidad suficiente para la satisfacción de los previsibles créditos contra la masa. El depósito o consignación podrá hacerse también mediante aval solidario de duración indefinida, pagadero a primer requerimiento, emitido por entidad de crédito o sociedad de garantía recíproca, o por cualquier otro medio que, a juicio del tribunal, garantice la inmediata disponibilidad de la cantidad.

2. El Letrado de la Administración de Justicia admitirá a trámite la solicitud si cumple las condiciones de tiempo y contenido establecidas en esta ley. Si entiende que no concurren las condiciones o que no se han subsanado, dará cuenta al juez para que dicte auto aceptando o denegando la solicitud.

3. Si continuase el concurso, el instante estará legitimado para el ejercicio de las acciones de reintegración que hubiere identificado en la solicitud, estando en cuanto a las costas y gastos a lo establecido en esta ley para el ejercicio subsidiario de acciones por los acreedores.

Subsección 6.ª De la conclusión del concurso por satisfacción de los acreedores, por desistimiento o por renuncia

Artículo 477. *Conclusión por satisfacción a los acreedores, desistimiento o renuncia*

1. El concursado, la administración concursal o cualquiera de los acreedores podrá alegar como causa de conclusión del concurso el pago o la consignación de la totalidad de los créditos reconocidos o la íntegra satisfacción de los acreedores por cualquier otro medio, así como, una vez terminada la fase común del concurso, la firmeza de la resolución que acepte el desistimiento o la renuncia de la totalidad de los acreedores reconocidos. La solicitud de conclusión del concurso de acreedores podrá presentarse aunque se encuentre en tramitación la sección sexta.

2. Cuando la solicitud de conclusión no la formule la propia administración concursal, se le dará traslado de la solicitud para que emita informe en el plazo de quince días, en el cual podrá oponerse a la conclusión de concurso.

3. Presentado el informe por la administración concursal o solicitada por esta la conclusión, el Letrado de la Administración de Justicia dará traslado a las demás partes personadas para que en el plazo de quince días puedan formular oposición a la solicitud de conclusión.

4. Si no se formula oposición, el juez resolverá sobre la conclusión del concurso en la misma resolución que decida sobre la rendición de cuentas. De formularse oposición a la conclusión de concurso, se le dará la tramitación del incidente concursal.

5. La conclusión del concurso no impedirá la continuación de la tramitación de la sección sexta ni la ejecución por la administración concursal de los pronunciamientos de la sentencia de calificación.

SECCIÓN 3.ª De la rendición de cuentas

– Real Decreto 188/2023, de 21 de marzo, por el que se aprueba el formulario del boletín estadístico de rendición de cuentas de la administración concursal.

Artículo 478. *Rendición de cuentas*

1. Con el informe final de liquidación, con el informe justificativo de la procedencia de la conclusión del concurso por cualquier otra causa de conclusión del concurso o con el escrito en el que informe favorablemente la solicitud de conclusión deducida por otros legitimados, el administrador concursal presentará escrito de rendición de cuentas.

2. En el escrito de rendición de cuentas, el administrador concursal justificará cumplidamente la utilización que haya hecho de las facultades conferidas; señalará las acciones de reintegración de la masa activa y las acciones de responsabilidad que hubiera ejercitado, con expresión de los respectivos resultados; expondrá las operaciones de liquidación de la masa activa que hubiera realizado y la fecha y el modo en que hubieran sido hechas; enumerará los pagos y, en su caso, las consignaciones realizadas de los créditos contra la masa y de los créditos concursales; expresará los pagos de cualesquiera expertos, tasadores y entidades especializadas que hubiera contratado, con cargo a la retribución del propio administrador concursal; detallará la retribución que le hubiera sido fijada por el juez, especificando las cantidades y las fechas en que hubieran sido percibidas, con expresión de los pagos del auxiliar o auxiliares delegados, si hubieran sido nombrados. Asimismo, precisará el número de trabajadores o personal contratado a estos efectos que se hubieren asignado por la administración concursal al concurso y el número total de horas dedicadas por el conjunto de estos trabajadores al concurso.

3. El letrado de la Administración de Justicia remitirá el escrito de rendición de cuentas por medios electrónicos al Registro público concursal.

Artículo 479. *Oposición y resolución*

1. Dentro del plazo de audiencia para formular oposición a la conclusión del concurso, tanto el concursado como los acreedores podrán formular oposición razonada a la aprobación de las cuentas.

2. Si no se formulase oposición a las cuentas ni a la conclusión del concurso, el juez mediante auto decidirá sobre la conclusión de concurso, y de acordarse esta, declarará aprobadas las cuentas.

3. Si solo se formulase oposición a las cuentas, esta se sustanciará por los trámites del incidente concursal y en la sentencia que ponga fin a este incidente se resolverá sobre esta y se decidirá sobre la conclusión del concurso.

4. Si la oposición solo afecta a la conclusión de concurso, el juez aprobará las cuentas en la sentencia que decida sobre la conclusión, en el caso de que esta sea acordada.

5. Si se formulase oposición a la aprobación de las cuentas y también a la conclusión del concurso, ambas se sustanciarán en el mismo incidente y se resolverán en la misma sentencia.

6. A la sección segunda se unirá un testimonio de la resolución que decida sobre la rendición de cuentas.

Artículo 480. *Efectos de la aprobación o desaprobación de las cuentas*

1. La desaprobación de las cuentas comportará la inhabilitación temporal del administrador o administradores concursales para ser nombrados en otros concursos durante un período que determinará el juez en la sentencia de desaprobación y que no podrá ser inferior a seis meses ni superior a dos años.

2. La aprobación o la desaprobación de las cuentas no prejuzga la procedencia o improcedencia de la acción de responsabilidad de los administradores concursales.

SECCIÓN 4.ª De los recursos y de la publicidad

Artículo 481. *Recursos*

1. Contra el auto que acuerde la conclusión del concurso no cabrá recurso alguno y contra el que la deniegue podrá interponerse recurso de apelación.

2. Contra la sentencia que resuelva la oposición a la conclusión del concurso, cabrán los recursos previstos en esta ley para las sentencias dictadas en incidentes concursales.

Artículo 482. *Publicidad*

La resolución que acuerde la conclusión del procedimiento se notificará a las mismas personas a las que se hubiera notificado el auto de declaración de concurso, publicándose en el Registro público concursal y, por medio de edicto, en el «Boletín Oficial del Estado»,

SECCIÓN 5.ª De los efectos de la conclusión del concurso

Artículo 483. *Efectos generales*

En los casos de conclusión del concurso, cesarán las limitaciones sobre las facultades de administración y de disposición del concursado, salvo las que se contengan en la sentencia de calificación, y cesará la administración concursal, ordenando el juez el archivo de las actuaciones, sin más excepciones que las establecidas en esta ley.

Artículo 484. *Efectos específicos en caso de concurso de persona natural*

1. En caso de conclusión del concurso por liquidación o insuficiencia de masa activa, el deudor persona natural quedará responsable del pago de los créditos insatisfechos, salvo que obtenga el beneficio de la exoneración del pasivo insatisfecho.

2. Los acreedores podrán iniciar ejecuciones singulares, en tanto no se acuerde la reapertura del concurso o no se declare nuevo concurso. Para tales ejecuciones, la inclusión de su crédito en la lista definitiva de acreedores se equipara a una sentencia firme de condena.

Artículo 485. *Efectos específicos en caso de concurso de persona jurídica*

1. En la resolución que acuerde la conclusión del concurso por finalización de la liquidación o por insuficiencia de la masa activa del concursado persona jurídica, el juez ordenará el cierre provisional de la hoja abierta a esa persona jurídica en el registro público en el que figure inscrita. En cuanto esta resolución devenga firme, el letrado de la Administración de Justicia expedirá mandamiento conteniendo testimonio de la resolución, con expresión de la firmeza, que remitirá por medios electrónicos al registro correspondiente.

2. Transcurrido un año a contar desde que se hubiera ordenado por el juez el cierre de la hoja registral sin que se haya producido la reapertura del concurso, el registrador procederá a la cancelación de la inscripción de la persona jurídica, con cierre definitivo de la hoja.

CAPÍTULO II. De la exoneración del pasivo insatisfecho

SECCIÓN 1.ª Del ámbito de aplicación

Artículo 486. *Ámbito de aplicación*

El deudor persona natural, sea o no empresario, podrá solicitar la exoneración del pasivo insatisfecho en los términos y condiciones establecidos en esta ley, siempre que sea deudor de buena fe:

1.º Con sujeción a un plan de pagos sin previa liquidación de la masa activa, conforme al régimen de exoneración contemplado en la subsección 1.ª de la sección 3.ª siguiente; o

2.º Con liquidación de la masa activa sujetándose en este caso la exoneración al régimen previsto en la subsección 2.ª de la sección 3.ª siguiente si la causa de conclusión del concurso fuera la finalización de la fase de liquidación de la masa activa o la insuficiencia de esa masa para satisfacer los créditos contra la masa.

SECCIÓN 2.ª De los elementos comunes de la exoneración

Subsección 1.ª Excepción y prohibición

Artículo 487. *Excepción*

1. No podrá obtener la exoneración del pasivo insatisfecho el deudor que se encuentre en alguna de las circunstancias siguientes:

1.º Cuando, en los diez años anteriores a la solicitud de la exoneración, hubiera sido condenado en sentencia firme a penas privativas de libertad, aun suspendidas o sustituidas, por delitos contra el patrimonio y contra el orden socioeconómico, de falsedad documental, contra la Hacienda Pública y la Seguridad Social o contra los derechos de los trabajadores, todos ellos siempre que la pena máxima señalada al delito sea igual o superior a tres años, salvo que en la fecha de presentación de la solicitud de exoneración se hubiera extinguido la responsabilidad criminal y se hubiesen satisfecho las responsabilidades pecuniarias derivadas del delito.

2.º Cuando, en los diez años anteriores a la solicitud de la exoneración, hubiera sido sancionado por resolución administrativa firme por infracciones tributarias muy graves, de seguridad social o del orden social, o, cuando en el mismo plazo se hubiera dictado acuerdo firme de derivación de responsabilidad, salvo que en la fecha de presentación de la solicitud de exoneración hubiera satisfecho íntegramente su responsabilidad.

En el caso de infracciones graves, no podrán obtener la exoneración aquellos deudores que hubiesen sido sancionados por un importe que exceda del cincuenta por ciento de la cuantía susceptible de exoneración por la Agencia Estatal de Administración Tributaria a la que se refiere el artículo 489.1.5.º, salvo que en la fecha de presentación de la solicitud de exoneración hubieran satisfecho íntegramente su responsabilidad.

3.º Cuando el concurso haya sido declarado culpable. No obstante, si el concurso hubiera sido declarado culpable exclusivamente por haber incumplido el deudor el deber de solicitar oportunamente la declaración de concurso, el juez podrá atender a las circunstancias en que se hubiera producido el retraso.

4.º Cuando, en los diez años anteriores a la solicitud de la exoneración, haya sido declarado persona afectada en la sentencia de calificación del concurso de un tercero calificado como culpable, salvo que en la fecha de presentación de la solicitud de exoneración hubiera satisfecho íntegramente su responsabilidad.

5.º Cuando haya incumplido los deberes de colaboración y de información respecto del juez del concurso y de la administración concursal.

6.º Cuando haya proporcionado información falsa o engañosa o se haya comportado de forma temeraria o negligente al tiempo de contraer endeudamiento o de evacuar sus obligaciones, incluso sin que ello haya merecido sentencia de calificación del concurso como culpable. Para determinar la concurrencia de esta circunstancia el juez deberá valorar:

a) La información patrimonial suministrada por el deudor al acreedor antes de la concesión del préstamo a los efectos de la evaluación de la solvencia patrimonial.

b) El nivel social y profesional del deudor.

c) Las circunstancias personales del sobreendeudamiento.

d) En caso de empresarios, si el deudor utilizó herramientas de alerta temprana puestas a su disposición por las Administraciones Públicas.

2. En los casos a que se refieren los números 3.º y 4.º del apartado anterior, si la calificación no fuera aún firme, el juez suspenderá la decisión sobre la exoneración del pasivo insatisfecho hasta la firmeza de la calificación. En relación con el supuesto contemplado en el número 6.º del apartado anterior, corresponderá al juez del concurso la apreciación de las circunstancias concurrentes respecto de la aplicación o no de la excepción, sin perjuicio de la prejudicialidad civil o penal.

Artículo 488. *Prohibición*

1. Para presentar una nueva solicitud de exoneración del pasivo insatisfecho tras una exoneración mediante plan de pagos será preciso que hayan transcurrido, al menos, dos años desde la exoneración definitiva.

2. Para presentar una nueva solicitud de exoneración del pasivo insatisfecho tras una exoneración con liquidación de la masa activa será preciso que hayan transcurrido, al menos, cinco años desde la resolución que hubiera concedido la exoneración.

3. Las nuevas solicitudes de exoneración del pasivo insatisfecho no alcanzarán en ningún caso al crédito público.

Subsección 2.ª De la extensión de la exoneración

Artículo 489. *Extensión de la exoneración*

1. La exoneración del pasivo insatisfecho se extenderá a la totalidad de las deudas insatisfechas, salvo las siguientes:

1.º Las deudas por responsabilidad civil extracontractual, por muerte o daños personales, así como por indemnizaciones derivadas de accidente de trabajo y enfermedad profesional, cualquiera que sea la fecha de la resolución que los declare.

2.º Las deudas por responsabilidad civil derivada de delito.

3.º Las deudas por alimentos.

4.º Las deudas por salarios correspondientes a los últimos sesenta días de trabajo efectivo realizado antes de la declaración de concurso en cuantía que no supere el triple del salario mínimo interprofesional, así como los que se hubieran devengado durante el procedimiento, siempre que su pago no hubiera sido asumido por el Fondo de Garantía Salarial.

5.º Las deudas por créditos de Derecho público. No obstante, las deudas para cuya gestión recaudatoria resulte competente la Agencia Estatal de Administración Tributaria podrán exonerarse hasta el importe máximo de diez mil euros por deudor; para los primeros cinco mil euros de deuda la exoneración será integra, y a partir de esta cifra la exoneración alcanzará el cincuenta por ciento de la deuda hasta el máximo indicado. Asimismo, las deudas por créditos en seguridad social podrán exonerarse por el mismo importe y en las mismas condiciones. El importe exonerado, hasta el citado límite, se aplicará en orden inverso al de prelación legalmente establecido en esta ley y, dentro de cada clase, en función de su antigüedad.

6.º Las deudas por multas a que hubiera sido condenado el deudor en procesos penales y por sanciones administrativas muy graves.

7.º Las deudas por costas y gastos judiciales derivados de la tramitación de la solicitud de exoneración.

8.º Las deudas con garantía real, sean por principal, intereses o cualquier otro concepto debido, dentro del límite del privilegio especial, calculado conforme a lo establecido en esta ley.

2. Excepcionalmente, el juez podrá declarar que no son total o parcialmente exonerables deudas no relacionadas en el apartado anterior cuando sea necesario para evitar la insolvencia del acreedor afectado por la extinción del derecho de crédito.

3. El crédito público será exonerable en la cuantía establecida en el párrafo segundo del apartado 1.5.º, pero únicamente en la primera exoneración del pasivo insatisfecho, no

siendo exonerable importe alguno en las sucesivas exoneraciones que pudiera obtener el mismo deudor.

Subsección 3.ª De los efectos de la exoneración

Artículo 490. *Efectos de la exoneración sobre los acreedores*

Los acreedores cuyos créditos se extingan por razón de la exoneración no podrán ejercer ningún tipo de acción frente el deudor para su cobro, salvo la de solicitar la revocación de la exoneración.

Los acreedores por créditos no exonerables mantendrán sus acciones contra el deudor y podrán promover la ejecución judicial o extrajudicial de aquellos.

Artículo 491. *Efectos de la exoneración respecto de los bienes conyugales comunes*

Si el concursado tuviere un régimen económico matrimonial de gananciales u otro de comunidad y no se hubiere procedido a la liquidación de ese régimen, la exoneración del pasivo insatisfecho que afecte a deudas gananciales contraídas por el cónyuge del concursado o por ambos cónyuges no se extenderá a aquel, en tanto no haya obtenido él mismo el beneficio de la exoneración del pasivo insatisfecho.

Artículo 492. *Efectos de la exoneración sobre obligados solidarios, fiadores, avalistas, aseguradores y quienes, por disposición legal o contractual, tengan obligación de satisfacer la deuda afectada por la exoneración*

1. La exoneración no afectará a los derechos de los acreedores frente a los obligados solidariamente con el deudor y frente a sus fiadores, avalistas, aseguradores, hipotecante no deudor o quienes, por disposición legal o contractual, tengan obligación de satisfacer todo o parte de la deuda exonerada, quienes no podrán invocar la exoneración del pasivo insatisfecho obtenido por el deudor.

2. Los créditos por acciones de repetición o regreso quedarán afectados por la exoneración con liquidación de la masa activa o derivada del plan de pagos en las mismas condiciones que el crédito principal. Si el crédito de repetición o regreso gozare de garantía real será tratado como crédito garantizado.

Artículo 492 bis. *Efectos de la exoneración sobre las deudas con garantía real*

1. Cuando se haya ejecutado la garantía real antes de la aprobación provisional del plan o antes de la exoneración en caso de liquidación, solo se exonerará la deuda remanente.

2. En el caso de deudas con garantía real cuya cuantía pendiente de pago cuando se presenta el plan exceda del valor de la garantía calculado conforme a lo previsto en el título V del libro primero se aplicarán las siguientes reglas:

1.ª Se mantendrán las fechas de vencimiento pactadas, pero la cuantía de las cuotas del principal y, en su caso, intereses, se recalculará tomando para ello solo la parte de la deuda pendiente que no supere el valor de la garantía. En caso de intereses variables, se efectuará el cálculo tomando como tipo de interés de referencia el que fuera de aplicación conforme a lo pactado a la fecha de aprobación del plan, sin perjuicio de su revisión o actualización posterior prevista en el contrato.

2.ª A la parte de la deuda que exceda del valor de la garantía se le aplicará lo dispuesto en el artículo 496 bis y recibirá en el plan de pagos el tratamiento que le corresponda según su clase. La parte no satisfecha quedará exonerada de conformidad con lo dispuesto en el artículo 500.

3. Cualquier exoneración declarada respecto de una deuda con garantía real quedará revocada por ministerio de la ley si, ejecutada la garantía, el producto de la ejecución fuese suficiente para satisfacer, en todo o en parte, deuda provisional o definitivamente exonerada.

Artículo 492 ter. *Efectos de la exoneración respecto de sistemas de información crediticia*

1. La resolución judicial que apruebe la exoneración mediante liquidación de la masa activa o la exoneración definitiva en caso de plan de pagos incorporará mandamiento a los acreedores afectados para que comuniquen la exoneración a los sistemas de información crediticia a los que previamente hubieran informado del impago o mora de deuda exonerada para la debida actualización de sus registros.

2. El deudor podrá recabar testimonio de la resolución para requerir directamente a los sistemas de información crediticia la actualización de sus registros para dejar constancia de la exoneración.

Subsección 4.ª De la revocación de la exoneración

Artículo 493. *Supuestos de revocación de la concesión de la exoneración*

1. Cualquier acreedor afectado por la exoneración estará legitimado para solicitar del juez del concurso la revocación de la exoneración del pasivo insatisfecho en los siguientes casos:

1.º Si se acreditara que el deudor ha ocultado la existencia de bienes, derechos o ingresos.

2.º Si, durante los tres años siguientes a la exoneración con liquidación de la masa activa, o a la exoneración provisional, en caso de plan de pagos, mejorase sustancialmente la situación económica del deudor por causa de herencia, legado o donación, o por juego de suerte, envite o azar, de manera que pudiera pagar la totalidad o al menos una parte de los créditos exonerados. En caso de que la posibilidad de pago fuera parcial, la revocación de la exoneración solo afectará a esa parte.

3.º Si en el momento de la solicitud estuviera en tramitación un procedimiento penal o administrativo de los previstos en los ordinales 1.º y 2.º del apartado 1 del artículo 487, y dentro de los tres años siguientes a la exoneración en caso de inexistencia o liquidación de la masa activa, o a la exoneración provisional en caso de plan de pagos, recayera sentencia condenatoria firme o resolución administrativa firme.

2. La revocación no podrá ser solicitada una vez transcurridos tres años a contar desde la exoneración con liquidación de la masa activa, o desde la exoneración provisional en caso de plan de pagos.

Artículo 493 bis. *Régimen de la revocación*
1. La solicitud de revocación se tramitará conforme a lo establecido para el juicio verbal.
2. Hasta la celebración de la vista, cualquier acreedor podrá personarse para defender la solicitud de revocación de la exoneración. Cualquier acreedor afectado por la exoneración podrá solicitar averiguación de bienes a través de los medios electrónicos de los que disponga la Administración de Justicia. En cuanto a las titularidades de bienes inmuebles y derechos reales, podrá solicitarse a través de la página web de registradores, o en cualquier registro de la propiedad.

Artículo 493 ter. *Efectos de la revocación de la concesión de la exoneración*
1. En los casos a que se refieren los ordinales 1.º y 3.º del apartado 1 del artículo 493, el juez, en la misma resolución en la que revoque la exoneración, acordará la reapertura del concurso de acreedores con simultánea reapertura de la sección de calificación.
2. En el caso a que se refiere el ordinal 2.º del apartado 1 del artículo 493, el juez dictará auto revocando total o parcialmente la exoneración concedida.
Los acreedores recuperarán sus acciones frente al deudor para hacer efectivos los créditos no satisfechos a la conclusión del concurso.
3. La resolución en la que se revoque total o parcialmente la exoneración se notificará a los acreedores personados en el concurso de acreedores del deudor a los que pudiera beneficiar.

Subsección 5.ª Efectos del pago por terceros de deuda no exonerable o no exonerada

Artículo 494. *Efectos del pago por terceros de la deuda no exonerable o no exonerada*
1. Quienes, por disposición legal o contractual, tengan obligación de pago de la totalidad o parte de deuda no exonerable o no exonerada, adquirirán por el pago los derechos de repetición, regreso y subrogación frente al deudor y frente a los obligados solidariamente con el deudor, sus fiadores, avalistas, aseguradores y demás obligados por causa legal o contractual respecto de la deuda.
2. Lo previsto en el apartado 1 se aplicará igualmente, en los términos establecidos en la legislación civil, en caso de pago voluntario hecho por tercero de deuda no exonerable o no exonerada.

SECCIÓN 3.ª De las modalidades de la exoneración

Subsección 1.ª De la exoneración con plan de pagos

Artículo 495. *Solicitud de exoneración mediante plan de pagos*
1. El deudor podrá solicitar la exoneración del pasivo con sujeción a un plan de pagos y sin liquidación de la masa activa. En la solicitud, el deudor deberá aceptar que la concesión de la exoneración se haga constar en el Registro público concursal durante el plazo de cinco años o el plazo inferior que se establezca en el plan de pagos. Deberá acompañar a la solicitud las declaraciones presentadas o que debieran presentarse del impuesto sobre

la renta de las personas físicas correspondientes a los tres últimos ejercicios finalizados a la fecha de la solicitud, y las de las restantes personas de su unidad familiar.

2. La solicitud de exoneración mediante plan de pagos podrá presentarse en cualquier momento antes de que el juez acuerde la liquidación de la masa activa.

Artículo 496. *Contenido del plan de pagos*

1. En la propuesta de plan de pagos deberá incluir expresamente el deudor el calendario de pagos de los créditos exonerables que, según esa propuesta, vayan a ser satisfechos dentro del plazo que haya establecido el plan.

2. La propuesta de plan de pagos deberá también relacionar en detalle los recursos previstos para su cumplimiento, así como para la satisfacción de las deudas no exonerables y de las nuevas obligaciones por alimentos, las derivadas de su subsistencia o las que genere su actividad, con especial atención a la renta y recursos disponibles futuros del deudor y su previsible variación durante el plazo del plan y, en su caso, el plan de continuidad de actividad empresarial o profesional del deudor o de la nueva que pretenda emprender y los bienes y derechos de su patrimonio que considere necesarios para una u otra.

El plan de pagos podrá incluir cesiones en pago de bienes o derechos, siempre que no resulten necesarios para la actividad empresarial o profesional del deudor durante el plazo del plan de pagos; que su valor razonable, calculado conforme a lo previsto en el artículo 273, sea igual o inferior al crédito que se extingue o, en otro caso, el acreedor integrará la diferencia en el patrimonio del deudor; y que se cuente con el consentimiento o aceptación del acreedor.

El plan podrá establecer pagos de cuantía determinada, pagos de cuantía determinable en función de la evolución de la renta y recursos disponibles del deudor o combinaciones de unos y otros.

El plan de pagos no podrá consistir en la liquidación total del patrimonio del deudor, ni alterar el orden de pago de los créditos legalmente establecidos, salvo con el expreso consentimiento de los acreedores preteridos o postergados.

Artículo 496 bis. *Vencimiento e intereses*

1. Los créditos afectados por la exoneración se entenderán vencidos con la resolución judicial que conceda la exoneración provisional, descontándose su valor al tipo de interés legal.

2. Los créditos exonerables no devengarán intereses durante el plazo del plan de pagos.

3. Los créditos no exonerables tampoco devengarán intereses, salvo que gocen de garantía real, hasta el valor de garantía, conforme a las reglas establecidas en este capítulo.

Artículo 497. *Duración del plan de pagos*

1. La duración del plan de pagos será, con carácter general, de tres años.

2. La duración del plan de pagos será de cinco años en los siguientes casos:

1.º Cuando no se realice la vivienda habitual del deudor y, cuando corresponda, de su familia.

2.º Cuando el importe de los pagos dependa exclusiva o fundamentalmente de la evolución de la renta y recursos disponibles del deudor.

3. El plazo del plan de pagos comenzará a correr desde la fecha de la aprobación judicial.

Artículo 498. *Aprobación del plan de pagos*

1. El letrado de la Administración de Justicia dará traslado de la propuesta de plan de pagos a los acreedores personados, a fin de que, dentro del plazo de diez días, puedan alegar cuanto estimen oportuno en relación con la concurrencia de los presupuestos y requisitos legales para la exoneración o con la propuesta de plan de pagos presentada. Los acreedores personados podrán proponer el establecimiento de medidas limitativas o prohibitivas de los derechos de disposición o administración del deudor, durante el plan de pagos.

2. Presentadas las alegaciones de los acreedores, o transcurrido el plazo a que se refiere el apartado anterior, el juez, previa verificación de la concurrencia de los presupuestos y requisitos establecidos en esta ley, del contenido del plan de pagos y de las posibilidades objetivas de que pueda ser cumplido, denegará o concederá provisionalmente la exoneración del pasivo insatisfecho, con aprobación del plan de pagos en los términos de la propuesta o con las modificaciones que estime oportunas, consten o no en las alegaciones de los acreedores.

Artículo 498 bis. *Impugnación del plan de pagos*

1. Dentro de los diez días siguientes, cualquier acreedor afectado por la exoneración podrá impugnarla, y el juez no la concederá, en cualquiera de siguientes casos:

1.º Cuando el plan de pagos no le garantizara al menos el pago de la parte de sus créditos que habría de satisfacerse en la liquidación concursal.

2.º Cuando el plan de pagos no incluya la realización y aplicación al pago de la deuda exonerable, de la deuda no exonerable o de las nuevas obligaciones del deudor de la totalidad de los activos que no resulten necesarios para la actividad empresarial o profesional del deudor o de su vivienda habitual, siempre que los acreedores impugnantes representen al menos el cuarenta por ciento del pasivo total de carácter exonerable.

3.º Cuando se constatara la oposición al plan de pagos por parte de acreedores que representen más del ochenta por ciento de la deuda exonerable afectada por el plan de pagos, salvo que el juez, atendiendo a las particulares circunstancias del caso, lo imponga.

4.º Cuando el plan no destinara a la satisfacción de la deuda exonerable la totalidad de las rentas y recursos previsibles del deudor que excedan del mínimo legalmente inembargable, de lo preciso para el cumplimiento de las nuevas obligaciones del deudor durante el plazo del plan de pagos, siempre que se entiendan razonables a la vista de las circunstancias, y de lo requerido para el cumplimiento de los vencimientos de la deuda no exonerable durante el plazo del plan de pagos.

5.º Cuando no concurran los presupuestos y requisitos legales para la exoneración.

2. Todas las impugnaciones se tramitarán conjuntamente por el cauce del incidente concursal. De las impugnaciones presentadas se dará traslado al deudor, y al resto de acreedores para que puedan formular oposición.

3. La sentencia que resuelva la impugnación deberá dictarse dentro de los treinta días siguientes a aquel en que hubiera finalizado la tramitación del incidente y será susceptible de recurso de apelación, sin efectos suspensivos.

Artículo 498 ter. *Efectos de la exoneración provisional*

1. La resolución judicial que conceda la exoneración provisional producirá efectos desde el término del plazo para la impugnación, si no se hubiera deducido, o desde la fecha de la sentencia judicial que la rechace.

2. Desde la eficacia de la exoneración provisional, cesarán todos los efectos de la declaración de concurso, que quedarán sustituidos por los que, en su caso, se establezcan en el propio plan de pagos.

3. Los deberes de colaboración e información subsistirán hasta la exoneración definitiva. Con periodicidad semestral, el deudor informará al juez del concurso acerca del cumplimiento del plan de pagos, así como de cualquier alteración patrimonial significativa.

Artículo 499. *Extensión de la exoneración en caso de plan de pagos*

1. La exoneración se extenderá a la parte del pasivo exonerable que, conforme al plan, vaya a quedar insatisfecha.

2. Las acciones declarativas y de ejecución de los acreedores de deuda no exonerable o de las nuevas obligaciones asumidas por el deudor durante el plazo del plan de pagos se ejercitarán ante el juez del concurso por los trámites del incidente concursal.

Artículo 499 bis. *Alteración significativa de la situación económica del deudor*

1. Cuando, tras la eficacia de la exoneración provisional, se produjera una alteración significativa de la situación económica del deudor, tanto este como cualquiera de los acreedores afectados por la exoneración podrán solicitar del juez la modificación del plan de pagos aprobado.

2. De la solicitud se dará traslado al deudor y a los acreedores afectados.

3. La tramitación, aprobación e impugnación de la modificación del plan de pagos se realizará en los plazos y en la forma prevista para el plan de pagos original, y producirá los mismos efectos.

4. No podrá aprobarse más de una modificación del plan de pagos conforme a lo previsto en este artículo.

Artículo 499 ter. *Revocación de la exoneración en caso de plan de pagos*

1. Cualquier acreedor afectado por la exoneración, estará legitimado para solicitar del juez del concurso la revocación de la concesión provisional de la exoneración del pasivo insatisfecho si el deudor incumpliere el plan de pagos.

2. En el caso de que los pagos previstos en el plan dependan exclusiva o fundamentalmente de la evolución de la renta y recursos disponibles del deudor, también podrá revocarse la exoneración provisional a solicitud de cualquiera de esos acreedores si, al término del plazo del plan de pagos, se evidenciase que el deudor no hubiera destinado a la satisfacción de la deuda exonerable la totalidad de las rentas y recursos efectivos del deudor que excedan del mínimo legalmente inembargable, de lo preciso para el cumplimiento

de las nuevas obligaciones del deudor durante el plazo del plan de pagos, siempre que se entiendan razonables a la vista de las circunstancias, y de lo requerido para el cumplimiento de los vencimientos de la deuda no exonerable durante el plazo del plan de pagos.

3. La revocación de la exoneración provisional supondrá la resolución del plan de pagos y de sus efectos sobre los créditos, y la apertura de la liquidación de la masa activa. No obstante, los actos realizados en ejecución del plan de pagos producirán plenos efectos, salvo que se probare la existencia de fraude, contravención del propio plan, o alteración de la igualdad de trato de los acreedores.

Artículo 500. *Exoneración definitiva en caso de plan de pagos*

1. Transcurrido el plazo fijado para el cumplimiento del plan de pagos sin que se haya revocado la exoneración, el juez del concurso dictará auto concediendo la exoneración definitiva del pasivo insatisfecho.

2. Aunque el deudor no hubiese cumplido en su integridad el plan de pagos, el juez, previa audiencia de los acreedores, atendiendo a las circunstancias del caso, podrá conceder la exoneración definitiva del pasivo insatisfecho cuando el incumplimiento del plan de pagos resultara de accidente o enfermedad, u otros acontecimientos graves e imprevisibles, que afecten al deudor o a quienes con él convivan, siempre que el deudor hubiera en todo caso cumplido las limitaciones o prohibiciones a las facultades de disposición o administración, así como las medidas de cesión en pago, que se establezcan en el plan de pagos.

3. La resolución por la que se conceda la exoneración definitiva del pasivo insatisfecho se publicará en el Registro público concursal. Contra esta resolución no cabrá recurso alguno.

Artículo 500 bis. *Cambio de modalidad de exoneración*

El deudor que hubiera solicitado y obtenido la exoneración provisional mediante un plan de pagos podrá dejarla sin efecto, solicitando la exoneración con liquidación de la masa activa conforme a lo previsto en la subsección siguiente. Si se hubiera revocado la exoneración provisional o no procediera la exoneración definitiva con un plan de pagos, el deudor podrá igualmente solicitar la exoneración del pasivo insatisfecho con liquidación de la masa activa.

Subsección 2.ª De la exoneración con liquidación de la masa activa

Artículo 501. *Solicitud de exoneración tras la liquidación de la masa activa*

1. En los casos de concurso sin masa en los que no se hubiera acordado la liquidación de la masa activa el concursado podrá presentar ante el juez del concurso solicitud de exoneración del pasivo insatisfecho dentro de los diez días siguientes a contar bien desde el vencimiento del plazo para que los acreedores legitimados puedan solicitar el nombramiento de administrador concursal sin que lo hubieran hecho, bien desde la emisión del informe por el administrador concursal nombrado si no apreciare indicios suficientes para la continuación del procedimiento.

2. Las mismas reglas se aplicarán en los casos de insuficiencia sobrevenida de la masa activa para satisfacer todos los créditos contra la masa y en los que, liquidada la masa

activa, el líquido obtenido fuera insuficiente para el pago de la totalidad de los créditos concursales reconocidos. El concursado podrá presentar ante el juez del concurso solicitud de exoneración del pasivo insatisfecho dentro del plazo de audiencia concedido a las partes para formular oposición a la solicitud de conclusión del concurso.

3. En la solicitud el concursado deberá manifestar que no está incurso en ninguna de las causas establecidas en esta ley que impiden obtener la exoneración, y acompañar las declaraciones del impuesto sobre la renta de las personas físicas correspondientes a los tres últimos años anteriores a la fecha de la solicitud que se hubieran presentado o debido presentarse.

4. El letrado de la Administración de Justicia dará traslado de la solicitud del deudor a la administración concursal y a los acreedores personados para que dentro del plazo de diez días aleguen cuanto estimen oportuno en relación a la concesión de la exoneración.

Artículo 502. *Resolución sobre la solicitud*

1. Si la administración concursal y los acreedores personados mostraran conformidad a la solicitud del deudor o no se opusieran a ella dentro del plazo legal, el juez del concurso, previa verificación de la concurrencia de los presupuestos y requisitos establecidos en esta ley, concederá la exoneración del pasivo insatisfecho en la resolución en la que declare la conclusión del concurso.

2. La oposición solo podrá fundarse en la falta de alguno de los presupuestos y requisitos establecidos en esta ley. La oposición se sustanciará por el trámite del incidente concursal.

3. No podrá dictarse auto de conclusión del concurso hasta que gane firmeza la resolución que recaiga en el incidente concediendo o denegando la exoneración solicitada.

CAPÍTULO III. De la reapertura del concurso

Artículo 503. *Reapertura del concurso*

En los casos en los que proceda, la reapertura del concurso será declarada por el mismo juzgado que hubiera conocido del procedimiento y se tramitará en los mismos autos.

Artículo 504. *Reapertura del concurso del deudor persona natural*

1. La reapertura del concurso del deudor persona natural solo podrá tener lugar dentro de los cinco años siguientes a la conclusión por liquidación o insuficiencia de la masa activa.

2. La declaración de concurso de deudor persona natural después de los cinco años siguientes a la conclusión de otro por liquidación o insuficiencia de la masa activa tendrá la consideración de nuevo concurso.

Artículo 505. *Reapertura del concurso concluido por deudor persona jurídica*

1. La reapertura del concurso del deudor persona jurídica por liquidación o por insuficiencia de la masa activa solo podrá tener lugar cuando, después de la conclusión, aparezcan nuevos bienes.

2. En el año siguiente a la fecha de la conclusión del concurso por liquidación o por insuficiencia de la masa activa, cualquiera de los acreedores insatisfechos podrá solicitar la reapertura del concurso. En la solicitud de reapertura deberán expresarse las concretas acciones de reintegración que deban ejercitarse o, en su caso, exponerse aquellos hechos relevantes que pudieran conducir a la calificación de concurso como culpable, salvo que, en el concurso concluido, ya se hubiera calificado el concurso como culpable.

3. En la resolución judicial por la que se acuerde la reapertura del concurso, el juez ordenará la liquidación de los bienes y derechos aparecidos con posterioridad a la conclusión.

Artículo 506. *Publicidad*

1. A la reapertura del concurso se le dará la misma publicidad que la que se hubiera dado a la declaración de concurso.

2. En caso de reapertura del concurso de persona jurídica, en el propio auto en que se acuerde la reapertura el juez ordenara la reapertura de la hoja registral de la concursada en la forma prevista en el Reglamento del Registro mercantil, aprobado por el Real Decreto 1784/1996, de 19 de julio.

Artículo 507. *Inventario y lista de acreedores en caso de reapertura*

1. Los textos definitivos del inventario y de la lista de acreedores se actualizarán por la administración concursal en el plazo de dos meses.

2. La actualización se limitará, en cuanto al inventario, a suprimir de la relación los bienes y derechos aquellos que hubiesen salido del patrimonio del deudor, a corregir la valoración de los subsistentes y a incorporar y valorar los que hubiesen aparecido con posterioridad; y, en cuanto a la lista de acreedores, a indicar la cuantía actual y demás modificaciones acaecidas respecto de los créditos subsistentes y a incorporar a la relación los créditos posteriores.

3. La actualización se realizará y aprobará de conformidad con lo dispuesto en los títulos IV y V del libro I de esta ley para la determinación de la masa activa y pasiva.

4. La publicidad del informe de la administración concursal y de los documentos actualizados y la impugnación de estos se regirán por lo dispuesto en los capítulos I y II del título VI del libro I de esta ley. El juez rechazará de oficio y sin ulterior recurso aquellas pretensiones que no se refieran estrictamente a las cuestiones objeto de actualización.

TÍTULO XII. De las normas procesales generales, del procedimiento abreviado, del incidente concursal y del sistema de recursos

CAPÍTULO I. De la tramitación del procedimiento

Artículo 508. *Secciones*

1. El procedimiento de concurso se dividirá en las siguientes secciones, ordenándose las actuaciones de cada una de ellas en cuantas piezas separadas sean necesarias o convenientes:

1.ª La sección primera comprenderá lo relativo a la declaración de concurso, a las medidas cautelares, a la conclusión y, en su caso, a la reapertura del concurso.

2.ª La sección segunda comprenderá lo relativo a la administración concursal, al nombramiento y cese del titular o titulares de este órgano y, en su caso, del auxiliar delegado, a la determinación de las facultades de este órgano, al ejercicio del cargo, a la retribución, a la rendición de cuentas y, en su caso, a la responsabilidad civil en que el administrador o administradores concursales hubieran podido incurrir. En esta sección se incluirá en pieza separada el informe de la administración concursal con los documentos que lo acompañen y, en su caso, la relación definitiva de acreedores.

3.ª La sección tercera comprenderá lo relativo a la determinación de la masa activa, los incidentes relativos a qué bienes y derechos son necesarios para la continuidad de la actividad profesional o empresarial del concursado, a los alzamientos de los embargos, a las autorizaciones judiciales y a los créditos contra la masa. En esta sección se incluirá en pieza separada cada uno de los incidentes relativos a la reintegración y a la reducción de la masa activa. En esta sección se incluirán igualmente en pieza separada las ejecuciones que se inicien o se reanuden contra los bienes y derechos de la masa activa.

4.ª La sección cuarta comprenderá lo relativo a la determinación de la masa pasiva, a la comunicación, reconocimiento, graduación y clasificación de los créditos concursales y al pago de los acreedores. En esta sección se incluirá en pieza separada cada uno de los incidentes relativos a la inclusión o exclusión de créditos concursales, así como a la cuantía o a la clasificación de los reconocidos. En esta sección se incluirán igualmente en pieza separada los juicios declarativos que se acumulen al concurso de acreedores.

5.ª La sección quinta comprenderá en piezas separadas lo relativo al convenio y a la liquidación.

6.ª La sección sexta comprenderá lo relativo a la calificación del concurso, a los efectos de la calificación y a la ejecución de la sentencia de calificación del concurso como culpable.

2. En caso de concursos conexos, se abrirán tantas secciones como concursos se hubieran declarado conjuntamente o se hubieran acumulado, salvo las secciones tercera y cuarta que serán comunes cundo el juez hubiera acordado acumulación de masas.

Artículo 508 bis. *Duración del procedimiento*

La duración del procedimiento de concurso, desde la apertura de la sección primera al cierre de la quinta previstas en el artículo anterior, no podrá ser superior a doce meses, si bien el juez podrá acordar una ampliación del plazo de duración del mismo si fuera necesario en atención a la complejidad del concurso o a las circunstancias justificadas que pudieran concurrir.

Artículo 509. *Partes necesarias de las secciones*

1. En las distintas secciones del concurso serán reconocidos como parte, sin necesidad de comparecencia en forma, el deudor que hubiera comparecido en el concurso de acreedores y la administración concursal.

2. En la sección sexta solo serán partes necesarias la administración concursal y, si comparecen en ella, las personas que, según el informe de calificación, pudieran quedar afectadas por la calificación y los acreedores que hubieran propuesto en tiempo y forma la calificación del concurso como culpable.

Artículo 510. *Representación y defensa del deudor*
El concursado actuará siempre representado por procurador y asistido de letrado.

Artículo 511. *Actuación de la administración concursal*
La administración concursal será oída siempre sin necesidad de comparecencia en forma, pero cuando intervenga en incidentes o recursos deberá hacerlo asistida de letrado. Cuando el nombrado administrador concursal o el auxiliar delegado tengan la condición de letrado, la dirección técnica de estos incidentes y recursos se entenderá incluida en las funciones de la administración concursal o del auxiliar delegado.

Artículo 512. *Representación y defensa de los acreedores y demás legitimados*
1. Los acreedores y los demás legitimados para solicitar la declaración de concurso actuarán representados por procurador y asistidos por letrado para solicitar esa declaración y para comparecer en el procedimiento, así como para presentar solicitudes o demandas, actuar en los incidentes que se incoen o interponer recursos.

2. Los acreedores podrán solicitar de la administración concursal en cualquier momento el examen de aquellos documentos o de aquellos informes que consten en autos sobre los créditos que hubieran comunicado.

3. Cualesquiera otras personas que tengan interés legítimo en el concurso podrán comparecer siempre que lo hagan representados por procurador y asistidos de letrado.

Artículo 513. *Representación y defensa de las administraciones públicas y de los trabajadores*
1. Lo dispuesto en los artículos anteriores se entenderá sin perjuicio de lo establecido para las Administraciones públicas en la normativa procesal específica.

2. Lo dispuesto en los artículos anteriores se entenderá sin perjuicio de lo establecido para la representación y defensa de los trabajadores en la Ley reguladora de la jurisdicción social, incluidas las facultades atribuidas a los graduados sociales y a los sindicatos para el ejercicio de cuantas acciones y recursos sean precisos en el proceso concursal para la efectividad de los créditos y derechos laborales.

Artículo 514. *Condición de parte del fondo de garantía salarial*
El Fondo de Garantía Salarial será parte del procedimiento siempre que deba abonar salarios e indemnizaciones a los trabajadores, sea en concepto de créditos contra la masa o de créditos concursales.

Artículo 515. *Sustanciación de oficio*
Declarado el concurso, el Letrado de la Administración de Justicia impulsará de oficio el proceso.

Artículo 516. *Plazos para proveer*

Cuando la ley no fije plazo para dictar una resolución, deberá dictarse sin dilación.

Artículo 517. *Extensión de facultades del juez del concurso*

1. El juez podrá habilitar los días y horas necesarios para la práctica de las diligencias que considere urgentes en beneficio del concurso. El Letrado de la Administración de Justicia podrá habilitar los días y horas necesarios para la práctica de aquellas actuaciones procesales por él ordenadas o de las que tuvieran como finalidad dar cumplimiento a las resoluciones dictadas por el juez.

2. El juez podrá realizar actuaciones de prueba fuera del ámbito de su competencia territorial, poniéndolo previamente en conocimiento del juez competente, cuando no se perjudique la competencia del juez correspondiente y venga justificado por razones de economía procesal.

Artículo 518. *Autorizaciones judiciales*

1. En los casos en que la ley establezca la necesidad de obtener autorización del juez o los administradores concursales la consideren conveniente, la solicitud se formulará por escrito.

2. De la solicitud presentada se dará traslado a todas las partes que deban ser oídas respecto de su objeto, concediéndoles para alegaciones plazo de igual duración no inferior a tres días ni superior a diez, atendidas la complejidad e importancia de la cuestión.

3. El juez resolverá sobre la solicitud mediante auto dentro de los cinco días siguientes al último vencimiento.

4. Contra el auto que conceda o deniegue la autorización solicitada no cabrá más recurso que el de reposición.

Artículo 519. *Prejudicialidad penal*

La incoación de procedimientos criminales relacionados con el deudor o por hechos que tuvieran relación o influencia en el concurso de acreedores no provocará la suspensión de la tramitación de este, ni de ninguna de las secciones en que se divide.

Artículo 520. *Medidas cautelares a solicitud de jueces o tribunales del orden jurisdiccional penal*

1. Admitida a trámite querella o denuncia criminal contra el deudor o por hechos que tuvieran relación o influencia en el concurso, será competencia exclusiva del juez del concurso, adoptar, a solicitud del juez o tribunal del orden jurisdiccional penal, cualquier medida cautelar de carácter patrimonial que afecte a la masa activa, incluidas las de retención de pagos a los acreedores inculpados en procedimientos criminales u otras análogas.

2. Las medidas cautelares acordadas en ningún caso deben impedir continuar la tramitación del procedimiento concursal, y se acordarán del modo más conveniente para garantizar la ejecución de los pronunciamientos patrimoniales de la eventual condena penal.

3. Las medidas cautelares acordadas no podrán alterar o modificar la clasificación de los créditos concursales, ni las preferencias de pagos establecida en esta ley.

Artículo 521. *Derecho procesal supletorio*
En lo no previsto en esta ley será de aplicación lo dispuesto en la Ley 1/2000, de 7 de enero, de Enjuiciamiento Civil.

Artículo 522. *Aplicación facultativa del procedimiento abreviado*
Suprimido

Artículo 523. *Aplicación obligatoria del procedimiento abreviado*
Suprimido

Artículo 524. *Transformación del procedimiento*
Suprimido

Artículo 525. *Reducción de los plazos para las actuaciones de la administración concursal*
Suprimido

Artículo 526. *Tramitación de las impugnaciones*
Suprimido

Artículo 527. *Plazo para la presentación ordinaria de propuesta de convenio*
Suprimido

Artículo 528. *Apertura de la fase de liquidación*
Suprimido

Artículo 529. *Solicitud de concurso con presentación de propuesta anticipada de convenio*
Suprimido

Artículo 530. *Solicitud de concurso con presentación de plan de liquidación*
Suprimido

Artículo 531. *Normas que rigen el procedimiento abreviado*
Suprimido

CAPÍTULO II. Del incidente concursal

Artículo 532. *Ámbito del incidente concursal*
1. Todas las cuestiones que se susciten durante el concurso y no tengan señalada en esta ley otra tramitación, así como las acciones que deban ser ejercitadas ante el juez del concurso, se tramitarán por el cauce del incidente concursal.

2. No se admitirán aquellos incidentes concursales que tengan por objeto solicitar la realización de determinados actos de administración o impugnarlos por razones de oportunidad.

Artículo 533. *Continuación de la tramitación del concurso de acreedores*
1. Los incidentes concursales no suspenderán la tramitación del concurso de acreedores.

2. No obstante lo establecido en el apartado anterior, el juez, una vez incoado un incidente, podrá acordar, de oficio o a instancia de parte, la suspensión de aquellas actuaciones que estime puedan verse afectadas por la resolución que se dicte.

Artículo 534. *Partes en el incidente concursal*
1. En el incidente concursal se considerarán partes demandadas aquellas contra las que se dirija la demanda.

2. Cualquier persona comparecida en el concurso podrá intervenir en el incidente concursal conforme al régimen establecido en la Ley 1/2000, de 7 de enero, de Enjuiciamiento Civil, para la intervención de sujetos originariamente no demandantes ni demandados, sin necesidad de especial pronunciamiento del tribunal, ni audiencia de las partes cuando se trate de aquellas que ostenten previamente la condición de parte en el concurso o se trate de acreedores incluidos en la lista de acreedores.

Artículo 535. *Régimen del incidente concursal*
El incidente concursal se tramitará en la forma establecida en la Ley 1/2000, de 7 de enero, de Enjuiciamiento Civil para el juicio verbal con las especialidades establecidas en esta ley.

Artículo 536. *Demanda incidental y admisión a trámite*
1. La demanda se presentará en la forma prevista en la Ley 1/2000, de 7 de enero, de Enjuiciamiento Civil, para el juicio ordinario.

2. Si el juez estima que la cuestión planteada es impertinente o carece de entidad necesaria para tramitarla por la vía incidental, resolverá, mediante auto, su inadmisión y, si procediera, acordará que se dé a la cuestión planteada la tramitación que corresponda. Contra este auto cabrá recurso de apelación.

3. En los demás casos, dictará providencia admitiendo a trámite el incidente y acordando se emplace a las demás partes personadas, con entrega de copia de la demanda o demandas, para que en el plazo común de diez días contesten en la forma prevenida en la Ley 1/2000, de 7 de enero, de Enjuiciamiento Civil, para el juicio ordinario.

Artículo 537. *Acumulación de demandas incidentales*
Cuando en un incidente se acumulen demandas cuyos pedimentos no resulten coincidentes, las partes que intervengan tendrán que contestar a las demandas a cuyas pretensiones se opongan, si el momento de su intervención lo permitiese, y expresar con claridad y precisión la tutela concreta que soliciten. De no hacerlo así, el juez rechazará de plano su intervención, sin que contra esta resolución quepa recurso alguno.

Artículo 538. *Cuestiones procesales*
Si en la contestación se plantearan cuestiones procesales o se suscitaran por el demandante a la vista de este escrito en el plazo de cinco días desde que se le hubiera dado

traslado del mismo, el juez las resolverá dictando la resolución que proceda conforme a lo dispuesto en la Ley 1/2000, de 7 de enero, de Enjuiciamiento Civil, para la resolución escrita de este tipo de cuestiones conforme a lo previsto en la audiencia previa del juicio ordinario.

Artículo 539. *Proposición de medios de prueba*

1. En el incidente concursal, las pruebas se propondrán en los escritos de alegaciones, resolviéndose sobre la admisión mediante auto.

2. La aportación de la prueba documental no será necesaria si los documentos constasen en el concurso de acreedores, pero la parte interesada deberá designar el documento completo que proponga como prueba y señalar en qué trámite fue presentado.

Artículo 540. *Vista y sentencia*

1. El incidente concursal finalizará mediante sentencia.

2. El juez dictará sentencia sin citación a las partes para la vista y sin más trámites en los siguientes supuestos:

1.º Cuando no se haya presentado escrito de contestación a la demanda o no exista discusión sobre los hechos o estos no sean relevantes a juicio del juez y no se hayan admitido medios de prueba.

2.º Cuando la única prueba que resulte admitida sea la de documentos, y estos ya se hubieran aportado al proceso sin resultar impugnados.

3.º Cuando solo se hayan aportado informes periciales y las partes no soliciten ni el juez considere necesaria la presencia de los peritos en la vista para la ratificación de su informe.

3. En caso de que proceda la celebración de vista, esta se desarrollará en la forma prevista en la Ley 1/2000, de 7 de enero, de Enjuiciamiento Civil, para los juicios verbales. Tras la práctica de la prueba, se otorgará a las partes un trámite oral de conclusiones.

Artículo 541. *Incidente concursal en materia laboral*

1. Se dilucidarán por el trámite del incidente concursal en materia laboral las acciones que los trabajadores o el Fondo de Garantía Salarial ejerciten contra el auto que decida sobre la modificación sustancial de las condiciones de trabajo, el traslado, el despido, la suspensión de contratos y la reducción de jornada por causas económicas, técnicas, organizativas o de producción que, conforme a la ley, tengan carácter colectivo, así como las de trabajadores que tengan la condición de personal de alta dirección contra la decisión de la administración concursal de extinguir o suspender los contratos suscritos por el concursado con estos.

2. Los trabajadores deberán presentar la demanda, conforme a lo establecido en la legislación procesal civil en el plazo de un mes desde que conocieron o pudieron conocer la resolución judicial y el Fondo de Garantía Salarial desde que se le notifique la resolución. El personal de alta dirección deberá presentar la demanda en el mismo plazo desde que la administración concursal le notifique la decisión adoptada.

3. En el caso de que la demanda contuviera defectos, omisiones o imprecisiones, el Letrado de la Administración de la Justicia lo advertirá al demandante o demandantes a fin

de que lo subsanen en el plazo de cuatro días, con el apercibimiento de que de no subsanarse procederá su archivo. En ningún caso podrá inadmitirse la demanda por estimar que la cuestión planteada fuera intrascendente o careciera de la entidad necesaria para tramitarse por vía incidental.

4. Admitida la demanda, el Letrado de la Administración de Justicia señalará dentro de los diez días siguientes el día y hora en que habrá de tener lugar el acto del juicio, citando a los demandados con entrega de copia de la demanda y demás documentos, debiendo mediar en todo caso un mínimo de cuatro días entre la citación y la efectiva celebración del juicio, que comenzará con el intento de conciliación o avenencia sobre el objeto del incidente. De no lograrse esta se ratificará el actor en su demanda o la ampliará sin alterar sustancialmente sus pretensiones, contestando oralmente el demandado, y proponiendo las partes a continuación las pruebas sobre los hechos en los que no hubiera conformidad, continuando el procedimiento conforme a los trámites del juicio verbal de la Ley 1/2000, de 7 de enero, de Enjuiciamiento Civil, si bien tras la práctica de la prueba se otorgará a las partes un trámite de conclusiones.

5. Tras la práctica de la prueba se otorgará a las partes un trámite oral de conclusiones.

Artículo 542. *Costas*

1. La sentencia que recaiga en el incidente concursal se regirá en materia de costas por lo dispuesto en la Ley 1/2000, de 7 de enero, de Enjuiciamiento Civil, tanto en cuanto a su imposición como en lo relativo a su exacción, y serán inmediatamente exigibles, una vez firme la sentencia, con independencia del estado en que se encuentre el concurso.

2. La sentencia que recaiga en el incidente concursal en materia laboral se regirá en materia de costas por lo dispuesto en la Ley 36/2011, de 10 de octubre, reguladora de la jurisdicción social.

Artículo 543. *Cosa juzgada*

Una vez firmes, las sentencias que pongan fin a los incidentes concursales producirán efectos de cosa juzgada.

CAPÍTULO III. De los recursos

Artículo 544. *Recursos contra resoluciones del letrado de la administración de justicia*

Los recursos contra las resoluciones dictadas por el Letrado de la Administración de Justicia en el concurso serán los mismos que prevé la Ley 1/2000, de 7 de enero, de Enjuiciamiento Civil, y se sustanciarán en la forma que en ella se determina.

Artículo 545. *Recursos contra las resoluciones del juez*

Los recursos contra las resoluciones dictadas por el juez en el concurso se sustanciarán en la forma prevista por la Ley 1/2000, de 7 de enero, de Enjuiciamiento Civil, con las modificaciones que se indican en los artículos siguientes y sin perjuicio de lo previsto en esta ley en materia laboral.

Artículo 546. *Recursos contra providencias y autos*

Contra las providencias y autos que dicte el juez del concurso solo cabrá recurso de reposición, salvo que en esta ley se excluya todo recurso o, en el caso de los autos, se otorgue expresamente recurso de apelación.

Artículo 547. *Recursos contra sentencias*

Contra las sentencias dictadas por el juez del concurso cabrá recurso de apelación.

Artículo 548. *Carácter preferente*

Los recursos de apelación que se interpongan contra las sentencias y, en su caso, contra los autos dictadas por el juez del concurso se tramitarán con carácter preferente y deberán estar resueltos dentro de los dos meses siguientes a la recepción de las actuaciones por la Audiencia Provincial.

Artículo 549. *Suspensión de actuaciones*

1. Al admitir un recurso de apelación, el juez del concurso, de oficio o a instancia de parte, podrá acordar motivadamente la suspensión de aquellas actuaciones que puedan verse afectadas por su resolución.

2. Si al recurrir la sentencia de aprobación del convenio se hubiera solicitado la suspensión de los efectos de este, el juez podrá acordarla con carácter total o parcial.

3. La decisión del juez sobre la suspensión de actuaciones o el retraso de la eficacia del convenio, podrá ser revisada por la Audiencia Provincial a solicitud de parte formulada mediante escrito presentado ante aquella en los cinco días siguientes a la notificación de la decisión del juez del concurso. Esta cuestión habrá de ser resuelta con carácter previo al examen del fondo del recurso y dentro de los diez días siguientes a la recepción de los autos por el tribunal.

4. Contra el auto que dicte la Audiencia Provincial no cabe interponer recurso alguno.

Artículo 550. *Recursos extraordinarios*

Contra las sentencias dictadas por las Audiencias Provinciales relativas a la aprobación o cumplimiento del convenio, a la calificación o conclusión del concurso, o que resuelvan acciones de las comprendidas en las secciones tercera y cuarta podrá interponerse recurso de casación y extraordinario por infracción procesal, de acuerdo con los criterios de admisión establecidos en la Ley 1/2000, de 7 de enero, de Enjuiciamiento Civil.

Artículo 551. *Recursos en materia laboral*

1. Contra el auto que decida sobre la modificación sustancial de las condiciones de trabajo, el traslado, el despido, la suspensión de contratos o la reducción de jornada, por causas económicas, técnicas, organizativas o de producción que, conforme a la ley, tengan carácter colectivo y contra la sentencia que resuelva incidentes concursales relativos a acciones sociales cuyo conocimiento corresponda al juez del concurso, cabrá recurso de suplicación y los demás recursos previstos en la Ley reguladora de la jurisdicción social, que se tramitarán y resolverán ante los órganos jurisdiccionales del orden social, sin que

ninguno de ellos tenga efectos suspensivos sobre la tramitación del concurso ni de ninguno de sus incidentes, secciones o piezas separadas.

2. La legitimación para recurrir el auto indicado en el apartado anterior corresponde a la administración concursal, al concursado, a los trabajadores a través de sus representantes y al Fondo de Garantía Salarial, así como, en caso de declaración de la existencia de grupo laboral de empresas, a aquellas entidades que lo integren.

TÍTULO XIII. De la publicidad del concurso

CAPÍTULO I. De la publicidad telemática

Artículo 552. *Publicidad por medios electrónicos*

La publicidad de la declaración de concurso, la publicidad de aquellas otras resoluciones exigida por esta ley y las notificaciones y comunicaciones que procedan se realizará por medios electrónicos.

CAPÍTULO II. De los edictos

Artículo 553. *Edictos*

1. El traslado de los oficios con los edictos se realizará preferentemente por vía telemática desde el juzgado a los medios de publicidad correspondientes.

2. Excepcionalmente, y si lo previsto en el apartado anterior no fuera posible, los oficios con los edictos serán entregados al procurador del solicitante del concurso, quien deberá remitirlos de inmediato a los correspondientes medios de publicidad.

3. Si el solicitante del concurso fuese una Administración pública que actuase representada y defendida por sus servicios jurídicos, el traslado de los oficios se realizará directamente por el Letrado de la Administración de Justicia a los medios de publicidad.

Artículo 554. *Difusión de los edictos*

La publicidad exigida por esta ley de los edictos relativos a resoluciones dictadas por el juez del concurso se entenderá cumplida mediante la inserción en el tablón de anuncios del juzgado y en el Registro público concursal y, si así lo estableciera, en el «Boletín Oficial del Estado».

CAPÍTULO III. De los mandamientos

Artículo 555. *Mandamientos*

1. Los asientos exigidos por esta ley en los registros públicos de personas y de bienes se practicarán en virtud de mandamiento librado por el Letrado de la Administración de Justicia. En el mandamiento se expresará el órgano judicial que hubiera dictado la resolución, la fecha y la naturaleza de la resolución, el número de autos y si la correspondiente resolución es o no firme.

2. Las anotaciones preventivas que deban extenderse en los registros públicos de personas o de bienes por falta de firmeza de la resolución caducarán, en todo caso, a los cuatro años desde la fecha de la anotación misma y se cancelarán de oficio o a instancia de

cualquier interesado. El Letrado de la Administración de Justicia, antes de que se produzca la caducidad, podrá decretar la prórroga de la anotación por cuatro años más.

Artículo 556. *Traslado de los mandamientos*

1. El traslado de los mandamientos y de la documentación necesaria para la práctica de los asientos se realizará preferentemente por medios electrónicos desde el juzgado a los registros correspondientes. Excepcionalmente, si no fuera posible, los mandamientos serán entregados al procurador del solicitante del concurso, para su presentación inmediata en los registros correspondientes.

2. El traslado o la entrega se realizarán el mismo día de la notificación a las partes de la resolución judicial a la que se refieran. El procurador que reciba el mandamiento deberá presentarlo en el registro público correspondiente ese mismo día o el siguiente hábil, aunque no le hubiera sido facilitada provisión de fondos.

Artículo 557. *Resoluciones objeto de publicidad en los registros de personas*

1. Serán objeto de anotación o de inscripción en el folio correspondiente al concursado en los registros de personas a que se refiere esta ley, las resoluciones relativas a la declaración y reapertura del concurso; las que se dicten en materia de intervención o suspensión de las facultades de administración y disposición del concursado sobre los bienes y derechos que integran la masa activa; las limitaciones que se establezcan en la sentencia de aprobación del convenio; la calificación del concurso como culpable; la conclusión del concurso, y cuantas resoluciones las modifiquen o las dejen sin efecto.

2. La práctica de una inscripción del contenido de una resolución ya anotada será gratuita.

Artículo 558. *Resoluciones objeto de publicidad en los registros de bienes*

1. Serán objeto de anotación o de inscripción en el folio correspondiente a cada uno de los bienes o derechos pertenecientes a la masa activa que figuren inscritos a nombre del concursado en los registros de bienes a que se refiere esta ley, las resoluciones relativas a la declaración y reapertura del concurso; las que se dicten en materia de intervención o suspensión de las facultades de administración y disposición del concursado sobre los bienes y derechos que integran la masa activa; las limitaciones que se establezcan en la sentencia de aprobación del convenio; la conclusión del concurso, y cuantas resoluciones las modifiquen o las dejen sin efecto.

2. La práctica de una inscripción del contenido de una resolución ya anotada será gratuita.

3. La anotación o la inscripción en los registros de personas y de bienes a que se refiere esta ley de las medidas de apoyo al concursado por razón de su discapacidad establecidas en el convenio no impedirá el acceso a los registros públicos de los actos que las infrinjan, pero perjudicará a cualquier titular registral la acción de ineficacia o de reintegración de la masa que, en su caso, se ejercite.

Artículo 559. *Coordinación entre registros públicos*

Reglamentariamente podrán establecerse mecanismos de coordinación entre los diversos registros públicos en los que, conforme a lo establecido en esta ley, hayan de anotarse e inscribirse la declaración de concurso y aquellas otras resoluciones a que se refieren los artículos anteriores.

CAPÍTULO IV. Del Registro público concursal

– El **Real Decreto Legislativo 1/2020, de 5 de mayo**, por el que se aprueba el texto refundido de la Ley **Concursal** establece en el apartado primero de la *Disposición transitoria única. Régimen transitorio: El contenido de los artículos 57 a 63, 84 a 89, 560 a 566 y 574.1 todos ellos inclusive, de este texto refundido, que corresponda a las modificaciones introducidas en los artículos 27, 34 y 198 de la Ley 22/2003, de 9 de julio, Concursal, por la Ley 17/2014, de 30 de septiembre, por la que se adoptan medidas urgentes en materia de refinanciación y reestructuración de deuda empresarial, entrarán en vigor cuando se apruebe el reglamento a que se refiere la disposición transitoria segunda de dicha ley. Entre tanto permanecerán en vigor los artículos 27, 34 y 198 de la Ley Concursal en la redacción anterior a la entrada en vigor de dicha Ley 17/2014, de 30 de septiembre.* La disposición transitoria segunda de la Ley 17/2014, de 30 de septiembre, por la que se adoptan medidas urgentes en materia de refinanciación y reestructuración de deuda empresarial establece: *Disposición transitoria segunda. Régimen de la administración concursal. Las modificaciones introducidas en los artículos 27, 34 y 198 de la Ley 22/2003, de 9 de julio, Concursal, no entrarán en vigor hasta que lo haga su desarrollo reglamentario, que deberá aprobarse, a iniciativa de los Ministerios de Justicia y de Economía y Competitividad, en un plazo máximo de seis meses.* De conformidad con lo indicado, la redacción del artículo 198 anterior a la Ley 17/2014, de 30 de septiembre, es: *– Artículo 198. Registro Público Concursal. 1. El Registro Público Concursal se llevará bajo la dependencia del Ministerio de Justicia y constará de tres secciones: a) En la sección primera, de edictos concursales, se insertarán ordenados por concursado y fechas, las resoluciones que deban publicarse conforme a lo previsto en el artículo 23 y en virtud de mandamiento remitido por el secretario judicial. b) En la sección segunda, de publicidad registral, se harán constar, ordenadas por concursado y fechas, las resoluciones registrales anotadas o inscritas en todos los registros públicos de personas referidos en el artículo 24.1, 2 y 3, incluidas las que declaren concursados culpables o acuerden la designación o inhabilitación de los administradores concursales y en virtud de certificaciones remitidas de oficio por el encargado del registro una vez practicado el correspondiente asiento. c) En la sección tercera, de acuerdos extrajudiciales, se hará constar la apertura de las negociaciones para alcanzar tales acuerdos y su finalización. 2. La publicación de las resoluciones judiciales o sus extractos tendrá un valor meramente informativo o de publicidad notoria. 3. Reglamentariamente se desarrollarán la estructura, contenido y sistema de publicidad a través de este registro y los procedimientos de inserción y acceso, bajo los principios siguientes: 1º Las resoluciones judiciales podrán publicarse en extracto, en el que se recojan los datos indispensables para la determinación del contenido y alcance de la resolución con indicación de los datos registrables cuando aquéllas hubieran causado anotación o inscripción en los correspondientes registros públicos. 2º La inserción de las resoluciones o sus extractos se realizará preferentemente, a través de mecanismos de coordinación con el Registro Civil, el Registro Mercantil o los restantes registros de personas en que constare el concursado persona jurídica, conforme a los modelos que se aprueben reglamentariamente. 3º El registro deberá contar con un dispositivo que permita conocer y acreditar fehacientemente el inicio de la difusión pública de las resoluciones e información que se incluyan en el mismo. 4º El contenido del registro será accesible de forma gratuita por Internet u otros medios equivalentes de consulta telemática.*

– La **Ley 16/2022, de 5 de septiembre**, de reforma del texto refundido de la Ley Concursal, aprobado por el Real Decreto Legislativo 1/2020, de 5 de mayo, para la transposición de la Directiva (UE) 2019/1023 del Parlamento Europeo y del Consejo, de 20 de junio de 2019, sobre marcos de reestructuración preventiva, exoneración de deudas e inhabilitaciones, y sobre medidas para aumentar la eficiencia de los procedimientos de reestructuración, insolvencia y exoneración de deudas, y por la que se modifica la Directiva (UE) 2017/1132 del Parlamento Europeo y del Consejo, sobre determinados aspectos del derecho de sociedades (Directiva sobre reestructuración e insolvencia), establece en la *Disposición final decimocuarta. Reglamento del Registro público concursal. 1. En el plazo máximo de seis meses desde la entrada en vigor de esta ley, el Gobierno, a propuesta del Ministerio de Justicia, aprobará mediante real decreto la reforma del Real Decreto 892/2013, de 15 de noviembre, por el que se regula el Registro público concursal, en materia de estructura, contenido y sistema de publicidad, así como los procedimientos de inserción y de acceso a este registro y la interconexión con la plataforma europea. 2. El real decreto contemplará las condiciones para la publicación de las retribuciones fijadas para el administrador concursal en cada procedimiento en el que resulte designado.*

Artículo 560. El Registro público concursal

1. El Registro público concursal es un instrumento técnico de información, de acceso público, gratuito y permanente sobre las principales resoluciones que se dicten en los concursos de acreedores declarados en España o que hayan de producir efectos en España, sobre las comunicaciones de apertura de negociaciones, las homologaciones judiciales de los planes de reestructuración, así como de las personas naturales y jurídicas que puedan ser nombradas administradores concursales y de la información existente sobre liquidaciones y ventas de activos y unidades productivas.

2. El Registro público concursal se llevará bajo la dependencia del Ministerio de Justicia.

3. Reglamentariamente se desarrollarán la estructura, el contenido y el sistema de publicidad a través de este registro y los procedimientos de inserción y de acceso.

Artículo 561. Organización del Registro

El Registro público concursal constará de cinco secciones:

1.ª En la sección primera, de edictos concursales, se insertarán ordenados alfabéticamente por concursado y fechas, la declaración de concurso y las demás resoluciones que deban publicarse en este registro conforme a lo establecido en esta ley.

2.ª En la sección segunda, de publicidad registral, se insertarán, ordenadas alfabéticamente por concursado y fechas, las resoluciones judiciales en materia de limitación o de suspensión de las facultades de administración y de disposición sobre los bienes y derechos que integran la masa activa, las demás exigidas por esta ley y la sentencia de calificación del concurso como culpable. En esa sección existirá una subsección, de personas afectadas por la calificación, en la que se insertarán, ordenadas alfabéticamente por afectado, las correspondientes resoluciones judiciales una vez sean firmes.

3.ª En la sección tercera, de exoneración del pasivo insatisfecho, se insertarán, ordenadas alfabéticamente por concursado, las resoluciones judiciales por la que se conceda, con carácter provisional o definitivo, la exoneración, con expresión de la revocación total o parcial de la exoneración concedida.

4.ª En la sección cuarta, de administradores concursales y auxiliares delegados, se inscribirán, ordenadas alfabéticamente por orden de apellidos, si fueran personas naturales, y por denominación, si no lo fueran, las personas naturales y jurídicas que, cumpliendo los requisitos legales y reglamentarios para poder ser nombradas como administrador concursal y auxiliares delegados, hayan solicitado la inscripción en este registro manifestando la voluntad de ejercer como administrador concursal o auxiliar delegado. Si el administrador concursal estuviera habilitado para actuar en concursos de media o gran complejidad se hará costar en la inscripción.

En esta sección se insertarán igualmente, en la parte relativa a cada una de esas personas, los nombramientos, los ceses, con expresión de la causa, y, en su caso, la inhabilitación de los administradores concursales y de los auxiliares delegados, con indicación del tribunal y de la clase y fecha de la resolución judicial, así como los autos en los que se fije o modifique su remuneración.

Cuando un administrador concursal sea inhabilitado el letrado de la Administración de Justicia lo pondrá en conocimiento del Registro público concursal a fin de que se le dé de baja por el periodo de inhabilitación, sin perjuicio de que continúe actuando en aquellos concursos en los que hubiera sido nombrado antes de la firmeza de la resolución judicial que lo hubiera inhabilitado.

5.ª En la sección quinta, de planes de reestructuración, se insertarán, ordenadas alfabéticamente por deudor, las comunicaciones de la apertura de las negociaciones con los acreedores, salvo que tuviera carácter reservado, así como la homologación judicial de los planes de reestructuración.

En esa sección existirá una subsección, de expertos en reestructuraciones, en la que se insertarán, ordenadas alfabéticamente por experto, los nombramientos que hubieran tenido.

Artículo 562. Inserción de resoluciones judiciales en la sección primera
Suprimido

Artículo 563. Solicitud de inscripción en la sección cuarta
1. En el caso de personas naturales, en la solicitud de inscripción en la sección cuarta, se indicará la identidad del solicitante, la dirección profesional postal y electrónica, el número de identificación fiscal, y el ámbito o ámbitos territoriales en los que se hubiera manifestado la disposición para ejercer, así como la identidad de todas las personas jurídicas inscritas en esta sección con las que se encuentre relacionada profesionalmente para el ejercicio de la actividad de administrador concursal. En la solicitud se indicarán igualmente los concursos previos en los que hubiera sido nombrado administrador concursal o auxiliar delegado con expresión del tribunal en que se hubiera tramitado y el número de autos, señalando la identidad del concursado y el sector de actividad.

2. En el caso de las personas jurídicas, en la solicitud de inscripción en la sección cuarta se indicará la denominación, el domicilio, la forma jurídica, la dirección postal y electrónica, y el ámbito o ámbitos territoriales en los que se hubiera manifestado la disposición para ejercer, así como la identidad y la dirección de cada uno de los socios y de cualquier persona natural inscrita en esta sección que preste sus servicios para la persona jurídica. En la solicitud se indicarán igualmente los concursos previos en los que hubiera sido nombrada administradora concursal o auxiliar delegado con expresión del tribunal en que se hubiera tramitado y el número de autos, señalando la identidad del concursado y el sector de actividad, la identidad de la persona natural encargada de la dirección de los trabajos y de la representación de la persona jurídica en cada uno de ellos.

3. En la sección cuarta del Registro público concursal, en la parte relativa a cada una de esas personas, se insertarán todos los datos a que se refieren los dos apartados anteriores.

Artículo 564. Libertad de acceso al Registro público concursal

1. El contenido del Registro público concursal será accesible por internet u otros medios equivalentes de consulta telemática.

2. Por excepción a lo establecido en el apartado anterior, únicamente tendrán acceso a la sección segunda y sección tercera, aquellas personas que justifiquen la existencia de interés legítimo en averiguar la situación del deudor. La apreciación de la existencia de interés legítimo se realizará por quién esté a cargo del Registro público concursal. Se presumirá interés legítimo en las autoridades y empleados públicos en el ejercicio de sus funciones públicas.

Artículo 565. Valor de la eficacia del Registro público concursal

La publicación de las resoluciones judiciales o sus extractos tendrá un valor meramente informativo salvo en aquellos casos en los que esta ley le atribuya otros efectos.

Artículo 566. Control del inicio de la accesibilidad de la información

El Registro público concursal deberá contar con mecanismos de trazabilidad que permitan conocer y acreditar fehacientemente a solicitud de cualquier interesado el inicio de la difusión pública de las resoluciones y de la información que se incluya en el mismo.

TÍTULO XIV. De los concursos de acreedores con especialidades

CAPÍTULO I. Del concurso de la herencia

Artículo 567. Declaración de concurso de la herencia

El concurso de la herencia podrá declararse en tanto no haya sido aceptada pura y simplemente.

Artículo 568. Legitimación para solicitar la declaración de concurso

1. Para solicitar la declaración de concurso de la herencia no aceptada pura y simplemente están legitimados el administrador de la herencia yacente, los herederos y los acreedores del deudor fallecido.

2. En la solicitud los legitimados deberán expresar los datos del causante y el carácter en el que formulan la declaración de concurso, acompañando el documento del que resulte su legitimación o proponiendo prueba para acreditarla.

3. La solicitud formulada por un heredero producirá los efectos de la aceptación de la herencia a beneficio de inventario.

Artículo 569. Concurso voluntario y concurso necesario de la herencia

1. El concurso de acreedores de la herencia tendrá la consideración de voluntario cuando la primera de las solicitudes presentadas hubiera sido la del administrador de la herencia yacente o la de un heredero. En los demás casos, el concurso se considerará necesario.

2. Por excepción a lo dispuesto en el apartado anterior, el concurso de acreedores de la herencia tendrá la consideración de necesario cuando, en los tres meses anteriores a la fecha de la solicitud del administrador de la herencia yacente o de un heredero, se hubiera presentado y admitido a trámite otra contra el deudor antes de su fallecimiento o contra la propia herencia por cualquier legitimado, aunque este hubiera desistido, no hubiera comparecido en la vista o no se hubiese ratificado en la solicitud.

Artículo 570. *Efectos sobre el deudor*

En caso de concurso de la herencia, corresponderá a la administración concursal el ejercicio de las facultades patrimoniales de administración y disposición sobre el caudal relicto, sin que el juez pueda modificar esta situación.

Artículo 571. *Fallecimiento del concursado*

1. La muerte o declaración de fallecimiento del concursado no será causa de conclusión del concurso, que continuará tramitándose como concurso de la herencia, correspondiendo a la administración concursal el ejercicio de las facultades patrimoniales de administración y disposición del caudal relicto.

2. La representación de la herencia en el procedimiento corresponderá a quien la ostente conforme a derecho y, en su caso, a quien designen los herederos.

3. Fallecido el concursado, la herencia se mantendrá indivisa durante la tramitación del concurso.

CAPÍTULO II. De las especialidades del concurso por razón de la persona del deudor

SECCIÓN 1.ª De las comunicaciones y notificaciones especiales

Artículo 572. *Comunicaciones especiales de la solicitud de concurso voluntario o necesario*

1. En caso de solicitud de concurso de acreedores de una sociedad que tuviera emitidos valores o instrumentos financieros negociados en un mercado secundario oficial, el Letrado de la Administración de Justicia, una vez que el juez hubiera proveído sobre la misma, lo comunicará sin dilación a la Comisión Nacional del Mercado de Valores.

2. En caso de solicitud de concurso de acreedores de una entidad de crédito o a una empresa de servicios de inversión, el órgano judicial competente, suspendiendo la tramitación de la solicitud, lo notificará al supervisor competente y al FROB para dar cumplimiento a lo dispuesto en los apartados 2 y 3 de la disposición adicional decimoquinta de la Ley 11/2015, de 18 de junio, de recuperación y resolución de entidades de crédito y empresas de servicios de inversión.

A continuación, en caso de que así proceda el Letrado de la Administración de Justicia, una vez que el juez hubiera proveído sobre la misma, lo comunicará sin dilación al Banco de España, al FROB y a la Comisión Nacional del Mercado de Valores y solicitará la relación de los sistemas de pagos y de liquidación de valores o instrumentos financieros, incluidos los derivados, a los que pertenezca la entidad afectada y la denominación y domicilio del gestor en los términos previstos en la legislación especial aplicable.

3. En caso de solicitud de concurso de acreedores de una entidad aseguradora o reaseguradora, el Letrado de la Administración de Justicia, una vez que el juez hubiera proveído sobre la misma, lo comunicará sin dilación a la Dirección General de Seguros y Fondos de Pensiones.

4. En caso de solicitud de concurso de acreedores de una mutua colaboradora con la Seguridad Social, el Letrado de la Administración de Justicia, una vez que el juez hubiera proveído sobre la misma, lo comunicará sin dilación al Ministerio de Inclusión, Seguridad Social y Migraciones.

Artículo 573. *Notificaciones especiales de la declaración de concurso*
Declarado el concurso de cualquiera de las entidades a que se refiere el artículo anterior, el Letrado de la Administración de Justicia notificará el auto, en el mismo día de la fecha, a los mismos organismos y administraciones públicas a las que hubiera notificado o debido notificar la existencia de la solicitud, así como al gestor de los sistemas a los que pertenezca la entidad afectada.

SECCIÓN 2.ª De las especialidades de la administración concursal

Artículo 574. *Nombramiento de la administración concursal*
1. En el concurso de entidad de crédito el juez nombrará administrador concursal de entre las personas propuestas en terna por el FROB.
2. En el concurso de entidad aseguradora o reaseguradora el juez nombrará administrador concursal al Consorcio de Compensación de Seguros.
3. En el concurso de una entidad sometida a la supervisión de la Comisión Nacional del Mercado de Valores el juez nombrará administrador concursal de entre las personas propuestas en terna por esa Comisión.

Artículo 575. *Incompatibilidades y prohibiciones*
1. Las normas establecidas en esta ley sobre incompatibilidades y prohibiciones para ser nombrado administrador concursal serán de aplicación a las personas nombradas por el juez del concurso a propuesta del FROB, del Consorcio de Compensación de Seguros o de la Comisión Nacional del Mercado de Valores.
2. Se exceptúan de lo establecido en el apartado anterior, las prohibiciones por razón del cargo o función pública que tuviera o hubiera tenido el nombrado; o, en caso de administración concursal dual, de las incompatibilidades por razón de la vinculación personal o profesional entre los miembros de la administración concursal.

Artículo 576. *Aceptación del nombrado*
1. Cuando el nombramiento de la administración concursal recaiga en cualquiera de las personas propuestas por el FROB, el Consorcio de Compensación de Seguros o la Comisión Nacional del Mercado de Valores no será necesaria la aceptación del nombrado.
2. Dentro del plazo de cinco días siguientes a la notificación del nombramiento, el nombrado comunicará al juzgado las direcciones postal y electrónica en las que efectuar la comunicación de créditos, así como cualquier otra notificación.

La dirección electrónica que se señale deberá cumplir las condiciones técnicas de seguridad de las comunicaciones electrónicas en lo relativo a la constancia de la transmisión y recepción, de sus fechas y del contenido íntegro de las comunicaciones.

Artículo 577. *Carácter gratuito del cargo*

Si las personas propuestas por el FROB, el Consorcio de Compensación de Seguros o la Comisión Nacional del Mercado de Valores para el ejercicio del cargo de administrador concursal formaran parte de estos organismos, no tendrán derecho a retribución con cargo a la masa activa.

SECCIÓN 3.ª De las especialidades del concurso de entidades de crédito, de empresas de servicios de inversión, de entidades aseguradoras, de entidades que sean miembros de mercados regulados y de entidades participantes en los sistemas de compensación y liquidación de valores

Artículo 578. *Régimen especial del concurso de acreedores*

1. En los concursos de entidades de crédito o entidades legalmente asimiladas a ellas, empresas de servicios de inversión y entidades aseguradoras, así como de entidades miembros de mercados oficiales de valores y entidades participantes en los sistemas de compensación y liquidación de valores, se aplicarán las especialidades que para el concurso de acreedores se hallen establecidas en su legislación específica.

2. Se considera legislación especial, a los efectos de la aplicación del apartado anterior, la contenida en las siguientes normas:

1.º La disposición adicional quinta de la Ley 3/1994, de 14 de abril, por la que se adapta la legislación española en materia de entidades de crédito a la Segunda Directiva de Coordinación Bancaria y se introducen otras modificaciones relativas al sistema financiero.

2.º La Ley 13/1994, de 1 de junio, de autonomía del Banco de España, por lo que respecta al régimen aplicable a las garantías constituidas a favor del Banco de España, del Banco Central Europeo o de otros Bancos Centrales Nacionales de la Unión Europea, en el ejercicio de sus funciones.

3.º La disposición adicional tercera de la Ley 1/1999, de 5 de enero, reguladora de las entidades de capital-riesgo y de sus sociedades gestoras.

4.º La Ley 41/1999, de 12 de noviembre, sobre sistemas de pagos y de liquidación de valores.

5.º El texto refundido de la Ley de Regulación de los Planes y Fondos de Pensiones, aprobado por Real Decreto Legislativo 1/2002, de 29 de noviembre.

6.º La Ley 35/2003, de 4 de noviembre, de Instituciones de Inversión Colectiva.

7.º El texto refundido del Estatuto Legal del Consorcio de Compensación de Seguros, aprobado por Real Decreto Legislativo 7/2004, de 29 de octubre.

8.º El capítulo II del título I del Real Decreto-ley 5/2005, de 11 de marzo, de reformas urgentes para el impulso a la productividad y para la mejora de la contratación pública.

9.º La Ley 6/2005, de 22 de abril, sobre saneamiento y liquidación de las entidades de crédito.

10.º La Ley 22/2014, de 12 de noviembre, por la que se regulan las entidades de capital-riesgo, otras entidades de inversión colectiva de tipo cerrado y las sociedades gestoras de entidades de inversión colectiva de tipo cerrado, y por la que se modifica la Ley 35/2003, de 4 de noviembre, de Instituciones de Inversión Colectiva.

11.º El artículo 16.4 y la disposición adicional cuarta, punto 7, de la Ley 5/2015, de 27 de abril, de fomento de la financiación empresarial.

12.º La Ley 11/2015, de 18 de junio, de recuperación y resolución de entidades de crédito y empresas de servicios de inversión.

13.º Los títulos VI y VII de la Ley 20/2015, de 14 de julio, de ordenación, supervisión y solvencia de entidades aseguradoras y reaseguradoras y el título VII del Real Decreto 1060/2015, de 20 de noviembre, de ordenación, supervisión y solvencia de las entidades aseguradoras y reaseguradoras.

14.º El texto refundido de la Ley del Mercado de Valores, aprobado por Real Decreto Legislativo 4/2015, de 23 de octubre, y su normativa de desarrollo.

15.º El Real Decreto 217/2008, de 15 de febrero, sobre el régimen jurídico de las empresas de servicios de inversión y de las demás entidades que prestan servicios de inversión y por el que se modifica parcialmente el Reglamento de la Ley 35/2003, de 4 de noviembre, de Instituciones de Inversión Colectiva, aprobado por el Real Decreto 1309/2005, de 4 de noviembre.

16.º El Real Decreto 1082/2012, de 13 de julio, por el que se aprueba el Reglamento de desarrollo de la Ley 35/2003, de 4 de noviembre, de instituciones de inversión colectiva.

17.º El Real Decreto-ley 24/2021, de 2 de noviembre, de transposición de directivas de la Unión Europea en las materias de bonos garantizados, distribución transfronteriza de organismos de inversión colectiva, datos abiertos y reutilización de la información del sector público, ejercicio de derechos de autor y derechos afines aplicables a determinadas transmisiones en línea y a las retransmisiones de programas de radio y televisión, exenciones temporales a determinadas importaciones y suministros, de personas consumidoras y para la promoción de vehículos de transporte por carretera limpios y energéticamente eficientes.

3. Las normas legales enumeradas en el apartado anterior se aplicarán con el alcance subjetivo y objetivo previsto en las mismas a las operaciones o contratos que en ella se contemplan.

SECCIÓN 4.ª De las especialidades del concurso de empresas concesionarias de obras y servicios públicos o contratistas de las administraciones públicas

Artículo 579. *Concurso de concesionarias de obras y servicios públicos, de contratistas de las administraciones públicas y de titulares de concesiones sobre el dominio público*

En los concursos de empresas concesionarias de obras y servicios públicos o contratistas de las administraciones públicas se aplicarán las especialidades establecidas en la legislación de contratos del sector público y en la legislación específica reguladora de cada tipo de contrato administrativo.

Los efectos de la declaración de concurso o de las resoluciones adoptadas en el seno de dicho procedimiento en las concesiones sobre el dominio público que ostente el concursado se regularán por su normativa específica. En el caso de concesiones sobre el dominio público portuario de titularidad de personas jurídicas, la disolución o extinción de dichas entidades por resoluciones acordadas en el seno del concurso será causa automática de extinción de la concesión, sin que esta pueda ser objeto de enajenación o liquidación en el concurso desde que aquellas se dicten.

Artículo 580. *Legitimación adicional para presentar propuesta de convenio*
En los concursos de empresas concesionarias de obras y servicios públicos o contratistas de las administraciones públicas, además de los legitimados con carácter general para presentar propuesta de convenio, podrán presentarla las administraciones públicas, incluidos los organismos, entidades y sociedades mercantiles vinculadas o dependientes de ellas, aunque no sean acreedores, en las mismas condiciones de tiempo, forma y contenido establecidas en esta ley.

Artículo 581. *De la acumulación de concursos de concesionarias de obras y servicios públicos o contratistas de las administraciones públicas*
1. Cuando en los concursos de dos o más empresas concesionarias de obras y servicios públicos o contratistas de las administraciones públicas se presenten propuestas de convenio que afecten a todas ellas, procederá la acumulación de los procedimientos en tramitación, cualquiera que sea la fase en que se encuentren, aunque la eficacia de los respectivos convenios no esté condicionada a la eficacia de los demás.
2. La acumulación procederá aunque los concursos hayan sido declarados por diferentes juzgados. En este caso, la competencia para la tramitación de los concursos acumulados corresponderá al juez que estuviera conociendo del concurso de la concesionaria o de la contratista con mayor pasivo en el momento de la presentación de la solicitud de concurso.

SECCIÓN 5.ª De las especialidades del concurso de entidades deportivas

Artículo 582. *Concurso de entidades deportivas*
1. En los concursos de entidades deportivas que participen en competiciones oficiales, se aplicarán las especialidades que para el concurso de acreedores prevea la legislación estatal del deporte y sus normas de desarrollo.
2. La declaración judicial de concurso de una entidad deportiva no interrumpirá la continuación de la actividad que viniera ejerciendo ni impedirá la aplicación de la normativa reguladora de la participación de esa entidad en la competición.

LIBRO SEGUNDO DEL DERECHO PRECONCURSAL

– La disposición adicional novena de la **Ley 16/2022, de 5 de septiembre, de reforma del texto refundido de la Ley Concursal, aprobado por el Real Decreto Legislativo 1/2020, de 5 de mayo, para la transposición de la Directiva (UE) 2019/1023 del Parlamento Europeo y del Consejo, de 20 de junio de 2019, sobre marcos de reestructuración preventiva, exoneración de deudas e inhabilitaciones, y sobre medidas** para aumentar la eficiencia de los procedimientos de reestructuración, insolvencia y exoneración de deudas, y por la que se modifica la Directiva (UE) 2017/1132 del Parlamento Europeo y del Consejo, sobre determinados aspectos del derecho de sociedades (Directiva sobre reestructuración e insolvencia) establece: *Novena. Referencias normativas. Desde la entrada en vigor de la presente ley, las referencias normativas a los acuerdos de refinanciación y, en su caso, a los acuerdos extrajudiciales de pagos, han de entenderse realizadas a los planes de reestructuración regulados en el libro segundo y, tratándose de microempresas, a los planes de continuación en el libro tercero.*

TÍTULO I. De los presupuestos del preconcurso

Artículo 583. *Presupuesto subjetivo*

1. Cualquier persona natural o jurídica que lleve a cabo una actividad empresarial o profesional podrá efectuar la comunicación de apertura de negociaciones con los acreedores o solicitar directamente la homologación de un plan de reestructuración de conformidad con lo previsto en este libro.

2. No quedan comprendidos en el presupuesto subjetivo del apartado 1 los deudores que constituyan:

a) Empresas de seguros o de reaseguros, tal como se definen en el artículo 13, puntos 1 y 4, de la Directiva 2009/138/CE del Parlamento Europeo y del Consejo, de 25 de noviembre de 2009, sobre el seguro de vida, el acceso a la actividad de seguro y de reaseguro y su ejercicio (Solvencia II), incorporada a nuestro ordenamiento interno por la Ley 20/2015, de 14 de julio, de ordenación, supervisión y solvencia de las entidades aseguradoras y reaseguradoras.

b) Entidades de crédito, tal como se definen en el artículo 4, apartado 1, punto 1, del Reglamento (UE) n.º 575/2013 del Parlamento Europeo y del Consejo, de 26 de junio de 2013, sobre los requisitos prudenciales de las entidades de crédito y las empresas de inversión, y por el que se modifica el Reglamento (UE) n.º 648/2012.

c) Empresas de inversión u organismos de inversión colectiva, tal como se definen en el artículo 4, apartado 1, puntos 2 y 7, del Reglamento (UE) 575/2013 del Parlamento Europeo y del Consejo, de 26 de junio de 2013, sobre los requisitos prudenciales de las entidades de crédito y las empresas de inversión, y por el que se modifica el Reglamento (UE) n.º 648/2012.

d) Entidades de contrapartida central, tal como se definen en el artículo 2, punto 1, del Reglamento (UE) n.º 648/2012 del Parlamento Europeo y del Consejo, de 4 de julio de 2012, relativo a los derivados extrabursátiles, las entidades de contrapartida central y los registros de operaciones.

e) Depositarios centrales de valores, tal como se definen en el artículo 2, apartado 1, punto 1, del Reglamento (UE) n.º 909/2014 del Parlamento Europeo y del Consejo, de 23 de julio de 2014, sobre la mejora de la liquidación de valores en la Unión Europea y los depositarios centrales de valores y por el que se modifican las Directivas 98/26/CE y 2014/65/UE y el Reglamento (UE) n.º 236/2012.

f) Otras entidades y entes financieros recogidos en el artículo 1, apartado 1, párrafo primero, de la Directiva 2014/59/UE del Parlamento Europeo y del Consejo, de 15 de mayo de 2014, por la que se establece un marco para la recuperación y la resolución de entidades de crédito y empresas de servicios de inversión, y por la que se modifican la

Directiva 82/891/CEE del Consejo, y las Directivas 2001/24/CE, 2002/47/CE, 2004/25/CE, 2005/56/CE, 2007/36/CE, 2011/35/UE, 2012/30/UE y 2013/36/UE, y los Reglamentos (UE) n.º 1093/2010 y (UE) n.º 648/2012 del Parlamento Europeo y del Consejo, incorporada a nuestro ordenamiento interno en la Ley 11/2015, de 18 de junio, de recuperación y resolución de entidades de créditos y empresas de servicios de inversión.

3. Las entidades que integran la organización territorial del Estado, los organismos públicos y demás entes de derecho público no quedan comprendidas en el presupuesto subjetivo del apartado 1.

4. Los deudores incluidos en el ámbito de aplicación del libro tercero se sujetarán exclusivamente a las disposiciones de ese libro.

5. Lo dispuesto en el libro segundo se entenderá sin perjuicio de los requisitos de garantía para la protección de los fondos recibidos de los usuarios de servicios de pago o recibidos a través de otro proveedor de servicios de pago para la ejecución de operaciones de pago, y de los fondos recibidos a cambio del dinero electrónico emitido o en relación con la prestación de servicios de pago no vinculados a dicha emisión aplicables a las entidades de pago y a las entidades de dinero electrónico que se exigen, respectivamente, en el Real Decreto-ley 19/2018, de 23 de noviembre, de servicios de pago y otras medidas urgentes en materia financiera, y en la Ley 21/2011, de 26 de julio, de dinero electrónico.

Artículo 584. *Presupuesto objetivo*

1. La comunicación de apertura de negociaciones o la homologación de un plan de reestructuración procederán cuando el deudor se encuentre en probabilidad de insolvencia, insolvencia inminente o insolvencia actual.

2. Se considera que existe probabilidad de insolvencia cuando sea objetivamente previsible que, de no alcanzarse un plan de reestructuración, el deudor no podrá cumplir regularmente sus obligaciones que venzan en los próximos dos años.

TÍTULO II. De la comunicación de apertura de negociaciones con los acreedores

CAPÍTULO I. De la comunicación

Artículo 585. *Comunicación de la apertura de negociaciones*

1. En caso de probabilidad de insolvencia o de insolvencia inminente, el deudor, sea persona natural o jurídica, podrá comunicar al juzgado competente para la declaración del concurso la existencia de negociaciones con sus acreedores, o la intención de iniciarlas de inmediato, para alcanzar un plan de reestructuración que permita superar la situación en que se encuentra.

2. El deudor que se encuentre en estado de insolvencia actual podrá efectuar la comunicación a que se refiere el apartado anterior en tanto no se haya admitido a trámite solicitud de declaración de concurso necesario.

3. En caso de persona jurídica, la competencia para presentar la comunicación corresponde al órgano de administración del deudor.

Artículo 586. *Contenido de la comunicación*

1. En la comunicación al juzgado, que deberá hacerse a través de la sede judicial electrónica o por medios telemáticos o electrónicos excepto en el caso de personas no obligadas a comunicarse con la Administración de Justicia por medios electrónicos, el deudor expresará:

1.º Las razones que justifican la comunicación, con referencia al estado en que se encuentra, sea probabilidad de insolvencia, insolvencia inminente o insolvencia actual.

2.º El fundamento de la competencia del juzgado para conocer de la comunicación.

3.º La relación de los acreedores con los que se haya iniciado o tenga intención de iniciar negociaciones, el importe de los créditos de cada uno de ellos y el importe total de los créditos. Si entre ellos figurasen acreedores especialmente relacionados con el deudor se indicará cuáles tienen esta condición.

En el caso de los créditos de derecho público, deberá figurar la fecha de devengo de los mismos.

4.º Cualquier circunstancia existente o que pueda sobrevenir susceptible de afectar al desarrollo o al buen fin de las negociaciones.

5.º La actividad o actividades que desarrolle, así como el importe del activo y del pasivo, la cifra de negocios y el número de trabajadores al cierre del ejercicio inmediatamente anterior a aquel en que presente la comunicación.

6.º Los bienes o derechos que se consideren necesarios para la continuidad de su actividad empresarial o profesional. Si se siguieran ejecuciones contra esos bienes, identificará en la comunicación cada una de las que se encuentren en tramitación.

7.º Los contratos necesarios para la continuidad de su actividad.

8.º En su caso, la solicitud por el deudor de nombramiento de experto en la reestructuración.

9.º En su caso, la solicitud del carácter reservado de la comunicación.

10.º En el caso de que se pretenda que el plan de reestructuración afecte al crédito público, la acreditación de encontrarse al corriente en el cumplimiento de las obligaciones tributarias y frente a la Seguridad Social, mediante la presentación por el deudor en el juzgado de las correspondientes certificaciones emitidas por la Agencia Estatal de Administración Tributaria y la Tesorería General de la Seguridad Social, o la declaración del deudor de que no se encuentra en dicha situación.

2. Si el deudor fuera miembro de un grupo de sociedades, indicará las garantías otorgadas por otras sociedades del grupo que pretenda que queden afectadas por la comunicación.

3. En cualquier momento, mientras estén en vigor los efectos de la comunicación, podrá comunicar el deudor al juzgado la ampliación o la reducción de los acreedores con los que mantiene las negociaciones y la modificación del importe individual o total de los créditos.

4. Cuando en este título se establezca algún porcentaje del pasivo para el ejercicio de determinados derechos o facultades, se calculará sobre la base de los datos más recientes comunicados al juzgado, salvo que el interesado acredite otra cosa.

Artículo 587. *Comunicación conjunta*

1. Las personas que pueden solicitar la declaración conjunta de los respectivos concursos de acreedores podrán realizar una comunicación conjunta. En el caso de grupos de sociedades, podrá efectuarse la comunicación sin necesidad de incluir a la sociedad dominante ni a todas las sociedades del grupo.

2. La información a que se refiere el artículo anterior se facilitará desglosada por cada una de las personas que efectúe conjuntamente la comunicación. En la comunicación se expresarán, además, las relaciones existentes entre todas y cada una de ellas, los créditos y las deudas recíprocos y las garantías de cualquier clase que se hubieran otorgado.

3. La competencia para conocer de la comunicación conjunta corresponderá al juzgado del lugar donde tenga el centro de intereses principales el deudor con mayor pasivo y, si se trata de un grupo de sociedades, el de la sociedad dominante o, si no estuviera incluida en la comunicación, el de la sociedad de mayor pasivo.

Artículo 588. *Resolución sobre la comunicación*

1. En el plazo máximo de dos días, si el letrado de la Administración de Justicia estima que, con arreglo a las normas sobre competencia internacional o territorial, el juzgado es competente y comprueba que la comunicación no presenta defectos formales, la tendrá por efectuada por medio de decreto con efectos a la fecha en la que se hubiera presentado, con formación de los correspondientes autos.

2. Cuando el letrado de la Administración de Justicia estime que la comunicación presenta defectos, concederá al solicitante el plazo de dos días para que la subsane. Una vez subsanados los defectos, dictará resolución teniendo por realizada la comunicación con efectos desde la fecha en que se hubiera presentado.

En caso de falta de subsanación, el letrado de la Administración de Justicia dictará resolución teniéndola por no efectuada.

3. La resolución teniendo por efectuada la comunicación se dictará sin necesidad de que el deudor acredite el estado en que se encuentre que hubiera alegado.

4. Si a la fecha de la comunicación se hubiera admitido a trámite solicitud de declaración de concurso necesario del deudor, la comunicación no producirá ningún efecto hasta que se resuelva esta solicitud.

Artículo 589. *Control de la competencia internacional y territorial*

Cuando el letrado de la Administración de Justicia estime que, con arreglo a las normas sobre competencia internacional o territorial, el juzgado no es competente para conocer de la comunicación, dará cuenta de inmediato al juez, quien oirá al solicitante y al Ministerio Fiscal por el plazo común de cinco días, resolviendo al siguiente mediante auto. Contra el auto que declare la falta de competencia internacional o territorial se podrá interponer recurso de apelación.

Artículo 590. *Contenido de la resolución*

1. La resolución expresará la identidad del deudor o deudores que hubieran realizado la comunicación; los motivos en los que se funde la competencia internacional y territorial del juzgado al que se ha dirigido la comunicación y, en particular, si se basa en la locali-

zación del centro de los intereses principales o de un establecimiento del deudor; la fecha de la comunicación y de la resolución teniéndola por efectuada o no efectuada; el importe del pasivo total expresado en la comunicación, y si se hubiera nombrado a experto en la reestructuración, la identidad de este.

2. Si en la comunicación se hubiera expresado que se siguen ejecuciones contra bienes o derechos que el deudor considera necesarios para la continuidad de su actividad empresarial o profesional, o que determinadas garantías otorgadas por terceros han de quedar afectadas por la comunicación, en la resolución se identificarán esas ejecuciones y estas garantías. En el mismo día de la resolución el letrado de la Administración de Justicia la remitirá por medios electrónicos a cada una de las autoridades judiciales que esté conociendo de las ejecuciones a efectos de proceder a su suspensión.

3. Cualquier acreedor podrá interponer recurso de revisión contra la resolución por los siguientes motivos:

1.º Que el deudor hubiese presentado una comunicación dentro del año anterior;

2.º Que los bienes o derechos contra los que se siguen ejecuciones o frente a los que se pretende iniciarlas no son necesarios para la continuidad de la actividad empresarial o profesional del deudor; o

3.º Que los efectos de la comunicación no deben extenderse a determinadas garantías otorgadas por terceros.

El plazo para la interposición del recurso será de cinco días a contar desde la inscripción de la resolución en el Registro público concursal o, en el caso de ejecuciones en tramitación, desde la notificación de la resolución por la que la autoridad judicial que estuviera conociendo de la ejecución la suspenda.

Artículo 591. *Publicidad de la resolución*

La resolución que tenga por efectuada la comunicación se publicará en el Registro público concursal, salvo que en la propia comunicación el deudor hubiera solicitado que se mantuviera reservada. En cualquier momento el deudor podrá solicitar el levantamiento del carácter reservado de la comunicación.

Artículo 592. *Declinatoria*

1. Cualquier acreedor podrá formular declinatoria por falta de competencia internacional o territorial en el plazo de diez días a contar desde la publicación en el Registro público concursal de la resolución teniendo por formulada la comunicación o, en el caso de que tuviera carácter reservado, desde el momento en que hubiere tenido conocimiento de esa comunicación.

2. La declinatoria ha de presentarse ante el juez, quien la tramitará y decidirá de conformidad con lo previsto en la legislación procesal civil.

Artículo 593. *Carácter exclusivo y excluyente de la jurisdicción*

El juzgado competente para conocer del concurso conocerá, con carácter exclusivo y excluyente, de la comunicación; de los efectos de la comunicación que requieran decisión judicial; de la prórroga de los efectos de la comunicación; y de las impugnaciones de las decisiones judiciales sobre esas materias.

CAPÍTULO II. De los efectos de la comunicación

SECCIÓN 1.ª Situación jurídica del deudor

Artículo 594. *Regla general*

1. La comunicación no tendrá efecto alguno sobre las facultades de administración y disposición sobre los bienes y derechos que integren el patrimonio del deudor.

2. El nombramiento por el juez de un experto en la reestructuración, cuando proceda, tampoco tendrá efecto alguno sobre las facultades de administración y disposición sobre los bienes y derechos que integren el patrimonio del deudor.

SECCIÓN 2.ª Efectos de la comunicación sobre los créditos

Artículo 595. *Efectos de la comunicación sobre los créditos a plazo*

1. La comunicación por sí sola no producirá el vencimiento anticipado de los créditos.

2. Serán ineficaces las cláusulas contractuales que prevean la modificación de los términos o condiciones del crédito, incluido su vencimiento anticipado, por esa sola causa, por la solicitud de suspensión general o singular de acciones y procedimientos ejecutivos o por otra circunstancia análoga o directamente relacionada con ellas.

Artículo 596. *Garantía de terceros*

1. La comunicación, por sí sola, no impedirá que el acreedor que disponga de garantía personal o real de un tercero para la satisfacción de su crédito pueda hacerla efectiva si el crédito garantizado hubiese vencido.

2. Los garantes no podrán invocar la comunicación en perjuicio del acreedor, incluso aunque este participe en las negociaciones.

3. Como excepción a lo establecido en el apartado 1, la comunicación suspenderá la ejecución de las garantías personales o reales prestadas por cualquier otra sociedad del grupo no incluida en la comunicación cuando así lo haya solicitado la sociedad deudora acreditando que la ejecución de la garantía pueda causar la insolvencia del garante y de la propia deudora.

SECCIÓN 3.ª Efectos de la comunicación sobre los contratos

Artículo 597. *Principio general de vigencia de los contratos*

La comunicación, por sí sola, no afectará a los contratos con obligaciones recíprocas pendientes de cumplimiento. En particular, se tendrán por no puestas las cláusulas contractuales que prevean la suspensión, modificación, resolución o terminación anticipada del contrato por el mero motivo de:

1.º La presentación de la comunicación o su admisión a trámite.

2.º La solicitud de suspensión general o singular de acciones y procedimientos ejecutivos.

3.º Cualquier otra circunstancia análoga o directamente relacionada con las anteriores.

Artículo 598. *Resolución de contratos con obligaciones recíprocas pendientes de cumplimiento*

1. La comunicación no afectará a la facultad de suspensión, modificación, resolución o terminación anticipada de los contratos con obligaciones recíprocas pendientes de cumplimiento por circunstancias distintas de las mencionadas en el artículo anterior.

2. Si se tratase de contratos necesarios para la continuidad de la actividad empresarial o profesional del deudor, las facultades de suspender el cumplimiento de las obligaciones de la contraparte o de modificar, resolver o terminar anticipadamente el contrato por incumplimientos anteriores a la comunicación no podrán ejercitarse mientras se mantengan los efectos de la comunicación sobre las acciones y los procedimientos ejecutivos. La contraparte afectada podrá interponer recurso de revisión si considera que su contrato no es necesario para la continuidad de la actividad empresarial o profesional del deudor.

Artículo 599. *Especialidades para determinados acuerdos de compensación contractual*

1. La comunicación no afectará a la facultad de vencimiento anticipado, resolución o terminación de los acuerdos de compensación contractual sujetos al Real Decreto-ley 5/2005, de 11 de marzo, de reformas urgentes para el impulso a la productividad y para la mejora de la contratación pública.

2. El saldo resultante de la aplicación de una cláusula de vencimiento anticipado de los acuerdos a los que se refiere el apartado anterior quedará sujeto a las disposiciones de la sección 4.ª de este capítulo.

3. En ningún caso se podrán vencer anticipadamente, resolver o terminar los contratos de suministro de bienes, servicios o energía necesarios para la continuidad de la actividad empresarial o profesional del deudor, a menos que tales contratos se hubieran negociado en mercados organizados de modo que puedan ser sustituidos en cualquier momento por su valor de mercado.

SECCIÓN 4.ª Efectos de la comunicación sobre las acciones y los procedimientos ejecutivos

Artículo 600. *Prohibición legal de iniciación de ejecuciones*

Hasta que transcurran tres meses a contar desde la presentación de la comunicación, los acreedores no podrán iniciar ejecuciones judiciales o extrajudiciales sobre bienes o derechos necesarios para la continuidad de la actividad empresarial o profesional del deudor.

Artículo 601. *Suspensión legal de las ejecuciones en tramitación*

Desde que reciban la resolución del juzgado teniendo por efectuada la comunicación de inicio de negociaciones con los acreedores, las autoridades que estuvieren conociendo de las ejecuciones judiciales o extrajudiciales sobre los bienes o derechos necesarios para la continuidad de la actividad empresarial o profesional las suspenderán automáticamente hasta que transcurran tres meses a contar desde la comunicación efectuada por el deudor al juzgado competente, salvo que el deudor acredite haber solicitado la prórroga.

Artículo 602. *Prohibición general o individual de iniciación o suspensión de ejecuciones por decisión judicial*

1. A solicitud del deudor, presentada en cualquier momento, el juez podrá extender la prohibición de iniciación de ejecuciones, judiciales o extrajudiciales, o la suspensión de las ya iniciadas sobre todos o algunos de los demás bienes o derechos distintos de aquellos a los que se refiere el artículo anterior, contra uno o varios acreedores individuales o contra una o varias clases de acreedores, cuando resulte necesario para asegurar el buen fin de las negociaciones. La eficacia de esta medida se extenderá durante el plazo establecido en esta sección.

2. Cuando se haya designado experto en la reestructuración, la solicitud deberá ir acompañada de informe favorable del experto. La suspensión general o individual deberá adoptarse con su opinión favorable.

3. La resolución se adoptará mediante auto, separada de la resolución teniendo por efectuada la comunicación y, si es favorable a la solicitud, se publicará en el Registro público concursal. Contra esta resolución solo cabe interponer recurso de reposición.

Artículo 603. *De la ejecución de garantías reales*

1. No obstante la comunicación, los titulares de derechos reales de garantía, incluso por deuda ajena cuando el deudor de esta sea una sociedad del mismo grupo que la sociedad que haya hecho la comunicación, podrán iniciar ejecuciones judiciales o extrajudiciales sobre los bienes o derechos gravados. Si la garantía recayera sobre bienes o derechos necesarios para la continuidad de la actividad empresarial o profesional del deudor, una vez iniciado el procedimiento de ejecución, se suspenderá por el juez que esté conociendo del mismo hasta que transcurran tres meses a contar desde la comunicación. Cuando la ejecución sea extrajudicial, la suspensión la ordenará el juez ante el que se haya presentado la comunicación.

2. La comunicación no impedirá la ejecución de la garantía financiera sujeta al Real Decreto-ley 5/2005, de 11 de marzo, de reformas urgentes para el impulso a la productividad y para la mejora de la contratación pública, ni afectará a la facultad de vencimiento anticipado de las obligaciones garantizadas, por la parte cubierta por esa garantía financiera.

Artículo 604. *Posibilidad de iniciar o reanudar las ejecuciones*

1. Las ejecuciones no iniciadas o suspendidas podrán iniciarse o reanudarse si el juez, como consecuencia de la estimación del recurso de revisión contra el decreto del letrado de la Administración de Justicia teniendo por efectuada la comunicación, resolviera que los bienes o derechos no son necesarios para la continuidad de la actividad empresarial o profesional del deudor, salvo que los efectos de la comunicación se hubiesen extendido a estos bienes de conformidad con lo previsto en este capítulo.

2. Las ejecuciones no iniciadas o suspendidas podrán iniciarse o reanudarse una vez transcurridos tres meses desde la comunicación, salvo que se prorroguen sus efectos de conformidad con lo previsto en este capítulo.

Artículo 605. *Exclusión de acreedores públicos*

Lo dispuesto en esta sección no será de aplicación a los procedimientos de ejecución de los acreedores públicos, al tratarse de una categoría de acreedores que no se verá afectada por la suspensión de ejecuciones singulares.

Si la ejecución recayera sobre bienes o derechos necesarios para la continuidad de la actividad empresarial o profesional del deudor, una vez iniciado el procedimiento de ejecución, se podrá suspender exclusivamente en la fase de realización o enajenación por el juez que esté conociendo del mismo. Cuando la ejecución sea extrajudicial, la suspensión la podrá ordenar el juez ante el que se haya presentado la comunicación, exclusivamente en la fase de realización o enajenación. En ambos casos, la suspensión, en su caso, acordada decaerá perdiendo toda su eficacia una vez transcurridos tres meses desde el día de la comunicación, quedando sin efectos la suspensión, sin que sea preciso dictar resolución judicial alguna o, en su caso, acto alguno por el letrado de la Administración de Justicia.

Artículo 606. *Acreedores no afectados*

La prohibición del inicio de ejecuciones o la suspensión de las ya iniciadas en ningún caso serán de aplicación a las reclamaciones de créditos que legalmente no puedan quedar afectados por el plan de reestructuración.

SECCIÓN 5.ª Prórroga de los efectos de la comunicación

Artículo 607. *Prórroga de los efectos de la comunicación*

1. Antes de que finalice el periodo de tres meses a contar desde la comunicación de apertura de negociaciones con los acreedores, el deudor o los acreedores que representen más del cincuenta por ciento del pasivo que, en el momento de la solicitud de la prórroga, pueda resultar afectado por el plan de reestructuración, deducido el importe de los créditos que, en caso de concurso tendrían la consideración de subordinados, podrán solicitar del juez la concesión de prórroga de los efectos de esa comunicación por un periodo de hasta otros tres meses sucesivos a la ya concedida. La solicitud de prórroga deberá ir acompañada de informe favorable del experto en reestructuración, si hubiera sido nombrado.

2. La solicitud de prórroga presentada por el deudor deberá ir acompañada de acta de conformidad firmada por los acreedores que representen el porcentaje a que se refiere el apartado anterior, o de una declaración responsable firmada por el mismo por la que manifieste que ha obtenido la conformidad de los anteriores, y del informe del experto si hubiere sido nombrado, en la que se detallarán el estado de las negociaciones y las cuestiones pendientes de acuerdo, y se expresará la identidad de los acreedores que hayan manifestado expresamente oposición a la solicitud de prórroga o no se hubieran pronunciado.

3. Una vez presentada la solicitud de prórroga, los efectos iniciales de la comunicación continuarán en vigor hasta el que juez adopte una decisión.

4. La resolución concediendo o denegando la prórroga solicitada se adoptará en forma de auto dentro de los cinco días siguientes a aquel en que se hubiera presentado. En

el mismo día de la resolución, el letrado de la Administración de Justicia la remitirá por medios electrónicos al Registro público concursal, así como a cada una de las autoridades judiciales o administrativas que esté conociendo de las ejecuciones a fin de que mantengan la suspensión hasta que finalice el periodo de prórroga. La prórroga será objeto de inscripción en el Registro público concursal, incluso si la comunicación hubiese sido hecha inicialmente con carácter reservado.

5. La resolución denegatoria de la prórroga no será susceptible de recurso. La resolución que la conceda podrá ser impugnada mediante recurso de reposición.

Artículo 608. *Levantamiento de la prórroga o de sus efectos frente a determinados acreedores*

1. El juez deberá dejar sin efecto la prórroga:

1.º A solicitud del deudor o del experto en la reestructuración si hubiera sido nombrado;

2.º A solicitud de los acreedores que representen al menos el cuarenta por ciento del pasivo que, en el momento de esta solicitud, pueda resultar afectado por el plan de reestructuración, deducido el importe de los créditos que en caso de concurso tendrían la consideración de subordinados; o

3.ª A solicitud de cualquier acreedor, en cuyo caso este deberá acreditar que la prórroga de los efectos de la comunicación ha dejado de cumplir el objetivo de favorecer las negociaciones del plan de reestructuración.

2. Cualquier acreedor podrá solicitar ser excluido de los efectos de la prórroga si esta pudiera causarle un perjuicio injustificado, en particular, si pudiera provocar su insolvencia actual o una disminución significativa del valor de la garantía que tuviera el crédito de que fuera titular. También podrá solicitar ser excluido si la suspensión o paralización de las ejecuciones solo afectara a las que tuvieran por objeto bienes o derechos necesarios y, en el momento de solicitar su exclusión, los bienes objeto de ejecución hubieran perdido ese carácter.

3. Las solicitudes previstas en los apartados anteriores se tramitarán conforme a las normas del recurso de reposición, que podrá interponerse en cualquier momento mientras esté vigente la prórroga.

SECCIÓN 6.ª Prohibición de nuevas comunicaciones

Artículo 609. *Prohibición temporal de nuevas comunicaciones*

Una vez formulada la comunicación, no podrá presentarse otra por el mismo deudor en el plazo de un año, a contar desde la presentación.

SECCIÓN 7.ª Efectos sobre las solicitudes de concurso

Artículo 610. *Efectos de la comunicación sobre la solicitud de concurso a instancia de legitimados distintos del deudor*

1. Las solicitudes de concurso presentadas después de la comunicación por otros legitimados distintos del deudor se repartirán al juzgado que hubiera tenido por efectuada

la comunicación, pero no se admitirán a trámite mientras no transcurra el plazo de tres meses a contar desde la fecha de esa comunicación. Las presentadas antes de la comunicación aún no admitidas a trámite quedarán en suspenso.

2. Lo previsto en el apartado anterior se extenderá durante la prórroga de los efectos de la comunicación.

3. Las solicitudes suspendidas y las que se presenten con posterioridad a la expiración de los plazos anteriores solo se proveerán transcurrido un mes sin que el deudor hubiera solicitado la declaración de concurso, sin perjuicio de la adopción por el juez de las medidas cautelares que estime oportunas. Si el deudor solicita la declaración de concurso dentro de ese mes, esta se tramitará en primer lugar. Declarado el concurso a instancia del deudor, las solicitudes que se hubieran presentado antes y las que se presenten después de la del deudor se unirán a los autos, teniendo por comparecidos a los solicitantes.

CAPÍTULO III. De la exigibilidad del deber legal de solicitar el concurso y de la causa legal de disolución de la sociedad

Artículo 611. *Exigibilidad del deber legal de solicitar el concurso*

1. Transcurridos tres meses desde la comunicación, el deudor que no haya alcanzado un plan de reestructuración deberá solicitar la declaración de concurso dentro del mes siguiente, salvo que no se encontrara en estado de insolvencia actual.

2. En caso de prórroga de los efectos de la comunicación, lo dispuesto en el apartado anterior se aplicará a partir de la fecha en que finalice esa prórroga.

Artículo 612. *Suspensión de la solicitud de concurso voluntario*

1. Mientras estén en vigor los efectos de la comunicación, la solicitud de concurso presentada por el deudor podrá ser suspendida por el juez a instancia del experto en la reestructuración, si hubiera sido nombrado, o de los acreedores que, en el momento de la solicitud, representen más del cincuenta por ciento del pasivo que pudiera quedar afectado por el plan de reestructuración. En la solicitud deberá acreditarse la presentación de un plan de reestructuración por parte de los acreedores que tenga probabilidad de ser aprobado.

2. La suspensión se levantará transcurrido un mes desde la presentación de la solicitud de concurso por el deudor si los acreedores no hubieran presentado la solicitud de homologación del plan de reestructuración.

3. Lo dispuesto en este artículo no será aplicable al deudor persona natural ni a las sociedades cuyos socios o algunos de ellos sean legalmente responsables de las deudas sociales.

Artículo 613. *Suspensión de la causa de disolución por pérdidas cualificadas*

En las sociedades de capital, mientras estén en vigor los efectos de la comunicación, quedará en suspenso el deber legal de acordar la disolución por existir pérdidas que dejen reducido el patrimonio neto a una cantidad inferior a la mitad del capital social.

TÍTULO III. De los planes de reestructuración

CAPÍTULO I. Ámbito de aplicación

Artículo 614. *Concepto*

Se considerarán planes de reestructuración los que tengan por objeto la modificación de la composición, de las condiciones o de la estructura del activo y del pasivo del deudor, o de sus fondos propios, incluidas las transmisiones de activos, unidades productivas o de la totalidad de la empresa en funcionamiento, así como cualquier cambio operativo necesario, o una combinación de estos elementos.

Artículo 615. *Ámbito objetivo*

1. Se someterán a este título los planes de reestructuración que prevean una extensión de sus efectos frente a:

1.º Acreedores o clases de acreedores titulares de créditos afectados que no hayan votado a favor del plan.

2.º Los socios de la persona jurídica cuando no hayan aprobado el plan.

2. Con independencia de que se prevea o no una extensión de los efectos del plan de reestructuración, también se someterán a este título los planes de reestructuración cuando los interesados pretendan proteger la financiación interina y la nueva financiación que prevea el plan y los actos, operaciones o negocios realizados en el contexto de este frente al régimen general de las acciones rescisorias, y reconocer a esa financiación las preferencias de cobro previstas en el libro primero.

CAPÍTULO II. De los créditos y contratos afectados

Artículo 616. *Créditos afectados*

1. A los efectos de este título, se considerarán créditos afectados los créditos que en virtud del plan de reestructuración sufran una modificación de sus términos o condiciones, en particular, la modificación de la fecha de vencimiento, la modificación del principal o los intereses, la conversión en crédito participativo o subordinado, acciones o participaciones sociales, o en cualquier otro instrumento de características o rango distintos de aquellos que tuviese el crédito originario, la modificación o extinción de las garantías, personales o reales, que garanticen el crédito, el cambio en la persona del deudor o la modificación de la ley aplicable al crédito.

2. Cualquier crédito, incluidos los créditos contingentes y sometidos a condición, puede ser afectado por el plan de reestructuración, salvo los créditos de alimentos derivados de una relación familiar, de parentesco o de matrimonio, los créditos derivados de responsabilidad civil extracontractual y los créditos derivados de relaciones laborales distintas de las del personal de alta dirección.

Los créditos futuros que nazcan de contratos de derivados que se mantengan en vigor no quedarán afectados por el plan de reestructuración.

Los créditos de Derecho público podrán ser afectados, exclusivamente en la forma prevista en el artículo 616 bis, y únicamente cuando concurran los siguientes requisitos:

1.º Que el deudor acredite, tanto en el momento de presentar la comunicación de apertura de negociaciones, como en el momento de solicitud de homologación judicial del plan, que se encuentra al corriente en el cumplimiento de las obligaciones tributarias y frente a la Seguridad Social, mediante la presentación en el juzgado de las correspondientes certificaciones emitidas por la Agencia Estatal de Administración Tributaria y la Tesorería General de la Seguridad Social;

2.º Que los créditos tengan una antigüedad inferior a dos años, computados desde la fecha de su devengo de acuerdo con la normativa tributaria y de la Seguridad Social hasta la fecha de presentación en el juzgado de la comunicación de apertura de negociaciones.

3. Los créditos por repetición, subrogación o regreso quedarán afectados en las mismas condiciones que el crédito principal si así se establece en el plan de reestructuración. Si el crédito de repetición o regreso gozase de garantía real, será tratado como crédito garantizado.

Artículo 616 bis. *Créditos de Derecho público*

1. En ningún caso, el plan de reestructuración podrá suponer para los créditos de Derecho público la reducción de su importe; el cambio de la ley aplicable; el cambio de deudor, sin perjuicio de que un tercero asuma sin liberación de ese deudor la obligación de pago; la modificación o extinción de las garantías que tuvieren; o la conversión del crédito en acciones o participaciones sociales, en crédito o préstamo participativo o en un instrumento de características o de rango distintos de aquellos que tuviere el originario.

2. Los créditos de Derecho público afectados por el plan de reestructuración deberán ser íntegramente satisfechos en los siguientes plazos:

1.º Doce meses a contar desde la fecha del auto de homologación del plan de reestructuración, con carácter general.

2.º Seis meses a contar desde la fecha del auto de homologación del plan de reestructuración, en el caso de que sobre dichos créditos se hubiese concedido un aplazamiento o fraccionamiento previamente.

En cualquier caso, todos los créditos de Derecho público deberán estar íntegramente satisfechos en un plazo máximo de dieciocho meses desde la fecha de comunicación de la apertura de negociaciones.

Artículo 617. *Reglas de cómputo de créditos*

1. A los efectos del voto de un plan de reestructuración, cada crédito se computará por el principal más los recargos e intereses vencidos hasta la fecha de formalización del plan en instrumento público. La misma regla se aplicará a los créditos sometidos a condición resolutoria.

2. En los contratos de crédito solo se computará la parte del crédito dispuesta en el momento de la formalización del plan en instrumento público.

3. Los créditos expresados en otra moneda se computarán en euros según el tipo de cambio oficial en la fecha del instrumento público en que se hubiese formalizado el plan.

4. Los créditos contingentes, litigiosos o sometidos a condición suspensiva se computarán por su importe máximo, salvo que en el plan de reestructuración se hubieran inclui-

do por una cantidad inferior. Si finalmente se materializaran, solo se verán afectados por la cuantía correspondiente al importe incluido en el plan.

5. En el caso de créditos garantizados con garantía real, cuando el valor de la garantía sea inferior al de la obligación garantizada, el crédito por el exceso será tratado como no garantizado, conforme a la clase que le corresponda según esta ley. La parte del crédito cubierta por el valor de la garantía se considerará como crédito garantizado.

Para determinar el valor de la garantía se estará a lo establecido en el título V del libro primero. Las certificaciones emitidas por el organismo rector del centro de negociación o del mercado secundario de que se trate, en caso de garantías sobre valores mobiliarios cotizados, o por una sociedad de tasación homologada e inscrita en el registro especial del Banco de España, en caso de bienes inmuebles, se unirán al instrumento público como anejo.

Artículo 618. *Principio general de vigencia de los contratos*

1. La homologación de un plan de reestructuración, por sí sola, no afectará a los contratos con obligaciones recíprocas pendientes de cumplimiento. En particular, se tendrán por no puestas las cláusulas contractuales que establezcan la facultad de la otra parte de suspender o de modificar las obligaciones o los efectos del contrato, así como la facultad de resolución o la de extinción del contrato por el mero motivo de la presentación de la solicitud de homologación o su admisión a trámite, la homologación judicial del plan o cualquier otra circunstancia análoga o directamente relacionada con las anteriores.

2. Los contratos necesarios para la continuidad de la actividad empresarial o profesional del deudor no podrán suspenderse, modificarse, resolverse o terminarse anticipadamente por el mero hecho de que el plan de reestructuración conlleve un cambio de control del deudor.

Artículo 619. *Especialidades para determinados acuerdos de compensación contractual*

1. Lo previsto en el artículo anterior no será aplicable a los acuerdos de compensación contractual sujetos al Real Decreto-ley 5/2005, de 11 de marzo, de reformas urgentes para el impulso a la productividad y para la mejora de la contratación pública. El saldo resultante de la aplicación de una cláusula de vencimiento anticipado de estos acuerdos quedará sujeto a las disposiciones de este título.

2. En ningún caso quedará afectada por un plan de reestructuración la garantía financiera sujeta al Real Decreto-ley 5/2005, de 11 de marzo, de reformas urgentes para el impulso a la productividad y para la mejora de la contratación pública, ni la facultad de vencimiento anticipado de las obligaciones garantizadas, por la parte cubierta por la garantía.

3. En ningún caso se podrán vencer anticipadamente, resolver o terminar los contratos de suministro de bienes, servicios o energía necesarios para la continuidad de la actividad empresarial o profesional del deudor, a menos que tales contratos se hubieran negociado en mercados organizados de modo que puedan ser sustituidos en cualquier momento por su valor de mercado.

Artículo 620. *Resolución de contratos con obligaciones recíprocas pendientes de cumplimiento en interés de la reestructuración*

1. Durante la negociación de un plan de reestructuración, el deudor podrá solicitar a la otra parte contratante la modificación o resolución de los contratos con obligaciones recíprocas pendientes de cumplimiento cuando esa modificación o resolución resulte necesaria para el buen fin de la reestructuración y prevenir el concurso.

2. Si las partes no llegasen a un acuerdo sobre los términos de la modificación o las consecuencias de la resolución, el plan de reestructuración podrá prever la resolución de esos contratos. El crédito indemnizatorio derivado de la resolución también podrá quedar afectado por el plan.

3. Sin perjuicio de lo dispuesto en el artículo anterior, los contratos de derivados podrán terminarse o cancelarse anticipadamente cuando ello resulte necesario para el buen fin de la reestructuración y prevenir el concurso. El saldo resultante de la liquidación también podrá quedar afectado por el plan.

4. Las controversias que se susciten sobre la necesidad de resolver o terminar el contrato o la cuantía que debe satisfacer el deudor se tramitarán por el cauce de la impugnación u oposición al plan.

Artículo 621. *Contratos de alta dirección*

1. Cuando resulte necesario para el buen fin de la reestructuración, el plan de reestructuración podrá prever la suspensión o extinción de los contratos con consejeros ejecutivos y con el personal de alta dirección.

2. En caso de extinción, en defecto de acuerdo, el juez podrá moderar la indemnización que corresponda al consejero ejecutivo y al alto directivo, quedando sin efecto la que se hubiera pactado en el contrato, con el límite de la indemnización establecida en la legislación laboral para el despido colectivo, que resultará igualmente aplicable a los consejeros ejecutivos.

3. En caso de suspensión del contrato, este se podrá extinguir por voluntad del consejero ejecutivo o del alto directivo, con preaviso de un mes, conservando el derecho a la indemnización en los términos del apartado anterior.

4. Las controversias que se susciten se tramitarán por el incidente concursal ante el juez competente para la homologación.

5. La sentencia que recaiga será recurrible en suplicación.

CAPÍTULO III. De la formación de clases

Artículo 622. *Clases de créditos*

Los acreedores titulares de créditos afectados por el plan de reestructuración votarán agrupados por clases de créditos.

Artículo 623. *Criterios generales de formación de clases*

1. La formación de clases debe atender a la existencia de un interés común a los integrantes de cada clase determinado conforme a criterios objetivos.

2. Se considera que existe interés común entre los créditos de igual rango determinado por el orden de pago en el concurso de acreedores.

3. A su vez, los créditos de un mismo rango concursal podrán separarse en distintas clases cuando haya razones suficientes que lo justifiquen. A estos efectos se podrá atender, en particular, a la naturaleza financiera o no financiera del crédito, al conflicto de intereses que puedan tener los acreedores que formen parte de distintas clases, o a cómo los créditos vayan a quedar afectados por el plan de reestructuración. Cuando los acreedores sean pequeñas o medianas empresas y el plan de reestructuración suponga para ellas un sacrificio superior al cincuenta por ciento del importe de su crédito, deberán constituir una clase de acreedores separada.

4. A efectos de lo dispuesto en este artículo, se consideran créditos financieros:

1.º Los derivados de contratos de crédito o préstamo, con independencia de la condición de su titular.

2.º Los que sean titularidad de entidades financieras, estén o no sujetas a supervisión prudencial, y con independencia de cuál sea el origen del crédito, incluyendo entre esas entidades, en su caso, a las aseguradoras respecto al seguro de crédito o al seguro de caución.

3.º Los derivados de contratos de naturaleza análoga como los arrendamientos financieros o las operaciones de financiación de bienes vendidos con reserva de dominio, aval o contra-aval, factoring y confirming.

No se considerarán como créditos financieros los derivados de operaciones comerciales, aunque tuvieran aplazada su exigibilidad, salvo que hayan sido cedidos a una entidad financiera.

Artículo 624. *Créditos con garantía real*

Los créditos con garantía real sobre bienes del deudor constituirán una clase única, salvo que la heterogeneidad de los bienes o derechos gravados justifique su separación en dos o más clases.

Artículo 624 bis. *Créditos de derecho público.*

Los créditos de derecho público constituirán una clase separada entre las clases de su mismo rango concursal.

Artículo 625. *Confirmación judicial facultativa de las clases de acreedores*

El deudor y los acreedores que representen más del cincuenta por ciento del pasivo que vaya a quedar afectado por el plan de reestructuración estarán legitimados para solicitar la confirmación judicial de la correcta formación de las clases con carácter previo a la solicitud de homologación del plan de reestructuración.

Artículo 626. *Procedimiento para la confirmación judicial de las clases*

1. Cualquiera de los legitimados podrá solicitar la confirmación de una o varias clases al juez competente para conocer de la homologación del plan. A la solicitud deberá acompañarse la acreditación de la comunicación de la propuesta de formación de la clase

o clases a las partes afectadas por la confirmación judicial, donde se les haya anunciado la presentación de esta solicitud.

2. El juez, si considera que posee competencia internacional y territorial, dictará providencia admitiendo la solicitud a trámite. La providencia se publicará en el Registro público concursal.

3. Los acreedores que puedan verse afectados por la formación de clases solicitada podrán presentar escrito de oposición dentro de los diez días siguientes a la publicación de la providencia. El juez resolverá por medio de sentencia dentro de los cinco días siguientes a la conclusión del plazo de oposición. La resolución judicial no será susceptible de recurso alguno.

4. En el caso de que se hayan confirmado las clases propuestas por el solicitante, la formación de clases no podrá invocarse como motivo de impugnación u oposición a la homologación judicial del plan.

CAPÍTULO IV. De la aprobación de los planes de reestructuración

Artículo 627. *Comunicación de la propuesta*

1. La propuesta del plan de reestructuración deberá ser comunicada a todos los acreedores cuyos créditos pudieran quedar afectados.

2. La comunicación deberá ser individual, por vía postal o electrónica; o, si no fuera posible por desconocerse su identidad o dirección, mediante anuncio en la página web de la sociedad, con indicación del lugar donde los acreedores que acrediten legitimación podrán examinar el contenido del plan. Si no fuera posible la comunicación por estos medios, el experto en la reestructuración, cuando haya sido nombrado, o en su defecto quienes vayan a pedir la homologación del plan, solicitarán al letrado de la Administración de Justicia del juzgado competente para conocer de la homologación que ordene la publicación de un edicto en el Registro público concursal, con indicación del lugar donde los acreedores que acrediten legitimación podrán examinar el contenido del plan.

En el caso de los acreedores públicos, la comunicación se realizará, en todo caso, mediante el servicio establecido en la sede electrónica de cada entidad, y a través del cual se podrá aportar la información del correspondiente formulario normalizado.

3. En el caso de acreedores vinculados por un pacto de sindicación, se aplicarán las reglas contractuales sobre comunicación del deudor con los acreedores, si las hubiera.

> – **Formulario artículo 627 Ley Concursal** (Comunicación propuesta Plan de Reestructuración). El formulario 627 de la Ley Concursal se utilizará para la comunicación a los acreedores públicos de la propuesta del plan de reestructuración https://sedejudicial.justicia.es/-/formulario-art-627-ley-concursal-comunicacion-propuesta-plan-de-reestructuracion-?inheritRedirect=true&redirect=%2Ftramites

Artículo 628. *Derecho de voto*

1. Todos los acreedores cuyos créditos pudieran quedar afectados por el plan tienen derecho de voto.

2. En el caso de los créditos con garantía personal o real de tercero, la legitimación para ejercitar el derecho de voto corresponde al acreedor principal. Las relaciones entre el

acreedor y el garante se regirán por los pactos que sobre el particular hubiesen establecido y, en su defecto, por las normas aplicables a la obligación que hubieren contraído.

Artículo 628 bis. *Derechos de información y consulta de las personas trabajadoras*
Cualquier modificación o extinción de la relación laboral que tenga lugar en el contexto del plan de reestructuración, se llevará a cabo de acuerdo con la legislación laboral aplicable incluyendo, en particular, las normas de información y consulta de las personas trabajadoras.

Artículo 629. *Aprobación del plan de reestructuración por cada clase de créditos*
1. El plan de reestructuración se considerará aprobado por una clase de créditos afectados si hubiera votado a favor más de los dos tercios del importe del pasivo correspondiente a esa clase.
2. En el caso de que la clase estuviera formada por créditos con garantía real, el plan de reestructuración se considerará aprobado si hubieran votado a favor tres cuartos del importe del pasivo correspondiente a esta clase.

Artículo 630. *Pactos de sindicación*
1. Cuando el plan de reestructuración afecte a créditos vinculados por un pacto de sindicación, se respetarán los pactos contractuales sobre procedimiento y ejercicio del derecho de voto y se aplicarán las mayorías establecidas en el artículo anterior, salvo que el propio pacto de sindicación prevea una mayoría inferior para aprobar esos efectos.
2. En ambos casos, y si vota a favor la mayoría necesaria, se entenderá que aceptan el plan de reestructuración la totalidad de los créditos sindicados. Si no se obtiene la mayoría necesaria, se computarán los votos individualmente, salvo que los créditos sindicados formen una única clase, en cuyo caso se considerará que el plan de reestructuración no ha sido aprobado por esa clase.
3. Salvo que hayan quedado afectados en virtud de las cláusulas contractuales del propio pacto de sindicación, los acreedores que no hayan votado a favor del plan podrán oponerse o impugnarlo de conformidad con lo previsto en este título.

Artículo 631. *Decisión de los socios sobre la aprobación del plan*
1. Cuando el plan de reestructuración contenga medidas que requieran el acuerdo de los socios de la sociedad deudora, se estará a lo establecido para el tipo legal que corresponda.
2. En el caso de las sociedades de capital, serán aplicables las reglas generales con las siguientes especialidades:
1.ª Entre la convocatoria y la fecha prevista de celebración de la junta general deberá existir un plazo de diez días, salvo que se trate de sociedades con acciones admitidas a negociación en un mercado regulado, en cuyo caso el plazo será de veintiún días.
2.ª Si la junta no se hubiese celebrado con anterioridad a la fecha de solicitud de la homologación del plan, se podrá celebrar después siempre que hubiera sido convocada antes de esa fecha o el mismo día de presentación de la solicitud.

Si la junta no hubiera sido previa o simultáneamente convocada, el solicitante de la homologación podrá instar del juez que en la resolución de la admisión a trámite de la homologación convoque a la junta para su celebración en el plazo mencionado.

Si la junta no hubiera sido convocada, no llegase a constituirse, o no aprobara en todos sus términos el plan de reestructuración propuesto como máximo en el plazo de los diez o veintiún días desde la admisión a trámite de la solicitud de homologación, el plan se entenderá rechazado por los socios. Hasta que transcurran esos plazos, el juez no adoptará resolución alguna sobre la homologación.

3.ª En la convocatoria de la junta, el orden del día se limitará exclusivamente a la aprobación o al rechazo del plan en todos sus términos, sin que se puedan incluir o proponer otros asuntos. El derecho de información del socio se ejercerá exclusivamente respecto a este punto del orden del día, incluso si se trata de una sociedad cotizada.

4.ª El acuerdo se adoptará con el quórum y por la mayoría legal ordinarios, cualquiera que sea su contenido, sin que resulten aplicables los quórums o las mayorías estatutarias reforzadas que pudieran ser de aplicación a la aprobación del plan y a los actos u operaciones que deban llevarse a cabo en su ejecución.

5.ª El acuerdo de la junta que apruebe el plan de reestructuración será impugnable exclusivamente por el cauce y en el plazo previstos para la impugnación u oposición a la homologación. En el caso de que la junta se haya celebrado con posterioridad a la solicitud de homologación del plan, el plazo de impugnación comenzará para los socios en el momento en que se hubiese celebrado la junta. Las impugnaciones del acuerdo de la junta se acumularán a la impugnación u oposición al plan por parte de los acreedores, si las hubiese, y se tramitarán como cuestión incidental de previo pronunciamiento.

3. Salvo por lo que respecta a la formación de la voluntad social de conformidad con lo previsto en este artículo, cualquier operación societaria que prevea el plan deberá ajustarse a la legislación societaria aplicable. En particular, en el caso de que el plan prevea una modificación estructural, los acreedores a los que afecte el plan no tendrán los derechos de tutela individual reconocidos en el libro primero del Real Decreto-ley 5/2023, de 28 de junio, por el que se adoptan y prorrogan determinadas medidas de respuesta a las consecuencias económicas y sociales de la Guerra de Ucrania, de apoyo a la reconstrucción de la isla de La Palma y a otras situaciones de vulnerabilidad; de transposición de Directivas de la Unión Europea en materia de modificaciones estructurales de sociedades mercantiles y conciliación de la vida familiar y la vida profesional de los progenitores y los cuidadores; y de ejecución y cumplimiento del Derecho de la Unión Europea.

4. Cuando se solicite la homologación de un plan de reestructuración en estado de insolvencia actual o inminente de la sociedad deudora, los socios no tendrán derecho de preferencia en la suscripción de nuevas acciones o en la asunción de las nuevas participaciones, en particular cuando el plan prevea una reducción del capital social a cero o por debajo de la cifra mínima legal y simultáneamente el aumento del capital.

Artículo 632. *Régimen especial de la conversión en acciones o participaciones sociales*

A los efectos de la conversión de créditos en acciones o participaciones sociales, con o sin prima, se entenderá que los créditos a compensar son líquidos, vencidos y exigibles.

Artículo 633. *Contenido del plan de reestructuración*

Los planes de reestructuración sometidos a este título contendrán, como mínimo, las siguientes menciones:

1.ª La identidad del deudor.

2.ª La identidad del experto encargado de la reestructuración, si hubiera sido nombrado.

3.ª Una descripción de la situación económica del deudor y de la situación de los trabajadores, y una descripción de las causas y del alcance de las dificultades del deudor.

4.ª El activo y el pasivo del deudor en el momento de formalizar el plan de reestructuración.

5.ª Los acreedores cuyos créditos van a quedar afectados por el plan, identificados individualmente o descritos por clases, con expresión del importe de su crédito que vaya a quedar afectado e intereses y la clase a la que pertenezcan.

6.ª Los contratos con obligaciones recíprocas pendientes de cumplimiento que, en su caso, vayan a quedar resueltos en virtud del plan.

7.ª Si el plan afectase a los derechos de los socios, el valor nominal de sus acciones o participaciones sociales.

8.ª Los acreedores o socios que no vayan a quedar afectados por el plan, mencionados individualmente o descritos por clases, así como las razones de la no afectación.

9.ª Las medidas de reestructuración operativa propuestas, la duración, en su caso, de esas medidas y los flujos de caja estimados del plan, así como las medidas de reestructuración financiera de la deuda, incorporando la financiación interina y la nueva financiación prevista en el plan de reestructuración, con justificación de su necesidad y, en su caso, las consecuencias globales para el empleo, como despidos, acuerdos sobre reducción de jornada o medidas similares.

10.ª La exposición de las condiciones necesarias para el éxito del plan de reestructuración y de las razones por las que ofrece una perspectiva razonable de garantizar la viabilidad de la empresa, en el corto y medio plazo, y evitar el concurso del deudor.

11.ª Las medidas de información y consulta con los trabajadores que, de conformidad con la legislación laboral aplicable, se hayan adoptado o se vayan a adoptar, incluida la información de contenido económico relativa al plan de reestructuración, así como las previstas en los casos de adopción de las medidas de reestructuración operativas.

12.ª En el caso de que se pretenda que el plan de reestructuración afecte al crédito público, se incluirá la acreditación de encontrarse al corriente en el cumplimiento de las obligaciones tributarias y frente a la Seguridad Social mediante la presentación de las correspondientes certificaciones emitidas por la Agencia Estatal de Administración Tributaria y la Tesorería General de la Seguridad Social.

Artículo 634. *Formalización del plan de reestructuración*

1. El plan de reestructuración deberá ser formalizado en instrumento público por quienes lo hayan suscrito, en el que se incluirá la certificación del experto en la reestructuración, si estuviera nombrado, y en otro caso de auditor, sobre la suficiencia de las mayorías que se exigen para aprobar el plan.

2. El instrumento público en que se formalice el plan tendrá la consideración de documento sin cuantía a los efectos de determinación de los honorarios del notario que lo autorice.

CAPÍTULO V. De la homologación de los planes de reestructuración

SECCIÓN 1.ª Reglas generales

Artículo 635. *Homologación judicial*

La homologación judicial del plan de reestructuración será necesaria en cualquiera de los siguientes casos:

1.º Cuando se pretenda extender sus efectos a acreedores o clases de acreedores que no hubieran votado a favor del plan o a los socios del deudor persona jurídica;

2.º Cuando se pretenda la resolución de contratos en interés de la reestructuración;

3.º Cuando se pretenda proteger la financiación interina y la nueva financiación que prevea el plan, así como los actos, operaciones o negocios realizados en el contexto de este frente a acciones rescisorias en los términos previstos en este título, y reconocer a esa financiación las preferencias de cobro previstas en el libro primero.

Artículo 636. *Presupuesto objetivo*

1. La homologación judicial del plan de reestructuración aprobado de conformidad con lo previsto en este título se podrá solicitar cuando el deudor se encuentre en probabilidad de insolvencia o en estado de insolvencia inminente.

2. Cuando el deudor se encuentre en estado de insolvencia actual, se podrá solicitar la homologación del plan siempre que no hubiera sido admitida a trámite solicitud de concurso necesario.

Artículo 637. *Suspensión de la solicitud de concurso voluntario*

1. Si se estuviera negociando un plan de reestructuración sin comunicación previa, la solicitud de concurso presentada por el deudor podrá ser suspendida por el juez a instancia del experto en la reestructuración, si hubiera sido nombrado, o de los acreedores que, en el momento de la solicitud, representen más del cincuenta por ciento del pasivo que pudiera quedar afectado por el plan de reestructuración. En la solicitud deberá acreditarse la presentación de un plan de reestructuración por parte de los acreedores que tenga probabilidad de ser aprobado.

2. La suspensión se levantará transcurrido un mes si los acreedores no hubieran presentado la solicitud de homologación del plan de reestructuración.

3. Lo dispuesto en este artículo no será aplicable cuando el deudor sea una persona natural o una sociedad cuyos socios o algunos de ellos sean legalmente responsables de las deudas sociales.

Artículo 638. *Requisitos para la homologación del plan de reestructuración aprobado por todas las clases de acreedores*

El plan de reestructuración, para ser homologado, deberá reunir los siguientes requisitos:

1.º Que el deudor se encuentre en probabilidad de insolvencia, insolvencia inminente o actual y el plan ofrezca una perspectiva razonable de evitar el concurso y asegurar la viabilidad de la empresa en el corto y medio plazo.

2.º Que cumpla con los requisitos de contenido y de forma exigidos en este título.

3.º Que haya sido aprobado por todas las clases de créditos de conformidad con las previsiones de este título, por el deudor o, en su caso, por los socios.

4.º Que los créditos dentro de la misma clase sean tratados de forma paritaria.

5.º Que haya sido comunicado a todos los acreedores afectados conforme a lo establecido en esta ley.

Artículo 639. *Requisitos para la homologación del plan de reestructuración no aprobado por todas las clases de acreedores*

Como excepción a lo previsto en el ordinal 3.º del artículo anterior, también podrá ser homologado el plan de reestructuración que no haya sido aprobado por todas las clases de créditos si ha sido aprobado por:

1.º Una mayoría simple de las clases, siempre que al menos una de ellas sea una clase de créditos que en el concurso habrían sido calificados como créditos con privilegio especial o general; o, en su defecto, por

2.º Al menos una clase que, de acuerdo con la clasificación de créditos prevista por esta ley, pueda razonablemente presumirse que hubiese recibido algún pago tras una valoración de la deudora como empresa en funcionamiento. En este caso, la homologación del plan requerirá que la solicitud vaya acompañada de un informe del experto en la reestructuración sobre el valor de la deudora como empresa en funcionamiento.

Artículo 640. *Aprobación por el deudor y, en su caso, los socios*

1. Si el deudor fuera persona natural, la homologación del plan de reestructuración requerirá que haya sido aprobado por este.

2. Si el deudor fuera una persona jurídica, la homologación del plan de reestructuración requerirá que haya sido aprobado por los socios legalmente responsables de las deudas sociales. En caso de que estos socios no existieran, y el plan contuviera medidas que requieran acuerdo de la junta de socios, el plan de reestructuración se podrá homologar aunque no haya sido aprobado por los socios si la sociedad se encuentra en situación de insolvencia actual o inminente.

SECCIÓN 2.ª Del procedimiento de homologación

Artículo 641. *Competencia para la homologación*

La competencia para conocer de la homologación de un plan de reestructuración corresponderá al juez de lo mercantil que fuera competente para la declaración del concurso del deudor. Si el deudor o deudores hubieran efectuado la comunicación de inicio de negociaciones con los acreedores, la competencia corresponderá al juez titular actual del juzgado que hubiera tenido por efectuada esa comunicación.

Artículo 642. *Planes conjuntos de reestructuración*

1. Los deudores que hubieran efectuado una comunicación conjunta podrán solicitar bien la homologación individual o conjunta de los respectivos planes de reestructuración o de alguno de ellos, bien la homologación de un plan conjunto de reestructuración.

2. En el caso de solicitud de homologación conjunta de distintos planes de reestructuración o de homologación o de un plan conjunto de reestructuración, los requisitos para la homologación deberán cumplirse en relación con cada uno de los deudores.

Artículo 643. *Solicitud de la homologación*

1. La solicitud de homologación del plan de reestructuración podrá ser presentada por el deudor o por cualquier acreedor afectado que lo haya suscrito e irá firmada por procurador y abogado. En la solicitud se indicará el lugar donde el plan esté a disposición de los acreedores que acrediten su legitimación y, en su caso, del deudor, con posibilidad de acceder a su contenido por medios telemáticos.

2. La competencia para solicitar la homologación del plan de reestructuración de una persona jurídica corresponde al órgano de administración.

3. A la solicitud se acompañará copia íntegra del instrumento público en el que se haya formalizado el plan, incluida la certificación de auditor sobre la suficiencia de las mayorías que se exigen para que se homologue el plan, de acuerdo con lo previsto en esta ley, del informe que, en su caso, haya sido emitido por el experto en la reestructuración y, en el caso de que se pretenda que el plan de reestructuración afecte al crédito público de las certificaciones emitidas por la Agencia Estatal de Administración Tributaria y la Tesorería General de la Seguridad Social que acrediten el cumplimiento del requisito previsto en el artículo 616.2.1.º.

Artículo 644. *Admisión a trámite*

1. Una vez recibida la solicitud de homologación, el juez, de considerarse competente, dictará providencia admitiéndola a trámite. En la providencia expresará los motivos en los que se base su competencia, en particular si se basa en la localización del centro de los intereses principales o de un establecimiento del deudor en su territorio, y decretará la prohibición de iniciar ejecuciones judiciales o extrajudiciales sobre los bienes del deudor y la paralización de las ejecuciones ya iniciadas hasta que se resuelva sobre la homologación.

2. Si considera que carece de competencia internacional o territorial, el juez, previa audiencia del solicitante y del Ministerio Fiscal por el plazo común de cinco días, resolverá al siguiente mediante auto. Contra el auto que declare la falta de competencia, el solicitante podrá interponer recurso de apelación.

Artículo 645. *Publicación de la providencia*

El letrado de la Administración de Justicia ordenará la publicación de la providencia en el Registro público concursal por medio de edicto que contendrá los datos que identifiquen el deudor, el órgano jurisdiccional competente y el fundamento de su competencia, el número del procedimiento judicial de homologación, la fecha del plan de reestructuración, con la indicación de que el plan está a disposición de los acreedores en el juzgado competente para conocer de la homologación, con posibilidad de acceder a su contenido por medios telemáticos o indicará el lugar donde el plan está a disposición de los acreedores que acrediten su legitimación y, en su caso, del deudor, con posibilidad de acceder a su contenido por medios telemáticos.

Artículo 646. *Impugnación de la competencia*

1. Cualquier acreedor, o el propio deudor si no hubiera solicitado la homologación del plan de reestructuración, podrá formular declinatoria por falta de competencia internacional o territorial en el plazo de diez días a contar desde la publicación de la providencia en el Registro público concursal.

2. La declinatoria se tramitará y decidirá de conformidad con lo previsto en la legislación procesal civil.

Artículo 647. *Auto de homologación*

1. Salvo que de la documentación presentada se deduzca manifiestamente que no se cumplen los requisitos exigidos en la sección 1.ª de este capítulo, el juez homologará el plan de reestructuración.

2. La homologación tendrá lugar mediante auto que se adoptará dentro de los quince días siguientes a la publicación de la providencia de admisión a trámite de la solicitud en el Registro público concursal. En el auto, se identificarán los acreedores con garantía real que hayan votado en contra del plan y que pertenezcan a una clase que no lo haya aprobado.

3. El auto de homologación determinará el alzamiento de la suspensión de los procedimientos de ejecución de créditos no afectados por el plan de reestructuración, así como el sobreseimiento de los restantes procedimientos de ejecución.

4. Si el propio plan de reestructuración conllevase alguna operación societaria, el control de legalidad lo realizará el juez y dejará constancia de ello en el auto.

Artículo 648. *Publicidad del auto de homologación*

El auto de homologación del plan se publicará de inmediato en el Registro público concursal.

Artículo 649. *Eficacia del auto de homologación*

Una vez homologado, los efectos del plan de reestructuración se extienden inmediatamente a todos los créditos afectados, al propio deudor y, si fuera sociedad, a sus socios, aunque el auto no sea firme.

Artículo 650. *Actos de ejecución del plan*

1. Los actos de ejecución del plan que sean inscribibles en los registros públicos se inscribirán en estos, conforme a la legislación que les sea aplicable.

2. Cuando el plan contuviera medidas que requirieran acuerdo de junta o asamblea de socios y esta no las hubiera acordado, los administradores de la sociedad y, si no lo hicieren, quien designe el juez a propuesta de cualquier acreedor legitimado, tendrán las facultades precisas para llevar a cabo los actos necesarios para su ejecución, así como para

las modificaciones estatutarias que sean precisas. En estos casos, el auto de homologación será título suficiente para la inscripción en el Registro mercantil de las modificaciones estatutarias contenidas en el plan de reestructuración.

3. Cuando el plan contuviera medidas de reestructuración operativa, éstas deberán llevarse a cabo de acuerdo con las normas que les sean aplicables. Las controversias que se susciten en relación con las mismas se sustanciarán ante la jurisdicción competente.

Artículo 651. *Titulares de derechos de garantía real*

1. Los acreedores titulares de derechos de garantía real que hayan votado en contra del plan y pertenezcan a una clase en la que el voto favorable hubiera sido inferior al voto disidente, tendrán derecho a instar la realización de los bienes o derechos gravados en el plazo de un mes a contar desde la publicación del auto de homologación en el Registro público concursal. La ejecución podrá iniciarse sin testimonio del auto de homologación, pero deberá aportarse al procedimiento en cuanto se le facilite. El ejercicio de este derecho producirá el vencimiento del crédito originario garantizado.

2. El plan podrá prever la sustitución de este derecho por la opción de cobrar en efectivo, en un plazo no superior a ciento veinte días, la parte del crédito cubierta por el valor de la garantía conforme a lo establecido en el título V del libro primero. En caso de falta de pago del crédito, el acreedor tendrá derecho a la ejecución de la garantía.

3. Si la cantidad obtenida en la realización de los bienes o derechos gravados fuese menor que la deuda garantizada, pero mayor que el valor de la garantía recogido en el plan de reestructuración, el ejecutante hará suya toda la cantidad resultante de la ejecución. La diferencia entre esa cantidad y el valor de la garantía se deducirá de lo que, en su caso, hubiese recibido o deba recibir conforme al plan de reestructuración por la parte del crédito no garantizada. Si la cantidad obtenida fuese inferior al valor de la garantía, el acreedor hará suya toda la cantidad resultante de la ejecución, y la parte remanente quedará insatisfecha.

Artículo 652. *Garantías de terceros*

1. Los acreedores afectados que no hubieran votado a favor del plan de reestructuración mantendrán sus derechos frente a terceros que hayan constituido garantía personal o real para la satisfacción de su crédito. Respecto de los acreedores que hayan votado a favor del plan, el mantenimiento de sus derechos frente a los terceros obligados dependerá de lo que hubiesen acordado en la respectiva relación jurídica y, en su defecto, de las normas aplicables a esta.

2. Como excepción a lo establecido en el apartado anterior, los efectos del plan de reestructuración de una sociedad de un grupo se pueden extender también, en las condiciones previstas en este, a las garantías personales o reales prestadas por cualquier otra sociedad del mismo grupo no sometida al plan de reestructuración, cuando la ejecución de la garantía pueda causar la insolvencia de la garante y de la propia deudora.

SECCIÓN 3.ª De la impugnación del auto de homologación

Artículo 653. *Impugnación de la homologación*

El auto de homologación del plan de reestructuración podrá ser impugnado ante la Audiencia Provincial en los términos previstos en esta sección.

Artículo 654. *Impugnación del auto de homologación del plan aprobado por todas las clases de créditos*

Dentro de los quince días siguientes a la publicación del auto de homologación en el Registro público concursal, los titulares de créditos afectados que no hayan votado a favor del plan de reestructuración aprobado por todas las clases de créditos podrán impugnar el auto por los siguientes motivos:

1.º Que no se hayan cumplido los requisitos de comunicación, contenido y de forma que se exigen en el capítulo IV de este título.

2.º Que la formación de las clases de acreedores y la aprobación del plan, no se hayan producido de conformidad con lo previsto en los capítulos III y IV de este título.

3.º Que el deudor no se encuentre en probabilidad de insolvencia, insolvencia inminente o actual.

4.º Que el plan no ofrezca una perspectiva razonable de evitar el concurso y asegurar la viabilidad de la empresa en el corto y medio plazo.

5.º Que sus créditos no hayan sido tratados de forma paritaria con otros créditos de su clase.

6.º Que la reducción del valor de sus créditos sea manifiestamente mayor al que resulta necesario para garantizar la viabilidad de la empresa. En caso de cesión de créditos, se presumirá que no concurre esta circunstancia cuando el acreedor impugnante haya adquirido el crédito con un descuento superior a la reducción del valor que este padece.

7.º Que el plan no supere la prueba del interés superior de los acreedores.

Se considerará que el plan no supera esta prueba cuando sus créditos se vean perjudicados por el plan de reestructuración en comparación con su situación en caso de liquidación concursal de los bienes del deudor, individualmente o como unidad productiva. A los efectos de comprobar la satisfacción de esta prueba, se comparará el valor de lo que reciban conforme al plan de reestructuración con el valor de lo que pueda razonablemente presumirse que hubiesen recibido en caso de liquidación concursal. Para calcular este último valor, se considerará que el pago de la cuota de liquidación tiene lugar a los dos años de la formalización del plan.

8.º Que el deudor haya incumplido la obligación de encontrarse al corriente en el cumplimiento de sus obligaciones tributarias y frente a la Seguridad Social.

Artículo 655. *Impugnación del auto de homologación del plan no aprobado por todas las clases de crédito*

1. El auto de homologación de un plan de reestructuración que no haya sido aprobado por todas las clases de créditos podrá ser impugnado por los motivos previstos en el artículo anterior por los acreedores que no hayan votado a favor del plan, con independencia de que pertenezcan o no a una clase que haya aprobado dicho plan.

2. El auto de homologación de un plan de reestructuración que no haya sido aprobado por todas las clases de créditos podrá ser impugnado por los titulares de créditos afectados que no hayan votado a favor del plan y pertenezcan a una clase que no lo haya aprobado también por los siguientes motivos:

1.º Que no haya sido aprobado por la clase o clases necesarias de conformidad con lo previsto en la sección 1.ª de este capítulo.

2.º Que una clase de créditos vaya a mantener o recibir, de conformidad con el plan, derechos, acciones o participaciones, con un valor superior al importe de sus créditos.

3.º Que la clase a la que pertenezca el acreedor o los acreedores impugnantes vaya a recibir un trato menos favorable que cualquier otra clase del mismo rango.

4.º Que la clase a la que pertenezca el acreedor o acreedores impugnantes vaya a mantener o recibir derechos, acciones o participaciones con un valor inferior al importe de sus créditos si una clase de rango inferior o los socios van a recibir cualquier pago o conservar cualquier derecho, acción o participación en el deudor en virtud del plan de reestructuración.

5.º En caso de que el plan afecte al crédito público, que el deudor haya incumplido la obligación de encontrarse al corriente en el cumplimiento de sus obligaciones tributarias y frente a la Seguridad Social.

3. Por excepción a lo establecido en el ordinal 4.º del apartado anterior, se podrá confirmar la homologación del plan de reestructuración, aunque no se cumpla esa condición, cuando sea imprescindible para asegurar la viabilidad de la empresa y los créditos de los acreedores afectados no se vean perjudicados injustificadamente.

Artículo 656. *Impugnación del auto de homologación del plan no aprobado por los socios*

1. Cuando los socios de la sociedad deudora no hayan aprobado el plan de reestructuración, podrán impugnar el auto de homologación por cualquiera de los siguientes motivos:

1.º Que el plan no cumpla los requisitos de contenido y de forma que se exigen en el capítulo IV de este título.

2.º Que no haya sido aprobado de conformidad con lo previsto en el capítulo IV de este título.

3.º Que el deudor no se encontrara en estado insolvencia actual o de insolvencia inminente.

4.º Que el plan no ofrezca una perspectiva razonable de evitar el concurso y asegurar la viabilidad de la empresa en el corto y medio plazo.

5.º Que una clase de acreedores afectados vaya a recibir, como consecuencia del cumplimiento del plan, derechos, acciones o participaciones, con un valor superior al importe de sus créditos.

2. En el caso de que la aprobación del plan requiera acuerdo de los socios y estos no lo hayan aprobado, solo aquellos que hayan votado en contra tendrán legitimación para impugnarlo.

Artículo 657. *Impugnación de la resolución de contratos*

Cuando en el auto de homologación del plan de reestructuración se hubiera acordado la resolución de un contrato con obligaciones recíprocas pendientes de cumplimiento, la parte afectada podrá impugnar esa resolución por cualquiera de los siguientes motivos:

1.º Que esa resolución del contrato no resulte necesaria para asegurar el buen fin de la reestructuración y prevenir el concurso.

2.º Que no sea adecuada la indemnización prevista en el plan por la resolución anticipada del contrato.

Artículo 658. *Tramitación de la impugnación*

1. Todas las impugnaciones se tramitarán conjuntamente por los trámites del incidente concursal. En todo caso, al escrito de impugnación se acompañará copia del auto de homologación.

2. La impugnación se interpondrá ante la Audiencia Provincial. Si la impugnación hubiera sido formulada dentro de plazo, el letrado de la Administración de Justicia acordará mediante decreto su admisión a trámite y lo comunicará al órgano jurisdiccional que hubiera dictado el auto impugnado a los efectos de que este remita las actuaciones a la Audiencia Provincial en el plazo de cinco días. En caso de que la impugnación fuera extemporánea, el letrado de la Administración de Justicia dará cuenta a la Sala, que declarará mediante auto la inadmisión de la impugnación. Contra este auto podrá interponerse recurso de queja, que se tramitará conforme a lo establecido en la legislación procesal civil.

3. De las impugnaciones presentadas se dará traslado al deudor y a los acreedores adheridos al plan de reestructuración, para que puedan oponerse a la impugnación en un plazo de quince días.

Artículo 659. *Sentencia*

1. La sentencia que resuelva la impugnación deberá ser dictada dentro de los treinta días siguientes a aquel en que hubiera finalizado la tramitación del incidente.

2. La sentencia que resuelva la impugnación tendrá la misma publicidad que el auto de homologación y sus efectos se producirán, sin posibilidad de suspensión o aplazamiento, el día siguiente al de su publicación en el Registro público concursal.

3. La sentencia que resuelva la impugnación no será susceptible de recurso alguno.

Artículo 660. *Efectos de la impugnación*

La impugnación del auto de homologación del plan de reestructuración carecerá de efectos suspensivos.

Artículo 661. *Efectos de la sentencia estimatoria de la impugnación*

1. La sentencia estimatoria de la impugnación declarará la no extensión de los efectos del plan únicamente frente a quien hubiera instado la impugnación, subsistiendo los efectos de la homologación frente a los demás acreedores y socios. En este caso, si los efectos no se pueden revertir, el impugnante tendrá derecho a la indemnización de los daños y perjuicios por parte del deudor.

2. Como excepción a lo previsto en el apartado anterior, cuando la estimación de la impugnación se haya basado en la falta de concurrencia de las mayorías necesarias o en la formación defectuosa de las clases, la sentencia declarará la ineficacia del plan.

3. La sentencia no perjudicará los derechos adquiridos por terceros de buena fe de acuerdo con la legislación hipotecaria.

SECCIÓN 4.ª Contradicción previa a la homologación judicial del plan

Artículo 662. *Solicitud de homologación con fase de contradicción previa*

En la solicitud de homologación, el solicitante podrá requerir que, con carácter previo a la homologación del plan de reestructuración, las partes afectadas puedan oponerse a esta.

Artículo 663. *Especialidades*

La oposición de las partes afectadas se tramitará por los cauces del incidente concursal con las especialidades siguientes:

1.ª La providencia que admita a trámite la solicitud de homologación se publicará en el Registro público concursal con indicación del lugar donde el plan queda a disposición de los acreedores afectados y, en su caso, de los socios, para que en un plazo de quince días desde su publicación registral puedan formular oposición.

2.ª La legitimación y los motivos de la oposición se sujetarán a las normas previstas para la impugnación del plan en la sección 3.ª de este capítulo, incluyendo la falta de competencia internacional o territorial.

3.ª Todas las oposiciones, incluidas las fundadas en la falta de competencia judicial, se tramitarán conjuntamente, y se dará traslado de todas ellas al solicitante de la homologación para que, en un plazo común de quince días conteste a la oposición.

4.ª La sentencia que resuelva sobre el incidente se dictará en un plazo de un mes y no será susceptible de recurso.

SECCIÓN 5.ª Prohibición de nuevas solicitudes

Artículo 664. *Prohibición temporal de nuevas solicitudes*

Una vez homologado un plan de reestructuración, no podrá solicitarse otra solicitud de homologación respecto del mismo deudor hasta que transcurra un año a contar desde la fecha de solicitud de la homologación del plan anterior.

CAPÍTULO VI De la protección en caso de concurso

Artículo 665. *Financiación interina*

Se considera financiación interina la concedida por quien no fuera acreedor o por acreedor preexistente si en el momento de la concesión fuera razonable y necesaria inmediatamente, bien para asegurar la continuidad total o parcial de la actividad empresarial o profesional del deudor durante las negociaciones con los acreedores hasta la homologación de ese plan, bien para preservar o mejorar el valor que tuvieran a la fecha de inicio de esas negociaciones el conjunto de la empresa o una o varias unidades productivas.

Artículo 666. *Nueva financiación*

A los efectos de esta ley se considerará nueva financiación la concedida por quien no fuera acreedor o por acreedor preexistente que, estando prevista en el plan de reestructuración, resulte necesaria para el cumplimiento de ese plan.

Artículo 667. *Protección frente a acciones rescisorias*

1. En caso de concurso posterior, si los créditos afectados por un plan de reestructuración anterior que hubiera sido homologado representasen al menos el cincuenta y uno por ciento del pasivo total, no serán rescindibles, salvo prueba de que se realizaron en fraude de acreedores:

1.º Los actos u operaciones razonables y necesarios inmediatamente para el éxito de la negociación con los acreedores, siempre que se hubieran identificado expresamente como tales en el propio plan.

2.º La financiación interina y la nueva financiación, incluida la concedida por personas especialmente relacionadas, de conformidad con lo previsto en el artículo siguiente.

3.º Los actos, operaciones o negocios que sean razonables e inmediatamente necesarios para la ejecución del plan.

2. Las operaciones mencionadas en el ordinal 1.º del apartado anterior incluirán como mínimo las siguientes:

1.º El pago de tasas y costes en relación con la negociación, la adopción o la confirmación de un plan de reestructuración;

2.º El pago de honorarios y costes de asesoramiento profesional en estrecha relación con la reestructuración;

3.º El pago de los salarios de los trabajadores por trabajos ya realizados;

4.º Cualquier otro pago y desembolso efectuados en el curso ordinario de la actividad empresarial o profesional del deudor.

3. En caso de concurso posterior, si los créditos afectados por un plan de reestructuración anterior que hubiera sido homologado representasen una proporción inferior a la prevista en el apartado 1, la financiación interina, la nueva financiación y los actos, operaciones o negocios mencionados en ese apartado serán rescindibles conforme a lo establecido en el libro primero de esta ley, sin que sean de aplicación las presunciones relativas de perjuicio para la masa activa.

Artículo 668. *Financiación de personas especialmente relacionadas con el deudor*

1. En caso de concurso posterior, cuando la financiación interina o la nueva financiación hubieran sido concedidas por personas especialmente relacionadas con el deudor, solo gozarán de la protección prevista en el apartado 1 del artículo anterior si los créditos afectados, excluidos los créditos de que fueran titulares esas personas, representen más del sesenta por ciento del pasivo total.

2. Si no concurriese esa mayoría, la financiación interina o la nueva financiación otorgadas por personas especialmente relacionadas con el deudor quedarán sometidas a las normas sobre acciones concursales de rescisión contenidas en el libro primero de esta ley.

Artículo 669. *Control judicial*

En el trámite de homologación, el juez verificará que concurren los requisitos y las mayorías previstas en los artículos anteriores y que la nueva financiación no perjudica injustamente los intereses de los acreedores.

Artículo 670. *Motivos de impugnación u oposición de efecto limitado*

1. Además de los motivos establecidos en el capítulo anterior, cualquier acreedor afectado que no hubiera votado a favor del plan de reestructuración podrá impugnar u oponerse a la homologación del plan por cualquiera de los siguientes:

1.º Que no concurren las mayorías necesarias para proteger la financiación interina o la nueva financiación.

2.º Que la financiación interina, la nueva financiación o los actos, negocios y operaciones previstos para la ejecución del plan no cumplen los requisitos legales.

3.º Que la financiación interina, la nueva financiación o los actos, negocios y operaciones previstos para la ejecución del plan perjudican injustamente los intereses de los acreedores.

2. Cualquier acreedor no afectado por el plan de reestructuración podrá impugnar u oponerse a la homologación por los motivos a que se refiere el apartado anterior y, además, por el motivo de que el plan no resulte necesario para evitar el concurso y asegurar la viabilidad de la empresa en el corto y medio plazo.

3. En los casos a que se refieren los dos apartados anteriores, la estimación de la impugnación o de la oposición tendrá como único efecto que, en caso de concurso de acreedores, la financiación interina, la nueva financiación y los actos, operaciones o negocios realizados en ejecución del plan quedarán sometidos a las normas sobre acciones concursales de rescisión contenidas en el libro primero y los créditos correspondientes serán clasificados conforme a lo establecido en ese libro.

CAPÍTULO VII. Del incumplimiento de los planes de reestructuración

Artículo 671. *Incumplimiento del plan de reestructuración*

1. Una vez homologado, no se podrá pedir la resolución del plan de reestructuración por incumplimiento, ni la desaparición de los efectos extintivos o novatorios de los créditos afectados, salvo que el propio plan previese otra cosa.

No obstante, los acreedores de derecho público afectados por el plan de reestructuración podrán, en todo caso, instar la resolución de dicho plan en cuanto a los créditos de derecho público, en caso de incumplimiento. El plan de reestructuración se entenderá incumplido tanto por el impago de cualquiera de los plazos de amortización de la deuda por créditos de derecho público en las condiciones previstas en el artículo 616 bis, como por la generación de deuda por cuota corriente tributaria y de seguridad social durante la vigencia del mismo.

2. Si el incumplimiento del plan tuviera como causa la insolvencia, cualquier persona legitimada podrá solicitar la declaración de concurso.

TÍTULO IV. Del experto en la reestructuración

CAPÍTULO I. Del nombramiento del experto

Artículo 672. *Nombramiento obligatorio de experto*

1. El nombramiento de experto en la reestructuración solo procederá en los siguientes casos:

1.º Cuando lo solicite el deudor.

2.º Cuando lo soliciten acreedores que representen más del cincuenta por ciento del pasivo que, en el momento de la solicitud, pudiera quedar afectado por el plan de reestructuración. En la solicitud, los acreedores, o algunos de ellos, deberán asumir expresamente la obligación de satisfacer la retribución del experto. La asunción de la obligación de pago quedará sin efecto si en el plan de reestructuración homologado por el juez se previera expresamente que la retribución del experto fuera a cargo del deudor.

3.º Cuando, solicitada por el deudor la suspensión general de ejecuciones singulares o la prórroga de esa suspensión, el juez considerase, y así lo razonara, que el nombramiento es necesario para salvaguardar el interés de los posibles afectados por la suspensión.

4.º Cuando el deudor o cualquier legitimado solicite la homologación judicial de un plan de reestructuración cuyos efectos se extiendan a una clase de acreedores o a los socios que no hubieran votado a favor del plan.

2. A la solicitud de nombramiento de experto deberá acompañarse:

1.º Un escrito razonando que el experto reúne las condiciones establecidas en esta ley para el ejercicio del cargo.

2.º La aceptación de su nombramiento por el experto para el caso de ser designado, así como la aceptación del importe y los plazos de devengo de la retribución que se hubiese pactado.

3.º Copia de la póliza de seguro de responsabilidad civil o garantía equivalente que tuviera vigente para responder de posibles daños que el experto pudiera causar en el ejercicio de las funciones propias del cargo.

3. El nombramiento del experto se realizará por el juez mediante auto, que dictará a la mayor brevedad posible y, en todo caso, dentro del plazo de dos días a contar desde la solicitud. La designación del experto y su identidad se harán constar en el Registro público concursal.

4. En el caso de comunicación conjunta o de planes conjuntos de reestructuración, se podrá designar el mismo experto para todos los deudores afectados.

Artículo 673. *Supuesto especial de nombramiento de experto*

1. Si no hubiera sido nombrado experto en la reestructuración, los acreedores que representen, al menos, el treinta y cinco por ciento del pasivo que, en el momento de la solicitud, pudiera quedar afectado por el plan de reestructuración, podrán solicitar al juez el nombramiento de uno determinado, razonando en la solicitud las circunstancias concurrentes en el caso para que sea necesario ese nombramiento.

2. En la solicitud, que deberá acompañarse de los documentos referidos en el artículo anterior, los acreedores solicitantes o algunos de ellos deberán asumir expresamente la

obligación de satisfacer la retribución del experto. La asunción de la obligación de pago quedará sin efecto si en el plan de reestructuración homologado por el juez se previera expresamente que la retribución del experto fuera a cargo del deudor.

3. El juez dará traslado al deudor de la solicitud de los acreedores por plazo de dos días, quien podrá oponerse al nombramiento razonando que no es necesario o que no reúne las condiciones para el ejercicio del cargo. Igualmente, podrán solicitar el nombramiento de un experto distinto, en cuyo caso deberá asumir expresamente la obligación de satisfacer la retribución del que proponga.

4. El juez, mediante auto, determinará si, atendiendo a las circunstancias del caso, procede o no el nombramiento solicitado y, en caso afirmativo, procederá al nombramiento del experto propuesto por los acreedores.

Artículo 674. *Condiciones subjetivas*

El nombramiento de experto deberá recaer en la persona natural o jurídica, española o extranjera, que tenga los conocimientos especializados, jurídicos, financieros y empresariales, así como experiencia en materia de reestructuraciones o que acredite cumplir los requisitos para ser administrador concursal conforme a esta ley. Cuando la reestructuración que se pretende conseguir tuviera particularidades, bien por el sector en el que opera el deudor, bien por las dimensiones o la complejidad del activo o del pasivo, bien por la existencia de elementos transfronterizos, estas particularidades deberán ser tenidas en cuenta para el nombramiento del experto.

Artículo 675. *Incompatibilidades y prohibiciones*

No podrán ser propuestos ni nombrados expertos en la reestructuración y, en caso de ser nombrados, no podrán aceptar las siguientes personas:

1.º Quienes hayan prestado servicios profesionales relacionados con la reestructuración al deudor o a personas especialmente relacionadas con esta en los últimos dos años, salvo que se prestaran como consecuencia de haber sido nombrado experto en una reestructuración previa.

2.º Quienes se encuentren en alguna de las situaciones de incompatibilidad previstas en la legislación en materia de auditoría de cuentas en relación con el deudor o las personas especialmente relacionadas con esta.

Artículo 676. *Nombramiento del experto por el juez*

1. El nombramiento de experto deberá ser realizado por el juez y recaerá en la persona que, reuniendo las condiciones establecidas en esta ley, hubieran propuesto el deudor o los acreedores que hubieran formulado la solicitud.

2. Si el juez considerase, y así lo razonara, que el propuesto no reúne las condiciones establecidas en esta ley para el ejercicio de las funciones propias del cargo, solicitará a quien lo hubiera propuesto que, en el plazo de dos días, presente terna de posibles expertos de entre los que efectuará el nombramiento, siempre que reúnan esas condiciones.

3. En los casos en los que el nombramiento recaiga en alguno de los que figuren en la terna, el nombramiento del experto será comunicado por el juzgado al designado por el medio más rápido. Dentro de los dos días siguientes a la recepción de la comunicación,

el experto deberá comparecer ante el juzgado para aceptar o rechazar el cargo, con copia del documento en el que conste la retribución pactada y de la póliza de seguro de responsabilidad civil o garantía equivalente que tuviere vigente para responder de posibles daños que pudiera causar en el ejercicio de las funciones propias del cargo. La aceptación es voluntaria. Si el nombrado no aceptara o no compareciera, el juez procederá de inmediato a nuevo nombramiento, sin que esta circunstancia tenga consecuencia alguna para el experto inicialmente designado.

Artículo 677. *Impugnación del nombramiento*

1. El nombramiento como experto de quien no reúna las condiciones establecidas en esta ley, incurra en alguna incompatibilidad o prohibición, o de quien no tenga cobertura o garantía adecuada podrá ser impugnado en cualquier momento por quien acredite interés legítimo.

2. La impugnación se tramitará por los cauces del incidente concursal.

Artículo 678. *Sustitución del experto*

1. Los acreedores que representen más del cincuenta por ciento del pasivo que, en el momento de la solicitud, pudiera quedar afectado por el plan de reestructuración podrán pedir al juez la sustitución del experto nombrado a solicitud del deudor o, en su caso, de una minoría de acreedores.

2. La solicitud deberá acompañarse de los documentos exigidos en este título y del compromiso expreso de los acreedores, o de algunos de ellos, de satisfacer la retribución del experto. La asunción de la obligación de pago quedará sin efecto si, en el plan de reestructuración homologado por el juez, se previera expresamente que la retribución del experto sustituto fuera a cargo del deudor.

3. El juez acordará la sustitución mediante auto, que podrá impugnarse por los motivos y por el cauce previsto en el artículo anterior.

CAPÍTULO II. Del estatuto del experto

Artículo 679. *Funciones del experto*

El experto asistirá al deudor y a los acreedores en las negociaciones y en la elaboración del plan de reestructuración, y elaborará y presentará al juez los informes exigidos por esta ley y aquellos otros que el juez considere necesarios o convenientes.

Artículo 680. *Deberes de diligencia, independencia e imparcialidad*

El experto ejercerá las funciones propias del cargo con la diligencia propia de un profesional especializado en reestructuraciones y con independencia e imparcialidad tanto respecto del deudor como de los acreedores.

Artículo 681. *Responsabilidad civil del experto*

1. El experto responderá por los daños y perjuicios causados al deudor o a los acreedores por infracción de los deberes de diligencia, independencia e imparcialidad.

2. El experto deberá tener suscrito un seguro de responsabilidad civil o garantía equivalente proporcional a la naturaleza y alcance del riesgo cubierto por cuya virtud el ase-

gurador o entidad de crédito se obligue dentro de los límites pactados, a cubrir el riesgo del nacimiento a cargo del propio experto asegurado de la obligación de indemnizar por los daños y perjuicios causados en el ejercicio de su función. Cuando el experto sea una persona jurídica recaerá sobre esta la exigencia de suscripción del seguro de responsabilidad civil o garantía equivalente.

3. La acción de responsabilidad se tramitará por los cauces del incidente concursal.

TÍTULO V Régimen especial

Artículo 682. *Ámbito de aplicación*

1. Las reglas especiales establecidas en este título serán de aplicación a las personas naturales o jurídicas que lleven a cabo una actividad empresarial o profesional, siempre que, de acuerdo con el balance del ejercicio anterior al que se haga la comunicación o se presente la solicitud de homologación, reúnan las circunstancias siguientes:

1.ª Que el número medio de trabajadores empleados durante el ejercicio anterior no sea superior a cuarenta y nueve personas.

2.ª Que el volumen de negocios anual o balance general anual no supere los diez millones de euros.

2. No serán aplicables las especialidades previstas en este título cuando la sociedad pertenezca a un grupo obligado a consolidar.

3. Tampoco serán aplicables cuando el deudor tenga la condición de microempresa y deba quedar sujeto al procedimiento especial del libro tercero.

Artículo 683. *Especialidades en materia de comunicación*

1. En la comunicación de la existencia de negociaciones con sus acreedores, o la intención de iniciarlas de inmediato, para alcanzar un plan de reestructuración, deberá especificar el deudor que concurren las circunstancias a que se refiere el artículo anterior. Si se acreditara que a pesar de concurrir, no se hubiera especificado en la comunicación, quedará esta sin efecto y la persona natural o jurídica que la hubiera realizado no podrá efectuar otra nueva hasta que transcurra un año de la anterior.

2. Efectuada la comunicación, la tramitación de solicitud de declaración de concurso presentada por el deudor no se podrá suspender a instancia de los acreedores, ni del experto en la reestructuración.

3. Los efectos de la comunicación de apertura de negociaciones a solicitud del deudor solo podrán prorrogarse por una sola vez. El deudor será el único legitimado para solicitar la prórroga de los efectos de la comunicación de apertura de negociaciones.

Artículo 684. *Especialidades en materia de plan de reestructuración*

1. El plan de reestructuración se podrá presentar en el modelo oficial, que estará disponible por medios electrónicos en la sede judicial electrónica, en las notarías u oficinas del registro mercantil y estará adaptado a las necesidades de las pequeñas empresas y se facilitará, además de en castellano, en las demás lenguas oficiales del Estado para, en su caso, su uso en las respectivas Comunidades Autónomas de acuerdo con sus Estatutos. Incluirá directrices prácticas sobre la manera de redactar el plan de reestructuración de

conformidad con la normativa. El instrumento público que se formalice tendrá la consideración de documento sin cuantía a los efectos de determinación de los honorarios del notario que lo autorice. Los folios de la matriz y de las primeras copias que se expidan no devengarán cantidad alguna.

2. La homologación del plan de reestructuración solo podrá solicitarse si el deudor y, en su caso, los socios de la sociedad deudora lo hubieran aprobado.

3. La confirmación facultativa de las clases de acreedores solo podrá ser solicitada por el deudor.

4. Aunque no haya sido aprobado por todas las clases de acreedores, el plan de reestructuración podrá ser homologado si la clase o clases de acreedores que no lo hayan aprobado reciben un trato más favorable que cualquier otra clase de rango inferior.

– **Modelo oficial artículo 684 Ley Concursal** (Plan de reestructuración) https://sedejudicial.justicia.es/-/modelo-oficial?inheritRedirect=true&redirect=%2Ftramites

LIBRO TERCERO PROCEDIMIENTO ESPECIAL PARA MICROEMPRESAS

– La disposición adicional novena de la **Ley 16/2022, de 5 de septiembre, de reforma del texto refundido de la Ley Concursal, aprobado por el Real Decreto Legislativo 1/2020, de 5 de mayo, para la transposición de la Directiva (UE) 2019/1023 del Parlamento Europeo y del Consejo, de 20 de junio de 2019, sobre marcos de reestructuración preventiva, exoneración de deudas e inhabilitaciones, y sobre medidas para aumentar la eficiencia de los procedimientos de reestructuración, insolvencia y exoneración de deudas, y por la que se modifica la Directiva (UE) 2017/1132 del Parlamento Europeo y del Consejo, sobre determinados aspectos del derecho de sociedades (Directiva sobre reestructuración e insolvencia)** establece: *Novena. Referencias normativas. Desde la entrada en vigor de la presente ley, las referencias normativas a los acuerdos de refinanciación y, en su caso, a los acuerdos extrajudiciales de pagos, han de entenderse realizadas a los planes de reestructuración regulados en el libro segundo y, tratándose de microempresas, a los planes de continuación en el libro tercero.*

– **Orden JUS/1333/2022, de 28 de diciembre, de condiciones de acceso y modo de funcionamiento del servicio electrónico, para la cumplimentación de los formularios normalizados y de las especificaciones técnicas de la plataforma electrónica de liquidación de bienes previstas en la Ley 16/2022, de 5 de septiembre, de reforma del texto refundido de la Ley Concursal.**

TÍTULO I. Reglas comunes

CAPÍTULO I. Disposiciones generales

Artículo 685. *Ámbito del procedimiento especial*

1. El procedimiento especial para microempresas será aplicable a los deudores que sean personas naturales o jurídicas que lleven a cabo una actividad empresarial o profesional y que reúnan las siguientes características:

1.ª Haber empleado durante el año anterior a la solicitud una media de menos de diez trabajadores. Este requisito se entenderá cumplido cuando el número de horas de trabajo realizadas por el conjunto de la plantilla sea igual o inferior al que habría correspondido a menos de diez trabajadores a tiempo completo.

2.ª Tener un volumen de negocio anual inferior a setecientos mil euros o un pasivo inferior a trescientos cincuenta mil euros según las últimas cuentas cerradas en el ejercicio anterior a la presentación de la solicitud.

2. Si la entidad formase parte de un grupo, los criterios fijados en el apartado anterior se computarán en base consolidada.

3. El procedimiento especial afectará a la totalidad de los bienes y derechos integrados en el patrimonio del deudor en la fecha de apertura del procedimiento especial y los que se reintegren en el mismo o adquiera durante el procedimiento, con excepción, en su caso, de los bienes y derechos legalmente inembargables. Si el deudor estuviera casado, serán de aplicación los artículos relativos al régimen económico matrimonial del capítulo I, del título IV del libro primero.

4. El procedimiento afectará a todos los acreedores del deudor, con independencia del origen y naturaleza de la deuda.

5. El procedimiento especial para microempresas podrá tramitarse como procedimiento de continuación o como procedimiento de liquidación con o sin transmisión de la empresa en funcionamiento.

Artículo 686. *Presupuesto objetivo del procedimiento especial*

1. El procedimiento especial será aplicable a aquellas microempresas que se encuentren en probabilidad de insolvencia, en estado de insolvencia inminente o en insolvencia actual.

2. El deudor tendrá el deber legal de solicitar la apertura del procedimiento especial dentro de los dos meses siguientes a la fecha en que hubiere conocido o debido conocer el estado de insolvencia actual. Salvo prueba en contrario, se presumirá que el deudor ha conocido que se encuentra en estado de insolvencia actual cuando hubiera acaecido alguno de los hechos que pueden servir de fundamento a una solicitud de cualquier otro legitimado.

3. El procedimiento especial de liquidación sin transmisión de la empresa en funcionamiento regulado en este libro requerirá la existencia de insolvencia actual o inminente, si lo solicita el deudor, o actual, si lo solicitan legitimados distintos del deudor.

4. Si al menos el ochenta y cinco por ciento de los créditos correspondiesen a acreedores públicos, el procedimiento especial solo podrá tramitarse como procedimiento de liquidación.

Artículo 687. *Forma de celebración y notificación de los actos procesales*

1. Las comparecencias, declaraciones, vistas y, en general, todos los actos procesales del procedimiento especial se realizarán mediante presencia telemática.

2. Los actos de comunicación se practicarán por medios electrónicos con la cumplimentación de los formularios normalizados que en su caso exija la ley.

3. Como regla general, y salvo que se establezca expresamente lo contrario en este libro, el juez podrá dictar resolución al finalizar la vista de manera oral.

Tratándose de resoluciones distintas de sentencia, se documentarán con expresión del fallo y motivación sucinta de aquellas resoluciones.

Tratándose de sentencias, el juez al pronunciarlas oralmente hará expresión de las pretensiones de las partes, las pruebas propuestas y practicadas y, en su caso, de los hechos probados a resultas de las mismas, haciendo constar las razones y fundamentos legales del fallo que haya de dictarse, con expresión concreta de las normas jurídicas aplicables al caso. El fallo se ajustará a las previsiones de la regla 4.ª del artículo 209 de la Ley 1/2000, de 7 de enero, de Enjuiciamiento Civil.

La sentencia se documentará en un soporte audiovisual apto para la grabación y reproducción de la imagen y del sonido, sin perjuicio de la ulterior redacción por el juez del encabezamiento, la mera referencia a la motivación pronunciada oralmente dándose por reproducida y el fallo íntegro. Cuando la sentencia pueda ser recurrida, se dará traslado a las partes personadas de copia de la grabación original, en la notificación de la resolución, junto con el testimonio del texto redactado sucintamente, o bien se les dará acceso electrónico a la grabación original.

4. Contra los autos y sentencias dictadas en el procedimiento especial no cabrá recurso alguno, salvo que se establezca lo contrario en este libro tercero. Contra los decretos del letrado de la Administración de Justicia podrá interponerse recurso directo de revisión.

5. En aquellos casos en los que se permita recurso, el plazo para recurrir comenzará a contar desde que se notificase a la parte la resolución dictada mediante el traslado de copia de la grabación original o el acceso electrónico a la misma, junto con el testimonio del texto redactado referido en el apartado 3. El recurso no tendrá efectos suspensivos, sin perjuicio de la facultad del juez de acordar la suspensión de actuaciones que puedan ser afectadas por su resolución conforme a lo previsto en la legislación procesal civil.

6. La participación del deudor en el procedimiento especial requerirá asistencia letrada y representación procesal mediante procurador.

7. Los datos correspondientes a los formularios normalizados del libro tercero destinados a la Agencia Estatal de Administración Tributaria y a la Tesorería General de la Seguridad Social se deben trasladar de forma síncrona a través de servicios de interconexión e intercambio de datos desde la Administración de Justicia a la sede electrónica de dichos organismos.

Artículo 688. *Presentación de información o documentación gravemente inexacta o falsa*

1. El procedimiento especial se calificará como culpable, en todo caso, cuando el deudor hubiera cometido inexactitud grave en cualquiera de los formularios normalizados remitidos o en los documentos acompañados a los mismos presentados durante la tramitación del procedimiento especial, o hubiera acompañado o presentado documentos falsos.

2. Si el juez, las partes o, en su caso, la administración concursal, apreciaran la posible existencia de un hecho que ofrezca apariencia de delito no perseguible únicamente a instancia de persona agraviada, se acordará poner a disposición del Ministerio Fiscal el expediente judicial electrónico, por si hubiere lugar al ejercicio de la acción penal.

Se entenderá que se incurre en inexactitud grave cuando el importe total de un ejercicio, del pasivo o el del activo o el de los ingresos o el de los gastos fuese realmente superior o inferior al veinte por ciento del consignado en el formulario, siempre que suponga un importe de al menos 10.000 euros.

Artículo 689. *Regulación supletoria*

1. Se aplicará supletoriamente al procedimiento especial para microempresas lo establecido en los libros primero y segundo, con las adaptaciones que resulten precisas para acomodar los principios que presiden este procedimiento especial y las reglas que integran este libro tercero.

2. A efectos del nombramiento del administrador concursal, los procedimientos especiales para microempresas se integrarán en la clase de concursos que les corresponda de acuerdo con lo dispuesto en el libro primero, efectuándose el nombramiento, en defecto de acuerdo entre los acreedores o el deudor, conforme a lo dispuesto para dicha clase. La retribución del administrador concursal también se regirá por lo dispuesto en el libro primero.

– La Disposición Final Decimonovena de la **Ley 16/2022, de 5 de septiembre,** de reforma del texto refundido de la Ley Concursal, aprobado por el Real Decreto Legislativo 1/2020, de 5 de mayo, para la transposición de la Directiva (UE) 2019/1023 del Parlamento Europeo y del Consejo, de 20 de junio de 2019, sobre marcos de reestructuración preventiva, exoneración de deudas e inhabilitaciones, y sobre medidas para aumentar la eficiencia de los procedimientos de reestructuración, insolvencia y exoneración de deudas, y por la que se modifica la Directiva (UE) 2017/1132 del Parlamento Europeo y del Consejo, sobre determinados aspectos del Derecho de sociedades (Directiva sobre reestructuración e insolvencia), establece: *Disposición final decimonovena. Entrada en vigor. La presente ley entrará en vigor a los veinte días de su publicación en el «Boletín Oficial del Estado», con excepción del libro tercero del texto refundido de la Ley Concursal, que entrará en vigor el 1 de enero de 2023, salvo el apartado 2 del artículo 689, que entrará en vigor cuando se apruebe el reglamento a que se refiere la disposición transitoria segunda de la Ley 17/2014, de 30 de septiembre, por la que se adoptan medidas urgentes en materia de refinanciación y reestructuración de deuda empresarial y la disposición adicional undécima referida a los aplazamientos y fraccionamientos de deudas tributarias por la Agencia Estatal de Administración Tributaria, que entrará en vigor el 1 de enero de 2023.* Añade la Disposición Transitoria Tercera de la **Ley 16/2022, de 5 de septiembre:** *Disposición transitoria tercera. Régimen transitorio del nombramiento del administrador concursal en el procedimiento especial para microempresas. En tanto no entre en vigor el nuevo apartado 2 del artículo 689 del texto refundido, el nombramiento del administrador concursal en el procedimiento especial para microempresas se llevará a cabo de acuerdo con lo dispuesto en el artículo 27 de la Ley Concursal en su redacción anterior a la entrada en vigor de la Ley 17/2014, de 30 de septiembre, por la que se adoptan medidas urgentes en materia de refinanciación y reestructuración de deuda empresarial.* Conforme a lo indicado, la redacción del artículo 27 anterior a la Ley 17/2014, de 30 de septiembre, es: *Artículo 27. Condiciones subjetivas para el nombramiento de administradores concursales. 1. La administración concursal estará integrada por un único miembro, que deberá reunir alguna de las siguientes condiciones: 1º Ser abogado en ejercicio con cinco años de experiencia profesional efectiva en el ejercicio de la abogacía, que hubiera acreditado formación especializada en Derecho Concursal. 2º Ser economista, titulado mercantil o auditor de cuentas con cinco años de experiencia profesional, con especialización demostrable en el ámbito concursal. También podrá designarse a una persona jurídica en la que se integre, al menos, un abogado en ejercicio y un economista, titulado mercantil o auditor de cuentas, y que garantice la debida independencia y dedicación en el desarrollo de las funciones de administración concursal. 2. Como excepción a lo dispuesto en el apartado 1: 1º En caso de concurso de una entidad emisora de valores o instrumentos derivados que se negocien en un mercado secundario oficial, de una entidad encargada de regir la negociación, compensación o liquidación de esos valores o instrumentos, o de una empresa de servicios de inversión, será nombrado administrador concursal un miembro del personal técnico de la Comisión Nacional del Mercado de Valores u otra persona propuesta por ésta con la cualificación del número 2º del apartado anterior, a cuyo efecto la Comisión Nacional del Mercado de Valores comunicará al juez la identidad de aquélla. 2º En caso de concurso de una entidad de crédito o de una entidad aseguradora, el juez nombrará al administrador concursal de entre los propuestos respectivamente por el Fondo de Garantía de Depósitos y el Consorcio de Compensación de Seguros. 3º En caso de concursos ordinarios de especial trascendencia el juez nombrará, además del administrador concursal* *previsto en el apartado 1 de este artículo, a un administrador concursal acreedor titular de créditos ordinarios o con privilegio general no garantizado de entre los que figuren en el primer tercio de mayor importe. A estos efectos, cuando el conjunto de las deudas con los trabajadores por los créditos señalados en el párrafo anterior estuviera incluida en el primer tercio de mayor importe, el juez podrá nombrar como administrador acreedor a la representación legal de los trabajadores, si la hubiere, que deberá designar un profesional que reúna la condición de economista, titulado mercantil, auditor de cuentas o abogado, quedando sometido al mismo régimen de incapacidades, incompatibilidades, prohibiciones, remuneración y responsabilidad que los demás miembros de la administración concursal. El primer administrador concursal designado será el que ostente la representación de la administración concursal frente a terceros en los términos previstos en esta ley para los supuestos de administración concursal única. Cuando el acreedor designado sea una Administración pública o una entidad de Derecho Público vinculada o dependiente de ella, la designación del profesional podrá recaer en cualquier empleado público con titulación universitaria, de graduado o licenciado en ámbitos pertenecientes a las ciencias jurídicas o económicas, y su régimen de responsabilidad será el específico de la legislación administrativa. 3. En los decanatos de los juzgados competentes existirá una lista integrada por los profesionales y las personas jurídicas que hayan puesto de manifiesto su disponibilidad para el desempeño de tal función, su formación en materia concursal y, en todo caso, su compromiso de continuidad en la formación en esta materia. A tal efecto, el Registro Oficial de Auditores de Cuentas y los correspondientes colegios profesionales presentarán, en el mes de diciembre de cada año, para su utilización desde el primer día del año siguiente, los respectivos listados de personas disponibles, incluidas las personas jurídicas. Los profesionales cuya colegiación no resulte obligatoria podrán solicitar, de forma gratuita, su inclusión en la lista en ese mismo período justificando documentalmente la formación recibida y la disponibilidad para ser designados. Igualmente las personas jurídicas recogidas en el inciso final del apartado 1 de este artículo podrán solicitar su inclusión, reseñando los profesionales que las integran y, salvo que ya figuraran en las listas, su formación y disponibilidad. Las personas implicadas podrán solicitar la inclusión en la lista de su experiencia como administradores concursales o auxiliares delegados en otros concursos, así como de otros conocimientos o formación especiales que puedan ser relevantes a los efectos de su función. 4. Los administradores concursales profesionales se nombrarán por el juez procurando una distribución equitativa de designaciones entre los incluidos en las listas que existan. No obstante, el juez: 1º Podrá, apreciándolo razonadamente, designar a unos concretos administradores concursales cuando el previsible desarrollo del proceso exija una experiencia o unos conocimientos o formación especiales, como los vinculados a asegurar la continuidad de la actividad empresarial o que se puedan deducir de la complejidad del concurso. 2º Para concursos ordinarios deberá designar a quienes acrediten su participación como administradores o auxiliares delegados en otros concursos ordinarios o, al menos, tres concursos abreviados, salvo que el juez considere, de manera motivada, idónea la formación y experiencia de los que designe en atención a las características concretas del concurso. 5. En supuestos de concursos conexos, el juez competente para la tramitación de éstos podrá nombrar, en la medida en que ello resulte posible, una administración concursal única designando auxiliares delegados. En caso de acumulación de concursos ya declarados, el nombramiento podrá recaer en una de las administraciones concursales ya existentes. 6. Cualquier interesado podrá plantear al Decanato las quejas sobre el funcionamiento o requisitos de la lista oficial u otras cuestiones o irregularidades de las personas inscritas con carácter previo a su nombramiento, de acuerdo con lo previsto en el artículo 168 de la Ley Orgánica 6/1985, de 1 de julio, del Poder Judicial.*

CAPÍTULO II. Negociación y apertura del procedimiento especial

Artículo 690. *Comunicación de la apertura de negociaciones para microempresas*

1. Cualquier microempresa podrá comunicar al juzgado competente para la declaración de concurso la apertura de negociaciones con los acreedores con la finalidad de acordar un plan de continuación o una liquidación con transmisión de empresa en funcionamiento en el marco de un procedimiento especial, siempre que se encuentre en probabilidad de insolvencia, insolvencia inminente o insolvencia actual.

2. La comunicación será por medios electrónicos mediante formulario normalizado.

3. Será de aplicación el régimen jurídico regulado en el libro segundo, título II, capítulos I y II, con las siguientes especialidades:

1.ª Las referencias al concurso de acreedores se entenderán hechas al procedimiento especial de este libro tercero.

2.ª No será preceptivo el nombramiento de experto en el periodo de negociaciones abierto a solicitud del deudor.

3.ª Los efectos de la comunicación de apertura de negociaciones no podrán prorrogarse.

4. La suspensión de ejecuciones no podrá afectar en ningún caso a los acreedores públicos.

Si la ejecución recayera sobre bienes o derechos necesarios para la continuidad de la actividad empresarial o profesional del deudor, una vez iniciado el procedimiento de ejecución, se podrá suspender exclusivamente en la fase de realización o enajenación por el juez que esté conociendo del mismo. Cuando la ejecución sea extrajudicial, la suspensión la podrá ordenar el juez ante el que se haya presentado la comunicación, exclusivamente en la fase de realización o enajenación. En ambos casos, la suspensión, en su caso, acordada, decaerá perdiendo toda su eficacia una vez transcurridos tres meses desde el día de la comunicación, quedando sin efectos la suspensión, sin que sea preciso dictar resolución judicial alguna o, en su caso, acto alguno por el letrado de la Administración de Justicia.

5. Durante el periodo de negociaciones y hasta que transcurran tres meses desde la fecha de la comunicación no se admitirán a trámite las solicitudes de procedimiento especial presentadas por otros legitimados distintos del deudor. Las presentadas antes de la comunicación que no hubieran sido admitidas a trámite quedarán en suspenso.

6. Las solicitudes suspendidas y las que se presenten una vez transcurridos los tres meses del periodo de negociaciones se proveerán dentro de los cinco días hábiles siguientes a la expiración del plazo sin que el deudor hubiera solicitado la apertura del procedimiento especial.

7. Transcurridos los tres meses del periodo de negociaciones, el deudor que se encuentre en situación de insolvencia actual deberá solicitar la apertura del procedimiento especial dentro de los cinco días hábiles siguientes.

8. Mientras estén en vigor los efectos de la comunicación, quedará en suspenso el deber legal de acordar la disolución por existir pérdidas que dejen reducido el patrimonio neto a una cantidad inferior a la mitad del capital social.

Artículo 691. *Solicitud de apertura del procedimiento especial por el deudor*

1. El deudor, que deberá comparecer asistido por abogado, cuando se encuentre en probabilidad de insolvencia, insolvencia inminente o insolvencia actual, podrá solicitar la apertura del procedimiento especial mediante la presentación del formulario normalizado.

2. El formulario normalizado se presentará y tramitará electrónicamente bien a través de la sede judicial electrónica, bien en las notarías u oficinas del registro mercantil o cá-

maras de comercio que hayan asumido tales funciones. En aquellos casos en los que el deudor no disponga de los medios tecnológicos necesarios para acceder a la sede judicial electrónica, las notarías, las oficinas del registro mercantil o las cámaras de comercio que hayan asumido tal función podrán prestar el servicio que resulte necesario, el cual tendrá carácter gratuito, a los efectos de facilitar la presentación electrónica del formulario.

Las personas especialmente habilitadas deberán comprobar la identidad del solicitante y, en su caso, la representación que ostenten.

3. Para su válida tramitación, el formulario normalizado que presente el deudor deberá estar íntegramente cumplimentado, e incluirá, en todo caso, los siguientes extremos:

1.º Identificación del deudor, incluida la localización de su domicilio, de su centro principal de intereses y de cualquier otro establecimiento.

2.º Breve memoria explicativa que justifique la solicitud, que incluya una descripción de la situación económica, de la situación de los trabajadores, y una descripción de las causas y del alcance de las dificultades financieras, incluyendo el tipo de insolvencia en que el deudor alega encontrarse.

3.º Si el deudor fuera persona casada, indicará en la memoria la identidad del cónyuge, con expresión del régimen económico del matrimonio.

4.º Elección del procedimiento de continuación o del procedimiento de liquidación, y, en este último supuesto, si se prevé la transmisión de la empresa en funcionamiento.

5.º Elección de alguno de los módulos regulados en el capítulo IV del título II o en el capítulo II del título III de este libro tercero.

6.º El activo, con valoración de cada partida, y el pasivo, con identificación individualizada de cada acreedor, de la cuantía de cada crédito, de su naturaleza concursal y de si está o no vencido, incluyéndose de manera separada los créditos litigiosos.

7.º Enumeración y detalles de los contratos pendientes de ejecución.

8.º Enumeración de posibles contingencias susceptibles de afectar al valor de la empresa.

9.º Si el deudor fuera empleador, el número de trabajadores con expresión del centro de trabajo al que estuvieran afectados, y la identidad de los integrantes del órgano de representación de los mismos si los hubiera, con expresión de la dirección electrónica de cada uno de ellos.

4. En caso de deudor persona jurídica, la competencia para solicitar la apertura del procedimiento especial corresponderá al órgano de administración.

5. El deudor deberá solicitar la apertura de este procedimiento especial en el plazo de un mes, una vez transcurridos los tres meses de incumplimiento en el pago a que se refiere el artículo 2.4.5.º. Esta solicitud se realizará por formulario normalizado y se presentará y tramitará electrónicamente bien a través de la sede judicial electrónica, bien en las notarías u oficinas del registro mercantil.

De no solicitarse el procedimiento en el plazo anterior, las quitas y esperas que resulten de la aprobación del plan de continuación no afectarán a los créditos tributarios y de seguridad social.

Artículo 691 bis. *Comunicación del plan de continuación a la Agencia Estatal de Administración Tributaria y a la Tesorería General de la Seguridad Social*

1. El deudor comunicará en el plazo de setenta y dos horas a la Tesorería General de la Seguridad Social y a la Agencia Estatal de Administración Tributaria la presentación de solicitud de apertura de procedimiento especial de continuación sobre el que conste su condición de acreedora.

2. La comunicación se efectuará a través del medio habilitado al efecto por la Tesorería General de la Seguridad Social y por la Agencia Estatal de Administración Tributaria y, en todo caso, se acompañará de un documento de reconocimiento de deuda actualizado a la fecha.

3. El incumplimiento de la obligación de comunicación por el deudor a la Tesorería General de la Seguridad Social y a la Agencia Estatal de Administración Tributaria en el plazo y el medio establecido, excluirá a los créditos de seguridad social y de la Agencia Tributaria de las quitas y esperas que resulten de la aprobación del plan de continuación.

Artículo 691 ter. *Solicitud de apertura de un procedimiento especial por acreedores u otros legitimados*

1. Los acreedores o los socios personalmente responsables de las deudas del deudor que se encuentre en estado de insolvencia actual podrán solicitar la apertura del procedimiento especial mediante la presentación del formulario normalizado en los términos establecidos en el artículo 691.

2. Para su válida tramitación, el formulario normalizado que presente el acreedor o el socio personalmente responsable de las deudas del deudor deberá estar íntegramente cumplimentado, incluyendo, en todo caso, los siguientes extremos:

1.º Identificación completa del solicitante y del deudor cuyo procedimiento especial se solicita, debiendo incluirse preceptivamente una dirección de correo electrónico a efectos de la práctica de comunicaciones durante la tramitación del procedimiento.

2.º Breve memoria explicativa que justifique la solicitud, que incluya, en su caso, una descripción del crédito que ostente frente al deudor, y una justificación explicativa de la situación de insolvencia actual con alegación del hecho o hechos externos reveladores de acuerdo con el libro primero.

3.º Elección de un procedimiento de continuación o de un procedimiento de liquidación.

4.º Elección de alguno de los módulos regulados en el capítulo IV del título II o en el capítulo II del título III de este libro tercero.

3. El solicitante deberá entregar por medios electrónicos los documentos justificativos necesarios. Deberá asimismo estar en disposición de entregar las copias autenticadas u originales de los documentos, en caso de ser requerido al efecto, en los cinco días hábiles siguientes al requerimiento.

Artículo 691 quater. *Tramitación de la solicitud*

1. Será juez competente en el procedimiento especial el que correspondería en caso de concurso de acreedores. El juez tendrá igualmente competencia para conocer de cualquier incidente que se suscite en el procedimiento especial.

2. La solicitud será repartida y remitida a la oficina judicial que corresponda el mismo día de la presentación o el siguiente día hábil.

3. En el mismo día o, si no fuera posible, en el siguiente hábil al del reparto, el letrado de la Administración de Justicia examinará la solicitud y comprobará el cumplimiento de todos los requisitos legales. Cuando estime que la solicitud es completa, la tendrá por efectuada por decreto con efectos desde la fecha de presentación.

4. Cuando la solicitud adoleciera de algún defecto, el letrado de la Administración de Justicia concederá al solicitante un plazo de tres días para su subsanación. Si el solicitante no procede a la subsanación requerida, el letrado de la Administración de Justicia dará cuenta al juez para que resuelva sobre la admisión. En caso contrario, una vez subsanado el defecto, el letrado de la Administración de Justicia tendrá la solicitud por efectuada de acuerdo con el apartado anterior.

Artículo 691 quinquies. *Especialidad en caso de solicitud por un acreedor*

1. Si la solicitud ha sido presentada por un acreedor, o por el socio personalmente responsable de las deudas de la microempresa, el letrado de la Administración de Justicia notificará la solicitud al deudor en los términos de la Ley 1/2000, de 7 de enero, de Enjuiciamiento Civil para que el deudor, en el plazo de cinco días hábiles desde la notificación, realice una de las siguientes actuaciones:

1.º Acepte la solicitud y presente el formulario normalizado de apertura del procedimiento especial, acompañando la documentación necesaria. La falta de actuación por el deudor debidamente notificado se entenderá como aceptación de la solicitud.

2.º Cuando la solicitud del acreedor o del socio personalmente responsable sea de apertura del procedimiento especial de continuación, rechace tal posibilidad y solicite la apertura del procedimiento especial de liquidación. Esta solicitud del deudor abrirá de manera automática el procedimiento especial de liquidación siempre que haya sido debidamente presentada y concurran los requisitos legales.

3.º Cuando la solicitud del acreedor o del socio personalmente responsable sea de apertura de un procedimiento especial de liquidación, rechace tal posibilidad y solicite la apertura del procedimiento especial de continuación. Esta solicitud del deudor abrirá de manera automática el procedimiento especial de continuación siempre que haya sido debidamente presentada y concurran los requisitos legales.

4.º En caso de no encontrarse en situación de insolvencia actual, se oponga a la apertura del procedimiento especial presentando el formulario normalizado, y alegando y probando la solvencia actual. En este supuesto, el deudor podrá solicitar una ampliación de plazo por otros cinco días hábiles.

La oposición del deudor podrá fundarse en la falta de legitimación del solicitante, la inexistencia del hecho externo revelador del estado de insolvencia en que se fundamente la solicitud o que no se encontraba o ya no se encuentra en estado de insolvencia actual.

No podrá formular oposición el deudor por esta causa si la solicitud presentada por el acreedor se fundara en la existencia de un título por el cual se hubiera despachado ejecución o apremio sin que del embargo hubieran resultado bienes libres conocidos bastantes para el pago; o en la existencia de embargos por ejecuciones pendientes que afecten de una manera general al patrimonio del deudor; o en la falta de pago de obligaciones tributarias exigibles durante los tres meses anteriores a la solicitud de apertura del procedimiento especial de liquidación, de pago de cuotas de la seguridad social y demás conceptos de reclamación conjunta durante el mismo periodo o de pago de salarios e indemnizaciones derivadas de las relaciones de trabajo correspondientes a las tres últimas mensualidades.

2. En el plazo de tres días hábiles, el letrado de la Administración de Justicia examinará la solicitud del deudor y, una vez comprobado que dicha solicitud o, en su caso, la oposición, se han presentado en tiempo y forma, las tendrá por presentadas. Si la solicitud o la oposición no cumplen con los requisitos formales, el letrado de la Administración de Justicia lo notificará al solicitante, que tendrá un plazo de tres días hábiles para modificar la solicitud. En caso de oposición, el juez podrá convocar al deudor y al acreedor que ha instado el procedimiento a una vista, que se celebrará dentro de los cinco días siguientes, y resolverá al final de la misma o dentro del plazo máximo de tres días hábiles. Si no considera necesaria la celebración de la vista, la resolución deberá dictarse dentro de los diez días siguientes a la presentación de la solicitud.

Artículo 692. *Resolución de apertura del procedimiento especial*

1. La apertura del procedimiento especial se realizará mediante auto dentro de los dos días hábiles siguientes a la admisión a trámite de la solicitud, o, en caso de oposición del deudor, en el auto que la resuelva en los términos previstos en el artículo anterior. El auto de apertura incluirá la identificación del deudor, el tipo de procedimiento especial, y, en su caso, mención de los distintos módulos seleccionados por el solicitante, de acuerdo con lo previsto en el capítulo IV del título II o en el capítulo II del título III de este libro. Además, deberá especificar si, conforme a la documentación e información facilitada en el formulario, el procedimiento especial se declara sobre la base de probabilidad de insolvencia, insolvencia inminente o insolvencia actual.

2. En el auto, el juez indicará el fundamento de su competencia judicial internacional, indicando si es un procedimiento principal o territorial.

3. El deudor o cualquier acreedor podrá impugnar la resolución de apertura por falta de competencia judicial internacional o territorial mediante declinatoria en el plazo de diez días a contar desde la publicación en el Registro público concursal de la resolución de apertura del procedimiento especial.

4. El letrado de la Administración de Justicia notificará el auto al deudor y, en su caso, al acreedor solicitante, y lo remitirá al Registro público concursal.

Artículo 692 bis. *Notificación a las partes y publicidad registral*

1. El deudor dirigirá comunicación electrónica de apertura del procedimiento especial a los acreedores incluidos en su solicitud de cuya dirección electrónica tenga constancia,

permitiéndoles el acceso a toda la documentación presentada en el juzgado. En caso de que el deudor sea persona casada, la comunicación se hará también al cónyuge.

Cuando el procedimiento especial hubiese sido declarado a solicitud de un acreedor o de un socio personalmente responsable, el deudor dirigirá a los acreedores la comunicación a que se refiere este apartado.

2. Cada comunicación se dirigirá simultáneamente al letrado de la Administración de Justicia.

3. La apertura del procedimiento especial será publicada en el Registro público concursal. En caso de apertura a solicitud de los acreedores, la publicación en el Registro público concursal surtirá los efectos de notificación respecto del deudor y demás acreedores de cuya dirección electrónica no se tenga constancia.

4. La apertura del procedimiento especial será inscrita en los registros de personas y bienes conforme a las reglas del libro primero.

Artículo 693. *Elección y conversión del procedimiento especial*

1. Tanto el deudor como los acreedores solicitantes podrán optar entre un procedimiento especial de liquidación o uno de continuación.

2. Los acreedores cuyos créditos representen más de la mitad del pasivo podrán, en cualquier momento, solicitar la conversión del procedimiento de continuación en uno de liquidación sin necesidad de justificación adicional, siempre que el deudor se encuentre en insolvencia actual.

3. Los acreedores cuyos créditos representen un veinticinco por ciento del pasivo podrán, en cualquier momento, solicitar la conversión de un procedimiento de continuación en uno de liquidación cuando, objetivamente, no exista la posibilidad de continuación de la actividad en el corto y medio plazo.

4. Los acreedores, en la cuantía prevista en los apartados 2 y 3, realizarán la solicitud por medio del formulario normalizado. Recibida la solicitud y comprobada la cuantía del pasivo en virtud de la documentación disponible, el letrado de la Administración de Justicia notificará la solicitud al deudor y al resto de los acreedores. En el plazo de tres días hábiles desde la notificación, el deudor y los acreedores podrán oponerse a la conversión alegando, exclusivamente, la insuficiencia de la cuantía del pasivo instante de la conversión, en el caso del apartado 2, y la insuficiencia del pasivo o la posibilidad objetiva de continuación, en el del apartado 3, adjuntando en todo caso la documentación que consideren oportuna. En ambos casos, el deudor podrá oponerse alegando que no se encuentra en estado de insolvencia actual.

5. El juez resolverá mediante auto sobre la conversión del procedimiento transcurridos los tres días sin que se haya producido oposición. Cuando el deudor o los acreedores se hayan opuesto, el juez, excepcionalmente, podrá convocar a las partes a una vista, que habrá de celebrarse dentro de los cinco días hábiles siguientes a la recepción de la oposición. Si se convoca la vista, el juez resolverá en el acto de la vista o en los tres días hábiles siguientes. Si no considera necesaria la vista, el juez resolverá dentro de los cinco días hábiles siguientes a la recepción de la oposición.

6. El juez rechazará la conversión si no se han alcanzado las mayorías requeridas del pasivo o, en el caso del supuesto regulado en el apartado 3, si se acredita objetivamente la posibilidad de continuación de la actividad a corto y medio plazo, y, en ambos casos, cuando quede acreditado que el deudor no se encuentra en estado de insolvencia actual.

7. La apertura del procedimiento especial de liquidación se realizará mediante auto.

CAPÍTULO III. Efectos de la apertura del procedimiento especial

Artículo 694. *Efectos generales de la apertura del procedimiento especial*

1. Desde la apertura del procedimiento especial hasta su conclusión, el deudor mantendrá las facultades de administración y disposición sobre su patrimonio, aunque solo podrá realizar aquellos actos de disposición que tengan por objeto la continuación de la actividad empresarial o profesional, siempre que se ajusten a las condiciones normales de mercado.

2. Las facultades de administración y disposición podrán ser sometidas a las limitaciones establecidas en el capítulo IV del título II o en el capítulo II del título III de este libro tercero.

3. Salvo supuesto de fraude, no podrán ser rescindidas las compensaciones de créditos producidas en el marco de un contrato de cuenta corriente o de financiación del circulante, en el marco de la actividad empresarial o profesional ordinaria, en los tres meses anteriores al comienzo del procedimiento especial.

4. La apertura del procedimiento especial supondrá la paralización de las ejecuciones judiciales o extrajudiciales sobre los bienes y derechos del deudor, con independencia de si la ejecución se había ya iniciado o no en el momento de la solicitud y de la condición del crédito o del acreedor, siendo de aplicación lo previsto en el capítulo II del título II del libro segundo, con las especialidades aquí previstas. La suspensión de las ejecuciones no afectará a los créditos con garantía real, sin perjuicio de que el deudor lo solicite de acuerdo con los supuestos que así lo permitan en este libro tercero. Tampoco se suspenderán las ejecuciones de los créditos que no se vean afectados por el plan de continuación. Así, en el supuesto de los créditos públicos, no se suspenderá la ejecución de los créditos que tengan la calificación de privilegiados de acuerdo con las reglas generales ni, en todo caso, de los porcentajes de las cuotas de la seguridad social cuyo abono corresponda a la empresa por contingencias comunes y contingencias profesionales ni a los porcentajes de la cuota del trabajador que se refieran a contingencias comunes o accidentes de trabajo y enfermedad profesional.

Artículo 694 bis. *Efectos de la apertura del procedimiento de continuación y del procedimiento de liquidación con transmisión de la empresa en funcionamiento*

1. En el procedimiento especial de continuación y en el procedimiento de liquidación con transmisión de la empresa en funcionamiento se aplicarán, con las especialidades establecidas en este libro, las reglas de la sección 1.ª del capítulo IV del título III del libro primero en relación con los efectos sobre los contratos pendientes de ejecución.

2. La apertura del procedimiento especial, por sí sola, no afectará a los contratos con obligaciones recíprocas pendientes de cumplimiento. En particular, se tendrán por no

puestas las cláusulas contractuales que prevean la suspensión, modificación, resolución o terminación anticipada del contrato por el mero motivo de:

1.º La presentación de la solicitud de apertura o su admisión a trámite.

2.º La solicitud de suspensión general o singular de acciones y procedimientos ejecutivos.

3.º Cualquier otra circunstancia análoga o directamente relacionada con las anteriores.

3. La apertura del procedimiento especial de continuación implicará la suspensión del deber legal de acordar la disolución por pérdidas cualificadas en tanto se tramita.

4. La apertura de la liquidación no afectará a los contratos pendientes de ejecución por ambas partes, ni serán válidas las cláusulas que permitan la resolución anticipada en caso de liquidación, en tanto exista la posibilidad de transmisión de la empresa en funcionamiento y no se haya producido un incumplimiento del contrato, posterior o anterior al inicio del procedimiento especial de liquidación.

Artículo 694 ter. *Efectos de la apertura del procedimiento de liquidación sin transmisión de la empresa en funcionamiento*

1. Se entenderá que el procedimiento de liquidación se realiza sin transmisión de la empresa en funcionamiento cuando así lo determine el deudor en la solicitud de apertura de la liquidación, cuando así se desprenda del contenido del plan de liquidación o cuando así lo determine el juez tras las alegaciones realizadas al plan de liquidación por los acreedores.

2. Desde el momento de la apertura de la liquidación, cuando así lo indique el deudor, se desprenda del plan de liquidación o lo determine el juez tras las alegaciones realizadas al plan de liquidación por los acreedores, se producirá el vencimiento anticipado de los créditos aplazados y la conversión en dinero de aquellos que consistan en otras prestaciones.

3. La apertura de la liquidación supone la disolución de la sociedad. En caso de sustitución de la deudora por un administrador concursal, los administradores y liquidadores podrán desarrollar las funciones de representación de la deudora necesarias para defender sus derechos en el seno del procedimiento especial de liquidación.

4. La apertura de la liquidación del deudor persona natural producirá los efectos específicos en relación con los alimentos y la disolución de la sociedad conyugal previstos en el libro primero.

CAPÍTULO IV. Acciones para incrementar el patrimonio a disposición de los acreedores

Artículo 695. *Acciones rescisorias*

1. Desde la comunicación de la apertura del procedimiento especial y durante los treinta días hábiles siguientes, los acreedores y los socios personalmente responsables de las deudas del deudor podrán comunicar cualquier información que pueda resultar relevante a los efectos del posible ejercicio de acciones rescisorias contra actos realizados por el deudor, de acuerdo con las reglas de la sección 1.ª del capítulo IV del título IV del libro primero.

2. Los acreedores y los socios personalmente responsables de las deudas del deudor comunicarán la información mediante formulario normalizado.

3. Dentro de los cuarenta y cinco días siguientes a la comunicación de la apertura del procedimiento especial, los acreedores cuyos créditos representen al menos el veinte por ciento del pasivo total podrán solicitar el nombramiento de un experto en la reestructuración o un administrador concursal a los efectos del ejercicio de acciones rescisorias. Los acreedores que representen un porcentaje del pasivo mayor al que ha solicitado el nombramiento pueden oponerse al mismo, salvo que los solicitantes asuman íntegramente la retribución del experto en la reestructuración o del administrador concursal.

4. Si ya hubiera un experto en la reestructuración o un administrador concursal en el procedimiento especial, acreedores que representen al menos el diez por ciento del pasivo total podrán solicitar del mismo el ejercicio de la acción rescisoria. En caso de negativa del experto en la reestructuración o del administrador concursal, o en caso de falta de respuesta dentro de los quince días hábiles siguientes, los acreedores solicitantes tendrán legitimación subsidiaria para entablar la acción rescisoria. Los acreedores litigarán a su costa en interés del procedimiento especial, según el régimen jurídico previsto para la legitimación activa subsidiaria de acreedores en el libro primero.

5. Esta acción no suspenderá el normal desarrollo procesal del procedimiento especial.

6. La acción rescisoria solo podrá ser presentada en caso de insolvencia actual del deudor.

7. La acción rescisoria puede ser objeto de cesión a un tercero y, en caso de procedimiento especial de continuación, su ejercicio puede incluirse en el plan de continuación.

Artículo 696. *Acciones de responsabilidad*

Las reglas del artículo anterior se aplicarán para el ejercicio de las acciones de responsabilidad contra los administradores, liquidadores o auditores de la sociedad deudora cuando se dirijan a exigir responsabilidad civil.

TÍTULO II. Procedimiento de continuación

CAPÍTULO I. Tramitación del plan de continuación

Artículo 697. *Presentación del plan de continuación*

1. El plan de continuación podrá ser presentado por el deudor o por los acreedores con la solicitud de apertura del procedimiento especial o en los diez días hábiles siguientes a la declaración de apertura del procedimiento especial.

2. La falta de presentación del plan de continuación en el plazo señalado supone la automática conversión del procedimiento en uno de liquidación, salvo que el deudor no se encontrase en situación de insolvencia actual, en cuyo caso podrá plantear oposición conforme a lo dispuesto 52 en los apartados 4 y 5 del artículo 693. La resolución del juez estimando la oposición del deudor supondrá la conclusión del procedimiento especial.

Artículo 697 bis. *Tramitación de la presentación del plan*

1. Recibida la propuesta de plan de continuación, el letrado de la Administración de Justicia comprobará el cumplimiento formal de los requisitos legales. Transcurridos tres días hábiles, si el letrado de la Administración de Justicia no advirtiese la existencia de defectos, la propuesta del plan de continuación se entenderá admitida a trámite.

Si el letrado de la Administración de Justicia apreciara la existencia de defectos en la propuesta, concederá un plazo de tres días hábiles para su subsanación. Transcurrido el plazo referido sin que se hubieran subsanado, el plan se tendrá por no presentado y el juez resolverá por auto la conversión de la liquidación salvo oposición del deudor que acredite que no se encuentra en estado de insolvencia actual.

2. Admitida a trámite la propuesta del plan de continuación, el deudor la comunicará electrónicamente a los acreedores en el plazo de tres días hábiles desde la notificación del letrado de la Administración de Justicia confirmando la correcta realización de la propuesta o desde que hayan transcurrido los tres días sin notificación alguna por el letrado de la Administración de Justicia. El letrado de la Administración de Justicia recibirá en copia cada comunicación realizada por el deudor a los acreedores.

3. La falta de comunicación o la comunicación extemporánea del deudor a los acreedores constituirá causa de conversión del procedimiento en uno de liquidación, que se declarará por el juez de oficio o a instancia del deudor o de los acreedores.

4. En caso de que se haya presentado más de una propuesta, se tramitará en primer lugar la presentada por el deudor y, entre las presentadas por los acreedores, se atenderá al orden temporal de presentación.

Artículo 697 ter. *Contenido del plan de continuación*

1. El plan de continuación deberá contener, al menos:

1.º La relación nominal y cuantía de los créditos afectados por el plan.

2.º Los efectos sobre los créditos, que podrán ser tanto quitas como esperas, una combinación de ambas, su conversión en préstamos participativos o su capitalización; si el plan va a afectar a los derechos de los socios, el valor nominal de sus acciones o participaciones sociales.

3.º La agrupación de cada uno de los créditos en clases, que se conformarán de acuerdo con su valor económico, reflejado por la graduación de los créditos en el concurso de acreedores, según el libro primero de esta ley.

4.º Un plan de pagos, que incluya con detalle las cuantías y los plazos durante toda la duración del plan de continuación.

5.º Los efectos sobre los contratos con obligaciones recíprocas pendientes de cumplimiento que, en su caso, vayan a quedar afectados por el plan.

6.º Una descripción justificada de los medios con los que propone cumplir con la propuesta, incluyendo las fuentes de financiación proyectadas.

7.º Las garantías con que cuente la ejecución del plan, cuando resulte aplicable.

8.º Una descripción justificada de las medidas de reestructuración operativa que prevé el plan, la duración, en su caso, de las medidas, y los flujos de caja estimados, que deberá estar relacionada con el plan de pagos.

9.º Una memoria que explique las condiciones necesarias para el éxito del plan de reestructuración y las razones por las que ofrece una perspectiva razonable de garantizar la viabilidad de la empresa en el medio plazo.

10.º Las medidas de información y consulta con los trabajadores que, de conformidad con la ley aplicable, se hayan adoptado o se vayan a adoptar.

2. Cuando el plan contuviera medidas de reestructuración operativa, éstas deberán llevarse a cabo de acuerdo con las normas que les sean aplicables. Las controversias que se susciten en relación con las mismas se sustanciarán ante la jurisdicción competente.

Artículo 697 quater. *Derechos de información y consulta de los representantes legales de las personas trabajadoras*

En los supuestos en los que el deudor sea empleador, los representantes legales de las personas trabajadoras tendrán derecho, cuando así lo prevea la legislación laboral, a ser informados y consultados sobre el contenido del plan de continuación con carácter previo a su aprobación u homologación, según corresponda conforme a dicha legislación.

Artículo 697 quinquies. *Alegaciones y votación del plan de continuación*

1. El procedimiento de aprobación, alegaciones y votación se realizará por escrito.

2. Una vez presentado el plan y comunicado su contenido, los acreedores, en caso de propuesta presentada por el deudor, o este último y el resto de los acreedores, en caso de propuesta presentada por los acreedores o por un socio personalmente responsable de las deudas de la sociedad, o el experto en la reestructuración en ambos casos, dispondrán de un plazo de quince días hábiles para realizar alegaciones, aportando la documentación justificativa que consideren oportuno. En el caso del experto en la reestructuración, el plazo se computará desde su nombramiento.

3. Las alegaciones podrán tener por objeto cualquier parte del contenido del plan de continuación, incluidas las referidas a la cuantía, características y naturaleza de los créditos afectados por el plan, según se determinan en la lista de créditos incluida por el deudor en su solicitud o en un momento posterior, tras la apertura del procedimiento a petición de un acreedor o de un socio personalmente responsable de las deudas de la sociedad.

4. La no presentación de alegaciones por parte de un acreedor en relación con la cuantía, características y naturaleza de su crédito, o con la clase a que ha sido asignado, se entenderá como aceptación tácita e impedirá la impugnación posterior.

5. Cualquier persona que tenga un crédito contra el deudor y que no se encuentre en la lista de acreedores incluida en o tras la solicitud de apertura del procedimiento especial, o en la propuesta de plan de continuación, podrá solicitar la inclusión del mismo dentro de los veinte días hábiles siguientes a la apertura del procedimiento especial de continuación. Para ello deberá presentar electrónicamente el correspondiente formulario normalizado.

6. Transcurrido el plazo habilitado al efecto, se abrirá el periodo de votación en relación con los créditos sobre los que no se hayan presentado alegaciones, que durará quince días hábiles contados a partir de la comunicación electrónica a los acreedores de su comienzo, realizada por el deudor, con copia al letrado de la Administración de Justicia.

La votación se realizará por medio del formulario normalizado. Si se hubieran presentado alegaciones relativas al valor de los medios con los que se propone cumplir con la propuesta que tuvieran objetivamente entidad suficiente para influir en el sentido del voto, el juez podrá suspender el comienzo del periodo de votación cuando así haya sido solicitado por el acreedor impugnante.

7. Si se han presentado alegaciones sobre el contenido y tratamiento de los créditos, o se ha solicitado la inclusión de créditos no incluidos en la lista presentada por el deudor o en la propuesta de plan, el letrado de la Administración de Justicia dará traslado de las alegaciones al juez para que este, en el plazo máximo de quince días hábiles, decida mediante auto. Excepcionalmente, el juez podrá convocar una vista y resolverá mediante auto en los cinco días siguientes a su celebración.

8. El plazo para la emisión del voto en relación con los créditos sobre los que se hayan realizado alegaciones o que hayan solicitado su inclusión comenzará a contar desde la resolución judicial sobre las mismas.

9. Transcurrido el plazo de votación, el letrado de la Administración de Justicia certificará el resultado y lo notificará electrónicamente al deudor y los acreedores.

Artículo 697 sexies. *Resultado del procedimiento con determinación de créditos pendiente*

1. Transcurridos quince días hábiles sin que se hayan resuelto las alegaciones formuladas o la insinuación de nuevos créditos, y habiéndose alcanzado la mayoría suficiente, el letrado de la Administración de Justicia aprobará provisionalmente el plan de continuación.

2. En caso de aprobación provisional del plan, continuará la tramitación de las actuaciones, pero no podrán realizarse aquellas que perjudiquen el derecho de los acreedores cuyas alegaciones estuviesen pendientes de resolución.

3. Cuando, transcurridos los quince días hábiles, se constate que no será posible alcanzar la mayoría suficiente, el letrado de la Administración de Justicia certificará el rechazo del plan de continuación, con independencia de que se resuelvan las alegaciones pendientes de resolución.

CAPÍTULO II. Aprobación y homologación del plan

Artículo 698. *Aprobación del plan*

1. Para su válida aprobación, el deudor y, en su caso, los socios de la sociedad deudora que sean legalmente responsables de las deudas sociales, deberán dar su consentimiento al plan propuesto por los acreedores. Cuando el plan contenga medidas que afecten a los derechos políticos o económicos de los socios de la sociedad deudora, se requerirá igualmente el acuerdo de estos, siendo de aplicación lo previsto en el libro segundo para la adopción del acuerdo.

2. Se entenderá que son créditos afectados los que tengan esta consideración de acuerdo con lo establecido en el libro segundo.

3. Cualquier crédito, incluidos los créditos contingentes y sometidos a condición, puede ser afectado por el plan de continuación, salvo los créditos de alimentos derivados de

una relación familiar, de parentesco o de matrimonio, los créditos derivados de daños extracontractuales, los créditos derivados de relaciones laborales distintas de las del personal de alta dirección ni en el supuesto de los créditos públicos, la parte que deba calificarse como privilegiada. En ningún caso se verán afectados los porcentajes de las cuotas de la seguridad social cuyo abono corresponda a la empresa por contingencias comunes y contingencias profesionales ni los porcentajes de la cuota del trabajador que se refieran a contingencias comunes o accidentes de trabajo y enfermedad profesional.

4. Todo titular de un crédito afectado tendrá derecho al voto por el nominal de su crédito, computándose cada crédito por el principal más los recargos e intereses vencidos.

5. El plan deberá incluir un tratamiento paritario de los créditos en condiciones homogéneas, y ningún crédito mantendrá o recibirá, de conformidad con el plan, pagos, derechos, acciones o participaciones, con un valor superior al importe de sus créditos.

6. En ningún caso, el plan de continuación podrá suponer para los créditos de derecho público el cambio de la ley aplicable; el cambio de deudor, sin perjuicio de que un tercero asuma sin liberación de ese deudor la obligación de pago; la modificación o extinción de las garantías que tuvieren; o la conversión del crédito en acciones o participaciones sociales, en crédito o préstamo participativo o en un instrumento de características o de rango distintos de aquellos que tuviere el originario. Tampoco podrá suponer quitas ni esperas respecto de los porcentajes de las cuotas de la seguridad social cuyo abono corresponda a la empresa por contingencias comunes y por contingencias profesionales ni a los porcentajes de la cuota del trabajador que se refieran a contingencias comunes o accidentes de trabajo y enfermedad profesional.

7. La votación se realizará según la división por clases prevista en la propuesta de plan de continuación.

8. En caso de que un acreedor no vote, se entenderá que ha votado a favor del plan de continuación.

9. El plan se considerará aprobado por una clase de créditos afectados si hubiera votado a favor la mayoría del pasivo correspondiente a esa clase. En el caso de que la clase estuviera formada por créditos con garantía real, el plan de continuación se considerará aprobado si hubiera votado a favor dos tercios del importe del pasivo correspondiente a esta clase.

10. El plan se considerará aprobado cuando haya sido aprobado por todas las clases de créditos o al menos por:

1.º Una mayoría simple de las clases, siempre que al menos una de ellas sea una clase de créditos con privilegio especial o general; o, en su defecto, por

2.º Una clase que, de acuerdo con la clasificación de créditos del concurso de acreedores, pueda razonablemente presumirse que hubiese recibido algún pago tras una valoración del deudor como empresa en funcionamiento.

11. En caso de que el acreedor sea la Agencia Estatal de Administración Tributaria, se entenderá que ha votado a favor del plan de continuación que contenga una quita no superior al quince por ciento del importe de sus créditos ordinarios, salvo que se indique lo contrario de conformidad con lo previsto en el apartado 3 del artículo 10 de la Ley 47/2003, de 26 de noviembre, General Presupuestaria.

Artículo 698 bis. *Homologación judicial del plan*

1. Una vez aprobado el plan por los acreedores, el deudor o los acreedores titulares de créditos afectados por el plan podrán solicitar que el juez se pronuncie sobre la homologación del plan dentro de los diez días hábiles siguientes a la notificación de la certificación del resultado favorable a la aprobación en el procedimiento escrito.

2. Si, trascurrido el plazo previsto en el apartado anterior, ni el deudor ni ningún acreedor solicitare un pronunciamiento judicial expreso sobre la homologación, el plan se considerará tácitamente homologado. En caso de considerarlo necesario, el deudor o cualquier interesado podrá obtener una declaración de homologación tácita del plan de continuación del juzgado competente.

3. La homologación tácita no será posible cuando la aprobación del plan se haya conseguido con una mayoría del pasivo cuyo voto se ha considerado positivo por ausencia de voto, según se establece en el artículo precedente. Esta homologación expresa será obligatoria cuando se incluyan créditos de los acreedores públicos en el plan.

4. La solicitud de pronunciamiento judicial sobre la homologación se realizará mediante presentación de formulario normalizado, junto con las alegaciones que se consideren oportunas. Una vez recibida la solicitud, el letrado de la Administración de Justicia dará traslado al deudor y al resto de los acreedores para que, en el plazo de quince días hábiles, manifiesten lo que consideren oportuno. Si lo considera necesario, el juez podrá convocar a las partes a una vista. Transcurrido el plazo de alegaciones o, en su caso, la celebración de la vista, el juez dictará auto homologando o rechazando la homologación del plan en un plazo máximo de diez días hábiles.

5. El juez podrá solicitar un informe de un experto en la reestructuración sobre el valor del deudor como empresa en funcionamiento cuando lo considere necesario, y, en todo caso, cuando una clase de acreedores afectados por el plan haya votado en contra. En este supuesto, el plazo máximo para resolver será de veinte días hábiles.

6. El juez procederá a homologar el plan siempre que se cumplan cumulativamente los siguientes requisitos:

1.º Que el deudor se encuentre en probabilidad de insolvencia, insolvencia inminente o insolvencia actual y el plan ofrezca una perspectiva razonable de asegurar la viabilidad de la empresa en el corto y medio plazo.

2.º Se hayan observado los requisitos procesales y se hayan alcanzado las mayorías necesarias previstas para el procedimiento especial de continuación.

3.º Que los créditos dentro de la misma clase sean tratados de forma paritaria.

4.º Que el plan supere la prueba del interés superior de los acreedores, de acuerdo con las reglas del libro segundo.

5.º Que, en el caso de que el plan no haya sido aprobado por una clase de acreedores, el plan sea justo y equitativo. Como regla general se entenderá que el plan es justo y equitativo cuando la clase de acreedores que haya votado en contra reciba un trato más favorable que cualquier clase de rango inferior, el plan sea imprescindible para asegurar la viabilidad de la empresa y los créditos de los acreedores afectados no se vean perjudicados injustificadamente.

6.º Cuando se haya concedido o se vaya a conceder financiación al deudor en virtud del plan de continuación, que dicha financiación sea necesaria para asegurar la viabilidad de la empresa y no perjudique injustificadamente los intereses de los acreedores.

7.º Se hayan observado los requisitos y efectos previstos en este libro respecto de los acreedores públicos y el deudor se encuentre al corriente en el pago de las deudas tributarias y de seguridad social devengadas que hayan surgido con posterioridad a la solicitud de apertura del procedimiento especial de continuación.

Artículo 698 ter. *Publicidad del auto de homologación*
El auto de homologación del plan de continuación se publicará de inmediato en el Registro público concursal.

Artículo 698 quater. *Impugnación del auto de homologación*
1. El auto de homologación del plan de continuación podrá ser impugnado ante la Audiencia Provincial dentro de los quince días siguientes a la publicación del auto en el Registro público concursal, por los titulares de créditos afectados que hayan votado en contra del plan y por los acreedores públicos.

2. La impugnación del auto de homologación del plan carecerá en todo caso de efectos suspensivos.

Artículo 698 quinquies. *Protección de la financiación interina y de la nueva financiación*
1. Los créditos derivados de la financiación interina otorgada desde el comienzo del periodo de negociación, y, en su ausencia, durante los tres meses anteriores a la declaración del procedimiento especial de continuación, o por nueva financiación, otorgada para la implementación de dicho plan, serán calificados conforme a lo establecido en el libro primero para los créditos por financiación interina o nueva en el concurso de acreedores.

2. Para que la financiación concedida antes de la apertura del procedimiento especial se considere interina, será necesario que el plan de continuación haya sido aprobado o que se haya enajenado la unidad productiva.

CAPÍTULO III. Vicisitudes del plan de continuación

Artículo 699. *Cumplimiento del plan de continuación*
El plan de continuación se considerará cumplido, sin necesidad de ulterior trámite, cuando, pasados treinta días naturales del plazo del último pago previsto, ningún acreedor hubiera solicitado la declaración de incumplimiento. El juez así lo declarará mediante auto, de oficio o a solicitud del deudor.

Artículo 699 bis. *Frustración del plan de continuación*
1. La falta de aprobación, el rechazo de la homologación por el juez, la estimación de la impugnación de la homologación o el incumplimiento del plan de continuación determinarán la apertura del procedimiento especial de liquidación, siempre que el deudor se encuentre en insolvencia actual.

2. En el caso de que no se hubieran alcanzado las mayorías necesarias, el juez declarará mediante auto la apertura de la liquidación en el mismo día o dentro de los dos días hábiles siguientes a la finalización del procedimiento escrito.

3. En el caso de rechazo de la homologación, el juez, en el mismo auto, acordará la apertura del procedimiento especial de liquidación.

4. En caso de estimación del recurso frente al auto de homologación, el juez acordará la apertura del procedimiento especial de liquidación el día siguiente al de la comunicación de la sentencia por la Audiencia Provincial.

5. Cuando, en el procedimiento especial de continuación, se hubiese nombrado a un experto en la reestructuración, la terminación del procedimiento de continuación implicará su cese automático.

6. En los supuestos anteriores, el deudor podrá impugnar el auto de apertura de la liquidación alegando que no se encuentra en insolvencia actual. Para ello, tendrá un plazo de cinco días hábiles desde la publicidad del auto de apertura. La impugnación se realizará mediante presentación de formulario normalizado, que irá acompañado de la documentación probatoria que considere conveniente. El juez podrá convocar a una vista tanto al deudor como a los acreedores o al experto en la reestructuración, si hubiese sido nombrado, dentro de los diez días hábiles siguientes a la presentación del formulario normalizado y resolverá oralmente, al final de la misma o dentro de los cinco días hábiles siguientes, si procede la tramitación del procedimiento especial de liquidación o, por el contrario, su conclusión.

7. La impugnación del auto de apertura de la liquidación no tendrá efectos suspensivos, sin perjuicio de las medidas cautelares que el juez considere oportunas.

Artículo 699 ter. *Incumplimiento del plan de continuación*

1. Cualquier acreedor que estime incumplido el plan de continuación en relación con su crédito podrá solicitar la declaración de incumplimiento durante el plazo de dos meses desde que se produjo.

2. La solicitud se realizará mediante formulario normalizado. En todo caso, la falta de pago en tiempo y forma o el incumplimiento de cualquier obligación establecida en el plan en favor del acreedor solicitante de la declaración de incumplimiento será prueba de dicho incumplimiento.

3. Recibida la solicitud, el juez podrá convocar al deudor y a los acreedores que considere a una vista, que deberá celebrarse dentro de los diez días hábiles siguientes a la presentación del formulario normalizado y resolverá oralmente al final de la misma o dentro de los cinco días hábiles siguientes, declarando incumplido el plan y abierto el procedimiento especial de liquidación o, en caso de que no se considere probado el incumplimiento, rechazando la solicitud.

4. En caso de que se declare el incumplimiento del plan, resultarán de aplicación los artículos sobre los efectos de la declaración de incumplimiento y sobre los actos realizados en ejecución del convenio a que se refiere el libro primero.

Artículo 699 quater. *Obligación de estar al corriente en el cumplimiento de obligaciones tributarias y frente a la Seguridad Social*

También determinará la apertura del procedimiento especial de liquidación, en todo caso, que el deudor no se encuentre al corriente en el cumplimiento de las obligaciones tributarias o frente a la Seguridad Social impuestas por las disposiciones vigentes, siempre que su devengo sea posterior al auto de apertura del procedimiento especial.

Artículo 700. *Exoneración del pasivo insatisfecho*

En todos los casos de frustración del plan de continuación, si el deudor fuera persona física, podrá solicitar la exoneración del pasivo insatisfecho conforme a lo establecido en el libro primero.

CAPÍTULO IV. Medidas que pueden solicitarse en el procedimiento especial de continuación

Artículo 701. *Solicitud de suspensión de las ejecuciones*

1. Con la solicitud de apertura del procedimiento especial de continuación o en cualquier momento posterior, el deudor podrá solicitar la suspensión de las ejecuciones judiciales o extrajudiciales sobre los bienes y derechos necesarios para la actividad empresarial o profesional que deriven del incumplimiento de un crédito con garantía real o de un crédito público, con independencia de si la ejecución se había ya iniciado o no en el momento de la solicitud y de la condición del crédito o del acreedor.

2. La suspensión se solicitará mediante formulario normalizado. El letrado de la Administración de Justicia, dentro del mismo día o el primer día hábil siguiente, comprobará la concurrencia de los requisitos legales de forma, ordenará su publicación en el Registro público concursal, y notificará electrónicamente la suspensión al acreedor y al juzgado o a la autoridad que estuviese conociendo de la ejecución. La suspensión producirá efectos desde que el juzgado o autoridad que estuviere conociendo de la ejecución recibiera la notificación.

3. La suspensión de la ejecución se mantendrá hasta el momento en que se compruebe objetivamente que no se aprobará un plan de continuación, y, en todo caso, por un máximo de tres meses desde el decreto en que se tenga por efectuada la solicitud. Transcurridos esos tres meses, quedará sin efectos la suspensión, sin que sea preciso dictar acto alguno por el letrado de la Administración de Justicia.

4. El acreedor podrá oponerse a la suspensión en caso de que no concurran los requisitos legales incluidos en este artículo. La oposición deberá interponerse en cinco días hábiles desde la notificación, mediante formulario normalizado presentado electrónicamente. El deudor tendrá tres días hábiles para formular alegaciones. Si lo considera necesario, el juez convocará a las partes a una vista, que deberá celebrarse dentro de los diez días siguientes a la finalización del plazo de alegaciones del deudor. El juez resolverá mediante auto dentro de los diez días siguientes a la expiración del plazo de alegaciones por el deudor, u oralmente al final de la vista o dentro de los dos días siguientes, en caso de celebración de una vista virtual.

5. El trámite de oposición no tendrá efectos suspensivos y el auto que lo decida no será susceptible de recurso alguno.

Artículo 702. *La solicitud de un procedimiento de mediación*

1. El deudor o acreedores cuyos créditos representen al menos un veinte por ciento del total del pasivo podrán solicitar la designación de un mediador concursal en cualquier momento desde la apertura del procedimiento especial hasta el final del plazo de votación.

2. La designación del mediador concursal tiene como única finalidad la negociación de un plan de continuación entre el deudor y los acreedores, y se regirá por lo dispuesto en este artículo y por lo dispuesto para el nombramiento de un experto en la reestructuración en este libro en cuanto a la elección, designación y retribución.

3. Como regla general, la mediación se realizará por medios electrónicos, por videoconferencia u otro medio análogo de transmisión de la voz o la imagen, siempre que quede garantizada la identidad de los intervinientes.

4. El proceso de mediación tendrá una duración máxima de diez días hábiles. Si, en algún momento, el mediador entiende que no es posible alcanzar un acuerdo, cerrará formalmente de manera definitiva la mediación y lo notificará al juzgado.

5. Si el mediador hubiera cerrado anticipadamente la mediación, el deudor o acreedores con un veinte por ciento del total del pasivo podrán solicitar la apertura del procedimiento especial de liquidación siempre que el deudor se encuentre en estado de insolvencia actual.

Artículo 703. *Solicitud de limitación de las facultades de administración y disposición del deudor*

1. El acreedor o acreedores cuyos créditos representen al menos el veinte por ciento del pasivo total podrán solicitar al juzgado la limitación de las facultades de administración y disposición del deudor que se encuentre en situación de insolvencia actual.

2. La solicitud se hará por medio de formulario normalizado determinando las facultades que se pretenden limitar y justificando los motivos por los que procede la limitación.

3. Dentro de los tres días hábiles siguientes a la presentación de la solicitud, el deudor podrá realizar las alegaciones que a su derecho convengan y el juez resolverá por medio de auto dentro de los tres días siguientes.

4. El auto estimando o desestimando la solicitud será recurrible en reposición, que se resolverá, previa celebración de una vista, dentro del plazo de los tres días hábiles siguientes a la misma.

5. El auto estimatorio se hará constar en el folio abierto a la sociedad en el Registro Mercantil, y en el Libro sobre administración y disposición de bienes inmuebles previsto en la legislación hipotecaria para su traslado al Índice Central Informatizado.

Artículo 704. *Solicitud de nombramiento de un experto en la reestructuración*

1. En cualquier momento del procedimiento, el deudor o acreedores cuyos créditos representen al menos el veinte por ciento del pasivo total podrán solicitar el nombramiento de un experto en la reestructuración con funciones de intervención de las facultades de

administración y disposición del deudor, por medio del formulario normalizado habilitado al efecto.

2. En cualquier momento del procedimiento, acreedores cuyos créditos representen al menos el cuarenta por ciento del pasivo total podrán solicitar el nombramiento de un experto en la reestructuración con funciones de sustitución de las facultades de administración y disposición del deudor, siempre que el deudor se encuentre en situación de insolvencia actual, y de acuerdo con el formulario normalizado.

3. La solicitud de nombramiento de un experto en la reestructuración será rechazada si se oponen acreedores que representen la mayoría del pasivo, salvo que el nombramiento sea necesario a efectos de realizar las valoraciones previstas o entablar acciones rescisorias o de responsabilidad, según se prevé en este libro tercero.

4. El deudor, en caso de solicitud de nombramiento de experto en virtud del apartado 2, o, en todo caso, los acreedores que representen la mayoría del pasivo, podrán oponerse al nombramiento presentando el formulario normalizado, dentro de los cinco días hábiles siguientes a la notificación de la solicitud de nombramiento del experto y acompañando los documentos acreditativos de su solvencia. El juez resolverá, en el plazo de cinco días hábiles, si procede nombrar el experto con sustitución o, por el contrario, si se le nombra con meras facultades de intervención.

5. El experto en la reestructuración tendrá facultades de propuesta del plan de continuación, podrá emitir opiniones técnicas sobre cualquiera de los extremos susceptibles de afectar a la formación de la voluntad de los acreedores en relación con el plan, y podrá mediar entre el deudor y sus acreedores. El experto en la reestructuración podrá realizar aquellas funciones que le son expresamente reconocidas en este Libro.

6. El nombramiento del experto en la reestructuración recaerá en la persona que elijan de mutuo acuerdo el deudor y acreedores cuyos créditos representen más del cincuenta por ciento del pasivo total, acuerdo que será notificado por formulario normalizado oficial al juzgado junto con la solicitud de nombramiento o dentro de los cinco días siguientes. De no haber acuerdo, y en todo caso si no se recibe comunicación de la persona dentro del plazo, el nombramiento se realizará por el juez siguiendo el procedimiento previsto en el libro segundo para el nombramiento de experto por el juez.

7. La retribución del experto correrá a cargo del solicitante, y se determinará de mutuo acuerdo entre el deudor y los acreedores que representen la mayoría del pasivo, salvo que la solicitud provenga de los acreedores y estos asuman voluntariamente el coste de la retribución, en cuyo caso les corresponderá la determinación de la cuantía. De no existir acuerdo o asunción voluntaria por los acreedores, la cuantía se fijará aplicando los aranceles establecidos para la retribución de administradores concursales.

TÍTULO III. Procedimiento de liquidación

CAPÍTULO I. Tramitación

Artículo 705. *Apertura del procedimiento especial de liquidación*

1. Se abrirá el procedimiento especial de liquidación cuando se haya solicitado por el propio deudor o por un acreedor. Se abrirá igualmente cuando no se haya aprobado

un plan de continuación, no se haya homologado el plan aprobado o, habiendo sido homologado, haya sido incumplido por el deudor, siempre y cuando en estos tres casos el deudor se encuentre en insolvencia actual. En todo caso, se procederá a la apertura del procedimiento especial de liquidación cuando concurra la circunstancia recogida en el artículo 699 quater.

2. Corresponderá al acreedor que hubiera solicitado el procedimiento especial de liquidación el privilegio concedido en el libro primero al acreedor instante del concurso de acreedores.

3. La apertura del procedimiento especial de liquidación tras haberse iniciado un procedimiento especial de continuación se comunicará a los acreedores y será sometida a la misma publicidad registral que se establece para la apertura del procedimiento especial previsto en el artículo 692 bis.

Artículo 706. *Determinación de los créditos y del inventario*

1. En los veinte días hábiles siguientes a la apertura del procedimiento especial de liquidación, cualquier acreedor podrá presentar por medios electrónicos, a través de formulario normalizado, alegaciones en relación con la cuantía, características y naturaleza de su crédito, o respecto del inventario de la masa activa. Transcurrido dicho plazo, se considerarán definitivos tanto los créditos sobre los que no se hayan realizado alegaciones como las partidas del inventario no impugnadas.

2. Dentro del mismo plazo y de la misma forma, cualquier persona que tenga un crédito contra el deudor podrá solicitar la inclusión del mismo en el procedimiento especial de liquidación. La solicitud incluirá la identificación del acreedor, con la aportación de una dirección de correo electrónico, así como todos los datos relevantes relativos al crédito, incluyendo su concepto, cuantía, fechas de adquisición y vencimiento, características y clasificación que se pretenda. Si se invocare un privilegio especial, se indicarán los bienes o derechos a que afecte y, en su caso, los datos registrales. A la solicitud se acompañará copia del título o de los documentos relativos al crédito.

3. En el plazo de cinco días hábiles desde la recepción de la solicitud, y tras comprobar el cumplimiento de los requisitos legales, el letrado de la Administración de Justicia tendrá por presentada la solicitud. El deudor y, en su caso, la administración concursal, podrán presentar alegaciones sobre modificación de crédito o del inventario o sobre insinuación de nuevo crédito mediante formulario normalizado dentro del plazo de cinco días.

4. El juez podrá convocar una vista que habrá de celebrarse dentro de los diez días siguientes a la finalización del plazo para alegaciones del deudor o de la administración concursal. Cuando el deudor sea persona jurídica y no exista duda objetiva de que el activo no será suficiente para satisfacer, ni siquiera parcialmente, el crédito que se insinúa o cuya modificación se pretende, el juez no convocará vista ni realizará trámite ulterior alguno. En todo caso, el juez decidirá mediante auto sobre la solicitud de inclusión o modificación en el plazo de quince días hábiles desde que finalizó el plazo de alegaciones.

Artículo 707. *Tramitación del plan de liquidación*

1. En la solicitud de apertura del procedimiento especial de liquidación, el deudor deberá señalar su disposición para liquidar el activo o, por el contrario, solicitará el nombramiento de un administrador concursal.

2. Desde el momento de la apertura voluntaria de la liquidación, el deudor que haya mostrado su disposición para liquidar el activo o, en otro caso, el administrador concursal, tiene veinte días hábiles para presentar un plan de liquidación por medio de formulario normalizado.

3. El plan de liquidación deberá exponer, motivadamente, los tiempos y la forma previstos para la liquidación del activo, de manera individualizada para cada bien o categoría de bienes genéricos. Siempre que sea posible, deberá preverse la enajenación unitaria del establecimiento o del conjunto de unidades productivas de la masa activa. A estos efectos, el plan incluirá una valoración de la empresa o de las unidades productivas realizada por un administrador concursal o, en caso de que no hubiera sido nombrado, por un experto designado al efecto de acuerdo con lo dispuesto en el capítulo II de este título III. El plan de liquidación se comunicará por medios electrónicos mediante formulario normalizado por el deudor o por el administrador concursal a los acreedores dentro del mismo día o el primer día hábil siguiente, con copia al letrado de la Administración de Justicia.

4. Dentro de los diez días hábiles siguientes desde la fecha en que se haya comunicado el plan de liquidación, el deudor, los acreedores concursales y, en su caso, los representantes de los trabajadores podrán formular observaciones y propuestas de modificación. En el caso de que el plan de liquidación contuviera previsiones sobre la modificación sustancial de las condiciones de trabajo o el despido colectivo de trabajadores, se estará a lo establecido en el libro primero en materia de contratos de trabajo.

5. El deudor o la administración concursal tienen diez días hábiles desde que finalicen los plazos para la determinación de los créditos y para modificar el plan en función de las alegaciones formuladas, de la información recibida y, en su caso, de la lista de créditos modificada. Transcurrido el plazo, se notificará a los acreedores y, en su caso, al deudor, así como a los representantes de los trabajadores, el plan de liquidación modificado o se les notificará la ausencia de modificaciones.

6. Si no se modificara el plan de liquidación, o si el deudor o los acreedores no estuvieran de acuerdo con las modificaciones propuestas, estos podrán impugnar el plan mediante la comunicación de formulario normalizado, dentro de los tres días hábiles siguientes. Si no se reciben impugnaciones, el juez declarará automáticamente aprobado el plan mediante auto, que será inmediatamente ejecutable.

7. Recibidas las impugnaciones, el juez podrá convocar a las partes, en los cinco días hábiles siguientes, a una vista y resolverá al final de la misma o dentro de los tres días hábiles siguientes, confirmando el plan o modificándolo. El procedimiento de modificación del plan de liquidación no paralizará las actuaciones de liquidación salvo que el juez establezca cautelarmente lo contrario en relación con actuaciones concretas.

8. Contra el auto de aprobación del plan de liquidación no cabrá recurso.

Artículo 707 bis. *Modificación del plan de liquidación*

1. El deudor o el administrador concursal podrá solicitar del juez en cualquier momento la modificación del plan aprobado si lo estima conveniente para la mayor y más rápida satisfacción de los acreedores. La solicitud especificará las concretas reglas del plan que deben ser modificadas y aquellas otras que deban ser suprimidas o introducidas, así como la justificación de los cambios propuestos.

2. La propuesta de modificación se realizará mediante formulario normalizado y se notificará al deudor, si procede, y a los acreedores, que, en el plazo de diez días, podrán realizar las alegaciones que consideren oportunas.

3. Si lo estima conveniente, el juez, mediante auto, podrá aprobar la modificación propuesta en los términos en que hubiera sido solicitada por el deudor o por el administrador concursal, introducir en ella las modificaciones que estime necesarias sobre la base de las alegaciones recibidas, o denegar la solicitud de modificación.

4. Contra el auto los interesados no podrán interponer recurso.

Artículo 708. *Ejecución de las operaciones de liquidación*

1. Dentro de los diez días siguientes a la presentación de alegaciones al plan de liquidación, el deudor o, en su caso, la administración concursal, podrán comenzar las operaciones de liquidación contenidas en el plan que no hayan sido impugnadas, sobre las que no se hayan realizado alegaciones o sobre las que se hayan realizado alegaciones cuyo contenido no comporte la necesidad de suspender la ejecución.

2. Cuando no se hayan producido alegaciones sobre las operaciones de liquidación, el deudor o, en su caso, la administración concursal comenzarán inmediatamente a ejecutar el plan de liquidación.

3. La liquidación de bienes individuales o de categorías genéricas de bienes se producirá a través del sistema de plataforma electrónica previsto al efecto, y complementariamente mediante entidad especializada, a menos que se justifique debidamente conforme a criterios objetivos.

4. La ejecución de las operaciones de liquidación previstas en el plan no podrá durar más de tres meses, prorrogables a petición del deudor o de la administración concursal por un mes adicional.

5. Cuando, debido a circunstancias extraordinarias ajenas al procedimiento especial, un bien o derecho no pueda ser objetivamente liquidado en el plazo regulado en el apartado anterior, el deudor persona física o, en su caso, su administrador concursal comunicarán dicho extremo al juez, junto con un plan para la realización del activo. El plan podrá incluir el uso de fondos de la masa activa para sufragar los costes de realización del bien o derecho, siempre que dichos gastos sean inferiores al previsible valor de realización de dicho bien o derecho. El resultado de la liquidación deberá ser distribuido entre los acreedores del procedimiento especial, siguiendo el orden de prelación previsto en el informe final de liquidación.

6. A los efectos de acceso al registro de las operaciones de liquidación llevadas a cabo a través de la plataforma, se entenderá como título inscribible la certificación generada electrónicamente por el sistema.

Artículo 709. *Informes de liquidación*

1. Cada mes, a contar de la apertura de la liquidación, el deudor o la administración concursal, según corresponda, presentarán un informe sobre el estado de las operaciones de liquidación. A ese informe se acompañará una relación de los créditos contra la masa, en la que se detallarán y cuantificarán los devengados y pendientes de pago, con indicación de sus respectivos vencimientos.

2. El informe mensual se comunicará electrónicamente mediante formulario normalizado a los acreedores y al deudor, en su caso, así como al letrado de la Administración de Justicia.

Artículo 710. *Transmisión de la empresa o de sus unidades productivas*

1. La transmisión de la empresa o de sus unidades productivas se llevará a cabo con sujeción a las reglas del libro primero de esta ley, con las siguientes especialidades:

1.ª La transmisión se llevará a cabo por venta directa en favor del tercero que ofrezca como mínimo un quince por ciento más del valor acordado y mantenga el resto de condiciones.

2.ª La venta directa se llevará a cabo de acuerdo con los principios de concurrencia y transparencia. A tal fin, las condiciones generales y el precio fijado de acuerdo con la valoración se notificarán a los acreedores y se publicarán en el Registro público concursal.

3.ª De no ser posible la venta directa, la transmisión se realizará por subasta.

4.ª El precio de adjudicación de la subasta no podrá, en ningún caso, ser inferior a la suma del valor de los bienes y derechos del deudor incluidos en el inventario.

5.ª Cuando se reciba más de una oferta cuyos contenidos difieran, objetivamente, en el modo en que se garantiza la continuidad de la empresa o del establecimiento mercantil, el mantenimiento de los puestos de trabajo o la satisfacción de los créditos, el deudor o la administración concursal, oídos los representantes de los trabajadores, presentarán un informe al juez, con propuesta de resolución, para que este resuelva de acuerdo con el artículo que regula la regla de la preferencia establecida en el libro primero.

2. También podrá presentarse una oferta de adquisición de empresa o de unidad productiva con la solicitud de procedimiento especial de liquidación de acuerdo con las reglas de los artículos 224 bis a 224 quater.

Artículo 711. *Créditos frente a terceros*

1. Salvo que los créditos se transmitan como parte de la empresa en funcionamiento, el deudor o el administrador concursal del procedimiento especial dispondrán de un plazo máximo de tres meses desde la apertura de la liquidación para obtener el pago de los créditos frente a terceros existentes en la masa activa. En su caso, este plazo se extenderá hasta la finalización de la calificación.

2. En cualquier momento, cuando esté debidamente justificado y siempre dentro de los tres meses siguientes a la apertura del procedimiento especial, el deudor o el administrador concursal deberán liquidar los créditos frente a terceros de la masa activa de alguna de las siguientes maneras:

1.ª La transmisión de los créditos a un tercero. Si el descuento es mayor del treinta por ciento del valor nominal actualizado será necesario presentar al menos tres ofertas por el crédito, debiendo ser al menos una de ellas de entidades financieras o de entidades de reconocida trayectoria en el mercado secundario del crédito.

2.ª El deudor o el administrador concursal del procedimiento especial podrán ceder el crédito o el conjunto de créditos que representen al menos el veinte por ciento del total del valor de la masa activa a un tercero, para que este gestione su cobro. La remuneración del cesionario consistirá en un porcentaje de la cantidad recuperada. Cuantos gastos y costas generen el recobro se entenderán incluidas en la remuneración del cesionario. La diferencia entre la cuantía cobrada y la retribución del cesionario se distribuirá entre los acreedores según quedara establecido en el procedimiento especial de liquidación. El pago lo realizará el cesionario, previa deducción de la comisión de cobro. Cada mes, el cesionario deberá informar a los acreedores del deudor con créditos aun insatisfechos del estado de la recuperación del crédito.

CAPÍTULO II. Medidas que pueden solicitarse en el procedimiento especial de liquidación

Artículo 712. *Solicitud de suspensión de las ejecuciones*

1. Desde la apertura del procedimiento especial de liquidación, y en tanto exista una posibilidad objetiva razonable de que la empresa o las unidades productivas puedan transmitirse en funcionamiento, el deudor podrá solicitar la suspensión de las ejecuciones judiciales o extrajudiciales sobre los bienes y derechos necesarios para la actividad empresarial o profesional que deriven del incumplimiento de un crédito con garantía real, con independencia de si la ejecución se había ya iniciado o no en el momento de la solicitud y de la condición del crédito o del acreedor. Se entenderá en todo caso que no existe posibilidad de transmisión de la empresa o de las unidades productivas cuando así lo haya señalado el deudor en la solicitud de apertura de la liquidación o cuando así se desprenda del plan de liquidación.

2. La solicitud de suspensión se realizará mediante formulario normalizado. El letrado de la Administración de Justicia comprobará la concurrencia de los requisitos legales de forma, ordenará su publicación en el Registro público concursal y en el Registro Mercantil y de la Propiedad competentes y notificará electrónicamente la suspensión al acreedor y al juzgado o a la autoridad que estuviese conociendo de la ejecución. La suspensión producirá efectos desde que el juzgado o autoridad que estuviere conociendo de la ejecución recibiera la notificación.

3. La suspensión de la ejecución se mantendrá hasta el momento en que se compruebe objetivamente que la empresa no se transmitirá en funcionamiento y en todo caso transcurridos tres meses desde el decreto en que se tenga por efectuada la solicitud. Transcurridos esos tres meses, la suspensión se levantará de manera automática.

4. La tramitación de la solicitud de suspensión y la oposición a la misma se llevará a cabo en la forma establecida en el procedimiento especial de continuación.

5. Cuando la apertura de la liquidación se produzca tras la frustración de un plan de continuación y se hubiera solicitado la suspensión durante la tramitación del plan, el plazo de tres meses seguirá contando desde que comenzó a surtir efecto, aunque, a solicitud del deudor, este plazo podrá prolongarse por un mes adicional, si el juez lo considera necesario y se dan todos los requisitos previstos en el apartado 1.

Artículo 713. *Solicitud de nombramiento de un administrador concursal*

1. En cualquier momento del procedimiento especial de liquidación, el deudor o los acreedores cuyos créditos representen al menos el veinte por ciento del pasivo total podrán solicitar el nombramiento de un administrador concursal que sustituya al deudor en sus facultades de administración y disposición. El porcentaje anterior quedará reducido al diez por ciento en caso de paralización de la actividad empresarial o profesional del deudor.

2. El administrador concursal tendrá facultades de propuesta del plan de liquidación, podrá emitir opiniones técnicas relativas a la valoración de los activos y de las ofertas de adquisición de la empresa o de unidades productivas, tendrá las facultades de administración conferidas en el procedimiento y las facultades de disposición necesarias para proceder a la liquidación del activo, dentro del marco de la liquidación. El administrador concursal podrá realizar aquellas funciones que le son expresamente reconocidas en este libro.

3. El nombramiento del administrador concursal recaerá en la persona inscrita en el Registro público concursal que elijan, de mutuo acuerdo, el deudor y acreedores cuyos créditos representen más del cincuenta por ciento del pasivo total. Cuando no haya acuerdo sobre la persona, se aplicarán las reglas del libro primero.

4. La retribución del administrador concursal se determinará de conformidad con la disposición legal o reglamentaria que lo regule y tendrá la consideración de crédito contra la masa. Si lo hubiera solicitado el deudor, el cobro se producirá tras la satisfacción de la totalidad de los créditos públicos calificados contra la masa.

5. El juez podrá nombrar administrador concursal, de oficio o a instancia de un único acreedor, cuando:

1.º El deudor haya provisto información insuficiente o inadecuada.

2.º El juez haya observado un comportamiento que genere dudas razonables sobre la conveniencia de que el deudor realice directamente las operaciones de liquidación.

3.º Concurran circunstancias objetivas que así lo aconsejen apreciadas por el juez en resolución motivada y no se hubiere solicitado su designación de conformidad con lo previsto en el apartado 1 de este artículo. En este supuesto, la retribución del administrador concursal correrá a cargo del deudor La designación del administrador concursal y su retribución se efectuará conforme a lo establecido en el capítulo II del título II del libro I de esta ley.

> – La redacción de los apartados 4 y 5 del artículo 713 se modifica por la **Ley Orgánica 1/2025, de 2 de enero, de medidas en materia de eficiencia del servicio público de justicia,** con entrada en vigor a los tres meses de su publicación en el Boletín Oficial del Estado (el 3 de abril de 2025). Con anterioridad, estos apartados establecían: *4. La retribución del administrador concursal se determinará de mutuo acuerdo entre el deudor y los acreedores que representen la mayoría del pasivo, salvo que la solicitud*

provenga de los acreedores. De no existir acuerdo o asunción voluntaria por los acreedores, la cuantía se fijará aplicando los aranceles establecidos en el reglamento por el que se establezca el arancel de derechos de los administradores concursales. La retribución del administrador concursal correrá a cargo del solicitante. Si lo hubiera solicitado el deudor, el cobro se producirá tras la satisfacción del crédito público privilegiado. 5. El juez podrá nombrar administrador concursal a instancia de un único acreedor cuando el deudor: 1.º Haya provisto información insuficiente o inadecuada. 2.º Haya observado un comportamiento que genere dudas razonables sobre la conveniencia de que el deudor realice directamente las operaciones de liquidación. En estos supuestos, la retribución del administrador concursal correrá a cargo del deudor y el cobro se producirá tras la satisfacción del crédito público privilegiado.

Artículo 714. *Solicitud de nombramiento de un experto para la valoración de la empresa o de establecimientos mercantiles*

1. El deudor, los acreedores o, excepcionalmente en casos de complejidad especial, el administrador concursal podrán solicitar el nombramiento de un experto a los solos efectos de la valoración de la empresa o de una o más de sus unidades productivas.

2. El nombramiento y la retribución del experto se acordará por el deudor y los acreedores que representen la mayoría del pasivo. De no haber acuerdo, el nombramiento y en su caso la retribución se determinarán por el letrado de la Administración de Justicia de acuerdo con el sistema de nombramiento y retribución de peritos judiciales.

3. La retribución será satisfecha por el solicitante. Si existe ya un administrador concursal nombrado en el procedimiento, el experto no podrá ser retribuido con cargo a la masa del procedimiento especial con independencia de quién solicite el nombramiento. Si lo hubiera solicitado el deudor, el cobro se producirá tras la satisfacción del crédito público privilegiado.

4. La solicitud se comunicará por medio de formulario normalizado, e incluirá, en su caso, el nombre del experto y la retribución acordada entre el deudor y los acreedores, con identificación de estos.

CAPÍTULO III. Especialidad en caso de deudor persona física

Artículo 715. *Exoneración del pasivo insatisfecho*

En caso de deudor empresario o profesional persona física, una vez terminada la liquidación y distribuido el remanente, podrá el deudor que reúna los requisitos legales para ello solicitar la exoneración del pasivo insatisfecho conforme a lo establecido en el libro primero de esta ley.

CAPÍTULO IV. Calificación abreviada del procedimiento especial

Artículo 716. *Apertura de la calificación abreviada*

1. Dentro de los sesenta días naturales siguientes a la apertura de la liquidación, la administración concursal, en caso de que haya sido nombrada, acreedores que representen al menos el diez por ciento del pasivo y los socios personalmente responsables de las deudas podrán solicitar la apertura de la calificación abreviada de manera justificada. En el supuesto de que el deudor hubiera cometido inexactitud grave en cualquiera de los formularios normalizados remitidos o en los documentos que los acompañen, o cuando

hubiera acompañado o presentado documentos falsos, la apertura de la calificación abreviada podrá ser instada por cualquier acreedor.

2. La solicitud se comunicará por medio de formulario normalizado e incluirá una memoria expresando los motivos que considera podrían fundar la calificación como culpable, aportando los documentos probatorios que se consideren relevantes.

3. Recibida la solicitud, el letrado de la Administración de Justicia, en el plazo de tres días hábiles, una vez comprobado el cumplimiento de los requisitos legales notificará a las partes la apertura de la calificación abreviada.

Artículo 717. *Procedimiento de la calificación abreviada*

1. La administración concursal, en el plazo de veinte días hábiles desde la apertura del procedimiento abreviado o desde el nombramiento expresamente realizado a estos efectos, presentará un informe razonado y documentado sobre los hechos relevantes para la calificación del procedimiento especial de liquidación, con propuesta de resolución.

En el mismo plazo, los acreedores que representen al menos el diez por ciento del pasivo, y en todo caso los acreedores públicos, podrán presentar informe razonado y documentado sobre los hechos relevantes para la calificación del procedimiento especial de liquidación, con propuesta de resolución.

2. Si la administración concursal propusiera la calificación del procedimiento especial de liquidación como culpable, el informe expresará la identidad de las personas a las que deba afectar la calificación y la de las que hayan de ser consideradas cómplices, justificando la causa, así como la determinación de los daños y perjuicios que, en su caso, se hayan causado por las personas anteriores y las demás pretensiones que se consideren procedentes conforme a lo previsto por la ley.

3. Si el informe de la administración concursal califica el procedimiento especial de liquidación como fortuito, el juez, sin más trámites, ordenará mediante auto el archivo de las actuaciones, a menos que alguno de los acreedores públicos hubiera presentado informe calificando el concurso como culpable. Contra el auto que ordene el archivo de las actuaciones no cabrá recurso alguno.

4. En otro caso, si el informe de la administración concursal o el informe de alguno de los acreedores públicos calificaran el procedimiento especial de liquidación como culpable, se dará traslado del informe al deudor y a todas las demás personas que, según el informe, pudieran ser afectadas por la calificación o declaradas cómplices, a fin de que, en plazo de quince días hábiles, acepten o se opongan a la calificación como culpable. La oposición se realizará mediante escrito de impugnación del informe de la administración concursal, que será firmado por abogado.

5. El juez podrá convocar a las partes a una vista, en un plazo no superior a cinco días, que excepcionalmente podrá ser una vista ordinaria cuando se considere necesario para la práctica de las pruebas propuestas. En el plazo de diez días hábiles tras la vista y en todo caso dentro de los veinte días siguientes a la presentación de los escritos de oposición, el juez dictará sentencia.

6. Si no se hubiere formulado oposición, el juez dictará sentencia en el plazo de tres días hábiles.

Artículo 718. *Régimen general aplicable a la calificación abreviada*

1. Resultará aplicable la regulación del libro primero respecto de las disposiciones generales de la calificación del concurso y de la sentencia de calificación.

2. Respecto a las presunciones de culpabilidad, se considerará además como presunción, sin admitir prueba en contrario, la provisión de información o documentación gravemente inexacta o falsa de acuerdo con el artículo 688.

CAPÍTULO V. Conclusión del procedimiento especial de liquidación

Artículo 719. *Informe final de liquidación*

1. Dentro de los diez días hábiles siguientes a la conclusión de la liquidación de la masa activa y del pago a los acreedores, y en todo caso transcurridos tres meses desde su comienzo o cuatro meses si se concedió prórroga por el juez, el deudor o la administración concursal comunicará electrónicamente, por medio de formulario normalizado, el informe final de liquidación, solicitando la conclusión del procedimiento.

Si estuviera en tramitación la calificación, o una acción rescisoria o de responsabilidad, el informe final se presentará dentro de los quince días hábiles siguientes a la notificación de la sentencia.

2. En el informe final de liquidación, el deudor o el administrador concursal, como información mínima, detallarán las operaciones de liquidación realizadas, incluyendo el momento de cada operación liquidativa y las cantidades obtenidas, así como el momento y las cuantías satisfechas a los acreedores.

3. El informe final incluirá una lista de los créditos que quedan por satisfacer, así como una lista de los activos que aún no hayan podido ser liquidados a través de la plataforma de liquidación. Esta lista, que incluirá los detalles de pago de los acreedores con créditos aun insatisfechos, será entregada por medios electrónicos que dejen constancia de la entrega y recepción a la plataforma electrónica de liquidación.

4. El deudor o los acreedores podrán formular oposición al informe final o a la conclusión del procedimiento especial de liquidación en el plazo de diez días hábiles desde la comunicación del informe. La oposición se formulará mediante formulario normalizado junto con las alegaciones y los documentos probatorios que se consideren pertinentes. El juez decidirá si convoca al deudor, a la administración concursal y a la parte oponente a una vista virtual, que se celebrará dentro de los cinco días siguientes. Al final de la vista, o en los tres días hábiles siguientes, resolverá la oposición mediante sentencia, contra la que no cabrá recurso.

Artículo 720. *Conclusión del procedimiento especial*

1. La conclusión del procedimiento especial con el archivo de las actuaciones procederá:

1.º Cuando se considere cumplido el plan de continuación de acuerdo con este libro. Contra el auto de conclusión del procedimiento especial podrá interponerse recurso de reposición por los acreedores que consideren incumplido el plan.

2.º Una vez liquidados los bienes y derechos de la masa activa, aplicado lo obtenido en la liquidación a la satisfacción de los créditos, y presentado el informe regulado en el artículo anterior sin que se hubiese formulado oposición dentro de plazo, o, habiéndose formulado, el juez hubiera resuelto desfavorablemente.

3.º Cuando se compruebe la insuficiencia de la masa activa para satisfacer créditos contra la masa. Si los bienes de un deudor no se hubieran liquidado íntegramente, se mantendrá en la plataforma, que continuará realizando pagos periódicos a los acreedores a medida que se vayan produciendo las ventas de los activos, de acuerdo con las reglas generales del libro primero y conforme a la lista final de créditos insatisfechos aportada a la plataforma por el deudor o por el administrador concursal en el momento de conclusión del procedimiento especial de liquidación. Los gastos necesarios para la conservación de estos bienes se satisfarán también con cargo al producto obtenido de la venta de activos.

4.º Cuando se compruebe el pago o consignación de la totalidad de los créditos reconocidos o la íntegra satisfacción de los acreedores por cualquier otro medio, o el desistimiento o la renuncia de la totalidad de los acreedores.

2. En el auto de conclusión del procedimiento especial de liquidación del deudor persona jurídica, el juez ordenará la cancelación de la hoja abierta a esa persona jurídica en el registro público en el que figure inscrita, con cierre definitivo de la hoja.

3. Tras la conclusión del procedimiento especial del deudor persona natural, cesarán las limitaciones sobre las facultades de administración y de disposición sobre aquel, salvo las que, en su caso, se contengan en la sentencia de calificación abreviada, y el deudor seguirá siendo responsable del pago de los créditos insatisfechos, salvo que obtenga la exoneración del pasivo insatisfecho.

LIBRO CUARTO DE LAS NORMAS DE DERECHO INTERNACIONAL PRIVADO

– Reglamento (UE) 2015/848 del Parlamento Europeo y del Consejo, de 20 de mayo de 2015, sobre procedimientos de insolvencia.

TÍTULO I. Disposiciones generales

Artículo 721. *De las relaciones entre ordenamientos*

1. Las normas de este libro se aplicarán sin perjuicio de lo establecido en el Reglamento (UE) 2015/848, del Parlamento y del Consejo, de 20 de mayo de 2015, sobre procedimientos de insolvencia y demás normas de la Unión Europea o convencionales que regulen la materia.

2. A falta de reciprocidad o cuando se produzca una falta sistemática a la cooperación por las autoridades de un Estado extranjero, no se aplicarán respecto de los procedimientos seguidos en dicho Estado, los títulos III y IV de este libro.

Artículo 722. *Regla general*

Sin perjuicio de lo dispuesto en los artículos siguientes, la ley española determinará los presupuestos y efectos del concurso declarado en España, su desarrollo y su conclusión.

TÍTULO II. De la ley aplicable

CAPÍTULO I. Del procedimiento principal

Artículo 723. *Derechos reales y reservas de dominio*

1. Los efectos de la declaración de concurso sobre derechos reales de un acreedor o de un tercero que recaigan en bienes o derechos de cualquier clase de la masa activa, comprendidos los conjuntos de bienes y derechos cuya composición pueda variar en el tiempo, y que en el momento de declaración del concurso se encuentren en el territorio de otro Estado se regirán exclusivamente por ley de este.

La misma regla se aplicará a los derechos del vendedor respecto de los bienes vendidos al concursado con reserva de dominio.

2. La declaración de concurso del vendedor de un bien con reserva de dominio que ya haya sido entregado y que al momento de la declaración se encuentre en el territorio de otro Estado no constituye, por sí sola, causa de resolución ni de rescisión de la venta y no impedirá al comprador la adquisición de su propiedad.

3. Lo dispuesto en los apartados anteriores se entiende sin perjuicio de las acciones de reintegración que en su caso procedan.

Artículo 724. *Derechos del deudor sometidos a registro*

Los efectos de la declaración de concurso sobre derechos del deudor que recaigan en bienes inmuebles, buques o aeronaves sujetos a inscripción en registro público se acomodarán a lo dispuesto en la ley del Estado bajo cuya autoridad se lleve el registro.

Artículo 725. *Terceros adquirentes*

La validez de los actos de disposición a título oneroso del deudor sobre bienes inmuebles o sobre buques o aeronaves que estén sujetos a inscripción en registro público, realizados con posterioridad a la declaración de concurso, se regirán, respectivamente, por la ley del Estado en cuyo territorio se encuentre el bien inmueble o por la de aquel bajo cuya autoridad se lleve el Registro de buques o aeronaves.

Artículo 726. *Derechos sobre valores y sistemas de pagos y mercados financieros*

Los efectos de la declaración de concurso sobre derechos que recaigan en valores negociables representados mediante anotaciones en cuenta se regirán por la ley del Estado del registro donde dichos valores estuvieren anotados. Esta norma comprende cualquier registro de valores legalmente reconocido, incluidos los llevados por entidades financieras sujetas a supervisión legal.

Sin perjuicio de lo dispuesto en el artículo 723, los efectos del concurso sobre los derechos y obligaciones de los participantes en un sistema de pago o compensación o en un mercado financiero se regirán exclusivamente por la ley del Estado aplicable a dicho sistema o mercado.

Artículo 727. *Compensación*

1. La declaración de concurso no afectará al derecho de un acreedor a compensar su crédito cuando la ley que rija el crédito recíproco del concursado lo permita en situaciones de insolvencia.

2. Lo dispuesto en el apartado anterior se entiende sin perjuicio de las acciones de reintegración que en su caso procedan.

Artículo 728. *Contratos sobre inmuebles*

Los efectos del concurso sobre los contratos que tengan por objeto la atribución de un derecho al uso o a la adquisición de un bien inmueble se regirán exclusivamente por la ley del Estado donde se halle.

Artículo 729. *Contratos de trabajo*

Los efectos del concurso sobre el contrato de trabajo y sobre las relaciones laborales se regirán exclusivamente por la ley del Estado aplicable al contrato.

Artículo 730. *Acciones de reintegración*

El ejercicio de acciones de reintegración al amparo de esta ley no procederá cuando el beneficiado por el acto perjudicial para la masa activa pruebe que dicho acto está sujeto a la ley de otro Estado que no permite en ningún caso su impugnación.

Artículo 731. *Juicios declarativos pendientes*

Los efectos de la declaración de concurso sobre los juicios declarativos pendientes que se refieran a un bien o a un derecho de la masa activa se regirán exclusivamente por la ley del Estado en el que estén en curso.

CAPÍTULO II. Del procedimiento territorial

Artículo 732. *Regla general*

Excepto en lo previsto en este capítulo, el concurso territorial se regirá por las mismas normas que el concurso principal.

Artículo 733. *Presupuestos del concurso*

El reconocimiento de un procedimiento extranjero principal permitirá abrir en España un concurso territorial sin necesidad de examinar la insolvencia del deudor.

Artículo 734. *Legitimación*

Están legitimados para solicitar la declaración de un concurso territorial:

1.º Cualquier persona legitimada para solicitar la declaración de concurso con arreglo a esta ley.

2.º El representante del procedimiento extranjero principal.

Artículo 735. *Alcance de un convenio con los acreedores*

Las limitaciones de los derechos de los acreedores derivadas de un convenio aprobado en el concurso territorial, tales como la quita y la espera, solo producirán efectos con respecto a los bienes y derechos de la masa activa no comprendidos en este concurso si hay conformidad de todos los acreedores interesados.

Artículo 735 bis. *Compromiso con el fin de evitar procedimientos secundarios*

A los efectos del artículo 36 apartado 5 del Reglamento (UE) 2015/848 del Parlamento Europeo y del Consejo, de 20 de mayo de 2015, sobre procedimientos de insolvencia, para el procedimiento de aprobación del compromiso se seguirá lo dispuesto en el libro segundo de esta ley y se requerirá el voto favorable de acreedores locales afectados que representen las mayorías previstas en ese libro.

CAPÍTULO III. De las reglas comunes a ambos tipos de procedimientos

Artículo 736. *Publicidad y registro en el extranjero*

1. El juez, de oficio o a instancia de interesado, podrá acordar que se publique el contenido esencial del auto de declaración del concurso en cualquier Estado extranjero donde convenga a los intereses del concurso, con arreglo a las modalidades de publicación previstas en dicho Estado para los procedimientos de insolvencia.

2. La administración concursal podrá solicitar la publicidad registral en el extranjero del auto de declaración y de otros actos del procedimiento cuando así convenga a los intereses del concurso.

Artículo 737. *Pago al concursado en el extranjero*

1. El pago hecho al concursado en el extranjero por un deudor con residencia habitual, domicilio o sede en el extranjero, solo liberará a quien lo hiciere si ignorase la apertura del concurso en España.

2. Salvo prueba en contrario, se presumirá que ignoraba la existencia del procedimiento quien realizó el pago antes de haberse dado a la apertura del concurso la publicidad a que se refiere el apartado primero del artículo anterior.

Artículo 738. *Comunicación a los acreedores en el extranjero*

1. Declarado el concurso, la administración concursal realizará sin demora una comunicación individualizada a cada uno de los acreedores conocidos que tengan su residencia habitual, domicilio o sede en el extranjero, si así resultare de los libros y documentos del deudor o por cualquier otra razón constare en el concurso.

2. La información comprenderá la identificación del procedimiento, la fecha del auto de declaración, el carácter principal o territorial del concurso, las circunstancias personales del concursado, los efectos acordados sobre las facultades de administración y disposición respecto de la masa activa, el llamamiento a los acreedores, incluso a aquellos garantizados con derecho real, el deber de comunicar los créditos en la forma y dentro del plazo establecidos en esta ley y la dirección postal del juzgado.

3. Cuando conste la dirección electrónica del acreedor, la comunicación se efectuará por medios telemáticos, informáticos o electrónicos.

4. La información se realizará por escrito y mediante envío individualizado, salvo que el juez disponga cualquier otra forma por estimarla más adecuada a las circunstancias del caso.

Artículo 739. *Comunicación de créditos*

1. Los acreedores que tengan su residencia habitual, domicilio o sede en el extranjero comunicarán sus créditos a la administración concursal conforme a lo dispuesto en esta ley.

2. Todo acreedor podrá comunicar su crédito en el procedimiento principal o territorial abierto en España, con independencia de que también lo haya presentado en un procedimiento de insolvencia abierto en el extranjero.

Esta regla incluye, sujetos a condición de reciprocidad, los créditos tributarios y de la seguridad social de otros Estados, que en este caso serán admitidos como créditos ordinarios.

Artículo 740. *Lenguas*

1. La comunicación a los acreedores en el extranjero se realizará en castellano y, en su caso, en cualquiera de las lenguas oficiales, pero en el encabezamiento de su texto figurarán también en inglés y francés los términos «Comunicación para la presentación de créditos. Plazos aplicables».

2. Los acreedores con residencia habitual, domicilio o sede en el extranjero comunicarán los créditos en lengua castellana o en otra oficial propia de la comunidad autónoma en la que tenga su sede el juez del concurso. Si lo hicieren en lengua distinta, la administración concursal podrá exigir posteriormente una traducción al castellano.

Artículo 741. *Restitución e imputación*

1. El acreedor que, tras la apertura de un concurso principal en España, obtuviera un pago total o parcial de su crédito con cargo a bienes y derechos de la masa activa situados en el extranjero o por la realización o ejecución de los mismos deberá restituir a la masa lo que hubiera obtenido, sin perjuicio de lo dispuesto en el artículo 723.

En el caso de que dicho pago se obtuviera en un procedimiento de insolvencia abierto en el extranjero, se aplicará la regla de imputación de pagos contenida en el título IV de este libro.

2. Cuando el Estado donde se hallaren los bienes no reconociera el concurso declarado en España o las dificultades de localización y realización de esos bienes así lo justificaren, el juez podrá autorizar a los acreedores a instar en el extranjero la ejecución individual, con aplicación, en todo caso, de la regla de imputación a que se refiere el apartado anterior.

TÍTULO III. Del reconocimiento de procedimientos extranjeros de insolvencia

Artículo 742. *Reconocimiento de la resolución de apertura*

1. Las resoluciones extranjeras que declaren la apertura de un procedimiento de insolvencia se reconocerán en España mediante el procedimiento de exequátur regulado en

la Ley 29/2015, de 30 de julio, de cooperación jurídica internacional en materia civil, si reúnen los requisitos siguientes:

1.º Que la resolución se refiera a un procedimiento colectivo fundado en la insolvencia del deudor, en virtud del cual sus bienes y actividades queden sujetos al control o a la supervisión de un tribunal o una autoridad extranjera a los efectos de su reorganización o liquidación.

2.º Que la resolución sea definitiva según la ley del Estado de apertura.

3.º Que la competencia del tribunal o de la autoridad que haya abierto el procedimiento de insolvencia esté basada en alguno de los criterios contenidos en esta ley o en una conexión razonable de naturaleza equivalente.

4.º Que la resolución no haya sido pronunciada en rebeldía del deudor o, en otro caso, que haya sido precedida de entrega o notificación de cédula de emplazamiento o documento equivalente, en forma y con tiempo suficiente para oponerse.

5.º Que la resolución no sea contraria al orden público español.

2. El procedimiento de insolvencia extranjero se reconocerá:

1.º Como procedimiento extranjero principal, si se está tramitando en el Estado donde el deudor tenga el centro de sus intereses principales.

2.º Como procedimiento extranjero territorial, si se está tramitando en un Estado donde el deudor tenga un establecimiento o con cuyo territorio exista una conexión razonable de naturaleza equivalente, como la presencia de bienes afectos a una actividad económica.

3. El reconocimiento de un procedimiento extranjero principal no impedirá la apertura en España de un concurso territorial.

4. La tramitación del exequátur podrá suspenderse cuando la resolución de apertura del procedimiento de insolvencia hubiera sido objeto, en su Estado de origen, de un recurso ordinario o cuando el plazo para interponerlo no hubiera expirado.

5. Lo dispuesto en este artículo no impedirá la modificación o revocación del reconocimiento si se demostrase la alteración relevante o la desaparición de los motivos por los que se otorga.

Artículo 743. *Administrador o representante extranjero*

1. Tendrá la condición de administrador o representante del procedimiento extranjero la persona u órgano, incluso designado a título provisional, que esté facultado para administrar o supervisar la reorganización o la liquidación de los bienes o actividades del deudor o para actuar como representante del procedimiento.

2. El nombramiento del administrador o representante se acreditará mediante copia autenticada del original de la resolución por la que se le designe o mediante certificado expedido por el tribunal o la autoridad competente, con los requisitos necesarios para hacer fe en España.

3. Una vez reconocido un procedimiento extranjero principal, el administrador o representante estará obligado a dar al procedimiento una publicidad equivalente a la establecida en esta ley para la declaración de concurso, cuando el deudor tenga un establecimiento en España, y a solicitar de los registros públicos correspondientes las anotaciones e inscripciones que procedan conforme a lo establecido en esta ley.

Los gastos ocasionados por las medidas de publicidad y registro serán satisfechos por el administrador o representante con cargo al procedimiento principal.

4. Una vez reconocido un procedimiento extranjero principal, su administrador o representante podrá ejercer las facultades que le correspondan conforme a la ley del Estado de apertura, salvo que resulten incompatibles con los efectos de un concurso territorial declarado en España o con las medidas cautelares adoptadas en virtud de una solicitud de concurso y, en todo caso, cuando su contenido sea contrario al orden público.

En el ejercicio de sus facultades, el administrador o representante deberá respetar la ley española, en particular en lo que respecta a las modalidades de realización de los bienes y derechos del deudor.

Artículo 744. *Reconocimiento de otras resoluciones*

1. Una vez obtenido el exequátur de la resolución de apertura, cualquier otra resolución dictada en ese procedimiento de insolvencia y que tenga su fundamento en la legislación concursal se reconocerá en España sin necesidad de procedimiento alguno, siempre que reúna los requisitos previstos en el artículo 742. El requisito de la previa entrega o notificación de cédula de emplazamiento o documento equivalente será exigible, además, respecto de cualquier persona distinta del deudor que hubiera sido demandada en el procedimiento extranjero de insolvencia y en relación con las resoluciones que le afecten.

2. En caso de oposición al reconocimiento, cualquier persona interesada podrá solicitar que este sea declarado a título principal por el procedimiento de exequátur regulado en la Ley 29/2015, de 30 de julio, de cooperación jurídica internacional en materia civil.

Si el reconocimiento de la resolución extranjera se invocare como cuestión incidental en un proceso en curso, será competente para resolver la cuestión el juez o tribunal que conozca del fondo del asunto.

Artículo 745. *Efectos del reconocimiento*

1. Salvo en los supuestos previstos en el capítulo I del título II de este libro las resoluciones extranjeras reconocidas producirán en España los efectos que les atribuya la ley del Estado de apertura del procedimiento.

2. Los efectos de un procedimiento territorial extranjero se limitarán a los bienes y derechos que en el momento de su declaración estén situados en el Estado de apertura.

3. En el caso de declaración de un concurso territorial en España, los efectos del procedimiento extranjero se regirán por lo dispuesto en el título IV de este libro.

Artículo 745 bis. *Contratos de trabajo sometidos a la ley española*

En el caso de que se haya abierto un concurso principal en el extranjero y sus efectos sean reconocidos en España, con arreglo a esta ley o cualquier otra norma de la Unión Europea o convencional aplicables, los efectos del concurso sobre los contratos de trabajo y las relaciones laborales sometidas al derecho español se regirán exclusivamente por esta ley. Si, conforme a esta ley, la competencia en materia laboral hubiese correspondido al juez del concurso, el juez de lo mercantil que habría sido competente para abrir un procedimiento de insolvencia territorial será competente para aprobar la extinción o modificación de esos contratos, aunque no se haya incoado ningún procedimiento concursal en España.

Artículo 746. *Ejecución*

Las resoluciones extranjeras que tengan carácter ejecutorio según la ley del Estado de apertura del procedimiento en el que se hubieren dictado necesitarán previo exequátur para su ejecución en España.

Artículo 747. *Cumplimiento a favor del deudor*

1. El pago hecho en España a un deudor sometido a procedimiento de insolvencia abierto en otro Estado y conforme al cual deberá hacerse al administrador o representante en él designado solo liberará a quien lo hiciere ignorando la existencia del procedimiento.

2. Salvo prueba en contrario, se presumirá que ignoraba la existencia del procedimiento quien hubiera realizado el pago antes de haberse dado a la apertura del procedimiento de insolvencia extranjero la publicidad establecida en esta ley para la declaración de concurso.

Artículo 748. *Medidas cautelares*

1. Las medidas cautelares adoptadas antes de la apertura de un procedimiento principal de insolvencia en el extranjero por el tribunal competente para abrirlo podrán ser reconocidas y ejecutadas en España previo el correspondiente exequátur.

2. Antes del reconocimiento de un procedimiento extranjero de insolvencia y a instancia de su administrador o representante, podrán adoptarse conforme a la ley española medidas cautelares, incluidas las siguientes:

1.ª La paralización de cualquier medida de ejecución contra bienes y derechos del deudor.

2.ª La atribución al administrador o representante extranjero, o a la persona que se designe al adoptar la medida, la administración o la realización de aquellos bienes o derechos situados en España que, por su naturaleza o por circunstancias concurrentes, sean perecederos, susceptibles de sufrir grave deterioro o de disminuir considerablemente su valor.

3.ª La suspensión del ejercicio de las facultades de disposición, enajenación y gravamen de bienes y derechos del deudor.

Si la solicitud de medidas cautelares hubiere precedido a la de reconocimiento de la resolución de apertura del procedimiento de insolvencia, la resolución que las adopte condicionará su subsistencia a la presentación de esta última solicitud en el plazo de veinte días.

TÍTULO IV. De la coordinación entre procedimientos paralelos de insolvencia

Artículo 749. *Obligaciones de cooperación*

1. Sin perjuicio del respeto de las normas aplicables en cada uno de los procedimientos, la administración concursal del concurso declarado en España y el administrador o representante de un procedimiento extranjero de insolvencia relativo al mismo deudor y

reconocido en España están sometidos a un deber de cooperación recíproca en el ejercicio de sus funciones, bajo la supervisión de sus respectivos jueces, tribunales o autoridades competentes. La negativa a cooperar por parte del administrador o representante o del tribunal o autoridad extranjeros liberará de este deber a los correspondientes órganos españoles.

2. La cooperación podrá consistir, en particular, en:

1.º El intercambio, por cualquier medio que se considere oportuno, de informaciones que puedan ser útiles para el otro procedimiento, sin perjuicio del obligado respeto de las normas que amparen el secreto o la confidencialidad de los datos objeto de la información o que de cualquier modo los protejan.

En todo caso, existirá la obligación de informar de cualquier cambio relevante en la situación del procedimiento respectivo, incluido el nombramiento del administrador o representante, y de la apertura en otro Estado de un procedimiento de insolvencia respecto del mismo deudor.

2.º La coordinación de la administración y del control o supervisión de los bienes y actividades del deudor.

3.º La aprobación y aplicación por los tribunales o autoridades competentes de acuerdos relativos a la coordinación de los procedimientos.

3. La administración concursal del concurso territorial declarado en España deberá permitir al administrador o representante del procedimiento extranjero principal la presentación, en tiempo oportuno, de propuestas de convenio, de planes de liquidación o de cualquier otra forma de realización de bienes y derechos de la masa activa o de pago de los créditos.

La administración concursal del concurso principal declarado en España reclamará iguales medidas en cualquier otro procedimiento abierto en el extranjero.

Artículo 750. *Ejercicio de los derechos de los acreedores*

1. En la medida que así lo permita la ley aplicable al procedimiento extranjero de insolvencia, su administrador o representante podrá comunicar en el concurso declarado en España, y conforme a lo establecido en esta ley, los créditos reconocidos en aquel. Bajo las mismas condiciones, el administrador o representante estará facultado para participar en el concurso en nombre de los acreedores cuyos créditos hubiera comunicado.

2. La administración concursal de un concurso declarado en España podrá presentar en un procedimiento extranjero de insolvencia, principal o territorial, los créditos reconocidos en la lista definitiva de acreedores, siempre que así lo permita la ley aplicable a ese procedimiento. Bajo las mismas condiciones estará facultada la administración concursal, o la persona que ella designe, para participar en aquel procedimiento en nombre de los acreedores cuyos créditos hubiere presentado.

Artículo 751. *Regla de pago*

El acreedor que obtenga en un procedimiento extranjero de insolvencia pago parcial de su crédito no podrá pretender en el concurso declarado en España ningún pago adicional hasta que los restantes acreedores de la misma clase y rango hayan obtenido en este una cantidad porcentualmente equivalente.

Artículo 752. *Excedente del activo del procedimiento territorial*

A condición de reciprocidad, el activo remanente a la conclusión de un concurso o procedimiento territorial se pondrá a disposición del administrador o representante del procedimiento extranjero principal reconocido en España. La administración concursal del concurso principal declarado en España reclamará igual medida en cualquier otro procedimiento abierto en el extranjero.

TÍTULO V De las especialidades del Derecho preconcursal

Artículo 753. *Regla general*

1. Las normas de Derecho internacional privado establecidas en esta ley se aplicarán, con las adaptaciones pertinentes, a la comunicación de la apertura de negociaciones con los acreedores y a los planes de reestructuración regulados en el libro segundo.

2. Sin perjuicio de lo establecido en el artículo siguiente, los títulos III y IV se aplicarán a los procedimientos de reestructuración preventiva extranjeros siempre que estos procedimientos sean funcionalmente equivalentes a los regulados en esta ley. Se presumirá que existe equivalencia funcional cuando se trate de procedimientos colectivos, basados en la legislación en materia de insolvencia, y cuyo fin sea la reestructuración del deudor o de su empresa, para garantizar su viabilidad y evitar la insolvencia.

Artículo 754. *Especialidades en materia de ley aplicable*

Los efectos de la comunicación de apertura de negociaciones con los acreedores y de la homologación del plan de reestructuración reguladas en el libro segundo de esta ley se someterán a lo dispuesto en ese libro y tendrán alcance universal. En particular, no se aplicarán las reglas especiales previstas en los artículos 723 a 731, salvo la prevista el artículo 726 para los derechos sobre valores, sistemas de pagos y mercados financieros.

Artículo 755. *Competencia judicial internacional respecto de filiales extranjeras*

Cuando los tribunales españoles sean competentes para conocer de los procedimientos que se regulan en el libro segundo en relación con la sociedad matriz de un grupo de sociedades, podrán extender su competencia en relación con sociedades filiales cuyo centro de intereses principales se localice fuera de España, si concurren los siguientes requisitos:

1.º Que la sociedad matriz haya instado la comunicación regulada en el libro segundo o vaya a quedar sometida al plan de reestructuración.

2.º Que la comunicación o la homologación del plan de reestructuración se hayan solicitado como reservada en relación con las filiales, en cuyo caso ni la comunicación ni las resoluciones sobre la homologación del plan respecto de las filiales se publicarán en el Registro público concursal. Estas resoluciones se dictarán separadamente de las resoluciones relativas a la sociedad matriz.

3.º Que la extensión de la competencia sobre las filiales resulte necesaria para garantizar el buen fin de las negociaciones de un plan de reestructuración o la adopción y cumplimiento del plan.

En cualquier caso, la competencia solo alcanzará a los acreedores contractuales comunes a la sociedad matriz y a las filiales.

DISPOSICIONES ADICIONALES

Primera. *Haciendas Forales*

Las referencias que en esta ley se hacen a la Agencia Estatal de Administración Tributaria se entenderán también referidas a las Haciendas Forales de los territorios forales. La extensión de la exoneración contemplada en el numeral 5.º del apartado 1 del artículo 489 será común para todas las deudas por créditos de derecho público que un deudor mantenga en el mismo procedimiento con las Haciendas referidas en el párrafo anterior.

Segunda. *Participación de las Cámaras Oficiales de Comercio, Industria, Servicios y Navegación en los procedimientos de mediación concursal.*

Las Cámaras Oficiales de Comercio, Industria, Servicios y Navegación podrán, en aplicación de lo dispuesto en el apartado 3 del artículo 5 de la Ley 4/2014, de 1 de abril, Básica de las Cámaras Oficiales de Comercio, Industria, Servicios y Navegación, y de conformidad con lo dispuesto en la legislación autonómica de desarrollo, ofrecer servicios de mediación concursal en el ámbito del procedimiento especial para microempresas regulado en el libro tercero de esta ley.

§5. REAL DECRETO 188/2023, DE 21 DE MARZO, POR EL QUE SE APRUEBA EL FORMULARIO DEL BOLETÍN ESTADÍSTICO DE RENDICIÓN DE CUENTAS DE LA ADMINISTRACIÓN CONCURSAL

El Real Decreto Legislativo 1/2020, de 5 de mayo, por el que se aprueba el texto refundido de la Ley Concursal, en su disposición adicional cuarta, encargó al Gobierno la adopción de las medidas pertinentes para garantizar la elaboración de estadísticas que permitan evaluar el funcionamiento del sistema concursal y contribuyan a la organización y funcionamiento de la cuenta de garantía arancelaria. Asimismo, se indicaba en dicha disposición adicional que ello se llevaría a cabo a partir de la información suministrada por la Oficina Judicial, los Registros Mercantiles y el Registro Público Concursal.

Efectivamente, la elaboración de estadísticas se perfila como un elemento clave para la adopción de los ajustes que se hagan precisos en el ámbito concursal que, precisamente, por tratar las situaciones de crisis patrimonial de nuestro tejido empresarial, requiere de un detallado conocimiento de la realidad a la que la norma ha de atender. Con el formulario que se aprueba mediante el presente real decreto se desea recopilar aquellos datos exigidos por la Ley Concursal en la rendición de cuentas que se han considerado relevantes a efectos estadísticos, así como otra información que también se considera relevante a dichos efectos, con el objetivo de contribuir a la puesta en funcionamiento de la cuenta de garantía arancelaria y a un mejor diseño del arancel de los administradores concursales.

Conviene recordar que la disposición transitoria única del Real Decreto Legislativo 1/2020, de 5 de mayo, por el que se aprueba el texto refundido de la Ley Concursal, establece que la entrada en vigor de los artículos relativos a la cuenta de garantía arancelaria (artículos 91 a 93 del texto refundido) y la de los artículos relativos al acceso a la actividad, nombramiento y retribución de la administración concursal (artículos 57 a 63, 84 a 89, 560 a 566 y 574.1 del texto refundido) está supeditada a desarrollo reglamentario. La información que se pretende recabar con este boletín estadístico contribuirá a dicho desarrollo.

Los datos, que deberán incluirse respetando las exigencias la Ley 12/1989, de 9 de mayo, de la Función Estadística Pública, que exige que se cumplimenten de forma veraz, exacta y completa, serán tratados de forma automatizada y garantizando el correspondiente secreto estadístico.

La información que se requiere en el boletín se centra, en primer lugar, en una serie de datos identificativos: órgano judicial, del número de procedimiento, datos del deudor, ya sea persona natural o jurídica, y del administrador o administradores concursales.

Seguidamente, se establecen los campos con los datos que se exigen en la rendición de cuentas y que se han considerado de interés a efectos estadísticos, que son algunos de los que se mencionan en los artículos 102 y 478 del texto refundido de la Ley Concursal, aprobado por el Real Decreto Legislativo 1/2020, de 5 de mayo: Retribución total fijada por el juez para la administración concursal; retribución total percibida por todos los conceptos; cantidad total de pagos realizados con cargo a la administración concursal a auxiliares delegados, expertos y tasadores, y entidades especializadas; número total de trabajadores propios de la administración concursal asignados al concurso; y número total de horas dedicadas por trabajadores propios de la administración concursal asignados al concurso. Asimismo, se solicita indicación de si se trata de un concurso con insuficiencia de masa o no.

Finalmente, se establecen los campos relativos a diversos aspectos del concurso de interés estadístico, coincidentes en buena medida con los parámetros que determinan la retribución del administrador concursal según lo dispuesto en el Real Decreto 1860/2004, de 6 de septiembre, por el que se establece el arancel de derechos de los administradores concursales.

El administrador concursal será el responsable de cumplimentar este formulario, y el Letrado de la Administración de Justicia deberá comprobar esta circunstancia formal remitiendo el formulario al Registro Público Concursal.

El presente real decreto ha sido sometido al trámite de audiencia del Consejo del Secretariado, del Colegio de Registradores de la Propiedad, Mercantiles y Bienes Muebles de España, del Comité Técnico Estatal de la Administración Judicial Electrónica, así como de dos de las asociaciones más relevantes a nivel estatal de la administración concursal. Igualmente, cuenta con los informes preceptivos de los Departamentos ministeriales coproponentes.

En su virtud, a propuesta de la Ministra de Justicia y de la Ministra de Asuntos Económicos y Transformación Digital, y previa deliberación del Consejo de Ministros en su reunión del día 20 de marzo de 2023,

Dispongo:

Artículo 1. *Aprobación del formulario del boletín estadístico de rendición de cuentas*

Se aprueba el formulario del boletín estadístico de rendición de cuentas de acuerdo con lo previsto en la disposición adicional cuarta del Real Decreto Legislativo 1/2020, de 5 de mayo, por el que se aprueba el texto refundido de la Ley Concursal.

Artículo 2. *Presentación y cumplimentación del formulario del boletín estadístico de rendición de cuentas*

1. El administrador concursal presentará el formulario con ocasión de la presentación del escrito de rendición de cuentas previsto en el texto refundido de la Ley Concursal. Si hubiera varios administradores concursales bastará que el formulario sea firmado por uno solo de ellos.

2. El Letrado de la Administración de Justicia comprobará que se adjunta el formulario junto al escrito de la rendición de cuentas y que ha sido cumplimentado por el Administrador Concursal, y lo remitirá al Registro público concursal.

3. El formulario, que estará en todo caso disponible para su descarga en la página del Registro público concursal, se cumplimentará y firmará electrónicamente por el administrador concursal para su entrega junto con el escrito de rendición de cuentas y se remitirá

en soporte y formato electrónico por el Letrado de la Administración de Justicia al Registro Público Concursal.

Artículo 3. *Acceso a los datos del boletín estadístico de rendición de cuentas*

Los datos del boletín estadístico de rendición de cuentas, dado su carácter estadístico e instrumental, no serán accesibles públicamente.

Disposición final primera. *Título competencial*

El presente real decreto se dicta al amparo de las competencias exclusivas que atribuye al Estado el artículo 149.1.6.ª de la Constitución Española, en materia de legislación mercantil.

Disposición final segunda. *Entrada en vigor*

El presente real decreto entrará en vigor a los veinte días de su publicación en el «Boletín Oficial del Estado».

BOLETÍN ESTADÍSTICO DE RENDICIÓN DE CUENTAS

BOLETÍN ESTADÍSTICO DE RENDICIÓN DE CUENTAS

Código: 1 RPC-1

REGISTRO PÚBLICO CONCURSAL

ÓRGANO JUDICIAL

Denominación del Órgano Judicial*

Número de Procedimiento*   NIG

Dirección:

Calle   Cód. Postal

Provincia   Municipio

+ Deudores. - Para múltiples Deudores , pulsar sobre símbolo [+]

- Deudor

Datos de identificación persona natural

Nombre*   Apellidos*

Tipo*   Nº Documento*   Realiza actividad empresarial/profesional*

+ Administradores Concursales. - Para múltiples Administradores Concursales , pulsar sobre símbolo [+]

- Administrador Concursal

Datos de identificación persona natural

Nombre*   Apellidos*

Tipo*   Nº Documento*

Las cantidades se deben indicar siempre en unidades de euros (no se deben consignar en miles de euros)

RENDICIÓN DE CUENTAS

Tipo de Rendición de Cuentas*

Retribución total fijada por el Juez para la administración concursal

Para la fase común*   Para la fase de convenio*   Para la fase de liquidación*

Retribución total percibida por todos los conceptos

En la fase común*   En la fase de convenio*   En la fase de liquidación*

Cantidad Total de pagos realizados con cargo a la administración concursal

Por pagos a auxiliares delegados*   Por pagos a entidades especializadas*

Por pagos a expertos y tasadores*

Número total de trabajadores propios de la administración concursal asignados al concurso **

Número total de horas dedicadas por trabajadores propios de la administración concursal asignados al concurso *

Indicar si se trata de un concurso con insuficiencia de masa o no*

**Con exclusión de los expertos, tasadores y personal de entidades especializadas contratados por la administración concursal como profesionales independientes.

---

*Campo de cumplimentación obligatoria.

Las cantidades se deben indicar siempre en unidades de euros (no se deben consignar en miles de euros)

DATOS ESTADÍSTICOS

Valor de la masa activa según inventario definitivo*

Valor de la masa pasiva según lista de acreedores definitiva*

Indicar SI/NO ha habido suspensión de las facultades del deudor*

Indicar tipo de tramitación*

¿Ha habido cese o suspensión de la actividad empresarial durante o antes de iniciarse el procedimiento?*

Indicar SI/NO ha habido discrepancia de al menos un 25% entre el valor de los bienes y derechos del inventario presentado por el deudor y el aprobado, o entre el importe del pasivo presentado por el deudor y el aprobado*

Indicar SI/NO ha habido un 25% del valor de los bienes y derechos del inventario presentado por el deudor fuera del territorio español, con un valor superior a 10 millones de euros*

Indicar el número de acreedores cuando se declaró el concurso, según lista definitiva*

Indicar el número de trabajadores cuando se declaró el concurso*

Indicar SI/NO ha habido modificación sustancial de las condiciones de trabajo o suspensión o extinción colectiva de las relaciones laborales.*

Indicar SI/NO el número de unidades productivas superior a 10 o al menos 3 en distintas provincias*

Indicar SI/NO ha habido emisión de valores admitidos a cotización en mercado secundario oficial*

Indicar si se trata de una entidad de crédito o de seguros*

Indicar SI/NO ha habido aprobación de convenio anticipado*

Indicar el tipo de fase sucesiva*

Duración de la fase común en meses*

Duración de la fase sucesiva en meses*

Incremento del valor de la masa por acciones de reintegración*

Importe de los créditos cobrados frente a terceros mediante reclamación judicial*

Observaciones

Fecha _____ **Firma Administrador Concursal***

Si desea incluir otras firmas en el documento, indique el número:

§6. ORDEN JUS/1333/2022, DE 28 DE DICIEMBRE, DE CONDICIONES DE ACCESO Y MODO DE FUNCIONAMIENTO DEL SERVICIO ELECTRÓNICO, PARA LA CUMPLIMENTACIÓN DE LOS FORMULARIOS NORMALIZADOS Y DE LAS ESPECIFICACIONES TÉCNICAS DE LA PLATAFORMA ELECTRÓNICA DE LIQUIDACIÓN DE BIENES PREVISTAS EN LA LEY 16/2022, DE 5 DE SEPTIEMBRE, DE REFORMA DEL TEXTO REFUNDIDO DE LA LEY CONCURSAL

Las microempresas son consideradas un sector de vital importancia en nuestra economía, ya que representan casi el 40 % de las pymes en España, por lo que es importante la actualización del Derecho concursal, cuya finalidad, precisamente, es dar solución a las situaciones de crisis en las que se vean inmersas. Constituye, pues, un aspecto fundamental en la transposición al derecho español de la Directiva (UE) 2019/1023 del Parlamento Europeo y del Consejo, de 20 de junio de 2019, sobre marcos de reestructuración preventiva, exoneración de deudas e inhabilitaciones, y sobre medidas para aumentar la eficiencia de los procedimientos de reestructuración, insolvencia y exoneración de deudas, y por la que se modifica la Directiva (UE) 2017/1132 del Parlamento Europeo y del Consejo, sobre determinados aspectos del Derecho de sociedades (Directiva sobre reestructuración e insolvencia).

El acceso al procedimiento concursal en el caso de las microempresas suele producirse cuando su situación financiera se ha deteriorado tanto que la solución reorganizativa resultaría poco viable. Es por ello que se ha hecho necesario diseñar un procedimiento específico para las mismas que permita un acceso temprano de la empresa al procedimiento, que reduzca notablemente los costes fijos del propio sistema y que haga más sencillo la adopción de un plan de continuación o bien, si esta no es posible, la liquidación de la misma.

La transposición al Derecho español de la mencionada Directiva se produjo mediante la Ley 16/2022, de 5 de septiembre, de reforma del texto refundido de la Ley Concursal, aprobado por el Real Decreto Legislativo 1/2020, de 5 de mayo, cuyo nuevo Libro tercero lleva por título «Procedimiento especial para microempresas», entrará en vigor el 1 de enero de 2023.

A dicho procedimiento especial podrán acceder los deudores que sean personas naturales o jurídicas, que lleven a cabo una actividad empresarial o profesional, que en el año anterior a la solicitud hayan empleado una media de menos diez trabajadores o trabajadoras y tengan un volumen de negocio anual inferior a setecientos mil euros o un pasivo inferior a trescientos cincuenta mil euros según las últimas cuentas cerradas en el ejercicio anterior a la presentación de la solicitud.

Entre las medidas que introduce la Ley 16/2022, de 5 de septiembre, destaca la simplificación procesal y estructural para las partes, de modo que la comunicación en el seno del procedimiento se realiza a través de formularios electrónicos normalizados oficiales accesibles en línea de manera gratuita. Ello permite recibir la información en tiempo real, garantizándose así una información completa, ofreciendo un servicio electrónico mediante el que poder cumplimentar y enviar la información necesaria en cada fase del procedimiento especial. El acceso a estos formularios normalizados implicará la posibilidad de su lectura y descarga, si bien su cumplimentación y envío se deberá realizar electrónicamente. Asimismo, se prevé el acceso en línea a las directrices prácticas sobre la manera de cumplimentar dichos formularios.

Otra de las novedades de la ley 16/2022, de 5 de septiembre, es la liquidación de los bienes y derechos, pues se introduce la posibilidad de la venta de los activos de las microempresas, tanto a través de venta directa por acceso externo al catálogo de los y las clientes, como a través de la realización de subastas electrónicas periódicas, en ambos casos mediante la creación de una plataforma de liquidación que será un portal electrónico público, de acceso gratuito y universal.

Esta plataforma, además, posibilita direccionar los distintos formularios normalizados de modo que la información llegue y pueda almacenarse por el Registro mercantil o por el juzgado competente, y publicará la información en estándares abiertos y reutilizables.

De conformidad con lo anterior, el objeto de esta orden es recoger las condiciones de acceso y modo de funcionamiento del servicio electrónico donde se podrá acceder y cumplimentar los formularios normalizados en ellos previstos, así como definir las especificaciones relativas a la operación y utilización de los servicios prestados por la plataforma electrónica de liquidación de bienes procedentes de procedimientos especiales de liquidación, en cumplimiento de lo establecido en la disposición adicional cuarta y el apartado 13 de la disposición adicional segunda de la Ley 16/2022, de 5 de septiembre.

Los formularios normalizados se han sometido al Comité Técnico Estatal de la Administración Judicial Electrónica (CTEAJE) y a audiencia de los colectivos profesionales afectados.

En su virtud, dispongo:

CAPÍTULO I. Formularios del procedimiento especial de microempresas

Artículo 1. *Condiciones de acceso*

1. Los formularios normalizados del procedimiento especial de microempresas estarán alojados en un servicio electrónico, en línea y sin coste, de acuerdo con la disposición adicional cuarta de la Ley 16/2022 de 5 de septiembre, de reforma del texto refundido de la Ley Concursal, aprobado por el Real Decreto Legislativo 1/2020, de 5 de mayo, para la transposición de la Directiva (UE) 2019/1023 del Parlamento Europeo y del Consejo, de 20 de junio de 2019, sobre marcos de reestructuración preventiva, exoneración de deudas e inhabilitaciones, y sobre medidas para aumentar la eficiencia de los procedimientos de reestructuración, insolvencia y exoneración de deudas, y por la que se modifica la Direc-

tiva (UE) 2017/1132 del Parlamento Europeo y del Consejo, sobre determinados aspectos del Derecho de sociedades.

2. Para acceder al servicio será necesario identificarse mediante el uso de alguna de las formas de identificación y autenticación admitidas en la Ley 18/2011, de 5 de julio, reguladora del uso de las tecnologías de la información y la comunicación en la Administración de Justicia.

3. Podrán acceder al servicio las personas físicas y jurídicas interesadas, sus representantes legales, así como los profesionales encargados de la defensa y representación de las mismas, otros profesionales de la justicia y la administración concursal.

4. Este servicio estará enlazado en el Punto de Acceso General de la Administración de Justicia, donde también se podrán encontrar las instrucciones necesarias para su uso.

Artículo 2. *Cumplimentación, envío y descarga de los formularios*

Se permitirá la cumplimentación de los formularios en línea y, una vez cumplimentados, se permitirá tanto el envío al juzgado competente como la descarga de los formularios.

Artículo 3. *Información de los procedimientos*

Siempre que la persona usuaria se haya autenticado, podrá consultar la información de cada procedimiento, así como las interacciones realizadas a través del servicio.

CAPÍTULO II. Plataforma electrónica de liquidación de bienes

Artículo 4. *Condiciones de acceso*

1. La plataforma electrónica de liquidación de bienes será un portal electrónico público de acuerdo con la disposición adicional segunda de la Ley 16/2022 de 5 de septiembre, de reforma del texto refundido de la Ley Concursal.

2. Esta plataforma estará enlazada en el Punto de Acceso General de la Administración de Justicia, donde también se podrán encontrar las instrucciones necesarias para su uso, en el enlace siguiente: https://www.administraciondejusticia.gob.es.

Artículo 5. *Publicación de los bienes*

1. Los bienes contendrán la información necesaria para su descripción, además de aquella información de carácter procesal necesaria para su ejecución.

2. Se promoverá la publicación automática de los bienes en la plataforma con la información facilitada a través del servicio de formularios electrónicos normalizados, que podrá ser modificada o complementada con información adicional por las personas autorizadas a través de la parte privada de la plataforma.

Disposición adicional única. *Publicación de guías de instrucciones*

Se habilita a la Dirección General de Transformación Digital de la Administración de Justicia para aprobar por resolución las guías que contengan las instrucciones que desarrollen lo previsto en esta orden. Las instrucciones se publicarán en el portal web del Ministerio de Justicia.

Disposición final primera. *Título competencial*

Esta orden se dicta al amparo del artículo 149.1.6.ª de la Constitución, que atribuye al Estado la competencia exclusiva en materia de «legislación mercantil» y de «legislación procesal».

Disposición final segunda. *Entrada en vigor*

La presente orden entrará en vigor el día 1 de enero de 2023.

§7. REAL DECRETO 1860/2004, DE 6 DE SEPTIEMBRE, POR EL QUE SE ESTABLECE EL ARANCEL DE DERECHOS DE LOS ADMINISTRADORES CONCURSALES

– El **Real Decreto Legislativo 1/2020, de 5 de mayo, por el que se aprueba el texto refundido de la Ley Concursal** establece en el apartado primero de la *Disposición transitoria única. Régimen transitorio: El contenido de los artículos 57 a 63, 84 a 89, 560 a 566 y 574.1 todos ellos inclusive, de este texto refundido, que corresponda a las modificaciones introducidas en los artículos 27, 34 y 198 de la Ley 22/2003, de 9 de julio, Concursal, por la Ley 17/2014, de 30 de septiembre, por la que se adoptan medidas urgentes en materia de refinanciación y reestructuración de deuda empresarial, entrarán en vigor cuando se apruebe el reglamento a que se refiere la disposición transitoria segunda de dicha ley. Entre tanto permanecerán en vigor los artículos 27, 34 y 198 de la Ley Concursal en la redacción anterior a la entrada en vigor de dicha Ley 17/2014, de 30 de septiembre. La disposición transitoria segunda de la Ley 17/2014, de 30 de septiembre, por la que se adoptan medidas urgentes en materia de refinanciación y reestructuración de deuda empresarial establece: Disposición transitoria segunda. Régimen de la administración concursal. Las modificaciones introducidas en los artículos 27, 34 y 198 de la Ley 22/2003, de 9 de julio, Concursal, no entrarán en vigor hasta que lo haga su desarrollo reglamentario, que deberá aprobarse, a iniciativa de los Ministerios de Justicia y de Economía y Competitividad, en un plazo máximo de seis meses.* De conformidad con lo indicado, la redacción de los artículos 27, 34 y 198 anterior a la Ley 17/2014, de 30 de septiembre, es:

–Artículo 27. Condiciones subjetivas para el nombramiento de administradores concursales. 1. La administración concursal estará integrada por un único miembro, que deberá reunir alguna de las siguientes condiciones: 1º Ser abogado en ejercicio con cinco años de experiencia profesional efectiva en el ejercicio de la abogacía, que hubiera acreditado formación especializada en Derecho Concursal. 2º Ser economista, titulado mercantil o auditor de cuentas con cinco años de experiencia profesional, con especialización demostrable en el ámbito concursal. También podrá designarse a una persona jurídica en la que se integre, al menos, un abogado en ejercicio y un economista, titulado mercantil o auditor de cuentas, y que garantice la debida independencia y dedicación en el desarrollo de las funciones de administración concursal. 2. Como excepción a lo dispuesto en el apartado 1: 1º En caso de concurso de una entidad emisora de valores o instrumentos derivados que se negocien en un mercado secundario oficial, de una entidad encargada de regir la negociación, compensación o liquidación de esos valores o instrumentos, o de una empresa de servicios de inversión, será nombrado administrador concursal un miembro del personal técnico de la Comisión Nacional del Mercado de Valores u otra persona propuesta por ésta con la cualificación del número 2º del apartado anterior, a cuyo efecto la Comisión Nacional del Mercado de Valores comunicará al juez la identidad de aquélla. 2º En caso de concurso de una entidad de crédito o de una entidad aseguradora, el juez nombrará al administrador concursal de entre los propuestos respectivamente por el Fondo de Garantía de Depósitos y el Consorcio de Compensación de Seguros. 3º En caso de concursos ordinarios de especial trascendencia el juez nombrará, además del administrador concursal previsto en el apartado 1 de este artículo, a un administrador concursal acreedor titular de créditos ordinarios o con privilegio general no garantizado de entre los que figuren en el primer tercio de mayor importe. A estos efectos, cuando el conjunto de las deudas con los trabajadores por los créditos señalados en el párrafo anterior estuviera incluida en el primer tercio de mayor importe, el juez podrá nombrar como administrador acreedor a la representación legal de los trabajadores, si la hubiere, que deberá designar un profesional que reúna la condición de economista, titulado mercantil, auditor de cuentas o abogado, quedando sometido al mismo régimen de incapacidades, incompatibilidades, prohibiciones, remuneración y responsabilidad que los demás miembros de la administración concursal. El primer administrador concursal designado será el que ostente la representación de la administración concursal frente a terceros en los términos previstos en esta ley para los supuestos de administración concursal única. Cuando el acreedor designado sea una Administración pública

o una entidad de Derecho Público vinculada o dependiente de ella, la designación del profesional podrá recaer en cualquier empleado público con titulación universitaria, de graduado o licenciado en ámbitos pertenecientes a las ciencias jurídicas o económicas, y su régimen de responsabilidad será el específico de la legislación administrativa. 3. En los decanatos de los juzgados competentes existirá una lista integrada por los profesionales y las personas jurídicas que hayan puesto de manifiesto su disponibilidad para el desempeño de tal función, su formación en materia concursal y, en todo caso, su compromiso de continuidad en la formación en esta materia. A tal efecto, el Registro Oficial de Auditores de Cuentas y los correspondientes colegios profesionales presentarán, en el mes de diciembre de cada año, para su utilización desde el primer día del año siguiente, los respectivos listados de personas disponibles, incluidas las personas jurídicas. Los profesionales cuya colegiación no resulte obligatoria podrán solicitar, de forma gratuita, su inclusión en la lista en ese mismo período justificando documentalmente la formación recibida y la disponibilidad para ser designados. Igualmente las personas jurídicas recogidas en el inciso final del apartado 1 de este artículo podrán solicitar su inclusión, reseñando los profesionales que las integran y, salvo que ya figuraran en las listas, su formación y disponibilidad. Las personas implicadas podrán solicitar la inclusión en la lista de su experiencia como administradores concursales o auxiliares delegados en otros concursos, así como de otros conocimientos o formación especiales que puedan ser relevantes a los efectos de su función. 4. Los administradores concursales profesionales se nombrarán por el juez procurando una distribución equitativa de designaciones entre los incluidos en las listas que existan. No obstante, el juez: 1º Podrá, apreciándolo razonadamente, designar a unos concretos administradores concursales cuando el previsible desarrollo del proceso exija una experiencia o unos conocimientos o formación especiales, como los vinculados a asegurar la continuidad de la actividad empresarial o que se puedan deducir de la complejidad del concurso. 2º Para concursos ordinarios deberá designar a quienes acrediten su participación como administradores o auxiliares delegados en otros concursos ordinarios o, al menos, tres concursos abreviados, salvo que el juez considere, de manera motivada, idónea la formación y experiencia de los que designe en atención a las características concretas del concurso. 5. En supuestos de concursos conexos, el juez competente para la tramitación de éstos podrá nombrar, en la medida en que ello resulte posible, una administración concursal única designando auxiliares delegados. En caso de acumulación de concursos ya declarados, el nombramiento podrá recaer en una de las administraciones concursales ya existentes. 6. Cualquier interesado podrá plantear al Decanato las quejas sobre el funcionamiento o requisitos de la lista oficial u otras cuestiones o irregularidades de las personas inscritas con carácter previo a su nombramiento, de acuerdo con lo previsto en el artículo 168 de la Ley Orgánica 6/1985, de 1 de julio, del Poder Judicial.

– Artículo 34. Retribución. 1. Los administradores concursales tendrán derecho a retribución con cargo a la masa, salvo cuando se trate del personal de las entidades a que se refieren los párrafos 1º y 2º del apartado 2 del artículo 27. 2. La retribución de la administración concursal se determinará mediante un arancel que se aprobará reglamentariamente y que atenderá a la cuantía del activo y del pasivo, al carácter ordinario o abreviado del procedimiento, a la acumulación de concursos y a la previsible complejidad del concurso. El arancel se ajustará necesariamente a las siguientes reglas: a) Exclusividad. Los administradores concursales sólo podrán percibir por su intervención en el concurso las cantidades que resulten de la aplicación del arancel. b) Limitación. La administración concursal no podrá ser retribuida por encima de la cantidad máxima que se fije reglamentariamente para el conjunto del concurso. c) Efectividad. En aquellos concursos en que la masa sea insuficiente, se garantizará el pago de un mínimo retributivo establecido reglamentariamente, mediante una cuenta de garantía arancelaria que se dotará con aportaciones obligatorias de los administradores concursales. Estas dotaciones se detraerán de las retribuciones que efectivamente perciban los administradores concursales en los concursos en que actúen en el porcentaje que se determine reglamentariamente. 3. El juez, previo informe de la administración concursal, fijará por medio de auto y conforme al arancel la cuantía de la retribución, así como los plazos en que deba ser satisfecha. 4. En cualquier estado del procedimiento, el juez, de oficio o a solicitud de deudor o de cualquier acreedor, podrá modificar la retribución fijada, si concurriera justa causa y aplicando el arancel a que se refiere el apartado 2 de este artículo. 5. El auto por el que se fije o modifique la retribución de los administradores concursales será apelable por cualquiera de éstos y por las personas legitimadas para solicitar la declaración de concurso.

– *Artículo 198. Registro Público Concursal. 1. El Registro Público Concursal se llevará bajo la dependencia del Ministerio de Justicia y constará de tres secciones: a) En la sección primera, de edictos concursales, se insertarán ordenados por concursado y fechas, las resoluciones que deban publicarse conforme a lo previsto en el artículo 23 y en virtud de mandamiento remitido por el secretario judicial. b) En la sección segunda, de publicidad registral, se harán constar, ordenadas por concursado y fechas, las resoluciones registrales anotadas o inscritas en todos los registros públicos de personas referidos en el artículo 24.1, 2 y 3, incluidas las que declaren concursados culpables o acuerden la designación o inhabilitación de los administradores concursales y en virtud de certificaciones remitidas de oficio por el encargado del registro una vez practicado el correspondiente asiento. c) En la sección tercera, de acuerdos extrajudiciales, se hará constar la apertura de las negociaciones para alcanzar tales acuerdos y su finalización. 2. La publicación de las resoluciones judiciales o sus extractos tendrá un valor meramente informativo o de publicidad notoria. 3. Reglamentariamente se desarrollarán la estructura, contenido y sistema de publicidad a través de este registro y los procedimientos de inserción y acceso, bajo los principios siguientes: 1º Las resoluciones judiciales podrán publicarse en extracto, en el que se recojan los datos indispensables para la determinación del contenido y alcance de la resolución con indicación de los datos registrables cuando aquéllas hubieran causado anotación o inscripción en los correspondientes registros públicos. 2º La inserción de las resoluciones o sus extractos se realizará preferentemente, a través de mecanismos de coordinación con el Registro Civil, el Registro Mercantil o los restantes registros de personas en que constare el concursado persona jurídica, conforme a los modelos que se aprueben reglamentariamente. 3º El registro deberá contar con un dispositivo que permita conocer y acreditar fehacientemente el inicio de la difusión pública de las resoluciones e información que se incluyan en el mismo. 4º El contenido del registro será accesible de forma gratuita por Internet u otros medios equivalentes de consulta telemática.*

– La **Ley 16/2022, de 5 de septiembre, de reforma del texto refundido de la Ley Concursal, aprobado por el Real Decreto Legislativo 1/2020, de 5 de mayo, para la transposición de la Directiva (UE) 2019/1023 del Parlamento Europeo y del Consejo, de 20 de junio de 2019, sobre marcos de reestructuración preventiva, exoneración de deudas e inhabilitaciones, y sobre medidas para aumentar la eficiencia de los procedimientos de reestructuración, insolvencia y exoneración de deudas, y por la que se modifica la Directiva (UE) 2017/1132 del Parlamento Europeo y del Consejo, sobre determinados aspectos del derecho de sociedades (Directiva sobre reestructuración e insolvencia),** establece en la *Disposición final decimotercera. Reglamento de la administración concursal. En el plazo máximo de seis meses desde la entrada en vigor de esta ley, el Gobierno, a propuesta de los Ministerios de Justicia y de Asuntos Económicos y Transformación Digital, aprobará mediante real decreto el Reglamento de la administración concursal, en el que se establecerá el acceso a la actividad, el nombramiento de los administradores concursales y su retribución.* E, igualmente, la **Ley 16/2022, de 5 de septiembre,** dispone en la *Disposición transitoria quinta. Régimen transitorio hasta la aprobación del Reglamento de la administración concursal. En tanto no se apruebe por el Gobierno, conforme a la disposición final decimotercera, el Reglamento de la administración concursal en el que se establecerá el acceso a la actividad, el nombramiento de los administradores concursales y su retribución, continuarán resultando de aplicación la disposición transitoria única del Real Decreto Legislativo 1/2020, de 5 de mayo, por el que se aprueba el texto refundido de la Ley Concursal, así como, en materia de arancel, la disposición transitoria tercera de la Ley 25/2015, de 28 de julio, de mecanismo de segunda oportunidad, reducción de la carga financiera y otras medidas de orden social. La redacción de la referida disposición transitoria tercera de la Ley 25/2015, de 28 de julio, es: Disposición transitoria tercera. Arancel de derechos de los administradores concursales. Hasta que se apruebe el nuevo desarrollo reglamentario del artículo 27 de la Ley 22/2003, de 9 de julio, Concursal, el arancel de la administración concursal se regirá por lo dispuesto en el del Real Decreto 1860/2004, de 6 de septiembre, por el que se establece el arancel de derechos de los administradores concursales, con las siguientes especialidades: a) La cantidad que resulte de la aplicación de lo establecido en los artículos 4 y 5 del Real Decreto 1860/2004, de 6 de septiembre, por el que se establece el arancel de derechos de los administradores concursales se incrementará hasta un 5 por ciento por cada uno de los supuestos enunciados en el artículo 6.1 del mismo Real Decreto, sin que el incremento total pueda ser superior al 15 por ciento si el concurso fuera clasificado como de tamaño medio o superior al 25 por ciento si fuera calificado de gran tamaño, respetando en todo caso los límites establecidos en el artículo 34.2.b) de la Ley 22/2003,* *de 9 de julio, Concursal. b) La retribución de los administradores concursales profesionales durante cada uno de los seis primeros meses de la fase de liquidación será equivalente al 10 por ciento de la retribución aprobada para la fase común. A partir del séptimo mes desde la apertura de la fase de liquidación sin que hubiera finalizado esta, la retribución de los administradores durante cada uno de los meses sucesivos será equivalente al 5 por ciento de la retribución aprobada para la fase común. A partir del decimotercer mes desde la apertura de la fase de liquidación la administración concursal no percibirá remuneración alguna salvo que el juez de manera motivada y previa audiencia de las partes decida, atendiendo a las circunstancias del caso, prorrogar dicho plazo. Las prórrogas acordadas serán trimestrales y no podrán superar en total los seis meses.*

La retribución con arreglo a arancel de los administradores concursales constituye una novedad en la evolución del derecho concursal español que, por un lado, cumple la finalidad de asegurar un tratamiento homogéneo de cuantos ejercitan las funciones propias de este órgano concursal y, por otro, permite calcular aproximadamente el coste de esta importante deuda de la masa a quienes proyectan la apertura del procedimiento o se ven involucrados en él. En ejecución del mandato contenido en la disposición final trigésima cuarta de la Ley 22/2003, de 9 de julio, Concursal, el Gobierno, por medio de este Real Decreto, ha procedido a aprobar ese arancel, cuyo postulado fundamental es el justo equilibrio entre los distintos intereses en conflicto. Con este arancel se intenta conseguir que las cantidades que se perciban en concepto de retribución no resulten desproporcionadas respecto de la dificultad de las tareas que se realizan, de la complejidad del concurso y de la duración del procedimiento y, al mismo tiempo, que profesionales de calidad tengan suficientes incentivos para desempeñar el cargo de administradores concursales y añadir así unos rendimientos adecuados por el ejercicio de estas actividades profesionales a los que obtengan por las demás actividades compatibles a las que se dediquen o puedan dedicarse.

Por imperativo legal (artículo 34 de la Ley 22/2003, de 9 de julio, Concursal), el arancel atiende a la cuantía del activo concursal y a la cuantía del pasivo. El cálculo de la base de la retribución de los administradores concursales se realiza mediante la suma de dos cantidades distintas: en primer lugar, la que resulta de aplicar al valor de la masa activa los porcentajes decrecientes que se fijan en el arancel; y, en segundo lugar, la que resulta de aplicar al valor de la masa pasiva los también porcentajes decrecientes igualmente establecidos en dicho arancel. Pero, en el sistema concursal que se instaura, para ese cálculo, más importante que el número de acreedores o que la cuantía de los créditos reconocidos se considera que es el conjunto de bienes y derechos que integran la masa activa, en cuanto patrimonio afecto a la satisfacción de la colectividad crediticia. En este sentido, la escala correspondiente a la cuantía del activo contiene porcentajes superiores a los establecidos en la escala del pasivo. A estos dos parámetros obligados se añade, también por imperativo legal, el de la previsible complejidad del concurso, estableciendo un catálogo de casos en los que juega este factor complementario. Por cada uno de los supuestos de complejidad, se incrementa la retribución de los administradores concursales hasta un límite máximo que no puede superar el juez.

El sistema que se establece distingue entre la retribución correspondiente a la fase común (la única que necesariamente tiene que existir en cualquier concurso) y la de la fase o fases sucesivas. La primera se calcula de modo global, cualquiera que sea la duración efectiva de esa fase, con algunas especialidades para el caso de tramitación abreviada con administración concursal unipersonal y para el caso de aprobación judicial de un convenio anticipado. La segunda se determina en función de la establecida para la fase anterior, siendo igual a la décima parte de la correspondiente a la fase común por cada mes de duración de la fase de convenio. Igual retribución se percibirá durante los seis primeros meses de la fase de liquidación, si bien dicha retribución se reducirá a la mitad a partir del séptimo mes de esta fase.

Junto con esta distinción de fases, el régimen jurídico de la retribución tiene también en cuenta la distinción básica entre administración meramente interventora y administración sustitutoria, incrementándose el importe de la retribución si el juez acuerda la sustitución del concursado en el ejercicio de las facultades de administración y disposición sobre los bienes y derechos que integran la masa activa; e incrementándose también por el hecho de que se continúe o no la actividad profesional o empresarial del concursado.

Este real decreto ha sido sometido a informe del Consejo General del Poder Judicial, de conformidad con las previsiones del artículo 108 de la Ley Orgánica 6/1985, de 1 de julio, del Poder Judicial.

En su virtud, a propuesta del Ministro de Justicia, de acuerdo con el Consejo de Estado y previa deliberación del Consejo de Ministros en su reunión del día 3 de septiembre de 2004,

Dispongo:

CAPÍTULO I. Disposiciones generales

Artículo 1. *Ámbito de aplicación*

1. El ejercicio de las funciones que la ley atribuye a los administradores concursales será retribuido con cargo a la masa activa con las cantidades que resulten de la aplicación del arancel establecido en este real decreto.

2. El ejercicio de las funciones atribuidas por el convenio será retribuido sin sujeción a arancel conforme a lo establecido en el propio convenio y, en defecto de previsión, conforme a lo que establezca el juez del concurso atendiendo a la importancia de dichas funciones.

3. Este real decreto será de aplicación únicamente a los supuestos de administración concursal que hayan de regirse por la Ley 22/2003, de 9 de julio, Concursal.

Artículo 2. *Regla de la identidad*

1. La retribución será idéntica para los administradores concursales que tengan la condición de profesionales.

2. En el caso de que se hubiera nombrado como administrador concursal a un acreedor que sea persona natural y este no hubiera designado a un profesional para el ejercicio de las funciones propias del cargo, la retribución del administrador será la mitad de la que corresponda a cada uno de los administradores concursales profesionales.

Artículo 3. *Regla de la exclusividad*

1. Por el ejercicio de las funciones atribuidas por la ley, los administradores concursales no podrán percibir con cargo a la masa activa cantidades distintas de las que resulten de la aplicación del arancel.

Se exceptúan de la regla anterior las cantidades correspondientes a los gastos justificados de desplazamiento fuera del ámbito de la competencia territorial del juzgado en que se tramite el concurso.

2. El administrador concursal que tenga la condición de auditor de cuentas, economista o titulado mercantil colegiados y los demás administradores concursales no podrán percibir con cargo a la masa activa cantidad alguna por la supervisión de las cuentas anuales que formule el concursado o los administradores de la entidad concursada durante la tramitación del concurso, ni por la formulación de esas cuentas en caso de suspensión.

3. El administrador concursal que tenga la condición de abogado no podrá percibir con cargo a la masa activa cantidad alguna por la dirección técnica de los recursos que la administración concursal interponga contra las resoluciones del juez del concurso.

4. Los administradores concursales no podrán aceptar del concursado, de los acreedores o de terceros retribución complementaria o compensación de clase alguna, en dinero o en especie, por el ejercicio de las funciones atribuidas por la ley.

CAPÍTULO II. Retribución en las distintas fases del concurso

SECCIÓN 1ª. Retribución en la fase común

Artículo 4. *Reglas generales*

1. Si el concursado tuviera intervenido el ejercicio de las facultades de administración y de disposición sobre la masa activa, la retribución de cada uno de los administradores concursales en la fase común será la suma que resulte de aplicar al valor de la masa activa y al valor de la masa pasiva los porcentajes correspondientes establecidos en el anexo de este real decreto.

2. Si el concursado tuviera suspendido el ejercicio de las facultades de administración y de disposición sobre la masa activa, el juez, a su prudente arbitrio, podrá incrementar hasta un 50 por ciento la cantidad que resulte por aplicación de lo establecido en el apartado anterior.

3. La retribución que corresponda a los administradores concursales profesionales en la fase común no experimentará modificación alguna por la prórroga del plazo para la presentación del informe de la administración judicial[1] o por la impugnación del inventario y de la lista de acreedores.

4. El valor de la masa activa será el que resulte del inventario definitivo, y el valor de la masa pasiva, el que resulte de la lista de acreedores definitiva.

Hasta que el inventario y la lista tengan carácter definitivo, el juez aplicará el arancel considerando como valor de la masa activa el de los bienes y derechos que figuren en el

---

[1] La referencia debe entenderse al informe de la administración concursal.

inventario presentado por el deudor, y como valor de la masa pasiva, el que resulte de la relación de acreedores presentado por el deudor.

Una vez establecido el importe definitivo de la masa activa y de la masa pasiva, el juez, en la misma resolución por la que ponga fin a la fase común o en otra de la misma fecha, determinará si, por aplicación del arancel, los administradores concursales deben percibir una cantidad superior a la inicialmente aprobada para la fase común o si deben reintegrar o compensar el exceso de lo percibido.

5. En el caso de que el juez hubiera ordenado la tramitación abreviada del concurso, la cantidad que resulte por aplicación de lo establecido en este artículo se incrementará entre un cinco por ciento y un 25 por ciento si la administración concursal estuviera integrada por un único miembro.

Artículo 5. *Cese o suspensión de la actividad profesional o empresarial*

1. La cantidad que resulte por aplicación de lo establecido en el artículo anterior se reducirá un 25 por ciento cuando se hubiera cesado o suspendido o cuando cese o se suspenda la actividad profesional o empresarial que viniera ejerciendo el deudor.

2. Si el cese o la suspensión fueran parciales, el juez determinará a su prudente arbitrio el porcentaje de la reducción.

Artículo 6. *Previsible complejidad del concurso*

1. Se considera que el concurso presenta previsible complejidad exclusivamente en los siguientes supuestos:

a) Cuando exista una discrepancia de, al menos, un 25 por ciento entre el valor de los bienes y derechos que figuren en el inventario presentado por el deudor y el definitivamente aprobado, o entre el importe del pasivo que resulte de la relación de acreedores presentada por el deudor y la definitivamente aprobada.

b) Cuando, al menos, una cuarta parte del valor de los bienes y derechos que figuren en el inventario presentado por el deudor corresponda a bienes que estén fuera del territorio español, siempre que el valor total de estos sea superior a 10 millones de euros.

c) Cuando el número de acreedores concursales sea superior a 1.000.

d) Cuando el número de trabajadores empleados por el deudor sea superior a 250 en la fecha de declaración del concurso, o cuando el número medio de trabajadores empleados durante el año inmediatamente anterior sea superior a 250.

e) Cuando se tramiten ante el juez expedientes de modificación sustancial de las condiciones de trabajo o de suspensión o extinción colectiva de las relaciones laborales, de conformidad con el artículo 64 de la Ley 22/2003, de 9 de julio, Concursal, siempre que la empresa concursada tenga más de 50 trabajadores.

f) Cuando el número de establecimientos, explotaciones y cualesquiera otras unidades productivas de bienes o de servicios que figuren en el inventario presentado por el deudor fuera superior a 10 o, al menos, tres de ellos radiquen en distintas provincias.

g) Cuando el concursado hubiera emitido valores que estén admitidos a cotización en mercado secundario oficial.

h) Cuando el concursado fuera entidad de crédito o de seguros.

2. La cantidad que resulte de la aplicación de lo establecido en los artículos 4 y 5 se incrementará hasta un cinco por ciento por cada uno de los supuestos enumerados en el apartado anterior.

Artículo 7. *Convenio anticipado*

En el caso de aprobación judicial de un convenio anticipado, la cantidad que resulte por aplicación de lo establecido en los artículos 4 a 6 se incrementará hasta un 25 por ciento.

Artículo 8. *Plazos para la percepción de la retribución*

Salvo que el juez del concurso establezca otros plazos, la retribución de los administradores concursales correspondiente a la fase común se abonará de la siguiente forma:

a) El 50 por ciento de la retribución se abonará dentro de los cinco días siguientes al de la firmeza del auto que la fije.

b) El 50 por ciento restante se abonará dentro de los cinco días siguientes al de la firmeza de la resolución que ponga fin a la fase común.

SECCIÓN 2ª. Retribución en las fases sucesivas

Artículo 9. *Reglas generales*

1. La retribución de los administradores concursales profesionales durante cada uno de los meses de duración de la fase de convenio será equivalente al 10 por ciento de la retribución aprobada para la fase común.

2. La retribución de los administradores concursales profesionales durante cada uno de los seis primeros meses de la fase de liquidación será equivalente al 10 por ciento de la retribución aprobada para la fase común.

A partir del séptimo mes desde la apertura de la fase de liquidación sin que hubiera finalizado esta, la retribución de los administradores durante cada uno de los meses sucesivos será equivalente al cinco por ciento de la retribución aprobada para la fase común.

3. A los efectos previstos en el apartado anterior, no se incluirá en el cálculo de la retribución correspondiente a la fase común el incremento previsto en el artículo 4.2, en caso de que hubiera sido aplicado.

Artículo 10. *Plazos para la percepción de la retribución*

Salvo que el juez del concurso establezca otros plazos, la retribución correspondiente a cada mes que transcurra de la fase de convenio o de la fase de liquidación se percibirá a mes vencido, dentro de los cinco primeros días del mes inmediato posterior al vencimiento.

Artículo 11. *Cantidades complementarias*

Además de las cantidades que correspondan por aplicación de lo establecido en los artículos anteriores, cada uno de los administradores concursales profesionales tendrá derecho a percibir el uno por ciento del incremento neto del valor de la masa por el ejercicio de acciones de reintegración por parte de la administración concursal. Para el administrador concursal no profesional el porcentaje será del 0,50 por ciento.

CAPÍTULO III. Modificación de la retribución fijada

Artículo 12. *Modificación de la retribución*

1. En cualquier estado del concurso, la retribución de los administradores concursales podrá ser modificada por el juez, de oficio o a solicitud de persona legitimada, cuando concurra justa causa, con aplicación del arancel.

2. En todo caso, se considera que concurre justa causa cuando el juez acuerde el cambio de las situaciones de intervención o de suspensión de las facultades de administración y de disposición del concursado sobre la masa activa.

3. La modificación de la retribución producirá efectos desde la fecha que determine el auto que la acuerde o, en defecto de esta precisión, desde la fecha del auto.

DISPOSICIÓN ADICIONAL

Única. *Evaluación de resultados*

Tan pronto como se disponga de estudios estadísticos sobre el funcionamiento del nuevo sistema concursal, el Gobierno procederá a evaluar los resultados de la aplicación del arancel de los administradores concursales, consultando para ello al Consejo General del Poder Judicial y a las organizaciones representativas de los colectivos profesionales afectados.

DISPOSICIÓN FINAL

Única. *Entrada en vigor*

El presente real decreto entrará en vigor el día siguiente al de su publicación en el «Boletín Oficial del Estado» y producirá efectos a partir del 1 de septiembre de 2004.

ANEXO
Porcentajes aplicables para la determinación de los derechos de los administradores profesionales en la fase común (artículo 4 del Real Decreto)

a) Porcentajes aplicables sobre el activo

Activo (hasta euros)	Importe retribución	Resto de activo (hasta euros)	Porcentaje aplicable al resto de activo
0	0	500.000	0,600
500.000	3.000	500.000	0,500
1.000.000	5.500	9.000.000	0,400
10.000.000	41.500	40.000.000	0,300
50.000.000	161.500	50.000.000	0,200
100.000.000	261.500	400.000.000	0,100
500.000.000	661.500	500.000.000	0,050
1.000.000.000	911.500	En adelante	0,025

b) Porcentajes aplicables sobre el pasivo

Pasivo (hasta euros)	Importe retribución	Resto de pasivo (hasta euros)	Porcentaje aplicable al resto de pasivo
0	0	500.000	0,300
500.000	1.500	500.000	0,200
1.000.000	2.500	9.000.000	0,100
10.000.000	11.500	40.000.000	0,050
50.000.000	31.500	50.000.000	0,025
100.000.000	44.000	400.000.000	0,012
500.000.000	92.000	500.000.000	0,006
1.000.000.000	122.000	En adelante	0,003

§8. REAL DECRETO 892/2013, DE 15 DE NOVIEMBRE, POR EL QUE SE REGULA EL REGISTRO PÚBLICO CONCURSAL

– La Ley 16/2022, de 5 de septiembre, de reforma del texto refundido de la Ley Concursal, aprobado por el Real Decreto Legislativo 1/2020, de 5 de mayo, para la transposición de la Directiva (UE) 2019/1023 del Parlamento Europeo y del Consejo, de 20 de junio de 2019, sobre marcos de reestructuración preventiva, exoneración de deudas e inhabilitaciones, y sobre medidas para aumentar la eficiencia de los procedimientos de reestructuración, insolvencia y exoneración de deudas, y por la que se modifica la Directiva (UE) 2017/1132 del Parlamento Europeo y del Consejo, sobre determinados aspectos del derecho de sociedades (Directiva sobre reestructuración e insolvencia), establece: *Disposición final decimocuarta. Reglamento del Registro público concursal. 1. En el plazo máximo de seis meses desde la entrada en vigor de esta ley, el Gobierno, a propuesta del Ministerio de Justicia, aprobará mediante real decreto la reforma del Real Decreto 892/2013, de 15 de noviembre, por el que se regula el Registro público concursal, en materia de estructura, contenido y sistema de publicidad, así como los procedimientos de inserción y de acceso a este registro y la interconexión con la plataforma europea. 2. El real decreto contemplará las condiciones para la publicación de las retribuciones fijadas para el administrador concursal en cada procedimiento en el que resulte designado.*

I

La publicidad de los concursos de acreedores es una consecuencia necesaria del carácter universal de los efectos del concurso de acreedores, que exige que el conocimiento de su declaración y de los pormenores de su tramitación llegue a todos los posibles interesados. Es por ello que la Ley 22/2003, de 9 de julio, Concursal, ha prestado especial atención a la publicidad del concurso de acreedores, que ha de permitir a estos conocer no sólo la existencia de un concurso que les afecta, sino también la de todas las resoluciones que se aprueben a lo largo del proceso concursal y de las anotaciones que se han de practicar en los registros públicos jurídicos de personas y bienes.

Los problemas que se fueron detectando tras la entrada en vigor de la Ley Concursal pusieron de manifiesto la necesidad de reforzar el papel que aquí ha de cumplir el Registro Público Concursal. El Real Decreto-ley 3/2009, de 27 de marzo, de medidas urgentes en materia tributaria, financiera y concursal ante la evolución de la situación económica, ya modificó el artículo 198 de la Ley Concursal, con esa finalidad. Igualmente, la Ley 38/2011, de 10 de octubre, de reforma de la Ley 22/2003, de 9 de julio, Concursal, ha profundizado en esta cuestión modificando no sólo el artículo 198, sino también el 24 relativo a la publicidad registral. Asimismo, la Ley 14/2013, de 27 de septiembre, de apoyo a los emprendedores y su internacionalización, ha modificado la Ley Concursal para añadir un nuevo título X que regula los llamados acuerdos extrajudiciales de pagos, para cuya publicidad se ha creado una nueva sección en el Registro Público Concursal.

El calado de estas reformas obliga a establecer un régimen nuevo para el Registro Público Concursal, que, por un lado, se adapte a su nueva configuración en el artículo 198 de la Ley Concursal y, por otro lado, instaure los mecanismos de coordinación entre los diversos registros públicos que prevé el apartado 7 del artículo 24 de la Ley. Estos preceptos contienen las novedades que explican el contenido de este real decreto.

II

El Registro Público Concursal que ahora se configura responde, en primer lugar, a un principio de unidad de información, de tal forma que tanto las resoluciones procesales que se adopten a lo largo del proceso concursal, como las que implican la apertura de negociaciones para alcanzar los acuerdos extrajudiciales y su finalización, y los asientos registrales derivados de los mismos encuentren un punto de encuentro a efectos de su publicidad. El Registro es el instrumento que asegura esa coordinación entre los Juzgados de lo Mercantil y los distintos registros públicos, así como con los expedientes sobre acuerdos extrajudiciales de pagos.

Y, en segundo lugar, que esa publicidad se obtenga a través de Internet, lo que facilita la accesibilidad a la información concursal. El resultado ha de ser la puesta a disposición de los interesados de una información coordinada y completa.

La puesta en marcha y el mantenimiento del Registro Público Concursal corresponde al Ministerio de Justicia, que encomienda su gestión al Colegio de Registradores de la Propiedad, Mercantiles y de Bienes Muebles de España. En lo que se refiere al funcionamiento del Registro Público Concursal, son los Juzgados, los Registradores Mercantiles, los Notarios y los registros públicos los que proporcionan la información de los distintos concursos y expedientes de acuerdo extrajudicial que se ha de incorporar al Registro.

Al Registro Público Concursal corresponde el almacenamiento y sistematización de toda esa información, facilitando la interconexión con los demás registros, cumpliendo así la función coordinadora prevista en el apartado 7 del artículo 24 de la Ley Concursal.

La publicidad correspondiente a cada procedimiento se producirá con la resolución por la que se deje constancia de la comunicación de negociaciones prevista en el artículo 5 bis o con la apertura de cada concurso, cuyo auto, al igual que las demás resoluciones que se adopten en el proceso concursal, se remitirán al Registro Público Concursal, así como a los correspondientes a los registros públicos que corresponda, de los cuales procederá, a su vez, la información que integrará la sección segunda del Registro

Otro tanto sucede con la publicidad correspondiente a la apertura de negociaciones para alcanzar un acuerdo extrajudicial de pagos, que se producirá con la certificación o copia del acta que acuerde dicha apertura. Y que al igual que los restantes anuncios, actas o resoluciones que se adopten sobre ese expediente, se remitirán al Registro Público Concursal, así como a los correspondientes a los registros públicos que corresponda, de los cuales procederá, a su vez, la información que integrará la sección segunda del Registro.

En cumplimiento del artículo 24 de la Ley Concursal, los asientos que se practiquen como consecuencia de las anteriores comunicaciones en los distintos registros públicos se remitirán también al Registro Público Concursal, de acuerdo con un criterio de integración y coherencia de la información, a la que todos tendrán acceso. Lo mismo sucederá para el Juzgado que tramite el concurso, que irá dando publicidad a las resoluciones que de acuerdo con la Ley Concursal han de incluirse en el Registro Público Concursal.

III

La estructura del Registro Público Concursal es la que se establece en el artículo 198 de la Ley Concursal y consta de tres secciones.

La sección primera dará la publicidad correspondiente a las resoluciones procesales dictadas durante el proceso concursal y a las que deba darse publicidad de acuerdo con la ley. En esta sección se incluyen también aquellas resoluciones que ordene el Juez al amparo de lo dispuesto en el artículo 23.2 de la Ley Concursal.

La sección segunda contiene las resoluciones registrales anotadas en los distintos registros públicos, incluyendo las que declaren la culpabilidad del concursado y las designen o inhabiliten a los administradores concursales.

La sección tercera, relativa a los acuerdos extrajudiciales, contiene la información precisa sobre la iniciación y finalización de los procedimientos para alcanzar los acuerdos extrajudiciales de pagos regulados en el título X de la Ley Concursal, así como las previsiones de publicidad edictal del proceso de homologación judicial de los acuerdos de refinanciación de la disposición adicional cuarta de la Ley Concursal.

IV

Finalmente, este real decreto incluye una previsión relativa a la interconexión del Registro Público Concursal con los registros de resoluciones concursales de los restantes Estados miembros de la Unión Europea, la cual habrá de realizarse de conformidad con las normas europeas que la regulen. De esta forma, en el contexto europeo se reconoce el papel de estos registros como una fuente de información jurídica esencial para facilitar las gestiones de ciudadanos, juristas, Administraciones Públicas, empresas y otros interesados. Estos registros permiten a los bancos, los acreedores, los socios comerciales y los consumidores acceder a información oficial y fiable sobre casos de insolvencia, garantizando la transparencia y la seguridad jurídica en los mercados de la Unión Europea. Esta previsión se refleja también en la regulación de la sección primera del registro, en la que se prevé la publicidad de la apertura de un procedimiento de insolvencia abierto en otro Estado miembro cuando así lo inste el síndico de dicho concurso.

Con esta nueva regulación, el Registro Público Concursal se configura como una herramienta a disposición de los diversos acreedores del concursado y también de la Administración de Justicia, que cuenta con un instrumento que le facilita la comunicación de las resoluciones que adopten los Juzgados de lo Mercantil a los distintos registros públicos, el conocimiento de otras situaciones concursales con las que pueda guardar conexión y de los expedientes de negociación de los acuerdos extrajudiciales de pago. Todo ello debe contribuir a la mejora de la seguridad jurídica en lo que concierne a los concursos de acreedores o sus procedimientos preventivos y a una mayor agilidad procesal.

En su virtud, a propuesta del Ministro de Justicia, de acuerdo con el Consejo de Estado y previa deliberación del Consejo de Ministros en su reunión del día 15 de noviembre de 2013,

Dispongo:

CAPÍTULO I. De las disposiciones generales para el funcionamiento del Registro Público Concursal

– La **Ley 15/2015, de 2 de julio, de la jurisdicción voluntaria**, al regular los expedientes de subastas voluntarias —aplicables siempre que deba procederse, fuera de un procedimiento de apremio, a la enajenación en subasta de bienes o derechos determinados, a instancia del propio interesado (art. 108)— dispone que el secretario judicial consultará el Registro Público Concursal, antes de resolver sobre la solicitud: «*Artículo 111. Tramitación. 1. El Secretario judicial, antes de resolver sobre la solicitud, consultará el Registro Público Concursal a los efectos previstos en la legislación especial. 2. A la vista de la documentación, resolverá lo que proceda sobre la celebración de la subasta. Si acordare su procedencia, el Secretario judicial pondrá en conocimiento del Registro Público Concursal la existencia del expediente con expresa especificación del número de identificación fiscal del titular persona física o jurídica cuyo bien vaya a ser objeto de la subasta. El Registro Público Concursal notificará al Juzgado que esté conociendo del expediente la práctica de cualquier asiento que se lleve a cabo asociado al número de identificación fiscal notificado a los efectos previstos en la legislación concursal. El Secretario judicial pondrá en conocimiento del Registro Público Concursal la finalización del expediente cuando la misma se produzca. 3. Acordada su celebración, si se tratare de la subasta de un bien inmueble o derecho real inscrito en el Registro de la Propiedad o bienes muebles sujetos a un régimen de publicidad registral similar al de aquéllos, el Secretario judicial solicitará por procedimientos electrónicos certificación registral de dominio y cargas. El Registrador de la propiedad expedirá la certificación con información continuada por igual medio y hará constar por nota al margen del bien o derecho esta circunstancia. Esta nota producirá el efecto de indicar la situación de venta en subasta del bien o derecho y caducará a los seis meses de su fecha salvo que con anterioridad el Secretario judicial notifique al Registrador el cierre del expediente o su suspensión, en cuyo caso el plazo se computará desde que el Secretario judicial notifique su reanudación. El Registrador notificará, inmediatamente y de forma telemática, al Secretario judicial y al Portal de Subastas de la Agencia Estatal Boletín Oficial del Estado el hecho de haberse presentado otro u otros títulos que afecten o modifiquen la información inicial. El portal de subastas recogerá la información proporcionada por el Registro de modo inmediato para su traslado a los que consulten su contenido. 4. La subasta se llevará a cabo, en todo caso, de forma electrónica en el Portal de Subastas de la Agencia Estatal Boletín Oficial del Estado, bajo la responsabilidad del Secretario judicial, por lo que serán de aplicación las disposiciones de la Ley de Enjuiciamiento Civil al respecto, en cuanto sean compatibles con lo previsto en este Título. 5. La publicidad y celebración de la subasta se ajustará a lo establecido en la Ley de Enjuiciamiento Civil en todo aquello que no esté previsto en el pliego de condiciones particulares. En los edictos se expresará el pliego de condiciones. 6. Terminada la subasta, el Secretario judicial, mediante decreto, aprobará el remate en favor del único o mejor postor, siempre y cuando cubra el tipo mínimo que hubiera fijado el solicitante o no se hubiere reservado expresamente el derecho a aprobarla, en cuyo caso se le dará vista del expediente para que en el término de tres días pida lo que le interese. Igual comunicación se le dará en el caso de que por algún licitador se hiciere la oferta de aceptar el remate modificando algunas de las condiciones. Si el solicitante aprueba el remate o acepta la proposición, se resolverá teniendo por aprobado el remate en favor del licitador de la misma. 7. Cuando en la subasta no hubiere ningún postor o el solicitante no hubiera aceptado la proposición, se sobreseerá el expediente. 8. El decreto de adjudicación contendrá la descripción del bien o derecho, la identificación de los intervinientes, expresión de las condiciones de la adjudicación y los demás requisitos necesarios, en su caso, para la inscripción registral. Un testimonio de dicha resolución, que se entregará al adjudicatario, será título suficiente para la práctica de las inscripciones registrales que, en su caso, correspondan*».

– La **Ley del Notariado de 28 de mayo de 1862**, al regular el expediente de subasta notarial, contempla la previa consulta al Registro Público Concursal: «*Artículo 73. 1. El Notario, a requerimiento de persona legitimada para instar la venta de un bien, mueble o inmueble, o derecho determinado, procederá a convocar la subasta, previo examen de la solicitud, dando fe de la identidad y capacidad de su promotor y de la legitimación para installa. La subasta será electrónica y se llevará a cabo en el Portal de Subastas de la Agencia Estatal Boletín Oficial del Estado. En todo caso corresponderá al Notario la autorización del acta que refleje las circunstancias esenciales y el resultado de la subasta y, en su caso, la autorización de la correspondiente escritura pública de venta. 2. El solicitante acreditará al Notario la propiedad del bien* *o derecho a subastar o su legitimación para disponer de él, la libertad o estado de cargas del bien o derecho, la situación arrendaticia y posesoria, el estado físico en que se encuentre, obligaciones pendientes, valoración para la subasta y cuantas circunstancias tengan influencia en su valor, así como, en su caso, la representación con que actúe. 3. El Notario, tras comprobar el cumplimiento de los anteriores extremos y previa consulta al Registro Público Concursal a los efectos previstos en la legislación especial, aceptará, en su caso, el requerimiento. Si acordare su procedencia, el Notario pondrá en conocimiento del Registro Público Concursal la existencia del expediente con expresa especificación del número de identificación fiscal del titular persona física o jurídica cuyo bien vaya a ser objeto de la subasta. El Registro Público Concursal notificará al Notario que esté conociendo del expediente la práctica de cualquier asiento que se lleve a cabo asociado al número de identificación fiscal notificado a los efectos previstos en la legislación concursal. El Notario pondrá en conocimiento del Registro Público Concursal la finalización del expediente cuando la misma se produzca. 4. Acordada su celebración, si se tratara de un inmueble o derecho real inscrito en el Registro de la Propiedad o bienes muebles sujetos a un régimen de publicidad registral similar al de aquéllos, el Notario solicitará por procedimientos electrónicos certificación registral de dominio y cargas. El Registrador expedirá la certificación con información continuada por igual medio y hará constar por nota al margen de la finca o derecho esta circunstancia. Esta nota producirá el efecto de indicar la situación de venta en subasta del bien o derecho y caducará a los seis meses de su fecha salvo que con anterioridad el Notario notifique al Registrador el cierre del expediente o su suspensión, en cuyo caso el plazo se computará desde que el Notario notifique su reanudación. El Registrador notificará, inmediatamente y de forma telemática, al Notario y al Portal de Subastas de la Agencia Estatal Boletín Oficial del Estado el hecho de haberse presentado otro u otros títulos que afecten o modifiquen la información inicial. El Portal de Subastas recogerá la información proporcionada por el Registro de modo inmediato para su traslado a los que consulten su contenido».* También se contempla la posible suspensión de la subasta notarial que cause una venta forzosa, y en su caso cierre del expediente, entre otras causas, por la declaración de concurso del deudor o la paralización de las acciones de ejecución, en determinados supuestos: *«Artículo 76. 1. La subasta notarial que cause una venta forzosa solo se podrá suspender, y en su caso cerrar el expediente, con base en las siguientes causas: a) Cuando se presentare al Notario resolución judicial, aunque no sea firme, justificativa de la inexistencia o extinción de la obligación garantizada y en el caso de bienes o créditos registrables, certificación del registro correspondiente acreditativa de estar cancelada la carga o presentada escritura pública de carta de pago o de la alteración en la situación de titularidad o cargas de la finca. El ejecutante deberá consentir expresamente en su continuación pese a la modificación registral del estado de cargas. Tratándose de acciones, participaciones sociales o partes sociales en general, certificación, con firma legitimada notarialmente del administrador o secretario no consejero de la sociedad, acreditativa del asiento de cancelación del derecho real o embargo sobre los derechos del socio. b) Cuando se acredite documentalmente la existencia de causa criminal que pudiere determinar la falsedad del título en virtud del cual se proceda, la invalidez o ilicitud del procedimiento de venta. La suspensión subsistirá hasta el fin del proceso. c) Si se justifica al Notario la declaración de concurso del deudor o la paralización de las acciones de ejecución, en los supuestos previstos en la legislación concursal aunque ya estuvieran publicados los anuncios de la subasta del bien. En este caso solo se alzará la suspensión cuando se acredite, mediante testimonio de la resolución del Juez del concurso, que los bienes o derechos no están afectos, o no son necesarios para la continuidad de la actividad profesional o empresarial del deudor. También se alzará en su caso, cuando se presente la resolución judicial que homologue el acuerdo alcanzado o la escritura pública o la certificación que cierre el expediente junto con su comunicación al Juez competente y al Registro Público Concursal. d) Si se interpusiera demanda de tercería de dominio, acompañando inexcusablemente con ella título de propiedad, anterior a la fecha del título en el que base la subasta. La suspensión subsistirá hasta la resolución de la tercería. e) Si se acreditare que se ha iniciado un procedimiento de subasta sobre los mismos bienes o derechos. Siendo notarial, esta acreditación se realizará mediante copia autorizada o notificación de los sistemas informáticos del Consejo General del Notariado. Estos hechos podrán ponerse en conocimiento del Juzgado correspondiente, a juicio del Notario. 2. En los casos precedentes, si la causa de la suspensión afectare sólo a parte de los bienes o derechos comprendidos en la venta extrajudicial, podrá seguir el procedimiento respecto de los demás, si así lo solicitara el acreedor o promotor del procedimiento. 3. Para el caso de préstamos o créditos personales, o cualquier otro instrumento de financiación hipotecaria o no hipotecaria, sin perjuicio de lo previsto en su normativa especial, se suspenderá la venta extrajudicial cuando se acredite haber plan-*

teado ante el Juez competente el carácter abusivo o no transparente de alguna de las cláusulas que constituya el fundamento de la venta extrajudicial o que hubiese determinado la cantidad exigible. Una vez sustanciada la cuestión y siempre que, de acuerdo con la resolución judicial correspondiente, no se trate de una cláusula abusiva o no transparente que constituya el fundamento de la ejecución o hubiera determinado la cantidad exigible, el Notario podrá proseguir la venta extrajudicial a requerimiento del acreedor o promotor del mismo. 4. La suspensión de la subasta por un periodo superior a 15 días llevará consigo la liberación de las consignaciones o devolución de los avales prestados, retrotrayendo la situación al momento inmediatamente anterior a la publicación del anuncio. La reanudación de la subasta se realizará mediante una nueva publicación del anuncio y una nueva petición de información registral como si de una nueva subasta de tratase. 5. Tratándose de bienes registrables, si la reclamación del acreedor y la iniciación de la venta extrajudicial tuvieran su base en alguna causa que no sea el vencimiento del plazo o la falta de pago de intereses o de cualquier otra prestación a que estuviere obligado el deudor, se suspenderá dicho procedimiento siempre que con anterioridad a la subasta se hubiere hecho constar en el Registro de la Propiedad o de bienes muebles la oposición al mismo, formulada en juicio declarativo. A este efecto, el Juez, al mismo tiempo que ordene la anotación preventiva de la demanda, acordará que se notifique al Notario la resolución recaída».

Artículo 1. *Objeto y finalidad*

1. Este real decreto contiene el régimen de funcionamiento del Registro Público Concursal, al objeto de asegurar la difusión y publicidad de las resoluciones procesales dictadas al amparo de la Ley 22/2003, de 9 de julio, Concursal, y de los asientos registrales derivados del proceso concursal, así como los mecanismos de coordinación entre los diversos registros públicos en los que deban constar la declaración del concurso y sus vicisitudes.

2. El régimen de funcionamiento del Registro Público Concursal asegurará la difusión, coordinación y publicidad de las actas, anuncios y resoluciones procesales dictadas al amparo de la Ley 22/2003, de 9 de julio, Concursal, sobre los acuerdos extrajudiciales, procedimiento de homologación y de los asientos registrales derivados de los mismos.

Artículo 2. *Gestión y organización del Registro Público Concursal*

1. La publicidad de las resoluciones concursales publicadas en el Registro Público Concursal se realizará a través de un portal en Internet que se localizará dentro de la sede electrónica que determine el Ministerio de Justicia.

2. El Registro Público Concursal depende del Ministerio de Justicia y se encuentra adscrito a la Dirección General de los Registros y del Notariado, a la que corresponde dictar cuantos actos o resoluciones de carácter jurídico y técnico den soporte a la actividad del Registro.

3. La gestión material del servicio de publicidad se encomienda al Colegio de Registradores de la Propiedad, Mercantiles y de Bienes Muebles de España, que la realizará a sus expensas y bajo la dependencia del Ministerio de Justicia.

4. Las comunicaciones que se efectúen a través del Registro Público Concursal serán siempre electrónicas, utilizándose canales de comunicación securizados. Las comunicaciones deberán asegurar la seguridad y la integridad de su contenido. Sólo en caso de imposibilidad de emplear medios electrónicos se podrán efectuar las comunicaciones a través de otro medio, de acuerdo con la legislación que resulte aplicable, que asegure, asimismo, la seguridad e integridad de su contenido.

Artículo 3. *Acceso a la información del Registro Público Concursal*

1. El acceso al Registro Público Concursal será público, gratuito y permanente, sin que requiera justificar o manifestar interés legítimo alguno.

2. Las resoluciones procesales se publicarán en el Registro en extracto, que incluirá los datos indispensables para la determinación de su contenido y alcance con indicación de los datos registrables cuando aquéllas hubieran causado anotación o inscripción en los correspondientes registros públicos.

Se adoptarán medidas orientadas a evitar la indexación y recuperación automática de los datos contenidos en el Registro a través de motores de búsqueda desde Internet.

3. En el caso de que la resolución publicable en las secciones primera y tercera fuere susceptible de inscripción en un registro público de personas se indicará que la inscripción o anotación está pendiente o, una vez acceda el certificado correspondiente a la sección segunda, que la resolución en cuestión ha causado asiento de inscripción o anotación con referencia a los correspondientes datos registrales.

4. El Registro contendrá un dispositivo de sellado temporal que permita acreditar de una manera auténtica el inicio de la difusión pública de las resoluciones o información que se incluyan en el mismo.

5. La publicidad de las inhabilitaciones contenidas en las sentencias de calificación que no sean firmes sólo será accesible a los órganos jurisdiccionales y las Administraciones Públicas habilitadas legalmente para recabar la información necesaria para el ejercicio de sus funciones, a menos que no siendo firmes tuvieran acceso al Registro Mercantil u otros registros públicos de personas. A estos efectos, el Director General de los Registros y del Notariado, en colaboración con los responsables de los distintos registros públicos y de conformidad con el Consejo General del Poder Judicial, adoptará las medidas necesarias para asegurar la identidad de los solicitantes de información.

Artículo 4. *Estructura y contenido del Registro*

1. El portal se estructura en tres secciones:

a) Sección primera, de edictos concursales.

b) Sección segunda, de publicidad registral de resoluciones concursales.

c) Sección tercera, de acuerdos extrajudiciales.

2. La publicidad tanto de la primera como de la segunda sección permitirá realizar consultas en atención al nombre, denominación o número de identificación fiscal del deudor o concursado y, con referencia a los correspondientes concursos y resoluciones procesales, por el nombre o denominación de las personas físicas o jurídicas que hubieren sido nombrados o separados como administradores concursales, así como por el número de autos y el número de identificación general del procedimiento y el Juzgado competente. Respecto de las inhabilitaciones de las personas afectadas por la calificación del concurso como culpable se insertará la parte dispositiva de la sentencia de calificación que las hubiere acordado.

3. La sección tercera comprenderá la información y los anuncios que se regulan en el capítulo IV. Su publicidad permitirá realizar consultas en atención al nombre o denominación del deudor y, con referencia a los correspondientes expedientes, por el nombre o

denominación del mediador concursal que hubieren aceptado, así como por el número de identificación fiscal, el número de expediente o procedimiento y el Notario o Registrador Mercantil que lo tramite. En el caso de procedimientos de homologación, por el número de autos y el número de identificación general del procedimiento y el Juzgado competente.

Artículo 5. *Protección de datos personales*

A los efectos de lo establecido por la normativa de protección de datos de carácter personal:

a) La finalidad y uso de los datos incorporados al Registro Público Concursal son los previstos en la Ley Concursal, sin que puedan emplearse para un fin distinto.

b) Las personas de las que se obtendrán datos serán las declaradas en concurso y todas aquellas a que se refieran las resoluciones que se publican de conformidad con la Ley Concursal que no son concursados.

c) Los datos serán los remitidos por los Juzgados de lo Mercantil, los Registradores Mercantiles, los Notarios y por los registros públicos en los que se realicen los asientos previstos en la Ley Concursal.

d) La estructura del Registro y los datos personales incluidos en él se ajustarán a lo establecido en los artículos 3 y 4.

e) Los datos indicados serán públicos, conforme al artículo 198 de la Ley 22/2003, de 9 de julio, en la forma indicada en el artículo 6 de este real decreto.

f) El responsable del Registro Público Concursal es el Ministerio de Justicia.

g) El encargado del tratamiento de los datos del Registro Público Concursal es el Colegio de Registradores de la Propiedad, Mercantiles y de Bienes Muebles de España, y ante él se ejercerán derechos de acceso, rectificación, cancelación y oposición.

h) Se aplicarán a los datos incorporados al Registro Público Concursal las medidas de seguridad de nivel medio.

Artículo 6. *Duración de la publicidad en el Registro Público Concursal y cancelación de sus datos*

Los datos de carácter personal incluidos en las resoluciones concursales y en los asientos registrales insertados en el Registro Público Concursal en cualquiera de sus secciones serán cancelados dentro del mes siguiente a que finalicen sus efectos, sin perjuicio de su disociación para su utilización posterior. En concreto:

a) Los datos relativos a las sentencias firmes en que se ordena la inhabilitación para administrar bienes ajenos, así como para representar a cualquier persona en los términos previstos en el número 2º del apartado 2 del artículo 172 de la Ley Concursal, serán cancelados de oficio en el plazo de dos meses contados desde que hubiere trascurrido el período de inhabilitación establecido en la misma sentencia.

b) También se cancelarán de oficio dentro del mismo plazo anterior los datos relativos a la inhabilitación temporal para ser nombrado administrador en otros concursos en los términos previstos en el apartado 4 del artículo 181 de la Ley Concursal y una vez terminen los efectos de la inhabilitación según lo que se establece en la sentencia de desaprobación de cuentas.

c) Los datos relativos al cese de los administradores concursales o auxiliares delegados en aplicación de lo que establecen los artículos 37, 151, 152 y 153 de la Ley Concursal, se cancelarán transcurrido un plazo de tres años desde la firmeza del auto o de la resolución judicial.

d) Los datos relativos al acuerdo extrajudicial de pagos se cancelarán de oficio transcurridos dos meses desde la publicación del acta notarial de cumplimiento del plan de pagos o desde la firmeza de la resolución judicial que declare la conclusión del concurso consecutivo.

CAPÍTULO II. De la sección primera de edictos concursales

Artículo 7. *Contenido de la sección primera del Registro Público concursal*

1. En la sección primera, de edictos concursales, del Registro Público Concursal se insertarán, ordenadas por deudor o concursado y dentro de cada procedimiento por fecha de su adopción, la resolución por la que se deje constancia de la comunicación de negociaciones prevista en el artículo 5 bis y las resoluciones procesales que deban publicarse conforme a lo previsto en el artículo 23 de la Ley Concursal y demás preceptos que a aquél se remiten.

2. En la sección primera del Registro se insertarán también las resoluciones correspondientes al proceso concursal a las que, por decisión judicial, se deba dar publicidad de acuerdo con la Ley Concursal.

3. También se dará publicidad en esta sección a la apertura de un procedimiento de insolvencia abierto en otro Estado miembro de la Unión Europea cuando así lo solicite el síndico designado por el Tribunal competente de ese Estado o, en su caso, el propio Tribunal, con arreglo a lo dispuesto en la normativa de la Unión Europea sobre procedimientos de insolvencia.

Artículo 8. *Remisión de las resoluciones procesales al Registro Público Concursal*

1. Las resoluciones que deban publicarse en la sección primera del Registro Público Concursal se remitirán desde los Sistemas de Gestión Procesal por el personal del Juzgado de lo Mercantil, bajo la dirección del Secretario judicial, a través de la aplicación electrónica y el modelo que el Registro pondrá a su disposición.

No obstante, cuando no sea posible el traslado de las resoluciones a través de la aplicación electrónica, las mismas serán entregadas al procurador del solicitante del concurso que de inmediato los remitirá al Registro Público Concursal. En estos casos, cuando el concurso se hubiera solicitado por una Administración Pública que actuase representada y defendida por sus servicios jurídicos, la inserción de las resoluciones judiciales se hará en virtud de mandamiento remitido por el Secretario judicial al Registro.

2. En relación con cada una de las resoluciones objeto de publicidad en la sección primera el documento remitido contendrá los siguientes datos:

a) Clase de resolución procesal en atención a su contenido tipificado.

b) Identidad del deudor o concursado por su nombre o denominación social y el número de identidad fiscal si lo tuviere. En caso de concurso de acreedores declarado conjuntamente o acumulados, se expresará esta circunstancia con identificación de los demás concursados.

c) La denominación y número de Juzgado, del Tribunal u Oficina judicial que la hubiere dictado, la identidad del Juez o, en caso de Tribunales colegiados, del ponente o del Secretario judicial cuando se trate de un decreto, el número de autos y la fecha de la resolución, con expresa indicación de si es o no firme.

d) El contenido literal del edicto.

e) Firma del secretario.

Artículo 9. *Remisión de las resoluciones procesales a los registros públicos y a otros registros*

1. Corresponde al personal del Juzgado de lo Mercantil, bajo la dirección del Secretario judicial remitir las resoluciones que se dicten en su Juzgado a los registros públicos de personas y de bienes en los que deban aquéllas inscribirse o anotarse a través de la aplicación electrónica y con el modelo que el Registro pondrá a su disposición. A tal efecto, para el cumplimiento electrónico de los trámites fiscales y registrales y, eventualmente, para la subsanación de los defectos advertidos en la calificación podrá interesarse la tramitación telemática a través de cualquier profesional colaborador de la Administración de Justicia que cuente con los medios adecuados.

No obstante, cuando no sea posible el traslado de las resoluciones a través de la aplicación electrónica será de aplicación lo dispuesto en el apartado 1 del artículo anterior.

2. Si los datos que obran en las actuaciones y el mandamiento se refieren a un sujeto inscribible en el Registro Mercantil, el Secretario judicial, en la forma y con los requisitos previstos en el apartado anterior, solicitará del Registrador Mercantil competente que remita, el mismo día en que se hubiera practicado el correspondiente asiento, certificación telemática del contenido de la resolución dictada por el Juez del concurso al Registro de la Propiedad, al Registro de Bienes Muebles o a cualquier otro registro público de bienes competente, de conformidad con lo previsto en el Reglamento del Registro Mercantil.

3. De igual forma, el personal de la Oficina judicial, bajo la dirección del Secretario judicial remitirá, en función de la naturaleza del concursado, las resoluciones a cualesquiera otros registros en los que se encuentre inscrito, incluidos los registros administrativos.

CAPÍTULO III. De la sección segunda de publicidad registral

Artículo 10. *Contenido de la sección segunda del Registro Público concursal*

En la sección segunda, de publicidad registral, se harán constar en extracto y ordenadas por concursado y fechas, las resoluciones registrales anotadas o inscritas en todos los registros públicos de personas referidos en los apartados 1, 2 y 3 del artículo 24 de la Ley Concursal, incluidos los asientos registrales relativos a las sentencias que declaren concursados culpables o acuerden la designación o inhabilitación de los administradores concursales, y en virtud de certificaciones remitidas de oficio por el encargado del Registro una vez practicado el correspondiente asiento.

También se hará constar en la misma forma las resoluciones registrales anotadas o inscritas en los registros públicos de personas reseñados en el apartado 3 del artículo 233 de la Ley Concursal.

Artículo 11. *Remisión de asientos de los registros públicos al Registro Público Concursal*

1. El mismo día en que se hubiere practicado la inscripción o anotación preventiva de las resoluciones que deban publicarse en la sección segunda, el Registrador competente que estuviere a cargo del correspondiente registro público a que se refiere el artículo 24 de la Ley Concursal expedirá una certificación en extracto del contenido del asiento autorizada con su firma y la remitirá al Registro Público Concursal.

2. La certificación en extracto del Registrador se ajustará al formato que se proporcione por el Registro Público Concursal y contendrá la indicación del tipo de asiento practicado y los datos de inscripción.

3. El encargado del Registro Público Concursal comprobará que la remisión permite la inserción de la resolución en la sección segunda del Registro y, en su caso, comunicará los defectos que impiden su difusión a los efectos de publicidad noticia. La inserción debe practicarse en formato estandarizado en el mismo día de la recepción, con excepción de los supuestos en que el documento ingrese en el Registro en soporte papel, en cuyo caso su publicidad se producirá dentro de los dos días hábiles siguientes.

CAPÍTULO IV. De la sección tercera de acuerdos extrajudiciales

Artículo 12. *Contenido de la sección tercera del Registro Público concursal*

1. En la sección tercera, de acuerdos extrajudiciales, se hará constar, ordenados por deudor, los procedimientos para alcanzar un acuerdo extrajudicial de pagos, con indicación del nombre o denominación del deudor y del mediador concursal, del número de identificación fiscal de ambos, de las fechas de solicitud, de apertura del expediente, de inicio de negociaciones y de finalización de las mismas, así como la información que se indica en los artículos siguientes.

2. En la sección tercera, ordenadas por entidades deudoras, se publicarán el anuncio con el extracto del decreto del Secretario judicial por el que se admite a trámite la solicitud de la homologación, del auto judicial por el que se apruebe la homologación de los acuerdos de refinanciación y de la sentencia que resuelva sobre la impugnación de la homologación en los términos previstos en la disposición adicional cuarta de la Ley Concursal.

Artículo 13. *Remisión de información al Registro Público Concursal*

1. El Notario o el Registrador Mercantil remitirá certificación o copia del acta al Registro Público Concursal para su publicación en la sección tercera de la apertura del expediente, debiendo indicar:

a) La identidad del deudor, incluido su número de identificación fiscal.

b) La fecha en que se ha presentado la solicitud del deudor.

c) La fecha en que se ha admitido la apertura del procedimiento.

d) La fecha de aceptación del mediador concursal.

e) La identidad del mediador concursal, incluido su número de identificación fiscal, y la dirección electrónica en la que los acreedores podrán realizar cualquier comunicación o notificación.

2. El Notario o el Registrador Mercantil comunicará al Registro Público Concursal la finalización de las negociaciones.

En los supuestos del apartado 6 del artículo 235, el apartado 4 del artículo 236 y el apartado 3 del artículo 238, una vez que el mediador concursal haga constar estas circunstancias por acta, el Notario o Registrador Mercantil comunicará la fecha del cierre del expediente y, en su caso, si se ha solicitado declaración de concurso.

3. La información señalada en este precepto que se haya de remitir por el Notario o Registrador Mercantil se ajustará al formato que se proporcione por el Registro Público Concursal.

Artículo 14. *Publicidad del acuerdo extrajudicial de pagos y sus incidencias*

1. Cuando las negociaciones concluyan con la adopción de un acuerdo extrajudicial de pagos, el Notario o Registrador remitirá para su publicación en el Registro Público Concursal anuncio que contendrá los datos que identifiquen al deudor, incluyendo su número de identificación fiscal, el Notario o Registrador competente, el número de expediente de nombramiento del mediador, el nombre del mediador concursal, incluyendo su número de identificación fiscal, y la indicación de que el expediente está a disposición de los acreedores interesados en el Registro Mercantil o Notaría correspondiente para la publicidad de su contenido.

2. En caso de anulación por sentencia del acuerdo extrajudicial de pagos, dicha resolución será remitida para su publicación en la sección tercera del Registro Público Concursal desde los Sistemas de Gestión Procesal por el personal del Juzgado de lo Mercantil, bajo la dirección del Secretario judicial, en la forma prevista en el capítulo II.

3. Cuando el plan de pagos incluido en el acuerdo extrajudicial fuera íntegramente cumplido, el Notario que levante el acta prevista en el artículo 241 de la Ley Concursal remitirá la misma al Registro Público Concursal para su publicación en la sección tercera, de conformidad con el formato que se proporcione por el Registro.

4. Cuando el acuerdo extrajudicial de pagos fuera incumplido, una vez que el mediador concursal haga constar esta circunstancia por acta, el Notario o el Registrador Mercantil lo comunicará al Registro Público Concursal. En todo caso, la publicación en la sección primera del Registro Público Concursal de la declaración de concurso prevista en el artículo 241 de la Ley Concursal se publicará igualmente en la sección tercera, de conformidad con el formato que se proporcione por el Registro.

5. En caso de imposibilidad de alcanzar un acuerdo extrajudicial de pagos o de incumplimiento del plan de pagos aprobado, la resolución que declare el concurso consecutivo, en los términos del artículo 242 de la Ley Concursal, se publicará en la forma prevista en el capítulo II. Dicha publicación determinará el cierre de la sección tercera.

Artículo 15. *Publicidad de la homologación de los acuerdos de refinanciación*

1. Para la remisión al Registro Público Concursal de las resoluciones procesales relativas a la homologación de los acuerdos de refinanciación y de la sentencia que resuelva sobre la impugnación de la homologación será de aplicación lo previsto en el artículo 8.

2. Cuando por sentencia se declare la anulación de la homologación o el incumplimiento del acuerdo de refinanciación homologado, dicha resolución será remitida para su publicación en la sección tercera del Registro Público Concursal desde los Sistemas de Gestión Procesal por el personal del Juzgado de lo Mercantil, bajo la dirección del Secretario judicial, en la forma prevista en el capítulo II.

Disposición adicional primera. *Interconexión con los registros de resoluciones concursales de la Unión Europea*

De conformidad con las normas de la Unión Europea que lo regulen, el Registro Público Concursal podrá conectarse con los registros de resoluciones concursales de los demás Estados miembros, así como con las plataformas comunitarias que al efecto se establezcan, al objeto de facilitar las consultas en materia concursal en la Unión Europea y permitir el conocimiento de los procesos concursales en este ámbito, con los efectos que se prevean.

El acceso al registro concursal desde la plataforma dispuesta al efecto por la Unión Europea se regirá por su normativa específica.

Disposición adicional segunda. *Estadística concursal*

Se habilita al Colegio de Registradores de la Propiedad, Mercantiles y de Bienes Muebles de España para que elabore anualmente una estadística concursal, que se remitirá al Instituto Nacional de Estadística y a la Comisión Nacional de Estadística Judicial. A tal fin, se coordinará la actuación del Colegio de Registradores con el Instituto Nacional de Estadística, contando con la colaboración que presta el Consejo General del Poder Judicial para la elaboración de estadísticas en materia de concursal.

Por resolución conjunta de la Dirección General de los Registros y del Notariado y del Instituto Nacional de Estadística se establecerá el contenido y el procedimiento de envío a éste último de la información relevante a los efectos del cumplimiento de sus funciones.

> – El **Real Decreto 72/2025, de 4 de febrero**, aprueba el Programa anual 2025 del Plan Estadístico Nacional 2025-2028 e incluye la Estadística del Procedimiento Concursal. **Real Decreto 1225/2024, de 3 de diciembre, por el que se aprueba el Plan Estadístico Nacional 2025-2028.**

Disposición transitoria primera. *Resoluciones concursales anteriores a este Real Decreto*

1. El Ministerio de Justicia adoptará las medidas necesarias para incluir en el Registro Público Concursal el contenido de las resoluciones concursales correspondientes a procesos que no hayan terminado en la fecha de su entrada en vigor.

2. Hasta la implantación definitiva del Registro Público Concursal seguirá subsistente el sistema de publicidad concursal regulado en el Real Decreto 685/2005, de 10 de junio.

Disposición transitoria segunda. *Sistema de envío automático*

En cuanto las condiciones técnicas lo permitan, la transmisión de la información prevista en este Real Decreto se realizará directamente desde las aplicaciones de gestión procesal, en la forma que reglamentariamente se determine.

Disposición derogatoria única. *Derogación normativa del Real Decreto 685/2005, de 10 de junio*

Queda derogado el Real Decreto 685/2005, de 10 de junio, sobre publicidad de resoluciones concursales y por el que se modifica el Reglamento del Registro Mercantil, aprobado por el Real Decreto 1784/1996, de 19 de julio, en materia de publicidad registral de las resoluciones concursales, sin perjuicio de su aplicación provisional en los términos del apartado 2 de la disposición transitoria primero.

También quedan derogadas cuantas disposiciones de igual o inferior rango resulten contradictorias e incompatibles con la regulación que se contiene en este real decreto.

Disposición final primera. *Habilitación al Ministro de Justicia*

Se habilita al Ministro de Justicia para dictar cuantas normas sean necesarias para la ejecución de lo dispuesto en este real decreto.

Disposición final segunda. *Competencia del Estado*

Este real decreto se dicta en virtud de las competencias que atribuye al Estado el artículo 149.1.6ª y 8ª de la Constitución Española, en materia de legislación mercantil y de ordenación de los registros e instrumentos públicos.

Disposición final tercera. *Entrada en vigor*

El presente real decreto entrará en vigor a los tres meses de su publicación en el «Boletín Oficial del Estado».

§9. REAL DECRETO 1333/2012, DE 21 DE SEPTIEMBRE, POR EL QUE SE REGULA EL SEGURO DE RESPONSABILIDAD CIVIL Y LA GARANTÍA EQUIVALENTE DE LOS ADMINISTRADORES CONCURSALES

La Ley 38/2011, de 10 de octubre, de reforma de la Ley 22/2003, de 9 de julio, Concursal, introdujo en el sistema concursal español la exigencia de un seguro de responsabilidad civil o de una garantía equivalente proporcional a la naturaleza y alcance del riesgo cubierto para poder actuar como administrador concursal en cualquier clase de concursos de acreedores, habilitando al Gobierno para el desarrollo reglamentario de la correspondiente normal legal.

Haciendo uso de esa habilitación, el presente Real Decreto se ocupa de este nuevo seguro o garantía, que, naturalmente, no impide que, al amparo de la autonomía privada o de otras previsiones legales, los administradores concursales contraten otros seguros específicos e independientes de esa responsabilidad civil, para cubrir más intensamente los riesgos del ejercicio de esa actividad profesional, o introduzcan esa cobertura mínima obligatoria como ampliación de las pólizas de responsabilidad civil profesional de abogados, economistas, titulados mercantiles o auditores.

La única excepción a la exigencia de seguro de responsabilidad civil o garantía equivalente es el caso de que el nombramiento de administrador concursal recaiga en una Administración Pública o una entidad de derecho público vinculada o dependiente de ella cuando se designe para el ejercicio de las funciones propias del cargo a persona natural que ostente la condición de empleado público.

La vigencia del seguro o la garantía equivalente se configura como presupuesto para la aceptación del cargo. De esta forma, los administradores concursales no pueden aceptar su nombramiento sin acreditar convenientemente que gozan de esa cobertura en los términos determinados por este real decreto. Una cobertura que tienen el deber de mantener durante la tramitación del proceso concursal. Al igual que en otros muchos seguros obligatorios, la obligación legal se configura con carácter general, como condición para poder aceptar el nombramiento. No se trata, pues, de un seguro por concurso, sino de un seguro para ser administrador concursal o, más exactamente, para poder aceptar el cargo y para poder desempeñarlo a lo largo del procedimiento.

A fin de que el asegurador pueda conocer el nacimiento del riesgo, se impone al Juzgado la notificación del nombramiento y de la aceptación del administrador concursal. Paralelamente, a fin de que la cobertura esté vigente en todo momento, se imponen singulares deberes de información tanto al administrador concursal como al asegurador de la responsabilidad civil, que habrá de comunicar al Juzgado determinadas modificaciones o vicisitudes de la relación contractual, como la falta de pago de la prima, habiendo de mantenerse la cobertura durante el período de un mes desde que realizó la comunicación.

La suma obligatoriamente asegurada se ha determinado atendiendo a la entidad de los concursos de acreedores que se vienen produciendo en nuestro país, caracterizados por masas activas y pasivas particularmente modestas. Con todo, ese mínimo se eleva por el real decreto bien por el número de concursos en los que se desempeñe la administración concursal, bien por las condiciones subjetivas del deudor común, como es el caso de los denominados concursos de especial transcendencia. La delimitación temporal de la cobertura también resulta fundamental para el buen funcionamiento del seguro y también su correcta delimitación de otras responsabilidades, de tal forma que la prescripción de la acción de responsabilidad de cuatro años sólo se aplica al supuesto de los daños a la masa activa del concurso del apartado 1 del artículo 36 de la Ley 22/2003, de 9 de julio, pero no a las acciones que lesionen intereses del deudor, los acreedores o terceros y que se ejerzan de acuerdo con el apartado 6 de ese mismo artículo. En cualquier caso, las normas de este real decreto se han de completar no sólo con la Ley 22/2003, de 9 de julio, sino también con la Ley 50/1980, de 8 de octubre, de Contrato de Seguro.

Como alternativa al seguro, la Ley 22/2003, de 9 de julio, prevé una garantía equivalente tanto material como temporalmente. El contenido material y temporal de esta garantía se delimita por referencia al contenido del seguro.

En su virtud, a propuesta del Ministro de Justicia, de acuerdo con el Consejo de Estado, y previa deliberación del Consejo de Ministros en su reunión del día 21 de septiembre de 2012, dispongo:

CAPÍTULO I. Disposiciones generales

Artículo 1. *Deber de aseguramiento de la responsabilidad civil del administrador concursal*

Al aceptar el nombramiento, todo administrador concursal deberá acreditar ante el Secretario judicial del Juzgado que conozca del concurso la vigencia de un contrato de seguro o una garantía equivalente por cuya virtud el asegurador o entidad de crédito se obligue, dentro de los límites pactados, a cubrir el riesgo del nacimiento a cargo del propio administrador concursal asegurado de la obligación de indemnizar por los daños y perjuicios causados en el ejercicio de su función.

Artículo 2. *Ámbito subjetivo a la obligación de aseguramiento*

1. El deber de aseguramiento que regula el presente real decreto recae sobre el administrador concursal, ya sea persona natural o jurídica.

2. Cuando la administración concursal sea una persona jurídica, la cobertura del seguro o garantía equivalente incluirá la responsabilidad de los profesionales que actúen por cuenta de ésta.

3. No existirá la obligación de aseguramiento cuando una Administración pública o una entidad de derecho público vinculada o dependiente de la anterior sea nombrada administrador concursal y designe para llevar a cabo tales cometidos a una persona natural que tenga la condición de empleado público. En los demás casos, la obligación de aseguramiento será exigible a la persona natural que hubiera designado.

Tampoco existirá obligación de aseguramiento cuando sea designado administrador concursal el personal técnico de la Comisión Nacional del Mercado de Valores o del Consorcio de Compensación de Seguros.

Artículo 3. *Ámbito objetivo del seguro de responsabilidad civil y de la garantía equivalente*

1. El seguro de responsabilidad civil del administrador concursal o garantía equivalente comprenderá la cobertura del riesgo de nacimiento de la obligación de indemnizar al deudor o a los acreedores por los daños y perjuicios causados a la masa activa del concurso por los actos y omisiones realizados, en el ejercicio de sus funciones, por el administrador concursal o por el auxiliar delegado de cuya actuación sea responsable que sean contrarios a la ley o hayan sido realizados sin la debida diligencia.

Asimismo, el seguro de responsabilidad civil del administrador concursal o garantía equivalente comprenderá la cobertura de los daños y perjuicios por actos u omisiones del administrador concursal que lesionen directamente los intereses del deudor, los acreedores o terceros.

2. Si por sentencia se declarase la responsabilidad del administrador concursal, el seguro cubrirá, además de la indemnización a que se refiere el apartado anterior, los gastos necesarios que hubiera soportado el acreedor que hubiera ejercitado la acción en interés de la masa.

CAPÍTULO II. Seguro de responsabilidad civil de los administradores concursales

SECCIÓN 1ª. Acreditación y vigencia del seguro

Artículo 4. *Comunicación al asegurador*

Aceptado el cargo por el administrador concursal, el Secretario del Juzgado notificará al asegurador el nombramiento y la aceptación, con expresión de las fechas en que se hubieran producido. Asimismo, el Secretario del Juzgado notificará al asegurador el cese del administrador concursal.

Artículo 5. *Duración del contrato*

Cualquiera que sea la duración pactada en la póliza, deberá preverse que el contrato se prorrogará una o más veces por periodos de un año, salvo que cualquiera de las partes se oponga a la prórroga.

En caso de oposición a la prórroga por cualquiera de las partes, el administrador concursal habrá de comunicarlo al Juzgado, sin perjuicio de los deberes de comunicación que se imponen al asegurador en el artículo 7. En todo caso, si el contrato no se prorroga, el administrador concursal habrá de aportar otro contrato de seguro o garantía equivalente antes de que finalice la cobertura de la póliza no prorrogada.

Artículo 6. *Acreditación de la cobertura*

1. Al aceptar el cargo, la vigencia del seguro se acreditará mediante exhibición y testimonio de la póliza y del recibo de la prima correspondiente al período del seguro en curso o, en su caso, del certificado de cobertura expedido por la entidad aseguradora.

En caso de que la aceptación del cargo conlleve el aumento de la cobertura, el administrador concursal exhibirá el seguro de que dispone y efectuará su adaptación a la nueva suma asegurada que le corresponde, de acuerdo con el artículo 8, en el plazo máximo de 15 días, acreditándolo ante el Juzgado.

Cuando la terminación de otros concursos en los que intervenga permita una reducción de la suma asegurada, el administrador concursal podrá efectuar la adaptación de su contrato de seguro, acreditando su nueva cobertura, que siempre deberá cubrir su responsabilidad en el concurso o concursos en que siga desempeñando su función.

2. Durante la tramitación del concurso de acreedores, el administrador concursal deberá acreditar las sucesivas renovaciones del seguro. La renovación del seguro se acreditará ante el Secretario del Juzgado mediante exhibición y testimonio del recibo de la prima por el periodo o periodos sucesivos.

3. La infracción del deber de acreditar la renovación del seguro será justa causa de separación del cargo.

Artículo 7. *Deber de comunicación del asegurador*

1. El asegurador deberá poner de inmediato en conocimiento del Juzgado que conozca del concurso cualquier modificación del seguro, la falta de pago de la prima, la oposición a la prórroga, la suspensión de la cobertura y la extinción del contrato.

2. En tanto no transcurra un mes a contar desde la fecha en que el asegurador hubiera comunicado al Juzgado la extinción o la modificación del seguro que reduzca, limite o suspenda la cobertura o el impago de la prima, subsistirá la cobertura.

SECCIÓN 2ª. Delimitación de la responsabilidad

Artículo 8. *Suma asegurada*

1. La suma mínima asegurada por los hechos generadores de responsabilidad del administrador concursal será de trescientos mil euros.

2. Por excepción a lo establecido en el apartado anterior:

a) La suma mínima asegurada será de ochocientos mil euros cuando, con la aceptación del cargo, el asegurado tenga la condición de administrador concursal en, al menos, tres concursos de acreedores de carácter ordinario.

b) La suma asegurada será de un millón quinientos mil euros cuando se trate de concurso de especial trascendencia, de acuerdo con lo establecido en el artículo 27 bis de la Ley 22/2003, de 9 de julio, Concursal.

c) La suma asegurada será de tres millones de euros cuando concurra cualquiera de las siguientes circunstancias:

1º Cuando se trate del concurso de una entidad emisora de valores o instrumentos derivados que se negocien en un mercado secundario oficial, de una entidad encargada de regir la negociación, compensación o liquidación de esos valores o instrumentos, o de una empresa de servicios de inversión.

2º Cuando se trate del concurso de una entidad de crédito o de una entidad aseguradora.

3. La suma asegurada comprenderá tanto los daños y perjuicios como los gastos a que se refiere el apartado 2 del artículo 3.

4. Cuando el administrador concursal sea una persona jurídica, la cuantía de la suma asegurada será de dos millones de euros.

No obstante, la suma asegurada será de cuatro millones de euros cuando la persona jurídica ejerza las funciones de administración concursal en alguno de los supuestos que se indican en la letra c) del apartado 2 de este artículo.

Artículo 9. *Delimitación temporal*

1. La cobertura del asegurador comprenderá las reclamaciones presentadas contra el asegurado durante el ejercicio de su función o en los cuatro años siguientes a la fecha en la que el administrador concursal cesó en el cargo por cualquier causa, siempre y cuando dichas reclamaciones tuvieran su fundamento en los daños y perjuicios causados a la masa activa durante el período en el que ostente la condición de administrador concursal en el proceso de que se trate.

Las acciones de responsabilidad que puedan corresponder al deudor, a los acreedores o a terceros por actos u omisiones de los administradores concursales que lesionen directamente los intereses de aquéllos, tienen un plazo de prescripción de un año.

2. La reclamación del perjudicado podrá producirse en un proceso judicial, que se sustanciará ante el Juez que conozca o haya conocido el concurso.

Artículo 10. *Coberturas adicionales*

El seguro de responsabilidad civil acreditado en el concurso de acreedores por el administrador concursal podrá incluir otras coberturas que libremente se pacten entre las partes, así como ampliar el ámbito y los límites de cobertura.

Artículo 11. *Acción directa*

1. El perjudicado o sus herederos tendrán acción directa contra el asegurador para exigirle el cumplimiento de la obligación de indemnizar en los términos previstos por la Ley 50/1980, de 8 de octubre, de Contrato de Seguro.

2. A los efectos de ejercicio de la acción directa, el asegurado estará obligado a manifestar al tercero perjudicado o a sus herederos la existencia del contrato de seguro.

CAPÍTULO III. Garantía equivalente

Artículo 12. *Garantía equivalente al seguro de responsabilidad civil*

El administrador concursal podrá sustituir el aseguramiento regulado en este real decreto por una garantía solidaria de contenido equivalente constituida por entidad de crédito que pueda prestar garantías de este tipo por el importe que corresponda según lo establecido en el artículo 8, que deberá mantener su vigencia hasta que transcurran cuatro años desde la fecha en la que el administrador concursal cesó en el cargo por cualquier causa.

Disposición transitoria única. *Actualización de los contratos de seguro vigentes*

Los contratos de seguro de responsabilidad civil o garantías equivalentes que se hubieran suscrito con ocasión del nombramiento como administrador concursal con posterioridad al 1 de enero de 2012, deberán adecuarse a las condiciones establecidas en este real decreto en un plazo de dos meses a contar desde su entrada en vigor.

Disposición final primera. *Título competencial*

Este real decreto se dicta al amparo de la competencia estatal en materia de legislación mercantil y civil prevista en el artículo 149.1.6ª y 8ª de la Constitución Española.

Disposición final segunda. *Entrada en vigor*

Este Real Decreto entrará en vigor el día siguiente a su publicación en el «Boletín Oficial del Estado».

§10. REGLAMENTO (UE) 2015/848 DEL PARLAMENTO EUROPEO Y DEL CONSEJO, DE 20 DE MAYO DE 2015, SOBRE PROCEDIMIENTOS DE INSOLVENCIA

– El **Reglamento (UE) 2015/848 del Parlamento y del Consejo de 20 de mayo de 2015 sobre procedimientos de insolvencia** es aplicable a partir del 26 de junio de 2017, con excepción de: a) el artículo 86, que se aplica a partir del 26 de junio de 2016; b) el artículo 24, apartado 1, que se aplica a partir del 26 de junio de 2018, y c) el artículo 25, que se aplica a partir del 26 de junio de 2019. El referido Reglamento deroga el **Reglamento (CE) nº 1346/2000, del Consejo, de 29 de mayo de 2000, sobre procedimientos de insolvencia** (las referencias al Reglamento derogado se entienden hechas al Reglamento (UE) 2015/848, con arreglo a la tabla de correspondencias que figura en el Anexo D).

EXPOSICIÓN DE MOTIVOS

EL PARLAMENTO EUROPEO Y EL CONSEJO DE LA UNIÓN EUROPEA
Visto el Tratado de Funcionamiento de la Unión Europea y, en particular, su artículo 81,
Vista la propuesta de la Comisión Europea,
Previa transmisión del proyecto de acto legislativo a los Parlamentos nacionales,
Visto el dictamen del Comité Económico y Social Europeo (1),
De conformidad con el procedimiento legislativo ordinario (2),
Considerando lo siguiente:

(1) El 12 de diciembre de 2012, la Comisión adoptó su informe sobre la aplicación del Reglamento (CE) nº 1346/2000 del Consejo (3). El informe concluye que el Reglamento funciona correctamente en general, pero que sería conveniente mejorar la aplicación de algunas de sus disposiciones con el fin de reforzar la eficaz administración de los procedimientos de insolvencia transfronterizos. Puesto que dicho Reglamento se ha modificado varias veces y procede introducir más modificaciones, conviene refundirlo en aras de la claridad.

(2) La Unión persigue el objetivo de establecer un espacio de libertad, seguridad y justicia.

(3) El buen funcionamiento del mercado interior exige que los procedimientos transfronterizos de insolvencia se desarrollen de forma eficaz y eficiente. La adopción del presente Reglamento es necesaria para alcanzar dicho objetivo, que se incluye en el ámbito de cooperación judicial en materia civil con arreglo al artículo 81 del Tratado.

(4) Las actividades empresariales tienen cada vez más repercusiones transfronterizas por lo que cada vez con mayor frecuencia están siendo reguladas por el Derecho de la Unión. La insolvencia de dichas empresas afecta al buen funcionamiento del mercado interior, y es necesario un acto de la Unión que exija la coordinación de las medidas que deban adoptarse respecto de los bienes del deudor insolvente.

(5) Para el buen funcionamiento del mercado interior es necesario evitar que las partes encuentren incentivos para transferir bienes o litigios de un Estado miembro a otro, en bus-

ca de una posición jurídica más favorable en detrimento del conjunto de los acreedores (búsqueda de un foro de conveniencia).

(6) El presente Reglamento debe incluir disposiciones que regulen la competencia para la apertura de procedimientos de insolvencia y de acciones que se deriven directamente de dichos procedimientos y guarden una estrecha vinculación con ellos. Asimismo, el presente Reglamento debe contener disposiciones relativas al reconocimiento y la ejecución de las resoluciones judiciales dictadas en dichos procedimientos, así como disposiciones relativas a la ley aplicable a los procedimientos de insolvencia. Adicionalmente, el presente Reglamento debe establecer normas sobre la coordinación de los procedimientos de insolvencia relativos a un mismo deudor o a varios miembros de un mismo grupo de sociedades.

(7) La quiebra, los convenios entre quebrado y acreedores y demás procedimientos análogos, así como las acciones relacionadas con esos procedimientos, están excluidos del ámbito de aplicación del Reglamento (UE) nº 1215/2012 del Parlamento Europeo y del Consejo (4). Dichos procedimientos deben quedar sujetos al presente Reglamento. En la mayor medida posible, la interpretación del presente Reglamento debe evitar resquicios normativos entre ambos instrumentos. Sin embargo, el mero hecho de que un procedimiento nacional no figure en la lista del anexo A del presente Reglamento no ha de significar que esté sujeto al Reglamento (UE) nº 1215/2012.

(8) Para alcanzar el objetivo de mejorar la eficacia y eficiencia en los procedimientos de insolvencia con repercusiones transfronterizas es necesario y oportuno que las disposiciones sobre competencia judicial, reconocimiento y Derecho aplicable en este ámbito se recojan en un instrumento de la Unión vinculante y directamente aplicable en los Estados miembros.

(9) El presente Reglamento debe ser aplicable a los procedimientos de insolvencia que cumplan las condiciones establecidas en él, independientemente de que el deudor sea una persona física o jurídica, un comerciante o un particular. Esos procedimientos de insolvencia se enumeran exhaustivamente en el anexo A. Respecto a los procedimientos nacionales recogidos en el anexo A, el presente Reglamento debe aplicarse sin necesidad de examen ulterior alguno por los órganos jurisdiccionales de otro Estado miembro acerca del cumplimiento de las condiciones establecidas en el presente Reglamento. Los procedimientos nacionales de insolvencia que no estén enumerados en el anexo A deben quedar excluidos del presente Reglamento.

(10) El ámbito de aplicación del presente Reglamento debe ampliarse a los procedimientos que promueven el rescate de empresas viables económicamente a pesar de estar en dificultades, y que ofrecen una segunda oportunidad a los empresarios. En particular, debe ampliarse a los procedimientos que estén dirigidos a la reestructuración de un deudor en una fase en la que la insolvencia es solo una probabilidad, o que permitan al deudor conservar el control total o parcial de sus bienes y negocios. También debe hacerse extensivo a los procedimientos que prevean una condonación o reestructuración de la deuda de los consumidores y de los trabajadores autónomos, por ejemplo reduciendo la cuantía que deba pagar el deudor o ampliando el plazo de pago que se le hubiera concedido. Dado que esos procedimientos no implican necesariamente el nombramiento de un

administrador concursal, deben estar sujetos al presente Reglamento si se desarrollan bajo el control o la supervisión de un órgano jurisdiccional. En este contexto, el término «control» debe incluir aquellas situaciones en las que el órgano jurisdiccional solo intervenga a instancia de un acreedor u otras partes interesadas.

(11) El presente Reglamento debe aplicarse también a los procedimientos en los que se acuerde una suspensión temporal de las acciones de ejecución interpuestas por acreedores individuales cuando dichas acciones puedan afectar de manera desfavorable a las negociaciones y obstaculizar las perspectivas de reestructurar la actividad mercantil del deudor. Dichos procedimientos no deben causar perjuicio al conjunto de los acreedores y, en caso de que no pueda llegarse a un acuerdo sobre un plan de reestructuración, deben preceder a otros procedimientos incluidos en el presente Reglamento.

(12) El presente Reglamento debe aplicarse a los procedimientos cuya apertura esté sujeta a publicidad con el fin de permitir a los acreedores conocer los procedimientos y presentar sus créditos, asegurando de ese modo el carácter colectivo de los procedimientos, y con el fin de ofrecer a los acreedores la posibilidad de impugnar la competencia del órgano jurisdiccional que los haya abierto.

(13) En consecuencia, deben excluirse del ámbito de aplicación del presente Reglamento los procedimientos de insolvencia que tengan carácter confidencial. Aunque tales procedimientos pueden desempeñar un papel importante en algunos Estados miembros, su confidencialidad hace imposible que un acreedor o un órgano jurisdiccional de otro Estado miembro pueda saber que se ha abierto un procedimiento de este tipo, por lo que resulta difícil garantizar el reconocimiento de sus efectos en toda la Unión.

(14) Los procedimientos colectivos regulados por el presente Reglamento deben incluir a la totalidad o una parte significativa de los acreedores con los que el deudor tenga contraída la totalidad o una parte sustancial de su deuda pendiente, siempre que ello no afecte a los créditos de los acreedores que no sean parte en tales procedimientos. Deben incluir asimismo los procedimientos en los que únicamente concurran los acreedores financieros del deudor. Los procedimientos en los que no concurran todos los acreedores del deudor deben ser procedimientos destinados a rescatar al deudor. Los procedimientos que conduzcan a un cese definitivo de las actividades del deudor o a la liquidación de sus activos deben incluir a todos los acreedores del deudor. Por otra parte, el hecho de que, en algunos procedimientos de insolvencia de personas físicas, determinadas categorías de créditos, como los derechos a alimentos, no puedan acogerse a una condonación de la deuda no significa que tales procedimientos no sean colectivos.

(15) El presente Reglamento debe aplicarse asimismo a los procedimientos que, en virtud del Derecho de algunos Estados miembros, se abren y se desarrollan durante un tiempo a título temporal o provisional, hasta que un órgano jurisdiccional dicte un auto que confirme la continuación del procedimiento sobre una base que no sea provisional. Pese a su denominación de «provisional», esos procedimientos deben cumplir todos los demás requisitos del presente Reglamento.

(16) El presente Reglamento se debe aplicar a los procedimientos que se basen en la legislación en materia de insolvencia. Sin embargo, los procedimientos que se basen en disposiciones generales del Derecho de sociedades que no estén concebidas exclusiva-

mente para situaciones de insolvencia no deben considerarse procedimientos basados en la legislación en materia de insolvencia. De igual modo, los procedimientos a efectos de la reestructuración de la deuda no deben incluir los procedimientos específicos en los que se amorticen las deudas de las personas físicas con rentas muy bajas y un patrimonio de muy escaso valor, siempre que este tipo de procedimientos no establezca en ninguna circunstancia disposiciones para el pago a los acreedores.

(17) El ámbito de aplicación del presente Reglamento debe ampliarse a procedimientos derivados de situaciones en las que el deudor se enfrente a dificultades que no sean financieras, siempre que esas dificultades supongan una amenaza real y seria para la capacidad actual y futura del deudor de pagar sus deudas al vencimiento de estas. El marco temporal indicado para determinar la existencia de tal amenaza puede extenderse a un período de varios meses o incluso más para tener en cuenta los casos en que el deudor se enfrente a dificultades que no sean financieras que hagan peligrar la situación de su empresa y, a medio plazo, su liquidez. Esto puede suceder, por ejemplo, cuando el deudor haya perdido un contrato de importancia clave para este.

(18) El presente Reglamento debe entenderse sin perjuicio de las normas relativas a la recuperación de las ayudas públicas de las sociedades en situación de insolvencia, según ha interpretado la jurisprudencia del Tribunal de Justicia de la Unión Europea.

(19) Los procedimientos de insolvencia relativos a empresas de seguros, entidades de crédito, empresas de inversión y otras sociedades, instituciones o empresas sujetos a la Directiva 2001/24/CE del Parlamento Europeo y del Consejo (5) y los relativos a organismos de inversión colectiva deben excluirse del ámbito de aplicación del presente Reglamento dado que todos están sujetos a regímenes especiales y que las autoridades nacionales de control disponen de amplias competencias de intervención.

(20) Los procedimientos de insolvencia no implican necesariamente la intervención de una autoridad judicial. Así pues, el término «órgano jurisdiccional» en el presente Reglamento debe entenderse, en determinadas disposiciones, en un sentido amplio e incluir a la persona u órgano legitimado por el Derecho nacional para abrir procedimientos de insolvencia. A efectos de la aplicación del presente Reglamento, los procedimientos, que incluyen las diligencias y formalidades legalmente estipuladas, no solo deben cumplir lo dispuesto en este, sino que también deben estar reconocidos oficialmente y tener eficacia jurídica en el Estado miembro en el que se abra el procedimiento de insolvencia.

(21) Los administradores concursales se definen en el presente Reglamento y se enumeran en el anexo B. Los administradores concursales nombrados sin la intervención de un órgano judicial deben estar debidamente regulados y autorizados para actuar en procedimientos de insolvencia en virtud del Derecho nacional. El marco normativo nacional debe establecer las disposiciones adecuadas para resolver posibles conflictos de intereses.

(22) El presente Reglamento acepta el hecho de que la disparidad de las normas sustantivas entre los Estados miembros no permite la aplicación de un único procedimiento de insolvencia de alcance universal en toda la Unión. En este contexto, la aplicación sin excepciones del Derecho del Estado de apertura del procedimiento llevaría con frecuencia a situaciones difíciles. Así sucede, por ejemplo, en el caso de las muy diferentes normativas nacionales en materia de garantías que pueden encontrarse en los Estados miembros.

Asimismo, los derechos de prelación de que gozan algunos acreedores en el procedimiento de insolvencia son, en algunos casos, completamente diferentes. En la próxima revisión del presente Reglamento será necesario determinar medidas adicionales a fin de mejorar el orden de prelación de los trabajadores a escala europea. El presente Reglamento debe tener en cuenta dicha disparidad de las normas nacionales de dos maneras distintas. Por una parte, deben preverse normas especiales de Derecho aplicable para el supuesto de derechos y relaciones jurídicas que revistan especial importancia (por ejemplo, derechos reales y contratos de trabajo). Por otra parte, junto a un procedimiento de insolvencia principal de alcance universal, también deben autorizarse procedimientos nacionales que se apliquen exclusivamente a los bienes situados en el Estado de apertura del procedimiento.

(23) El presente Reglamento permite que los procedimientos de insolvencia principales se inicien en el Estado miembro en que el deudor tenga el centro de sus intereses principales. Dichos procedimientos tienen alcance universal y su objetivo es que se apliquen a todos los bienes del deudor. Con objeto de proteger la diversidad de intereses, el presente Reglamento permite que se inicien procedimientos de insolvencia secundarios paralelamente al procedimiento de insolvencia principal. Se permite abrir procedimientos de insolvencia secundarios en el Estado miembro en que el deudor tenga un establecimiento. Los efectos de los procedimientos de insolvencia secundarios están limitados a los bienes situados en dicho Estado. La necesidad de congruencia dentro de la Unión se satisface mediante disposiciones imperativas de coordinación con el procedimiento de insolvencia principal.

(24) Cuando el procedimiento de insolvencia principal relativo a una persona jurídica o una sociedad se haya abierto en un Estado miembro distinto de aquel en el que se encuentra su domicilio social, debe ser posible abrir procedimientos de insolvencia secundarios en el Estado miembro en el que se encuentre el domicilio social, a condición de que el deudor esté ejerciendo en dicho Estado una actividad económica con medios humanos y materiales, de conformidad con la jurisprudencia del Tribunal de Justicia de la Unión Europea.

(25) El presente Reglamento se aplica solamente a los procedimientos relativos a deudores cuyo centro de intereses principales esté situado en la Unión.

(26) Las normas de competencia judicial del presente Reglamento solo determinan la competencia internacional, es decir, designan al Estado miembro cuyos órganos jurisdiccionales pueden abrir un procedimiento de insolvencia. La competencia territorial dentro de ese Estado miembro debe ser determinada por su Derecho nacional.

(27) Antes de abrir un procedimiento de insolvencia, el órgano jurisdiccional competente debe examinar de oficio si el centro de intereses principales o el establecimiento del deudor están realmente situados dentro de su ámbito de competencia.

(28) Al determinar si el centro de intereses principales del deudor puede ser reconocible por terceros, debe prestarse una especial atención a los acreedores y a su percepción del lugar en el que el deudor lleva a cabo la gestión de sus intereses. Ello puede requerir, en caso de traslado del centro de intereses principales, que se informe a los acreedores a su debido tiempo de la nueva ubicación desde la cual el deudor está ejerciendo sus activi-

dades, por ejemplo advirtiendo del cambio de dirección en la correspondencia comercial o haciendo pública la nueva ubicación mediante otros medios adecuados.

(29) El presente Reglamento debe contener una serie de salvaguardias destinadas a evitar foros de conveniencia fraudulentos o abusivos.

(30) Así pues, la presunción de que el domicilio social, el centro principal de actividad y la residencia habitual son el centro de intereses principales debe ser refutable, y el órgano jurisdiccional competente de un Estado miembro debe valorar cuidadosamente si el centro de los intereses principales del deudor está realmente situado en ese Estado miembro. En el caso de una sociedad, debe ser posible destruir esa presunción cuando el lugar de la administración central de la sociedad esté situado en un Estado miembro distinto de aquel en el que esté su domicilio social, y cuando de una valoración conjunta de todas las circunstancias pertinentes se establezca, de forma que pueda ser reconocible por terceros, que el centro efectivo de dirección y control de dicha sociedad y de la gestión de sus intereses está situado en ese otro Estado miembro. Tratándose de una persona que no ejerza una actividad mercantil o profesional independiente, debe ser posible destruir dicha presunción, por ejemplo, en el supuesto de que la mayor parte de los bienes del deudor esté situada fuera del Estado miembro en el que reside habitualmente, o cuando pueda establecerse que la principal razón de su traslado haya sido tramitar los procedimientos de insolvencia en la nueva jurisdicción y ello perjudicase materialmente los intereses de los acreedores cuyos créditos con el deudor hayan nacido antes del traslado.

(31) Con el mismo objetivo de evitar foros de conveniencia fraudulentos o abusivos, la presunción de que el centro de intereses principales se encuentra en el domicilio social, o en el centro principal de actividad o en la residencia habitual de la persona física de que se trate, no debe ser aplicable cuando, tratándose de una sociedad, de una persona jurídica o de una persona física que ejerza una actividad mercantil o profesional independiente, el deudor haya trasladado su domicilio social o centro principal de actividad a otro Estado miembro dentro de los tres meses anteriores a la solicitud de apertura de los procedimientos de insolvencia, o tratándose de una persona que no ejerza una actividad mercantil o profesional independiente, el deudor haya trasladado su residencia habitual a otro Estado miembro dentro de los seis meses anteriores a la solicitud de apertura de los procedimientos de insolvencia.

(32) En todo caso, cuando las circunstancias del asunto susciten dudas sobre la competencia del órgano jurisdiccional, este debe exigir al deudor que aporte pruebas adicionales que respalden sus declaraciones y, en caso de que la ley aplicable a los procedimientos de insolvencia lo permita, ofrecer a los acreedores la posibilidad de presentar sus observaciones sobre la cuestión de la competencia jurisdiccional.

(33) Cuando el órgano jurisdiccional ante el que se haya presentado la solicitud de apertura de un procedimiento de insolvencia concluya que el centro de intereses principales no está situado en su territorio, no abrirá el procedimiento de insolvencia principal.

(34) Por añadidura, todo acreedor del deudor debe tener acceso a una tutela judicial efectiva frente a la resolución de apertura de un procedimiento de insolvencia. La consecuencia de la impugnación de la resolución de apertura de un procedimiento de insolvencia debe regirse por el Derecho nacional.

(35) Los órganos jurisdiccionales del Estado miembro en cuyo territorio se haya abierto un procedimiento de insolvencia también deben ser competentes para conocer de las acciones que se deriven directamente de dicho procedimiento y que guarden una estrecha vinculación con este. Esas acciones deben incluir las acciones revocatorias frente a los demandados en otros Estados miembros, así como las acciones relacionadas con las obligaciones que surjan en el transcurso de los procedimientos de insolvencia, como los pagos anticipados de las costas procesales. En cambio, las acciones destinadas al cumplimiento de las obligaciones contraídas mediante contratos celebrados por el deudor con anterioridad a la apertura de los procedimientos no derivan directamente de estos últimos. Cuando una acción de este tipo guarde relación con otra acción basada en normas generales del Derecho civil y mercantil, el administrador concursal debe poder acumular ambas acciones ante los órganos jurisdiccionales del lugar de domicilio del demandado si considera más eficaz interponer la acción en ese foro. Tal puede ser el caso, por ejemplo, cuando el administrador concursal desee ejercitar una acción basada en el Derecho de insolvencia por la responsabilidad de un administrador junto con una acción basada en el Derecho de sociedades o en el Derecho general en materia de responsabilidad civil.

(36) El órgano jurisdiccional competente para abrir el procedimiento de insolvencia principal debe estar facultado para ordenar medidas provisionales y cautelares desde el momento mismo de la solicitud de apertura del procedimiento. Las medidas cautelares y provisionales, ya sean anteriores o posteriores al inicio del procedimiento de insolvencia, son importantes para garantizar la eficacia del mismo. El presente Reglamento contempla a este respecto varias posibilidades. Por un lado, el órgano jurisdiccional competente para el procedimiento de insolvencia principal debe también estar facultado para ordenar medidas provisionales y cautelares respecto de los bienes situados en el territorio de otros Estados miembros. Por otro, el administrador concursal nombrado provisionalmente con anterioridad al procedimiento principal debe estar facultado para solicitar, en los Estados miembros en que se encuentre un establecimiento del deudor, las medidas cautelares que sean posibles en virtud del Derecho de dichos Estados miembros.

(37) Antes de la apertura del procedimiento de insolvencia principal, el derecho a solicitar la incoación de un procedimiento de insolvencia en el Estado miembro en que el deudor tenga un establecimiento debe estar limitado a los acreedores locales y a las autoridades públicas, o a los casos en que el procedimiento de insolvencia principal no pueda abrirse con arreglo al Derecho del Estado miembro en el que el deudor tenga el centro de sus intereses principales. El motivo de esta restricción es limitar a los casos estrictamente indispensables las solicitudes de apertura de procedimientos de insolvencia territoriales previas al procedimiento de insolvencia principal.

(38) El presente Reglamento no restringe el derecho a solicitar la apertura de un procedimiento de insolvencia en un Estado miembro en que el deudor tenga un establecimiento una vez abierto el procedimiento de insolvencia principal. El administrador concursal del procedimiento de insolvencia principal o cualquier otra persona facultada en virtud del Derecho nacional de dicho Estado miembro puede solicitar la apertura de un procedimiento de insolvencia secundario.

(39) El presente Reglamento debe incluir normas para determinar la localización de los bienes del deudor, y estas normas deben aplicarse a la hora de determinar qué bienes corresponden al procedimiento de insolvencia principal y cuáles a los procedimientos de insolvencia secundarios, o sobre las situaciones en que existan derechos reales de terceros. En particular, en el presente Reglamento se ha de establecer que en los procedimientos de insolvencia principales solamente deben incluirse las patentes europeas con efecto unitario, las marcas comunitarias u otros derechos análogos, como la protección comunitaria de las obtenciones vegetales o los dibujos y modelos comunitarios.

(40) Los procedimientos de insolvencia secundarios pueden tener distintos objetivos, además de la protección de los intereses locales. Pueden darse casos en que la masa del deudor sea demasiado compleja para ser administrada unitariamente, o en que las diferencias entre los ordenamientos jurídicos de que se trate sean tan grandes que puedan surgir dificultades por el hecho de que los efectos derivados del Derecho del Estado de apertura del procedimiento se extiendan a los demás Estados miembros en que estén situados los bienes. Por ese motivo, el administrador concursal del procedimiento de insolvencia principal puede solicitar la apertura de un procedimiento de insolvencia secundario cuando así lo requiera la eficaz administración de la masa.

(41) Los procedimientos de insolvencia secundarios también pueden entorpecer la eficaz administración de la masa. En consecuencia, el presente Reglamento contempla dos situaciones específicas en las que el órgano jurisdiccional ante el cual se solicite la apertura de un procedimiento de insolvencia secundario, a instancia del administrador concursal del procedimiento de insolvencia principal, ha de poder aplazar o denegar la apertura de dicho procedimiento.

(42) En primer lugar, el presente Reglamento ofrece al administrador concursal del procedimiento de insolvencia principal la posibilidad de contraer el compromiso con los acreedores locales de que van a recibir el mismo trato que si se hubiesen abierto procedimientos de insolvencia secundarios. Ese compromiso debe reunir una serie de requisitos previstos en el presente Reglamento, en particular, ser aprobado por una mayoría cualificada de los acreedores locales. Una vez contraído ese compromiso, el órgano jurisdiccional ante el que se haya solicitado la apertura de un procedimiento de insolvencia secundario debe poder denegar la solicitud cuando considere que el compromiso protege adecuadamente los intereses generales de los acreedores locales. A la hora de valorar esos intereses, el órgano jurisdiccional debe tener en cuenta la aprobación del compromiso por una mayoría cualificada de los acreedores locales.

(43) A los efectos de contraer un compromiso con los acreedores locales, los bienes y derechos situados en el Estado miembro en el que el deudor tenga un establecimiento deben formar una subcategoría dentro de la masa y, al distribuir dichos bienes y derechos o los importes percibidos por su realización, el administrador concursal del procedimiento de insolvencia principal debe respetar los derechos de prelación que tendrían los acreedores locales si se hubieran abierto procedimientos de insolvencia secundarios en dicho Estado miembro.

(44) El Derecho nacional debe ser aplicable, según corresponda, en relación con la aprobación de un compromiso. En particular, en caso de que, con arreglo al Derecho

nacional, las normas de votación aplicables a la adopción de un plan de reestructuración exijan el reconocimiento previo de los créditos de los acreedores, estos créditos deben considerarse asimismo reconocidos a efectos de la votación del compromiso. En caso de que en virtud del Derecho nacional existan distintos procedimientos para la adopción de planes de reestructuración, los Estados miembros deben determinar el procedimiento concreto que haya de aplicarse en este contexto.

(45) En segundo lugar, el presente Reglamento debe prever la posibilidad de que el órgano jurisdiccional suspenda temporalmente la apertura de los procedimientos de insolvencia secundarios cuando en el procedimiento de insolvencia principal se haya acordado una suspensión temporal de los procedimientos de ejecución individual, a fin de preservar la eficacia de la suspensión acordada en el procedimiento de insolvencia secundario. El órgano jurisdiccional debe poder acordar la suspensión temporal cuando compruebe que se han establecido las medidas adecuadas para proteger el interés general de los acreedores locales. En ese supuesto, todos aquellos acreedores que pudieran verse afectados por el resultado de las negociaciones de un plan de reestructuración deben ser informados de su desarrollo y poder participar en ellas.

(46) A fin de garantizar la eficaz protección de los intereses locales, el administrador concursal del procedimiento de insolvencia principal no debe poder liquidar o trasladar de manera abusiva los bienes situados en el Estado miembro en el que esté ubicado un establecimiento, en particular con objeto de frustrar la posibilidad de que se satisfagan efectivamente tales intereses si posteriormente se abriese un procedimiento de insolvencia secundario.

(47) Nada de lo dispuesto en el presente Reglamento debe impedir que los órganos jurisdiccionales del Estado miembro en el que se haya abierto un procedimiento de insolvencia secundario sancionen a los administradores sociales del deudor por cualquier incumplimiento de sus obligaciones, siempre que dichos órganos jurisdiccionales sean competentes para resolver esos litigios en virtud de su Derecho nacional.

(48) El procedimiento de insolvencia principal y los procedimientos de insolvencia secundarios pueden contribuir a una eficaz administración de la masa del deudor o a la liquidación efectiva de la masa activa si existe una cooperación adecuada entre los actores que intervengan en todos los procedimientos paralelos. Una cooperación adecuada implica que los diferentes administradores concursales y órganos jurisdiccionales involucrados colaboren estrechamente, en particular, mediante un intercambio suficiente de información. Para asegurar el papel predominante del procedimiento de insolvencia principal deben ofrecerse al administrador concursal de dicho procedimiento varias posibilidades de intervención en procedimientos de insolvencia secundarios paralelos. En particular, el administrador concursal debe poder proponer un plan de reestructuración o convenio, o bien solicitar el aplazamiento de la liquidación de la masa en el procedimiento de insolvencia secundario. Al cooperar, los administradores concursales y los órganos jurisdiccionales deben tener en cuenta las mejores prácticas de cooperación en asuntos de insolvencia transfronteriza establecidas en los principios y directrices sobre comunicación y cooperación adoptados por las organizaciones europeas e internacionales que trabajan en el ámbito del Derecho de insolvencia y, en particular, las orientaciones pertinentes pre-

paradas por la Comisión de las Naciones Unidas para el Derecho Mercantil Internacional (CNUDMI).

(49) En aras de esa cooperación, los administradores concursales y los órganos jurisdiccionales han de poder celebrar acuerdos y protocolos destinados a facilitar la cooperación transfronteriza entre procedimientos de insolvencia múltiples en distintos Estados miembros que afecten al mismo deudor o a miembros del mismo grupo de sociedades, cuando ello sea compatible con las normas aplicables a cada uno de los procedimientos. Dichos acuerdos y protocolos pueden variar en cuanto a su forma, que puede ser escrita u oral, y a su ámbito de aplicación, que puede variar, de genérico a específico, y pueden ser suscritos por diferentes partes. Los acuerdos genéricos simples pueden insistir en la necesidad de una cooperación estrecha entre las partes, sin referirse a cuestiones específicas, mientras que los acuerdos específicos, más detallados, pueden establecer un marco de principios que rijan los distintos procedimientos de insolvencia y pueden ser aprobados por los órganos jurisdiccionales que intervengan, cuando el Derecho nacional así lo requiera. Pueden reflejar el acuerdo entre las partes para adoptar o no adoptar determinadas medidas o acciones.

(50) De igual forma, los órganos jurisdiccionales de diferentes Estados miembros pueden cooperar coordinando el nombramiento de administradores concursales. En ese contexto, pueden nombrar a un solo administrador concursal para varios procedimientos de insolvencia que afecten al mismo deudor o para diferentes miembros de un grupo de sociedades, siempre que ello sea compatible con las normas aplicables a cada uno de los procedimientos, en particular, con los requisitos de cualificación y habilitación del administrador concursal.

(51) El presente Reglamento debe garantizar la eficaz administración de los procedimientos de insolvencia relativos a diferentes sociedades que formen parte de un grupo de sociedades.

(52) Cuando se abran procedimientos de insolvencia respecto a varias sociedades de un mismo grupo, debe establecerse una coordinación adecuada entre los actores que intervengan en esos procedimientos. Así, los diferentes administradores concursales y órganos jurisdiccionales implicados deben estar sujetos a una obligación de cooperar y comunicarse entre sí similar a la que se impone a aquellos que intervienen en los procedimientos de insolvencia principales y secundarios relativos a un mismo deudor. La cooperación entre los administradores concursales no puede en ningún caso ir en detrimento de los intereses de los acreedores de cada uno de los procedimientos, y debe tener por objeto hallar una solución que propicie las sinergias en el seno del grupo.

(53) La introducción de normas sobre los procedimientos de insolvencia de grupos de sociedades no debe limitar la posibilidad de que un órgano jurisdiccional abra procedimientos de insolvencia para varias sociedades pertenecientes al mismo grupo en una jurisdicción única si considera que el centro de intereses principales de esas sociedades está situado en un único Estado miembro. En tales situaciones, el órgano jurisdiccional también debe poder nombrar, si procede, a un mismo administrador concursal en todos los procedimientos de que se trate, siempre que ello no sea incompatible con las normas que se les apliquen.

(54) Deben establecerse en el presente Reglamento normas procesales sobre la coordinación de los procedimientos de insolvencia de miembros de un grupo de sociedades para mejorar la coordinación de dichos procedimientos y para permitir la reestructuración coordinada del grupo. Dicha coordinación, que debe estar orientada a su eficiencia, debe respetar a la vez la personalidad jurídica propia de cada miembro del grupo.

(55) Los administradores concursales nombrados en los procedimientos de insolvencia abiertos en relación con un miembro de un grupo de sociedades deben poder solicitar el inicio de un procedimiento de coordinación de grupo. Con todo, cuando la ley aplicable a la insolvencia así lo requiera, el administrador concursal debe obtener la autorización necesaria antes de presentar esa solicitud. En la solicitud deben especificarse los elementos esenciales de la coordinación, con indicación, en particular, de las líneas generales del plan de coordinación, la persona cuyo nombramiento se propone como coordinador y un presupuesto de los costes estimados de la coordinación.

(56) A fin de garantizar el carácter voluntario de los procedimientos de coordinación de grupo, debe darse a los administradores concursales de que se trate un plazo para poder oponerse a participar en ellos. Para que los administradores concursales de que se trate puedan tomar una decisión fundada sobre la participación en un procedimiento de coordinación de grupo, deben ser informados con prontitud de los elementos esenciales de la coordinación. No obstante, un administrador concursal que se haya opuesto en un principio a ser incluido en el procedimiento de coordinación de grupo debe poder pedir posteriormente participar en este. En tal caso, el coordinador debe tomar una decisión sobre la admisibilidad de la solicitud. Todos los administradores concursales, incluido el solicitante, deben ser informados de la decisión del coordinador y tener la posibilidad de impugnarla ante el órgano jurisdiccional que haya iniciado el procedimiento de coordinación de grupo.

(57) Los procedimientos de coordinación de grupo deben procurar en todo momento facilitar la eficaz administración de los procedimientos de insolvencia de los miembros del grupo y tener un impacto globalmente positivo para los acreedores. Así pues, el presente Reglamento debe garantizar que el órgano jurisdiccional ante el que se haya solicitado el inicio de un procedimiento de coordinación de grupo evalúe esos criterios con anterioridad a la apertura de dicho procedimiento.

(58) En el mismo sentido, los costes de los procedimientos de coordinación de grupo no deben exceder nunca de las ventajas que dichos procedimientos presenten. Así pues, es necesario garantizar que los costes de la coordinación, y la parte de esos costes que deba soportar cada miembro del grupo, sean adecuados, proporcionados y razonables, y se determinen de conformidad con el Derecho nacional del Estado miembro en que se hayan iniciado los procedimientos de coordinación de grupo. Los administradores concursales de que se trate deben asimismo poder controlar esos costes desde las primeras fases del procedimiento. Cuando así lo exija el Derecho nacional, dicho control de los costes puede suponer que el administrador concursal solicite la aprobación de un órgano jurisdiccional o un comité de acreedores.

(59) Cuando el coordinador considere que para cumplir su cometido es necesario un incremento significativo de los costes respecto a los estimados inicialmente y, en cualquier

caso, cuando los costes superen el 10% de los estimados, el coordinador, para incurrir en tal incremento, debe contar con la autorización del órgano jurisdiccional que haya iniciado el procedimiento de coordinación de grupo. Antes de tomar su decisión, el órgano jurisdiccional que haya iniciado el procedimiento de coordinación de grupo debe dar a los administradores concursales participantes la posibilidad de que le presenten alegaciones para permitirles comunicar sus observaciones sobre la pertinencia de la solicitud del coordinador.

(60) Para los miembros de un grupo de sociedades que no participen en el procedimiento de coordinación de grupo, el presente Reglamento debe prever también un mecanismo alternativo que permita lograr una reestructuración coordinada del grupo. Un administrador concursal nombrado en un procedimiento relativo a un miembro de un grupo de sociedades debe estar facultado para solicitar la suspensión de toda medida relacionada con la liquidación de los activos en los procedimientos abiertos en relación con otros miembros del grupo que no se hallen sujetos a procedimientos de coordinación de grupo. Dicha suspensión solo ha de poder solicitarse si se presenta un plan de reestructuración para los miembros del grupo de que se trate, si ese plan redunda en beneficio de los acreedores en los procedimientos respecto a los cuales se ha solicitado la suspensión y si esta es necesaria para garantizar que el plan se pueda aplicar adecuadamente.

(61) El presente Reglamento no debe impedir que los Estados miembros establezcan normas nacionales que complementen las normas sobre cooperación, comunicación y coordinación en lo que se refiere a la insolvencia de miembros de grupos de sociedades establecidas en el mismo Reglamento, siempre que el ámbito de aplicación de tales normas se limite a la jurisdicción nacional y de que su aplicación no menoscabe la eficacia de las normas establecidas en el presente Reglamento.

(62) Las normas sobre cooperación, comunicación y coordinación en el marco de la insolvencia de los miembros de un grupo de sociedades que prevé el presente Reglamento deben aplicarse únicamente en la medida en que se hayan abierto en más de un Estado miembro procedimientos relacionados con los distintos miembros del mismo grupo de sociedades.

(63) Todo acreedor que tenga su residencia habitual, su domicilio o su domicilio social en la Unión debe tener derecho a formular sus pretensiones sobre los bienes del deudor en todos los procedimientos de insolvencia en curso en la Unión. Este derecho debe también aplicarse a las autoridades tributarias y los organismos de la seguridad social. El presente Reglamento no debe impedir al administrador concursal presentar créditos en nombre de determinados grupos de acreedores, por ejemplo los trabajadores, cuando así lo prevea el Derecho nacional. No obstante, para garantizar la igualdad de trato de los acreedores, debe coordinarse la distribución del activo liquidado. Cada acreedor debe poder conservar lo que haya recibido en el marco de un procedimiento de insolvencia, pero solo debe estar autorizado a participar en el reparto de la masa activa en otro procedimiento cuando los acreedores del mismo rango hayan visto satisfechas sus pretensiones en la misma proporción.

(64) Es esencial que los acreedores que tengan su residencia habitual, su domicilio o su domicilio social en la Unión sean informados de la apertura de un procedimiento de

insolvencia relativo a su deudor. A fin de garantizar una rápida transmisión de información a los acreedores, el Reglamento (CE) nº 1393/2007 del Parlamento Europeo y del Consejo (6) no debe ser de aplicación cuando el presente Reglamento se refiera a la obligación de informar a los acreedores. El uso de formularios normalizados en todas las lenguas oficiales de las instituciones de la Unión debe facilitar a los acreedores la presentación de sus créditos en los procedimientos abiertos en otro Estado miembro. Las consecuencias de la transmisión del formulario normalizado de forma incompleta deben regirse por el Derecho nacional.

(65) El presente Reglamento debe establecer un reconocimiento inmediato de las decisiones relativas a la apertura, desarrollo y conclusión de los procedimientos de insolvencia que entran en su ámbito de aplicación y de las resoluciones judiciales dictadas en dichos procedimientos. Por esta razón, el reconocimiento automático debe tener por consecuencia que los efectos que el Derecho del Estado miembro de apertura del procedimiento atribuye a este se extiendan a todos los demás Estados miembros. El reconocimiento de las resoluciones pronunciadas por los órganos jurisdiccionales de los Estados miembros debe basarse en el principio de confianza mutua. A tal fin, los motivos de no reconocimiento deben reducirse al mínimo necesario. También debe solventarse con arreglo a este principio cualquier conflicto que surja cuando los órganos jurisdiccionales de dos Estados miembros se consideren competentes para abrir un procedimiento de insolvencia principal. La decisión del órgano jurisdiccional que lo inicie en primer lugar debe ser reconocida en los demás Estados miembros, que no están autorizados a someter a control la decisión de dicho órgano jurisdiccional.

(66) El presente Reglamento debe establecer, para las materias a las que se aplica, normas uniformes de conflicto de leyes que sustituyan, en su ámbito de aplicación, a las normas nacionales de Derecho internacional privado. A menos que se disponga de otro modo, debe ser de aplicación la ley del Estado miembro en que se haya abierto el procedimiento (lex concursus). Esta norma de conflicto de leyes debe operar tanto en los procedimientos de insolvencia principales como en los territoriales. La lex concursus determina todos los efectos del procedimiento de insolvencia, tanto procesales como materiales, sobre las personas y las relaciones jurídicas implicadas. Regula todas las condiciones para la apertura, desarrollo y conclusión del procedimiento de insolvencia.

(67) El reconocimiento automático de un procedimiento de insolvencia, en el que por lo general es de aplicación la ley del Estado de apertura de dicho procedimiento, puede colisionar con las normas en virtud de las que se realizan las operaciones mercantiles en otros Estados miembros. Con el fin de proteger las expectativas legítimas y la seguridad de las operaciones en Estados miembros distintos a aquel en el que se abre el procedimiento, debe establecerse una serie de excepciones a la norma general.

(68) En el caso de los derechos reales, es necesario aplicar una norma especial distinta a la ley del Estado de apertura del procedimiento, dada la especial relevancia de estos para la concesión de créditos. El fundamento, la validez y el alcance de dichos derechos reales deben por tanto determinarse con arreglo al Derecho del lugar de establecimiento y no verse afectados por la apertura del procedimiento de insolvencia. El titular de un derecho real debe poder así seguir invocando su derecho a la detracción y separación del

objeto de garantía. Cuando con arreglo a la ley del Estado de establecimiento los bienes estén sujetos a derechos reales, pero el procedimiento de insolvencia principal se esté desarrollando en otro Estado miembro, el administrador concursal del procedimiento de insolvencia principal debe poder solicitar la apertura de un procedimiento de insolvencia secundario en la jurisdicción en que existen los derechos reales, siempre que el deudor tenga allí un establecimiento. Si no se abre un procedimiento de insolvencia secundario, el excedente correspondiente a la venta de los bienes garantizados por derechos reales debe ser abonado al administrador concursal del procedimiento de insolvencia principal.

(69) El presente Reglamento establece varias disposiciones que permiten a un órgano jurisdiccional acordar la suspensión de la apertura del procedimiento o la suspensión del procedimiento de ejecución. Tales suspensiones no deben afectar a los derechos reales de los acreedores o de terceros.

(70) Si con arreglo al Derecho del Estado de apertura del procedimiento no está autorizada la compensación de créditos, el acreedor debe tener igualmente derecho a dicha compensación, si esta es posible en virtud de la ley aplicable al crédito del deudor insolvente. De esta forma, la compensación adquiriría una función de garantía sobre la base de disposiciones legales en las que el acreedor puede confiar en la fecha de nacimiento del crédito.

(71) Existe también una especial necesidad de protección en el caso de los sistemas de pago y de los mercados financieros, por ejemplo, en relación con los contratos de liquidación y los acuerdos de compensación propios de dichos sistemas, así como con las cesiones de valores y las garantías ofrecidas como compensación de esas operaciones, tal como establece la Directiva 98/26/CE del Parlamento Europeo y del Consejo (7). Para esas operaciones solo debe ser determinante la norma aplicable al sistema o al mercado de que se trate. Dicha norma está destinada a evitar que en caso de insolvencia de un socio puedan modificarse los mecanismos previstos para los sistemas de pagos y liquidaciones de operaciones y para los mercados financieros regulados de los Estados miembros. La Directiva 98/26/CE contiene disposiciones especiales que deben prevalecer sobre las normas generales establecidas en el presente Reglamento.

(72) Con el fin de proteger a los trabajadores y de defender el empleo, los efectos del procedimiento de insolvencia sobre la continuación o conclusión de la relación laboral y sobre los derechos y obligaciones de todas las partes que intervienen en dicha relación deben quedar determinados por el Derecho aplicable a los contratos de trabajo de que se trate con arreglo a las normas generales de conflicto de leyes. Asimismo, cuando la terminación de los contratos de trabajo requiera la aprobación de un órgano jurisdiccional o autoridad administrativa, el Estado miembro en el que el deudor tenga un establecimiento debe conservar la competencia para otorgar dicha aprobación, aunque no se hayan abierto aún procedimientos de insolvencia en ese Estado miembro. Cualquier otra cuestión relativa a la ley de insolvencia, como la posible protección de los créditos de los trabajadores en virtud de derechos preferentes o el orden de prelación entre estos, debe determinarse con arreglo al Derecho del Estado miembro en el que se haya abierto un procedimiento de insolvencia (principal o secundario), salvo en caso de que se haya

contraído el compromiso de evitar procedimientos de insolvencia secundarios de conformidad con el presente Reglamento.

(73) La ley aplicable a los efectos del procedimiento de insolvencia sobre otros procesos en curso o procedimientos arbitrales en curso en relación con los bienes o derechos que formen parte de la masa del deudor debe ser la del Estado miembro en el que esté en curso dicha acción o en el que tenga lugar el arbitraje. No obstante, esta disposición no debe afectar a las normas nacionales sobre reconocimiento y ejecución de laudos arbitrales.

(74) Con el fin de tener en cuenta las normas procesales específicas de los sistemas judiciales de determinados Estados miembros, conviene aplicar con flexibilidad determinadas disposiciones del presente Reglamento. En consecuencia, las referencias del presente Reglamento a la comunicación efectuada por un órgano jurisdiccional de un Estado miembro han de incluir, cuando así lo exijan las normas procesales de dicho Estado, cualquier resolución de tal órgano que ordene la práctica de esa comunicación.

(75) En interés de la actividad empresarial, el contenido esencial de la resolución de apertura de un procedimiento debe publicarse, a instancia del administrador concursal, en otro Estado miembro que no sea el del órgano jurisdiccional que haya dictado esa resolución. Si existe un establecimiento en el Estado miembro de que se trate, dicha publicación debe ser obligatoria. La publicación no debe ser, sin embargo, en ninguno de ambos casos, una condición previa para el reconocimiento del procedimiento en otro país.

(76) A fin de mejorar el suministro de información a los acreedores y órganos jurisdiccionales de que se trate y de impedir la apertura de procedimientos de insolvencia paralelos, debe exigirse a los Estados miembros que publiquen la información pertinente sobre los asuntos de insolvencia transfronteriza en un registro electrónico de acceso público. Para facilitar el acceso a esa información de los acreedores y órganos jurisdiccionales domiciliados o situados en otros Estados miembros, el presente Reglamento debe prever la interconexión de dichos registros de insolvencia a través del Portal Europeo de e-Justicia. Los Estados miembros deben poder publicar la información pertinente en varios registros, y debe ser posible interconectar más de un registro por Estado miembro.

(77) El presente Reglamento debe determinar la cantidad mínima de información que haya de publicarse en los registros de insolvencia. No se debe impedir a los Estados miembros que incluyan información adicional. Cuando el deudor sea una persona física que ejerza una actividad empresarial o profesional independiente, el registro de insolvencia ha de poder indicar solamente un número de identificación. Ese número de identificación debe entenderse que es el número único de identificación de la actividad empresarial o profesional independiente del deudor que consta en el registro mercantil, en caso de que este exista.

(78) La información sobre determinados aspectos de los procedimientos de insolvencia, como los plazos para la presentación de créditos o para la impugnación de decisiones, es esencial para los acreedores. No obstante, el presente Reglamento no debe exigir a los Estados miembros el cálculo de esos plazos para cada caso concreto. Los Estados miembros deben poder cumplir su obligación mediante la inclusión de hiperenlaces hacia

el Portal Europeo de e-Justicia, en el que ha de facilitarse información suficientemente clara sobre los criterios para el cálculo de esos plazos.

(79) Para garantizar una protección suficiente de la información relativa a las personas físicas que no ejercen actividades empresariales o profesionales independientes, los Estados miembros deben poder supeditar el acceso a esa información a criterios de búsqueda adicionales, como el número de identificación personal, la dirección y la fecha de nacimiento del deudor, o el ámbito territorial de competencia del órgano jurisdiccional competente, o condicionar dicho acceso a la solicitud de una autoridad competente o a la comprobación de la existencia de un interés legítimo.

(80) Los Estados miembros también deben poder excluir de sus registros de insolvencia la información relativa a las personas físicas que no ejerzan actividades empresariales o profesionales independientes. En tal caso, los Estados miembros deben garantizar que se facilite a los acreedores la información pertinente mediante comunicación individual, y que los créditos de los acreedores que no hayan recibido dicha información no se vean afectados por tales procedimientos.

(81) Puede darse el caso de que algunas de las personas afectadas no tengan efectivamente conocimiento de la apertura de un procedimiento de insolvencia y actúen de buena fe en contradicción con las nuevas circunstancias. En protección de esas personas que, con desconocimiento de la apertura del procedimiento en otro país, efectúen pagos al deudor, en lugar de al administrador concursal de ese otro país, debe establecerse que dicho pago tenga un efecto liberatorio de la deuda.

(82) A fin de garantizar condiciones uniformes de aplicación del presente Reglamento, deben conferirse a la Comisión competencias de ejecución. Dichas competencias deben ejercerse de conformidad con el Reglamento (UE) n° 182/2011 del Parlamento Europeo y del Consejo (8).

(83) El presente Reglamento respeta los derechos fundamentales y observa los principios reconocidos en la Carta de los Derechos Fundamentales de la Unión Europea. En particular, el presente Reglamento aspira a promover la aplicación de los artículos 8, 17 y 47 de dicha Carta relativos, respectivamente, a la protección de los datos de carácter personal, el derecho a la propiedad y el derecho a la tutela judicial efectiva y a un juez imparcial.

(84) La Directiva 95/46/CE del Parlamento Europeo y del Consejo (9) y el Reglamento (CE) n° 45/2001 del Parlamento Europeo y del Consejo (10) se aplican al tratamiento de los datos personales en el marco del presente Reglamento.

(85) El presente Reglamento se entiende sin perjuicio del Reglamento (CEE, Euratom) n° 1182/71 del Consejo (11).

(86) Dado que los objetivos del presente Reglamento no pueden ser alcanzados de manera suficiente por los Estados miembros, sino que, debido al establecimiento de un marco legal para la adecuada administración de los procedimientos de insolvencia transfronterizos, pueden lograrse mejor a escala de la Unión, esta puede adoptar medidas de acuerdo con el principio de subsidiariedad establecido en el artículo 5 del Tratado de la Unión Europea. De conformidad con el principio de proporcionalidad establecido en el mismo artículo, el presente Reglamento no excede de lo necesario para alcanzar dichos objetivos.

(87) De conformidad con el artículo 3 y el artículo 4 bis, apartado 1, del Protocolo n° 21 sobre la posición del Reino Unido e Irlanda, anejo al Tratado de la Unión Europea y al Tratado de Funcionamiento de la Unión Europea, el Reino Unido e Irlanda han notificado su deseo de tomar parte en la adopción y la aplicación del presente Reglamento.

(88) De conformidad con los artículos 1 y 2 del Protocolo n° 22 sobre la posición de Dinamarca, anejo al Tratado de la Unión Europea y al Tratado de Funcionamiento de la Unión Europea, Dinamarca no participa en la adopción del presente Reglamento, por lo que no está vinculada por el mismo ni obligada a aplicarlo.

(89) El Supervisor Europeo de Protección de Datos ha sido consultado y ha emitido su dictamen el 27 de marzo de 2013 (12).

HAN ADOPTADO EL PRESENTE REGLAMENTO:

CAPÍTULO I. Disposiciones generales

Artículo 1. *Ámbito de aplicación*

1. El presente Reglamento se aplicará a los procedimientos colectivos públicos, incluidos los procedimientos provisionales, regulados en la legislación en materia de insolvencia y en los que, a efectos de rescate, reestructuración de la deuda, reorganización o liquidación,

a) se desapodere a un deudor total o parcialmente de sus bienes y se nombre a un administrador concursal;

b) los bienes y negocios de un deudor se sometan a control o supervisión judicial, o

c) un órgano jurisdiccional acuerde, o se establezca por ministerio de la ley, una suspensión temporal de los procedimientos de ejecución individual para facilitar las negociaciones entre el deudor y sus acreedores, siempre que los procedimientos en los que se acuerde la suspensión prevean medidas adecuadas para proteger al conjunto de los acreedores y, en caso de que no se alcance un acuerdo, sean previos a uno de los procedimientos a los que hacen referencia las letras a) o b).

En los casos en los que los procedimientos a que se refiere el presente apartado puedan iniciarse en situaciones en las que únicamente existe una probabilidad de insolvencia, su propósito será evitar la insolvencia del deudor o el cese de su actividad.

Los procedimientos a que se refiere el presente apartado se enumeran en el anexo A.

2. El presente Reglamento no se aplicará a los procedimientos a que se refiere el apartado 1 relativos a:

a) empresas de seguros;

b) entidades de crédito;

c) empresas de inversión y otras empresas y entidades en la medida en que se incluyan en el ámbito de aplicación de la Directiva 2001/24/CE, ni a

d) organismos de inversión colectiva.

Artículo 2. *Definiciones*

A efectos del presente Reglamento, se entenderá por:

1) «procedimientos colectivos»: procedimientos de insolvencia que incluyan la totalidad o una parte significativa de los acreedores del deudor, a condición de que, en este

último supuesto, los procedimientos no afecten a los créditos de los acreedores que no sean parte en ellos;

2) «organismos de inversión colectiva»: organismos de inversión colectiva en valores mobiliarios (OICVM), tal como se definen en la Directiva 2009/65/CE del Parlamento Europeo y del Consejo (13), y fondos de inversión alternativos (FIA), tal como se definen en la Directiva 2011/61/UE del Parlamento Europeo y del Consejo (14);

3) «deudor no desapoderado»: cualquier deudor respecto del que se haya abierto un procedimiento de insolvencia que no implique necesariamente el nombramiento de un administrador concursal o la transferencia total de los derechos y funciones de la administración de su patrimonio a un administrador concursal y que, por tanto, permita al deudor seguir controlando total o parcialmente sus bienes y negocios;

4) «procedimientos de insolvencia»: los procedimientos enumerados en el anexo A;

5) «administrador concursal»: cualquier persona u órgano cuya función, incluso de manera provisional, sea:

i) comprobar y admitir pretensiones formuladas en procedimientos de insolvencia,

ii) representar el interés general de los acreedores,

iii) administrar, total o parcialmente, los bienes de los que se ha desapoderado al deudor;

iv) liquidar los bienes a los que hace referencia el inciso iii), o

v) supervisar la administración de los negocios del deudor.

Las personas y órganos a que se hace referencia en el párrafo primero se enumeran en la lista del anexo B;

6) «órgano jurisdiccional»:

i) en el artículo 1, apartado 1, letras b) y c), en el artículo 4, apartado 2, en los artículos 5 y 6, en el artículo 21, apartado 3, en el artículo 24, apartado 2, letra j), en los artículos 36 y 39, y en los artículos 61 a 77, el órgano judicial de un Estado miembro,

ii) en todos los demás artículos, el órgano judicial o cualquier otra autoridad competente de un Estado miembro facultada para abrir un procedimiento de insolvencia, para confirmar dicha apertura o para adoptar decisiones en el curso del procedimiento;

7) «resolución de apertura de un procedimiento de insolvencia»: incluye

i) la decisión de cualquier órgano jurisdiccional de abrir un procedimiento de insolvencia o confirmar la apertura de dicho procedimiento, y

ii) la decisión de un órgano jurisdiccional por la que se nombra a un administrador concursal;

8) «momento de apertura del procedimiento»: el momento a partir del cual surte efecto la resolución de apertura de un procedimiento de insolvencia, independientemente de que dicha resolución sea o no definitiva;

9) «Estado miembro en el que se encuentre un bien»:

i) para las acciones nominativas de sociedades distintas de las mencionadas en el inciso ii), el Estado miembro en cuyo territorio tenga su domicilio social la sociedad emisora,

ii) para los instrumentos financieros cuya titularidad esté representada por anotaciones en un registro o cuenta mantenidos por un intermediario o en nombre suyo («anotaciones en cuenta»), el Estado miembro en el que se lleve el registro o cuenta en la que se efectúan las anotaciones,

iii) para el efectivo en cuenta en una entidad de crédito, el Estado miembro indicado en el IBAN de la cuenta o, para el efectivo en cuenta en una entidad de crédito que no disponga de IBAN, el Estado miembro en el que esté situada la administración central de la entidad de crédito en la que está abierta la cuenta o, en caso de que la cuenta esté abierta en una sucursal, agencia u otro establecimiento, el Estado miembro en el que esté situada la sucursal, agencia u otro establecimiento,

iv) para los bienes y derechos cuya propiedad o titularidad esté inscrita en un registro público distinto de aquellos a que se refiere el inciso i), el Estado miembro bajo cuya autoridad se lleve dicho registro,

v) patentes europeas, el Estado miembro a quien se haya concedido la patente,

vi) derechos de autor y derechos afines, el Estado miembro en cuyo territorio esté situada la residencia habitual o el domicilio social del titular de dichos derechos,

vii) para los bienes materiales distintos de los mencionados en los incisos i) a iv), el Estado miembro en cuyo territorio estén situados los bienes de que se trate,

viii) para los créditos frente a terceros distintos de los relativos a los activos a que se refiere el inciso iii), el Estado miembro en cuyo territorio se encuentre el centro de intereses principales del tercero, tal como se determina en el artículo 3, apartado 1;

10) «establecimiento»: todo lugar de operaciones en el que un deudor ejerza o haya ejercido, en los tres meses anteriores a la solicitud de apertura del procedimiento principal de insolvencia, de forma no transitoria una actividad económica con medios humanos y materiales;

11) «acreedor local»: todo acreedor cuyos créditos frente al deudor surjan de la explotación de un establecimiento situado en un Estado miembro distinto del Estado miembro en el que el deudor tenga su centro de intereses principales, o que estén relacionados con dicha explotación;

12) «acreedor extranjero»: todo acreedor que tenga su residencia habitual, su domicilio o su domicilio social en un Estado miembro distinto de aquel en el que se haya abierto el procedimiento, incluidas las autoridades tributarias y los organismos de la seguridad social de los Estados miembros;

13) «grupo de sociedades»: una empresa matriz y todas sus empresas filiales;

14) «empresa matriz»: una empresa que controla, directa o indirectamente, una o más empresas filiales. Se considerará empresa matriz la que elabora estados financieros consolidados de conformidad con la Directiva 2013/34/UE del Parlamento Europeo y del Consejo (15).

Artículo 3. *Competencia internacional*

1. Tendrán competencia para abrir el procedimiento de insolvencia los órganos jurisdiccionales del Estado miembro en cuyo territorio se sitúe el centro de intereses principales del deudor («procedimiento de insolvencia principal»). El centro de intereses principales será el lugar en el que el deudor lleve a cabo de manera habitual y reconocible por terceros la administración de sus intereses.

Respecto de las sociedades y personas jurídicas, se presumirá que el centro de sus intereses principales es, salvo prueba en contrario, el lugar de su domicilio social. Esta presunción solo será aplicable si el domicilio social no ha sido trasladado a otro Estado miembro en los tres meses anteriores a la solicitud de apertura de un procedimiento de insolvencia.

Respecto de los particulares que ejercen una actividad mercantil o profesional independiente, se presumirá que el centro de sus intereses principales es, salvo prueba en contrario, su centro principal de actividad. Esta presunción solo será aplicable si el centro principal de actividad de la persona en cuestión no ha sido trasladado a otro Estado miembro en los tres meses anteriores a la solicitud de apertura de un procedimiento de insolvencia.

Respecto de otros particulares, se presumirá que el centro de sus intereses principales es, salvo prueba en contrario, el lugar de residencia habitual de dicho particular. Esta presunción solo será aplicable si la residencia habitual no ha sido trasladada a otro Estado miembro en los seis meses anteriores a la solicitud de apertura de un procedimiento de insolvencia.

2. Cuando el centro de intereses principales del deudor se encuentre en el territorio de un Estado miembro, los órganos jurisdiccionales de otro Estado miembro solo serán competentes para abrir un procedimiento de insolvencia con respecto a ese deudor si este posee un establecimiento en el territorio de este otro Estado miembro. Los efectos de dicho procedimiento se limitarán a los bienes del deudor situados en el territorio de dicho Estado miembro.

3. Cuando se haya abierto un procedimiento de insolvencia en aplicación del apartado 1, cualquier otro procedimiento de insolvencia que se abra con posterioridad en aplicación del apartado 2 será un procedimiento de insolvencia secundario.

4. Un procedimiento de insolvencia territorial basado en el apartado 2 solo podrá abrirse con anterioridad a un procedimiento de insolvencia principal en aplicación del apartado 1 en uno de los siguientes supuestos:

a) cuando no pueda abrirse un procedimiento de insolvencia principal debido a las condiciones establecidas por la ley del Estado miembro en cuyo territorio esté situado el centro de intereses principales del deudor;

b) cuando la apertura del procedimiento de insolvencia territorial sea solicitada por:

i) un acreedor cuyo crédito tenga su origen en la explotación de un establecimiento situado dentro del territorio del Estado miembro en el que se ha solicitado la apertura del procedimiento territorial o cuyo crédito esté relacionado con dicha explotación, o

ii) una autoridad pública que, de conformidad con la ley del Estado miembro en cuyo territorio esté situado el establecimiento, esté facultada para solicitar la apertura de un procedimiento de insolvencia.

Cuando se abra un procedimiento de insolvencia principal, los procedimientos de insolvencia territoriales pasarán a ser procedimientos de insolvencia secundarios.

Artículo 4. *Comprobación de la competencia*

1. El órgano jurisdiccional que reciba una solicitud de apertura de un procedimiento de insolvencia examinará de oficio si es competente de conformidad con el artículo 3.

La resolución de apertura del procedimiento de insolvencia especificará los motivos en los que se basa la competencia del órgano jurisdiccional y, en particular, si se basa en el apartado 1 o en el apartado 2 del artículo 3.

2. No obstante lo dispuesto en el apartado 1, cuando se abra un procedimiento de insolvencia con arreglo al Derecho nacional sin una resolución de un órgano jurisdiccional, los Estados miembros podrán encomendar al administrador concursal nombrado para dicho procedimiento que examine si el Estado miembro en el que se ha presentado una solicitud de apertura del mismo es competente de acuerdo con el artículo 3. En caso afirmativo, el administrador concursal especificará en la resolución de apertura del procedimiento los motivos sobre los que se fundamenta la competencia y, en particular, si se fundamenta en el apartado 1 o en el apartado 2 del artículo 3.

Artículo 5. *Control jurisdiccional de la resolución de apertura del procedimiento de insolvencia principal*

1. El deudor o cualquiera de los acreedores podrán impugnar ante un órgano jurisdiccional la resolución de apertura de un procedimiento de insolvencia principal por motivos de competencia internacional.

2. La resolución de apertura de un procedimiento de insolvencia principal puede ser impugnada por otras partes distintas de las mencionadas en el apartado 1 o por motivos distintos de la falta de competencia internacional, siempre que el Derecho nacional así lo establezca.

Artículo 6. *Competencia para las acciones que se deriven directamente de los procedimientos de insolvencia o guarden una estrecha vinculación con ellos*

1. Los órganos jurisdiccionales del Estado miembro en cuyo territorio se haya abierto un procedimiento de insolvencia en aplicación del artículo 3 serán competentes para cualquier acción que se derive directamente del procedimiento de insolvencia y guarde una estrecha vinculación con este, como las acciones revocatorias.

2. Cuando una acción como la mencionada en el apartado 1 sea una acción conexa con una acción en materia civil y mercantil interpuesta contra el mismo demandado, el administrador concursal podrá promover ambas acciones ante los órganos jurisdiccionales del Estado miembro en cuyo territorio esté domiciliado el demandado o, en caso de que la acción se interpusiera contra varios demandados, ante los órganos jurisdiccionales del Estado miembro en cuyo territorio esté domiciliado alguno de ellos, siempre que esos órganos jurisdiccionales sean competentes con arreglo a las normas establecidas por el Reglamento (UE) nº 1215/2012.

El párrafo primero será aplicable al deudor no desapoderado, siempre que el Derecho nacional le permita presentar acciones en representación de la masa.

3. A los efectos del apartado 2, se considerarán conexas las acciones vinculadas entre sí por una relación tan estrecha que es oportuno tramitarlas y juzgarlas al mismo tiempo a fin de evitar resoluciones que podrían ser contradictorias si se juzgasen los asuntos separadamente.

Artículo 7. *Ley aplicable*
1. Salvo que se disponga de otro modo en el presente Reglamento, la ley aplicable al procedimiento de insolvencia y a sus efectos será la del Estado miembro en cuyo territorio se abra dicho procedimiento («el Estado de apertura del procedimiento»).
2. La ley del Estado de apertura del procedimiento determinará las condiciones de apertura, desarrollo y conclusión del procedimiento de insolvencia. Dicha ley determinará en particular:
a) los deudores respecto de los cuales pueda abrirse un procedimiento de insolvencia;
b) los bienes que forman parte de la masa y el tratamiento de los bienes adquiridos por el deudor, o que se le transfieran, después de la apertura del procedimiento de insolvencia;
c) las facultades respectivas del deudor y del administrador concursal;
d) las condiciones de oponibilidad de una compensación;
e) los efectos del procedimiento de insolvencia sobre los contratos vigentes en los que el deudor sea parte;
f) los efectos de la apertura de un procedimiento de insolvencia sobre las ejecuciones individuales, con excepción de los procesos en curso;
g) los créditos que deban reconocerse en el pasivo del deudor y el tratamiento de los créditos nacidos después de la apertura del procedimiento de insolvencia;
h) las normas relativas a la presentación, examen y reconocimiento de los créditos;
i) las normas del reparto del producto de la realización de los activos, la prelación de los créditos y los derechos de los acreedores que hayan sido parcialmente satisfechos después de la apertura del procedimiento de insolvencia en virtud de un derecho real o por el efecto de una compensación;
j) las condiciones y los efectos de la conclusión del procedimiento de insolvencia, en particular, mediante convenio;
k) los derechos de los acreedores después de terminado el procedimiento de insolvencia;
l) la imposición de las costas y los gastos en los que se incurra en el procedimiento de insolvencia;
m) las normas relativas a la nulidad, anulación o inoponibilidad de los actos perjudiciales para el conjunto de los acreedores.

Artículo 8. *Derechos reales de terceros*
1. La apertura del procedimiento de insolvencia no afectará a los derechos reales de un acreedor o de un tercero sobre los bienes, materiales o inmateriales, muebles o inmuebles, tanto bienes concretos, como conjuntos de bienes indefinidos que varían de vez en cuando, que pertenezcan al deudor y que, en el momento de apertura del procedimiento, se encuentren en el territorio de otro Estado miembro.
2. Los derechos contemplados en el apartado 1 son, en particular:
a) el derecho a realizar o a que se realice el bien y a ser pagado con el producto o los rendimientos de dicho bien, en particular, en virtud de prenda o hipoteca;

b) el derecho exclusivo a cobrar un crédito, en particular, el derecho garantizado por una prenda de la que sea objeto el crédito o por la cesión de dicho crédito a título de garantía;

c) el derecho a reivindicar el bien y reclamar su restitución a cualquiera que lo posea o utilice en contra de la voluntad de su titular;

d) el derecho real a percibir los frutos de un bien.

3. Se asimilará a un derecho real el derecho, inscrito en un registro público y oponible frente a terceros, que permita obtener un derecho real en el sentido del apartado 1.

4. Lo dispuesto en el apartado 1 no impide el ejercicio de las acciones de nulidad, anulación o inoponibilidad contempladas en el artículo 7, apartado 2, letra m).

Artículo 9. *Compensación*

1. La apertura del procedimiento de insolvencia no afectará al derecho de un acreedor a reclamar la compensación de su crédito con el crédito del deudor, cuando la ley aplicable al crédito del deudor insolvente permita dicha compensación.

2. Lo dispuesto en el apartado 1 no impide el ejercicio de las acciones de nulidad, anulación o inoponibilidad contempladas en el artículo 7, apartado 2, letra m).

Artículo 10. *Reserva de dominio*

1. La apertura de un procedimiento de insolvencia contra el comprador de un bien no afectará a los derechos del vendedor basados en una reserva de dominio cuando dicho bien se encuentre, en el momento de apertura del procedimiento, en el territorio de un Estado miembro distinto del Estado de apertura del procedimiento.

2. La apertura de un procedimiento de insolvencia contra el vendedor de un bien después de que este haya sido entregado no constituirá una causa de resolución o de rescisión de la compraventa y no impedirá al comprador la adquisición de la propiedad del bien vendido cuando dicho bien se encuentre en el momento de apertura del procedimiento en el territorio de un Estado miembro distinto del Estado de apertura del procedimiento.

3. Lo dispuesto en los apartados 1 y 2 no impide el ejercicio de las acciones de nulidad, anulación o inoponibilidad contempladas en el artículo 7, apartado 2, letra m).

Artículo 11. *Contratos sobre bienes inmuebles*

1. Los efectos del procedimiento de insolvencia en un contrato que otorgue un derecho de adquisición o de uso de un bien inmueble se regularán exclusivamente por la ley del Estado miembro en cuyo territorio esté situado el inmueble.

2. El órgano jurisdiccional que haya abierto el procedimiento de insolvencia principal será competente para aprobar la rescisión o la modificación de los contratos contemplados en el presente artículo siempre que:

a) el Derecho del Estado miembro aplicable a dichos contratos requiera que estos solo puedan ser rescindidos o modificados con la aprobación del órgano jurisdiccional que haya abierto el procedimiento de insolvencia, y

b) no se haya abierto un procedimiento de insolvencia en dicho Estado miembro.

Artículo 12. *Sistemas de pago y mercados financieros*

1. Sin perjuicio de lo dispuesto en el artículo 8, los efectos del procedimiento de insolvencia sobre los derechos y obligaciones de los participantes en un sistema de pago o compensación o en un mercado financiero se regirán exclusivamente por la ley del Estado miembro aplicable a dicho sistema o mercado.

2. Lo dispuesto en el apartado 1 no impedirá el ejercicio de una acción de nulidad, anulación o inoponibilidad de los pagos o de las transacciones, en virtud de la ley aplicable al sistema de pago o al mercado financiero de que se trate.

Artículo 13. *Contratos de trabajo*

1. Los efectos del procedimiento de insolvencia sobre el contrato de trabajo y sobre la relación laboral se regularán exclusivamente por la ley del Estado miembro aplicable al contrato de trabajo.

2. Los órganos jurisdiccionales del Estado miembro en el que puedan abrirse procedimientos de insolvencia secundarios seguirán siendo competentes para aprobar la rescisión o modificación de los contratos contemplados en el presente artículo, aunque no se haya incoado ningún procedimiento en dicho Estado miembro.

El párrafo primero también será aplicable a una autoridad que sea competente en virtud del Derecho nacional para aprobar la rescisión o modificación de los contratos contemplados en el presente artículo.

Artículo 14. *Efectos sobre los derechos sometidos a registro*

Los efectos del procedimiento de insolvencia sobre los derechos del deudor sobre un bien inmueble, un buque o una aeronave que estén sujetos a la inscripción en un registro público se establecerán en virtud de la ley del Estado miembro bajo cuya autoridad se lleve el registro.

Artículo 15. *Patentes europeas con efecto unitario y marcas comunitarias*

A efectos del presente Reglamento, una patente europea con efecto unitario, una marca comunitaria o cualquier otro derecho análogo establecido por el Derecho de la Unión únicamente podrán incluirse en un procedimiento del artículo 3, apartado 1.

Artículo 16. *Actos perjudiciales*

No se aplicará lo dispuesto en el artículo 7, apartado 2, letra m), cuando el que se haya beneficiado de un acto perjudicial para los intereses de los acreedores pruebe que:

a) dicho acto está sujeto al Derecho de un Estado miembro distinto del Estado de apertura del procedimiento, y que

b) en ese caso concreto, la ley de dicho Estado miembro no permite por ningún medio que se impugne dicho acto.

Artículo 17. *Protección de los terceros adquirentes*

Cuando el deudor, por un acto celebrado después de la apertura de un procedimiento de insolvencia, disponga a título oneroso

a) de un bien inmueble;

b) de un buque o de una aeronave sujetos a inscripción en un registro público, o

c) de valores negociables cuya existencia requiera una inscripción en un registro determinado por ley, la validez de dicho acto se regirá por la ley del Estado en cuyo territorio se encuentre el bien inmueble, o bajo cuya autoridad se lleve el registro.

Artículo 18. *Efectos del procedimiento de insolvencia sobre procesos en curso o procedimientos arbitrales en curso*

Los efectos del procedimiento de insolvencia sobre procesos en curso o procedimientos arbitrales en curso en relación con un bien o un derecho que formen parte de la masa del deudor se regirán exclusivamente por la ley del Estado miembro en el que esté en curso dicho proceso o en el que tenga su sede el tribunal arbitral.

CAPÍTULO II. Reconocimiento del procedimiento de insolvencia

Artículo 19. *Principio*

1. Toda resolución de apertura de un procedimiento de insolvencia, adoptada por el órgano jurisdiccional competente de un Estado miembro en virtud del artículo 3, será reconocida en todos los demás Estados miembros desde el momento en que la resolución produzca efectos en el Estado de apertura del procedimiento.

La norma establecida en el párrafo primero se aplicará también cuando el deudor no pueda ser sometido a un procedimiento de insolvencia en los demás Estados miembros.

2. El reconocimiento del procedimiento contemplado en el artículo 3, apartado 1, no impedirá la apertura del procedimiento contemplado en el artículo 3, apartado 2, por parte de un órgano jurisdiccional de otro Estado miembro. Este último procedimiento se considerará un procedimiento de insolvencia secundario a los efectos del capítulo III.

Artículo 20. *Efectos del reconocimiento*

1. La resolución de apertura del procedimiento de insolvencia contemplado en el artículo 3, apartado 1, producirá, sin ningún otro trámite, en cualquier otro Estado miembro, los efectos que le atribuya la ley del Estado de apertura del procedimiento, salvo que se disponga de otro modo en el presente Reglamento y mientras no se abra en ese otro Estado miembro ningún procedimiento de los contemplados en el artículo 3, apartado 2.

2. Los efectos del procedimiento a que se refiere el artículo 3, apartado 2, no podrán impugnarse en los demás Estados miembros. Cualquier limitación de los derechos de los acreedores, en particular, un aplazamiento de pago o una condonación de deuda, solo podrá oponerse, por lo que respecta a los bienes situados en el territorio de otro Estado miembro, a los acreedores que hayan manifestado su consentimiento.

Artículo 21. *Facultades del administrador concursal*

1. El administrador concursal nombrado por un órgano jurisdiccional competente en virtud del artículo 3, apartado 1, podrá ejercer en otro Estado miembro todas las facultades que le hayan sido conferidas por la ley del Estado de apertura del procedimiento mientras no se haya abierto otro procedimiento de insolvencia ni se haya adoptado medida cautelar contraria alguna como consecuencia de una solicitud de apertura de un procedimiento de

insolvencia en ese Estado. A reserva de lo dispuesto en los artículos 8 y 10, el administrador concursal podrá, en particular, trasladar los bienes del deudor fuera del territorio del Estado miembro en que se encuentren.

2. El administrador concursal nombrado por un órgano jurisdiccional competente en virtud del artículo 3, apartado 2, podrá hacer valer por vía judicial o extrajudicial en cualquier otro Estado miembro que un bien mueble ha sido trasladado del territorio del Estado de apertura del procedimiento al territorio de ese otro Estado miembro tras la apertura del procedimiento de insolvencia. El administrador concursal podrá también ejercitar cualquier acción revocatoria en interés de los acreedores.

3. En el ejercicio de sus facultades, el administrador concursal cumplirá la ley del Estado miembro en cuyo territorio quiera actuar, en particular, en lo que respecta a las modalidades de realización de los bienes. Dichas facultades no incluyen el uso de medios de apremio, a no ser que hayan sido dictados por un órgano jurisdiccional de dicho Estado miembro, ni la facultad de pronunciarse sobre litigios o controversias.

Artículo 22. *Prueba del nombramiento del administrador concursal*

El nombramiento del administrador concursal se acreditará mediante la presentación de una copia certificada conforme al original de la decisión por la que se le nombre o por cualquier otro certificado expedido por el órgano jurisdiccional competente.

Podrá exigirse su traducción en la lengua o en una de las lenguas oficiales del Estado miembro en cuyo territorio pretenda actuar. No se exigirá ninguna otra legalización o formalidad análoga.

Artículo 23. *Restitución e imputación*

1. El acreedor que, tras la apertura de un procedimiento contemplado en el artículo 3, apartado 1, obtenga por cualquier medio, en particular por vía ejecutiva, un pago total o parcial de su crédito sobre los bienes del deudor situados en el territorio de otro Estado miembro, restituirá lo que haya obtenido al administrador concursal, sin perjuicio de lo dispuesto en los artículos 8 y 10.

2. Para garantizar la igualdad de trato de los acreedores, el acreedor que haya obtenido en un procedimiento de insolvencia una parte de su crédito, solo participará en el reparto efectuado en otro procedimiento cuando los acreedores del mismo rango o de la misma categoría hayan obtenido, en ese otro procedimiento, un dividendo equivalente.

Artículo 24. *Creación de registros de insolvencia*

1. Los Estados miembros crearán y llevarán en su territorio uno o más registros en los que se publique información relativa a procedimientos de insolvencia («registros de insolvencia»). Esta información se publicará tan pronto como sea posible tras la apertura de los procedimientos correspondientes.

2. La información mencionada en el apartado 1 se pondrá a disposición del público, observando las condiciones estipuladas en el artículo 27, e incluirá lo siguiente («información obligatoria»):

a) la fecha de apertura del procedimiento de insolvencia;

b) el órgano jurisdiccional que abra el procedimiento de insolvencia, y el número de referencia del asunto, si lo hubiera;

c) el tipo de procedimiento de insolvencia indicado en el anexo A y, en su caso, cualquier subtipo correspondiente de dicho procedimiento iniciado de conformidad con el Derecho nacional;

d) si la competencia para abrir el procedimiento se basa en el apartado 1, el apartado 2 o el apartado 4 del artículo 3;

e) si el deudor es una sociedad o una persona jurídica, su nombre, número de registro, domicilio social o, en caso de ser diferente, su dirección postal;

f) si el deudor es un particular, ejerza o no una actividad mercantil o profesional independiente, su nombre, número de identificación, de haberlo, y dirección postal o, en caso de que la dirección esté protegida, su fecha y lugar de nacimiento;

g) el nombre, la dirección postal o el correo electrónico del administrador concursal, si lo hubiera, nombrado en el procedimiento;

h) el plazo de presentación de los créditos, si lo hubiera, o una referencia a los criterios para el cálculo de ese plazo;

i) la fecha de conclusión del procedimiento de insolvencia principal, si la hubiera;

j) el órgano jurisdiccional ante el cual debe impugnarse la resolución de apertura del procedimiento de insolvencia y, en su caso, el plazo para presentar dicha impugnación de conformidad con el artículo 5, o una referencia a los criterios para el cálculo de ese plazo.

3. El apartado 2 no impedirá a los Estados miembros incluir en sus registros nacionales de insolvencia documentos o información adicional, como las inhabilitaciones de administradores sociales relativas a la insolvencia.

4. Los Estados miembros no estarán obligados a incluir en los registros de insolvencia la información mencionada en el apartado 1 del presente artículo en relación con particulares que no ejerzan ninguna actividad mercantil o profesional independiente, ni a divulgar dicha información a través del sistema de interconexión de dichos registros, siempre que los acreedores extranjeros conocidos sean informados, con arreglo a lo dispuesto en el artículo 54, de los aspectos contemplados en el apartado 2, letra j), del presente artículo.

Cuando un Estado miembro haga uso de la posibilidad prevista en el párrafo primero, los procedimientos de insolvencia no afectarán a los créditos de los acreedores extranjeros que no hayan recibido la información indicada en dicho párrafo.

5. La publicación de información en los registros en virtud del presente Reglamento no tendrá ningún efecto jurídico al margen de lo previsto en el Derecho nacional y en el artículo 55, apartado 6.

Artículo 25. *Interconexión de los registros de insolvencia*

1. La Comisión establecerá, mediante actos de ejecución, un sistema descentralizado para la interconexión de los registros de insolvencia. Dicho sistema estará compuesto por los registros de insolvencia y el Portal Europeo de e-Justicia, que actuará como punto central de acceso electrónico público a la información disponible en el sistema. El sistema ofrecerá un servicio de búsqueda en todas las lenguas oficiales de las instituciones de la Unión, con el fin de hacer accesible la información obligatoria y todos los demás docu-

mentos o la información incluida en sus registros de insolvencia que los Estados miembros decidan poner a disposición a través del Portal Europeo de e-Justicia.

2. Mediante actos de ejecución con arreglo al procedimiento contemplado en el artículo 87, la Comisión adoptará a más tardar el 26 de junio de 2019 las disposiciones siguientes:

a) las especificaciones técnicas en las que se definan los métodos de comunicación y de intercambio de información por medios electrónicos sobre la base de las especificaciones de interfaz para el sistema de interconexión de los registros de insolvencia;

b) las medidas técnicas que garanticen las normas mínimas en materia de seguridad informática para la comunicación y distribución de información dentro del sistema de interconexión de los registros de insolvencia;

c) los criterios mínimos para el servicio de búsqueda facilitado por el Portal Europeo de e-Justicia basados en la información establecida en el artículo 24;

d) los criterios mínimos para la presentación de los resultados de las búsquedas basados en la información establecida en el artículo 24;

e) los medios y las condiciones técnicas de acceso a los servicios facilitados por el sistema de interconexión, y

f) un glosario con una explicación básica de los procedimientos nacionales de insolvencia que figuren en el anexo A.

Artículo 26. *Coste del establecimiento y la interconexión de los registros de insolvencia*

1. El establecimiento, mantenimiento y desarrollo futuro del sistema de interconexión de los registros de insolvencia se financiará con cargo al presupuesto general de la Unión.

2. Cada Estado miembro se hará cargo de los costes de establecimiento y adaptación de sus registros nacionales de insolvencia para hacerlos interoperativos con el Portal Europeo de e-Justicia, así como de los costes de gestión, funcionamiento y mantenimiento de los mismos. Lo anterior se entenderá sin perjuicio de la posibilidad de solicitar subvenciones para prestar apoyo a estas actividades de acuerdo con los programas de financiación de la Unión.

Artículo 27. *Condiciones de acceso a la información mediante el sistema de interconexión*

1. Los Estados miembros se asegurarán de que la información obligatoria mencionada en el artículo 24, apartado 2, letras a) a j), está disponible sin costes a través del sistema de interconexión de los registros de insolvencia.

2. El presente Reglamento no impide a los Estados miembros cobrar una tasa razonable por el acceso a los documentos o a la información adicional mencionada en el artículo 24, apartado 3, mediante el sistema de interconexión de los registros de insolvencia.

3. Los Estados miembros podrán sujetar el acceso a la información obligatoria relativa a particulares que no ejerzan ninguna actividad mercantil o profesional independiente, y a particulares que ejerzan una actividad mercantil o profesional independiente cuando los procedimientos de insolvencia no estén relacionados con esa actividad, a criterios

de búsqueda adicionales relacionados con el deudor, además de a los criterios mínimos contemplados en el artículo 25, apartado 2, letra c).

4. Los Estados miembros podrán exigir que el acceso a la información mencionada en el apartado 3 se realice previa solicitud a la autoridad competente. Los Estados miembros podrán condicionar el acceso a dicha información a la verificación previa de la existencia de un interés legítimo. El solicitante podrá presentar su solicitud de información electrónicamente por medio del Portal Europeo de e-Justicia. En caso de que se requiera un interés legítimo, el solicitante podrá justificar su solicitud mediante copias electrónicas de los documentos correspondientes. El solicitante recibirá una respuesta de la autoridad competente en un plazo de tres días laborables.

El solicitante no estará obligado a proporcionar traducciones de los documentos que justifiquen su solicitud ni a hacerse cargo de ningún coste de traducción en que pueda incurrir la autoridad competente.

Artículo 28. *Publicación en otro Estado miembro*

1. El administrador concursal o el deudor no desapoderado solicitarán que la resolución de apertura de un procedimiento de insolvencia y, en su caso, la decisión de nombrar al administrador concursal, se publiquen en cualquier otro Estado miembro en el que exista un establecimiento del deudor, de conformidad con los procedimientos de publicación previstos en dicho Estado miembro. En esa publicación se precisará, en su caso, el administrador concursal nombrado y si la norma de competencia aplicada es la del artículo 3, apartado 1, o la del artículo 3, apartado 2.

2. El administrador concursal o el deudor no desapoderado podrán solicitar que la información mencionada en el apartado 1 se publique en cualquier otro Estado miembro que el administrador concursal o el deudor no desapoderado consideren necesario, de conformidad con los procedimientos de publicación previstos en dicho Estado miembro.

Artículo 29. *Inscripción en un registro público de otro Estado miembro*

1. Cuando el Derecho del Estado miembro en el que esté situado un establecimiento del deudor, y este establecimiento esté inscrito en un registro público de dicho Estado miembro, o el Derecho del Estado miembro en el que esté situado un bien inmueble perteneciente al deudor, exija que la información sobre la apertura de un procedimiento de insolvencia mencionada en el artículo 28 se publique en el Registro de la Propiedad Inmobiliaria, en el Registro Mercantil o en cualquier otro registro público, el administrador concursal o el deudor no desapoderado tomarán todas las medidas necesarias para asegurar que se practica dicha inscripción.

2. El administrador concursal o el deudor no desapoderado podrán solicitar dicha inscripción en el registro de cualquier otro Estado miembro, siempre que el Derecho del Estado miembro en el que se lleve el registro autorice tal inscripción.

Artículo 30. *Gastos*

Los gastos ocasionados por las medidas de publicación y de registro previstas en los artículos 28 y 29 se considerarán costas y gastos del procedimiento.

Artículo 31. *Ejecución a favor del deudor*

1. Quien ejecute en un Estado miembro una obligación a favor de un deudor sometido a un procedimiento de insolvencia abierto en otro Estado miembro, cuando debería haberlo hecho a favor del administrador concursal de ese procedimiento, quedará liberado si desconocía la apertura del procedimiento.

2. Salvo prueba en contrario, se presumirá que quien haya ejecutado dicha obligación antes de haberse efectuado la publicación prevista en el artículo 28 desconocía la apertura del procedimiento de insolvencia. Salvo prueba en contrario, se presumirá que quien haya ejecutado la obligación después de haberse efectuado la publicación conocía la apertura del procedimiento.

Artículo 32. *Reconocimiento y carácter ejecutorio de otras resoluciones*

1. Las resoluciones relativas al desarrollo y conclusión de un procedimiento de insolvencia dictadas por el órgano jurisdiccional cuya resolución de apertura del procedimiento deba reconocerse en virtud del artículo 19, y los convenios aprobados por dicho órgano jurisdiccional, se reconocerán asimismo de pleno derecho. Tales resoluciones se ejecutarán con arreglo a los artículos 39 a 44 y 47 a 57 del Reglamento (UE) n° 1215/2012.

Lo dispuesto en el párrafo primero se aplicará asimismo a las resoluciones, incluso las dictadas por otro órgano jurisdiccional, que se deriven directamente del procedimiento de insolvencia y que guarden una estrecha vinculación con este.

Lo dispuesto en el párrafo primero se aplicará asimismo a las resoluciones relativas a las medidas cautelares adoptadas tras la solicitud de apertura de un procedimiento de insolvencia o en relación con esta.

2. El reconocimiento y la ejecución de resoluciones distintas de las contempladas en el apartado 1 del presente artículo se regirán por el Reglamento (UE) n° 1215/2012, siempre que dicho Reglamento sea aplicable.

Artículo 33. *Orden público*

Todo Estado miembro podrá negarse a reconocer un procedimiento de insolvencia abierto en otro Estado miembro o a ejecutar una resolución dictada en el marco de dicho procedimiento cuando dicho reconocimiento o dicha ejecución pueda producir efectos claramente contrarios al orden público de dicho Estado, en especial a sus principios fundamentales o a los derechos y a las libertades individuales garantizados por su Constitución.

CAPÍTULO III. Procedimientos de insolvencia secundarios

Artículo 34. *Apertura del procedimiento*

Cuando el procedimiento de insolvencia principal se haya abierto por un órgano jurisdiccional de un Estado miembro y haya sido reconocido en otro Estado miembro, un órgano jurisdiccional de ese otro Estado miembro que sea competente en virtud del artículo 3, apartado 2, podrá abrir un procedimiento de insolvencia secundario de conformidad con lo establecido en el presente capítulo. Cuando el procedimiento de insolvencia principal exija que el deudor sea insolvente, la insolvencia del deudor no se examinará de nuevo en el Estado miembro en el que se pueda abrir un procedimiento de insolvencia secundario. Los efectos del procedimiento de insolvencia secundario se limitarán a los bienes del deudor situados en el territorio del Estado miembro en el que se haya abierto dicho procedimiento.

Artículo 35. *Ley aplicable*

Salvo que se disponga de otro modo en el presente Reglamento, la ley aplicable al procedimiento de insolvencia secundario será la del Estado miembro en cuyo territorio este se haya abierto.

Artículo 36. *Derecho a contraer un compromiso con el fin de evitar procedimientos de insolvencia secundarios*

1. Con el fin de evitar la apertura de procedimientos de insolvencia secundarios, el administrador concursal del procedimiento de insolvencia principal podrá contraer un compromiso unilateral («el compromiso») con respecto a los bienes situados en el Estado miembro en el que pueda abrirse un procedimiento de insolvencia secundario según el cual, al distribuir dichos bienes o los importes percibidos como resultado de su realización, cumplirá con los órdenes de prelación del Derecho nacional a la que se acogerían los acreedores en caso de que se abriera un procedimiento de insolvencia secundario en dicho Estado miembro. El compromiso especificará las circunstancias de hecho en las que se base, en particular en cuanto al valor de los bienes situados en el Estado miembro afectado y a las opciones existentes para realizar dichos bienes.

2. En caso de que se contraiga un compromiso de conformidad con el presente artículo, la ley aplicable a la distribución de los importes percibidos por la realización de los bienes a que se refiere el apartado 1, al orden de prelación de los créditos y a los derechos de los acreedores en relación con los bienes mencionados en el apartado 1 será la del Estado miembro en el que hubiera podido abrirse un procedimiento de insolvencia secundario. El momento pertinente para determinar los bienes mencionados en el apartado 1 será el momento en el que se contraiga el compromiso.

3. El compromiso se expresará en la lengua oficial o en una de las lenguas oficiales del Estado miembro en el que hubiera podido abrirse un procedimiento de insolvencia secundario o, en caso de que en dicho Estado miembro existan varias lenguas oficiales, la lengua oficial o una de las lenguas oficiales del lugar en el que podía abrirse el procedimiento de insolvencia secundario.

4. El compromiso se expresará por escrito. Estará sujeto a cualesquiera otros requisitos relativos a la forma, y a requisitos de aprobación en relación con la distribución, si los hubiera, del Estado miembro en el que se haya abierto el procedimiento de insolvencia principal.

5. El compromiso será aprobado por los acreedores locales conocidos. Se aplicarán asimismo a la aprobación del compromiso las normas sobre mayoría cualificada y votación que se apliquen a la adopción de planes de reestructuración conforme al Derecho del Estado miembro en el que hubiera podido abrirse un procedimiento de insolvencia secundario. Los acreedores podrán participar en la votación utilizando medios de comunicación a distancia, cuando el Derecho nacional lo permita. El administrador concursal

informará del compromiso a los acreedores locales conocidos, así como de las normas y procedimientos para su aprobación y de la aprobación o denegación del mismo.

6. El compromiso contraído y aprobado conforme al presente artículo será vinculante para la masa. Cuando se inicien procedimientos de insolvencia secundarios de acuerdo con los artículos 37 y 38, el administrador concursal del procedimiento de insolvencia principal transferirá al administrador concursal del procedimiento de insolvencia secundario todos los bienes trasladados fuera del territorio de dicho Estado miembro después de que se haya contraído el compromiso, o sus importes en caso de que dichos bienes ya se hayan realizado.

7. En caso de que el administrador concursal haya adquirido un compromiso, informará a los acreedores locales sobre el reparto previsto antes de la distribución de los bienes e importes contemplada en el apartado 1. Si esa información no cumple las condiciones del compromiso adquirido o de la normativa aplicable, cualquier acreedor local podrá impugnar dicha distribución ante los órganos jurisdiccionales del Estado miembro en el que se haya abierto el procedimiento de insolvencia principal, con el fin de alcanzar una distribución conforme a las condiciones del compromiso adquirido y de la normativa aplicable. En tal caso, no se efectuará ninguna distribución hasta que el órgano jurisdiccional haya tomado una decisión sobre la impugnación.

8. Los acreedores locales podrán solicitar que los órganos jurisdiccionales del Estado miembro en el que se haya abierto el procedimiento de insolvencia principal exijan al administrador concursal de dicho procedimiento que tome las medidas apropiadas necesarias para garantizar el cumplimiento de las condiciones del compromiso adquirido, de acuerdo con el Derecho del Estado de apertura del procedimiento de insolvencia principal.

9. Los acreedores locales podrán también acudir a los órganos jurisdiccionales del Estado miembro en que hubiera podido abrirse un procedimiento de insolvencia secundario para solicitar que el órgano jurisdiccional tome medidas provisionales o cautelares para garantizar que el administrador concursal cumple las condiciones del compromiso.

10. El administrador concursal será responsable de cualquier perjuicio causado a los acreedores locales como consecuencia de su incumplimiento de las obligaciones y requisitos establecidos en el presente artículo.

11. A los efectos del presente artículo, las autoridades del Estado miembro en el que hubiera podido abrirse un procedimiento de insolvencia secundario y que, en virtud de la Directiva 2008/94/CE del Parlamento Europeo y del Consejo (16), estén obligadas a garantizar el pago de los créditos impagados de los trabajadores asalariados que resulten de los contratos de trabajo o de relaciones laborales, se considerarán que son un acreedor local cuando así lo disponga el Derecho interno.

Artículo 37. *Derecho a solicitar la apertura de procedimientos de insolvencia secundarios*

1. Podrán solicitar la apertura de un procedimiento de insolvencia secundario:

a) el administrador concursal del procedimiento de insolvencia principal;

b) cualquier otra persona o autoridad facultada para solicitar la apertura de un procedimiento de insolvencia con arreglo al Derecho del Estado miembro en cuyo territorio se solicite la apertura del procedimiento de insolvencia secundario.

2. Cuando un compromiso sea vinculante de conformidad con el artículo 36, se solicitará la apertura del procedimiento de insolvencia secundario dentro del plazo de 30 días a partir de la recepción de la comunicación de la aprobación del compromiso.

Artículo 38. *Resolución de apertura de un procedimiento de insolvencia secundario*

1. El órgano jurisdiccional al que se presente una solicitud de apertura de un procedimiento de insolvencia secundario lo comunicará inmediatamente al administrador concursal o al deudor no desapoderado del procedimiento de insolvencia principal y le ofrecerá la oportunidad de ser oído al respecto.

2. Cuando el administrador concursal del procedimiento de insolvencia principal haya contraído un compromiso con arreglo a lo dispuesto en el artículo 36, el órgano jurisdiccional contemplado en el apartado 1 del presente artículo, a instancia del administrador concursal, no abrirá un procedimiento de insolvencia secundario si considera que el compromiso protege adecuadamente los intereses generales de los acreedores locales.

3. Cuando se haya autorizado la suspensión temporal de los procedimientos de ejecución individual para facilitar las negociaciones entre el deudor y sus acreedores, el órgano jurisdiccional, a instancia del administrador concursal o del deudor no desapoderado, podrá suspender la apertura de un procedimiento de insolvencia secundario durante un plazo no superior a tres meses, siempre que se hayan tomado medidas adecuadas para proteger los intereses de los acreedores locales.

El órgano jurisdiccional mencionado en el apartado 1 podrá adoptar medidas cautelares para proteger los intereses de los acreedores locales impidiendo al administrador concursal o al deudor no desapoderado trasladar o disponer de ningún bien ubicado en el Estado miembro en el que se encuentre su establecimiento salvo que se trate de actos u operaciones propios de su giro o tráfico. El órgano jurisdiccional podrá dictar asimismo otras medidas para proteger los intereses de los acreedores locales durante la suspensión, salvo que ello sea incompatible con sus normas procesales civiles nacionales.

El órgano jurisdiccional levantará la suspensión de la apertura del procedimiento de insolvencia secundario, de oficio o a instancia de cualquier acreedor, si durante la suspensión se hubiera alcanzado un acuerdo en las negociaciones previstas en el párrafo primero.

El órgano jurisdiccional podrá levantar la suspensión, de oficio o a instancia de cualquier acreedor, si su continuación menoscabase los derechos de los acreedores, en particular en caso de que se hayan interrumpido las negociaciones o resulte evidente que existen pocas probabilidades de que prosperen o en caso de que el administrador concursal o el deudor no desapoderado no hayan respetado la prohibición de disponer de los bienes o de trasladarlos fuera del territorio del Estado miembro en el que se encuentre el establecimiento.

4. A instancia del administrador concursal del procedimiento de insolvencia principal, el órgano jurisdiccional al que hace referencia el apartado 1 podrá abrir un tipo de pro-

cedimiento de insolvencia que figure en el anexo A distinto del solicitado inicialmente, siempre que se cumplan las condiciones de apertura de este otro tipo de procedimiento conforme al Derecho nacional y que ese procedimiento sea el más adecuado respecto a los intereses de los acreedores locales y por motivos de congruencia entre el procedimiento de insolvencia principal y el secundario. Se aplicará lo dispuesto en la segunda frase del artículo 34.

Artículo 39. *Control jurisdiccional de la resolución de apertura del procedimiento de insolvencia secundario*

El administrador concursal del procedimiento de insolvencia principal podrá impugnar la resolución de apertura de un procedimiento de insolvencia secundario ante los órganos jurisdiccionales del Estado miembro en el que este se haya abierto por el motivo de que el órgano jurisdiccional de que se trate no haya cumplido las condiciones y los requisitos del artículo 38.

Artículo 40. *Anticipo de gastos y costas*

Cuando el Derecho del Estado miembro en que se haya solicitado la apertura de un procedimiento de insolvencia secundario exija que el activo del deudor sea suficiente para cubrir, total o parcialmente, los gastos y costas del procedimiento, el órgano jurisdiccional que conozca de dicha solicitud podrá exigir al solicitante un anticipo de gastos o una fianza adecuada.

Artículo 41. *Cooperación y comunicación entre administradores concursales*

1. El administrador concursal del procedimiento de insolvencia principal y el administrador concursal o los administradores concursales de los procedimientos de insolvencia secundarios relativos a un mismo deudor cooperarán entre sí en la medida en que dicha cooperación no sea incompatible con las normas aplicables a los respectivos procedimientos. Dicha cooperación podrá adoptar cualquier forma, incluida la celebración de acuerdos o protocolos.

2. Al poner en práctica la cooperación indicada en el apartado 1, los administradores concursales:

a) se comunicarán lo antes posible toda información que pueda resultar útil para el otro procedimiento, en especial el estado de la presentación y comprobación de los créditos y todas las medidas destinadas al rescate o la reestructuración del deudor o a la conclusión de los procedimientos, siempre que se adopten las medidas oportunas para proteger la información confidencial;

b) estudiarán la posibilidad de reestructuración del deudor y, si existe tal posibilidad, coordinarán la elaboración y la aplicación de un plan de reestructuración;

c) coordinarán la administración de la realización o la utilización de los bienes y negocios del deudor; el administrador concursal del procedimiento de insolvencia secundario ofrecerá al administrador concursal del procedimiento de insolvencia principal la posibilidad de presentar, con la debida antelación, propuestas relativas a la realización o a cualquier otra utilización de los activos del procedimiento de insolvencia secundario.

3. Los apartados 1 y 2 se aplicarán, mutatis mutandis, a aquellas situaciones en las que, en el procedimiento de insolvencia principal, en el procedimiento de insolvencia secundario o en los procedimientos de insolvencia territoriales que afecten al mismo deudor y se encuentren abiertos al mismo tiempo, el deudor no haya sido desposeído de sus bienes.

Artículo 42. *Cooperación y comunicación entre órganos jurisdiccionales*

1. A fin de facilitar la coordinación entre el procedimiento de insolvencia principal, los procedimientos de insolvencia secundarios y territoriales, relativos a un mismo deudor, el órgano jurisdiccional que haya recibido una solicitud de apertura o que haya abierto un procedimiento de insolvencia cooperará con cualquier otro órgano jurisdiccional ante el que se haya presentado una solicitud de apertura de procedimiento de insolvencia o que ya haya abierto dicho procedimiento, en la medida en que dicha cooperación no sea incompatible con las normas aplicables a cada uno de esos procedimientos. A tal fin, los órganos jurisdiccionales podrán nombrar, cuando proceda, a una persona u órgano independiente que actúe siguiendo sus instrucciones, siempre que ello no resulte incompatible con las normas aplicables a dichos procedimientos.

2. Al poner en práctica la cooperación mencionada en el apartado 1, los órganos jurisdiccionales, o cualquier persona u órgano nombrado que actúe en su representación, tal como se indica en el apartado 1, podrán, directamente, comunicarse entre sí, o solicitarse mutuamente información o asistencia, siempre que dicha comunicación respete los derechos procesales de las partes en los procedimientos y el carácter confidencial de la información.

3. La cooperación mencionada en el apartado 1 del presente artículo se llevará a cabo de conformidad con lo dispuesto en el artículo 3 del Reglamento (UE) 2023/2844 del Parlamento Europeo y del Consejo. En particular, podrá referirse a lo siguiente:

a) la coordinación del nombramiento de los administradores concursales;

b) la comunicación de información por cualquier medio que el órgano jurisdiccional considere oportuno;

c) la coordinación de la administración y supervisión de los bienes y negocios del deudor;

d) la coordinación de la celebración de las vistas;

e) la coordinación en la aprobación de protocolos, en caso necesario.

> – Reglamento (UE) 2023/2844 del Parlamento Europeo y del Consejo, de 13 de diciembre de 2023, sobre la digitalización de la cooperación judicial y del acceso a la justicia en asuntos transfronterizos civiles, mercantiles y penales, y por el que se modifican determinados actos jurídicos en el ámbito de la cooperación judicial (DO L, 2023/2844, 27.12.2023).

Artículo 43. *Cooperación y comunicación entre los administradores concursales y los órganos jurisdiccionales*

1. A fin de facilitar la coordinación entre el procedimiento de insolvencia principal, los procedimientos de insolvencia secundarios y los territoriales, relativos al mismo deudor,

a) el administrador concursal del procedimiento de insolvencia principal cooperará y se comunicará con cualquier órgano jurisdiccional ante el que se haya presentado una solicitud de apertura o que haya abierto un procedimiento de insolvencia secundario;

b) el administrador concursal de un procedimiento de insolvencia territorial o secundario cooperará y se comunicará con el órgano jurisdiccional ante el que se haya presentado una solicitud de apertura o que haya abierto un procedimiento de insolvencia principal, y

c) el administrador concursal del procedimiento de insolvencia territorial o secundario cooperará y se comunicará con el órgano jurisdiccional ante el que se haya presentado una solicitud de apertura o que haya abierto un procedimiento de insolvencia territorial o secundario, en la medida en que dichas cooperación y comunicación no sean incompatibles con las normas aplicables a cada uno de los procedimientos ni impliquen conflicto de intereses alguno.

2. La cooperación a que se refiere el apartado 1 podrá llevarse a cabo por cualquier medio adecuado, como los establecidos en el artículo 42, apartado 3.

Artículo 44. *Costes de la cooperación y comunicación*

La aplicación de los artículos 42 y 43 no conllevará que los órganos jurisdiccionales se requieran mutuamente el pago de los costes de cooperación y comunicación.

Artículo 45. *Ejercicio de los derechos de los acreedores*

1. Todo acreedor podrá presentar su crédito en el procedimiento de insolvencia principal y en cualquier procedimiento de insolvencia secundario.

2. Los administradores concursales del procedimiento principal y de los procedimientos de insolvencia secundarios presentarán en otros procedimientos los créditos ya comunicados en el procedimiento para el que se les haya nombrado, siempre que sea útil para los acreedores cuyos intereses representan y a reserva del derecho de estos últimos a oponerse a dicha presentación o a retirarla, cuando así lo contemple la ley aplicable.

3. El administrador concursal de un procedimiento de insolvencia principal o secundario estará facultado para participar en otro procedimiento en las mismas condiciones que cualquier acreedor, en particular asistiendo a la junta de acreedores.

Artículo 46. *Suspensión del procedimiento de realización de activos*

1. El órgano jurisdiccional que haya abierto el procedimiento de insolvencia secundario suspenderá total o parcialmente las operaciones de realización de activos a instancia del administrador concursal del procedimiento de insolvencia principal. En tal caso, el órgano jurisdiccional podrá exigir al administrador concursal del procedimiento de insolvencia principal cualquier medida adecuada para garantizar los intereses de los acreedores del procedimiento de insolvencia secundario y de determinados tipos de acreedores. La solicitud del administrador concursal únicamente podrá ser rechazada si, manifiestamente, no tiene interés para los acreedores del procedimiento de insolvencia principal. Dicha suspensión de la realización de activos podrá ser ordenada por un período máximo de tres meses. Podrá prolongarse o renovarse por períodos de la misma duración.

2. El órgano jurisdiccional contemplado en el apartado 1 pondrá fin a la suspensión de las operaciones de realización de activos:

a) a instancia del administrador concursal del procedimiento de insolvencia principal;

b) de oficio, a instancia de un acreedor o a instancia del administrador concursal del procedimiento de insolvencia secundario cuando dicha medida ya no parezca justificada, en particular, por el interés de los acreedores del procedimiento principal o del procedimiento de insolvencia secundario.

Artículo 47. *Facultad del administrador concursal de proponer planes de reestructuración*

1. Si el Derecho del Estado miembro en el que se haya abierto un procedimiento de insolvencia secundario permite que tal procedimiento se concluya sin liquidación mediante un plan de reestructuración, un convenio u otra medida similar, el administrador concursal del procedimiento de insolvencia principal estará facultado para proponer tal medida con arreglo al procedimiento de dicho Estado miembro.

2. Las limitaciones de los derechos de los acreedores derivadas de una medida de las que se contemplan en el apartado 1, tales como un aplazamiento de pagos o una condonación de la deuda, propuesta en un procedimiento de insolvencia secundario, no podrán producir efectos respecto de los bienes del deudor que no formen parte de dicho procedimiento sin el consentimiento de todos los acreedores interesados.

Artículo 48. *Repercusiones de la conclusión del procedimiento de insolvencia*

1. Sin perjuicio de lo dispuesto en el artículo 49, la conclusión de un procedimiento de insolvencia no impedirá la continuación de otros procedimientos de insolvencia relativos al mismo deudor que sigan abiertos en ese momento.

2. En caso de que el procedimiento de insolvencia relativo a una persona jurídica o a una sociedad en el Estado miembro en el que se encuentre su domicilio social implicara la disolución de la persona jurídica o la sociedad, dicha persona jurídica o sociedad no dejará de existir hasta que hayan concluido todos los demás procedimientos de insolvencia relativos al mismo deudor o hasta que el o los administradores concursales en dichos procedimientos hayan dado su visto bueno a la disolución.

Artículo 49. *Excedente del activo del procedimiento de insolvencia secundario*

En caso de que la realización de activos del procedimiento de insolvencia secundario permita satisfacer todos los créditos admitidos en dicho procedimiento, el administrador concursal nombrado en este transferirá de inmediato el excedente del activo al administrador concursal del procedimiento de insolvencia principal.

Artículo 50. *Apertura posterior del procedimiento de insolvencia principal.*

Cuando se abra un procedimiento del artículo 3, apartado 1, después de que se haya abierto en otro Estado miembro un procedimiento del artículo 3, apartado 2, se aplicarán los artículos 41, 45, 46 y 47 y el artículo 49 al procedimiento abierto en primer lugar, en la medida en que la situación de dicho procedimiento lo permita.

Artículo 51. *Conversión del procedimiento de insolvencia secundario*

1. A instancia del administrador concursal en el procedimiento principal, el órgano jurisdiccional del Estado miembro en el que se haya abierto un procedimiento de insolvencia secundario podrá ordenar que este se convierta en otro tipo de procedimiento de insolvencia de los relacionados en el anexo A, siempre que se cumplan los requisitos pre-

vistos en el Derecho nacional para la apertura de ese otro tipo de procedimiento y que este sea el más adecuado respecto a los intereses de los acreedores locales y para garantizar la congruencia entre los procedimientos de insolvencia principal y secundario.

2. Al examinar la solicitud a que se refiere el apartado 1, el órgano jurisdiccional podrá recabar información de los administradores concursales que intervengan en ambos procedimientos.

Artículo 52. *Medidas cautelares*

Cuando el órgano jurisdiccional de un Estado miembro, competente en virtud del artículo 3, apartado 1, nombre a un administrador concursal provisional con el fin de asegurar la conservación de los bienes del deudor, dicho administrador provisional estará habilitado para solicitar cualquier medida de conservación o protección sobre los bienes del deudor situados en otro Estado miembro, prevista por la ley de dicho Estado miembro para el período comprendido entre la solicitud de apertura de un procedimiento de insolvencia y la resolución de apertura del procedimiento.

CAPÍTULO IV. Información a los acreedores y presentación de sus créditos

Artículo 53. *Derecho a presentar los créditos*

Los acreedores extranjeros podrán presentar sus créditos en el procedimiento de insolvencia por cualquier medio de comunicación aceptado por el Derecho del Estado de apertura del procedimiento, o por los medios de comunicación electrónica establecidos en el artículo 4 del Reglamento (UE) 2023/2844.

La representación mediante letrado u otro profesional del Derecho no será obligatoria al solo efecto de la presentación de créditos.

> – Reglamento (UE) 2023/2844 del Parlamento Europeo y del Consejo, de 13 de diciembre de 2023, sobre la digitalización de la cooperación judicial y del acceso a la justicia en asuntos transfronterizos civiles, mercantiles y penales, y por el que se modifican determinados actos jurídicos en el ámbito de la cooperación judicial (DO L, 2023/2844, 27.12.2023).

Artículo 54. *Obligación de informar a los acreedores*

1. Desde el momento en que se abra un procedimiento de insolvencia en un Estado miembro, el órgano jurisdiccional competente de dicho Estado, o el administrador concursal que haya sido nombrado por dicho órgano, informará sin demora a los acreedores extranjeros conocidos.

2. La información a que se hace referencia en el apartado 1, facilitada mediante una comunicación individual, incluirá, en especial, los plazos que deben respetarse, las sanciones previstas en relación con dichos plazos, el órgano o la autoridad facultada para admitir la presentación de los créditos, y otras medidas establecidas. Dicha comunicación indicará asimismo si los acreedores cuyo crédito sea preferente o goce de una garantía real deben presentar sus créditos. La comunicación contendrá asimismo una copia del formulario normalizado para la presentación de créditos a que se refiere el artículo 55 o información sobre dónde obtener dicho formulario.

3. La información mencionada en los apartados 1 y 2 del presente artículo se facilitará empleando el formulario normalizado de comunicación que se establecerá de conformidad con el artículo 88. El formulario se publicará en el Portal Europeo de e-Justicia y llevará el encabezamiento «Anuncio de procedimiento de insolvencia» en todas las lenguas oficiales de las instituciones de la Unión. Se presentará en la lengua oficial del Estado de apertura del procedimiento o, en caso de que dicho Estado miembro tenga varias lenguas oficiales, en la lengua oficial o en una de las lenguas oficiales del lugar en que se haya abierto el procedimiento de insolvencia, o en otra lengua que dicho Estado miembro haya indicado que puede aceptar, de conformidad con lo dispuesto en el artículo 55, apartado 5, si puede presumirse que dicha lengua será más fácil de comprender para los acreedores extranjeros.

4. En los procedimientos de insolvencia que afecten a particulares que no ejerzan una actividad mercantil o profesional, el empleo del formulario normalizado previsto en el presente artículo no será obligatorio si no se exige a los acreedores la presentación de sus créditos para que estos sean reconocidos en el procedimiento.

Artículo 55. *Procedimiento para la presentación de créditos*

1. Todo acreedor extranjero podrá presentar sus créditos utilizando el formulario normalizado que se establecerá de conformidad con el artículo 88. El formulario llevará el encabezamiento «Presentación de créditos» en todas las lenguas oficiales de las instituciones de la Unión.

2. El formulario normalizado para la presentación de créditos contemplado en el apartado 1 contendrá la información siguiente:

a) el nombre, la dirección postal, la dirección de correo electrónico, si la hubiera, el número de identificación personal, si lo hubiera, y los datos bancarios del acreedor extranjero a que se refiere el apartado 1;

b) el importe del crédito, con mención del principal y en su caso de los intereses, y la fecha de su nacimiento, así como la de vencimiento, en caso de ser distintas;

c) de reclamarse intereses, el tipo de interés, si este es de índole legal o contractual, el período por el que se reclaman los intereses y el importe capitalizado de los mismos;

d) si se reclaman gastos en que se haya incurrido para reclamar el crédito antes del inicio del procedimiento, el importe y el detalle de esos gastos;

e) la naturaleza del crédito;

f) si se invoca la condición de acreedor privilegiado, y el fundamento de tal pretensión;

g) si se reivindica para el crédito una garantía real o una reserva de dominio y, en tal caso, cuáles son los bienes garantizados por el derecho que se alega, así como la fecha en que se constituyó la garantía y, si se hubiera registrado, el número de registro, y

h) si se hace valer una compensación y, en tal caso, los importes de los créditos recíprocos existentes en la fecha de apertura del procedimiento de insolvencia, la fecha en que nacieron y el importe una vez deducida la compensación que se hace valer.

El formulario normalizado para la presentación de los créditos irá acompañado de los correspondientes justificantes.

3. El formulario normalizado para la presentación de créditos indicará que el suministro de información relativa a los datos bancarios del acreedor y su número de identificación personal con arreglo al apartado 2, letra a), no es obligatorio.

4. En caso de que un acreedor presente su crédito por un medio distinto del formulario normalizado contemplado en el apartado 1, la reclamación contendrá la información mencionada en el apartado 2.

5. Los créditos podrán presentarse en cualquier lengua oficial de las instituciones de la Unión. El órgano jurisdiccional, el administrador concursal o el deudor no desapoderado podrán exigir al acreedor que facilite una traducción en la lengua oficial del Estado de apertura del procedimiento o, si este tiene varias lenguas oficiales, en la lengua oficial o en una de las lenguas oficiales del lugar en que se haya abierto el procedimiento de insolvencia, o en otra lengua que dicho Estado miembro haya indicado que puede aceptar. Cada Estado miembro indicará si acepta alguna lengua oficial de las instituciones de la Unión distinta de la suya propia a efectos de presentación de los créditos.

6. Los créditos se presentarán en el plazo señalado por el Derecho del Estado de apertura del procedimiento. En el caso de un acreedor extranjero, dicho plazo no podrá ser inferior a 30 días a partir de la publicación de la apertura del procedimiento de insolvencia en el registro de insolvencia del Estado de apertura del procedimiento. Cuando un Estado miembro se base en el artículo 24, apartado 4, ese período no será inferior a 30 días a partir del momento en que se haya informado al acreedor de conformidad con el artículo 54.

7. En caso de que el órgano jurisdiccional, el administrador concursal o el deudor no desapoderado tengan dudas en relación con un crédito presentado de conformidad con el presente artículo, ofrecerán al acreedor la oportunidad de aportar pruebas adicionales sobre la existencia y el importe del crédito.

CAPÍTULO V. Procedimientos de insolvencia de miembros de un grupo de sociedades

SECCIÓN 1. Cooperación y comunicación

Artículo 56. *Cooperación y comunicación entre administradores concursales*

1. Cuando un procedimiento de insolvencia se refiera a dos o más miembros de un grupo de sociedades, el administrador concursal nombrado en el procedimiento relativo a un miembro del grupo cooperará con cualquier administrador concursal nombrado en un procedimiento relativo a otro miembro del mismo grupo en la medida en que tal cooperación sea conveniente para facilitar la eficaz administración de esos procedimientos, no sea incompatible con las normas aplicables a los mismos y no suponga un conflicto de intereses. Dicha cooperación podrá adoptar cualquier forma, incluida la celebración de acuerdos o protocolos.

2. Al aplicar la cooperación indicada en el apartado 1, los administradores concursales:

a) se comunicarán lo antes posible cualquier otra información que pueda resultar útil para los otros procedimientos, siempre que se adopten las medidas oportunas para proteger la información confidencial;

b) estudiarán si existen posibilidades de coordinar la gestión y la supervisión de las actividades de los miembros del grupo que estén sometidos a procedimientos de insolvencia y, en caso afirmativo, coordinarán dicha gestión y supervisión;

c) estudiarán si existen posibilidades de reestructurar a los miembros del grupo que estén sometidos a procedimientos de insolvencia y, en caso afirmativo, se concertarán en relación con la propuesta y la negociación de un plan de reestructuración coordinado.

A efectos de las letras b) y c), todos o algunos de los administradores concursales a que se refiere el apartado 1 podrán acordar conceder facultades adicionales a uno de ellos cuando las normas aplicables a cada uno de los procedimientos así lo permitan. Podrán acordar asimismo la distribución de determinadas funciones entre ellos, cuando las normas aplicables a cada uno de los procedimientos permitan tal reparto de funciones.

Artículo 57. *Cooperación y comunicación entre órganos jurisdiccionales*

1. Cuando un procedimiento de insolvencia se refiera a dos o más miembros de un grupo de sociedades, el órgano jurisdiccional que haya abierto tal procedimiento cooperará con cualquier otro órgano jurisdiccional ante el que se haya presentado una solicitud de apertura de un procedimiento relativo a otro miembro del mismo grupo, o que haya abierto dicho procedimiento, en la medida en que tal cooperación sea conveniente para facilitar la eficaz administración de los procedimientos, no sea incompatible con las normas aplicables a los mismos y no suponga ningún conflicto de intereses. Con este fin, los órganos jurisdiccionales podrán designar, cuando sea oportuno, a una persona u órgano independiente que actúe siguiendo sus instrucciones, siempre que ello no sea incompatible con las normas aplicables a dichos órganos jurisdiccionales.

2. Al poner en práctica la cooperación mencionada en el apartado 1, los órganos jurisdiccionales, o cualquier persona u órgano designado que actúe en su representación, a que se refiere el apartado 1, podrán, directamente, comunicarse entre sí, o solicitarse mutuamente información o asistencia, siempre que dicha comunicación respete los derechos procesales de las partes en los procedimientos y el carácter confidencial de la información.

La cooperación a que se refiere el apartado 1 del presente artículo se llevará a cabo de conformidad con lo dispuesto en el artículo 3 del Reglamento (UE) 2023/2844. En concreto puede tratarse de:

a) la coordinación del nombramiento de los administradores concursales;

b) la comunicación de información por cualquier medio que el órgano jurisdiccional considere oportuno;

c) la coordinación de la administración y supervisión de los bienes y negocios de los miembros del grupo;

d) la coordinación de la celebración de las vistas;

e) la coordinación en la aprobación de protocolos, en caso necesario.

– Reglamento (UE) 2023/2844 del Parlamento Europeo y del Consejo, de 13 de diciembre de 2023, sobre la digitalización de la cooperación judicial y del acceso a la justicia en asuntos transfronterizos civiles, mercantiles y penales, y por el que se modifican determinados actos jurídicos en el ámbito de la cooperación judicial (DO L, 2023/2844, 27.12.2023).

Artículo 58. *Cooperación y comunicación entre los administradores concursales y los órganos jurisdiccionales*

El administrador concursal nombrado en un procedimiento de insolvencia relativo a un miembro de un grupo de sociedades:

a) cooperará y se comunicará con cualquier órgano jurisdiccional ante el que se haya presentado una solicitud de apertura de procedimiento respecto de otro miembro del mismo grupo de sociedades o que haya abierto tal procedimiento, y

b) podrá solicitar a ese órgano jurisdiccional información sobre los procedimientos relativos al otro miembro del grupo o solicitar asistencia respecto del procedimiento para el que haya sido nombrado,

en la medida en que dicha cooperación y comunicación resulten adecuadas para facilitar la eficaz administración de los procedimientos, no supongan un conflicto de intereses y no sean incompatibles con las normas que les sean aplicables.

Artículo 59. *Costes de la cooperación y la comunicación en los procedimientos relativos a miembros de un grupo de sociedades*

Los costes que las medidas de cooperación y de comunicación previstas en los artículos 56 a 60 ocasionen al administrador concursal o al órgano jurisdiccional se considerarán costas y gastos de los procedimientos respectivos.

Artículo 60. *Facultades del administrador concursal en los procedimientos relativos a miembros de un grupo de sociedades*

1. El administrador concursal nombrado en un procedimiento de insolvencia abierto respecto de un miembro de un grupo de sociedades podrá, en la medida adecuada para facilitar la eficaz administración del procedimiento:

a) ser oído en cualquiera de los procedimientos abiertos respecto de cualquier otro miembro del mismo grupo;

b) solicitar la suspensión de cualquier medida relacionada con la realización de los activos en el procedimiento abierto respecto de cualquier otro miembro del mismo grupo, siempre que:

i) un plan de reestructuración que tenga posibilidades razonables de éxito se haya propuesto en virtud del artículo 56, apartado 2, letra c), para todos o algunos de los miembros del grupo sometidos a procedimientos de insolvencia,

ii) dicha suspensión sea necesaria para garantizar la adecuada realización del plan de reestructuración,

iii) el plan de reestructuración redunde en beneficio de los acreedores en el procedimiento para el que se solicite la suspensión, y

iv) ni los procedimientos de insolvencia para los que haya sido nombrado el administrador concursal mencionado en el apartado 1 del presente artículo, ni los procedimientos en los que se ha solicitado la suspensión estén sometidos a la coordinación prevista en la sección 2 del presente capítulo;

c) solicitar el inicio de un procedimiento de coordinación de grupo, de conformidad con el artículo 61.

2. El órgano jurisdiccional que haya abierto un procedimiento previsto en el apartado 1, letra b), suspenderá cualquier medida vinculada a la realización total o parcial de los activos en dicho procedimiento, cuando considere que se cumplen las condiciones previstas en el apartado 1, letra b).

Antes de acordar la suspensión, el órgano jurisdiccional oirá al administrador concursal nombrado en el procedimiento para el que se haya solicitado la suspensión. Esta suspensión tendrá la duración, no superior a tres meses, que el órgano jurisdiccional considere adecuada y que sea compatible con las normas aplicables al procedimiento.

El órgano jurisdiccional que acuerde la suspensión podrá exigir al administrador concursal mencionado en el apartado 1 que tome cualquier medida apropiada prevista en el Derecho nacional para garantizar los intereses de los acreedores del procedimiento.

El órgano jurisdiccional podrá prorrogar la duración de la suspensión por el plazo o plazos que considere adecuados y que sean compatibles con las normas aplicables al procedimiento, siempre que sigan cumpliéndose las condiciones a que se refiere el apartado 1, letra b), incisos ii) a iv), y que la duración total de la suspensión (el plazo inicial junto con dichas prórrogas) no exceda de seis meses.

SECCIÓN 2. Coordinación

Subsección 1. Procedimiento

Artículo 61. *Solicitud de inicio de un procedimiento de coordinación de grupo*

1. El administrador concursal nombrado en un procedimiento de insolvencia abierto en relación con un miembro de un grupo podrá solicitar un procedimiento de coordinación de ese grupo ante cualquier órgano jurisdiccional que sea competente para conocer de un procedimiento relativo a uno de los miembros del grupo.

2. La solicitud a que se refiere el apartado 1 se formulará de conformidad con las condiciones establecidas por la normativa aplicable al procedimiento en el que se haya nombrado al administrador concursal.

3. La solicitud contemplada en el apartado 1 irá acompañada de:

a) una propuesta sobre la persona del coordinador de grupo («el coordinador»), deta lles sobre su idoneidad en virtud del artículo 71, pormenores acerca de su cualificación, así como su acuerdo por escrito para actuar como coordinador;

b) las directrices de la coordinación de grupo propuesta y en particular de las razones por las que se cumplen las condiciones establecidas en el artículo 63, apartado 1;

c) una lista de los administradores concursales nombrados en relación con los miembros del grupo y, en su caso, de los órganos jurisdiccionales y autoridades competentes en los procedimientos de insolvencia de los miembros de este;

d) un presupuesto de los costes estimados de la coordinación de grupo propuesta y la estimación de la parte de dichos costes que deba pagar cada miembro del grupo.

Artículo 62. *Norma de prioridad*

Sin perjuicio de lo dispuesto en el artículo 66, en caso de que se solicite el inicio de un procedimiento de coordinación de grupo ante órganos jurisdiccionales de distintos

Estados miembros, todo órgano jurisdiccional distinto de aquel al que se haya presentado la primera solicitud se inhibirá a favor de este.

Artículo 63. *Comunicación del órgano jurisdiccional al que se presente la solicitud*

1. El órgano jurisdiccional ante el que se haya presentado una solicitud de inicio de procedimiento de coordinación de grupo comunicará lo antes posible la presentación de la misma y el coordinador propuesto a los administradores concursales nombrados en relación con los miembros del grupo indicados en la solicitud prevista en el artículo 61, apartado 3, letra c), cuando considere que:

a) el inicio de ese procedimiento resulta adecuada para facilitar la eficaz administración de los procedimientos de insolvencia relativos a los distintos miembros del grupo;

b) no es probable que ningún acreedor de cualquier miembro del grupo, cuya participación en el procedimiento esté prevista, resulte perjudicado económicamente por la inclusión de dicho miembro en el procedimiento, y

c) el coordinador propuesto cumple los requisitos establecidos en el artículo 71.

2. La comunicación a que se refiere el apartado 1 del presente artículo enumerará los elementos mencionados en el artículo 61, apartado 3, letras a) a d).

3. La comunicación a que se refiere el apartado 1 se enviará por correo certificado y con acuse de recibo.

4. El órgano jurisdiccional al que se haya presentado la solicitud ofrecerá a los administradores concursales la oportunidad de ser oídos.

Artículo 64. *Oposición de los administradores concursales*

1. Los administradores concursales nombrados respecto de cualquier miembro del grupo podrán oponerse a:

a) la inclusión del procedimiento de insolvencia para el que hayan sido nombrados en el procedimiento de coordinación de grupo, o

b) la persona propuesta como coordinador.

2. Los administradores concursales a que se refiere el apartado 1 del presente artículo formularán la oposición contemplada en el apartado 1 del presente artículo ante el órgano jurisdiccional mencionado en el artículo 63, dentro del plazo de 30 días a partir de la recepción de la comunicación de inicio del procedimiento de coordinación de grupo.

La oposición podrá formularse mediante el formulario normalizado previsto en el artículo 88.

3. Antes de tomar la decisión de participar o no en la coordinación conforme al apartado 1, letra a), el administrador concursal obtendrá la aprobación que se requiera en virtud del Derecho del Estado de apertura del procedimiento de insolvencia para el que ha sido nombrado.

Artículo 65. *Consecuencias de la oposición a la inclusión en la coordinación de grupo*

1. En caso de que un administrador concursal se haya opuesto a la inclusión del procedimiento para el que ha sido nombrado en el procedimiento de coordinación de grupo, dicho procedimiento no se incluirá en el procedimiento de coordinación.

2. Las facultades del órgano jurisdiccional a que se refiere el artículo 68 o las del coordinador derivadas de dicho procedimiento no surtirán efecto respecto de dicho miembro, y no conllevarán coste alguno para él.

Artículo 66. *Elección de foro para procedimientos de coordinación de grupo*

1. Cuando al menos dos tercios de todos los administradores concursales nombrados en procedimientos de insolvencia de los miembros del grupo hayan acordado que un órgano jurisdiccional de otro Estado miembro que sea competente es el más adecuado para el inicio del procedimiento de coordinación de grupo, dicho órgano jurisdiccional tendrá competencia exclusiva.

2. La elección de foro se efectuará de común acuerdo por escrito o constará por escrito. Podrá efectuarse hasta el momento en que se haya iniciado el procedimiento de coordinación de grupo de conformidad con el artículo 68.

3. Todo órgano jurisdiccional distinto del acordado conforme al apartado 1 se inhibirá a favor de este.

4. La solicitud de apertura del procedimiento de coordinación de grupo se presentará ante el órgano jurisdiccional convenido de conformidad con el artículo 61.

Artículo 67. *Consecuencias de la oposición al coordinador propuesto*

En caso de que se haya formulado oposición a la persona propuesta como coordinador por parte de un administrador concursal que no se oponga también a la inclusión en el procedimiento de coordinación de grupo del miembro respecto del cual ha sido nombrado, el órgano jurisdiccional podrá abstenerse de nombrar a dicha persona y podrá invitar al administrador concursal que haya formulado oposición a presentar una nueva solicitud de conformidad con el artículo 61, apartado 3.

Artículo 68. *Resolución de inicio de un procedimiento de coordinación de grupo*

1. Una vez que haya transcurrido el plazo al que se refiere el artículo 64, apartado 2, el órgano jurisdiccional podrá iniciar el procedimiento de coordinación de grupo si considera que se cumplen las condiciones del artículo 63, apartado 1. En tal caso, el órgano jurisdiccional:

a) designará un coordinador;

b) resolverá sobre las directrices de la coordinación, y

c) resolverá sobre la estimación de los costes y la parte que deban pagar los miembros del grupo.

2. La resolución de inicio del procedimiento de coordinación de grupo se comunicará a los administradores concursales y al coordinador.

Artículo 69. *Adhesión subsiguiente de administradores concursales*

1. De conformidad con su Derecho nacional, todo administrador concursal podrá solicitar, con posterioridad a la resolución del órgano jurisdiccional a que se refiere el artículo 68, la inclusión de los procedimientos respecto de los que haya sido nombrado, en caso de que:

a) se haya formulado oposición a la inclusión del procedimiento de insolvencia en el procedimiento de coordinación de grupo, o

b) se haya abierto el procedimiento de insolvencia respecto de un miembro del grupo después de que el órgano jurisdiccional haya iniciado el procedimiento de coordinación de grupo.

2. Sin perjuicio del apartado 4, el coordinador podrá acceder a dicha solicitud tras consultar a los administradores concursales implicados, si

a) considera que, teniendo en cuenta la fase en la que se encuentre el procedimiento de coordinación de grupo en el momento de la solicitud, se cumplen los criterios establecidos en el artículo 63, apartado 1, letras a) y b), o

b) todos los administradores concursales implicados convienen en ello, a reserva de las condiciones establecidas por su Derecho nacional.

3. El coordinador informará al órgano jurisdiccional y a los administradores concursales implicados de su decisión en virtud del apartado 2, así como de las razones en las que se fundamenta.

4. Todo administrador concursal implicado o todo administrador concursal cuya solicitud de inclusión en el procedimiento de coordinación de grupo haya sido denegada podrá impugnar la decisión a que se refiere al apartado 2 de conformidad con el procedimiento establecido en virtud del Derecho del Estado miembro en el que se haya iniciado el procedimiento de coordinación de grupo.

Artículo 70. *Recomendaciones y plan de coordinación de grupo*

1. En la gestión de sus procedimientos de insolvencia, los administradores concursales tendrán en cuenta las recomendaciones del coordinador y el contenido del plan de coordinación de grupo contemplados en el artículo 72, apartado 1.

2. El administrador concursal no estará obligado a seguir ni total ni parcialmente las recomendaciones del coordinador o el plan de coordinación de grupo.

En caso de que no siga las recomendaciones del coordinador o el plan de coordinación de grupo, indicará los motivos para no hacerlo a las personas u organismos a los que deba informar con arreglo a su Derecho nacional, así como al coordinador.

Subsección 2. Disposiciones generales

Artículo 71. *El coordinador*

1. El coordinador será una persona a la que pueda nombrarse en virtud del Derecho de un Estado miembro como administrador concursal.

2. El coordinador no será ninguno de los administradores concursales nombrados para actuar respecto de los miembros del grupo, y no tendrá conflicto de intereses alguno respecto de tales miembros, de sus acreedores o de los administradores concursales nombrados respecto de cualquiera de los miembros del grupo.

Artículo 72. *Funciones y derechos del coordinador*

1. El coordinador deberá:

a) determinar y elaborar las recomendaciones para la sustanciación coordinada de los procedimientos de insolvencia;

b) proponer un plan de coordinación de grupo que determine, describa y recomiende un conjunto completo de medidas adecuadas para un planteamiento integrado de la resolución de la insolvencia de los miembros del grupo. Concretamente, el plan podrá incluir propuestas sobre:

i) las medidas que deben adoptarse para restablecer el rendimiento económico y la solidez financiera del grupo o de una parte del mismo,

ii) la resolución de controversias en el seno del grupo en lo relativo a las transacciones internas y a las acciones revocatorias,

iii) los acuerdos entre los administradores concursales de los miembros del grupo insolventes.

2. El coordinador podrá asimismo:

a) ser oído y participar, en particular asistiendo a las reuniones de la junta de acreedores, en cualquiera de los procedimientos abiertos respecto de cualquier miembro del grupo;

b) mediar en las posibles controversias que surjan entre dos o más administradores concursales de miembros del grupo;

c) presentar y explicar sus planes de coordinación de grupo a las personas u organismos a los que deba informar en virtud del Derecho nacional de estos;

d) solicitar información de cualquier administrador concursal respecto de cualquier miembro del grupo cuando dicha información sea o pueda ser de utilidad para determinar y elaborar las estrategias y medidas destinadas a coordinar los procedimientos, y

e) solicitar una suspensión, por un período máximo de seis meses, del procedimiento abierto respecto de cualquier miembro del grupo, siempre que dicha suspensión sea necesaria para garantizar la adecuada ejecución del plan y redunde en beneficio de los acreedores en el procedimiento para el que se solicite la suspensión, o solicitar el levantamiento de cualquier suspensión en curso. Dicha solicitud se presentará ante el órgano jurisdiccional que haya abierto el procedimiento cuya suspensión se solicite.

3. El plan previsto en el apartado 1, letra b), no incluirá ninguna recomendación sobre la consolidación de los procedimientos o de las masas.

4. Las funciones y derechos del coordinador definidos en el presente artículo no se extenderán a ningún miembro del grupo que no participe en el procedimiento de coordinación de grupo.

5. El coordinador ejercerá sus funciones con imparcialidad y con la debida diligencia.

6. En caso de que el coordinador considere que el cumplimiento de sus funciones requiere un incremento significativo de los costes en comparación con los costes estimados a que se refiere el artículo 61, apartado 3, letra d), y, en cualquier caso, cuando los costes excedan del 10% del presupuesto de los costes estimados, el coordinador:

a) informará sin demora a los administradores concursales participantes, y

b) recabará la aprobación previa del órgano jurisdiccional que haya iniciado el procedimiento de coordinación de grupo.

Artículo 73. *Lenguas*

1. El coordinador se comunicará con el administrador concursal de un miembro participante del grupo en la lengua convenida con este o, a falta de acuerdo, en la lengua oficial o una de las lenguas oficiales de las instituciones de la Unión, y del órgano jurisdiccional que haya abierto el procedimiento respecto de dicho miembro del grupo.

2. El coordinador se comunicará con el órgano jurisdiccional en la lengua oficial de este.

Artículo 74. *Cooperación entre los administradores concursales y el coordinador*

1. Los administradores concursales nombrados en relación con miembros del grupo y el coordinador cooperarán entre sí en la medida en que dicha cooperación no sea incompatible con las normas aplicables a los procedimientos respectivos.

2. En particular, los administradores concursales comunicarán al coordinador toda información que sea pertinente para el desempeño de las funciones de este.

Artículo 75. *Revocación del nombramiento del coordinador*

El órgano jurisdiccional revocará el nombramiento del coordinador a iniciativa propia o a instancia del administrador concursal de un miembro de grupo participante, en caso de que:

a) el coordinador actúe en detrimento de los acreedores del miembro de grupo participante, o

b) el coordinador no cumpla con las obligaciones que le incumben en virtud del presente capítulo.

Artículo 76. *Deudor no desapoderado*

Las disposiciones aplicables, en virtud del presente capítulo, al administrador concursal se aplicarán también, cuando proceda, al deudor no desapoderado.

Artículo 77. *Costes y distribución*

1. La remuneración del coordinador será adecuada, proporcionada respecto de las funciones desempeñadas y reflejará unos gastos razonables.

2. Una vez que complete sus trabajos, el coordinador establecerá la relación final de costes y la parte que deba pagar cada miembro y presentará dicha relación a cada administrador concursal participante y al órgano jurisdiccional que haya iniciado el procedimiento de coordinación.

3. Si los administradores concursales participantes no formulan oposición en el plazo de 30 días a partir de la recepción de la relación prevista en el apartado 2, los costes y la parte que deba pagar cada miembro se considerarán acordados. La relación se presentará al órgano jurisdiccional que haya iniciado el procedimiento de coordinación para que dicho órgano jurisdiccional la confirme.

4. En caso de oposición, el órgano jurisdiccional que haya iniciado el procedimiento de coordinación de grupo resolverá, a instancia del coordinador o de cualquier administrador concursal participante, sobre los costes y la parte que deba pagar cada miembro de conformidad con los criterios establecidos en el apartado 1 del presente artículo y tenien-

do en cuenta la estimación de costes a que hacen referencia el artículo 68, apartado 1, y, en su caso, el artículo 72, apartado 6.

5. Todo administrador concursal participante podrá impugnar la decisión a que se refiere el apartado 4 de conformidad con el procedimiento establecido en virtud del Derecho del Estado miembro en el que se haya iniciado el procedimiento de coordinación de grupo.

CAPÍTULO VI. Protección de datos

Artículo 78. *Protección de datos*

1. Las disposiciones nacionales de transposición de la Directiva 95/46/CE se aplicarán al tratamiento de datos personales que se lleve a cabo en los Estados miembros en virtud del presente Reglamento, siempre y cuando no se trate de las operaciones de tratamiento a que se refiere el artículo 3, apartado 2, de la Directiva 95/46/CE.

2. El Reglamento (CE) n° 45/2001 se aplicará al tratamiento de datos personales que lleve a cabo la Comisión con arreglo al presente Reglamento.

Artículo 79. *Funciones de los Estados miembros respecto del tratamiento de datos personales en los registros nacionales de insolvencia*

1. Cada Estado miembro comunicará a la Comisión el nombre de la persona física o jurídica, autoridad pública, agencia u otro organismo designado en virtud del Derecho nacional para ejercer las funciones de responsable del tratamiento con arreglo al artículo 2, letra d), de la Directiva 95/46/CE, con vistas a su publicación en el Portal Europeo de e-Justicia.

2. Los Estados miembros velarán por que se implanten las medidas técnicas para garantizar la seguridad de los datos personales tratados en sus registros nacionales de insolvencia previstos en el artículo 24.

3. Los Estados miembros se encargarán de comprobar que el responsable del tratamiento designado en virtud del Derecho nacional con arreglo al artículo 2, letra d), de la Directiva 95/46/CE garantice el cumplimiento de los principios de calidad de los datos, en especial de la exactitud y la actualización de los datos almacenados en los registros nacionales de insolvencia.

4. Los Estados miembros se encargarán, de conformidad con la Directiva 95/46/CE, de la recopilación y almacenamiento de los datos en las bases de datos nacionales y de las decisiones adoptadas para que tales datos estén disponibles en el registro interconectado que se puede consultar a través del Portal Europeo de e-Justicia.

5. Como parte de la información que debe facilitarse a los titulares de los datos para que puedan ejercer sus derechos, y en particular el derecho a la cancelación de datos, los Estados miembros informarán a dichos titulares acerca del período de accesibilidad establecido para los datos personales almacenados en los registros de insolvencia.

Artículo 80. *Funciones de la comisión vinculadas al tratamiento de datos personales*

1. La Comisión ejercerá las funciones de responsable del tratamiento con arreglo al artículo 2, letra d), del Reglamento (CE) n° 45/2001, de conformidad con sus funciones correspondientes definidas en el presente artículo.

2. La Comisión definirá las políticas necesarias y aplicará las soluciones técnicas necesarias para ejercer sus funciones como responsable del tratamiento.

3. La Comisión aplicará las medidas técnicas necesarias para garantizar la seguridad de los datos personales mientras estén en tránsito, en particular la confidencialidad y la integridad de cualquier transmisión con destino u origen en el Portal Europeo de e-Justicia.

4. Las obligaciones de la Comisión no afectarán a las responsabilidades de los Estados miembros y de otros órganos respecto del contenido y el funcionamiento de las bases de datos nacionales interconectadas que administren.

Artículo 81. *Obligaciones de información*

Sin perjuicio de la información que haya de darse a los interesados conforme a los artículos 11 y 12 del Reglamento (CE) n° 45/2001, la Comisión informará a los interesados, mediante publicación en el Portal Europeo de e-Justicia, de su función en el tratamiento de los datos y de la finalidad de dicho tratamiento.

Artículo 82. *Almacenamiento de datos personales*

Por lo que atañe a la información de las bases de datos nacionales interconectadas, no se almacenarán datos personales relativos a los interesados en el Portal Europeo de e-Justicia. Todos esos datos se almacenarán en las bases de datos nacionales administradas por los Estados miembros u otros órganos.

Artículo 83. *Acceso a datos personales a través del portal europeo de e-justicia*

Los datos personales almacenados en los registros nacionales de insolvencia a que se refiere el artículo 24 serán accesibles a través del Portal Europeo de e-Justicia en línea mientras sigan siendo accesibles con arreglo al Derecho nacional.

CAPÍTULO VII. Disposiciones transitorias y finales

Artículo 84. *Ámbito temporal de aplicación*

1. Lo dispuesto en el presente Reglamento se aplicará únicamente a los procedimientos de insolvencia que se abran después del 26 de junio de 2017. Los actos que el deudor haya celebrado antes de esa fecha continuarán sujetos a la ley que les fuese aplicable en el momento de su celebración.

2. No obstante lo dispuesto en el artículo 91 del presente Reglamento, el Reglamento (CE) n° 1346/2000 seguirá aplicándose a los procedimientos de insolvencia que entren dentro del ámbito de aplicación del citado Reglamento y que se hayan abierto antes del 26 de junio de 2017.

Artículo 85. *Relación con los convenios*

1. El presente Reglamento sustituirá, respecto de las materias a que se refiere, y en las relaciones entre los Estados miembros, a los Convenios suscritos entre dos o más Estados miembros, en particular:

a) Convenio entre Bélgica y Francia relativo a la competencia judicial, y sobre valor y ejecución de las resoluciones judiciales, laudos arbitrales y documentos públicos con fuerza ejecutiva, firmado en París el 8 de julio de 1899;

b) Convenio entre Bélgica y Austria sobre la quiebra, el convenio de acreedores y la suspensión de pagos (con protocolo adicional de 13 de junio de 1973), firmado en Bruselas el 16 de julio de 1969;

c) Convenio entre Bélgica y los Países Bajos relativo a la competencia judicial territorial, quiebra, y sobre valor y ejecución de resoluciones judiciales, laudos arbitrales y documentos públicos con fuerza ejecutiva, firmado en Bruselas el 28 de marzo de 1925;

d) Tratado entre Alemania y Austria sobre quiebra y convenio de acreedores, firmado en Viena el 25 de mayo de 1979;

e) Convenio entre Francia y Austria sobre la competencia judicial, el reconocimiento y la ejecución de resoluciones sobre quiebra, firmado en Viena el 27 de febrero de 1979;

f) Convenio entre Francia e Italia sobre ejecución de sentencias en materia civil y mercantil, firmado en Roma el 3 de junio de 1930;

g) Convenio entre Italia y Austria sobre quiebra y convenio de acreedores, firmado en Roma el 12 de julio de 1977;

h) Convenio entre el Reino de los Países Bajos y la República Federal de Alemania sobre reconocimiento y ejecución mutuos de resoluciones judiciales y otros títulos ejecutivos en materia civil y mercantil, firmado en La Haya el 30 de agosto de 1962;

i) Convenio entre el Reino Unido y el Reino de Bélgica sobre la ejecución recíproca de sentencias en materia civil y mercantil, acompañado de un Protocolo, firmado en Bruselas el 2 de mayo de 1934;

j) Convenio entre Dinamarca, Finlandia, Noruega, Suecia e Islandia, relativo a la quiebra, firmado en Copenhague el 7 de noviembre de 1993;

k) Convenio europeo relativo a determinados aspectos internacionales de los procedimientos de insolvencia, firmado en Estambul el 5 de junio de 1990;

l) Convenio entre la República Popular Federativa de Yugoslavia y el Reino de Grecia sobre reconocimiento mutuo y ejecución de resoluciones judiciales, firmado en Atenas el 18 de junio de 1959;

m) Acuerdo entre la República Popular Federativa de Yugoslavia y la República de Austria sobre reconocimiento mutuo y ejecución de laudos arbitrales y convenios arbitrales en materia mercantil, firmado en Belgrado el 18 de marzo de 1960;

n) Convenio entre la República Popular Federativa de Yugoslavia y la República Italiana sobre cooperación judicial mutua en materia civil y administrativa, firmado en Roma el 3 de diciembre de 1960;

o) Acuerdo entre la República Federativa Socialista de Yugoslavia y el Reino de Bélgica sobre cooperación judicial en materia civil y mercantil, firmado en Belgrado el 24 de septiembre de 1971;

p) Convenio entre los Gobiernos de Yugoslavia y Francia sobre reconocimiento y ejecución de resoluciones judiciales en materia civil y mercantil, firmado en París el 18 de mayo de 1971;

q) Acuerdo entre la República Socialista de Checoslovaquia y la República Helénica sobre asistencia judicial en materia civil y penal, firmado en Atenas el 22 de octubre de 1980, aún en vigor entre la República Checa y Grecia;

r) Acuerdo entre la República Socialista de Checoslovaquia y la República de Chipre sobre asistencia judicial en materia civil y penal, firmado en Nicosia el 23 de abril de 1982, aún en vigor entre la República Checa y Chipre;

s) Tratado entre el Gobierno de la República Socialista de Checoslovaquia y el Gobierno de la República Francesa sobre asistencia judicial y el reconocimiento y ejecución de sentencias en materia civil, familiar y mercantil, firmado en París el 10 de mayo de 1984, aún en vigor entre la República Checa y Francia;

t) Tratado entre la República Socialista de Checoslovaquia y la República Italiana sobre asistencia judicial en materia civil y penal, firmado en Praga el 6 de diciembre de 1985, aún en vigor entre la República Checa e Italia;

u) Acuerdo entre la República de Letonia, la República de Estonia y la República de Lituania sobre asistencia judicial y relaciones jurídicas, firmado en Tallin el 11 de noviembre de 1992;

v) Acuerdo entre Estonia y Polonia sobre prestación de asistencia judicial y relaciones jurídicas en materia civil, laboral y penal, firmado en Tallin el 27 de noviembre de 1998;

w) Acuerdo entre la República de Lituania y la República de Polonia sobre asistencia judicial y relaciones jurídicas en materia civil, familiar, laboral y penal, firmado en Varsovia el 26 de enero de 1993;

x) Convenio entre la República Socialista de Rumanía y la República Helénica sobre asistencia judicial en materia civil y penal y su Protocolo, firmados en Bucarest el 19 de octubre de 1972;

y) Convenio entre la República Socialista de Rumanía y la República Francesa sobre asistencia judicial en materia civil y mercantil, firmado en París el 5 de noviembre de 1974;

z) Acuerdo entre la República Popular de Bulgaria y la República Helénica sobre asistencia judicial en materia civil y penal, firmado en Atenas el 10 de abril de 1976;

a bis) Acuerdo entre la República Popular de Bulgaria y la República de Chipre sobre asistencia judicial en materia civil y penal, firmado en Nicosia el 29 de abril de 1983;

a ter) Acuerdo entre el Gobierno de la República Popular de Bulgaria y el Gobierno de la República Francesa sobre asistencia judicial en materia civil, firmado en Sofía el 18 de enero de 1989;

a quater) Tratado entre Rumanía y la República Checa sobre asistencia judicial en materia civil, firmado en Bucarest el 11 de julio de 1994;

a quinquies) Tratado entre Rumanía y la República de Polonia sobre asistencia judicial y relaciones jurídicas en materia civil, firmado en Bucarest el 15 de mayo de 1999.

2. Los Convenios mencionados en el apartado 1 seguirán surtiendo efecto cuando se trate de procedimientos abiertos antes de la entrada en vigor del Reglamento (CE) nº 1346/2000.

3. El presente Reglamento no será aplicable:

a) en cualquier Estado miembro, cuando lo dispuesto en el mismo sea incompatible con las obligaciones en materia de quiebra resultantes de un Convenio celebrado antes de la entrada en vigor del Reglamento (CE) n° 1346/2000 por dicho Estado miembro y uno o varios terceros Estados;

b) en el Reino Unido de Gran Bretaña e Irlanda del Norte, en la medida en que sea incompatible con las obligaciones en materia de quiebra y liquidación de sociedades insolventes resultantes de cualquier acuerdo adoptado en el marco de la Commonwealth vigente en el momento de la entrada en vigor del Reglamento (CE) n° 1346/2000.

Artículo 86. *Información sobre el Derecho Nacional y de la Unión en materia de insolvencia*

1. En el marco de la Red Judicial Europea en materia civil y mercantil creada por la Decisión 2001/470/CE del Consejo (17), los Estados miembros facilitarán una breve descripción de su legislación y de sus procedimientos nacionales en materia de insolvencia, en particular en lo que respecta a las materias relacionadas en el artículo 7, apartado 2, a fin de hacer pública esa información.

2. Los Estados miembros actualizarán periódicamente la información a que se hace referencia en el apartado 1.

3. La Comisión pondrá a disposición del público la información relativa al presente Reglamento.

Artículo 87. *Establecimiento de la interconexión de registros*

La Comisión adoptará actos de ejecución por los que se establezca la interconexión de los registros de insolvencia conforme a lo dispuesto en el artículo 25. Dichos actos de ejecución se adoptarán con arreglo al procedimiento de examen previsto en el artículo 89, apartado 3.

Artículo 88. *Elaboración y ulterior modificación de los formularios normalizados*

La Comisión adoptará actos de ejecución en los que se establezcan y, si fuera necesario, se modifiquen los formularios a que se refiere el artículo 27, apartado 4, los artículos 54 y 55 y el artículo 64, apartado 2. Estos actos de ejecución se adoptarán de conformidad con el procedimiento consultivo contemplado en el artículo 89, apartado 2.

> – **Reglamento de ejecución (UE) 2017/1105 de la Comisión, de 12 de junio de 2017** (DOUE L 160/2, de 22 de junio de 2017).

Artículo 89. *Procedimiento de comité*

1. La Comisión estará asistida por un comité. Dicho comité será un comité en el sentido del Reglamento (UE) n° 182/2011.

2. En los casos en que se haga referencia al presente apartado será de aplicación el artículo 4 del Reglamento (UE) n° 182/2011.

3. En los casos en que se haga referencia al presente apartado será de aplicación el artículo 5 del Reglamento (UE) n° 182/2011.

Artículo 90. *Cláusula de revisión*

1. A más tardar el 27 de junio de 2027, y a continuación cada cinco años, la Comisión presentará al Parlamento Europeo, al Consejo y al Comité Económico y Social Europeo un informe sobre la aplicación del presente Reglamento. Dicho informe irá acompañado, cuando sea necesario, de una propuesta de adaptación del presente Reglamento.

2. A más tardar el 27 de junio de 2022, la Comisión presentará al Parlamento Europeo, al Consejo y al Comité Económico y Social Europeo un informe relativo a la aplicación de los procedimientos de coordinación de grupo. Dicho informe irá acompañado, cuando sea necesario, de una propuesta de adaptación del presente Reglamento.

3. A más tardar el 1 de enero de 2016, la Comisión presentará al Parlamento Europeo, al Consejo y al Comité Económico y Social Europeo un estudio sobre los aspectos transfronterizos en materia de responsabilidad e inhabilitación de administradores de empresas.

4. A más tardar el 27 de junio de 2020, la Comisión presentará al Parlamento Europeo, al Consejo y al Comité Económico y Social Europeo un estudio sobre la cuestión de los foros de conveniencia fraudulentos o abusivos.

Artículo 91. *Derogación*

Queda derogado el Reglamento (CE) nº 1346/2000.

Las referencias al Reglamento derogado se entenderán hechas al presente Reglamento con arreglo a la tabla de correspondencias que figura en el anexo D del presente Reglamento.

Artículo 92. *Entrada en vigor*

El presente Reglamento entrará en vigor a los veinte días de su publicación en el Diario Oficial de la Unión Europea.

Será aplicable a partir del 26 de junio de 2017, con excepción de:

a) el artículo 86, que se aplicará a partir del 26 de junio de 2016;

b) el artículo 24, apartado 1, que se aplicará a partir del 26 de junio de 2018, y

c) el artículo 25, que se aplicará a partir del 26 de junio de 2019.

El presente Reglamento será obligatorio en todos sus elementos y directamente aplicable en los Estados miembros de conformidad con los Tratados.

(1) DO C 271 de 19.9.2013, p. 55.

(2) Posición del Parlamento Europeo de 5 de febrero de 2014 (no publicada aún en el Diario Oficial) y Posición del Consejo en primera lectura de 12 de marzo de 2015 (no publicada aún en el Diario Oficial). Posición del Parlamento Europeo de 20 de mayo de 2015 (no publicada aún en el Diario Oficial).

(3) Reglamento (CE) nº 1346/2000 del Consejo, de 29 de mayo de 2000, sobre procedimientos de insolvencia (DO L 160 de 30.6.2000, p. 1).

(4) Reglamento (UE) nº 1215/2012 del Parlamento Europeo y del Consejo, de 12 de diciembre de 2012, relativo a la competencia judicial, el reconocimiento y la ejecución de resoluciones judiciales en materia civil y mercantil (DO L 351 de 20.12.2012, p. 1).

(5) Directiva 2001/24/CE del Parlamento Europeo y del Consejo, de 4 de abril de 2001, relativa al saneamiento y a la liquidación de las entidades de crédito (DO L 125 de 5.5.2001, p. 15).

(6) Reglamento (CE) n° 1393/2007 del Parlamento Europeo y del Consejo, de 13 de noviembre de 2007, relativo a la notificación y al traslado en los Estados miembros de documentos judiciales y extrajudiciales en materia civil o mercantil («notificación y traslado de documentos») y por el que se deroga el Reglamento (CE) n° 1348/2000 del Consejo (DO L 324 de 10.12.2007, p. 79).

(7) Directiva 98/26/CE del Parlamento Europeo y del Consejo, de 19 de mayo de 1998, sobre la firmeza de la liquidación en los sistemas de pagos y de liquidación de valores (DO L 166 de 11.6.1998, p. 45).

(8) Reglamento (UE) n° 182/2011 del Parlamento Europeo y del Consejo, de 16 de febrero de 2011, por el que se establecen las normas y los principios generales relativos a las modalidades de control por parte de los Estados miembros del ejercicio de las competencias de ejecución por la Comisión (DO L 55 de 28.2.2011, p. 13).

(9) Directiva 95/46/CE del Parlamento Europeo y del Consejo, de 24 de octubre de 1995, relativa a la protección de las personas físicas en lo que respecta al tratamiento de datos personales y a la libre circulación de estos datos (DO L 281 de 23.11.1995, p. 31).

(10) Reglamento (CE) n° 45/2001 del Parlamento Europeo y del Consejo, de 18 de diciembre de 2000, relativo a la protección de las personas físicas en lo que respecta al tratamiento de datos personales por las instituciones y los organismos comunitarios y a la libre circulación de estos datos (DO L 8 de 12.1.2001, p. 1).

(11) Reglamento (CEE, Euratom) n° 1182/71 del Consejo, de 3 de junio de 1971, por el que se determinan las normas aplicables a los plazos, fechas y términos (DO L 124 de 8.6.1971, p. 1).

(12) DO C 358 de 7.12.2013, p. 15.

(13) Directiva 2009/65/CE del Parlamento Europeo y del Consejo, de 13 de julio de 2009, por la que se coordinan las disposiciones legales, reglamentarias y administrativas sobre determinados organismos de inversión colectiva en valores mobiliarios (OICVM) (DO L 302 de 17.11.2009, p. 32).

(14) Directiva 2011/61/UE del Parlamento Europeo y del Consejo, de 8 de junio de 2011, relativa a los gestores de fondos de inversión alternativos y por la que se modifican las Directivas 2003/41/CE y 2009/65/CE y los Reglamentos (CE) n° 1060/2009 y (UE) n° 1095/2010 (DO L 174 de 1.7.2011, p. 1).

(15) Directiva 2013/34/UE del Parlamento Europeo y del Consejo, de 26 de junio de 2013, sobre los estados financieros anuales, los estados financieros consolidados y otros informes afines de ciertos tipos de empresas, por la que se modifica la Directiva 2006/43/CE del Parlamento Europeo y del Consejo y se derogan las Directivas 78/660/CEE y 83/349/CEE del Consejo (DO L 182 de 29.6.2013, p. 19).

(16) Directiva 2008/94/CE del Parlamento Europeo y del Consejo, de 22 de octubre de 2008, relativa a la protección de los trabajadores asalariados en caso de insolvencia del empresario (DO L 283 de 28.10.2008, p. 36).

(17) Decisión 2001/470/CE del Consejo, de 28 de mayo de 2001, por la que se crea una Red Judicial Europea en materia civil y mercantil (DO L 174 de 27.6.2001, p. 25).

ANEXOS

ANEXO A. Procedimientos de insolvencia a los que se refiere el artículo 2, punto 4

– Reglamento (UE) 2021/2260 del Parlamento Europeo y del Consejo de 15 de diciembre de 2021 por el que se modifica el Reglamento (UE) 2015/848 sobre procedimientos de insolvencia a fin de sustituir sus anexos A y B.

BELGIQUE/BELGIË

- Het faillissement/La faillite,
- De gerechtelijke reorganisatie door een collectief akkoord/La réorganisation judiciaire par accord collectif,
- De gerechtelijke reorganisatie door een minnelijk akkoord/La réorganisation judiciaire par accord amiable,
- De gerechtelijke reorganisatie door overdracht onder gerechtelijk gezag/La réorganisation judiciaire par transfert sous autorité de justice,
- De collectieve schuldenregeling/Le règlement collectif de dettes,
- De vrijwillige vereffening/La liquidation volontaire,
- De gerechtelijke vereffening/La liquidation judiciaire,
- De voorlopige ontneming van het beheer, als bedoeld in artikel XX.32 van het Wetboek van economisch recht/Le dessaisissement provisoire de la gestion, visé à l'article XX.32 du Code de droit économique,

БЪЛГАРИЯ

- Производство по несъстоятелност,
- Производство по стабилизация на търговеца,

ČESKÁ REPUBLIKA

- Konkurs,
- Reorganizace,
- Oddlužení,

DEUTSCHLAND

- Das Konkursverfahren,
- Das gerichtliche Vergleichsverfahren,
- Das Gesamtvollstreckungsverfahren,
- Das Insolvenzverfahren,
- Die öffentliche Restrukturierungssache,

EESTI

- Pankrotimenetlus,
- Võlgade ümberkujundamise menetlus,

ÉIRE/IRELAND

- Compulsory winding-up by the court,
- Bankruptcy,

- The administration in bankruptcy of the estate of persons dying insolvent,
- Winding-up in bankruptcy of partnerships,
- Creditors' voluntary winding-up (with confirmation of a court),
- Arrangements under the control of the court which involve the vesting of all or part of the property of the debtor in the Official Assignee for realisation and distribution,
- Examinership,
- Debt Relief Notice,
- Debt Settlement Arrangement,
- Personal Insolvency Arrangement,

ΕΛΛΑΔΑ

- Η πτώχευση,
- Η ειδική εκκαθάριση εν λειτουργία,
- Σχέδιο αναδιοργάνωσης,
- Απλοποιημένη διαδικασία επί πτωχεύσεων μικρού αντικειμένου,
- Διαδικασία εξυγίανσης,

ESPAÑA

- Concurso,
- Procedimiento de homologación de acuerdos de refinanciación,
- Procedimiento de acuerdos extrajudiciales de pago,
- Procedimiento de negociación pública para la consecución de acuerdos de refinanciación colectivos, acuerdos de refinanciación homologados y propuestas anticipadas de convenio,

FRANCE

- Sauvegarde,
- Sauvegarde accélérée,
- Sauvegarde financière accélérée,
- Redressement judiciaire,
- I iquidation judiciaire,

HRVATSKA

- Stečajni postupak,
- Predstečajni postupak
- Postupak stečaja potrošača
- Postupak izvanredne uprave u trgovačkim društvima od sistemskog značaja za Republiku Hrvatsku

ITALIA

- Fallimento [hasta el 15 de mayo de 2022],
- Liquidazione giudiziale [a partir del 16 de mayo de 2022],
- Concordato preventivo,
- Liquidazione coatta amministrativa,

- Amministrazione straordinaria,
- Accordi di ristrutturazione,
- Procedure di composizione della crisi da sovraindebitamento del consumatore (accordo o piano) [hasta el 15 de mayo de 2022],
- Liquidazione dei beni [hasta el 15 de mayo de 2022],
- Ristrutturazione dei debiti del consumatore [a partir del 16 de mayo de 2022],
- Concordato minore [a partir del 16 de mayo de 2022],
- KAPPA-Y-PI-RHO-OMICRON-Σ
- Liquidazione controllata del sovraindebitato [a partir del 16 de mayo de 2022],

ΚΥΠΡΟΣ

- Υποχρεωτική εκκαθάριση από το Δικαστήριο,
- Εκούσια εκκαθάριση από μέλη,
- Εκούσια εκκαθάριση από πιστωτές,
- Εκκαθάριση με την εποπτεία του Δικαστηρίου,
- Διάταγμα παραλαβής και πτώχευσης κατόπιν Δικαστικού Διατάγματος,
- Διαχείριση της περιουσίας προσώπων που απεβίωσαν αφερέγγυα,
- Διορισμός Εξεταστή,
- Προσωπικά Σχέδια Αποπληρωμής,

LATVIJA

- Tiesiskās aizsardzības process,
- Juridiskās personas maksātnespējas process,
- Fiziskās personas maksātnespējas process,

LIETUVA

- Juridinio asmens restruktūrizavimo byla,
- Juridinio asmens bankroto byla,
- Juridinio asmens bankroto procesas ne teismo tvarka,
- Fizinio asmens bankroto procesas,

LUXEMBOURG

- Faillite,
- Gestion contrôlée,
- Concordat préventif de faillite (par abandon d'actif),
- Régime spécial de liquidation du notariat,
- Procédure de règlement collectif des dettes dans le cadre du surendettement,

MAGYARORSZÁG

- Csődeljárás,
- Felszámolási eljárás,
- Nyilvános szerkezetátalakítási eljárás [a partir del 1 de julio de 2022],

MALTA

- Xoljiment,

- Amministrazzjoni,
- Stralċ volontarju mill-membri jew mill-kredituri,
- Stralċ mill-Qorti,
- Falliment f'każ ta' kummerċjant,
- Proċedura biex kumpanija tirkupra,

NEDERLAND

- Het faillissement,
- De surséance van betaling,
- De schuldsaneringsregeling natuurlijke personen,
- De openbare akkoordprocedure buiten faillissement,

ÖSTERREICH

- Das Konkursverfahren (Insolvenzverfahren),
- Das Sanierungsverfahren ohne Eigenverwaltung (Insolvenzverfahren),
- Das Sanierungsverfahren mit Eigenverwaltung (Insolvenzverfahren),
- Das Schuldenregulierungsverfahren,
- Das Abschöpfungsverfahren,
- Das Europäische Restrukturierungsverfahren,

POLSKA

- Upadłość,
- Postępowanie o zatwierdzenie układu,
- Postępowanie o zatwierdzenie układu na zgromadzeniu wierzycieli przez osobę fizyczną nieprowadzącą działalności gospodarczej,
- Przyspieszone postępowanie układowe,
- Postępowanie układowe,
- Postępowanie sanacyjne,

PORTUGAL

- Processo de insolvência,
- Processo especial de revitalização,
- Processo especial para acordo de pagamento,

ROMÂNIA

- Procedura insolvenţei,
- Reorganizarea judiciară,
- Procedura falimentului,
- Concordatul preventiv,

SLOVENIJA

- Postopek preventivnega prestrukturiranja,
- Postopek prisilne poravnave,
- Postopek poenostavljene prisilne poravnave,

- Stečajni postopek: stečajni postopek nad pravno osebo, postopek osebnega stečaja in postopek stečaja zapuščine,

SLOVENSKO

- Konkurzné konanie,
- Reštrukturalizačné konanie,
- Oddlženie,

SUOMI/FINLAND

- Konkurssi/konkurs,
- Yrityssaneeraus/företagssanering,
- Yksityishenkilön velkajärjestely/skuldsanering för privatpersoner,

SVERIGE

- Konkurs,
- Företagsrekonstruktion,
- Skuldsanering.

ANEXO B. Administradores concursales a los que se refiere el artículo 2, punto 5)

– Reglamento (UE) 2021/2260 del Parlamento Europeo y del Consejo de 15 de diciembre de 2021 por el que se modifica el Reglamento (UE) 2015/848 sobre procedimientos de insolvencia a fin de sustituir sus anexos A y B.

BELGIQUE/BELGIË

- De curator/Le curateur,
- De gerechtsmandataris/Le mandataire de justice,
- De schuldbemiddelaar/Le médiateur de dettes,
- De vereffenaar/Le liquidateur,
- De voorlopige bewindvoerder/L'administrateur provisoire,

БЪЛГАРИЯ

- Назначен предварително временен синдик,
- Временен синдик,
- (Постоянен) синдик,
- Служебен синдик,
- Доверено лице,

ČESKÁ REPUBLIKA

- Insolvenční správce,
- Předběžný insolvenční správce,
- Oddělený insolvenční správce,
- Zvláštní insolvenční správce,
- Zástupce insolvenčního správce,

DEUTSCHLAND

- Konkursverwalter,
- Vergleichsverwalter,
- Sachwalter (nach der Vergleichsordnung),
- Verwalter,
- Insolvenzverwalter,
- Sachwalter (nach der Insolvenzordnung),
- Treuhänder,
- Vorläufiger Insolvenzverwalter,
- Vorläufiger Sachwalter,
- Restrukturierungsbeauftragter,

EESTI

- Pankrotihaldur,
- Ajutine pankrotihaldur,
- Usaldusisik,

ÉIRE/IRELAND

- Liquidator,
- Official Assignee,
- Trustee in bankruptcy,
- Provisional Liquidator,
- Examiner,
- Personal Insolvency Practitioner,
- Insolvency Service,

ΕΛΛΑΔΑ

- Ο σύνδικος,
- Ο εισηγητής,
- Η επιτροπή των πιστωτών,
- Ο ειδικός εκκαθαριστής,

ESPAÑA

- Administrador concursal,
- Mediador concursal,

FRANCE

- Mandataire judiciaire,
- Liquidateur,
- Administrateur judiciaire,
- Commissaire à l'exécution du plan,

HRVATSKA

- Stečajni upravitelj,

- Privremeni stečajni upravitelj,
- Stečajni povjerenik,
- Povjerenik,
- Izvanredni povjerenik,

ITALIA

- Curatore,
- Commissario giudiziale,
- Commissario straordinario,
- Commissario liquidatore,
- Liquidatore giudiziale,
- Professionista nominato dal Tribunale,
- Organismo di composizione della crisi nella procedura di composizione della crisi da sovraindebitamento del consumatore [hasta el 15 de mayo de 2022],
- Organismo di composizione della crisi da sovraindebitamento [a partir del 16 de mayo de 2022],
- Liquidatore,

ΚΥΠΡΟΣ

- Εκκαθαριστής και Προσωρινός Εκκαθαριστής,
- Επίσημος Παραλήπτης,
- Διαχειριστής της Πτώχευσης,
- Εξεταστής,
- Σύμβουλος Αφερεγγυότητας,

LATVIJA

- Maksātnespējas procesa administrators,
- Tiesiskās aizsardzības procesa uzraugošā persona,

LIETUVA

- Nemokumo administratorius,

LUXEMBOURG

- Le curateur,
- Le commissaire,
- Le liquidateur,
- Le conseil de gérance de la section d'assainissement du notariat,
- Le liquidateur dans le cadre du surendettement,

MAGYARORSZÁG

- Vagyonfelügyelő,
- Felszámoló,
- Szerkezetátalakítási szakértő [a partir del 1 de julio de 2022],

MALTA

- Amministratur Proviżorju,
- Riċevitur Uffiċjali,
- Stralċjarju,
- Manager Speċjali,
- Kuraturi f'każ ta' proċeduri ta' falliment,
- Kontrolur Speċjali,

NEDERLAND

- De curator in het faillissement,
- De bewindvoerder in de surséance van betaling,
- De bewindvoerder in de schuldsaneringsregeling natuurlijke personen,
- De herstructureringsdeskundige in de openbare akkoordprocedure buiten faillissement,
- De observator in de openbare akkoordprocedure buiten faillissement,

ÖSTERREICH

- Masseverwalter,
- Sanierungsverwalter,
- Restrukturierungsbeauftragter,
- Besonderer Verwalter,
- Einstweiliger Verwalter,
- Sachwalter,
- Treuhänder,
- Insolvenzgericht,
- Konkursgericht,

POLSKA

- Syndyk,
- Nadzorca sądowy,
- Zarządca,
- Nadzorca układu,
- Tymczasowy nadzorca sądowy,
- Tymczasowy zarządca,
- Zarządca przymusowy,

PORTUGAL

- Administrador da insolvência,
- Administrador judicial provisório,

ROMÂNIA

- Practician în insolvență,
- Administrator concordatar,
- Administrator judiciar,

- Lichidator judiciar,

SLOVENIJA
- Upravitelj,

SLOVENSKO
- Predbežný správca,
- Správca,

SUOMI/FINLAND
- Pesänhoitaja/boförvaltare,
- Selvittäjä/utredare,

SVERIGE
- Förvaltare,
- Rekonstruktör.

ANEXO C. Reglamento derogado con la lista de sus sucesivas modificaciones

- Reglamento (CE) n° 1346/2000 del Consejo
(DO L 160 de 30.6.2000, p. 1).
- Reglamento (CE) n° 603/2005 del Consejo
(DO L 100 de 20.4.2005, p. 1).
- Reglamento (CE) n° 694/2006 del Consejo
(DO L 121 de 6.5.2006, p. 1).
- Reglamento (CE) n° 1791/2006 del Consejo
(DO L 363 de 20.12.2006, p. 1).
- Reglamento (CE) n° 681/2007 del Consejo
(DO L 159 de 20.6.2007, p. 1).
- Reglamento (CE) n° 788/2008 del Consejo
(DO L 213 de 8.8.2008, p. 1).
Reglamento de Ejecución (UE) n° 210/2010 del Consejo
(DO L 65 de 13.3.2010, p. 1).
Reglamento de Ejecución (UE) n° 583/2011 del Consejo
(DO L 160 de 18.6.2011, p. 52).
Reglamento (UE) n° 517/2013 del Consejo
(DO L 158 de 10.6.2013, p. 1).
Reglamento de Ejecución (UE) n° 663/2014 del Consejo
(DO L 179 de 19.6.2014, p. 4).
Acta relativa a las condiciones de adhesión de la República Checa, la República de Estonia, la República de Chipre, la República de Letonia, la República de Lituania, la República de Hungría, la República de Malta, la República de Polonia, la República de Eslovenia y la República Eslovaca, y a las adaptaciones de los Tratados en los que se fundamenta la Unión
(DO L 236 de 23.9.2003, p. 33).

ANEXO D. Tabla de correspondencias

Reglamento (CE) n° 1346/2000	El presente Reglamento
Artículo 1	Artículo 1
Artículo 2, frase introductoria	Artículo 2, frase introductoria
Artículo 2, letra a)	Artículo 2, punto 4
Artículo 2, letra b)	Artículo 2, punto 5
Artículo 2, letra c)	–
Artículo 2, letra d)	Artículo 2, punto 6
Artículo 2, letra e)	Artículo 2, punto 7
Artículo 2, letra f)	Artículo 2, punto 8
Artículo 2, letra g), término introductorio	Artículo 2, punto 9, término introductorio
Artículo 2, letra g), primer guion	Artículo 2, punto 9, inciso vii)
Artículo 2, letra g), segundo guion	Artículo 2, punto 9, inciso iv)
Artículo 2, letra g), tercer guion	Artículo 2, punto 9, inciso viii)
Artículo 2, letra h)	Artículo 2, punto 10
–	Artículo 2, puntos 1 a 3 y 11 a 13
–	Artículo 2, punto 9, incisos i) a iii), v) y vi)
Artículo 3	Artículo 3
–	Artículo 4
–	Artículo 5
–	Artículo 6
Artículo 4	Artículo 7
Artículo 5	Artículo 8
Artículo 6	Artículo 9
Artículo 7	Artículo 10
Artículo 8	Artículo 11, apartado 1
–	Artículo 11, apartado 2
Artículo 9	Artículo 12
Artículo 10	Artículo 13, apartado 1
–	Artículo 13, apartado 2
Artículo 11	Artículo 14
Artículo 12	Artículo 15

Reglamento (CE) n° 1346/2000	El presente Reglamento
Artículo 13, primer guion	Artículo 16, letra a)
Artículo 13, segundo guion	Artículo 16, letra b)
Artículo 14, primer guion	Artículo 17, letra a)
Artículo 14, segundo guion	Artículo 17, letra b)
Artículo 14, tercer guion	Artículo 17, letra c)
Artículo 15	Artículo 18
Artículo 16	Artículo 19
Artículo 17	Artículo 20
Artículo 18	Artículo 21
Artículo 19	Artículo 22
Artículo 20	Artículo 23
–	Artículo 24
–	Artículo 25
–	Artículo 26
–	Artículo 27
Artículo 21, apartado 1	Artículo 28, apartado 2
Artículo 21, apartado 2	Artículo 28, apartado 1
Artículo 22	Artículo 29
Artículo 23	Artículo 30
Artículo 24	Artículo 31
Artículo 25	Artículo 32
Artículo 26	Artículo 33
Artículo 27	Artículo 34
Artículo 28	Artículo 35
–	Artículo 36
Artículo 29	Artículo 37, apartado 1
–	Artículo 37, apartado 2
–	Artículo 38
–	Artículo 39
Artículo 30	Artículo 40
Artículo 31	Artículo 41

Reglamento (CE) n° 1346/2000	El presente Reglamento
–	Artículo 42
–	Artículo 43
–	Artículo 44
Artículo 32	Artículo 45
Artículo 33	Artículo 46
Artículo 34, apartado 1	Artículo 47, apartado 1
Artículo 34, apartado 2	Artículo 47, apartado 2
Artículo 34, apartado 3	–
–	Artículo 48
Artículo 35	Artículo 49
Artículo 36	Artículo 50
Artículo 37	Artículo 51
Artículo 38	Artículo 52
Artículo 39	Artículo 53
Artículo 40	Artículo 54
Artículo 41	Artículo 55
Artículo 42	–
–	Artículo 56
–	Artículo 57
–	Artículo 58
–	Artículo 59
–	Artículo 60
–	Artículo 61
–	Artículo 62
–	Artículo 63
–	Artículo 64
–	Artículo 65
–	Artículo 66
–	Artículo 67
–	Artículo 68
–	Artículo 69

Reglamento (CE) nº 1346/2000	El presente Reglamento
–	Artículo 70
–	Artículo 71
–	Artículo 72
–	Artículo 73
–	Artículo 74
–	Artículo 75
–	Artículo 76
–	Artículo 77
–	Artículo 78
–	Artículo 79
–	Artículo 80
–	Artículo 81
–	Artículo 82
–	Artículo 83
Artículo 43	Artículo 84, apartado 1
–	Artículo 84, apartado 2
Artículo 44	Artículo 85
–	Artículo 86
Artículo 45	–
–	Artículo 87
–	Artículo 88
–	Artículo 89
Artículo 46	Artículo 90, apartado 1
–	Artículo 90, puntos 2 a 4
–	Artículo 91
Artículo 47	Artículo 92
Anexo A	Anexo A
Anexo B	–
Anexo C	Anexo B
–	Anexo C
–	Anexo D

ÍNDICE DE REMISIONES NORMATIVAS

– En virtud de la Disposición adicional novena de la **Ley 16/2022, de 5 de septiembre, de reforma del texto refundido de la Ley Concursal, aprobado por el Real Decreto Legislativo 1/2020, de 5 de mayo, para la transposición de la Directiva (UE) 2019/1023 del Parlamento Europeo y del Consejo, de 20 de junio de 2019, sobre marcos de reestructuración preventiva, exoneración de deudas e inhabilitaciones, y sobre medidas para aumentar la eficiencia de los procedimientos de reestructuración, insolvencia y exoneración de deudas, y por la que se modifica la Directiva (UE) 2017/1132 del Parlamento Europeo y del Consejo, sobre determinados aspectos del derecho de sociedades (Directiva sobre reestructuración e insolvencia):** *Desde la entrada en vigor de la presente ley, las referencias normativas a los acuerdos de refinanciación y, en su caso, a los acuerdos extrajudiciales de pagos, han de entenderse realizadas a los planes de reestructuración regulados en el libro segundo y, tratándose de microempresas, a los planes de continuación en el libro tercero.*

– En virtud de la Disposición adicional segunda del **Real Decreto Legislativo 1/2020, de 5 de mayo, por el que se aprueba el texto refundido de la Ley Concursal:** *Las referencias normativas contenidas en otras disposiciones a la Ley 22/2003, de 9 de julio, Concursal, se entenderán realizadas a los preceptos correspondientes del texto refundido que se aprueba.*

ACCIÓN CONCERTADA

– La **Ley 12/2018, de 15 de noviembre, de servicios a las personas en el ámbito social en la Comunidad Autónoma de las Illes Balears**, establece: *Artículo 7. Duración, renovación, modificación y extinción de la acción concertada. 1. La duración de los acuerdos de acción concertada será la establecida en cada acuerdo con un máximo de diez años. No obstante lo anterior, se podrán renovar de acuerdo con lo que se establezca reglamentariamente y las normas presupuestarias, siempre que se mantenga la demanda de prestación del servicio. 2. Los acuerdos de acción concertada podrán ser objeto de revisión y, en su caso, de modificación en los términos que se establezca en el correspondiente acuerdo, cuando varíen las circunstancias iniciales de su suscripción, con el fin de adecuar las condiciones económicas y las prestaciones asistenciales a las nuevas necesidades. En todo caso, el cambio de finalidad de la entidad o de control financiero de la misma obligará a la revisión del acuerdo inicial de acción concertada. 3. Extinguido el acuerdo de acción concertada por alguna de las causas que se establecen en esta ley, la administración que realizó la acción concertada garantizará a las personas usuarias la continuidad en la prestación del servicio. 4. Queda prohibida la cesión, total o parcial, de los servicios objeto del acuerdo de acción concertada. No obstante, cuando la entidad concertada sea declarada en concurso de acreedores, la administración pública competente podrá autorizar la cesión, junto con la adopción de las medidas precisas para garantizar la continuidad y la calidad del servicio.*

ACUERDOS DE COMPENSACIÓN CONTRACTUAL

– El **Real Decreto-ley 5/2005, de 11 de marzo, de reformas urgentes para el impulso a la productividad y para la mejora de la contratación pública**, establece: *«Artículo 15.5. Los acuerdos de garantías financieras o la aportación de estas, formalizados o aportadas, anteriores a la apertura de un procedimiento concursal o de liquidación administrativa sólo podrán rescindirse o impugnarse al amparo de lo previsto en el artículo 71 de la Ley 22/2003, de 9 de julio, Concursal, por la administración concursal, que tendrá que demostrar que se han realizado en fraude de acreedores»; «Artículo 16. Liquidación anticipada. 1. La declaración del vencimiento anticipado, resolución, terminación, ejecución o efecto equivalente del acuerdo de compensación contractual o de las operaciones financieras realizadas en el marco del mismo o en relación con él no podrá verse limitada, restringida o afectada en cualquier forma por la apertura de un procedimiento concursal o de liquidación administrativa. En caso de ejercicio de la acción resolutoria la indemnización prevista en el artículo 61.2 de la Ley 22/2003, de 9 de julio, Concursal se calculará conforme a las reglas previstas en dicho acuerdo. 2. En los supuestos en que una de las partes del acuerdo de compensación contractual se halle en una de las situaciones previstas en el apartado anterior, se incluirá como crédito o deuda de la parte incursa en dichas situaciones exclusivamente el importe neto de la operación u operaciones financieras amparadas en el acuerdo, calculado conforme a las reglas establecidas en él. En caso de concurso, en tanto se mantenga vigente el acuerdo de compensación contractual, será de aplicación lo dispuesto en el primer párrafo del artículo 61.2 de la Ley 22/2003, de 9 de julio, Concursal. Conforme a lo establecido en el artículo 62.4 de la citada ley, si el acuerdo fuese resuelto con posterioridad a la declaración de concurso y se alegara como causa de resolución dicha situación o el incumplimiento del concursado previo a dicha declaración,* *el importe neto calculado conforme a las reglas establecidas en el acuerdo de compensación contractual se incluirá en el concurso como crédito concursal. Si el acuerdo fuese resuelto con posterioridad a la declaración de concurso y se alegara como motivo para ello cualquier otro incumplimiento del concursado posterior a dicha declaración, el importe neto calculado conforme a las reglas establecidas en el acuerdo de compensación contractual se satisfará con cargo a la masa. 3. Las operaciones financieras o el acuerdo de compensación que las regula no podrán ser objeto de las acciones de reintegración que regula el artículo 71 de la Ley 22/2003, de 9 de julio, Concursal, salvo mediante acción ejercitada por la administración concursal en la que se demuestre perjuicio en dicha contratación».*

AGENCIA ESTATAL DE ADMINISTRACIÓN TRIBUTARIA

– **Resolución de 27 de febrero de 2025, de la Dirección General de la Agencia Estatal de Administración Tributaria, por la que se aprueban las directrices generales del plan anual de control tributario y aduanero de 2025,** en el apartado del control del fraude en fase recaudatoria, reseña, como principales novedades en las actuaciones a desarrollar en 2025, *el desarrollo de aplicaciones para la selección de deudores agrupados por tipologías de conducta; la reforma del procedimiento para el embargo de dinero en cuentas a la vista; la anticipación del control y seguimiento preventivo de los riesgos recaudatorios asociados a delitos fiscales y de contrabando; la puesta en marcha del Equipo Nacional de Procedimientos Concursales o el control de la aplicación correcta del régimen de cobranza de determinados avales otorgados por el ICO.* Así, en el referido apartado del control de fraude en fase recaudatoria, dirigido al cobro de las deudas, destaca que *persigue también una finalidad no menos importante, como es la de un efecto preventivo general, buscado a través de las actuaciones concretas en que se materializa (administrativas y de otro tipo) y que, si bien pueden no tener un reflejo inmediato sobre el cobro de las deudas, sin duda tienen valor en sí mismas y son necesarias para la prevención y el control del fraude fiscal, por los efectos inducidos que producen en el comportamiento de los deudores.* Y, entre las medidas de prevención y control del fraude fiscal, incluye:

E. Impulso de acciones civiles y mercantiles. Existen supuestos en los que los mecanismos de recuperación de deuda de los que está dotada la Agencia Tributaria pueden resultar insuficientes para lograr el fin perseguido, por lo que ha de acudir a la tutela judicial para conseguir el mismo, a través del ejercicio de acciones en el ámbito jurisdiccional civil. Entre ellas, cabe el empleo de la acción de nulidad por simulación, que es por definición imprescriptible, así como la utilización del remedio pauliano que, para el caso de actos a título gratuito, dispensa un remedio objetivo, sin necesidad de acudir al plano de la conciencia o culpabilidad. Asimismo, se potenciarán las acciones rescisorias y demás acciones de reintegración promovidas en el seno de los concursos de acreedores y de los procedimientos especiales para microempresas, así como el resto de acciones mercantiles que deben ejercitarse en el marco de los procedimientos concursales en defensa del crédito público.

F. Impulso de las actuaciones recaudatorias en los procedimientos concursales y preconcursales. Con la puesta en marcha del Equipo Nacional de Procedimientos Concursales se tratará de impulsar aquellas actuaciones de gestión recaudatoria que deben promoverse en el seno de los procedimientos preconcursales y concursales, tanto en el concurso de acreedores como en el procedimiento especial para microempresas. En concreto, se realizará un seguimiento especial de los concursos sin masa a efectos de detectar aquellos que sean fraudulentos y, bajo las condiciones exigidas, se potenciará la tramitación de acuerdos singulares, así como la aprobación de propuestas de convenio y planes de continuación.

– La **Resolución de 27 de mayo de 2023, de la Presidencia de la Agencia Estatal de Administración Tributaria, sobre organización, funciones y atribución de competencias en el área de recaudación,** señala en su parte expositiva *(I) las recientes modificaciones legislativas que han tenido lugar, especialmente en el segundo semestre de 2022, en normas de tan directa aplicación en el ámbito de la recaudación, como ha sido el Real Decreto Legislativo 1/2020, de 5 de mayo, por el que se aprueba el texto refundido de la Ley Concursal, a través de la Ley 16/2022, de 5 de septiembre, de reforma del texto refundido de la Ley Concursal, aprobado por el Real Decreto Legislativo 1/2020, de 5 de mayo, para la transposición de la Directiva (UE) 2019/1023 del Parlamento Europeo y del Consejo, de 20 de junio de 2019, sobre marcos de reestructuración preventiva, exoneración de deudas e inhabilitaciones, y sobre medidas para aumentar la eficiencia de los procedimientos de reestructuración, insolvencia y exoneración de deudas, y por la que se modifica la Directiva (UE) 2017/1132 del Parlamento Europeo y del Consejo, sobre determinados aspectos del Derecho de sociedades (Directiva sobre reestructuración e insolvencia) y, tras la entrada en vigor en el año 2023 de diversos preceptos que regulan nuevos procedimientos concursales hasta ahora inexistentes, hace necesario acometer la incorporación y atribución de las competencias que surgen de esa modificación, de una forma coherente con las hasta ahora previstas y evitar así hacer corresponder al Jefe de la Dependencia Regional de Recaudación toda competencia no atribuida expresamente a otros órganos en el ámbito territorial. Consecuentemente, también al titular de la Delegación Especial correspondiente se atribuyen en este ámbito de los procedimientos concursales competencias, en concordancia con el reparto que hasta*

ahora ya existía. A lo que añade (II) teniendo en cuenta la experiencia positiva, corroborada por los excelentes resultados que para toda el área se han obtenido por los Equipos y la Unidad Nacionales creados en el año 2021, se acomete en el ámbito de los Servicios Centrales la creación de nuevas unidades administrativas de ámbito nacional. En línea con dos objetivos estratégicos del área de Recaudación y de la propia Agencia Estatal de Administración Tributaria (en adelante, Agencia Tributaria) se crea el Equipo Nacional de Cobro Internacional y la Unidad de Coordinación de Asistencia e Información Recaudatoria, reforzando así dos objetivos fundamentales: el control del fraude tributario en fase recaudatoria y la asistencia e información a los contribuyentes. Paralelamente a las necesarias adaptaciones de esta resolución a las modificaciones del texto refundido de la Ley Concursal, se hace imprescindible también la creación de un Equipo Nacional de Procedimientos Concursales, que asumirá el liderazgo en dicho ámbito en cuanto al impulso de la gestión de los deudores en proceso concursal, así como de la modernización de las complejas aplicaciones informáticas que permitan afrontar las necesidades crecientes en este ámbito de mantenimiento de las herramientas gestión de estas deudas y de asistencia al contribuyente, en colaboración y coordinación con el Departamento de Informática Tributaria. Adicionalmente se refuerzan y especifican las funciones del Equipo de Selección y Análisis de Riesgos, de vital importancia desde su creación para la dirección y planificación del trabajo del área a nivel nacional, a la vez que se refuerza su estructura.
A partir de ahí, la referida Resolución establece, de un lado, los órganos centrales de recaudación, entre los que se incluye la Subdirección General de Recaudación Ejecutiva, a la que corresponde, entre otras, *el ejercicio de las funciones y competencias que se detallan en las letras b) y g) del artículo 6.1 de la Orden PRE/3581/2007, así como autorizar la aceptación del nombramiento de la Agencia Tributaria como administrador concursal.* Bajo la dependencia orgánica y funcional de esta Subdirección, y cualquiera que sea la sede territorial en que se puedan ubicar, existen una serie de equipos y unidades, entre los que se encuentra:
IV. El Equipo Nacional de Procedimientos Concursales. 1) Composición. Estará dirigido por un Jefe de Equipo, Inspector de Hacienda, conforme a los criterios que se determinen y podrá estar integrado, en su caso, por un Jefe de Equipo Adjunto, otros Inspectores de Hacienda, Jefes de Área, por Jefes de Servicio Especial, Jefes de Servicio, Técnicos de Hacienda, Agentes de la Hacienda Pública y el resto del personal que se determine.
2) Funciones y competencias: a) El estudio, diseño, planificación y programación de actuaciones vinculadas a los procedimientos concursales y preconcursales. b) Establecer, en coordinación con la Subdirección General de Procedimientos Especiales, los criterios generales que deban seguirse en los procedimientos preconcursales y concursales, en orden a la suscripción de acuerdos singulares, adhesión o voto favorable a propuestas de convenios, planes de reestructuración y planes de continuación, así como llevar a cabo en relación con estas actuaciones los trámites que deban realizarse en el Departamento de Recaudación para su preceptiva autorización. c) La coordinación de las actuaciones vinculadas a los procedimientos concursales y preconcursales con otras administraciones y entes públicos. d) El asesoramiento a los órganos de recaudación en relación con las actuaciones de gestión recaudatoria y en materia preconcursal y concursal que afecten a los expedientes que estos tramiten. e) El estudio y propuesta de mejoras de las aplicaciones informáticas para una más eficaz gestión de los procedimientos concursales y preconcursales.
De otro lado, se señalan los órganos territoriales de recaudación. En este ámbito, en primer lugar, entre las competencias del titular de la Dependencia Regional de Recaudación se incluyen: *19) Comunicar al titular de los créditos, en cualquier procedimiento concursal o preconcursal, a los efectos previstos en el artículo 123.5 del Reglamento General de Recaudación, el contenido de cualquier acuerdo o convenio que pueda afectar a los mismos con carácter previo a proceder a la suscripción o adhesión. 20) Acordar la solicitud a los órganos judiciales de información sobre los procedimientos concursales y preconcursales que puedan afectar a los derechos de la Hacienda pública, cuando no esté disponible a través de la representación procesal, así como acordar la solicitud a la Dirección General del Tesoro y Política Financiera y a los demás órganos de recaudación de información sobre créditos pendientes de cobro (...). 29) Ejercer el derecho de voto en planes de reestructuración a los que se hayan afectado créditos de naturaleza pública, así como comparecer en su caso a la formalización en instrumento público del plan de reestructuración aprobado de conformidad con lo dispuesto en los artículos 628 y 634 texto refundido de la Ley Concursal, aprobado por Real Decreto Legislativo 1/2020, de 5 de mayo (en adelante TRLC).*
En segundo lugar, entre las competencias de Jefes de Equipo Regionales de Recaudación se establece: *19) Certificar las deudas concursales y contra la masa para su aportación en los procedimientos concursales.*
En tercer lugar, entre las competencias de los Técnicos Jefes de Grupo Regional de Recaudación se determina: *13) Certificar las deudas concursales y contra la masa para su aportación en los procedimientos concursales.*
A las referidas previsiones la Resolución de 27 de mayo de 2023 añade:

– Competencias en materia de recaudación de los titulares de las Delegaciones Especiales, Delegados Especiales Adjuntos, Delegados de la Agencia Tributaria, Administradores e Inspectores Coordinadores. Así, en las competencias de los titulares de las Delegaciones Especiales de la Agencia Tributaria en materia de recaudación en Procedimientos concursales y preconcursos (1.3.) se establece que *corresponde a los titulares de las Delegaciones Especiales de la Agencia Tributaria, en materia de procedimientos concursales y preconcursos que afecten a personas o entidades con deudas cuya gestión recaudatoria corresponda a órganos de recaudación de la Delegación Especial, salvo que la competencia esté atribuida al titular del Departamento de Recaudación de acuerdo con el artículo 6.2.a) de la Orden PRE 3581/2007: a) Aceptar o rechazar el nombramiento de la Agencia Tributaria como administrador concursal. b) Suscribir los acuerdos por los que se establecen condiciones singulares de pago. c) Autorizar la presentación por la Agencia Tributaria de las propuestas de convenio previstas en el artículo 338 del texto refundido de la Ley Concursal. d) Autorizar, en los concursos de acreedores regulados en el Libro primero del texto refundido de la Ley Concursal, la adhesión a las propuestas de convenio, y por el crédito privilegiado, a convenios ya aceptados por los acreedores o aprobados por el Juez, en los términos previstos en el artículo 397.1 del texto refundido de la Ley Concursal. e) Autorizar, en los concursos de acreedores regulados en el Libro primero del texto refundido de la Ley Concursal, la abstención a las propuestas de convenio respecto de los créditos de naturaleza pública calificados como ordinarios. f) Autorizar, en relación con los procedimientos especiales para microempresas regulados en el Libro tercero del texto refundido de la Ley Concursal, el voto favorable a los planes de continuación que se presenten en los mismos. g) Autorizar, en relación con los procedimientos especiales para microempresas regulados en el Libro tercero del texto refundido de la Ley Concursal, la abstención a los planes de continuación que se presenten en los mismos. Para ejercer la competencia recogida en la letra a) anterior aceptando el nombramiento será necesario solicitar autorización previa del titular de la Subdirección General de Recaudación Ejecutiva y para ejercer las competencias recogidas en las letras b) a g) será necesario solicitar autorización previa del titular del Departamento de Recaudación.*

– Criterios generales y especiales de adscripción de deudores, reglas especiales:
Procedimientos de declaración de responsabilidad. La competencia para declarar la responsabilidad en los procedimientos frente a responsables previstos en los artículos 174, 175 y 176 de la Ley General Tributaria coincidirá con la de los órganos de recaudación que sean competentes por razón del territorio para la gestión recaudatoria del deudor principal en el momento de iniciarse el procedimiento de derivación, con independencia de cuál sea el domicilio fiscal de los posibles responsables y aunque estén adscritos a la Delegación Central de Grandes Contribuyentes, sin perjuicio de las competencias atribuidas al Equipo Nacional de Embargos. Excepcionalmente, en el supuesto de responsabilidad previsto en el artículo 258 de la Ley General Tributaria, la competencia para declarar la responsabilidad coincidirá con la de los órganos de recaudación que sean o vayan a ser competentes para la gestión recaudatoria de la deuda liquidada conforme al artículo 253 de dicha Ley, una vez se hubiera admitido a trámite la denuncia o querella y de acuerdo con lo dispuesto en los apartados quinto 2.4.2 y 2.4.4 siguientes, con independencia de cuál sea el domicilio fiscal de los posibles responsables y aunque estén adscritos a la Delegación Central de Grandes Contribuyentes. En todo caso, durante la tramitación de la declaración de responsabilidad, la gestión recaudatoria de las deudas del deudor principal se mantendrá igualmente en el órgano de recaudación competente según lo dispuesto en el primer párrafo de este apartado quinto 2.1, con la salvedad de que resulten adscritos a la Delegación Central de Grandes Contribuyentes. Asimismo, si durante la tramitación de la declaración de responsabilidad fuese procedente la adopción de una medida cautelar, de acuerdo con lo previsto en los artículos 41.5 y 81 de la Ley General Tributaria, la competencia para su tramitación y adopción coincidirá con la de los órganos competentes para declarar la responsabilidad. El órgano competente para la gestión recaudatoria del deudor principal será también competente para realizar la gestión recaudatoria de la totalidad de las deudas de los declarados responsables, en tanto deban realizarse actuaciones de gestión recaudatoria respecto de las deudas que hubieran sido objeto de declaración de responsabilidad, con las siguientes salvedades relativas a los responsables: 1.º Que los declarados responsables estén adscritos a la Delegación Central de Grandes Contribuyentes, o sean deudores en proceso concursal, entes públicos titulares de bienes inembargables de acuerdo con lo previsto en la normativa aplicable o personas o entidades adscritas a la Unidad de Gestión de Grandes Empresas de la Dependencia Regional de Inspección. 2.º Que se trate de responsables previstos en el artículo 42.2.b), 42.2.c) 42.2.d), 43.1.e) y 43.1.f) de la Ley General Tributaria. 3.º Que el alcance de la declaración de responsabilidad respecto de un mismo deudor principal no supere la cifra de 150.000 euros, salvo en el supuesto de derivación del artículo 258.1 de la Ley General Tributaria, en el que el límite se reduce a 120.000 euros. 4.º Que siendo el responsable también deudor por delitos contra la Hacienda pública, contrabando o por la liquidación vinculada a delito del artículo 250.1 de la Ley General Tributaria, se hubiera determinado la competencia para la gestión recaudatoria del mismo conforme al epígrafe 2.4 de este apartado. 5.º Que estando adscrito el deudor principal a la Delegación Central de Grandes Contribuyentes, el o los responsables estén adscritos a una o varias Dependencias Regionales de Recaudación, en cuyo caso la competencia para la gestión recaudatoria de la totalidad de las deudas de los responsables se mantendrán en las correspondientes Dependencias Re-

gionales de Recaudación, salvo que por aplicación del criterio de mayor eficacia recaudatoria se acumule su gestión en una única Dependencia Regional de Recaudación de acuerdo con lo establecido en lo dispuesto en el artículo 6.2.g) de la Orden PRE/3581/2007. Si durante el ejercicio de la citada competencia se produjera de nuevo el presupuesto previsto en este apartado 2.1, dicho acontecer no provocará un nuevo cambio de adscripción territorial del deudor salvo que, bien el importe de la nueva declaración de responsabilidad, bien la especial complejidad del expediente, aconsejen proceder a dicho cambio, en cuyo caso se efectuará por el mecanismo previsto en el apartado Quinto.3 de esta Resolución. La simple exigencia de pago de la reducción de la sanción a que se refiere el artículo 41.4 de la Ley General Tributaria, cuando proceda, como acto de gestión recaudatoria que es, le corresponde al órgano de recaudación que tenga atribuida esta competencia en cada momento, si no se hubiese exigido ya dicho pago.

Requerimientos de pago a sucesores y gestión recaudatoria de las deudas de los sucesores. El órgano competente para la gestión recaudatoria del deudor principal será también el competente para realizar el requerimiento de pago a sus sucesores previsto en el artículo 177 de la Ley General Tributaria con independencia de cuál sea el domicilio de los mismos y aunque estén adscritos a la Delegación Central de Grandes Contribuyentes. Asimismo, si tras producirse la sucesión fuese procedente la adopción de una medida cautelar de acuerdo con lo previsto en el artículo 81 de la Ley General Tributaria, la competencia de los órganos de recaudación coincidirá con la de los órganos competentes para llevar a cabo las actuaciones de gestión recaudatoria que procedan sobre el sucesor. El mismo criterio de adscripción del deudor sucedido será el determinante de la competencia del órgano de recaudación en relación con la gestión recaudatoria de la totalidad de las deudas de los sucesores, cuando el requerimiento de pago resulte desatendido y en tanto deban realizarse actuaciones de gestión recaudatoria respecto de las deudas cuyo pago se hubiera requerido por sucesión, con las siguientes salvedades: 1.º Que los sucesores estuvieran adscritos a la Delegación Central de Grandes Contribuyentes o se trate de deudores en proceso concursal, entes públicos titulares de bienes inembargables de acuerdo con lo previsto en la normativa aplicable o personas o entidades adscritas a la Unidad de Gestión de Grandes Empresas de la Dependencia Regional de Inspección. 2.º Que el importe de la deuda cuyo pago se requiere por sucesión respecto de un mismo deudor sucedido no supere la cifra de 150.000 euros. 3.º Que, siendo el sucesor asimismo responsable, se hubiera determinado la competencia para la gestión recaudatoria del responsable conforme el epígrafe 2.1 de este apartado. 4.º Se aplicará a los sucesores la misma salvedad prevista en el número 5.º del epígrafe 2.1 anterior para responsables. Si durante el ejercicio de la citada competencia se produjera de nuevo el presupuesto previsto en este apartado 2.2, dicho acontecer no provocará un nuevo cambio de adscripción territorial del deudor salvo que, bien el importe, bien la especial complejidad del expediente, aconsejen proceder a dicho cambio, en cuyo caso se efectuará por el mecanismo previsto en el apartado Quinto.3 de esta Resolución.

– Deudores con deudas por delitos contra la Hacienda pública y contrabando.

Competencia en caso de encomienda de la exacción de la responsabilidad civil y multa por no practicarse la liquidación vinculada al delito contra la Hacienda Pública y competencia de investigación patrimonial. a) La competencia en la recaudación dirigida frente a deudores por deuda derivada de la encomienda legal de cobro por la comisión de un delito contra la Hacienda pública se atribuye a los órganos de recaudación dentro de cuyo ámbito de competencia territorial se encuentre la sede judicial que haya dictado la resolución condenatoria en la que se incluyan las citadas deudas, con las siguientes salvedades: (...) 2.º Que los condenados sean deudores en proceso concursal, entes públicos titulares de bienes inembargables de acuerdo con lo previsto en la normativa aplicable o personas o entidades adscritas a la Unidad de Gestión de Grandes Empresas de la Dependencia Regional de Inspección, en cuyo caso la adscripción no se verá modificada (...).

Competencia en caso de liquidación vinculada a delito contra la Hacienda Pública regulada en el título VI de la Ley General Tributaria. a) La competencia para dictar el requerimiento de pago al obligado tributario de la liquidación vinculada a delito contra la Hacienda Pública previsto en el artículo 255 de la Ley General Tributaria y, en general, para los actos de gestión recaudatoria de la mencionada liquidación, se atribuye a los órganos de recaudación dentro de cuyo ámbito de competencia territorial se encuentre la sede judicial que hubiera admitido a trámite la denuncia o querella, con las siguientes salvedades: (...) 2.º Que el obligado tributario sea deudor en proceso concursal, ente público titular de bienes inembargables de acuerdo con lo previsto en la normativa aplicable o persona o entidad adscrita a la Unidad de Gestión de Grandes Empresas de la Dependencia Regional de Inspección, en cuyo caso la adscripción no se verá modificada (...).

Competencia en caso de encomienda de la exacción de la responsabilidad civil y multa por no practicarse la liquidación vinculada al delito de contrabando y competencia de investigación patrimonial. a) La competencia en la recaudación dirigida frente a deudores por deuda derivada de la encomienda legal de cobro por la comisión de un delito de contrabando se atribuye a los órganos de recaudación dentro de cuyo ámbito de competencia territorial se encuentre la sede judicial que haya dictado la resolución condenatoria en la que se incluyan las citadas deudas con las siguientes salvedades: (...) 2.º Que los condenados sean deudores en proceso concursal, entes públicos titulares de bienes inembargables de acuerdo con lo previsto en la normativa aplicable o personas o entidades adscritas a la Unidad de Gestión de Grandes Empresas de la Dependencia Regional de Inspección, en cuyo caso la adscripción no se verá modificada (...). Competencia en caso de liquidación de la deuda aduanera y tributaria vinculada a delito de contrabando regulada en la disposición adicional cuarta de la Ley Orgánica 12/1995, de 12 de diciembre, de Represión del Contrabando. a) La competencia para los actos de gestión recaudatoria realizados respecto de las deudas aduaneras y tributarias liquidadas conforme a lo dispuesto en la disposición adicional 4.ª de la Ley Orgánica 12/1995, de 12 de diciembre, en período ejecutivo, se atribuye a los órganos de recaudación dentro de cuyo ámbito de competencia territorial se encuentre la sede judicial que hubiera admitido a trámite la denuncia o querella, con las siguientes salvedades: (...) 2.º Que los obligados tributarios sean deudores en proceso concursal, entes públicos titulares de bienes inembargables de acuerdo con lo previsto en la normativa aplicable o personas o entidades adscritas a la Unidad de Gestión de Grandes Empresas de la Dependencia Regional de Inspección, en cuyo caso la adscripción no se verá modificada (...).

– La **Resolución de 29 de julio de 2015, de la Dirección General de la Agencia Estatal de Administración Tributaria,** modifica la de 16 de diciembre de 2011, por la que se establece el procedimiento para efectuar a través de internet el embargo de dinero en cuentas a la vista abiertas en entidades de crédito cuyos saldos se encuentren total o parcialmente pignorados y de aquellas otras cuya titularidad corresponda a deudores en situación concursal. La Resolución de 16 de diciembre de 2011 establece un procedimiento que permite efectuar por Internet embargo sobre cuentas abiertas en entidades de crédito en ciertos supuestos en los que la finalización telemática del procedimiento reviste especial dificultad debido a la situación jurídica de la cuenta o del deudor. En particular, permite llevar a cabo actuaciones de embargo de dinero en cuentas a la vista abiertas cuyos saldos se encuentren afectos a pignoraciones totales o parciales, así como de aquellas otras cuya titularidad corresponda a deudores incursos en procesos concursales. El referido procedimiento se realiza a través de la Sede Electrónica de la Agencia Estatal de Administración Tributaria, en la que las entidades de crédito actúan por medio de capturas manuales en pantalla, cuestión que puede llegar a ralentizar las actuaciones cuando el número de diligencias que deban atender tales entidades resulte elevado. Con el fin de paliar esta situación se dicta la Resolución de 29 de julio de 2015, que introduce la posibilidad de que, en el marco de estos procedimientos de embargo a través de la Sede Electrónica de la Agencia Estatal de Administración Tributaria, se puedan realizar intercambios telemáticos de datos, lo que permitirá a aquellas entidades de crédito que lo deseen automatizar el tratamiento de las diligencias de embargo a ellas dirigidas, facilitándose así una gestión más ágil. Por su parte, la **Resolución de 15 de marzo de 2016, de la Dirección General de la Agencia Estatal de Administración Tributaria, por la que se establece el procedimiento para efectuar a través de internet el embargo de dinero en cuentas a plazo e imposiciones a plazo fijo en entidades de crédito,** dispone el procedimiento que permitirá a los órganos de recaudación de la Agencia Estatal de Administración Tributaria llevar a cabo, por Internet, las actuaciones de embargo de saldos depositados en cuentas a plazo y en imposiciones a plazo fijo. Al referirse al procedimiento la referida Resolución contempla las fases del mismo, indicando: 2.4 Información a la Agencia Estatal de Administración Tributaria de las trabas realizadas por las Entidades de crédito. En el plazo de los cinco días hábiles siguientes al de la fecha en que accedió al envío de diligencias la Entidad de crédito deberá informar del resultado de las mismas a la Agencia Estatal de Administración Tributaria por Internet, mediante envío telemático de datos equivalente o cumplimentando un formulario en la Sede Electrónica. Dicho plazo será de siete días hábiles cuando, según los datos consignados en la diligencia por la Agencia Estatal de Administración Tributaria o por la entidad de crédito en la información de trabas, el deudor se encontrase en proceso concursal. La información a suministrar por la Entidad de crédito a la Agencia Estatal de Administración Tributaria se ajustará al contenido y especificaciones que se recogen en el Anexo de esta Resolución. Además, se incluye un Anexo de Descripción general y especificaciones técnicas, que parte de que el intercambio telemático de datos se realizará por medio de servicios web (desarrollados por la Agencia Estatal de Administración Tributaria), a los que las entidades transmisoras podrán acceder en cualquier momento. La seguridad de acceso se realiza mediante certificado electrónico X.509V3 expedido por la FNMT o cualquier otro certificado electrónico admitido por la AEAT de acuerdo con lo previsto en la Orden HAP/800/2014, de 9 de mayo. Y se desarrollarán tres servicios web: A. Diligencias; B. Respuesta a diligencias (trabas); C. Levantamientos de trabas.

– La **Orden PRE/3581/2007, de 10 de diciembre, por la que se establecen los departamentos de la Agencia Estatal de Administración Tributaria y se les atribuyen funciones y competencias,** modificada por la *Orden HAC/89/2024, de 1 de febrero, por la que se modifica la Orden PRE/3581/2007, de 10 de diciembre, por la que se establecen los departamentos de la Agencia Estatal de Administración Tributaria y se les atribuyen funciones y competencias, y la Orden de 2 de junio de 1994, por la que se desarrolla la estructura de la Agencia Estatal de Administración Tributaria,* establece:

1. Corresponden al Departamento de Recaudación, además de las atribuidas específicamente a su titular en el número 2 de este artículo, las siguientes funciones y competencias: a) La dirección, planificación y coordinación de la gestión recaudatoria atribuida por el ordenamiento jurídico a la Agencia que no corresponda a otras áreas funcionales, así como la asumida en virtud de convenio o concierto con otras Administraciones Públicas. b) El diseño de sistemas y métodos para la gestión recaudatoria en su ámbito de competencias. c) La realización de las actuaciones necesarias para la asunción por la Agencia de la gestión recaudatoria de deudas de las Administraciones Públicas cuando así se establezca por ley o por convenio, y el estudio y propuesta de los convenios sobre prestación de los servicios de recaudación a otras Administraciones Públicas. d) La dirección, planificación y coordinación de las funciones de la Agencia en materia de cuentas restringidas de recaudación de tributos, así como la autorización, supervisión, control y régimen de ingresos de entidades colaboradoras y de las que, en su caso, presten el Servicio de Caja, ejerciendo, con relación a las entidades colaboradoras en la gestión recaudatoria, las siguientes funciones y competencias: 1.º La recepción, estudio y tramitación de las solicitudes de autorización para actuar como colaboradoras presentadas por las entidades de crédito. 2.º La elaboración de planes específicos de actuación para efectuar el control y seguimiento de las entidades colaboradoras, así como la supervisión de su cumplimiento. 3.º El control y seguimiento de la información referente a la gestión recaudatoria que están obligadas a suministrar conforme a la normativa aplicable y de las operaciones de ingreso en el Banco de España. 4.º El apoyo y colaboración con otros órganos de la Agencia en materia de entidades de crédito que presten el Servicio de Caja en las Delegaciones y Administraciones, en su caso. 5.º La propuesta de apertura de expediente para acordar la suspensión o revocación de la autorización para actuar como colaboradora en la gestión recaudatoria de la Agencia. 6.º La iniciación de procedimientos sancionadores y la imposición de sanciones tributarias en los supuestos de incumplimientos de órdenes de embargo de cuentas cuando la entidad depositaria tenga la condición de colaboradora. 7.º La práctica de comprobaciones sobre dichas entidades en su actuación como colaboradoras, de forma individual o dentro de un plan específico de actuaciones. 8.º La recepción de las solicitudes de reembolso de ingresos excesivos o duplicados y la realización de las oportunas comprobaciones para proponer, en su caso, la devolución de las cantidades ingresadas en exceso por las entidades colaboradoras. 9.º El requerimiento a las entidades colaboradoras del ingreso de las cantidades por ellas recaudadas y no ingresadas en el Tesoro Público en los plazos previstos. 10.º La liquidación de los intereses de demora en que hubieran podido incurrir las entidades colaboradoras en su actuación como tales y su notificación para ingreso en el Tesoro. e) El estudio, el diseño, la planificación y la programación de las actuaciones y procedimientos de recaudación, y el estudio y la propuesta de medidas organizativas o de racionalización de las actuaciones en la gestión de tal naturaleza que no correspondan a otras áreas funcionales. f) La propuesta de los instrumentos de planificación de actuaciones, resultados y objetivos en materia de recaudación que no corresponda a otras áreas funcionales, así como el seguimiento y control de su cumplimiento y la adopción de medidas o instrucciones que aseguren su ejecución, en el marco de la planificación general de la Agencia. g) El establecimiento de mecanismos de impulso y coordinación de las actuaciones de gestión recaudatoria de las deudas correspondientes a personas o entidades en proceso concursal. h) La planificación y organización de la prevención y lucha contra el fraude a la Hacienda pública en el ámbito recaudatorio y el establecimiento de criterios generales a seguir por los órganos de recaudación. i) La elaboración de propuestas normativas y la colaboración en la elaboración de los proyectos normativos que afecten a su ámbito funcional. j) La realización directa de actuaciones recaudatorias y la tramitación y resolución de expedientes administrativos que se le asignen reglamentariamente, así como las actuaciones que se deriven del Plan de Control de la Agencia. k) La tramitación de los procedimientos de declaración de lesividad de actos anulables y de los procedimientos de revocación en relación con los actos dictados por la Agencia en el ámbito funcional de recaudación. l) La resolución de los expedientes de deducción sobre las cantidades que la Administración General del Estado deba transferir a los entes territoriales, organismos autónomos, Seguridad Social y demás entidades de Derecho público. m) Las funciones que la normativa atribuye al Departamento de Recaudación en relación con las tasas del Sector Público Estatal. n) En su ámbito de competencias y funciones, velar por la integridad, veracidad y actualización de la información y los servicios a los que puede accederse a través de la sede electrónica de la Agencia, así como definir las especificaciones correspondientes a la actuación automatizada de la Agencia. ñ) La elaboración de propuestas, el seguimiento y, en su caso, la ejecución de las aplicaciones informáticas del área funcional de recaudación, en colaboración con el Departamento de Informática Tributaria. o) La dirección, planificación y coordinación del ejercicio de la potestad sancionadora vinculada a la gestión recaudatoria. p) La emisión de informes en materia recaudatoria que no corresponda a otras áreas funcionales, con criterios generales dirigidos a los órganos de recaudación para asegurar el tratamiento homogéneo y coordinado de los obligados, así como cualesquiera otros en dicha materia que le sean solicitados por los Jefes de las Dependencias Regionales. q) La recopilación y difusión de la normativa, la jurisprudencia y la doctrina administrativa, así como la elaboración de documentos que resulten de interés para la realización de la función recaudatoria. r) La dirección, planificación y coordinación de las actuaciones de gestión recaudatoria y demás dirigidas al cobro de las deudas tribu-

tarias respecto a los obligados objeto de actuaciones coordinadas entre los órganos liquidadores y los de recaudación. s) La coordinación y fijación de directrices para el análisis y definición de perfiles e indicadores de Riesgo recaudatorio mediante la utilización de herramientas informáticas, en colaboración con el Departamento de Informática Tributaria. t) La fijación de las líneas concretas de actuación sobre colectivos de deudores con Indicadores de Riesgo Recaudatorio y Programas de actuación específicos respecto a las tramas y estructuras de fraude recaudatorio. u) La dirección, coordinación, programación y control, de los servicios de información y asistencia en el ámbito de las funciones del Departamento de Recaudación, tanto cuando se realicen por vía presencial como cuando se empleen canales no presenciales, sin perjuicio de las funciones de coordinación general que corresponden al Servicio de Planificación y Relaciones Institucionales en cuanto a los elementos comunes de dichos servicios. v) Cualesquiera otras funciones y competencias que le atribuyan la normativa legal y reglamentaria y demás disposiciones que sean de aplicación. 2. Corresponden al titular del Departamento de Recaudación las siguientes competencias: a) Respecto de los obligados tributarios incursos en un proceso concursal en el que el importe de la deuda concursal cuya gestión recaudatoria tenga encomendada la Agencia exceda de 1.000.000 de euros: 1.º Suscribir los acuerdos por los que se establecen condiciones singulares de pago relativos a concursos regulados tanto por la Ley 22/2003, de 9 de julio, Concursal, como por la anterior normativa concursal. 2.º Autorizar la suscripción de los convenios relativos a concursos que se rijan tanto por la Ley 22/2003, de 9 de julio, como por la anterior normativa concursal. 3.º Autorizar, en relación con los concursos regidos por la Ley 22/2003, de 9 de julio, a presentación de las propuestas de convenio previstas en su artículo 113. 4.º Autorizar, en los concursos regidos por la Ley 22/2003, de 9 de julio, la adhesión a las propuestas de convenio previstas en su artículo 103, a las propuestas anticipadas de convenio reguladas en su artículo 108, y, por el crédito privilegiado, a convenios ya aceptados por los acreedores o aprobados por el Juez en los términos previstos en el artículo 134.2 de dicha Ley. 5.º Autorizar, en relación con los concursos regidos por la Ley 22/2003, de 9 de julio, el voto favorable en las juntas de acreedores de las propuestas de convenio. 6.º Autorizar, en relación con los concursos regidos por la Ley 22/2003, de 9 de julio, la abstención en las juntas de acreedores respecto a los créditos de naturaleza pública calificados como ordinarios. 7.º Tratándose de procedimientos concursales en los que se hubiera aprobado un convenio, resolver o inadmitir las solicitudes de aplazamiento o fraccionamiento de créditos no afectados por el convenio que formule el deudor hasta la conclusión del concurso, así como adoptar las medidas cautelares en sustitución de garantías cuando sea competente para resolver las mencionadas solicitudes. A los efectos de este número, la competencia corresponderá al titular del Departamento cuando el importe total de la deuda pendiente, cualquiera que sea su naturaleza, sea superior a 1.000.000 de euros al tiempo de presentarse la solicitud de aplazamiento o fraccionamiento. Se entenderá que los obligados tributarios están incursos en un proceso concursal en tanto en cuanto no se declare la conclusión del concurso en los términos establecidos en la Ley Concursal. b) Las competencias enumeradas en la letra a) anterior en relación con otros procesos concursales cuando así lo aconseje su importancia, trascendencia o la dispersión de los bienes o instalaciones del concursado, con notificación del acuerdo al concursado y a la administración concursal. c) En materia de enajenación de bienes embargados: 1.º Autorizar la acumulación de enajenaciones de bienes que deba llevar a cabo la Agencia con otras enajenaciones a desarrollar por otros entes u organismos del Estado. 2.º Autorizar que la ejecución material de las subastas se lleve a cabo a través de empresas o profesionales especializados. 3.º Acordar la composición de Mesa Nacional de Subastas. d) En materia de ejercicio de acciones penales en defensa del crédito público, en el seno de las actuaciones recaudatorias, acordar la interposición de querella ante el órgano judicial competente, formular denuncia, así como la personación en los procesos penales ya iniciados. También le corresponderá autorizar, en su caso, a los titulares de las Delegaciones Especiales o de la Delegación Central de Grandes Contribuyentes para que formulen denuncia, interpongan querella, o se personen en nombre de la Agencia en los procesos penales ya iniciados. e) En materia de reclamaciones de tercería: La resolución en vía administrativa de las reclamaciones de tercería, en los siguientes supuestos: – Tercería de dominio sobre bienes o derechos en los que el título en que fundamente su derecho el tercerista consista en un documento público, cuando se aprecien indicios que pongan de manifiesto la existencia de posibles transmisiones fraudulentas. – Tercería de dominio sobre bienes o derechos en los que el título en que fundamente su derecho el tercerista consista en un documento privado que haya adquirido fehaciencia de acuerdo con lo dispuesto en el artículo 1.227 del Código Civil con anterioridad al embargo, cuando se aprecien indicios que pongan de manifiesto la existencia de posibles transmisiones fraudulentas. – Tercería de dominio sobre bienes o derechos en los que el título en que fundamente su derecho el tercerista consista en un documento privado al que se acompañen documentos de carácter fiscal relativos a su titularidad en fecha anterior al embargo, cuando se aprecien indicios que pongan de manifiesto la existencia de posibles transmisiones fraudulentas. f) La modificación del plazo de pago en periodo voluntario de las deudas de notificación colectiva y periódica cuya gestión recaudatoria se realice por la Agencia. g) Acordar la adscripción de los obligados, mediante acuerdo expreso y de forma motivada, que se notificará a los interesados, a Delegaciones Especiales distintas de las que correspondan con arreglo a los criterios que se fijen en la norma de desarrollo de la estructura básica de la organización terri-

torial de la Agencia, cuando concurra alguna de las siguientes circunstancias: 1.º Los factores productivos, bienes inmuebles, explotaciones económicas o el mayor valor del inmovilizado radiquen en el territorio de una Delegación Especial distinta a la que se encuentre adscrito el obligado. 2.º Exista una relación económica, personal o de otra índole entre obligados tributarios adscritos a distintas Delegaciones Especiales, o se realicen, respecto de un obligado tributario, actuaciones coordinadas entre los órganos liquidadores y de recaudación correspondientes a distintas Delegaciones Especiales. 3.º El obligado se encuentre incurso en un proceso concursal que se tramite en un órgano judicial ubicado fuera de la demarcación territorial de la Delegación Especial que resultaría competente. 4.º Se haya iniciado la enajenación de bienes y derechos de un obligado al pago en una Delegación Especial distinta de la que resultaría competente. 5.º El cambio de adscripción sea conveniente para una mayor eficacia o eficiencia en las actuaciones de gestión recaudatoria que se deban desarrollar sobre el obligado tributario. 6.º Se trate de deudores que por sus características objetivas o subjetivas convenga, para una más eficaz gestión recaudatoria, realizar ésta de forma conjunta para todos ellos. De la misma forma, para todos estos supuestos, podrá acordar la realización de actuaciones recaudatorias sobre obligados tributarios cualquiera que sea su Delegación Especial o Delegación Central de Grandes Contribuyentes de adscripción, a Delegaciones Especiales o a la Delegación Central de Grandes Contribuyentes, distintas de la de adscripción, oída en su caso esta última. El Departamento señalará el alcance de dichas actuaciones mediante la designación de las facultades a ejercer, el objeto de las actuaciones a realizar, o cualquier otra forma que especifique dicha actuación. Las Delegaciones Especiales o Delegación Central de Grandes Contribuyentes ejercerán sus competencias recaudatorias en todo el territorio nacional respecto de aquellos contribuyentes que se les adscriba o respecto aquellas actuaciones que se les haya encomendado por parte del Departamento de Recaudación, hasta que se consideren finalizadas en este último caso de acuerdo con su naturaleza, mediante la correspondiente resolución, acto administrativo o informe en el que se dé por finalizada. En su caso, al inicio de las actuaciones concretas que requiriesen su notificación al interesado, se hará constar que dicha actuación se realiza por acuerdo del Departamento de Recaudación para la realización de estas actuaciones. h) Autorizar la colaboración de funcionarios de los órganos integrados en el Departamento en el desarrollo de actuaciones propias de otros órganos de la Agencia. i) La tramitación de los procedimientos de revisión de actos nulos de pleno derecho y la iniciación de los procedimientos de declaración de lesividad de actos anulables en relación con los actos dictados por la Agencia en el ámbito funcional de recaudación, así como la propuesta de iniciación del procedimiento de declaración de lesividad de actos anulables y de revocación en relación con los actos dictados por órganos ajenos a la Agencia. j) Ordenar las actuaciones de control y seguimiento acerca del funcionamiento de las entidades colaboradoras, de forma individual o mediante la aprobación de planes específicos. k) Requerir a las entidades colaboradoras los extractos de las cuentas restringidas. l) La iniciación del procedimiento sancionador para la imposición de sanciones no pecuniarias derivado de actuaciones de gestión recaudatoria. m) Dar traslado de lo actuado al Servicio Jurídico de la Agencia en los casos de inobservancia de la obligación de prestar al personal integrado en el Departamento el apoyo, concurso, auxilio y protección que le sea necesario para el ejercicio de sus funciones, por las autoridades, titulares de los órganos del Estado, de las Comunidades Autónomas y Entidades Locales y, en general, por quienes ejerzan funciones públicas. n) Cualesquiera otras funciones y competencias que le atribuyan la normativa legal y reglamentaria y demás disposiciones que sean de aplicación. . Además, ha de tenerse en cuenta la **Resolución de 16 de febrero de 2021, del Departamento de Recaudación de la Agencia Estatal de Administración Tributaria, por la que se establecen las condiciones para el cargo centralizado de las deudas que constituyen recursos de los Organismos Autónomos de la Administración General del Estado para su gestión recaudatoria ejecutiva y para los intercambios de información que se deriven de dicha gestión,** en cuanto determina las condiciones para que los órganos de recaudación de la Agencia Tributaria desarrollen la gestión recaudatoria en periodo ejecutivo. Así, en la parte expositiva de dicha Resolución se indica que (…) de acuerdo con lo dispuesto en los artículos 3.1 y 4 del Reglamento General de Recaudación y en virtud de lo dispuesto en el artículo 6 de la Orden PRE/3581/2007, modificado por la Orden PCM 3/2021 de 11 de enero de 2021, por la que se establecen los Departamentos de la Agencia Tributaria y se les atribuyen funciones y competencias, el Departamento de Recaudación, como centro directivo de la gestión recaudatoria encomendada a la Agencia Tributaria, determina las siguientes condiciones para que los órganos de recaudación de la Agencia Tributaria desarrollen la gestión recaudatoria en periodo ejecutivo de los derechos que constituyan recursos de los Organismos Autónomos de la Administración General del Estado (…).

– La **Resolución de la Dirección General de la Agencia Estatal de Administración Tributaria de 28 de febrero de 2006, por la que se establecen las condiciones generales y el procedimiento para la validación mediante un código NRC de los avales otorgados por las entidades de crédito y por las sociedades de garantía recíproca y presentados por los interesados ante la Administración Tributaria** —modificada por la **Resolución de 11 de febrero de 2019, de la Dirección General de la Agencia Estatal de Administración Tributaria** y por la **Resolución de 20 de septiembre de 2021, de la Direc-

ción General de la Agencia Estatal de Administración Tributaria— establece, en primer lugar: «*Tercero. Procedimiento para la validación de los avales mediante un NRC. (...) 4. La generación del NRC por la entidad avalista tiene las siguientes implicaciones: – Que el aval ha sido otorgado por persona o personas que en la entidad avalista disponen de poderes suficientes para dicho otorgamiento. – Que el aval garantiza la deuda o deudas que se expresen en el documento y no otra u otras diferentes, y ello sin perjuicio de lo previsto en los artículos 25.9 y 41.2 del Reglamento General de desarrollo de la Ley 58/2003, de 17 de diciembre, General Tributaria, en materia de revisión en vía administrativa, aprobado por el Real Decreto 520/2005, de 13 de mayo. No obstante, en el caso de avales que garanticen deudas aduaneras y tributarias en el marco de operaciones aduaneras, el aval garantizará las deudas de tales operaciones en los términos previstos en la legislación aduanera y en la reguladora del resto de tributos estatales que les fuese de aplicación. – Que el aval reúne las características de identificación, cuantía y vigencia a las que se refiere el punto 2 del apartado tercero de la presente resolución. – Que, en los términos previstos en la legislación vigente, la entidad avalista responde solidariamente de la/s deuda/s avalada/s hasta el importe consignado en el aval, pudiéndose ejecutar por el procedimiento administrativo de apremio. – Que el aval se otorga a primer requerimiento de la Agencia Estatal de Administración Tributaria. – Que la entidad avalista renuncia a cualesquiera beneficios y, específicamente, a los de orden, división y excusión de bienes del avalado. – Que la entidad avalista responde íntegramente por el importe avalado, con independencia de que, por cualquier causa, las deudas avaladas queden vinculadas al convenio que pudiera celebrarse en caso de concurso del avalado. En segundo lugar, «Séptimo. Vigencia de la adhesión al procedimiento. Una vez realizada la adhesión al procedimiento, ésta tendrá vigencia indefinida, salvo que la Agencia Estatal de Administración Tributaria o la Entidad adherida manifieste su voluntad en contrario por escrito que, en el caso de las Entidades avalistas deberá dirigirse al titular del Departamento de Recaudación de la Agencia Estatal de Administración Tributaria, con una antelación mínima de tres meses respecto del momento en que se desee dejar sin efecto la adhesión. También se entenderá que queda sin efecto la adhesión al procedimiento en los casos de concurso y de disolución de la Entidad avalista». En tercer lugar, en el Anexo V.1. Modelo de garantía global: Aval para garantizar deudas aduaneras y/o tributarias para operaciones aduaneras previstas en los artículos 110, 148, 211.3.c) y 195 del Reglamento n.º 952/2013 y en el artículo 115 del Reglamento delegado (UE) 2015/2446 (código de aval «5»), dispone: «(...) 2. El avalista se obliga a efectuar el pago de las cantidades exigidas al primer requerimiento por escrito de la Agencia Estatal de Administración Tributaria, con renuncia del avalista a cualquier beneficio y, específicamente, a los de orden, división y excusión de bienes del avalado. Asimismo, responderá íntegramente por el importe avalado, con independencia de que, por cualquier causa, las deudas avaladas queden vinculadas al convenio que pudiera celebrarse en caso de concurso del avalado (...), en el Anexo V.2 Modelo de garantía individual: aval para garantizar deudas aduaneras y/o tributarias para operaciones aduaneras previstas en los artículos 195 y/o 211.3.c) (excepto las obligaciones del titular del depósito aduanero) del Reglamento n.º 952/2013, de 7 de octubre de 2013, por el que se establece el código aduanero de la unión (código de aval "5")»: «(...) 2. El avalista se obliga a efectuar el pago de las cantidades exigidas al primer requerimiento por escrito de la Agencia Estatal de Administración Tributaria, con renuncia del avalista a cualquier beneficio y, específicamente, a los de orden, división y excusión de bienes del avalado. Asimismo, responderá íntegramente por el importe avalado, con independencia de que, por cualquier causa, las deudas avaladas queden vinculadas al convenio que pudiera celebrarse en caso de concurso del avalado (...)» y en VI Adenda al modelo de aval tipo 5, 7 y 9 vigentes a la entrada en vigor del Reglamento (UE) 952/2013 (código de aval «7»): «(...) El aval se otorga a primer requerimiento de la Agencia Estatal de Administración Tributaria, con renuncia del avalista a cualesquiera beneficios y, específicamente, a los de orden, división y excusión de bienes del avalado. Asimismo, responderá íntegramente por el importe avalado, con independencia de que, por cualquier causa, las deudas avaladas queden vinculadas al convenio que pudiera celebrarse en caso de concurso del avalado (...)».*

– De acuerdo con el sistema introducido por la Ley 58/2003, de 17 de diciembre, General Tributaria, el **Reglamento General de Recaudación, aprobado por Real Decreto 939/2005, de 29 de julio**, regula la materia específica del procedimiento de recaudación. Desde el punto de vista material, tal y como ocurría con el reglamento anterior, la norma no circunscribe su ámbito de aplicación al cobro de las deudas y sanciones tributarias, sino que lo extiende también al de los demás recursos de naturaleza pública. Desde la perspectiva subjetiva, no afecta sólo al ámbito del Estado, sino que también se aplicará por otras Administraciones tributarias, en virtud de lo establecido en la Ley General Tributaria (art. 1). En lo relativo a la incidencia del Reglamento en la disciplina concursal, al margen de los preceptos específicamente dirigidos a la actuación de la Hacienda Pública en los procedimientos concursales (art. 123 y disposición adicional segunda), se recogen varias normas que, de una u otra forma, inciden en la misma. En primer lugar, con carácter general, al regular la gestión recaudatoria de los recursos de naturaleza pública, el Reglamento alude en diversos preceptos a las consecuencias de la situación de *insolvencia del deudor*. De un lado, al referirse a las especialidades de la recaudación de los organismos autónomos del Estado: «*La declaración de fallido de los obligados al pago se efectuará por los órga-*

nos de recaudación de la Agencia Estatal de Administración Tributaria. La declaración de crédito incobrable se efectuará por los órganos de recaudación del organismo autónomo correspondiente de conformidad con su normativa específica, previa comunicación por la Agencia Estatal de Administración Tributaria de la insolvencia del deudor. En caso de rehabilitación del crédito por parte del organismo autónomo, este lo podrá incluir en la relación certificada de deudas rehabilitadas que remita a la Agencia Estatal de Administración Tributaria para su cobro» (art. 4.3). De otro lado, «En aquellos casos en los que como consecuencia del desarrollo del procedimiento recaudatorio seguido frente al deudor principal o, en su caso, frente al responsable solidario, se haya determinado su insolvencia parcial en los términos del artículo 76.1 de la Ley 58/2003, de 17 de diciembre, General Tributaria, se podrá proceder a la declaración de fallido de aquellos, a los efectos previstos en su artículo 41» (art. 124.4). «Si el deudor principal o los responsables solidarios fueran declarados insolventes por la parte no derivada a los responsables subsidiarios, podrá procederse, en su caso y tras la correspondiente declaración de fallido por insolvencia total, a la derivación a dichos responsables subsidiarios del resto de deuda pendiente de cobro» (art. 124.5). En segundo lugar, en relación con este aspecto, la sección tercera del capítulo I del Título II, regula la denominada baja provisional por insolvencia, donde se definen los conceptos de deudor fallido y de crédito incobrable: «Artículo 61. Concepto de deudor fallido y de crédito incobrable. 1. Se considerarán fallidos aquellos obligados al pago respecto de los cuales se ignore la existencia de bienes o derechos embargables o realizables para el cobro del débito. En particular, se estimará que no existen bienes o derechos embargables cuando los poseídos por el obligado al pago no hubiesen sido adjudicados a la Hacienda pública de conformidad con lo que se establece en el artículo 109. Asimismo, se considerará fallido por insolvencia parcial el deudor cuyo patrimonio embargable o realizable conocido tan solo alcance a cubrir una parte de la deuda. La declaración de fallido podrá referirse a la insolvencia total o parcial del deudor. Son créditos incobrables aquellos que no han podido hacerse efectivos en el procedimiento de apremio por resultar fallidos los obligados al pago. El concepto de incobrable se aplicará a los créditos y el de fallido a los obligados al pago. 2. Una vez declarados fallidos los deudores principales y los responsables solidarios, la acción de cobro se dirigirá frente al responsable subsidiario. Si no existieran responsables subsidiarios o, si existiendo, estos resultan fallidos, el crédito será declarado incobrable por el órgano de recaudación. 3. Sin perjuicio de lo que establece la normativa presupuestaria y atendiendo a criterios de eficiencia en la utilización de los recursos disponibles, se determinarán por el Director del Departamento de Recaudación de la Agencia Estatal de Administración Tributaria las actuaciones concretas que deberán realizarse a efectos de justificar la declaración de crédito incobrable». «Artículo 62. Efectos de la baja provisional por insolvencia. 1. La declaración total o parcial de crédito incobrable determinará la baja en cuentas del crédito en la cuantía a que se refiera dicha declaración. 2. Dicha declaración no impide el ejercicio por la Hacienda pública contra quien proceda de las acciones que puedan ejercitarse con arreglo a las leyes, en tanto no se haya producido la prescripción del derecho de la Administración para exigir el pago. 3. La declaración de fallido correspondiente a personas o entidades inscritas en el Registro Mercantil será anotada en este en virtud de mandamiento expedido por el órgano de recaudación competente. Con posterioridad a la anotación el registro comunicará a dicho órgano de recaudación cualquier acto relativo a dichas personas o entidades que se presente a inscripción o anotación. 4. Declarado fallido un obligado al pago, las deudas de vencimiento posterior a la declaración se considerarán vencidas y podrán ser dadas de baja por referencia a dicha declaración, si no existen otros obligados al pago». «Artículo 63. Revisión de fallidos y rehabilitación de créditos incobrables. 1. El órgano de recaudación vigilará la posible solvencia sobrevenida de los obligados al pago declarados fallidos. 2. En caso de producirse tal circunstancia y de no mediar prescripción, procederá la rehabilitación de los créditos declarados incobrables, reanudándose el procedimiento de recaudación partiendo de la situación en que se encontraban en el momento de la declaración de crédito incobrable o de la baja por referencia». En tercer lugar, en desarrollo de la Ley 58/2003, de 17 de diciembre, General Tributaria, el Reglamento regula, en el capítulo de garantías de la deuda, el derecho de prelación (art. 64), y lo hace de conformidad con lo dispuesto en el artículo 77 de la Ley General Tributaria. Al margen de las referidas normas, el Reglamento General de Recaudación contempla, además, la actuación de la Hacienda Pública en procedimientos concursales y en otros procedimientos de ejecución (art. 123). En este punto, el Reglamento distingue tres situaciones: La primera, que los derechos de la Hacienda Pública hayan de ejercerse ante órganos judiciales o que resulten afectados en procedimientos no judiciales de ejecución de bienes. En estos supuestos, la Hacienda Pública participará en el proceso conforme a la normativa legal aplicable (art. 123.1 y 4). La competencia para solicitar información sobre dichos procedimientos recaerá sobre los órganos de recaudación (art. 123.2) que, además, deberán remitir al órgano con funciones de asesoramiento jurídico los documentos necesarios para la defensa de los derechos de la Hacienda Pública (art. 123.3). La segunda, que vaya a ser solicitado un concurso o haya sido ya declarado, que afecte a créditos que no sean de titularidad de la Hacienda Pública estatal y cuya gestión recaudatoria se esté realizando por la Agencia Estatal de Administración Tributaria (art. 123.5). En este caso, la actuación concreta dependerá de la existencia o no de un convenio en la gestión recaudatoria: – «Si la gestión recaudatoria se está realizando por la Agencia Estatal de Administración Tributaria en virtud de convenio, se *observará lo establecido en el convenio»* (art. 123.5-1.º); – «*En defecto de convenio, la Agencia Estatal de Administración Tributaria comunicará los créditos que hayan sido o deban ser certificados en el proceso al titular de los créditos a fin de que pueda asumir directamente la representación y defensa de aquellos. Del mismo modo, previamente a la suscripción o adhesión a un convenio o acuerdo que pueda afectar a tales créditos, la Agencia Estatal de Administración Tributaria dará traslado de su contenido al titular de aquellos, entendiéndose que presta su conformidad si en el plazo de 10 días contados a partir del día siguiente al de la notificación del requerimiento no manifestara lo contrario»* (art. 123.5-2.º). La tercera, se contempla la posibilidad de que la Administración tributaria sea nombrada administrador concursal. En este caso, corresponderá al órgano que se determine en la norma de organización específica aceptar el nombramiento o rechazarlo en virtud de justa causa (art. 123.6). En fin, el Reglamento establece, igualmente, unos *criterios de coordinación de la Agencia Estatal de Administración Tributaria con la Tesorería General de la Seguridad Social en procesos concursales.* (disposición adicional segunda): «*1. A efectos de lo dispuesto en el último párrafo del artículo 10 de la Ley 47/2003, de 26 de noviembre, General Presupuestaria, y con los límites del artículo 95 de la Ley 58/2003, de 17 de diciembre, General Tributaria, en los procesos concursales en que concurran créditos de la Hacienda pública estatal cuya gestión recaudatoria corresponda a la Agencia Estatal de Administración Tributaria con créditos de la Seguridad Social, cuya gestión recaudatoria corresponda a esta, la Agencia Estatal de Administración Tributaria y la Tesorería General de la Seguridad Social intercambiarán la información, circunstancias y datos relativos a dichos procesos que consideren relevantes. Sin perjuicio de lo que pueda establecerse en el oportuno convenio de colaboración, dicho intercambio abarcará al menos la identificación y domicilio del deudor, la existencia e importe del crédito cuya gestión corresponda a una u otra de ambas entidades públicas; en su caso, la existencia y el grado de satisfacción de los créditos contra la masa, así como cualquier otra circunstancia que se considere relevante. 2. Las relaciones entre los órganos de la Agencia Estatal de Administración Tributaria y de la Tesorería General de la Seguridad Social implicados en el proceso estarán presididas por los principios de colaboración y cooperación. A tal efecto, se promoverá la adopción de criterios comunes relativos, entre otros aspectos, a la suscripción de acuerdos o convenios. 3. La Agencia Estatal de Administración Tributaria y a la Tesorería General de la Seguridad Social podrán acordar la necesidad de comunicar previamente a la otra parte la realización de determinadas actuaciones. En particular, y entre otras, se comunicarán recíprocamente su propósito de promover el inicio de un proceso concursal o de solicitar la apertura de la fase de liquidación».* En fin, el **Real Decreto 1071/2017, de 29 de diciembre, modifica el Reglamento General de Recaudación, aprobado por el Real Decreto 939/2005, de 29 de julio,** incorporando diversas modificaciones en el artículo 46, relativo a las solicitudes de aplazamiento y fraccionamiento. En concreto, se introduce una nueva letra h) al apartado 2 del artículo 46 —«*h) Indicación de que la deuda respecto de la que se solicita el aplazamiento o fraccionamiento no tiene el carácter de crédito contra la masa en el supuesto que el solicitante se encuentre en proceso concursal»*— y una nueva letra f) al apartado 3 del artículo 46 —«*f) En el caso de concurso del obligado tributario, se deberá aportar declaración y otros documentos acreditativos de que las deudas tributarias no tienen la consideración de créditos contra la masa del correspondiente concurso»*— (también se introdujo un nuevo apartado 8 en el artículo 46, pero la **Sentencia de 12 de junio de 2019, de la Sala Tercera del Tribunal Supremo, declara estimar parcialmente el recurso contencioso-administrativo número 87/2018 contra el Real Decreto 1071/2017, de 29 de diciembre, por el que se modifica el Reglamento General de Recaudación, aprobado por el Real Decreto 939/2005, de 29 de julio, anulando el apartado 8 del artículo 46).**

– Diversos preceptos de la **Ley 58/2003, de 17 de diciembre, General Tributaria** se remiten o coordinan con la Ley Concursal. Así sucede con los artículos 42, 43, 68 y 164. El artículo 42 al establecer los responsables solidarios de la deuda tributaria excluye expresamente a los «*adquirentes de explotaciones o actividades económicas pertenecientes a un deudor concursado cuando la adquisición tenga lugar en un procedimiento concursal»*. El artículo 43 declara responsable subsidiario de la deuda tributaria a los «*integrantes de la administración concursal y los liquidadores de sociedades y entidades en general que no hubiesen realizado las gestiones necesarias para el íntegro cumplimiento de las obligaciones tributarias devengadas con anterioridad a dichas situaciones e imputables a los respectivos obligados tributarios. De las obligaciones tributarias y sanciones posteriores a dichas situaciones responderán como administradores cuando tengan atribuidas funciones de administración»*. El artículo 68 se refiere a la interrupción de los plazos de prescripción del derecho de la Administración para exigir el pago de las deudas tributarias liquidadas y autoliquidadas. Los apartados 7 y 8 del precepto fueron modificados por la **Ley 7/2012, de 29 de octubre, de modificación de la normativa tributaria y presupuestaria y de adecuación de la normativa financiera para la intensificación de las actuaciones en la prevención y lucha contra el fraude,** modificando el momento en que se reinicia el plazo de prescripción interrumpido por la declaración de concurso para que coincida con el momento en que la Administración recupera sus facultades de autotutela ejecutiva, introduciendo una mejora estrictamente técnica para dotar de seguridad jurídica a las relaciones de la Hacienda Pública con los deudores concursados. Además, se aclaran los efectos de la suspensión del cómputo del plazo de prescripción por litigio, concurso y otras causas legales, explicitando que los efectos de dicha suspensión se extienden a todos los obligados tributarios: *«7. Cuando el plazo de prescripción se hubiera interrumpido por la interposición del recurso ante la jurisdicción contencioso-administrativa, por el ejercicio de acciones civiles o penales, por la remisión del tanto de culpa a la jurisdicción competente o la presentación de denuncia ante el Ministerio Fiscal o por la recepción de una comunicación judicial de paralización del procedimiento, el cómputo del plazo de prescripción se iniciará de nuevo cuando la Administración tributaria reciba la notificación de la resolución firme que ponga fin al proceso judicial o que levante la paralización, o cuando se reciba la notificación del Ministerio Fiscal devolviendo el expediente. Cuando el plazo de prescripción se hubiera interrumpido por la declaración de concurso del deudor, el cómputo se iniciará de nuevo cuando adquiera firmeza la resolución judicial de conclusión del concurso. Si se hubiere aprobado un convenio, el plazo de prescripción se iniciará de nuevo en el momento de su aprobación para las deudas tributarias no sometidas al mismo. Respecto de las deudas tributarias sometidas al convenio concursal, el cómputo del plazo de prescripción se iniciará de nuevo cuando aquéllas resulten exigibles al deudor. Lo dispuesto en este apartado no será aplicable al plazo de prescripción del derecho de la Administración tributaria para exigir el pago cuando no se hubiera acordado la suspensión en vía contencioso-administrativa». «8. Interrumpido el plazo de prescripción para un obligado tributario, dicho efecto se extiende a todos los demás obligados, incluidos los responsables. No obstante, si la obligación es mancomunada y solo se reclama a uno de los obligados tributarios la parte que le corresponde, el plazo no se interrumpe para los demás. Si existieran varias deudas liquidadas a cargo de un mismo obligado al pago, la interrupción de la prescripción solo afectará a la deuda a la que se refiera. La suspensión del plazo de prescripción contenido en la letra b) del artículo 66 de esta Ley, por litigio, concurso u otras causas legales, respecto del deudor principal o de alguno de los responsables, causa el mismo efecto en relación con el resto de los sujetos solidariamente obligados al pago, ya sean otros responsables o el propio deudor principal, sin perjuicio de que puedan continuar frente a ellos las acciones de cobro que procedan».* El artículo 164 recoge las reglas aplicables a la concurrencia de procedimientos, estableciendo: *1. Sin perjuicio del respeto al orden de prelación que para el cobro de los créditos viene establecido por la ley en atención a su naturaleza, en caso de concurrencia del procedimiento de apremio para la recaudación de los tributos con otros procedimientos de ejecución, ya sean singulares o universales, judiciales o no judiciales, la preferencia para la ejecución de los bienes trabados en el procedimiento vendrá determinada con arreglo a las siguientes reglas: 1.º Cuando concurra con otros procesos o procedimientos singulares de ejecución, el procedimiento de apremio será preferente si el embargo efectuado en el curso del procedimiento de apremio fuera el más antiguo. 2.º Cuando concurra con otros procesos o procedimientos concursales o universales de ejecución, el procedimiento de apremio será preferente para la ejecución de los bienes o derechos embargados en el mismo, siempre que el embargo acordado en el mismo se hubiera efectuado con anterioridad a la fecha de declaración del concurso. Para ambos casos, se estará a la fecha de la diligencia de embargo del bien o derecho. 2. En caso de concurso de acreedores se aplicará lo dispuesto en la Ley 22/2003, de 9 de julio, Concursal y, en su caso, en la Ley 47/2003, de 26 de noviembre, General Presupuestaria, sin que ello impida que se dicte la correspondiente providencia de apremio y se devenguen los recargos del período ejecutivo si se dieran las condiciones para ello con anterioridad a la fecha de declaración del concurso o bien se trate de créditos contra la masa. 3. Los jueces y tribunales colaborarán con la Administración tributaria facilitando a los órganos de recaudación los datos relativos a procesos concursales o universales de ejecución que precisen para el ejercicio de sus funciones. Asimismo tendrán este deber de colaboración, respecto de esos procedimientos, cualesquiera órganos administrativos con competencia para tramitar procedimientos de ejecución. 4. El carácter privilegiado de los créditos tributarios otorga a la Hacienda Pública el derecho de abstención en los procesos concursales. No obstante, la Hacienda Pública podrá suscribir en el curso de estos procesos los acuerdos o convenios previstos en la legislación concursal, así como acordar, de conformidad con el deudor y con las garantías que se estimen oportunas, unas condiciones singulares de pago, que no pueden ser más favorables para el deudor que las recogidas en el convenio o acuerdo que ponga fin al proceso judicial. Este privilegio podrá ejercerse en los términos previstos en la legislación concursal. Igualmente podrá acordar la compensación de dichos créditos en los términos previstos en la normativa tributaria. Para la suscripción y celebración de los acuerdos y convenios a que se refiere el párrafo anterior se requerirá únicamente la autorización del órgano competente de la Administración tributaria.*

Además, la **Ley 58/2003, de 17 de diciembre, General Tributaria**, en la sección 5.ª (garantías de la deuda tributaria), regula el derecho de prelación en el artículo 77 y en el apartado segundo del artículo 65 —aplazamiento y fraccionamiento del pago— establece: *«2. No podrán ser objeto de aplazamiento o fraccionamiento las siguientes deudas tributarias: (...) c) En caso de concurso del obligado tributario, las que, de acuerdo con la legislación concursal, tengan la consideración de créditos contra la masa (...) Las solicitudes de aplazamiento o fraccionamiento a que se refieren los distintos párrafos de este apartado serán objeto de inadmisión».* En fin, el apartado segundo del artículo 161 —recaudación en período ejecutivo— establece: *«2. La presentación de una solicitud de aplazamiento, fraccionamiento o compensación en período voluntario impedirá el inicio del período ejecutivo durante la tramitación de dichos expedientes. No obstante* *lo anterior, las solicitudes a las que se refiere el párrafo anterior así como las solicitudes de suspensión y pago en especie no impedirán el inicio del periodo ejecutivo cuando anteriormente se hubiera denegado, respecto de la misma deuda tributaria, otra solicitud previa de aplazamiento, fraccionamiento, compensación, suspensión o pago en especie en periodo voluntario habiéndose abierto otro plazo de ingreso sin que se hubiera producido el mismo. La interposición de un recurso o reclamación en tiempo y forma contra una sanción impedirá el inicio del período ejecutivo hasta que la sanción sea firme en vía administrativa y haya finalizado el plazo para el ingreso voluntario del pago. La declaración de concurso no suspenderá el plazo voluntario de pago de las deudas que tengan la calificación de concursal de acuerdo con el texto refundido de la Ley Concursal aprobado por el Real Decreto Legislativo 1/2020, de 5 de mayo, sin perjuicio de que las actuaciones del periodo ejecutivo se rijan por lo dispuesto en dicho texto refundido».*

AGRUPACIONES DE INTERÉS ECONÓMICO

– La **Ley 12/1991, de 29 de abril, de Agrupaciones de Interés Económico**, establece: *«Artículo 18.1-3.º Por la apertura de la fase de liquidación, cuando la Agrupación se hallare declarada en concurso»; «Artículo 18.2. En el supuesto previsto en el número 3.º del apartado anterior, la agrupación quedará automáticamente disuelta al producirse en el concurso la apertura de la fase de liquidación. El juez del concurso hará constar la disolución en la resolución de apertura y, sin nombramiento de liquidadores, se realizará la liquidación de la agrupación conforme a lo establecido en el capítulo II del título V de la Ley Concursal».*

AGUAS

– La **Ley 2/2014, de 26 de noviembre, de abastecimiento y saneamiento de aguas de la Comunidad Autónoma de Cantabria**, establece en el apartado 3 del artículo 32: *«3. Será aplicable una deducción en la cuota tributaria de hasta el 45% del canon de agua residual industrial a los usos de las empresas que se encuentren en una situación de concurso de acreedores, de acuerdo con las condiciones que reglamentariamente se establezcan».*

– El **Decreto Legislativo 3/2003, de 4 de noviembre, por el que se aprueba el texto refundido de la legislación en materia de aguas de Cataluña** establece en el artículo 66.3 (modificado por el **Decreto-ley 5/2025, de 25 de marzo, por el que se adoptan medidas urgentes en materia fiscal, de gastos de personal y otras administrativas**): *«Las entidades suministradoras son sustitutas del contribuyente, usuario de agua suministrada por estas entidades y, como tales, están obligadas al cumplimiento de las obligaciones materiales y formales que les impone esta ley, en la forma y los plazos establecidos. No obstante, deben exigir de los contribuyentes el importe de las obligaciones tributarias que estas entidades hayan satisfecho, mediante la repercusión del canon del agua en las facturas que emitan por el servicio de suministro de agua, en las condiciones que establecen esta ley y el reglamento que la desarrolla. Quedan exentas de responsabilidad en cuanto a los importes repercutidos sobre sus abonados y que resulten incobrables. A tales efectos, se considera incobrable el importe repercutido por factura, cuando el abonado haya entrado en situación de concurso de acreedores o bien cuando concurran los siguientes requisitos: a) Que haya transcurrido más de un año desde la acreditación del impuesto repercutido sin obtener el cobro, y que esta circunstancia esté debidamente recogida en la contabilidad de la entidad. b) Que el importe incobrado, correspondiente al canon del agua, sea superior a 50 euros. c) Que la entidad suministradora acredite haber instado el cobro de la deuda mediante una reclamación judicial o extrajudicial o requerimiento notarial o, cuando resulten de aplicación, otras vías de reclamación de la deuda, como la vía de apremio. d) Que el importe se haya convertido en incobrable como consecuencia de una situación de vulnerabilidad económica o exclusión social, reconocida mediante un informe de los servicios sociales. En este caso, no es necesaria la concurrencia de lo establecido en los apartados b) y c). El procedimiento que deben seguir las entidades suministradoras para poder deducirse los importes de canon del agua que se han convertido en incobrables es el siguiente: – En la primera autoliquidación de cada año natural deben declarar todos los recibos considerados incobrables, relacionando el saldo del canon del agua impagado a 31 de diciembre del año anterior, de acuerdo con el modelo que se apruebe por resolución de la dirección de la Agencia Catalana del Agua, de modo que cada año se disponga de la relación del total de recibos impagados acumulados para poder constatar anualmente las diferencias. – El importe a ingresar en esta primera autoliquidación se corresponde con las cantidades repercutidas del canon del agua durante el período en que se autoliquida, una vez aplicadas las diferencias entre el saldo de impagados justificado el año anterior y el saldo de impagados incorporado en la autoliquidación. Los importes correspondientes a recibos de antigüedad superior a cuatro años, a contar desde el año de la fecha de emisión de la factura que hayan devenido incobrables, después de que se hayan hecho las gestiones necesarias para cobrarlos, no deben incluirse en la relación de recibos impagados declarados. La Agencia debe dar de baja estos importes de su contabilidad cuando* *hayan sido incorporados a la declaración del saldo de recibos impagados del ejercicio anterior».* También, establece en el artículo 71.14 (modificado por la **Ley 3/2023, de 16 de marzo, de medidas fiscales, financieras, administrativas y del sector público para el 2023**): «*14. En los usos industriales de agua correspondientes a actividades incluidas en las secciones B, C y D y grupos A032, E360, E383 y J581, de la CCAE 2009, con aplicación individualizada del canon del agua, el tipo de gravamen general se afecta de los siguientes coeficientes, en su caso: a) Coeficiente de eficiencia (Ke): 0,90 para los sujetos pasivos que acrediten para cada establecimiento una mejora en la eficiencia en el uso del agua, determinada según un sistema cuantitativo, referenciado en el estándar de uso, o que acrediten la eficiencia o la mejora de la eficiencia según un sistema cualitativo basado en la obtención de un sistema de gestión ambiental ISO 14001 o EMAS u otro certificado reconocido sectorialmente de nivel equivalente o superior. La mejora de la eficiencia o la eficiencia misma se acreditan si el consumo unitario de agua del establecimiento es igual o inferior al estándar de uso declarado, o bien si se desprende de los datos contenidos en las sucesivas actualizaciones o renovaciones del sistema de gestión ambiental, previstas en la normativa técnica o sectorial vigente, incluida la normativa en materia de caudales de mantenimiento. b) Coeficiente de innovación (Ki): 0,90 para los sujetos pasivos que puedan ser calificados como empresa innovadora, por razón del cumplimiento de alguno de los siguientes requisitos: – Que haya recibido financiación pública en los últimos dos años sin haber sufrido revocación por incorrecta o insuficiente ejecución de la actividad financiada mediante convocatorias públicas de financiación a la I+D+I de alcance autonómico, estatal o europeo. – Que haya demostrado su capacidad de innovación mediante alguna de las siguientes certificaciones: 1. Joven empresa innovadora (JEI), según la especificación AENOR EA0043. 2. Pequeña o microempresa innovadora, según la especificación AENOR EA0047. 3. Certificación UNE 166.002 "Sistema de gestión de la I + D + I". c) Coeficiente de reindustrialización (Kz): 0,10 para los sujetos pasivos que realicen actuaciones industriales o empresariales de interés general, en el marco de proyectos de reindustrialización aprobados por el Gobierno, que creen nueva actividad industrial en un municipio o permitan el mantenimiento o reconversión de la ya existente para un periodo mínimo de tres años, o para aquellos sujetos que contribuyan al mantenimiento del tejido empresarial e industrial, así como al mantenimiento de puestos de trabajo, mediante la adquisición de una o más unidades productivas de una empresa en concurso, en los últimos dos años. Estos coeficientes son acumulables entre sí. Asimismo, los dos últimos coeficientes tienen una vigencia de tres años desde el inicio de su aplicación, y son renovables en el caso de que se mantengan las condiciones que dieron lugar a su reconocimiento».*

– El **Decreto Legislativo 3/2003, de 4 de noviembre, por el que se aprueba el texto refundido de la legislación en materia de aguas de Cataluña** establece: «*Artículo 66.3. Las entidades suministradoras son sustitutas del contribuyente, usuario de agua suministrada por estas entidades, y, como tales, están obligadas al cumplimiento, en la forma y los plazos establecidos, de las obligaciones materiales y formales que les impone la presente ley. No obstante, deben exigir de los contribuyentes el importe de las obligaciones tributarias satisfechas por ellas, mediante la repercusión del canon del agua en las facturas que emitan por el servicio de suministro de agua, en las condiciones establecidas por la presente ley y por el reglamento que la desarrolla. Quedan exentas de responsabilidad en cuanto a los importes repercutidos sobre sus abonados y que resulten incobrables. A tales efectos, se considera incobrable el importe repercutido por factura, cuando el abonado haya entrado en situación de concurso de acreedores o cuando concurran los siguientes requisitos: a) Que haya transcurrido más de un año desde la acreditación del impuesto repercutido sin obtener el cobro del mismo, y que esta circunstancia esté debidamente recogida en la contabilidad de la entidad. b) Que el importe incobrado, correspondiente al canon del agua, sea superior a 150 euros. c) Que la entidad suministradora acredite haber instado el cobro de la deuda mediante reclamación judicial o requerimiento notarial o, cuando resulten de aplicación, otras vías de reclamación de la deuda, como la vía de apremio. d) Que el importe se haya convertido en incobrable como consecuencia de una situación de vulnerabilidad económica o exclusión social, reconocida mediante informe de los servicios sociales. En este caso, no es necesaria la concurrencia de lo establecido en los apartados b y c. El procedimiento que deben seguir las entidades suministradoras para poder deducirse los importes de canon del agua que se han convertido en incobrables es el siguiente: – En la primera autoliquidación de cada año natural deben declarar todos los recibos considerados incobrables, relacionando el saldo del canon del agua impagado a 31 de diciembre del año anterior, de acuerdo con el modelo que se apruebe por resolución de la dirección de la Agencia Catalana del Agua, de modo que cada año se disponga de la relación del total de recibos impagados acumulados para poder constatar anualmente las diferencias. – El importe a ingresar en esta primera autoliquidación se corresponde con las cantidades repercutidas del canon del agua durante el período en que se autoliquida, una vez aplicadas las diferencias entre el saldo de impagados justificado el año anterior y el saldo de impagados incorporado en la autoliquidación. Los importes correspondientes a recibos de antigüedad superior a cuatro años a contar desde el año de la fecha de emisión de la factura que hayan devenido incobrables, después de que se hayan hecho las ges-*

tiones necesarias para cobrarlos, no deben incluirse en la relación de recibos impagados declarados. *La Agencia debe dar de baja estos importes de su contabilidad cuando hayan sido incorporados a la declaración del saldo de recibos impagados del ejercicio anterior».* También, establece: *«Artículo 71.14. En los usos industriales de agua correspondientes a actividades incluidas en las secciones B, C y D y grupos A032, E360, E383 y J581, de la CCAE 2009, con aplicación individualizada del canon del agua, el tipo de gravamen general se afecta de los siguientes coeficientes, en su caso: a) Coeficiente de eficiencia (Ke): 0,90 para los sujetos pasivos que acrediten para cada establecimiento una mejora en la eficiencia en el uso del agua, determinada según un sistema cuantitativo, referenciado en el estándar de uso, o que acrediten la eficiencia o la mejora de la eficiencia según un sistema cualitativo basado en la obtención de un sistema de gestión ambiental ISO 14001 o EMAS u otro certificado reconocido sectorialmente de nivel equivalente o superior. La mejora de la eficiencia o la eficiencia misma se acreditan si el consumo unitario de agua del establecimiento es igual o inferior al estándar de uso declarado, o bien si se desprende de los datos contenidos en las sucesivas actualizaciones o renovaciones del sistema de gestión ambiental, previstas en la normativa técnica o sectorial vigente, incluida la normativa en materia de caudales de mantenimiento. b) Coeficiente de innovación (Ki): 0,90 para los sujetos pasivos que puedan ser calificados como empresa innovadora, por razón del cumplimiento de alguno de los siguientes requisitos: – Que haya recibido financiación pública en los últimos dos años sin haber sufrido revocación por incorrecta o insuficiente ejecución de la actividad financiada mediante convocatorias públicas de financiación a la I+D+I de alcance autonómico, estatal o europeo. – Que haya demostrado su capacidad de innovación mediante alguna de las siguientes certificaciones: 1. Joven empresa innovadora (JEI), según la especificación AENOR EA0043. 2. Pequeña o microempresa innovadora, según la especificación AENOR EA0047. 3. Certificación UNE 166.002 "Sistema de gestión de la I + D + I". c) Coeficiente de reindustrialización (Kz): 0,10 para los sujetos pasivos que realicen actuaciones industriales o empresariales de interés general, en el marco de proyectos de reindustrialización aprobados por el Gobierno, que creen nueva actividad industrial en un municipio o permitan el mantenimiento o reconversión de la ya existente para un periodo mínimo de tres años, o para aquellos sujetos que contribuyan al mantenimiento del tejido empresarial e industrial, así como al mantenimiento de puestos de trabajo, mediante la adquisición de una o más unidades productivas de una empresa en concurso, en los últimos dos años. Estos coeficientes son acumulables entre sí. Asimismo, los dos últimos coeficientes tienen una vigencia de tres años desde el inicio de su aplicación, y son renovables en el caso de que se mantengan las condiciones que dieron lugar a su reconocimiento».*

ARANCEL DE DERECHOS DE LOS PROCURADORES

– El **Real Decreto 434/2024, de 30 de abril, por el que se aprueba el arancel de derechos de los profesionales de la Procura** regula de forma completa el arancel de derechos de los profesionales de la procura, en cumplimiento de la disposición final primera de la Ley 15/2021, de 23 de octubre. Como se indica en su parte expositiva, la *nueva regulación se fundamenta en la libre negociación para la fijación de precios entre el profesional de la Procura y el cliente, fomentando de esta manera la libre competencia entre los profesionales, con el único límite que comporta no superar los precios máximos en que se transforman los derechos arancelarios que de esta manera se erigen en garantía de los derechos de los clientes, sean o no consumidores y, en particular, de su derecho de acceso a la Justicia y de su derecho de defensa (..).* El arancel de derechos de los profesionales de la Procura regula los derechos devengados por estos en las actuaciones profesionales seguidas en toda clase de asuntos judiciales, así como ante las administraciones públicas (excluidas las actuaciones que les correspondan en atención a lo dispuesto en los arts. 1709 y 1544 CC, y demás normas de aplicación, tales como su intervención o participación en procedimientos de mediación, conciliación, arbitraje u otros similares, así como por las gestiones extraprocesales, y la práctica de actos de comunicación judicial). El Capítulo III del Título II, orden civil, contempla los procedimientos concursales (arts. 32 a 38), estableciendo reglas tanto para el proceso concursal (arts. 32 a 37) como para el derecho preconcursal, comunicación de negociaciones con los acreedores y planes de reestructuración (art. 38):

– *Artículo 32. Base de cálculo de los procedimientos concursales. En los procedimientos sobre concurso servirán de base para regular los derechos que se devenguen, salvo que específicamente se disponga otra cosa, el 60 % del pasivo resultante de la lista definitiva de acreedores presentada por la administración concursal. Cuando el número de acreedores que figuren en la lista fuera superior a 300, la base de cálculo se elevará al 70 por ciento del pasivo.*

– *Artículo 33. Cuantificación. 1. El profesional de la Procura que inste el concurso ya sea necesario o voluntario, devengará como máximo los derechos que le correspondan conforme a la siguiente escala:*

Hasta euros	Euros
12.000	446,23
30.000	624,73
60.000	892,51
120.000	1.349,54
240.000	1.785,00
300.000	2.052,73
601.000	2.856,01

2. Por cada 6.000 euros o fracción que exceda de 600.000 euros, devengará como máximo 22,30 euros.
– Artículo 34. Percepción por secciones. La percepción de los derechos se regirá por las reglas siguientes: a) El 50 por ciento de los derechos asignados corresponderá a la sección primera. b) El otro 50 por ciento de los derechos corresponderá a las cinco secciones restantes, a razón de un 10 por ciento por cada sección.
– Artículo 35. Otros supuestos de devengo. 1. Si se denegase la admisión del concurso, el profesional de la Procura que la instó percibirá el 25 por ciento de los derechos fijados en el artículo 33. 2. Por cada comunicación de créditos a la administración concursal percibirá como máximo la cantidad de 30,00 euros, con independencia del momento en el que se produzca. 3. El profesional de la Procura que represente a uno o a varios acreedores devengará, por cada uno de ellos, la mitad de los derechos establecidos en el artículo 33 tomando como base la cuantía de cada uno de los créditos que represente. 4. El profesional de la Procura de la administración concursal devengará el 25 por ciento de los derechos fijados en el artículo 33, tomando como base de cálculo el total del pasivo resultante de la lista definitiva de acreedores. Igual derecho percibirá el profesional de la Procura del concursado, cuando no sea el que instó el concurso. 5. Por cada asistencia a las juntas que se celebren en el concurso, el profesional de la Procura percibirá como máximo 45,14 euros.
– Artículo 36. Incidentes concursales. 1. Por los incidentes concursales relativos a la impugnación de la lista de acreedores e inventario, oposición a la aprobación del convenio, incumplimiento del convenio, y cualesquiera otros que no tengan una cuantía determinada, devengarán los profesionales de la Procura la cantidad de 351,00 euros. 2. Para el cálculo de los derechos por cualquier otro incidente concursal que no tenga por objeto la impugnación de la lista de acreedores y/o inventario y no esté comprendido en el apartado anterior, se estará a la escala prevista en el artículo 33.
– Artículo 37. Enajenaciones en procesos concursales. Por la solicitud de enajenación de bienes y derechos de la masa activa percibirá el profesional de la Procura como máximo la cantidad de 50,00 euros por cada una de las solicitudes.
– Artículo 38. Comunicación de la apertura de negociaciones. Homologación e impugnación del plan de reestructuración. 1. Por la comunicación en representación del deudor por la apertura de negociaciones con los acreedores para obtener adhesiones a una propuesta anticipada de convenio o para alcanzar un plan de reestructuración percibirá el profesional de la Procura como máximo la cantidad de 351,00 euros. 2. - Por la solicitud de homologación del plan de reestructuración que hubiera alcanzado con los acreedores percibirá el 50 por ciento de los derechos previstos en el apartado anterior. 3. Por la impugnación del auto de homologación del plan de reestructuración percibirán los profesionales de la Procura intervinientes los derechos arancelarios previstos en el artículo 2 o en el artículo 3, según corresponda.

ÁREAS MUNICIPALES

– La **Ley 6/2023, de 16 de marzo, de áreas municipales de impulso comercial de las Illes Balears** regula la creación y el funcionamiento, mediante la colaboración público-privada, de las áreas municipales de impulso comercial orientadas a la dinamización y la cohesión sociales, la diversificación productiva, el desarrollo económico sostenible e inclusivo, la modernización del tejido comercial, el equilibrio de los flujos demográficos y las actividades en suelo urbano, el abastecimiento de bienes y servicios en condiciones competitivas a la ciudadanía y el logro de los objetivos de transición energética y lucha contra el cambio climático en cada municipio de la comunidad autónoma. Dicha Ley se aplica a las áreas municipales de impulso comercial en el territorio de la comunidad autónoma de las Illes Balears y exclusivamente en áreas comerciales delimitadas, de conformidad con sus previsiones. Entre las mismas, se incluye la disolución automática cuando se produzca la apertura de la liquidación concursal: *Artículo 40. Disolución ( ) 2. La disolución tendrá lugar automáticamente cuando se produzca la apertura de la fase de liquidación, una vez declarada en concurso la entidad.*

ASISTENCIA JURÍDICA GRATUITA

– La **Ley 9/2017, de 19 de octubre, por la que se regulan los servicios de asesoramiento y orientación jurídicos gratuitos de Aragón,** establece: «*Disposición final primera. Ampliación del contenido y alcance subjetivos de la asistencia jurídica gratuita en el ámbito de la Comunidad Autónoma de Aragón. Cuando, en el ámbito de la Comunidad Autónoma de Aragón y por requerimiento judicial u obligación legal, hayan de ser designados un abogado y, en su caso, un procurador de los Tribunales del turno de oficio, en cualquier orden jurisdiccional, que deban asumir la defensa y representación de la persona física o jurídica, siempre y cuando se acredite la insuficiencia de recursos económicos, exista declaración judicial de insolvencia o se encuentre en situación de concurso de acreedores, se asimilará su situación a la de los beneficiarios de asistencia jurídica gratuita, teniendo sus derechos idéntico alcance a lo establecido en la normativa estatal*».

– La **Ley 1/1996, de 10 de enero, de Asistencia Jurídica Gratuita,** establece en el artículo 2, la letra d): «*En el orden jurisdiccional social, además, los trabajadores y beneficiarios del sistema de Seguridad Social, tanto para la defensa en juicio como para el ejercicio de acciones para la efectividad de los derechos laborales en los procedimientos concursales. Asimismo, el derecho a la asistencia jurídica gratuita se reconoce a los trabajadores y beneficiarios de la Seguridad Social para los litigios que sobre esta materia se sustancien ante el orden contencioso-administrativo*». Y dispone en la letra g) (modificada por la **Ley Orgánica 5/2024, de 11 de noviembre, del Derecho de Defensa**): «*En el ámbito concursal, se reconoce el derecho a la asistencia jurídica gratuita, para todos los trámites del procedimiento especial, a los deudores personas físicas o jurídicas que tengan la consideración de microempresa en los términos establecidos en el texto refundido de la Ley Concursal, a los que resulte de aplicación el procedimiento especial previsto en su libro tercero, siempre que acrediten insuficiencia de recursos para litigar. Igualmente, en el ámbito concursal, los sindicatos estarán exentos de efectuar depósitos y consignaciones en todas sus actuaciones y gozarán del beneficio legal de justicia gratuita cuando ejerciten un interés colectivo en defensa de las personas trabajadoras y beneficiarias de la Seguridad Social*».

ASOCIACIONES

– La **Ley 7/2007, de 22 de junio, de Asociaciones de Euskadi** establece «*Artículo 33. Insolvencia de la asociación y responsabilidad de los liquidadores. 1. En caso de insolvencia de la asociación, el presidente o la presidenta o, en su caso, los liquidadores han de promover inmediatamente el oportuno procedimiento concursal ante el juez competente. 2. Los liquidadores responden por el ejercicio de sus funciones ante la asociación, ante las personas asociadas y ante terceros, en los términos previstos por la presente ley para los miembros del órgano de gobierno*».

AUDITORÍA DE CUENTAS

– La **Ley 22/2015, de 20 de julio, de Auditoría de Cuentas** adapta la legislación española a los cambios incorporados por la normativa europea. En particular, se pretende incrementar la transparencia en la actuación de los auditores clarificando la función que desempeña la auditoría y el alcance y las limitaciones que tiene. Pues bien, la autorización e inscripción en el Registro Oficial de Auditores de Cuentas requiere determinados requisitos, entre los que se encuentra haber obtenido la correspondiente autorización del Instituto de Contabilidad y Auditoría de Cuentas, autorización que se concederá a quienes reúnan determinadas condiciones, entre las que está haber superado un examen de aptitud profesional que debe cubrir, en la medida en que se requiera para el ejercicio de la actividad de auditoría de cuentas, materias tales como el derecho concursal: «*Artículo 9. Autorización e inscripción en el Registro Oficial de Auditores de Cuentas. 1. Para ser inscrito en el Registro Oficial de Auditores de Cuentas se requerirá: a) Ser mayor de edad. b) Tener la nacionalidad española o la de alguno de los Estados miembros de la Unión Europea, sin perjuicio de lo que disponga la normativa sobre el derecho de establecimiento. c) Carecer de antecedentes penales por delitos dolosos. d) Haber obtenido la correspondiente autorización del Instituto de Contabilidad y Auditoría de Cuentas. 2. La autorización a que se refiere la letra d) del apartado 1 anterior se concederá a quienes reúnan las siguientes condiciones (...): c) Haber superado un examen de aptitud profesional organizado y reconocido por el Estado. El examen de aptitud profesional, que estará encaminado a la comprobación rigurosa de la capacitación del candidato para el ejercicio de la auditoría de cuentas, deberá versar sobre las siguientes materias: marco normativo de información financiera; análisis financiero; contabilidad analítica de costes y contabilidad de gestión; gestión de riesgos y control interno; auditoría de cuentas y normas de acceso a ésta; normativa aplicable al control de la auditoría de cuentas y a los auditores de cuentas y sociedades de auditoría; normas internacionales de auditoría; así como normas de ética e independencia. Asimismo, el citado examen deberá cubrir, en la medida en que se requieran para el ejercicio de la actividad de auditoría de cuentas, las siguientes materias: derecho de sociedades, de otras entidades y gobernanza; derecho concursal, fiscal, civil y mercantil; derecho del trabajo y de la seguridad social; tecnología de la información y sistemas informáticos; economía general, economía* *de la empresa y economía financiera; matemáticas y estadística, y principios fundamentales de gestión financiera de las empresas (...)».* El **Real Decreto 2/2021, de 12 de enero, por el que se aprueba el Reglamento de desarrollo de la Ley 22/2015, de 20 de julio, de Auditoría de Cuentas,** establece: *«Disposición transitoria quinta. Administradores concursales. Hasta que entre en vigor el desarrollo reglamentario del artículo 27 de la Ley 22/2003, de 9 de julio, Concursal, el Instituto de Contabilidad y Auditoría de Cuentas remitirá al Decanato de los Juzgados las relaciones de las personas físicas, en situación de ejercientes, y jurídicas inscritas en el Registro Oficial de Auditores de Cuentas que hayan manifestado su disponibilidad para ser nombrados administradores concursales».*

AUTOPISTAS

– La **Ley 11/2020, de 30 de diciembre, de Presupuestos Generales del Estado para el año 2021,** en la disposición adicional centésima trigésima quinta —liquidación de situaciones pendientes sobre justiprecio y aprovechamientos urbanísticos en materia de autopistas— establece: *Uno. Esta disposición adicional se aplica a las concesiones comprendidas en el Acuerdo de Consejo de Ministros de 26 de abril de 2019, de interpretación de determinados contratos de concesión de autopistas, en cuanto al método para calcular la «Responsabilidad Patrimonial de la Administración»; publicado por Resolución de 7 de mayo de 2019, de la Delegación del Gobierno en las Sociedades Concesionarias de Autopistas Nacionales de Peaje. Dos. Con el fin de ajustar las previsiones de gasto público a los plazos para liquidar y abonar la responsabilidad patrimonial de dichas autopistas, se aplicará el régimen siguiente a los convenios entre las concesionarias y los expropiados en cuya virtud se suspendía el expediente expropiatorio a cambio de los aprovechamientos urbanísticos de los terrenos destinados a la autopista: a) En el plazo máximo de seis meses desde la entrada en vigor de esta ley, el expropiado deberá comunicar a la Delegación del Gobierno en las Sociedades Concesionarias de Autopistas Nacionales de Peaje si opta por reanudar el expediente expropiatorio o por mantener el convenio. La solicitud se resolverá por la Delegación del Gobierno en las Sociedades Concesionarias de Autopistas Nacionales de Peaje, que aprobará y publicará el modelo al que aquella deberá ajustarse. b) Si en dicho plazo no se recibe solicitud sobre la opción ejercitada, se entenderá que el expropiado se da por indemnizado definitivamente con los aprovechamientos urbanísticos que, en su caso y en virtud del convenio, le sean reconocidos. c) Si el expropiado solicita reanudar el expediente expropiatorio deberá acreditar documentalmente vigencia del convenio, la titularidad y ubicación de la finca, la situación de los aprovechamientos urbanísticos correspondientes a ella y, mediante certificación expedida por la Junta de Compensación o el Ayuntamiento correspondiente, que no han materializado ni cedido los aprovechamientos urbanísticos objeto del convenio, por lo que pueden hacerse efectivos por el Estado. Al estimar la solicitud, se iniciará de oficio el expediente expropiatorio, que se tramitará como urgente. d) Si el expropiado solicita mantener el convenio o si la solicitud no cumple los requisitos establecidos en el apartado anterior, se resolverá la solicitud dándole por indemnizado definitivamente con los aprovechamientos urbanísticos que, en su caso y en virtud del convenio, le sean reconocidos. e) Con el objetivo de dotar de mayor publicidad al procedimiento, y sin perjuicio de lo dispuesto en el apartado a), el plazo para la presentación de solicitudes se dará a conocer a los interesados mediante su publicación de al menos tres anuncios en el BOE, en los meses primero, segundo y tercero desde la entrada en vigor de esta ley, en los que se informará sobre la apertura del plazo y, cuando sea posible, sobre las zonas en donde se encuentren las fincas que pudieron ser objeto detales convenios. Se comunicará igualmente al administrador concursal de cada sociedad concesionaria, para que lo traslade a los acreedores por expropiaciones en la forma que estime oportuna. La Delegación del Gobierno en las Sociedades Concesionarias de Autopistas Nacionales de Peaje podrá completar esa publicidad por los medios que estime convenientes. Tres. Para dictar la resolución definitiva de determinación de la "Responsabilidad Patrimonial de la Administración" se aplicará lo siguiente en cuanto a la "liquidación de las situaciones pendientes": 1. En los expedientes expropiatorios en que no se haya abonado el justiprecio ya fijado por resolución firme del Jurado o que sigan pendientes de recurso contencioso-administrativo, la Administración podrá hacerse cargo de abonar a los expropiados las indemnizaciones derivadas de tales expedientes sin necesidad de esperar a que se dicte la correspondiente resolución judicial. Este abono solo se realizará por el importe que proceda y siempre que ambas partes lo pacten con los efectos del mutuo acuerdo. 2. Cuando no se hubiera podido efectuar el pago, el importe que se reconozca en la resolución definitiva se minorará con el justiprecio fijado en la resolución del Jurado o, a falta de esta, con el justiprecio reconocido en dichos expedientes por la Administración. En ambos casos se incluirá una estimación de los intereses de demora. Cuatro. Una vez firme en vía administrativa dicha resolución definitiva, no podrán reanudarse los expedientes expropiatorios que figuren en la "liquidación de las situaciones pendientes" si su tramitación llevara paralizada más de diez años.*

AVALES

– El **Real Decreto-ley 5/2023, de 28 de junio, por el que se adoptan y prorrogan determinadas medidas de respuesta a las consecuencias económicas y sociales de la Guerra de Ucrania, de apoyo a la reconstrucción de la isla de La Palma y a otras situaciones de vulnerabilidad; de transposición de Directivas de la Unión Europea en materia de modificaciones estructurales de sociedades mercantiles y conciliación de la vida familiar y la vida profesional de los progenitores y los cuidadores; y de ejecución y cumplimiento del Derecho de la Unión Europea,** en el título III —medidas de apoyo a la adquisición de vivienda habitual— aprueba una línea de avales para la cobertura parcial por cuenta del Estado de la financiación para la adquisición de la primera vivienda destinada a residencia habitual y permanente por jóvenes y familias con menores a cargo: *Artículo 191. Aprobación de una línea de avales para la cobertura parcial por cuenta del Estado de la financiación para la adquisición de la primera vivienda destinada a residencia habitual y permanente por jóvenes y familias con menores a cargo. 1. Con objeto de proporcionar cobertura financiera parcial por el Estado a la financiación para la adquisición de la primera vivienda destinada a residencia habitual y permanente por jóvenes y familias con menores a cargo, se autoriza al Ministerio de Transportes, Movilidad y Agenda Urbana para que, mediante Convenio con el Instituto de Crédito Oficial, por un plazo de hasta 15 años, otorgue una línea de avales con cobertura parcial del Estado por un importe máximo de hasta 2.500 millones de euros. 2. A la línea de avales referida en el presente artículo podrán acceder los jóvenes de hasta 35 años y familias con menores a cargo que formalicen operaciones de préstamo hipotecario con entidades financieras para la adquisición de su primera vivienda destinada a residencia habitual y permanente, de acuerdo con las condiciones aplicables, los criterios y requisitos que se definan a través de Acuerdo del Consejo de Ministros. 3. Los avales que se concedan en virtud de la nueva línea deberán ser objeto de publicación en la Base de Datos Nacional de Subvenciones (BDNS), en los términos previstos en Real Decreto 130/2019, de 8 marzo, que regula la Base de Datos Nacional de Subvenciones y la publicidad de las subvenciones y demás ayudas públicas. 4. En caso de ejecución, se seguirá para el conjunto del principal de la operación garantizada el mismo régimen jurídico de recuperación y cobranza que corresponda a la parte del principal del crédito no garantizada por el Ministerio de Transportes, Vivienda y Agenda Urbana, de acuerdo con la normativa y prácticas de las entidades financieras, y no serán de aplicación los procedimientos y las prerrogativas de cobranzas previstos en la Ley 47/2003, de 26 de noviembre, General Presupuestaria para los créditos públicos. Con independencia de la ejecución del aval, corresponderá a las entidades financieras la formulación de reclamaciones extrajudiciales, el ejercicio de acciones judiciales o la ejecución de garantías, por cuenta y en nombre del Ministerio de Transportes, Vivienda y Agenda Urbana para la recuperación de la totalidad de los importes impagados de las operaciones financieras objeto del aval. Los créditos derivados de los avales concedidos conforme a esta norma tendrán la consideración de crédito financiero, a los efectos previstos en la Ley Concursal. Sin perjuicio de lo anterior, en la medida en que sean compatibles con lo aquí previsto, le serán asimismo de aplicación las especialidades previstas en la Disposición Adicional 8.ª de la Ley 16/2022, de 5 de septiembre, de reforma del texto refundido de la Ley Concursal. Estos créditos tendrán el rango que, de conformidad con lo previsto en la normativa concursal, corresponda por sus características a los créditos financieros, debiendo ostentar en todo caso al menos el mismo rango en orden de prelación a los derechos correspondientes a la parte del principal no avalado.*

– **Resolución de 25 de noviembre de 2020, de la Secretaría de Estado de Economía y Apoyo a la Empresa, por la que se publica el Acuerdo del Consejo de Ministros de 24 de noviembre de 2020, por el que se establecen los términos y condiciones de los nuevos tramos de la línea de avales aprobada por Real Decreto-ley 25/2020, de 3 de julio, para financiación concedida a empresas en convenio y a aquellas que, sin estarlo, estaban en proceso de renovación de su programa de pagarés en el Mercado Alternativo de Renta Fija (MARF) a 23 de abril de 2021.** Como expone la Resolución, *este Acuerdo de Consejo de Ministros libera un tramo de avales por importe de 2.550 millones de euros para empresas que estén en fase de ejecución del convenio concursal dentro de un procedimiento concursal y necesiten financiación a través de los mercados de capitales o de canales bancarios tradicionales. La Comisión Europea excluye a las empresas que estaban en crisis a 31 de diciembre de 2019 de la posibilidad de acceder a Ayudas de Estado al amparo del Marco Temporal de la UE. El Reglamento (UE) número 651/2014 de la Comisión, de 17 de junio de 2014, por el que se declaran determinadas categorías de ayudas compatibles con el mercado interior en aplicación de los artículos 107 y 108 del Tratado establece los criterios para considerar a una empresa en crisis. Uno de esos supuestos es que «la empresa se encuentre inmersa en un procedimiento de quiebra o insolvencia o reúna los criterios establecidos en su Derecho nacional para ser sometida a un procedimiento de quiebra o insolvencia a petición de sus acreedores». Durante la etapa de fase de cumplimiento del convenio, las empresas ya han resuelto su situación financiera pero todavía no han ejecutado la integridad del convenio. Ello haría que fueran calificadas dentro de la categoría jurídica de la UE de empresas en crisis y que, por tanto, no hayan podido hasta la fecha acceder a los avales públicos liberados al amparo* *del Marco Temporal. Sin embargo, debido a la pandemia, muchas empresas que se encontraban en esta situación y que venían cumpliendo con las obligaciones derivadas del convenio correspondiente hayan visto incrementadas sus necesidades de financiación. La imposibilidad de acceso a la línea de avales bajo el régimen de ayudas de Marco Temporal, a pesar de haber saneado ya sus cuentas, aunque todavía no han concluido íntegramente el convenio, está condicionando la viabilidad de estas empresas en estas circunstancias excepcionales. Por ello, el gobierno de España ha solicitado a la Comisión Europea la autorización de la concesión de un tramo de avales específico para este tipo de empresas que pudiera permitir sobre la base del artículo 107.2.b) del Tratado de Funcionamiento de la Unión Europea que accedan a los avales públicos necesarios en estos momentos.*

– Resolución de 28 de febrero de 2006, de la Dirección General de la Agencia Estatal de Administración Tributaria, por la que se establecen las condiciones generales y el procedimiento para la validación mediante un código NRC de los avales otorgados por las entidades de crédito y por las sociedades de Garantía Recíproca y presentados por los interesados ante la Administración Tributaria.

BANCO DE ESPAÑA

– La Resolución de 11 de diciembre de 1998, de la Comisión Ejecutiva del Banco de España, por la que se aprueban las cláusulas generales aplicables a las operaciones de política monetaria del Banco de España, en el Anejo contempla, entre otros, los supuestos de incumplimiento (VI): *VI.1 Se considerará que la entidad de contrapartida ha incurrido en un supuesto de incumplimiento de estas Cláusulas Generales cuando concurra alguna de las siguientes circunstancias: (a) Adopción, en el marco del concurso de acreedores de la entidad de contrapartida, del auto de apertura de liquidación de esta. (b) Adopción, con arreglo a la legislación de otro Estado miembro de la Unión Europea, de una medida de naturaleza universal prevista en dicha legislación para decidir la liquidación de la entidad de contrapartida. (c) La entidad de contrapartida queda sujeta a la congelación de fondos o a otras medidas impuestas por la Unión Europea, de conformidad con el artículo 75 del Tratado, que restrinjan su capacidad para hacer uso de sus fondos. Los supuestos de incumplimiento recogidos en este apartado VI.1 producirán los efectos que se establecen en el apartado VII siguiente de forma automática, sin necesidad de notificación previa. VI.2 El Banco de España podrá, previa comunicación por escrito a la entidad de contrapartida, declararla incursa en un supuesto de incumplimiento de las obligaciones derivadas de estas Cláusulas Generales, entre otras, por las siguientes causas: (a) La adopción respecto de la entidad de contrapartida de una medida de saneamiento o cualquier otra medida análoga que tenga como finalidad salvaguardar o restablecer la situación financiera de la entidad de contrapartida y evitar la adopción de una de las medidas previstas en el apartado VI.1(a) anterior, incluyendo la admisión a trámite de la solicitud de concurso de acreedores de la entidad de contrapartida o la declaración de concurso de acreedores de esta. (b) La adopción, con arreglo a la legislación de otro Estado miembro de la Unión Europea, de una medida prevista en dicha legislación para decidir el saneamiento de la entidad de contrapartida. (c) La designación de interventores o administradores provisionales de la entidad de contrapartida adoptada en aplicación de los artículos 70 y siguientes de la Ley 10/2014, de 26 de junio, de ordenación, supervisión y solvencia de entidades de crédito. (d) Una declaración por escrito de la entidad de contrapartida donde se reconozca, bien su incapacidad para pagar todas o parte de sus deudas o para cumplir con sus obligaciones derivadas de operaciones de política monetaria, bien la existencia de un acuerdo voluntario general o convenio con sus acreedores, o bien que la entidad de contrapartida es, o es considerada, insolvente o incapaz de pagar sus deudas. (e) La adopción de un acto procedimental preliminar a una de las decisiones contempladas en los apartados VI.1, VI.2.(a), VI.2.(b) y VI.2.(c). (f) La incorrección o falsedad de los poderes de representación otorgados por la entidad de contrapartida, o de sus declaraciones precontractuales, contractuales o las que han de ser realizadas por esta con arreglo a las disposiciones legales aplicables. (g) La revocación o suspensión de la autorización que tenía la entidad de contrapartida para realizar su actividad con arreglo a: a) la normativa nacional de transposición de la Directiva 2013/36/UE del Parlamento Europeo y del Consejo, de 26 de junio de 2013, relativa al acceso a la actividad de las entidades de crédito y a la supervisión prudencial de las entidades de crédito y de las empresas de inversión; b) el Reglamento (UE) n.º 575/2013 del Parlamento Europeo y del Consejo, de 26 de junio de 2013, sobre los requisitos prudenciales de las entidades de crédito y las empresas de inversión, y (c) la normativa nacional de transposición de la Directiva 2004/39/CE del Parlamento Europeo y del Consejo, de 21 de abril de 2004, relativa a los mercados de instrumentos financieros. (h) La suspensión en la condición de miembro o la expulsión de la entidad de contrapartida de cualquier sistema de pagos o de liquidación de valores por medio del cual se realicen pagos de operaciones de política monetaria, o de cualquier sistema de compensación y liquidación de valores del Eurosistema a través del cual se liquiden operaciones de política monetaria. (i) La adopción respecto de la entidad de contrapartida de una medida al amparo de la legislación de transposición de los artículos 41(1), 43(1) y 44 de la Directiva 2013/36/UE. (j) El incumplimiento o cumplimiento defectuoso por parte de la entidad de contrapartida de* *las reglas relativas a las medidas de control de riesgos a las que se refiere la cláusula general V.2.1 anterior. (k) El hecho de que la entidad de contrapartida o cualquiera de sus sucursales incurra en un supuesto de incumplimiento en algún acuerdo, contrato o transacción concluido entre dicha entidad de contrapartida o sus sucursales y un miembro del Eurosistema para la realización de operaciones de política monetaria, siempre que el otro miembro del Eurosistema haya ejercitado su derecho a resolver anticipadamente cualquier operación dentro del marco de ese acuerdo por motivo del incumplimiento. (l) La falta de remisión por parte de la entidad de contrapartida de la información solicitada a esta por el Banco de España en relación con las operaciones de política monetaria, así como de información de relevancia que cause graves consecuencias al Banco de España. (m) La concurrencia de un supuesto de incumplimiento similar a los establecidos en las presentes Cláusulas Generales, en el marco de un acuerdo para la gestión de reservas exteriores o fondos propios, concluido por la entidad de contrapartida con cualquier miembro del Eurosistema. (n) El incumplimiento por parte de la entidad de contrapartida frente al Banco de España de cualquier obligación de pago o de aportación o entrega de activos de garantía al amparo de la documentación contractual que concluyan el Banco de España y las entidades de contrapartida en operaciones de política monetaria, así como el incumplimiento o el cumplimiento defectuoso por parte de la entidad de contrapartida de las reglas del Eurosistema relativas al uso de los activos de garantía. (o) Cuando la entidad de contrapartida experimente una alteración en su situación patrimonial, económica o financiera que pudiera afectar a su capacidad para cumplir con las obligaciones derivadas de las presentes Cláusulas Generales, a juicio del Banco, y en particular en los supuestos de segregación empresarial, escisión, fusión o absorción, asignación de todos o parte de sus activos a otra entidad, disolución legal, expropiación administrativa, congelación de fondos, embargo, incautación, retención, confiscación de todos o una parte de sus bienes o sujeción de estos a cualquier otro procedimiento dirigido a proteger el interés público o los derechos de sus acreedores, y baja en el registro oficial en el que esté inscrita dicha entidad de contrapartida, que queda obligada a notificar al Banco de España, de forma inmediata, cualquiera de estas situaciones si llegaran a producirse. (p) Cuando la entidad de contrapartida quede sujeta a la congelación de fondos o a otras medidas impuestas por un Estado miembro que restrinjan su capacidad para hacer uso de sus fondos. (q) La ocurrencia de cualquier otro supuesto que pueda poner en riesgo el cumplimiento por parte de la entidad de contrapartida de las obligaciones derivadas de las presentes Cláusulas Generales o de cualquier otra relación jurídica establecida entre dicha entidad de contrapartida y un banco central del Eurosistema. (r) Por el incumplimiento o cumplimiento defectuoso de cualquier otra obligación que se derive de las presentes Cláusulas Generales, siempre que, siendo posible su subsanación, la entidad de contrapartida no procediera a ella en el plazo máximo de 30 días en el caso de operaciones garantizadas y de 10 días en el caso de operaciones de swap de divisas, en ambas situaciones desde que hubiera sido requerida por el Banco de España para la realización de dicha subsanación. Los supuestos de incumplimiento recogidos en este apartado VI.2 producirán los efectos que se establecen en el apartado VII siguiente a partir de la fecha de recepción por parte de la entidad de contrapartida de la notificación del Banco de España que la declare incursa en él o de la finalización del período de gracia de hasta tres días hábiles que, en su caso, hubiese concedido el Banco de España a la entidad de contrapartida para subsanar el incumplimiento del que se trate.*

*– La **Ley 13/1994, de 1 de junio, de autonomía del Banco de España** establece en la disposición adicional sexta: «1. A efectos de lo previsto en la presente disposición se entenderá por garantía cualquier prenda, operación simultánea, compraventa con pacto de recompra, afección, derecho de retención, depósito, cesión o cualquier otro negocio jurídico con finalidad de garantía, que recaiga sobre cualquier activo realizable o susceptible de apropiación, incluido el dinero en efectivo, y que tenga por finalidad asegurar los derechos y obligaciones derivados de cualquier operación presente o futura, concluida con el Banco de España, el Banco Central Europeo u otro banco central nacional de la Unión Europea. 2. A estas garantías les será de aplicación el siguiente régimen jurídico: a) Su constitución no requerirá, para su plena validez, eficacia frente al garante o frente a terceros, ejecutabilidad, incluso a los efectos de los artículos 517 y 571 y siguientes de la Ley de enjuiciamiento civil, o admisibilidad como prueba, la intervención de notario ni el cumplimiento de ningún otro requisito formal distinto de, por un lado, la constancia por escrito o de forma jurídicamente equivalente del acuerdo de garantía o, en su caso, la manifestación unilateral del garante, y, por otro lado, de la aportación del activo objeto de la garantía y la constancia por escrito o de forma jurídicamente equivalente de dicha aportación. A los efectos de esta disposición adicional, el registro o anotación por medios electrónicos y en cualquier soporte duradero tendrá la consideración de forma jurídicamente equivalente a la constancia por escrito. La formalización de la correspondiente obligación principal tampoco requerirá para su plena validez, eficacia frente al garante o frente a terceros, ejecutabilidad, incluso a los efectos de los artículos 517 y 571 y siguientes de la Ley de enjuiciamiento civil, o admisibilidad como prueba, la intervención de notario ni el cumplimiento de ningún otro requisito formal. b) Para operaciones en las que el beneficiario último de la garantía sea el Banco de España, el Banco Central Europeo u otro banco central nacional de la Unión Europea, ya sea directamente o mediante la intermediación de un tercero, cuando los activos objeto de la garan-*

tía sean valores o instrumentos financieros representados mediante anotaciones en cuenta, su aportación y la constancia por escrito o de forma jurídicamente equivalente de dicha aportación podrá instrumentarse mediante alguno de los procedimientos siguientes: 1.º Bien mediante transferencia contable, con desplazamiento de la propiedad, de los valores o instrumentos financieros a una cuenta del beneficiario o de un tercero actuando directa o indirectamente en nombre o por cuenta del beneficiario, siguiendo el artículo 9 de la Ley 24/1988, de 28 de julio, del Mercado de Valores, perdiendo el garante la propiedad del valor o instrumento financiero a favor del beneficiario o tercero. 2.º Bien mediante la anotación de la garantía en la cuenta correspondiente siguiendo el artículo 10 de la Ley 24/1988, de 28 de julio, del Mercado de Valores, conservando el garante la propiedad del valor o instrumento financiero. 3.º Bien mediante transferencia contable o anotación de los valores o instrumentos financieros, sin desplazamiento de la propiedad, en una cuenta a nombre del beneficiario o de un tercero actuando directa o indirectamente en nombre o por cuenta del beneficiario. Dicha cuenta tendrá como único objetivo recibir las anotaciones de las pignoraciones realizadas sobre valores e instrumentos representados mediante anotaciones en cuenta manteniendo el garante la propiedad de los mismos. En el supuesto de que el objeto de la garantía sea una cuenta de valores o instrumentos financieros, su aportación y la constancia por escrito o de forma jurídicamente equivalente de dicha aportación se instrumentará mediante la anotación de la garantía en la correspondiente cuenta, siendo de aplicación a dicha prenda mutatis mutandi lo previsto en el último párrafo del apartado e) siguiente. c) En el supuesto de que los activos objeto de la garantía sean valores representados mediante títulos físicos, su aportación y la constancia por escrito o de forma jurídicamente equivalente de dicha aportación podrá instrumentarse mediante su entrega al beneficiario de la garantía o a un tercero establecido por común acuerdo entre las partes. d) Para su ejecución bastará con la certificación expedida por el Banco de España, el Banco Central Europeo o el banco central nacional de la Unión Europea que corresponda, acreditativa de la cuantía de los importes vencidos, líquidos y exigibles que se ejecutan, junto con la orden de enajenación, apropiación o traspaso libre de pago de los activos constitutivos de la garantía, según corresponda de conformidad con lo previsto en este apartado. En esta certificación deberá hacerse constar que la liquidación se ha practicado de conformidad con el acuerdo, pacto y/o norma de que deriva la obligación de que se trate. A elección del beneficiario, y con sujeción a los términos del acuerdo de garantía, la ejecución podrá llevarse a cabo mediante cualquiera de los procedimientos reconocidos por el ordenamiento jurídico vigente. Cuando el objeto de la garantía esté constituido por activos negociados en un mercado organizado, su enajenación se hará a través del organismo rector correspondiente. Sin perjuicio de cualesquiera otros procedimientos de enajenación reconocidos por el ordenamiento jurídico vigente, en los demás casos la enajenación podrá llevarse a cabo también mediante subasta organizada por el Banco de España. Asimismo, en aquellos supuestos en los que la constitución de la garantía no se hubiera instrumentado ya mediante la transmisión de la propiedad de los correspondientes activos, la ejecución podrá también realizarse mediante la apropiación por el Banco de España, el Banco Central Europeo o el banco central nacional de la Unión Europea que corresponda de los activos sobre los que se constituyó la garantía y compensación de su valor o aplicación de su valor al cumplimiento de las obligaciones garantizadas, siempre y cuando: (i) así se hubiera pactado entre la entidad que aporta los activos de garantía y el Banco de España, el Banco Central Europeo o el banco central nacional de la Unión Europea que corresponda y (ii) se hubiera previsto entre las partes las modalidades de valoración de los activos de garantía. En todo caso, el sobrante que resulte una vez satisfecha la deuda correspondiente se reintegrará a la entidad que haya aportado los activos de garantía. e) Cuando el objeto de la garantía consista en prenda sobre depósitos dinerarios, el beneficiario o, en su caso, la entidad depositaria del efectivo deberá anotar en la correspondiente cuenta la constitución de la prenda sobre la cuenta o, en su caso, sobre el importe pignorado, una vez que tenga constancia del consentimiento del titular de dicha cuenta. Su constitución no requerirá, para su plena validez, eficacia frente al garante o frente a terceros, ejecutabilidad o admisibilidad como prueba, la intervención de notario ni el cumplimiento de ningún otro requisito formal distinto de la anotación a la que se refiere el párrafo anterior, que equivaldrá a la aportación del activo objeto de la garantía y la constancia por escrito o de forma jurídicamente equivalente de dicha aportación. Dicha prenda se ejecutará por compensación, quedando a disposición del titular de la cuenta los fondos sobrantes, si los hubiera, una vez satisfecha la deuda. A partir de la anotación prevista en el primer párrafo de este apartado, las cantidades ingresadas en la cuenta cuyo saldo permanece pignorado o, en su caso, únicamente el importe pignorado quedarán por el mero hecho de su ingreso afectos de manera irrevocable y sin limitación alguna al cumplimiento íntegro de las obligaciones garantizadas. Igualmente, y salvo que las partes hayan acordado lo contrario, a partir del momento de la anotación de la prenda, el titular de la cuenta no podrá retirar fondos depositados en la misma o, en su caso, el importe pignorado sin el consentimiento previo del beneficiario de la garantía. f) Los activos en que se materialicen las garantías podrán aplicarse a la liquidación de las obligaciones garantizadas incluso en caso de apertura de un procedimiento concursal o de liquidación administrativa. Dichas garantías podrán ejecutarse de forma separada, inmediatamente, de acuerdo con lo pactado entre las partes y con lo previsto en esta disposición adicional. Las garantías no se verán limitadas, restringidas o afectadas en cualquier forma por el concurso o la *liquidación administrativa de la otra parte. En particular, la constitución, aceptación o ejecución de las garantías a las que se refiere esta disposición adicional, el saldo de las cuentas o registros en que se materialicen y la formalización de las obligaciones garantizadas no serán impugnables en el caso de acciones de reintegración vinculadas a un procedimiento concursal o de liquidación administrativa. g) La fecha de constitución de la garantía, así como el saldo y fecha que figuren en la certificación emitida por el Banco de España, el Banco Central Europeo o los demás bancos centrales nacionales de la Unión Europea a que se refiere el párrafo b), harán prueba frente a la propia entidad y a terceros. Las garantías constituidas de acuerdo con las normas de esta disposición adicional no serán susceptibles de embargo, traba, gravamen ni de ninguna otra restricción o retención de cualquier naturaleza tanto legal como convencional, desde el momento de su constitución. 3. Las partes podrán pactar que, en el caso de variaciones en el valor de los activos objeto de la garantía o en la cuantía de las obligaciones garantizadas, habrán de aportarse nuevos activos, incluido el efectivo, o, en su caso, y cuando así se pacte, devolverse para restablecer el equilibrio entre el valor de las obligaciones garantizadas y el valor de las garantías constituidas para asegurarlas. En tal caso, dichos activos tendrán la consideración de parte integrante de la garantía inicial y serán tratados como si hubieran sido aportados de manera simultánea a la aportación del objeto inicial de la garantía financiera, siéndoles de aplicación todo lo dispuesto en la presente disposición. 4. La constitución de garantías sobre préstamos o créditos no hipotecarios a favor del Banco de España, del Banco Central Europeo o de otros bancos centrales nacionales de la Unión Europea, para asegurar el cumplimiento de las obligaciones presentes o futuras contraídas frente a ellos por operaciones concluidas en el ejercicio de sus funciones se regirá, además de por lo dispuesto en el apartado uno, en los párrafos a), d), f) y g) del apartado dos y en los apartados siguientes de la presente disposición, por las siguientes normas: a) Los préstamos y créditos serán susceptibles de pignoración o cesión cualesquiera que sean los requisitos formales o materiales que las partes hubiesen pactado al respecto de su cesión o gravamen. El suministro de información o documentación relativa a los préstamos o créditos o los derechos de crédito derivados de ellos, incluyendo la relacionada con los correspondientes deudores y, en su caso, garantes, al Banco de España, el Banco Central Europeo o los bancos centrales nacionales de la Unión Europea, así como, en su caso, a aquellos terceros a los que estos pudieran ceder sus derechos en caso de transmisión de los derechos de crédito o de ejecución de las garantías sobre ellos, no supondrá el incumplimiento de la normativa sobre secreto bancario o protección de datos personales. La pignoración o cesión se referirá únicamente, salvo pacto en contrario, a los derechos de crédito dimanantes del correspondiente contrato. En ningún caso el cesionario o beneficiario de la garantía asumirá la obligación de poner fondos a disposición de los acreditados. La pignoración o cesión realizadas de conformidad con lo dispuesto en este apartado en ningún caso supondrá incumplimiento de los préstamos o créditos correspondientes y no requerirá el consentimiento del deudor o garante de los créditos pignorados o cedidos. b) La aportación y la constancia por escrito o de forma jurídicamente equivalente de la aportación de los derechos de crédito podrá instrumentarse mediante la entrega al beneficiario de los modelos aprobados a tal efecto por éste o mediante la comunicación por escrito o de forma jurídicamente equivalente al beneficiario de los datos de los derechos de crédito en la forma establecida a tal efecto por éste, sin que sea necesario el cumplimiento de ningún otro requisito formal para la plena validez de la pignoración o cesión, o su eficacia frente al deudor y, en su caso, el garante, o frente a cualesquiera terceros, ni para su ejecutabilidad o admisibilidad como prueba. c) Los frutos de los préstamos o créditos cedidos o pignorados corresponderán, salvo pacto en contrario, a la entidad de crédito que aporta la garantía. d) En caso de incumplimiento de las obligaciones garantizadas, el beneficiario de la garantía adquirirá la plena titularidad de los correspondientes derechos de crédito. No obstante, y sin perjuicio de cualesquiera otros procedimientos de ejecución reconocidos en el ordenamiento jurídico vigente, podrá también ejecutarse la garantía mediante subasta organizada por el Banco de España. e) El deudor o, en su caso, garante de un derecho de crédito que haya sido cedido o pignorado a favor del Banco de España, el Banco Central Europeo o los bancos centrales nacionales de la Unión Europea no podrá oponer frente a éstos, ni frente a aquellos terceros a los que se pudiera transmitir posteriormente el correspondiente derecho de crédito, ninguna de las excepciones que le hubieran correspondido frente a la entidad de crédito cedente o pignorante, ni siquiera la compensación. 5. En los contratos que concluya en el ejercicio de sus funciones, el Banco de España podrá pactar su resolución o extinción incluso en los casos de situaciones concursales o de liquidación administrativa. Asimismo, en tales supuestos de concurso o de liquidación administrativa, las operaciones garantizadas con arreglo a lo dispuesto en esta disposición adicional tendrán la consideración de créditos de derecho público a los efectos de la aplicación del artículo 91.4 de la Ley 22/2003, de 9 de julio, Concursal, en la parte que no pueda ser satisfecha con cargo a las garantías constituidas. 6. En lo no previsto expresamente en la presente disposición adicional, será de aplicación supletoriamente el régimen que, respecto de las garantías financieras, establece el capítulo II del Real Decreto-ley 5/2005, de 11 de marzo, de reformas urgentes para el impulso a la productividad y para la mejora de la contratación pública. 7. Reglamentariamente podrá desarrollarse lo establecido en la presente disposición».*

BASES Y TIPOS DE COTIZACIÓN

– La **Orden PJC/178/2025, de 25 de febrero, por la que se desarrollan las normas legales de cotización a la Seguridad Social, desempleo, protección por cese de actividad, Fondo de Garantía Salarial Y Formación Profesional para el ejercicio 2025,** establece las bases de cotización en los supuestos de reducción de jornada o suspensión de contrato (art. 9) y la cotización por contingencias profesionales en los supuestos de suspensión de la relación laboral (disposición adicional primera): «*Artículo 9. Bases de cotización en los supuestos de reducción de jornada o suspensión de contrato. 1. En los supuestos de reducción temporal de jornada o de suspensión temporal de la relación laboral, ya sea por decisión del empresario al amparo de lo establecido en los artículos 47 o 47 bis del texto refundido de la Ley del Estatuto de los Trabajadores, aprobado por el Real Decreto Legislativo 2/2015, de 23 de octubre, o en virtud de resolución judicial adoptada en el seno de un procedimiento concursal, se aplicarán las siguientes bases de cotización: a) En caso de causarse derecho a la prestación por desempleo, la base de cotización a la Seguridad Social para la determinación de la aportación de las personas trabajadoras por las que exista obligación legal de cotizar será el equivalente al promedio de las bases de los últimos seis meses de ocupación cotizada, por contingencias comunes y por contingencias de accidentes de trabajo y enfermedades profesionales, anteriores a dichas situaciones. En caso de causarse derecho a la prestación del Mecanismo RED de Flexibilidad y Estabilización del Empleo, la base de cotización a la Seguridad Social para la determinación de la aportación de las personas trabajadoras por las que exista obligación legal de cotizar será el promedio de las bases de cotización en la empresa en la que se aplique el mecanismo de contingencias de accidentes de trabajo y enfermedades profesionales, correspondientes a los 180 días inmediatamente anteriores a la fecha de inicio de aplicación de la medida de la persona trabajadora. En caso de no acreditar 180 días de ocupación cotizada en dicha empresa, la base de cotización se calculará en función de las bases correspondientes al período inferior acreditado en la misma. b) La base de cotización a la Seguridad Social para determinar la aportación empresarial por contingencias comunes y por contingencias profesionales estará constituida por el promedio de las bases de cotización en la empresa afectada correspondientes a dichas contingencias de los seis meses naturales inmediatamente anteriores al mes anterior al del inicio de cada situación de reducción de jornada o suspensión del contrato. Para el cálculo de dicho promedio, se tendrá en cuenta el número de días en situación de alta, en la empresa de que se trate, durante el período de los seis meses indicados. La base de cotización calculada conforme a lo indicado anteriormente se reducirá, en los supuestos de reducción temporal de jornada, en función de la jornada de trabajo no realizada. No obstante, en los supuestos en que la persona trabajadora haya causado alta en la empresa en el mes anterior al inicio de cada situación, o en el mismo mes del inicio de la situación, para el cálculo de dicho promedio se tomarán las bases de cotización en la empresa afectada correspondiente al mes inmediatamente anterior al del inicio de la situación, o al mes del inicio de situación, respectivamente. 2. A los efectos establecidos en el párrafo b) del apartado anterior, se considerará como inicio de cada situación de reducción de jornada o suspensión del contrato el inicio de cada uno de los períodos continuados en los que las personas trabajadoras se mantengan afectadas por estos supuestos de reducción de jornada o suspensión del contrato, con independencia de que, de forma inmediatamente sucesiva, dichas personas trabajadoras pasen de una situación de suspensión a una de reducción de jornada, o viceversa, o se vea modificado el porcentaje de jornada de trabajo suspendida, incluso en aquellos supuestos en que las situaciones de reducción de jornada o suspensión del contrato sean consecuencia de la inclusión de la persona trabajadora en distintos expedientes de regulación de empleo. Para el cálculo del promedio al que se refiere el párrafo b) del apartado anterior, se tomarán en cuenta todas las bases de cotización por las que la persona trabajadora haya cotizado por contingencias comunes y por contingencias profesionales en la empresa de que se trate y en el período de seis meses indicado, incluyendo las bases de cotización de los períodos en los que las personas trabajadoras hayan permanecido en situaciones por las que se haya cotizado sin que haya existido prestación de servicios y abono de remuneraciones; las de previas situaciones de suspensión o reducción de jornada; aquellas por las que se haya cotizado durante la situación asimilada a la de alta de vacaciones retribuidas y no disfrutadas a la finalización del contrato de trabajo y, en general, cualquier base de cotización que sea computable para el cálculo de cualquiera de las prestaciones económicas del sistema de la Seguridad Social»; «Disposición adicional primera. Cotización por contingencias profesionales en los supuestos de suspensión de la relación laboral. La cotización por accidentes de trabajo y enfermedades profesionales por aquellas personas trabajadoras que tengan suspendida la relación laboral por causas económicas, técnicas, organizativas o de producción o derivadas de fuerza mayor o por aplicación del Mecanismo RED a que se refieren los artículos 47 y 47 bis del texto refundido de la Ley del Estatuto de los Trabajadores o en virtud de resolución judicial adoptada en el seno de un procedimiento concursal, que se encuentren en situación de desempleo total, se efectuará aplicando los tipos establecidos para la respectiva actividad económica, de conformidad con la tarifa de primas establecida en la disposición adicional cuarta de la Ley 42/2006, de 28 de diciembre*».

BLANQUEO DE CAPITALES

– El **Real Decreto 304/2014, de 5 de mayo, por el que se aprueba el Reglamento de la Ley 10/2010, de 28 de abril, de prevención del blanqueo de capitales y de la financiación del terrorismo** establece: «*Artículo 16. Productos u operaciones susceptibles de aplicación de medidas simplificadas de diligencia debida. Los sujetos obligados podrán aplicar, en función del riesgo, medidas simplificadas de diligencia debida respecto de los siguientes productos u operaciones: (...) c) Los seguros colectivos que instrumenten compromisos por pensiones a que se refiere la disposición adicional primera del texto refundido de la Ley de Regulación de los Planes y Fondos de Pensiones, aprobado por Real Decreto Legislativo 1/2002, de 29 de noviembre, cuando cumplan los siguientes requisitos: 1.º Que instrumenten compromisos por pensiones que tengan su origen en un convenio colectivo o en un expediente de regulación de empleo, entendido como la extinción de las relaciones laborales en virtud de un despido colectivo del artículo 51 del texto refundido de la Ley del Estatuto de los Trabajadores, aprobado por Real Decreto Legislativo 1/1995, de 24 de marzo, o de resolución judicial adoptada en el seno de un procedimiento concursal (...)».*

BONOS GARANTIZADOS

– El **Real Decreto-ley 24/2021, de 2 de noviembre, de transposición de directivas de la Unión Europea en las materias de bonos garantizados, distribución transfronteriza de organismos de inversión colectiva, datos abiertos y reutilización de la información del sector público, ejercicio de derechos de autor y derechos afines aplicables a determinadas transmisiones en línea y a las retransmisiones de programas de radio y televisión, exenciones temporales a determinadas importaciones y suministros, de personas consumidoras y para la promoción de vehículos de transporte por carretera limpios y energéticamente eficientes,** recoge diversos preceptos relacionados con el ámbito concursal. En primer lugar, *Artículo 2. Definiciones. 1. A los efectos de este real decreto-ley se entiende por: (...) 8) «terminación anticipada automática»: una situación en la que un bono garantizado se convierte de forma automática inmediatamente en un instrumento vencido y exigible en caso de concurso o resolución del emisor y en la que los inversores en el bono garantizado tienen un derecho de crédito exigible cuyo reembolso ha de efectuarse antes de la fecha de vencimiento original; (...) 18) «administrador especial»: la persona natural o jurídica designada para administrar un programa de bonos garantizados en caso de concurso o resolución de una entidad de crédito que emita bonos garantizados en el marco de dicho programa; (...); En segundo lugar, Artículo 6. Garantías de la emisión. 1. Los bonos garantizados incorporan el derecho de crédito de su tenedor frente a la entidad emisora en la forma prevista en este artículo y llevarán aparejada ejecución en los términos previstos en la Ley 1/2000, de 7 de enero, de Enjuiciamiento Civil, para reclamar del emisor el pago después de su vencimiento. El derecho de crédito se extenderá a la totalidad de las obligaciones de pago asociadas a los bonos garantizados. 2. Sin perjuicio del derecho de crédito contra la entidad emisora derivado de su responsabilidad patrimonial universal, la totalidad del capital y de los intereses, tanto los devengados como los futuros, de los bonos emitidos estarán especialmente garantizados, sin necesidad de afectación de los activos en garantía mediante escritura pública, ni de inscripción alguna en cualquier registro público ni ninguna otra formalidad por un derecho preferente sobre la totalidad de los activos que integran el correspondiente conjunto de cobertura, incluyendo sus rendimientos presentes y futuros, así como cualquier garantía recibida en conexión con posiciones en contratos de derivados y cualquier derecho de crédito derivado del seguro contra daños previsto en el artículo 23.6, identificados e individualizados en el registro especial previsto en el artículo 9. Los tenedores de los referidos títulos tendrán el carácter de acreedores con preferencia especial que señalan el número 8.º del artículo 1.922 y el numero 6.º del artículo 1923 del Código Civil. Asimismo, en caso de concurso del emisor, dichos tenedores gozarán del privilegio especial establecido en el número 7 del artículo 270 del texto refundido de la Ley Concursal, aprobado por Real Decreto Legislativo 1/2020, de 5 de mayo. 3. Lo previsto en este artículo será de aplicación tanto a los tenedores de bonos garantizados como a las contrapartes de contratos de derivados que cumplan lo dispuesto en el artículo 12, teniendo ambos el mismo nivel como acreedores con privilegio especial. En tercer lugar, Artículo 9. Registro especial del conjunto de cobertura. 1. Los activos integrados en cada conjunto de cobertura serán objeto de segregación. Para ello, las entidades emisoras deberán contar con un registro especial actualizado donde se registrarán todos y cada uno de los préstamos y, en su caso, la parte dispuesta de los créditos, los activos de sustitución los activos para la cobertura del requisito de liquidez y los instrumentos derivados que integran cada uno de sus conjuntos de cobertura, así como cualquier garantía recibida en conexión con posiciones en instrumentos derivados y cualquier derecho de crédito derivado del seguro contra daños previsto en el artículo 23.6. Las entidades emisoras deberán diseñar ese registro especial de tal forma que permita la identificación individualizada de cada activo y verificar que cada uno de ellos cumple con las condiciones de elegibilidad previstas en este real decreto-ley. La incorporación de dichos activos en el registro especial mencionado en el párrafo anterior no supondrá ningún cambio en la gestión de los mismos por parte de la entidad emisora, que deberá continuar su gestión de acuerdo con las políticas* *generales establecidas por ella en idénticas condiciones que para los activos no incluidos en un conjunto de cobertura. 2. A efectos de lo previsto en los artículos 1922 y 1923 del Código civil y en el número 7.º del artículo 270 del texto refundido de la Ley Concursal, aprobado por Real Decreto Legislativo 1/2020, de 5 de mayo, la inscripción de un activo en el registro especial permitirá: a) identificar todos y cada uno de los activos integrados en el conjunto de cobertura en todo momento por parte de la entidad emisora de los bonos garantizados; y b) adscribir todos y cada uno de los activos inscritos a las garantías señaladas en el artículo 6 exclusivamente a favor de los tenedores de los bonos garantizados y contrapartes de derivados. Salvo prueba en contrario, se presumirá que todos los activos, y exclusivamente esos, incluidos en el registro especial constituyen la garantía de los bonos garantizados emitidos, sin necesidad de formalidad alguna, bastando la certificación del órgano de control del conjunto de cobertura del contenido del mismo para acreditar en cualquier momento la composición del conjunto de cobertura y, en particular, los activos sobre los que se aplicará lo previsto en el título VII. 3. El registro especial del conjunto de cobertura incluirá al menos la siguiente información de cada uno de los activos y garantías que lo forman: a) naturaleza del activo, conforme al título IV; b) tipo de activo de que se trata, conforme al artículo 10.4; c) tipo de garantía recibida en relación a los instrumentos financieros derivados, especificando al que se vincula; d) la identificación del seguro de daños y el alcance de la cobertura; e) fecha y valor con el que se integra el activo o la garantía recibida en el conjunto de cobertura y, en su caso, valoración actualizada; f) fecha en que fue concedido el préstamo, y datos necesarios para la identificación del mismo; g) estado de cumplimiento del préstamo; h) un identificador que permita conocer la situación registral del inmueble que sirve de garantía a cada uno de los préstamos, cuando se trate de un préstamo hipotecario, tasación original y, en su caso, valoración actualizada del inmueble, y, en general, los datos necesarios para la identificación de las garantías de los préstamos; i) un identificador que permita conocer el tipo de derivado de forma específica e individual. Si el derivado cotizare en algún mercado regulado o fuera objeto de compensación o liquidación con una entidad de contrapartida central o con una o cámara de compensación oficial, se incluirán tanto su número de referencia como su valor de negociación en cada momento. Si no cotizare en un mercado regulado ni fuera objeto de compensación o liquidación con una entidad de contrapartida central o con una cámara de compensación, se incluirá la información remitida a la Autoridad Europea de Valores y Mercados sobre dicho instrumento que permita la identificación del contrato y de su contenido preciso. j) un identificador que permita individualizar el contrato específico de préstamo a una empresa pública o garantizado por ésta, incluyendo la identificación del prestatario; k) cualquier otro dato necesario para la adecuada identificación del préstamo o crédito. En cuarto lugar, Artículo 12. Inclusión de instrumentos financieros derivados en los conjuntos de cobertura. 1. A fin de mitigar riesgos y, en particular, el riesgo de tipo de interés, el conjunto de cobertura podrá incluir instrumentos financieros derivados, siempre que se verifique que: a) los instrumentos financieros derivados se incluyan en el conjunto de cobertura exclusivamente con fines de cobertura de riesgos, su volumen se ajuste en caso de reducción del riesgo cubierto y se excluyan cuando el riesgo cubierto deje de existir; b) los instrumentos financieros derivados estén suficientemente documentados; c) los instrumentos financieros derivados se segreguen de conformidad con el artículo 9; d) los instrumentos financieros derivados no puedan rescindirse, resolverse o terminarse anticipadamente en caso de concurso o resolución de la entidad de crédito que emitió los bonos garantizados; e) los instrumentos financieros derivados cumplan las normas establecidas en los apartados 2 y 3. 2. Las contrapartes en los instrumentos financieros derivados deberán ser entidades de crédito que cumplan con lo previsto en el artículo 129.1.c) del Reglamento (UE) n.º 575/2013, de 26 de junio de 2013 y con los límites establecidos en dicho artículo. 3. Las entidades deberán presentar tanto al órgano de control del conjunto de cobertura como al Banco de España cuanta documentación les sea requerida para evaluar el cumplimiento de lo previsto en este artículo. 4. Los instrumentos financieros derivados incluidos en conjuntos de cobertura se valorarán de conformidad con lo establecido en la Circular 4/2017, de 27 de noviembre, del Banco de España, a entidades de crédito, sobre normas de información financiera pública y reservada, y modelos de estados financieros. En quinto lugar, Artículo 15. Estructuras de vencimiento prorrogable. 1. Las entidades emisoras podrán emitir bonos garantizados con estructuras de vencimiento prorrogable, siempre que la protección al inversor quede asegurada al menos con el cumplimiento de los siguientes requisitos: a) el vencimiento solo podrá prorrogarse cuando concurra alguna de las circunstancias desencadenantes especificadas en el apartado 2, cuya determinación no quedará en ningún caso a la discreción de la entidad emisora de los bonos garantizados; b) las circunstancias desencadenantes de las prórrogas de vencimiento estén adecuadamente especificadas en los términos y condiciones contractuales del bono garantizado; c) la información facilitada a los inversores sobre la estructura de vencimiento será suficiente para permitirles determinar el riesgo del bono garantizado, incluyendo una descripción detallada de: 1.º) las circunstancias desencadenantes de las prórrogas de vencimiento; 2.º) las consecuencias que el concurso o la resolución de la entidad emisora de los bonos garantizados revisten para una prórroga del vencimiento; 3.º) el papel del Banco de España y del administrador especial, en lo que respecta a las prórrogas de vencimiento; d) la fecha de vencimiento final del bono garantizado será determinable en todo momento; e) en caso de concurso o resolución de la entidad emisora, las prórrogas de vencimiento no afectarán a la prelación de los inversores en bonos garantizados ni invertirán la secuencia del calendario de vencimientos original del programa de bonos garantizados; f) la prórroga del vencimiento no alterará las características estructurales de los bonos garantizados en lo relativo al doble recurso y a las garantías en caso de concurso o resolución previstos en los artículos 6 y el título VII. 2. Son circunstancias desencadenantes para la prórroga del vencimiento: a) la existencia de un peligro cierto de impago de los bonos garantizados por problemas de liquidez en el conjunto de cobertura o en la entidad emisora. Este se apreciará cuando se incumpla el requerimiento de colchón de liquidez del conjunto de cobertura previsto en el artículo 11 de esta Ley o cuando el Banco de España adopte alguna de las medidas previstas en el artículo 68 de la Ley 10/2014 relativas a la liquidez de la entidad, excepción hecha de la prevista en la letra j) de su apartado 2; b) la entrada en concurso o resolución de la entidad emisora; c) la declaración de inviabilidad de conformidad con el artículo 8 de la Ley 11/2015, de 18 de junio, de recuperación y resolución de entidades de crédito y empresas de servicios de inversión de la emisora; y d) la existencia de graves perturbaciones que afecten a los mercados financieros nacionales, cuando así lo haya apreciado la Autoridad Macroprudencial Consejo de Estabilidad Financiera (AMCESFI) mediante una comunicación que revista la forma de alerta o de recomendación, que no tenga carácter confidencial. 3. Las entidades emisoras deberán incluir en los términos y condiciones contractuales y, en su caso, el folleto de emisión o admisión la posibilidad de prorrogar el vencimiento de los bonos garantizados de un mismo programa. 4. Toda prórroga de vencimiento en los bonos garantizados a la que se refiere este artículo deberá ser autorizada por el Banco de España a solicitud de la entidad emisora o del administrador especial. En sexto lugar, Artículo 32. Régimen de funcionamiento. 1. El órgano de control tendrá derecho a obtener de cualquiera de los departamentos de la entidad emisora todos los datos o la información que precise para desempeñar adecuadamente sus funciones. 2. Los incumplimientos de las disposiciones legales o reglamentarias detectadas por el órgano de control deberán ser comunicadas de inmediato por el órgano de control al máximo responsable de la función de control interno de la entidad o al consejo de administración en caso de que el órgano de control sea interno. El órgano de control dejará constancia de las comunicaciones efectuadas en cada momento y de su contenido, que estará a disposición del Banco de España para el ejercicio de las funciones previstas en el capítulo 2.º En todo caso, dichas comunicaciones serán trasladadas al Banco de España al final de cada ejercicio. 3. El órgano de control elaborará un informe semestral que trasladará al máximo responsable de la función de control interno o, en caso de ser un órgano interno, al consejo de administración, que incluirá, en particular, las actividades concretas realizadas y sus resultados, así como la valoración sobre la aplicación de los criterios de elegibilidad de los activos y las propuestas de mejora que entienda conveniente. Estos informes estarán a disposición del Banco de España para el ejercicio de las funciones previstas en el capítulo 2.º 4. En caso de concurso o resolución de la entidad emisora, el órgano de control emitirá la certificación prevista en el artículo 40 y, cuando proceda, continuará autorizando las altas y bajas en el registro especial previsto en el artículo 9 y desempeñando las funciones previstas en el artículo 30. 5. La sociedad que ejerza la función de órgano externo de control del conjunto de cobertura, así como los socios de ésta, su personal encargado de ejercer dicha función en nombre de esta o, si fuera el caso, el personal de la entidad emisora a quien se le ha encargado la función de órgano interno de control del conjunto de cobertura, estarán obligados a mantener el secreto de cuanta información conozcan en el ejercicio de su actividad, no pudiendo hacer uso de la misma para finalidades distintas de las que le corresponden como órgano de control del conjunto de cobertura, sin perjuicio de su deber de colaboración con el Banco de España de acuerdo con lo previsto en este real decreto-ley y del deber de denuncia contemplado en el artículo 262 de la Ley de Enjuiciamiento Criminal. La invocación del deber de secreto por el órgano de control del conjunto de cobertura regulado en este apartado no impedirá la aplicación de lo dispuesto en este real decreto-ley. En séptimo lugar, Artículo 35. Comunicación de información al Banco de España. 1. Las entidades emisoras deberán proporcionar al Banco de España a requerimiento de este y, al menos, con carácter trimestral la información siguiente: a) la admisibilidad de los activos y los requisitos del conjunto de cobertura de conformidad con los artículos 10 a 27; b) la organización y gestión del registro especial previsto en el artículo 9 para la segregación de los activos de cobertura; c) el funcionamiento del órgano de control del conjunto de cobertura de conformidad con los artículos 30, 31 y 32; d) los requisitos de cobertura de conformidad con los artículos 11 y 12.3; e) el colchón de liquidez del conjunto de cobertura de conformidad con el artículo 11 y la disposición transitoria tercera; f) las condiciones aplicables a las estructuras de vencimiento prorrogable del artículo 15; g) cualquier otra información que el Banco de España considere necesaria para el ejercicio de sus funciones de supervisión sobre los bonos garantizados. Sin perjuicio de lo dispuesto en los apartados 2 y 3 del artículo 32, el Banco de España podrá requerir del órgano de control del conjunto de cobertura la información que considere necesaria para el ejercicio de sus funciones de supervisión sobre los bonos garantizados. 2. Durante la tramitación del concurso o la resolución de la entidad emisora, en el marco de lo previsto en los artículos 40, 41 y 42, el Banco de España comunicará al administrador especial y al órgano de control del conjunto de cobertura la información que deberá continuar remitiendo, su contenido y periodicidad, ello, sin perjuicio de poder requerirles en todo momento cualquier información que considere necesaria para el ejercicio de sus funciones de supervisión, con la finalidad de velar por la protección de los inversores. En octavo lugar, Artículo 39. Obligaciones de cooperación. 1. El Banco de España cooperará estrechamente con el juez del concurso, el administrador concursal ordinario, el administrador especial y con el FROB, en su caso, durante la tramitación del proceso concursal o la resolución de una entidad emisora de bonos garantizados, a fin de velar por que se preserven los derechos e intereses de los tenedores de bonos garantizados. Asimismo, el Banco de España cooperará estrechamente con el supervisor de la entidad emisora, en caso de no ser él mismo. 2. El Banco de España comunicará, por iniciativa propia, cualquier información esencial a otras autoridades de Estados miembros de la Unión Europea designadas en virtud del artículo 18.2 de la Directiva (UE) 2019/2162. También deberán suministrar a tales autoridades toda la información pertinente que estas les soliciten, y cooperarán estrechamente con la Autoridad Bancaria Europea y con la Autoridad Europea de Valores y Mercados, a efectos de la presente Ley. 3. A efectos del presente artículo, la información se considerará esencial cuando pueda influir significativamente en la evaluación de la emisión de bonos garantizados en otro Estado miembro de la Unión Europea.*

Además, el **Real Decreto-ley 24/2021, de 2 de noviembre,** incluye un *Título VII Concurso o resolución de la entidad emisora:*

CAPÍTULO 1.º Disposiciones generales

Artículo 40. Efectos de la resolución o concurso de la entidad emisora en los derechos y obligaciones de las partes. 1. El régimen previsto en este título resultará de aplicación una vez acordada la apertura de la resolución de la entidad de acuerdo con lo previsto en el artículo 21 de la Ley 11/2015, de 18 de junio, de recuperación y resolución de entidades de crédito y empresas de servicios de inversión o en el artículo 18 del Reglamento (UE) nº 806/2014 del Parlamento Europeo y del Consejo de 15 de julio de 2014 por el que se establecen normas uniformes y un procedimiento uniforme para la resolución de entidades de crédito y de determinadas empresas de servicios de inversión en el marco de un Mecanismo Único de Resolución y un Fondo Único de Resolución y se modifica el Reglamento (UE) nº 1093/2010 o la apertura del concurso de la entidad emisora de acuerdo con el procedimiento concursal ordinario conforme al Real Decreto Legislativo 1/2020, de 5 de mayo, por el que se aprueba el texto refundido de la Ley Concursal. El FROB o el juez del concurso comunicará la correspondiente decisión al órgano de control del conjunto de cobertura a fin de que emita una certificación de los activos y derechos incluidos en el registro especial previsto en el artículo 9 a la fecha de dicha comunicación para el programa de emisión correspondiente. A partir de la fecha de comunicación de la decisión, y en tanto no se instrumente la transmisión de activos al patrimonio separado en caso de seguirse el procedimiento concursal ordinario, no se podrán dar de baja activos o derechos incluidos en el mismo, salvo por vencimiento ordinario de acuerdo con los términos del contrato correspondiente, debiendo ser sustituido este por el flujo de caja derivado del mismo con la debida identificación, que permita una posterior trazabilidad del movimiento en dicho registro especial. 2. La apertura del concurso o de la resolución de la entidad emisora en ningún caso: a) producirá la terminación anticipada automática de las obligaciones de pago asociadas a los bonos garantizados, ni afectará en forma alguna al cumplimiento del resto de obligaciones asociadas a los bonos garantizados, sin perjuicio de lo dispuesto en el artículo 42.2 de la Ley 11/2015. b) facultará al tenedor de bonos garantizados para instar su vencimiento anticipado, c) supondrá la suspensión del devengo de intereses de los bonos garantizados, ni d) será causa de vencimiento o resolución anticipada de los contratos de derivados integrados en un conjunto de cobertura.

Artículo 41. Administrador especial: designación y sustitución, y facultades y responsabilidades. 1. El juez competente, por razon del concurso, deberá nombrar un administrador especial para administrar un programa de bonos garantizados en caso de concurso de la entidad de crédito que emita bonos garantizados en el marco de dicho programa, previa consulta al Banco de España, de entre las personas propuestas en terna por el FROB. El juez podrá acordar la sustitución del administrador especial, previa consulta al Banco de España y al FROB, y, en particular, a solicitud del FROB, de acuerdo con lo previsto en la legislación concursal para la separación y revocación del administrador concursal en lo que resulte de aplicación. 2. El FROB, en caso de resolución de una entidad emisora de bonos garantizados, nombrará un administrador especial, previa consulta al Banco de España. Asimismo, el FROB podrá acordar en cualquier momento su cese y sustitución, previa consulta al Banco de España. 3. El administrador especial velará por que se preserven los derechos e intereses de los inversores en bonos garantizados, verificando la gestión continuada y sólida del programa de bonos garantizados durante el período necesario en caso de resolución de la entidad o administrando un programa de bonos garantizados en caso de concurso de la entidad de crédito. En caso de considerarlo necesario, podrá instar la apertura de un procedimiento de recuperación de los activos del conjunto de cobertura con arreglo a lo dispuesto en el artículo 48.3. Las funciones del administrador especial serán determinadas por el juez del concurso o por el FROB en el momento de su nombramiento y podrán ser modificadas por ellos en cualquier momento con posterioridad a este. En particular, el administrador especial podrá: a) disponer de los flujos económicos recibidos tanto de dichos activos como de su enajenación para el pago a los tenedores o para la compra y amortización de los bonos; b) utilizar la reserva de liquidez constituida; c) obtener financiación de terceros, siempre que no capte depósitos u otros fondos reembolsables de los consumidores e inversores minoristas; d) pignorar los activos del conjunto de cobertura; e) enajenar o ceder los activos; o f) instar la prórroga de los vencimientos. Todo ello, en el marco de lo previsto en los capítulos 2.º y 3.º, y en tanto sea compatible con las facultades y responsabilidades que se le hayan asignado en su nombramiento. 4. El administrador especial se coordinará y suministrará la información necesaria al juez del concurso, y al administrador concursal ordinario para garantizar los intereses de todos los acreedores. También suministrará al Banco de España la información necesaria para el adecuado ejercicio de su función supervisora, conforme a lo previsto en el artículo 35. En caso de resolución de una entidad de crédito emisora de bonos garantizados, en el marco de las funciones y responsabilidades atribuidas por la autoridad de resolución ejecutiva, también deberá suministrarle la información necesaria para el desempeño de sus competencias. 5. En caso de entidades con varios programas de bonos garantizados, se podrá nombrar el mismo administrador especial para todos ellos o varios administradores especiales en función del tamaño de dichos programas o de las necesidades de especialización para su gestión por el tipo de activos primarios que compongan el conjunto de cobertura. En todo caso, cuando se hayan emitido cédulas, el administrador especial será único para todas las de un mismo tipo, con independencia del número de programas que integren el conjunto de cobertura. 6. La retribución del administrador especial se fijará por el juez competente o, en su caso, por el FROB, con cargo al conjunto de cobertura. Esta se determinará mediante un arancel que se aprobará reglamentariamente. El arancel atenderá a las funciones que efectivamente desempeñe el administrador especial, al número de acreedores y de activos de cobertura y del volumen y complejidad del programa, diferenciando si se trata de un concurso o una resolución. Para la fijación del arancel, se aplicarán en lo que resulte compatible, las reglas previstas en la legislación concursal para la determinación del arancel del administrador concursal.

CAPÍTULO 2.º Concurso de la entidad emisora

Artículo 42. Disposiciones generales. 1. En caso de concurso del emisor, en el supuesto de que el derecho de crédito privilegiado al que se refiere el artículo 6.2 no pueda saldarse plenamente, los inversores en bonos garantizados y las contrapartes de derivados de cobertura tendrán un derecho de crédito con la misma prelación que los derechos de crédito de los acreedores ordinarios no garantizados de la entidad de crédito. En el supuesto de que el derecho de crédito privilegiado no pueda saldarse plenamente, los inversores en bonos garantizados y las contrapartes de derivados de cobertura tendrán un derecho de crédito con la misma prelación que los derechos de crédito de los acreedores ordinarios no garantizados de la entidad de crédito. Si una vez saldado plenamente el crédito con los inversores en bonos garantizados y con las contrapartes de derivados de cobertura, hubiera algún remanente, este corresponderá a la masa activa del concurso. 2. Las hipotecas sobre activos en garantía inscritas a favor de las entidades emisoras, los préstamos y créditos, los contratos de derivados, así como la incorporación de dichos activos y del resto de activos que forman el conjunto de cobertura en el registro especial previsto en el artículo 9, sólo podrán ser rescindidas o impugnadas al amparo de lo previsto en el artículo 226 del texto refundido de la Ley Concursal, aprobado por el Real Decreto Legislativo 1/2020, de 5 de mayo, por la administración concursal, que tendrá que demostrar la existencia de fraude en la constitución de la garantía hipotecaria, en los contratos correspondientes o en la incorporación de los activos de cobertura en el registro especial. En todo caso quedarán a salvo los derechos del tercero de buena fe. 3. Lo previsto en este artículo será de aplicación tanto a los tenedores de bonos garantizados como a las contrapartes de contratos de derivados que cumplan lo dispuesto en el artículo 12.

Artículo 43. Segregación material y transmisión de los activos de cobertura en caso de concurso. En caso de concurso de la entidad emisora, los activos integrantes de un conjunto de cobertura individualizados e identificados por su incorporación en el registro especial previsto en el artículo 9 de acuerdo con la certificación emitida por el órgano de control del conjunto de cobertura, se segregarán materialmente del patrimonio de la entidad y formarán un patrimonio separado sin personalidad jurídica, que operará en el tráfico jurídico representado por el administrador especial. La segregación material de los activos de cobertura implica que: a) no forman parte de la masa del concurso hasta que se satisfaga el derecho de crédito privilegiado de los tenedores de los bonos garantizados y las contrapartes de derivados y los gastos derivados con el mantenimiento y la administración del patrimonio separado y, en su caso, con su liquidación. b) cuentan con protección frente a derechos de terceros, no siendo rescindibles por aplicación de las acciones de reintegración previstas en la legislación concursal, excepto en el supuesto previsto en el artículo 42.2 de este real decreto-ley. Las operaciones mediante las que se instrumente la segregación material de los activos de cobertura y su transmisión estarán sometidas a las mismas condiciones especiales previstas en la Ley 11/2015 para las operaciones mediante las que se instrumenten las medidas de resolución. En particular, resultará de aplicación a la segregación y transmisión de activos regulada en este artículo, las medidas especiales previstas en los apartados 7 a 9 del artículo 25 y en el artículo 29.4 de la Ley 11/2015. La transmisión de activos y derechos al patrimonio separado no requerirá notificación alguna a los deudores de los activos o derechos correspondientes ni a las contrapartes de los derivados afectados.

Artículo 44. Valoración de los activos de cobertura. 1. Sobre la base de la valoración realizada de conformidad con los principios establecidos en el artículo 5 de la Ley 11/2015, que sirvió de base para decidir que se siguiera el procedimiento concursal ordinario, la autoridad de resolución ejecutiva determinará el valor de los activos segregados y que van a ser transmitidos. A los efectos de lo dispuesto en el texto refundido de la Ley de Sociedades de Capital, aprobado por el Real Decreto Legislativo 1/2010, de 2 de julio, la valoración anterior sustituirá a la realizada por un experto independiente. 2. El administrador especial determinará que los activos que figuran inscritos en el registro especial, junto con los pasivos correspondientes, sean objeto de transmisión para formar el patrimonio separado sin personalidad jurídica. Una vez efectuada la transmisión, si el valor total de los activos del conjunto de cobertura fuera superior al valor total de los pasivos de los bonos garantizados, de acuerdo con el artículo 10.3, el administrador especial podrá decidir si continúa con la gestión corriente del patrimonio separado hasta su vencimiento o hace una cesión total o parcial del patrimonio separado a otra entidad emisora de bonos garantizados. En todo caso, se entenderá que la cesión total o parcial constituye un programa nuevo para dicha entidad que requerirá la autorización prevista en el artículo 34. En cambio, si el valor total de los activos del conjunto de cobertura fuera inferior al valor total de los pasivos de los bonos garantizados, de acuerdo con el artículo 10.3, el administrador especial solicitará la liquidación del patrimonio separado siguiendo el procedimiento concursal ordinario, de acuerdo con lo previsto en el artículo 46. 3. Hasta tanto se produzca la liquidación del patrimonio separado o venzan todos los pasivos del patrimonio separado cuya gestión se hubiera mantenido por el administrador especial, se mantendrá de alta en el Registro de Entidades de Crédito la entidad emisora de los bonos garantizados como entidad en liquidación, a los efectos de que dichos bonos garantizados puedan seguir considerándose como emitidos por una entidad de crédito, con sujeción a los requisitos de información y operativos que el Banco de España pueda establecer en cada caso concreto. En este periodo, el patrimonio separado no tendrá que cumplir el requisito de liquidez previsto en el artículo 11, el nivel de sobregarantía previsto en el artículo 10 bis, otras limitaciones sobre la calidad crediticia y el tamaño de las exposiciones de los activos, ni los requisitos de granularidad y diversificación. 4. Si una vez finalizada la liquidación del patrimonio separado o vencidos todos los pasivos del mismo, hubiera remanente, este corresponderá a la masa activa del concurso. Si, por el contrario, no se consiguiese la completa satisfacción del crédito, la parte no satisfecha será reconocida en el concurso de la entidad con la clasificación de crédito ordinario. 5. En caso de que la entidad tenga varios conjuntos de cobertura de uno o varios programas de bonos garantizados, lo previsto en este capítulo se aplicará de manera individualizada para cada uno de los conjuntos de cobertura de dichos programas. Cuando se hayan emitido cédulas, todas las de un mismo tipo, de acuerdo con las letras a) a c) del artículo 3.1, tendrán un único administrador especial.

Artículo 45. Efectos de la solicitud de liquidación del patrimonio separado. La solicitud de liquidación del patrimonio separado por parte del administrador especial producirá los siguientes efectos: a) El vencimiento anticipado del programa de bonos garantizados. b) El inicio de la liquidación de los activos del patrimonio separado.

Artículo 46. Liquidación del patrimonio separado. 1. Las operaciones de liquidación se efectuarán con arreglo a un plan de liquidación que elaborará el administrador especial dentro de los quince días siguientes a su nombramiento. Si por la complejidad de la liquidación lo justifica, podrá solicitar al juez autorización para prorrogar este plazo por un mismo periodo de igual duración. 2. El plan presentado deberá ser aprobado por los acreedores con privilegio especial dentro de los quince días siguientes a su presentación. En caso de no aprobación del plan de liquidación por la mayoría simple de los acreedores se precisará de aprobación judicial. 3. De no aprobarse un plan de liquidación y, en su caso, en lo que no hubiere previsto lo aprobado, las operaciones de liquidación se ajustarán a las reglas supletorias establecidas en el capítulo III, Título VIII, del Libro primero de la ley concursal. 4. El administrador especial podrá elegir la forma de enajenación de los activos que en cada caso estime más adecuada para los intereses de los tenedores de bonos garantizados. En particular, podría acordar la venta total o parcial de activos del patrimonio separado a otra entidad emisora de bonos garantizados.

Artículo 47. Pago a los tenedores de bonos garantizados y demás acreedores específicos del patrimonio separado. Con el importe obtenido con la liquidación del patrimonio separado, una vez deducidos los gastos y costes derivados de la liquidación del mismo, incluida la remuneración del administrador especial, se pagará a los tenedores de bonos y, en su caso, a las contrapartes de contratos de derivados, a prorrata de sus créditos con independencia de la antigüedad de la deuda.

CAPÍTULO 3.º Resolución de la entidad emisora

Artículo 48. Efectos de la apertura de la resolución. 1. Adoptada la decisión de iniciar un proceso de resolución de la entidad emisora conforme a la Ley 11/2015, de 18 de junio, de recuperación y resolución de entidades de crédito y empresas de servicios de inversión, el FROB lo notificará al órgano de control del conjunto de cobertura a los efectos previstos en el artículo 40. 2. Nombrado el administrador especial, este colaborará con la autoridad de resolución ejecutiva en la aplicación de los instrumentos de resolución que dicha autoridad adopte. En función del instrumento de resolución adoptado, el FROB determinará las funciones y responsabilidades del administrador especial para que vele por los derechos e intereses de los inversores en bonos garantizados y lleve a cabo una gestión continuada y sólida del programa de bonos garantizados durante el período necesario; ello sin menoscabo de las facultades y funciones atribuidas al FROB por la Ley 11/2015. 3. Si fuera el caso, en función del instrumento de resolución adoptado, el FROB, a solicitud del administrador especial, podrá autorizar nuevas entradas o salidas en el conjunto de cobertura del programa de bonos garantizados, que se deberán inscribir en el registro especial previsto en el artículo 9, con el objeto que los activos y derechos que forman parte del conjunto de cobertura de cada programa estén en todo momento adecuadamente identificados. En todo caso, deberán respetarse los niveles mínimos de sobregarantía en favor de los acreedores.

Artículo 53. Infracciones muy graves. Constituyen infracciones muy graves: (…) e) La emisión de bonos garantizados que no cumplan los requisitos de inmunidad al concurso establecidos en este real decreto-ley; (…) m) el incumplimiento por una entidad emisora de bonos garantizados de los requisitos previos que den lugar a una segregación de los activos de cobertura en caso de concurso o resolución de la entidad emisora, de conformidad con el artículo 43; (…).

Por último, el **Real Decreto-ley 24/2021, de 2 de noviembre,** incluye, de un lado, la *Disposición adicional primera. Participaciones hipotecarias. 1. Las entidades de crédito y los establecimientos financieros de crédito podrán hacer participar a terceros en todo o en parte de un préstamo hipotecario de su cartera que cumpla las condiciones para ser activo de cobertura de cédulas hipotecarias conforme a lo previsto en el artículo 23, mediante la emisión de títulos valores denominados participaciones hipotecarias. Sobre un mismo préstamo hipotecario se podrán emitir varias participaciones. 2. Dicha participación podrá realizarse al comienzo o a lo largo de la vida del préstamo concedido. Pero el plazo de la participación no podrá ser superior al que reste por transcurrir para el vencimiento del préstamo hipotecario, ni el interés superior al establecido para éste. 3. El titular de la participación hipotecaria tendrá acción ejecutiva contra la entidad emisora, siempre que el incumplimiento de sus obligaciones no sea consecuencia de la falta de pago del deudor en cuyo préstamo participa dicha persona. En este caso, el titular de la participación concurrirá, en igualdad de derechos con el acreedor hipotecario, en la ejecución que se siga contra el mencionado deudor, cobrando a prorrata de su respectiva participación en la operación y sin perjuicio de que la entidad emisora perciba la posible diferencia entre el interés pactado en el préstamo y el cedido en la participación, cuando éste fuera inferior. El titular de la participación podrá compeler al acreedor hipotecario para que inste la ejecución. 4. Si el acreedor hipotecario no instare la ejecución judicial dentro de los sesenta días desde que fuera compelido a ello, el titular de la participación podrá subrogarse en dicha ejecución, por la cuantía de su respectiva participación. Las notificaciones pertinentes se harán fehacientemente. 5. En caso de concurso de la entidad emisora de la participación, el negocio de emisión de la participación sólo será impugnable en caso de existencia de fraude en la constitución de gravamen, quedando en todo caso a salvo los derechos de terceros de buena fe. 6. El titular de la participación gozará de un derecho absoluto de separación en caso de concurso de la entidad emisora de la participación. Y, de otro lado, la Disposición final novena. Facultades de desarrollo. 1. El Gobierno podrá dictar las disposiciones reglamentarias necesarias para el desarrollo de este real decreto-ley. 2. La persona titular del Ministerio de Asuntos Económicos y Transformación Digital podrá regular (…): b) el formato y el momento en el que debe ser suministrada la información prevista en el artículo 35.1, así como el contenido y periodicidad de la información específica que deba ser suministrada al Banco de España en caso de concurso o resolución de la entidad emisora (…).*

– **Circular 1/2023, de 24 de febrero, del Banco de España,** a entidades de crédito, sucursales en España de entidades de crédito autorizadas en otro Estado miembro de la Unión Europea y establecimientos financieros de crédito, sobre la información que se ha de remitir al Banco de España sobre los bonos garantizados y otros instrumentos de movilización de préstamos, y por la que se modifican la Circular 4/2017, de 27 de noviembre, a entidades de crédito, sobre normas de información financiera pública y reservada, y modelos de estados financieros, y la Circular 4/2019, de 26 de noviembre, a establecimientos financieros de crédito, sobre normas de información financiera pública y reservada, y modelos de estados financieros

CAJAS DE AHORROS

– La **Ley 15/1999, de 16 de diciembre, de Cajas de Ahorros de Andalucía** dispone: «*Artículo 44. Incompatibilidades. 1. No podrán ser compromisarios ni miembros de los órganos de gobierno de las Cajas de Ahorros las personas en las que concurra cualquiera de las siguientes circunstancias: a) Haber sido declaradas en quiebra o en concurso, en tanto no se obtenga la rehabilitación (...)*».

CAJA GENERAL DE DEPÓSITOS

– El **Real Decreto 937/2020, de 27 de octubre, por el que se aprueba el Reglamento de la Caja General de Depósitos**, establece: «*Artículo 13. Incidencias. 1. Si la entidad garante fuese declarada en concurso de acreedores o hubiese quedado sin efecto la autorización administrativa para el ejercicio de su actividad, o si por cualquier otra razón ajena a la voluntad del garantizado o del garante la garantía constituida no tiene o pierde validez o vigencia, o se pone en riesgo grave la protección que la garantía debe otorgar, el obligado a prestar garantía deberá constituir otra de la misma modalidad, o de otra de las recogidas en el artículo 12.2, en el plazo máximo de tres meses desde la fecha en que se haya producido la incidencia. 2. En los supuestos de declaración de concurso de acreedores o de pérdida de la autorización administrativa, el plazo previsto en el apartado anterior se computará desde que se produzca la declaración o la pérdida. En el resto de casos referidos en el apartado anterior, conocida la incidencia, la autoridad, previa audiencia, podrá solicitar a los interesados la sustitución de la garantía y el resto de actuaciones que, en su caso, procedan*». Además, dispone: «*Artículo 16. Procedimiento de incautación de las garantías*» (...) 8. *En el supuesto de que una autoridad de las previstas en el artículo 2.a) emita a la Caja una solicitud de incautación de una garantía en efectivo o en valores respecto a una entidad sin tener conocimiento de que la entidad ha sido declarada en concurso de acreedores, la Caja pondrá esta circunstancia en conocimiento de la propia autoridad para que esta le confirme si procede continuar con la incautación. Los recursos que se presenten en relación con la situación concursal de la entidad serán de competencia de la autoridad correspondiente*», «*Artículo 25. Requisitos de las entidades avalistas (...) d) No estar en situación de concurso de acreedores (...)*» y «*Artículo 30. Requisitos de las entidades aseguradoras (...) d) No estar en situación de concurso de acreedores (...)*»

CÁMARAS OFICIALES

– La **Ley 12/2015, de 30 de marzo, de Cámaras Oficiales de Comercio, Industria, Servicios y Navegación de la Región de Murcia**, establece: «*Artículo 17. Pérdida de la condición de miembro del Pleno y del Comité Ejecutivo. 1. Además de por la terminación del mandato, la condición de miembro del Pleno, del Comité Ejecutivo o de vocal electo, en su caso, se perderá por alguna de las siguientes causas: (...) f) Por fallecimiento de la persona física, extinción de la personalidad jurídica y por declaración de concurso de acreedores (...)*».

– La **Ley 3/2015, de 23 de marzo, de la Cámara Oficial de Comercio, Industria y Servicios de La Rioja** establece: «*Artículo 12. Pérdida de la condición de miembro del Pleno y del Comité Ejecutivo. 1. Además de por terminación del mandato, la condición de miembro del Pleno y del Comité Ejecutivo, en su caso, se perderá por alguna de las siguientes causas, con las garantías y régimen de recursos establecidos en la presente ley: (...) g) Por la declaración del concurso de acreedores, cuando, de conformidad con lo dispuesto en la Ley Concursal, el empresario pierda o quede suspendido en las facultades de administración y disposición sobre su patrimonio y, en cualquier caso, cuando se dicte resolución de apertura de la liquidación del concurso (...)*»; «*Artículo 21. Electores y elegibles. (...) 3. Para ser elegible como miembro del Pleno por elección directa, mediante sufragio libre, igual, directo y secreto, conforme al artículo 9.1.a) de la presente ley, se habrán de reunir los siguientes requisitos: (...) g) No encontrarse inhabilitado ni hallarse incurso en proceso concursal necesario o cumpliendo pena privativa de libertad (...)*».

CÉDULAS Y BONOS DE INTERNACIONALIZACIÓN

– El **Real Decreto-Ley 5/2021, de 12 de marzo, de medidas extraordinarias de apoyo a la solvencia empresarial en respuesta a la pandemia de la COVID-19**, modifica la letra j) del apartado 2 de la disposición derogatoria única del Real Decreto Legislativo 1/2020, de 5 de mayo, por el que se aprueba el texto refundido de la Ley Concursal, *con la finalidad de mantener el privilegio especial en caso de concurso del emisor del que tradicionalmente eran beneficiarios los tenedores de cédulas y bonos de internacionalización. Dicho privilegio tiene un valor en términos de rating y, por tanto, en el precio de colocación y cotización de las cédulas y bonos de internacionalización. Tradicionalmente, las cédulas y bonos de internacionalización de algunas entidades grandes gozan de la más elevada calificación crediticia posible, estando incluso algunos escalones por encima de la calificación de la propia entidad. Es conveniente asegurar que las cédulas* *y bonos de internacionalización son beneficiarias del privilegio que se estableció en el momento de su emisión. Las cé-dulas de internacionalización son un instrumento de financiación emitido por las entidades de crédito, que tiene como conjunto de activos de cobertura créditos a la exportación garantizados por agencias de crédito a la exportación. Este tipo de instrumentos financieros gozan de una alta calificación crediticia, con cierta frecuencia mejor que la de la entidad que los emite, y son descontables ante el Banco Central Europeo. La normativa concursal les ha concedido siempre un privilegio especial frente a otros acreedores en caso de concurso, al igual que a las cédulas hipotecarias. No obstante, de manera no intencionada, el Real Decreto Legislativo 1/2020, de 5 de mayo, eliminó la disposición que concedía este privilegio. Cualquier demora en el reconocimiento de este privilegio especial podría suponer una paralización temporal en el mercado de colocación de este tipo de instrumentos, con el coste que ello podría tener para las entidades emisoras de cédulas y bonos de internacionalización.*

CENTRAL DE INFORMACIÓN DE RIESGOS

– La **Circular 1/2013, de 24 de mayo, del Banco de España, sobre la Central de Información de Riesgos y por la que se modifica la Circular 4/2004, de 22 de diciembre, a las entidades de crédito, sobre normas de información financiera pública y reservada, y modelos de estados financieros,** fija el marco jurídico de la Central de Información de Riesgos, recogida en la Orden ECO/697/2004, de 11 marzo. Los riesgos declarables a la Central de Información de Riesgos del Banco de España son las operaciones instrumentadas en forma de préstamos, valores representativos de deuda, ga-rantías financieras, compromisos de préstamo, otros compromisos con riesgo de crédito y préstamos de valores. La declaración de estas operaciones se realiza con el detalle que se regula en el anejo 2 de la Circular. Los módulos de datos se incluyen como anejo 1, y las instrucciones para su elaboración, en el anejo 2.

– La **Orden ECO/697/2004, de 11 de marzo, sobre la Central de Información de Riesgos,** establece, de un lado, *Segun-do. Datos y características de los titulares declarables. 1. Las entidades declarantes estarán obligadas a proporcionar a la CIR los datos necesarios para identificar a las personas con quienes se mantengan, directa o indirectamente, riesgos de crédito, así como las características de dichas personas, con la extensión y limitaciones que se establecen en el Capí-tulo VI de la Ley, singularmente en su artículo 60, y en la presente Orden. 2. Los datos de los titulares comprenderán los que se precisen para su adecuada identificación, tales como nombre, domicilio, fecha de nacimiento y código o número de identificación fiscal o similar. También incluirán aquellos que se necesiten para el análisis económico y estadístico, de la información, tales como provincia, sector, actividad económica y situación concursal; la condición de empresario individual cuando actúe en el ejercicio de su actividad empresarial, así como los datos que se consideren necesarios para el adecuado ejercicio de las facultades de supervisión e inspección en base consolidada del Banco de España, incluyendo, en su caso, la vinculación con otros titulares declarados que pertenezcan al mismo grupo económico. En ningún caso se podrán incluir los datos regulados en el artículo 7 de la Ley Orgánica 15/1999, de 13 de diciembre, de protección de da-tos de carácter personal. Y, de otro lado, Cuarto. Información a facilitar sobre los datos declarados. 1. El Banco de España determinará el contenido y forma de los informes que tendrán derecho a obtener las entidades declarantes, previstos en el apartado segundo del artículo 61 de la Ley. Dichos informes contendrán, en todo caso, en relación con cada titular la información consolidada de todas las entidades declarantes en las que los titulares mantengan un riesgo acumulado de acuerdo con los datos igual o superior a 1.000 euros. En dichos informes se omitirá la denominación de las entidades que hayan contraído los mencionados riesgos. Respecto a estos, solo se incluirán situaciones de incumplimiento de las obligaciones directas o garantizadas, distinguiendo los que hayan sido dados de baja en el balance por las entidades y sigan siendo exigibles, las situaciones relativas a procedimientos concursales, así como los riesgos vencidos, entendien-do por tales, a estos efectos, aquellos cuya fecha de impago supere los 90 días desde su vencimiento. En los informes no se facilitarán los datos que se refieran a pertenencia del titular a un determinado grupo económico, tipo de interés, fechas de inicio, vencimiento e incumplimiento, ni las categorías prudenciales de riesgo ni demás datos que se conside-ren necesarios exclusivamente para el adecuado ejercicio de las facultades de supervisión e inspección de las entidades declarantes por parte de las autoridades competentes. 2. Los riesgos que las entidades declarantes mantengan directa o indirectamente con las administraciones públicas españolas y demás sujetos de ellas dependientes a los que se refieren el apartado primero del artículo 24 de la Ley 18/2001, de 12 de diciembre, general de estabilidad presupuestaria, y el apartado primero del artículo 10 de la Ley Orgánica 5/2001, de 13 de diciembre, complementaria a la Ley general de estabilidad presupuestaria, se comunicarán por el Banco de España mensualmente al Ministerio de Hacienda y, en su caso, a la Comunidad Autónoma de la que dependan, según lo previsto en el apartado primero del artículo 61 de la Ley. Los datos que remita el Banco de España deberán permitir identificar las distintas operaciones, e incluirán, entre otros, código de identificación del titular, clase de riesgo, y, cuando proceda atendiendo al tipo de riesgo que se declare, tipo de interés, fechas de inicio, vencimiento y, en su caso, impago, importe disponible e importe dispuesto pendiente de* *reembolso, garantías, tanto reales como personales, así como los relativos a las situaciones mencionadas en el párrafo segundo del apartado segundo del artículo 60 de la Ley. 3. El Banco de España establecerá unos procedimientos de procesamiento y suministro de la información sobre los riesgos de los titulares que aseguren que las entidades declarantes y los intermediarios de crédito inmobiliario disponen de la última información declarada el vigésimo primer día natural del mes siguiente al que se refiera o si este fuera inhábil el día siguiente hábil.*

– Circular 2/2019, de 29 de marzo, del Banco de España, sobre los requisitos del Documento Informativo de las Comisiones y del Estado de Comisiones, y los sitios web de comparación de cuentas de pago, y que modifica la Circular 5/2012, de 27 de junio, a entidades de crédito y proveedores de servicios de pago, sobre transparencia de los servicios bancarios y responsabilidad en la concesión de préstamos.

CÓDIGO DE BUENAS PRÁCTICAS PARA LA REESTRUCTURACIÓN VIABLE DE LA DEUDA EMPRESARIAL

– La Ley 17/2014, de 30 de septiembre, por la que se adoptan medidas urgentes en materia de refinanciación y reestructuración de deuda empresarial, establece: *«Disposición adicional tercera. Código de buenas prácticas para la reestructuración viable de la deuda empresarial. El Gobierno impulsará el desarrollo de un código de buenas prácticas para la reestructuración viable de la deuda empresarial con las entidades de crédito que ofrezca a pymes y autónomos altamente endeudados pero viables, la posibilidad de la reestructuración o refinanciación de la deuda empresarial».* Además, la disposición adicional primera establece: *«Tratamiento de las operaciones refinanciadas o reestructuradas como consecuencia de un acuerdo de refinanciación. El Banco de España, en el plazo de un mes, establecerá y hará públicos criterios homogéneos para la clasificación como riesgo normal de las operaciones reestructuradas como consecuencia de un acuerdo de refinanciación de los regulados por el artículo 71 bis o por la Disposición adicional cuarta de la Ley 22/2003, de 9 de julio, Concursal».*

COMISIÓN DE SEGUIMIENTO DE PRÁCTICAS DE REFINANCIACIÓN Y REDUCCIÓN DE SOBREENDEUDAMIENTO

– La Ley 9/2015, de 25 de mayo, de medidas urgentes en materia concursal (procedente de la tramitación como Ley del Real Decreto-ley 11/2014, de 5 de septiembre, de medidas urgentes en materia concursal) establece: *«Disposición adicional tercera. Comisión de seguimiento de prácticas de refinanciación y reducción de sobreendeudamiento. 1. Se crea la Comisión de seguimiento de prácticas de refinanciación y concursales. 2. La Comisión estará integrada por los siguientes miembros permanentes: a) Dos nombrados por el Ministerio de Economía y Competitividad, uno de los cuales asumirá la presidencia. b) Dos nombrados por el Ministerio de Justicia, uno de los cuales asumirá las funciones de secretaría. c) Uno nombrado por el Ministerio de Hacienda y Administraciones Públicas. d) Uno nombrado por el Ministerio de Empleo y Seguridad Social. e) Uno nombrado por el Ministerio de Industria, Energía y Turismo. f) Uno nombrado por el Banco de España. g) Un juez nombrado por el Consejo General del Poder Judicial. 3. El Presidente de la Comisión, en atención a las materias a tratar en las reuniones, requerirá, por propia iniciativa o a solicitud de cualquiera de los miembros de la comisión, la intervención de representantes de otros departamentos ministeriales que pudieran resultar interesados, de los sectores que se vean afectados por las medidas o de otras personas que, en atención a sus conocimientos técnicos o representatividad en el ámbito laboral, se estime procedente. En particular, el Presidente solicitará a las organizaciones sindicales y empresariales de ámbito nacional más representativas que designen, respectivamente, dos representantes, que serán convocados cuando se vayan a tratar asuntos que afecten al ámbito laboral. 4. La Comisión tendrá atribuidas las siguientes funciones: a) Realizar un seguimiento de la efectividad de las medidas adoptadas por esta Ley en materia concursal y de refinanciación preconcursal de deuda y sobre la evolución del endeudamiento del sector privado y sus implicaciones macroeconómicas. b) Evaluar su aplicación y, en su caso, proponer al Gobierno las reformas que resulte conveniente cometer para facilitar la reestructuración preconcursal o concursal de deuda de empresas económicamente viables. c) Verificar el cumplimiento de los códigos de buenas prácticas que se puedan adoptar en materia de refinanciación preconcursal de deudas. 5. La Comisión de seguimiento determinará sus normas de funcionamiento y se reunirá cada vez que sea convocada por su Presidente, por propia iniciativa o a instancia de cuatro de sus miembros. Estará, asimismo, facultada para establecer su propio régimen de convocatorias. 6. La Comisión podrá solicitar, directamente o a través de alguno de sus miembros, la información relativa a acuerdos de refinanciación y reestructuración preconcursales y procesos concursales que considere necesaria para el adecuado ejercicio de esta función. 7. Con periodicidad anual, la Comisión elaborará un informe sobre el resultado del ejercicio de sus funciones que deberá remitirse al Gobierno y a la Comisión de Economía y Competitividad del Congreso de los Diputados».*

COMISIÓN NACIONAL DEL MERCADO DE VALORES

– La **Circular 2/2016, de 20 de abril, de la Comisión Nacional del Mercado de Valores, sobre normas contables, cuentas anuales, estados financieros públicos y estados reservados de información estadística de los fondos de titulización,** desarrolla el contenido, forma y demás condiciones de elaboración y publicación de las obligaciones de información financiera y contable que establece la Ley 5/2015, de 27 de abril, en sus artículos 34 y 35. Entre las normas incluidas en dicha Circular se encuentra la relativa al Deterioro de valor de los activos financieros (Norma 13.ª), que al referirse a las operaciones de arrendamiento financiero, establece: «*(...) En las operaciones con garantía inmobiliaria a las que se refiere el presente apartado, incluidas las de arrendamiento financiero, las coberturas se calcularán una vez deducido del importe del riesgo el valor estimado de la garantía, siempre que no existan dudas sobre la posibilidad de separar el bien de la masa concursal y reintegrarlo, en su caso, al patrimonio del Fondo (...)*».

– La **Resolución de 21 de diciembre de 2010, de la Comisión Nacional del Mercado de Valores,** por la que se publica el Reglamento del mercado secundario oficial de futuros y opciones (MEFF), establece: «*Artículo 27. Causas de incumplimiento. Son causas de Incumplimiento de un Miembro o Cliente, según corresponda: (...) 3. El inicio de un procedimiento concursal o de intervención (cualquiera que sea su denominación), en relación con el Cliente o Miembro, su sociedad dominante u otra sociedad relevante de su grupo, o la adopción por una autoridad judicial o administrativa de una medida de carácter universal para la liquidación o el saneamiento del Cliente o Miembro o de la entidad relevante de su grupo. (...)*».

COMUNICACIONES ELECTRÓNICAS

– El **Real Decreto 1065/2015, de 27 de noviembre, sobre comunicaciones electrónicas en la administración de justicia en el ámbito territorial del ministerio de justicia y por el que se regula el sistema LEXNET,** prevé que también tendrán la consideración de profesionales de la justicia los administradores concursales: «*Artículo 2. Definiciones. A los efectos de este real decreto se entenderá por (...): b) Profesionales de la justicia: profesionales que actúan en el ámbito de la Administración de Justicia. En concreto, Abogados, Procuradores, Graduados Sociales, Cuerpo de Abogados del Estado, Letrados de las Cortes Generales y de las Asambleas Legislativas y Letrados del Servicio Jurídico de la Administración de la Seguridad Social, de las demás Administraciones públicas, de las Comunidades Autónomas o de los Entes Locales, así como los Colegios de Procuradores. También tendrán la consideración de profesionales de la justicia a estos efectos los administradores concursales (...)*», que tendrán la obligación de utilizar los sistemas electrónicos existentes en la Administración de Justicia: «*Artículo 5. Obligatoriedad para los profesionales de la justicia y los órganos y oficinas judiciales y fiscales. 1. Todos los Abogados, Procuradores, Graduados Sociales, Abogados del Estado, Letrados de las Cortes Generales, de las Asambleas Legislativas y del Servicio Jurídico de la Administración de la Seguridad Social, de las demás Administraciones Públicas, de las Comunidades Autónomas o de los Entes Locales, así como los Colegios de Procuradores y administradores concursales tienen la obligación de utilizar los sistemas electrónicos existentes en la Administración de Justicia para la presentación de escritos y documentos y para la recepción de actos de comunicación. 2. Asimismo, los sistemas electrónicos de información y comunicación, al igual que el resto de sistemas informáticos puestos al servicio de la Administración de Justicia, deben ser usados obligatoriamente para el desempeño de su actividad por todos los integrantes de los órganos y oficinas judiciales y fiscales*». Finalmente, establece: «*Disposición transitoria tercera. Incorporación de los administradores concursales al sistema LexNET. Los administradores concursales, hasta el día siguiente a la publicación del desarrollo reglamentario sobre el régimen de la administración concursal previsto en la disposición transitoria segunda de la Ley 17/2014, de 30 de septiembre, por la que se adoptan medidas urgentes en materia de refinanciación y reestructuración de deuda empresarial, seguirán comunicándose con la Administración de Justicia por medio de soporte papel. A partir de esa fecha estarán obligados a la presentación de escritos y a la recepción de las comunicaciones y notificaciones por el sistema LexNET*»; «*ANEXO II. Relación de usuarios del sistema LexNET (...) 15. Administradores concursales (...)*».

CONCURSO DE ACREEDORES FORUM FILATÉLICO Y AFINSA

– La **Ley 43/2007, de 13 de diciembre, de protección de los consumidores en la contratación de bienes con oferta de restitución del precio,** establece en la disposición adicional segunda (Medidas adicionales de apoyo): «*1. El Gobierno presentará, en el plazo de un mes desde la entrada en vigor de la Ley, un informe que contenga el balance de las medidas adoptadas por el Gobierno hasta la entrada en vigor de la presente Ley en relación al mandato aprobado por el Congreso de los Diputados, en su sesión del día 25 de mayo de 2006, en defensa de los afectados por los procesos concursales de las entidades Fórum Filatélico y Afinsa. 2. El Gobierno, en el plazo de un mes desde la entrada en vigor* *de la Ley, presentará un plan de trabajo en el que se analicen medidas adicionales de apoyo a los afectados por la declaración de concurso de las empresas Forum Filatélico y Afinsa Bienes Tangibles. En particular, mediante una mejora de la línea ICO de anticipos a cuenta aprobada por Acuerdo del Consejo de Ministros de 27 de abril de 2007, que amplíe del 15 al 17,5 por ciento y de 3.000 a 6.000 euros los límites contemplados en el diseño actual de la línea. Para aquellos colectivos en situación de especial dificultad económica los límites anteriores podrán ampliarse hasta el 40 por ciento de la cantidad reconocida en el concurso con un límite máximo de hasta 15.000 euros. Para determinar la situación de especial necesidad económica se atenderá a la concurrencia de los siguientes factores, que habrán de considerarse acumulativamente: a) Estar en situación de desempleo, jubilación o discapacidad o ser perceptor de prestaciones económicas del sistema de Seguridad Social inferiores en su conjunto al salario mínimo interprofesional. b) Ser titular de bienes y derechos con un valor, determinado conforme a las reglas de valoración de la Ley 19/1991, de 6 de junio, del Impuesto sobre el Patrimonio, inferior a la cuantía fijada como mínimo exento en el artículo 28.2 de la citada Ley. Para calcular esta cuantía no se computarán los derechos reconocidos en los procesos concursales de las entidades citadas. c) Ser perceptor, a los efectos del Impuesto sobre la Renta de las Personas Físicas, de rentas brutas no superiores a 22.000 euros. d) Estar al corriente en el cumplimiento de las obligaciones tributarias y con la Seguridad Social. 3. El Gobierno, en el plazo de seis meses, elaborará un estudio en el que se analicen el impacto de las medidas previstas en el apartado anterior y las posibles alternativas que coadyuven a la devolución máxima posible a los afectados por la declaración de concurso de las entidades Fórum Filatélico y Afinsa, en los ejercicios económicos correspondientes entre los años 2008 y 2011, colaborando con la administración concursal para facilitar una solución ordenada al proceso concursal de las empresas afectadas, a coste cero para el Estado. A estos efectos, el Estado podrá admitir en adjudicación en pago de las cantidades que pudieran corresponderle como créditos concursales, bienes muebles cuya liquidación pudiera resultar compleja y dilatada en el tiempo».*

CONCURSO DE ACREEDORES THOMAS COOK

– **Ley 19/2019, de 30 de diciembre, de Presupuestos Generales de la Comunidad Autónoma de las Illes Balears para el año 2020** (art. 6).

– **Real Decreto-Ley 12/2019, de 11 de octubre,** por el que se adoptan medidas urgentes para paliar los efectos de la apertura de procedimientos de insolvencia del grupo empresarial Thomas Cook.

– **Decreto-ley 2/2019, de 4 de octubre,** por el que se establecen ayudas puntuales para paliar los impactos económicos producidos por el concurso de acreedores de la agencia de viajes mayorista Thomas Cook sobre la economía de las Illes Balears.

CONCURSO DE PERSONA CASADA

– La **Ley 7/2017, de 3 de agosto, por la que se modifica la Compilación de Derecho Civil de las Islas Baleares**, en su Exposición de Motivos, destaca que «*(...) se introduce la necesidad del consentimiento del cónyuge no titular para que el titular pueda hacer negocios con el domicilio familiar porque en este punto es una mejora necesaria para proteger la unidad familiar ante las deudas del cónyuge titular único de la vivienda familiar. Es conveniente, en la situación económica actual, de endeudamiento de las familias y de unidad de tratamiento del deudor concursado, que, de alguna manera, se dé garantía de que el cónyuge no titular conocía los riesgos del endeudamiento del cónyuge titular de la vivienda, que es el espacio físico de vida del núcleo familiar. La regulación de la Ley Concursal ha mermado validez al principio de titularidad formal, como principio rector para determinar la propiedad privada de los bienes entre los cónyuges casados en separación de bienes. La Ley Concursal (artículos 78 y 79) no salvaguarda el principio de titularidad formal para atribuir los bienes en el régimen de separación de bienes y se inclina por la supuesta titularidad de los fondos para adquirir la vivienda e, incluso, a pesar de que se dé el supuesto de que ambos cónyuges son cotitulares de la vivienda y ambos pueden haber aportado fondos económicos para adquirirla, en algunas circunstancias, llega a presumir, que los fondos son del cónyuge concursado, para ofrecer más masa a los acreedores. Siendo así, es necesario, desde nuestra competencia, ofrecer mayor protección al cónyuge no titular porque, utilizando, en positivo, la idea de "connivencia" entre los cónyuges de la Ley Concursal, podríamos entender que a pesar de no tener la titularidad formal de la vivienda familiar, el cónyuge no titular contribuye con su trabajo, remunerado o para la familia, a mantenerla y tiene que enterarse de los peligros financieros en los que puede estar incurriendo el cónyuge titular, que acabarán privando de hogar familiar a toda la unidad familiar*».

– La **Ley 5/2015, de 25 de junio, de Derecho Civil Vasco,** al referirse al régimen de bienes en el matrimonio, dispone: «*Artículo 131. Otras causas de cese de la comunicación foral de bienes y sus efectos. También cesará la comunicación foral por decisión judicial y a petición de uno de los cónyuges en los siguientes casos: 1. Haber sido el otro cónyuge judicialmente incapacitado, declarado ausente o en concurso de acreedores. 2. Venir realizando el otro cónyuge actos de disposición o de gestión en daño o fraude de los derechos del solicitante. 3. Llevar separado de hecho durante más de un año, aunque fuese de mutuo acuerdo. Si no se extingue el matrimonio tras la disolución del régimen de comunicación, los cónyuges, salvo pacto en contrario, quedarán sometidos al régimen de separación de bienes previsto en el Código Civil*».

– La **Ley 25/2010, de 29 de julio, del libro segundo del Código Civil de Cataluña,** relativo a la persona y la familia, dispone: *Artículo 222-15. Aptitud para ejercer cargos tutelares.* «*Pueden ser titulares de la tutela o de la administración patrimonial las personas físicas que tengan plena capacidad de obrar y no incurran en alguna de las siguientes causas de ineptitud: (...) d) Estar en situación declarada de concurso y no haber sido rehabilitadas, salvo que la tutela no incluya la administración de los bienes*». Además, establece diversas normas concursales en el Título III, la familia, al regular las «*relaciones económicas entre los cónyuges*». Entre éstas: *Artículo 231-12. Presunción de donación.* «*1. En caso de declaración de concurso de uno de los cónyuges, los bienes adquiridos por el otro a título oneroso durante el año anterior a la declaración se sujetan al siguiente régimen: a) Si la contraprestación para su adquisición procedía del cónyuge concursado, se presume la donación. b) En aquella parte en que no pueda acreditarse la procedencia de la contraprestación, se presume la donación de la mitad. 2. La presunción del apartado 1.b) se destruye si se acredita que, en el momento de la adquisición, el adquirente tenía ingresos o recursos suficientes para efectuarla. 3. Las presunciones establecidas por el presente artículo no rigen si los cónyuges estaban separados judicialmente o de hecho en el momento de la adquisición*»; *Artículo 231-13. Cuentas indistintas.* «*En caso de declaración de concurso de cualquiera de los cónyuges o de embargo de cuentas indistintas por deudas privativas de uno de los cónyuges, el cónyuge no deudor puede sustraer de la masa activa del concurso o del embargo los importes que acredite que le pertenecen*»; *Artículo 231-17. Embargo y concurso.* «*1. El acreedor de uno de los cónyuges puede solicitar el embargo sobre la parte que el deudor tiene en los bienes adquiridos con pacto de supervivencia. El embargo debe notificarse al cónyuge que no es parte en el litigio. 2. En caso de declaración de concurso, la parte correspondiente al cónyuge concursado se integra en la masa activa. El otro cónyuge tiene derecho a sustraer de la masa esta parte satisfaciendo su valor. Si se trata de la vivienda familiar, el valor es el del precio de adquisición actualizado de acuerdo con el índice de precios al consumo específico del sector de la vivienda. En los demás bienes, el valor es el que determinen de común acuerdo el cónyuge del concursado y la administración concursal o, en su defecto, el que fije la autoridad judicial después de haber escuchado a las partes y previo informe de un experto si lo considera pertinente*»; *Artículo 231-18. Extinción.* «*1. El pacto de supervivencia se extingue por: a) Acuerdo de ambos cónyuges durante el matrimonio. b) Declaración de nulidad del matrimonio, separación judicial o de hecho, o divorcio. c) Adjudicación a un tercero de la mitad del bien como consecuencia del embargo o de un procedimiento concursal. 2. La ineficacia y la extinción del pacto de supervivencia determinan la cotitularidad, en comunidad indivisa ordinaria, de los cónyuges, o del cónyuge superviviente y de los herederos del premuerto, o bien del cónyuge no deudor y del adjudicatario de la mitad del cónyuge deudor*».

– La **Ley 1/1973 de 1 de marzo, por la que se aprueba la Compilación del Derecho Civil Foral de Navarra** establece: «*Ley 95. Disolución. Son causas de disolución de la sociedad conyugal de conquistas: 1. Las establecidas en capitulaciones matrimoniales. 2. El acuerdo de ambos cónyuges; pero si anteriormente hubieren otorgado capitulaciones, deberá observarse lo establecido en la ley 86. 3. El fallecimiento de uno de los cónyuges. 4. La resolución judicial por la que se declare la nulidad, separación o divorcio. 5. La resolución judicial que la decrete, a petición de uno de los cónyuges, en cualquiera de los casos siguientes: a) Si se hubiera modificado judicialmente la capacidad del otro cónyuge o hubiera sido declarado ausente. b) Si el otro cónyuge hubiera sido declarado en concurso cuando dicho efecto esté previsto en la ley concursal. c) Si el otro cónyuge por sí solo realizare actos que entrañen fraude, daño o peligro para los derechos que en la sociedad de conquistas correspondan al que solicite la disolución. d) Si llevaran los cónyuges separados de hecho más de un año. e) Si se hubiera decretado el embargo sobre bienes de conquista, por obligaciones personales del otro cónyuge, conforme a lo previsto en el párrafo último de la ley 93. En cualquiera de los supuestos comprendidos en este número, si hubiera pleito sobre la causa de disolución, iniciada su tramitación, el juez dispondrá la práctica de inventario y adoptará las medidas necesarias para la administración del caudal de la sociedad de conquistas; asimismo, se requerirá autorización judicial para todo acto que exceda de la administración ordinaria*».

– El artículo 1442, apartado segundo, del **Código Civil (Real Decreto de 24 de julio de 1889 por el que se publica el Código Civil)** se modifica por la Ley 15/2015, de 2 de julio, de la jurisdicción voluntaria, para determinar la aplicación de la legislación concursal en caso de declaración de un cónyuge en concurso: «Declarado un cónyuge en concurso, serán de aplicación las disposiciones de la legislación concursal».

CONSUMIDORES Y USUARIOS

– La **Ley 2/2012, de 28 de marzo, gallega de protección general de las personas consumidoras y usuarias**, establece: *Capítulo III. Responsabilidad por las infracciones. Artículo 96. Responsables. 1. Son responsables de las infracciones tipificadas por la presente ley las personas físicas o jurídicas que por acción u omisión hayan participado en su comisión. 2. Son responsables de las infracciones tipificadas por la presente ley, como autores, las personas físicas o jurídicas que las cometan. 3. Si en la cadena de producción o comercialización de los bienes o prestación de los servicios intervienen diferentes sujetos, cada uno de ellos es responsable de las infracciones que haya cometido. No obstante lo anterior, si en la cadena de producción o comercialización de los bienes o prestación de los servicios un sujeto conocía o debía conocer la comisión de una infracción en un eslabón anterior y no adopta las medidas necesarias para su corrección o para evitar su continuación, será responsable de la misma, independientemente de las responsabilidades del resto de intervinientes en la cadena de producción o comercialización de los bienes o prestación de los servicios. 4. También se considerarán responsables de las infracciones aquellas personas o entidades, independientemente de su naturaleza jurídica o de su carácter o no de empresa o titular de empresa, que cooperen en la comisión de una conducta u omisión infractora o la encubran, y que sugieran, impongan, recomienden o induzcan a la realización de una conducta u omisión infractora. 5. Si una infracción es imputada a una persona jurídica, pueden ser consideradas también como responsables las personas que integran sus organismos rectores o de dirección o administración, así como los técnicos responsables de la elaboración y control. A efectos de la presente ley, integran los órganos rectores o de dirección o administración las personas que consten en los registros públicos como tales, las que hagan ostentación pública de esta condición o las que actúen como si la tuviesen. 6. A efectos de la aplicación de la presente ley, la actuación de una empresa es también imputable a las empresas o personas que la controlen. 7. En caso de infracciones cometidas por personas jurídicas que se extingan o se encuentren en situación concursal antes de ser sancionadas, la responsabilidad administrativa podrá exigirse también a las personas físicas que compongan los órganos de dirección o administración en el momento de la comisión de la infracción. 8. La responsabilidad de los coautores de una misma infracción será independiente y se impondrá a cada uno la sanción correspondiente a la infracción en la extensión adecuada a su culpabilidad y demás circunstancias personales. En particular, se entenderán incluidos en este caso los anunciantes y agencias de publicidad respecto de las infracciones de publicidad subliminal, engañosa o que infrinja lo dispuesto en la normativa sobre publicidad de determinados bienes o servicios. 9. La muerte del infractor extingue la responsabilidad. En caso de sanciones pecuniarias impuestas sobre entidades disueltas y liquidadas, la administración correspondiente podrá dirigirse, para la cobranza de las sanciones pecuniarias impuestas a dichas entidades, contra los socios o partícipes, que responderán solidariamente del importe de la deuda y hasta el límite del valor de la cuota de liquidación que se les adjudicó. 10. Conforme a lo previsto en el artículo 28.2 de la Ley 40/2015, de 1 de octubre, en el procedimiento sancionador podrá exigirse al infractor la reposición de la situación alterada por la infracción a su estado original y, en su caso, la indemnización de daños y perjuicios causados al consumidor, que será determinada y exigida por el órgano al que corresponda el ejercicio de la potestad sancionadora, debiendo notificarse al infractor para que proceda a su satisfacción en un plazo que será determinado en función de la cuantía. De no satisfacerse la indemnización en el plazo que al efecto se determine en función de su cuantía, se procederá en la forma prevista en el artículo 101 de la Ley 39/2015, de 1 de octubre, del procedimiento administrativo común de las administraciones públicas. 11. Sin perjuicio de lo establecido en los apartados anteriores y en los artículos siguientes, en los supuestos de ventas automáticas de bienes o servicios serán responsables los determinados en la normativa de ordenación del comercio minorista de aplicación en la Comunidad Autónoma de Galicia.*

– El **Real Decreto Legislativo 1/2007, de 16 de noviembre, que aprueba el texto refundido de la Ley General para la Defensa de los Consumidores y Usuarios y otras leyes complementarias**, establece la exclusión del sistema arbitral de consumo en caso de concurso de acreedores: «*Quedarán sin efecto los convenios arbitrales y las ofertas públicas de adhesión al arbitraje de consumo formalizados por quienes sean declarados en concurso de acreedores. A tal fin, el auto de declaración de concurso será notificado al órgano a través del cual se hubiere formalizado el convenio y a la Junta Arbitral Nacional, quedando desde ese momento el deudor concursado excluido a todos los efectos del Sistema Arbitral de Consumo* (art. 58.2)».

– El **Real Decreto 713/2024, de 23 de julio, por el que se aprueba el Reglamento que regula el Sistema Arbitral de Consumo** establece: *Artículo 29. Baja en las bases de datos de empresarios adheridos al Sistema Arbitral de Consumo. 1. Los empresarios adheridos al Sistema Arbitral de Consumo causarán baja en las bases de datos de empresarios adheridos y,* *en consecuencia, no podrán hacer uso del distintivo concedido a partir de la fecha de efectos de aquella, en los siguientes supuestos: a) Denuncia por el empresario o extinción de la oferta por vencimiento del plazo de su vigencia. b) Utilización fraudulenta o engañosa del distintivo de adhesión. c) Incumplimiento reiterado de los laudos arbitrales dictados por los órganos arbitrales de consumo. d) Comisión de reiteradas infracciones calificadas como graves o muy graves en materia de protección al consumidor, que hayan sido sancionadas, con carácter firme, por las administraciones públicas competentes. e) Realización de prácticas, constatadas por las administraciones públicas competentes en materia de protección al consumidor, que lesionen gravemente los derechos e intereses legítimos de los consumidores, aunque no hayan sido sancionadas previamente. f) Declaración de concurso de acreedores de la empresa. g) Cese de la actividad del empresario, disolución o liquidación de la empresa y extinción de su personalidad. 2. La persona titular de la presidencia de la Junta Arbitral que hubiera concedido el distintivo oficial de empresario adherido, previa audiencia de este, dictará resolución motivada de retirada del distintivo y, en su caso, de su baja en las bases de datos correspondientes.*

CONTRATO DE AGENCIA

– La **Ley 12/1992, de 27 de mayo, sobre Contrato de Agencia** establece: *«Artículo 26.1. b) Cuando la otra parte hubiere sido declarada en concurso».*

CONTRATO DE MANDATO

– La **Ley 3/2017, de 15 de febrero, del libro sexto del Código Civil de Cataluña, relativo a las obligaciones y los contratos, y de modificación de los libros primero, segundo, tercero, cuarto y quinto,** contempla entre las causas de extinción del mandato la declaración de concurso del mandante o del mandatario: *«Artículo 622-33. Causas. 1. El mandato se extingue, además de por las causas establecidas por el título de constitución o por la ley, por: a) El cumplimiento del encargo. b) La revocación por parte del mandante o el desistimiento del mandatario. c) La muerte, la declaración de muerte o de ausencia, la modificación judicial de la capacidad o la prodigalidad, la declaración de concurso del mandante o del mandatario. d) La extinción de la persona jurídica mandante o mandataria. 2. En caso de modificación judicial de la capacidad del mandante, el contrato no se extingue si se ha establecido su continuidad o se ha concluido para el caso de modificación judicial de la capacidad apreciada de acuerdo con lo que ha determinado el mandante».*

CONTRATOS DE TRABAJO

– El **Real Decreto Legislativo 2/2015, de 23 de octubre, aprueba el texto refundido de la Ley del Estatuto de los Trabajadores,** de conformidad con el artículo Uno.d) de la Ley 20/2014, de 29 de octubre, por la que se delega en el Gobierno la potestad de dictar diversos textos refundidos. Dada la relevancia de los trabajadores en los procedimientos concursales, este Texto Refundido recoge las diferentes previsiones que han ido fijándose para la coordinación de la legislación laboral y concursal, fundamentalmente, en lo relativo al Fondo de Garantía Salarial, ya que, con carácter general, en caso de concurso de acreedores resultan aplicables las disposiciones de la legislación concursal: *«Artículo 32. Garantías del salario. (...) 5. Las preferencias reconocidas en los apartados precedentes serán de aplicación en todos los supuestos en los que, no hallándose el empresario declarado en concurso, los correspondientes créditos concurran con otro u otros sobre bienes de aquel. En caso de concurso, serán de aplicación las disposiciones de la Ley 22/2003, de 9 de julio, Concursal, relativas a la clasificación de los créditos y a las ejecuciones y apremios»; «Artículo 33. El Fondo de Garantía Salarial. 1. El Fondo de Garantía Salarial, organismo autónomo adscrito al Ministerio de Empleo y Seguridad Social, con personalidad jurídica y capacidad de obrar para el cumplimiento de sus fines, abonará a los trabajadores el importe de los salarios pendientes de pago a causa de insolvencia o concurso del empresario. A los anteriores efectos, se considerará salario la cantidad reconocida como tal en acto de conciliación o en resolución judicial por todos los conceptos a que se refiere el artículo 26.1, así como los salarios de tramitación en los supuestos en que legalmente procedan, sin que pueda el Fondo abonar, por uno u otro concepto, conjunta o separadamente, un importe superior a la cantidad resultante de multiplicar el doble del salario mínimo interprofesional diario, incluyendo la parte proporcional de las pagas extraordinarias, por el número de días de salario pendiente de pago, con un máximo de ciento veinte días. 2. El Fondo de Garantía Salarial, en los casos del apartado anterior, abonará indemnizaciones reconocidas como consecuencia de sentencia, auto, acto de conciliación judicial o resolución administrativa a favor de los trabajadores a causa de despido o extinción de los contratos conforme a los artículos 50, 51, 52, 40.1 y 41.3, y de extinción de contratos conforme a los artículos 181 y 182 del texto refundido de la Ley Concursal, aprobado por el Real Decreto Legislativo 1/2020, de 5 de mayo, y al artículo 11.2 del Real Decreto 1620/2011, de 14 de noviembre, por el que se regula la relación laboral de carácter especial del servicio del hogar familiar, así como las indemnizaciones por extinción de contratos temporales o de duración determinada en los casos que legalmente procedan. En todos los casos, con el límite máximo de una anualidad,* *excepto en el supuesto del artículo 41.3 de esta norma, en que el límite máximo será de 9 mensualidades y en el del artículo 11.2 del Real Decreto 1620/2011, de 14 de noviembre, en que el límite será de 6 mensualidades, sin que el salario diario, base del cálculo, pueda exceder del doble del salario mínimo interprofesional, incluyendo la parte proporcional de las pagas extraordinarias. El importe de la indemnización, a los solos efectos de abono por el Fondo de Garantía Salarial para los casos de despido o extinción de los contratos conforme a los artículos 50 y 56, se calculará sobre la base de treinta días por año de servicio, con el límite fijado en el párrafo anterior. 3. En caso de procedimientos concursales, desde el momento en que se tenga conocimiento de la existencia de créditos laborales o se presuma la posibilidad de su existencia, el juez, de oficio o a instancia de parte, citará al Fondo de Garantía Salarial, sin cuyo requisito no asumirá este las obligaciones señaladas en los apartados anteriores. El Fondo se personará en el expediente como responsable legal subsidiario del pago de los citados créditos, pudiendo instar lo que a su derecho convenga y sin perjuicio de que, una vez realizado, continúe como acreedor en el expediente. A los efectos del abono por el Fondo de las cantidades que resulten reconocidas a favor de los trabajadores, se tendrán en cuenta las reglas siguientes: Primera. Sin perjuicio de los supuestos de responsabilidad directa del organismo en los casos legalmente establecidos, el reconocimiento del derecho a la prestación exigirá que los créditos de los trabajadores aparezcan incluidos en la lista de acreedores o, en su caso, reconocidos como deudas de la masa por el órgano del concurso competente para ello en cuantía igual o superior a la que se solicita del Fondo, sin perjuicio de la obligación de aquellos de reducir su solicitud o de reembolsar al Fondo la cantidad que corresponda cuando la cuantía reconocida en la lista definitiva fuese inferior a la solicitada o a la ya percibida. Segunda. Las indemnizaciones a abonar a cargo del Fondo, con independencia de lo que se pueda pactar en el proceso concursal, se calcularán sobre la base de veinte días por año de servicio, con el límite máximo de una anualidad, sin que el salario diario, base del cálculo, pueda exceder del doble del salario mínimo interprofesional, incluyendo la parte proporcional de las pagas extraordinarias. Tercera. En el supuesto de que los trabajadores perceptores de estas indemnizaciones solicitaran del Fondo el abono de la parte de indemnización no satisfecha por el empresario, el límite de la prestación indemnizatoria a cargo del Fondo se reducirá en la cantidad ya percibida por aquellos. 4. El Fondo asumirá las obligaciones especificadas en los apartados anteriores, previa instrucción de expediente para la comprobación de su procedencia. Para el reembolso de las cantidades satisfechas, el Fondo de Garantía Salarial se subrogará obligatoriamente en los derechos y acciones de los trabajadores, conservando el carácter de créditos privilegiados que les confiere el artículo 32 de esta ley. Si dichos créditos concurriesen con los que puedan conservar los trabajadores por la parte no satisfecha por el Fondo, unos y otros se abonarán a prorrata de sus respectivos importes. 5. El Fondo de Garantía Salarial se financiará con las aportaciones efectuadas por todos los empresarios a que se refiere el artículo 1.2 de esta ley, tanto si son públicos como privados. El tipo de cotización se fijará por el Gobierno sobre los salarios que sirvan de base para el cálculo de la cotización para atender las contingencias derivadas de accidentes de trabajo, enfermedad profesional y desempleo en el sistema de la Seguridad Social. 6. A los efectos de este artículo se entiende que existe insolvencia del empresario cuando, instada la ejecución en la forma establecida por la Ley 36/2011, de 10 de octubre, Reguladora de la Jurisdicción Social, no se consiga satisfacción de los créditos laborales. La resolución en que conste la declaración de insolvencia será dictada previa audiencia del Fondo de Garantía Salarial. 7. El derecho a solicitar del Fondo de Garantía Salarial el pago de las prestaciones que resultan de los apartados anteriores prescribirá al año de la fecha del acto de conciliación, sentencia, auto o resolución de la autoridad laboral en que se reconozca la deuda por salarios o se fijen las indemnizaciones. Tal plazo se interrumpirá por el ejercicio de las acciones ejecutivas o de reconocimiento del crédito en procedimiento concursal y por las demás formas legales de interrupción de la prescripción. 8. El Fondo de Garantía Salarial tendrá la consideración de parte en la tramitación de los procedimientos arbitrales, a efectos de asumir las obligaciones previstas en este artículo. 9. El Fondo de Garantía Salarial dispensará la protección regulada en este artículo en relación con los créditos impagados de los trabajadores que ejerzan o hayan ejercido habitualmente su trabajo en España cuando pertenezcan a una empresa con actividad en el territorio de al menos dos Estados miembros de la Unión Europea, uno de los cuales sea España, cuando concurran, conjuntamente, las siguientes circunstancias: a) Que se haya solicitado la apertura de un procedimiento colectivo basado en la insolvencia del empresario en un Estado miembro distinto de España, previsto por sus disposiciones legales y administrativas, que implique el desapoderamiento parcial o total del empresario y el nombramiento de un síndico o persona que ejerza una función similar. b) Que se acredite que la autoridad competente, en virtud de dichas disposiciones, ha decidido la apertura del procedimiento; o bien que ha comprobado el cierre definitivo de la empresa o del centro de trabajo del empresario, así como la insuficiencia del activo disponible para justificar la apertura del procedimiento. Cuando, de acuerdo con los términos establecidos en este apartado, la protección de los créditos impagados corresponda al Fondo de Garantía Salarial, este solicitará información de la institución de garantía del Estado miembro en el que se tramite el procedimiento colectivo de insolvencia sobre los créditos pendientes de pago de los trabajadores y sobre los satisfechos por dicha institución de garantía y pedirá su colaboración para garantizar que las cantidades abonadas a los trabajadores sean tenidas en cuenta en el procedimiento, así como para conseguir el reembolso de dichas cantidades. 10. En el supuesto de procedimiento concursal solicitado en España en relación con una empresa con actividad en el territorio de al menos otro Estado miembro de la Unión Europea, además de España, el Fondo de Garantía Salarial estará obligado a proporcionar información a la institución de garantía del Estado en cuyo territorio los trabajadores de la empresa en estado de insolvencia hayan ejercido o ejerzan habitualmente su trabajo, en particular, poniendo en su conocimiento los créditos pendientes de pago de los trabajadores, así como los satisfechos por el propio Fondo de Garantía Salarial. Asimismo, el Fondo de Garantía Salarial prestará a la institución de garantía competente la colaboración que le sea requerida en relación con su intervención en el procedimiento y con el reembolso de las cantidades abonadas a los trabajadores. 11. El Fondo procederá a la instrucción de un expediente para la comprobación de la procedencia de los salarios e indemnizaciones reclamados, respetando en todo caso los límites previstos en los apartados anteriores. Concluida la instrucción del expediente, el órgano competente dictará resolución en el plazo máximo de tres meses contados desde la presentación en forma de la solicitud. La notificación al interesado deberá ser cursada dentro del plazo de 10 días a partir de la fecha en que el acto haya sido dictado. Transcurrido dicho plazo sin que haya recaído resolución expresa, el solicitante podrá entender estimada por silencio administrativo la solicitud de reconocimiento de las obligaciones con cargo al Fondo, sin que en ningún caso pueda obtenerse por silencio el reconocimiento de obligaciones en favor de personas que no puedan ser legalmente beneficiarias o por cuantía superior a la que resulte por aplicación de los límites previstos en los apartados anteriores. La resolución expresa posterior al vencimiento del plazo solo podrá dictarse de ser confirmatoria del reconocimiento de la obligación, en favor de personas que puedan ser legalmente beneficiarias y dentro de los límites previstos en los apartados anteriores. En todo caso, a efectos probatorios, se podrá solicitar un certificado acreditativo del silencio producido, en el que se incluirán las obligaciones con cargo al Fondo que, dentro de los límites previstos en los apartados anteriores, deben entenderse reconocidas. Contra dicha resolución podrá interponerse demanda ante el órgano jurisdiccional del orden social competente en el plazo de dos meses contados desde el día siguiente al de la notificación si el acto fuera expreso; si no lo fuera, dicho plazo se contará a partir del día siguiente a aquel en que deba entenderse estimada la solicitud conforme a lo establecido en el apartado anterior por silencio»; «Artículo 51. Despido colectivo. (...) 9. Cuando se trate de procedimientos de despidos colectivos de empresas no incursas en procedimiento concursal, que incluyan trabajadores con cincuenta y cinco o más años de edad que no tuvieren la condición de mutualistas el 1 de enero de 1967, existirá la obligación de abonar las cuotas destinadas a la financiación de un convenio especial respecto de los trabajadores anteriormente señalados en los términos previstos en el texto refundido de la Ley General de la Seguridad Social. 10. La empresa que lleve a cabo un despido colectivo que afecte a más de cincuenta trabajadores deberá ofrecer a los trabajadores afectados un plan de recolocación externa a través de empresas de recolocación autorizadas. Dicho plan, diseñado para un periodo mínimo de seis meses, deberá incluir medidas de formación y orientación profesional, atención personalizada al trabajador afectado y búsqueda activa de empleo. En todo caso, lo anterior no será de aplicación en las empresas que se hubieran sometido a un procedimiento concursal. El coste de la elaboración e implantación de dicho plan no recaerá en ningún caso sobre los trabajadores. La autoridad laboral, a través del servicio público de empleo competente, verificará la acreditación del cumplimiento de esta obligación y, en su caso, requerirá a la empresa para que proceda a su cumplimiento. Sin perjuicio de lo establecido en el párrafo anterior y de las responsabilidades administrativas correspondientes, el incumplimiento de la obligación establecida en este apartado o de las medidas sociales de acompañamiento asumidas por el empresario, podrá dar lugar a la reclamación de su cumplimiento por parte de los trabajadores (...)»; «Sección 5.ª Procedimiento concursal. Artículo 57. Procedimiento concursal. En caso de concurso, a los supuestos de modificación, suspensión y extinción colectivas de los contratos de trabajo y de sucesión de empresa, se aplicarán las especialidades previstas en la Ley 22/2003, de 9 de julio, Concursal».*

– La **Ley 3/2012, de 6 de julio, de medidas urgentes para la reforma del mercado laboral** establece: *«Artículo 15. Medidas de apoyo a la suspensión de contratos y a la reducción de jornada. 1. Las empresas tendrán derecho a una bonificación del 50 por ciento de las cuotas empresariales a la Seguridad Social por contingencias comunes, devengadas por los trabajadores en situaciones de suspensión de contrato o reducción temporal de jornada por causas económicas, técnicas, organizativas o de producción o fuerza mayor, incluidas las suspensiones de contratos colectivas tramitadas de conformidad con la legislación concursal. La duración de la bonificación será coincidente con la situación de desempleo del trabajador, sin que en ningún caso pueda superar los 240 días por trabajador. 2. Para la obtención de la bonificación será requisito necesario que el empresario se comprometa a mantener en el empleo a los trabajadores afectados durante al menos un año con posterioridad a la finalización de la suspensión o reducción. En caso de incumplimiento de esta obligación, deberá reintegrar las bonificaciones aplicadas respecto de dichos trabajadores, sin perjuicio de la aplicación de lo establecido en el Texto Refundido de la Ley sobre Infracciones y Sanciones en el Orden Social, aprobado por Real Decreto Legislativo 5/2000, de 4 de agosto. No se considerará incumplida esta obligación cuando el contrato de trabajo* se extinga por despido disciplinario declarado como procedente, dimisión, muerte, jubilación o incapacidad permanente total, absoluta o gran invalidez del trabajador. Las empresas que hayan extinguido o extingan por despido reconocido o declarado improcedente o por despido colectivo contratos a los que se haya aplicado la bonificación establecida en este artículo quedarán excluidas por un periodo de doce meses de la aplicación de bonificaciones en las cuotas de la Seguridad Social. La citada exclusión afectará a un número de contratos igual al de las extinciones producidas. El periodo de exclusión se contará a partir del reconocimiento o de la declaración de improcedencia del despido o de la extinción derivada del despido colectivo. 3. Será de aplicación lo establecido en el artículo 1.3 y 1.4 de la Ley 43/2006, de 29 de diciembre, para la mejora del crecimiento y del empleo, así como los requisitos regulados en el artículo 5, las exclusiones establecidas en las letras a) y b) del artículo 6.1, y lo dispuesto en su artículo 9 sobre reintegro de los beneficios. 4. Las bonificaciones a las que se refiere este artículo serán compatibles con otras ayudas públicas previstas con la misma finalidad, incluidas las reguladas en el Programa de fomento de empleo, sin que en ningún caso la suma de las bonificaciones aplicables pueda superar el 100 por 100 de la cuota empresarial a la Seguridad Social. 5. Lo dispuesto en este artículo será aplicable a las suspensiones de contratos de trabajo o reducciones de jornada que se inicien desde el 1 de enero de 2012 hasta el 31 de diciembre de 2013. 6. El Servicio Público de Empleo Estatal llevará a cabo un seguimiento trimestral de la bonificación establecida en este artículo, para garantizar que se cumplen los requisitos y finalidad de la misma». Y, también, prevé: «Artículo 16. Reposición del derecho a la prestación por desempleo» —cuyo apartado primero ha sido modificado por el Real Decreto-ley 1/2013, de 25 de enero, por el que se prorroga el programa de recualificación profesional de las personas que agoten su protección por desempleo y se adoptan otras medidas urgentes para el empleo y la protección social de las personas desempleada—: «1. Cuando una empresa, en virtud del artículo 47 del texto refundido de la Ley del Estatuto de los Trabajadores o de un procedimiento concursal, haya suspendido contratos de trabajo, de forma continuada o no, o haya reducido el número de días u horas de trabajo, y posteriormente se extingan contratos al amparo de los artículos 51 o 52.c) del texto refundido de la Ley del Estatuto de los Trabajadores, o del artículo 64 de la Ley 22/2003, de 9 de julio, Concursal, los trabajadores afectados tendrán derecho a la reposición de la duración de la prestación por desempleo de nivel contributivo por el mismo número de días que hubieran percibido el desempleo total o parcial en virtud de aquellas suspensiones o reducciones con un límite máximo de 180 días, siempre que se cumplan las siguientes condiciones: a) Que las suspensiones o reducciones de jornada se hayan producido entre el 1 de enero de 2012 y el 31 de diciembre de 2013, ambos inclusive. b) Que el despido se produzca entre el 12 de febrero de 2012 y el 31 de diciembre de 2014». El resto del artículo 16 —en la redacción dada por la Ley 3/2012, de 6 de julio, de medidas urgentes para la reforma del mercado laboral— establece: «2. La reposición prevista en el apartado 1 de este artículo será de aplicación cuando en el momento de la extinción de la relación laboral: a) Se reanude el derecho a la prestación por desempleo. b) Se opte por la reapertura del derecho a la prestación por desempleo inicial, en ejercicio del derecho de opción previsto en el artículo 210.3 del Texto Refundido de la Ley General de la Seguridad Social, aprobado por Real Decreto Legislativo 1/1994, de 20 de junio. c) Se haya agotado la prestación por desempleo durante la suspensión o la reducción de jornada y no se haya generado un nuevo derecho a prestación por desempleo contributiva. 3. La reposición prevista en este artículo se aplicará al mismo derecho a la prestación por desempleo que se consumió durante la suspensión temporal o reducción temporal de la jornada de trabajo. La base de cotización y la cuantía a percibir, durante el periodo de la reposición, serán las mismas que las que correspondieron a los periodos objeto de la reposición. 4. El derecho a la reposición se reconocerá de oficio por la entidad gestora en los supuestos en los que se solicite la reanudación o reapertura de la prestación por desempleo. En los supuestos en que esté agotado el derecho se deberá solicitar la reposición, siendo de aplicación lo establecido en el artículo 209 de la Ley General de la Seguridad Social. 5. Las ayudas reconocidas en concepto de reposición de prestaciones por desempleo a los trabajadores incluidos en los planes de apoyo para facilitar el ajuste laboral de los sectores afectados por cambios estructurales del comercio mundial, conforme a lo previsto en los citados planes de apoyo y en la Orden de 5 de abril de 1995 por la que se determinan las ayudas que podrá conceder el Ministerio de Trabajo y Seguridad Social a trabajadores afectados por procesos de reconversión y/o reestructuración de empresas [El **Real Decreto 908/2013, de 22 de noviembre, por el que se establecen las normas especiales para la concesión de ayudas extraordinarias a trabajadores afectados por procesos de reestructuración de empresas** deroga la **Orden de 5 de abril de 1995** (*"Disposición derogatoria única. Derogación normativa. Queda derogada la Orden de 5 de abril de 1995, por la que se determinan las ayudas que podrá conceder el Ministerio de Trabajo y Seguridad Social a trabajadores afectados por procesos de reconversión y/o reestructuración de empresas"*)], no serán acumulables a la reposición de prestaciones establecida en este artículo».

– La **Ley 36/2011, de 10 de octubre, reguladora de la jurisdicción social** establece en el artículo 7: «*Las Salas de lo Social de los Tribunales Superiores de Justicia conocerán: (...) d) De los recursos de suplicación contra las resoluciones de los jueces de lo mercantil previstos en los artículos 64.8 y 197.8 de la Ley Concursal. (...)*».

– La **Ley 27/2009, de 30 de diciembre, de medidas urgentes para el mantenimiento y el fomento del empleo y la protección de las personas desempleadas** se refiere al procedimiento concursal, de un lado, en el artículo 1.1: «*Artículo 1. Bonificación en la cotización empresarial a la Seguridad Social en los supuestos de regulaciones temporales de empleo. 1. Las empresas tendrán derecho a una bonificación del 50 por ciento de las cuotas empresariales a la Seguridad Social por contingencias comunes, devengadas por los trabajadores en situaciones de suspensión de contrato o reducción temporal de jornada que hayan sido autorizadas en expedientes de regulación de empleo, incluidas las suspensiones de contratos colectivas tramitadas de conformidad con la legislación concursal. La duración de la bonificación será coincidente con la situación de desempleo del trabajador, sin que en ningún caso pueda superar los 240 días por trabajador*». Y, de otro lado, en el artículo 3, Reposición del derecho a la prestación por desempleo: «*1. Cuando se autorice a una empresa, en virtud de uno o varios expedientes de regulación de empleo o procedimientos concursales, a suspender los contratos de trabajo, de forma continuada o no, o a reducir el número de días u horas de trabajo, y posteriormente se autorice por resolución administrativa en expediente de regulación de empleo o por resolución judicial en procedimiento concursal la extinción de los contratos, o se extinga el contrato al amparo del artículo 52.c del Estatuto de los Trabajadores, Texto Refundido aprobado por Real Decreto Legislativo 1/1995, de 24 de marzo, los trabajadores afectados tendrán derecho a la reposición de la duración de la prestación por desempleo de nivel contributivo por el mismo número de días que hubieran percibido el desempleo total o parcial en virtud de aquellas autorizaciones con un límite máximo de 180 días, siempre que se cumplan las siguientes condiciones: a) Que las resoluciones administrativas o judiciales que autoricen las suspensiones o reducciones de jornada se hayan producido entre el 1 de octubre de 2008 y el 31 de diciembre de 2011, ambos inclusive; b) Que el despido o la resolución administrativa o judicial que autorice la extinción se produzca entre el 18 de junio de 2010 y el 31 de diciembre de 2012. 2. La reposición prevista en el apartado 1 de este artículo será de aplicación cuando en el momento de la extinción de la relación laboral: a) Se reanude el derecho a la prestación por desempleo. b) Se opte por la reapertura del derecho a la prestación por desempleo inicial, en ejercicio del derecho de opción previsto en el artículo 210.3 del texto refundido de la Ley General de la Seguridad Social, aprobado por Real Decreto Legislativo 1/1994, de 20 de junio. c) Se haya agotado la prestación por desempleo durante la suspensión o la reducción de jornada y no se haya generado un nuevo derecho a prestación por desempleo contributiva. 3. Cuando se autorice a una empresa en virtud de expediente de regulación de empleo o procedimiento concursal a suspender los contratos de trabajo, de forma continuada o no, o a reducir el número de días u horas de trabajo, durante el cual los trabajadores hayan agotado la prestación por desempleo a la que tuvieran derecho, y posteriormente se autorice por resolución administrativa en expediente de regulación de empleo o por resolución judicial en procedimiento concursal la reducción de jornada o suspensión de los contratos, los trabajadores afectados por dichas autorizaciones que no hayan generado un nuevo derecho a prestación contributiva tendrán derecho a la reposición de la duración de la prestación por desempleo de nivel contributivo por el mismo número de días que hubieran percibido el desempleo total o parcial en virtud de la anterior suspensión o reducción de jornada con un límite máximo de 90 días, siempre que se cumplan las siguientes condiciones: a) Que la resolución administrativa o judicial que hubiera autorizado esa anterior suspensión o reducción de jornada se haya producido entre el 1 de octubre de 2008 y el 31 de diciembre de 2010, ambos inclusive. b) Que la resolución administrativa o judicial que autorice la posterior suspensión o reducción de jornada se produzca entre el 8 de marzo de 2009 y el 31 de diciembre de 2010. 4. La reposición prevista en los apartados anteriores se aplicará al mismo derecho a la prestación por desempleo que se consumió durante la suspensión temporal o reducción temporal de la jornada de trabajo. La base de cotización y la cuantía a percibir, durante el periodo de la reposición, serán las mismas que las que correspondieron a los periodos objeto de la reposición. 5. Si un trabajador ha sido beneficiario de la reposición prevista en el apartado 3 de este artículo no tendrá derecho a la recogida en el apartado 1. 6. El derecho a la reposición se reconocerá de oficio por la entidad gestora en los supuestos en los que se solicite la reanudación o reapertura de la prestación por desempleo. En los supuestos en que esté agotado el derecho se deberá solicitar la reposición, siendo de aplicación lo establecido en el artículo 209 de la Ley General de la Seguridad Social. 7. Las ayudas reconocidas en concepto de reposición de prestaciones por desempleo a los trabajadores incluidos en los planes de apoyo para facilitar el ajuste laboral de los sectores afectados por cambios estructurales del comercio mundial, conforme a lo previsto en los citados planes de apoyo y en la Orden de 5 de abril de 1995, por la que se determinan las ayudas que podrá conceder el Ministerio de Trabajo y Seguridad Social a trabajadores afectados por procesos de reconversión y/o reestructuración de empresas* [El **Real Decreto 908/2013, de 22 de noviembre, por el que se establecen las normas especiales para la concesión de ayudas extraordinarias a trabajadores afectados por procesos de reestructuración de empresas** deroga la **Orden de 5 de abril de 1995** (*"Disposición derogatoria única. Derogación normativa. Queda derogada la Orden de 5 de abril de 1995, por la que se determinan las ayudas que podrá conceder el Ministerio de Trabajo y Seguridad Social a trabajadores afectados por procesos de reconversión y/o reestructuración de empresas"*)], *no serán acumulables a la reposición de prestaciones establecida en este artículo*».

– El **Real Decreto 625/1985, de 2 de abril, por el que se desarrolla la Ley 31/1984, de 2 de agosto, de Protección por Desempleo** establece: *Artículo 22. Normas específicas de tramitación de la prestación por desempleo aplicables a los procedimientos de despido colectivo, de suspensión de contratos de trabajo y de reducción de jornada. 1. Sin perjuicio de las comunicaciones que la autoridad laboral ha de efectuar a la Entidad Gestora de las prestaciones por desempleo conforme a lo dispuesto en los artículos 51.2 del Estatuto de los Trabajadores y 267.3 del texto refundido de la Ley General de la Seguridad Social, la empresa deberá comunicar a dicha Entidad Gestora, a través de los medios electrónicos establecidos en las disposiciones de aplicación y desarrollo, y con carácter previo a su efectividad, las medidas de despido colectivo adoptadas conforme al artículo 51 del texto refundido de la Ley del Estatuto de los Trabajadores, así como las medidas de suspensión de contratos o de reducción de jornada adoptadas de acuerdo con el artículo 47 del texto refundido de la Ley del Estatuto de los Trabajadores. El contenido de dicha comunicación deberá incluir la siguiente información, que podrá ser completada de acuerdo con lo que establezcan las citadas disposiciones de desarrollo: a) El ámbito territorial de los despidos colectivos, suspensiones de contratos o reducciones de jornada. b) El nombre o razón social de la empresa, número de identificación fiscal, código de cuenta de cotización a la Seguridad Social y domicilio del centro o centros de trabajo afectados. c) La relación nominal de las personas trabajadoras afectadas y su número de identificación fiscal. d) En los supuestos de aplicación de medidas de suspensión de contratos o de reducción de jornada, la comunicación especificará el período dentro del cual se va a llevar a cabo la aplicación de la suspensión del contrato o la reducción de jornada, y dentro dicho periodo, los días concretos en que cada una de las personas trabajadoras va a quedar afectada por la medida de suspensión de contratos o reducción de jornada adoptada y, en este último caso, el horario de trabajo afectado por la reducción, así como el tipo de medida y el porcentaje máximo de reducción de jornada o el número máximo de días de suspensión de contrato que se pretenda aplicar respecto de cada una de las personas trabajadoras incluidas en la relación nominal anterior. Cuando se produzcan variaciones en los datos inicialmente contenidos en la comunicación sobre la aplicación de las referidas medidas de suspensión de contratos o reducción de jornada, la empresa deberá comunicar dichas variaciones con carácter previo a que se produzcan. Asimismo, la empresa acompañará a la comunicación el acuerdo empresarial remitido a la autoridad laboral. Este documento se remitirá igualmente a través de medios electrónicos. e) El acta final del periodo de consultas remitida a la autoridad laboral. 2. En los supuestos de despido colectivo, suspensión de contratos o reducción de jornada por causa de fuerza mayor de los artículos 51.7 y 47.5 y 6 del texto refundido de la Ley del Estatuto de los Trabajadores, en la resolución de la autoridad laboral que declare constatada su existencia figurarán, entre otros, los siguientes datos: a) Nombre o razón social de la empresa, código de cuenta de cotización a la Seguridad Social y domicilio del centro o centros de trabajo. b) Relación nominal de las personas trabajadoras afectadas y su número de identificación fiscal. c) Causa y carácter de la situación legal de desempleo de las personas trabajadoras, consignando si el desempleo es total o parcial y, en el primer caso, si es temporal o definitivo. Si fuese temporal, se consignará el período dentro del cual se va a llevar a cabo la aplicación de la suspensión del contrato o la reducción de jornada, así como el tipo de medida y el porcentaje máximo de reducción de jornada o el número máximo de días de suspensión de contrato que se pretenda aplicar respecto de cada una de las personas trabajadoras incluidas en la relación nominal anterior. 3. Con independencia de lo establecido en los apartados anteriores, a efectos del pago de las prestaciones por desempleo en los supuestos de suspensión del contrato de trabajo o reducción de la jornada del artículo 47 del texto refundido de la Ley del Estatuto de los Trabajadores, la empresa deberá comunicar mensualmente a la entidad gestora de las prestaciones por desempleo los periodos de actividad e inactividad de todas las personas afectadas por la suspensión o la reducción de jornada. El plazo máximo para efectuar la comunicación será el mes natural siguiente al mes al que se refieren los periodos de inactividad. En el caso de los días trabajados en reducción de jornada, las horas trabajadas se convertirán en días completos equivalentes de actividad. Para ello se dividirá el número total de horas trabajadas en el mes entre el número de horas que constituyesen la jornada habitual de la persona trabajadora con carácter previo a la aplicación de la reducción de jornada. 4. En los supuestos de suspensión de contratos o de reducción de jornada del artículo 47 del texto refundido de la Ley del Estatuto de los Trabajadores o por resolución judicial adoptada en el seno de un procedimiento concursal, cuando el periodo de suspensión o los días de inactividad equivalente afecten exclusivamente a determinados días laborables del mes, a efectos del pago y consumo de las prestaciones por desempleo, dichos días laborables se multiplicarán por el coeficiente 1,25 a fin de computar la parte proporcional del descanso semanal, salvo que la suspensión afecte a cinco o seis días laborables consecutivos, en cuyo caso se abonarán y consumirán siete días de prestación por desempleo. El coeficiente se aplicará sobre el total de los días laborables del mes en los que no se haya prestado servicio a causa de la medida de suspensión, incluido el día 31. En ningún caso la suma de los días a percibir por el trabajador en concepto de salarios y de prestaciones por desempleo podrá superar treinta y un días al mes. Cuando el periodo de suspensión suponga la pérdida efectiva de ocupación todos los días laborables del mes, a efectos de pago y consumo de la prestación se abonarán treinta días, con independencia de los días naturales del mes.*

– El **Real Decreto 908/2013, de 22 de noviembre, por el que se establecen las normas especiales para la concesión de ayudas extraordinarias a trabajadores afectados por procesos de reestructuración de empresas** establece: «*Artículo 3. Beneficiarios. Podrán ser beneficiarios de las ayudas los trabajadores despedidos de acuerdo con los artículos 51 y 52.c) del texto refundido de la Ley del Estatuto de los Trabajadores, aprobado por Real Decreto Legislativo 1/1995, de 24 de marzo, así como los trabajadores cuyo contrato de trabajo se extinga conforme a lo previsto en el artículo 64 de la Ley 22/2003, de 9 de julio, Concursal, siempre que cumplan los siguientes requisitos: 1. Que tengan una antigüedad mínima en la empresa o grupo de empresas de dos años. En el caso de trabajadores con contrato a tiempo parcial o fijos discontinuos la antigüedad se computará de fecha a fecha desde la fecha de ingreso en la empresa, hasta la fecha del despido. 2. Que se encuentren en situación legal de desempleo en el momento de la concesión de la ayuda. No obstante lo anterior, a aquellos trabajadores que se encuentren incluidos en un plan de rentas de los previstos en el artículo 4.1 de este real decreto, y que estén desempeñando una actividad remunerada en el momento de la concesión de la ayuda, se les podrá reconocer el derecho a la misma, pero su cobro quedará suspendido hasta que el trabajador se encuentre en situación legal de desempleo, iniciándose el cobro de la ayuda en ese momento pero solo por el periodo que le restase por percibir*». Además, se indica «*Artículo 5. Solicitud de la ayuda (...) 2. El plazo para la presentación de las solicitudes será el siguiente: (...) b) En el caso previsto en el artículo 4.2, en el plazo de dos meses desde el momento en que se produzca la extinción de los contratos de trabajo para las empresas en concurso de acreedores, o en su caso desde la declaración de insolvencia prevista en el artículo 276 de la Ley 36/2011, de 10 de octubre (...)*».

– El **Real Decreto 1483/2012, de 29 de octubre, por el que se aprueba el Reglamento de los procedimientos de despido colectivo y de suspensión de contratos y reducción de jornada**, establece: «*Artículo 29. Archivo de las actuaciones por declaración de concurso. En el caso de que la empresa fuera declarada en situación de concurso antes de que la autoridad laboral reciba la comunicación de la decisión empresarial de despido colectivo a que se refiere el artículo 12 o de suspensión de contratos o reducción de jornada a que se refiere el artículo 20.6, la autoridad laboral procederá a archivar las actuaciones, dando traslado de las mismas al Juez del concurso, conforme a lo dispuesto en el artículo 64.1 de la Ley 22/2003, de 9 de julio, Concursal*».

CONTRATOS PÚBLICOS

– La **Ley Foral 2/2018, de 13 de abril, de Contratos Públicos, de la Comunidad Foral de Navarra**, establece: «*Artículo 75. Procedimiento negociado sin convocatoria de licitación. 1. Se podrá utilizar un procedimiento negociado sin convocatoria de licitación, en los siguientes casos: (...) i) Cuando exista la posibilidad de comprar mercancías o servicios en condiciones especialmente ventajosas, bien a un suministrador que cese definitivamente en su actividad comercial, bien a los administradores o liquidadores de una sociedad inmersa en un procedimiento concursal u otro que pudiera desembocar en su liquidación (...)*».

– **Ley 9/2017, de 8 de noviembre, de contratos del sector público, por la que se transponen al ordenamiento jurídico español las Directivas del Parlamento Europeo y del Consejo 2014/23/UE y 2014/24/UE, de 26 de febrero de 2014.** Entre las disposiciones recogidas en la Ley 9/2017, de 8 de noviembre, de contratos del sector público, con incidencia en el ámbito del concurso de acreedores, se encuentra, en primer lugar, la tradicional prohibición de contratar con las entidades que forman parte del sector público: «*Artículo 71. Prohibiciones de contratar. 1. No podrán contratar con las entidades previstas en el artículo 3 de la presente Ley con los efectos establecidos en el artículo 73, las personas en quienes concurra alguna de las siguientes circunstancias: (...) c) Haber solicitado la declaración de concurso voluntario, haber sido declaradas insolventes en cualquier procedimiento, hallarse declaradas en concurso, salvo que en este haya adquirido eficacia un convenio o se haya iniciado un expediente de acuerdo extrajudicial de pagos, estar sujetos a intervención judicial o haber sido inhabilitados conforme a la Ley 22/2003, de 9 de julio, Concursal, sin que haya concluido el período de inhabilitación fijado en la sentencia de calificación del concurso (...)*». En segundo lugar, se recoge la preferencia en la ejecución de garantías, expresamente relacionada con las previsiones de los artículos 90 y 91 de la Ley Concursal: «*Artículo 113. Preferencia en la ejecución de garantías. 1. Para hacer efectivas las garantías, tanto provisionales como definitivas, la Administración contratante tendrá preferencia sobre cualquier otro acreedor, sea cual fuere la naturaleza del mismo y el título del que derive su crédito. 2. Cuando la garantía no sea bastante para cubrir las responsabilidades a las que está afecta, la Administración procederá al cobro de la diferencia mediante el procedimiento administrativo de apremio, con arreglo a lo establecido en las normas de recaudación. 3. Sin perjuicio de lo establecido en el artículo 90 de la Ley 22/2003, de 9 de julio, Concursal, en el caso de concurso los créditos derivados de las obligaciones ex lege o los surgidos en virtud de actos administrativos tendrán la consideración de créditos con privilegio general conforme a lo establecido en el artículo 91.4 de la Ley 22/2003*». En tercer lugar, en el ámbito de los contratos, se contemplan especialidades en los supuestos de cesión y de aplicación del procedimiento negociado sin publicidad y se establecen los efectos del concurso sobre la resolución de los contratos: «*Artículo 168. Supuestos de aplicación del procedimiento negociado sin publicidad. Los órganos de contratación podrán adjudicar contratos utilizando el procedimiento negociado sin la previa publicación de un anuncio de licitación únicamente en los siguientes casos: (...) c) En los contratos de suministro, además, en los siguientes casos: (...) 4.º Cuando se trate de un suministro concertado en condiciones especialmente ventajosas con un proveedor que cese definitivamente en sus actividades comerciales, o con los administradores de un concurso, o a través de un acuerdo judicial o un procedimiento de la misma naturaleza. d) En los contratos de servicios, además, en el supuesto de que el contrato en cuestión sea la consecuencia de un concurso de proyectos y, con arreglo a las normas aplicables deba adjudicarse al ganador. En caso de que existan varios ganadores, se deberá invitar a todos ellos a participar en las negociaciones. Asimismo, cuando se trate de un servicio concertado en condiciones especialmente ventajosas con un proveedor que cese definitivamente en sus actividades comerciales, o con los administradores de un concurso, o a través de un acuerdo judicial o un procedimiento de la misma naturaleza (...)*». «*Artículo 211. Causas de resolución. 1. Son causas de resolución del contrato: (...) b) La declaración de concurso o la declaración de insolvencia en cualquier otro procedimiento (...)*». «*Artículo 212. Aplicación de las causas de resolución. (...) 5. En caso de declaración en concurso la Administración potestativamente continuará el contrato si razones de interés público así lo aconsejan, siempre y cuando el contratista prestare las garantías adicionales suficientes para su ejecución. En todo caso se entenderá que son garantías suficientes: a) Una garantía complementaria de al menos un 5 por 100 del precio del contrato, que deberá prestarse en cualquiera de las formas contempladas en el artículo 108. b) El depósito de una cantidad en concepto de fianza, que se realizará de conformidad con lo establecido en el artículo 108.1, letra a), y que quedará constituida como cláusula penal para el caso de incumplimiento por parte del contratista (...)*». «*Artículo 214. Cesión de los contratos. (...) 2. Para que los contratistas puedan ceder sus derechos y obligaciones a terceros, los pliegos deberán contemplar, como mínimo, la exigencia de los siguientes requisitos: (...) b) Que el cedente tenga ejecutado al menos un 20 por 100 del importe del contrato o, cuando se trate de un contrato de concesión de obras o concesión de servicios, que haya efectuado su explotación durante al menos una quinta parte del plazo de duración del contrato. No será de aplicación este requisito si la cesión se produce encontrándose el contratista en concurso aunque se haya abierto la fase de liquidación, o ha puesto en conocimiento del juzgado competente para la declaración del concurso que ha iniciado negociaciones para alcanzar un acuerdo de refinanciación, o para obtener adhesiones a una propuesta anticipada de convenio, en los términos previstos en la legislación concursal. No obstante lo anterior, el acreedor pignoraticio o el acreedor hipotecario podrá solicitar la cesión en aquellos supuestos en que los contratos de concesión de obras y de concesión de servicios los pliegos prevean, mediante cláusulas claras e inequívocas, la posibilidad de subrogación de un tercero en todos los derechos y obligaciones del concesionario en caso de concurrencia de algún indicio claro y predeterminado de la inviabilidad, presente o futura, de la concesión, con la finalidad de evitar su resolución anticipada (...)*». Por último, se recoge una previsión específica relativa a las uniones temporales, en cuanto la declaración en concurso de alguna o algunas de las empresas integrantes, aún cuando se hubiera abierto la fase de liquidación, no afectará a la ejecución del contrato con la empresa o empresas restantes, siempre que éstas cumplan con los requisitos exigidos: «*Artículo 69. Uniones de empresarios. (...) 9. Una vez formalizado el contrato con una unión temporal de empresas, se observarán las siguientes reglas: (...) c) Cuando alguna o algunas de las empresas integrantes de la unión temporal fuesen declaradas en concurso de acreedores y aun cuando se hubiera abierto la fase de liquidación, continuará la ejecución del contrato con la empresa o empresas restantes siempre que estas cumplan los requisitos de solvencia o clasificación exigidos (...)*».

– La **Ley 24/2011, de 1 de agosto, de contratos del sector público en los ámbitos de la defensa y de la seguridad** regula los supuestos en los que no es necesaria la publicación de la convocatoria de licitación en contratos de suministro. Y, entre estos, se incluye la compra de suministros en condiciones especialmente ventajosas, ya sea a un proveedor que cese definitivamente en sus actividades comerciales, o con los administradores de un concurso, o a través de un acuerdo judicial o un procedimiento de la misma naturaleza; «*Artículo 44. Casos en que no es necesario publicar convocatoria de licitación. (...) 5. Respecto de los contratos de suministro, no será necesaria la publicación de la convocatoria de licitación en los casos siguientes: a) Entregas complementarias efectuadas por el proveedor inicial que constituyan bien una renovación parcial de suministros o instalaciones de uso corriente, bien la ampliación de los suministros o de instalaciones existentes, cuando un cambio de proveedor obligue al órgano de contratación a adquirir material con características técnicas diferentes, dando lugar a incompatibilidades o a dificultades técnicas de uso y de mantenimiento desproporcionadas; la duración de estos contratos, así como la de los contratos renovables, no podrá ser superior a cinco años, salvo que concurran circunstancias excepcionales que se determinarán teniendo en cuenta la vida útil esperada de los artículos, instalaciones o sistemas entregados y las dificultades técnicas que pueda ocasionar un cambio de proveedor; b) Cuando se trate de suministros cotizados y comprados en un mercado de materias primas; c) Cuando se trate de la* *compra de suministros en condiciones especialmente ventajosas, ya sea a un proveedor que cese definitivamente en sus actividades comerciales, o con los administradores de un concurso, o a través de un acuerdo judicial o un procedimiento de la misma naturaleza. (...)».*

COOPERACIÓN JURÍDICA INTERNACIONAL EN MATERIA CIVIL

– La **Ley 29/2015, de 30 de julio, de cooperación jurídica internacional en materia civil** da cumplimiento a un mandato ya contenido en la disposición final vigésima de la Ley 1/2000, de 7 de enero, de Enjuiciamiento Civil, y, de hecho, pendiente desde la promulgación de la Ley Orgánica del Poder Judicial en el año 1985, colmando así la imperiosa necesidad de dotar a España de una regulación moderna sobre la cooperación jurídica internacional en materia civil. En el complejo marco de relaciones internacionales y disposiciones de la Unión Europea, una Ley de cooperación jurídica internacional interna debe tener un carácter subsidiario. Este carácter se pone de manifiesto en la Ley 29/2015 que, en virtud del principio de primacía del Derecho de la Unión, da prioridad a la aplicación en esta materia de las normas de la Unión Europea y de los tratados y acuerdos internacionales en los que España sea parte (art. 2.a). El principio de especialidad permite la prioridad de normas sectoriales específicas como, entre otras, las contenidas en la Ley 22/2003, de 9 de julio, Concursal (art. 2.b). El marco objetivo de la Ley 29/2015 es limitado y, en esa medida, no se abordan, por referencia a normativas sectoriales más específicas y dado el carácter de marco general de la referida norma, por ejemplo, la regulación de actos de cooperación en relación con procesos concursales extranjeros, en cuanto es una materia que tiene un mejor encaje en normativa legal específica y especializada, y ello sin perjuicio de aplicar la normativa de cooperación jurídica internacional en materia civil con carácter subsidiario: «*Disposición adicional primera. Normas especiales en materia de cooperación jurídica internacional en materia civil y mercantil. A los efectos de lo previsto en el artículo 2 de esta ley, tienen la consideración de normas especiales en materia de cooperación jurídica internacional en materia civil y mercantil, entre otras, las siguientes: a) Los artículos 199 a 230 de la Ley 22/2003, de 9 de julio, Concursal (...)».* Además, la introducción de normas sobre litispendencia y conexidad en relación a terceros Estados por el Reglamento (UE) n.º 1215/2012 del Parlamento Europeo y del Consejo, de 12 de diciembre de 2012, relativo a la competencia judicial, el reconocimiento y la ejecución de resoluciones judiciales en materia civil y mercantil, para casos de procesos pendientes ante órganos jurisdiccionales de terceros Estados, implica que se apliquen las mismas con preferencia sobre las normas contenidas en la Ley 29/2015. Por consiguiente, las disposiciones contenidas en éste se aplicarán a las materias no reguladas por el citado Reglamento, esto es, entre otras, a materias de Derecho concursal. En fin, se diseña un nuevo proceso judicial de exequátur, para lo que se han tenido en cuenta las más actuales corrientes doctrinales así como las concreciones legislativas más recientes que, a modo de ejemplo, surgen de la normativa de la Unión Europea, y de ejemplos puntuales de nuestra reciente normativa contenidos en textos como la Ley 22/2003, de 9 de julio, Concursal: «*Capítulo IV. Del procedimiento judicial de exequátur. Artículo 52. Competencia. 1. La competencia para conocer de las solicitudes de exequátur corresponde a los Juzgados de Primera Instancia del domicilio de la parte frente a la que se solicita el reconocimiento o ejecución, o de la persona a quien se refieren los efectos de la resolución judicial extranjera. Subsidiariamente, la competencia territorial se determinará por el lugar de ejecución o por el lugar en el que la resolución deba producir sus efectos, siendo competente, en último caso, el Juzgado de Primera Instancia ante el cual se interponga la demanda de exequátur. 2. La competencia de los Juzgados de lo Mercantil para conocer de las solicitudes de exequátur de resoluciones judiciales extranjeras que versen sobre materias de su competencia se determinará con arreglo a los criterios establecidos en el apartado 1. 3. Si la parte contra la que se insta el exequátur estuviera sometida a proceso concursal en España y la resolución extranjera tuviese por objeto algunas de las materias competencia del juez del concurso, la competencia para conocer de la solicitud de exequátur corresponderá al juez del concurso y se sustanciará por los trámites del incidente concursal. 4. El órgano jurisdiccional español controlará de oficio la competencia objetiva para conocer de estos procesos».*

COOPERATIVAS

– La **Ley 2/2023, de 24 de febrero, de cooperativas de la Comunidad de Madrid** regula el régimen jurídico de las sociedades cooperativas en la Comunidad de Madrid, así como el de las uniones, federaciones y confederaciones en las que estas se integran. La referida Ley incluye diversas normas en el ámbito del concurso de acreedores. En primer lugar, las prohibiciones e incompatibilidades relativas al consejo rector y a los administradores: *Artículo 37. El consejo rector y los administradores. Carácter, competencia, prohibiciones e incompatibilidades (...) 3. No podrán ser miembros del órgano de administración: (...) f) Las personas que sean inhabilitadas conforme a la legislación concursal mientras no haya concluido el período de inhabilitación fijado en la sentencia de calificación del concurso y los condenados por grave incumplimiento de leyes o disposiciones en materia social, por delitos contra la libertad, el patrimonio, el orden* *socioeconómico, la seguridad colectiva, la Administración de Justicia o por cualquier clase de falsedad (...).* En segundo lugar, contempla específicamente la fusión de cooperativas en liquidación, aunque en caso de concurso exige autorización judicial: *Artículo 75. Fusión de cooperativas en liquidación. La fusión especial. 1. Las cooperativas en liquidación podrán participar en una fusión siempre que no haya comenzado el reparto de las porciones patrimoniales que procedan entre los socios. Será necesaria la autorización judicial para participar en una fusión cuando la liquidación se origine por concurso de acreedores declarado judicialmente (...).* En tercer lugar, recoge las causas de disolución de la cooperativa, refiriendo el supuesto de concurso de la cooperativa: *Artículo 90. Causas de disolución. La cooperativa quedará disuelta y, salvo los casos de fusión y escisión, entrará en liquidación, por las causas siguientes (...): i) Por el concurso de la cooperativa cuando se acuerde expresamente la disolución como consecuencia de la resolución judicial que lo declare (...).* En cuarto lugar, determina las funciones que corresponden a los liquidadores, incluyendo la solicitud de concurso en caso de insolvencia de la cooperativa: *Artículo 96. Funciones de los liquidadores. 1. Corresponde a los liquidadores de la cooperativa (...):g) En caso de insolvencia de la cooperativa, deberán solicitar en el término de diez días, a partir de aquel en que se haga patente esta situación, la declaración de concurso, en los términos establecidos por la normativa vigente (...).* En quinto lugar, el Capítulo VIII establece la aplicación de la legislación concursal estatal y la inscripción de los autos y sentencias dictadas en el marco de un procedimiento concursal en el Registro de Cooperativas de la Comunidad de Madrid: *Capítulo VIII. Normativa concursal Artículo 100. Concurso de acreedores. 1. A las cooperativas les será aplicable la legislación concursal estatal. 2. Los autos, sentencias y providencias dictadas en el marco de un procedimiento concursal respecto a una cooperativa se inscribirán en el Registro de Cooperativas de la Comunidad de Madrid.* Por último, en el régimen de las cooperativas de viviendas, incluye el concurso como causa de baja justificada: *Artículo 117. Régimen de las cooperativas de viviendas (...) 5. Son causas de baja justificada de los socios de las cooperativas de vivienda, en todo caso, debiendo acreditarse de forma fehaciente, además de las generales previstas en esta ley y las que se establezcan en los estatutos, las siguientes (...):b) Las situaciones de desempleo prolongado, grave enfermedad, concurso, u otra severa circunstancia familiar o personal que impidan hacer efectivas las aportaciones comprometidas en la promoción (...).*

– La **Ley 5/2023, de 8 de marzo, de sociedades cooperativas de las Illes Balears** tiene por objeto la regulación y el fomento de las cooperativas que de forma efectiva y real desarrollen principalmente la actividad cooperativizada con sus personas socias en el territorio de la comunidad autónoma de las Illes Balears, sin perjuicio de la actividad con terceras personas o de la actividad instrumental o personal accesoria que se realice fuera de ese territorio. Así, la Ley se aplica a las uniones, federaciones y confederaciones de cooperativas que tienen el objeto social principalmente en el ámbito de las Illes Balears. Entre sus previsiones incluye el concurso como acto de inscripción obligatoria: *Artículo 26. Actos de inscripción obligatoria. 1. Son de inscripción obligatoria y deben constar en las hojas abiertas a cada sociedad los siguientes actos (...) k) El concurso, las medidas administrativas y judiciales de intervención, y las resoluciones judiciales o administrativas, si es preceptivo realizar su inscripción (...)* y recoge la inhabilitación concursal, mientras no haya concluido, como incompatibilidad: *Artículo 73. Incompatibilidades, incapacidades y prohibiciones. (...) 2. Son incompatibles: (...) c) Las personas inhabilitadas conforme a la Ley concursal, mientras no haya concluido el período de inhabilitación fijado en la sentencia de calificación del concurso, y las condenadas por delitos contra la libertad, contra el patrimonio o contra el orden socioeconómico, contra la seguridad colectiva, contra la Administración de Justicia, o por cualquier clase de falsedad, así como aquellas que por razón de su cargo no puedan ejercer el comercio (...).* Además, se refiere a las causas de disolución y a la declaración de concurso de la sociedad cooperativa. Así, *Artículo 109. Disolución. Son causas de disolución de la sociedad cooperativa: (...) g) El concurso de la cooperativa determina su disolución cuando ésta se declare por resolución judicial de conformidad con lo establecido en la legislación concursal (...)* y *Artículo 115. Declaración de concurso. 1. A las sociedades cooperativas les será de aplicación la legislación concursal del Estado. 2. La resolución judicial en virtud de la cual se considera incoado el procedimiento concursal respecto a una cooperativa deberá anotarse en el Registro de Cooperativas de las Illes Balears, a petición de la autoridad judicial.*

– La **Ley 4/2022, de 31 de octubre, de sociedades cooperativas de Canarias**, además de la inclusión de la inhabilitación concursal en el seno de las incompatibilidades, incapacidades y prohibiciones —disposiciones comunes al órgano de administración y a la intervención—: *Artículo 57. 1. No podrán ser miembros del órgano de administración, de la intervención o de la dirección: (...) d) Las personas que sean inhabilitadas conforme a la ley concursal mientras no haya concluido el período de inhabilitación fijado en la sentencia de calificación del concurso, quienes se hallen impedidos para el ejercicio de empleo o cargos públicos y aquellos que por razón de su cargo no puedan ejercer actividades económicas lucrativas (...)*, incluye como causa de disolución de las sociedades cooperativas la apertura de la fase de liquidación concursal: *Artículo 93. Disolución. Serán causas de disolución de la sociedad cooperativa: (...) f) Por la apertura de la* *fase de liquidación cuando la sociedad cooperativa sea declarada en concurso (...)*, contempla como funciones de las personas liquidadoras la obligación de solicitar la declaración de concurso en caso de insolvencia: *Artículo 97. Funciones de las personas liquidadoras (...) En caso de insolvencia de la sociedad cooperativa las personas liquidadoras deberán solicitar la declaración del concurso conforme a lo dispuesto en la legislación concursal. De incumplirse dicha obligación, se estará a lo dispuesto en las normas ordenadoras de la responsabilidad concursal (...)* e incorpora un precepto relativo a situaciones concursales: *Artículo 102. Situaciones concursales. A las sociedades cooperativas les será de aplicación la normativa vigente en materia concursal, debiendo inscribirse en el Registro de Sociedades Cooperativas de Canarias las resoluciones judiciales que constituyan, modifiquen o extingan las situaciones concursales que afecten a la sociedad.*

– La **Ley 11/2019, de 20 de diciembre, de Cooperativas de Euskadi** establece en su artículo 73.4: *«Artículo 73. Imputación de pérdidas (...) 4. Si, transcurridos todos los plazos señalados en los números anteriores, quedaren aún pérdidas sin compensar, estas serán satisfechas mediante nuevas aportaciones acordadas por la asamblea general o mediante las nuevas aportaciones que sean necesarias para mantener la condición de persona socia en la cooperativa. Así mismo, la persona socia deberá causar baja cuando sus aportaciones queden por debajo del mínimo estatutariamente establecido y no realice estas nuevas aportaciones. Todo ello con independencia de que la cooperativa deba instar el concurso conforme a la ley concursal».* También, establece: *«Artículo 91. Causas de disolución (...) 7. La apertura de la fase de liquidación de la cooperativa en el procedimiento concursal (...)»* y *«Artículo 92. Eficacia de las causas de disolución (...) 5. La cooperativa disuelta podrá ser reactivada siempre que se elimine la causa que motivó la disolución y no haya comenzado el reembolso de las aportaciones a las personas socias. Para ello se precisará acuerdo de la asamblea general adoptado por la mayoría prevista en el artículo 38.2. Dicho acuerdo no producirá efectos hasta su inscripción en el Registro de Cooperativas de Euskadi. En caso de procedimiento concursal, y siempre que se hubiera iniciado la fase de liquidación, la reactivación solo podrá ser acordada si la cooperativa llega a un convenio con sus acreedores».* Y dispone en el artículo 101: *«Artículo 101. Concurso de la cooperativa. A las cooperativas les será aplicable la legislación concursal, y deberán inscribirse en el Registro de Cooperativas de Euskadi las resoluciones judiciales de publicidad registral que se dicten».*

– La **Ley 12/2015, de 9 de julio, de cooperativas de la Comunidad Autónoma de Cataluña**, establece la obligatoriedad de inscribir en la hoja abierta a cada sociedad el concurso que, además, ha de ser comunicado al Registro General de Cooperativas: *«Artículo 18. Actos de inscripción obligatoria. 1. Son de inscripción obligatoria y han de constar en las hojas abiertas a cada sociedad los siguientes actos: (...) k) El concurso, las medidas administrativas y judiciales de intervención, y las resoluciones judiciales o administrativas, si es preceptivo realizar su inscripción. (...) 2. Los acuerdos de la letra k han de ser comunicados al Registro General de Cooperativas por el órgano judicial o administrativo que los adoptó».* A este respecto, debe tenerse en cuenta que a las sociedades cooperativas les resulta de aplicación la legislación concursal general: *«Artículo 108. Declaración de concurso. 1. A las sociedades cooperativas les es de aplicación la legislación concursal del Estado. 2. La resolución judicial en virtud de la cual se considera incoado el procedimiento concursal con respecto a una cooperativa ha de anotarse en el Registro de Cooperativas, a petición de la autoridad judicial»* y que el concurso, de conformidad con la legislación concursal, puede derivar en causa de disolución de una sociedad cooperativa: *«Artículo 102. Disolución. 1. Son causas de disolución de una sociedad cooperativa: (...) g) El concurso de la cooperativa determina su disolución cuando se declare esta por resolución judicial de conformidad con lo establecido por la legislación concursal. (...) 2. La sociedad cooperativa disuelta conserva su personalidad jurídica mientras se realiza su liquidación. Durante este período, la cooperativa ha de añadir a la denominación social la expresión en liquidación. 3. El acuerdo de disolución de una cooperativa, o la resolución judicial, en su caso, además de inscribirse en el Registro de Cooperativas, ha de publicarse en el Diari Oficial de la Generalitat de Catalunya y en un periódico de gran difusión en Cataluña. El acuerdo publicado ha de incluir el nombramiento del liquidador o liquidadores de la sociedad».* A ello se añaden dos previsiones. De un lado, las referidas a la imputación de pérdidas que, de no compensarse en plazo, deben satisfacerse directamente por el socio hasta el límite de sus aportaciones al capital, si no se insta el concurso de la cooperativa o se acuerda el incremento de aportaciones sociales, sin perjuicio de la responsabilidad de los socios por las deudas sociales: *«Artículo 82. Imputación de pérdidas. 1. Los estatutos han de fijar los criterios para la compensación de las pérdidas. Es válido imputarlas a una cuenta especial para su amortización con cargo a futuros resultados positivos, dentro del plazo máximo que permita la legislación tributaria específica. 2. En la imputación de las pérdidas, cooperativas o extracooperativas, la cooperativa ha de regirse por los siguientes criterios: a) Hasta el 50% de las pérdidas pueden imputarse al fondo de reserva obligatorio. Este porcentaje puede incrementarse en el caso, y en la misma proporción, de haber dotado el fondo de reserva obligatorio en un porcentaje superior al mínimo legalmente establecido. Si para la imputación de pérdidas se ha utilizado, total o parcialmente, el fondo de reserva obligatorio, no se han de aplicar, imputar o repartir los retornos cooperativos u otros resultados positivos repartibles hasta que dicho fondo haya recuperado* *la cuantía anterior a su utilización. b) Todas las pérdidas pueden imputarse a los fondos de reserva voluntarios. c) Las cooperativas sin ánimo de lucro pueden imputar todas las pérdidas al fondo de reserva estatutario irrepartible del artículo 144.a. d) La cuantía no compensada con los fondos obligatorios y voluntarios se imputa a los socios en proporción a las operaciones, servicios o actividades realizados por cada uno de estos con la cooperativa, teniendo en cuenta lo establecido por el artículo 26.9. Si estos servicios u operaciones fuesen inferiores a los que, como mínimo, está obligado a efectuar cada socio, de conformidad con el artículo 41.1.a, la imputación de las pérdidas debe ser proporcional a la actividad cooperativizada mínima obligatoria. 3. Las pérdidas imputadas a cada socio han de satisfacerse directamente, en el ejercicio económico posterior al ejercicio en que se hayan producido, mediante deducciones en las aportaciones al capital social. También pueden satisfacerse con cargo a los retornos que podrían corresponder al socio dentro del mismo plazo establecido por el apartado 1. 4. Las pérdidas que, transcurrido el plazo al que se refiere el apartado 1, queden sin compensar deben satisfacerse directamente por el socio en el plazo de un mes hasta el límite de sus aportaciones a capital, si no se insta al concurso de la cooperativa o se acuerda el incremento de aportaciones sociales, sin perjuicio de lo dispuesto por el artículo 69».* De otro lado, la clásica consideración de que las personas inhabilitadas por la legislación concursal, mientras no haya concluido el período de inhabilitación, no pueden ser miembros del consejo rector, ni ocupar la dirección o la gerencia de una cooperativa: *«Artículo 63. Prohibiciones e incompatibilidades comunes al consejo rector y a la dirección. No pueden ser miembros del consejo rector ni ocupar la dirección o la gerencia de una cooperativa: (...) e) Las personas inhabilitadas conforme a la legislación en materia concursal, mientras no haya concluido el período de inhabilitación fijado en la sentencia de calificación del concurso (...)».*

– La **Ley 6/2013, de 6 de noviembre, de Cooperativas de Cantabria** establece: *«Artículo 92. Acuerdo de disolución o de solicitud de declaración de concurso. 1. En los casos previstos en el artículo 91, párrafos e), f), g) e i), la disolución requerirá acuerdo de la asamblea general adoptado por la mayoría simple de votos, salvo que los estatutos sociales exigieran otra mayor. El consejo rector deberá convocar la asamblea general en el plazo de un mes, desde que haya constatado la existencia de la causa, para que adopte el acuerdo de disolución o, en su caso, de solicitud de declaración de concurso. 2. Cualquier socio podrá requerir del consejo rector para que efectúe la convocatoria de la asamblea general, para la adopción del acuerdo de disolución o, de declaración de concurso, si, a su juicio, existe causa legítima de disolución o, de solicitud de declaración de concurso, en su caso. 3. Si la asamblea general no se celebrara, o no adoptara alguno de los acuerdos previstos en el apartado primero de este artículo, el consejo rector o los socios que representen la décima parte del total de los de la sociedad cooperativa podrán instar la disolución de la misma o la declaración de concurso ante el órgano jurisdiccional competente. 4. El incumplimiento de la obligación de convocar la asamblea general o de solicitar la disolución judicial o la declaración de concurso determinará la responsabilidad solidaria de los miembros del consejo rector por todas las deudas sociales generadas un mes después de que se constatara la causa que justifica la disolución o declaración de concurso. 5. El acuerdo de disolución se formalizará en escritura pública en el plazo de un mes desde su adopción. La escritura pública o, en su caso, la resolución judicial o administrativa, deberá inscribirse en el Registro de Sociedades Cooperativas de la Comunidad Autónoma de Cantabria en el plazo de un mes. Previamente deberá publicarse la disolución en uno de los diarios de mayor difusión en la Comunidad Autónoma de la Cantabria. 6. En la escritura de disolución los otorgantes habrán de manifestar expresamente que no se ha producido oposición alguna de acreedores con derecho a ella o, de haber existido, manifestar que han sido pagados o garantizados sus créditos, con identificación en este caso de los acreedores, los créditos y las garantías prestadas».* Además, se indica *«Artículo 95. Estatuto jurídico y funciones de los liquidadores (...) 5. Corresponde a los liquidadores de la sociedad, la gestión y representación de la cooperativa en liquidación, y en particular: (...) i) En caso de insolvencia de la cooperativa, solicitar la declaración de concurso conforme a lo dispuesto en la legislación concursal».*

– La **Ley 14/2011, de 23 de diciembre, de Sociedades Cooperativas Andaluzas**, establece: *«Artículo 69. Imputación de pérdidas 1. Los estatutos fijarán los criterios para la compensación de las pérdidas, pudiendo imputarse a una cuenta especial para su amortización con cargo a futuros resultados positivos dentro del plazo máximo de siete años. 2. Las pérdidas se compensarán conforme a los siguientes criterios: a) Cuando la sociedad cooperativa tuviese constituido algún fondo de reserva voluntario, la Asamblea General podrá determinar que todos o parte de las pérdidas se imputen a dicho fondo y, de no cubrirse en su totalidad, las pérdidas sobrantes se imputarán en la forma señalada en las letras b) y c). b) Al Fondo de Reserva Obligatorio podrá imputarse el porcentaje que determine la Asamblea General, sin que el mismo pueda exceder del cincuenta por ciento de las pérdidas. Si como consecuencia de dicha imputación, el fondo quedase reducido a una cifra inferior a la mitad del capital estatutario, la sociedad deberá reponerlo de manera inmediata, con cargo a reservas voluntarias si existiesen y fuesen suficientes, o con el resultado positivo de futuros ejercicios económicos. c) La diferencia resultante, en su caso, se imputará a cada persona socia en proporción a las operaciones,* *servicios o actividades cooperativizadas efectivamente realizados por cada una de ellas. Si esta actividad fuese inferior a la que estuviese obligada a realizar conforme a lo establecido en los estatutos, la imputación de las pérdidas se efectuará en proporción a esa participación mínima obligatoria fijada estatutariamente. Las pérdidas se imputarán al socio o socia hasta el límite de sus aportaciones al capital social. 3. Las pérdidas imputadas a las personas socias se harán efectivas en alguna de las formas que reglamentariamente se determinen. 4. Si transcurrido el plazo a que se refiere el apartado 1 quedaran pérdidas sin compensar, y estas no se amortizaran conforme a lo previsto en el apartado 2, se acordará la emisión de nuevas aportaciones sociales o se instará el procedimiento concursal pertinente, sin perjuicio de lo dispuesto en el artículo 79, relativo a la disolución de la sociedad cooperativa». «Artículo 79. Disolución. 1. Son causas de disolución de la sociedad cooperativa: (...) f) La reducción del patrimonio contable hasta quedar por debajo del capital social estatutario, a no ser que, en el plazo de doce meses, se proceda a su reajuste, y siempre que no deba solicitarse la declaración de concurso. (...) h) La apertura de la fase de liquidación en el concurso de la sociedad, conforme a lo dispuesto en la legislación concursal. (...) 3. El órgano de administración deberá, y cualquier interesado podrá, solicitar la disolución judicial de la sociedad cooperativa en los supuestos que reglamentariamente se determinen. No obstante, el incumplimiento de la obligación de convocar la Asamblea General, de solicitar la disolución judicial o la declaración de concurso determinará la responsabilidad solidaria de los miembros del órgano de administración por todas las deudas sociales generadas a partir del mes siguiente a que se constate la causa que justifica la disolución o declaración de concurso (...)». «Artículo 81. Liquidación, nombramiento y atribuciones de las personas liquidadoras. 1. Las personas encargadas de la liquidación, en número impar, salvo en el supuesto de concurso, previsto en la letra h) del artículo 79.1, serán nombradas por la Asamblea General que adopte el acuerdo de disolución, en votación secreta, debiendo aceptar los cargos como requisito de eficacia. (...)». «Artículo 82. Adjudicación del haber social y operaciones finales. (...) 4. En el supuesto de concurrir alguna situación concursal, se estará a lo establecido en la legislación vigente sobre dicha materia».*

– La **Ley 11/2010, de 4 de noviembre, de cooperativas de la Comunidad Autónoma de Castilla-La Mancha**, establece: *«Artículo 64. Acción social e individual de responsabilidad. 1. La acción social de responsabilidad contra los miembros del órgano de administración se entablará por la sociedad, previo acuerdo de la asamblea general, que puede ser adoptado aunque no conste en el orden del día. Los estatutos no podrán establecer una mayoría distinta a la prevista por el artículo 51.1 para la adopción de este acuerdo. El acuerdo de promover la acción o de transigir determinará la destitución de los administradores afectados. En cualquier momento la asamblea general podrá transigir o renunciar al ejercicio de la acción, siempre que no se opusieran a ello socios que representen el cinco por ciento de los votos sociales de la cooperativa. En todo caso, la aprobación de las cuentas anuales no impedirá el ejercicio de la acción de responsabilidad ni supondrá la renuncia a la acción acordada o ejercitada. 2. Los socios, en los términos previstos en el artículo 45.1 de esta Ley, podrán solicitar la convocatoria de la asamblea general para que ésta decida sobre el ejercicio de la acción de responsabilidad y también entablar conjuntamente la acción de responsabilidad en defensa del interés social cuando los miembros del órgano de administración no convocasen la junta general solicitada a tal fin, cuando la sociedad no la entablare dentro del plazo de un mes, contado desde la fecha de adopción del correspondiente acuerdo, o bien cuando este hubiere sido contrario a la exigencia de responsabilidad. 3. Los acreedores de la sociedad podrán ejercitar la acción social de responsabilidad contra los administradores o las administradoras cuando no haya sido ejercitada por la sociedad o sus socios, siempre que el patrimonio social resulte insuficiente para la satisfacción de sus créditos, salvo que se instase la declaración de concurso, y quedando a salvo las acciones de indemnización que puedan corresponder a título individual a los socios y a terceros por actos que lesionen directamente sus intereses. 4. La responsabilidad de los miembros del órgano de administración prescribe una vez pasados cuatro años desde que cesaran en su cargo y se tramitará por el procedimiento previsto al efecto por la Ley de Enjuiciamiento Civil». «Artículo 110. Causas de la disolución. 1. La cooperativa quedará disuelta y entrará en liquidación, excepto en los casos de fusión, absorción y escisión, por las causas siguientes: (...) 2. Si por pérdidas o cualquier otra circunstancia la sociedad estuviera en situación de insolvencia, se aplicará lo dispuesto en la legislación concursal. La declaración de concurso de la sociedad no constituye por sí sola causa de disolución; no obstante, si durante la tramitación del concurso se abre la fase de liquidación la sociedad quedará automáticamente disuelta». «Artículo 116. Funciones de los liquidadores. Corresponde a los liquidadores: (...) 7. En caso de insolvencia de la cooperativa los liquidadores deberán solicitar la declaración de concurso conforme a lo dispuesto en la legislación concursal. En caso de incumplimiento de esta obligación dentro de los plazos previstos en la legislación concursal, los liquidadores responderán solidariamente por las nuevas deudas sociales que surjan a partir de la aparición de la situación de insolvencia». «Artículo 120. Situaciones concursales. A las cooperativas les será de aplicación la Ley 22/2003, de 9 de julio, concursal, debiendo inscribirse en el Registro de Cooperativas de Castilla-La Mancha las resoluciones judiciales que constituyan, modifiquen o extingan las situaciones concursales que afecten a la sociedad». «Disposición adicional tercera. Remisiones formales a la legislación estatal. Los artículos 26.4, 27.4, 28.6,*

36.3 45, 54 apartados 3, 7 y 8, 75.2, 76.6, 80.1, 83.2, 99.2 y 100.1 y 100.2 h), 114.3, 115 y 127 se incorporan a la presente Ley con el carácter de mera reproducción o de remisión formal a la Ley 27/1999, de 16 de julio, de cooperativas, y demás legislación estatal dictada en materia civil, mercantil, laboral y de seguridad social, concursal, procesal y de ordenación de registros e instrumentos públicos directamente aplicable a las sociedades cooperativas de competencia autonómica».

– La **Ley 8/2006, de 16 de noviembre, de Sociedades Cooperativas de la Región de Murcia,** establece en el artículo 97: *«Acuerdo de disolución o de solicitud de declaración de concurso. 1. En los casos previstos en el artículo 96 letras e), f), g), h), e i) la disolución requerirá acuerdo de la Asamblea General adoptado por la mayoría simple de votos, salvo que los estatutos sociales exigieran otra mayor. El Consejo Rector deberá convocar la Asamblea General en el plazo de un mes desde que haya constatado la existencia de la causa, para que adopte el acuerdo de disolución o, en su caso, de solicitud de declaración de concurso. 2. Cualquier socio podrá requerir del Consejo Rector para que efectúe la convocatoria de la Asamblea General, para la adopción del acuerdo de disolución o, de declaración de concurso, si, a su juicio, existe causa legítima de disolución o, de solicitud de declaración de concurso, en su caso. 3. Si la Asamblea General no se celebrara, o no adoptara alguno de los acuerdos previstos en el apartado primero de este artículo, el Consejo Rector o los socios que representen la décima parte del total de los de la sociedad cooperativa podrán instar la disolución de la sociedad o la declaración de concurso ante el órgano jurisdiccional competente. 4. El incumplimiento de la obligación de convocar la Asamblea General o de solicitar la disolución judicial o la declaración de concurso determinará la responsabilidad solidaria de los miembros del Consejo Rector por todas las deudas sociales generadas un mes después de que se constatara la causa que justifica la disolución o declaración de concurso. 5. En el plazo de un mes desde el día que se otorgue la escritura pública de disolución, o desde que se dicte resolución administrativa o judicial, el documento público deberá ser presentado a inscripción en el Registro de Sociedades Cooperativas de la Región de Murcia. Previamente deberá publicarse la disolución en uno de los diarios de mayor difusión en la Comunidad Autónoma de la Región de Murcia. 6. En la escritura de disolución los otorgantes habrán de manifestar expresamente que no se ha producido oposición alguna de acreedores con derecho a ella o, de haber existido, manifestar que han sido pagados o garantizados sus créditos, con identificación en este caso de los acreedores, los créditos y las garantías prestadas».*

– La **Ley 4/2001, de 2 de julio, de Cooperativas de La Rioja** establece: *«Artículo 142. Descalificación. Mediante la descalificación, la sociedad perderá su carácter cooperativo, por las causas que a continuación se señalan, con arreglo al procedimiento establecido por este artículo y sus normas de desarrollo. 1. Son causas de descalificación de una sociedad cooperativa (...): d) El concurso de acreedores, cuando como resultado de la interposición y resolución de dicho proceso concursal proceda su disolución, desde la firmeza de la resolución (...)».*

– **Ley 27/1999, de 16 de julio, de Cooperativas:** *«Artículo 41.d) Las personas que sean inhabilitadas conforme a la Ley Concursal mientras no haya concluido el período de inhabilitación fijado en la sentencia de calificación del concurso, quienes se hallen impedidos para el ejercicio de empleo o cargo público y aquellos que por razón de su cargo no puedan ejercer actividades económicas lucrativas».*

– La **Ley 5/1998, de 18 de diciembre, de cooperativas de Galicia** establece: *«Artículo 96. Situaciones concursales. A las sociedades cooperativas les resultará de aplicación la normativa mercantil sobre derecho concursal, debiendo inscribirse en el registro de cooperativas competente las resoluciones judiciales que constituyan, modifiquen o extingan las situaciones concursales que afecten a la cooperativa».*

COOPERATIVAS DE CRÉDITO

– La **Ley 13/1989, de 26 de mayo, de Cooperativas de Crédito** establece en el apartado 4 del artículo 7: *4. Las aportaciones serán reembolsadas a los socios en las condiciones que se señalen reglamentariamente y siempre que lo autorice el Consejo Rector. En todo caso, no podrá aprobarse dicho reembolso cuando ocasione una cobertura insuficiente del capital social obligatorio, reservas y coeficiente de solvencia. Las aportaciones, incluso cuando su reembolso hubiese sido rehusado, no podrán presentar entre sí privilegio alguno, y en particular, ni de orden ni de importe, en su prelación en caso de concurso o liquidación de la cooperativa, y la adjudicación del haber social, una vez que se hayan satisfecho íntegramente las deudas sociales, deberá hacerse en proporción al valor nominal de las aportaciones al capital suscritas por los socios. Además, el apartado 6 del artículo 7, que en la letra d), apartado 6º, establece: d) Las entidades que comercialicen aportaciones al capital social de cooperativas de crédito deberán proporcionar a los socios, incluidos los potenciales, una descripción general de los riesgos específicos de las aportaciones al capital social destacando, al menos, lo siguiente: 6.º La subordinación de las aportaciones a todas las deudas de la cooperativa de crédito en caso de resolución, concurso o liquidación de la entidad*

COSTAS

– El **Real Decreto 876/2014, de 10 de octubre, por el que se aprueba el Reglamento General de Costas** establece: *«Artículo 134. Limitaciones a la condición de titular de concesiones. En ningún caso podrán ser titulares de concesiones las personas en quienes concurra alguna de las prohibiciones de contratar previstas en el Texto Refundido de la Ley de Contratos del Sector Público, aprobado por Real Decreto Legislativo 3/2011, de 14 de noviembre* —derogado por la **Ley 9/2017, de 8 de noviembre, de contratos del sector público, por la que se transponen al ordenamiento jurídico español las Directivas del Parlamento Europeo y del Consejo 2014/23/UE y 2014/24/UE, de 26 de febrero de 2014**—. *Cuando posteriormente al otorgamiento de la concesión el titular incurra en alguna de las prohibiciones de contratar se producirá la extinción de la concesión. En caso de declaración de concurso y mientras no se haya producido la apertura de la fase de liquidación, no se producirá la extinción de la concesión, si su titular prestare las garantías suficientes, a juicio de la Administración, para continuar con la ocupación en los términos previstos en el título concesional (artículo 65.2 de la Ley 22/1988, de 28 de julio). Estas limitaciones no serán de aplicación a las concesiones otorgadas al amparo del régimen regulado en la disposición transitoria primera de la Ley 22/1988, de 28 de julio, aunque sí a la prórroga regulada en el artículo 2 de la Ley 2/2013, de 29 de mayo».*

CUENTAS ANUALES

– La **Circular 2/2016, de 20 de abril, de la Comisión Nacional del Mercado de Valores, sobre normas contables, cuentas anuales, estados financieros públicos y estados reservados de información estadística de los fondos de titulización,** desarrolla el contenido, forma y demás condiciones de elaboración y publicación de las obligaciones de información financiera y contable que establece la Ley 5/2015, de 27 de abril, en sus artículos 34 y 35. Entre las normas incluidas en dicha Circular se encuentra la relativa al Deterioro de valor de los activos financieros (Norma 13.ª), que al referirse a las operaciones de arrendamiento financiero, establece: *«(...) En las operaciones con garantía inmobiliaria a las que se refiere el presente apartado, incluidas las de arrendamiento financiero, las coberturas se calcularán una vez deducido del importe del riesgo el valor estimado de la garantía, siempre que no existan dudas sobre la posibilidad de separar el bien de la masa concursal y reintegrarlo, en su caso, al patrimonio del Fondo (...)».*

– La **Resolución de 18 de octubre de 2013, del Instituto de Contabilidad y Auditoría de Cuentas, sobre el marco de información financiera cuando no resulta adecuada la aplicación del principio de empresa en funcionamiento,** establece:

I

La disposición final tercera del Real Decreto 1514/2007, de 16 de noviembre, por el que se aprueba el Plan General de Contabilidad (PGC), habilita al Instituto de Contabilidad y Auditoría de Cuentas (ICAC) para aprobar, mediante resolución, normas de obligado cumplimiento que desarrollen el citado Plan y sus normas complementarias, en particular, en relación con las normas de registro y valoración y las normas de elaboración de las cuentas anuales.

Por su parte, la disposición final primera del Real Decreto 1515/2007, de 16 de noviembre, por el que se aprueba el Plan General de Contabilidad de Pequeñas y Medianas Empresas y los criterios contables específicos para microempresas, establece lo siguiente:

«Los desarrollos normativos del Plan General de Contabilidad que se aprueben en virtud de las habilitaciones recogidas en las disposiciones finales del Real Decreto 1514/2007, de 16 de noviembre, por el que se aprueba el Plan General de Contabilidad, serán de aplicación obligatoria para las empresas que apliquen el Plan General de Contabilidad de Pymes. En caso de existir algún aspecto diferenciado para las Pequeñas y Medianas Empresas, en dichos desarrollos normativos se hará expresa mención a esta circunstancia».

Por último, la disposición final tercera del Real Decreto 1159/2010, de 17 de septiembre, por el que se aprueban las Normas para la Formulación de las Cuentas Anuales Consolidadas (NFCAC), expresa:

«El Instituto de Contabilidad y Auditoría de Cuentas podrá aprobar, mediante resolución, normas de obligado cumplimiento que desarrollen este texto y, en su caso, las adaptaciones que se aprueben al amparo de lo dispuesto en los apartados anteriores».

El PGC establece, en su Marco Conceptual de la Contabilidad (MCC), como uno de los principios contables básicos el principio de empresa en funcionamiento, y señala que cuando no resulte de aplicación este principio, en los términos que se determinen en las normas de desarrollo, la empresa aplicará las normas de valoración que resulten más adecuadas para reflejar la imagen fiel de las operaciones tendentes a realizar el activo, cancelar las deudas y, en su caso, repartir el patrimonio resultante, debiendo suministrar en la memoria de las cuentas anuales toda la información significativa sobre los criterios aplicados.

En particular, la norma de registro y valoración (NRV) 23.ª «Hechos posteriores al cierre del ejercicio» del PGC, establece que las cuentas anuales no se formularán sobre la base de dicho principio si los gestores, aunque sea con posterioridad al cierre del ejercicio, determinan que tienen la intención de liquidar la empresa o cesar en su actividad o que no existe una alternativa más realista que hacerlo.

Esto es, cuando los administradores de la sociedad o los responsables de la entidad sean conscientes de la existencia de incertidumbres importantes, relativas a eventos o condiciones que puedan aportar dudas significativas sobre la posibilidad de que la empresa siga funcionando normalmente, procederán a revelarlas en el apartado «Bases de presentación de las cuentas anuales» de la memoria. No obstante, como dispone el propio PGC, si las incertidumbres ponen de manifiesto que no existe una alternativa más realista que aceptar la quiebra del citado principio, en ese apartado se requiere que tal hecho sea objeto de revelación explícita, junto con las hipótesis alternativas sobre las que hayan sido elaboradas, así como las razones por las que la empresa no pueda ser considerada como una empresa en funcionamiento.

A tal efecto, y a modo enunciativo, a continuación se proporcionan ejemplos de hechos o de condiciones de naturaleza financiera, operativa, legales o de otra índole que, individual o conjuntamente, pueden generar dudas significativas sobre la continuidad de la empresa y que los responsables de la empresa deben ponderar.

Financieros: Posición patrimonial neta negativa o capital circulante negativo; préstamos a plazo fijo próximos a su vencimiento sin perspectivas realistas de reembolso o renovación, o dependencia excesiva de préstamos a corto plazo para financiar activos a largo plazo; indicios de retirada de apoyo financiero por los acreedores; flujos de efectivo de explotación negativos en estados financieros históricos o prospectivos; ratios financieros clave desfavorables; pérdidas de explotación sustanciales o deterioro significativo del valor de los activos utilizados para generar flujos de efectivo; atrasos en los pagos de dividendos o suspensión de estos; incapacidad de pagar al vencimiento a los acreedores; incapacidad de cumplir con los términos de los contratos de préstamo; cambio en la forma de pago de las transacciones con proveedores, pasando del pago a crédito al pago al contado; e incapacidad de obtener financiación para el desarrollo imprescindible de nuevos productos u otras inversiones esenciales, entre otros.

Operativos: Intención de la dirección de liquidar la entidad o de cesar en sus actividades; salida de miembros clave de la dirección, sin sustitución; pérdida de un mercado importante, de uno o varios clientes clave, de una franquicia, de una licencia o de uno o varios proveedores principales; dificultades laborales; escasez de suministros importantes; y aparición de un competidor de gran éxito, entre otros.

Legales o de otra índole: Incumplimiento de requerimientos de capital o de otros requerimientos legales; procedimientos legales o administrativos pendientes contra la entidad que, si prosperasen, podrían dar lugar a reclamaciones que es improbable que la entidad pueda satisfacer; cambios en las disposiciones legales o reglamentarias o en políticas públicas que previsiblemente afectarán negativamente a la entidad; catástrofes sin asegurar o aseguradas insuficientemente cuando se producen.

La significatividad de dichos hechos o condiciones, a menudo, puede verse mitigada por otros factores. Por ejemplo, el efecto de la incapacidad de una entidad para reembolsar su deuda puede verse contrarrestado por los planes de la dirección para mantener flujos de efectivo adecuados por medios alternativos, como, por ejemplo, mediante la enajenación de activos, la renegociación de la devolución de los préstamos o la obtención de capital adicional. De forma similar, la pérdida de un proveedor principal puede mitigarse por la disponibilidad de una fuente alternativa de suministro adecuada.

El objeto de la presente Resolución es aclarar qué criterios se consideran adecuados para formular las cuentas anuales cuando no resulta adecuada la aplicación del principio de empresa en funcionamiento, y normalizar con ello el sistema de información contable o marco de información financiera aplicable en estos casos.

A tal efecto, en el seno del ICAC se constituyó un grupo de trabajo con el encargo de elaborar un texto que sirviese de base para redactar la presente Resolución.

II

La Resolución se divide en seis normas:

Primera. Objetivo y ámbito de aplicación.

Segunda. Criterios específicos de aplicación del Marco Conceptual de la Contabilidad a la empresa en «liquidación».

Tercera. Normas de registro y valoración de la empresa en «liquidación».

Cuarta. Normas de elaboración de las cuentas anuales de la empresa en «liquidación».

Quinta. Normas de formulación de cuentas anuales consolidadas de la empresa en «liquidación».

Sexta. Nueva aplicación del principio de empresa en funcionamiento.

El alcance de la presente Resolución se limita a fijar el marco de información necesario, ante la quiebra del citado principio, para cumplir con la obligación de formular las cuentas anuales en los supuestos legales de liquidación, o inmediatamente antes de acordarse la disolución de la sociedad cuando los responsables de formular las cuentas anuales, aunque sea con posterioridad al cierre del ejercicio, determinan que tienen la intención de liquidar la empresa o cesar en su actividad o cuando no exista una alternativa más realista que hacerlo.

No obstante, a priori, las situaciones concretas en las que podría verse afectado el principio de empresa en funcionamiento no se limitan a los supuestos de liquidación societaria; en concreto, a título enunciativo podrían identificarse, entre otras, las siguientes:

– Debidas al titular jurídico: fusiones y escisiones, separación de socios, expulsión de socios, causa de disolución por situación de desequilibrio patrimonial, concurso de acreedores y disoluciones y liquidaciones.

– Debidas a la situación u objeto empresarial: reconversiones profundas, catástrofes, inactividades de hecho y sociedades de duración limitada.

Dejando al margen el supuesto de liquidación societaria, en los restantes supuestos debidos al titular jurídico, la empresa, como tal, continuará desarrollando su actividad bajo la misma u otra dirección por lo que no cabe hablar en sentido estricto de quiebra del citado principio; por su parte, las especialidades que pudieran plantear las situaciones debidas al objeto empresarial tienen normalmente una respuesta en el marco contable general, como es el caso de las empresas concesionarias o las encargadas de la organización de un evento singular, por lo que también quedan fuera del alcance de esta norma.

En definitiva, los escenarios de «liquidación» que se pueden presentar en la práctica, referidos a la sociedad de capital, son básicamente dos: aquellas situaciones en las que sin haberse acordado la disolución de la empresa, o la apertura de la liquidación en sede concursal, los administradores opinan que no procede seguir manteniendo la hipótesis de empresa en funcionamiento y, aquellos otros en que los citados hitos jurídicos se han producido (acompañados, en la mayoría de las ocasiones, del cese de la actividad empresarial) y, en consecuencia, surge la obligación legal de liquidar el patrimonio de la empresa, realizando el activo y pagando las deudas, para posteriormente, en su caso, repartir la cuota de liquidación resultante entre los socios.

En el primer supuesto, la obligación legal de formular cuentas anuales sigue vigente al cierre del ejercicio; la cuestión a resolver es cómo formular dichas cuentas.

En el segundo caso, el uso por la norma mercantil de expresiones como la obligación de elaborar «un estado anual de cuentas» o «los estados de la liquidación», ha suscitado un debate doctrinal sobre si, acordada la disolución o la apertura de la liquidación, cabe sostener a efectos mercantiles que subsiste la obligación de formular cuentas anuales en sentido estricto, o si por el contrario el deber de información en ese momento de la vida societaria, cercano a su final, se debería reconducir a mostrar una relación ordenada de los activos y pasivos de la sociedad y de las operaciones tendentes a su liquidación, con el detalle que fuese requerido por la norma mercantil para que un tercero pueda evaluar si las actuaciones que se van desarrollando se ajustan a las normas o reglas que tutelan ese proceso.

En la actualidad, la respuesta a esta pregunta necesariamente tiene que venir precedida de un análisis de la regulación vigente sobre la liquidación incluida en el texto refundido de la Ley de Sociedades de Capital (LSC), aprobado por el Real Decreto Legislativo 1/2010, de 2 de julio, que a efectos expositivos se denominará liquidación «ordinaria», y de los artículos dedicados a esta misma materia en la Ley 22/2003, de 9 de julio, Concursal (LC), que para distinguirla de la anterior cabría denominarla como liquidación «concursal».

Así, los artículos 383 y 384 de la LSC establecen lo siguiente:

«Artículo 383. Deber inicial de los liquidadores.

En el plazo de tres meses a contar desde la apertura de la liquidación, los liquidadores formularán un inventario y un balance de la sociedad con referencia al día en que se hubiera disuelto.

Artículo 384. Operaciones sociales.

A los liquidadores corresponde concluir las operaciones pendientes y realizar las nuevas que sean necesarias para la liquidación de la sociedad».

Adicionalmente, el artículo 386 de la LSC dispone que:

«Los liquidadores deberán llevar la contabilidad de la sociedad, así como llevar y custodiar los libros, la documentación y correspondencia de ésta».

Por su parte, el artículo 388.2 (en la redacción introducida por la Ley 25/2011, de 1 de agosto) establece:

«Si la liquidación se prolongase por un plazo superior al previsto para la aprobación de las cuentas anuales, los liquidadores presentarán a la junta general, dentro de los seis primeros meses de cada ejercicio, las cuentas anuales de la sociedad y un informe pormenorizado que permitan apreciar con exactitud el estado de la liquidación».

A mayor abundamiento, el artículo 390.1 dispone que:

«Concluidas las operaciones de liquidación, los liquidadores someterán a la aprobación de la junta general un balance final, un informe completo sobre dichas operaciones y un proyecto de división entre los socios del activo resultante».

Por último, el artículo 396 de la LSC, expresa:

«Artículo 396. Cancelación de los asientos registrales.
1. La escritura pública de extinción se inscribirá en el Registro Mercantil.
2. En la inscripción se transcribirá el balance final de liquidación y se hará constar la identidad de los socios y el valor de la cuota de liquidación que hubiere correspondido a cada uno de ellos, y se expresará que quedan cancelados todos los asientos relativos a la sociedad.
3. Los liquidadores depositarán en el Registro Mercantil los libros y documentos de la sociedad extinguida».
El artículo 247 del Reglamento del Registro Mercantil relativo a la cancelación de los asientos registrales de la sociedad, se manifiesta en análogo sentido.
A la vista de la citada regulación mercantil, cabe concluir que una vez declarada la disolución, o acordada la apertura de la liquidación, y aunque ya no se sigan las operaciones habituales de la empresa (aquellas que conformaban su objeto social), deben llevarse a cabo las operaciones tendentes a realizar el activo y cancelar las deudas, así como a repartir el haber resultante entre los propietarios.
Todas estas operaciones deben tener su reflejo en los libros de contabilidad, pues durante el período de liquidación no cesan las obligaciones contables, en particular, la obligación de formular cuentas anuales, al margen de que se adecuen a los fines que se pretenden y que permita un seguimiento cronológico de sus operaciones (artículo 25.1 del Código de Comercio).
Adicionalmente, durante el periodo de liquidación deberán formularse, en su caso, los documentos a que hace referencia el artículo 388.2 indicado anteriormente, sin perjuicio del balance final de liquidación exigido por el artículo 390.1, que desde la perspectiva del Derecho contable podrían calificarse de «extracontables» o ajenos a la regulación contenida en el PGC, que se limita a desarrollar las normas contables para formular las cuentas anuales, entendidas como una unidad, a pesar de que se haya consolidado en la práctica, por motivos de claridad, tomar como referencia el modelo normalizado de presentación del Plan para cumplimentar dichos balances.
Un análisis de la legislación concursal sobre la materia arroja una conclusión similar.
En este sentido, el artículo 147 de la LC señala que:
«Artículo 147. Efectos generales. Remisión.
Durante la fase de liquidación seguirán aplicándose las normas contenidas en el título III de esta Ley en cuanto no se opongan a las específicas del presente capítulo».
Al amparo de esta remisión, es preciso traer a colación el artículo 46 de la LC, en cuya virtud:
«Artículo 46. Cuentas anuales del deudor.
1. En caso de intervención, subsistirá la obligación legal de los administradores de formular y de someter a auditoría las cuentas anuales, bajo la supervisión de los administradores concursales.
La administración concursal podrá autorizar a los administradores del deudor concursado que el cumplimiento de la obligación legal de formular las cuentas anuales correspondientes al ejercicio anterior a la declaración judicial de concurso se retrase al mes siguiente a la presentación del inventario y de la lista de acreedores. La aprobación de las cuentas deberá realizarse en los tres meses siguientes al vencimiento de dicha prórroga. De ello se dará cuenta al juez del concurso y, si la persona jurídica estuviera obligada a depositar las cuentas anuales, al Registro Mercantil en que figurase inscrita. Efectuada esta comunicación, el retraso del depósito de las cuentas no producirá el cierre de la hoja registral, si se cumplen los plazos para el depósito desde el vencimiento del citado plazo prorrogado de aprobación de las cuentas. En cada uno de los documentos que integran las cuentas anuales se hará mención de la causa legítima del retraso.
2. A petición fundada de la administración concursal, el juez del concurso podrá acordar la revocación del nombramiento del auditor de cuentas de la persona jurídica deudora y el nombramiento de otro para la verificación de las cuentas anuales.
3. En caso de suspensión, subsistirá la obligación legal de formular y de someter a auditoría las cuentas anuales, correspondiendo tales facultades a los administradores concursales».
Por último, como regulación específica del citado Capítulo cabría mencionar lo dispuesto en el artículo 152:
«Artículo 152. Informes sobre la liquidación.
1. Cada tres meses, a contar de la apertura de la fase de liquidación, la administración concursal presentará al juez del concurso un informe sobre el estado de las operaciones, que detallará y cuantificará los créditos contra la masa devengados y pendientes de pago, con indicación de sus vencimientos. Este informe quedará de manifiesto en la oficina judicial.
El incumplimiento de esta obligación podrá determinar la responsabilidad prevista en los artículos 36 y 37.
2. Concluida la liquidación de los bienes y derechos del concursado y la tramitación de la sección de calificación, la administración concursal presentará al juez del concurso un informe final justificativo de las operaciones realizadas y razonará inexcusablemente que no existen acciones viables de reintegración de la masa activa ni de responsabilidad

de terceros pendientes de ser ejercitadas ni otros bienes o derechos del concursado. No impedirá la conclusión que el deudor mantenga la propiedad de bienes legalmente inembargables o desprovistos de valor de mercado o cuyo coste de realización sería manifiestamente desproporcionado respecto de su previsible valor venal.

También incluirá una completa rendición de cuentas, conforme a lo dispuesto en esta Ley.

3. Si en el plazo de audiencia concedido a las partes se formulase oposición a la conclusión del concurso, se le dará la tramitación del incidente concursal. En caso contrario, el juez dictará auto declarando la conclusión del concurso por fin de la fase de liquidación».

En este contexto, es decir, ante la obligación mercantil de formular cuentas anuales, la cuestión a resolver consiste en determinar si es posible fijar un marco de información financiera, cuyo cumplimiento, permita afirmar a los administradores de la sociedad que las cuentas anuales ofrecen la imagen fiel del patrimonio, de la situación financiera y de los resultados de la empresa, y más específicamente, si ese marco se sitúa dentro del PGC o extramuros del MCC.

III

La contabilidad de la empresa y, en especial, el registro y la valoración de los elementos de las cuentas anuales se desarrollarán aplicando obligatoriamente los principios contables recogidos en el apartado 3.º «Principios contables» del MCC, entre los que ocupan una posición central, el de empresa en funcionamiento y devengo:

«Empresa en funcionamiento. Se considerará, salvo prueba en contrario, que la gestión de la empresa continuará en un futuro previsible, por lo que la aplicación de los principios y criterios contables no tiene el propósito de determinar el valor del patrimonio neto a efectos de su transmisión global o parcial, ni el importe resultante en caso de liquidación.

En aquellos casos en que no resulte de aplicación este principio, en los términos que se determinen en las normas de desarrollo de este Plan General de Contabilidad, la empresa aplicará las normas de valoración que resulten más adecuadas para reflejar la imagen fiel de las operaciones tendentes a realizar el activo, cancelar las deudas y, en su caso, repartir el patrimonio neto resultante, debiendo suministrar en la memoria de las cuentas anuales toda la información significativa sobre los criterios aplicados.

Devengo. Los efectos de las transacciones o hechos económicos se registrarán cuando ocurran, imputándose al ejercicio al que las cuentas anuales se refieran, los gastos y los ingresos que afecten al mismo, con independencia de la fecha de su pago o de su cobro».

Con la apertura de la liquidación o ante la evidencia de que dicho proceso se iniciará en el corto plazo, las obligaciones de los administradores o liquidadores son concluir las operaciones pendientes, realizar el activo, cancelar las deudas y repartir, en su caso, el patrimonio resultante entre los socios o propietarios.

De acuerdo con nuestra legislación mercantil, las cuentas anuales deben seguir mostrando la imagen fiel de estas operaciones en el patrimonio, la situación financiera y los resultados de la empresa y, a tal efecto, el PGC aclara que la empresa aplicará las normas de valoración que resulten más adecuadas a la nueva situación.

A la vista de la normativa que se ha reproducido el Derecho mercantil español no se decanta por una ruptura del sistema de información contable una vez acordada la disolución. Por el contrario, sigue exigiendo la formulación de cuentas anuales y por ello parece razonable considerar que en la tarea de interpretar las normas contables a seguir también debería estar presente esa idea de «conservación de la norma jurídica» a partir de la cual se imponga una visión integradora y sistemática de nuestro Derecho contable y, en consecuencia, se limite en la medida de lo posible la aplicación de criterios diferentes a los «ordinarios».

Desde este enfoque, cuando los administradores formulen las cuentas anuales sin aplicar el principio de empresa en funcionamiento, la valoración de los activos y pasivos de la empresa y el registro de las operaciones de tráfico que, en su caso, hubiera que concluir seguirán rigiéndose, con carácter general, por el principio de devengo y las normas de registro y valoración contenidas en la segunda parte del PGC o del PGC-PYMES (en adelante, marco general de información financiera), según proceda, así como las disposiciones particulares contenidas en la presente Resolución. Del mismo modo, los documentos que integran las cuentas anuales se redactarán con las normas recogidas a tal efecto en la tercera parte de los citados textos, y las precisiones que se realizan a continuación.

IV

El MCC de la empresa en liquidación no difiere del MCC incluido en el PGC, salvo en lo que respecta a la propia aplicación del principio de empresa en funcionamiento y los criterios de valoración aplicables, sin perjuicio de las consecuencias que la situación de liquidación forzosa en que se encuentra la empresa pueda tener desde la perspectiva del reconocimiento de los activos y pasivos, por directa aplicación de las reglas generales.

En este sentido, la Norma segunda dispone que desde la perspectiva de las definiciones y criterios de reconocimiento incluidos en el MCC, determinados activos y pasivos propios de la situación de empresa en funcionamiento podrían no serlo bajo la situación de empresa en «liquidación» y, a la inversa, activos y pasivos propios o específicos de la situación de empresa en liquidación tal vez no lo serían o no podrían estar reflejados bajo el principio de empresa en funcionamiento.

Igualmente algunos activos y pasivos estarán valorados de una manera —esto es, bajo unos criterios de valoración concretos— y por un determinado importe bajo el principio de empresa en funcionamiento, pero desde la perspectiva de la empresa en liquidación podrían estarlo bajo otros criterios.

En particular, en el grupo de trabajo se han debatido dos alternativas para la valoración de los activos. La primera defendía que el criterio general de valoración posterior del coste histórico menos correcciones por deterioro de valor y, en su caso, amortización acumulada, no es coherente con el objetivo que persigue la empresa en «liquidación», mediante la venta o disposición por otro medio de todo su patrimonio para obtener la liquidez necesaria con la que poder cancelar las deudas. En su lugar, quienes sostenían esta tesis opinaban que el objetivo de imagen fiel requiere valorar los activos por su valor de liquidación, entendido como aquel importe que la empresa podría obtener por su venta u otra forma de disposición minorado en los costes necesarios para llevarla a cabo.

La segunda alternativa se basaba en sostener la continuidad de los criterios de valoración recogidos en el marco general de información financiera, salvo el valor en uso que apela a un horizonte temporal, el curso normal del negocio, que se interrumpe, y la conveniencia de matizar el concepto de valor neto realizable o valor actual considerando el escenario de «liquidación» en que se encuentra la empresa. Y, en general, la necesidad de tomar el valor de liquidación de los activos como referente para calcular su importe recuperable a los efectos de comprobar el posible deterioro de valor.

Después de ponderar los argumentos a favor y en contra de cada una de estas soluciones, se ha decidido seguir el segundo enfoque, más en línea con la premisa de conservación de la norma «ordinaria» en que se apoya la Resolución. Por ello, cuando la continuidad de la empresa ya no es la hipótesis sobre la que se formulan las cuentas anuales, parece razonable considerar que, bajo la restricción que impone el binomio coste-beneficio de la información financiera, y el elevado nivel de incertidumbre que rodea el proceso de «liquidación», los activos que se venían valorando al coste menos correcciones de valor y, en su caso, amortizaciones, deberían pasar a valorarse por el menor importe entre su valor en libros y la mejor estimación de su valor de liquidación. Para calcular este importe la empresa deberá analizar el proceso bajo el cual se desarrolla el cese de actividad. Pues cierto es que, solo atendiendo a sus circunstancias, podrá determinarse cuál es el valor de liquidación a considerar.

En definitiva, para identificar el valor de liquidación la empresa debería partir del valor razonable del activo. Cuestión distinta pudiera ser el hecho de que una empresa en liquidación, en tanto la misma se vea en la tesitura de realizar sus activos de manera inminente, solo pudiera —ante situaciones de iliquidez del mercado en el que enajenar dichos activos— y en beneficio de sus acreedores, decidir la realización de los mismos en el marco de lo que se conoce como «transacción forzada», en cuyo caso, dicho valor diferiría de la definición de valor razonable contenida en el MCC.

En cualquier caso, el conjunto de las operaciones de tráfico que la empresa tuviera que concluir y, en general, el reconocimiento de los gastos de personal y servicios exteriores en los que incurra se contabilizarán aplicando el principio de devengo sin que proceda por lo tanto el registro «anticipado» de todos los gastos de la «liquidación».

En sintonía con este planteamiento, en la Norma tercera de la Resolución se asume tal premisa, esto es, la continuidad del principio de devengo y la sustitución de las referencias al importe recuperable por el valor de liquidación en la valoración posterior de los activos.

Un aspecto ampliamente debatido ha sido el criterio de valoración de los pasivos. En sintonía con la tesis defendida para valorar los activos a valor de liquidación, se expusieron opiniones que defendían que cuando cesa la aplicación del principio de empresa en funcionamiento, el reconocimiento y valoración de los pasivos, incluidas las provisiones, puede verse condicionado por el riesgo de impago de la entidad, esto es, por la circunstancia de que la empresa carezca de recursos suficientes, una vez realizados todos los activos, para cancelar sus obligaciones.

Otros por el contrario opinaban que el riesgo de crédito de la entidad no debería afectar a los pasivos emitidos, en particular, a los pasivos financieros que traen causa de un contrato y se valoran a coste amortizado, cuyo valor de liquidación en la mayoría de los casos será muy difícil de estimar. Además, opinaban que la introducción del citado riesgo originaría un menoscabo en la imagen fiel de la entidad, ya que se estaría presentando una situación patrimonial saneada a pesar de no poder atender sus compromisos.

Adicionalmente, en el supuesto de que la insolvencia definitiva fuese un escenario probable, es decir, si existiese mayor posibilidad de que se produzca que de lo contrario, la quiebra del principio de empresa en funcionamiento originaría a su vez la ruptura del principio de devengo desde la perspectiva del reconocimiento de los gastos que, en aplicación de los principios «ordinarios» hubieran motivado el registro de un pasivo.

Después de ponderar los elementos a favor y en contra de las dos alternativas, la solución que finalmente se ha incorporado a la Resolución mantiene el tratamiento de los pasivos recogido en el marco general de información financiera, sin perjuicio de que el nuevo escenario pueda traer consigo el nacimiento de obligaciones y, en consecuencia, el reconocimiento de la correspondiente deuda o provisión.

De esta forma se considera cumplido el objetivo de imagen fiel del patrimonio en liquidación, al valorar el activo por el menor importe entre su valor en libros y su valor de liquidación, y el pasivo, con carácter general, por su coste amortizado, evitando que la ausencia de recursos para cancelar las obligaciones de la empresa interfiera en la valoración de las deudas, salvo que antes de aprobarse el balance final de la liquidación y la correspondiente extinción de la sociedad se produzca su cancelación en virtud de un acuerdo con los acreedores.

A partir de estos razonamientos, en la Norma tercera se explicitan los criterios de registro y valoración de los elementos patrimoniales y las operaciones de la empresa en «liquidación».

Otro aspecto analizado ha sido el tratamiento contable de los activos no corrientes mantenidos para la venta y, en particular, si procedía mantener la vigencia de la norma de registro y valoración sobre «Activos no corrientes y grupos enajenables de elementos, mantenidos para la venta» del marco general de información financiera, en cuyo caso, cuando se cumpliesen los requisitos en ella regulados los activos no corrientes (inmovilizado material, intangible, inversiones inmobiliarias, así como las inversiones en empresas del grupo, multigrupo y asociadas) se reclasificarían al activo circulante como activos no corrientes mantenidos para la venta.

Alternativamente, en la medida que el nuevo escenario, con carácter general, pone de manifiesto que la recuperación de estos activos, en especial la de los activos funcionales, se producirá mediante su venta u otra forma de disposición en lugar de por su uso continuado también se debatió si no sería más oportuno prescindir de la clasificación «corriente»- «no corriente» y presentar todos los activos por orden de liquidez.

La calificación de activos no corrientes y grupos enajenables de elementos mantenidos para la venta supuso una importante novedad en el nuevo Plan derivada del proceso de armonización con las normas internacionales. Para incluir un elemento del activo no corriente o un grupo enajenable de elementos patrimoniales en esta categoría, deben cumplirse una serie de requisitos enfocados a su disponibilidad inmediata y alta probabilidad de venta.

La principal consecuencia de esta clasificación es que dichos activos no se amortizan. En cuanto a su presentación, deben mostrarse en el balance dentro del activo corriente dado que su valor en libros se prevé recuperar a través de su enajenación y no mediante su uso en la actividad ordinaria de la empresa. Adicionalmente, en el modelo normal de la cuenta de pérdidas y ganancias, se debe incorporar determinada información dentro del margen de las operaciones discontinuadas, en relación con los grupos clasificados como mantenidos para la venta que constituyan una actividad interrumpida (en particular, grupos enajenables que constituyan una línea de negocio o un área geográfica significativa o empresas dependientes adquiridas con la finalidad de venderlas).

En definitiva, en el marco general de información financiera, cuando se mantiene la vigencia del principio de empresa en funcionamiento para el conjunto de la empresa, se regula de forma singular el tratamiento contable de un patrimonio en «liquidación» por el hecho diferencial que la situación descrita tiene para la imagen fiel del conjunto. Sin embargo, cuando la totalidad del patrimonio empresarial es el que se encuentra en «liquidación», y los administradores advierten de tal circunstancia en las propias bases de presentación de las cuentas, el planteamiento anterior debería decaer al convertirse en general el supuesto de hecho que la norma regula como singular.

Cuestión distinta es el criterio de valoración que establece la norma de registro y valoración sobre «Activos no corrientes y grupos enajenables de elementos, mantenidos para la venta», el cual sí se considera adecuado para el conjunto de los activos no corrientes de la empresa cuando la situación económica de «liquidación» sea la misma en uno y otro caso. Es decir, siempre que se cumplan los requisitos que la citada norma de registro y valoración establece. A tal efecto, el activo ha de estar disponible en sus condiciones actuales para su venta inmediata, sujeto a los términos usuales y habituales para su venta; y su venta ha de ser altamente probable.

En materia de instrumentos financieros se analizó si la «liquidación» de la empresa hace necesario explicitar nuevos criterios contables, en la medida en que el destino de todos los activos financieros pasa a ser su enajenación o liquidación por otra vía, o si por el contrario, con los criterios del marco contable general se puede mostrar la imagen fiel del patrimonio, de la situación financiera y de los resultados de la empresa.

La conclusión fue que el enfoque de la norma de registro y valoración en materia de activos financieros permitiría cumplir con el citado objetivo, en la medida que la causa de «liquidación» pudiese desencadenar los supuestos de hecho que la norma general prevé para reclasificar los activos financieros entre las diferentes carteras, reconocer una pérdida por deterioro o interrumpir la técnica de la contabilidad de coberturas que viniese aplicando la empresa.

Otro aspecto que ha sido estudiado durante los trabajos preparatorios de la presente Resolución es cómo afecta el escenario de «liquidación» al registro de las deudas valoradas a coste amortizado y, en particular, cómo afecta cuando una empresa es declarada en concurso de acreedores, y no solo cuando los administradores formulan las cuentas considerando que ya no resulta de aplicación el principio de empresa en funcionamiento.

La declaración de una empresa en situación de concurso de acreedores, en los términos regulados en la LC, inicia un procedimiento judicial encaminado a la búsqueda de un acuerdo con los acreedores, ante la imposibilidad del deudor de cumplir regularmente sus obligaciones exigibles.

El artículo 44 de la LC señala que la declaración de concurso no interrumpe la actividad profesional o empresarial que viniera ejerciendo el deudor, y, en lógica consecuencia, el artículo 46 establece que declarado el concurso, subsistirá la obligación de formular y auditar las cuentas anuales. Por ello, el inicio del procedimiento judicial no implica la quiebra de los principios y criterios ordinarios del marco general de información financiera. Es decir, declarado el concurso, salvo prueba en contrario, se mantiene la plena vigencia del principio de empresa en funcionamiento y devengo.

La declaración de concurso, a diferencia de la apertura de la fase de liquidación, no trae consigo el vencimiento de las deudas y, en consecuencia, su exigibilidad se mantendrá diferida en los términos previstos en los respectivos contratos. Sin perjuicio de lo anterior, en la práctica, dicha declaración normalmente vendrá precedida de un deterioro en la situación financiera del deudor que originará el vencimiento anticipado de las deudas, si así lo estipulase el contrato, y el devengo de los correspondientes intereses moratorios. De concurrir este presupuesto, la deuda se contabilizará por su valor de reembolso y lucirá en el pasivo corriente del balance.

La consulta 1 publicada en el Boletín del ICAC n.º 76, de diciembre de 2008, recoge la interpretación de este Instituto sobre la contabilización de un convenio de acreedores, señalando que desde una perspectiva estrictamente contable, la modificación en las condiciones de la deuda (básicamente en lo que respecta a tipo de interés, importe a reembolsar y plazo de vencimiento) acordadas entre aquellos y el deudor requiere analizar el carácter sustancial o no del cambio y, en el primer caso, reconocer el nuevo pasivo por su valor razonable y dar de baja el antiguo contabilizando, por diferencia, el correspondiente ingreso. A mayor abundamiento cabe precisar que para estimar el valor razonable de la deuda, la empresa debe descontar los flujos de efectivo acordados en el convenio, al tipo de interés incremental del deudor, siempre que este último pueda calcularse de manera fiable de acuerdo con lo dispuesto en el MCC. En caso contrario, la empresa deberá emplear el tipo de interés recogido en la sentencia de aprobación del Convenio.

La declaración judicial de concurso de acreedores trae consigo una modificación en la esfera de los derechos y obligaciones del deudor. En particular, ex artículo 59 de la LC, se suspende el devengo de los intereses sin perjuicio de las excepciones en él reguladas. No obstante, la citada suspensión tiene un alcance estrictamente procesal/concursal en beneficio del buen fin del procedimiento materializado en el logro de un acuerdo, el convenio, que a su vez origina una segunda modificación de las citadas condiciones, esta sí, con plenos efectos económicos, en lo que respecta al principal que resulta exigible y el plazo en que se hará efectivo su desembolso.

En consecuencia, al amparo del principio de empresa en funcionamiento y devengo, una vez declarado el concurso la empresa continuará reconociendo los intereses remuneratorios aplicando el criterio del coste amortizado en los términos indicados en el marco general de información financiera, o en su caso, contabilizará los correspondientes intereses moratorios.

Cuando ya no resulte adecuada la aplicación del principio de empresa en funcionamiento las conclusiones que se han reproducido no varían, sin perjuicio de que para un supuesto concreto, como es la apertura de la liquidación concursal, en virtud del artículo 146 de la LC, se produzca el vencimiento anticipado de los créditos concursales aplazados y la conversión en dinero de aquellos que consistan en otras prestaciones, o que el incumplimiento del convenio deba originar la desaparición de los efectos sobre las deudas y el reconocimiento del correspondiente pasivo. Del mismo modo, tampoco cesará el devengo de los intereses que procedan.

La quiebra del principio de empresa en funcionamiento también puede ser relevante a los efectos del reconocimiento de provisiones cuando el anuncio de la empresa origine el nacimiento de una obligación presente y, en consecuencia, con carácter general, el reconocimiento de una provisión, por ejemplo, como consecuencia de la rescisión de un contrato de arrendamiento o de los compromisos derivados con los trabajadores de la empresa a raíz de los acuerdos suscritos o la legislación laboral vigente.

De acuerdo con el marco general de información financiera, que en este punto no se ve modificado, la provisión se reconocerá por su valor actual, entendido como el importe de los flujos de efectivo a pagar en el «curso normal del negocio» actualizados a un tipo de descuento adecuado. A tal efecto, y, por ejemplo, respecto a la provisión por un litigio generalmente para estimar el importe de la provisión deberá seguir considerándose el horizonte temporal de conclusión del procedimiento pues el hecho de que la empresa esté en liquidación no es óbice para considerar que el proceso litigioso sigue su curso, y afectará a la sociedad en tanto su personalidad jurídica no se extinga.

En relación con los compromisos a largo plazo con el personal, éstos tienen generalmente su origen en i) un convenio colectivo, ii) acuerdos bilaterales entre empresario y trabajador o iii) práctica habitual (obligaciones implícitas).

Conforme a la normativa vigente, las entidades, a excepción de las compañías de seguros y las entidades de crédito, están sujetas a la obligación de exteriorizar sus compromisos a largo plazo con el personal. La exteriorización se puede instrumentar a través de una aportación a un plan de pensiones o de la contratación de un seguro colectivo de vida.

En este sentido, la regulación vigente en materia de planes y fondos de pensiones establece que si bien los planes de pensiones terminarán por disolución del promotor del plan, se deberá respetar la garantía individualizada de las prestaciones causadas y prever la integración de los derechos consolidados de los partícipes, y en su caso de los derechos derivados de las prestaciones causadas que permanezcan en el plan, en otros planes de pensiones, por lo que no cabe reconocer baja alguna de la obligación reconocida en balance hasta que dicha circunstancia se produzca y tenga lugar la extinción del promotor.

No obstante, habitualmente en los convenios colectivos o acuerdos empresario-trabajador se detallan las condiciones que deben cumplir los trabajadores para la consolidación de los compromisos. Generalmente, prestaciones tales como los premios de permanencia no se consolidan si el trabajador termina su empleo sin cumplir el periodo de servicio requerido, mientras que determinados compromisos post-empleo permiten consolidar parcialmente la prestación, pese a no alcanzar el trabajador la edad de jubilación dentro de la empresa, mediante alguna fórmula de cálculo que toma en consideración su antigüedad en el momento de la interrupción de la relación laboral. La Norma tercera tiene en consideración estos supuestos a efectos de otorgar un adecuado tratamiento contable a estas operaciones.

Igualmente, la cercanía en el cese de la actividad puede traer consigo el nacimiento de la obligación de reintegro de subvenciones que se reconocerán aplicando los criterios generales recogidos en la norma de registro y valoración sobre «Subvenciones, donaciones y legados recibidos» del marco general de información financiera. Esto es, contabilizando un pasivo por el importe a reintegrar con cargo a la subvención reconocida en el patrimonio neto pendiente de transferir a la cuenta de pérdidas y ganancias y reconociendo por la diferencia un gasto en esta última.

Como se ha indicado más arriba, una cuestión central que deben analizar los responsables de la empresa, en aplicación de la norma de registro y valoración sobre «Hechos posteriores al cierre del ejercicio» del marco general de información financiera, son los eventos y circunstancias que suceden o se ponen de manifiesto después del cierre del ejercicio y que conecta con el propio alcance de la presente Resolución.

En este sentido, de acuerdo con la norma de registro y valoración sobre «Hechos posteriores al cierre del ejercicio» del marco general de información financiera, en la formulación de las cuentas anuales deberá tenerse en cuenta toda información que pueda afectar a la aplicación del principio de empresa en funcionamiento. En consecuencia, las cuentas anuales no se formularán sobre la base de dicho principio si los responsables de la entidad, aunque sea con posterioridad al cierre del ejercicio, determinan que tienen la intención de liquidar la empresa o cesar en su actividad o que no existe una alternativa más realista que hacerlo.

A la vista de este criterio, cuando la dirección sea consciente de la existencia de incertidumbres importantes, relativas a eventos o condiciones que hayan surgido después del cierre del ejercicio pero antes de la formulación de las cuentas anuales que puedan aportar dudas significativas sobre la posibilidad de que la empresa siga funcionando normalmente, las posibles situaciones a resolver en la práctica serían las siguientes.

Si una vez ponderados los factores causantes y mitigantes de la quiebra del citado principio, la dirección opina que procede aplicarlo, la empresa informará sobre dichos factores en la nota de la memoria relativa a los «Aspectos críticos de la valoración y estimación de la incertidumbre». En caso contrario, también se informará sobre estos hechos en el mismo apartado de la memoria junto con una referencia expresa a que las cuentas anuales se han formulado aplicando el marco de información financiera aprobado por la presente Resolución. Cuando estos hechos se conozcan después de la formulación pero antes de la aprobación de las cuentas anuales, éstas se deberán reformular en el supuesto de que ya no fuese adecuada la aplicación del principio de empresa en funcionamiento.

De lo anterior no cabe inferir que se deba modificar el tratamiento general de los denominados «hechos posteriores». Por el contrario, estos hechos seguirán evaluándose tomando como fecha de cierre la que viniese aplicando la empresa en su periodificación contable ordinaria, y que con carácter general coincide con el 31 de diciembre de cada año.

La Norma cuarta de la Resolución se ocupa de los criterios a seguir para elaborar las cuentas anuales de la empresa en «liquidación». Continuando con el enfoque de «conservación de la norma ordinaria», en primer lugar se aclara que las reglas en materia de presentación no se ven alteradas, dejando al margen las excepciones expresas que en ella se regulan.

Así, cuando se aplica el principio de empresa en funcionamiento, la clasificación de los activos y pasivos vinculados al ciclo normal de explotación, entre partidas corrientes y no corrientes, toma como referente el periodo de tiempo que transcurre entre la adquisición de los activos que se incorporan al proceso productivo y la realización de los productos en forma de efectivo o equivalentes al efectivo. Para clasificar los restantes activos y pasivos entre corrientes y no corrientes se toma el plazo de doce meses. Y, en particular, se clasifican como corrientes aquellas obligaciones para las cuales la empresa no disponga de un derecho incondicional a diferir su pago en el plazo máximo de un año, contado a partir de la fecha de cierre del ejercicio.

Cuando la empresa siga la presente Resolución, el criterio que se ha expuesto seguirá rigiendo a pesar de que, cuando se interrumpa la actividad, ya no exista un ciclo normal de explotación. Frente al citado criterio, también se valoró como alternativa que los activos que los responsables de la empresa estimen liquidar en los próximos doce meses se mostrasen en el activo corriente, y del mismo modo los pasivos que se espere cancelar en el corto plazo luciesen en la parte corriente del pasivo. O, como se ha indicado más arriba, abandonar la presentación «corriente» y «no corriente» para mostrar todos los activos en función de su liquidez y los pasivos atendiendo al orden de prelación en el cobro por los acreedores. Pues bien, sin perjuicio de que de «lege ferenda» cualquiera de las alternativas a la decisión que se ha tomado podrían considerarse adecuadas, finalmente se han descartado para evitar una regulación fragmentada de los criterios de presentación de la empresa española en función del marco de información financiera aplicable, con el consiguiente perjuicio para el análisis comparativo de la información depositada en los diferentes registros administrativos, empleando los modelos normalizados que se han aprobado a partir de las normas de elaboración de las cuentas anuales del marco general de información financiera.

Otro aspecto analizado fue la vigencia del criterio de presentación en materia de operaciones interrumpidas. La solución que finalmente se ha seguido, amparada en un razonamiento similar al que ha justificado excepcionar el criterio de presentación de los activos no corrientes mantenidos para la venta, ha sido la de no considerar apropiado calificar los resultados originados por la liquidación del activo o los derivados de concluir las operaciones pendientes, como resultado de las operaciones interrumpidas, pues en estos casos, a pesar de que la realidad pone de manifiesto que la actividad ordinaria de la entidad consiste en la liquidación de su patrimonio, la presentación del resultado del conjunto de las operaciones tendentes a realizar ese objetivo en un solo saldo, neto del efecto impositivo, vaciaría de contenido informativo a la cuenta de pérdidas y ganancias.

Acerca del contenido de la memoria, los aspectos a considerar serían los siguientes. En primer lugar, tal y como ya se ha indicado, la referencia expresa en las bases de presentación a que las cuentas se han formulado aplicando la presente Resolución. Y, con carácter general, la necesidad de sistematizar el contenido de las diferentes notas a los criterios de registro, valoración y elaboración de las cuentas anuales de la empresa en liquidación, circunstancia que trae consigo el carácter no obligatorio de la información que en el marco general de información financiera se solicita sobre los aspectos relacionados con el curso ordinario de los negocios (por ejemplo, el importe recuperable de los activos por referencia al valor en uso, entre otros).

También se debatió sobre la oportunidad de incorporar una nota adicional en la memoria sobre la marcha de la liquidación con el objetivo de mostrar el previsible resultado de la liquidación, para lo cual la empresa debería calcular la mejor estimación del valor de liquidación de los activos y pasivos, entendido este último como el valor razonable de los activos que la empresa estima entregar para cancelar sus deudas.

Finalmente, se ha considerado oportuno que la empresa informe de la mejor estimación del valor de liquidación de los activos, cuando dicha información sea significativa para que las cuentas anuales puedan mostrar la imagen fiel del patrimonio, de la situación financiera y de los resultados de la empresa, y pueda obtenerse con un adecuado grado de fiabilidad sin incurrir en costes excesivos. Todo ello sin perjuicio de la información adicional que la empresa pueda suministrar sobre la marcha de la liquidación o su previsible resultado en el «estado de la liquidación», o en el informe sobre el «estado de las operaciones», de acuerdo con la legislación mercantil.

La Norma quinta aborda las normas de formulación de las cuentas anuales de la empresa en liquidación. En este punto, al margen de recordar que en los supuestos de liquidación nuestro Derecho mercantil dispone que subsisten las obligaciones contables y, por lo tanto, también la obligación de consolidar para la sociedad dominante en «liquidación», para llegar a las conclusiones que se han recogido en la norma se ha tomado como punto de partida la consideración de las cuentas consolidadas como las cuentas de la entidad que informa, distinta por lo tanto de la situación jurídica particular que pudiera atravesar la sociedad dominante.

A partir de lo anterior, en la práctica, podrían plantearse las siguientes situaciones, entre otras:

Que alguna sociedad dependiente tuviese que aplicar en sus cuentas anuales individuales el marco de información financiera aprobado por esta Resolución, u otro similar, en caso de sociedades radicadas en el extranjero, pero la entidad que informa mantuviese la aplicación del principio de empresa en funcionamiento. En este caso, las cuentas anuales consolidadas se elaborarán aplicando el marco contable general, dentro del cual, como se ha indicado más arriba, las normas de consolidación aprobadas por el Real Decreto 1159/2010, de 17 de septiembre, dan una adecuada respuesta al patrimonio en «liquidación» a través de los criterios previstos para contabilizar las inversiones en sociedades mantenidas para la venta.

Que el grupo considerado en su conjunto estuviese en una situación en la cual no fuese adecuada la aplicación del principio de empresa en funcionamiento, en cuyo caso, las cuentas anuales consolidadas elaboradas con los criterios aprobados en desarrollo del Código de Comercio se deberían elaborar aplicando el marco de información financiera aprobado por esta Resolución, desde la perspectiva de las cuentas consolidadas.

Que la sociedad dominante tuviese que aplicar la presente Resolución porque, por ejemplo, se hubiese acordado su liquidación, pero el grupo considerado en su conjunto aplica el principio de empresa en funcionamiento. En este último supuesto, las cuentas consolidadas de la entidad que informa se elaborarán siguiendo el marco contable general, a pesar de que en las cuentas individuales de la dominante se deba aplicar un marco distinto.

Por último, la Norma sexta establece que una vez que las cuentas anuales de la entidad se han formulado siguiendo la presente Resolución, en los ejercicios posteriores no se podrán formular sobre la base del principio de empresa en funcionamiento, excepto que dicho marco hubiera sido aplicado por error o salvo que excepcionalmente desaparezcan las circunstancias que motivaron su aplicación. La existencia de un error se corregirá de acuerdo con la norma de registro y valoración sobre la materia del marco general de información financiera. En cuanto al cambio en las circunstancias, la Norma sexta, tomando como referencia por analogía la norma de registro y valoración en materia de «Activos no corrientes y grupos enajenables de elementos, mantenidos para la venta», desarrolla los criterios a utilizar, ante dicha situación excepcional, en la transición a la aplicación del principio de empresa en funcionamiento.

Por todo lo anterior, y como consecuencia de la necesidad de desarrollar el marco de información financiera de la empresa en «liquidación», este Instituto de Contabilidad y Auditoría de Cuentas de acuerdo con la disposición final tercera del Real Decreto 1514/2007, de 16 de noviembre, y la disposición final tercera del Real Decreto 1159/2010, de 17 de septiembre, dicta la siguiente Resolución:

ÍNDICE

Primera. Objetivo y ámbito de aplicación.

Segunda. Criterios específicos de aplicación del Marco Conceptual de la Contabilidad a la empresa en «liquidación».

Tercera. Normas de registro y valoración de la empresa en «liquidación».

Cuarta. Normas de elaboración de las cuentas anuales de la empresa en «liquidación».

Quinta. Normas de formulación de cuentas anuales consolidadas de la empresa en «liquidación».

Sexta. Nueva aplicación del principio de empresa en funcionamiento.

Marco de información financiera cuando no resulta adecuada la aplicación del principio de empresa en funcionamiento

PRIMERA. *Objetivo y ámbito de aplicación*

1. Esta Resolución desarrolla, como norma complementaria del Plan General de Contabilidad, el marco de información financiera cuando no resulta adecuada la aplicación del principio de empresa en funcionamiento.

2. En consecuencia, la presente Resolución es de aplicación obligatoria para todas las entidades, cualquiera que sea su forma jurídica, que deban aplicar el Plan General de Contabilidad, el Plan General de Contabilidad de Pequeñas y Medianas Empresas y las normas de adaptación de los citados textos (en adelante, marco general de información financiera), cuando se haya acordado la apertura de la liquidación o cuando los responsables de la entidad, aunque sea con posterioridad al cierre del ejercicio, determinan que tienen la intención de liquidar la empresa o cesar en su actividad o cuando no exista una alternativa más realista que hacerlo.

3. Sin embargo, quedan fuera del alcance de la Resolución los siguientes supuestos:

a. Las sociedades de duración limitada, salvo que antes de que concluya su objeto social se acuerde la liquidación o no exista una alternativa más realista que hacerlo.

b. Las sociedades declaradas en concurso de acreedores, salvo que antes de la apertura de la fase de liquidación los responsables de formular las cuentas anuales determinen que no existe una alternativa más realista que liquidar la empresa.

c. Los supuestos de modificación estructural de las sociedades mercantiles.

d. Los casos de disposición o liquidación parcial de un grupo enajenable de elementos, según se define este concepto en el Plan General de Contabilidad.

SEGUNDA. *Criterios específicos de aplicación del Marco Conceptual de la Contabilidad a la empresa en «liquidación»*

1. La aplicación del marco de información financiera a la empresa en «liquidación» permite que las cuentas anuales muestren la imagen fiel del patrimonio, de la situación financiera y de los resultados de la entidad en la situación indicada.

A tal efecto, se deberán aplicar el conjunto de requisitos, principios y criterios contables incluidos en el Marco Conceptual de la Contabilidad que venía aplicando la empresa, salvo el principio de empresa en funcionamiento y, por derivada lógica, los efectos que esto produce.

2. Cuando la empresa siga el marco de información financiera aprobado por la presente Resolución, la valoración de los elementos patrimoniales está dirigida a mostrar la imagen fiel de las operaciones tendentes a realizar el activo, cancelar las deudas y, en su caso, repartir el patrimonio resultante.

3. Por ello, considerando que en una liquidación forzada del patrimonio empresarial el horizonte temporal para recuperar los activos se reduce, será necesario corregir el valor o dar de baja los activos cuyo importe no se espere recuperar. Del mismo modo, el nuevo escenario puede traer consigo el nacimiento de obligaciones y, en consecuencia, el reconocimiento del correspondiente pasivo.

En particular, el criterio del valor en uso ya no será relevante y los criterios del valor neto realizable y valor actual, tal y como se definen estos conceptos en el Marco Conceptual de la Contabilidad, deberán aplicarse considerando el escenario de «liquidación» en que se encuentra la empresa.

Por el contrario, sí que contribuye al objetivo de imagen fiel el valor de liquidación de los activos, entendido como aquel importe que se podría obtener, en las circunstancias específicas en las que se encuentre la empresa, por su venta u otra forma de disposición minorado en los costes necesarios para llevarla a cabo.

4. En determinados casos, el valor de liquidación será equivalente al valor razonable menos los costes de venta. No obstante, puede ser habitual que el valor de liquidación difiera del valor razonable menos los costes de venta por la propia situación de transacción forzada a la que se enfrenta la empresa.

TERCERA. Normas de registro y valoración de la empresa en «liquidación»

1. Cuando la empresa siga el marco de información financiera aprobado por la presente Resolución, aplicará las normas de registro y valoración del marco general de información financiera, considerando las siguientes reglas especiales.

2. Activos no corrientes y grupos enajenables de elementos, mantenidos para la venta:

a. Los elementos del inmovilizado material, las inversiones inmobiliarias y el inmovilizado intangible no se amortizarán, cuando se cumplan los requisitos previstos para ello en el marco general de información financiera, sin perjuicio de la obligación de contabilizar la correspondiente corrección valorativa por deterioro.

En todo caso se deberá revisar la valoración inicial de los activos en función de los cambios en las estimaciones contables que modifiquen el importe de la provisión asociada a los costes de desmantelamiento y rehabilitación del activo que la empresa hubiera reconocido de acuerdo con el criterio establecido en el marco general de información financiera, o que procediese reconocer a la luz de las nuevas circunstancias.

b. Para determinar las correcciones de valor por deterioro de estos activos, el importe recuperable se calculará tomando como referencia su valor de liquidación o el valor de liquidación de la unidad generadora de efectivo de la que formasen parte.

No obstante, en primer lugar la empresa deberá evaluar si procede seguir manteniendo la agrupación de activos en unidades generadoras de efectivo o si por el contrario la situación de liquidación forzada en que se encuentra exige evaluar el importe recuperable elemento a elemento. Esta circunstancia podría originar la baja del fondo de comercio cuando resulte aplicable el marco de información financiera de la empresa en «liquidación», salvo que la empresa estime liquidar todos los elementos que integran el negocio de forma conjunta.

c. Se entiende por grupo enajenable de elementos mantenidos para la venta, el conjunto de activos y pasivos directamente asociados de los que se va a disponer de forma conjunta, como grupo, en una única transacción. Podrá formar parte de un grupo enajenable cualquier activo y pasivo asociado de la empresa, aun cuando no cumpla la definición de activo no corriente, siempre que se vayan a enajenar de forma conjunta.

Para la valoración de los grupos enajenables de elementos mantenidos para la venta se aplicarán las reglas incluidas en las letras anteriores, y las previstas en los apartados siguientes. Una vez efectuada esta valoración, el grupo de elementos de forma conjunta se valorará por el menor importe entre su valor contable y su valor de liquidación. En caso de que proceda registrar en este grupo de elementos valorados de forma conjunta una corrección valorativa por deterioro del valor, se reducirá el valor contable de los activos no corrientes del grupo siguiendo el criterio de reparto establecido en el marco general de información financiera.

3. Inversiones en empresas del grupo, multigrupo y asociadas. Para determinar las correcciones de valor por deterioro, el importe recuperable se calculará tomando como referencia el valor de liquidación de los activos.

4. Deudas contabilizadas al coste amortizado:

a. La quiebra del principio de empresa en funcionamiento no trae consigo el vencimiento de las deudas y, en consecuencia, su exigibilidad se mantendrá diferida en los términos previstos en los respectivos contratos, salvo cuando así lo estipulasen estos últimos. De concurrir este presupuesto, la deuda se contabilizará por su valor de reembolso y lucirá en el pasivo corriente del balance.

b. Sin perjuicio de lo anterior, en el supuesto de liquidación concursal, la apertura de la misma producirá el vencimiento anticipado de los créditos concursales aplazados y la conversión en dinero de aquellos que consistan en otras prestaciones.

c. La empresa continuará reconociendo los intereses remuneratorios aplicando el criterio del coste amortizado, en los términos indicados en el marco general de información financiera, o en su caso, contabilizará los correspondientes intereses moratorios.

5. Existencias. Para determinar las correcciones de valor por deterioro, el importe recuperable se calculará tomando como referencia el valor de liquidación de los activos.

6. Impuestos sobre beneficios. Cuando no resulte de aplicación el principio de empresa en funcionamiento, la empresa dará de baja los activos por impuesto diferido salvo que resulte probable que pueda disponerse de ganancias fiscales en la liquidación de la empresa que permitan su aplicación.

En particular, el requisito de la probabilidad se entenderá cumplido cuando la empresa tenga pasivos por impuestos diferidos (asimilables a estos efectos a las ganancias fiscales) con los que compensar los activos, salvo que el plazo de reversión del citado pasivo supere el plazo previsto por la legislación fiscal para poder aplicar los activos.

7. Ingresos y gastos de las operaciones pendientes. El conjunto de las operaciones de tráfico que la empresa tuviera que concluir y, en general, el reconocimiento de los ingresos, gastos de personal y servicios exteriores en los que incurra seguirán contabilizándose aplicando el principio de devengo y las normas de registro y valoración contenidas en el marco general de información financiera, sin que por lo tanto la cercanía en el cese de la actividad deba originar el registro «anticipado» de todos los gastos de la «liquidación», sin perjuicio de las provisiones que proceda reconocer de acuerdo con lo dispuesto en el apartado siguiente.

8. Provisiones y contingencias. La quiebra del principio de empresa en funcionamiento puede ser relevante a los efectos del reconocimiento de provisiones cuando el anuncio de la empresa origine el nacimiento de una obligación presente, por ejemplo, como consecuencia de la rescisión de un contrato de arrendamiento o de los compromisos derivados con los trabajadores a raíz de los acuerdos suscritos o la legislación laboral vigente. La compensación a recibir de un tercero en el momento de liquidar la obligación se contabilizará de acuerdo con los criterios recogidos en el marco general de información financiera.

9. Subvenciones, donaciones y legados. Si la situación de «liquidación» origina el nacimiento de la obligación de reintegro de subvenciones, la empresa reconocerá un pasivo por el importe a reintegrar con cargo a la subvención reconocida en el patrimonio neto pendiente de transferir a la cuenta de pérdidas y ganancias. Cualquier diferencia entre ambos importes se contabilizará como un gasto de la explotación en la cuenta de pérdidas y ganancias.

10. Retribuciones a largo plazo al personal. Cuando el compromiso a largo plazo con los trabajadores se instrumente a través de un plan de pensiones, la provisión que proceda reconocer al cierre de cada ejercicio de acuerdo con el marco general de información financiera lucirá en el balance hasta que no tenga lugar la extinción del promotor.

El resultado de una modificación en los compromisos a largo plazo asumidos con el personal, con motivo de la pérdida de derechos de los trabajadores tales como un premio o compensación por permanencia, se reconocerá de forma simultánea a la obligación que surja con aquellos a raíz de la «liquidación» de la empresa.

11. Hechos posteriores al cierre del ejercicio:

a. Si después del cierre del ejercicio pero antes de la formulación de las cuentas anuales se producen eventos o se dan condiciones que llevan a la dirección a opinar que no procede aplicar el principio de empresa en funcionamiento, se informará sobre estos hechos en la memoria junto con una referencia expresa a que las cuentas anuales se han formulado aplicando el marco de información financiera aprobado por la presente Resolución.

b. Cuando estos hechos se conozcan después de la formulación de las cuentas anuales pero antes de su aprobación, las cuentas anuales se deberán reformular aplicando el citado marco.

c. Al margen de lo anterior, el tratamiento contable de los hechos posteriores al cierre del ejercicio será el previsto en el marco general de información financiera.

CUARTA. Normas de elaboración de las cuentas anuales de la empresa en «liquidación»

1. Cuando la empresa siga el marco de información financiera aprobado por la presente Resolución, aplicará las normas de elaboración de las cuentas anuales del marco general de información financiera, considerando las siguientes precisiones y reglas especiales.

2. Formulación:

a. Las cuentas anuales se elaborarán con una periodicidad de doce meses, salvo que la liquidación no se prolongase por un plazo superior al previsto para su aprobación. En tal caso, o cuando acordada la disolución en un ejercicio o la apertura de la fase de liquidación en un procedimiento concursal las operaciones de liquidación concluyan antes del cierre de ese mismo ejercicio, no se formularán cuentas anuales sin perjuicio de las restantes obligaciones de información que pudieran venir impuestas por la legislación mercantil.

La empresa en liquidación, a menos que exista previsión estatutaria o acuerdo social en contrario, conservará la perio- dificación contable ordinaria. Es decir, cerrará sus cuentas anuales en la misma fecha de cierre, prevista en la Ley o en los estatutos, que la existente antes de que se produjera el hecho o acuerdo de disolución. Por lo tanto, la existencia de una causa de disolución, legal o voluntaria, no determina un cierre anticipado ni obliga a formular cuentas anuales a esa misma fecha. El llamado «balance inicial» regulado en el artículo 383 de la Ley de Sociedades de Capital es un documen- to extracontable, como el propio «balance final de liquidación».

b. Las cuentas anuales deberán ser formuladas por el empresario, los administradores o las personas sobre las que recai- ga dicha obligación de acuerdo con la legislación mercantil. Del mismo modo, las cuentas anuales deberán ser en su caso auditadas, aprobadas por la Junta General y depositadas en el Registro Mercantil de acuerdo con las normas generales. En cuanto a la supervisión o intervención de cuentas por los administradores concursales o por los interventores también se estará a lo previsto en la legislación mercantil.

3. Normas comunes. La aplicación del marco de información financiera aprobado por esta Resolución no origina la obli- gación de adaptar la información comparativa del ejercicio anterior.

4. Balance. La clasificación entre partidas corrientes y no corrientes se realizará de acuerdo con los criterios del mar- co general de información financiera, salvo los previstos en materia de activos no corrientes y grupos enajenables de elementos mantenidos para la venta. Por lo tanto, los elementos del inmovilizado intangible, inmovilizado material e inversiones inmobiliarias no se reclasificarán al activo corriente.

5. Cuenta de pérdidas y ganancias. No serán de aplicación los criterios sobre «operaciones interrumpidas».

6. Estado de cambios en el patrimonio neto. La elaboración del estado de cambios en el patrimonio neto se realizará de acuerdo con los criterios del marco general de información financiera.

7. Estado de flujos de efectivo. Los flujos de efectivo que se produzcan durante la liquidación de la empresa se mostrarán de acuerdo con los criterios del marco general de información financiera. En consecuencia, la liquidación de los activos relacionados con las actividades que constituían la principal fuente de ingresos de la empresa, lucirán como flujos de las operaciones de explotación, y las operaciones de liquidación de los activos no corrientes mantenidos para la venta como flujos procedentes de las operaciones de inversión.

8. Memoria:

a. El modelo de memoria se ajustará al contenido previsto en el marco general de información financiera. No obstante, en aquellos casos en que la información que se solicita no sea significativa, a la vista del escenario de «liquidación» en que se encuentra la empresa, no se cumplimentarán los apartados correspondientes.

b. En la nota relativa a los «Aspectos críticos de la valoración y estimación de la incertidumbre», se informará de los eventos o condiciones que a juicio de la dirección originan que no pueda aplicarse el principio de empresa en funciona- miento, junto con una referencia expresa a que las cuentas anuales se han formulado aplicando el marco de información financiera aprobado por la presente Resolución.

c. En la nota relativa a la «Comparación de la información», se indicará que la información del ejercicio no es comparable con la del ejercicio precedente por haberse cambiado de marco de información financiera.

d. El epígrafe de la memoria relativo a la aplicación de resultados se ajustará a las reglas aplicables a la liquidación y división del patrimonio social con respeto a la prohibición legal de realizar distribuciones a los socios sin la previa satis- facción a los acreedores del importe de sus créditos.

e. Por último se incluirá una nota sobre la marcha de la liquidación en la que se informe de la mejor estimación del valor de liquidación de los activos, cuando dicha información sea significativa para que las cuentas anuales puedan mostrar la imagen fiel del patrimonio, de la situación financiera y de los resultados de la empresa, y pueda obtenerse con un adecuado grado de fiabilidad sin incurrir en costes excesivos.

9. Cifra anual de negocios. El importe neto de la cifra anual de negocios se seguirá determinando con los criterios ge- nerales, sin que por lo tanto formen parte de este concepto los resultados originados por las operaciones de liquidación del activo no corriente.

10. Partes vinculadas. En su caso, las informaciones que se solicitan en relación con los administradores de la empresa deberán entenderse referidas a las personas sobre las que recaiga la obligación de formular cuentas anuales de acuerdo con la legislación mercantil.

QUINTA. Normas de formulación de cuentas anuales consolidadas de la empresa en «liquidación»

1. Cuando la sociedad dominante de un grupo de sociedades presente sus cuentas anuales aplicando el marco de infor- mación financiera aprobado por la presente Resolución, también subsistirá, en su caso, la obligación de formular cuen-

tas anuales consolidadas salvo que resultasen de aplicación los supuestos de dispensa regulados en las Normas para la formulación de las cuentas anuales consolidadas aprobadas en desarrollo del Código de Comercio.

2. Cuando alguna sociedad dependiente, multigrupo o asociada presente sus cuentas anuales aplicando el marco de información financiera aprobado por la presente Resolución, subsiste la obligación de consolidar dicha sociedad aplicando el método o procedimiento que proceda en aplicación del marco general de información financiera, salvo que la sociedad dominante haya perdido el control de la dependiente, o ya no ejerza un control conjunto o influencia significativa, respectivamente, en cuyo caso estas sociedades quedarán excluidas de la consolidación.

Se presumirá que se ha producido esta circunstancia en las sociedades declaradas en concurso de acreedores si antes de la fecha de cierre se ha dictado un auto judicial de «suspensión de facultades de administración y disposición».

Las sociedades excluidas de la consolidación lucirán en las cuentas anuales consolidadas por el importe resultante de aplicar los criterios para valorar la inversión en las cuentas anuales individuales de la sociedad obligada a consolidar.

3. En aquellos casos en los que no se haya perdido el control de la sociedad dependiente, y para el caso de sociedades multigrupo y asociadas en «liquidación», las cuentas anuales consolidadas se elaborarán aplicando los criterios recogidos en las Normas para la formulación de las cuentas anuales consolidadas aprobadas en desarrollo de los criterios incluidos en el Código de Comercio, siempre que la entidad que informa en su conjunto mantuviese la aplicación del principio de empresa en funcionamiento.

4. No obstante, cuando el grupo considerado en su conjunto estuviese en una situación en la cual no fuese adecuada la aplicación del principio de empresa en funcionamiento, las cuentas anuales consolidadas se elaborarán aplicando los métodos y procedimientos incluidos en las citadas Normas y los criterios de valoración y presentación recogidos en la presente Resolución.

SEXTA. Nueva aplicación del principio de empresa en funcionamiento

1. Cuando una sociedad haya formulado sus cuentas anuales siguiendo la presente Resolución y, excepcionalmente, en un ejercicio posterior las circunstancias que motivaron la aplicación de este marco hubieran desaparecido, con efectos desde el inicio del ejercicio se aplicará retroactivamente el correspondiente marco general de información financiera.

Cuando sea impracticable determinar la valoración para algún activo o pasivo, se tomará como coste atribuido el valor en libros que tuvieran al inicio del ejercicio en que resulte de aplicación nuevamente el principio de empresa en funcionamiento.

2. Las variaciones de valor que se produzcan con motivo del cese en la aplicación de las normas de registro y valoración de la empresa en liquidación se registrarán en la cuenta de pérdidas y ganancias del ejercicio, en los epígrafes que por su naturaleza correspondan, excepto cuando afecten a partidas que por aplicación del marco general de información financiera deban ser cargadas o abonadas directamente en el patrimonio neto, en cuyo caso se imputarán directamente a éste.

3. No serán objeto de adaptación las cifras comparativas en las cuentas anuales del primer ejercicio en que resulte nuevamente de aplicación el principio de empresa en funcionamiento.

– La **Resolución de 18 de septiembre de 2013, del Instituto de Contabilidad y Auditoría de Cuentas, por la que se dictan normas de registro y valoración e información a incluir en la memoria de las cuentas anuales sobre el deterioro del valor de los activos,** indica en el Preámbulo que, *en relación con el proceso concursal, en los trabajos preparatorios de la Resolución también se sometió a debate si el impago del deudor y la posterior declaración de concurso deben originar la que podríamos denominar «suspensión» del registro contable de los intereses acordados en la escritura del préstamo (o legalmente exigibles) desde la fecha en que se declaró su vencimiento, esto es, el cese en su reconocimiento contable de acuerdo con el método del tipo de interés efectivo. Pues bien, la declaración de concurso no interrumpe la aplicación de los principios de empresa en funcionamiento y devengo. La suspensión del devengo de los intereses a que se refiere el artículo 59 de la Ley Concursal tiene un alcance estrictamente procesal/concursal, que no surte plenos efectos económicos hasta que no se apruebe el convenio y, en su caso, el acuerdo concluya con una quita del principal o, en el supuesto de espera, el deudor y sus acreedores pacten que los intereses postconcursales no se cobren. En todo caso, el citado precepto exceptúa de la suspensión de devengo a los créditos con garantía real, que serán exigibles hasta donde alcance la respectiva garantía. En consecuencia, el interés deberá reconocerse como un derecho de cobro porque así viene recogido en la correspondiente escritura en que se ha formalizado el contrato (o por disposición legal), al margen de que de manera simultánea y precisamente a la vista de la situación descrita, la empresa deba evaluar si dicho importe será objeto de recuperación y, en su caso, contabilice la correspondiente pérdida por deterioro. Esta interpretación, consistente en reconocer el ingreso y, en su caso, la correspondiente pérdida por deterioro, guarda sintonía con el principio de no compensación recogido en el apartado 3 del Marco Conceptual de la Contabilidad, por el cual: «salvo que una norma disponga de forma expresa lo contrario, no podrán compensarse las partidas del activo y del pasivo o las* *de gastos e ingresos, y se valorarán separadamente los elementos integrantes de las cuentas anuales».* La referida Resolución dispone, entre sus previsiones: *«Norma Cuarta. Deterioro del valor de los activos financieros. 1. Identificación de activos financieros deteriorados. (...) 6. La evidencia objetiva de que un activo o un grupo de activos están deteriorados incluye, entre otros, datos observables, que reclaman la atención del tenedor del activo sobre los siguientes eventos que causan la pérdida: (...) d) sea cada vez más probable que el deudor entre en una situación concursal o en cualquier otra situación de reorganización financiera (...). 2. Deterioro del valor en activos financieros valorados al coste amortizado. (...) 6. En el supuesto de que el deudor fuese declarado en concurso de acreedores, la empresa continuará reconociendo los correspondientes intereses, y, en su caso, contabilizará el oportuno deterioro hasta que se llegue a una solución de convenio o se declare la apertura de la fase de liquidación (...)».*

DEFENSA DE LA COMPETENCIA

– La **Ley 15/2007, de 3 de julio, de defensa de la competencia**, establece que no tendrán la consideración de concentración económica la *«adquisición de control por una persona en virtud de un mandato conferido por autoridad pública con arreglo a la normativa concursal»* (art. 7.3.d). La previsión —sin más adaptación que la referida a la denominación del procedimiento concursal— proviene del Reglamento (CE) núm. 139/2004 del Consejo, de 20 de enero de 2004, sobre el control de las concentraciones entre empresas («Reglamento comunitario de concentraciones»), según el cual «se entenderá que no se produce una concentración: b) cuando el control lo adquiera una persona en virtud de un mandato conferido por la autoridad pública con arreglo a la normativa de un Estado miembro relativa a la liquidación, quiebra, insolvencia, suspensión de pagos, convenio de acreedores u otro procedimiento análogo» (art. 3.5 b). Aunque la previsión aparecía ya en el Reglamento (CEE) núm. 4064/89 del Consejo, de 21 de diciembre de 1989, sobre el control de las operaciones de concentración entre empresas (art. 3.5.b), no había sido recogida en la Ley 16/1989, de 17 de julio, de Defensa de la Competencia. La normativa concursal española no realiza indicación ni coordinación alguna con esta previsión. No obstante, conforme a la interpretación que se ha dado a la norma desde su introducción en el derecho europeo, el supuesto no ha de considerarse concentración por la inexistencia de una modificación permanente en el control, ya que se estaría pensando en adquisiciones de control temporales, cuyo objetivo sea la venta o liquidación. En la medida en que el concepto de concentración se construye en relación a cambios estables del control de la totalidad o parte de una o varias empresas, no habrá concentración, quedando excluidos del control, los cambios temporales en el control a consecuencia del mandato realizado por la autoridad pública, para los fines indicados, con arreglo a la normativa concursal. O, más correctamente, conforme al régimen especial aplicable a entidades de crédito, empresas de servicios de inversión y entidades aseguradoras, a las que se aplicarán las especialidades que para las situaciones concursales se hallen establecidas en su legislación específica, salvo las relativas a composición, nombramiento y funcionamiento de la administración concursal. Es sólo esta «normativa concursal» especial la que permite, en situaciones excepcionales, atribuir el control temporalmente a otra persona, en virtud del mandato de una autoridad o administración pública.

DELITOS DE CONCURSO PUNIBLE O INSOLVENCIA

– La **Ley Orgánica 10/1995, de 23 de noviembre, del Código Penal** se modifica por la **Ley Orgánica 1/2015, de 30 de marzo,** para incorporar una nueva regulación en delitos de concurso punible o insolvencia. Así, esta última norma indica en el Preámbulo (...) *La nueva regulación de los delitos de concurso punible o insolvencia conjuga una doble necesidad: la de facilitar una respuesta penal adecuada a los supuestos de realización de actuaciones contrarias al deber de diligencia en la gestión de asuntos económicos que se producen en el contexto de una situación de crisis económica del sujeto o empresa y que ponen en peligro los intereses de los acreedores y el orden socioeconómico, o son directamente causales de la situación de concurso; y la de ofrecer suficiente certeza y seguridad en la determinación de las conductas punibles, es decir, aquéllas contrarias al deber de diligencia en la gestión de los asuntos económicos que constituyen un riesgo no permitido. El nuevo delito de concurso punible o bancarrota se configura como un delito de peligro, si bien vinculado a la situación de crisis (a la insolvencia actual o inminente del deudor) y perseguible únicamente cuando se declara efectivamente el concurso o se produce un sobreseimiento de pagos; y se mantiene la tipificación expresa de la causación de la insolvencia por el deudor. La norma delimita, con la finalidad de garantizar un grado de seguridad y certeza ajustado a las exigencias derivadas del principio de legalidad, las conductas prohibidas por medio de las cuales puede ser cometido el delito. Para ello, tipifica un conjunto de acciones contrarias al deber de diligencia en la gestión de asuntos económicos mediante las cuales se reduce indebidamente el patrimonio que es garantía del cumplimiento de las obligaciones, o se dificulta o imposibilita el conocimiento por el acreedor de la verdadera situación económica del deudor. La nueva regulación se completa con la previsión de un tipo agravado aplicable en los supuestos en los que se causan perjuicios económicos de especial gravedad o en los que la mayor parte del crédito defraudado corresponde a deu-*

das frente a la Hacienda pública y la Seguridad Social. De igual forma, se amplía la protección de los acreedores mediante la tipificación de acciones no justificadas de favorecimiento a acreedores determinados llevadas a cabo, antes de la declaración del concurso, pero cuando el deudor se encontraba ya en una situación de insolvencia actual o inminente. Entre los preceptos que se modifican o incorporan: «Artículo 257. 1. Será castigado con las penas de prisión de uno a cuatro años y multa de doce a veinticuatro meses: 1.º El que se alce con sus bienes en perjuicio de sus acreedores. 2.º Quien con el mismo fin realice cualquier acto de disposición patrimonial o generador de obligaciones que dilate, dificulte o impida la eficacia de un embargo o de un procedimiento ejecutivo o de apremio, judicial, extrajudicial o administrativo, iniciado o de previsible iniciación. 2. Con la misma pena será castigado quien realizare actos de disposición, contrajere obligaciones que disminuyan su patrimonio u oculte por cualquier medio elementos de su patrimonio sobre los que la ejecución podría hacerse efectiva, con la finalidad de eludir el pago de responsabilidades civiles derivadas de un delito que hubiere cometido o del que debiera responder. 3. Lo dispuesto en el presente artículo será de aplicación cualquiera que sea la naturaleza u origen de la obligación o deuda cuya satisfacción o pago se intente eludir, incluidos los derechos económicos de los trabajadores, y con independencia de que el acreedor sea un particular o cualquier persona jurídica, pública o privada. No obstante lo anterior, en el caso de que la deuda u obligación que se trate de eludir sea de Derecho público y la acreedora sea una persona jurídico pública, o se trate de obligaciones pecuniarias derivadas de la comisión de un delito contra la Hacienda Pública o la Seguridad Social, la pena a imponer será de prisión de uno a seis años y multa de doce a veinticuatro meses. 4. Las penas previstas en el presente artículo se impondrán en su mitad superior en los supuestos previstos en los numerales 5.º o 6.º del apartado 1 del artículo 250. 5. Este delito será perseguido aun cuando tras su comisión se iniciara un procedimiento concursal»; «Artículo 259. 1. Será castigado con una pena de prisión de uno a cuatro años y multa de ocho a veinticuatro meses quien, encontrándose en una situación de insolvencia actual o inminente, realice alguna de las siguientes conductas: 1.º Oculte, cause daños o destruya los bienes o elementos patrimoniales que estén incluidos, o que habrían estado incluidos, en la masa del concurso en el momento de su apertura. 2.º Realice actos de disposición mediante la entrega o transferencia de dinero u otros activos patrimoniales, o mediante la asunción de deudas, que no guarden proporción con la situación patrimonial del deudor, ni con sus ingresos, y que carezcan de justificación económica o empresarial. 3.º Realice operaciones de venta o prestaciones de servicio por precio inferior a su coste de adquisición o producción, y que en las circunstancias del caso carezcan de justificación económica. 4.º Simule créditos de terceros o proceda al reconocimiento de créditos ficticios. 5.º Participe en negocios especulativos, cuando ello carezca de justificación económica y resulte, en las circunstancias del caso y a la vista de la actividad económica desarrollada, contrario al deber de diligencia en la gestión de asuntos económicos. 6.º Incumpla el deber legal de llevar contabilidad, lleve doble contabilidad, o cometa en su llevanza irregularidades que sean relevantes para la comprensión de su situación patrimonial o financiera. También será punible la destrucción o alteración de los libros contables, cuando de este modo se dificulte o impida de forma relevante la comprensión de su situación patrimonial o financiera. 7.º Oculte, destruya o altere la documentación que el empresario está obligado a conservar antes del transcurso del plazo al que se extiende este deber legal, cuando de este modo se dificulte o imposibilite el examen o valoración de la situación económica real del deudor. 8.º Formule las cuentas anuales o los libros contables de un modo contrario a la normativa reguladora de la contabilidad mercantil, de forma que se dificulte o imposibilite el examen o valoración de la situación económica real del deudor, o incumpla el deber de formular el balance o el inventario dentro de plazo. 9.º Realice cualquier otra conducta activa u omisiva que constituya una infracción grave del deber de diligencia en la gestión de asuntos económicos y a la que sea imputable una disminución del patrimonio del deudor o por medio de la cual se oculte la situación económica real del deudor o su actividad empresarial. 2. La misma pena se impondrá a quien, mediante alguna de las conductas a que se refiere el apartado anterior, cause su situación de insolvencia. 3. Cuando los hechos se hubieran cometido por imprudencia, se impondrá una pena de prisión de seis meses a dos años o multa de doce a veinticuatro meses. 4. Este delito solamente será perseguible cuando el deudor haya dejado de cumplir regularmente sus obligaciones exigibles o haya sido declarado su concurso. 5. Este delito y los delitos singulares relacionados con él, cometidos por el deudor o persona que haya actuado en su nombre, podrán perseguirse sin esperar a la conclusión del concurso y sin perjuicio de la continuación de este. El importe de la responsabilidad civil derivada de dichos delitos deberá incorporarse, en su caso, a la masa. 6. En ningún caso, la calificación de la insolvencia en el proceso concursal vinculará a la jurisdicción penal»; «Artículo 259 bis. Los hechos a que se refiere el artículo anterior serán castigados con una pena de prisión de dos a seis años y multa de ocho a veinticuatro meses, cuando concurra alguna de las siguientes circunstancias: 1.ª Cuando se produzca o pueda producirse perjuicio patrimonial en una generalidad de personas o pueda ponerlas en una grave situación económica. 2.ª Cuando se causare a alguno de los acreedores un perjuicio económico superior a 600.000 euros. 3.ª Cuando al menos la mitad del importe de los créditos concursales tenga como titulares a la Hacienda Pública, sea esta estatal, autonómica, local o foral y a la Seguridad Social»; «Artículo 260. 1. Será castigado con la pena de seis meses a tres años de prisión o multa de ocho a veinticuatro meses, el deudor que, encontrándose en una situación de insolvencia actual o inminente, favorezca a alguno de los acreedores realizando un acto de disposición patrimonial o generador de obligaciones destinado a pagar un crédito no exigible o a facilitarle una garantía a la que no tenía derecho, cuando se trate de una operación que carezca de justificación económica o empresarial. 2. Será castigado con la pena de uno a cuatro años de prisión y multa de doce a veinticuatro meses el deudor que, una vez admitida a trámite la solicitud de concurso, sin estar autorizado para ello ni judicialmente ni por los administradores concursales, y fuera de los casos permitidos por la ley, realice cualquier acto de disposición patrimonial o generador de obligaciones, destinado a pagar a uno o varios acreedores, privilegiados o no, con posposición del resto»; «Artículo 261. *El que en procedimiento concursal presentare, a sabiendas, datos falsos relativos al estado contable, con el fin de lograr indebidamente la declaración de aquel, será castigado con la pena de prisión de uno a dos años y multa de seis a 12 meses»;* «Artículo 423. *Lo dispuesto en los artículos precedentes será igualmente aplicable a los jurados y árbitros, nacionales o internacionales, así como a mediadores, peritos, administradores o interventores designados judicialmente, administradores concursales o a cualesquiera personas que participen en el ejercicio de la función pública»;* «Artículo 435.4.º. *A los administradores concursales, con relación a la masa concursal o los intereses económicos de los acreedores. En particular, se considerarán afectados los intereses de los acreedores cuando de manera dolosa se alterara el orden de pagos de los créditos establecido en la ley»;* «Artículo 439. *La autoridad o funcionario público que, debiendo intervenir por razón de su cargo en cualquier clase de contrato, asunto, operación o actividad, se aproveche de tal circunstancia para forzar o facilitarse cualquier forma de participación, directa o por persona interpuesta, en tales negocios o actuaciones, incurrirá en la pena de prisión de seis meses a dos años, multa de doce a veinticuatro meses e inhabilitación especial para empleo o cargo público y para el ejercicio del derecho de sufragio pasivo por tiempo de dos a siete años»;* «Artículo 440. *Los peritos, árbitros y contadores partidores que se condujeren del modo previsto en el artículo anterior, respecto de los bienes o cosas en cuya tasación, partición o adjudicación hubieran intervenido, y los tutores, curadores o albaceas respecto de los pertenecientes a sus pupilos o testamentarías, y los administradores concursales respecto de los bienes y derechos integrados en la masa del concurso, serán castigados con la pena de multa de doce a veinticuatro meses e inhabilitación especial para empleo o cargo público, profesión u oficio, guarda, tutela o curatela, según los casos, por tiempo de tres a seis años, salvo que esta conducta esté sancionada con mayor pena en otro precepto de este Código».*

DEPORTE

– En el ámbito de la insolvencia, la **Ley 39/2022, de 30 de diciembre, del Deporte**, incide en tres aspectos.

a) Federaciones deportivas. Destaca el Preámbulo de la Ley, que *durante los últimos años se ha demostrado que la situación económica de algunas federaciones deportivas españolas ha puesto en serio riesgo el cumplimiento de las funciones tanto públicas como privadas que tienen encomendadas, y que han obligado a la intervención del Consejo Superior de Deportes cuando su viabilidad corría grave peligro. Ello ha puesto de manifiesto la necesidad de que las federaciones encuentren, a nivel económico, financiero y de gobernanza, un apoyo por parte de la Administración Pública, que garantice su adecuado funcionamiento. De acuerdo con lo anterior, se apuesta por un modelo de control económico de las federaciones orientado principalmente a que los fondos públicos que reciban sean utilizados única y exclusivamente para los fines estipulados en las convocatorias de subvenciones pertinentes, y a que el crecimiento de la modalidad deportiva y de sus deportistas no se vea amenazado; sin perjuicio de que también se persiga garantizar el equilibrio económico y financiero de las federaciones, siendo un mecanismo ideado a efectos de prevención de situaciones de insolvencia. En este sentido, las federaciones deportivas deben percibir que este control económico no pretende mermar su independencia ni su autonomía organizativa. Al contrario, el objetivo no es otro que servir de garantía y apoyo en el caso de que existan dificultades que impidan el correcto desempeño de sus funciones.* En consonancia con ello, se dispone:

Artículo 51. *Funciones propias de carácter privado de las federaciones deportivas españolas. Son funciones propias de las federaciones deportivas españolas: (...) d) Establecer, en las competiciones en las que existen relaciones laborales y económicas, sistemas de prevención de la insolvencia y de abono de salarios de las personas deportistas y de las deudas en términos similares a los que se establecen para las competiciones profesionales en el artículo 95.b). Con el fin de garantizar su idoneidad, compatibilidad con el resto de la actividad deportiva, legalidad y oportunidad, los criterios y requisitos de participación que se establezcan deberán ser aprobados por el Consejo Superior de Deportes (...).*

Sección 6.ª *Prevención de la insolvencia e iliquidez de las federaciones deportivas españolas.* Artículo 55. *Prevención de la insolvencia. 1. La federación deportiva española que se encuentre en situación de probabilidad de insolvencia en los términos definidos por la legislación concursal, deberá ponerlo de inmediato en conocimiento del*

Consejo Superior de Deportes acompañando informe en el que detallará las causas de esa situación y los medios propios con que cuente para superarla. 2. Recibida la anterior comunicación y en cualquier otro momento en que el Consejo Superior de Deportes considere que existe probabilidad de insolvencia requerirá a la federación deportiva para que, en el plazo de dos meses, presente un plan de viabilidad con el fin de impedir la insolvencia. Si el Consejo Superior de Deportes considerase insuficiente el plan de viabilidad presentado por la federación podrá proponer, dentro de los diez días siguientes, las modificaciones que estime necesarias o convenientes. El cumplimiento del plan de viabilidad, con o sin las modificaciones introducidas, en su caso, por el Consejo Superior de Deportes y aceptadas por la federación, será vinculante para esta. 3. Desde que tenga lugar esa comunicación de la existencia de la probabilidad de insolvencia o la presentación del plan de viabilidad, la federación deportiva estará obligada a informar mensualmente al Consejo Superior de Deportes de la evolución de la situación. 4. Durante la fase de cumplimiento del plan de viabilidad, la aprobación de presupuestos por parte la federación deportiva española precisará de informe preceptivo y vinculante del Consejo Superior de Deportes. 5. El Consejo Superior de Deportes tendrá las facultades necesarias para determinar si el plan de viabilidad ha sido cumplido y para establecer las consecuencias del incumplimiento de ese plan. 6. En lo no previsto en este artículo se estará a lo establecido en la legislación concursal.

b) Participación en competiciones oficiales profesionales de ámbito estatal. En este punto, el Preámbulo de la Ley destaca que *la anterior ley exigía, para la participación en competiciones oficiales profesionales de ámbito estatal, la transformación de los clubes en sociedad anónima deportiva (SAD), con la salvedad de aquellos que pudieron mantener su forma jurídica por presentar un saldo patrimonial neto positivo en las últimas temporadas. Sólo cuatro clubes cumplieron con los requisitos: FC Barcelona y Real Madrid en fútbol y baloncesto, y Athletic de Bilbao y Osasuna en fútbol. Para el resto de las entidades, el régimen aplicable era el propio de las sociedades anónimas con algunas especialidades, para adaptarse a la naturaleza del deporte y de la propia competición. Sin embargo, el transcurso del tiempo ha evidenciado la ineficacia de este modelo, que buscaba terminar con la insolvencia de los clubes; años después se mantuvieron altos índices de endeudamiento, siendo dicha insolvencia un problema endémico, especialmente en el futbol profesional, cuya recuperación se ha debido a otros factores que nada tienen que ver con la exclusión de otras formas jurídicas para la participación en esta clase de competiciones. Esta situación obliga a un replanteamiento del modelo. La fundamentación jurídica de esta prohibición parece quedar vacía de justificación actualmente, y tras una profunda reflexión sobre el modelo deportivo profesional, se opta por abrir la participación tanto a clubes como sociedades anónimas deportivas, ampliando el anterior modelo encorsetado que tan ampliamente ha sido cuestionado por la doctrina especializada de este país.* Por ello, en el ámbito de la insolvencia la Ley se limita a prever:

Artículo 95. Competencias de las ligas profesionales. Las ligas profesionales ejercerán las siguientes competencias respecto a la organización de las competiciones: (…) b) Fijar las condiciones económicas y, en su caso, societarias o asociativas para la participación y el mantenimiento en la respectiva competición profesional en función de las necesidades de la propia organización y de las garantías de solvencia de la competición frente a terceras personas que puedan asumir obligaciones. Estas condiciones deberán respetar los criterios que sobre la materia determine la normativa de defensa de la competencia. Las ligas profesionales aprobarán un plan de control económico, cumpliendo los términos y criterios que determine el Consejo Superior de Deportes, que prevenga la insolvencia de las entidades deportivas que participan en la competición. Dicho plan incorporará mecanismos de fiscalización económica en los términos que establezcan sus estatutos y reglamentos internos. Entre estas condiciones debe incluirse, necesariamente, hallarse al corriente en el cumplimiento de sus obligaciones tributarias y frente a la Seguridad Social, deportistas, técnicos, y demás empleados, así como a las entidades deportivas participantes. La certificación del cumplimiento de las obligaciones tributaria se hará conforme a lo establecido en el artículo 74 del Reglamento General de las actuaciones y los procedimientos de gestión e inspección tributaria y de desarrollo de las normas comunes de los procedimientos de aplicación de los tributos, aprobado por el Real Decreto 1065/2007, de 27 de julio. El incumplimiento de dichas condiciones determinará la exclusión de la competición de la entidad (…).

Artículo 117. Actuaciones de carácter privado. Tendrán naturaleza privada: (…) f) La aplicación de los sistemas de prevención de la insolvencia a la que se refiere el artículo 95.b) (…).

Artículo 119. Conflictos de naturaleza privada. 1. Los tribunales del orden civil serán competentes para conocer de las cuestiones relativas a cualesquiera actuaciones previstas en el artículo 117, salvo las relativas a la prevención de la insolvencia (…).

c) Representación de las personas deportistas en situaciones concursales por asociaciones y sindicatos: *Disposición adicional decimosexta. Representación de las personas deportistas en situaciones concursales por asociaciones y sindicatos. Las asociaciones y sindicatos de deportistas con legitimación para negociar convenios colectivos en virtud de lo dispuesto en la disposición adicional decimoséptima de esta ley, podrán representar a las personas deportistas en los procedimientos contemplados en los artículos 171 y 189 del Real Decreto Legislativo 1/2020, de 5 de mayo, por el que se aprueba el texto refundido de la Ley Concursal, cuando el concurso afecte a una entidad que tenga contratadas personas deportistas profesionales.*

– La **Ley 2/2023, de 30 de marzo, de la actividad física y del deporte del País Vasco** tiene por objeto regular el régimen jurídico y la promoción de la actividad física y del deporte de calidad en la Comunidad Autónoma del País Vasco para construir la cultura de la vida activa y garantizar los recursos necesarios para su desarrollo (excluyendo la regulación de los e-sports o juegos electrónicos y cualesquiera actividades análogas), resultando de aplicación en el territorio de la Comunidad Autónoma del País Vasco. Entre las previsiones que recoge se encuentra la referida al plan de viabilidad (art. 50), vinculado con la detección de situaciones económicas que impidan a las federaciones deportivas el cumplimiento de sus obligaciones, pero existiendo viabilidad, sin perjuicio de la aplicación, en su caso, de medidas de intervención (art. 42) o de la legislación concursal. Así, se establece: *Artículo 50. Plan de viabilidad. 1. Cuando la administración pública de tutela detecte una situación económica que impida a las federaciones deportivas el cumplimiento de sus obligaciones pero concluya la existencia de viabilidad, emitirá un informe detallado con las causas de aquella situación y aprobará un plan de viabilidad, que podrá ser propuesto por la propia entidad. Lo anterior se entiende sin perjuicio de la aplicación, en su caso, de las medidas de intervención previstas en el artículo 42 de la presente ley o de la legislación concursal. 2. El plan de viabilidad vinculará a la federación deportiva a su íntegro cumplimiento. 3. El incumplimiento injustificado del plan de viabilidad habilita a la administración pública de tutela para: a) Relevar a los órganos de gobierno de la correspondiente federación. b) Designar transitoriamente una administración diferente. c) Asumir los pagos y obligaciones que se refieran a los programas fijados por la federación para asegurar la continuidad de la actividad deportiva. d) Adoptar las medidas de gestión que sean precisas para el cumplimiento del plan de viabilidad. e) Modificar el plan de viabilidad cuando se considere la imposibilidad de su cumplimiento. 4. Cuando no fuese posible el cumplimiento del plan de viabilidad, resultando inviable la federación, la Administración pública acordará su revocación.*

– La **Ley 2/2023, de 7 de febrero, de la actividad física y el deporte de las Illes Balears** establece el marco jurídico regulador de la actividad física y el deporte, además de su fomento y promoción, en el ámbito territorial de la Comunidad Autónoma de las Illes Balears. Entre sus normas incluye las relativas a la liquidación de la entidad deportiva, señalando al efecto: *Artículo 80. Liquidación de la entidad deportiva (...). 4. En caso de insolvencia de la entidad deportiva, el órgano de representación o, si procede, las personas liquidadoras tienen que promover inmediatamente el procedimiento concursal oportuno ante el juez competente.*

– El **Real Decreto-Ley 5/2015, de 30 de abril, de medidas urgentes en relación con la comercialización de los derechos de explotación de contenidos audiovisuales de las competiciones de fútbol profesional,** regula el sistema de comercialización de los derechos audiovisuales de las competiciones de fútbol profesional en España. En este sentido, se refiere en la Exposición de Motivos a los procesos concursales a los que se han visto sometidos diversos equipos: *(...) Los sucesivos «planes de saneamiento» afrontados desde hace décadas no han impedido la periódica liquidación de equipos históricos, el paso por situación concursal de un alto porcentaje de los equipos profesionales, la acumulación de deudas superiores a cuatro mil millones de euros entre los 42 equipos del fútbol profesional al final de la temporada 2011/2012. El fútbol profesional está afrontando un profundo cambio cultural contra esa tendencia histórica sin excepción de pérdidas continuas en la cuenta de resultados (...).* Y en la Disposición Adicional Primera se refiere al pago de las deudas con las administraciones públicas: *«Disposición adicional primera. Pago de las deudas con las Administraciones Públicas. 1. La Liga Nacional de Fútbol Profesional podrá utilizar todos los derechos cuya comercialización tiene legalmente cedida como garantía para acceder a financiación, con la exclusiva finalidad de facilitar a los clubes y entidades participantes que la integran recursos para saldar sus deudas con las Administraciones Públicas. La Liga Nacional de Fútbol Profesional deberá repercutir sobre cada entidad participante cuyas deudas hayan sido canceladas, total o parcialmente, con estos recursos financieros el importe correspondiente, garantizándose la devolución del mismo. En tanto no se haya efectuado la referida cancelación del importe íntegro de las deudas con la financiación obtenida conforme al párrafo anterior, la Liga Nacional de Fútbol Profesional asegurará que el sistema de reparto finalmente acordado no significa un menoscabo de los derechos y garantías que ostentan tanto la Hacienda Pública como la Tesorería de la Seguridad Social en relación con su situación en fecha inmediatamente anterior a la promulgación del presente real decreto-ley. 2. En ningún caso este sistema de reparto podrá significar una merma en los derechos y garantías de las deudas con* *la Hacienda Pública y con la Tesorería General de la Seguridad Social que mantienen los Clubes de Fútbol y Sociedades deportivas titulares de los derechos cuya comercialización regula el presente real decreto-ley. Mantendrán su plena vigencia todos los embargos, medidas cautelares, garantías o cualesquiera otras afecciones en virtud de los compromisos adquiridos por acuerdos de aplazamientos o fraccionamientos, suspensiones, acuerdos generales o singulares suscritos en el marco de un proceso concursal que recaigan sobre los derechos presentes y futuros a los que se refiere este real decreto-ley todo ello hasta la completa cancelación de las deudas cuyo pago garantizan. De ser necesaria la formalización de nuevas garantías, la Liga Nacional de Fútbol Profesional y la Real Federación Española de Fútbol, como entidades comercializadoras, se subrogarán en la obligación de formalizarlas por parte del deudor y responderán de la constitución de las mismas. Particularmente, en el caso de existir pignoración, garantía válidamente constituida o por constituir, o embargo que tengan por objeto derechos audiovisuales o créditos, efectos y valores de cualquier tipo constituidos sobre ellos, así como de existir acuerdos generales o singulares de pago suscritos en el marco de un proceso concursal, tanto de la Hacienda Pública como de la Tesorería de la Seguridad Social, la Liga Nacional de Fútbol Profesional y, en su caso, la Real Federación Española de Fútbol, responderán solidariamente del ingreso de las deudas tributarias hasta la completa satisfacción de la contraprestación en su día acordada, y lo harán en las mismas condiciones materiales y temporales en las que dicha satisfacción quedaba asegurada por la pignoración, garantía, embargo, acuerdo o cualquier otra afección, originariamente constituida. Las actuaciones de la Administración tributaria podrán entenderse directamente con el responsable, al que será exigible la deuda tributaria, sin que sea necesario el acto administrativo previo de derivación de responsabilidad, previsto en el artículo 41.5 de la Ley 58/2003, de 17 de diciembre, General Tributaria».*

– La **Ley 1/2015, de 23 de marzo, del ejercicio físico y del deporte de La Rioja**, establece: «*Artículo 87. Funciones. 1. Además de las funciones propias de gobierno, administración, gestión y organización de la entidad deportiva, así como de reglamentación de las modalidades deportivas, las federaciones deportivas riojanas ejercen por delegación en régimen de exclusividad las siguientes funciones públicas de carácter administrativo (...). 4. Las funciones públicas delegadas serán ejercidas por las federaciones deportivas riojanas bajo la tutela de la Administración deportiva, que, conforme se determine reglamentariamente, procederá a su asunción en los casos de avocación, intervención o extinción de la federación, o cuando esta se encuentre en situación concursal (...)».*

– La **Ley Foral 26/2014, de 2 de diciembre, por la que se aprueba la reestructuración de la deuda del Club Atlético Osasuna con la Comunidad Foral de Navarra**, establece: «*EXPOSICIÓN DE MOTIVOS. El Club Atlético Osasuna es una entidad de gran arraigo social que trasciende lo meramente deportivo y que durante años ha constituido una referencia para la sociedad navarra y un estímulo para la práctica deportiva de los jóvenes. Desde su fundación en 1920, el club ha contribuido a potenciar la imagen de Navarra a través de su participación en las competiciones oficiales de ámbito nacional e internacional, llegando a convertirse en punto de encuentro de la sociedad navarra. También en el ámbito de la educación y el estímulo por el deporte entre los niños y jóvenes, el Club Atlético Osasuna ha desempeñado un papel relevante que conviene preservar y potenciar. Asimismo, se debe reconocer la generación de importantes ingresos que el Club Atlético Osasuna ha supuesto especialmente para el sector servicios, al tratarse de un equipo de gran arraigo que desarrolla una de las actividades sociales con mayor poder de movilización y convocatoria. La actual situación económico-financiera que atraviesa el Club Atlético Osasuna pone gravemente en riesgo el desarrollo de su actividad. Cabe recordar que en el año 2003 se aprobó la Ley Foral 1/2003, por la que se concedió un aval máximo de 18 millones de euros ante diversas entidades financieras. Actualmente la cantidad avalada asciende a 22 millones de euros. Es de reseñar que desde el año 2008 la Hacienda Tributaria de Navarra ha realizado diversas actuaciones al objeto de que el Club Atlético Osasuna regularizara sus obligaciones en materia fiscal. La entidad solicitó diversos aplazamientos al amparo de la normativa vigente. Sin embargo, su situación financiera se ha visto gravemente debilitada con motivo del descenso a la Segunda División A de la Liga Nacional de Fútbol Profesional. Esta ley foral se dirige a facilitar la recuperación de la estabilidad financiera de la citada entidad deportiva mediante la reestructuración de su deuda tributaria en las condiciones que se señalan en el articulado. Ello no solo responde al interés que para la Comunidad Foral de Navarra tiene la continuidad de una institución emblemática como lo es el Club Atlético Osasuna, sino a entender, por encima de cualquier otra consideración, que se trata de la mejor solución posible en defensa de los intereses de la Hacienda foral. En este sentido, esta ley foral persigue —de acuerdo con el Club Atlético Osasuna— un doble objetivo: por un lado, que el club llegue a satisfacer íntegramente las obligaciones contraídas con el erario público; y, por otro lado, que el cumplimiento de tales obligaciones se haga de forma que permita al Club Atlético Osasuna sobrevivir a las circunstancias financieras de extrema gravedad en que se encuentra actualmente. Otro escenario haría imposible a la Hacienda Tributaria de Navarra el cobro de la deuda, con el efecto añadido de que el Gobierno de Navarra respondería de las cantidades avaladas ante las entidades financieras en virtud de la Ley Foral 1/2003. Se pretende así posibilitar la plena satisfacción* *de las deudas a favor de la Comunidad Foral de Navarra con la supervivencia del club. Artículo 1. Objeto. Esta ley foral tiene por objeto reestructurar el pago de la deuda que el Club Atlético Osasuna mantiene con la Comunidad Foral de Navarra, que se detalla en el Anexo I, en las condiciones que se señalan en los artículos siguientes, así como otorgar un aval para facilitar la financiación de circulante que la entidad precisa en este momento. Artículo 2. Extinción condicionada de la deuda. 1. Se autoriza la extinción de la referida deuda tributaria por el importe que resulte de la tasación pericial que se solicite de mutuo acuerdo con el Club Atlético Osasuna a un tercero independiente, mediante la transmisión a favor de la Comunidad Foral de Navarra de las fincas registrales titularidad del Club Atlético Osasuna que se reseñan en el Anexo II de esta ley foral. 2. A efectos de esta transmisión, se declaran los bienes objeto de entrega de interés general para la Comunidad Foral de Navarra. 3. En el plazo de un mes desde que se obtenga la tasación a que se hacía referencia en el punto 1 de este artículo otorgará la escritura pública de transmisión sobre las fincas que se detallan en el Anexo II. A tal efecto, se faculta a la persona que designe el titular del Departamento de Economía y Hacienda del Gobierno de Navarra para que formalice la escritura pública de transmisión. Artículo 3. Arrendamiento y cesión de uso. 1. Se autoriza el arrendamiento al Club Atlético Osasuna de las fincas donde se ubican las instalaciones deportivas de Tajonar, así como la cesión de uso del estadio el Sadar. 2. El plazo de duración del contrato de arrendamiento y de la cesión de uso será de treinta años. 3. La renta anual de la finca arrendada ascenderá a la cantidad de 75.000 euros durante el tiempo que el club permanezca en la Segunda División A de la Liga Nacional de Fútbol Profesional y, en caso de ascenso a la Primera División de dicha competición, pasará a ser de 150.000 euros. Durante la vigencia del contrato, la renta se actualizará conforme a lo dispuesto en el artículo 18.1 de la Ley 29/1994, de 24 de noviembre, de Arrendamientos Urbanos. 4. Todos los gastos de mantenimiento y conservación, así como los de uso de las fincas descritas en el Anexo II, serán por cuenta del Club Atlético Osasuna. 5. El Gobierno de Navarra se reserva un derecho preferente para promover actividades deportivas, educativas o culturales en las fincas transmitidas, que se ejercerá por el departamento competente de acuerdo con el Club Atlético Osasuna. Y el club se compromete a ser facilitador de actividades deportivas para los jóvenes menores de 14 años de la Comunidad Foral de Navarra. 6. El contrato de arrendamiento se formalizará en el plazo de un mes a contar desde la fecha de otorgamiento de la escritura pública de transmisión referida en el artículo anterior. A tal efecto, se faculta a la persona que designe el titular del Departamento de Economía y Hacienda del Gobierno de Navarra para que formalice el contrato de arrendamiento. Artículo 4. Diferencial de la deuda tributaria. 1. El diferencial de la deuda tributaria no satisfecha con la transmisión de las fincas del Anexo II, por el importe que resulte de su tasación, deberá abonarse por el Club Atlético Osasuna a la Hacienda Tributaria de Navarra con las siguientes condiciones: a) Mediante una moratoria de tres años sin intereses, salvo que ascienda a la Primera División de la Liga Nacional de Fútbol Profesional, en cuyo caso la moratoria quedará sin efecto y se exigirán los intereses correspondientes. b) Mediante un aplazamiento a un máximo de treinta años, afectando a su pago los siguientes recursos: – 25% de las cantidades que el club reciba procedentes de cesión de los derechos audiovisuales, que serán inmediatamente transferidas a la Hacienda foral conforme sean percibidas tras haber finalizado el periodo de moratoria. – 25% de las cantidades que el club reciba en concepto de derechos de traspaso (derechos federativos y económicos) de jugadores, que serán inmediatamente transferidas a la Hacienda foral conforme sean percibidas tras haber finalizado el periodo de moratoria. – 100% de las cantidades que el club perciba del Gobierno de Navarra por contratos de patrocinio. Artículo 5. Inspección y control. El Club Atlético Osasuna procederá a la modificación estatutaria para la instauración de una comisión de control con presencia de un representante de la Administración de la Comunidad Foral de Navarra al objeto de comprobar la solvencia del club y el cumplimiento de las obligaciones reguladas en esta ley foral, pudiendo verificar para ello todos los documentos que se consideren oportunos, hasta el completo pago de la deuda tributaria y la extinción de los avales. Artículo 6. Efectos extintivos. 1. La presente ley foral contempla la totalidad de la deuda tributaria del Club Atlético Osasuna con la Comunidad Foral de Navarra a 31 de diciembre de 2014, que se extinguirá con el cumplimiento de las operaciones aquí reguladas. 2. En particular, quedarán sin efecto cuantas resoluciones de aplazamiento, fraccionamiento y/o apremio se hubieren aprobado en relación con dicha deuda, quedando liberadas todas las garantías de cualquier naturaleza que se hubieran constituido en cumplimiento de tales resoluciones. Artículo 7. Responsabilidades anteriores. La aprobación de esta ley foral no exime de responsabilidad a los anteriores administradores del Club Atlético Osasuna por aquellos actos u omisiones que hubieren realizado en el desempeño de sus cargos interviniendo culpa o negligencia grave. Artículo 8. Autorización de aval. 1. Se autoriza a la persona titular del Departamento de Economía y Hacienda del Gobierno de Navarra el otorgamiento de un aval de la Comunidad Foral a favor del Club Atlético Osasuna, por un importe máximo de 4 millones de euros, con el objeto de garantizar operaciones de crédito o préstamo que precise para financiar su actividad. 2. El aval tendrá un plazo máximo de quince años, terminando sus efectos una vez reintegradas totalmente a la entidad o entidades acreedoras las cantidades percibidas por la entidad avalada. 3. Las condiciones de otorgamiento de este aval serán las de la Ley Foral 1/2003, de 14 de febrero, por la que se aprueba el otorgamiento de avales de la Comunidad Foral de Navarra a favor del Club Atlético Osasuna. 4. En caso de novación de las operaciones de crédito o* préstamo sobre las que recae el aval otorgado a favor del club por la Ley Foral 1/2003, de 14 de febrero, el aval permanecerá vigente por un plazo máximo de quince años desde la formalización de la novación de dichas operaciones. Disposición adicional única. Requisitos para la formalización y firma de las autorizaciones. Para la formalización y firma de las autorizaciones recogidas en los artículos 2, 6 y 8 de esta ley foral, serán requisitos imprescindibles: Que el Gobierno de Navarra inste y acuerde con el Club Atlético Osasuna que este encargue para su realización, con carácter expreso e irrevocable, y a su cargo, una auditoría externa del periodo 2005 a 2014. Dicha auditoría será remitida al Parlamento de Navarra. Que el Gobierno de Navarra solicite a la Mesa del Parlamento de Navarra, directamente o a través de los Grupos Parlamentarios, que la misma acuerde pedir a la Cámara de Comptos la realización de una auditoría de todas las actuaciones realizadas por la Hacienda de Navarra, o que debió realizar, en relación con el Club Atlético Osasuna en el periodo 2005 a 2014. Que el Gobierno de Navarra inste y acuerde con el Club Atlético Osasuna la remisión al Gobierno de los planes de viabilidad del club, así como los posibles cambios de su personalidad o situación jurídica, para su remisión posterior al Parlamento de Navarra. Disposición final primera. Marco competencial. Esta ley foral se dicta al amparo de las competencias exclusivas de la Comunidad Foral de Navarra en materia financiera y tributaria en virtud de su régimen foral y de promoción del deporte, de conformidad con lo dispuesto, respectivamente, en los artículos 45 y 44.14 de la Ley Orgánica 13/1982, de 10 de agosto, de Reintegración y Amejoramiento del Régimen Foral de Navarra, y de acuerdo con el artículo 26.a) de esta ley orgánica, que faculta al Gobierno de Navarra para constituir avales y garantías, previa autorización del Parlamento de Navarra. Disposición final segunda. Entrada en vigor. Esta ley foral entrará en vigor el día siguiente al de su publicación en el "Boletín Oficial de Navarra"». Téngase en cuenta la **Ley Foral 14/2019, de 22 de marzo**, por la que se autoriza el otorgamiento de un aval de la Comunidad Foral de Navarra a favor del Club Atlético Osasuna, de la Comunidad Foral de Navarra.

– La **Ley 3/2012, de 2 de abril, del deporte de Galicia**, prevé que las funciones públicas delegadas ejercidas por las federaciones deportivas sean asumidas por la administración deportiva, cuando éstas se encuentren en concurso de acreedores: «*Artículo 56. Funciones (...) 5. Las funciones públicas delegadas serán ejercidas por las federaciones deportivas gallegas bajo la tutela de la Administración deportiva, que, conforme se determine reglamentariamente, procederá a su asunción en los casos de extinción de la federación o cuando ésta se encuentre en situación concursal (...)*».

DERECHO DE SEPARACIÓN EN CASO DE FALTA DE DISTRIBUCIÓN DE DIVIDENDOS

– El **texto refundido de la Ley de Sociedades de Capital, aprobado por el Real Decreto Legislativo 1/2010, de 2 de julio**, establece en el artículo 348 bis: «*Artículo 348 bis. Derecho de separación en caso de falta de distribución de dividendos. 1. Sin perjuicio de lo dispuesto en la disposición adicional undécima, salvo disposición contraria de los estatutos, transcurrido el quinto ejercicio contado desde la inscripción en el Registro Mercantil de la sociedad, el socio o socia que hubiera hecho constar en el acta su protesta por la insuficiencia de los dividendos reconocidos tendrá derecho de separación en el caso de que la junta general no acordara la distribución como dividendo de, al menos, el veinticinco por ciento de los beneficios obtenidos durante el ejercicio anterior que sean legalmente distribuibles siempre que se hayan obtenido beneficios durante los tres ejercicios anteriores. Sin embargo, aun cuando se produzca la anterior circunstancia, el derecho de separación no surgirá si el total de los dividendos distribuidos durante los últimos cinco años equivale, por lo menos, al veinticinco por ciento de los beneficios legalmente distribuibles registrados en dicho periodo. Lo dispuesto en el párrafo anterior se entenderá sin perjuicio del ejercicio de las acciones de impugnación de acuerdos sociales y de responsabilidad que pudieran corresponder. 2. Para la supresión o modificación de la causa de separación a que se refiere el apartado anterior, será necesario el consentimiento de todos los socios, salvo que se reconozca el derecho a separarse de la sociedad al socio que no hubiera votado a favor de tal acuerdo. 3. El plazo para el ejercicio del derecho de separación será de un mes a contar desde la fecha en que se hubiera celebrado la junta general ordinaria de socios. 4. Cuando la sociedad estuviere obligada a formular cuentas consolidadas, deberá reconocerse, salvo disposición contraria en los estatutos, el mismo derecho de separación al socio o socia de la dominante, aunque no se diere el requisito establecido en el apartado primero, si la junta general de la citada sociedad no acordara la distribución como dividendo de al menos el veinticinco por ciento de los resultados positivos consolidados atribuidos a la sociedad dominante del ejercicio anterior, siempre que sean legalmente distribuibles y, además, se hubieran obtenido resultados positivos consolidados atribuidos a la sociedad dominante durante los tres ejercicios anteriores. 5. Lo dispuesto en este artículo no será de aplicación en los siguientes supuestos: a) Cuando se trate de sociedades cotizadas o sociedades cuyas acciones estén admitidas a negociación en un sistema multilateral de negociación. b) Cuando la sociedad se encuentre en concurso. c) Cuando, al amparo de la legislación concursal, la sociedad haya puesto en conocimiento del juzgado competente para la declaración de su concurso la iniciación de negociaciones para alcanzar un acuerdo de refinanciación o para obtener adhesiones a una propuesta anticipada de convenio, o cuando se haya comunicado a dicho juzgado la apertura de* *negociaciones para alcanzar un acuerdo extrajudicial de pagos. d) Cuando la sociedad haya alcanzado un acuerdo de refinanciación que satisfaga las condiciones de irrescindibilidad fijadas en la legislación concursal. e) Cuando se trate de Sociedades Anónimas Deportivas».*

DIPUTACIONES FORALES

– **Ley 4/2021, de 7 de octubre, de metodología de distribución de recursos y de determinación de las aportaciones de las diputaciones forales a la financiación de los presupuestos de la Comunidad Autónoma del País Vasco aplicable al periodo 2022-2026.**

EMPRENDEDORES

– La **Ley 14/2013, de 27 de septiembre, de apoyo a los emprendedores y su internacionalización**, establece: *«Artículo 8. Eficacia de la limitación de responsabilidad. 1. Por excepción de lo que disponen el artículo 1.911 del Código Civil y el artículo 6 del Código de Comercio, el Emprendedor de Responsabilidad Limitada podrá obtener que su responsabilidad y la acción del acreedor, que tenga origen en las deudas empresariales o profesionales, no alcance a los bienes no sujetos con arreglo al apartado 2 de este artículo y siempre que dicha no vinculación se publique en la forma establecida en esta ley. 2. Podrán beneficiarse de la limitación de responsabilidad la vivienda habitual del deudor siempre que su valor no supere los 300.000 euros, valorada conforme a lo dispuesto en la base imponible del Impuesto sobre Transmisiones Patrimoniales y Actos Jurídicos Documentados en el momento de la inscripción en el Registro Mercantil, así como los bienes de equipo productivo afectos a la explotación y los que los reemplacen debidamente identificados en el Registro de Bienes Muebles y con el límite del volumen de facturación agregado de los dos últimos ejercicios. En el caso de viviendas situadas en población de más de 1.000.000 de habitantes se aplicará un coeficiente del 1,5 al valor del párrafo anterior. 3. En la inscripción del emprendedor en el Registro Mercantil correspondiente a su domicilio se indicará el bien inmueble, propio o común, y los bienes de equipo productivo, que se pretende no hayan de quedar obligados por las resultas del giro empresarial o profesional por cumplir con el apartado 2 de este artículo. 4. No podrá beneficiarse de la limitación de responsabilidad el deudor que hubiera actuado con fraude o negligencia grave en el cumplimiento de sus obligaciones con terceros, siempre que así conste acreditado por sentencia firme o en concurso declarado culpable».*

EMPRESAS EMERGENTES

– La **Ley 28/2022, de 21 de diciembre, de fomento del ecosistema de las empresas emergentes** establece un marco normativo específico para apoyar la creación y el crecimiento de empresas emergentes en España, sobre la base —como indica en el Preámbulo— de que las empresas emergentes presentan características propias que *encajan mal con los marcos normativos tradicionales en el ámbito fiscal, mercantil, civil y laboral. Ello justifica un tratamiento diferenciado respecto a empresas con modelos de negocio convencionales. Por esta razón, la competencia por la atracción de inversión y talento en la nueva economía digital ha llevado a distintos programas de fomento de las startups en los países de nuestro entorno, que suelen incorporar tres elementos principales: (i) beneficios fiscales para los emprendedores, trabajadores e inversores, (ii) reducción de trabas administrativas y facilitación de visados y (iii) flexibilidad en la gestión de la empresa y en la aplicación de los principios mercantiles y concursales (...).* De forma que la referida Ley contempla especificidades para este tipo de empresas, que se complementan *con las medidas previstas en la Ley 18/2022, de 28 de septiembre, de creación y crecimiento de empresas, así como en la reforma del marco concursal, dirigidas a mejorar la calidad normativa y el clima de negocios, favoreciendo la eficiencia y la productividad a lo largo de todo el ciclo de creación, crecimiento y restructuración empresarial.* Entre las previsiones normativas de la Ley 28/2022, de 21 de diciembre, se encuentra la relativa a las pérdidas que reduzcan el patrimonio neto: *Artículo 13. Pérdidas que reduzcan el patrimonio neto. Las empresas emergentes no incurrirán en causa de disolución por pérdidas que dejen reducido el patrimonio neto a una cantidad inferior a la mitad del capital social, siempre que no sea procedente solicitar la declaración de concurso, hasta que no hayan transcurrido tres años desde su constitución.*

ENTIDADES DE CAPITAL RIESGO

– La **Ley 22/2014, de 12 de noviembre, por la que se regulan las entidades de capital-riesgo, otras entidades de inversión colectiva de tipo cerrado y las sociedades gestoras de entidades de inversión colectiva de tipo cerrado, y por la que se modifica la Ley 35/2003, de 4 de noviembre, de instituciones de inversión colectiva**, establece, en primer lugar, *«Artículo 21. Coeficiente obligatorio de inversión de las ECR-Pyme. 1. Las ECR-Pyme adecuarán su política de inversiones a los criterios establecidos en sus estatutos o reglamentos de gestión. Se entenderá por política de inversiones lo defini-*

do en el artículo 12. 2. En todo caso, deberán mantener al menos el 75 por ciento de su activo computable, definido de acuerdo con lo dispuesto en el artículo 18, en los siguientes instrumentos financieros que provean de financiación a las empresas que son objeto de su actividad: (...) c) Instrumentos financieros híbridos siempre que la rentabilidad de dichos instrumentos esté ligada a los beneficios o pérdidas de la empresa y que la recuperación del principal en caso de concurso no esté plenamente asegurada (...)». En segundo lugar, el *«Artículo 53. Revocación. 1. La autorización concedida a las SGEIC podrá ser revocada por la Comisión Nacional del Mercado de Valores en los siguientes supuestos: (...) e) Si se acuerda la apertura de un procedimiento concursal respecto a la sociedad gestora (...)».* En tercer lugar, el *«Artículo 57. Sustitución de gestoras. 1. Las SGEIC podrán solicitar su sustitución mediante solicitud formulada ante la Comisión Nacional del Mercado de Valores y de forma conjunta con la nueva sociedad gestora en la que esta se manifieste dispuesta a aceptar tales funciones. 2. Los partícipes o accionistas de las ECR o EICC podrán solicitar, de conformidad con los términos y procedimiento recogidos en su reglamento o estatutos, la sustitución de la sociedad gestora a la Comisión Nacional del Mercado de Valores siempre que presenten una sustituta que se manifieste dispuesta a aceptar tales funciones. 3. En caso de revocación, concurso o suspensión de una SGEIC que lleve consigo su sustitución, dicha sustitución se regirá por lo previsto en la Ley 35/2003, de 4 de noviembre y su normativa desarrollo».* Por último, el *«Artículo 102. Medidas de intervención y sustitución. Será de aplicación a las SCR, a las SICC, a las SGEIC, así como a los depositarios lo dispuesto sobre medidas de intervención y sustitución en la Ley 35/2003, de 4 de noviembre, de Instituciones de Inversión Colectiva. En caso de sustitución de una SGEIC o depositario por causa de concurso, revocación o suspensión, las SCR afectadas por lo anterior se regirán por lo previsto en el apartado 4 del artículo 53, y en el apartado 3 del artículo 61, según corresponda, de la Ley 35/2003, de 4 de noviembre».*

– La **Circular 4/2016, de 29 de junio, de la Comisión Nacional del Mercado de Valores, sobre las funciones de los depositarios de instituciones de inversión colectiva y entidades reguladas por la Ley 22/2014, de 12 de noviembre, por la que se regulan las entidades de capital-riesgo, otras entidades de inversión colectiva de tipo cerrado y las sociedades gestoras de entidades de inversión colectiva de tipo cerrado, y por la que se modifica la Ley 35/2003, de 4 de noviembre, de instituciones de inversión colectiva** (modificada por la Circular 1/2025, de 5 de marzo, de la Comisión Nacional del Mercado de Valores, por la que se modifican la Circular 6/2008, de 26 de noviembre; la Circular 11/2008, de 30 de diciembre, y la Circular 4/2016, de 29 de junio, de la Comisión Nacional del Mercado de Valores), establece en la Norma Séptima —Delegación de la función de depósito—: *«(...) 3. En la selección y nombramiento de un tercero en el que se delegue parte de sus funciones de custodia y, al menos, con una periodicidad anual, el depositario debe, como mínimo, valorar y asegurarse: a) Que el marco legal y regulatorio, incluido el riesgo del país, el riesgo de custodia, segregación de activos y la ejecutabilidad de los contratos firmados con el tercero son adecuados. Dicha valoración no puede basarse en informes del propio tercero. El depositario debe recibir asesoramiento legal de una entidad no vinculada ni con él mismo ni con el subcustodio, en relación con la ejecutabilidad del contrato en caso de insolvencia del subcustodio cuando esté radicado en un tercer país y las implicaciones para los activos y derechos de la IIC. Asimismo, el depositario debe asegurarse de que el subcustodio, radicado en un tercer país, recibe un asesoramiento legal de una entidad con la que no tenga vinculación, a efectos de verificar que las normas de insolvencia reconocen la segregación de los activos propiedad de la IIC y que estos no formarán parte de la masa concursal del subcustodio en caso de insolvencia de este. Además, debe asegurarse de que el subcustodio le informe de manera inmediata en caso de que estas condiciones se hayan modificado (...)».*

– **Circular 11/2008, de 30 de diciembre, de la Comisión Nacional del Mercado de Valores, sobre normas contables, cuentas anuales y estados de información reservada de las entidades de capital-riesgo.**

ENTIDADES DE CRÉDITO Y EMPRESAS DE SERVICIOS DE INVERSIÓN

– La **Ley 11/2015, de 18 de junio, de recuperación y resolución de entidades de crédito y empresas de servicios de inversión**, establece: *«Artículo 2. Definiciones (...) h) Resolución: reestructuración o liquidación ordenadas de una entidad llevadas a cabo con sujeción a esta Ley cuando, de conformidad con lo previsto en el Capítulo IV, la entidad sea inviable o sea previsible que vaya a serlo en un futuro próximo, no existan perspectivas razonables de que medidas procedentes del sector privado puedan corregir esta situación, y por razones de interés público y estabilidad financiera resulte necesario evitar su liquidación concursal (...)»; «Artículo 4. Principios de resolución. 1. Los procesos de resolución estarán basados, en la medida necesaria para asegurar el cumplimiento de los objetivos recogidos en el artículo anterior, en los siguientes principios: a) Los accionistas o socios, según corresponda, de las entidades serán los primeros en soportar pérdidas. b) Los acreedores de las entidades soportarán, en su caso, pérdidas derivadas de la resolución después de los accionistas o socios y de acuerdo con el orden de prelación establecido en la legislación concursal, con las salvedades* *establecidas en esta Ley. c) Los acreedores del mismo rango serán tratados de manera equivalente salvo cuando en esta Ley se disponga lo contrario. d) Ningún accionista ni acreedor soportará pérdidas superiores a las que habría soportado si la entidad fuera liquidada en el marco de un procedimiento concursal. e) Los administradores y los directores generales o asimilados de la entidad serán sustituidos, salvo que, con carácter excepcional, se considere su mantenimiento estrictamente necesario para alcanzar los objetivos de la resolución. f) Los administradores y los directores generales o asimilados de la entidad deberán prestar toda la asistencia necesaria para lograr los objetivos de la resolución. A los efectos de lo previsto en esta Ley se entenderán por asimilados a los directores generales las personas que reúnan las condiciones previstas en el artículo 6.6 de la Ley 10/2014, de 26 de junio, de ordenación, supervisión y solvencia de entidades de crédito. g) En aplicación de lo dispuesto en la legislación concursal, mercantil y penal, los administradores de las entidades y cualquier otra persona física o jurídica responderán de los daños y perjuicios causados en proporción a su participación y la gravedad de aquellos. h) Los depósitos garantizados estarán plenamente protegidos. i) Las medidas de resolución que se adopten, estarán acompañadas por las correspondientes garantías y salvaguardas que prevén esta Ley y su normativa de desarrollo. 2. Al objeto de la aplicación de los principios mencionados en el apartado anterior, y a efectos de determinar el reparto adecuado de los costes de resolución al que se refiere el Capítulo VI, el FROB no se considerará en ningún caso incluido entre los accionistas, socios o acreedores a los que se refiere dicho apartado. 3. El supervisor y las autoridades de resolución competentes, al aplicar los instrumentos o exigir el cumplimiento de las obligaciones y requisitos contemplados en esta Ley, tendrán en cuenta las circunstancias singulares de cada entidad derivadas, entre otros, de su estructura, naturaleza y perfil de actividad, en los términos que se determinen reglamentariamente. En particular, se podrán establecer reglamentariamente requisitos simplificados o exenciones del cumplimiento de las medidas preparatorias previstas en los Capítulos II y III, siempre que: a) se atribuya al supervisor y a la autoridad de resolución preventiva competentes la capacidad de imponer, en cualquier momento, el cumplimiento total de esta Ley, y b) no se limite, en ningún caso, la capacidad del supervisor y las autoridades de resolución competentes para adoptar una medida de actuación temprana o resolución». «Artículo 5. Valoración (...) Asimismo, reglamentariamente se establecerá un procedimiento de valoración provisional para los supuestos de urgencia que, en todo caso, deberá prever la realización de una valoración posterior definitiva y completa, y un procedimiento de valoración que determine las pérdidas que hubieran soportado los accionistas y acreedores si la entidad hubiera sido liquidada en el marco de un procedimiento concursal. La valoración provisional se fundará en el informe que, en su caso, emita el supervisor competente». «Artículo 15. Evaluación de la resolubilidad de entidades. 1. Al elaborar el plan de resolución, la autoridad de resolución preventiva, previo informe del supervisor competente y del FROB y previa consulta a las autoridades de resolución de las jurisdicciones en las que se encuentren establecidas sucursales significativas, determinará que la entidad es resoluble si, en el caso de que cumpliese las condiciones para la resolución, pudiera procederse a su liquidación en el marco de un procedimiento concursal o a su resolución, haciendo uso de los diferentes instrumentos y competencias de resolución contemplados en esta Ley, de tal forma que: a) No se produzcan consecuencias adversas significativas para el sistema financiero español, de otros Estados miembros de la Unión Europea o de la Unión Europea en su conjunto. b) Se garantice la continuidad de las funciones críticas desarrolladas por la entidad. 2. A los efectos de lo previsto en el apartado anterior, la autoridad de resolución preventiva realizará la evaluación correspondiente y valorará si, en el caso de que la entidad cumpliese las condiciones para la resolución, esta podría llevarse a cabo sin la intervención de apoyo público tal y como prevé el artículo 13.2. El resultado de esta evaluación será presentado al FROB. 3. Adicionalmente, el supervisor competente y el FROB podrán solicitar a la autoridad de resolución preventiva competente que lleve a cabo la evaluación prevista en el apartado anterior siempre que considere que pueden existir obstáculos sustantivos para la resolución de una entidad. 4. Si la autoridad de resolución preventiva competente concluyera que una entidad no reúne las condiciones para resolverse, lo notificará inmediatamente a la Autoridad Bancaria Europea. 5. Reglamentariamente se desarrollará el régimen de la evaluación de la resolubilidad previsto en esta Sección». «Artículo 19. Condiciones para la resolución. 1. Procederá la resolución de una entidad cuando concurran, simultáneamente, las circunstancias siguientes: a) La entidad es inviable o es razonablemente previsible que vaya a serlo en un futuro próximo. b) No existen perspectivas razonables de que medidas procedentes del sector privado, como, entre otras, las medidas aplicadas por los sistemas institucionales de protección; o acción de supervisión, como, entre otras, las medidas de actuación temprana; o la amortización o conversión de instrumentos de capital y de los pasivos admisibles pertinentes de conformidad con la Sección 2.ª del Capítulo VI, puedan impedir la inviabilidad de la entidad en un plazo de tiempo razonable. c) Por razones de interés público, resulta necesario o conveniente acometer la resolución de la entidad para alcanzar alguno de los objetivos mencionados en el artículo 3, por cuanto la liquidación de la entidad en el marco de un procedimiento concursal no permitiría razonablemente alcanzar dichos objetivos en la misma medida». «Artículo 19 bis. Procedimientos de insolvencia en relación con entidades y sociedades que no sean sometidas a un proceso de resolución. Cuando se determine que en una entidad o sociedad de las previstas en el artículo 1.2.b), c) o d) se cumplen las condiciones previstas en el artículo*

19.1.a) y b), pero que la medida de resolución no redunda en el interés público de conformidad con el artículo 19.1.c), esta será liquidada de forma ordenada con arreglo al procedimiento previsto en el Título VIII del libro primero del texto refundido de la Ley Concursal, aprobado por el Real Decreto Legislativo 1/2020, de 5 de mayo». «Artículo 23. Contenido de la decisión relativa a la iniciación de los procesos de resolución. La decisión de iniciar o no un proceso de resolución deberá tener, al menos, el siguiente contenido: a) Las razones que justifican la decisión, con una mención a si la entidad cumple las condiciones de resolución previstas en el artículo 19. b) Las medidas que el FROB tenga, en su caso, la intención de adoptar, ya sean las de resolución previstas en esta Ley u otro tipo de medidas que sean aplicables de acuerdo con la legislación concursal. c) Las razones que, en su caso, justifican solicitar el inicio de un procedimiento concursal ordinario». «Artículo 25. Definición de los instrumentos de resolución y reglas generales (…) 6. Cuando se utilicen los instrumentos de resolución previstos en el apartado 1, letras a) y b), y se apliquen para realizar una transmisión parcial de los activos y pasivos de la entidad, la entidad residual se someterá a un procedimiento concursal dentro de un tiempo razonable teniendo en cuenta la necesidad de que la entidad residual colabore para garantizar la continuidad de los servicios por parte del adquirente y el mejor cumplimiento de los objetivos y principios de resolución (…). 9. Las operaciones mediante las que se instrumenten las medidas de resolución y, en particular, las medidas derivadas de la aplicación de los instrumentos enumerados en este artículo, no serán rescindibles al amparo de lo previsto en el artículo 71 de la Ley 22/2003, de 9 de julio, Concursal». «Artículo 27. Entidad puente. 1. El FROB podrá acordar y ejecutar la transmisión a una entidad puente de: (…) 12. Cuando se ponga fin a las actividades de la entidad puente, esta será sometida a un procedimiento concursal. Cualquier ingreso generado por el cese de las actividades de la entidad puente beneficiará a los accionistas de la propia entidad (…)». «Artículo 29. Régimen de la transmisión de activos (…) 4. La transmisión de activos estará sometida a las siguientes condiciones especiales: a) La transmisión no podrá ser, en ningún caso, objeto de rescisión por aplicación de las acciones de reintegración previstas en la legislación concursal (…)». «Artículo 31. Operaciones de recapitalización con utilización de los recursos del Fondo de Resolución Nacional (…) 5. A efectos de la aplicación de la Ley 22/2003, de 9 de julio, Concursal, los créditos del FROB serán considerados créditos con privilegio general (…)». «Artículo 39. Reglas sobre la amortización o conversión de los instrumentos de capital y pasivos admisibles pertinentes. 1. El FROB ejercerá la facultad de amortización o de conversión de los instrumentos de capital y de los pasivos admisibles pertinentes en los términos establecidos en esta Ley y en su normativa de desarrollo, de acuerdo con la prelación de los créditos aplicable al procedimiento concursal, de forma que se produzcan los resultados siguientes (…)». «Artículo 42. Pasivos obligatoriamente excluidos de la recapitalización interna. 1. Quedan excluidos de la recapitalización interna, los siguientes pasivos: (…) c) Pasivos resultantes de la tenencia por la entidad afectada de activos o dinero de clientes, incluidos los depositados en nombre de instituciones de inversión colectiva, entidades de capital-riesgo o entidades de inversión colectiva de tipo cerrado cuando dicho cliente esté protegido con arreglo a la normativa concursal. d) Pasivos resultantes de una relación fiduciaria entre la entidad o sociedad afectada, como fideicomisario, y otra persona, como beneficiaria, cuando dicho cliente esté protegido con arreglo a la normativa concursal (…) h) Pasivos emitidos a entidades que formen parte del mismo grupo de resolución sin ser ellas mismas entidades de resolución, independientemente de sus vencimientos. No obstante, no quedarán excluidos estos pasivos cuando se clasifiquen por debajo de los pasivos no garantizados ordinarios en el orden de jerarquía concursal aplicable. En los casos en que se aplique esta excepción, la autoridad de resolución preventiva de la filial pertinente que no sea una entidad de resolución deberá evaluar si el importe de los elementos que cumplen con el requerimiento mínimo de fondos propios y pasivos admisibles para dicha filial es suficiente para apoyar la aplicación de la estrategia de resolución preferida conforme a lo previsto en el correspondiente plan de resolución». «Artículo 44 ter. Criterios para la fijación del requerimiento mínimo de fondos propios y pasivos admisibles (…) 4. Si el plan de resolución prevé que la entidad sea liquidada conforme al procedimiento concursal, la autoridad de resolución preventiva evaluará si está justificado limitar el requerimiento mínimo de fondos propios y pasivos admisibles para esta entidad de forma que no supere un importe suficiente para absorber las pérdidas conforme a lo previsto en la letra a) del apartado anterior. En esta evaluación, tendrá en cuenta, en particular, cualquier posible impacto sobre la estabilidad financiera y sobre el riesgo de contagio al sistema financiero». «Artículo 48. Secuencia y reglas especiales de la recapitalización interna. 1. El FROB aplicará el instrumento de recapitalización interna para absorber pérdidas y cubrir el importe de la recapitalización determinado con arreglo a lo dispuesto en esta Ley, amortizando o reduciendo el importe de las acciones, instrumentos de capital, o pasivos susceptibles de recapitalización interna según la siguiente secuencia: a) Los elementos del capital ordinario de nivel 1 de forma proporcional a las pérdidas y hasta donde fuera posible. b) El importe principal de los instrumentos de capital adicional de nivel 1 en la medida necesaria y hasta donde fuera posible. c) El importe principal de los instrumentos de capital de nivel 2 en la medida necesaria y hasta donde fuera posible. d) El importe principal de la deuda subordinada que no es capital adicional de nivel 1 o 2, de acuerdo con la prelación de los derechos de crédito prevista en el texto refundido de la Ley Concursal, aprobado por el Real Decreto Legislativo 1/2020, de 5 de mayo. e) El importe principal o el importe pendien-

te de los pasivos susceptibles de recapitalización interna, de acuerdo con la prelación de los derechos de crédito prevista en la normativa concursal aplicable. 2. Al ejercer las competencias de amortización o conversión, el FROB asignará las pérdidas de forma equitativa entre las acciones, otros instrumentos de capital y los pasivos susceptibles de recapitalización interna del mismo rango, reduciendo el importe principal o el importe pendiente de tales acciones, otros instrumentos de capital y pasivos susceptibles de recapitalización interna en un grado proporcional a su valor, excepto cuando se haga uso de la facultad prevista en el artículo 43.3. Lo anterior no es obstáculo para que los pasivos excluidos conforme a lo dispuesto en esta Ley reciban un trato más favorable que los pasivos susceptibles de recapitalización interna del mismo rango en el procedimiento concursal». «Artículo 53. Mecanismos de financiación y dotación presupuestaria (...) 7. Cuando el FROB emprenda una medida de resolución, el sistema de garantía de depósitos al que esté afiliada la entidad asumirá, además de las responsabilidades establecidas reglamentariamente, de acuerdo con los límites previstos en el artículo 11 del Real Decreto-Ley 16/2011, de 14 de octubre, los siguientes costes: a) Cuando se aplique el instrumento de recapitalización interna, el importe en el que se tendrían que haber amortizado los depósitos garantizados para absorber las pérdidas de la entidad con arreglo al artículo 48, en caso de que los depósitos garantizados se hubieran incluido en el ámbito de aplicación del instrumento de recapitalización interna y se hubieran amortizado en el mismo grado que los créditos de los acreedores con el mismo rango en la jerarquía de acreedores de acuerdo con la legislación concursal. b) Cuando se apliquen uno o varios instrumentos de resolución distintos de los de recapitalización interna, el importe de las pérdidas que hubieran sufrido los depositantes garantizados, en caso de que hubieran sufrido pérdidas en proporción a las sufridas por los acreedores con el mismo rango en la jerarquía de acreedores de acuerdo con la legislación concursal». «Artículo 59. Deber de secreto (...). 4. Sin perjuicio de lo dispuesto en los apartados anteriores: a) los empleados y expertos de los organismos o entidades a que se refiere el apartado 2, podrán intercambiar información en el seno de cada organismo o entidad, y b) las autoridades de resolución y los supervisores competentes, incluidos sus empleados y expertos, podrán intercambiar información entre sí y con otras autoridades de resolución de la Unión Europea, otras autoridades supervisoras de la Unión, ministerios competentes, bancos centrales, sistemas de garantía de depósitos, sistemas de indemnización de los inversores, autoridades responsables de los procedimientos concursales, autoridades responsables de mantener la estabilidad del sistema financiero mediante el uso de normas macroprudenciales, las personas encargadas de llevar a cabo auditorías reglamentarias, así como con la Autoridad Bancaria Europea o, de conformidad con el artículo 58.2, autoridades de terceros países que desempeñen funciones equivalentes a las de las autoridades de resolución, o, sometidas a estrictos requisitos de confidencialidad, a las de un adquirente potencial, con el fin de planificar o aplicar una medida de resolución (...)». «Artículo 66. Exclusión de determinadas condiciones contractuales en la actuación temprana y la resolución. 1. La adopción de cualquier medida de actuación temprana o de resolución, incluidas las medidas previstas en los artículos 70, 70 bis y 70 ter, así como cualquier hecho que esté directamente relacionado con la aplicación de tal medida, no constituirá por sí misma un supuesto de incumplimiento ni permitirá por sí misma a ninguna contraparte declarar el vencimiento, modificación, suspensión o resolución anticipada de las operaciones o contratos realizados con la entidad, instar la ejecución de una garantía sobre cualquier bien de la entidad o la compensación de cualesquiera derechos u obligaciones que se deriven de la operación o del contrato, ni afectar de cualquier otra manera a éste, teniéndose por no puestas las cláusulas que así lo establezcan. En particular, la aplicación por las autoridades de resolución o el supervisor competentes de las medidas y facultades previstas en esta Ley no tendrá la condición de procedimiento concursal a efectos de lo dispuesto en la Ley 41/1999, de 12 de noviembre, sobre sistemas de pagos y de liquidación de valores, ni a efectos de lo dispuesto en la Sección 3.ª del Capítulo II del Real Decreto-Ley 5/2005, de 11 de marzo, de reformas urgentes para el impulso a la productividad y para la mejora de la contratación pública (...)». «Artículo 70 ter. Facultades de suspensión con carácter previo a la apertura de un proceso de resolución (...) 3. Cuando ejerza sus facultades con arreglo al apartado 1 del presente artículo, el FROB tendrá en cuenta los efectos que el ejercicio de dichas facultades pueda tener sobre el buen funcionamiento de los mercados financieros y tomará en consideración la normativa concursal, los poderes de las autoridades de supervisión y las competencias judiciales para salvaguardar los derechos de los acreedores y el trato equitativo de los acreedores si la entidad fuera liquidada en el marco de un procedimiento concursal. El FROB tendrá en cuenta en particular la aplicación potencial de la liquidación a la entidad o sociedad en el marco de un procedimiento concursal como resultado de la determinación de interés público del artículo 19.1.c) (...)». «Artículo 74. Imposibilidad de ejecución de sentencia dictada en los recursos contencioso-administrativos a que se refieren los artículos 72 y 73. 1. El supervisor y las autoridades de resolución competentes podrán alegar ante la autoridad judicial las causas que determinen la imposibilidad material de ejecutar una sentencia que declare contraria a derecho alguna de las decisiones o de los actos previstos en los artículos 72 y 73. El Juez o Tribunal apreciará la concurrencia o no de dichas causas y fijará, en su caso, la indemnización que deba satisfacerse. El importe de la citada indemnización alcanzará, como máximo, la diferencia entre el daño efectivamente sufrido por el recurrente y la pérdida que habría soportado en caso de que, en el momento de adoptarse la correspondiente decisión o acuerdo, se hubiera producido la liquidación de la entidad en el marco de un procedimiento concursal (...)». «Disposición adicional decimocuarta. Régimen aplicable en caso de concurso de una entidad. En caso de concurso de una entidad de las previstas en el artículo 1.2 de esta ley: 1. Serán considerados créditos con privilegio general, con posterioridad en el orden de prelación a los créditos con privilegio general previstos en el artículo 280.5.º del texto refundido de la Ley Concursal, aprobado por el Real Decreto Legislativo 1/2020, de 5 de mayo: a) los depósitos garantizados por el Fondo de Garantía de Depósitos de Entidades de Crédito y los derechos en que se haya subrogado dicho Fondo si hubiera hecho efectiva la garantía, b) la parte de los depósitos de las personas físicas y de las microempresas, pequeñas y medianas empresas que exceda del nivel garantizado previsto en el Real Decreto-Ley 16/2011, de 14 de octubre, y los depósitos de las personas físicas y de las microempresas, pequeñas y medianas empresas que serían depósitos garantizados si no estuvieran constituidos a través de sucursales situadas fuera de la Unión Europea de entidades establecidas en la Unión Europea. 2. Serán considerados créditos ordinarios no preferentes, posteriores en el orden de prelación al resto de los créditos ordinarios previstos en el artículo 269.3 del texto refundido de la Ley Concursal, aprobado por el Real Decreto Legislativo 1/2020, de 5 de mayo, aquellos que resulten de instrumentos de deuda que cumplan las siguientes condiciones: a) que hayan sido emitidos o creados con plazo de vencimiento efectivo igual o superior a un año; b) que no sean instrumentos financieros derivados ni tengan instrumentos financieros derivados implícitos; y c) que los términos y condiciones y, en su caso, el folleto relativo a la emisión, incluyan una cláusula en la que se establezca que tienen una prelación concursal inferior frente al resto de créditos ordinarios y que, por tanto, los créditos derivados de estos instrumentos de deuda serán satisfechos con posterioridad a los restantes créditos ordinarios. Los créditos ordinarios que reúnan las condiciones enumeradas en las letras anteriores tendrán una prelación superior a los créditos subordinados incluidos en el artículo 281 del texto refundido de la Ley Concursal y serán satisfechos con anterioridad a estos. 3. Los créditos subordinados incluidos en el numeral 2.º del artículo 281.1 del texto refundido de la Ley Concursal, tendrán la siguiente prelación: 1.º El importe principal de la deuda subordinada que no sea capital adicional de nivel 1 o capital nivel 2. 2.º El importe principal de los instrumentos de capital de nivel 2. 3.º El importe principal de los instrumentos de capital adicional de nivel 1. Todos los créditos derivados de los instrumentos de capital de nivel 2 y de los instrumentos de capital adicional de nivel 1 contemplados en los numerales 2.º y 3.º del párrafo anterior, con independencia de que solo estén parcialmente reconocidos como instrumentos de capital de nivel 2 o instrumentos de capital adicional de nivel 1, serán posteriores en el orden de prelación al resto de créditos incluidos en el artículo 281.1 del texto refundido de la Ley Concursal y serán satisfechos con posterioridad a estos». «Disposición adicional decimoquinta. Efectos de los procesos de actuación temprana y de resolución sobre la continuidad de las actividades de una entidad. 1. Desde la apertura de los procesos de actuación temprana y resolución, los jueces no podrán admitir las solicitudes de concurso de una entidad, siendo nulas de pleno derecho las actuaciones judiciales que infrinjan lo previsto en esta disposición. 2. Las entidades comprendidas en el ámbito de aplicación de esta Ley no podrán presentar solicitud de declaración de concurso voluntario sin haber efectuado la comunicación prevista en los artículos 9.1 y 21.4 y sin que el supervisor competente y el FROB decidan si van a abrir un proceso de actuación temprana o de resolución de la entidad. El plazo de dos meses previsto en el artículo 5 de la Ley 22/2003, de 9 de julio, Concursal, se suspenderá hasta que se adopte esta decisión. En caso de que se vaya a abrir alguno de estos procesos o si la solicitud de declaración de concurso no se acompañe de la comunicación prevista en el párrafo anterior, el órgano judicial competente no admitirá a trámite aquella solicitud. 3. Si se hubiera solicitado el concurso necesario de una entidad, el órgano judicial competente, suspendiendo la tramitación de la solicitud, lo notificará al supervisor competente y al FROB para que en el plazo de siete días le comuniquen si, en el ejercicio de las competencias previstas en esta Ley, van a abrir un proceso de actuación temprana o de resolución de la entidad. En caso de que se vaya a abrir alguno de estos procesos, el órgano judicial competente no admitirá a trámite aquella solicitud. 4. Los instrumentos de resolución aplicados por el FROB tendrán la consideración de medidas de saneamiento a efectos de lo dispuesto en la Ley 6/2005, de 22 de abril, sobre saneamiento y liquidación de las entidades de crédito».

– El **Real Decreto 1012/2015, de 6 de noviembre, por el que se desarrolla la Ley 11/2015, de 18 de junio, de recuperación y resolución de entidades de crédito y empresas de servicios de inversión, y por el que se modifica el Real Decreto 2606/1996, de 20 de diciembre, sobre fondos de garantía de depósitos de entidades de crédito,** establece: *Artículo 5. Obligaciones, requisitos simplificados y exenciones en el cumplimiento de medidas preparatorias. 1. El supervisor y la autoridad de resolución preventiva competentes deberán tener en cuenta los siguientes criterios para determinar las obligaciones y los requisitos simplificados del cumplimiento de medidas preparatorias previstas en los capítulos II y III de este real decreto: a) Las circunstancias singulares previstas en el artículo anterior. b) Las normas, guías o directrices que se aprueben sobre la materia en el ámbito internacional o europeo y que sean incorporadas o adoptadas en nuestro ordenamiento. c) La incidencia que la inviabilidad de una entidad pudiera tener en los mercados financieros, en otras entidades, en las condiciones de financiación o en la economía en general, debido a las circunstancias previstas en* *el artículo anterior. d) Los posibles efectos negativos de la inviabilidad de una entidad y su ulterior liquidación con arreglo a los procedimientos concursales en los mercados financieros, en otras entidades, en las condiciones de financiación o en la economía en general. 2. Los requisitos simplificados que el supervisor y la autoridad de resolución preventiva pueden imponer estarán referidos a los siguientes elementos: a) El contenido y los pormenores de los planes de recuperación y resolución previstos en los capítulos II y III de la Ley 11/2015, de 18 de junio. b) La ampliación o reducción de la fecha límite en que deberán estar listos los primeros planes de recuperación y resolución y la frecuencia de actualización de los mismos, que podrá ser inferior a la prevista con carácter general en la Ley 11/2015, de 18 de junio. c) El contenido y los pormenores de la información exigida a las entidades en relación con los planes de recuperación y resolución, en virtud de lo dispuesto en los capítulos II y III de la Ley 11/2015, de 18 de junio, y desarrollada por los artículos 11 y 25 y los anexos I y II de este real decreto. d) El contenido de la evaluación de la resolubilidad prevista en el artículo 15 y 16 de la Ley 11/2015, de 18 de junio, y desarrollada en el artículo 29 y en el anexo III de este real decreto. 3. La evaluación prevista en el apartado anterior se realizará tras consulta, cuando corresponda, de la autoridad macroprudencial nacional que, en su caso, sea designada. 4. El supervisor y la autoridad de resolución preventiva competentes deberán revisar periódicamente sus decisiones sobre las obligaciones simplificadas permitidas y, en todo caso, cuando revisen los planes de recuperación. 5. Asimismo, el supervisor y la autoridad de resolución preventiva competentes podrán eximir del cumplimiento de las siguientes obligaciones: a) Las relativas a los planes de recuperación y resolución a las entidades afiliadas a un organismo central que estén total o parcialmente exentas de los requisitos prudenciales de conformidad con el artículo 10 del Reglamento (UE) número 575/2013, del Parlamento Europeo y del Consejo, de 26 de junio de 2013, y b) Las relativas a los planes de recuperación, a las entidades pertenecientes a un Sistema Institucional de Protección. 6. En el supuesto de que se conceda una exención en virtud del apartado 5, se deberá exigir: a) El cumplimiento de las obligaciones relacionadas con los planes de recuperación y resolución en base consolidada al organismo central y a las entidades afiliadas al mismo en el sentido dado por el artículo 10 del Reglamento (UE) número 575/2013, del Parlamento Europeo y del Consejo, de 26 de junio de 2013; b) El cumplimiento de las obligaciones relativas a los planes de recuperación al Sistema Institucional de Protección, en colaboración con cada uno de sus miembros exentos. A tal efecto, se entenderá que todas las referencias a las obligaciones de un grupo relativas a los planes de recuperación y resolución incluyen tanto al organismo central como a las entidades afiliadas a él, en el sentido del artículo 10 del Reglamento (UE) número 575/2013, del Parlamento Europeo y del Consejo, de 26 de junio de 2013, y a sus filiales, y que todas las referencias a las entidades o matrices sujetas a supervisión sobre una base consolidada con arreglo al artículo 57 de la Ley 10/2014, de 26 de junio, o bien al artículo 233 del texto refundido de la Ley del Mercado de Valores, aprobado por el Real Decreto Legislativo 4/2015, de 23 de octubre, incluyen al organismo central. 7. El supervisor y la autoridad de resolución preventiva competentes informarán a la Autoridad Bancaria Europea de cómo han aplicado a las entidades de su jurisdicción lo dispuesto en el artículo 4.3 de la Ley 11/2015, de 18 de junio, en los apartados 2, 5 y 6 de este artículo, y en el artículo 11.2. Por su parte, dispone el Artículo 7. Contenido del expediente de valoración de entidades. 1. La valoración se acompañará de la siguiente información según figure en la contabilidad y los registros contables de la entidad: a) Un balance actualizado y un informe de la situación financiera de la entidad. b) Un análisis y una estimación del valor contable de los activos. c) La lista de pasivos pendientes en el balance y fuera de balance que figura en la contabilidad y los registros de la entidad, indicando los créditos correspondientes y su orden de prelación de acuerdo con la normativa concursal. 2. Cuando proceda, con objeto de informar las decisiones a que se refiere el artículo 6.4.e) y 6.4.f), la información contemplada en la letra b) del apartado anterior podrá ser completada por un análisis y una estimación del valor de los activos y pasivos de la entidad, según el valor de mercado. 3. La valoración recogerá la subdivisión de los acreedores por categorías según la legislación concursal, así como una estimación del trato que cabría esperar para cada categoría de accionistas y acreedores si la entidad estuviera sometida a un procedimiento de liquidación concursal. Dicha estimación no impedirá la aplicación del principio recogido en el artículo 4.1.d) de la Ley 11/2015, de 18 de junio, según el cual ningún accionista ni acreedor soportará pérdidas superiores a las que habría soportado si la entidad fuera liquidada en el marco de un procedimiento concursal. Además, se establece en el Artículo 10. Valoración de la diferencia en el trato. 1. A efectos de valorar si los accionistas y acreedores habrían recibido mejor trato si a la entidad objeto de resolución se le hubiera aplicado un procedimiento de liquidación concursal, el FROB adoptará las medidas necesarias para que se lleve a cabo una valoración por un experto independiente una vez realizadas las acciones de resolución. Esta valoración será distinta de la valoración efectuada de conformidad con el artículo 5 de la Ley 11/2015, de 18 de junio. 2. La valoración prevista en el apartado anterior deberá determinar los siguientes aspectos: a) El trato que los accionistas y acreedores, o los sistemas de garantía de depósitos en cuestión, habrían recibido si la entidad objeto de resolución hubiera sido sometida a un procedimiento de liquidación concursal en el momento en que se adoptó la decisión a que se refiere el artículo 21 de la Ley 11/2015, de 18 de junio. b) El trato que efectivamente han recibido los accionistas y acreedores en la resolución de la entidad objeto de resolución. c) La existencia, en su caso, de diferencias entre el trato contemplado en la letra a) y el trato contemplado en la letra b). 3. La valoración deberá realizare en atención a las siguientes premisas: a) Partir de la hipótesis de que la entidad a la que se le han aplicado las acciones de resolución hubiera sido liquidada en el marco del procedimiento concursal en el momento en que se adoptó la decisión a que se refiere el artículo 21 de la Ley 11/2015, de 18 de junio. b) Suponer que las acciones de resolución no se hubieran realizado. c) Descartar cualquier concesión de ayuda financiera pública extraordinaria a la entidad objeto de resolución. 4. Si la valoración determina que los accionistas y acreedores, o el Fondo de Garantía de Depósitos, han incurrido en pérdidas superiores a las que habrían sufrido si la entidad hubiera sido liquidada en el marco de un procedimiento concursal, tendrán derecho a obtener el pago de la diferencia con cargo a los mecanismos de financiación previstos en el artículo 53 de la Ley 11/2015, de 18 de junio. Por otro lado, dispone el Artículo 65. Reconocimiento y ejecución de los procedimientos de resolución de terceros países. 1. En el caso de que exista un colegio de autoridades de resolución europeo establecido de conformidad con el artículo 61, este adoptará una decisión conjunta sobre el reconocimiento de los procedimientos de resolución de autoridades de un tercer país respecto a una entidad de ese país que: a) posea filiales o sucursales significativas en España y en, al menos, otro Estado miembro, o b) posea activos, derechos o pasivos situados en España y en, al menos, otro Estado miembro, o regidos por la legislación española y del otro Estado miembro. Cuando se llegue a una decisión conjunta sobre el reconocimiento de los procedimientos de resolución de terceros países, el FROB velará por la ejecución de los procedimientos de resolución de terceros países reconocidos, con arreglo a la legislación española. 2. En ausencia de una decisión conjunta entre las autoridades de resolución que participan en el colegio de autoridades de resolución europeo, o en ausencia de un colegio de autoridades de resolución europeo, el FROB, teniendo en cuenta la legislación nacional aplicable, adoptará su propia decisión sobre el reconocimiento y la ejecución de los procedimientos de resolución de terceros países. Dicha decisión tendrá debidamente en cuenta los intereses del resto de Estados miembros afectados y, en particular, su repercusión en las otras partes del grupo y en la estabilidad financiera de esos Estados miembros. 3. A los efectos de lo dispuesto en este artículo, el FROB podrá: a) Ejercer las competencias de resolución en relación con: 1.º Los activos de la entidad de un tercer país situados en España, o regidos por la legislación española. 2.º Los derechos o pasivos de una entidad de un tercer país, que estén contabilizados en una sucursal española o regidos por la legislación española, o que sean ejecutables con arreglo a la legislación española. b) Ejecutar transmisiones de acciones u otros instrumentos de capital en una filial establecida en España, o exigir a otra persona que lo haga. c) Ejercer las competencias contempladas en el artículo 70 de la Ley 11/2015, de 18 de junio, en relación con los derechos de cualquiera de las partes de un contrato con una entidad de las mencionadas en el apartado 1, cuando el ejercicio de dichas competencias sea necesario para ejecutar los procedimientos de resolución del tercer país. d) Impedir la acción de rescisión, la liquidación, la declaración del vencimiento anticipado de contratos, o impedir cualquier otro ejercicio de los derechos contractuales, en relación con las entidades previstas en el apartado 1 y otras entidades de grupo, cuando tal derecho o ejercicio afecte a la entidad del tercer país o a otras de su grupo, y emanen de una medida de resolución emprendida por la autoridad de resolución del tercer país o sujeta al derecho del tercer país, y siempre que sigan cumpliéndose las obligaciones sustantivas del contrato, en particular, las obligaciones de pago y entrega y la aportación de activos de garantía. 4. Cuando resulte necesario por razones de interés público, el FROB podrá emprender una medida de resolución en relación con una entidad matriz cuando la autoridad pertinente de un tercer país determine que una entidad del grupo de esa entidad matriz que se haya constituido en dicho tercer país reúne las condiciones para la resolución con arreglo a su legislación. A tales efectos, el FROB estará facultado para ejercer cualquier competencia de resolución con respecto a esa entidad matriz, y será de aplicación el artículo 70 de la Ley 11/2015, de 18 de junio, y el artículo 66 de este real decreto. 5. El reconocimiento y la ejecución de los procedimientos de resolución de los terceros países no afectarán a la normativa nacional aplicable a los procedimientos concursales. 6. Este artículo no será aplicable en el momento en que el Consejo de la Unión Europea, en el ejercicio de sus competencias haya celebrado un acuerdo internacional con un tercer país en los términos previstos en el artículo 64.4. Una vez celebrado tal acuerdo este artículo solo será de aplicación en la medida en que el acuerdo no regule el reconocimiento y ejecución de los procedimientos de resolución de terceros países.* También, el **Real Decreto 1012/2015, de 6 de noviembre** —modificado por el Real Decreto 1041/2021, de 23 de noviembre— recoge referencias concursales en los artículos 72, 76, 78, 80 y 83. Por último, la Disposición Adicional Cuarta del **Real Decreto 1012/2015, de 6 de noviembre** —disposición incorporada por el Real Decreto 309/2019, de 26 de abril— establece: «*Disposición adicional cuarta. Régimen aplicable en caso de concurso de una entidad. A los efectos de la disposición adicional decimocuarta apartado 2.b) de la Ley 11/2015, de 18 de junio, de recuperación y resolución de entidades de crédito y empresas de servicios de inversión, no se considerará que los instrumentos de deuda contienen derivados implícitos solamente por el hecho de estar referenciados a tipos de interés variable derivados de tipos de referencia de uso generalizado, o por no estar denominados en la moneda nacional del emisor, siempre que el capital, el reembolso y el interés estén denominados en la misma moneda*».

– La **Ley 10/2014, de 26 de junio, de ordenación, supervisión y solvencia de entidades de crédito** establece: «*Artículo 8. Revocación de la autorización. 1. Sólo podrá acordarse la revocación de la autorización concedida a una entidad de crédito, de conformidad con el procedimiento que se prevea reglamentariamente, en los siguientes supuestos: a) Si interrumpe de hecho las actividades específicas de su objeto social durante un período superior a seis meses. b) Si la autorización se obtuvo por medio de declaraciones falsas o por otro medio irregular. c) Si incumple las condiciones que motivaron la autorización, salvo que se prevea otra consecuencia en la normativa de ordenación y disciplina. d) Si deja de cumplir los requisitos prudenciales que se establecen en las partes tercera, cuarta y sexta del Reglamento (UE) n.º 575/2013 del Parlamento Europeo y del Consejo de 26 de junio de 2013, excepto por lo establecido en sus artículos 92 bis y 92 ter, o impuestos en virtud de los artículos 42 y 68.2.a) de esta Ley, o comprometa la capacidad de reembolso de los activos que le han confiado los depositantes o no ofrezca garantía de poder cumplir sus obligaciones con acreedores. e) Cuando se le imponga la sanción de revocación en los términos previstos en el Título IV. f) Cuando concurra el supuesto previsto en el artículo 23. g) Si la entidad es excluida del Fondo de Garantía de Depósitos de Entidades de Crédito. h) Cuando se hubiera dictado resolución judicial de apertura de la fase de liquidación en un procedimiento concursal. i) Cuando haga uso de la autorización exclusivamente para llevar a cabo las actividades contempladas en el artículo 4.1.1.b) del Reglamento (UE) n.º 575/2013 del Parlamento Europeo y del Consejo de 26 de junio de 2013, y, durante un período de cinco años consecutivos, el valor medio total de sus activos sea inferior a los umbrales establecidos en dicho artículo. 2. La autorización de una sucursal de una entidad de crédito de un Estado no miembro de la Unión Europea será revocada si fuese revocada la autorización de la propia entidad de crédito. En el caso de las sucursales de una entidad de crédito de un Estado miembro de la Unión Europea, se entenderá revocada la autorización cuando haya sido revocada la autorización de la propia entidad por la autoridad competente del Estado miembro de origen. 3. En el caso de sucursales de entidades de crédito autorizadas en otro Estado miembro de la Unión Europea, la revocación de la autorización se entenderá sustituida por la prohibición de que inicie nuevas operaciones en el territorio español. Antes de adoptar dicha decisión, el Banco de España deberá consultar a la autoridad competente de dicho Estado. Cuando el Banco de España tenga conocimiento de que a una entidad de crédito de otro Estado miembro de la Unión Europea que opera en España le ha sido revocada su autorización, acordará de inmediato las medidas pertinentes para que la entidad no inicie nuevas actividades, así como para salvaguardar los intereses de los depositantes. 4. El Banco de España comunicará la revocación de la autorización otorgada a una entidad de crédito o sucursal al Ministerio de Economía y Competitividad. 5. En el caso de revocación de la autorización de una entidad de crédito española, el Banco de España lo comunicará inmediatamente a las autoridades competentes del Estado miembro en el cual la entidad tenga una sucursal o ejerza la libre prestación de servicios. 6. La revocación de la autorización llevará implícita la disolución de la entidad y la apertura del período de liquidación que se desarrollará conforme a las normas y estatutos por los que se rija aquélla. No obstante la revocación de la autorización, en los supuestos del apartado 1.h), la administración concursal podrá continuar realizando las actividades de la entidad de crédito que sean necesarias para su liquidación, en los términos previamente autorizados por el Banco de España. 7. La revocación de la autorización se hará constar en todos los registros públicos correspondientes y, tan pronto sea notificada a la entidad de crédito, conllevará el cese de la actividad para la que estaba autorizada*». «*Artículo 48. Restricción de las distribuciones por incumplimiento del requisito combinado de colchón ( ) 4. Las restricciones impuestas por este artículo se aplicarán únicamente a los pagos que den lugar a una reducción del capital de nivel 1 ordinario o a una reducción de los beneficios, y siempre que la suspensión o cancelación del pago no constituyan un incumplimiento de las obligaciones de pago u otra circunstancia que conduzca a la apertura del oportuno procedimiento concursal (...)*». «*Artículo 48 ter. Restricción de las distribuciones en caso de incumplimiento del requisito de colchón de ratio de apalancamiento (...) 4. Las restricciones impuestas por este artículo se aplicarán únicamente a los pagos que den lugar a una reducción del capital de nivel 1 o a una reducción de los beneficios, y siempre que la suspensión o cancelación del pago no constituyan un incumplimiento de las obligaciones de pago u otra circunstancia que conduzca a la apertura del oportuno procedimiento concursal (...)*». «*Artículo 82. Obligación de secreto. 1. Los datos, documentos e informaciones que obren en poder del Banco de España en virtud del ejercicio de la función supervisora o cuantas otras funciones le encomiendan las leyes se utilizarán por este exclusivamente en el ejercicio de dichas funciones, tendrán carácter reservado y no podrán ser divulgados a ninguna persona o autoridad. La reserva se entenderá levantada desde el momento en que los interesados hagan públicos los hechos a que aquéllas se refieran. Tendrán asimismo carácter reservado los datos, documentos o informaciones relativos a los procedimientos y metodologías empleados por el Banco de España en el ejercicio de las funciones mencionadas, salvo que la reserva sea levantada expresamente por el órgano competente del Banco de España. En cualquier caso, el Banco de España podrá publicar los resultados de las pruebas de resistencia realizadas de conformidad con el artículo 55.5 y con el artículo 32 del Reglamento (UE) n.º 1093/2010, de 24 de noviembre. El acceso de las Cortes Generales a la información sometida a la obligación de secreto se realizará a través del Gobernador del Banco de España. A tal efecto, el Gobernador podrá solicitar* *motivadamente de los órganos competentes de la Cámara la celebración de sesión secreta o la aplicación del procedimiento establecido para el acceso a las materias clasificadas. 2. Todas las personas que desempeñen o hayan desempeñado una actividad para el Banco de España y hayan tenido conocimiento de datos, documentos e informaciones de carácter reservado están obligadas a guardar secreto sobre los mismos. Estas personas no podrán prestar declaración ni testimonio ni publicar, comunicar o exhibir datos o documentos reservados, ni siquiera después de haber cesado en el servicio, salvo autorización expresa del órgano competente del Banco de España. Si dicho permiso no fuera concedido, la persona afectada mantendrá el secreto y quedará exenta de la responsabilidad que de ello pudiera dimanar. El incumplimiento de esta obligación determinará las responsabilidades penales y cualesquiera otras previstas por las leyes. 3. Se exceptúan de la obligación de secreto regulada en el presente artículo: a) Los supuestos en los que el interesado consienta expresamente la difusión, publicación o comunicación de los datos. b) La publicación de datos agregados a fines estadísticos, o las comunicaciones en forma sumaria o agregada de manera que las entidades individuales no puedan ser identificadas ni siquiera indirectamente. c) Las informaciones requeridas por las autoridades judiciales competentes en un proceso penal. d) Las informaciones que, en el marco de los procedimientos mercantiles derivados del concurso o liquidación forzosa de una entidad de crédito, sean requeridas por las autoridades judiciales, siempre que no versen sobre terceros implicados en el reflotamiento de la entidad. e) Las informaciones que, en el marco de recursos administrativos o jurisdiccionales interpuestos contra resoluciones administrativas dictadas en materia de ordenación y disciplina de las entidades de crédito, sean requeridas por las autoridades competentes para conocer el recurso. f) Las informaciones que el Banco de España tenga que facilitar para el cumplimiento de sus respectivas funciones a la Comisión Nacional del Mercado de Valores, a la Dirección General de Seguros, al Instituto de Contabilidad y Auditoría de Cuentas, al Fondo de Garantía de Depósitos de Entidades de Crédito, al Fondo de Reestructuración Ordenada Bancaria, al Consejo de Estabilidad Financiera y a los interventores o los administradores concursales de una entidad de crédito o de una entidad de su grupo, designados en los correspondientes procedimientos administrativos o judiciales, y a los auditores de las cuentas de las entidades de crédito y sus grupos. g) Las informaciones que el Banco de España transmita a los Bancos centrales y otros organismos de función similar en calidad de autoridades monetarias, cuando la información sea pertinente para el desempeño de sus respectivas funciones legales, tales como la aplicación de la política monetaria y la correspondiente provisión de liquidez, la supervisión de los sistemas de pago, de compensación y liquidación, y la defensa de la estabilidad del sistema financiero. h) Las informaciones que el Banco de España tenga que facilitar, para el cumplimiento de sus funciones, a los organismos o autoridades de otros países en los que recaiga la función pública de supervisión de las entidades de crédito, de las empresas de servicios de inversión, de las empresas de seguros, de otras instituciones financieras y de los mercados financieros, o la gestión de los sistemas de garantía de depósitos o indemnización de los inversores de las entidades de crédito, de mantener la estabilidad del sistema financiero en los Estados miembros mediante la utilización de normas macroprudenciales, de actividades de reorganización encaminadas a mantener la estabilidad del sistema financiero, o de supervisión de los sistemas contractuales o institucionales de protección, siempre que exista reciprocidad, y que los organismos y autoridades estén sometidos a secreto profesional en condiciones que, como mínimo, sean equiparables a las establecidas por las leyes españolas. i) Las informaciones que el Banco de España decida facilitar a una cámara u organismo semejante autorizado legalmente a prestar servicios de compensación o liquidación de los mercados españoles, cuando considere que son necesarias para garantizar el correcto funcionamiento de dichos organismos ante cualquier incumplimiento, o posible incumplimiento, que se produzca en el mercado. j) Las informaciones que el Banco de España tenga que facilitar a las autoridades en las que recaiga la función pública de supervisión de la normativa de prevención del blanqueo de capitales y financiación del terrorismo por lo que respecta al cumplimiento de dicha normativa y a las unidades de inteligencia financiera, así como las comunicaciones que de modo excepcional puedan realizarse en virtud de lo dispuesto en la Sección 3.ª del Capítulo I del Título III de la Ley 58/2003, de 17 de diciembre, General Tributaria, previa autorización de la persona titular del Ministerio de Hacienda. A estos efectos deberán tenerse en cuenta los acuerdos de colaboración firmados por el Banco de España con autoridades supervisoras de otros países. k) Las informaciones que por razones de supervisión prudencial o de actuación preventiva en materia de reestructuración y resolución de entidades de crédito, el Banco de España tenga que dar a conocer al Ministerio de Economía y Competitividad, al Fondo de Reestructuración Ordenada Bancaria o a las autoridades de las comunidades autónomas con competencias sobre entidades de crédito, así como, en las situaciones de urgencia a que se refiere el artículo 81, a las autoridades correspondientes de los Estados miembros de la Unión Europea afectados. l) Las informaciones requeridas por el Tribunal de Cuentas o por una Comisión de Investigación de las Cortes Generales en los términos establecidos en su legislación específica. m) La información comunicada a la Autoridad Bancaria Europea en virtud de la normativa vigente, y en particular, la establecida en los artículos 31 y 35 del Reglamento (UE) n.º 1093/2010, de 24 de noviembre. No obstante lo anterior, dicha información estará sujeta a secreto profesional. n) La información comunicada a la Junta Europea de Riesgo Sistémico, cuando esta información sea pertinente para el desempeño de sus funciones estatutarias conforme al Reglamento (UE) n.º 1092/2010 del Parlamento Europeo y del Consejo, de 24 de noviembre de 2010, relativo a la supervisión macroprudencial del sistema financiero en la Unión Europea y por el que se crea una Junta Europea de Riesgo Sistémico. ñ) La información comunicada a la Autoridad Europea de Valores y Mercados y a la Autoridad Europea de Seguros y Pensiones de Jubilación, cuando la información sea pertinente para el desempeño de sus funciones estatutarias conforme a los Reglamentos (UE) n.º 1094/2010 y 1095/2010 del Parlamento Europeo y del Consejo, de 24 de noviembre de 2010. o) La información que el Banco de España tenga que proporcionar a los sistemas contractuales o institucionales de protección de conformidad con lo previsto en el artículo 113.7 del Reglamento (UE) n.º 575/2013, de 26 de junio. p) Las informaciones que el Banco de España tenga que facilitar a las autoridades competentes u organismos responsables de la aplicación de las normas relativas a la separación estructural dentro de un grupo bancario. 4. Las autoridades judiciales que reciban del Banco de España información de carácter reservado vendrán obligadas a adoptar las medidas pertinentes que garanticen la reserva durante la sustanciación del proceso de que se trate. Las restantes autoridades, personas o entidades que reciban información de carácter reservado quedarán sujetas a la obligación de secreto regulada en este artículo y no podrán utilizarla sino en el marco del cumplimiento de las funciones que tengan legalmente establecidas. Los miembros de una Comisión de Investigación de las Cortes Generales que reciban información de carácter reservado vendrán obligados a adoptar las medidas pertinentes que garanticen la reserva. 5. La transmisión de información reservada estará condicionada, cuando la información se haya originado en otro Estado miembro, a la conformidad expresa de la autoridad que la hubiere transmitido, y sólo podrá ser comunicada a los destinatarios citados a los efectos para los que dicha autoridad haya dado su acuerdo. Esta limitación se aplicará a las informaciones a las cámaras y organismos mencionados en el apartado 3 h) e i), a las informaciones requeridas por el Tribunal de Cuentas y las Comisiones de Investigación de las Cortes Generales y a las informaciones al Instituto de Contabilidad y Auditoría de Cuentas. 6. El Banco de España comunicará a la Autoridad Bancaria Europea la identidad de las autoridades u organismos a los cuales podrá transmitir datos, documentos o informaciones de conformidad con lo previsto en el apartado 3, letras d) y f) en relación con el Instituto de Contabilidad y Auditoría de Cuentas, y h) en relación con los organismos supervisores de los sistemas contractuales o institucionales de protección».*

– **El Real Decreto 84/2015, de 13 de febrero, por el que se desarrolla la Ley 10/2014, de 26 de junio, de ordenación, supervisión y solvencia de entidades de crédito,** recoge, de un lado, la consideración de la inhabilitación concursal a los efectos de valorar los requisitos de honorabilidad comercial y profesional: *«Artículo 30. Requisitos de honorabilidad comercial y profesional. 1. Concurrirá la honorabilidad comercial y profesional exigida en virtud del artículo 24 de la Ley 10/2014, de 26 de junio, en quienes hayan venido mostrando una conducta personal, comercial y profesional que no arroje dudas sobre su capacidad para desempeñar una gestión sana y prudente de la entidad. 2. Para valorar la concurrencia de honorabilidad comercial y profesional se deberá considerar toda la información disponible, incluyendo: a) La trayectoria del cargo en cuestión en su relación con las autoridades de regulación y supervisión; las razones por las que hubiera sido despedido o cesado en puestos o cargos anteriores; su historial de solvencia personal y de cumplimiento de sus obligaciones; su actuación profesional, si hubiese ocupado cargos de responsabilidad en entidades de crédito que hayan estado sometidas a un proceso de actuación temprana o resolución; o si hubiera estado inhabilitado conforme a la Ley 22/2003, de 9 de julio, Concursal, mientras no haya concluido el período de inhabilitación fijado en la sentencia de calificación del concurso y los quebrados y concursados no rehabilitados en procedimientos concursales anteriores a la entrada en vigor de la referida ley (...)».* Y, de otro lado, el régimen de solvencia aplicable a las sucursales de entidades de crédito de Estados no miembros de la Unión Europea: *«Artículo 55. Régimen de solvencia aplicable a las sucursales de entidades de crédito de Estados no miembros de la Unión Europea. El Banco de España, de conformidad con el artículo 60.1 de la Ley 10/2014, de 26 de junio, determinará el régimen de solvencia aplicable a las sucursales de entidades de crédito con sede en Estados no miembros de la Unión Europea. Este régimen podrá eximir a las citadas sucursales, total o parcialmente, de las disposiciones de la normativa de solvencia en función de los siguientes criterios: a) Que la entidad esté sujeta en su país de origen a requerimientos equivalentes a los establecidos por la normativa de solvencia. b) Que la sucursal se integre con el resto de la entidad a efecto del cumplimiento de la normativa de solvencia. c) Que la entidad se comprometa a respaldar en todo momento, y siempre que se lo solicite el Banco de España, las obligaciones de su sucursal, proporcionándole los medios necesarios para atender esas obligaciones en España. d) Que en caso de concurso, liquidación, resolución o figuras equivalentes de la entidad de crédito exista igualdad de tratamiento de los depositantes de la sucursal con el del resto de los de la entidad, en particular con los de su país de origen, salvo cuando los depósitos sean escasamente significativos a juicio del Banco de España. e) Que la entidad cuente con planes de reestructuración y resolución equiparables a los exigidos en la normativa de resolución de entidades de crédito. f) Que exista reciprocidad en los requerimientos de solvencia exigidos en el país de origen a las sucursales de entidades de crédito españolas. No obstante lo anterior, las obligaciones exigidas a las sucursales de entidades de crédito con sede en Estados no miembros* *de la Unión Europea no podrán ser menos estrictas que las exigidas a las sucursales de Estados miembros de la Unión Europea».*

– **Real Decreto-ley 11/2010, de 9 de julio, de órganos de gobierno y otros aspectos del régimen jurídico de las Cajas de Ahorros; Real Decreto-ley 2/2011, de 18 de febrero, para el reforzamiento del sistema financiero y Real Decreto-ley 16/2011, de 14 de octubre, por el que se crea el Fondo de Garantía de Depósitos de Entidades de Crédito.** Este último unifica los fondos de garantía de depósitos en un único Fondo de Garantía de Depósitos de Entidades de Crédito, derogando el Real Decreto-ley 4/1980, de 28 de marzo, dotando de personalidad jurídica al Fondo de Garantía de Depósitos y otras medidas complementarias, el Real Decreto-ley 18/1982, de 24 de septiembre, sobre fondos de garantía de depósitos en Cajas de Ahorro y Cooperativas de Crédito y el artículo 1 y los apartados 1, a excepción del párrafo cuarto, y 6 del artículo 2 del Real Decreto 2606/1996, de 20 de diciembre, sobre Fondos de Garantía de Depósitos de Entidades de Crédito (a salvo estos preceptos, el Real Decreto 2606/1996, de 20 de diciembre, sobre Fondos de Garantía de Depósitos de Entidades de Crédito, permanece vigente en lo que no se oponga a lo previsto en el Real Decreto-ley 16/2011, de 14 de octubre hasta que el Gobierno apruebe la correspondiente norma de desarrollo del mismo). Además, en relación con el sistema de garantía de depósitos e inversiones, de un lado, **Real Decreto 1819/2009, de 27 de noviembre, por el que se modifica el Real Decreto 948/2001, de 3 de agosto, sobre sistemas de indemnización de los inversores,** adapta la aportación que las entidades deben hacer por cada cliente: *«Artículo único. Modificación del Real Decreto 948/2001, de 3 de agosto, sobre sistemas de indemnización de los inversores. La letra c) del artículo 8.2 del Real Decreto 948/2001, de 3 de agosto, sobre sistemas de indemnización de los inversores, queda redactada en los siguientes términos: "c) El resultado de multiplicar el número de clientes cubiertos por la garantía por 3 euros"».* Y dispone que en *«Disposición transitoria única. Régimen aplicable a las aportaciones al Fondo de Garantía de Inversiones»* que *«El importe establecido en la modificación acometida en el artículo único se aplicará a los presupuestos que se aprueben a partir de la entrada en vigor del presente real decreto. Para el presupuesto correspondiente al ejercicio siguiente a la entrada en vigor del Real Decreto 1642/2008, de 10 de octubre, por el que se fijan los importes garantizados a que se refiere el Real Decreto 2606/1996, de 20 de diciembre, del Fondo de Garantía de Depósitos de Entidades de Crédito y el Real Decreto 948/2001, de 3 de agosto, sobre sistemas de indemnización de los inversores, la Sociedad Gestora podrá realizar los ajustes técnicos necesarios para el cálculo del importe a que se refiere el punto anterior considerando los distintos importes garantizados durante el ejercicio 2008».* De otro lado, **Real Decreto 628/2010, de 14 de mayo, por el que se modifican el Real Decreto 2606/1996, de 20 de diciembre, sobre fondos de garantía de depósitos en entidades de crédito y Real Decreto 948/2001, de 3 de agosto, sobre sistemas de indemnización de los inversores** —sin afectar al nivel de protección— completan la trasposición de la Directiva 2009/14/CE del Parlamento y del Consejo, de 11 de marzo de 2009, por la que se modifica la Directiva 94/19/CE relativa a los sistemas de garantía de depósitos, en lo que respecta al nivel de cobertura y al plazo de pago y actualiza la normativa principal de garantía de depósitos y de inversiones, sustituyendo las referencias a quiebras y suspensiones de pagos por el concurso de acreedores. En fin, **Real Decreto 1012/2015, de 6 de noviembre, por el que se desarrolla la Ley 11/2015, de 18 de junio, de recuperación y resolución de entidades de crédito y empresas de servicios de inversión, y por el que se modifica el Real Decreto 2606/1996, de 20 de diciembre, sobre fondos de garantía de depósitos de entidades de crédito,** modifica el Real Decreto 2606/1996, de 20 de diciembre, sobre fondos de garantía de depósitos de entidades de crédito. Entre ellas, se añade un nuevo artículo 7 bis: *«Artículo 7 bis. Alcance del importe de los valores garantizados. 1. El importe garantizado a los inversores que hayan confiado a la entidad de crédito valores o instrumentos financieros será independiente del previsto en el artículo anterior y alcanzará como máximo la cuantía de 100.000 euros. El importe se calculará al valor de mercado de dichos valores e instrumentos en el día en que se produzca alguno de los hechos citados en el artículo 8.2 de este real decreto o en el día anterior hábil cuando fuese festivo, aplicando en su caso el tipo de cambio del día. Los importes garantizados se abonarán en su equivalente dinerario. 2. En el caso de que los valores e instrumentos no se negocien en un mercado secundario oficial, español o extranjero, para determinar el importe garantizado, una vez que se haya producido alguno de los hechos previstos en el artículo 8 y únicamente para este proceso, su valor se calculará atendiendo a los siguientes criterios: a) Valores de renta variable: valor teórico calculado sobre el último balance auditado a la entidad emisora; en el caso de que no exista balance auditado o éste contenga salvedades con ajustes que puedan determinar un valor teórico menor del que resulte de las cuentas, el valor de mercado se determinará pericialmente. b) Valores de renta fija: valor nominal más el cupón corrido, cuando el tipo de interés sea explícito, o valor de reembolso actualizado al tipo implícito de emisión, en el caso de valores tipo cupón cero o emitidos al descuento. c) Instrumentos financieros: valor estimado de mercado calculado con arreglo a los procedimientos de valoración generalmente aceptados respecto al instrumento de que se trate. d) En los casos de valores o instrumentos emitidos por empresas que se encuentren en concurso de acreedores, el valor a restituir se determinará pericialmente, pudiendo posponer-*

se su determinación hasta la conclusión del procedimiento concursal correspondiente. 3. Las garantías previstas en este artículo se aplicarán por inversor, sea persona natural o jurídica y cualesquiera que sean el número y clase de los valores e instrumentos financieros en que figure como titular en la misma entidad. 4. Cuando los valores o instrumentos financieros sean propiedad de más de un titular, su importe se dividirá entre los titulares, de acuerdo con lo previsto en el contrato de custodia de valores y, en su defecto, a partes iguales. 5. Cuando los titulares de un depósito de valores actúen como representantes o agentes de terceros, siempre que esta condición existiera antes de que se produzcan las circunstancias descritas en el artículo 8, la cobertura del Fondo se aplicará a los terceros beneficiarios del depósito de valores en la parte que les corresponda. No obstante lo anterior, cuando quien actúe como representante o agente sea una entidad de las excluidas de cobertura del Fondo en virtud del artículo 4.4.a), se considerará que el depósito de valores pertenece a dicha entidad y no será cubierta por el Fondo. 6. Los valores o instrumentos financieros confiados a la entidad en el momento en que se produzca la revocación de la autorización para prestar servicios de inversión dejarán de estar cubiertos por el Fondo transcurridos tres meses desde la fecha de la revocación. Durante este plazo, la entidad seguirá obligada a realizar las aportaciones legalmente exigibles». Y se modifican los apartados 1 y 2 del artículo 8 y el artículo 9: *«Artículo 8. Causas para la ejecución de la garantía. 1. El Fondo, con cargo al compartimento de garantía de depósitos, satisfará a sus titulares el importe garantizado de los depósitos cuando se produzca alguno de los siguientes hechos: a) Que la entidad haya sido declarada o se tenga judicialmente por solicitada la declaración en concurso de acreedores. b) Que, no habiéndose declarado el concurso de la entidad conforme a lo indicado en el párrafo anterior y habiéndose producido impago de depósitos vencidos y exigibles, el Banco de España determine que, en su opinión y por razones directamente derivadas de la situación financiera de la entidad de que se trate, ésta se encuentra en la imposibilidad de restituirlos y no parece tener perspectivas de poder hacerlo en un futuro inmediato. El Banco de España, oída la comisión gestora del Fondo, deberá resolver a la mayor brevedad y, a más tardar, dentro de los cinco días hábiles siguientes a haber comprobado por primera vez que la entidad no ha logrado restituir depósitos vencidos y exigibles, tras haber dado audiencia a la entidad interesada, sin que ésta suponga interrupción del plazo señalado. 2. El Fondo, con cargo al compartimento de garantía de valores, satisfará a sus titulares el importe garantizado de los valores e instrumentos financieros susceptibles de cobertura cuando se produzca alguno de los siguientes hechos: a) Que se haya dictado auto declarando el concurso de la entidad de crédito y esa situación conlleve la suspensión de la restitución de los valores o instrumentos financieros; no obstante, no procederá el pago de esos importes si, dentro del plazo previsto para iniciar su desembolso, se levantase la suspensión mencionada. b) Que el Banco de España declare que la entidad de crédito no puede, a la vista de los hechos de los que ha tenido conocimiento el propio Banco de España y por razones directamente relacionadas con su situación financiera, cumplir las obligaciones contraídas con los inversores. Para que el Banco de España pueda realizar esta declaración será necesario que se produzcan las siguientes circunstancias: a) Que el inversor hubiera solicitado a la entidad de crédito la devolución de los valores e instrumentos financieros que le hubiera confiado y no hubiera obtenido satisfacción en un plazo máximo de veintiún días hábiles por parte de aquélla. b) Que la entidad de crédito no se encuentre en la situación prevista en el párrafo a) del apartado 1 de este artículo. c) Que se dé previa audiencia a la entidad de crédito»; «Artículo 9. El pago y sus efectos. 1. Sin perjuicio de lo establecido en el artículo 4.4: a) El compartimento de garantía de depósitos del Fondo de Garantía de Depósitos de Entidades de Crédito deberá satisfacer las reclamaciones debidamente comprobadas dentro de los siete días hábiles siguientes a las fechas de referencia establecidas en el artículo 7 bis.1. La recopilación y transmisión por las entidades de crédito de la información exacta sobre los depositantes y los depósitos garantizados, necesaria para comprobar las reclamaciones, deberá efectuarse dentro de los plazos previstos en el párrafo anterior. El pago de los depósitos previsto en el primer párrafo de esta letra podrá aplazarse en cualquiera de los siguientes casos: 1.º Cuando no exista certeza acerca de si una persona tiene derechos legales para recibir un pago o cuando el depósito sea objeto de litigio. 2.º Cuando el depósito sea objeto de sanciones que restrinjan las facultades de disposición por sus titulares. 3.º Cuando no se haya producido ninguna operación en relación con el depósito en los últimos 24 meses. 4.º Cuando, con arreglo al segundo párrafo del artículo 10.1 del Real Decreto-ley 16/2011, de 14 de octubre, el importe que ha de reembolsarse exceda de 100.000 euros. 5.º Cuando, de conformidad con el apartado 6, el importe deba ser pagado por el sistema de garantía de depósitos del Estado miembro de la Unión Europea de origen de la sucursal de una entidad de crédito que opere en España. No obstante lo previsto en esta letra, los depósitos contemplados en el artículo 7.6, estarán sujetos a un período de pago de hasta tres meses a partir de las fechas de referencia previstas en el artículo 7 bis.1. El compartimento de garantía de depósitos del Fondo de Garantía de Depósitos de Entidades de Crédito efectuará los correspondientes pagos sin que los depositantes lo soliciten. A tal efecto, las entidades de crédito transmitirán toda la información necesaria sobre los depósitos y los depositantes en cuanto el Fondo lo requiera. No obstante lo anterior, el compartimento de garantía de depósitos no realizará pago alguno si no ha habido ninguna operación relacionada con el depósito en los últimos 24 meses y el valor del depósito es inferior a los gastos administrativos que supondría el pago para el Fondo. b) Asimismo, el compartimen-*

to de garantía de valores del Fondo de Garantía de Depósitos de Entidades de Crédito deberá satisfacer las reclamaciones de los inversores lo más pronto posible y, a más tardar, tres meses después de haber determinado la posición del inversor y su importe. Cuando el Fondo de Garantía de Depósitos de Entidades de Crédito prevea que no puede efectuar los pagos previstos en la letra b) en el plazo establecido, podrá solicitar al Banco de España la concesión de una prórroga no superior a tres meses, indicando las razones de la solicitud. El Banco de España podrá autorizarla cuando aprecie que concurren motivos excepcionales que justifiquen el retraso, tales como el elevado número de inversores, la existencia de valores confiados a la entidad en otros países o la constatación de dificultades extraordinarias, técnicas o jurídicas, para comprobar el saldo efectivo de los valores garantizados o si procede o no satisfacer el importe garantizado. 2. El pago de los importes garantizados de los depósitos de dinero y valores o instrumentos no se extenderá a los efectuados con posterioridad a la fecha en que se hayan producido los hechos señalados en el artículo anterior ni a los depósitos, inversiones o importes que se hayan retirado con posterioridad a dicha fecha, sin perjuicio de lo establecido en el artículo 7.1. 3. El Fondo de Garantía de Depósitos de Entidades de Crédito no podrá acogerse a los plazos a que se refieren los apartados anteriores para denegar el beneficio de una garantía a un depositante o inversor que no haya podido hacer valer a tiempo su derecho. Los importes no satisfechos, dentro de los plazos establecidos o de sus prórrogas, quedarán en el Fondo de Garantía de Depósitos de Entidades de Crédito a disposición de sus titulares, sin perjuicio de su prescripción con arreglo a Derecho. No obstante, si las reclamaciones a realizar por los depositantes o inversores en ejecución de la garantía se efectuasen con posterioridad a la satisfacción a los mismos de cualquier cantidad que fuese acordada en un eventual procedimiento concursal, la determinación del importe a satisfacer en virtud de la garantía deberá tomar en consideración el importe ya percibido en dicho procedimiento, con el fin de que los citados depositantes o inversores no obtengan ventaja ni sufran detrimento económicos en relación con aquellos que ejecutaron la garantía en un momento anterior. 4. Por el mero hecho del pago de los importes garantizados, el Fondo de Garantía de Depósitos de Entidades de Crédito se subrogará, por ministerio de la Ley, en los derechos de los depositantes o inversores, hasta un importe equivalente al de los pagos realizados, siendo suficiente título el documento en que conste el pago. 5. En el supuesto de que los valores u otros instrumentos financieros confiados a la entidad fuesen restituidos por aquella con posterioridad al pago de un importe garantizado, el Fondo de Garantía de Depósitos de Entidades de Crédito podrá resarcirse del importe satisfecho, total o parcialmente, si lo restituido, valorado conforme establece el artículo 7.1 en el momento de la restitución, fuese mayor que la diferencia entre el importe de los valores u otros instrumentos que fueron confiados a la entidad, valorados en el momento en que se produjeron los hechos citados en el artículo 8.2, y el importe pagado al inversor. Cuando el valor de lo restituido fuese superior al de los valores e instrumentos, calculado en la fecha citada en el artículo 8.2, el exceso se distribuirá entre el Fondo y el inversor a prorrata de sus respectivos créditos. La restitución se realizará al Fondo de Garantía de Depósitos de Entidades de Crédito, quien entregará al inversor las cantidades que correspondan con arreglo a lo previsto en el párrafo precedente, estando el Fondo facultado, a tal fin, para enajenar los valores en la cuantía que resulte procedente. 6. El Fondo de Garantía de Depósitos de Entidades de Crédito efectuará, por cuenta del sistema de garantía de depósitos del Estado de la Unión Europea de origen y de conformidad con las instrucciones de este, los pagos que correspondan a los depositantes de sucursales de entidades de crédito de otros Estados miembros de la Unión Europea establecidas en España. Asimismo, el Fondo informará a los depositantes afectados en nombre del sistema de garantía de depósitos del Estado miembro de la Unión Europea de origen, y podrá recibir la correspondencia de tales depositantes en nombre del sistema de garantía de depósitos del Estado miembro de origen. No obstante lo anterior, el Fondo de Garantía de Depósitos de Entidades de Crédito no efectuará ningún pago hasta haber recibido los fondos necesarios del sistema de garantía de depósitos del Estado miembro de origen. Adicionalmente, el Fondo exigirá al sistema de garantía de depósitos del Estado miembro de origen una compensación por los gastos en que incurra durante el pago. 7. El Fondo de Garantía de Depósitos de Entidades de Crédito no tendrá ninguna responsabilidad respecto a los actos llevados a cabo de conformidad con las instrucciones del sistema de garantía de depósitos del Estado miembro de origen. 8. El Fondo de Garantía de Depósitos de Entidades de Crédito recurrirá a los sistemas de garantía de depósitos de los Estados miembros de la Unión Europea en que se encuentren establecidas las sucursales de entidades de crédito españolas para efectuar los pagos correspondientes a los depósitos de esas sucursales. A los efectos del párrafo anterior, el Fondo de Garantía de Depósitos de Entidades de Crédito enviará los fondos al sistema de garantía de depósitos del Estado miembro de acogida junto con las instrucciones oportunas para efectuar los pagos y compensará al sistema de garantía de depósitos del Estado miembro de acogida por los gastos incurridos durante el pago. Asimismo, el Fondo de Garantía de Depósitos de Entidades de Crédito comunicará periódicamente al sistema de garantía de depósitos del Estado miembro de acogida la información prevista en el artículo 9 bis y los resultados de las pruebas de resistencia realizadas de conformidad con el artículo 12 del Real Decreto-ley 16/2011, de 14 de octubre». En fin, se introduce un Anexo relativo al Impreso de información a los depositantes.

– El **Real Decreto 813/2023, de 8 de noviembre, sobre el régimen jurídico de las empresas de servicios de inversión y de las demás entidades que prestan servicios de inversión** desarrolla lo dispuesto en el título V y en el título VIII de la **Ley 6/2023, de 17 de marzo, respecto de las empresas de servicios de inversión,** así como lo dispuesto en el título VI de la Ley referido a los proveedores de servicios de suministro de datos. El Real Decreto establece normas sobre los requisitos de autorización de las empresas de servicios de inversión, los requisitos de organización y funcionamiento, el capital inicial y los requisitos de solvencia de las empresas de servicios de inversión y las normas de conducta que deben cumplir en la prestación de servicios de inversión. También establece normas sobre los requisitos de autorización, los requisitos relativos a la difusión, la comunicación y el tratamiento de la información por los proveedores de suministro y los requisitos de funcionamiento y organización interna de los proveedores de servicios de suministro de datos y desarrolla el régimen aplicable a las empresas de asesoramiento financiero nacional contempladas en el artículo 128.5.a) de la Ley 6/2023, de 17 de marzo. Entre las previsiones que incluye el Real Decreto se encuentran diversas referencias a la legislación concursal: *Artículo 31. Revocación de la autorización. 1. De acuerdo con lo previsto en el artículo 140.1 de la Ley 6/2023, de 17 de marzo, la autorización concedida a una empresa de servicios de inversión, o a una empresa de asesoramiento financiero nacional o entidades a que se refiere el artículo 23 o a una sucursal de una empresa con sede en Estados no miembros de la Unión Europea podrá revocarse en los siguientes supuestos (...): h) Si la empresa de servicios de inversión o la persona o entidad es declarada judicialmente en concurso (,,,); Artículo 55. Requisitos de honorabilidad, honestidad e integridad. 1. Concurrirá la honorabilidad, honestidad e integridad exigidas en el artículo 164 de la Ley 6/2023, de 17 de marzo, en quienes hayan venido mostrando una conducta personal, comercial y profesional que no arroje dudas sobre su capacidad para desempeñar una gestión sana y prudente de la empresa de servicios de inversión o de la empresa de asesoramiento financiero nacional. 2. Para valorar la concurrencia de la honorabilidad, honestidad e integridad, se deberá considerar toda la información disponible a que hace referencia el artículo 167.1 de la Ley 6/2023, de 17 de marzo, incluyendo: a) La trayectoria del cargo en cuestión en su relación con las autoridades de regulación y supervisión; las razones por las que hubiera sido despedido o cesado en puestos o cargos anteriores; su historial de solvencia personal y de cumplimiento de sus obligaciones; su actuación profesional, si hubiese ocupado cargos de responsabilidad en empresas de servicios de inversión que hayan estado sometidas a un proceso de actuación temprana o resolución; o si hubiera estado inhabilitado conforme al texto refundido de la Ley concursal, aprobado por el Real Decreto Legislativo 1/2020, de 5 de mayo, mientras no haya concluido el período de inhabilitación fijado en la sentencia de calificación del concurso y los quebrados y concursados no rehabilitados en procedimientos concursales anteriores a la entrada en vigor de la referida ley. b) La condena por la comisión de delitos y la sanción por la comisión de infracciones administrativas, teniendo en cuenta lo dispuesto en el artículo 167.1 de la Ley 6/2023, de 17 de marzo (...); Artículo 76. Medidas de organización interna en materia de protección de activos de la clientela (...). Iniciado el procedimiento concursal de una entidad de crédito en la que una empresa de servicios de inversión mantenga abierta a su nombre una cuenta instrumental y transitoria de efectivo por cuenta de sus clientes, los órganos del procedimiento concursal procederán a la inmediata individualización de los saldos de efectivo a favor de cada uno de los clientes de la empresa de servicios de inversión, que a estos efectos deberán tener adecuadamente identificados. En consecuencia, dichos saldos quedarán cubiertos, en su caso, por el Fondo de Garantía de Depósitos de Entidades de Crédito; Artículo 95. Información relativa a los instrumentos financieros y los fondos de la clientela. 1 Las empresas de servicios de inversión pondrán la información relativa a los instrumentos financieros y los fondos de la clientela a disposición de las siguientes entidades: a) La CNMV, b) la administración concursal; y c) el Fondo de Restructuración Ordenada Bancaria (...).* Téngase en cuenta, también, la **Circular 2/2021, de 28 de enero, del Banco de España, que modifica la Circular 8/2015, de 18 de diciembre, del Banco de España, a las entidades y sucursales adscritas al Fondo de Garantía de Depósitos de Entidades de Crédito, sobre información para determinar las bases de cálculo de las aportaciones al Fondo de Garantía de Depósitos de Entidades de Crédito,** que en su parte expositiva señala: *el artículo 30 quáter del Real Decreto 217/2008 prevé la cobertura por el Fondo de Garantía de Depósitos de Entidades de Crédito (en adelante, «FGD»), en caso de concurso de una entidad de crédito, de los saldos mantenidos por las empresas de servicios de inversión en cuentas instrumentales y transitorias de efectivo abiertas a nombre de la empresa de servicios de inversión por cuenta de sus clientes en la entidad declarada en concurso. En relación con lo anterior, el apartado 3 del artículo 43 de esta norma añade que, cuando las empresas de servicios de inversión depositen efectivo de los clientes en una entidad de crédito, deberán individualizar los saldos correspondientes a cada cliente y comunicar a la entidad de crédito periódicamente los datos individualizados de aquellos.*

– **Ley 6/2011, de 11 de abril, por la que se modifican la Ley 13/1985, de 25 de mayo, de coeficientes de inversión, recursos propios y obligaciones de información de los intermediarios financieros, el Real Decreto-Ley 2/2011, de 18 de febrero, para el reforzamiento del sistema financiero, la Ley 24/1988, de 28 de julio, del Mercado de Valores y el**

Real Decreto Legislativo 1298/1986, de 28 de junio, sobre adaptación del derecho vigente en materia de entidades de crédito al de las Comunidades Europeas.

– La Circular 1/2013, de 24 de mayo, del Banco de España, sobre la Central de Información de Riesgos y por la que se modifica la Circular 4/2004, de 22 de diciembre, a las entidades de crédito, sobre normas de información financiera pública y reservada, y modelos de estados financieros, fija el marco jurídico de la Central de Información de Riesgos, recogida en la Orden ECO/697/2004, de 11 marzo. Los riesgos declarables a la Central de Información de Riesgos del Banco de España son las operaciones instrumentadas en forma de préstamos, valores representativos de deuda, garantías financieras, compromisos de préstamo, otros compromisos con riesgo de crédito y préstamos de valores. La declaración de estas operaciones se realiza con el detalle que se regula en el anejo 2 de la Circular. Los módulos de datos se incluyen como anejo 1, y las instrucciones para su elaboración, en el anejo 2.

– La Circular 4/2017, de 27 de noviembre, del Banco de España, a entidades de crédito, sobre normas de información financiera pública y reservada, y modelos de estados financieros —que deroga la Circular 4/2004, de 22 de diciembre, del Banco de España— tiene por objetivo adaptar el régimen contable de las entidades de crédito españolas a los cambios del ordenamiento contable europeo derivados de la adopción de dos nuevas Normas Internacionales de Información Financiera (NIIF) —la NIIF 15 y la NIIF 9—, que a partir del 1 de enero de 2018 modifican los criterios de contabilización de los ingresos ordinarios y de los instrumentos financieros, respectivamente, resultando estos últimos de especial trascendencia para las entidades de crédito. A este respecto, en la referida Circular cabe destacar varias de las cuestiones que se contienen en la norma 29 (deterioro de valor de activos financieros y otras exposiciones crediticias) y la norma 35 (retribuciones a los empleados), así como algunos de los puntos recogidos en el Anejo 9 análisis y cobertura del riesgo de crédito: *«Norma 29. Deterioro de valor de activos financieros y otras exposiciones crediticias. 34. La simple disminución del valor razonable del instrumento por debajo de su importe en libros puede ser un indicio de deterioro, pero no es necesariamente una evidencia objetiva de que se haya producido una pérdida por deterioro. Existirá evidencia objetiva de deterioro cuando el valor razonable del instrumento experimenta un descenso significativo o prolongado por debajo de su importe en libros. Asimismo, existirá evidencia objetiva de deterioro cuando el emisor haya entrado, o es probable que entre, en concurso de acreedores». «Norma 35. Retribuciones a los empleados. (...) Planes de prestación definida. 9. El tratamiento contable de los planes de prestación definida requiere que la entidad, al menos anualmente: a) Considere sus obligaciones legales según los términos formales del plan, además de las obligaciones implícitas derivadas de las prácticas que, aun no estando formalizadas, son seguidas habitualmente. b) Calcule el valor actual de las obligaciones legales e implícitas en la fecha a la que se refieren los estados financieros. Este cálculo lo realizará un actuario cualificado. Se procederá a actualizar el importe total de la obligación, incluso si se espera que una parte de esta se satisfaga antes de los doce meses siguientes al cierre del período. c) Deduzca del valor actual de las obligaciones el valor razonable de los activos afectos al plan, en la fecha a la que se refieren los estados financieros. Exclusivamente a los efectos de lo dispuesto en esta circular, se entiende por activos afectos al plan aquellos con los cuales se liquidarán directamente las obligaciones, incluidas las pólizas de seguros, si cumplen las siguientes condiciones: i) No son propiedad de la entidad, sino de un tercero separado legalmente y sin el carácter de parte vinculada, según se define en el apartado 1, excepto la letra i), de la norma 62. ii) Solo están disponibles para pagar o financiar retribuciones de los empleados; por tanto, no deben estar disponibles para pagar a los acreedores de la entidad, ni siquiera en caso de situación concursal. iii) No pueden retornar a la entidad, salvo cuando los activos que quedan en el plan son suficientes para cumplir todas las obligaciones, del plan o de la entidad, relacionadas con las prestaciones de los empleados; o bien cuando los activos retornan a la entidad para reembolsarla de prestaciones de los empleados ya pagadas por ella. iv) En el caso de que los activos los posea una entidad de prestaciones postempleo para los empleados, como un fondo de pensiones, no pueden ser instrumentos financieros intransferibles emitidos por la entidad (...)».* Además, se establece en el «Anejo 9 Análisis y cobertura del riesgo de crédito. *"98. También se incluirán en esta categoría los riesgos de titulares declarados en concurso de acreedores para los que proceda su reclasificación desde riesgo dudoso según se establece en el primer párrafo del punto 110". "99. Salvo que estén identificadas como operaciones de refinanciación, refinanciadas o reestructuradas, las operaciones clasificadas en esta categoría se podrán reclasificar a riesgo normal si desaparecen las causas que motivaron su clasificación como riesgo normal en vigilancia especial. Con carácter general, los criterios de reclasificación de normal en vigilancia especial a normal al producirse una evolución favorable del riesgo de crédito deben ser coherentes con los que determinan la reclasificación inversa al producirse una evolución desfavorable. Ahora bien, esta coherencia debe aplicarse solo en la medida en que el criterio analizado represente una reversión del incremento significativo del riesgo de crédito. Los riesgos de titulares declarados en concurso clasificados como riesgo normal en vigilancia especial permanecerán en esta categoría mientras se mantenga la situación concursal del* titular. En el caso de las operaciones compradas u originadas con deterioro crediticio, las operaciones clasificadas en esta categoría (sin estar identificadas como operaciones de refinanciación, refinanciadas o reestructuradas) se podrán reclasificar a riesgo normal si desaparecen las debilidades que motivaron su clasificación como riesgo normal en vigilancia especial. En este caso particular, los criterios de reclasificación a riesgo normal deberán ser representativos de una evolución favorable de la calidad crediticia de estas operaciones, de forma que dejen de considerarse como operaciones con riesgo de crédito alto. Las operaciones clasificadas en esta categoría e identificadas como operaciones de refinanciación, refinanciadas o reestructuradas se podrán reclasificar a riesgo normal si se verifican los criterios específicos recogidos a continuación". "108. Además, por observarse alguno de los siguientes factores automáticos de clasificación, se incluirán necesariamente en esta categoría: (...) c) Las operaciones de los titulares que estén declarados o conste que se van a declarar en concurso de acreedores sin petición de liquidación. d) Las garantías concedidas a avalados declarados en concurso de acreedores para los que conste que se haya declarado o se vaya a declarar la fase de liquidación, o sufran un deterioro notorio e irrecuperable de su solvencia, aunque el beneficiario del aval no haya reclamado su pago (...)". "110. Los riesgos de titulares declarados en concurso de acreedores sin petición de liquidación se reclasificarán a la categoría de riesgo normal en vigilancia especial cuando el acreditado haya pagado, al menos, el 25% de los créditos de la entidad afectados por el concurso —una vez descontada, en su caso, la quita acordada—, o hayan transcurrido dos años desde la inscripción en el Registro Mercantil del auto de aprobación del convenio de acreedores, siempre que dicho convenio se esté cumpliendo fielmente y la evolución de la situación patrimonial y financiera de la empresa elimine las dudas sobre el reembolso total de los débitos, todo ello salvo que se hayan pactado intereses notoriamente inferiores a los de mercado. Los riesgos en los que se incurra con posterioridad a la aprobación del convenio de acreedores no necesitarán calificarse como dudosos en tanto se cumpla el convenio y no se tengan dudas razonables sobre su cobro". "128 Se considerarán, en todo caso, como de recuperación remota: a) Las operaciones dudosas por razón de morosidad cuando tengan una antigüedad en la categoría superior a cuatro años o, antes de alcanzar esta antigüedad, cuando el importe no cubierto con garantías eficaces se haya mantenido con una cobertura por riesgo de crédito del 100% durante más de dos años, salvo que cuenten con garantías reales eficaces que cubran al menos el 10% del importe en libros bruto de la operación. b) Las operaciones de titulares que estén declarados en concurso de acreedores para los que conste que se haya declarado o se vaya a declarar la fase de liquidación, salvo aquellas que cuenten con garantías reales eficaces que cubran al menos el 10% del importe en libros bruto de la operación (...)". También, en este ámbito, el **Real Decreto 1317/2008, de 24 de julio, por el que se aprueba el plan de contabilidad de las entidades aseguradoras;** el **Real Decreto 1736/2010, de 23 de diciembre, por el que se modifica el plan de contabilidad de las entidades aseguradoras, aprobado por el Real Decreto 1317/2008, de 24 de julio;** la **Circular 3/2008, de 22 de mayo, del Banco de España, a entidades de crédito, sobre determinación y control de los recursos propios mínimos;** la **Circular 5/2008, de 31 de octubre, del Banco de España,** a las sociedades de garantía recíproca, sobre recursos propios mínimos y otras informaciones de remisión obligatoria; la **Circular 3/2008, de 11 de septiembre, de la Comisión Nacional del Mercado de Valores,** sobre normas contables, cuentas anuales y estados de información reservada de las instituciones de inversión colectiva.

– La **Circular 2/2016, de 2 de febrero, del Banco de España, a las entidades de crédito, sobre supervisión y solvencia, que completa la adaptación del ordenamiento jurídico español a la Directiva 2013/36/UE y al Reglamento (UE) n.º 575/2013** (modificada por la **Circular 3/2022, de 30 de marzo,** y la **Circular 3/2023, de 21 de octubre, del Banco de España**), establece: «Norma 4. Sucursales y prestación de servicios sin sucursal en España de entidades de crédito con sede en Estados no miembros de la Unión Europea (...) 5. El Banco de España, previa solicitud motivada, podrá eximir a las sucursales en España de entidades de crédito con sede en un Estado no miembro de la UE del cumplimiento de las partes tercera, cuarta, sexta, séptima y séptima bis del Reglamento (UE) n.º 575/2013, y del cumplimiento del capítulo 3 y de la sección 3.ª del capítulo 4 de esta circular, siempre que se cumplan las siguientes condiciones: a) Que la entidad esté sujeta en su país de origen a requerimientos equivalentes a los establecidos por la normativa de solvencia aplicable en España. b) Que la sucursal se integre con el resto de la entidad a efectos del cumplimiento de la normativa de solvencia. c) Que la entidad se compromete a respaldar en todo momento, y siempre que se lo solicite el Banco de España, las obligaciones de su sucursal, proporcionándole los medios necesarios para atender esas obligaciones en España. d) Que en caso de concurso, liquidación, resolución o figuras equivalentes de la entidad de crédito exista igualdad de tratamiento de los depositantes de la sucursal con el del resto de los de la entidad, en particular con los de su país de origen, salvo cuando los depósitos sean escasamente significativos a juicio del Banco de España. e) Que la entidad cuente con planes de recuperación y resolución equiparables a los exigidos en la normativa de resolución de entidades de crédito. f) Que exista reciprocidad en los requerimientos de solvencia exigidos en el país de origen a las sucursales de entidades de crédito españolas (...)». Igualmente, dispone: «Norma 24. Restricciones a las distribuciones en caso de incumplimiento *del requerimiento combinado de colchones de capital. (...) 4. De conformidad con lo dispuesto en el artículo 48 de la Ley 10/2014, las restricciones de esta norma se aplicarán únicamente a los pagos que den lugar a una reducción del capital de nivel 1 ordinario o a una reducción de los beneficios, y siempre que la suspensión o cancelación del pago no constituyan un incumplimiento de las obligaciones de pago u otra circunstancia que conduzca a la apertura del oportuno procedimiento concursal (...)» y «Norma 24 bis. Restricciones a las distribuciones en caso de incumplimiento del requerimiento del colchón de ratio de apalancamiento (...) 4. De conformidad con lo dispuesto en el artículo 48 ter de la Ley 10/2014, las restricciones de esta norma se aplicarán únicamente a los pagos que den lugar a una reducción del capital de nivel 1 o a una reducción de los beneficios, y siempre que la suspensión o cancelación del pago no constituyan un incumplimiento de las obligaciones de pago u otra circunstancia que conduzca a la apertura del oportuno procedimiento concursal (...)».*

– **Circular 2/2014, de 23 de junio, de la Comisión Nacional del Mercado de Valores,** sobre el ejercicio de diversas opciones regulatorias en materia de solvencia para las empresas de servicios de inversión y sus grupos consolidados; **Circular 3/2008, de 22 de mayo, del Banco de España,** a entidades de crédito, sobre determinación y control de los recursos propios mínimos; **Circular 6/2013, de 25 de septiembre, de la Comisión Nacional del Mercado de Valores,** sobre normas contables, cuentas anuales, estados financieros públicos y estados reservados de información estadística de los Fondos de Activos Bancarios; **Circular 8/2012, de 21 de diciembre, del Banco de España,** a entidades de crédito, sobre bases de datos de activos transferibles a las sociedades previstas en el capítulo II de la Ley 8/2012, de 30 de octubre, sobre saneamiento y venta de los activos inmobiliarios del sector financiero; **Circular 5/2010, de 28 de septiembre, del Banco de España,** a entidades de crédito, sobre información que debe remitir el adquirente potencial en la notificación a la que se refiere el artículo 57.1 de la Ley 26/1988, de 29 de julio, sobre disciplina e intervención de las entidades de crédito; **Circular 3/2011, de 30 de junio,** a entidades adscritas a un fondo de garantía de depósitos, sobre aportaciones adicionales a los fondos de garantía de depósitos.

– **Resolución de 7 de marzo de 2023, de la Comisión Ejecutiva del Banco de España, de modificación de la de 25 de enero de 2008, de aprobación de las cláusulas generales aplicables al Servicio de Liquidación de Depósitos Interbancarios.**

ENTIDADES DE DINERO ELECTRÓNICO

– El **Real Decreto 778/2012, de 4 de mayo, de régimen jurídico de las entidades de dinero electrónico,** exige a las entidades de dinero electrónico la salvaguarda de los fondos recibidos: *«Artículo 16. Requisitos de garantía. (...) 3. Cuando las entidades de dinero electrónico sigan el procedimiento señalado en el artículo 21.1.b) del Real Decreto-ley 19/2018, de 23 de noviembre, la póliza de seguro o la garantía comparable de una entidad aseguradora o de una entidad de crédito deberán cumplir en todo caso las siguientes condiciones: a) La garantía será directa y a primer requerimiento. Los términos del seguro deberán tener un efecto equivalente. b) El alcance de la garantía o seguro estará definido con claridad y será jurídicamente válido y eficaz. c) La garantía o seguro alcanzará la totalidad de los fondos recibidos a cambio de la emisión de dinero electrónico, así como, en su caso, la totalidad de los fondos de los usuarios de los servicios de pago que se hallen en poder de la entidad de dinero electrónico, incluidos los correspondientes a situaciones transitorias por operaciones de tráfico, en el momento en que se dicte el auto de declaración de concurso. Cubrirá asimismo los fondos en poder de los agentes de la entidad. d) Sin perjuicio de lo establecido en los artículos 10, 12 y 15 de la Ley 50/1980, de 8 de octubre, de contrato de seguro, el acuerdo de garantía o seguro no contendrá cláusula alguna cuyo cumplimiento escape al control directo de la entidad de dinero electrónico y que permita al proveedor de la garantía o seguro cancelar unilateralmente o reducir el vencimiento de dicha garantía o seguro. De manera similar, las garantías comparables no podrán contener dicho tipo de cláusulas. e) La garantía o seguro se hará efectiva en caso de que haya sido dictado auto de declaración de concurso de la entidad de dinero electrónico. Declarado el concurso, y salvo que la administración concursal dispusiera otra cosa, los servicios que se hubieran solicitado a la entidad serán inmediatamente ejecutados. f) La entidad de crédito o aseguradora que presten la garantía o seguro mencionados en este apartado no podrá pertenecer al mismo grupo, de acuerdo con lo que dispone el artículo 42 del Código de Comercio, que la entidad de dinero electrónico garantizada o asegurada».*

ENTIDADES DE SEGUROS

– La **Ley 5/2025, de 24 de julio, por la que se modifican el texto refundido de la Ley sobre responsabilidad civil y seguro en la circulación de vehículos a motor, aprobado por el Real Decreto Legislativo 8/2004, de 29 de octubre, y la Ley 20/2015, de 14 de julio, de ordenación, supervisión y solvencia de las entidades aseguradoras y reaseguradoras,** incorpora la Directiva (UE) 2021/2118 del Parlamento Europeo y del Consejo, de 24 de noviembre de 2021, por la que se modifica la Directiva 2009/103/CE relativa al seguro de la responsabilidad civil que resulta de la circulación de vehículos automóviles, así como al control de la obligación de asegurar esta responsabilidad (la nueva Directiva del seguro de automóviles). En su Preámbulo señala que *Finalmente, la directiva completa los supuestos de protección al perjudicado en un accidente de circulación cuando no es factible activar el mecanismo ordinario del seguro obligatorio. Hasta ahora la directiva contemplaba la indemnización de los daños y perjuicios en los casos en los que el vehículo causante del accidente circula ilegalmente sin haber cumplido con la obligación de estar asegurado o en aquellos otros en los que el vehículo causante no puede identificarse. Sin embargo, la norma europea no contenía referencia alguna a los casos en los que el vehículo responsable sí está asegurado, pero lo está en una entidad aseguradora que es insolvente y se encuentra en liquidación. Esta situación se resuelve en la nueva Directiva del seguro de automóviles. Por tanto, el texto refundido de la ley, en su nueva articulación, añade, al caso de una entidad española en insolvencia, la garantía de indemnización en todos los supuestos que pueden afectar al perjudicado residente en España en los que el seguro obligatorio de responsabilidad civil del vehículo causante del accidente está cubierto por una entidad aseguradora insolvente domiciliada en el Espacio Económico Europeo, tanto si el accidente tiene lugar en España como si tiene lugar en otro Estado miembro de aquel. El Consorcio de Compensación de Seguros asumirá, entre sus funciones como fondo de garantía, la de indemnizar a las personas perjudicadas residentes en España los daños y perjuicios causados a ellas y a sus bienes por los accidentes ocasionados en España por un vehículo asegurado en una entidad aseguradora cuyo Estado miembro de origen no sea España, desde el momento en que la entidad aseguradora esté incursa en un procedimiento concursal, o de liquidación por insolvencia, con independencia del Estado en que tenga estacionamiento habitual el vehículo. No obstante, el Consorcio de Compensación de Seguros tendrá derecho a solicitar el reembolso por la cantidad satisfecha al organismo correspondiente del Estado miembro de origen de la entidad aseguradora. Sin embargo, cuando la persona perjudicada residente en España tenga el accidente en un país distinto de España, será OFESAUTO quien asuma, entre sus funciones de organismo de indemnización, la obligación de indemnizar los daños y perjuicios ocasionados. OFESAUTO tendrá derecho a solicitar el reembolso por la cantidad satisfecha al organismo correspondiente del Estado miembro de origen de la entidad aseguradora incursa en un procedimiento concursal, o de liquidación por insolvencia.*

Para ello, modifica diversos preceptos del **texto refundido de la Ley sobre responsabilidad civil y seguro en la circulación de vehículos a motor aprobado por el Real Decreto Legislativo 8/2004, de 29 de octubre**:

«Artículo 7.1. El asegurador, dentro del ámbito del aseguramiento obligatorio y con cargo al seguro de suscripción obligatoria, habrá de satisfacer al perjudicado el importe de los daños sufridos en su persona y en sus bienes, así como los gastos y otros perjuicios a los que tenga derecho según establece la normativa aplicable. Únicamente quedará exonerado de esta obligación si prueba que el hecho no da lugar a la exigencia de responsabilidad civil conforme al artículo 1. El perjudicado o sus herederos tendrán acción directa para exigir al asegurador la satisfacción de los referidos daños, que prescribirá por el transcurso de un año. No obstante, con carácter previo a la interposición de la demanda judicial, deberán comunicar el siniestro al asegurador, pidiendo la indemnización que corresponda. Esta reclamación extrajudicial contendrá la identificación y los datos relevantes de quien o quienes reclamen, una declaración sobre las circunstancias del hecho, la identificación del vehículo y del conductor que hubiesen intervenido en la producción del mismo de ser conocidas, así como cuanta información médica asistencial o pericial o de cualquier otro tipo tengan en su poder que permita la cuantificación del daño. La reclamación extrajudicial no requerirá estar cuantificada incluso si el reclamante dispusiera de todos los elementos para poder calcularla y cuantificarla. La comunicación por parte del perjudicado también deberá producirse cuando se inicie un procedimiento penal a instancia de este y se equiparará a la reclamación extrajudicial prevista en el párrafo anterior. No será necesaria reclamación extrajudicial cuando el procedimiento se inicie de oficio, debiendo practicarse en tal caso la correspondiente notificación por el órgano judicial. Esta reclamación, comunicación o notificación interrumpirá el cómputo del plazo de prescripción desde el momento en que se presente al asegurador obligado a satisfacer el importe de los daños sufridos al perjudicado. En el momento en el que se notifique fehacientemente la oferta o la respuesta motivada se iniciará un nuevo plazo de prescripción de un año. Las Fuerzas y Cuerpos de Seguridad encargadas de la vigilancia del tráfico facilitarán de forma gratuita, a petición de los perjudicados, entidades aseguradoras, o sus representantes, y del Consorcio de Compensación de Seguros, copia del atestado o informe equivalente en el que conste toda la información sobre las circunstancias del accidente, incluso cuando lo hayan remitido a la autoridad judicial competente. La entidad aseguradora incursa en un procedimiento concursal o de liquidación, o su administrador o liquidador, informará al organismo de indemnización competente cuando indemnice o rechace su responsabilidad en relación con las reclamaciones recibidas».

«Artículo 11.1. Corresponde al Consorcio de Compensación de Seguros, dentro del ámbito territorial y hasta el límite cuantitativo del aseguramiento obligatorio: a) Indemnizar a quienes hubieran sufrido daños en sus personas, por sinies-

tros ocurridos en España, en aquellos casos en que el vehículo a motor causante sea desconocido. No obstante, si como consecuencia de un accidente causado en este supuesto se hubieran derivado daños personales significativos, el Consorcio de Compensación de Seguros habrá de indemnizar también los eventuales daños en los bienes derivados del mismo accidente. En este último caso, podrá fijarse reglamentariamente una franquicia no superior a 500 euros. Se considerarán daños personales significativos la muerte, la incapacidad permanente o la incapacidad temporal que requiera, al menos, una estancia hospitalaria superior a tres días. b) Indemnizar los daños en las personas y en los bienes, en los siguientes supuestos: i. Los accidentes ocasionados con un vehículo a motor que tenga su estacionamiento habitual en España, así como los ocasionados dentro del territorio español a personas con residencia habitual en España o a bienes de su propiedad situados en España con un vehículo a motor con estacionamiento habitual en un tercer país no firmante del Acuerdo entre las oficinas nacionales de seguros de los Estados miembros del Espacio Económico Europeo y de otros Estados asociados, en ambos casos cuando dicho vehículo a motor no esté asegurado. ii. Los accidentes ocasionados en España por cualquier vehículo a motor no asegurado que circule a pesar de no disponer de autorización para hacerlo por estar dado de baja temporal o definitivamente en el registro de vehículos de la Dirección General de Tráfico o autoridad equivalente del Estado miembro distinto de España en el que tenga su estacionamiento habitual. En este último caso, el Consorcio de Compensación de Seguros solicitará el reembolso al organismo que corresponda del Estado en que tuviera su estacionamiento habitual. iii. Los accidentes ocasionados en España por vehículos utilizados exclusivamente en las zonas de acceso restringido de puertos y aeropuertos y que no hubiesen suscrito el seguro, aval o garantía financiera a que se refiere el artículo 1.bis.4.c). iv. Los accidentes ocasionados en España por el uso de vehículos en eventos y actividades automovilísticas, así como entrenamientos, pruebas o demostraciones, en el caso de incumplimiento de la obligación de suscribir un seguro, aval o garantía financiera a que se refiere el artículo 1.bis.4.a). En este caso el Consorcio de Compensación de Seguros indemnizará los daños a terceros, incluyendo espectadores y transeúntes y excluyendo a los conductores y vehículos participantes, y tendrá derecho a recobrar de los organizadores de las pruebas el importe de las indemnizaciones que hubiera satisfecho. Sin perjuicio de la indemnización que le corresponda abonar con arreglo a lo señalado en los párrafos anteriores y del ejercicio de su derecho de recobro de los importes indemnizados, el Consorcio de Compensación de Seguros remitirá a la autoridad competente en materia sancionadora, en la forma que reglamentariamente se determine, los datos y documentos que resulten necesarios de entre los que hubieran fundamentado la gestión de la indemnización a los efectos del ejercicio por dicha autoridad de sus potestades sancionadoras. c) Indemnizar los daños a las personas y en los bienes ocasionados en España por un vehículo a motor que esté asegurado y haya sido objeto de robo o robo de uso. Los daños a las personas y en los bienes ocasionados en otro Estado por un vehículo a motor con estacionamiento habitual en España que esté asegurado y haya sido robado o robado de uso se indemnizarán por el Consorcio de Compensación de Seguros cuando el fondo de garantía de ese Estado no asuma funciones de indemnización de los daños producidos por vehículos a motor robados. d) Indemnizar a las personas perjudicadas los daños a las personas y en los bienes cuando, en supuestos incluidos dentro del ámbito del aseguramiento de suscripción obligatoria o en los supuestos establecidos en las letras a), b) y c) del presente apartado, surgiera controversia entre el Consorcio de Compensación de Seguros y la entidad aseguradora acerca de quién debe indemnizar al perjudicado. No obstante lo anterior, si ulteriormente se resuelve o acuerda que corresponde indemnizar a la entidad aseguradora, esta reembolsará al Consorcio de Compensación de Seguros la cantidad indemnizada más los intereses legales, incrementados en un 25 por 100, desde la fecha en que abonó la indemnización. e) Indemnizar los daños a las personas y en los bienes cuando la entidad española aseguradora del vehículo a motor hubiera sido declarada judicialmente en concurso o, habiendo sido disuelta y encontrándose en situación de insolvencia, estuviera sujeta a un procedimiento de liquidación intervenida o esta hubiera sido asumida por el propio Consorcio de Compensación de Seguros. El Consorcio de Compensación de Seguros podrá celebrar acuerdos con los organismos correspondientes de los demás Estados miembros para intercambiar información y reembolsar a dichos organismos aquellas indemnizaciones que estos hubieran anticipado a los perjudicados que residan en su territorio por los daños materiales o corporales ocasionados por un vehículo a motor asegurado en la aseguradora española insolvente. Estos pagos se efectuarán en el plazo máximo de seis meses desde la solicitud de reembolso, salvo que exista otro acuerdo por escrito con el organismo de indemnización correspondiente. f) Indemnizar a las personas perjudicadas residentes en España los daños causados a las personas y en los bienes por los accidentes ocasionados en España por un vehículo a motor asegurado en una entidad aseguradora cuyo Estado miembro de origen no sea España, desde el momento en que la entidad aseguradora insolvente esté incursa en un procedimiento concursal de quiebra o de liquidación por insolvencia, y ello con independencia del Estado miembro en que tenga estacionamiento habitual el vehículo. Al recibir la reclamación, informará de su recepción a la entidad aseguradora incursa en el procedimiento concursal o de liquidación, o a su administrador o liquidador, y al organismo equivalente del Estado miembro de origen de la entidad. Una vez abonada la indemnización al perjudicado, se faculta al Consorcio de Compensación de Seguros a solicitar y obtener el reembolso íntegro de la cantidad pagada en concepto de indemnización al organismo correspondiente del Estado miembro de origen de la entidad aseguradora creado o autorizado en este para indemnizar a los perjudicados en caso de insolvencia de una entidad aseguradora. El Consorcio de Compensación de Seguros podrá celebrar acuerdos con los organismos de otros Estados miembros para cooperar en el intercambio de información y en la gestión de las indemnizaciones en los casos de insolvencia de aseguradoras de vehículos automóviles. g) Indemnizar los daños a las personas y en los bienes ocasionados en España por un vehículo a motor utilizado como medio para causar deliberadamente estos daños. h) Reembolsar las indemnizaciones satisfechas a los perjudicados residentes en otros Estados del Espacio Económico Europeo por los organismos de indemnización, en los siguientes supuestos: 1.º Cuando el vehículo a motor causante del accidente tenga su estacionamiento habitual en España, en el caso de que no esté asegurado. 2.º Cuando el accidente haya ocurrido en España, en el caso de que no pueda identificarse al vehículo a motor causante. 3.º Cuando el accidente haya ocurrido en España, en el caso de vehículos a motor con estacionamiento habitual en terceros países adheridos al sistema de certificado internacional del seguro del automóvil (en adelante, carta verde) y no pueda identificarse a la entidad aseguradora. i) Indemnizar los daños a las personas y en los bienes derivados de accidentes ocasionados por un vehículo a motor importado a España desde otro Estado miembro del Espacio Económico Europeo, siempre que el vehículo a motor no esté asegurado, el accidente haya ocurrido dentro del plazo de treinta días a contar desde que el comprador aceptó la entrega del vehículo a motor y la persona obligada a suscribir el seguro de responsabilidad civil no haya elegido el Estado miembro de matriculación conforme a lo dispuesto en el artículo 2.1.e). En los supuestos previstos en las letras b) y c), quedarán excluidos de la indemnización por el Consorcio los daños a las personas y en los bienes sufridos por quienes ocuparan voluntariamente el vehículo a motor causante del siniestro, conociendo, según los casos, que este no estaba asegurado o cubierto por garantía, o que había sido robado, siempre que el Consorcio probase que aquellos conocían tales circunstancias y, en estos casos, la cobertura del seguro de suscripción obligatoria no alcanzará tampoco a los daños y perjuicios ocasionados por las lesiones o fallecimiento de dichas personas».

«Artículo 27.1. Los perjudicados con residencia en España podrán presentar ante OFESAUTO, en su condición de organismo de indemnización español, reclamación en los siguientes supuestos: a) Si en el plazo de tres meses, a partir de la fecha en que el perjudicado haya presentado su reclamación de indemnización a la entidad aseguradora del vehículo causante del accidente o a su representante para la tramitación y liquidación de siniestros designado en España, ninguno de los dos ha formulado respuesta motivada a lo planteado en la reclamación. b) Si la entidad aseguradora no hubiera designado representante para la tramitación y liquidación de siniestros en España, salvo que el perjudicado haya presentado una reclamación de indemnización directamente a la entidad aseguradora del vehículo causante del accidente y haya recibido de esta una respuesta motivada en los tres meses siguientes a la presentación de la reclamación. c) Si el siniestro se ha producido en un Estado distinto a España y la entidad aseguradora del vehículo responsable está incursa en un procedimiento concursal o de liquidación tal y como se define en los artículos 183 a 189 de la Ley 20/2015, de 14 de julio. Al recibir la reclamación, informará de su recepción a la entidad aseguradora, o a su administrador o liquidador, y al organismo del Estado miembro de origen de la entidad creado o autorizado en este para indemnizar a los perjudicados en caso de insolvencia de una entidad aseguradora. Una vez abonada la indemnización al perjudicado, se faculta a OFESAUTO para solicitar y obtener el reembolso íntegro de la cantidad pagada en concepto de indemnización al organismo del Estado miembro de origen de la entidad aseguradora. OFESAUTO podrá celebrar acuerdos con los organismos de otros Estados miembros para cooperar en el intercambio de información y en la gestión de las indemnizaciones en los casos de insolvencia de aseguradoras de vehículos automóviles. En este caso OFESAUTO en el plazo de tres meses presentará bien una oferta motivada de indemnización cuando determine que es responsable de indemnizar con arreglo a los apartados 1.a) o 1.b), no se haya impugnado la reclamación y se haya cuantificado parcial o totalmente el daño, o bien dará una respuesta motivada a lo planteado en la reclamación cuando determine que no es responsable de indemnizar por no estar incursa la entidad aseguradora del vehículo responsable en un procedimiento de concurso o de liquidación o en el supuesto de que se haya rechazado o no se haya determinado claramente la responsabilidad o no se haya cuantificado totalmente el daño por dilatarse en el tiempo el proceso curativo del lesionado».

«Artículo 27.2. OFESAUTO, en los supuestos previstos en los apartados 1.a) y b), y en su condición de organismo de indemnización, dará respuesta a la reclamación de indemnización en un plazo de dos meses, a contar desde la fecha en que le sea presentada por el perjudicado residente en España, sin que pueda condicionar el pago de la indemnización a la prueba por parte del perjudicado residente en España de que la persona responsable no puede pagar o se niega a hacerlo. No obstante, pondrá término a su intervención si la entidad aseguradora o su representante para la tramitación y liquidación de siniestros designado en España da, con posterioridad, una respuesta motivada a la reclamación, o si tiene *conocimiento con posterioridad de que el perjudicado ha ejercitado el derecho de acción directa contra la aseguradora del vehículo responsable».*

«Artículo 27.5. Una vez abonadas a los perjudicados las indemnizaciones, OFESAUTO exigirá el reembolso íntegro de la cantidad pagada en concepto de indemnización al organismo correspondiente del Estado miembro de origen de la entidad aseguradora que esté incursa en un proceso concursal o de liquidación».

«Artículo 30.1. El Consorcio de Compensación de Seguros colaborará con el resto de organismos de información del Espacio Económico Europeo para facilitar el acceso a su información a los residentes en otros países distintos a España. En el supuesto de entidades aseguradoras españolas incursas en un procedimiento concursal o de liquidación, el Consorcio de Compensación de Seguros informará con prontitud del inicio del procedimiento a los organismos de indemnización de los Estados miembros. Para el adecuado cumplimiento de las funciones que se atribuyen en esta ley, el Consorcio podrá celebrar acuerdos con organismos de información, con organismos de indemnización y con aquellas organizaciones e instituciones creadas o designadas para la gestión de los siniestros a que se refiere el artículo 20 en otros Estados miembros del Espacio Económico Europeo».

– La **Ley 20/2015, de 14 de julio, de ordenación, supervisión y solvencia de las entidades aseguradoras y reaseguradoras** establece: *«Artículo 127. Deber de secreto profesional. 1. Salvo los datos inscribibles en el registro administrativo al que se refiere el artículo 40, los datos, documentos e informaciones que obren en poder de la Dirección General de Seguros y Fondos de Pensiones en virtud de cuantas funciones le encomienda esta Ley tendrán carácter reservado. 2. Todas las personas que ejerzan o hayan ejercido una actividad de ordenación y supervisión de entidades aseguradoras y reaseguradoras, así como aquellas a quienes se les haya encomendado funciones respecto de dichas entidades, tendrán obligación de guardar secreto profesional sobre las informaciones confidenciales que reciban a título profesional en el ejercicio de tal función. El incumplimiento de esta obligación determinará las responsabilidades penales y las demás previstas por las leyes. Estas personas no podrán prestar declaración ni testimonio ni publicar, comunicar o exhibir datos o documentos reservados, ni siquiera después de haber cesado en el servicio, salvo permiso expreso otorgado por la Dirección General de Seguros y Fondos de Pensiones que en ningún caso podrá referirse a los datos de carácter personal. Si dicho permiso no fuera concedido, la persona afectada mantendrá el secreto y quedará exenta de la responsabilidad que de ello emane. 3. Se exceptúan de la obligación de secreto establecida en el apartado anterior los siguientes supuestos: a) Cuando el interesado consienta expresamente la difusión, publicación o comunicación de los datos. b) La publicación de datos agregados con fines estadísticos, o las comunicaciones en forma sumaria o agregada de manera que las entidades individuales no puedan ser identificadas ni siquiera indirectamente. c) Las informaciones requeridas por las autoridades judiciales competentes en un proceso penal. d) Las informaciones que, en el marco de los procedimientos concursales a que se encuentre sometida una entidad aseguradora o reaseguradora, sean requeridas por las autoridades judiciales, siempre que no versen sobre terceros interesados en la rehabilitación de la entidad. e) Las informaciones que, en el marco de los recursos administrativos o contencioso-administrativos en que se impugnen resoluciones administrativas dictadas en el ejercicio de las potestades de supervisión de la actividad de las entidades aseguradoras y reaseguradoras, sean requeridas por las autoridades administrativas o judiciales competentes. f) Las informaciones requeridas por las comisiones parlamentarias de investigación, en los términos establecidos por los Reglamentos parlamentarios. A tal efecto, la Dirección General de Seguros y Fondos de Pensiones podrá solicitar motivadamente de los órganos competentes de la Cámara la celebración de sesión secreta o la aplicación del procedimiento establecido para el acceso a las materias clasificadas. Las autoridades judiciales, así como los miembros de una Comisión Parlamentaria de Investigación que reciban la información de carácter reservado, estarán obligadas a adoptar las medidas pertinentes que garanticen su reserva. 4. Lo dispuesto en este artículo se entiende sin perjuicio de las facultades de investigación conferidas al Parlamento Europeo en el artículo 226 del Tratado de Funcionamiento de la Unión Europea».* En segundo lugar, en el artículo 168: *«Artículo 168. Procedimientos concursales. 1. Las entidades aseguradoras sujetas a un procedimiento de medidas de control especial no podrán solicitar judicialmente la declaración de concurso ni acogerse a las medidas previstas en el artículo 5 bis de la Ley 22/2003, de 9 de julio, Concursal. 2. El juez, en el supuesto de solicitud de concurso, antes de acordar su declaración solicitará a la Dirección General de Seguros y Fondos de Pensiones o, en su caso, al organismo supervisor de la Comunidad Autónoma competente, informe sobre la situación de la entidad y las medidas adoptadas. En el caso de que la Dirección General de Seguros y Fondos de Pensiones, o el organismo supervisor de la Comunidad Autónoma competente, informe que la entidad está sometida a alguna medida de control especial, deberá inadmitir la solicitud de concurso o del mediador concursal. 3. El juez, al declarar en concurso una entidad aseguradora, procederá de inmediato a la notificación de la resolución a la Dirección General de Seguros y Fondos de Pensiones o, en su caso, al organismo supervisor de la Comunidad Autónoma competente. En el caso de las entidades* *autorizadas para operar en todo el territorio nacional, la Dirección General de Seguros y Fondos de Pensiones informará, en los diez días siguientes, a las autoridades supervisoras de los restantes Estados miembros sobre la existencia del procedimiento y sus efectos. Asimismo, la Dirección General de Seguros y Fondos de Pensiones procederá a la publicación en el "Diario Oficial de la Unión Europea" de un extracto de la mencionada resolución en el que se indicará, en todo caso, el órgano jurisdiccional competente y la aplicación al procedimiento de la legislación española. 4. La declaración en concurso de una entidad aseguradora no impide la adopción de medidas de control especial, o su modificación, manteniendo la Dirección General de Seguros y Fondos de Pensiones o, en su caso, al organismo supervisor de la Comunidad Autónoma competente, todas las facultades de revocación y disolución previstas en los artículos 169 a 174. El acuerdo de disolución de una entidad en concurso supone la apertura de la fase de liquidación, la cual se regirá por la legislación concursal. La adopción de cualquiera de las medidas mencionadas se notificará al juez del concurso, de forma inmediata, por la Dirección General de Seguros y Fondo de Pensiones o, en su caso, por el organismo supervisor de la Comunidad Autónoma competente. Recibida la propuesta de convenio, y antes de dar traslado a la administración concursal, el juez solicitará informe a la Dirección General de Seguros y Fondos de Pensiones o, en su caso, al organismo supervisor de la Comunidad Autónoma competente, con el fin de que se pronuncie sobre la viabilidad de la continuidad de la actividad aseguradora y el cumplimiento de todas las garantías de solvencia y de ejercicio de la actividad aseguradora legalmente exigibles. Recibido dicho informe o transcurrido el plazo otorgado sin que se haya emitido, el juez lo pondrá en conocimiento de la administración concursal junto con la propuesta de convenio a efectos de lo previsto en los artículos 107 y 115 de la Ley 22/2003, de 9 de julio, Concursal. La enajenación de activos sujetos a la medida de prohibición de disposición, cualquiera que sea la fase del procedimiento concursal en que tenga lugar, precisará de la autorización expresa de la Dirección General de Seguros y Fondos de Pensiones o, en su caso, del organismo supervisor de la Comunidad Autónoma competente. 5. Tratándose de acreedores conocidos que tengan su domicilio en otro Estado miembro, deberán ser informados sobre la forma en que han de solicitar el reconocimiento de sus créditos y podrán presentar los escritos de reclamación de créditos o de observaciones a estos en la forma que se determine reglamentariamente. 6. La Dirección General de Seguros y Fondos de Pensiones o, en su caso, el organismo supervisor de la Comunidad Autónoma competente, será parte en todos los procedimientos concursales que afecten a entidades aseguradoras».* En tercer lugar, en el artículo 179: *«Artículo 179. Protección de los créditos por contrato de seguro. 1. En los procesos de liquidación tendrán la consideración de créditos por contrato de seguro, los siguientes: a) Los de los tomadores, asegurados y beneficiarios de un contrato de seguro y los de los terceros perjudicados a los que se refiere el artículo 73 de la Ley 50/1980, de 8 de octubre, de Contrato de Seguro. Se incluyen los créditos derivados de la prestación del servicio de reparación o de reposición del bien siniestrado o de la asistencia o la prestación en especie a que se hubiese obligado la entidad aseguradora en el contrato de seguro. b) Los de quienes hayan celebrado con las entidades aseguradoras contratos afectados por lo dispuesto en el artículo 24 para las operaciones realizadas sin autorización administrativa, o bien realizados en incumplimiento de las medidas de control especial de suspensión de la contratación de nuevos seguros o de la aceptación de reaseguro y de prohibición de la prórroga de los contratos de seguro celebrado, previstas respectivamente en el artículo 161, letras c) y d). c) Los créditos satisfechos por el Consorcio de Compensación de Seguros en virtud de lo previsto en el artículo 11.e) del texto refundido de la Ley sobre responsabilidad civil y seguro en la circulación de vehículos a motor, aprobado por el Real Decreto Legislativo 8/2004, de 29 de octubre. 2. Los créditos por contrato de seguro tendrán la consideración de créditos con privilegio especial sobre los siguientes bienes y derechos: a) Los activos asignados a las provisiones técnicas en el registro especial de activos a efectos de liquidación y los asignados a los requerimientos de capital obligatorio de la entidad aseguradora. También tienen tal consideración este tipo de activos de la entidad aseguradora que, incumpliendo la normativa aplicable, no figuren en el registro debidamente asignados. b) Los bienes respecto de los que se haya adoptado la medida de control especial de prohibición de disponer, aunque tal medida no haya sido objeto de inscripción registral. 3. A efectos de la liquidación, las entidades mantendrán actualizado un registro especial de los activos que representen las provisiones técnicas calculadas e invertidas de conformidad con lo previsto en la normativa aplicable. Mediante reglamento se regularán los requisitos de dicho registro especial de activos. 4. El pago de los créditos por contrato de seguros se hará con cargo a los bienes y derechos afectos, satisfaciéndose a prorrata, con preferencia sobre cualquier otro crédito. Respecto de los créditos contra la entidad aseguradora que no gocen de la prioridad a que se refiere el apartado 2, resultará de aplicación el sistema de prelación establecido por la Ley 22/2003, de 9 de julio, Concursal».* En cuarto lugar, en el artículo 184: *«Artículo 184. Normas generales sustantivas. 1. El Consorcio sustituirá a todos los órganos sociales de la entidad cuya liquidación se le haya encomendado. En consecuencia, no habrá lugar a la celebración de las juntas o asambleas ordinarias o extraordinarias de accionistas, mutualistas o cooperativistas de la entidad. No obstante, los recursos administrativos y contencioso-administrativos interpuestos por la entidad aseguradora o reaseguradora contra los actos de supervisión del Ministerio de Economía y Competitividad con anterioridad a la asunción de la liquidación por el Consorcio podrán ser continuados por los administradores en su propio nombre, si se personasen a estos efectos ante el órgano administrativo o jurisdiccional en el plazo de un mes desde la publicación en el "Boletín Oficial del Estado" de la encomienda de la liquidación al Consorcio. 2. El Consorcio, como órgano liquidador, en representación de los acreedores y en defensa de sus derechos, instará, cuando hubiera lugar a ello, la exigencia de responsabilidades de toda índole, civiles o penales, sin obligación de prestar fianza alguna, en que hubieran podido incurrir quienes desempeñaron cargos de administración o dirección de la entidad en liquidación. Cuando como consecuencia de estas acciones, los tribunales señalaren indemnizaciones o cualesquiera otras compensaciones económicas a favor de la entidad y hubiere finalizado su liquidación, el Consorcio, si así se hubiera acordado en el plan de liquidación aprobado por la Junta de Acreedores, distribuirá el importe obtenido entre los acreedores que no hubieran recuperado la totalidad de sus créditos, de acuerdo con los criterios establecidos en el citado plan de liquidación y en el caso de entidades solventes entre los socios o mutualistas de la entidad. 3. En ningún caso, el Consorcio, sus órganos, representantes o apoderados serán considerados deudores ni responsables de las obligaciones y responsabilidades que incumban a la entidad cuya liquidación se le encomienda, o a sus administradores. 4. En las liquidaciones intervenidas, la intervención de la liquidación cesará en el momento que ésta se encomiende al Consorcio. 5. En caso de que existan entidades filiales participadas mayoritariamente por la entidad aseguradora o reaseguradora en liquidación y cuyo objeto social sea la gestión de activos por cuenta de la entidad en liquidación, la encomienda al Consorcio de la liquidación de la entidad aseguradora o reaseguradora implicará el nombramiento del mismo como liquidador de dichas entidades filiales, con sustitución de todos los órganos sociales, bastando para la inscripción de tal nombramiento en el Registro Mercantil la resolución administrativa correspondiente, en la que se declare la liquidación conjunta del grupo de sociedades. La liquidación de las entidades filiales se llevará a cabo conforme a las normas del texto refundido de la Ley de Sociedades de Capital, aprobado por Real Decreto Legislativo 1/2010, de 2 de julio. Si la filial resultara insolvente el Consorcio estará exento de solicitar el concurso, tramitándose todas las liquidaciones de forma coordinada. 6. La encomienda de la liquidación de una entidad aseguradora o reaseguradora al Consorcio supondrá el cambio de su domicilio social, a todos los efectos legales, al domicilio que designe el Consorcio. El cambio de domicilio afectará también a las entidades filiales controladas mayoritariamente por la entidad en liquidación cuyo objeto social sea la gestión de activos por cuenta de dicha entidad en liquidación. Para la inscripción del cambio de domicilio social en el Registro Mercantil y en los registros administrativos será suficiente la certificación del acuerdo adoptado, expedida por el presidente del Consorcio. El cambio de domicilio y sus modificaciones posteriores se notificarán en la forma y con la publicidad que la legislación mercantil determine para las modificaciones estatutarias». En quinto lugar, en el artículo 185: «Artículo 185. Normas generales de procedimiento. El procedimiento de liquidación por el Consorcio se ajustará a las siguientes especialidades: 1. Encomendada la liquidación al Consorcio, todos los acreedores estarán sujetos al procedimiento de liquidación por éste y no podrá solicitarse por los acreedores ni por la entidad aseguradora la declaración de concurso, sin perjuicio de que las acciones de toda índole ejercidas ante los tribunales contra dicha aseguradora, anteriores a la disolución o durante el período de liquidación, continúen su tramitación hasta la obtención de sentencia o resolución judicial firme. Pero la ejecución de la sentencia, los embargos preventivos, administraciones judicialmente acordadas y demás medidas cautelares adoptadas por la autoridad judicial, la del auto que despache la ejecución en el procedimiento ejecutivo, los procedimientos judiciales sumarios y ejecutivos extrajudiciales sobre bienes hipotecados o pignorados que se encuentren en territorio español, así como la ejecución de las providencias administrativas de apremio, quedarán en suspenso desde la encomienda de la liquidación al Consorcio y durante la tramitación por éste del procedimiento liquidador. 2. Se tendrán por vencidas, a la fecha de publicación en el "Boletín Oficial del Estado" de la resolución administrativa por la que se encomienda la liquidación al Consorcio, las deudas pendientes de la aseguradora, sin perjuicio del descuento correspondiente si el pago de aquellas se verificase antes del tiempo prefijado en la obligación, y dejarán de devengar intereses todas las deudas de la aseguradora, salvo los créditos hipotecarios y pignoraticios, hasta donde alcance la respectiva garantía. 3. Los administradores o liquidadores, de haber sido nombrados, entregarán al Consorcio el inventario, el censo de socios y mutualistas, y el balance de la entidad en el plazo de un mes desde que haya asumido la liquidación, sin que el Consorcio deba someterlo a la Dirección General de Seguros y Fondos de Pensiones ni al interventor, ni estar sujeto a las obligaciones que imponen los artículos 383 y 388 del texto refundido de la Ley de Sociedades de Capital, aprobado por el Real Decreto Legislativo 1/2010, de 2 de julio. De no recibir de los administradores o liquidadores la documentación e información necesarias, el Consorcio formulará un inventario de los bienes de la entidad, un censo de socios y mutualistas, y una relación de deudas a la fecha de la asunción de la liquidación, utilizando al efecto los antecedentes y datos a su alcance, que servirán de base para formular la documentación precisa para el cumplimiento de las obligaciones contables y tributarias legalmente exigibles, sin que asuma responsabilidad alguna en caso de error u omisión sobre datos que no figuren en la documentación o antecedentes encontrados. 4. En el cumplimiento del deber de información a los acreedores, se hará constar expresamente la especial circunstancia de que la liquidación ha sido asumida por el Consorcio. Asimismo, desde el momento en que tenga conocimiento de la existencia de créditos la-*

borales o presuma la posibilidad de su existencia, lo comunicará al Fondo de Garantía Salarial, comunicación que surtirá los efectos de la citación a que se refiere el artículo 33.3 del texto refundido de la Ley del Estatuto de los Trabajadores, aprobado por el Real Decreto Legislativo 1/1995, de 24 de marzo. 5. Cuando se acuerde de oficio por la Dirección General de Seguros y Fondos de Pensiones la cesión de cartera de una entidad en liquidación, no será de aplicación lo previsto en el reglamento de desarrollo de esta Ley en lo referente a la información pública y al derecho de oposición. 6. La enajenación de los inmuebles de la entidad aseguradora en liquidación podrá tener lugar sin subasta pública y no precisará autorización de la Dirección General de Seguros y Fondos de Pensiones, sin perjuicio de que en la enajenación de dichos activos se observen las normas de trasparencia debidas y de la necesidad de solicitar el levantamiento de la medida cautelar en los bienes cautelados. 7. En lo no regulado expresamente en esta Ley, serán de aplicación las normas sobre liquidación y extinción del texto refundido de la Ley de Sociedades de Capital, aprobado por Real Decreto Legislativo 1/2010, de 2 de julio, siendo de aplicación supletoria la Ley 22/2003, de 9 de julio, Concursal». En sexto lugar, en el artículo 186: «*Artículo 186. Compra de créditos con cargo a recursos del Consorcio de Compensación de Seguros. 1. Con cargo a los recursos del Consorcio afectos a su actividad liquidadora y con la finalidad de mejorar y conseguir una más rápida satisfacción de los derechos de los acreedores por contrato de seguro, de conformidad con el artículo 179, incluidas las Administraciones Públicas que tengan tal condición, el Consorcio podrá ofrecer la adquisición por cesión de sus créditos, por el importe que les correspondería en proporción al previsible haber líquido resultante, teniendo en cuenta, a estos solos efectos, las siguientes normas: a) Se incorporarán al activo la totalidad de los bienes, derechos y créditos, incluidos, en su caso, los intereses, de los que sea titular la aseguradora, aunque sobre ellos estén pendientes o hayan de iniciarse actuaciones judiciales o extrajudiciales para su mantenimiento en el patrimonio de la entidad o reintegración a éste. Los créditos a favor de la entidad se computarán por su valor contabilizado, incrementado en los intereses, si procede, y sin deducir a estos efectos las correcciones de valor que hayan de constituirse en función de la posible insolvencia de los deudores. b) Las inversiones materiales y financieras se valorarán por la cuantía que resulte superior de las dos siguientes: el precio de adquisición más el importe de las mejoras efectuadas sobre aquéllas, incrementados en las regularizaciones y actualizaciones legalmente posibles; o el valor de realización. c) No se tendrá en cuenta, a efectos de fijar el porcentaje a ofrecer a los acreedores por contrato de seguro a los que se refiere el artículo 179.1, el orden de prelación de créditos ni los gastos de liquidación anticipados por el Consorcio. Asimismo, también con cargo a sus propios recursos, el Consorcio podrá adquirir los créditos de los trabajadores derivados de salarios y, en su caso, las indemnizaciones debidas a aquellos como consecuencia de la extinción de las relaciones laborales, con los límites previstos en el artículo 53.1.b) del texto refundido de la Ley del Estatuto de los Trabajadores, aprobado por el Real Decreto Legislativo 1/1995, de 24 de marzo, para los supuestos de despidos colectivos o de extinción por causas objetivas del artículo 52.c) del citado texto refundido, y que traigan causa exclusivamente de la liquidación, subrogándose en la posición de esos acreedores en el plan de liquidación de la entidad. El Consorcio podrá adquirir la parte de salarios e indemnización por extinción de la relación laboral que corresponde abonar al Fondo de Garantía Salarial, subrogándose en la posición del trabajador frente al referido organismo. La resolución administrativa encomendando la liquidación al Consorcio de Compensación de Seguros será suficiente para surtir los efectos previstos en los apartados 6 y 7 del artículo 33 del texto refundido de la Ley del Estatuto de los Trabajadores aprobado por el Real Decreto Legislativo 1/1995, de 24 de marzo, en relación a las prestaciones a abonar por el Fondo de Garantía salarial. A los efectos de lo previsto en el artículo 51, apartados 9 y 10, del texto refundido de la Ley del Estatuto de los Trabajadores, el despido colectivo en una entidad insolvente cuyo liquidación se haya encomendado al Consorcio tendrá el mismo tratamiento que las empresas incursas en procedimiento concursal. El Consorcio podrá adquirir, por sus valores reales y siempre que resulte conveniente para el más eficaz desarrollo de su función liquidadora, toda clase de créditos contra las entidades en liquidación, subrogándose en los derechos de los perceptores, con mantenimiento del rango que tuvieran los créditos adquiridos. Asimismo, podrá realizar cuantos convenios estime convenientes para un mejor desarrollo del proceso de liquidación. 2. La adquisición por cesión de los créditos a que se refiere el apartado 1 no supondrá, en ningún caso, asunción de las deudas de la entidad aseguradora en liquidación por parte del Consorcio. La cesión de dichos créditos, cualquiera que fuese la cantidad satisfecha, alcanzará el total importe de aquellos y en idéntico orden de preferencia que les corresponda. Sus titulares no podrán formular reclamación alguna por este concepto; tampoco podrán efectuar reclamación contra el Consorcio los titulares de estos créditos que optasen por no aceptar la oferta formulada por el Consorcio, quienes mantendrán la titularidad de sus créditos y deberán estar a las resultas de la liquidación».* En séptimo lugar, en el artículo 188: «*Artículo 188. Junta general de acreedores. 1. Simultáneamente a la formulación del plan de liquidación, el Consorcio convocará la junta general de acreedores con una antelación no inferior a un mes ni superior a dos. Los citará mediante notificación personal y dará a la convocatoria la publicidad que, con arreglo a las circunstancias del caso, estime pertinente. Hasta el día señalado para la celebración de la junta, los acreedores o sus representantes podrán examinar el plan de liquidación. Hasta los quince días antes del señalado para la junta, se podrá solicitar la exclusión o inclusión de créditos, así como la impugna-*

ción de la cuantía de los incluidos mediante escrito dirigido al Consorcio, o por comparecencia ante este organismo, designando los documentos de la liquidación o presentando la documentación de que quiera valerse el solicitante en justificación de su derecho. El Consorcio resolverá sobre cada reclamación sin ulterior recurso, sin perjuicio del derecho de impugnación a que se refiere el apartado 4 y formulará la lista definitiva de acreedores. 2. La junta se celebrará en el día, hora y lugar señalados en la convocatoria, y podrá continuar en los días consecutivos que resulten necesarios, y será presidida por un representante del Consorcio. Podrán concurrir, personalmente o por medio de representante, todos los acreedores incluidos en la lista definitiva. La junta de acreedores quedará legalmente constituida si los créditos de los concurrentes y representados suman, por lo menos, tres quintos del pasivo del deudor en primera convocatoria y cualquiera que sea el número de los créditos concurrentes y representados en segunda convocatoria; entre una y otra deberán mediar, al menos, veinticuatro horas. 3. Declarada legalmente constituida la junta por el representante del Consorcio, comenzará la sesión por la lectura del plan de liquidación y se procederá al debate y ulterior votación sobre él. El plan de liquidación se entenderá aprobado siempre que voten a favor del plan acreedores cuyos créditos importen más de la mitad del montante de los créditos presentes y representados, tanto en primera como en segunda convocatoria, y quedarán obligados todos los acreedores por aquel, sin que ninguno tenga derecho de abstención, y siendo de aplicación a la Hacienda Pública acreedora lo dispuesto en el artículo 10.3 de la Ley 47/2003, de 26 de noviembre, General Presupuestaria. Si el plan de liquidación no fuera aprobado por los acreedores, el Consorcio solicitará la declaración de concurso. 4. Dentro de los ocho días siguientes a la celebración de la junta, los acreedores que no hubiesen concurrido a ella o que, concurriendo, hubieran discrepado del voto de la mayoría o que hubiesen sido eliminados por el Consorcio de la lista definitiva a que se refiere el apartado 1, podrán impugnar judicialmente el plan de liquidación. La impugnación únicamente podrá fundarse en las siguientes causas: a) Defectos en las formas prescritas para la convocatoria, celebración, deliberación y adopción de acuerdos de la junta de acreedores. b) Falta de capacidad o representación en alguno de los votantes, inclusión o exclusión indebida de créditos o figurar en la lista definitiva de acreedores con cantidad mayor o menor de la que se estimase justa, siempre que en cualquiera de estos casos la estimación de la pretensión influya decisivamente en la formación de la mayoría. c) Error en la estimación del activo o en la prelación de créditos padecido por el Consorcio. En todo lo demás, la impugnación del plan de liquidación se ajustará a lo dispuesto en la Ley 22/2003, de 9 de julio, Concursal, para la oposición a la aprobación del convenio. 5. Transcurrido el plazo señalado en el apartado 4 sin que se hubiese formulado oposición, o una vez dictada sentencia firme que la resuelva, el Consorcio ratificará el plan de liquidación ajustándolo a las posibles modificaciones que hayan podido resultar de la votación en la Junta de Acreedores o, en su caso, a las introducidas por la sentencia definitiva que haya resuelto la impugnación y a las variaciones sobrevenidas en los activos. 6. Por el Consorcio se procederá al pago de los créditos en ejecución del plan de liquidación ratificado. Los créditos no reclamados se consignarán en depósito en el propio Consorcio a disposición de sus legítimos dueños durante un plazo de veinte años, transcurrido el cual sin haber sido reclamados se ingresarán en el Tesoro Público. Ejecutado el plan de liquidación, se procederá a la extinción de la entidad y a la cancelación de los registros en la forma prevista en el artículo 181.6. Será de aplicación lo dispuesto en el artículo 400 del Texto Refundido de la Ley de Sociedades de Capital, aprobado por Real Decreto Legislativo 1/2010, de 2 de julio. 7. Si, como consecuencia del desfase temporal, distinto al caso de impugnación del plan de liquidación previsto en el apartado 5 de este mismo artículo, entre la aprobación en junta general de acreedores del plan de liquidación y el efectivo pago de los créditos a los acreedores, y en su caso, la división del haber social entre los socios, resultase un remanente o apareciesen activos sobrevenidos, estos se incorporarán al patrimonio del Consorcio a los efectos previstos en el apartado siguiente. 8. Los créditos reconocidos por sentencia firme notificada al acreedor en fecha posterior a la celebración de la junta general de acreedores, así como aquellos que el Consorcio reconozca, por constar que son ajustados a derecho, con posterioridad a dicha junta, serán satisfechos por el Consorcio con el remanente a que se refiere el apartado anterior y, en su defecto, con sus propios recursos en los mismos términos que les hubiera correspondido de haber estado incluidos en el plan de liquidación. En el caso de créditos por contrato de seguro a los que se refiere el artículo 179 el porcentaje a abonar será, en su caso, el aprobado por aplicación de los beneficios de liquidación del artículo 186, si fuese superior al que resulte del plan de liquidación. 9. Cuando la entidad aseguradora en liquidación se encuentre en situación de insolvencia, si la junta de acreedores aprueba el plan de liquidación, la recuperación por el Consorcio de los gastos de liquidación quedará condicionada a que sean totalmente satisfechos los demás reconocidos en la liquidación». Por último, en el artículo 189: «Artículo 189. Actuación del Consorcio de Compensación de Seguros en los procedimientos concursales. 1. El juez, a la vista del informe emitido por la Dirección General de Seguros y Fondos de Pensiones conforme a lo dispuesto en el artículo 168.2, podrá acordar de oficio la apertura de la fase de liquidación sin más trámites, con los efectos previstos en los artículos 143 y siguientes de la Ley 22/2003, de 9 de julio, Concursal y con las especialidades previstas en esta Ley. En este caso, la administración concursal presentará, simultáneamente con el informe previsto en el artículo 74 de la Ley 22/2003, de 9 de julio, Concursal, el plan de liquidación conforme al artículo 148 de la misma ley. 2. La administración

*concursal de una entidad aseguradora se ejercerá exclusivamente por el Consorcio de Compensación de Seguros. Igual-
mente, en caso de solicitud de Mediador Concursal conforme a lo previsto en el artículo 5 bis de dicha ley, el nombramiento recaerá en el Consorcio de Compensación de Seguros. 3. En cualquier caso, en los supuestos de declaración judicial de concurso de entidades aseguradoras, el Consorcio de Compensación de Seguros, además de asumir las funciones
que le atribuye el artículo 14.2 del texto refundido de su Estatuto Legal, aprobado por el Real Decreto Legislativo 7/2004,
de 29 de octubre, procederá, en su caso, a liquidar el importe de los bienes a que se refiere el artículo 179.2 al solo efecto de distribuirlo entre los asegurados, beneficiarios y terceros perjudicados, sin perjuicio de los derechos que continúen
correspondiéndoles en el procedimiento concursal. Dentro del concurso, los acreedores por contrato de seguro tendrán
la consideración de acreedores especialmente privilegiados en los términos previstos en el artículo 179. 4. Si la entidad
aseguradora concursada careciera de la liquidez necesaria, el Consorcio podrá anticipar los gastos que sean precisos,
con cargo a sus propios recursos, para el adecuado desarrollo del procedimiento concursal. No obstante, el pago de los
derechos de procuradores y honorarios de letrados intervinientes en la solicitud u oposición al concurso, así como en los
incidentes y recursos que pudieran derivarse, serán de cuenta de las partes que los designen, sin que proceda su anticipo
por el Consorcio. 5. Los créditos con privilegio especial de los acreedores por contrato de seguro a los que se refiere el
artículo 179 podrán ser satisfechos durante la fase común del concurso si así lo estima conveniente la administración
concursal, con cargo a los bienes a los que se refiere el artículo 186, tanto si el pago se puede realizar sin necesidad de
su enajenación como si la misma fuera necesaria, enajenación que llevará a cabo el Consorcio de Compensación de Seguros conforme a lo dispuesto en el apartado 3. 6. El Consorcio podrá aplicar los beneficios de liquidación del artículo
186 sin perjuicio de llevar a efecto la liquidación de los bienes afectos en la forma prevista en el apartado 3. 7. El informe
sobre la calificación previsto en el número 3 del artículo 175 de la Ley 22/2003, de 9 de julio, Concursal, será emitido por
el Consorcio como órgano de liquidación de la entidad, que será parte interesada en el incidente en representación de
los acreedores. El mismo se remitirá tan pronto como el Consorcio haya tenido posibilidad de conocer suficientemente
los antecedentes y situación de la entidad, para determinar el inventario de activo y la relación de acreedores y poder
emitir un informe razonado sobre las causas de la insolvencia y la calificación correspondiente. A estos efectos el Juez
dejará en suspenso la apertura de la sección autónoma de calificación prevista en el artículo 174 de la Ley 22/2003, de
9 de julio, Concursal hasta que el órgano liquidador le notifique que ya se está en condiciones de emitir el referido informe, que en todo caso deberá ser siempre antes de la convocatoria de la Junta de Acreedores. 8. Finalizado el concurso,
si éste se ha resuelto finalmente liquidando la entidad, será de aplicación lo dispuesto en el artículo 188.8».*

– El **Real Decreto Legislativo 7/2004, de 29 de octubre, por el que se aprueba el Texto Refundido del Estatuto Legal
del Consorcio de Compensación de Seguros**, establece, en primer lugar, en el artículo 3, apartado 4: «*Artículo 3. Fines.
(...) 4. Corresponderá al Consorcio llevar a cabo la liquidación de las entidades aseguradoras que le sea encomendada en
los supuestos previstos en este estatuto legal y en la legislación sobre ordenación y supervisión de los seguros privados,
así como el ejercicio de las funciones que en el seno de los procedimientos concursales a que puedan verse sometidas las
mismas entidades se le atribuyen en dichas normas*». En segundo lugar, el artículo 8, apartado 1, letra b): «*Artículo 8. Derechos y obligaciones del Consorcio en el seguro de riesgos extraordinarios. 1. El Consorcio estará obligado a satisfacer
las indemnizaciones derivadas de siniestros producidos por acontecimientos extraordinarios a los asegurados que hayan
satisfecho los correspondientes recargos en favor de aquel y se encuentren en alguna de las situaciones siguientes: (...) b)
Que, aun estando amparado por póliza de seguro, las obligaciones de la entidad aseguradora no pudieran ser cumplidas
por haber sido declarada judicialmente en concurso o que, hallándose en una situación de insolvencia, estuviese sujeta
a un procedimiento de liquidación intervenida o esta hubiera sido asumida por el propio Consorcio (...)*». En tercer lugar,
el artículo 14, apartado 2: «*Artículo 14. En relación con la liquidación de entidades aseguradoras. (...) 2. Corresponde
al Consorcio, en los términos previstos en la legislación concursal, la condición y funciones propias de la administración
concursal en los procedimientos de concurso a que se encuentre sometida cualquier entidad aseguradora, y ello sin que
sea necesaria la aceptación del cargo. Su actuación en dichos procedimientos no será retribuida. El Consorcio deberá
comunicar al juzgado la identidad de la persona física que haya de representarle en el ejercicio de su cargo, a la que
resultarán de aplicación las normas contenidas en el artículo 28 de la Ley 22/2003, de 9 de julio, Concursal, con las excepciones que en él se establecen. Además ejercerá las funciones de mediador concursal cuando así lo solicite una entidad
aseguradora conforme a lo dispuesto en el artículo 5 bis de la Ley 22/2003, de 9 de julio, Concursal (...)*». Por último,
el artículo 24, apartado 1: «*Artículo 24. Patrimonio y provisión técnica de estabilización. 1. El patrimonio del Consorcio
está constituido por todos los bienes, derechos, obligaciones y participaciones accionarias que le atribuye este estatuto
legal y las demás disposiciones que le son de aplicación, así como los que en lo sucesivo adquiera o le sean incorporados.
Asimismo, integran su patrimonio las aportaciones que el Estado realice a efectos de mantener el adecuado equilibrio
técnico-financiero por cada ramo de aseguramiento, así como el margen de solvencia exigido al Consorcio por el orde-*

namiento jurídico en materia de seguros. En los seguros agrarios combinados, el Consorcio deberá llevar las operaciones que realice con absoluta separación financiera y contable respecto del resto de las operaciones, con integración de las aportaciones que el Estado realice al efecto de mantener el adecuado equilibrio técnico-financiero de estas operaciones. De la misma manera, el Consorcio deberá llevar las operaciones que realice en el ejercicio de sus funciones de liquidación de entidades aseguradoras y en los procesos concursales a que estas se encuentren sometidas con absoluta separación financiera y contable del resto de operaciones. Las rentas derivadas del ejercicio de las funciones mencionadas en este párrafo estarán exentas del Impuesto sobre Sociedades. Se excluyen del patrimonio del Consorcio los recursos correspondientes a los riesgos cubiertos por el seguro de crédito a la exportación por cuenta del Estado, que estarán dotados de plena independencia financiera, patrimonial y contable».

– La **Ley 11/2023, de 8 de mayo, de trasposición de Directivas de la Unión Europea en materia de accesibilidad de determinados productos y servicios, migración de personas altamente cualificadas, tributaria y digitalización de actuaciones notariales y registrales; y por la que se modifica la Ley 12/2011, de 27 de mayo, sobre responsabilidad civil por daños nucleares o producidos por materiales radiactivos,** en la disposición adicional sexta hace referencia a las competencias para la celebración de acuerdos relativos a los procedimientos de reembolso en caso de insolvencia de entidades aseguradoras: *Disposición adicional sexta. Competencias para la celebración de acuerdos relativos a los procedimientos de reembolso en caso de insolvencia de entidades aseguradoras. 1. El Consorcio de Compensación de Seguros negociará y podrá celebrar el acuerdo al que se refiere el apartado 13 del artículo 10 bis de la Directiva 2009/103/CE relativa al seguro de la responsabilidad civil que resulta de la circulación de vehículos automóviles, así como al control de la obligación de asegurar esta responsabilidad, introducido por la Directiva (UE) 2021/2118, de 24 de noviembre de 2021. 2. La Oficina Española de Aseguradoras de Automóviles (OFESAUTO) negociará y podrá celebrar el acuerdo al que se refiere el apartado 13 del artículo 25 bis de la Directiva 2009/103/CE relativa al seguro de la responsabilidad civil que resulta de la circulación de vehículos automóviles, así como al control de la obligación de asegurar esta responsabilidad, introducido por la Directiva (UE) 2021/2118, de 24 de noviembre de 2021.*

– El **Real Decreto 1060/2015, de 20 de noviembre, de ordenación, supervisión y solvencia de las entidades aseguradoras y reaseguradoras,** establece: *«Artículo 18. Honorabilidad y aptitud de quienes ejerzan la dirección efectiva o desempeñen funciones que integran el sistema de gobierno de la entidad. 1. Concurre honorabilidad comercial y profesional en quienes hayan venido mostrando una conducta personal, comercial y profesional que no genere dudas sobre su capacidad para desempeñar una gestión sana y prudente de la entidad. 2. Para valorar la concurrencia de honorabilidad comercial y profesional deberá considerarse toda la información disponible, incluyendo: a) La trayectoria del cargo en cuestión en su relación con las autoridades de regulación y supervisión; las razones por las que hubiera sido despedido o cesado en puestos o cargos anteriores; su historial de solvencia personal y de cumplimiento de sus obligaciones; o si hubiera estado inhabilitado conforme a la Ley 22/2003, de 9 de julio, Concursal, mientras no haya concluido el período de inhabilitación fijado en la sentencia de calificación del concurso y los quebrados y concursados no rehabilitados en procedimientos concursales anteriores a la entrada en vigor de la referida ley. b) La condena por la comisión de delitos o faltas y la sanción por la comisión de infracciones administrativas teniendo en cuenta: 1.º El carácter doloso o imprudente del delito, falta o infracción administrativa. 2.º Si la condena o sanción es o no firme. 3.º La gravedad de la condena o sanción impuestas. 4.º La tipificación de los hechos que motivaron la condena o sanción, especialmente si se tratase de delitos contra el patrimonio, blanqueo de capitales, contra el orden socioeconómico y contra la Hacienda Pública y la Seguridad Social, o supusiesen infracción de las normas reguladoras del ejercicio de la actividad aseguradora, bancaria o del mercado de valores, o de protección de los consumidores. 5.º Si los hechos que motivaron la condena o sanción se realizaron en provecho propio o en perjuicio de los intereses de terceros cuya administración o gestión de negocios le hubiese sido confiada, y en su caso, la relevancia de los hechos por los que se produjo la condena o sanción en relación con las funciones que tenga asignadas o vayan a asignarse al cargo en cuestión en la entidad aseguradora o reaseguradora. 6.º La prescripción de los hechos ilícitos de naturaleza penal o administrativa o la posible extinción de la responsabilidad penal. 7.º La existencia de circunstancias atenuantes y la conducta posterior desde la comisión del delito o infracción. 8.º La reiteración de condenas o sanciones por delitos, faltas o infracciones. Las entidades cumplirán las obligaciones de suministro de información necesarias para la valoración prevista en esta letra, remitiendo a la Dirección General de Seguros y Fondos de Pensiones un certificado de antecedentes penales de la persona objeto de valoración, sin perjuicio de las competencias de dicha Dirección General de Seguros y Fondos de Pensiones para recabar directamente de la persona cuya honorabilidad sea objeto de valoración toda la información complementaria que resulte necesaria para la evaluación de los elementos a los que se refiere esta letra. Asimismo, la Dirección General de Seguros y Fondos de Pensiones consultará las bases de datos de la Autoridad Europea de Seguros y Pensiones de Jubilación, la Autoridad*

Bancaria Europea y la Autoridad Europea de Valores y Mercados sobre sanciones administrativas. c) La existencia de investigaciones relevantes y fundadas, tanto en el ámbito penal como administrativo, sobre alguno de los hechos mencionados en la letra b).4.º anterior. No se considerará que hay falta de honorabilidad sobrevenida por la mera circunstancia de que, estando en el ejercicio de su cargo, un consejero, director general o asimilado, u otros empleados responsables de las funciones de gobierno de la entidad sean objeto de dichas investigaciones. Si durante el ejercicio de su actividad concurriese en la persona evaluada alguna de las circunstancias anteriores, y esta resultase relevante para la evaluación de su honorabilidad, la entidad aseguradora o reaseguradora lo comunicará a la Dirección General de Seguros y Fondos de Pensiones en el plazo máximo de quince días hábiles desde su conocimiento. Los miembros del órgano de administración, directores generales o asimilados y otros empleados que sean responsables de las funciones de gobierno de la entidad aseguradora o reaseguradora, y que tuviesen conocimiento de que concurren en su persona alguna de las circunstancias descritas en este apartado, deberán informar de ello a su entidad. El tratamiento de los datos que las entidades aseguradoras y reaseguradoras lleven a cabo en el marco de lo dispuesto en este precepto deberá limitarse a la exclusiva finalidad de suministro de la información a la Dirección General de Seguros y Fondos de Pensiones, quedando expresamente limitado el número de personas de la entidad que dentro de su organización pueda tener acceso a dichos datos. 3. En relación con la aptitud, se considerará que poseen conocimientos y experiencia adecuados para ejercer sus funciones en las entidades aseguradoras o reaseguradoras quienes cuenten con formación del nivel y perfil adecuado, en particular en el área de seguros y servicios financieros, y experiencia práctica derivada de sus anteriores ocupaciones durante periodos de tiempo suficientes. Se tendrán en cuenta para ello tanto los conocimientos adquiridos en un entorno académico como la experiencia en el desarrollo profesional de funciones similares a las que van a desarrollarse en otras entidades o empresas. En la valoración de la experiencia práctica y profesional deberá prestarse especial atención a la naturaleza y complejidad de los puestos desempeñados, las competencias y poderes de decisión y responsabilidades asumidas, así como el número de personas a su cargo, el conocimiento técnico alcanzado sobre el sector financiero y los riesgos que deben gestionar. En todo caso, los criterios de conocimientos y experiencia se aplicarán valorando la naturaleza, tamaño y complejidad de la actividad de cada entidad financiera y las concretas funciones y responsabilidades del puesto asignado a la persona evaluada. Asimismo, el órgano de administración de una entidad aseguradora o reaseguradora deberá contar con miembros que, considerados en su conjunto, posean suficientes conocimientos y experiencia profesional en, al menos, las siguientes áreas: a) Seguros y mercados financieros. b) Estrategias y modelos de negocio. c) Sistema de gobierno. d) Análisis financiero y actuarial. e) Marco regulatorio»; «Artículo 217. Intervención en la liquidación. 1. En el ejercicio de sus funciones la intervención en la liquidación tendrá las siguientes facultades: a) Fiscalizar la administración y contabilidad de las entidades intervenidas. b) Velar por la garantía de los intereses de los tomadores, asegurados, beneficiarios y terceros perjudicados, así como por la conservación y el adecuado destino de los bienes sociales. c) Controlar la labor de los liquidadores para que ésta se ajuste estrictamente a lo establecido en la Ley 20/2015, de 14 de julio, en el presente real decreto y demás disposiciones aplicables. d) Elevar informe a la Dirección General de Seguros y Fondos de Pensiones acerca de la memoria a la que se refiere el artículo 224.2.b). A estos efectos, los interventores podrán solicitar de los liquidadores la información, las aclaraciones y la documentación que sea necesaria para evaluar la información incluida en aquélla. e) Instar a los liquidadores el ejercicio de las acciones que procedan para la reintegración o reconstitución del patrimonio. f) Intervenir los movimientos de fondos, elementos de activo o de pasivo y, en general, todas las operaciones sociales. g) Proponer a la Dirección General de Seguros y Fondos de Pensiones la sustitución de los liquidadores cuando incumplan las normas que para la protección de los tomadores, asegurados, beneficiarios y terceros perjudicados se establecen en la Ley 20/2015, de 14 de julio, en el presente real decreto o las que rigen la liquidación, o bien la dificulten o la retrasen. h) Proponer a la Dirección General de Seguros y Fondos de Pensiones la remisión al Ministerio Fiscal de los antecedentes precisos cuando existan actuaciones que pudieran tener carácter delictivo, y poner de manifiesto a dicha Dirección General los hechos que pudiesen dar lugar a la imposición de sanciones administrativas. i) Proponer a la Dirección General de Seguros y Fondos de Pensiones, cuando concurran los presupuestos previstos en la Ley 20/2015, de 14 de julio y en este real decreto, la adopción de las medidas de control especial que se estimen necesarias. j) Todas aquellas facultades que expresamente se les atribuya en la resolución por la que se disponga la intervención administrativa de la entidad o en la que se designen los interventores. 2. Todos los pagos y disposiciones de activos requerirán la autorización previa del interventor, salvo aquellos que hayan sido previamente autorizados por la Dirección General de Seguros y Fondos de Pensiones. A efectos de agilizar el procedimiento de autorización de pagos, la intervención podrá fijar la periodicidad con la que los liquidadores deban remitir la relación detallada de los pagos a realizar en el respectivo período. 3. Los depositarios de bienes de la entidad intervenida no podrán disponer ni permitir que se disponga de los mismos ni de sus rendimientos sin autorización de la intervención, desde el momento en que se les hubiese notificado la existencia de la intervención administrativa de la entidad. 4. Los acreedores de la entidad mantendrán y podrán ejercitar todos sus derechos y acciones frente a la misma, sin perjuicio de las facultades que corresponden a la intervención. 5. La intervención ajustará su actuación a las siguientes normas: a) Extenderá diligencia en el domicilio social de la entidad, en la que hará constar su toma de posesión, las personas que asisten, las incidencias y posibles dificultades para la liquidación y para el desarrollo de sus funciones de intervención, y si concurre alguna causa por la que proceda que la liquidación sea asumida por el Consorcio de Compensación de Seguros a que se refiere el artículo 183 de la Ley 20/2015, de 14 de julio. b) Podrá acreditar sus actuaciones y comprobaciones en informes, diligencias, autorizaciones o denegaciones, de las que entregará copia al representante legal de la entidad. c) Podrá extender diligencias para documentar los requerimientos y las advertencias que, en su caso, formule a la entidad. Las manifestaciones que la entidad desee formular se harán constar en documento separado. d) Requerirá a los liquidadores o a los administradores para que faciliten, en el más breve plazo posible, toda la documentación necesaria para conocer los valores reales del activo y pasivo a fin de poder determinar la verdadera situación de la entidad y comprobar si ésta se encuentra en condiciones de cumplir sus obligaciones. e) Adoptará las medidas necesarias para el más efectivo control de las variaciones en el patrimonio de la entidad, efectuando anotaciones en los registros que procedan, cursando las oportunas notificaciones a los depositarios de bienes y valores propiedad de la misma y a las entidades de crédito en las que existan cuentas de la entidad intervenida, comunicándoles que no podrán efectuarse disposiciones sin su expresa autorización. f) Ordenará a los liquidadores y a la organización administrativa y comercial de la entidad que se abstengan de realizar pagos sin su intervención, salvo que se adapten a las instrucciones que para ello dicte, y que los ingresos sean realizados única y exclusivamente en las entidades y cuentas señaladas por la propia intervención. g) Instará a los liquidadores para que la liquidación concluya en el plazo más breve posible, particularmente en lo que se refiere al pago de siniestros, de extornos, de impuestos, de retribuciones del personal y al cumplimiento de sentencias judiciales. 6. La intervención cesará cuando hayan desaparecido las causas que la motivaron; cuando se haya producido declaración judicial de concurso; cuando, conforme al artículo 183 de la Ley 20/2015, de 14 de julio, el Ministro de Economía y Competitividad acuerde que la liquidación sea asumida por el Consorcio de Compensación de Seguros; o cuando concluya la liquidación. 7. Los acuerdos de intervención y el cese de la misma se notificarán a las autoridades supervisoras de los restantes Estados Miembros, se inscribirán en el Registro Mercantil, y se publicarán en el sitio web de la entidad, en el "Boletín Oficial del Estado" y en el "Diario Oficial de la Unión Europea"; "Artículo 229. Liquidación de entidades solventes. 1. En el supuesto de que se constate la solvencia de la entidad aseguradora en liquidación por el Consorcio, éste podrá optar por llevar a cabo el proceso de liquidación conforme a lo previsto en el capítulo II del título VII, pudiendo abonar sus créditos a los acreedores con cargo a los fondos propios de la entidad a medida que éstos sean líquidos y exigibles, sin necesidad de convocar Junta de Acreedores. En tal caso, una vez satisfechos todos los créditos y los derivados de gastos de liquidación, se aprobará el balance final, que deberá ser ratificado por la Dirección General de Seguros y Fondos de Pensiones antes de proceder al reparto del haber social entre accionistas o mutualistas conforme a lo dispuesto en los artículos 391 a 394 del texto refundido de la Ley de Sociedades de Capital, aprobado por el Real Decreto Legislativo 1/2010, de 2 de julio. La consignación en depósito de las cuotas no reclamadas o de los créditos que no hayan podido ser satisfechos tendrá lugar en el propio Consorcio a disposición de sus legítimos dueños durante un plazo de veinte años, transcurrido el cual sin haber sido reclamadas se ingresarán en el Tesoro Público, al que se informará de la consignación. 2. Aunque la liquidación de una entidad solvente se lleve a cabo en la forma prevista en el apartado 1, el Consorcio podrá, por razones de falta de liquidez de la entidad u otras circunstancias que lo aconsejen, aplicar los beneficios de liquidación previstos en el artículo 186.1 de la Ley 20/2015, de 14 de julio. En tal caso, el Consorcio podrá resarcirse de los créditos adquiridos a medida que la entidad tenga la liquidez necesaria para ello. En el supuesto contemplado en este apartado, y en lo que no se oponga a sus previsiones, será también de aplicación lo previsto en los demás artículos de este capítulo. Asimismo, se estará, en su caso, a lo dispuesto en el artículo 59.2, último inciso, de la Ley 22/2003, de 9 de julio, Concursal. 3. En relación con los activos y pasivos sobrevenidos con posterioridad a la liquidación, será de aplicación lo dispuesto en los artículos 398, 399 y 400 del texto refundido de la Ley de Sociedades de Capital aprobado por el Real Decreto Legislativo 1/2010, de 2 de julio"; "Artículo 230. Liquidación de entidades insolventes. 1. En caso de insolvencia de la entidad en liquidación, el Consorcio no estará obligado a solicitar la declaración judicial de concurso salvo que el plan de liquidación formulado no fuera aprobado en junta de acreedores. La misma solicitud se podrá formular en cualquier momento del período de liquidación anterior a la junta de acreedores cuando estimase que, dadas las circunstancias concurrentes en la entidad aseguradora cuya liquidación tiene encomendada, sufrirán grave perjuicio los créditos de los acreedores si no tuviera lugar dicha declaración judicial de concurso. 2. Hasta la ratificación del plan de liquidación, el Consorcio no podrá realizar el pago de sus créditos a los acreedores de la entidad aseguradora, salvo lo dispuesto en los artículos 186 y 187 de la Ley 20/2015, de 14 de julio. 3. Los gastos que sean precisos para la liquidación, incluidos los correspondientes a las participaciones en otras entidades, podrán ser satisfechos con cargo a los propios recursos del Consorcio. Su recuperación, en el caso de que se haya aprobado el plan de liquidación por la Junta de Acreedores, quedará condicionada a que sean totalmente satisfe-

chos los demás créditos reconocidos en la liquidación. 4. El plan de liquidación comprenderá una información sobre las medidas adoptadas con arreglo al artículo 186 de la Ley 20/2015, de 14 de julio, el balance y la lista provisional de acreedores. El activo del balance deberá ser líquido, salvo que la enajenación de algún bien no se haya considerado procedente o ésta haya sido imposible y, tratándose de créditos, sea presumible que esperar su cobro efectivo retrasaría notablemente la liquidación. La lista provisional de acreedores se formulará con arreglo al orden de prelación del artículo 179 de la Ley 20/2015, de 14 de julio y por la cuantía que corresponda a cada uno de ellos. Finalmente, el plan de liquidación contendrá la propuesta respecto del importe que, con arreglo al activo y pasivo del balance y al orden de prelación de créditos, deba satisfacerse a cada uno de los acreedores».

– La **Orden ECC/664/2016, de 27 de abril, por la que se aprueba la lista de información a remitir en supuestos de adquisición o incremento de participaciones significativas en entidades aseguradoras y reaseguradoras y por quienes pretendan desempeñar cargos de dirección efectiva o funciones que integran el sistema de gobierno en entidades aseguradoras, reaseguradoras y en los grupos de entidades aseguradoras y reaseguradoras,** incorpora un Anexo I relativo a la Información requerida para la adquisición o incremento de participaciones significativas en entidades aseguradoras y reaseguradoras, entre la que se incluye: «*2. Datos adicionales del adquirente potencial. 2.1 En el supuesto de que el adquirente sea una persona física (...) 2.1.1.2 Resoluciones judiciales en materia concursal por las que se declare la inhabilitación conforme a la Ley 22/2003, de 9 de julio, Concursal, mientras no haya concluido el periodo de inhabilitación fijado, o el estado de quebrado o concursado no rehabilitado en el caso de procedimientos concursales anteriores a la entrada en vigor de la referida ley, o por situaciones similares con arreglo a la normativa de otros países. (...) 2.1.1.4 La existencia de investigaciones relevantes en el ámbito judicial, concursal o sancionador administrativo, en que pueda hallarse incurso en relación con las materias señaladas en los puntos anteriores (...)*». Igualmente, se incorpora un Anexo II sobre Información requerida a quienes pretendan desempeñar cargos de dirección efectiva o ser titulares de funciones que integran el sistema de gobierno, así como a la persona responsable de la función en el caso de que esté externalizada, en entidades aseguradoras, reaseguradoras o en grupos de entidades aseguradoras y reaseguradoras, entre la que se exige: «*2.1 Con el fin de valorar la honorabilidad, se aportará la siguiente información: (...) 2.1.2 Resoluciones judiciales en materia concursal por las que se declare la inhabilitación conforme a la Ley 22/2003, de 9 de julio, Concursal, mientras no haya concluido el periodo de inhabilitación fijado, o el estado de quebrado o concursado no rehabilitado en el caso de procedimientos concursales anteriores a la entrada en vigor de la referida Ley, o por situaciones similares con arreglo a la normativa de otros países (...).2.1.4 La existencia de investigaciones, relevantes, en el ámbito judicial, concursal o sancionador administrativo en que pueda hallarse incurso en relación con las materias señaladas en los puntos anteriores (...)*».

ENTIDADES DEL SECTOR PÚBLICO

– El **Real Decreto 749/2019, de 27 de diciembre, por el que se aprueba el Reglamento de funcionamiento del Inventario de Entidades del Sector Público Estatal, Autonómico y Local,** establece: «*Artículo 16. Presentación de solicitud de inscripción: (...) 6. Si la entidad en cuestión se encuentra en proceso de liquidación, tendrá la consideración de titular del máximo órgano de dirección el liquidador. Si se encuentra en concurso de acreedores corresponderá al administrador concursal (...)*».

ESTABLECIMIENTOS FINANCIEROS DE CRÉDITO

– El **Real Decreto 309/2020, de 11 de febrero, sobre el régimen jurídico de los establecimientos financieros de crédito y por el que se modifica el Reglamento del Registro Mercantil, aprobado por el Real Decreto 1784/1996, de 19 de julio, y el Real Decreto 84/2015, de 13 de febrero, por el que se desarrolla la Ley 10/2014, de 26 de junio, de ordenación, supervisión y solvencia de entidades de crédito,** establece: «*Artículo 3.2. No será de aplicación a los establecimientos financieros de crédito: a) El artículo 27.6 de la Ley 22/2003, de 9 de julio, Concursal*»; «*Artículo 18. Revocación de la autorización. 1. La autorización concedida a un establecimiento financiero de crédito solo podrá ser revocada en los siguientes supuestos: (...) g) Cuando se hubiera dictado resolución judicial de apertura de la fase de liquidación de un proceso concursal (...)*»; «*Artículo 30. Colchón de liquidez y estructura de fuentes de financiación y vencimientos de los establecimientos financieros de crédito. 1. Los establecimientos financieros de crédito y a los grupos consolidables de establecimientos financieros de crédito deberán contar en todo momento con un colchón de liquidez de alta calidad crediticia que les permita hacer frente a sus salidas netas de caja durante un periodo de grave inestabilidad financiera, así como mantener una estructura adecuada de fuentes de financiación y de vencimientos en sus activos, pasivos y compromisos, con el fin de evitar potenciales desequilibrios o tensiones de liquidez que puedan dañar o poner en riesgo la* *situación financiera de la entidad, en los términos que determine el Banco de España. 2. El volumen del colchón previsto en el apartado anterior deberá ser mayor o igual a las salidas netas de caja previstas para un periodo de tiempo determinado por el Banco de España. No obstante lo anterior, el colchón de liquidez nunca podrá ser inferior a un porcentaje de las salidas brutas de caja previstas para el periodo, que determinará el Banco de España, incluso en situaciones en las que durante el periodo de referencia el establecimiento financiero de crédito experimente entradas netas de caja o salidas netas de caja reducidas. 3. El colchón de liquidez deberá estar constituido por: a) Efectivo y otros activos líquidos equivalentes. b) Depósitos en entidades de crédito. 3. El colchón de liquidez deberá estar constituido por: a) Efectivo y otros activos líquidos equivalentes. b) Depósitos en entidades de crédito. c) El importe disponible y no utilizado de líneas de crédito siempre que: 1.º La entidad que concede la línea de crédito no tenga capacidad para rescindir unilateralmente la línea de crédito. 2.º La entidad que concede la línea de crédito no haya sido declarada en concurso. 3.º El contrato de crédito tenga vigencia durante un periodo de tiempo igual o superior al establecido por el Banco de España en virtud del apartado anterior. d) Valores negociables que cumplan las siguientes condiciones: 1.º Estar admitidos a cotización en un mercado regulado. 2.º No haber sido emitidos por el propio establecimiento financiero de crédito ni por otras entidades de su grupo. Tampoco se admitirán bonos de titulización respaldados por préstamos o créditos concedidos por el propio establecimiento financiero de crédito o por entidades de su grupo. 3.º Recibir una ponderación de riesgo, como máximo, del 50 por ciento a efectos de los requerimientos de recursos propios por riesgo de crédito establecidos en el Reglamento (UE) n.º 575/2013 del Parlamento Europeo y del Consejo, de 26 de junio de 2013. 4.º Estar libres de cargas. 4. Lo dispuesto en este artículo no será de aplicación a los establecimientos financieros de crédito integrados en un grupo consolidable de entidades de crédito, siempre que las entradas y salidas de caja del establecimiento financiero de crédito hayan sido incluidas por el grupo o subgrupo a efectos del cálculo del ratio de cobertura de liquidez establecido en el Reglamento 2015/61 de la Comisión, de 10 de octubre de 2014, por el que se completa el Reglamento (UE) n.º 575/2013 del Parlamento Europeo y del Consejo, de 26 de junio de 2013, en lo que atañe al requisito de cobertura de liquidez aplicable a las entidades de crédito».*

– **Circular 1/2022, de 24 de enero, del Banco de España, a los establecimientos financieros de crédito, sobre liquidez, normas prudenciales y obligaciones de información, y que modifica la Circular 1/2009, de 18 de diciembre, a entidades de crédito y otras supervisadas, en relación con la información sobre la estructura de capital y cuotas participativas de las entidades de crédito, y sobre sus oficinas, así como sobre los altos cargos de las entidades supervisadas, y la Circular 3/2019, de 22 de octubre, por la que se ejerce la facultad conferida por el Reglamento (UE) 575/2013 de definir el umbral de significatividad de las obligaciones crediticias vencidas.**

EXCLUSIÓN DE TRÁMITES CONCURSALES

– **El Real Decreto 867/2015, de 2 de octubre, por el que se regulan las especificaciones y condiciones para el empleo del documento único electrónico para el cese de actividad y extinción de las sociedades de responsabilidad limitada y el cese de actividad de las empresas individuales,** establece: «*Artículo 2. Ámbito de aplicación. 1. Las disposiciones contenidas en este real decreto no alteran las normas relativas a la tramitación administrativa no electrónica para el cese de la actividad de empresarios individuales y para la extinción y cese de la actividad de sociedades de responsabilidad limitada. 2. Quedan excluidas las comunicaciones y otros trámites referidos al procedimiento concursal*».

EXPEDIENTES DE CONCILIACIÓN

– **La Ley de 28 de mayo de 1862, Orgánica del Notariado,** en el ámbito de los expedientes de conciliación, establece que las cuestiones previstas en la Ley Concursal no podrán conciliarse siguiendo este trámite. «*Artículo 81. 1. Podrá realizarse ante Notario la conciliación de los distintos intereses de los otorgantes con la finalidad de alcanzar un acuerdo extrajudicial. 2. La conciliación podrá realizarse sobre cualquier controversia contractual, mercantil, sucesoria o familiar siempre que no recaiga sobre materia indisponible. Las cuestiones previstas en la Ley Concursal no podrán conciliarse siguiendo este trámite. Son indisponibles: a) Las cuestiones en las que se encuentren interesados los menores. b) Las cuestiones en las que estén interesados el Estado, las Comunidades Autónomas y las demás Administraciones públicas, Corporaciones o Instituciones de igual naturaleza. c) Los juicios sobre responsabilidad civil contra Jueces y Magistrados. d) En general, los acuerdos que se pretendan sobre materias no susceptibles de transacción ni compromiso*». Lo que se reitera en la **Ley Hipotecaria de 8 de febrero de 1946** (modificada por la Ley Orgánica 1/2025, de 2 de enero, de medidas en materia de eficiencia del Servicio Público de Justicia), en el Título IV bis, relativo a la conciliación: «*Artículo 103 bis. 1. Los Registradores serán competentes para conocer de los actos de conciliación sobre cualquier controversia inmobiliaria, urbanística y mercantil o que verse sobre hechos o actos inscribibles en el Registro de la Propiedad, Mercantil u* *otro registro público que sean de su competencia, siempre que no recaiga sobre materia indisponible, con la finalidad de alcanzar un acuerdo extrajudicial. La conciliación por estas controversias puede también celebrarse, a elección de los interesados, ante Notario o Secretario judicial. Las cuestiones previstas en la Ley Concursal no podrán conciliarse siguiendo este trámite. 2. Celebrado el acto de conciliación, el Registrador certificará la avenencia entre los interesados o, en su caso, que se intentó sin efecto o avenencia. La certificación estará dotada de eficacia ejecutiva en los términos del número 9.º del apartado 2 del artículo 517 de la Ley de Enjuiciamiento Civil. La ejecución se tramitará conforme a lo previsto para los títulos ejecutivos extrajudiciales».*

FONDO DE COINVERSIÓN

– La **Resolución de 24 de mayo de 2024, de la Secretaría de Estado de Comercio, por la que se publica el acuerdo del Consejo de Ministros de 16 de abril de 2024, por el que se regula la actividad y el funcionamiento del Fondo de Coinversión, F.C.P.J.** El Real Decreto-ley 8/2023, de 27 de diciembre, regula la creación del Fondo de Coinversión (F.C.P.J), fondo carente de personalidad jurídica (FOCO), adscrito al Ministerio de Economía, Comercio y Empresa a través de la Secretaría de Estado de Comercio, cuyo objetivo es atraer la inversión exterior e impulsar la modernización productiva, el crecimiento sostenible y la transición ecológica y digital de la economía española. La gestión del Fondo corresponde a la Compañía Española de Financiación del Desarrollo, Cofides, SA, S.M.E. (COFIDES o Gestora) y el Acuerdo del Consejo de Ministros de 16 de abril de 2024 establece las operaciones del Fondo, los requisitos de elegibilidad que deberán cumplir los beneficiarios de las mismas y desarrolla el régimen de gestión y funcionamiento. Entre sus previsiones se incluyen algunas remisiones a los procedimientos preconcursales y al concurso de acreedores. De un lado, en el Anexo I —Operaciones e Instrumentos—: *1. Operaciones del Fondo de Coinversión. Elegibilidad. 1.1 Para poder resultar beneficiaria de alguno de los instrumentos financieros del Fondo, la empresa deberá cumplir los siguientes requisitos: (...) f) No haber solicitado la declaración de concurso voluntario o institución jurídica sustancialmente equivalente; no haber sido declarada insolvente en cualquier procedimiento; no hallarse declarada en concurso o institución jurídica sustancialmente equivalente, salvo que en este haya adquirido la eficacia un convenio; no estar sujeta a intervención judicial o haber sido inhabilitada conforme al Texto Refundido de la Ley Concursal, sin que haya concluido el período de inhabilitación fijado en la sentencia de calificación del concurso. g) No encontrarse en situación de insolvencia actual siempre que concurra además alguno de los hechos externos reveladores de la insolvencia previstos en el artículo 2.4 del Texto Refundido de la Ley Concursal (...). 3. Instrumentos: criterios básicos (...). 3.8 El Fondo no podrá refinanciar operaciones ni cualquier préstamo pendiente fuera del marco de un proceso concursal o preconcursal y tendrá que hacer inversiones que sean económicamente viables. Y, de otro lado, en el Anexo III – Gestión y funcionamiento-; 3. Gestión del Fondo (...). 3.2 COFIDES llevará a cabo todas las acciones relativas a la gestión del Fondo, incluyendo, con carácter no limitativo, las siguientes (...): p) Aprobar de forma definitiva, cuando las circunstancias lo justifiquen, las renegociaciones, desinversiones, liquidaciones o cualesquiera otros pactos o transacciones relativos a las operaciones de inversión directa formalizadas con cargo al FOCO. Así, entre otras propuestas y a título enunciativo y no limitativo, la Gestora podrá aprobar quitas y esperas, adhesiones a convenios de acreedores, refinanciaciones y reestructuraciones en el marco de situaciones concursales o preconcursales, renegociaciones, reconocimientos de deuda, transacciones judiciales o extrajudiciales o desinversiones que considere oportunos. En estos casos, las propuestas deberán contar previamente con una valoración global favorable del PEI y deberán haberse elevado al CITI, sin haber sido vetadas expresamente por este (...). 4. Comité Interministerial Técnico de Inversiones (CITI) (...). 4.8 El Comité Técnico, como órgano técnico en relación con la gestión del Fondo, es competente para (...): c) En los casos en los que el Comité lo considere oportuno, vetar, caso por caso, de forma expresa la aprobación definitiva por la Gestora de medidas aprobadas provisionalmente por esta tales como, a título enunciativo y no limitativo, quitas, esperas, adhesiones a convenios de acreedores, refinanciaciones, reestructuraciones o renegociaciones en el marco de procesos concursales o preconcursales, reconocimientos de deuda, transacciones judiciales o extrajudiciales o desinversiones relativas a las operaciones de inversión directa formalizadas con cargo al FOCO, para asegurar la buena marcha del Fondo y el cumplimiento de los objetivos para los que el mismo fue creado (...).*

FONDO DE GARANTÍA SALARIAL

– El apartado 6 del artículo 19 del **Real Decreto 505/1985, de 6 de marzo, sobre organización y funcionamiento del Fondo de Garantía Salarial** establece: *Seis. En el caso de extinción del contrato de trabajo por las causas previstas en el artículo 11.2 del Real Decreto 1620/2011, de 14 de noviembre, por el que se regula la relación laboral de carácter especial del servicio del hogar familiar, la cuantía de la indemnización que procede abonar al Fondo de Garantía Salarial se calculará a razón de doce días de salario por año de servicio, prorrateándose por meses los períodos de tiempo inferiores* *a un año, con el límite máximo de seis mensualidades, sin que el salario diario, base del cálculo, pueda exceder del doble del salario mínimo interprofesional, incluyendo la parte proporcional de las pagas extraordinarias.*

– La **Resolución de 11 de diciembre de 2018, de la Secretaría General del Fondo de Garantía Salarial, por la que se aprueba el modelo de certificación de créditos laborales incluidos en la lista de acreedores del procedimiento concursal, que ha de acompañarse con la solicitud de prestaciones de garantía salarial reguladas en el artículo 33 del Texto Refundido de la Ley del Estatuto de los Trabajadores** (Corrección de errores BOE de 14 de febrero de 2019), aprueba el modelo de certificación de inclusión de créditos laborales en el concurso de acreedores, que figura como anexo de la resolución. Dicha resolución señala que: *«La exigencia de la responsabilidad subsidiaria que el artículo 33 del Texto Refundido de la Ley del Estatuto de los Trabajadores (LET) atribuye al Fondo de Garantía Salarial en materia de garantía salarial, comporta, a efectos del reconocimiento de este derecho, que las solicitudes de prestaciones cumplan los requisitos legales y formales establecidos en dicho precepto y en el Real Decreto 505/85 de 6 de marzo, sobre organización y funcionamiento del Fondo de Garantía Salarial, que lo desarrolla. Así, en el caso de que dichas solicitudes se promuevan a causa de la declaración de concurso de acreedores de la empresa, el apartado 3, regla primera, del artículo 33 de la Ley del Estatuto de los Trabajadores, establece que "el reconocimiento del derecho a la prestación exigirá que los créditos de los trabajadores aparezcan incluidos en la lista de acreedores o, en su caso, reconocidos como deudas de la masa por el órgano del concurso competente para ello en cuantía igual o superior a la que se solicita del Fondo", precepto que debe complementarse con lo dispuesto en el artículo 25 b) 4 y c) del Real Decreto 505/85, en relación con el artículo 28.1 de la Ley 39/2015, de 1 de octubre, del Procedimiento Administrativo Común de las Administraciones Públicas (LPACAP) que establecen la obligación de acompañar a la solicitud, entre otros documentos, "certificación de la inclusión de los créditos de los trabajadores en la lista de acreedores por un importe igual o superior al que se solicite del Fondo de Garantía Salarial". La práctica, en la instrucción de los expedientes administrativos de prestaciones de garantía salarial, viene demostrando que la certificación de inclusión del crédito laboral en la lista de acreedores del concurso que expide la administración concursal de la empresa para acreditar dicho requisito legal, no se efectúa en un modelo normalizado sino que se hace de forma subjetiva, lo que motiva que, en muchas ocasiones, se emita de forma defectuosa dando lugar al correspondiente requerimiento de subsanación, circunstancia que interfiere de forma negativa en la tramitación del procedimiento administrativo al afectar al principio de celeridad, y a que la resolución no pueda dictarse dentro del plazo establecido en el artículo 28.7 del Real Decreto 505/85, de 6 de marzo. En este contexto, resulta conveniente poner a disposición de los órganos de administración del concurso, de los trabajadores, y de los profesionales que, en su caso, les representen, un modelo normalizado de certificación de los créditos laborales que dé cumplimiento a los requisitos que establece la normativa antes referida».*

– La **Orden TES/941/2023, de 1 de agosto, por la que se regula el procedimiento para el reintegro al Fondo de Garantía Salarial, O.A., de las prestaciones pagadas indebidamente,** establece el procedimiento para el reintegro al Fondo de Garantía Salarial de prestaciones pagadas indebidamente. Entre las reglas incluidas se encuentra, en el artículo 9, la relativa a los requisitos de la solicitud de aplazamiento o fraccionamiento de las deudas contraídas por los perceptores de prestaciones, con el fin de facilitar su reintegro a quienes de, por sus circunstancias económico-financieras, les impida de forma transitoria efectuar el pago de la misma en el plazo y términos establecidos: *Artículo 9. Requisitos de la solicitud de aplazamiento o fraccionamiento. 1. En la solicitud de aplazamiento o fraccionamiento se hará constar necesariamente los siguientes datos: a) Nombre y apellidos o razón social o denominación completa, número de identificación fiscal y domicilio fiscal del obligado al pago y, en su caso, de la persona que lo represente. b) Identificación de la deuda, cuyo aplazamiento o fraccionamiento se solicita, indicando al menos su importe, concepto y fecha de finalización del plazo de ingreso en periodo voluntario. c) Causas que motivan la solicitud de aplazamiento o fraccionamiento. d) Plazos y demás condiciones del aplazamiento o fraccionamiento que se solicita. e) Garantía que se ofrece, conforme a lo dispuesto en el artículo 82 de la Ley 58/2003, de 17 de diciembre, General Tributaria. f) Lugar, fecha y firma del solicitante. g) Indicación de que la deuda respecto de la que se solicita el aplazamiento o fraccionamiento no tiene el carácter de crédito contra la masa, en el supuesto que el solicitante se encuentre en proceso concursal. 2. A la solicitud de aplazamiento o fraccionamiento se deberá acompañar: a) Compromiso de aval solidario de entidad de crédito o sociedad de garantía recíproca, certificado de seguro de caución, o la documentación que se detalla en los apartados 4 y 5 del artículo 46 del Reglamento General de Recaudación, según el tipo de garantía que se ofrezca, cuando fuera exigible por razón de la cuantía. b) En su caso, los documentos que acrediten la representación y el lugar señalado a efectos de notificación. Las comunicaciones y notificaciones se verificarán de forma electrónica en los supuestos en que las personas estén obligadas a relacionarse electrónicamente con la Administración. c) Los demás documentos o justificantes que estime oportunos. En particular, deberá justificarse la existencia de dificultades económico-financieras que le impidan de forma transitoria efectuar el* *pago en el plazo establecido. d) En el caso de concurso del perceptor de las prestaciones indebidas, se deberá aportar declaración y otros documentos acreditativos de que las deudas con el FOGASA no tienen la consideración de créditos contra la masa del correspondiente concurso. 3. Si la solicitud no reúne los requisitos establecidos anteriormente o no se acompañan los documentos citados en los apartados anteriores, el órgano competente para la tramitación del aplazamiento o fraccionamiento requerirá al solicitante para que, en un plazo de diez días contados a partir del siguiente al de la notificación del requerimiento, subsane el defecto o aporte los documentos, con indicación de que, si así no lo hiciera, se le tendrá por desistido de su petición, previa resolución que deberá ser dictada en los términos previstos en el artículo 21 de la Ley 39/2015, de 1 de octubre. 4. Cuando el requerimiento de subsanación haya sido objeto de contestación en plazo por la persona interesada pero no se entiendan subsanados los defectos observados, se le tendrá por desistido de su petición, previa resolución que deberá ser dictada en los términos previstos en el artículo 21 de la Ley 39/2015, de 1 de octubre. 5. Las comunicaciones y notificaciones se verificarán de forma electrónica en los supuestos en que las personas estén obligadas a relacionarse electrónicamente con la Administración.*

FONDO DE IMPACTO SOCIAL

– El **Real Decreto-Ley 4/2024, de 26 de junio, por el que se prorrogan determinadas medidas para afrontar las consecuencias económicas y sociales derivadas de los conflictos en Ucrania y Oriente Próximo y se adoptan medidas urgentes en materia fiscal, energética y social**, establece diversas medidas, entre las que se incluyen las relativas al impulso a la inversión y de apoyo a la industria. En éstas se crea el Fondo de Impacto Social, F.C.P.J. (FIS) cuyo objetivo es *cubrir retos sociales y medioambientales insuficientemente atendidos por los mercados privados de capitales y generar impacto adicional a través de instrumentos financieros adaptados a la singular realidad de la economía de impacto, que permitan atraer a inversores privados para impulsar la inversión y financiación de actividades económicas con impacto. El Fondo persigue ser complementario y adicional a otras iniciativas y/o instrumentos que tienen como objetivo la promoción de la inversión social y/o medioambiental. En este sentido, el Fondo tiene como objetivo diferencial apoyar el apalancamiento de recursos del sector privado de cara a conseguir que parte de las necesidades de financiación del sector de la economía de impacto sean financiadas por recursos no gubernamentales. En la determinación de los recursos y obligaciones del Fondo, el apartado tercero del artículo 13 dispone: 3. Los derechos y obligaciones contraídos por la gestora del Fondo a que se refiere el artículo 14 a favor o con cargo al mismo, por cuenta de la Administración General del Estado y que deriven de la actividad de FIS tendrán la consideración de derechos y obligaciones de la Hacienda Pública de naturaleza privada. La efectividad de los derechos de naturaleza privada de la Hacienda Pública estatal se llevará a cabo con sujeción a las normas y procedimientos de derecho privado que resulten de aplicación y se aplicarán, en su caso, para la cobranza de los créditos los procedimientos y reglas de la Ley de Enjuiciamiento Civil, del Texto Refundido de la Ley Concursal, aprobado por el Real Decreto Legislativo 1/2020, de 5 de mayo. En el caso de concursos y preconcursos declarados en España, los créditos que se insinúen en los procedimientos concursales y preconcursales tendrán la consideración de ordinarios salvo que cuenten con garantías, en cuyo caso se les reconocerá el privilegio especial que corresponda en función de la naturaleza de aquellas, o que por las características de la financiación se haya aceptado expresamente la subordinación, en cuyo caso los créditos serán subordinados.*

– **Resolución de 24 de julio de 2024, de la Secretaría General de Inclusión, por la que se publica el Acuerdo del Consejo de Ministros de 23 de julio de 2024, por el que se establece la actividad y el funcionamiento del Fondo de Impacto Social, F.C.P.J.**

FONDO FIDUCIARIO ACP

– **Acuerdo Internacional Administrativo entre España y el Banco Europeo de Inversiones relativo a la Contribución al Fondo Fiduciario ACP Compartimento de los Estados Miembros, hecho en Madrid y Luxemburgo el 18 de julio, 9 y 13 de agosto de 2024.** En el Acuerdo de Contribución (el «Acuerdo de Contribución») celebrado entre el Reino de España (el «Contribuyente») y el Banco Europeo de Inversiones (el «Banco» o el «BEI»), denominados conjuntamente las «Partes» (BOE de 25 de octubre de 2024), se incluye un Apéndice 2 al Acuerdo de Contribución: descripción del fondo, Fondo Fiduciario ACP, que en el apartado decimocuarto establece: *14. Riesgo de tipo de cambio y gestión de la tesorería. Para la gestión de las operaciones que no estén denominadas en euros cualquier parte del saldo pendiente del Fondo podrá convertirse de EUR a USD, y viceversa, de conformidad con la práctica habitual del Banco. El Fondo asumirá el riesgo de tipo de cambio derivado de dicha conversión. No obstante lo dispuesto en el artículo 8.1 del Reglamento de la Plataforma, el Banco: (a) en el caso de los importes del saldo pendiente del Fondo denominados en EUR, solo invertirá dichos importes en el Fondo Unitario del Banco y no con arreglo a las directrices para la gestión de activos; y (b) en el caso de* *los importes del saldo pendiente del Fondo denominados en USD, mantendrá dichos importes en una cuenta de los libros contables del Banco denominada en dicha divisa. El Banco aplicará al saldo diario de la cuenta denominada en USD un tipo de interés, sin límite máximo ni mínimo, equivalente al índice promedio SOFR TERM del CME para USD a 3 meses [la tasa prospectiva de financiación garantizada a un día (SOFR) administrada por la Benchmark Administration Limited del Grupo CME (o un administrador que la suceda), por un periodo de tres (3) meses] desde las 06:00 a.m., hora de Nueva York], del segundo (2.º) día anterior al inicio de cada periodo de cálculo de tres (3) meses que sea día hábil para el sector de los títulos del Tesoro de EE.UU. (excepto sábados, domingos y días en los que el sector de los títulos y la asociación de mercados financieros, o su sucesora, recomienden que se cierren los departamentos de renta fija de sus miembros durante toda la jornada para la negociación de los títulos del Tesoro de EE.UU.)(con la salvedad de que el primer y último periodo de cálculo pueden ser más breves) (el «tipo de interés para USD»). Con respecto a cada periodo de cálculo, el Banco multiplicará el saldo de dicha subcuenta en USD por el tipo de interés para USD respecto de cada día de dicho periodo y dividirá el resultado entre 360. La cuantía de los intereses (los «intereses devengados en USD») correspondientes a un periodo de cálculo será igual a la suma de los intereses que haya fijado y calculado el Banco para cada día de dicho periodo. Si el valor de los intereses devengados en USD durante un periodo de cálculo es positivo, los recursos de la cuenta correspondiente se incrementarán en consecuencia. Si es negativo, se minorarán en el valor absoluto de dichos intereses. Si la Benchmark Administration Limited del Grupo CME (o el administrador que la suceda) o un distribuidor autorizado no publicasen el SOFR TERM del CME para USD a 3 meses correspondiente al día en que fuera necesario consultarlo, y la Benchmark Administration Limited del Grupo CME (o el administrador que la suceda) no lo comunicara de otra manera y el Banco hubiera determinado que se había producido una interrupción temporal, el tipo aplicable para ese día será el del último valor del índice SOFR TERM del CME para USD a tres (3) meses comunicado o publicado en la fecha en que se requirió inicialmente dicho índice. Si, solo cuando así lo determine el Banco, se interrumpe de forma permanente el SOFR TERM del CME para USD a tres (3) meses respecto de un día en que fuera necesario consultarlo, pero, respecto de ese día, la Benchmark Administration Limited del Grupo CME (o un administrador que la suceda) comunica el SOFR TERM prospectivo para períodos de vencimiento que sean, respectivamente, superiores e inferiores a tres (3) meses, se utilizará el índice interpolado para establecer el que corresponda a ese día. Si, solo cuando así lo determine el Banco: (i) se interrumpe el SOFR TERM del CME para USD a tres (3) meses de forma permanente respecto del día en que fuera necesario consultarlo, y, respecto de ese día, no es de aplicación el índice interpolado porque no existe un vencimiento inferior o superior; (ii) la Benchmark Administration Limited del Grupo CME (o el administrador que la suceda), u otra entidad en su nombre, anuncia, mediante una declaración pública o una publicación de información sobre el SOFR TERM del CME para USD a 3 meses, que ha dejado, o va a dejar, de comunicar el SOFR TERM del CME para USD a 3 meses de forma permanente o indefinida, y en el momento de la declaración o la publicación no existe un administrador o proveedor, según proceda, que la suceda, y que continúe comunicando el SOFR TERM del CME para USD a tres (3) meses; (iii) el supervisor regulador de la Benchmark Administration Limited del Grupo CME (o el administrador que la suceda), el banco central de la moneda del SOFR TERM del CME para USD a tres (3) meses, un administrador concursal con competencia sobre la Benchmark Administration Limited del Grupo CME (o el administrador que lo suceda), una autoridad de resolución con competencia sobre la Benchmark Administration Limited del Grupo CME (o el administrador que lo suceda), o un tribunal o una entidad con competencias similares en materia concursal y en materia de resolución sobre la Benchmark Administration Limited del Grupo CME (o el administrador que la suceda) anuncian, mediante una declaración pública o una publicación de información, que la Benchmark Administration Limited del Grupo CME ha dejado, o va a dejar, de comunicar el SOFR TERM del CME para USD a 3 meses de forma permanente o indefinida, y en el momento de la declaración o la publicación no exista un administrador o proveedor que la suceda que continúe comunicando el SOFR TERM del CME para USD a 3 meses; o bien. (iv) se produce un hecho o circunstancia que tenga por efecto que no se permita al Banco utilizar el índice prospectivo SOFR; el índice SOFR TERM del CME del día en que sea necesario consultarlo, cuando ese día coincida o sea posterior a alguno de los hechos señalados más arriba, será el índice recomendado SOFR TERM del CME para un periodo de tres (3) meses [esto es, el índice, incluidos los ajustes de diferencial, que se recomiende en sustitución del SOFR TERM del CME prospectivo por la Benchmark Administration Limited del Grupo CME (o el administrador que la suceda)] o, en ausencia de dicha recomendación, por un comité oficialmente aprobado o convocado por el Consejo de la Reserva federal, o por el Banco de la Reserva Federal de Nueva York o el supervisor de la Benchmark Administration Limited del Grupo CME (o el administrador que la suceda), para que recomiende un índice sustitutivo del SOFR TERM prospectivo (índice que podrá comunicar otro administrador) y según disponga la Benchmark Administration Limited del Grupo CME (o el administrador que la suceda) o, en caso de que dicho administrador no lo comunique, el que publique un distribuidor autorizado. Si no se publicase el CME TERM SOFR correspondiente al día en que fuera necesario consultarlo, o su uso dejase de responder a las normas y prácticas del Banco, este, tras consultar a los contribuyentes, podrá sustituirlo por otro tipo de referencia, ajustando convenientemente, de buena fe y de una forma razonable desde el punto de vista comercial, el diferencial, la fracción de cómputo de días y/o el periodo de cálculo.*

GAS NATURAL

– El **Real Decreto 1434/2002, de 27 de diciembre, por el que se regulan las actividades de transporte, distribución, comercialización, suministro y procedimientos de autorización de instalaciones de gas natural**, establece: «*Artículo 18. Inhabilitación para ejercer la actividad de comercialización. 1. Procederá la inhabilitación para ejercer la actividad de comercialización de gas natural en los siguientes casos: a. La apertura de la fase de liquidación en el procedimiento de concurso de acreedores o extinción de la personalidad jurídica del comercializador. b. Incumplimiento probado de las condiciones exigidas para realizar la actividad de comercializador. c. La comisión de una infracción de las tipificadas como muy graves en el artículo 109 de la Ley 34/1998, de 7 de octubre, cuando lleve aparejada la inhabilitación para ejercer la actividad de comercialización. d. El incumplimiento por el comercializador de las obligaciones económicas establecidas para los mismos, en particular el impago en los plazos que correspondan de los peajes y cánones de acceso a las instalaciones gasistas, las penalizaciones por desbalances o cualquier otra obligación de pago frente al sistema gasista. 2. De producirse las circunstancias previstas en el apartado 1, el Ministro de Energía, Turismo y Agenda Digital resolverá sobre la imposibilidad de continuar en el ejercicio de la actividad de comercialización, previa audiencia de la comercializadora afectada. 3. El procedimiento de inhabilitación para ejercer como comercializadora de gas natural se iniciará mediante acuerdo que incorporará la propuesta de resolución, y será sometido a trámite de audiencia por un plazo de 10 días. El acuerdo de inicio suspenderá el derecho al acceso a las bases de datos de puntos de suministro de las empresas distribuidoras sin perjuicio de la información necesaria para llevar a cabo el traspaso de los clientes a una comercializadora de último recurso de acuerdo con el procedimiento regulado en los siguientes apartados del presente artículo. Transcurrido el plazo de 10 días, el Ministro de Energía, Turismo y Agenda Digital resolverá si procede o no la inhabilitación. Este procedimiento podrá tramitarse de forma acumulada con el procedimiento de traspaso de clientes a una empresa comercializadora de último recurso al que se refiere el artículo 18 bis de este Real decreto de acuerdo con lo previsto en el artículo 82 de la Ley 34/1998, de 7 de octubre. Este traspaso podrá también acordarse de forma separada, una vez dictada la resolución de inhabilitación. En este caso, deberá conferirse previamente audiencia al interesado por un plazo de 10 días, transcurridos los cuales podrá dictarse resolución que así lo disponga, con el contenido antes expresado. 4. El plazo máximo para resolver y notificar la resolución será de cuatro meses contados desde la fecha en que la Dirección General de Política Energética y Minas acuerde la iniciación del procedimiento. El vencimiento del plazo máximo establecido sin que se haya dictado y notificado resolución expresa producirá la caducidad del procedimiento y el archivo de las actuaciones. La orden de inhabilitación de la empresa comercializadora se publicará en el "Boletín Oficial del Estado" y se notificará individualmente al interesado afectado. En el caso de que el domicilio a efectos de notificación radicara en un país extranjero, la notificación se efectuará mediante su publicación en el tablón de anuncios del Consulado o Sección Consular de la Embajada española correspondiente. 5. La orden por la que se resuelva el procedimiento determinará, en su caso el plazo de inhabilitación que será como máximo de cinco años. Contra esta orden, que pone fin a la vía administrativa, podrá interponerse recurso de contencioso-administrativo en el plazo de dos meses desde su notificación. También podrá interponerse potestativamente recurso de reposición ante el titular del Ministerio de Energía, Turismo y Agenda Digital en el plazo de un mes, a contar desde el día siguiente al de su notificación significando que, en caso de presentar recurso de reposición, no se podrá interponer recurso contencioso-administrativo hasta que se resuelva expresamente el recurso de reposición o se produzca la desestimación presunta del mismo, en virtud de lo dispuesto en el artículo 123.2 de la Ley 39/2015, de 1 de octubre. 6. Durante un plazo de seis meses, a contar desde que gane eficacia la resolución de inhabilitación de una empresa, no surtirán efectos las comunicaciones y declaraciones responsables que fuesen presentadas por la referida empresa para el ejercicio de la actividad de comercialización o las que fueran presentadas por empresas del mismo grupo empresarial o por otras empresas vinculadas a la comercializadora inhabilitada y que hubieran sido creadas en los seis meses anteriores o posteriores a la inhabilitación. A estos efectos, se entenderán vinculadas las empresas que cumplan, entre otras, la condición de formar parte de un grupo de sociedades en los términos definidos en el artículo 42 del Código de Comercio, o aquellas cuyo representante sea común a ambas sociedades. 7. Lo establecido en el presente artículo se entenderá sin perjuicio de las sanciones que puedan derivarse de acuerdo con lo dispuesto en el título VI de la Ley 34/1998, de 7 de octubre*».

GESTIÓN E INSPECCIÓN TRIBUTARIA

– La **Resolución de 13 de febrero de 2024, de la Presidencia de la Agencia Estatal de Administración Tributaria, por la que se modifica la de 19 de febrero de 2004, por la que se desarrolla lo previsto en el apartado sexto de la Orden**

HAC/3578/2003, de 11 de diciembre, en relación a los procedimientos especiales de ingreso, modifica el apartado primero, «Ámbito de aplicación», que pasa a tener la siguiente redacción: *El procedimiento que se establece en esta resolución será aplicable a los siguientes ingresos: a) Remesas de ingresos procedentes de otras Administraciones tributarias nacionales (comunidades autónomas y corporaciones locales), originadas por ingresos correspondientes a la Agencia Tributaria, erróneamente satisfechos en otra Administración por el contribuyente o por las entidades colaboradoras. b) Ingresos derivados de la compensación y deducción de débitos y créditos entre diferentes Administraciones públicas. c) Transferencias de los juzgados y tribunales que se refieran a los siguientes importes: – Consignaciones efectuadas por los obligados incursos en procedimientos concursales, en expedientes de delito fiscal o cualquier otro delito del que pudiera resultar una cantidad a pagar a favor de la Hacienda Pública, siempre que la recaudación de los mismos corresponda a los órganos de la Agencia Tributaria. – Sobrantes de subastas judiciales o de procedimientos concursales. – Ejecuciones de resoluciones judiciales a favor de la Agencia Tributaria. – Consignaciones realizadas en el seno de procedimientos concursales. Se exceptúan de este supuesto aquellas transferencias procedentes de los juzgados y tribunales que correspondan a ingresos derivados de ejecuciones de resoluciones judiciales a favor de la Agencia Tributaria, que no sean concernientes al ejercicio por esta de su función de gestión del sistema tributario por cuenta del Estado. d) Cheques emitidos y transferencias realizadas a favor de la Agencia Tributaria como requisito previo o simultáneo al levantamiento de embargos o a las cancelaciones de hipotecas y demás derechos reales, en operaciones realizadas a través de notarios y fedatarios públicos. e) Embargos de sueldos y salarios, créditos y subvenciones, realizados por aquellos organismos públicos no adheridos al procedimiento de pago regulado en la Resolución de 30 de septiembre de 2013, de la Presidencia de la Agencia Estatal de Administración Tributaria, por la que se desarrolla la Orden HAC/3578/2003, de 11 de diciembre, en relación a los procedimientos especiales de ingreso derivados de determinadas actuaciones de gestión recaudatoria en vía ejecutiva. En particular, se incluyen en esta letra aquellos ingresos que, en el marco de procedimientos de embargo de la Administración tributaria estatal, efectúe el Fondo de Garantía Salarial (FOGASA) en el ejercicio de sus funciones, siempre que dicho Organismo Autónomo no se adhiera al procedimiento aludido en dicha resolución. f) El dinero metálico, en euros u otras divisas, aprehendido por los órganos de la Agencia Tributaria en aquellas actuaciones de personación asociadas a procedimientos de embargo. g) Devoluciones y gastos indebidamente cobrados por las entidades en las se encuentran abiertas las cuentas a las que se refieren en el apartado segundo y siguientes de esta resolución. h) Ingresos de los obligados tributarios y deudores de la Agencia Tributaria incursos en procesos concursales a los que se hubiera concedido la exoneración del pasivo insatisfecho. i) Aquellos otros supuestos en los que el titular del Departamento de Recaudación, por iniciativa propia o a solicitud de los titulares de las delegaciones especiales de la Agencia Tributaria, autorice previa y expresamente la aplicación del procedimiento que regula la presente resolución.*

– La **Resolución de 5 de febrero de 2024, conjunta de la Dirección General de la Agencia Estatal de Administración Tributaria y de la Intervención General de la Administración del Estado, por la que se establecen las condiciones para el envío centralizado de las deudas no tributarias gestionadas por departamentos ministeriales que constituyen recursos del presupuesto del Estado para su gestión recaudatoria, para los intercambios de información que se deriven de dicha gestión y demás aspectos relativos a la recaudación en vía ejecutiva de dichas deudas por la Agencia Estatal de Administración Tributaria**, además de las referencias al concurso incluidas en el Anexo I (registro obligatorio de detalle de otras informaciones), en el Anexo II (código de error, 00010 Concursal) y en el Anexo III (formato del registro identificativo de liquidación), la Dirección General de la Agencia Estatal de Administración Tributaria y la Intervención General de la Administración del Estado, dispone, entre otros, la remisión de las certificaciones de deudas en descubierto a la Agencia Estatal de Administración Tributaria e inicio de la actividad recaudatoria: *Segundo. Remisión de las certificaciones de deudas en descubierto a la Agencia Estatal de Administración Tributaria e inicio de la actividad recaudatoria. 1. Una vez realizados los procesos indicados en el apartado anterior, la IGAE enviará, al menos una vez al mes, a la Agencia Estatal de Administración Tributaria (en adelante, AEAT) la relación certificada de deudas en descubierto ajustada al modelo del fichero contemplado en el anexo I, o mediante el servicio web disponible a tal efecto, cuya especificación técnica deberá estar publicada en la Sede Electrónica de la AEAT. Al objeto de dar cumplimiento a lo dispuesto en los artículos 167.1 y 212 de la Ley 58/2003, de 17 de diciembre, General Tributaria, y en el artículo 12.1 de la Ley 47/2003, de 26 de noviembre, General Presupuestaria, en cada envío se especificarán, entre otros, los siguientes datos relativos a las deudas: – Identificación correcta y completa del deudor; incluyendo en todo caso NIF, nombre completo o razón social. – Especificación, en su caso, de si la deuda remitida es una sanción. – Fecha de finalización de pago en período voluntario de la deuda. – Especificación, en su caso, de aplazamientos o fraccionamientos concedidos en período voluntario de pago cuyos pagos derivados de dichos acuerdos hubieren resultado incumplidos. – Al objeto de facilitar la comunicación o petición de informes por parte de la AEAT al órgano liquidador, deberá facilitarse el DIR3 de este órgano liquidador. – Si el deudor se encontrara en concurso de acreedores deberán remitir información de la fecha de nacimien-*

to de la obligación. *Los Departamentos Ministeriales excluirán de la relación de deudas certificadas en descubierto las de aquellos deudores que hayan sido declarados en concurso de acreedores, siempre que la deuda se encuentre en periodo voluntario de ingreso a la fecha de la declaración del concurso. Asimismo, no se remitirán al cobro deudas respecto de las que existan recursos de reposición contra la liquidación pendientes de resolver, en base a la información suministrada por el órgano liquidador (...).* Además, en el apartado decimotercero establece la posibilidad de rechazar o cancelar deuda, en los siguientes términos: *La AEAT tendrá la posibilidad de rechazar, impidiendo la carga de la deuda remitida por la IGAE para la gestión de cobro en ejecutiva por parte de la AEAT, o cancelarla si ésta ya se encontrara aceptada por la AEAT para su gestión recaudatoria en ejecutiva, cuando la remisión de la misma para su recaudación en vía ejecutiva fuera improcedente o la inconsistencia de la información remitida impidiera continuar la gestión recaudatoria de la deuda, entre otros, en los siguientes supuestos (...): – Cuando el deudor se encuentre en concurso de acreedores, la IGAE, al cargar la deuda, deberá completar la información relativa a la fecha de nacimiento de la obligación, a los efectos de determinar si la deuda tiene la consideración de deuda contra la masa o deuda concursal. La falta de dicha información será motivo de rechazo de la deuda, al ser la misma esencial para la adecuada gestión recaudatoria ejecutiva de la deuda. Si una vez cargada la deuda se constatara por la AEAT que el deudor se encuentra en concurso de acreedores y que con la información aportada no se puede conocer la naturaleza, concursal o contra la masa de la deuda cargada, se requerirá dicha información al DIR3/órgano liquidador asociado a la deuda. El informe se deberá remitir en el plazo de diez días. Transcurrido dicho plazo, la AEAT podrá cancelar la deuda, ante la imposibilidad de continuar con su recaudación por la falta de información esencial. Los intercambios de información que resulten necesarios a estos efectos se tramitarán a través del sistema de interconexión establecido al efecto, sistemas de interconexión entre Administraciones Públicas, de conformidad con la Ley 40/2015, de 1 de octubre, de Régimen Jurídico de las Administraciones Públicas. En todo caso, y si la AEAT hubiera cancelado la deuda por este motivo, la IGAE podrá volver a remitirla en un cargo posterior y con la información debidamente completada.*

– El **Reglamento general de las actuaciones y los procedimientos de gestión e inspección tributaria y de desarrollo de las normas comunes en los procedimientos de aplicación de los tributos, aprobado por Real Decreto 1065/2007, de 27 de julio**, contempla, entre los supuestos de finalización del sistema de cuenta corriente en materia tributaria, que «*el acuerdo de inclusión en el sistema de cuenta corriente en materia tributaria se revocará*», entre otras causas, «*por la iniciación de un procedimiento concursal contra el obligado tributario*» (art. 143.3.c). Y, por otro lado, recoge los sujetos con los que se llevarán a cabo las actuaciones administrativas en caso de concurso de acreedores, estableciendo en el apartado segundo del artículo 108: «*2. En los supuestos de concurso, las actuaciones administrativas se entenderán con el concursado o su representante cuando el juez no hubiere acordado la suspensión de las facultades de administración y disposición. Si se hubiere acordado la suspensión de facultades, las actuaciones se entenderán con el concursado por medio de la administración concursal*».

– **Instrucción 2/2023, de 3 de abril, de la Directora del Departamento de Recaudación de la Agencia Estatal de Administración Tributaria, sobre gestión de aplazamientos y fraccionamientos de pago.**

– **Instrucción 1/2023, de 31 de marzo, de la Directora del Departamento de Recaudación de la Agencia Estatal de Administración Tributaria sobre las garantías necesarias para la concesión de aplazamientos y fraccionamientos de pago, y para obtener la suspensión de los actos administrativos objeto de recurso o reclamación.**

– **Orden HFP/311/2023, de 28 de marzo, por la que se eleva el límite exento de la obligación de aportar garantía en las solicitudes de aplazamiento o fraccionamiento a 50.000 euros.**

HACIENDAS AUTONÓMICAS

– El **Decreto Legislativo 3/2023, de 17 de mayo, del Gobierno de Aragón, por el que se aprueba el texto refundido de la Ley de hacienda de la Comunidad Autónoma de Aragón** recoge el régimen de los derechos económicos de la Hacienda Pública: *Artículo 20. Régimen de los derechos económicos de la Hacienda Pública. 1. No se podrán enajenar, gravar, ni arrendar los derechos económicos de la Hacienda de la Comunidad Autónoma salvo en los supuestos establecidos por las leyes. 2. Tampoco se concederán exenciones, perdones, rebajas ni moratorias en el pago de los derechos a la Hacienda de la Comunidad Autónoma salvo en los casos que determinen expresamente las leyes. 3. No se podrá transigir judicial ni extrajudicialmente sobre los derechos de la Hacienda de la Comunidad Autónoma ni someter a arbitraje las contiendas que se susciten de los mismos, sino mediante decreto del Gobierno de Aragón. 4. No obstante lo anterior, la suscripción por la Hacienda de la Comunidad Autónoma de Aragón de los acuerdos o convenios en procesos concursales previstos en la Ley de Enjuiciamiento Civil y la Ley Concursal, requerirá la autorización del órgano del departamento competente en* *materia de hacienda que se determine reglamentariamente. 5. Para el desistimiento de acciones será precisa la previa autorización del Gobierno de Aragón.*

– La **Ley 1/2015, de 6 de febrero, de Hacienda Pública, del Sector Público Instrumental y de Subvenciones de la Comunidad Valenciana,** establece: «*Artículo 10. Prerrogativas correspondientes a los derechos de naturaleza pública de la Hacienda Pública de la Generalitat. (...) 3. El carácter privilegiado de los créditos de naturaleza pública de la Hacienda Pública de la Generalitat otorga a ésta el derecho de abstención en los procesos concursales, en cuyo curso, no obstante, podrá suscribir los acuerdos o convenios previstos en la legislación concursal, así como acordar, de conformidad con el deudor y con las garantías que se estimen oportunas, unas condiciones singulares de pago, que no pueden ser más favorables para el deudor que las recogidas en el acuerdo o convenio que ponga fin al proceso judicial. Igualmente, podrán compensarse dichos créditos, en los términos previstos en la normativa reguladora de los ingresos públicos. Para la suscripción y celebración de los acuerdos y convenios a que se refiere el párrafo anterior, la competencia corresponde a la persona titular de la conselleria competente en materia de hacienda, quien podrá delegar dicha competencia en otros órganos de su conselleria. Si la gestión de estos derechos se atribuyese a un organismo autónomo de la Generalitat competente en materia de tributos, esta atribución corresponderá al órgano que determine su normativa de organización».* De otro lado, recoge la prohibición de realizar pagos anticipados de subvenciones a las personas beneficiarias en determinadas situaciones concursales: «*Artículo 171. Régimen de abonos a cuenta, pagos anticipados y garantías (...) 6. En ningún caso podrán realizarse pagos anticipados a las personas beneficiarias cuando se haya solicitado la declaración de concurso voluntario, hayan sido declarados insolventes en cualquier procedimiento, se hallen declarados en concurso, salvo que en éste haya adquirido la eficacia un convenio, estén sujetos a intervención judicial o hayan sido inhabilitados conforme a la ley concursal, sin que haya concluido el período de inhabilitación fijado en la sentencia de calificación del concurso».*

– La **Ley 11/2013, de 21 de octubre, de Hacienda Pública de La Rioja** establece: «*Artículo 12. Prerrogativas correspondientes a los derechos de naturaleza pública de la Hacienda Pública Autonómica. (...) 3. El carácter privilegiado de los créditos de la Hacienda Pública de la Comunidad Autónoma de La Rioja otorga a esta el derecho a abstenerse en los procesos concursales, en los términos previstos en la legislación concursal. No obstante, la Hacienda Pública de la Comunidad Autónoma de La Rioja podrá suscribir los acuerdos o convenios previstos en la legislación concursal, así como acordar, de conformidad con el deudor y con las garantías que se estimen oportunas, unas condiciones singulares de pago, que no pueden ser más favorables para el deudor que las recogidas en el acuerdo o convenio que pongan fin al proceso judicial. Igualmente, podrá acordar la compensación de dichos créditos en los términos previstos en la normativa reguladora de los ingresos públicos. Para la suscripción y celebración de los acuerdos y convenios a que se refiere este apartado se requerirá autorización del titular de la consejería competente en materia de hacienda».*

– La **Ley 4/2012, de 25 de junio, de medidas administrativas y fiscales, de la Comunidad Autónoma de Canarias,** establece: «*Artículo 99. Causas determinantes de la pérdida del régimen especial del grupo de entidades. Uno. El régimen especial regulado en este capítulo se dejará de aplicar por las siguientes causas: 1.ª La concurrencia de cualquiera de las circunstancias que, de acuerdo con lo establecido en el artículo 53 de la Ley 58/2003, de 17 de diciembre, General Tributaria, determinan la aplicación del método de estimación indirecta. 2.ª El incumplimiento de la obligación de confección y conservación del sistema de información a que se refiere el artículo 101.cuatro.3.ª de esta ley. La no aplicación del régimen especial regulado en este capítulo por las causas anteriormente enunciadas no impedirá la imposición, en su caso, de las sanciones previstas en el artículo 101.siete de esta ley. Dos. El cese en la aplicación del régimen especial del grupo de entidades que se establece en el apartado anterior producirá efecto en el período de liquidación en que concurra alguna de estas circunstancias y siguientes, debiendo el total de las entidades integrantes del grupo cumplir el conjunto de las obligaciones establecidas en la regulación de este impuesto a partir de dicho período. Tres. En el supuesto de que una entidad perteneciente al grupo se encontrase al término de cualquier período de liquidación en situación de concurso o en proceso de liquidación, quedará excluida del régimen especial del grupo desde dicho período. Lo anterior se entenderá sin perjuicio de que se continúe aplicando el régimen especial al resto de entidades que cumpla los requisitos establecidos al efecto».* Igualmente, se incorpora el Capítulo VIII sobre régimen especial del criterio de caja, que incluye un precepto relativo a los efectos del auto de declaración del concurso: «*Artículo 108. Efectos del auto de declaración del concurso. La declaración de concurso del sujeto pasivo acogido al régimen especial de criterio de caja o del sujeto pasivo destinatario de sus operaciones determinará, en la fecha del auto de declaración de concurso: a) el devengo de las cuotas repercutidas por el sujeto pasivo acogido al régimen especial del criterio de caja que estuvieran aún pendientes de devengo en dicha fecha; b) el nacimiento del derecho a la deducción de las cuotas soportadas por el sujeto pasivo respecto de las operaciones que haya sido destinatario y a las que haya sido de aplicación el régimen* *especial del criterio de caja que estuvieran pendientes de pago y en las que no haya transcurrido el plazo previsto en el artículo 105.tres, letra a), en dicha fecha; c) el nacimiento del derecho a la deducción de las cuotas soportadas por el sujeto pasivo concursado acogido al régimen especial del criterio de caja, respecto de las operaciones que haya sido destinatario no acogidas a dicho régimen especial que estuvieran aún pendientes de pago y en las que no haya transcurrido el plazo previsto en el artículo 105.tres, letra a), en dicha fecha. El sujeto pasivo en concurso deberá declarar las cuotas devengadas y ejercitar la deducción de las cuotas soportadas referidas en los párrafos anteriores en la autoliquidación prevista reglamentariamente, correspondiente a los hechos imponibles anteriores a la declaración de concurso. Asimismo, el sujeto pasivo deberá declarar en dicha autoliquidación, las demás cuotas soportadas que estuvieran pendientes de deducción a dicha fecha».*

– La **Ley 3/2012, de 8 de marzo, de Medidas Fiscales y Administrativas de la Comunidad Autónoma de Aragón**, se refiere a los procedimientos judiciales de concurso de acreedores en los que, por su cuantía, no será necesaria la personación o el ejercicio de acciones o recursos por parte de los letrados de la Comunidad Autónoma de Aragón: *«Disposición final segunda. Habilitaciones para el desistimiento de acciones judiciales en procedimientos concursales. 1. Se faculta al Consejero competente en materia de Hacienda para determinar, mediante Orden, el importe de los créditos en procedimientos judiciales de concurso de acreedores que, por escasa cuantía, no requieran la personación, ejercicio de acciones o recursos por la Dirección General de Servicios Jurídicos. 2. Para créditos incluidos en procedimientos concursales de importe superior al que se señale mediante Orden del Consejero competente en materia de Hacienda, por la Dirección General de Servicios Jurídicos se podrá, mediante informe motivado y en atención a su cuantía y naturaleza jurídica, solicitar del Gobierno de Aragón, de conformidad con lo establecido en el artículo 22.4 del Texto Refundido de la Ley de Hacienda de la Comunidad Autónoma de Aragón, la preceptiva autorización para no ejercer acciones o recursos o desistir de unas u otros».*

– El apartado 2 del artículo 25 del **Decreto 202/2012, de 18 de octubre, por el que se crea la Agencia Tributaria de Galicia y se aprueba su estatuto** establece: *Contará con las siguientes unidades administrativas: 2.1 El Departamento Central de Recaudación, que ejercerá, entre otras, las siguientes funciones (...): e) Hacer el seguimiento de los procesos concursales en que comparezca la Agencia Tributaria de Galicia (...).*

– El **Texto Refundido de las Disposiciones Legales vigentes en la Región de Murcia en materia de Tributos Cedidos, aprobado por Decreto Legislativo 1/2010, de 5 de noviembre**, establece en el apartado 8 del artículo 6: *«8. Tributarán al tipo del 1% las siguientes operaciones: a) Las adquisiciones de inmuebles por Sociedades de Garantía Recíproca como consecuencia de operaciones de dación en pago, liquidaciones en procedimientos concursales o ejecuciones hipotecarias, que deriven de obligaciones garantizadas por las mismas. b) Las adquisiciones de inmuebles que se realicen por empresarios o profesionales con financiación ajena y con el otorgamiento de garantía por Sociedades de Garantía Recíproca. Para la aplicación de este tipo reducido la garantía ofrecida deberá ser de, al menos, el 50% del precio de adquisición. c) Las transmisiones de inmuebles realizadas por Sociedades de Garantía Recíproca empresarios o profesionales, siempre que hayan sido adquiridos previamente por aquellas en virtud de operaciones de dación en pago, liquidaciones en procedimientos concursales o ejecuciones hipotecarias. En los supuestos previstos en las letras b) y c), el bien deberá quedar afecto a la actividad empresarial o profesional del adquirente. Asimismo, la operación deberá formalizarse en documento público, debiendo constar expresamente en el mismo tal afección. Cuando se trate de entidades, su actividad principal en ningún caso podrá consistir en la gestión de un patrimonio mobiliario o inmobiliario, de acuerdo con lo establecido en el artículo 4.Ocho.Dos.a) de la Ley 19/1991, de 6 de junio, del Impuesto sobre el Patrimonio. El destino del inmueble deberá mantenerse durante los cinco años siguientes a la fecha del documento público de adquisición, salvo que, en el caso de que el adquirente sea persona física, éste fallezca dentro de dicho plazo. No se aplicará este tipo si las menciones exigidas no constan en el documento, ni cuando se produzcan rectificaciones del mismo que subsanen dicha omisión, salvo que se realicen dentro del plazo de declaración del impuesto. La aplicación de este tipo reducido excluirá la aplicación de cualquiera de los tipos establecidos en el presente artículo, salvo que resulten más favorables al sujeto pasivo (...)».*

– El **texto refundido de la Ley General de la Hacienda Pública de la Junta de Andalucía, aprobado por Decreto Legislativo 1/2010, de 2 de marzo**, establece: *«Artículo 21. Régimen de los derechos económicos de la Hacienda Pública. 1. No se podrán enajenar, gravar ni arrendar los derechos económicos de la Hacienda de la Junta de Andalucía, salvo en los supuestos establecidos por las leyes. 2. Tampoco se concederán exenciones, condonaciones, rebajas ni moratorias en el pago de los derechos a la Hacienda de la Junta de Andalucía, salvo en los casos que determinen expresamente las leyes. 3. No se podrá transigir judicial ni extrajudicialmente sobre los derechos de la Hacienda de la Junta de Andalucía,* *ni someter a arbitraje las contiendas que se susciten de los mismos, sino mediante Decreto acordado en Consejo de Gobierno. Sin perjuicio de otras que pudieran proceder por aplicación de las disposiciones legales en materia presu-puestaria, se requerirá autorización del Parlamento de Andalucía, siempre que la cuantía litigiosa comprometida en el acuerdo transaccional sea superior a ocho millones de euros, o cuando la cuantía litigiosa sea inferior, siempre que se acredite de forma motivada que el acuerdo transaccional pueda incidir en los principios de estabilidad presupuestaria o de afectación de los ingresos o que concurren para suscribirlo los requisitos legales para la tramitación de un crédito extraordinario o un suplemento de crédito. 4. La suscripción por la Hacienda de la Junta de Andalucía de los acuerdos o convenios en procesos concursales previstos en la Ley 22/2003, de 9 de julio, Concursal, requerirá autorización de la persona titular de la Consejería competente en materia de Hacienda».*

Además, la **Ley 7/2024, de 23 de diciembre, del presupuesto de la Comunidad Autónoma de Andalucía para el año 2025**, incluye entre sus previsiones una disposición final primera que modifica el texto refundido de la Ley General de la Hacienda Pública de la Junta de Andalucía, aprobado por Decreto Legislativo 1/2010, de 2 de marzo. Entre los artícu-los de esta norma que se modifican se añade una nueva disposición adicional quinta, relativa a la reestructuración de deudas de naturaleza privada: *Disposición adicional quinta. Reestructuración de deudas de naturaleza privada. 1. Los órganos gestores de ingresos de derecho privado de la Hacienda Pública de la Junta de Andalucía podrán, a solicitud de la persona deudora, aceptar un plan de reestructuración de deudas siempre que se cumplan las siguientes condiciones y requisitos: a) Que no pueda cumplir con sus obligaciones de pago y no se hubiese admitido a trámite la solicitud de concurso necesario, lo cual deberá mantenerse hasta la aceptación, en su caso, del plan. b) Que no sea posible la con-cesión de un aplazamiento o fraccionamiento de pagos conforme a la normativa aplicable a la deuda de que se trate. c) Que la solicitud se acompañe de un informe de persona experta independiente en el que conste la viabilidad económica y financiera de la persona deudora en el corto y medio plazo, en caso de alcanzarse el plan de reestructuración. d) En ningún caso, la reestructuración podrá suponer una reducción del importe del derecho, salvo que una ley expresamente lo determine y sin perjuicio de lo previsto en el párrafo f); ni la pérdida de rango, modificación o extinción de las garantías que tuvieren; ni la conversión del derecho en acciones o participaciones sociales, en crédito o préstamo participativo o en un instrumento de características o de rango distintos de aquellos que tuviere el originario. e) Los plazos de pago no podrán exceder de quince años, incluido un periodo de carencia por un máximo de dos años, a contar desde la fecha de la aceptación del plan de reestructuración. f) Los intereses de demora que se hubieren devengado a la fecha de la solicitud del plan se recalcularán aplicando el interés legal del dinero incrementado en dos puntos, aunque en el contrato o acto del que resulte el derecho se hubiera previsto uno superior. 2. El concepto de persona deudora, a los efectos de lo previsto en la presente disposición, queda referido a toda persona física o jurídica y entidad sin personalidad jurídica que ostente una deuda de derecho privado con la Administración de la Junta de Andalucía, sus agencias y, en su caso, instituciones. 3. Durante la tramitación de la solicitud no podrán iniciarse actuaciones para la ejecución de los derechos, y las deudas no devengarán intereses moratorios. Si las actuaciones ya estuvieran iniciadas a la fecha de la solicitud, se realizarán las acciones que resulten necesarias, judicial o extrajudicialmente, para suspender las mismas. Desde la formalización y durante la ejecución del plan de reestructuración se mantendrán las medidas previstas en el párrafo anterior, y se proce-derá al archivo de las actuaciones de ejecución de los derechos que se hubieren iniciado con anterioridad a la solicitud. 4. La aceptación del plan, en su caso, por el órgano gestor de los derechos deberá producirse en el plazo máximo de tres meses, a contar desde el siguiente a la presentación de la solicitud, debiendo entenderse rechazado en caso contrario. 5. La persona deudora tendrá un plazo de un mes a partir del día siguiente a aquel en que tenga lugar la notificación de la aceptación para instar su formalización en póliza o escritura pública, transcurrido el cual se dejará sin efecto la misma y se archivará el expediente, salvo razones justificadas que motiven la concesión de una prórroga de dicho plazo. En la notificación se establecerá que correrán a cargo de la persona deudora los gastos asociados a la formalización de la operación, así como el coste de liquidación de todos los tributos que la operación devengue. 6. El plan de reestructu-ración se entenderá incumplido por el impago de cualquiera de los plazos previstos en el plan de pagos, en cuyo caso se dará por resuelto el mismo. Si el incumplimiento del plan tuviera como causa la insolvencia, la Administración de la Junta de Andalucía, sus agencias y, en su caso, instituciones podrán solicitar la declaración de concurso. 7. Cuando los planes de reestructuración pretendan tener los efectos o la finalidad previstos en el artículo 615 del texto refundido de la Ley Concursal, aprobado por Real Decreto Legislativo 1/2020, de 5 de mayo, se someterán a lo dispuesto en este. En estos supuestos, el voto a favor del plan de reestructuración por parte del órgano gestor del derecho de naturaleza privada requerirá la autorización previa de la persona titular de la Consejería competente en materia de hacienda si supone la aceptación de condiciones diferentes a las previstas en la presente disposición. 8. La autorización a que se refiere el apartado anterior será de aplicación al procedimiento especial para microempresas regulado en el libro tercero de la ley concursal.*

– La **Ley 5/2007, de 19 de abril, General de la Hacienda de Extremadura**, establece, en primer lugar «*Artículo 17. Régimen común de los derechos de la Hacienda Pública de Extremadura (.) 4. La suscripción y celebración de acuerdos y convenios previstos en la legislación concursal requiere únicamente autorización del órgano que determine el titular de la Consejería competente en materia de Hacienda (...)*». En segundo lugar, «*Artículo 19 bis. Responsabilidad solidaria y subsidiaria en el pago de las deudas a favor de la Hacienda de la Comunidad Autónoma (...) 3. Serán responsables subsidiariamente del pago de deudas derivadas de la obligación de reintegro de subvenciones y de pagos indebidos, del pago de sanciones pecuniarias y de cualquier otra deuda no tributaria que se rija por el derecho público: (...) b) Los integrantes de la administración concursal y los liquidadores de sociedades y entidades en general, cuando no hubiesen realizado las gestiones necesarias para el íntegro cumplimiento de las obligaciones devengadas con anterioridad a dichas situaciones e imputables a los respectivos obligados. De las obligaciones y sanciones posteriores a dichas situaciones responderán como administradores cuando tengan atribuidas funciones de administración (...). 4. La derivación de la acción administrativa para exigir el pago de las deudas a que se refiere el apartado anterior a los responsables requerirá una resolución administrativa para la que, previa audiencia, se declare la responsabilidad y se determine su alcance, sin perjuicio de las medidas cautelares que puedan adoptarse. La derivación de la acción administrativa a los responsables subsidiarios requerirá la previa declaración de fallido del deudor principal y de los demás responsables solidarios, si los hubiere*». En tercer lugar, «*Artículo 20. Prerrogativas. 1. La Hacienda Pública de Extremadura goza de las prerrogativas establecidas legalmente a favor de la Hacienda del Estado para el cobro de tributos, precios públicos, cantidades que hubieran de percibirse en virtud de actos o contratos administrativos o cualesquiera otros derechos de naturaleza pública y actuará conforme a los procedimientos administrativos correspondientes. En especial, la Hacienda de la Comunidad Autónoma podrá abstenerse en los procesos concursales en los supuestos establecidos por la legislación aplicable a estos procesos, en cuyo curso, no obstante podrá suscribir los acuerdos o convenios previstos en aquélla, así como acordar, de conformidad con el deudor y con las garantías que se estimen oportunas, unas condiciones singulares de pago, que no podrán ser más favorables para el deudor que las recogidas en el acuerdo o convenio que ponga fin al proceso judicial concursal. Igualmente, podrá acordar la compensación de dichos créditos en los términos previstos en la normativa reguladora de los ingresos públicos (...)*». Por último, dispone en el apartado 4 del artículo 107: «*4. Si los derechos de cobro corresponden a interesados declarados en concurso de acreedores, la efectividad para la Comunidad Autónoma en cuanto al pago, quedará condicionada a la recepción por el órgano directivo competente en materia de Tesorería de la notificación de la diligencia judicial en la que se especifique el destinatario y la forma de pago acordados en el procedimiento de concurso (...)*».

– El **Decreto Foral 177/2001, de 2 de julio, por el que se aprueba el Reglamento de Recaudación de la Comunidad Foral de Navarra**, establece en el apartado 4 del artículo 48: «*4. Sin perjuicio de lo establecido en el apartado 2 anterior, en caso de concurso del obligado tributario no podrán aplazarse ni fraccionarse las deudas tributarias que, de acuerdo con la legislación concursal, tengan la consideración de créditos contra la masa*».

– La **Ley Foral 13/2000, de 14 de diciembre, General Tributaria, de la Comunidad Foral de Navarra** (modificada por la Ley Foral 20/2024, de 26 de diciembre, de modificación de diversos impuestos y otras medidas tributarias), establece: «*Artículo 32.2. Serán responsables subsidiarios los integrantes de la correspondiente administración concursal y los liquidadores de sociedades y entidades en general, cuando no hubiesen realizado las gestiones necesarias para el íntegro cumplimiento de las obligaciones tributarias devengadas con anterioridad a dichas situaciones y que sean atribuibles a los respectivos obligados tributarios. De las obligaciones tributarias que fuesen exigibles y de las sanciones que fuesen impuestas con posterioridad a dichas situaciones responderán como administradores cuando tengan atribuidas funciones de administración. También serán responsables de las mencionadas obligaciones tributarias cuando se hubiesen satisfecho créditos de terceros que no fueran preferentes a los tributarios, con el límite de los importes incorrectamente abonados*»; «*Artículo 62.2. En el proceso concursal los créditos tributarios quedarán sometidos a lo establecido en la Ley 22/2003, de 9 de julio, Concursal*»; «*Artículo 52 bis. Aplazamiento y fraccionamiento del pago. 1. Las deudas tributarias que se encuentren en período voluntario o ejecutivo podrán aplazarse o fraccionarse en los términos que se fijen por la normativa de recaudación, previa solicitud del obligado tributario, cuando su situación económico-financiera le impida, de forma transitoria, efectuar el pago en los plazos establecidos. Esta situación económico-financiera podrá manifestarse mediante declaración responsable a los efectos previstos en el artículo 69 de la Ley 39/2015, de 1 de octubre, del Procedimiento Administrativo Común de las Administraciones Públicas, en los casos en los que así se prevea en la normativa de recaudación. El solicitante deberá quedar al corriente en sus obligaciones tributarias con la concesión del aplazamiento o fraccionamiento, situación que deberá mantener durante toda la vigencia del mismo. Las solicitudes de aplazamiento o fraccionamiento en período ejecutivo podrán presentarse hasta el momento en que se notifique al obli-*

gado el acuerdo de enajenación de los bienes embargados. 2. Serán inadmitidas las siguientes solicitudes de aplazamiento o fraccionamiento: a) Las que se refieran a deudas que deban declararse mediante autoliquidación y esta última no haya sido objeto de presentación con anterioridad o conjuntamente con la solicitud de aplazamiento o fraccionamiento. b) Las que se refieran a deudas por retenciones, ingresos a cuenta, pagos fraccionados o pagos a cuenta, salvo en los supuestos que determine la persona titular del departamento competente en materia tributaria. c) Las que se refieran a deudas relativas a las tasas que recaigan sobre rifas, tómbolas, apuestas, combinaciones aleatorias y juegos de suerte, envite o azar. d) Las que se refieran a deudas derivadas del Impuesto Especial sobre Determinados Medios de Transporte. e) Las que se refieran a deudas procedentes de la autoliquidación del Impuesto sobre el Valor Añadido en el régimen especial aplicable a los servicios prestados por empresarios o profesionales no establecidos en la Comunidad a destinatarios que no tengan la condición de empresarios o profesionales actuando como tales. f) Las que se refieran a deudas resultantes de la ejecución de decisiones de recuperación de ayudas de Estado reguladas en el título VI. g) Las que se refieran a deudas cuyo importe total a aplazar o fraccionar sea inferior al establecido por la persona titular del departamento competente en materia tributaria. h) Las que no vengan acompañadas de la documentación exigida por la normativa recaudatoria para los casos en los que se solicite la admisión de garantías o su dispensa total o parcial. i) Las que se refieran a deudas suspendidas, o cuya suspensión esté en trámite. j) Las que se refieran a deudas resultantes de la ejecución de resoluciones firmes, total o parcialmente desestimatorias, dictadas en un recurso o reclamación económico-administrativa o en un recurso contencioso-administrativo que previamente hayan sido objeto de suspensión durante la tramitación de dichos recursos o reclamaciones. k) Aquellas en las que la autoliquidación cuya deuda se solicita aplazar o fraccionar haya sido presentada habiéndose iniciado con anterioridad un procedimiento de inspección que hubiera quedado suspendido de acuerdo con lo previsto en el artículo 139.3.a), siempre que la solicitud se refiera a conceptos y periodos afectados por la causa de suspensión respecto de los que se haya remitido conocimiento a la jurisdicción competente o al Ministerio Fiscal. l) Las que se refieran a deudas para cuyo pago sea preceptivo el uso de efectos timbrados. m) Las presentadas por deudores declarados en concurso de acreedores o por las microempresas a las que se hubiese abierto procedimiento especial de liquidación sin venta de la empresa en funcionamiento establecido en la ley concursal. 3. La inadmisión implicará que la solicitud de aplazamiento o fraccionamiento se tenga por no presentada a todos los efectos. Contra el acuerdo de inadmisión cabrá la interposición de recurso o reclamación económico-administrativa. 4. La presentación de la solicitud de suspensión de una deuda tributaria durante la tramitación de la solicitud de su aplazamiento o fraccionamiento implicará el desistimiento de esta última, que se archivará sin más trámite. La presentación de la solitud de suspensión durante la vigencia de un aplazamiento o fraccionamiento concedido no afecta a la exigibilidad de los plazos pendientes de pago, que deberán atenderse a su vencimiento en tanto no se estime dicha solicitud. La concesión de la suspensión implicará la cancelación del aplazamiento o fraccionamiento, extendiendo sus efectos a los importes pendientes de pago a la fecha de la misma. 5. Las deudas aplazadas o fraccionadas deberán garantizarse, salvo en los supuestos previstos por la persona titular del departamento competente en materia tributaria. La garantía consistirá en aval solidario de entidad de crédito o sociedad de garantía recíproca o certificado de seguro de caución. Cuando de la documentación presentada se justifique que no es posible obtener dicho aval o certificado o que su aportación compromete gravemente la viabilidad de la actividad económica, la Administración podrá admitir otras garantías que se establezcan por la persona titular del departamento competente en materia tributaria»; «Artículo 116 (...) 4. La presentación de una solicitud de aplazamiento, fraccionamiento, pago en especie o compensación en período voluntario impedirá el inicio del período ejecutivo durante la tramitación de dichos expedientes. Con la notificación de la resolución de las citadas solicitudes, decaerá el impedimento a que se refiere el párrafo anterior y, en consecuencia, habrá que atender a lo previsto en el apartado 3 para determinar si la deuda se encuentra en periodo ejecutivo. La resolución de concesión del aplazamiento o fraccionamiento solicitado en periodo voluntario en ningún caso determinará la extensión o ampliación de dicho periodo, sino que únicamente supondrá el diferimiento de pago de la deuda hasta el vencimiento de cada uno de los plazos. En consecuencia, si durante la vigencia del aplazamiento o fraccionamiento se solicitara la suspensión de las deudas incluidas en el mismo, esta solicitud se entenderá realizada en periodo ejecutivo. La resolución de denegación del aplazamiento, fraccionamiento, pago en especie o compensación solicitado en periodo voluntario concederá un plazo para el pago de la deuda durante el cual, aunque la deuda se encuentre en periodo ejecutivo, no se exigirán los recargos de dicho periodo. Todo ello sin perjuicio de los intereses de demora que pudieran corresponder hasta el momento del pago. La presentación de una solicitud de aplazamiento, fraccionamiento, pago en especie o compensación en periodo ejecutivo no producirá efectos suspensivos, debiendo el órgano de recaudación iniciar o continuar el procedimiento de apremio. No obstante, deberán suspenderse las actuaciones de enajenación de los bienes embargados hasta la notificación de la resolución denegatoria de la solicitud. 5. La interposición de un recurso o reclamación en tiempo y forma contra una sanción impedirá el inicio del período ejecutivo hasta que la sanción sea firme en vía administrativa y haya finalizado el plazo para el ingreso voluntario del pago. 6. La declaración de concurso no sus-

penderá el plazo voluntario de pago de las deudas que tengan la calificación de concursal de acuerdo con lo previsto en la legislación concursal, sin perjuicio de que las actuaciones del periodo ejecutivo se rijan por lo dispuesto en dicha normativa»; «Artículo 119.3. Sin perjuicio del respeto al orden de prelación que para el cobro de los créditos viene establecido por la Ley en atención a su naturaleza, en el caso de concurrencia del procedimiento de apremio para la recaudación de los tributos con otros procedimientos de ejecución, ya sean singulares o universales, judiciales o no judiciales, la preferencia para la ejecución de los bienes trabados en el procedimiento vendrá determinada con arreglo a las siguientes reglas: a) Cuando concurra con otros procesos o procedimientos singulares de ejecución, el procedimiento de apremio será preferente siempre que el embargo efectuado en su curso sea el más antiguo. b) Cuando concurra con otros procesos o procedimientos concursales o universales de ejecución, el procedimiento de apremio será preferente para la ejecución de los bienes o derechos que hayan sido objeto de embargo en su curso, siempre que el embargo acordado en él se hubiera efectuado con anterioridad a la fecha de declaración del concurso. Para ambos casos, se estará a la fecha de la diligencia de embargo del bien o derecho. En caso de concurso de acreedores se aplicará lo dispuesto en la Ley 22/2003, de 9 de julio, Concursal y, en su caso, en la Ley Foral 13/2007, de 4 de abril, de la Hacienda Pública de Navarra, sin que ello impida que se dicte la correspondiente providencia de apremio y se devenguen los recargos del periodo ejecutivo si se dieran las precisas condiciones antes de la fecha de declaración del concurso o bien se trate de créditos contra la masa. Los jueces y tribunales colaborarán con la Administración tributaria facilitando a los órganos de recaudación los datos relativos a procesos concursales o universales de ejecución que precisen para el cumplimiento de sus funciones. Asimismo tendrán este deber de colaboración respecto de sus procedimientos, cualesquiera órganos administrativos con competencia para tramitar procedimientos de ejecución».

Además, la **Ley Foral 14/2013, de 17 de abril, de la Comunidad Foral de Navarra, de medidas contra el fraude fiscal**, aprueba diversas medidas legislativas orientadas a la lucha contra el fraude fiscal. Y entre ellas incluye, en su Exposición de Motivos, aquellas dirigidas a *«impactar contra algunas formas de fraude detectadas como origen de importantes detracciones de ingresos públicos. Así, entre otras, las relacionadas con la institución de la responsabilidad tributaria, con los concursos de acreedores y con la sucesión de empresas».* Entre éstas, en el ámbito de la interrupción de la prescripción, indica que la «interrupción del plazo de prescripción por litigio, concurso u otras causas legales, respecto del deudor principal o de alguno de los responsables, causa el mismo efecto en relación con el resto de los obligados tributarios solidarios, ya sean otros responsables o el propio deudor principal. El hecho de que se haya interrumpido la prescripción no impide que puedan continuar frente a ellos las acciones de cobro que procedan». En este sentido, modifica el artículo 57 de la **Ley Foral 13/2000, de 14 de diciembre, General Tributaria** que, con posterioridad, fue modificado por la Ley Foral 28/2016, de 28 de diciembre, por la que se modifica parcialmente la Ley Foral 13/2000, de 14 de diciembre, General Tributaria: *«Artículo 57. Interrupción. 1. Los plazos de prescripción a que se refieren las letras a), b) y c) del artículo 55 se interrumpen: a) Por cualquier acción de la Administración tributaria, realizada con conocimiento formal del obligado tributario, conducente al reconocimiento, regularización, inspección, aseguramiento, comprobación, liquidación y recaudación de todos o de parte de los elementos de la obligación tributaria que proceda, aunque la acción se dirija inicialmente a una obligación tributaria distinta como consecuencia de la incorrecta declaración del obligado tributario. Asimismo, los plazos de prescripción para la imposición de sanciones se interrumpirán, además de por las actuaciones mencionadas anteriormente, por la iniciación del correspondiente procedimiento sancionador. b) Por la interposición de reclamaciones o recursos de cualquier clase, por las actuaciones realizadas con conocimiento formal del obligado tributario en el curso de dichas reclamaciones o recursos, por la declaración de concurso del deudor, por el ejercicio de acciones civiles o penales dirigidas al cobro de la deuda tributaria, por la remisión del tanto de culpa a la jurisdicción penal o por la presentación de denuncia ante el Ministerio Fiscal, así como por la recepción de la comunicación de un órgano jurisdiccional en la que se ordene la paralización del procedimiento administrativo en curso. c) Por cualquier actuación del obligado tributario conducente al pago, liquidación o autoliquidación de la deuda. 2. El plazo de prescripción a que se refiere la letra d) del artículo 55 se interrumpirá por cualquier acto fehaciente del sujeto pasivo que pretenda la devolución del ingreso indebido, o por cualquier acto de la Administración en que se reconozca su existencia. 3. Cuando el plazo de prescripción se hubiera interrumpido por la interposición del recurso ante la jurisdicción contencioso-administrativa, por el ejercicio de acciones civiles o penales, por la remisión del tanto de culpa a la jurisdicción competente o la presentación de denuncia ante el Ministerio Fiscal o por la recepción de una comunicación judicial de paralización del procedimiento, el cómputo del plazo de prescripción se iniciará de nuevo cuando la Administración reciba la notificación de la resolución firme que ponga fin al proceso judicial o que levante la paralización, o cuando se reciba la notificación del Ministerio Fiscal devolviendo el expediente. Cuando el plazo de prescripción se hubiera interrumpido por la declaración de concurso del deudor, el cómputo se iniciará de nuevo cuando adquiera firmeza la resolución judicial de conclusión del concurso. Si se hubiere aprobado un convenio, el plazo de prescripción se* iniciará de nuevo en el momento de su aprobación para las deudas tributarias no sometidas al mismo. Respecto de las deudas tributarias sometidas al convenio concursal, el cómputo del plazo de prescripción se iniciará de nuevo cuando aquéllas resulten exigibles al deudor. Lo dispuesto en este apartado no será aplicable al plazo de prescripción del derecho de la Administración tributaria para exigir el pago cuando no se hubiera acordado la suspensión en vía contencioso-administrativa. 4. Interrumpido el plazo de prescripción para un obligado tributario, dicho efecto se extiende a todos los demás obligados, incluidos los responsables. No obstante, si la obligación es mancomunada y sólo se reclama a uno de los obligados tributarios la parte que le corresponde, el plazo no se interrumpe para los demás. Si existieran varias deudas liquidadas a cargo de un mismo obligado al pago, la interrupción de la prescripción sólo afectará a la deuda a la que se refiera. La interrupción del plazo de prescripción contenido en el artículo 55.b) por litigio, concurso u otras causas legales, respecto del deudor principal o de alguno de los responsables, causa el mismo efecto en relación con el resto de los sujetos solidariamente obligados al pago, ya sean otros responsables o el propio deudor principal, sin perjuicio de que puedan continuar frente a ellos las acciones de cobro que procedan. 5. La interrupción del plazo de prescripción del derecho a que se refiere la letra a) del artículo 55 relativa a una obligación tributaria determinará, asimismo, la interrupción del plazo de prescripción de los derechos a que se refieren las letras a) y d) del citado artículo relativas a las obligaciones tributarias conexas del propio obligado tributario cuando en estas se produzca o haya de producirse una tributación distinta como consecuencia de la aplicación, ya sea por la Administración tributaria o por los obligados tributarios, de los criterios o elementos en los que se fundamente la regularización de la obligación con la que estén relacionadas las obligaciones tributarias conexas. A efectos de lo dispuesto en este apartado, se entenderá por obligaciones tributarias conexas aquellas en las que alguno de sus elementos resulten afectados o se determinen en función de los correspondientes a otra obligación o período distinto».

– La **Ley 20/1991, de 7 de junio, de modificación de los aspectos fiscales del Régimen Económico Fiscal de Canarias,** establece, en primer lugar, en el artículo 20: «*Artículo 20. Repercusión del impuesto y rectificación de las cuotas repercutidas. Uno. La repercusión del Impuesto se ajustará a los siguientes requisitos: 1. Los sujetos pasivos deberán repercutir íntegramente el importe de impuestos sobre aquél para quien se realice la operación gravada, quedando éste obligado a soportarlo siempre que la repercusión se ajuste a lo dispuesto en esta Ley, cualesquiera que fueran las estipulaciones existentes entre ellos. En las entregas de bienes y prestaciones de servicios sujetas y no exentas al impuesto cuyos destinatarios fuesen entes públicos se entenderán siempre que los empresarios y profesionales que realicen las operaciones gravadas, al formular sus propuestas económicas aunque sean verbales, han incluido dentro de las mismas el Impuesto General Indirecto Canario que, no obstante, deberá ser repercutido como partida independiente, cuando así proceda, en los documentos que se presenten al cobro sin que el importe global contratado experimente incremento como consecuencia de la consignación del tributo devengado. 2. La repercusión del impuesto deberá efectuarse mediante factura o documento sustitutivo, en las condiciones y con los requisitos que se determinen reglamentariamente. A estos efectos, la cuota repercutida se consignará separadamente de la base imponible, incluso en el caso de precios fijados administrativamente, indicando el tipo impositivo aplicado. Se exceptuarán de lo dispuesto en los párrafos anteriores de este número las operaciones que se determinen reglamentariamente. 3. La repercusión del impuesto deberá efectuarse al tiempo de expedir y entregar la factura o documento sustitutivo correspondiente. 4. Se perderá el derecho a la repercusión cuando haya transcurrido un año desde la fecha del devengo. 5. El destinatario de la operación gravada por el Impuesto General Indirecto Canario no estará obligado a soportar la repercusión del mismo con anterioridad al momento del devengo de dicho impuesto. 6. Las controversias que puedan producirse con referencia a la repercusión del impuesto, tanto respecto a la procedencia como a la cuantía de la misma, se considerarán de naturaleza tributaria a efectos de las correspondientes reclamaciones en la vía económico-administrativa. 7. Cuando la consignación del tributo repercutido en la forma indicada perturbe sustancialmente el desarrollo de las actividades empresariales o profesionales, la Consejería de Economía y Hacienda del Gobierno de Canarias podrá autorizar, previa solicitud de las personas o sectores afectados, la repercusión del tributo dentro del precio, haciendo constar la expresión "IGIC incluido" y el tipo impositivo aplicado. No será necesaria esta autorización en las operaciones que se indiquen en el Reglamento del impuesto. 8. El repercutido tendrá derecho a exigir la expedición de factura ajustada a lo que se establezca en el Reglamento siempre que acredite en debida forma su condición de empresario o profesional sujeto pasivo del impuesto y las cuotas repercutidas sean deducibles. Dos. La rectificación de las cuotas impositivas repercutidas deberá realizarse de acuerdo con el siguiente procedimiento: 1. Los sujetos pasivos deberán efectuar la rectificación de las cuotas impositivas repercutidas cuando el importe de las mismas se hubiese determinado incorrectamente o se produzcan las circunstancias que, según lo dispuesto en el artículo 22 de esta Ley, dan lugar a la modificación de la base imponible. La rectificación deberá efectuarse en el momento en que se adviertan las causas de la incorrecta determinación de las cuotas o se produzcan las demás circunstancias a que se refiere el párrafo anterior, siempre que no hubiesen transcurrido cuatro años a partir del* *momento en que se devengó el impuesto correspondiente a la operación o, en su caso, se produjeron las circunstancias a que se refiere el citado artículo 22. 2. Lo dispuesto en el apartado anterior también será de aplicación cuando, no habiéndose repercutido cuota alguna, se hubiese expedido la factura o documento sustitutivo correspondiente a la operación. 3. No obstante lo dispuesto en los apartados anteriores, no procederá la rectificación de las cuotas impositivas repercutidas en los siguientes casos: 1.º Cuando la rectificación no esté motivada por las causas previstas en el artículo 22 de esta Ley, implique un aumento de las cuotas repercutidas y los destinatarios de las operaciones no actúen como empresarios o profesionales, salvo en supuestos de elevación legal de los tipos impositivos, en que la rectificación podrá efectuarse en el mes en que tenga lugar la entrada en vigor de los nuevos tipos impositivos y en el siguiente. 2.º Cuando sea la Administración tributaria la que ponga de manifiesto, a través de las correspondientes liquidaciones, cuotas impositivas devengadas y no repercutidas mayores que las declaradas por el sujeto pasivo y resulte acreditado, mediante datos objetivos, que dicho sujeto pasivo participaba en un fraude, o que sabía o debía haber sabido, utilizando al efecto una diligencia razonable, que realizaba una operación que formaba parte de un fraude. 4. La rectificación de las cuotas impositivas repercutidas deberá documentarse en la forma que reglamentariamente se establezca. 5. Cuando la rectificación de las cuotas implique un aumento de las inicialmente repercutidas y no haya mediado requerimiento previo, el sujeto pasivo deberá presentar una declaración-liquidación rectificativa aplicándose a la misma el recargo y los intereses de demora que procedan de conformidad con lo establecido en los artículos 26 y 27 de la Ley General Tributaria. No obstante lo dispuesto en el párrafo anterior, cuando la rectificación se funde en las causas de modificación de la base imponible establecidas en los números 4 al 8 del artículo 22 de esta Ley o se deba a un error fundado de derecho, el sujeto pasivo podrá incluir la diferencia correspondiente en la declaración-liquidación del periodo en que se deba efectuar la rectificación. Cuando la rectificación determine una minoración de las cuotas inicialmente repercutidas, el sujeto pasivo podrá optar por cualquiera de las dos alternativas siguientes: a) Iniciar ante la Administración tributaria el procedimiento de rectificación de autoliquidaciones previsto en el artículo 120.3 de la Ley 58/2003, de 17 de diciembre, General Tributaria, y en su normativa de desarrollo. b) Regularizar la situación tributaria en la declaración-liquidación correspondiente al periodo en que deba efectuarse la rectificación o en las posteriores hasta el plazo de un año a contar desde el momento en que debió efectuarse la mencionada rectificación. En este caso, el sujeto pasivo estará obligado a reintegrar al destinatario de la operación el importe de las cuotas repercutidas en exceso. En los supuestos en que la operación gravada quede sin efecto como consecuencia del ejercicio de una acción de reintegración concursal u otras de impugnación ejercitadas en el seno del concurso, el sujeto pasivo deberá proceder a la rectificación de las cuotas inicialmente repercutidas en la declaración-liquidación correspondiente al periodo en que fueron declaradas las cuotas devengadas».* En segundo lugar, en el artículo 22: «*Artículo 22. Base imponible en las entregas de bienes y en las prestaciones de servicios. Regla general. 1. La base imponible del impuesto estará constituida por el importe total de la contraprestación de las operaciones sujetas al mismo procedente del destinatario o de terceras personas. 2. En particular, se incluyen en el concepto de contraprestación: a) Los gastos de comisiones, portes y transporte, seguros, primas por prestaciones anticipadas y cualquier otro crédito efectivo a favor de quien realice la entrega o preste el servicio, derivado de la prestación principal o de las accesorias a la misma. No obstante lo dispuesto en el párrafo anterior, no se incluirán en la contraprestación los intereses por el aplazamiento en el pago del precio en la parte en que dicho aplazamiento corresponda a un período posterior a la entrega de los bienes o la prestación de los servicios. A efectos de lo previsto en el párrafo anterior sólo tendrán la consideración de intereses las retribuciones de las operaciones financieras de aplazamiento o demora en el pago del precio, exentas del impuesto en virtud de lo dispuesto en el artículo 50.uno.18.º, letra c), de la Ley de la Comunidad Autónoma de Canarias 4/2012, de 25 de junio, de medidas administrativas y fiscales, que se haga constar separadamente en la factura emitida por el sujeto pasivo. En ningún caso se considerará interés la parte de la contraprestación que exceda del usualmente aplicado en el mercado para similares operaciones. b) Las subvenciones vinculadas directamente al precio de las operaciones sujetas al impuesto. Se considerarán vinculadas directamente al precio de las operaciones sujetas al Impuesto las subvenciones establecidas en función del número de unidades entregadas o del volumen de los servicios prestados cuando se determinen con anterioridad a la realización de la operación. En ningún caso se incluirán las subvenciones dirigidas a permitir el abastecimiento de productos comunitarios o disponibles en el mercado de la CEE, previsto en el Programa de opciones específicas por la lejanía e insularidad de las Islas Canarias. No obstante, no se considerarán subvenciones vinculadas al precio ni integran en ningún caso el importe de la contraprestación a que se refiere el número 1 del presente artículo, las aportaciones dinerarias, sea cual sea su denominación, que las Administraciones Públicas realicen para financiar: a') La gestión de servicios públicos o de fomento de la cultura en los que no exista una distorsión significativa de la competencia, sea cual sea su forma de gestión. b') Actividades de interés general cuando sus destinatarios no sean identificables y no satisfagan contraprestación alguna. c) Los tributos y gravámenes de cualquier clase que recaigan sobre las mismas operaciones gravadas, excepto el propio Impuesto General Indirecto Canario y el Arbitrio sobre Importaciones y Entregas de Mercancías en las Islas Canarias. Lo dispuesto en* esta letra comprenderá los impuestos especiales que se exijan en relación con los bienes que sean objeto de las operaciones gravadas, con excepción del Impuesto especial sobre determinados medios de transporte. d) Las percepciones retenidas con arreglo a derecho por el obligado a efectuar la prestación en los casos de resolución de las operaciones sujetas al impuesto. e) El importe de los envases y embalajes, incluso los susceptibles de devolución, cargado a los destinatarios de la operación, cualquiera que sea el concepto por el que dicho importe se perciba. f) El importe de las deudas asumidas por el destinatario de las operaciones sujetas como contraprestación total o parcial de las mismas. 3. No se incluirán en la base imponible: a) Las cantidades percibidas por razón de indemnizaciones, distintas de las contempladas en el número anterior, que por su naturaleza y función no constituyan contraprestación o compensación de las entregas de bienes o prestaciones de servicios sujetas al impuesto. b) Los descuentos y bonificaciones que figuren separadamente en factura y que se concedan previa o simultáneamente al momento en que la operación se realice y en función de ella. Lo dispuesto en el párrafo anterior no será de aplicación cuando las minoraciones de precio constituyan remuneraciones de otras operaciones. c) Las sumas pagadas en nombre y por cuenta del cliente, en virtud del mandato expreso del mismo, que figuren contabilizadas por quien entrega los bienes o presta los servicios en las correspondientes cuentas específicas. El sujeto pasivo vendrá obligado a justificar la cuantía efectiva de tales gastos y no podrá proceder a la deducción del impuesto que, eventualmente, los hubiera gravado. d) En el caso de las entregas de bienes efectuadas en cualquiera de las islas, cuando se trate de bienes importados o fabricados en otra isla diferente del archipiélago canario, tampoco se incluirán en la base imponible los gastos en puertos o aeropuertos, seguros y fletes precisos para el traslado desde esta última isla a la de entrega. e) (Suprimida). 4. Cuando por resolución firme, judicial o administrativa o con arreglo a Derecho o a los usos de comercio queden sin efecto total o parcialmente las operaciones gravadas o se altere el precio después del momento en que la operación se haya efectuado, la base imponible se modificará en la cuantía correspondiente. 5. La base imponible determinada con arreglo a lo dispuesto en los números anteriores de este artículo se reducirá en los casos y cuantías siguientes: 1.º El importe de los envases y embalajes susceptibles de reutilización que hayan sido objeto de devolución. 2.º Los descuentos y bonificaciones otorgados con posterioridad al momento en que la operación se haya realizado siempre que sean debidamente justificados. 6. La base imponible podrá reducirse cuando el destinatario de las operaciones sujetas al impuesto no haya hecho efectivo el pago de las cuotas repercutidas, y siempre que, con posterioridad al devengo de la operación, se dicte auto que declare el concurso de acreedores de aquel. La modificación, en su caso, no podrá efectuarse después de transcurrido el plazo de dos meses a partir del fin del plazo máximo establecido en el número 5.º del apartado 1 del artículo 21 de la Ley 22/2003, de 9 de julio, Concursal. Solo cuando se acuerde la conclusión del concurso por las causas expresadas en el artículo 176.1, apartados 1.º, 4.º y 5.º, de la Ley Concursal, el acreedor que hubiese modificado la base imponible deberá modificarla nuevamente al alza mediante la emisión, en el plazo que se fije reglamentariamente, de una factura rectificativa en la que se repercuta la cuota procedente. 7. La base imponible también podrá reducirse proporcionalmente cuando los créditos correspondientes a las cuotas repercutidas por las operaciones gravadas sean total o parcialmente incobrables. A estos efectos: A) Un crédito se considerará total o parcialmente incobrable cuando reúna las siguientes condiciones: 1.ª Que haya transcurrido un año desde el devengo del Impuesto repercutido sin que se haya obtenido el cobro de todo o parte del crédito derivado del mismo. No obstante, cuando se trate de operaciones a plazos o con precio aplazado, deberá haber transcurrido un año desde el vencimiento del plazo o plazos impagados a fin de proceder a la reducción proporcional de la base imponible. A estos efectos, se considerarán operaciones a plazos o con precio aplazado aquellas en las que se haya pactado que su contraprestación deba hacerse efectiva en pagos sucesivos o en uno solo, respectivamente, siempre que el período transcurrido entre el devengo del Impuesto repercutido y el vencimiento del último o único pago sea superior a un año. Cuando el titular del derecho de crédito cuya base imponible se pretende reducir sea un empresario o profesional cuyo volumen de operaciones, calculado conforme a lo dispuesto en el artículo 51 de esta Ley, no hubiese excedido durante el año natural inmediato anterior de 6.010.121,04 euros, el plazo a que se refiere esta condición 1.ª podrá ser de seis meses o un año. En el caso de operaciones a las que sea de aplicación el régimen especial del criterio de caja esta condición se entenderá cumplida en la fecha de devengo del impuesto que se produzca por aplicación de la fecha límite del 31 de diciembre a que se refiere el artículo 58 duodecies de esta Ley. No obstante lo previsto en el párrafo anterior, cuando se trate de operaciones a plazos o con precio aplazado será necesario que haya transcurrido el plazo de seis meses o un año a que se refiere esta regla 1.ª, desde el vencimiento del plazo o plazos correspondientes hasta la fecha de devengo de la operación. 2.ª Que esta circunstancia haya quedado reflejada en los Libros Registros exigidos para este Impuesto. 3.ª Que el destinatario de la operación actúe en la condición de empresario o profesional, o, en otro caso, que la base imponible de aquella, Impuesto General Indirecto Canario excluido, sea superior a 50 euros. 4.ª Que el sujeto pasivo haya instado su cobro mediante reclamación judicial al deudor o por medio de requerimiento notarial al mismo, o por cualquier otro medio que acredite fehacientemente la reclamación del cobro a aquel, incluso cuando se trate de créditos afianzados por Entes públicos. Cuando se trate de las operaciones a plazos a que se refiere la condición 1.ª anterior, resultará suficiente instar el cobro de uno de ellos mediante cualquiera de los medios a los que se refiere la condición 4.ª anterior, para proceder a la modificación de la base imponible en la proporción que corresponda por el plazo o plazos impagados. Cuando se trate de créditos adeudados por Entes públicos, los medios a que se refiere la condición 4.ª anterior se sustituirán por una certificación expedida por el órgano competente del Ente público deudor de acuerdo con el informe del Interventor o Tesorero de aquel en el que conste el reconocimiento de la obligación a cargo del mismo y su cuantía. B) La modificación deberá realizarse en el plazo de los seis meses siguientes a la finalización del periodo de seis meses o un año a que se refiere la condición 1.ª anterior y comunicarse a la Administración Tributaria Canaria en el plazo que se fije reglamentariamente por el Gobierno de Canarias. En el caso de operaciones a las que sea de aplicación el régimen especial del criterio de caja, el plazo de seis meses para realizar la modificación se computará a partir de la fecha límite del 31 de diciembre a que se refiere el artículo 105 de la Ley, de la Comunidad Autónoma de Canarias, 4/2012, de 25 de junio, de medidas administrativas y fiscales. C) Una vez practicada la reducción de la base imponible, esta no se volverá a modificar al alza aunque el sujeto pasivo obtuviese el cobro total o parcial de la contraprestación, salvo cuando el destinatario no actúe en la condición de empresario o profesional. En este caso, se entenderá que el Impuesto General Indirecto Canario está incluido en las cantidades percibidas y en la misma proporción que la parte de contraprestación percibida. No obstante lo dispuesto en el párrafo anterior, cuando el sujeto pasivo desista de la reclamación judicial al deudor o llegue a un acuerdo de cobro con el mismo con posterioridad al requerimiento notarial efectuado, como consecuencia de este o por cualquier otra causa, deberá modificar nuevamente la base imponible al alza mediante la expedición, en el plazo de un mes a contar desde el desistimiento o desde el acuerdo de cobro, respectivamente, de una factura rectificativa en la que se repercuta la cuota procedente. 8. En relación con los supuestos de modificación de la base imponible comprendidos en los números 6 y 7 anteriores, se aplicarán las siguientes reglas: 1.ª No procederá la modificación de la base imponible en los casos siguientes: a) Créditos que disfruten de garantía real, en la parte garantizada. b) Créditos afianzados por entidades de crédito o sociedades de garantía recíproca o cubiertos por un contrato de seguro de crédito o de caución, en la parte afianzada o asegurada. c) Créditos entre personas o entidades vinculadas definidas en el artículo 23, número 3, de esta Ley. d) Créditos adeudados o afianzados por Entes públicos. Lo dispuesto en esta letra d) no se aplicará a la reducción de la base imponible realizada de acuerdo con el número 7 anterior para los créditos que se consideren total o parcialmente incobrables, sin perjuicio de la necesidad de cumplir con el requisito de acreditación documental del impago a que se refiere la condición 4.ª de la letra A) de dicho número. 2.ª Tampoco procederá la modificación de la base imponible cuando el destinatario de las operaciones no esté establecido en el territorio de aplicación del Impuesto o en Península, Islas Baleares, Ceuta y Melilla. Quedan excluidos de lo dispuesto en el párrafo anterior los supuestos de créditos incobrables como consecuencia de un proceso de insolvencia declarado por un órgano jurisdiccional de otro Estado miembro cuando se trate de procedimientos de insolvencia a los que resulte de aplicación el Reglamento (UE) 2015/848 del Parlamento Europeo y del Consejo, de 20 de mayo de 2015, sobre procedimientos de insolvencia, que podrán dar lugar, en su caso, a la modificación de la base imponible del sujeto pasivo en los términos previstos en el apartado 6 de este artículo. 3.ª Tampoco procederá la modificación de la base imponible de acuerdo con el número 7 de este artículo con posterioridad al auto de declaración de concurso para los créditos correspondientes a cuotas repercutidas por operaciones cuyo devengo se produzca con anterioridad a dicho auto. 4.ª En los supuestos de pago parcial anteriores a la citada modificación, se entenderá que el Impuesto General Indirecto Canario está incluido en las cantidades percibidas y en la misma proporción que la parte de contraprestación satisfecha. 5.ª La rectificación de las deducciones del destinatario de las operaciones, que deberá practicarse según lo dispuesto en el cuarto párrafo del apartado 2.º del número Dos del artículo 44 de esta Ley, determinará el nacimiento del correspondiente crédito en favor de la Hacienda Pública. Si el destinatario de las operaciones sujetas no hubiese tenido derecho a la deducción total del Impuesto, resultará también deudor frente a la Hacienda Pública por el importe de la cuota del impuesto no deducible. En el supuesto de que el destinatario no actúe en la condición de empresario o profesional y en la medida en que no haya satisfecho dicha deuda, resultará de aplicación lo establecido en la letra C) del número 7 anterior. 9. En los casos a que se refieren los números 4 a 8 anteriores, la disminución de la base imponible estará condicionada al cumplimiento de los requisitos que reglamentariamente se establezcan. 10. Cuando las cuotas del Impuesto General Indirecto Canario que graven las operaciones sujetas al mismo no se hubiesen repercutido expresamente en factura se entenderá que la contraprestación no incluyó dichas cuotas. Se exceptúan de lo dispuesto en el párrafo anterior: 1.º Los casos en que la repercusión expresa del impuesto no fuese obligatoria. 2.º Los supuestos a que se refiere el número 2, apartado d), de este artículo. 11. Si el importe de la contraprestación no resultara conocido en el momento del devengo del impuesto, el sujeto pasivo deberá fijarlo provisionalmente aplicando criterios fundados, sin perjuicio de su rectificación cuando dicho importe fuera conocido». En tercer lugar, en el artículo 33: «Artículo 33. Ejercicio del derecho a la deducción. 1. En las declaraciones-liquidaciones correspondientes a cada uno de los períodos de liquidación, los sujetos pasivos podrán deducir globalmente el montante total de las cuotas deducibles soportadas en dicho período del importe *total de las cuotas del Impuesto General Indirecto Canario, devengadas durante el mismo período de liquidación en las Islas Canarias como consecuencia de las entregas de bienes o prestaciones de servicios por ellos realizadas. 2. Las deducciones deberán efectuarse en función del destino previsible de los bienes y servicios adquiridos, sin perjuicio de su rectificación posterior si aquél fuese alterado. No obstante, en los supuestos de destrucción o pérdida de los bienes adquiridos o importados, por causa no imputable al sujeto pasivo debidamente justificada, no será exigible la referida rectificación. 3. El derecho a la deducción solo podrá ejercitarse en la declaración-liquidación relativa al periodo de liquidación en que su titular haya soportado las cuotas deducibles o en las de los sucesivos, siempre que no hubiera transcurrido el plazo de cuatro años, contados a partir del nacimiento del mencionado derecho. El porcentaje de deducción de las cuotas deducibles soportadas será el definitivo del año en que se haya producido el nacimiento del derecho a deducir de las citadas cuotas. Sin embargo, en caso de declaración de concurso, el derecho a la deducción de las cuotas soportadas con anterioridad a la misma, que estuvieran pendientes de deducir, deberá ejercitarse en la declaración-liquidación correspondiente al periodo de liquidación en el que se hubieran soportado. Cuando no se hubieran incluido las cuotas soportadas deducibles a que se refiere el párrafo anterior en dichas declaraciones-liquidaciones, y siempre que no hubiera transcurrido el plazo de cuatro años, contados a partir del nacimiento del derecho a la deducción de tales cuotas, el concursado o, en los casos previstos por el artículo 86.3 de la Ley Concursal, la administración concursal, podrá deducirlas mediante la rectificación de la declaración-liquidación relativa al periodo en que fueron soportadas. Cuando hubiese mediado requerimiento de la Administración o actuación inspectora, serán deducibles, en las liquidaciones que procedan, las cuotas soportadas que estuviesen debidamente contabilizadas en los libros registros establecidos reglamentariamente para este Impuesto, mientras que las cuotas no contabilizadas serán deducibles en la declaración-liquidación del periodo correspondiente a su contabilización o en las de los siguientes. En todo caso, unas y otras cuotas solo podrán deducirse cuando no haya transcurrido el plazo a que se refiere el primer párrafo. 4. Se entenderán soportadas las cuotas deducibles, así como la carga impositiva implícita en las adquisiciones a comerciantes minoristas, en el momento en que el empresario o profesional que las soportó reciba la correspondiente factura o demás documentos justificativos del derecho a deducir. Si el devengo del Impuesto se produjese en un momento posterior al de la recepción de la factura, dichas cuotas se entenderán soportadas cuando se devenguen. En el supuesto de sustitución a que se refiere el apartado 6 del artículo 25 de la Ley 19/1994, de 6 de julio, las cuotas se entenderán soportadas en el momento en el que se ingresen. 5. Cuando la cuantía de las deducciones procedentes supere el importe de las cuotas devengadas en el mismo periodo de liquidación, el exceso podrá ser compensado en las declaraciones-liquidaciones posteriores, siempre que no hubiesen transcurrido cuatro años contados a partir de la presentación de la declaración-liquidación en que se origine dicho exceso. No obstante, el sujeto pasivo podrá optar por la devolución del saldo existente a su favor cuando resulte procedente en virtud de lo dispuesto en el Capítulo II de este Título, sin que en tal caso pueda efectuar su compensación en declaraciones-liquidaciones posteriores, cualquiera que sea el periodo de tiempo transcurrido hasta que dicha devolución se haga efectiva. En la declaración-liquidación, prevista reglamentariamente, referida a los hechos imponibles anteriores a la declaración de concurso se deberá aplicar la totalidad de los saldos acumulados a compensar de periodos de liquidación anteriores a dicha declaración. 6. En los supuestos de errores o de modificación de bases o cuotas impositivas soportadas, la rectificación en las deducciones deberá efectuarse en la forma y plazos que se determinen reglamentariamente». En cuarto lugar, en el artículo 44: «Artículo 44. Rectificación de deducciones. Uno. Los sujetos pasivos, cuando no haya mediado requerimiento previo, podrán rectificar las deducciones practicadas cuando el importe de las mismas se hubiese determinado incorrectamente o el importe de las cuotas soportadas haya sido objeto de rectificación de acuerdo con lo dispuesto en el artículo 20.Dos de esta Ley. La rectificación de las deducciones será obligatoria cuando implique una minoración del importe inicialmente deducido. Dos. La rectificación de deducciones originada por la previa rectificación del importe de las cuotas inicialmente soportadas se efectuará de la siguiente forma: 1.º Cuando la rectificación determine un incremento del importe de las cuotas inicialmente deducidas, podrá efectuarse en la declaración-liquidación correspondiente al periodo impositivo en que el sujeto pasivo reciba el documento justificativo del derecho a deducir en el que se rectifiquen las cuotas inicialmente repercutidas, o bien en las declaraciones-liquidaciones siguientes, siempre que no hubiesen transcurrido cuatro años desde el devengo de la operación o, en su caso, desde la fecha en que se hayan producido las circunstancias que determinan la modificación de la base imponible de la operación. Sin perjuicio de lo anterior, en los supuestos en que la rectificación de las cuotas inicialmente soportadas hubiese estado motivado por causa distinta de las previstas en el artículo 20.Dos de esta Ley, no podrá efectuarse la rectificación de la deducción de las mismas después de transcurrido un año desde la fecha de expedición del documento justificativo del derecho a deducir por el que se rectifican dichas cuotas. 2.º Cuando la rectificación determine una minoración del importe de las cuotas inicialmente deducidas, el sujeto pasivo deberá presentar una declaración-liquidación rectificativa aplicándose a la misma el recargo y los intereses de demora que procedan de conformidad con lo previsto en los artículos 26 y 27 de la Ley General Tributaria. Tratándose del supuesto previsto en el artículo 22 número 6 de* esta Ley, la rectificación deberá efectuarse en la declaración-liquidación correspondiente al periodo en que se ejerció el derecho a la deducción de las cuotas soportadas, sin que proceda la aplicación de recargos ni de intereses de demora. En los supuestos en que la operación gravada quede sin efecto como consecuencia del ejercicio de una acción de reintegración concursal u otras de impugnación ejercitadas en el seno del concurso, si el comprador o adquirente inicial se encuentra también en situación de concurso, deberá proceder a la rectificación de las cuotas inicialmente deducidas en la declaración-liquidación correspondiente al periodo en que se ejerció el derecho a la deducción de las cuotas soportadas, sin que proceda la aplicación de recargos ni de intereses de demora. No obstante, cuando la rectificación tenga su origen en un error fundado de derecho o en las causas de los números 4, 5 y 7 del artículo 22 de esta Ley deberá efectuarse en la declaración-liquidación correspondiente al periodo impositivo en que el sujeto pasivo reciba el documento justificativo del derecho a deducir en el que se rectifiquen las cuotas inicialmente soportadas».

HACIENDAS LOCALES

– La **Ley Foral 2/1995, de 10 de marzo, de Haciendas Locales de Navarra** establece en el artículo 174.3: «*En las transmisiones de otros bienes distintos de la vivienda habitual realizadas por los deudores hipotecarios en el curso de una ejecución hipotecaria judicial o extrajudicial, en el ámbito de un procedimiento concursal, la persona o entidad que adquiera el inmueble tendrá la consideración de sustituto del contribuyente y podrá repercutir sobre éste el importe del gravamen*».

HIPOTECA MOBILIARIA Y PRENDA SIN DESPLAZAMIENTO

– **Ley de Hipoteca Mobiliaria y Prenda sin Desplazamiento de Posesión, de 16 de diciembre de 1954:** «*Artículo 10, párrafo segundo: En caso de concurso, la preferencia y prelación del acreedor hipotecario o pignoraticio se regirán por lo establecido en la Ley Concursal; Artículo 66: No obstante lo establecido en el párrafo primero del artículo 10, serán satisfechos con prelación al crédito pignoraticio: 1.º Los créditos debidamente justificados por semillas, gastos de cultivo y recolección de las cosechas o frutos. 2.º Los de alquileres o rentas de los últimos doce meses de la finca en que se produjeren, almacenaren o depositaren los bienes pignorados. En caso de concurso, se estará a lo dispuesto en la Ley Concursal; Artículo 88: El procedimiento de venta extrajudicial sólo podrá suspenderse por alguna de las causas siguientes: Primera. Que se presentare certificación del Registro acreditativa de estar cancelada la hipoteca o presentada escritura pública de carta de pago o cancelación de aquélla. Segunda. Cuando se acredite documentalmente la existencia de causa criminal sobre cualquier hecho de apariencia delictiva que determine la falsedad del título en virtud del cual se proceda, la invalidez o ilicitud del procedimiento de venta. Tercera. Si constare al Notario la declaración de concurso del deudor, aunque ya estuvieran publicados los anuncios de la subasta del bien. En este caso sólo se alzará la suspensión cuando se acredite, mediante testimonio de la resolución del Juez del concurso, que los bienes o derechos no están afectos, o no son necesarios para la continuidad de la actividad profesional o empresarial del deudor. Cuarta. Si se interpusiera demanda de tercería de dominio, acompañando inexcusablemente con ella título de propiedad, anterior a la fecha de la escritura de hipoteca. Si se tratare de bienes susceptibles de inscripción en algún Registro, dicho título habrá de estar inscrito también con fecha anterior a la hipoteca. La suspensión subsistirá hasta el término de juicio de tercería. Quinta. Si se acreditare, con certificación del Registro correspondiente, que los mismos bienes están sujetos a otra hipoteca mobiliaria o afectos a hipoteca inmobiliaria, en virtud del artículo 111 de la Ley Hipotecaria, vigentes o inscritas antes de la que motivare el procedimiento. Estos hechos se pondrán en conocimiento del Juzgado correspondiente, a los efectos prevenidos en el artículo 1862 del Código Civil. En los dos casos precedentes, si la causa de la suspensión afectare sólo a parte de los bienes comprendidos en la hipoteca mobiliaria, podrá seguir el procedimiento respecto de los demás, si así lo solicitare el acreedor. También se suspenderá la venta extrajudicial cuando cualquiera de las partes acredite haber planteado ante el Juez que sea competente el carácter abusivo de alguna de las cláusulas contractuales del préstamo hipotecario que constituya el fundamento de la venta extrajudicial o que hubiese determinado la cantidad exigible. Una vez sustanciada la cuestión, y siempre que, de acuerdo con la resolución judicial correspondiente, no se trate de una cláusula abusiva que constituya el fundamento de la ejecución o hubiera determinado la cantidad exigible, el Notario podrá proseguir la venta extrajudicial a requerimiento del acreedor. Verificada alguna de las circunstancias previstas en los apartados 1 y 2, el Notario acordará la suspensión del procedimiento hasta que, respectivamente, terminen el procedimiento criminal o el procedimiento registral si no se declarase la falsedad o no se inscribiese la cancelación de la hipoteca. La suspensión de la subasta por un periodo superior a 15 días llevará consigo la liberación de las consignaciones o devolución de los avales prestados, retrotrayendo la situación al momento inmediatamente anterior a la publicación del anuncio. La reanudación de la subasta se realizará mediante una nueva publicación del anuncio y una nueva petición de información registral como si de una nueva subasta se tratare. Si la reclamación del acreedor y* *la iniciación de la venta extrajudicial tuvieran su base en alguna causa que no sea el vencimiento del plazo o la falta de pago de intereses o de cualquier otra prestación a que estuviere obligado el deudor, se suspenderá dicho procedimiento siempre que con anterioridad a la subasta se hubiere hecho constar en el Registro la oposición al mismo, formulada en juicio declarativo. A este efecto, el Juez, al mismo tiempo que ordene la anotación preventiva de la demanda, acordará que se notifique al Notario la resolución recaída».*

IMPUESTO COMPLEMENTARIO

– El **Real Decreto 252/2025, de 1 de abril, por el que se aprueba el reglamento del impuesto complementario para garantizar un nivel mínimo global de imposición para los grupos multinacionales y los grupos nacionales de gran magnitud,** en el ámbito de los ajustes en la determinación de la base imponible y de los impuestos cubiertos ajustados, regula los ajustes por cobertura de la inversión neta en negocios en el extranjero y por ingresos derivados de quitas:

Artículo 4. Ajustes por cobertura de la inversión neta en negocios en el extranjero y por ingresos derivados de quitas. 1. A efectos de lo dispuesto en la letra c) de los apartados 1 y 2 del artículo 10 de la Ley del Impuesto, la entidad declarante podrá optar, durante un plazo de cinco años, por considerar como ganancia o pérdida de capital excluida, a las ganancias o pérdidas en moneda extranjera reflejadas en el resultado contable de una entidad constitutiva en el periodo impositivo, en los términos previstos en el artículo 9.1 de la ley, siempre y cuando se cumplan los siguientes requisitos: a) Las ganancias o pérdidas en moneda extranjera sean atribuibles a instrumentos de cobertura que cubran el riesgo de tipo de cambio de inversiones netas en negocios en el extranjero a través de entidades en las que se ostente una participación significativa; b) Las ganancias o pérdidas a que se refiere la letra anterior sean contabilizadas en las cuentas anuales consolidadas del grupo multinacional o nacional de gran magnitud en la partida «otro resultado global»; c) El instrumento de cobertura sea considerado eficaz, de conformidad con la norma de contabilidad financiera aceptable o autorizada utilizada en la elaboración de los estados financieros consolidados de la entidad matriz última. En el supuesto de que la entidad declarante hubiese ejercitado la opción prevista en este apartado, cualquier impuesto cubierto asociado a las referidas ganancias excluidas deberá quedar igualmente excluido de los impuestos cubiertos ajustados del período con arreglo a lo dispuesto en los artículos 17.3.a) y 18.5.a) de la Ley del Impuesto. 2. A efectos de lo dispuesto en el artículo 10.2 de la Ley del Impuesto, la entidad constitutiva declarante podrá no computar los ingresos derivados de quitas reflejados en el resultado contable de una entidad constitutiva en el periodo impositivo, en los términos previstos en el artículo 9.1 de dicha ley, a efectos del cálculo de las ganancias o pérdidas admisibles de la entidad constitutiva del período, en la medida en que concurra cualquiera de las siguientes circunstancias: a) La quita se ha de llevará cabo en el marco de un procedimiento de insolvencia previsto en la normativa concursal nacional que resulte de aplicación, siempre que esté supervisado por un tribunal u otro órgano judicial de la jurisdicción pertinente o en los que se nombre un administrador de insolvencia independiente. En tal caso, tanto las deudas de terceros como las de partes vinculadas liberadas en el marco del mismo convenio quedarán excluidas del cómputo de las ganancias o pérdidas admisibles; b) La quita sea consecuencia de un convenio en el que uno o varios acreedores no están vinculados con el deudor y sea razonable concluir que, sin la condonación de las deudas de terceros, condonadas en virtud del convenio, el deudor podría haber entrado en situación de insolvencia dentro de los doce meses siguientes al acuerdo. En tal caso, tanto las deudas con terceros como las de partes vinculadas liberadas en el marco del mismo convenio quedarán excluidas del cómputo de las ganancias o pérdidas admisibles; c) En el supuesto en el que el importe total del pasivo del deudor sea superior al valor de mercado de sus activos, determinado inmediatamente antes de la fecha de la quita, únicamente podrá excluirse del cómputo de las ganancias o pérdidas admisibles los ingresos derivados de quitas de deudas con acreedores no vinculados, por el menor de los siguientes importes: 1.º El exceso del pasivo del deudor sobre el valor de mercado de los activos del mismo determinado inmediatamente antes de la fecha de la quita. 2.º El importe del ajuste extracontable negativo que hubiese procedido practicar en la imposición personal del deudor como consecuencia de la quita con arreglo a la legislación tributaria de la jurisdicción en la que radica. En los supuestos previstos en las letras a) y b) anteriores, podrán excluirse del cómputo de las ganancias o pérdidas admisibles los ingresos correspondientes a quitas derivadas de deudas frente terceros, o frente a partes vinculadas. En el supuesto previsto en la letra c), sólo podrán excluirse los ingresos correspondientes a quitas derivadas de deudas frente acreedores no vinculados con el deudor. Lo dispuesto en la letra c) anterior sólo resultará de aplicación cuando no concurran las circunstancias previstas en las letras a) o b). En el supuesto de que los ingresos derivados de una quita, en los términos previstos en este apartado, hubieran sido excluidos del cómputo de las ganancias o pérdidas admisibles del período, cualquier impuesto cubierto asociado a los referidos ingresos excluidos deberá quedar igualmente excluido de los impuestos cubiertos ajustados del período, con arreglo a lo dispuesto en los artículos 17.3.a) y 18.5.a) de la Ley del Impuesto.

IMPUESTO SOBRE EL VALOR AÑADIDO

– La **Ley 37/1992, de 28 de diciembre, del Impuesto sobre el Valor Añadido** establece, en primer lugar, en el artículo 80: *Artículo 80. Modificación de la base imponible. Uno. La base imponible determinada con arreglo a lo dispuesto en los artículos 78 y 79 anteriores se reducirá en las cuantías siguientes: 1.º El importe de los envases y embalajes susceptibles de reutilización que hayan sido objeto de devolución. 2.º Los descuentos y bonificaciones otorgados con posterioridad al momento en que la operación se haya realizado siempre que sean debidamente justificados. Dos. Cuando por resolución firme, judicial o administrativa o con arreglo a Derecho o a los usos de comercio queden sin efecto total o parcialmente las operaciones gravadas o se altere el precio después del momento en que la operación se haya efectuado, la base imponible se modificará en la cuantía correspondiente. Tres. La base imponible podrá reducirse cuando el destinatario de las operaciones sujetas al Impuesto no haya hecho efectivo el pago de las cuotas repercutidas y siempre que, con posterioridad al devengo de la operación, se dicte auto de declaración de concurso. La modificación, en su caso, no podrá efectuarse después de transcurrido el plazo de dos meses contados a partir del fin del plazo máximo fijado en el número 5.º del apartado 1 del artículo 21 de la Ley 22/2003, de 9 de julio, Concursal. Solo cuando se acuerde la conclusión del concurso por las causas expresadas en el artículo 176.1, apartados 1.º, 4.º y 5.º de la Ley Concursal, el acreedor que hubiese modificado la base imponible deberá modificarla nuevamente al alza mediante la emisión, en el plazo que se fije reglamentariamente, de una factura rectificativa en la que se repercuta la cuota procedente. Cuatro. La base imponible también podrá reducirse proporcionalmente cuando los créditos correspondientes a las cuotas repercutidas por las operaciones gravadas sean total o parcialmente incobrables. A estos efectos: A) Un crédito se considerará total o parcialmente incobrable cuando reúna las siguientes condiciones: 1.ª Que haya transcurrido un año desde el devengo del Impuesto repercutido sin que se haya obtenido el cobro de todo o parte del crédito derivado del mismo. No obstante, cuando se trate de operaciones a plazos o con precio aplazado, deberá haber transcurrido un año desde el vencimiento del plazo o plazos impagados a fin de proceder a la reducción proporcional de la base imponible. A estos efectos, se considerarán operaciones a plazos o con precio aplazado aquéllas en las que se haya pactado que su contraprestación deba hacerse efectiva en pagos sucesivos o en uno sólo, respectivamente, siempre que el período transcurrido entre el devengo del Impuesto repercutido y el vencimiento del último o único pago sea superior a un año. Cuando el titular del derecho de crédito cuya base imponible se pretende reducir sea un empresario o profesional cuyo volumen de operaciones, calculado conforme a lo dispuesto en el artículo 121 de esta Ley, no hubiese excedido durante el año natural inmediato anterior de 6.010.121,04 euros, el plazo a que se refiere esta condición 1.ª podrá ser, de seis meses o un año. En el caso de operaciones a las que sea de aplicación del régimen especial del criterio de caja esta condición se entenderá cumplida en la fecha de devengo del impuesto que se produzca por aplicación de la fecha límite del 31 de diciembre a que se refiere el artículo 163 terdecies de esta Ley. No obstante lo previsto en el párrafo anterior, cuando se trate de operaciones a plazos o con precio aplazado será necesario que haya transcurrido el plazo de seis meses o un año a que se refiere esta regla 1.ª, desde el vencimiento del plazo o plazos correspondientes hasta la fecha de devengo de la operación. 2.ª Que esta circunstancia haya quedado reflejada en los Libros Registros exigidos para este Impuesto. 3.ª Que el destinatario de la operación actúe en la condición de empresario o profesional, o, en otro caso, que la base imponible de aquella, Impuesto sobre el Valor Añadido excluido, sea superior a 50 euros. 4.ª Que el sujeto pasivo haya instado su cobro mediante reclamación judicial al deudor o por medio de requerimiento notarial al mismo, o por cualquier otro medio que acredite fehacientemente la reclamación del cobro de aquel, incluso cuando se trate de créditos afianzados por Entes públicos. Cuando se trate de las operaciones a plazos a que se refiere la condición 1.ª anterior, resultará suficiente instar el cobro de uno de ellos mediante cualquiera de los medios a los que se refiere la condición 4.ª anterior para proceder a la modificación de la base imponible en la proporción que corresponda por el plazo o plazos impagados. Cuando se trate de créditos adeudados por Entes públicos, los medios a los que se refiere la condición 4.ª anterior se sustituirán por una certificación expedida por el órgano competente del Ente público deudor de acuerdo con el informe del Interventor o Tesorero de aquel en el que conste el reconocimiento de la obligación a cargo del mismo y su cuantía. B) La modificación deberá realizarse en el plazo de los seis meses siguientes a la finalización del periodo de seis meses o un año a que se refiere la condición 1.ª anterior y comunicarse a la Agencia Estatal de Administración Tributaria en el plazo que se fije reglamentariamente. En el caso de operaciones a las que sea de aplicación el régimen especial del criterio de caja, el plazo de seis meses para realizar la modificación se computará a partir de la fecha límite del 31 de diciembre a que se refiere el artículo 163 terdecies de esta ley. C) Una vez practicada la reducción de la base imponible, ésta no se volverá a modificar al alza aunque el sujeto pasivo obtuviese el cobro total o parcial de la contraprestación, salvo cuando el destinatario no actúe en la condición de empresario o profesional. En este caso, se entenderá que el Impuesto sobre el Valor Añadido está incluido en las cantidades percibidas y en la misma proporción que la parte de contraprestación percibida. No obstante lo dispuesto en el párrafo anterior, cuando el sujeto pasivo desista de la reclamación judicial al deudor o* *llegue a un acuerdo de cobro con el mismo con posterioridad al requerimiento notarial efectuado, como consecuencia de éste o por cualquier otra causa, deberá modificar nuevamente la base imponible al alza mediante la expedición, en el plazo de un mes a contar desde el desistimiento o desde el acuerdo de cobro, respectivamente, de una factura rectificativa en la que se repercuta la cuota procedente. Cinco. En relación con los supuestos de modificación de la base imponible comprendidos en los apartados tres y cuatro anteriores, se aplicarán las siguientes reglas: 1.ª No procederá la modificación de la base imponible en los casos siguientes: a) Créditos que disfruten de garantía real, en la parte garantizada. b) Créditos afianzados por entidades de crédito o sociedades de garantía recíproca o cubiertos por un contrato de seguro de crédito o de caución, en la parte afianzada o asegurada. c) Créditos entre personas o entidades vinculadas definidas en el artículo 79, apartado cinco, de esta Ley. d) Créditos adeudados o afianzados por Entes públicos. Lo dispuesto en esta letra d) no se aplicará a la reducción de la base imponible realizada de acuerdo con el apartado cuatro del artículo 80 de esta Ley para los créditos que se consideren total o parcialmente incobrables, sin perjuicio de la necesidad de cumplir con el requisito de acreditación documental del impago a que se refiere la condición 4.ª de dicho precepto. 2.ª Tampoco procederá la modificación de la base imponible cuando el destinatario de las operaciones no esté establecido en el territorio de aplicación del Impuesto, ni en Canarias, Ceuta o Melilla. Quedan excluidos de lo dispuesto en el párrafo anterior los supuestos de créditos incobrables como consecuencia de un proceso de insolvencia declarado por un órgano jurisdiccional de otro Estado miembro cuando se trate de procedimientos de insolvencia a los que resulte de aplicación el Reglamento (UE) 2015/848 del Parlamento Europeo y del Consejo, de 20 de mayo de 2015, sobre procedimientos de insolvencia, que podrán dar lugar, en su caso, a la modificación de la base imponible del sujeto pasivo en los términos previstos en el artículo 80.tres de esta ley. 3.ª Tampoco procederá la modificación de la base imponible de acuerdo con el apartado cuatro del artículo 80 de esta Ley con posterioridad al auto de declaración de concurso para los créditos correspondientes a cuotas repercutidas por operaciones cuyo devengo se produzca con anterioridad a dicho auto. 4.ª En los supuestos de pago parcial anteriores a la citada modificación, se entenderá que el Impuesto sobre el Valor Añadido está incluido en las cantidades percibidas y en la misma proporción que la parte de contraprestación satisfecha. 5.ª La rectificación de las deducciones del destinatario de las operaciones, que deberá practicarse según lo dispuesto en el artículo 114, apartado dos, número 2.º, cuarto párrafo, de esta Ley, determinará el nacimiento del correspondiente crédito en favor de la Hacienda Pública. Si el destinatario de las operaciones sujetas no hubiese tenido derecho a la deducción total del Impuesto, resultará también deudor frente a la Hacienda Pública por el importe de la cuota del impuesto no deducible. En el supuesto de que el destinatario no actúe en la condición de empresario o profesional y en la medida en que no haya satisfecho dicha deuda, resultará de aplicación lo establecido en el apartado Cuatro C) anterior. Seis. Si el importe de la contraprestación no resultara conocido en el momento del devengo del impuesto, el sujeto pasivo deberá fijarlo provisionalmente aplicando criterios fundados, sin perjuicio de su rectificación cuando dicho importe fuera conocido. Siete. En los casos a que se refieren los apartados anteriores la modificación de la base imponible estará condicionada al cumplimiento de los requisitos que reglamentariamente se establezcan. En segundo lugar, en el artículo 84: Artículo 84. Sujetos pasivos. Uno. Serán sujetos pasivos del Impuesto: 1.º Las personas físicas o jurídicas que tengan la condición de empresarios o profesionales y realicen las entregas de bienes o presten los servicios sujetos al Impuesto, salvo lo dispuesto en los números siguientes. 2.º Los empresarios o profesionales para quienes se realicen las operaciones sujetas al Impuesto en los supuestos que se indican a continuación: a) Cuando las mismas se efectúen por personas o entidades no establecidas en el territorio de aplicación del Impuesto. No obstante, lo dispuesto en esta letra no se aplicará en los siguientes casos: a') Cuando se trate de prestaciones de servicios en las que el destinatario tampoco esté establecido en el territorio de aplicación del Impuesto, salvo cuando se trate de prestaciones de servicios comprendidas en el número 1.º del apartado uno del artículo 69 de esta Ley. b') Cuando se trate de las entregas de bienes a que se refiere el artículo 68, apartados tres y cinco de esta Ley. c') Cuando se trate de entregas de bienes que estén exentas del Impuesto por aplicación de lo previsto en los artículos 20 bis, 21, números 1.º, 2.º y 7.º, o 25 de esta Ley, así como de entregas de bienes referidas en este último artículo que estén sujetas y no exentas del Impuesto. d') Cuando se trate de prestaciones de servicios de arrendamiento de bienes inmuebles que estén sujetas y no exentas del Impuesto. e') Cuando se trate de prestaciones de servicios de intermediación en el arrendamiento de bienes inmuebles. b) Cuando se trate de entregas de oro sin elaborar o de productos semielaborados de oro, de ley igual o superior a 325 milésimas. c) Cuando se trate de: – Entregas de desechos nuevos de la industria, desperdicios y desechos de fundición, residuos y demás materiales de recuperación constituidos por metales férricos y no férricos, sus aleaciones, escorias, cenizas y residuos de la industria que contengan metales o sus aleaciones. – Las operaciones de selección, corte, fragmentación y prensado que se efectúen sobre los productos citados en el guion anterior. – Entregas de desechos, desperdicios o recortes de plástico. – Entregas de desperdicios o desechos de papel, cartón o vidrio. – Entregas de desperdicios o artículos inservibles de trapos, cordeles, cuerdas o cordajes. – Entregas de productos semielaborados resultantes de la transformación, elaboración o fundición de los metales no férricos referidos en el primer guion, con excepción de los compuestos por níquel. En particular, se considerarán productos semielaborados los lingotes, bloques, placas, barras, grano, granalla y alambrón. En todo caso, se considerarán comprendidas en los párrafos anteriores las entregas de los materiales definidos en el anexo de esta ley. d) Cuando se trate de prestaciones de servicios que tengan por objeto derechos de emisión, reducciones certificadas de emisiones y unidades de reducción de emisiones de gases de efecto invernadero a que se refieren la Ley 1/2005, de 9 de marzo, por la que se regula el régimen del comercio de derechos de emisión de gases de efecto invernadero y el Real Decreto 1031/2007, de 20 de julio, por el que se desarrolla el marco de participación en los mecanismos de flexibilidad del Protocolo de Kioto. e) Cuando se trate de las siguientes entregas de bienes inmuebles: – Las entregas efectuadas como consecuencia de un proceso concursal. – Las entregas exentas a que se refieren los apartados 20.º y 22.º del artículo 20.Uno en las que el sujeto pasivo hubiera renunciado a la exención. – Las entregas efectuadas en ejecución de la garantía constituida sobre los bienes inmuebles, entendiéndose, asimismo, que se ejecuta la garantía cuando se transmite el inmueble a cambio de la extinción total o parcial de la deuda garantizada o de la obligación de extinguir la referida deuda por el adquirente. f) Cuando se trate de ejecuciones de obra, con o sin aportación de materiales, así como las cesiones de personal para su realización, consecuencia de contratos directamente formalizados entre el promotor y el contratista que tengan por objeto la urbanización de terrenos o la construcción o rehabilitación de edificaciones. Lo establecido en el párrafo anterior será también de aplicación cuando los destinatarios de las operaciones sean a su vez el contratista principal u otros subcontratistas en las condiciones señaladas. g) Cuando se trate de entregas de los siguientes productos definidos en el apartado décimo del anexo de esta Ley: – Plata, platino y paladio, en bruto, en polvo o semilabrado; se asimilarán a los mismos las entregas que tengan por objeto dichos metales resultantes de la realización de actividades de transformación por el empresario o profesional adquirente. En todo caso ha de tratarse de productos que no estén incluidos en el ámbito de aplicación del régimen especial aplicable a los bienes usados, objetos de arte, antigüedades y objetos de colección. – Teléfonos móviles. – Consolas de videojuegos, ordenadores portátiles y tabletas digitales. Lo previsto en estos dos últimos guiones solo se aplicará cuando el destinatario sea: a') Un empresario o profesional revendedor de estos bienes, cualquiera que sea el importe de la entrega. b') Un empresario o profesional distinto de los referidos en la letra anterior, cuando el importe total de las entregas de dichos bienes efectuadas al mismo, documentadas en la misma factura, exceda de 10.000 euros, excluido el Impuesto sobre el Valor Añadido. A efectos del cálculo del límite mencionado, se atenderá al importe total de las entregas realizadas cuando, documentadas en más de una factura, resulte acreditado que se trate de una única operación y que se ha producido el desglose artificial de la misma a los únicos efectos de evitar la aplicación de esta norma. La acreditación de la condición del empresario o profesional a que se refieren las dos letras anteriores deberá realizarse con carácter previo o simultáneo a la adquisición, en las condiciones que se determinen reglamentariamente. Las entregas de dichos bienes, en los casos en que sean sujetos pasivos del Impuesto sus destinatarios conforme a lo establecido en este número 2.º, deberán documentarse en una factura mediante serie especial. 3.º Las personas jurídicas que no actúen como empresarios o profesionales pero sean destinatarias de las operaciones sujetas al Impuesto que se indican a continuación realizadas por empresarios o profesionales no establecidos en el territorio de aplicación del mismo: a) Las entregas subsiguientes a las adquisiciones intracomunitarias a que se refiere el artículo 26, apartado Tres, de esta Ley, cuando hayan comunicado al empresario o profesional que las realiza el número de identificación que, a efectos del Impuesto sobre el Valor Añadido, tengan asignado por la Administración española. b) Las prestaciones de servicios a que se refieren los artículos 69 y 70 de esta Ley. 4.º Sin perjuicio de lo dispuesto en los números anteriores, los empresarios o profesionales, así como las personas jurídicas que no actúen como empresarios o profesionales, que sean destinatarios de entregas de gas y electricidad o las entregas de calor o de frío a través de las redes de calefacción o de refrigeración que se entiendan realizadas en el territorio de aplicación del impuesto conforme a lo dispuesto en el artículo 68.Seis de esta Ley, siempre que la entrega la efectúe un empresario o profesional no establecido en el citado territorio y le hayan comunicado el número de identificación que a efectos del impuesto sobre el valor añadido tengan asignado por la Administración española. Dos. A los efectos de lo dispuesto en este artículo, se considerarán establecidos en el territorio de aplicación del Impuesto los sujetos pasivos que tengan en el mismo la sede de su actividad económica, su domicilio fiscal o un establecimiento permanente que intervenga en la realización de las entregas de bienes y prestaciones de servicios sujetas al Impuesto. Se entenderá que dicho establecimiento permanente interviene en la realización de entregas de bienes o prestaciones de servicios cuando ordene sus factores de producción materiales y humanos o uno de ellos con la finalidad de realizar cada una de ellas. Tres. Tienen la consideración de sujetos pasivos las herencias yacentes, comunidades de bienes y demás entidades que, careciendo de personalidad jurídica, constituyan una unidad económica o un patrimonio separado susceptible de imposición, cuando realicen operaciones sujetas al Impuesto. En tercer lugar, en el artículo 89: Artículo 89. Rectificación de las cuotas impositivas repercutidas. Uno. Los sujetos pasivos deberán efectuar la rectificación de las cuotas impositivas repercutidas cuando el importe de las mismas se hubiese determinado incorrectamente o se produzcan las circunstancias que, según lo dispuesto en el artículo 80 de esta Ley, dan lugar a la modifica-*

ción de la base imponible. La rectificación deberá efectuarse en el momento en que se adviertan las causas de la inco-rrecta determinación de las cuotas o se produzcan las demás circunstancias a que se refiere el párrafo anterior, siempre que no hubiesen transcurrido cuatro años a partir del momento en que se devengó el impuesto correspondiente a la operación o, en su caso, se produjeron las circunstancias a que se refiere el citado artículo 80. Dos. Lo dispuesto en el apartado anterior será también de aplicación cuando, no habiéndose repercutido cuota alguna, se hubiese expedido la factura correspondiente a la operación. Tres. No obstante lo dispuesto en los apartados anteriores, no procederá la rectificación de las cuotas impositivas repercutidas en los siguientes casos: 1.º Cuando la rectificación no esté motivada por las causas previstas en el artículo 80 de esta Ley, implique un aumento de las cuotas repercutidas y los destinatarios de las operaciones no actúen como empresarios o profesionales, salvo en supuestos de elevación legal de los tipos im-positivos, en que la rectificación podrá efectuarse en el mes en que tenga lugar la entrada en vigor de los nuevos tipos impositivos y en el siguiente. 2.º Cuando sea la Administración Tributaria la que ponga de manifiesto, a través de las correspondientes liquidaciones, cuotas impositivas devengadas y no repercutidas mayores que las declaradas por el sujeto pasivo y resulte acreditado, mediante datos objetivos, que dicho sujeto pasivo participaba en un fraude, o que sabía o debía haber sabido, utilizando al efecto una diligencia razonable, que realizaba una operación que formaba parte de un fraude. Cuatro. La rectificación de las cuotas impositivas repercutidas deberá documentarse en la forma que reglamentariamente se establezca. Cinco. Cuando la rectificación de las cuotas implique un aumento de las inicialmente repercutidas y no haya mediado requerimiento previo, el sujeto pasivo deberá presentar una declaración-liquidación rectificativa aplicándose a la misma el recargo y los intereses de demora que procedan de conformidad con lo estableci-do en los artículos 26 y 27 de la Ley General Tributaria. No obstante lo dispuesto en el párrafo anterior, cuando la recti-ficación se funde en las causas de modificación de la base imponible establecidas en el artículo 80 de esta Ley o se deba a un error fundado de derecho, el sujeto pasivo podrá incluir la diferencia correspondiente en la declaración-liquidación del periodo en que se deba efectuar la rectificación. Cuando la rectificación determine una minoración de las cuotas inicialmente repercutidas, el sujeto pasivo podrá optar por cualquiera de las dos alternativas siguientes: a) Iniciar ante la Administración Tributaria el procedimiento de rectificación de autoliquidaciones previsto en el artículo 120.3 de la Ley 58/2003, de 17 de diciembre, General Tributaria, y en su normativa de desarrollo. b) Regularizar la situación tributaria en la declaración-liquidación correspondiente al periodo en que deba efectuarse la rectificación o en las posteriores hasta el plazo de un año a contar desde el momento en que debió efectuarse la mencionada rectificación. En este caso, el sujeto pasivo estará obligado a reintegrar al destinatario de la operación el importe de las cuotas repercutidas en exceso. En los supuestos en que la operación gravada quede sin efecto como consecuencia del ejercicio de una acción de reintegración concursal u otras de impugnación ejercitadas en el seno del concurso, el sujeto pasivo deberá proceder a la rectificación de las cuotas inicialmente repercutidas en la declaración-liquidación correspondiente al periodo en que fueron declaradas las cuotas devengadas. En cuarto lugar, en el artículo 99: Artículo 99. Ejercicio del derecho a la deduc-ción. Uno. En las declaraciones-liquidaciones correspondientes a cada uno de los períodos de liquidación, los sujetos pasivos podrán deducir globalmente el montante total de las cuotas deducibles soportadas en dicho período del importe total de las cuotas del Impuesto sobre el Valor Añadido devengadas durante el mismo período de liquidación en el terri-torio de aplicación del Impuesto como consecuencia de las entregas de bienes, adquisiciones intracomunitarias de bie-nes o prestaciones de servicios por ellos realizadas. Dos. Las deducciones deberán efectuarse en función del destino previsible de los bienes y servicios adquiridos, sin perjuicio de su rectificación posterior si aquél fuese alterado. No obs-tante, en los supuestos de destrucción o pérdida de los bienes adquiridos o importados, por causa no imputable al sujeto pasivo debidamente justificada, no será exigible la referida rectificación. Tres. El derecho a la deducción solo podrá ejercitarse en la declaración-liquidación relativa al periodo de liquidación en que su titular haya soportado las cuotas deducibles o en las de los sucesivos, siempre que no hubiera transcurrido el plazo de cuatro años, contados a partir del nacimiento del mencionado derecho. Sin embargo, en caso de declaración de concurso, el derecho a la deducción de las cuotas soportadas con anterioridad a la misma, que estuvieran pendientes de deducir, deberá ejercitarse en la declara-ción-liquidación correspondiente al periodo de liquidación en que se hubieran soportado. Cuando no se hubieran in-cluido las cuotas soportadas deducibles a que se refiere el párrafo anterior en dichas declaraciones-liquidaciones, y siempre que no hubiera transcurrido el plazo de cuatro años, contados a partir del nacimiento del derecho a la deducción de tales cuotas, el concursado o, en los casos previstos por el artículo 86.3 de la Ley Concursal, la administración concur-sal, podrá deducirlas mediante la rectificación de la declaración-liquidación relativa al periodo en que fueron soporta-das. Cuando hubiese mediado requerimiento de la Administración o actuación inspectora, serán deducibles, en las liqui-daciones que procedan, las cuotas soportadas que estuviesen debidamente contabilizadas en los libros registros establecidos reglamentariamente para este Impuesto, mientras que las cuotas no contabilizadas serán deducibles en la declaración-liquidación del periodo correspondiente a su contabilización o en las de los siguientes. En todo caso, unas y otras cuotas solo podrán deducirse cuando no haya transcurrido el plazo a que se refiere el primer párrafo. En el supuesto de las ventas ocasionales a que se refiere el artículo 5, apartado uno, letra e), de esta Ley, el derecho a la deducción solo podrá ejercitarse en la declaración relativa al periodo en que se realice la entrega de los correspondientes medios de transporte nuevos. Cuatro. Se entenderán soportadas las cuotas deducibles en el momento en que el empresario o profesional que las soportó reciba la correspondiente factura o demás documentos justificativos del derecho a la deducción. Si el devengo del Impuesto se produjese en un momento posterior al de la recepción de la factura, dichas cuotas se entenderán soportadas cuando se devenguen. En el caso al que se refiere el artículo 98, apartado cuatro de esta Ley, las cuotas deducibles se entenderán soportadas en el momento en que nazca el derecho a la deducción. Cinco. Cuando la cuantía de las deducciones procedentes supere el importe de las cuotas devengadas en el mismo periodo de liquidación, el exceso podrá ser compensado en las declaraciones-liquidaciones posteriores, siempre que no hubiesen transcurrido cuatro años contados a partir de la presentación de la declaración-liquidación en que se origine dicho exceso. No obstante, el sujeto pasivo podrá optar por la devolución del saldo existente a su favor cuando resulte procedente en virtud de lo dispuesto en el Capítulo II de este Título, sin que en tal caso pueda efectuar su compensación en declaraciones-liquidaciones posteriores, cualquiera que sea el periodo de tiempo transcurrido hasta que dicha devolución se haga efectiva. En la declaración-liquidación, prevista reglamentariamente, referida a los hechos imponibles anteriores a la declaración de concurso se deberá aplicar la totalidad de los saldos acumulados a compensar de periodos de liquidación anteriores a dicha declaración. En quinto lugar, en el artículo 114: Artículo 114. Rectificación de deducciones. Uno. Los sujetos pasivos, cuando no haya mediado requerimiento previo, podrán rectificar las deducciones practicadas cuando el importe de las mismas se hubiese determinado incorrectamente o el importe de las cuotas soportadas haya sido objeto de rectificación de acuerdo con lo dispuesto en el artículo 89 de esta Ley. La rectificación de las deducciones será obligatoria cuando implique una minoración del importe inicialmente deducido. Dos. La rectificación de deducciones originada por la previa rectificación del importe de las cuotas inicialmente soportadas se efectuará de la siguiente forma: 1.º Cuando la rectificación determine un incremento del importe de las cuotas inicialmente deducidas, podrá efectuarse en la declaración-liquidación correspondiente al período impositivo en que el sujeto pasivo reciba el documento justificativo del derecho a deducir en el que se rectifiquen las cuotas inicialmente repercutidas, o bien en las declaraciones-liquidaciones siguientes, siempre que no hubiesen transcurrido cuatro años desde el devengo de la operación o, en su caso, desde la fecha en que se hayan producido las circunstancias que determinan la modificación de la base imponible de la operación. Sin perjuicio de lo anterior, en los supuestos en que la rectificación de las cuotas inicialmente soportadas hubiese estado motivado por causa distinta de las previstas en el artículo 80 de esta Ley, no podrá efectuarse la rectificación de la deducción de las mismas después de transcurrido un año desde la fecha de expedición del documento justificativo del derecho a deducir por el que se rectifican dichas cuotas. 2.º Cuando la rectificación determine una minoración del importe de las cuotas inicialmente deducidas, el sujeto pasivo deberá presentar una declaración-liquidación rectificativa aplicándose a la misma el recargo y los intereses de demora que procedan de conformidad con lo previsto en los artículos 26 y 27 de la Ley General Tributaria. Tratándose del supuesto previsto en el artículo 80.Tres de esta Ley, la rectificación deberá efectuarse en la declaración-liquidación correspondiente al periodo en que se ejerció el derecho a la deducción de las cuotas soportadas, sin que proceda la aplicación de recargos ni de intereses de demora. En los supuestos en que la operación gravada quede sin efecto como consecuencia del ejercicio de una acción de reintegración concursal u otras de impugnación ejercitadas en el seno del concurso, si el comprador o adquirente inicial se encuentra también en situación de concurso, deberá proceder a la rectificación de las cuotas inicialmente deducidas en la declaración-liquidación correspondiente al periodo en que se ejerció el derecho a la deducción de las cuotas soportadas, sin que proceda la aplicación de recargos ni de intereses de demora. No obstante, cuando la rectificación tenga su origen en un error fundado de derecho o en las restantes causas del artículo 80 de esta Ley deberá efectuarse en la declaración-liquidación correspondiente al periodo impositivo en que el sujeto pasivo reciba el documento justificativo del derecho a deducir en el que se rectifiquen las cuotas inicialmente soportadas. En sexto lugar, el Artículo 163 septies. Causas determinantes de la pérdida del derecho al régimen especial del grupo de entidades (...). Tres. En el supuesto de que una entidad perteneciente al grupo se encontrase al término de cualquier período de liquidación en situación de concurso o en proceso de liquidación, quedará excluida del régimen especial del grupo desde dicho período. Lo anterior se entenderá sin perjuicio de que se continúe aplicando el régimen especial al resto de entidades que cumpla los requisitos establecidos al efecto. Y, en séptimo lugar, el Artículo 163 sexiesdecies. Efectos del auto de declaración del concurso. La declaración de concurso del sujeto pasivo acogido al régimen especial de criterio de caja o del sujeto pasivo destinatario de sus operaciones determinará, en la fecha del auto de declaración de concurso: a) el devengo de las cuotas repercutidas por el sujeto pasivo acogido al régimen especial del criterio de caja que estuvieran aún pendientes de devengo en dicha fecha; b) el nacimiento del derecho a la deducción de las cuotas soportadas por el sujeto pasivo respecto de las operaciones que haya sido destinatario y a las que haya sido de aplicación el régimen especial del criterio de caja que estuvieran pendientes de pago y en las que no haya transcurrido el plazo previsto en el artículo 163.terdecies.Tres, letra a), en dicha fecha; c) el nacimiento del derecho a la deducción de las cuotas soportadas por el sujeto pasivo concursado acogido al régimen especial del criterio de caja, respecto de las operaciones que haya sido destinatario no acogidas a dicho régimen especial que estuvieran aún pendientes de pago y en las que no haya transcurrido el plazo previsto en el artículo 163.terdecies. Tres, letra a), en dicha fecha. El sujeto pasivo en concurso deberá declarar las cuotas devengadas y ejercitar la deducción de las cuotas soportadas referidas en los párrafos anteriores en la declaración-liquidación prevista reglamentariamente, correspondiente a los hechos imponibles anteriores a la declaración de concurso. Asimismo, el sujeto pasivo deberá declarar en dicha declaración-liquidación, las demás cuotas soportadas que estuvieran pendientes de deducción a dicha fecha.

– La **Ley Foral 19/1992, de 30 de diciembre, del Impuesto sobre el Valor Añadido, de la Comunidad Foral de Navarra**, establece, entre otras previsiones, en el artículo 28.5: «5. En relación con los supuestos de modificación de la base imponible comprendidos en los números 3 y 4 anteriores, se aplicarán las siguientes reglas: 1.ª No procederá la modificación de la base imponible en los casos siguientes: a) Créditos que disfruten de garantía real, en la parte garantizada. b) Créditos afianzados por entidades de crédito o sociedades de garantía recíproca o cubiertos por un contrato de seguro de crédito o de caución, en la parte afianzada o asegurada. c) Créditos entre personas o entidades vinculadas definidas en el artículo 27.5. d) Créditos adeudados o afianzados por Entes públicos. Lo dispuesto en esta letra d) no se aplicará a la reducción de la base imponible realizada de acuerdo con lo establecido en el número 4 de este artículo para los créditos que se consideren total o parcialmente incobrables, sin perjuicio de la necesidad de cumplir con el requisito de acreditación documental del impago a que se refiere la condición 4.ª de dicho precepto. 2.ª Tampoco procederá la modificación de la base imponible cuando el destinatario de las operaciones no esté establecido en el territorio de aplicación del impuesto, ni en Canarias, Ceuta o Melilla. Quedan excluidos de lo dispuesto en el párrafo anterior los supuestos de créditos incobrables como consecuencia de un proceso de insolvencia declarado por un órgano jurisdiccional de otro Estado miembro cuando se trate de procedimientos de insolvencia a los que resulte de aplicación el Reglamento (UE) 2015/848 del Parlamento Europeo y del Consejo, de 20 de mayo de 2015, sobre procedimientos de insolvencia, que podrán dar lugar, en su caso, a la modificación de la base imponible del sujeto pasivo en los términos previstos en el artículo 28.3 de esta Ley Foral. 3.ª Tampoco procederá la modificación de la base imponible de acuerdo con el número 4 anterior con posterioridad al auto de declaración de concurso para los créditos correspondientes a cuotas repercutidas por operaciones cuyo devengo se produzca con anterioridad a dicho auto. 4.ª En los supuestos de pago parcial anteriores a la citada modificación, se entenderá que el Impuesto sobre el Valor Añadido está incluido en las cantidades percibidas y en la misma proporción que la parte de contraprestación satisfecha. 5.ª La rectificación de las deducciones del destinatario de las operaciones, que deberá practicarse según lo dispuesto en el cuarto párrafo del artículo 60.2.2.º, de esta Ley Foral, determinará el nacimiento del correspondiente crédito en favor de la Hacienda Pública. Si el destinatario de las operaciones sujetas no hubiese tenido derecho a la deducción total del Impuesto, resultará también deudor frente a la Hacienda Pública por el importe de la cuota del impuesto no deducible. En el supuesto de que el destinatario no actúe en la condición de empresario o profesional y en la medida en que no haya satisfecho dicha deuda, resultará de aplicación lo establecido en la letra C) del número 4 anterior». Además, establece: «Artículo 108 sexiesdecies. Efectos del auto de declaración del concurso. La declaración de concurso del sujeto pasivo acogido al régimen especial de criterio de caja o del sujeto pasivo destinatario de sus operaciones determinará, en la fecha del auto de declaración de concurso: a) el devengo de las cuotas repercutidas por el sujeto pasivo acogido al régimen especial del criterio de caja que estuvieran aún pendientes de devengo en dicha fecha; b) el nacimiento del derecho a la deducción de las cuotas soportadas por el sujeto pasivo respecto de las operaciones que haya sido destinatario y a las que sea de aplicación el régimen especial del criterio de caja que estuvieran pendientes de pago y en las que no haya transcurrido el plazo previsto en el artículo 108 terdecies.3.a) en dicha fecha; c) el nacimiento del derecho a la deducción de las cuotas soportadas por el sujeto pasivo concursado acogido al régimen especial del criterio de caja, respecto de las operaciones que haya sido destinatario no acogidas a dicho régimen especial que estuvieran aún pendientes de pago y en las que no haya transcurrido el plazo previsto en el artículo 108 terdecies.3.a), en dicha fecha. El sujeto pasivo en concurso deberá declarar las cuotas devengadas y ejercitar la deducción de las cuotas soportadas referidas en los párrafos anteriores en la declaración-liquidación prevista reglamentariamente, correspondiente a los hechos imponibles anteriores a la declaración de concurso. Asimismo, el sujeto pasivo deberá declarar en dicha declaración-liquidación, las demás cuotas soportadas que estuvieran pendientes de deducción a dicha fecha».

– El **Reglamento del impuesto sobre el valor añadido, aprobado por el Real Decreto 1624/1992, de 29 de diciembre**, establece: «Artículo 24. Modificación de la base imponible. 1. En los casos a que se refiere el artículo 80 de la Ley del Impuesto, el sujeto pasivo estará obligado a expedir y remitir al destinatario de las operaciones una nueva factura en la que se rectifique o, en su caso, se anule la cuota repercutida, en la forma prevista en el artículo 15 del Reglamento por el que se regulan las obligaciones de facturación, aprobado por el Real Decreto 1619/2012, de 30 de noviembre. En los supuestos del apartado tres del artículo 80 de la Ley del Impuesto, deberá expedirse y remitirse asimismo una copia de dicha factura a la administración concursal y en el mismo plazo. La disminución de la base imponible o, en su caso, el aumento de las cuotas que deba deducir el destinatario de la operación estarán condicionadas a la expedición y remisión de la factura que rectifique a la anteriormente expedida. En los supuestos de los apartados tres y cuatro del artículo 80 de la Ley del Impuesto, el sujeto pasivo deberá acreditar asimismo dicha remisión. 2. La modificación de la base imponible cuando se dicte auto judicial de declaración de concurso del destinatario de las operaciones sujetas al Impuesto o este haya sido declarado incurso en un procedimiento de insolvencia al que resulte de aplicación el Reglamento (UE) 2015/848 del Parlamento Europeo y del Consejo, de 20 de mayo de 2015, sobre procedimientos de insolvencia, así como en los demás casos en que los créditos correspondientes a las cuotas repercutidas sean total o parcialmente incobrables, se ajustará a las normas que se establecen a continuación: a) Quedará condicionada al cumplimiento de los siguientes requisitos: 1.º Las operaciones cuya base imponible se pretenda rectificar deberán haber sido facturadas y anotadas en el libro registro de facturas expedidas por el acreedor en tiempo y forma. 2.º El acreedor tendrá que comunicar por vía electrónica, a través del formulario disponible a tal efecto en la sede electrónica de la Agencia Estatal de Administración Tributaria, en el plazo de un mes contado desde la fecha de expedición de la factura rectificativa, la modificación de la base imponible practicada, y hará constar que dicha modificación no se refiere a créditos garantizados, afianzados o asegurados, a créditos entre personas o entidades vinculadas, ni a operaciones cuyo destinatario no está establecido en el territorio de aplicación del Impuesto ni en Canarias, Ceuta o Melilla, salvo cuando se trate de destinatarios no establecidos en dicho territorio pero incursos en un procedimiento de insolvencia al que resulte de aplicación el Reglamento (UE) 2015/848 del Parlamento Europeo y del Consejo, de 20 de mayo de 2015, sobre procedimientos de insolvencia, en los términos previstos en el artículo 80 de la Ley del Impuesto y, en el supuesto de créditos incobrables, que el deudor no ha sido declarado en concurso o, en su caso, que la factura rectificativa expedida es anterior a la fecha del auto de declaración del concurso o de la resolución de apertura del procedimiento de insolvencia al que resulte de aplicación el Reglamento (UE) 2015/848. A esta comunicación deberán acompañarse los siguientes documentos, que se remitirán a través del registro electrónico de la Agencia Estatal de Administración Tributaria: a') La copia de las facturas rectificativas, en las que se consignarán las fechas de expedición de las correspondientes facturas rectificadas. b') En el supuesto de créditos incobrables, los documentos que acrediten que el acreedor ha instado el cobro del crédito mediante reclamación judicial al deudor o mediante requerimiento notarial o cualquier otro medio que acredite fehacientemente la reclamación del cobro al deudor. c') En el caso de créditos adeudados por Entes públicos, el certificado expedido por el órgano competente del Ente público deudor a que se refiere la condición 4.ª de la letra A) del artículo 80.Cuatro de la Ley del Impuesto. b) En caso de que el destinatario de las operaciones tenga la condición de empresario o profesional: 1.º Deberá comunicar por vía electrónica, a través del formulario disponible a tal efecto en la sede electrónica de la Agencia Estatal de Administración Tributaria, la circunstancia de haber recibido las facturas rectificativas que le envíe el acreedor, y consignará el importe total de las cuotas rectificadas incluidas, en su caso, el de las no deducibles, en el mismo plazo previsto para la presentación de la declaración-liquidación a que se refiere el número siguiente. El incumplimiento de esta obligación no impedirá la modificación de la base imponible por parte del acreedor, siempre que se cumplan los requisitos señalados en el párrafo a). 2.º Además de la comunicación a que se refiere el número anterior, en la declaración-liquidación correspondiente al período en que se hayan recibido las facturas rectificativas de las operaciones, el citado destinatario deberá hacer constar el importe total de las cuotas rectificadas como minoración de las cuotas deducidas. 3.º Tratándose del supuesto previsto en el artículo 80.Tres de la Ley del Impuesto, las cuotas rectificadas deberán hacerse constar: a') En las declaraciones-liquidaciones correspondientes a los períodos en que se hubiera ejercitado el derecho a la deducción de las cuotas soportadas. b') Como excepción a lo anterior, en la declaración-liquidación relativa a hechos imponibles anteriores a la declaración de concurso regulada en el artículo 71.5 del presente Reglamento cuando do: a'') El destinatario de las operaciones no tuviera derecho a la deducción total del impuesto y en relación con la parte de la cuota rectificada que no fuera deducible. b'') El destinatario de las operaciones tuviera derecho a la deducción del impuesto y hubiera prescrito el derecho de la Administración Tributaria a determinar la deuda tributaria del periodo de liquidación en que se hubiera ejercitado el derecho a la deducción de las cuotas soportadas que se rectifican. c'') El destinatario de las operaciones hubiera sido declarado incurso en un procedimiento de insolvencia al que resulte de aplicación el Reglamento (UE) 2015/848 del Parlamento Europeo y del Consejo, de 20 de mayo de 2015, sobre procedimientos de insolvencia. 4.º La rectificación o rectificaciones deberán presentarse en el mismo plazo que la declaración-liquidación correspondiente al período en que se hubieran recibido las facturas rectificativas. En el caso de que el destinatario de las operaciones se encuentre en concurso, las obligaciones previstas en los números anteriores recaerán en el mismo o en la administración concursal, en defecto de aquél, si se encontrara en régimen de intervención de facultades *y, en todo caso, cuando se hubieren suspendido las facultades de administración y disposición. c) Cuando el destinatario no tenga la condición de empresario o profesional, la Administración tributaria podrá requerirle la aportación de las facturas rectificativas que le envíe el acreedor. d) La aprobación del convenio de acreedores, en su caso, no afectará a la modificación de la base imponible que se hubiera efectuado previamente. 3. En el caso de adquisiciones intracomunitarias de bienes en las que el adquirente obtenga la devolución de los impuestos especiales en el Estado miembro de inicio de la expedición o transporte de los bienes, se reducirá la base imponible en la cuantía correspondiente a su importe. No obstante, no procederá modificar los importes que se hicieran constar en la declaración recapitulativa de operaciones intracomunitarias a que se refiere el artículo 78. La variación en el importe de la cuota devengada se reflejará en la declaración-liquidación correspondiente al período en que se haya obtenido la devolución, salvo que ya hubiera sido totalmente deducida por el propio sujeto pasivo. En este último supuesto no procederá regularización alguna de los datos declarados».* Además, establece (modificado por la **Ley 7/2024, de 20 de diciembre, por la que se establecen un Impuesto Complementario para garantizar un nivel mínimo global de imposición para los grupos multinacionales y los grupos nacionales de gran magnitud, un Impuesto sobre el margen de intereses y comisiones de determinadas entidades financieras y un Impuesto sobre los líquidos para cigarrillos electrónicos y otros productos relacionados con el tabaco, y se modifican otras normas tributarias):** *«Artículo 71. Liquidación del impuesto. Normas generales. 1. Salvo lo establecido en relación con las importaciones, los sujetos pasivos deberán realizar por sí mismos la determinación de la deuda tributaria mediante declaraciones-liquidaciones ajustadas a las normas contenidas en los apartados siguientes. Los empresarios y profesionales deberán presentar las declaraciones-liquidaciones periódicas a que se refieren los apartados 3, 4 y 5 de este artículo, así como la declaración resumen anual prevista en el apartado 7, incluso en los casos en que no existan cuotas devengadas ni se practique deducción de cuotas soportadas o satisfechas. La obligación establecida en los párrafos anteriores no alcanzará a aquellos sujetos pasivos que realicen exclusivamente las operaciones exentas comprendidas en los artículos 20 y 26 de la Ley del Impuesto. La obligación de presentar la declaración resumen anual prevista en el apartado 7 no alcanzará a aquellos sujetos pasivos respecto de los que la Administración Tributaria ya posea información suficiente a efectos de las actuaciones y procedimientos de comprobación o investigación, derivada del cumplimiento de obligaciones tributarias por parte dichos sujetos pasivos o de terceros. La concreción de los sujetos pasivos a los que afectará la exoneración de la obligación a que se refiere el párrafo anterior se realizará mediante Orden del Ministro de Hacienda y Administraciones Públicas. 2. Las declaraciones-liquidaciones deberán presentarse directamente o, a través de las Entidades colaboradoras, ante el órgano competente de la Administración tributaria. 3. El período de liquidación coincidirá con el trimestre natural. No obstante, dicho período de liquidación coincidirá con el mes natural, cuando se trate de los empresarios o profesionales que a continuación se relacionan: 1.º Aquéllos cuyo volumen de operaciones, calculado conforme a lo dispuesto en el artículo 121 de la Ley del Impuesto hubiese excedido durante el año natural inmediato anterior de 6.010.121,04 euros. 2.º Aquéllos que hubiesen efectuado la adquisición de la totalidad o parte de un patrimonio empresarial o profesional a que se refiere el segundo párrafo del apartado uno del artículo 121 de la Ley del Impuesto, cuando la suma de su volumen de operaciones del año natural inmediato anterior y la del volumen de operaciones que hubiese efectuado en el mismo período el transmitente de dicho patrimonio mediante la utilización del patrimonio transmitido hubiese excedido de 6.010.121,04 euros. Lo previsto en este número resultará aplicable a partir del momento en que tenga lugar la referida transmisión, con efectos a partir del día siguiente al de finalización del período de liquidación en el curso del cual haya tenido lugar. A efectos de lo dispuesto en el segundo párrafo del apartado uno del artículo 121 de la Ley del Impuesto, se considerará transmisión de la totalidad o parte de un patrimonio empresarial o profesional aquélla que comprenda los elementos patrimoniales que constituyan una o varias ramas de actividad del transmitente, en los términos previstos en el artículo 76.4 de la Ley 27/2014, de 27 de noviembre, del Impuesto sobre Sociedades, con independencia de que sea aplicable o no a dicha transmisión alguno de los supuestos de no sujeción previstos en el número 1.º del artículo 7 de la Ley del Impuesto. 3.º Los comprendidos en el artículo 30 de este reglamento autorizados a solicitar la devolución del saldo existente a su favor al término de cada período de liquidación. Lo dispuesto en el párrafo anterior será de aplicación incluso en el caso de que no resulten cuotas a devolver a favor de los sujetos pasivos. 4.º Los que apliquen el régimen especial del grupo de entidades que se regula en el capítulo IX del título IX de la Ley del Impuesto. 5.º Los titulares de los depósitos fiscales de gasolinas, gasóleos o biocarburantes incluidos en el ámbito objetivo del Impuesto sobre Hidrocarburos, así como los empresarios o profesionales que extraigan esos productos de los depósitos fiscales. 4. La declaración-liquidación deberá cumplimentarse y ajustarse al modelo que, para cada supuesto, determine el Ministro de Hacienda y Función Pública y presentarse durante los veinte primeros días naturales del mes siguiente al correspondiente período de liquidación trimestral. Sin embargo, la declaración-liquidación correspondiente al último período del año deberá presentarse durante los treinta primeros días naturales del mes de enero. Las declaraciones-liquidaciones correspondientes a las personas y entidades a que se refiere el artículo 62.6, párrafo primero, de este Reglamento, deberán presentarse durante los treinta primeros días* *naturales del mes siguiente al correspondiente período de liquidación mensual, o hasta el último día del mes de febrero en el caso de la declaración-liquidación correspondiente al mes de enero. El Ministro de Hacienda y Función Pública, atendiendo a razones fundadas de carácter técnico, podrá ampliar el plazo correspondiente a las declaraciones que puedan presentarse por vía electrónica. 5. En el caso de que el sujeto pasivo haya sido declarado en concurso, deberá presentar, en los plazos señalados en el apartado anterior, dos declaraciones-liquidaciones por el período de liquidación trimestral o mensual en el que se haya declarado el concurso, una referida a los hechos imponibles anteriores a dicha declaración y otra referida a los posteriores. En este caso, cuando la declaración-liquidación relativa a los hechos imponibles anteriores a la declaración del concurso arroje un saldo a favor del sujeto pasivo, dicho saldo podrá compensarse en la declaración-liquidación relativa a los hechos imponibles posteriores a dicha declaración. En caso de que el sujeto pasivo no opte por la compensación prevista en el párrafo anterior, el saldo a su favor que arroje la declaración-liquidación relativa a los hechos imponibles anteriores a la declaración del concurso estará sujeto a las normas generales sobre compensación y derecho a solicitar la devolución. En caso de que el sujeto pasivo opte por la indicada compensación, el saldo a su favor que arroje la declaración-liquidación relativa a los hechos imponibles posteriores a la declaración del concurso, una vez practicada la compensación mencionada, estará sujeto a las normas generales sobre compensación y derecho a solicitar la devolución. 6. La declaración-liquidación, con la salvedad prevista en el apartado anterior, será única para cada empresario o profesional, sin perjuicio de lo que se establezca por el Ministro de Hacienda y Administraciones Públicas en atención a las características de los regímenes especiales establecidos en el Impuesto, y de lo previsto en la disposición adicional quinta de este Reglamento. No obstante, el órgano competente de la Administración tributaria podrá autorizar la presentación conjunta, en un sólo documento, de las declaraciones-liquidaciones correspondientes a diversos sujetos pasivos, en los supuestos y con los requisitos que en cada autorización se establezcan. Las autorizaciones otorgadas podrán revocarse en cualquier momento. 7. Además de las declaraciones-liquidaciones a que se refieren los apartados 3, 4 y 5 de este artículo, los sujetos pasivos deberán formular una declaración-resumen anual en el lugar, forma, plazos e impresos que, para cada supuesto, se apruebe por Orden del Ministro de Hacienda y Administraciones Públicas. Los sujetos pasivos incluidos en declaraciones-liquidaciones conjuntas, deberán efectuar igualmente la presentación de la declaración-resumen anual en el lugar, forma, plazos e impresos establecidos en el párrafo anterior. No estarán obligados a presentar la declaración-resumen anual prevista en este apartado aquellos sujetos pasivos que realicen exclusivamente las operaciones exentas comprendidas en los artículos 20 y 26 de la Ley del Impuesto ni aquellos sujetos pasivos para los que así se determine por Orden del Ministro de Hacienda y Administraciones Públicas en los mismos supuestos a los que se refiere el cuarto párrafo del apartado 1 de este artículo. 8. Deberán presentar declaración-liquidación especial de carácter no periódico, en el lugar, forma, plazos e impresos que establezca el Ministro de Hacienda y Administraciones Públicas: 1.º Las personas a que se refiere el artículo 5, apartado uno, letra e) de la Ley del Impuesto sobre el Valor Añadido, por las entregas de medios de transporte nuevos que efectúen con destino a otro Estado miembro. 2.º Quienes efectúen adquisiciones intracomunitarias de medios de transporte nuevos sujetos al Impuesto, de acuerdo con lo dispuesto en el artículo 13, número 2.º de la Ley del Impuesto. 3.º Las personas jurídicas que no actúen como empresarios o profesionales cuando efectúen adquisiciones intracomunitarias de bienes distintos de los medios de transporte nuevos que estén sujetas al Impuesto, así como cuando se reputen empresarios o profesionales de acuerdo con lo dispuesto por el apartado cuatro del artículo 5 de la Ley del Impuesto. 4.º Los sujetos pasivos que realicen exclusivamente operaciones que no originan el derecho a la deducción o actividades a las que les sea aplicable el régimen especial de la agricultura, ganadería y pesca o el régimen especial del recargo de equivalencia, cuando realicen adquisiciones intracomunitarias de bienes sujetas al Impuesto o bien sean los destinatarios de las operaciones a que se refiere el artículo 84, apartado uno, número 2.º, de la Ley del Impuesto. 5.º Los sujetos pasivos que realicen exclusivamente actividades a las que sea aplicable el régimen especial de la agricultura, ganadería y pesca, cuando realicen entregas de bienes de inversión de naturaleza inmobiliaria, sujetas y no exentas del Impuesto, por las cuales están obligados a efectuar la liquidación y el pago del mismo de acuerdo con lo dispuesto en el artículo 129, apartado uno, segundo párrafo de la Ley del Impuesto. 6.º Los sujetos pasivos que realicen exclusivamente actividades a las que sea de aplicación el régimen especial del recargo de equivalencia, cuando soliciten de la Hacienda Pública el reintegro de las cuotas que hubiesen reembolsado a viajeros, correspondientes a entregas de bienes exentas del Impuesto de acuerdo con lo dispuesto en el artículo 21, número 2.º, de su Ley reguladora, así como cuando realicen operaciones de entrega de bienes inmuebles sujetas y no exentas al Impuesto, salvo que se trate de operaciones a que se refiere el artículo 84, apartado uno, número 2.º, letra e), tercer guión, de la Ley del Impuesto. 7.º Cualesquiera otras personas o entidades para los que así se determine por Orden del Ministro de Hacienda y Administraciones Públicas. 9. La Administración Tributaria podrá hacer efectiva la colaboración social en la presentación de declaraciones-liquidaciones por este Impuesto a través de acuerdos con las Comunidades Autónomas y otras Administraciones Públicas, con entidades, instituciones y organismos representativos de sectores o intereses sociales, laborales, empresariales o profesionales. Los acuerdos a que se refiere el párra-*

fo anterior podrán referirse, entre otros, a los siguientes aspectos: 1.º Campañas de información y difusión. 2.º Asistencia en la realización de declaraciones-liquidaciones y en su cumplimentación correcta y veraz. 3.º Remisión de declaraciones-liquidaciones a la Administración tributaria. 4.º Subsanación de defectos, previa autorización de los sujetos pasivos. 5.º Información del estado de tramitación de las devoluciones de oficio, previa autorización de los sujetos pasivos. La Administración Tributaria proporcionará la asistencia necesaria para el desarrollo de las indicadas actuaciones sin perjuicio de ofrecer dichos servicios con carácter general a los sujetos pasivos. Mediante Orden del Ministro de Hacienda y Administraciones Públicas se establecerán los supuestos y condiciones en que las entidades que hayan suscrito los citados acuerdos podrán presentar por medios telemáticos declaraciones-liquidaciones, declaración-resumen anual o cualesquiera otros documentos exigidos por la normativa tributaria, en representación de terceras personas. Dicha Orden podrá prever igualmente que otras personas o entidades accedan a dicho sistema de presentación por medios telemáticos en representación de terceras personas». Por último, establece: «Artículo 61 septiesdecies. Condiciones y requisitos para actuar como intermediario en el régimen de importación. Para que un operador pueda actuar en el Reino de España como intermediario a efectos del régimen de importación, asumiendo los derechos y obligaciones del régimen en los términos establecidos en el artículo 163 quinvicies. Dos, letra b), de la Ley del Impuesto, deberá cumplir las siguientes condiciones: a) Disponer del número de identificación fiscal al que se refiere el artículo 164.Uno.2.º de la Ley del Impuesto. b) Estar establecido en el territorio de aplicación del Impuesto. c) No haber sido condenado o sancionado, dentro los cuatro años anteriores a la presentación de la solicitud para actuar como intermediario, por la comisión de un delito contra la Hacienda Pública o de una infracción tributaria grave, en relación con su actividad económica, en virtud de sentencia o resolución administrativa firme. Este requisito se considerará cumplido si ninguna de las personas siguientes se encuentra en la situación del párrafo anterior en relación con su actividad económica, incluida la actividad económica del solicitante, en su caso: a´) el operador, b´) el empleado o los empleados encargados de los asuntos aduaneros y/o tributarios, c´) la persona o las personas encargadas del operador o que controlen su dirección. No obstante lo anterior, podrá entenderse cumplido este requisito cuando la Administración tributaria considere que una infracción no es relevante, en relación con el número o la magnitud de las operaciones conexas, y no tenga duda alguna en cuanto a la buena fe del solicitante. Cuando la persona a la que se refiere el inciso c´), distinta del operador, esté establecida o tenga su residencia en un tercer país, la Administración tributaria deberá evaluar el cumplimiento del criterio basándose en los registros y la información de que disponga. Cuando el operador lleve establecido menos de cuatro años, la Administración tributaria deberá evaluar el cumplimiento del criterio basándose en los registros y la información de que disponga. d) Solvencia financiera, la cual se considerará acreditada cuando el operador tenga un nivel financiero que le permita cumplir sus compromisos, teniendo debidamente en cuenta las características del tipo de actividad de que se trate. Este requisito se considerará acreditado cuando el solicitante cumpla las condiciones siguientes: a´) no está incurso en un procedimiento concursal; b´) durante los últimos cuatro años anteriores a la presentación de la solicitud para actuar como intermediario, ha cumplido con sus obligaciones financieras en relación con el pago de sus deudas aduaneras y tributarias; c´) demuestra, sobre la base de los registros y de la información disponibles para los cuatro últimos años anteriores a la presentación de la solicitud, que dispone de capacidad financiera suficiente para cumplir sus obligaciones y hacer frente a sus compromisos relativos a la naturaleza y el volumen de las actividades comerciales, en particular no disponer de activos netos negativos, excepto en caso de que puedan cubrirse. Si el operador lleva establecido menos de cuatro años, la solvencia financiera se evaluará basándose en los registros y la información disponible. Se presumirá el cumplimiento de estos requisitos cuando el operador tenga la condición de Operador Económico Autorizado de conformidad con el Código Aduanero de la Unión y sus disposiciones de aplicación. La Administración tributaria podrá denegar la condición de intermediario a efectos del régimen de importación cuando el operador no cumpla todas las condiciones anteriormente establecidas».

- Orden HAC/819/2024, de 30 de julio, por la que se modifica la Orden EHA/3786/2008, de 29 de diciembre, por la que se aprueban el modelo 303 Impuesto sobre el Valor Añadido, Autoliquidación, y el modelo 308 Impuesto sobre el Valor Añadido, solicitud de devolución: Recargo de equivalencia, artículo 30 bis del Reglamento del IVA y sujetos pasivos ocasionales; y se modifican los Anexos I y II de la Orden EHA/3434/2007, de 23 de noviembre, por la que se aprueban los modelos 322 de autoliquidación mensual, modelo individual, y 353 de autoliquidación mensual, modelo agregado, así como otra normativa tributaria.

– La Orden HFP/1397/2023, de 26 de diciembre, por la que se modifican la Orden EHA/1274/2007, de 26 de abril, por la que se aprueban los modelos 036 de declaración censal de alta, modificación y baja en el censo de empresarios, profesionales y retenedores y 037 declaración censal simplificada de alta, modificación y baja en el censo de empresarios, profesionales y retenedores, la Orden EHA/3695/2007, de 13 de diciembre, por la que se aprueba el modelo

030 de declaración censal de alta en el censo de obligados tributarios, cambio de domicilio y/o variación de datos personales, la Orden EHA/3111/2009, de 5 de noviembre, por la que se aprueba el modelo 390 de declaración-resumen anual del Impuesto sobre el Valor Añadido, la Orden HAP/2194/2013, de 22 de noviembre, por la que se regulan los procedimientos y las condiciones generales para la presentación de determinadas autoliquidaciones, declaraciones informativas, declaraciones censales, comunicaciones y solicitudes de devolución, de naturaleza tributaria, así como las órdenes por las que se aprueban los modelos 289 y 345, tiene por objeto introducir modificaciones de carácter técnico en diversos modelos de declaración. Así, en el Anexo IV, página 2 del modelo 390 de declaración-resumen anual del Impuesto sobre el Valor Añadido, se incluye la modificación de bases y cuotas por auto de declaración de concurso de acreedores y la modificación recargo equivalencia por auto de declaración de concurso de acreedores.

– Orden HFP/1124/2022, de 18 de noviembre, por la que se modifican la Orden EHA/3434/2007, de 23 de noviembre, por la que se aprueban los modelos 322 de autoliquidación mensual, modelo individual, y 353 de autoliquidación mensual, modelo agregado, y el modelo 039 de comunicación de datos, correspondientes al régimen especial del grupo de entidades en el impuesto sobre el valor añadido; la Orden EHA/3786/2008, de 29 de diciembre, por la que se aprueban el modelo 303 impuesto sobre el valor añadido, autoliquidación, y el modelo 308 impuesto sobre el valor añadido, solicitud de devolución: recargo de equivalencia, artículo 30 bis del reglamento del IVA y sujetos pasivos ocasionales y se modifican los anexos I y II de la Orden EHA/3434/2007, de 23 de noviembre, por la que se aprueban los modelos 322 de autoliquidación mensual, modelo individual, y 353 de autoliquidación mensual, modelo agregado, así como otra normativa tributaria; y la Orden EHA/3111/2009, de 5 de noviembre, por la que se aprueba el modelo 390 de declaración-resumen anual del impuesto sobre el valor añadido y se modifica el anexo I de la Orden EHA/1274/2007, de 26 de abril, por la que se aprueban los modelos 036 de declaración censal de alta, modificación y baja en el censo de empresarios, profesionales y retenedores y 037 declaración censal simplificada de alta, modificación y baja en el censo de empresarios, profesionales y retenedores

IMPUESTO SOBRE LA RENTA DE LAS PERSONAS FÍSICAS

– La **Ley 35/2006, de 28 de noviembre, del Impuesto sobre la Renta de las Personas Físicas y de modificación parcial de las leyes de los Impuestos sobre Sociedades, sobre la Renta de no Residentes y sobre el Patrimonio,** establece en la letra k) del apartado 2 del artículo 14 *«Las pérdidas patrimoniales derivadas de créditos vencidos y no cobrados podrán imputarse al período impositivo en que concurra alguna de las siguientes circunstancias: 1.º Que adquiera eficacia una quita establecida en un acuerdo de refinanciación judicialmente homologable a los que se refiere el artículo 71 bis y la disposición adicional cuarta de la Ley 22/2003, de 9 de julio, Concursal, o en un acuerdo extrajudicial de pagos a los cuales se refiere el Título X de la misma Ley. 2.º Que, encontrándose el deudor en situación de concurso, adquiera eficacia el convenio en el que se acuerde una quita en el importe del crédito conforme a lo dispuesto en el artículo 133 de la Ley 22/2003, de 9 de julio, Concursal, en cuyo caso la pérdida se computará por la cuantía de la quita. En otro caso, que concluya el procedimiento concursal sin que se hubiera satisfecho el crédito salvo cuando se acuerde la conclusión del concurso por las causas a las que se refieren los apartados 1.º, 4.º y 5.º del artículo 176 de la Ley 22/2003, de 9 de julio, Concursal. 3.º Que se cumpla el plazo de un año desde el inicio del procedimiento judicial distinto de los de concurso que tenga por objeto la ejecución del crédito sin que este haya sido satisfecho. Cuando el crédito fuera cobrado con posterioridad al cómputo de la pérdida patrimonial a que se refiere esta letra k), se imputará una ganancia patrimonial por el importe cobrado en el período impositivo en que se produzca dicho cobro».* Además, establece en la disposición adicional cuadragésima tercera, relativa a la exención de rentas obtenidas por el deudor en procedimientos concursales: *«Disposición adicional cuadragésima tercera. Exención de rentas obtenidas por el deudor en procedimientos concursales. Estarán exentas de este Impuesto las rentas obtenidas por los deudores que se pongan de manifiesto como consecuencia de quitas y daciones en pago de deudas, establecidas en un convenio aprobado judicialmente conforme al procedimiento fijado en la Ley 22/2003, de 9 de julio, Concursal, en un acuerdo de refinanciación judicialmente homologado a que se refiere el artículo 71 bis y la disposición adicional cuarta de dicha Ley, en un acuerdo extrajudicial de pagos a que se refiere el Título X o como consecuencia de exoneraciones del pasivo insatisfecho a que se refiere el artículo 178 bis de la misma Ley, siempre que las deudas no deriven del ejercicio de actividades económicas».*

– El **Decreto Foral Legislativo 4/2008, de 2 de junio, por el que se aprueba el texto refundido de la Ley Foral del Impuesto sobre la Renta de las Personas Físicas, de la Comunidad Foral de Navarra,** establece, de un lado, en la letra e) del artículo 39.4: *«e) Con ocasión de las transmisiones de una empresa o de la totalidad o parte de las participaciones en entidades a las que sea de aplicación la deducción regulada en el artículo 33.1.b) de la Ley Foral 13/1992, de 19 de noviembre, del Impuesto sobre el Patrimonio, a personas trabajadoras de la empresa, cuando concurran los siguientes* *requisitos: a') Que las personas adquirentes hayan trabajado en la empresa, o en cualquiera de las sociedades integrantes del grupo en el sentido del artículo 42 del Código de Comercio, un mínimo de tres de los cinco últimos años. A estos efectos se computarán los periodos en los que esas personas hubieran estado, en cualquiera de las entidades citadas, en situación de excedencia para el cuidado de familiares. b') Que la persona transmitente haya ejercido la actividad empresarial o profesional al menos durante los cinco años anteriores a la fecha de transmisión o, tratándose de participaciones en entidades de las señaladas en esta letra, que la transmitente las hubiera adquirido con cinco años de antelación a la transmisión y que la persona adquirente o adquirentes continúen en el ejercicio de la misma actividad de la transmitente o mantengan esas participaciones durante un plazo mínimo de cinco años, salvo que dentro de ese plazo falleciesen. Asimismo la persona o personas adquirentes no podrán realizar actos de disposición ni operaciones societarias que, directa o indirectamente, puedan dar lugar a una minoración sustancial del valor de la adquisición. c') Las personas adquirentes, durante el plazo de cinco años a que se refiere la subletra b'), deberán seguir prestando sus servicios como personas trabajadoras de la entidad o entidades del grupo. A estos efectos se considerará que continúan prestando sus servicios durante los periodos en los que accedan a la excedencia para cuidado de familiares. No se considerará incumplido este requisito si las personas adquirentes falleciesen, o dejasen de trabajar como consecuencia del reconocimiento, con posterioridad a la adquisición, de una situación de incapacidad total o absoluta, así como si se liquidara la empresa o entidad como consecuencia de un procedimiento concursal. d') Que la persona transmitente tenga una edad igual o superior a sesenta años, o se encuentre en situación de invalidez absoluta o de gran invalidez. e') Durante el plazo de mantenimiento de cinco años a que se refiere la subletra b'), la participación, directa e indirecta, en la entidad de cada adquirente, conjuntamente con su cónyuge, ascendientes, descendientes y colaterales hasta del tercer grado no podrá ser superior al 20 por 100. Si la entidad forma parte de un grupo, este porcentaje habrá de cumplirse respecto a cada una de las entidades que formen parte del mismo f') Que, en la declaración del impuesto correspondiente al ejercicio en que tuvo lugar la transmisión, la persona transmitente lo ponga de manifiesto a la Administración. Lo previsto en esta letra no será de aplicación cuando la transmisión de las acciones y participaciones se lleve a cabo a través del ejercicio de opciones sobre las mismas. En el supuesto de incumplimiento de los requisitos previstos en esta letra e) la persona transmitente deberá regularizar su situación tributaria conforme a lo establecido en el artículo 83.4».* De otro lado, en el artículo 62.11: «11. Deducción por participación de las personas trabajadoras en el capital de la empresa. a) Los sujetos pasivos podrán practicar una deducción del 15 por 100 de las cantidades satisfechas para la adquisición o suscripción de acciones o participaciones de la entidad en la que presten sus servicios, o de cualquiera de las sociedades integrantes del grupo en el sentido del artículo 42 del Código de Comercio. Este porcentaje será el 20 por 100 si la persona adquirente es mujer. En el supuesto de que la adquisición o suscripción de las acciones o participaciones se realice con posterioridad a una transmisión de acciones o participaciones de la misma empresa, o de cualquiera de las sociedades integrantes del grupo en el sentido del artículo 42 del Código de Comercio, efectuada en los cinco años anteriores, la base de la deducción estará formada por el importe de la adquisición o suscripción que se corresponda con el aumento de participación en la entidad, respecto a la existente en el momento anterior a la referida transmisión. No se aplicará lo dispuesto en el párrafo anterior, si la transmisión dio lugar a regularización de la deducción por incumplimiento del plazo de mantenimiento. b) La deducción aplicada en cada ejercicio no podrá exceder de 1.500 euros, si la persona adquirente es hombre, o de 2.000 euros si es mujer. Las cantidades no deducidas por exceder los límites señalados o por insuficiencia de cuota podrán aplicarse, respetando los mencionados límites, en los periodos impositivos que finalicen en los cuatro ejercicios siguientes. c) La suma de los importes deducidos por el sujeto pasivo a lo largo de los sucesivos periodos impositivos no podrá superar el importe de 6.000 euros si se trata de hombres y 8.000 euros si son mujeres. d) Para poder practicar la deducción habrán de cumplirse los siguientes requisitos: 1.º La persona trabajadora deberá haber trabajado en la entidad, o en su caso en cualquiera de las sociedades integrantes del grupo en el sentido del artículo 42 del Código de Comercio, durante un mínimo de tres años de los últimos cinco años anteriores a la adquisición. Una vez efectuada la adquisición o suscripción, la persona trabajadora deberá seguir prestando sus servicios en la entidad, o en su caso en cualquiera de las sociedades integrantes del grupo en el sentido del artículo 42 del Código de Comercio, durante los cinco años siguientes. No se considerará incumplido este requisito si la persona trabajadora falleciese, dejara de trabajar como consecuencia del reconocimiento de una situación de incapacidad total o absoluta o como consecuencia de un despido, o se liquidara la empresa como consecuencia de un procedimiento concursal. Para el cómputo de los plazos recogidos en este ordinal se considerarán periodos trabajados aquellos en los que la persona trabajadora se encuentre en alguna de esas entidades en situación de excedencia para el cuidado de familiares. 2.º Debe tratarse de acciones o participaciones en entidades que de acuerdo con lo establecido en el artículo 8.2 de la Ley Foral 26/2016, de 28 de diciembre, del Impuesto sobre Sociedades, no tengan la consideración de patrimoniales. 3.º Las acciones o participaciones no deben estar admitidas a negociación en ningún mercado regulado. 4.º Las acciones o participaciones que dan derecho a la deducción deberán mantenerse durante al menos cinco años, salvo que la persona trabajadora fallezca, fuese* *despedida o si se liquidara la entidad como consecuencia de un procedimiento concursal. Si se realiza una transmisión de acciones o participaciones con posterioridad a una adquisición o suscripción de acciones o participaciones de la misma empresa, o de cualquiera de las sociedades integrantes del grupo en el sentido del artículo 42 del Código de Comercio, efectuada en los cinco años anteriores, se entenderá que se han transmitido en primer lugar las ultimas adquiridas. 5.º Durante el plazo señalado en el ordinal 4.º, la participación, directa e indirecta, en la entidad de cada persona trabajadora conjuntamente con su cónyuge, ascendientes, descendientes y colaterales hasta del tercer grado no podrá ser superior al 20 por 100. Si la entidad forma parte de un grupo, este porcentaje habrá de cumplirse respecto a cada una de las entidades que formen parte del mismo. 6.º Lo previsto en este apartado no será de aplicación cuando la transmisión de las acciones y participaciones se lleve a cabo a través del ejercicio de opciones sobre las mismas. El incumplimiento de los requisitos establecidos para aplicar la deducción recogida en este apartado, supondrá la obligación para el sujeto pasivo de regularizar su situación tributaria conforme a lo establecido en el artículo 83.4».*

– **Ley del Impuesto sobre la Renta de no Residentes, aprobado por el Real Decreto Legislativo 5/2004, de 5 de marzo:** *«Artículo 18. Determinación de la base imponible (...) El fraccionamiento perderá su vigencia en los siguientes supuestos: a) Cuando los elementos patrimoniales afectados, sean objeto de transmisión a terceros. b) Cuando los elementos patrimoniales afectados se trasladen con posterioridad a un tercer Estado distinto de los señalados en el párrafo primero de este apartado. c) Cuando la actividad realizada por el establecimiento permanente se traslade con posterioridad a un tercer Estado distinto de los señalados en el párrafo primero de este apartado. d) Cuando el contribuyente se encuentre en liquidación o esté incurso en un procedimiento de ejecución colectiva, como concurso, o cualquier procedimiento equivalente. e) Cuando el contribuyente no efectúe el ingreso previsto en el fraccionamiento (...)».* Además, la **Ley Foral 22/2023, de 26 de diciembre, de modificación de diversos impuestos y otras medidas tributarias,** señala en el Preámbulo que *en línea con lo dispuesto en la legislación de nuestro entorno, y para no penalizar los procedimientos concursales, se establece la exención de las rentas que se pongan de manifiesto como consecuencia de quitas y daciones en pago de deudas en el marco de la Ley Concursal, siempre que las deudas no procedan del ejercicio de actividades económicas. Así, en su artículo primero redacta diversos preceptos del Texto Refundido de la Ley Foral del Impuesto sobre la Renta de las Personas Físicas, aprobado por el Decreto Foral Legislativo 4/2008, de 2 de junio. Entre estos incluye la Disposición adicional sexagésima primera, relativa a la exención de rentas obtenidas por el deudor en procedimientos concursales: Estarán exentas de este Impuesto, siempre que las deudas no deriven del ejercicio de actividades económicas, las rentas obtenidas por los deudores que se pongan de manifiesto como consecuencia de quitas y daciones en pago de deudas, establecidas en un convenio aprobado judicialmente, en un plan de reestructuración judicialmente homologado, en un acuerdo extrajudicial de pagos o como consecuencia de exoneraciones del pasivo insatisfecho, todo ello conforme a lo establecido en el texto refundido de la Ley Concursal aprobado por Real Decreto Legislativo 1/2020, de 5 de mayo.*

IMPUESTO SOBRE TRANSMISIONES PATRIMONIALES Y ACTOS JURÍDICOS DOCUMENTADOS

– El **Real Decreto Legislativo 1/1993, de 24 de septiembre,** por el que se aprueba el Texto refundido de la Ley del **Impuesto sobre Transmisiones Patrimoniales y Actos Jurídicos Documentados,** establece *«Artículo 45, apartado I, letra B), número 19: Las escrituras que contengan quitas o minoraciones de las cuantías de préstamos, créditos u otras obligaciones del deudor que se incluyan en los acuerdos de refinanciación o en los acuerdos extrajudiciales de pago establecidos en la Ley 22/2003, de 9 de julio, Concursal, siempre que, en todos los casos, el sujeto pasivo sea el deudor»* y *«Artículo 45, apartado I, letra B), número 33: 1. La emisión, transmisión y amortización de los bonos garantizados y participaciones hipotecarias y certificados de transmisión de hipoteca regulados en el Real Decreto-ley 24/2021, de 2 de noviembre, de transposición de directivas de la Unión Europea en las materias de bonos garantizados, distribución transfronteriza de organismos de inversión colectiva, datos abiertos y reutilización de la información del sector público, ejercicio de derechos de autor y derechos afines aplicables a determinadas transmisiones en línea y a las retransmisiones de programas de radio y televisión, exenciones temporales a determinadas importaciones y suministros, de personas consumidoras y para la promoción de vehículos de transporte por carretera limpios y energéticamente eficientes, así como su reembolso. 2. Las transmisiones de activos para constituir el patrimonio separado previsto para el caso de concurso de la entidad emisora y la transmisión de préstamos a otra entidad de crédito para la financiación conjunta de las emisiones, de acuerdo con lo previsto en el artículo 14 del Real Decreto-ley 24/2021, de 2 de noviembre, de transposición de directivas de la Unión Europea en las materias de bonos garantizados, distribución transfronteriza de organismos de inversión colectiva, datos abiertos y reutilización de la información del sector público, ejercicio de derechos de autor y derechos afines aplicables a determinadas transmisiones en línea y a las retransmisiones de programas de radio y televisión, exenciones temporales a determinadas importaciones y suministros, de personas consumidoras y para la promoción de vehículos de transporte por carretera limpios y energéticamente eficientes».* Además, *«Artículo 46 (...)*

5. Se considerará que el valor fijado en las resoluciones del juez del concurso para los bienes y derechos transmitidos corresponde a su valor real, no procediendo en consecuencia comprobación de valores, en las transmisiones de bienes y derechos que se produzcan en un procedimiento concursal, incluyendo las cesiones de créditos previstas en el convenio aprobado judicialmente y las enajenaciones de activos llevadas a cabo en la fase de liquidación». Y, por último, «Artículo 46 (...) 5. Se considerará que el valor fijado en las resoluciones del juez del concurso para los bienes y derechos transmitidos corresponde a su valor, no procediendo en consecuencia comprobación de valores, en las transmisiones de bienes y derechos que se produzcan en un procedimiento concursal, incluyendo las cesiones de créditos previstas en el convenio aprobado judicialmente y las enajenaciones de activos llevadas a cabo en la fase de liquidación».

– **Texto Refundido del Impuesto sobre Transmisiones Patrimoniales y Actos Jurídicos Documentados, aprobado por Decreto Foral Legislativo 129/1999, de 26 de abril, de la Comunidad Foral de Navarra:** *«Artículo 35.I.B, apartado 33.1.º La emisión, transmisión, amortización y reembolso de los bonos garantizados y participaciones hipotecarias y certificados de transmisión de hipoteca regulados en el Real Decreto Ley 24/2021, de 2 de noviembre, de transposición de directivas de la Unión Europea en las materias de bonos garantizados, distribución transfronteriza de organismos de inversión colectiva, datos abiertos y reutilización de la información del sector público, ejercicio de derechos de autor y derechos afines aplicables a determinadas transmisiones en línea y a las retransmisiones de programas de radio y televisión, exenciones temporales a determinadas importaciones y suministros, de personas consumidoras y para la promoción de vehículos de transporte por carretera limpios y energéticamente eficientes. 2.º Las transmisiones de activos para constituir el patrimonio separado previsto para el caso de concurso de la entidad emisora y la transmisión de préstamos a otra entidad de crédito para la financiación conjunta de las emisiones, de acuerdo con lo previsto en el artículo 14 del Real Decreto Ley 24/2021, de 2 de noviembre».*

IMPUESTO SOBRE SOCIEDADES

– **La Ley 27/2014, de 27 de noviembre, del impuesto sobre sociedades,** establece: *«Artículo 11. Imputación temporal. Inscripción contable de ingresos y gastos. (...) 13. El ingreso correspondiente al registro contable de quitas y esperas consecuencia de la aplicación de la Ley 22/2003, de 9 de julio, Concursal, se imputará en la base imponible del deudor a medida que proceda registrar con posterioridad gastos financieros derivados de la misma deuda y hasta el límite del citado ingreso. No obstante, en el supuesto de que el importe del ingreso a que se refiere el párrafo anterior sea superior al importe total de gastos financieros pendientes de registrar, derivados de la misma deuda, la imputación de aquel en la base imponible se realizará proporcionalmente a los gastos financieros registrados en cada período impositivo respecto de los gastos financieros totales pendientes de registrar derivados de la misma deuda»; «Artículo 13. Correcciones de valor: pérdida por deterioro del valor de los elementos patrimoniales. 1. Serán deducibles las pérdidas por deterioro de los créditos derivadas de las posibles insolvencias de los deudores, cuando en el momento del devengo del Impuesto concurra alguna de las siguientes circunstancias: (...) b) Que el deudor esté declarado en situación de concurso (...) No serán deducibles las siguientes pérdidas por deterioro de créditos: (...) 2.º Las correspondientes a créditos adeudados por personas o entidades vinculadas, salvo que estén en situación de concurso y se haya producido la apertura de la fase de liquidación por el juez, en los términos establecidos en la Ley 22/2003, de 9 de julio, Concursal. 3.º Las correspondientes a estimaciones globales del riesgo de insolvencias de clientes y deudores (...)»; «Artículo 19. Cambios de residencia, operaciones realizadas con o por personas o entidades residentes en paraísos fiscales y cantidades sujetas a retención. Reglas especiales (...). El fraccionamiento perderá su vigencia en los siguientes supuestos (...) d) Cuando el contribuyente se encuentre en liquidación o esté incurso en un procedimiento de ejecución colectiva, como concurso, o cualquier procedimiento equivalente (...)»; «Artículo 58. Definición del grupo fiscal. Entidad dominante. Entidades dependientes (...) 4. No podrán formar parte de los grupos fiscales las entidades en las que concurra alguna de las siguientes circunstancias: (...) c) Que al cierre del período impositivo haya sido declarada en situación de concurso y durante los períodos impositivos en que surta efectos esa declaración (...)».* El **Real Decreto 634/2015, de 10 de julio, por el que se aprueba el Reglamento del Impuesto sobre Sociedades** establece: *«Artículo 9. Cobertura del riesgo de crédito. 1. Serán deducibles las dotaciones correspondientes a las coberturas de riesgos dudosos que resulten de la estimación individualizada o de la aplicación de las metodologías internas para la estimación colectiva de coberturas previstas en el anejo 9 de la Circular 4/2017, de 27 de noviembre, del Banco de España, a entidades de crédito, sobre normas de información financiera pública y reservada, y modelos de estados financieros. No obstante, el total agregado de las dotaciones resultantes de metodologías internas para las estimaciones colectivas, únicamente será deducible hasta el importe total agregado que resulte de aplicar los porcentajes de cobertura estimados por el Banco de España a modo de solución alternativa para tales estimaciones colectivas que se contienen en el referido anejo 9. En el caso de entidades que no hayan desarrollado metodologías internas, serán deducibles, como máximo, las dotaciones por coberturas de riesgos dudosos que resulten* *de aplicar los porcentajes de cobertura estimados por el Banco de España a modo de solución alternativa señalados en el párrafo anterior. 2. Tratándose de la cobertura del denominado riesgo-país, serán deducibles las dotaciones que no excedan del importe total agregado que resulte de aplicar los porcentajes de cobertura estimados por el Banco de España a modo de solución alternativa en el anejo 9 de la Circular 4/2017, de 27 de noviembre, del Banco de España. 3. En ningún caso serán deducibles las dotaciones correspondientes a la cobertura del riesgo de los siguientes créditos: a) Los identificados como operaciones sin riesgo apreciable de acuerdo con el anejo 9 de la Circular 4/2017, de 27 de noviembre, del Banco de España. b) Los adeudados o afianzados por entidades de derecho público, excepto que sean objeto de un procedimiento arbitral o judicial que verse sobre su existencia o cuantía. c) La parte de los créditos garantizada con garantías reales eficaces, determinadas de acuerdo con el anejo 9 de la Circular 4/2017, de 27 de noviembre, del Banco de España, y una vez aplicados los descuentos sobre el valor de referencia allí establecidos. d) La parte de los créditos garantizada por garantes identificados como sin riesgo apreciable o con contratos de seguro de crédito o caución. e) Los adeudados por personas o entidades vinculadas de acuerdo con lo establecido en el artículo 18 de la Ley del Impuesto, salvo que estén en situación de concurso, y se haya producido la apertura de la fase de liquidación por el juez, en los términos establecidos en el texto refundido de la Ley Concursal, aprobado por Real Decreto Legislativo 1/2020, de 5 de mayo. f) Los adeudados por partidos políticos, sindicatos de trabajadores, asociaciones empresariales, colegios profesionales y cámaras oficiales, salvo que estén en situación de concurso, y se haya producido la apertura de la fase de liquidación por el juez, en los términos establecidos en la el texto refundido de la Ley Concursal, aprobado por Real Decreto Legislativo 1/2020, de 5 de mayo, o concurran otras circunstancias debidamente justificadas que evidencien unas reducidas posibilidades de cobro. g) Tratándose de la cobertura del denominado riesgo-país, no serán deducibles las dotaciones para cubrir las exposiciones fuera de balance. 4. Serán deducibles las dotaciones que correspondan a riesgo normal y riesgo normal en vigilancia especial a que se refiere el anejo 9 de la Circular 4/2017, de 27 de noviembre, del Banco de España, con el límite del resultado de aplicar el uno por ciento sobre la variación positiva global en el período impositivo del importe de los riesgos que, de acuerdo con los criterios establecidos en el referido anejo 9, deba ser objeto de cobertura, excluidos los correspondientes a los créditos enumerados en el apartado 3 de este artículo y a los valores negociados en mercados secundarios organizados. 5. A los efectos de lo previsto en este artículo serán deducibles las dotaciones por deterioro de los activos inmobiliarios adjudicados o recibidos en pago de deudas de las entidades de crédito a los que sea de aplicación el apartado V del anejo 9 de la Circular 4/2017, de 27 de noviembre, del Banco de España, que permanezcan en el balance de la entidad de crédito, siempre que no superen los importes que resulten de lo establecido en dicho apartado V. En el supuesto de que los activos inmobiliarios adjudicados o recibidos en pago de deudas de las entidades de crédito se aporten, transmitan, o mantengan en una sociedad para la gestión de activos a que se refiere el artículo 3 de la Ley 8/2012, de 30 de octubre, sobre saneamiento y venta de los activos inmobiliarios del sector financiero, o en una entidad que forme parte del mismo grupo de sociedades de la entidad de crédito en el sentido del artículo 42 del Código de Comercio, serán deducibles, siempre que se respeten los criterios de la Circular 4/2017, de 27 de noviembre, del Banco de España, y por el importe máximo que resultaría de aplicar el citado apartado V, las dotaciones por correcciones derivadas de la pérdida de valor de los activos, tanto si consisten en dotaciones por deterioro de los activos inmobiliarios efectuadas en esas sociedades o entidades como, en su caso, en dotaciones efectuadas en la entidad de crédito por deterioro de sus participaciones en las mismas o por otros deterioros derivados de la pérdida de valor de los activos inmobiliarios. No obstante, las señaladas dotaciones deducibles en la entidad de crédito tendrán como límite el importe máximo a que se refiere el párrafo anterior minorado en las dotaciones por deterioro de los activos inmobiliarios que hubieran resultado fiscalmente deducibles en las citadas sociedades y entidades. En este caso, en el supuesto de que sea de aplicación el régimen especial de consolidación fiscal regulado en el capítulo VI del título VII de la Ley del Impuesto, el importe que resulte fiscalmente deducible no será objeto de eliminación. En el supuesto de que conforme a la normativa vigente la entidad de crédito no pudiera aplicar el régimen especial de consolidación fiscal con las citadas sociedades o entidades, las dotaciones por deterioro de los activos inmobiliarios en estas últimas tendrán como límite el importe máximo a que se refiere el párrafo segundo de este apartado, minorado en las dotaciones por deterioro de participaciones o por otros deterioros derivados de la pérdida de valor de los activos inmobiliarios que hubieran resultado fiscalmente deducibles en la entidad de crédito, de acuerdo con lo establecido en dicho párrafo. Además, dispone: «Artículo 61. Excepciones a la obligación de retener y de ingresar a cuenta. No existirá obligación de retener ni de ingresar a cuenta respecto de: (...) w) Las rentas derivadas del ejercicio de las funciones de liquidación de entidades aseguradoras y de los procesos concursales a que estas se encuentren sometidas obtenidas por el Consorcio de Compensación de Seguros, en virtud de lo dispuesto en el párrafo tercero del apartado 1 del artículo 24 del texto refundido del Estatuto Legal del Consorcio de Compensación de Seguros, aprobado por el Real Decreto Legislativo 7/2004, de 29 de octubre (...)».* Téngase en cuenta que la Circular 4/2004, de 22 de diciembre, del Banco de España, ha sido derogada por la **Circular 4/2017, de 27 de noviembre, del Banco de España, a entidades de crédito, sobre normas de información financiera pública y reservada, y modelos de estados financieros.**

– La **Ley Foral 26/2016, de 28 de diciembre, del Impuesto sobre Sociedades de la Comunidad Foral de Navarra** entre las disposiciones que incluye se encuentran las referidas a la imputación temporal (art. 15) y las correcciones de valor (art. 20): «*Artículo 15. Imputación temporal. Inscripción contable de ingresos y gastos. (...) 11. El ingreso correspondiente al Registro contable de quitas y esperas consecuencia de la aplicación de la Ley 22/2003, de 9 de julio, Concursal, se imputará en la base imponible del deudor a medida que proceda registrar con posterioridad gastos financieros derivados de la misma deuda y hasta el límite del citado ingreso. No obstante, en el supuesto de que el importe del ingreso a que se refiere el párrafo anterior sea superior al importe total de gastos financieros pendientes de registrar, derivados de la misma deuda, la imputación de aquel en la base imponible se realizará proporcionalmente a los gastos financieros registrados en cada período impositivo respecto de los gastos financieros totales pendientes de registrar derivados de la misma deuda*». «*Artículo 20. Correcciones de valor: pérdida por deterioro del valor de los elementos patrimoniales. 1. 1.º Serán deducibles las pérdidas por deterioro de los créditos derivadas de las posibles insolvencias de los deudores, cuando en el momento del devengo del Impuesto concurra alguna de las siguientes circunstancias: a) Que haya transcurrido el plazo de seis meses desde el vencimiento de la obligación. b) Que el deudor esté declarado en situación de concurso. c) Que el deudor o, si éste fuese una entidad, alguno de los administradores o representantes de ella, esté procesado por el delito de alzamiento de bienes. d) Que las obligaciones hayan sido reclamadas judicialmente o sean objeto de un litigio judicial o de un procedimiento arbitral de cuya solución dependa su cobro. 2.º No serán deducibles las pérdidas respecto de los créditos que seguidamente se citan, excepto cuando sean objeto de un procedimiento judicial o arbitral que verse sobre su existencia o cuantía: a) Los adeudados por entidades de Derecho público. b) Los afianzados por entidades de Derecho público, de crédito o sociedades de garantía recíproca, en el importe afianzado. c) Los asegurados con cualquier modalidad de garantía de naturaleza real, excepto en los casos de pérdida o envilecimiento de la garantía. d) Los garantizados mediante un contrato de seguro de crédito o caución, en el importe garantizado. e) Los que hayan sido objeto de renovación o prórroga expresa. f) Las pérdidas para la cobertura del riesgo derivado de las posibles insolvencias de personas o entidades vinculadas con el acreedor, salvo que estén en situación de concurso y se haya producido la apertura de la fase de liquidación por el juez, en los términos establecidos en la Ley 22/2003, de 9 de julio, Concursal. g) Las pérdidas basadas en estimaciones globales del riesgo de insolvencias de clientes y deudores. 3.º En el supuesto de entidades financieras sometidas a la tutela administrativa del Banco de España serán aplicables las disposiciones específicas dictadas al efecto. Reglamentariamente se establecerán las normas relativas a la deducibilidad de las correcciones valorativas por deterioro de valor de los instrumentos de deuda valorados por su coste amortizado que posean los fondos de titulización a que se refiere el artículo 10.1.g). 2. No serán deducibles: a) Las pérdidas por deterioro del inmovilizado material, inversiones inmobiliarias e inmovilizado intangible, incluido el fondo de comercio. b) Las pérdidas por deterioro de los valores representativos de la participación en el capital o en los fondos propios de entidades respecto de la que se den las siguientes circunstancias: 1.º Que, en el periodo impositivo en que se registre el deterioro, no se cumpla el requisito establecido en el artículo 35.1.a), y 2.º Que, en caso de participación en el capital o en los fondos propios de entidades no residentes en territorio español, en dicho periodo impositivo se cumpla el requisito establecido en el artículo 35.1.b). c) Las pérdidas por deterioro de los valores representativos de deuda. Las pérdidas por deterioro señaladas en este apartado serán deducibles en los términos establecidos en el artículo 26. En el supuesto previsto en la letra b) anterior, aquellas serán deducibles siempre que las circunstancias señaladas se den durante el año anterior al día en que se produzca la transmisión o baja de la participación*». Además, el artículo 27.2 establece: «*Artículo 27.2. 2. (...) El fraccionamiento perderá su vigencia en los siguientes supuestos (...): d) Cuando el contribuyente se encuentre en liquidación o esté incurso en un procedimiento de ejecución colectiva, como concurso, o cualquier procedimiento equivalente (...)*». En fin, se dispone: «*Artículo 100. Definición del grupo fiscal. Entidad dominante. Entidades dependientes. (...) 4. No podrán formar parte de los grupos fiscales las entidades en las que concurra alguna de las siguientes circunstancias: a) Que no sean residentes en territorio español. b) Que estén exentas de este Impuesto. c) Que al cierre del periodo impositivo hayan sido declaradas en situación de concurso y durante los períodos impositivos en que surta efectos esa declaración. d) Que al cierre del periodo impositivo se encuentren incursas en la situación patrimonial prevista en el artículo 363.1.e) del texto refundido de la Ley de Sociedades de Capital, aprobado por Real Decreto Legislativo 1/2010, de 2 de julio, de acuerdo con sus cuentas anuales, a menos que a la conclusión del ejercicio en el que hayan de aprobarse las cuentas anuales esta última situación hubiese sido superada. e) Las entidades dependientes que estén sujetas al Impuesto sobre Sociedades a un tipo de gravamen diferente del de la entidad representante del grupo fiscal. f) Las entidades dependientes cuyo ejercicio social, determinado por imperativo legal, no pueda adaptarse al de la entidad representante (...)*».

INDUSTRIA

– El **Real Decreto-ley 20/2018, de 7 de diciembre, de medidas urgentes para el impulso de la competitividad económica en el sector de la industria y el comercio en España**, establece: «*Artículo 5. Obligaciones de los beneficiarios de ayudas a la industria electrointensiva. 1. Los beneficiarios de las ayudas a la industria electrointensiva previstas en el artículo 4 y en la disposición adicional sexta de la Ley 1/2005, de 9 de marzo, por la que se regula el régimen del comercio de derechos de emisión de gases de efecto invernadero, deberán mantener la actividad productiva durante un periodo de tres años, a partir de la fecha en que se dicte la resolución de concesión de las ayudas. 2. Se entenderá que los beneficiarios incumplen esta obligación de mantenimiento de la actividad cuando, durante el referido periodo de tres años, incurran en alguno de los siguientes supuestos: a) Procedan de manera efectiva a reducir en más de un 85 por ciento su capacidad de producción. b) Se comunique la decisión empresarial de despido colectivo, conforme a lo recogido en artículo 12.1 del Reglamento de los procedimientos de despido colectivo y de suspensión de contratos y reducción de jornada, aprobado por el Real Decreto 1483/2012, de 29 de octubre, y que esta comunicación implique una reducción de más de un 85 por ciento de toda su plantilla. No se considerará incumplida esta obligación en los supuestos de transformación, fusión, escisión o cesión global de activos y pasivos siempre que la entidad adquirente mantenga la actividad en los términos previstos en este apartado. Tampoco se considerará incumplida esta obligación cuando el presupuesto de incumplimiento derive de un procedimiento de liquidación en el marco de un proceso concursal previsto en la Ley 22/2003, de 9 de julio, Concursal. 3. El incumplimiento de la obligación de mantenimiento de la actividad dentro del periodo de tres años, a partir de la fecha en que se dicte la resolución de concesión de las ayudas, será causa de reintegro de las mismas para lo que se seguirá el procedimiento previsto en el Capítulo II del Título II de la Ley 38/2003, de 17 de noviembre, General de Subvenciones. 4. Se podrán excluir del reintegro, en las condiciones y de acuerdo con el procedimiento que se desarrolle reglamentariamente, a aquellas empresas industriales que, a pesar de haber reducido su capacidad productiva o su plantilla en más de un 85 por ciento, lo hagan de forma temporal durante el proceso de búsqueda de nuevos inversores, siempre que dicho proceso desemboque en el reinicio de la actividad productiva de la instalación recuperando, al menos, el 50 ciento de su producción y de su nivel de empleo anteriores. 5. No podrán obtener la condición de beneficiarios de estas ayudas las empresas en las que concurra alguno de los supuestos establecidos en el apartado 2 o que estén incursas en un procedimiento concursal de conformidad con la Ley 22/2003, de 9 de julio, Concursal*».

INFRAESTRUCTURAS Y TRANSPORTE

– El Preámbulo del **Real Decreto-ley 1/2014, de 24 de enero, de reforma en materia de infraestructuras y transporte, y otras medidas económicas**, dispone: «*También se procede a modificar la Ley 8/1972, de 10 de mayo, de construcción, conservación y explotación de autopistas en régimen de concesión, con el fin de evitar que el Estado acabe asumiendo dos veces el pago de las expropiaciones. El justiprecio de los terrenos expropiados para la construcción de una autopista estatal de peaje en régimen de concesión debe ser abonado por la sociedad concesionaria. Así lo establece el artículo 17 de la Ley 8/1972, de 10 de mayo, en relación con el artículo 5 del Reglamento de Expropiación Forzosa. A pesar de este régimen legal, existen sentencias que obligan al Estado a hacerse cargo de dichas deudas en caso de impago por la sociedad concesionaria declarada en concurso de acreedores. La reforma que se propone pretende evitar que si el Estado se encuentra con este tipo de resoluciones judiciales, acabe asumiendo dos veces el pago de la expropiación, en beneficio del concesionario. De un lado paga al expropiado, obligado por resolución judicial, y de otro entrega al concesionario el importe de la responsabilidad patrimonial. A tal fin, el precepto que se propone reconoce al Estado, como resultado del pago por cuenta de otro, el derecho a subrogarse en el crédito del expropiado frente al concesionario, procediéndose a minorar el importe de la responsabilidad patrimonial con la parte del crédito no reembolsada por la sociedad concesionaria, garantizándose la indemnidad del Estado frente a los incumplimientos de los concesionarios. Aunque los preceptos surten efectos desde la fecha de entrada en vigor de este real decreto-ley, se prevé que puedan aplicarse respecto de cualesquiera concesiones ya adjudicadas*».

INHABILITACIÓN CONCURSAL

– Con carácter general, la legislación concursal reserva la «inhabilitación» para los supuestos de concurso calificado como culpable, en los que se impone como «sanción» de carácter temporal a las personas afectadas. En la modificación o adaptación de diversas disposiciones legales, mientras no haya concluido el período de inhabilitación, ésta constituirá una de las circunstancias en las que se carece de honorabilidad comercial y profesional, al igual que en el caso de quebrados y concursados no rehabilitados en procedimientos concursales anteriores. Así se establece, entre otras, en: la **Ley Foral 16/2006, de 14 de diciembre, del juego**, artículo 16.1b); la **Ley 3/2022, de 29 de marzo, reguladora del** juego y las apuestas de La Rioja y de la prevención del juego problemático y patológico, artículos 43.1.b) y 52.1.b); el Decreto-ley 4/2021, de 4 de junio, de la Comunidad Autónoma de Extremadura, por el que se adoptan medidas de extraordinaria y urgente necesidad orientadas a establecer la prestación a la demanda y garantizar el equilibrio económico de los servicios de transporte público regular de uso general de viajeros por carretera sometidos a obligaciones de servicio público, en el contexto actual de crisis sanitaria y sus efectos en el ámbito de la movilidad de las personas, así como a impulsar la autonomía local en materia de comercio ambulante, artículo 29.2.c); la Ley 1/2020, de 11 de junio, de regulación del juego y de prevención de la ludopatía en la Comunitat Valenciana, artículo 27.1.f); el Decreto-ley 14/2020, de 22 de julio, de medidas para la activación de la demanda en la Comunidad Autónoma de Extremadura tras la crisis sanitaria, artículo 4; el Reglamento de planes y fondos de pensiones, aprobado por el Real Decreto 304/2004, de 20 de febrero, artículo 78 bis.3.a); el Real Decreto-ley 3/2020, de 4 de febrero, de medidas urgentes por el que se incorporan al ordenamiento jurídico español diversas directivas de la Unión Europea en el ámbito de la contratación pública en determinados sectores; de seguros privados; de planes y fondos de pensiones; del ámbito tributario y de litigios fiscales, artículo 128.19; la Ley 11/2019, de 20 de diciembre, de Cooperativas de Euskadi, artículo 44.1.a); la Ley 4/2019, de 19 de noviembre, de Cámaras Oficiales de Comercio, Industria, Servicios y Navegación de Andalucía, en los artículos 16, 35 y 61; la Ley 10/2019, de 25 de abril, de Cámaras Oficiales de Comercio, Industria, Servicios y Navegación de Canarias, de la Comunidad Autónoma de Canarias, en el artículo 21.3.f); el Real Decreto 309/2019, de 26 de abril, por el que se desarrolla parcialmente la Ley 5/2019, de 15 de marzo, reguladora de los contratos de crédito inmobiliario y se adoptan otras medidas en materia financiera, en el artículo 5.2.d); la Ley 5/2019, de 15 de marzo, reguladora de los contratos de crédito inmobiliario, en el artículo 29.3.d); la Ley 8/2018, de 14 de septiembre, de Transparencia, Buen Gobierno y Grupos de Interés, de la Comunidad Autónoma del Principado de Asturias, en el artículo 30.2.c); el Decreto Legislativo 2/2005, de 28 de diciembre, por el que se aprueba el texto refundido de la Ley de subvenciones, de la Comunidad Autónoma de las Illes Balears, en el artículo 10.1.b); la Ley Foral 2/2018, de 13 de abril, de Contratos Públicos, de la Comunidad Foral de Navarra, en el artículo 22.1.d); la Ley 6/2017, de 14 de diciembre, de Cámaras Oficiales de Comercio, Industria y Servicios de Castilla-La Mancha, en el artículo 25.1.g); la Ley 12/2015, de 9 de julio, de cooperativas de la Comunidad Autónoma de Cataluña, en el artículo 63; el Real Decreto 669/2015, de 17 de julio, por el que se desarrolla la Ley 4/2014, de 1 de abril, Básica de las Cámaras Oficiales de Comercio, Industria, Servicios y Navegación, en el artículo 23.1.h); el Decreto Legislativo 1/1997, de 23 de julio, del Gobierno Valenciano, por el que se aprueba el texto refundido de la Ley sobre Cajas de Ahorros, de la Comunidad Valenciana, en el artículo 19; el Real Decreto 84/2015, de 13 de febrero, por el que se desarrolla la Ley 10/2014, de 26 de junio, de ordenación, supervisión y solvencia de entidades de crédito, en el artículo 30.2.a); la Ley 6/2014, de 13 de junio, de juegos y apuestas, del Principado de Asturias, en el artículo 29.1.b); la Ley 4/2014, de 26 de junio, de Fundaciones Bancarias de Aragón, en el artículo 35; la Ley 6/2014, de 10 de junio, de modificación de la Ley 2/1989, de 16 de febrero, sobre centros recreativos turísticos, y de establecimiento de normas en materia de tributación, comercio y juego, de la Comunidad Autónoma de Cataluña, en el artículo 3; la Ley Foral 2/2014, de 17 de febrero, por la que se regulan los órganos rectores de determinadas fundaciones, en el artículo 3; la Ley 9/2013, de 19 de diciembre, del emprendimiento y de la competitividad económica de Galicia, en el artículo 4; la Ley 6/2013, de 6 de noviembre, de Cooperativas de Cantabria, en el artículo 51.1.a); la Ley 5/2013, de 8 de julio, de apoyo a los emprendedores y a la competitividad e internacionalización de las pequeñas y medianas empresas (PYMES) de la Región de Murcia, en el artículo 3; el Real Decreto 84/1993, de 22 de enero, por el que se aprueba el Reglamento de desarrollo de la Ley 13/1989, de 26 de mayo, de Cooperativas de Crédito, en el artículo 2; la Ley Foral 12/2013, de 12 de marzo, de la Comunidad Foral de Navarra, de apoyo a los emprendedores y al trabajo autónomo en Navarra, en el artículo 3; la Ley 8/2012, de 28 de diciembre, de medidas fiscales y administrativas de la Comunidad de Madrid, en el artículo 17; la Ley 3/1998, de 1 de julio, de Cajas de Ahorro de la Región de Murcia, en el artículo 31.1; el Real Decreto 1559/2012, de 15 de noviembre, por el que se establece el régimen jurídico de las sociedades de gestión de activos, en el artículo 21.3; la Ley 6/1998, de 18 de junio, del Juego de Extremadura, en el artículo 3; la Ley 2/2012, de 14 de junio, de medidas urgentes de apoyo a la iniciativa empresarial y los emprendedores, microempresas y pequeñas y medianas empresas, de la Comunitat Valenciana, en el artículo 3; el Real Decreto 778/2012, de 4 de mayo, de régimen jurídico de las entidades de dinero electrónico, en el artículo 2; el Real Decreto 303/2012, de 3 de febrero, por el que se regula el Comité Consultivo de la Comisión Nacional del Mercado de Valores, en el artículo 2.2; la Ley 5/1998, de 18 de diciembre, de cooperativas de Galicia, en el artículo 48.1.e); la Ley 15/1999, de 16 de diciembre, de Cajas de Ahorros de Andalucía, en el artículo 42.3; la Ley 13/2011, de 27 de mayo, de regulación del juego, en el artículo 13.2 b); la Ley 10/2011, de 10 de mayo, de Cajas de Ahorros de Canarias, en el artículo 16, la Ley 6/2004, de 18 de octubre, de Cajas de Ahorros de La Rioja, en el artículo 31.1.d); la Ley 1/1991, de 4 de enero, reguladora de las Cajas de Ahorros en Aragón, en el artículo 35.1.c); la Ley 2/2000, de 23 de junio, de Cajas de Ahorro, de la Comunidad Autónoma del

Principado de Asturias, en el artículo 11; la **Ley 8/1994, de 23 de diciembre, de Cajas de Ahorros, de la Comunidad Autónoma de Extremadura**, en el artículo 25; el **Decreto Legislativo 1/2008, de 11 de marzo, por el que se aprueba el Texto refundido de la Ley de cajas de ahorros de Cataluña**, en el artículo 18; la **Ley 4/2003, de 11 de marzo, de Cajas de Ahorros de la Comunidad de Madrid**, en el artículo 22; y la **Ley 3/2005, de 8 de abril, de Incompatibilidades y Retribuciones del personal Alto Cargo de la Administración de la Junta de Andalucía y de Declaración de Actividades, Bienes, Intereses y Retribuciones del personal Alto Cargo y otros Cargos Públicos**, artículo 6.n).

INSTITUCIONES DE INVERSIÓN COLECTIVA

– La **Ley 35/2003, de 4 de noviembre, de Instituciones de Inversión Colectiva**, establece: *«Artículo 13. Revocación y suspensión de la autorización. 1. La autorización concedida a las IIC sólo puede ser revocada por la CNMV, además de por lo dispuesto en el artículo 85 de esta ley, en los siguientes supuestos: h) Si se inicia respecto de la entidad un procedimiento concursal (...)»*. Además, dispone, en primer lugar, en el *artículo 49.1: «1. La autorización concedida a una SGIIC o una sucursal de una entidad con domicilio en Estado no miembro de la UE podrá revocarse en los siguientes supuestos: (...) j) Si se acuerda la apertura de un procedimiento concursal (...)»*. En segundo lugar, en el *artículo 52.1: «1. La suspensión a que se refiere el artículo anterior, podrá acordarse cuando se dé alguno de los siguientes supuestos: (...) g) El concurso de la entidad»*. En tercer lugar, *«Artículo 53. Sustitución. 1. La sociedad gestora podrá solicitar su sustitución como tal, cuando así lo estime pertinente, mediante escrito presentado a la CNMV por el depositario, la antigua sociedad gestora y por la nueva sociedad gestora, la cual se declarará dispuesta a aceptar tales funciones, interesando la correspondiente autorización. Excepcionalmente, la CNMV podrá autorizar dicha sustitución aún cuando sea solicitada unilateralmente por la sociedad gestora. En ningún caso podrá la sociedad gestora que pretenda ser sustituida renunciar al ejercicio de sus funciones mientras no se hayan cumplido los requisitos y trámites para la designación de su sustituta. 2. El procedimiento concursal de la sociedad gestora no produce de derecho la disolución de la IIC administrada, pero aquélla cesará en la gestión del fondo, o en la de los activos de sociedades de inversión y en el resto de las actividades que haya sido autorizada a realizar, iniciándose los trámites para la sustitución de la gestora en la forma y condiciones que se fijen reglamentariamente. La CNMV podrá acordar dicha sustitución aún cuando no sea solicitada por la sociedad gestora. 3. Lo previsto en los apartados anteriores resultará aplicable en las circunstancias previstas en el artículo 72 de esta ley. 4. En caso de sustitución de una SGIIC por causa de concurso, revocación o suspensión, las sociedades de inversión afectadas deberán convocar las juntas generales de accionistas en el plazo de tres meses, prorrogable, previa justificación, por un mes adicional, con el fin de ratificar a la SGIIC sustituta o para designar a una nueva sociedad gestora. El plazo para convocar las juntas generales se contará a partir del día siguiente a la fecha en que la CNMV publique la resolución de sustitución. De incumplirse este plazo la sociedad será dada de baja del registro de la CNMV»*. En cuarto lugar, *«Artículo 61. Sustitución. 1. El depositario podrá solicitar su sustitución, cuando así lo estime pertinente, mediante escrito presentado a la CNMV por la sociedad gestora, el antiguo depositario y por el nuevo, el cual se declarará dispuesto a asumir tales funciones, interesando la correspondiente autorización. Excepcionalmente, la CNMV podrá autorizar dicha sustitución aun cuando sea solicitada unilateralmente por el depositario o, en su caso, por la sociedad gestora. En ningún caso podrá el depositario renunciar al ejercicio de sus funciones mientras no se hayan cumplido los requisitos y trámites para la designación de su sustituto. 2. El procedimiento concursal del depositario no produce de derecho la disolución de la institución cuyos activos custodia, aunque, en dicho supuesto, el depositario cesará en sus funciones, iniciándose los trámites para su sustitución. 3. En el caso de sustitución del depositario por causa de concurso, revocación o suspensión, las sociedades de inversión afectadas deberán convocar las juntas generales de accionistas en el plazo de tres meses, prorrogable, previa justificación, por un mes adicional, con el fin de ratificar al depositario sustituto o para designar a uno nuevo. El plazo para convocar las juntas generales se contará a partir del día siguiente al que la CNMV publique la resolución de sustitución. De incumplirse este plazo la sociedad será dada de baja del registro de la CNMV»*. En quinto lugar, *«Artículo 64. Supuestos de suspensión. 1. La suspensión a que se refiere el artículo anterior podrá acordarse cuando se dé alguno de los siguientes supuestos: a) Apertura de un expediente sancionador por falta grave o muy grave. b) Cuando se incumplan las condiciones previstas en la autorización u otras obligaciones previstas en esta ley. c) En los supuestos de procedimiento concursal o intervención de la entidad. d) Como sanción, según lo previsto en el título VI de esta ley. 2. No podrá acordarse la suspensión, salvo cuando se trate de sanción, por un plazo superior a un año, prorrogable por otro más»*. En sexto lugar, *«Artículo 64 bis. Concurso del depositario. En el supuesto de un procedimiento concursal del depositario, se aplicarán las especialidades previstas en esta ley con carácter preferente a la normativa que resultara de aplicación al depositario en su condición de entidad de crédito o empresa de servicio de inversión»*. En séptimo lugar, en el *artículo 71 quinquies: «Artículo 71 quinquies. Intercambio de información y secreto profesional. La aplicación de los artículos 90 y 91 bis.4 de la Ley 24/1988 no impedirá el intercambio* *de información entre la CNMV u otra autoridad competente de otro Estado miembro y: (...) b) La administración concursal, de conformidad con lo establecido en la Ley 22/2003, u otra entidad que realice funciones homólogas en otro Estado miembro (...)». En octavo lugar, «Artículo 76. Intervención pública en la disolución de una sociedad de inversión, de una sociedad gestora o de una entidad depositaria. 1. Resultará de aplicación a las situaciones concursales de las sociedades de inversión y de las SGIIC el régimen previsto en el apartado sexto del artículo 176 de la Ley 6/2023, de 17 de marzo, de los Mercados de Valores y de los Servicios de Inversión. 2. Iniciado el procedimiento concursal de una entidad depositaria de valores de cualquier IIC, la CNMV podrá disponer, sin perjuicio de las competencias del Banco de España y del FROB, de forma inmediata y sin coste para la institución, el traslado a otra entidad, habilitada para desarrollar esta actividad, de los instrumentos financieros depositados, las garantías constituidas y el efectivo, por cuenta de las IIC, incluso si tales activos se encuentran depositados en terceras entidades a nombre del depositario de la IIC o de la entidad a quien este hubiere confiado el depósito. A estos efectos, tanto el juez competente como los órganos del procedimiento concursal, facilitarán el acceso de la entidad a la que vayan a traspasarle los instrumentos financieros y el efectivo a la documentación y registros contables e informáticos necesarios para hacer efectivo el traspaso. La existencia del procedimiento concursal no impedirá que se haga llegar a la institución titular, de acuerdo con las normas del sistema de compensación, liquidación y registro, los instrumentos financieros comprados o el efectivo procedente del ejercicio de sus derechos económicos o de su venta. 3. El efectivo y los instrumentos financieros de las IIC no podrán distribuirse ni realizarse en beneficio de los acreedores del depositario o de cualquier tercero en el que este hubiera delegado sus funciones, en caso de concurso de cualquiera de ellos. 4. La declaración de concurso no impedirá que se liquiden las órdenes de suscripción, reembolso o traspasos ordenados por los clientes con anterioridad a la fecha de declaración de concurso. Dichas operaciones se liquidarán aplicando el valor liquidativo que corresponda o, en su caso, el último valor liquidativo en firme. 5. El juez competente y los órganos del procedimiento concursal velarán por los derechos que deriven de las operaciones en curso de liquidación en el momento en que se declare el concurso de una entidad depositaria de instrumentos financieros de cualquier IIC». Y, por último, en el artículo 94: «Artículo 94. Ejecutividad de las sanciones. 1. Las resoluciones que impongan sanciones conforme a esta Ley serán ejecutivas cuando pongan fin a la vía administrativa. En las mismas se adoptarán, en su caso, las medidas cautelares precisas para garantizar su eficacia en tanto no sean ejecutivas. Las resoluciones de la Comisión Nacional del Mercado de Valores que pongan fin al procedimiento serán recurribles ante el Ministro de Economía y Empresa de acuerdo con el Capítulo II del Título V de la Ley 39/2015, de 1 de octubre, del Procedimiento Administrativo Común de las Administraciones Públicas. 2. El Ministro de Economía y Empresa, previo informe de la Comisión Nacional del Mercado de Valores, podrá condonar, total o parcialmente, o aplazar el pago de las multas impuestas a personas jurídicas cuando hayan pasado a estar controladas por otros accionistas después de cometerse la infracción, estén incursas en un procedimiento concursal o se den otras circunstancias excepcionales que hagan que el cumplimiento de la sanción en sus propios términos atente contra la equidad o perjudique a los intereses generales. Lo anterior no alcanzará en ningún caso a las sanciones impuestas a quienes ocupaban cargos de administración o dirección en dichas personas jurídicas cuando se cometió la infracción. En ningún caso habrá lugar a condonación o aplazamiento si, en el supuesto de transmisión de acciones de la entidad sancionada, hubiere mediado precio o superada la situación concursal, pudiera afrontarse la situación».* Además, el **Real Decreto 1082/2012, de 13 de julio, por el que se aprueba el Reglamento de desarrollo de la Ley 35/2003, de 4 de noviembre, de instituciones de inversión colectiva**, dispone: «*Artículo 50. Diversificación del riesgo. 1. Para dar cumplimiento al principio de diversificación del riesgo, las IIC de carácter financiero deberán respetar las limitaciones establecidas en este artículo. (...) c) Quedará ampliado al 25% cuando se trate de inversiones en obligaciones emitidas por entidades de crédito que tengan su sede en un Estado Miembro de la Unión Europea, cuyo importe esté garantizado por activos que cubran suficientemente los compromisos de la emisión y que queden afectados de forma privilegiada al reembolso del principal y al pago de los intereses en el caso de situación concursal del emisor. En todo caso, tendrán dicha consideración las cédulas y bonos hipotecarios previstos en la Ley 2/1981, de 25 de marzo, de regulación del mercado hipotecario; las cédulas territoriales reguladas en la Ley 44/2002, de 22 de noviembre, de medidas de reforma del sistema financiero; y los valores de carácter no subordinado emitidos por los fondos de titulización hipotecaria regulados en la Ley 19/1992, de 7 de julio, sobre régimen de sociedades y fondos de inversión inmobiliaria y sobre fondos de titulización hipotecaria. El total de las inversiones en este tipo de obligaciones en las que se supere el límite del 5% no podrá superar el 80% del patrimonio de la IIC. (...)*» Además, son reseñables los artículos 118 y 137 —modificados por el **Real Decreto 816/2023, de 8 de noviembre**—: «*Artículo 118. Sustitución. 1. En caso de cesación de la SGIIC por iniciación de procedimiento concursal o por cualquier otra causa, la gestión de las IIC por aquella gestionada quedará encargada en forma automática y provisional a su depositario, a quien competerá el ejercicio de todas las funciones propias de aquella. Si en el plazo de tres meses, prorrogable según el procedimiento desarrollado por la CNMV de acuerdo con el apartado 6, 7 y 8 de este artículo, no surgiera una nueva SGIIC inscrita en el registro correspondiente de la CNMV y dispuesta a encargarse de la gestión, el fondo quedará disuelto y se* *abrirá el período de liquidación. La liquidación se realizará por el depositario en la forma prevista en el artículo 35. 2. En el caso de que la SGIIC sea sustituida, la gestora entrante deberá tener acceso a los registros de operaciones y a los registros de órdenes de suscripciones y reembolsos de la gestora sustituida de los últimos 5 años. Adicionalmente, en el caso de que la gestora pierda su condición por cualquiera de los supuestos previstos en la normativa, esta deberá conservar los registros de operaciones y los registros de órdenes de suscripciones y reembolsos durante al menos 5 años. Los registros deben conservarse en un soporte que permita el acceso al supervisor con el objeto de que pueda reconstruir cada paso del procesamiento de la orden, de que se pueda comprobar con facilidad las correcciones o enmiendas introducidas en los registros y el contenido de éstos anterior a aquellas, y de que no sea posible alterar o manipular los registros de ninguna otra forma. 3. La sustitución de la SGIIC, así como los cambios que se produzcan en su control, conferirán a los partícipes un derecho al reembolso de sus participaciones, salvo en el caso previsto en el apartado 6 de este artículo, en los términos establecidos en el artículo 12.2 de la Ley 35/2003, de 4 de noviembre, y en el artículo 14 de este reglamento. 4. A los efectos del apartado precedente, se considerará que existe un cambio en el control de la SGIIC cuando se acumule sobre una persona física o jurídica distinta a la que lo ejerciera con anterioridad el poder de decisión sobre dicha sociedad. 5. La sustitución y el cambio en el control a los que se refieren los apartados precedentes deberán ser comunicados mediante hecho relevante a la CNMV. 6. En caso de revocación, concurso o suspensión de una SGIIC que lleve consigo su sustitución, y no pueda procederse de acuerdo con lo previsto en el primer supuesto del apartado 1 de este artículo, la CNMV solicitará manifestaciones de interés con el fin de encomendar la gestión de las IIC gestionadas por aquélla a otra SGIIC, en base al procedimiento desarrollado al efecto. 7. En caso de que ninguna sociedad gestora manifieste interés en sustituir a la gestora saliente o, existiendo manifestaciones de interés, ninguna cumpliese con los requisitos mínimos requeridos por la CNMV, ésta podrá designar de modo directo a una o varias entidades, en base al procedimiento desarrollado al efecto. 8. El procedimiento de solicitud de manifestaciones y designación aplicable a los apartados anteriores deberá regirse por los principios de transparencia, libre concurrencia y neutralidad». Y, por otro lado, «Artículo 137. Cese del depositario y publicidad de la sustitución. 1. Si el depositario cesara en sus funciones, la CNMV dispondrá su sustitución por otra entidad habilitada para el ejercicio de dicha función. Si ello no fuera posible, la IIC quedará disuelta y se abrirá el período de liquidación. La liquidación se realizará por la sociedad gestora, en la forma prevista en el artículo 35. A la sustitución del depositario, así como los cambios que se produzcan en su control, le será de aplicación lo dispuesto en el artículo 12.2 de la Ley 35/2003, de 4 de noviembre, y en el artículo 14 de este reglamento. 2. En el caso de situaciones de concurso o suspensión del depositario que deriven en su sustitución, y cuando gestora y depositario pertenezcan al mismo grupo, la CNMV podrá solicitar manifestaciones de interés en base al procedimiento desarrollado al efecto, con el fin de nombrar una nueva entidad depositaria. 3. En caso de que ningún depositario manifestase su interés en sustituir al depositario saliente, o existiendo manifestaciones de interés, ninguna cumpliese con los requisitos mínimos establecidos en el procedimiento previsto en el apartado anterior, la CNMV podrá determinar la entidad o entidades que deberán asumir tal función, en base al procedimiento desarrollado al efecto. 4. Dichos procedimientos deberán regirse por los principios de trasparencia, libre concurrencia y neutralidad». Por último, «Artículo 132. Función de control de efectivo. 1. El depositario garantizará que los flujos de tesorería de la IIC estén debidamente controlados y, en particular, asegurará que todos los pagos efectuados por los inversores o en nombre de los mismos, en el momento de la suscripción de participaciones en una IIC, se hayan recibido y que todo el efectivo de la IIC se haya depositado en cuentas de tesorería que: a) Estén abiertas en una entidad de crédito a nombre de la IIC o del depositario que actúe por cuenta de la IIC. b) Se mantengan por el depositario de acuerdo con los siguientes principios establecidos en el artículo 16 de la Directiva 2006/73/CE, de 10 de agosto de 2006: 1.º permitir en cualquier momento y sin demora la distinción entre el efectivo de la IIC del efectivo de otras IIC y otros clientes, así como del suyo propio, 2.º garantizar su exactitud y, en especial, su correspondencia con el efectivo de las IIC, 3.º conciliar regularmente las cuentas con las de los terceros en cuyo poder se mantenga el efectivo depositado, 4.º garantizar que el efectivo de la IIC depositado en un tercero se distinga del efectivo que pertenezca al depositario y del que pertenezca a dicho tercero, mediante cuentas con denominación diferente en la contabilidad del tercero u otras medidas equivalentes con las que se logre el mismo nivel de protección, 5.º garantizar que los fondos de la IIC que se hayan depositado en un banco central, una entidad de crédito o un banco autorizado en un tercer país o un fondo del mercado monetario habilitado estén contabilizados en una cuenta o cuentas distintas de aquellas en las que se contabilizan los fondos pertenecientes al depositario, 6.º minimizar el riesgo de pérdida del efectivo de la IIC, como consecuencia de su mala utilización, fraude, administración deficiente, mantenimiento inadecuado de registros o negligencia, y 7.º salvaguardar los derechos de la IIC sobre el efectivo, sobre todo en caso de que el depositario sea declarado en concurso de acreedores, e impedir la utilización por cuenta propia de dicho efectivo de la IIC, salvo en el caso de las entidades de crédito. 2. En caso de que las cuentas de tesorería se abran a nombre del depositario que actúe por cuenta de la IIC, no se consignará en dichas cuentas el efectivo del depositario ni el de la entidad de crédito en la que estén abiertas. 3. La sociedad gestora o, en su caso, los administradores de la*

sociedad de inversión no podrán en ningún caso abrir cuentas o disponer directamente de los saldos de cuentas perte-
necientes a la IIC. Tampoco podrán extender cheques ni cualquier otro instrumento de pago contra las cuentas que la IIC
tenga abiertas en el depositario o en terceras entidades, siendo el depositario el único autorizado para ello siguiendo las
instrucciones de la sociedad gestora o, en su caso, de los administradores de la sociedad de inversión. 4. Corresponderá
a los depositarios recibir y custodiar los activos líquidos de las IIC. 5. Los depositarios podrán mantener saldos transito-
rios asociados a la liquidación de compraventas de valores, en otros intermediarios financieros que legalmente estén
habilitados para el mantenimiento de dichos saldos. 6. Cuando la institución de inversión colectiva disponga de cuentas
de efectivo en entidades de depósito diferentes al depositario, cuando éste no sea entidad de crédito, únicamente el
depositario podrá realizar o autorizar movimientos sobre estas cuentas. Lo anterior se aplicará también respecto de los
saldos transitorios asociados a la operativa con valores, operaciones bilaterales e inversiones en otras IIC».

– La **Circular 4/2016, de 29 de junio, de la Comisión Nacional del Mercado de Valores, sobre las funciones de los depo-**
sitarios de instituciones de inversión colectiva y entidades reguladas por la Ley 22/2014, de 12 de noviembre, por la
que se regulan las entidades de capital-riesgo, otras entidades de inversión colectiva de tipo cerrado y las sociedades
gestoras de entidades de inversión colectiva de tipo cerrado, y por la que se modifica la Ley 35/2003, de 4 de noviem-
bre, de instituciones de inversión colectiva (modificada por la Circular 1/2025, de 5 de marzo, de la Comisión Nacional
del Mercado de Valores, por la que se modifican la Circular 6/2008, de 26 de noviembre; la Circular 11/2008, de 30
de diciembre, y la Circular 4/2016, de 29 de junio, de la Comisión Nacional del Mercado de Valores) establece en la:
«Norma séptima. Delegación de la función de depósito. 1. A los efectos del artículo 135.2.b) del Real Decreto 1082/2012,
de 13 de julio, se considera que existe una razón objetiva para la delegación en terceros de la función de custodia de
los instrumentos financieros de la IIC, entre otras, cuando el depositario no participe directamente en alguno de los
sistemas de compensación, liquidación y registro de los activos en los que invierte las IIC. 2. El depositario debe valorar
y supervisar, a lo largo de toda la cadena de custodia, los riesgos inherentes a la misma, al menos una vez al año o con
una frecuencia mayor cuando se produzcan turbulencias en los mercados o cuando se hayan identificado riesgos signifi-
cativos que así lo aconsejen. 3. En la selección y nombramiento de un tercero en el que se delegue parte de sus funciones
de custodia y, al menos, con una periodicidad anual, el depositario debe, como mínimo, valorar y asegurarse: a) Que el
marco legal y regulatorio, incluido el riesgo del país, el riesgo de custodia, segregación de activos y la ejecutabilidad de
los contratos firmados con el tercero son adecuados. Dicha valoración no puede basarse en informes del propio tercero.
El depositario debe recibir asesoramiento legal de una entidad no vinculada ni con él mismo ni con el subcustodio, en
relación con la ejecutabilidad del contrato en caso de insolvencia del subcustodio cuando esté radicado en un tercer país
y las implicaciones para los activos y derechos de la IIC. Asimismo, el depositario debe asegurarse de que el subcustodio,
radicado en un tercer país, recibe un asesoramiento legal de una entidad con la que no tenga vinculación, a efectos
de verificar que las normas de insolvencia reconocen la segregación de los activos propiedad de la IIC y que estos no
formarán parte de la masa concursal del subcustodio en caso de insolvencia de este. Además, debe asegurarse de que
el subcustodio le informe de manera inmediata en caso de que estas condiciones se hayan modificado. b) Que el tercero
cuenta con estructuras, procedimientos, conocimientos prácticos y controles internos adecuados y proporcionados a la
naturaleza y complejidad de los activos confiados. c) Que la solvencia y reputación del tercero es adecuada. d) Que el ter-
cero está sujeto a una regulación y supervisión prudenciales efectivas, incluido un capital mínimo obligatorio, así como,
a auditorías externas periódicas que permitan comprobar que los instrumentos financieros y demás valores están en su
posesión. e) Que existe una separación absoluta entre la cuenta propia de la entidad en la que se delega la custodia y la
cuenta de terceros, no pudiéndose registrar posiciones de la entidad y de sus clientes en la misma cuenta y permitiendo
la identificación de la cuenta propia del depositario. La denominación de la cuenta de clientes reflejará expresamente el
carácter de cuenta de terceros. El depositario establecerá un procedimiento interno que permita individualizar contable-
mente la posición de cada cliente. f) Que el tercero respetará las obligaciones y prohibiciones generales contempladas
en la normativa. 4. Cuando el depositario considere que el tercero en el que se ha delegado la función de custodia no
cumple con los requisitos de segregación de los activos, no cuenta con estructuras, procedimientos, conocimientos prác-
ticos y controles internos adecuados, o incumple cualquier otra previsión establecida en el apartado 3, deberá informar
sin demora a la gestora. En este caso, el depositario deberá, a la mayor brevedad posible, nombrar otro subcustodio y,
en caso de que esto no sea posible, la gestora deberá, con carácter inmediato y en interés de los partícipes, instruir las
órdenes necesarias para proceder a la venta del instrumento financiero. No obstante lo anterior, los depositarios de IIC
no armonizadas, pueden quedar exentos de responsabilidad si acuerdan una transferencia de responsabilidad conforme
a las condiciones establecidas en el artículo 62 bis de la Ley 35/2003, de 4 de noviembre. 5. El depositario debe esta-
blecer los planes de contingencia para cada mercado en que participe, incluidos aquellos en los que haya nombrado un
subcustodio, identificando a los terceros alternativos. En dichos planes se incluirán los procedimientos de información a

la entidad gestora de los riesgos identificados y, en su caso, el incremento de la frecuencia y el alcance de las revisiones. Los citados planes deberán incorporar procedimientos para el traspaso inmediato de los activos a los terceros siempre que la situación del custodio o subcustodio impida la gestión efectiva de las instituciones (...)».

JUEGO Y APUESTAS

– **Ley 4/2022, de 24 de junio, de Regulación del Juego de Cantabria:** «Artículo 39. Causas de inhabilitación. 1. Incurrirán en causas de inhabilitación para la realización de las actividades y la organización de los juegos a que se refiere esta Ley, quienes se encuentren en alguna de las circunstancias siguientes: (...) b) Los concursados que se hallasen en fase de liquidación del concurso o sobre los que hubiese recaído declaración judicial de incumplimiento del convenio, así como quienes hubiesen sido declarados insolventes o no hayan cumplido totalmente las obligaciones adquiridas (...)».

– **Ley 5/2021, de 23 de julio, del Régimen Administrativo y Fiscal del Juego en Castilla-La Mancha:** «*Artículo 15. Prohibiciones generales. 1. Las personas físicas, personas jurídicas o entidades sin personalidad jurídica, así como accionistas, partícipes, personal administrador o directivo de estas que sean organizadoras de juegos, no podrán tener antecedentes penales no cancelados por delito doloso contra la salud pública, de falsedad, de asociación ilícita, de contrabando, contra el patrimonio y contra el orden socioeconómico, contra la Administración Pública o contra la Hacienda Pública y la Seguridad Social, así como por cualquier infracción penal derivada de la gestión o explotación de juegos para los que no hubieran sido habilitados. 2. Asimismo, no podrán desarrollar la actividad de juego quienes hayan solicitado la declaración de concurso voluntario, hayan sido declarados insolventes en cualquier procedimiento, estén declarados en concurso, salvo que en este haya adquirido eficacia un convenio o se haya iniciado un expediente de acuerdo extrajudicial de pagos, estén sujetos a intervención o hayan sido inhabilitados conforme al Real Decreto Legislativo 1/2020, de 5 de mayo, por el que se aprueba el texto refundido de la Ley Concursal, sin que haya concluido el período de inhabilitación fijado en la sentencia de calificación del concurso. 3. Las prohibiciones a las que se refieren los números 1 y 2 del presente artículo alcanzan en las personas jurídicas, a quienes ejerzan la administración o representación, vigente su cargo o representación, se encuentren en la situación mencionada por actuaciones realizadas en nombre o a beneficio de dichas personas jurídicas, o en las que concurran las condiciones, cualidades o relaciones que requiera la correspondiente figura de delito para ser sujeto activo del mismo. Las prohibiciones afectarán también a aquellas empresas de las que, por razón de las personas que las rigen o de otras circunstancias, pueda presumirse que son continuación o que derivan, por transformación, fusión o sucesión, de otras empresas en las que hubiesen concurrido aquéllas. 4. No podrán organizar ni explotar ni intervenir en juegos las personas adscritas o vinculadas por razón de servicio a las unidades de la Administración regional con competencias específicas en materia de juego, sus cónyuges o personas unidas a ellas por análoga relación de afectividad, así como sus ascendientes y descendientes en primer grado, por consanguinidad o afinidad. 5. No podrán participar en el juego: a) Las personas menores de edad o las que, por decisión judicial, hayan sido declarados incapaces, pródigos o culpables en procedimiento concursal. b) Quienes voluntariamente, o a través de su representante, soliciten su exclusión o quienes lo tengan prohibido por resolución judicial firme. c) Directivos, accionistas y partícipes de empresas de juego. d) Deportistas, entrenadores u otros participantes directos en el acontecimiento o actividad deportiva sobre la que se realiza la apuesta. e) Directivos de las entidades deportivas participantes u organizadoras respecto del acontecimiento o actividad deportiva sobre la que se realiza la apuesta. f) Quienes ejerzan sus funciones como juez o árbitro en el acontecimiento o actividad deportiva sobre la que se realiza la apuesta, así como las personas que resuelvan los recursos contra las decisiones de aquellos. 6. Además, de a las personas previstas en las letras a) y b) del punto anterior, los organizadores de los juegos impedirán el acceso a los locales de juego: a) A quienes pretendan entrar en los mismos portando armas u objetos que puedan utilizarse como tales o, quienes, una vez dentro alteren de cualquier forma el orden público. b) A cualquier persona que presente síntomas de embriaguez, intoxicación por drogas o enajenación mental. Estas prohibiciones deberán quedar claras a la entrada del local o en la página web*».

– La **Ley 8/2014, de 1 de agosto, del juego y las apuestas en las Illes Balears** establece: «*Artículo 3. Autorizaciones. (...) 8. No pueden ser titulares de las autorizaciones necesarias para la organización y explotación de los juegos o los apuestas reguladas por esta ley las personas físicas y jurídicas que se encuentren en alguna de las siguientes circunstancias: (...) b) Haber sido declaradas insolventes en cualquier procedimiento, hallarse declaradas en concurso salvo que en este haya adquirido eficacia un convenio con los acreedores, o estar sujetas a intervención judicial (...)*».

– La **Ley 13/2011, de 27 de mayo, de regulación del juego** establece en el artículo 9.5.c)-3.º: *Sometimiento de la actividad del juego a la previa obtención de título habilitante. (...)* «*5. Las licencias y autorizaciones reguladas en esta Ley se extinguirán en los siguientes supuestos: (...) c) Por resolución de la Comisión Nacional del Juego, en la que expresamente* *se constate la concurrencia de alguna de las causas de resolución siguientes: (...) 3.º La declaración de concurso o la declaración de insolvencia en cualquier otro procedimiento (...)»*

JURISDICCIÓN SOCIAL

– La **Ley 36/2011, de 10 de octubre, reguladora de la jurisdicción social** indica en el Preámbulo que *«No obstante, se han mantenido las excepciones recogidas en la normativa concursal, así como la competencia del orden contencioso-administrativo con respecto a determinados actos administrativos en materia de seguridad social más directamente vinculados con la recaudación de las cuotas y demás recursos de la misma y la actuación de la Tesorería General de la Seguridad Social»*, incluyendo diversos preceptos en su articulado en el ámbito del concurso de acreedores: *«Artículo 2. Ámbito del orden jurisdiccional social. Los órganos jurisdiccionales del orden social, por aplicación de lo establecido en el artículo anterior, conocerán de las cuestiones litigiosas que se promuevan: a) Entre empresarios y trabajadores como consecuencia del contrato de trabajo y del contrato de puesta a disposición, con la salvedad de lo dispuesto en la Ley 22/2003, de 9 de julio, Concursal; y en el ejercicio de los demás derechos y obligaciones en el ámbito de la relación de trabajo (...)»; «Artículo 3. Materias excluidas. No conocerán los órganos jurisdiccionales del orden social (...) h) De las pretensiones cuyo conocimiento y decisión esté reservado por la Ley Concursal a la jurisdicción exclusiva y excluyente del juez del concurso»; «Artículo 4. Competencia funcional por conexión. 1. La competencia de los órganos jurisdiccionales del orden social se extenderá al conocimiento y decisión de las cuestiones previas y prejudiciales no pertenecientes a dicho orden, que estén directamente relacionadas con las atribuidas al mismo, salvo lo previsto en el apartado 3 de este artículo y en la Ley 22/2003, de 9 de julio, Concursal (...)»; «Artículo 6. Juzgados de lo Social. 1. Los Juzgados de lo Social conocerán en única instancia de todos los procesos atribuidos al orden jurisdiccional social, con excepción de los asignados expresamente a la competencia de otros órganos de este orden jurisdiccional en los artículos 7, 8 y 9 de esta Ley y en la Ley Concursal (...)»; «Artículo 7. Salas de lo social de los Tribunales Superiores de Justicia. Las Salas de lo Social de los Tribunales Superiores de Justicia conocerán: (...) d) De los recursos de suplicación contra las resoluciones de los jueces de lo mercantil previstos en los artículos 64.8 y 197.8 de la Ley Concursal. (...)» «Artículo 23. Intervención del Fondo de Garantía Salarial. 1. El Fondo de Garantía Salarial, cuando resulte necesario en defensa de los intereses públicos que gestiona y para ejercitar las acciones o recursos oportunos, podrá comparecer como parte en cualquier fase o momento de su tramitación, en aquellos procesos de los que se pudieran derivar prestaciones de garantía salarial, sin que tal intervención haga retroceder ni detener el curso de las actuaciones. 2. En supuestos de empresas incursas en procedimientos concursales, así como de las ya declaradas insolventes o desaparecidas, y en las demandas de las que pudiera derivar la responsabilidad prevista en el apartado 8 del artículo 33 del Texto Refundido de la Ley del Estatuto de los Trabajadores, el secretario judicial citará como parte al Fondo de Garantía Salarial, dándole traslado de la demanda a fin de que éste pueda asumir sus obligaciones legales e instar lo que convenga en Derecho. Igualmente deberán ser notificadas al Fondo de Garantía las resoluciones de admisión a trámite, señalamiento de la vista o incidente y demás resoluciones, incluida la que ponga fin al trámite correspondiente, cuando pudieran derivarse responsabilidades para el mismo. 3. El Fondo de Garantía Salarial dispondrá de plenas facultades de actuación en el proceso como parte, pudiendo oponer toda clase de excepciones y medios de defensa, aun los personales del demandado, y cuantos hechos obstativos, impeditivos o modificativos puedan dar lugar a la desestimación total o parcial de la demanda, así como proponer y practicar prueba e interponer toda clase de recursos contra las resoluciones interlocutorias o definitivas que se dicten. 4. El Fondo de Garantía Salarial tendrá la consideración de parte en la tramitación de los procedimientos arbitrales, a efectos de asumir las obligaciones previstas en el artículo 33 del Estatuto de los Trabajadores. Igualmente, el Fondo de Garantía Salarial podrá impugnar los laudos arbitrales, las conciliaciones extrajudiciales o judiciales, los allanamientos y las transacciones aprobadas judicialmente, de poderse derivar de tales títulos obligaciones de garantía salarial, a cuyo efecto se le dará traslado de los mismos en dichos casos por la autoridad que los dicte o apruebe. 5. En los supuestos del apartado 2 de este artículo, así como cuando comparezca en juicio en virtud de lo dispuesto en el apartado 1, el Fondo de Garantía Salarial deberá alegar todos aquellos motivos de oposición que se refieran a la existencia de la relación laboral, circunstancias de la prestación, clase o extensión de la deuda o a la falta de cualquier otro requisito procesal o sustantivo. La estimación de dichas alegaciones dará lugar al pronunciamiento que corresponda al motivo de oposición alegado, según su naturaleza, y a la exclusión o reducción de la deuda, afectando a todas las partes. La estimación de la caducidad o prescripción de la acción dará lugar a la absolución del empresario y del propio Fondo de Garantía, si hubieran alegado la prescripción o si se apreciase de oficio o a instancia de parte la caducidad. No obstante, si se apreciase interrupción de la prescripción por haber existido reclamación extrajudicial frente al empresario o reconocimiento por éste de la deuda, éstos no surtirán efectos interruptivos de la prescripción frente al Fondo de Garantía y se absolverá a éste, sin perjuicio del pronunciamiento que proceda frente al empresario, salvo que el reconocimiento de deuda haya tenido lugar ante un* *servicio administrativo de mediación, arbitraje o conciliación, o en acta de conciliación en un proceso judicial, en cuyo caso la interrupción de la prescripción también afectará al Fondo de Garantía. La concurrencia de los requisitos para la prestación de garantía según lo dispuesto en el artículo 33 del Texto Refundido de la Ley del Estatuto de los Trabajadores no será objeto del procedimiento judicial que se dirija contra el empresario para la determinación de la deuda sino del procedimiento administrativo ante el Fondo de Garantía, y en su caso del proceso judicial ulterior que resuelvan sobre la solicitud de prestación de garantía salarial. 6. Si el Fondo de Garantía hubiera sido emplazado con carácter preceptivo según lo dispuesto en el apartado 2, estará vinculado por la sentencia que se dicte. En los demás casos, la entidad de garantía estará vinculada en el procedimiento relativo a la prestación de garantía y ante el trabajador por el título judicial que hubiera determinado la naturaleza y cuantía de la deuda empresarial, siempre que concurran los requisitos para la prestación de garantía salarial y sin perjuicio de los recursos o impugnaciones que pudiere haber deducido en el procedimiento seguido frente al empresario, si bien podrá ejercitar acciones contra quien considere verdadero empresario o grupo empresarial o cualquier persona interpuesta o contra quienes hubieran podido contribuir a generar prestaciones indebidas de garantía salarial. 7. En los procedimientos seguidos contra el Fondo de Garantía Salarial al amparo de la legislación laboral, las afirmaciones de hecho contenidas en el expediente y en las que se haya fundamentado la resolución del mismo harán fe, salvo prueba en contrario. 8. El órgano jurisdiccional podrá solicitar al Fondo de Garantía Salarial los antecedentes de que disponga en relación con los hechos objeto del procedimiento en los procesos en los que pudiera derivarse responsabilidad para dicho organismo. El Fondo de Garantía, con independencia de su facultad de personación, podrá igualmente aportar dichos antecedentes, aunque no se haya personado en las actuaciones, en cuanto pueda afectar a la prestación de garantía salarial, y a los fines de completar los elementos de conocimiento del órgano jurisdiccional en la resolución del asunto»; «Artículo 101. Proceso monitorio. En reclamaciones frente a empresarios que no se encuentren en situación de concurso, referidas a cantidades vencidas, exigibles y de cuantía determinada, derivadas de su relación laboral, excluyendo las reclamaciones de carácter colectivo que se pudieran formular por la representación de los trabajadores, así como las que se interpongan contra las entidades gestoras o colaboradoras de la Seguridad Social, que no excedan de quince mil euros, el trabajador podrá formular su pretensión en la forma siguiente: a) El proceso monitorio comenzará por petición inicial en la que se expresarán la identidad completa y precisa del empresario deudor, datos de identificación fiscal, domicilio completo y demás datos de localización, y en su caso de comunicación, por medios informáticos y telefónicos, tanto del demandante como del demandado, así como el detalle y desglose de los concretos conceptos, cuantías y períodos reclamados. Deberá acompañarse copia del contrato, recibos de salarios, comunicación empresarial o reconocimiento de deuda, certificado o documento de cotización o informe de vida laboral, u otros documentos análogos de los que resulte un principio de prueba de la relación laboral y de la cuantía de la deuda. La solicitud se presentará, preferentemente, por medios informáticos, de disponerse de ellos, pudiendo extenderse en el modelo o formulario que se facilite al efecto. El letrado o letrada de la Administración de Justicia procederá a la comprobación de los requisitos anteriores, completando, en su caso, los indicados en la solicitud con otros domicilios, datos de identificación o que afecten a la situación empresarial, utilizando a tal fin los medios de que disponga el juzgado, y concederá trámite de subsanación por cuatro días de cualquier defecto que apreciare, salvo que sean insubsanables. En caso de apreciar defectos insubsanables, o de no subsanarse en plazo los apreciados, dará cuenta al juez o jueza para que resuelva sobre la admisión o inadmisión de la petición. De ser admisible la petición, requerirá al empresario para que, en el plazo de diez días, pague directamente al trabajador, acreditándolo ante el juzgado, o comparezca ante éste y alegue sucintamente, en escrito de oposición, las razones por las que, a su entender, no debe, en todo o en parte, la cantidad reclamada, con apercibimiento de que de no pagar la cantidad reclamada ni comparecer alegando las razones de la negativa al pago, se despachará ejecución contra él. Del requerimiento se dará traslado por igual plazo al Fondo de Garantía Salarial, plazo que se ampliará respecto del mismo por otros diez días más, si manifestase que necesita efectuar averiguaciones sobre los hechos de la solicitud, en especial sobre la solvencia empresarial. b) Transcurrido el plazo conferido en el requerimiento, de haberse abonado el total importe, se archivará el proceso. De no haber mediado en dicho plazo oposición, por escrito y en forma motivada, del empresario o del Fondo de Garantía Salarial, el letrado o letrada de la Administración de Justicia dictará decreto dando por terminado el proceso monitorio y dará traslado al demandante para que inste el despacho de ejecución, bastando para ello con la mera solicitud. Desde la fecha de este decreto devengará el interés procesal del apartado 2 del artículo 251. Contra el auto de despacho de la ejecución, conteniendo la orden general de ejecución, procederá oposición según lo previsto en el apartado 4 del artículo 239 de esta ley y pudiendo alegarse a tal efecto la falta de notificación del requerimiento. Contra el auto resolutorio de la oposición no procederá recurso de suplicación. c) En caso de insolvencia o concurso posteriores, el auto de despacho de la ejecución servirá de título bastante, a los fines de la garantía salarial que proceda según la naturaleza originaria de la deuda; si bien no tendrá eficacia de cosa juzgada, aunque excluirá litigio ulterior entre empresario y trabajador con idéntico objeto y sin perjuicio de la determinación de la naturaleza salarial o indemnizatoria de la deuda y demás requisitos en el expediente administrativo oportuno frente a la institución de garantía, en su caso. d) Si se formulase oposición en el plazo y la forma expresada en la letra a), se dará traslado a la parte demandante para que manifieste en tres días lo que a su derecho convenga respecto a la oposición. Si las partes no solicitan vista, pasarán los autos al juez o jueza para dictar resolución fijando la cantidad concreta por la que despachar ejecución. Si se solicitara vista, se convocará la misma siguiendo la tramitación del procedimiento ordinario. e) Si no hubiera sido posible notificar personalmente en la forma exigida el requerimiento de pago se dictará resolución convocando vista siguiendo la tramitación del procedimiento ordinario. f) Si se formulase oposición sólo en cuanto a parte de la cantidad reclamada, el demandante podrá solicitar del juzgado que se dicte auto acogiendo la reclamación en cuanto a las cantidades reconocidas o no impugnadas. Este auto servirá de título de ejecución, que el demandante podrá solicitar mediante simple escrito sin necesidad de esperar a la resolución que recaiga respecto de las cantidades controvertidas»; «Artículo 124. Despidos colectivos por causas económicas, organizativas, técnicas o de producción o derivadas de fuerza mayor (...) 11. La sentencia se dictará dentro de los cinco días siguientes a la celebración del juicio y será recurrible en casación ordinaria. Se declarará ajustada a derecho la decisión extintiva cuando el empresario, habiendo cumplido lo previsto en los artículos 51.2 o 51.7 del Estatuto de los Trabajadores, acredite la concurrencia de la causa legal esgrimida. La sentencia declarará no ajustada a Derecho la decisión extintiva cuando el empresario no haya acreditado la concurrencia de la causa legal indicada en la comunicación extintiva. La sentencia declarará nula la decisión extintiva únicamente cuando el empresario no haya realizado el período de consultas o entregado la documentación prevista en el artículo 51.2 del Estatuto de los Trabajadores o no haya respetado el procedimiento establecido en el artículo 51.7 del mismo texto legal u obtenido la autorización judicial del juez del concurso en los supuestos en que esté legalmente prevista, así como cuando la medida empresarial se haya efectuado en vulneración de derechos fundamentales y libertades públicas. En este supuesto la sentencia declarará el derecho de los trabajadores afectados a la reincorporación a su puesto de trabajo, de conformidad con lo previsto en los apartados 2 y 3 del artículo 123 de esta ley (...). 13. El trabajador individualmente afectado por el despido podrá impugnar el mismo a través del procedimiento previsto en los artículos 120 a 123 de esta ley, con las especialidades que a continuación se señalan. a) Cuando el despido colectivo no haya sido impugnado a través del procedimiento regulado en los apartados anteriores, serán de aplicación al proceso individual de despido las siguientes reglas específicas: 1.ª El plazo para la impugnación individual dará comienzo una vez transcurrido el plazo de caducidad de veinte días para el ejercicio de la acción por los representantes de los trabajadores. 2.ª Cuando el objeto del debate verse sobre preferencias atribuidas a determinados trabajadores, éstos también deberán ser demandados. 3.ª El despido será nulo, además de por los motivos recogidos en el artículo 122.2 de esta ley, únicamente cuando el empresario no haya realizado el periodo de consultas o entregado la documentación prevista en el artículo 51.2 del Estatuto de los Trabajadores o no haya respetado el procedimiento establecido en el artículo 51.7 del mismo texto legal, o cuando no se hubiese obtenido la autorización judicial del juez del concurso, en los supuestos en que esté legalmente prevista. 4.ª También será nula la extinción del contrato acordada por el empresario sin respetar las prioridades de permanencia que pudieran estar establecidas en las leyes, los convenios colectivos o en el acuerdo alcanzado durante el periodo de consultas. Esta nulidad no afectará a las extinciones que dentro del mismo despido colectivo hayan respetado las prioridades de permanencia. b) Cuando el despido colectivo haya sido impugnado a través del procedimiento regulado en los apartados anteriores de este artículo, serán de aplicación las siguientes reglas: 1.ª El plazo de caducidad para la impugnación individual comenzará a computar desde la firmeza de la sentencia dictada en el proceso colectivo, o, en su caso, desde la conciliación judicial. 2.ª La sentencia firme o el acuerdo de conciliación judicial tendrán eficacia de cosa juzgada sobre los procesos individuales, por lo que el objeto de dichos procesos quedará limitado a aquellas cuestiones de carácter individual que no hayan sido objeto de la demanda formulada a través del proceso regulado en los apartados anteriores. 3.ª Será nula la extinción del contrato acordada por el empresario sin respetar las prioridades de permanencia que pudieran estar establecidas en las leyes, los convenios colectivos o en el acuerdo alcanzado durante el periodo de consultas. Esta nulidad no afectará a las extinciones que dentro del mismo despido colectivo hayan respetado las prioridades de permanencia»; «Artículo 191. Ámbito de aplicación. (...) 4. Podrá interponerse recurso de suplicación contra las siguientes resoluciones: (...) b) Los autos y sentencias que se dicten por los Juzgados de lo Mercantil en el proceso concursal en cuestiones de carácter laboral. En dichas resoluciones deberán consignarse expresamente y por separado, los hechos que se estimen probados»; «Artículo 237. Competencia. (...) 5. En caso de concurso, se estará a lo establecido en la Ley Concursal»; «Artículo 248. Concurrencia de embargos. (...) 3. En caso de concurso, las acciones de ejecución que puedan ejercitar los trabajadores para el cobro de los salarios e indemnizaciones por despido que les puedan ser adeudados quedan sometidas a lo establecido en la Ley Concursal»; y «Disposición adicional tercera. Aplicación de la Ley 22/2003, de 9 de julio, Concursal. Las disposiciones de la presente Ley no resultarán de aplicación en las cuestiones litigiosas sociales que se planteen en caso de concurso y cuya resolución corresponda al juez del concurso conforme a la Ley 22/2003, de 9 de julio, Concursal, con las excepciones expresas que se contienen en dicha Ley».*

LEY CAMBIARIA Y DEL CHEQUE

– La **Ley 19/1985, de 16 de julio, Cambiaría y del Cheque** establece: «*Artículo 50. El tenedor podrá ejercitar su acción de regreso contra los endosantes, el librador y las demás personas obligadas, una vez vencida la letra, cuando el pago no se haya efectuado. La misma acción podrá ejercitarse antes del vencimiento en los siguientes casos: a) Cuando se hubiere denegado total o parcialmente la aceptación. b) Cuando el librado, sea o no aceptante, se hallare declarado en concurso o hubiere resultado infructuoso el embargo de sus bienes. c) Cuando el librador de una letra, cuya presentación a la aceptación haya sido prohibida, se hallare declarado en concurso. En los supuestos de los párrafos b) y c) los demandados podrán obtener del juez un plazo para el pago que en ningún caso excederá del día del vencimiento de la letra*».

LEY GENERAL PRESUPUESTARIA

– La **Ley 47/2003, de 26 de noviembre, General Presupuestaria**, afecta a la Ley Concursal en varios aspectos. En primer lugar, supuso la derogación de la disposición final décima de la derogada Ley Concursal de 2003, que realizaba las modificaciones del texto refundido de la Ley General Presupuestaria, aprobado por Real Decreto Legislativo 1091/1998, de 23 de septiembre, derogado por la Ley 47/2003, que entró en vigor el 1 de enero de 2005. En segundo lugar, el artículo 10 de la Ley General Presupuestaria se remite a la legislación concursal, al recoger las *Prerrogativas correspondientes a los derechos de naturaleza pública de la Hacienda Pública estatal: «1. 1. Sin perjuicio de las prerrogativas establecidas para cada derecho de naturaleza pública por su normativa reguladora, la cobranza de tales derechos se efectuará, en su caso, conforme a los procedimientos administrativos correspondientes y gozará de las prerrogativas establecidas para los tributos en la Ley General Tributaria, y de las previstas en el Reglamento General de Recaudación. 2. Serán responsables solidarios del pago de los derechos de naturaleza pública pendientes, hasta el importe del valor de los bienes o derechos que se hubieran podido embargar o enajenar, las personas o entidades en quienes concurra alguna de las circunstancias del artículo 42.2 de la Ley General Tributaria. En este supuesto, la declaración de responsabilidad corresponderá a la Agencia Estatal de Administración Tributaria cuando se trate de créditos de naturaleza pública cuya gestión recaudatoria haya asumido aquella por ley o por convenio. El régimen jurídico aplicable a esta responsabilidad será el contenido en la Ley General Tributaria y su normativa de desarrollo. 3. El carácter privilegiado de los créditos de la Hacienda Pública estatal otorga a ésta el derecho de abstención en los procesos concursales, en cuyo curso, no obstante, podrá suscribir los acuerdos o convenios previstos en la legislación concursal así como acordar, de conformidad con el deudor y con las garantías que se estimen oportunas, unas condiciones singulares de pago, que no pueden ser más favorables para el deudor que las recogidas en el acuerdo o convenio que pongan fin al proceso judicial. Igualmente podrá acordar la compensación de dichos créditos en los términos previstos en la normativa reguladora de los ingresos públicos. Para la suscripción y celebración de los acuerdos y convenios a que se refiere el párrafo anterior se requerirá autorización del órgano competente de la Agencia Estatal de Administración Tributaria cuando se trate de créditos cuya gestión recaudatoria le corresponda, de conformidad con la ley o en virtud de convenio, con observancia, en este caso de lo convenido. Cuando se trate de créditos correspondientes al Fondo de Garantía Salarial, la suscripción y celebración de convenios en el seno de procedimientos concursales requerirá la autorización del órgano competente, de acuerdo con la normativa reguladora del organismo autónomo. En los restantes créditos de la Hacienda Pública estatal la competencia corresponde al Ministro de Hacienda, pudiéndose delegar en los órganos de la Agencia Estatal de Administración Tributaria. Reglamentariamente se establecerán los procedimientos para asegurar la adecuada coordinación en los procedimientos concursales en que concurran créditos de la Hacienda Pública estatal con créditos de la Seguridad Social y del resto de las entidades que integran el sector público Estatal, y en aquellos procedimientos concursales en los que se concurra con procedimientos judiciales o administrativos de ejecución singular correspondientes a las referidas entidades*».

LIBRE ACCESO A LAS ACTIVIDADES DE SERVICIOS Y SU EJERCICIO

– La **Ley 17/2009, de 23 de noviembre, sobre el libre acceso a las actividades de servicios y su ejercicio** establece en el artículo 32: «*Artículo 32. Información sobre la honorabilidad del prestador. 1. A solicitud motivada de las autoridades competentes de otro Estado miembro se comunicarán, respetando la legislación vigente, las medidas disciplinarias y sanciones administrativas firmes que se hayan adoptado por cualquier autoridad competente española, incluidos los colegios profesionales, respecto al prestador y que guarden relación directa con su actividad comercial o profesional, bien porque se haya consentido en vía administrativa, bien porque han alcanzado firmeza ante la jurisdicción contencioso administrativa. También se comunicarán las condenas penales y declaraciones de concurso culpable que se hayan dictado respecto al prestador y que guarden relación directa con su actividad comercial o profesional, precisando si son o no firmes y, en su caso, los recursos interpuestos y los plazos para la resolución de los mismos. Dicha comunicación deberá precisar las disposiciones nacionales con arreglo a las cuales se ha condenado o sancionado al prestador. La* *aplicación de lo anterior deberá hacerse respetando las normas sobre protección de los datos personales y los derechos garantizados a las personas condenadas o sancionadas según el ordenamiento jurídico español, incluso por colegios profesionales. 2. La autoridad competente española comunicará al prestador que tal información ha sido suministrada a una autoridad competente de otro Estado miembro».*

MARCAS

– El **Reglamento para la ejecución de la Ley 17/2001, de 7 de diciembre, de Marcas, aprobado por el Real Decreto 687/2002, de 12 de julio,** establece: *«Artículo 52. Forma y contenido del Registro de Marcas. 3. En el Registro de Marcas se inscribirán también los siguientes datos: (...) h) Las medidas de ejecución forzosa y los procedimientos de concurso de acreedores o análogos».*

MEDIADOR DE EMPRENDIMIENTO

– La **Ley 7/2019, de 29 de marzo, de apoyo y fomento del emprendimiento y del trabajo autónomo en Aragón,** establece, en primer lugar: *«Artículo 3. Supuestos excluidos. Se entenderán expresamente excluidas del ámbito de aplicación de la presente ley aquellas prestaciones de servicios que no cumplan con los requisitos del artículo anterior, y en especial: (...) f) Tampoco se considerará emprendedor a aquella persona física o persona jurídica en la que alguno de sus socios se encuentre inhabilitado, en España o en el extranjero, como consecuencia de un procedimiento concursal, se encuentre procesado o, tratándose del procedimiento al que se refiere el Título III del Libro IV de la Ley de Enjuiciamiento Criminal, se hubiera dictado auto de apertura de juicio oral, o tenga antecedentes penales por delitos de falsedad, contra la Hacienda Pública y contra la Seguridad Social, de infidelidad en la custodia de documentos y violación de secretos, de blanqueo de capitales, de receptación y otras conductas afines, de malversación de caudales públicos, contra la propiedad, o esté inhabilitado o suspendido, penal o administrativamente, para ejercer cargos públicos o de administración o dirección de entidades financieras (...)».* En segundo lugar: *«Artículo 14. Ayudas en casos de suspensión de actividad. Segunda oportunidad (...). 1. El Gobierno de Aragón facilitará la creación de una comisión para el seguimiento de los casos de concurso de acreedores para las personas físicas, fomentando la mediación extrajudicial del autónomo con sus acreedores. 2. La Administración de la Comunidad Autónoma concederá ayudas sociales a quienes suspendan su actividad por cuenta propia por causas objetivas y debidamente acreditadas, especialmente dirigidas a la suspensión de la actividad por renovación de la actividad económica o profesional. 3. En tal caso, la solicitud de las ayudas por parte del titular de la actividad deberá venir acompañada del correspondiente proyecto de renovación o reforma de la actividad o establecimiento, así como del presupuesto y de la inversión personal por parte de las personas autónomas. 4. Los términos en que se concederán dichas ayudas serán objeto del correspondiente desarrollo reglamentario, dentro de las previsiones contempladas en la ley de presupuestos de la Comunidad Autónoma. 5. Asimismo, la Administración de la Comunidad Autónoma podrá poner en marcha un servicio específico de asesoramiento y tutela para las personas emprendedoras que hayan tenido experiencias fallidas anteriores y opten por emprender una nueva iniciativa empresarial, con objeto de acompañarle en el inicio de un nuevo proyecto como emprendedor».* En tercer lugar: *«Artículo 29. Mediador de emprendimiento (...) 2. El mediador de emprendimiento actuará como facilitador, ofreciendo soluciones prácticas, efectivas y rentables, en distintos ámbitos en los que pueda resultar oportuna la mediación para el emprendedor, como puede ser la mediación financiera, mediación para conseguir inversores, mediación en el proceso de transferencia de propiedad o de negocios, o incluso mediación en conflictos mercantiles que no tengan naturaleza concursal. La mediación de emprendimiento implica la intervención de un profesional neutral que facilita las relaciones entre los promotores del proyecto o las relaciones de comunicación y negociación con otros agentes externos en procesos de inversión, de financiación, de adquisición o venta, o de fusión o de finalización de la actividad (...)».* Por último: *«Disposición final primera. Fondo Especial para la Segunda Oportunidad. 1. El Gobierno de Aragón, a través del departamento correspondiente, dotará un Fondo Especial para la Segunda Oportunidad con partida presupuestaria anual suficiente para, entre otros casos, la intervención en los procesos de acuerdos extrajudiciales de pagos y mediación concursal de trabajadores autónomos. 2. A través de este fondo se financiarán la comisión de seguimiento de los casos de segunda oportunidad, así como las asistencias técnicas para el estudio de las insolvencias y formalización de la documentación necesaria para la mediación extrajudicial. 3. Asimismo, bajo la supervisión de las asociaciones intersectoriales de autónomos, este fondo podrá servir para financiar parte del proceso de segunda oportunidad de los trabajadores y profesionales autónomos».*

MERCADO DE VALORES

– La **Ley 6/2023, de 17 de marzo, de los mercados de valores y de los servicios de inversión,** en palabras de su Preámbulo, persigue *incorporar las mejoras necesarias para facilitar el desarrollo de los mercados de valores españoles en el* *entorno competitivo actual; mejorar sustancialmente la técnica normativa y sistemática de este sector del ordenamiento jurídico; y, adaptar la normativa nacional a las recientes novedades del derecho europeo y ejercer las alternativas que reconocen las directivas a transponer de la forma más adecuada y favorable para los intereses de los mercados de valores domésticos, la estabilidad financiera y los derechos de la clientela de servicios de inversión.* Como precisa la Disposición final decimoquinta, la Ley 6/2023, de 17 de marzo, entra en vigor a los veinte días de su publicación en el Boletín Oficial del Estado (18 de marzo de 2023), salvo el artículo 63 —que entrará en vigor a los 6 meses de la publicación— y los artículos 307 y 323 —que entrarán en vigor cuando lo haga el Reglamento (UE) del Parlamento Europeo y del Consejo, relativo a los mercados de criptoactivos y por el que se modifica la Directiva (UE) 2019/1937—. Además, hasta que se dicten las normas reglamentarias de desarrollo, se mantendrán en vigor las normas vigentes sobre los mercados de valores y los servicios de inversión, en tanto no se opongan a lo establecido en la Ley 6/2023, de 17 de marzo. Con el alcance establecido en la indicada Disposición final decimoquinta, la Ley 6/2023, de 17 de marzo, deroga el Real Decreto Legislativo 4/2015, de 23 de octubre, por el que se aprueba el texto refundido de la Ley del Mercado de Valores; el Real Decreto-ley 21/2017, de 29 de diciembre, de medidas urgentes para la adaptación del derecho español a la normativa de la Unión Europea en materia del mercado de valores; y el Real Decreto-ley 14/2018, de 28 de septiembre, por el que se modifica el texto refundido de la Ley del Mercado de Valores, aprobado por el Real Decreto Legislativo 4/2015, de 23 de octubre. Asimismo, quedan derogadas cuantas disposiciones de igual o inferior rango se opongan, contradigan o resulten incompatibles con lo dispuesto en esta ley.

En la medida en que el mercado de valores conforma uno de los ámbitos en los que se establece legislación concursal especial (integrando uno de los sectores del denominado "Derecho paraconcursal") se recogen diversas previsiones en este ámbito, que se indican a continuación (junto a la norma se refiere su ubicación sistemática):

Artículo 15. Traslado de valores negociables y regla de la prorrata (Título I. Disposiciones Generales; Capítulo II. De los valores negociables). 1. Declarado el concurso de una entidad encargada de la llevanza del registro de valores negociables representados mediante anotaciones en cuenta, o de una entidad participante en el sistema de registro, o de una entidad responsable de la administración de la inscripción y registro de los valores en los sistemas basados en tecnología de registros distribuidos, los titulares de valores negociables anotados o inscritos en dichos registros gozarán del derecho de separación respecto de los valores negociables inscritos a su favor y lo podrán ejercitar solicitando su traslado a otra entidad, todo ello sin perjuicio de lo dispuesto en los artículos 92 y 176.2.e) de esta ley. 2. A efectos de lo previsto en este artículo, el juez del concurso y los órganos de la administración concursal velarán por los derechos que deriven de operaciones en curso de liquidación en el momento en que se declare el concurso de alguna de las entidades a las que se refiere el apartado anterior, atendiendo para ello a las reglas del correspondiente sistema de compensación, liquidación y registro. 3. Los depositarios centrales de valores y demás entidades encargadas de la llevanza del registro de valores negociables representados mediante anotaciones en cuenta garantizarán la integridad de las emisiones de valores. De conformidad con lo dispuesto en la normativa europea de desarrollo del Reglamento (UE) 909/2014, del Parlamento Europeo y del Consejo, el depositario central de valores exigirá a sus participantes que concilien cada día sus registros con la información recibida de él. Para ello, el depositario central de valores proporcionará diariamente a los participantes la siguiente información, especificada para cada cuenta de valores y cada emisión de valores: a) el saldo agregado de la cuenta de valores al inicio del día hábil correspondiente; b) cada una de las transferencias de valores hacia o desde una cuenta de valores durante el día hábil correspondiente; c) el saldo agregado de la cuenta de valores al final del día hábil correspondiente. Asimismo, el depositario central de valores deberá facilitar la información anterior a petición de otros titulares de cuentas de valores mantenidos por él, y de forma centralizada o no centralizada, cuando dicha información sea necesaria para la conciliación de los registros de esos titulares con los registros del depositario central de valores. 4. En todo caso, y sin perjuicio de lo previsto en el apartado anterior, cuando los saldos de valores negociables con un mismo código de identificación ISIN (International Securities Identification Number) anotados en el conjunto de cuentas generales de terceros de una entidad participante en el registro central, no resulten suficientes para satisfacer completamente los derechos de los titulares de los valores negociables con el mismo código de identificación ISIN inscritos en el registro de detalle mantenido por dicha entidad participante, se distribuirá el saldo anotado en dicho conjunto de cuentas generales de terceros a prorrata según los derechos de los titulares inscritos en el registro de detalle. Los titulares perjudicados ostentarán un derecho de crédito frente a la entidad participante por los valores negociables no entregados. 5. Cuando existan derechos reales limitados u otra clase de gravámenes sobre los valores negociables, y sin perjuicio de los pactos entre el garante y el beneficiario de la garantía, una vez aplicada la regla de la prorrata, dichos gravámenes se entenderán constituidos sobre el resultado de la prorrata y de los créditos frente a la entidad participante que, en su caso, existan por la parte no satisfecha en valores negociables. 6. Las competencias contempladas en este artículo corresponderán a las Comunidades Autónomas con competencias en la materia, respecto a los instrumentos financieros negociados exclusivamente en mercados de ámbito autonómico y previo cumplimiento de requisitos específicos exigidos en dichos mercados.

Artículo 64. Suspensión y exclusión de negociación de instrumentos financieros por la CNMV (Título IV. Centros de negociación, sistemas de compensación, liquidación y registro de instrumentos financieros, obligaciones de información periódica de los emisores, obligaciones de información sobre participaciones significativas y autocartera, de las ofertas públicas de adquisición y los asesores de voto; Capítulo I. Centros de negociación; Sección 2.ª De los mercados regulados). (...) 2. La CNMV podrá acordar, de oficio o a instancia de la entidad emisora, la exclusión de la negociación de los instrumentos financieros admitidos a negociación en mercados regulados sujetos a su supervisión, en el caso de que concurra alguna de las siguientes circunstancias (...): c) Se trate de instrumentos financieros cuyo emisor sea una sociedad en que se haya abierto la fase de liquidación de acuerdo con el Real Decreto Legislativo 1/2020, de 5 de mayo, por el que se aprueba el texto refundido de la Ley Concursal, o que se encuentre en fase de liquidación societaria, de conformidad con lo previsto en el texto refundido de la Ley de Sociedades de Capital, aprobado por el Real Decreto Legislativo 1/2010, de 2 de julio. Sin perjuicio de las medidas cautelares que puedan adoptarse y a excepción del supuesto previsto en la letra c) anterior, la exclusión se adoptará previa audiencia de la entidad emisora, en caso de adoptarse de oficio por la CNMV.

Artículo 89. Derecho de garantía financiera por anticipo de efectivo o valores (Título IV. Centros de negociación, sistemas de compensación, liquidación y registro de instrumentos financieros, obligaciones de información periódica de los emisores, obligaciones de información sobre participaciones significativas y autocartera, de las ofertas públicas de adquisición y los asesores de voto; Capítulo II. De los sistemas de compensación, liquidación y registro de valores e infraestructuras de poscontratación; Sección 2.ª Disposiciones comunes a los depositarios centrales de valores y las entidades de contrapartida central). 1. Los miembros de los centros de negociación, los miembros de las entidades de contrapartida central y las entidades participantes de los depositarios centrales de valores gozarán ex lege de un derecho de garantía financiera pignoraticia de los recogidos en el Real Decreto-ley 5/2005, de 11 de marzo, de reformas urgentes para el impulso a la productividad y para la mejora de la contratación pública, exclusivamente sobre los valores o el efectivo resultantes de la liquidación de operaciones por cuenta de clientes, personas físicas o jurídicas, cuando aquellas entidades hubieran tenido que anticipar el efectivo o los valores necesarios para atender la liquidación de dichas operaciones por incumplimiento o declaración de concurso de su clientela. 2. Las normas sobre la constitución y ejecución de este derecho de garantía, así como los valores sobre los que puede recaer tal derecho se establecerán en el desarrollo reglamentario de esta ley. 3. Los miembros de los centros de negociación, en caso de declaración de concurso de alguno de sus clientes, podrán introducir en dichos mercados y por cuenta del concursado, órdenes de compra o venta de valores de signo contrario a las operaciones contratadas por cuenta de aquél, cuando la declaración de concurso se produzca estando dichas operaciones en curso de liquidación. Los miembros de las entidades de contrapartida central y las entidades participantes de los depositarios centrales de valores gozarán del mismo derecho frente a sus clientes, que ejercitarán solicitando de los miembros de los centros de negociación la introducción de las órdenes de sentido contrario a las que se refiere este apartado. 4. Las disposiciones de los apartados anteriores se entienden sin perjuicio de las medidas de disciplina en la liquidación a las que se refieren los artículos 6 y 7 del Reglamento (UE) n.º 909/2014, de 23 de julio de 2014, y sin perjuicio de las garantías a que se refiere esta ley en favor de los centros de negociación, depositarios centrales de valores y entidades de contrapartida central, que gozarán de preferencia frente a los derechos citados en los apartados anteriores.

Artículo 92. Reglas aplicables en caso de concurso de una entidad participante en un depositario central de valores (Título IV. Centros de negociación, sistemas de compensación, liquidación y registro de instrumentos financieros, obligaciones de información periódica de los emisores, obligaciones de información sobre participaciones significativas y autocartera, de las ofertas públicas de adquisición y los asesores de voto; Capítulo II. De los sistemas de compensación, liquidación y registro de valores e infraestructuras de poscontratación; Sección 3.ª Disposiciones específicas para los depositarios centrales de valores). 1. Declarado el concurso de una entidad participante en los sistemas gestionados por los depositarios centrales de valores, estos últimos gozarán de derecho absoluto de separación respecto de los bienes o derechos en que se materialicen garantías constituidas por dichas entidades participantes en los sistemas gestionados por los depositarios centrales de valores. Sin perjuicio de lo anterior, el sobrante que reste después de la liquidación de las operaciones garantizadas se incorporará a la masa activa del concurso del participante. 2. Declarado el concurso de una entidad participante en los sistemas a que se refiere este artículo, la CNMV, sin perjuicio de las competencias del Banco de España y del FROB, podrá disponer, de forma inmediata y sin coste para el inversor, el traslado de sus registros contables de valores a otra entidad habilitada para desarrollar esta actividad. Si ninguna entidad estuviese en condiciones de hacerse cargo de los registros señalados, esta actividad será asumida por el depositario central de valores correspondiente de modo provisional, hasta que los titulares soliciten el traslado del registro de sus valores. A estos efectos, tanto el juez del concurso como la administración concursal facilitarán el acceso de la entidad a la que vayan a traspasarle los valores a la documentación y registros contables e informáticos necesarios para hacer efectivo el traspaso. La existencia del procedimiento concursal no impedirá que se hagan llegar a la clientela los valores comprados de acuerdo con las normas del sistema de registro, compensación y liquidación o el efectivo procedente del ejercicio de los derechos económicos o de la venta de los valores.

Artículo 98. Reglas aplicables en caso de recuperación, resolución, incumplimiento o concurso (Título IV. Centros de negociación, sistemas de compensación, liquidación y registro de instrumentos financieros, obligaciones de información periódica de los emisores, obligaciones de información sobre participaciones significativas y autocartera, de las ofertas públicas de adquisición y los asesores de voto; Capítulo II. De los sistemas de compensación, liquidación y registro de valores e infraestructuras de poscontratación; Sección 4.ª Disposiciones específicas para las entidades de contrapartida central). 1. Si un miembro o un cliente de un miembro dejara de atender, en todo o en parte, las obligaciones contraídas frente a la entidad de contrapartida central o frente al miembro, éstos podrán disponer de las garantías aportadas por el incumplidor, pudiendo a tal fin adoptar las medidas necesarias para su satisfacción en los términos que se establezcan en el reglamento de la entidad. 2. El reglamento interno de la entidad de contrapartida central y sus circulares podrán establecer los supuestos que determinen el vencimiento anticipado de todos los contratos y posiciones de un miembro, ya sean por cuenta propia o por cuenta de clientes, lo que, en los términos que se prevean en el citado reglamento y circulares, dará lugar a su compensación y a la creación de una única obligación jurídica que abarque todas las operaciones incluidas, y en virtud de la cual, las partes solo tendrán derecho a exigirse el saldo neto del producto de la compensación de dichas operaciones. Entre los supuestos anteriores podrá incluirse el impago de las obligaciones y la apertura de un procedimiento concursal en relación con los miembros y clientes o con la propia entidad de contrapartida central. Ese régimen de compensación tendrá la consideración de acuerdo de compensación contractual de conformidad con lo previsto en el Real Decreto-ley 5/2005, de 11 de marzo, de reformas urgentes para el impulso a la productividad y para la mejora de la contratación pública, y sin perjuicio de la aplicación del régimen específico contenido en la Ley 41/1999, de 12 de noviembre, sobre sistemas de pagos y de liquidación de valores. 3. La entidad de contrapartida central establecerá en su reglamento interno las reglas y procedimientos para hacer frente a las consecuencias que resulten de incumplimientos de sus miembros. Dichas reglas y procedimientos concretarán el modo en que se aplicarán los diversos mecanismos de garantía con que cuente la entidad de contrapartida central y las vías para reponerlos con el objetivo de permitir que la entidad de contrapartida central continúe operando de una forma sólida y segura. 4. En caso de que algún miembro de una entidad de contrapartida central o alguno de sus clientes se vieran sometidos a un procedimiento concursal, la entidad de contrapartida central gozará de un derecho absoluto de separación respecto de las garantías que tales miembros o clientes hubieran constituido ante dicha entidad de contrapartida central. Sin perjuicio de lo anterior, el sobrante que reste después de la liquidación de las operaciones garantizadas se incorporará a la masa patrimonial concursal del cliente o del miembro. 5. En caso de que los clientes de los miembros de una entidad de contrapartida central se vieran sometidos a un procedimiento concursal, los miembros gozarán de un derecho absoluto de separación respecto a los instrumentos financieros y el efectivo en que estuvieran materializadas las garantías que sus clientes hubieran constituido a su favor de conformidad con el régimen contenido en el reglamento interno de la entidad de contrapartida central. Sin perjuicio de lo anterior, el sobrante que reste después de la liquidación de las operaciones se incorporará a la masa patrimonial concursal del cliente. 6. Declarado el concurso de un miembro, la entidad de contrapartida central, dando previamente cuenta a la CNMV, gestionará el traspaso de los contratos y posiciones que tuviera registrados por cuenta de los clientes, junto con los instrumentos financieros y el efectivo en que estuvieran materializadas las correspondientes garantías. A estos efectos, tanto el juez competente como los órganos del procedimiento concursal facilitarán a la entidad a la que vayan a traspasarse los contratos, registros contables y las garantías, la documentación y registros informáticos necesarios para hacer efectivo el traspaso. En el caso de que tal traspaso no pudiera llevarse a cabo, la entidad podrá acordar la liquidación de los contratos y posiciones que el miembro tuviera abiertos, incluyendo los que fueran por cuenta de sus clientes. En este supuesto, concluidas las actuaciones que deban llevarse a cabo en relación con las posiciones registradas y garantías constituidas por los clientes ante el miembro en cuestión, esos clientes tendrán un derecho de separación respecto del eventual sobrante. 7. Si la entidad de contrapartida central se viera sometida a un procedimiento concursal y se procediese a la liquidación de todos los contratos y posiciones de un miembro, ya sean por cuenta propia o por cuenta de clientes, los miembros y clientes que no hubieran incumplido sus obligaciones con la entidad de contrapartida central gozarán de un derecho absoluto de separación respecto del sobrante de las garantías que, habiéndose constituido a favor de la entidad de contrapartida central de conformidad con su reglamento interno, resulte de la liquidación de las operaciones garantizadas con excepción de las contribuciones al fondo de garantía frente a incumplimientos. 8. La recuperación y resolución de las entidades de contrapartida central se regirán por lo establecido en el Reglamento (UE) 2021/23 del Parlamento Europeo y del Consejo, de 16 de diciembre de 2020, relativo a un marco para la recuperación y la resolución de entidades de contrapartida central. De conformidad con dicho Reglamento, las entidades de contrapartida central elaborarán y mantendrán un plan de recuperación que detallará las medidas a adoptar en caso de que se produzca un deterioro de su situación financiera o exista riesgo de incumplir los requisitos contemplados en el Reglamento (UE) 648/2012.

Artículo 140. Revocación y suspensión de la autorización (Título V. Empresas de servicios de inversión y otras personas y entidades autorizadas para prestar servicios de inversión; Capítulo II. Autorización, registro, suspensión y revocación). 1. La autorización concedida a una empresa de servicios de inversión o a una de las personas o entidades a que se refiere el artículo 128.5. a) y b) o a una sucursal de una entidad con sede en Estados no miembros de la Unión Europea podrá revocarse en los siguientes supuestos: (...) d) Si la empresa de servicios de inversión o la persona o entidad es declarada judicialmente en concurso (...).

Artículo 141. Legitimación para solicitar la declaración de concurso (Título V. Empresas de servicios de inversión y otras personas y entidades autorizadas para prestar servicios de inversión; Capítulo II. Autorización, registro, suspensión y revocación). La CNMV estará legitimada para solicitar la declaración de concurso de las empresas de servicios de inversión o de las personas físicas y jurídicas que tengan la consideración de empresas de asesoramiento financiero nacionales, siempre que de los estados contables remitidos por las entidades, o de las comprobaciones realizadas por los servicios de la propia CNMV, resulte que se encuentran en estado de insolvencia conforme a lo establecido en el texto refundido de la Ley Concursal, aprobado por Real Decreto Legislativo 1/2020, de 5 de mayo.

Artículo 176. Requisitos de organización interna (Título V. Empresas de servicios de inversión y otras personas y entidades autorizadas para prestar servicios de inversión; Capítulo VI. Sistemas, procedimientos y mecanismos de gestión; Sección 2.ª Requisitos generales de organización interna y funcionamiento). (...) 6. Iniciado el procedimiento concursal de una entidad depositaria de valores, la CNMV, sin perjuicio de las competencias del Banco de España y del FROB, podrá disponer de forma inmediata y sin coste para el inversor, el traslado de los valores depositados por cuenta de sus clientes a otra entidad habilitada para desarrollar esta actividad, incluso si tales activos se encuentran depositados en terceras entidades a nombre de la entidad que preste el servicio de depósito. A estos efectos, tanto el juez competente como los órganos del procedimiento concursal facilitarán el acceso de la entidad a la que vayan a traspasarle los valores a la documentación y registros contables e informáticos necesarios para hacer efectivo el traspaso. La existencia del procedimiento concursal no impedirá que se hagan llegar al cliente, de acuerdo con las normas del sistema de compensación, liquidación y registro, los valores comprados o el efectivo procedente del ejercicio de los derechos económicos o de la venta de los valores. 7. Reglamentariamente se desarrollará lo establecido en este artículo y, en especial, se establecerá el contenido y requisitos de los procedimientos, registros y medidas señaladas en este artículo y se establecerán los requisitos de organización interna exigibles a las empresas de asesoramiento financiero nacionales que sean personas físicas.

Artículo 190. Ejecución de las garantías (Título VII. Fondo de Garantía de Inversiones). 1. Los inversores que no puedan obtener directamente de una entidad adherida al fondo el reembolso de las cantidades de dinero o la restitución de los valores o instrumentos que les pertenezcan podrán solicitar a la sociedad gestora del mismo la ejecución de la garantía que presta el fondo, cuando se produzca cualquiera de las siguientes circunstancias: a) Que la entidad haya sido declarada en concurso. b) Que se tenga judicialmente por solicitada la declaración de concurso de la entidad (...).

Artículo 232. Ámbito de la supervisión, inspección y sanción (Título IX. Régimen de supervisión, inspección y sanción; Capítulo I. Disposiciones comunes a los regímenes de supervisión e inspección, y sancionador) (...) 3. Corresponderá a la administración concursal de una entidad emisora de valores o de una entidad registrada sujeta a procedimiento concursal el cumplimiento de las obligaciones de remisión de información frente a la CNMV previstas en esta ley para sus administradores, administradoras y personal de alta dirección, cuando éstos hayan sido sustituidos por aquella.

Artículo 233. Régimen de la información sobre supervisión e inspección (Título IX. Régimen de supervisión, inspección y sanción; Capítulo I. Disposiciones comunes a los regímenes de supervisión e inspección, y sancionador) (...) 2. Se exceptúan de la obligación de secreto regulado en este artículo (...): d) Las informaciones que, en el marco de procedimientos concursales de una empresa de servicios de inversión, sean requeridas por las autoridades judiciales, siempre que no versen sobre terceros implicados en el reflotamiento de la entidad.

Artículo 254. Cooperación e intercambio de información con autoridades de Estados no miembros de la Unión Europea (Título IX. Régimen de supervisión, inspección y sanción; Capítulo II. Régimen de supervisión e inspección; Sección 2.ª Relaciones entre la CNMV y otras autoridades nacionales, europeas y de terceros Estados). (...) 2. La CNMV podrá celebrar acuerdos de cooperación que prevean el intercambio de información con autoridades, organismos y personas físicas y jurídicas de terceros países responsables de (...): b) El concurso en el que se haya producido la apertura de la fase de liquidación de las empresas de servicios de inversión y otros procedimientos similares (...) d) La supervisión de los órganos que intervienen en el concurso en el que se haya producido la apertura de la fase de liquidación de las empresas de servicios de inversión y otros procedimientos similares (...).

Artículo 273. Condonación de sanciones (Título IX. Régimen de supervisión, inspección y sanción; Capítulo III. Régimen sancionador. Sección 1.ª Disposiciones generales en materia de infracciones y sanciones). 1. La persona titular del Ministerio de Asuntos Económicos y Transformación Digital, previo informe de la CNMV, podrá condonar, total o parcialmente, o aplazar el pago de las multas impuestas a personas jurídicas cuando hayan pasado a estar controladas por otros accionistas después de cometerse la infracción, estén incursas en un procedimiento concursal, o se den otras circunstancias excepcionales que hagan que el cumplimiento de la sanción en sus propios términos atente contra la equidad o perjudique a los intereses generales. 2. Lo dispuesto en el apartado anterior no alcanzará en ningún caso a las sanciones impuestas a quienes ocupaban cargos de administración o dirección en dichas personas jurídicas cuando se cometió la infracción. 3. En ningún caso habrá lugar a la condonación o aplazamiento si, en el supuesto de transmisión de acciones de la entidad sancionada, hubiere mediado precio o superada la situación concursal pudiera afrontarse la sanción.

Artículo 300. Infracciones relativas a los sistemas de compensación, liquidación y registro de valores (Título IX. Régimen de supervisión, inspección y sanción; Capítulo III. Régimen sancionador. Sección 2.ª Infracciones; Subsección 2.ª Infracciones muy graves y graves). 1. Son infracciones los siguientes incumplimientos relativos a los sistemas de compensación, liquidación y registro de valores: a) El incumplimiento por parte de los miembros de las entidades de contrapartida central, de sus obligaciones en materia de aportación de garantías a que se refiere el artículo 41 del Reglamento (UE) 648/2012 del Parlamento Europeo y del Consejo, de 4 de julio de 2012 (...). 2. Las infracciones previstas en el apartado anterior serán muy graves o graves atendiendo a los siguientes criterios: a) La infracción tipificada en la letra a) del apartado anterior será muy grave cuando el incumplimiento ponga en peligro la gestión de riesgos de las entidades de contrapartida central, salvo cuando dicho incumplimiento sea consecuencia de la situación de insolvencia o concurso de los mismos, y grave cuando no concurra esta circunstancia (...).

– La **Ley 41/1999, de 12 de noviembre, sobre sistemas de pagos y de liquidación de valores**, establece: «*Artículo 11. Firmeza de las órdenes de transferencia. 1. Las órdenes de transferencia cursadas a un sistema por sus participantes, una vez recibidas y aceptadas de acuerdo con las normas de funcionamiento del sistema, la compensación que, en su caso, tenga lugar entre ellas, las obligaciones resultantes de dicha compensación, y las que tengan por objeto liquidar cualesquiera otros compromisos previstos por el sistema para asegurar el buen fin de las órdenes de transferencia aceptadas o de la compensación realizada, serán firmes, vinculantes y legalmente exigibles para el participante obligado a su cumplimiento y oponibles frente a terceros, no pudiendo ser impugnadas o anuladas por ninguna causa. Las órdenes de transferencia cursadas a un sistema por sus participantes no podrán ser revocadas por los participantes o por terceros a partir del momento determinado por las normas de funcionamiento del sistema. Cada sistema determinará en sus propias normas los momentos de irrevocabilidad y firmeza de las órdenes de transferencia, y en el caso de los sistemas interoperables, las normas de cada uno de ellos garantizarán, en la medida de lo posible, la coordinación con las normas de los otros sistemas afectados en cuanto a la determinación de tales momentos. No obstante, salvo que así lo establezcan expresamente las normas de todos los sistemas interoperables entre sí, las normas de cada uno de ellos relativas a los momentos de irrevocabilidad y firmeza no se verán afectadas por las de los demás. 2. Lo dispuesto en el apartado anterior: a) Se entiende sin perjuicio de las acciones que puedan asistir a los órganos concursales o a cualquier acreedor para exigir, en su caso, las indemnizaciones que correspondan, o las responsabilidades que procedan, por una actuación contraria a derecho o por cualquier otra causa, de quienes hubieran realizado dicha actuación o de los que indebidamente hubieran resultado beneficiarios de las operaciones realizadas. b) No implica obligación alguna para el gestor o agente de liquidación de garantizar o suplir la falta de efectivo o de valores de un participante, a efectos de llevar a cabo la liquidación de una orden o una compensación, ni la obligación de emplear a tal fin medios distintos de los previstos en las normas de funcionamiento del sistema*».

– El **Real Decreto-ley 21/2017, de 29 de diciembre, de medidas urgentes para la adaptación del derecho español a la normativa de la Unión Europea en materia del mercado de valores,** contempla la suspensión y exclusión de la negociación de instrumentos financieros por la Comisión Nacional del Mercado de Valores: «*Artículo 21. Suspensión y exclusión de la negociación de instrumentos financieros por la CNMV. (...) 2. La CNMV podrá acordar la exclusión de la negociación de los instrumentos financieros admitidos a negociación en mercados regulados sujetos a su supervisión, en el caso de que concurra alguna de las siguientes circunstancias: a) La negociación de los referidos instrumentos no alcance los requisitos de difusión, frecuencia o volumen de contratación que se establezcan. b) Su emisor no cumpla las obligaciones que le incumban, en especial en materia de remisión y publicación de información. c) Se trate de instrumentos financieros cuyo emisor sea una sociedad en que se haya abierto la fase de liquidación de acuerdo con la Ley 22/2003, de 9 de julio, Concursal, o que se encuentre en fase de liquidación societaria, de conformidad con lo previsto en el texto refundido de la Ley de Sociedades de Capital, aprobado por el Real Decreto Legislativo 1/2010, de 2 de julio.*

Sin perjuicio de las medidas cautelares que puedan adoptarse y a excepción del supuesto previsto en la letra c) anterior, la exclusión se adoptará previa audiencia de la entidad emisora (...)».

MERCADO HIPOTECARIO

– La **Ley Hipotecaria, de 8 de febrero de 1946,** establece: *Artículo 127, párrafo séptimo: Será juez o tribunal competente para conocer del procedimiento el que lo fuera respecto del deudor. No se suspenderá en ningún caso el procedimiento ejecutivo por las reclamaciones de un tercero, si no estuvieren fundadas en un título anteriormente inscrito, ni por la muerte del deudor o del tercer poseedor. En caso de concurso regirá lo establecido en la Ley Concursal.*

– El **Real Decreto-ley 19/2022, de 22 de noviembre, por el que se establece un Código de buenas prácticas para aliviar la subida de los tipos de interés en préstamos hipotecarios sobre vivienda habitual, se modifica el Real Decreto-ley 6/2012, de 9 de marzo, de medidas urgentes de protección de deudores hipotecarios sin recursos, y se adoptan otras medidas estructurales para la mejora del mercado de préstamos hipotecarios** incluye el artículo 13 referido a las iniciativas para la promoción de la educación financiera de deudores hipotecarios en dificultades o en riesgo de vulnerabilidad, que en su apartado primero dispone: *1. El Banco de España elaborará y mantendrá actualizada una «Guía de herramientas para el deudor hipotecario en dificultades de pago» en términos adaptados y comprensibles. En dicha Guía, en todo caso, se incluirá el contenido relativo a las medidas de Códigos de Buenas Prácticas dirigidos a deudores hipotecarios y a los mecanismos de exoneración del pasivo previstos para personas físicas en la legislación concursal, con ejemplos específicos de supuestos de hecho de deudores en diferentes situaciones y las alternativas a considerar. La Guía estará disponible, antes de la finalización del primer trimestre de 2023, en el sitio web del Banco de España, en el del Ministerio de Asuntos Económicos y Transformación Digital, así como en el de los prestamistas inmobiliarios a que se refiere el artículo 2 de la Ley 5/2019, de 15 de marzo, reguladora de los contratos de crédito inmobiliario.*

– **Real Decreto 716/2009, de 24 de abril, por el que se desarrollan determinados aspectos de la Ley 2/1981, de 25 de marzo, de regulación del mercado hipotecario y otras normas del sistema hipotecario y financiero**

– **Circular 7/2010, de 30 de noviembre, del Banco de España, a las entidades de crédito y sociedades y servicios de tasación homologados, sobre desarrollo de determinados aspectos del mercado hipotecario.**

MINISTERIO FISCAL

– La **Ley 24/2007, de 9 de octubre, por la que se modifica la Ley 50/1981, de 30 de diciembre, reguladora del estatuto orgánico del Ministerio Fiscal,** reforma la Fiscalía contra la corrupción y la criminalidad organizada a la que, entre otras materias, se va a atribuir la intervención en insolvencias punibles. Se establece en la Exposición de Motivos, que *«con relación a la Fiscalía anticorrupción y contra la delincuencia organizada se realiza una reforma de mayor calado, ya que se actualiza la lista de delitos objeto de su actividad con clara vocación de futuro (...) y se amplía su radio de actuación a todo un género de actividades presuntamente delictivas que hasta el presente podían quedar extramuros de su marco competencial, y que coinciden con la noción genérica de delincuencia organizada».* Con este objetivo, se modifica el artículo 19 de la **Ley 50/1981, de 30 de diciembre, reguladora del estatuto orgánico del Ministerio Fiscal** que en su apartado cuatro prevé la intervención directa en procesos penales sobre insolvencias punibles (art. 19.cuatro-j), siempre que se trate de supuestos de especial trascendencia, apreciada por el Fiscal General del Estado. El cambio operado en el precepto es, en efecto, importante, habida cuenta que, con anterioridad, la referencia a sus funciones sólo era deducible de su propia denominación: *«Las Fiscalías del Tribunal Supremo, ante el Tribunal Constitucional, Audiencia Nacional, Tribunal de Cuentas, para la prevención y represión del tráfico ilegal de drogas y para la represión de los delitos económicos relacionados con la corrupción tienen su sede en Madrid y extienden sus funciones a todo el territorio del Estado. Las demás Fiscalías tendrán su sede donde residan los respectivos tribunales y audiencias y ejercerán sus funciones en el ámbito territorial de los mismos».* En definitiva, en los procesos penales sobre insolvencias punibles, intervendrá directamente la Fiscalía contra la corrupción y la criminalidad organizada, cuando se trate de supuestos de especial trascendencia, concepto jurídico indeterminado cuya apreciación queda en manos del Fiscal General del Estado.

MINISTERIO PARA LA TRANSFORMACIÓN DIGITAL Y DE LA FUNCIÓN PÚBLICA

– **Real Decreto 1185/2024, de 28 de noviembre, por el que se modifican el Real Decreto 210/2024, de 27 de febrero, por el que se desarrolla la estructura orgánica básica del Ministerio para la Transformación Digital y de la Función Pública, y el Real Decreto 1009/2023, de 5 de diciembre, por el que se establece la estructura orgánica básica de los departamentos ministeriales.**

MODIFICACIONES ESTRUCTURALES

– El **Real Decreto-ley 5/2023, de 28 de junio, por el que se adoptan y prorrogan determinadas medidas de respuesta a las consecuencias económicas y sociales de la guerra de Ucrania, de apoyo a la reconstrucción de la Isla de La Palma y a otras situaciones de vulnerabilidad; de transposición de Directivas de la Unión Europea en materia de modificaciones estructurales de sociedades mercantiles y conciliación de la vida familiar y la vida profesional de los progenitores y los cuidadores; y de ejecución y cumplimiento del Derecho de la Unión Europea,** se estructura en una parte expositiva y una parte dispositiva que consta de cinco libros (conformados por 226 artículos), cinco disposiciones adicionales, diez disposiciones transitorias, una disposición derogatoria y nueve disposiciones finales. Es evidente que, con esta conformación, son numerosas y diversas las previsiones que se incluyen, incidiendo algunas de ellas en la realización de modificaciones estructurales en procedimientos preconcursales y concursales. Además, otras modificaciones tienen, igualmente, impacto en la legislación de insolvencia. El libro primero del Real Decreto-ley 5/2023, de 28 de junio, transpone al ordenamiento jurídico español la Directiva (UE) 2019/2121 del Parlamento Europeo y del Consejo, de 27 de noviembre de 2019, en lo que atañe a las transformaciones, fusiones y escisiones transfronterizas intracomunitarias, estructurándose en cuatro títulos, que suponen una nueva regulación de las modificaciones estructurales de las sociedades mercantiles. En efecto, las previsiones del libro primero del Real Decreto-ley 5/2023 —que entran en vigor al mes de su publicación en el Boletín Oficial del Estado— conforman el nuevo régimen de modificaciones estructurales, derogando la Ley 3/2009 de 3 de abril, sobre modificaciones estructurales de las sociedades mercantiles. La parte expositiva del Real Decreto-ley 5/2023 señala que *el título I incluye un capítulo I que contiene disposiciones preliminares relativas a las limitaciones y exclusiones aplicables a las distintas operaciones de modificación estructural reguladas; un capítulo II, que contiene, novedosamente, las disposiciones comunes aplicables a todas las modificaciones estructurales, sin distinción de que sean operaciones internas o transfronterizas, no obstante las adaptaciones en su caso oportunas a cada operación y que comprenden, la elaboración del proyecto de modificación estructural, los informes del órgano de administración y de expertos independientes, la publicidad preparatoria del acuerdo, la aprobación de operación proyectada, el acuerdo unánime de modificación estructural, la publicación e impugnación del acuerdo, la protección de socios y acreedores y la eficacia de la inscripción y validez de la operación inscrita. Estas disposiciones comunes se completan, en el título II, con una serie de normas específicas para cada uno de los tipos de modificación interna regulados en la ley: transformación por cambio de tipo social (capítulo I), fusión (capítulo II), escisión (capítulo III) y cesión global de activo y pasivo (capítulo IV). En este ámbito de las operaciones internas, la opción de armonizar su régimen al de las modificaciones estructurales transfronterizas, se ha llevado a cabo, manteniendo en este título II el actual texto de la Ley 3/2009, de 3 de abril, procediendo al cambio de numeración del articulado y suprimiendo las menciones y especialidades para las fusiones transfronterizas que, en su caso, se recogen en el título que regula a éstas. Asimismo, en ocasiones ha sido necesario un cambio de denominación de las tradicionales modificaciones estructurales internas incluidas en la Ley 3/2009, de 3 de abril, pasando a denominarse, de conformidad con la Directiva (UE) 2019/2121, el «traslado internacional de domicilio» como «transformación transfronteriza», que, a su vez, se diferencia de la transformación por cambio de tipo social, que no conlleva cambio de ley nacional. De otro lado, en un ámbito sustantivo, se ha considerado conveniente extender también al ámbito interno algunas de las opciones de política legislativa adoptadas respecto de las modificaciones estructurales transfronterizas, como es la previsión que contempla la Directiva (UE) 2019/2121 de dos tipos de fusiones simplificadas, añadiendo al único supuesto hasta ahora previsto de que un mismo socio sea dueño de todas las acciones o participaciones de las sociedades fusionadas, el de que unos mismos socios sean dueños en la misma proporción de todas las sociedades fusionadas, dado que no se aprecia motivo alguno que justifique una regulación diferente para las fusiones internas y para las fusiones transfronterizas. Igualmente, la simplificación de requisitos que la citada Directiva establece respecto de la escisión por segregación transfronteriza aconseja no sujetar a las segregaciones internas a mayores requisitos que las operaciones transfronterizas. Finalmente, en materia de escisión, se ha optado por extender también al ámbito interno el régimen contemplado respecto de las escisiones transfronterizas, la responsabilidad solidaria de las sociedades beneficiarias de la escisión frente a las deudas que hubieran quedado a cargo de la sociedad escindida o segregada, limitándose no obstante la responsabilidad de la sociedad escindida al activo neto que quede en ella. Esta era una posibilidad que se ofrecía a los Estados miembros en el artículo 146.6 de la Directiva 2017/2011 (versión codificada), no acogida en su momento y de la que en cierto modo se parte en la Directiva UE 2019/2121.*
El Real Decreto-ley 5/2023 considera que las modificaciones estructurales de las sociedades mercantiles (transformación, fusión, escisión y cesión global de activo y pasivo) resultan especialmente idóneas en el preconcurso y en el concurso de acreedores (salvo algunas limitaciones respecto de transformaciones transfronterizas en sociedades que se encuentran en liquidación concursal). E, incluso, en las operaciones de escisión entiende que la extensión de la res-

ponsabilidad solidaria de las sociedades beneficiarias de la escisión frente a las deudas que hubieran quedado a cargo de la sociedad escindida o segregada —limitándose no obstante la responsabilidad de la sociedad escindida al activo neto que quede en ella— permitirá evitar la declaración de concurso de sociedades escindidas. Así, señala, por un lado, que *este régimen de responsabilidad permitiría evitar la declaración de un elevado número de concursos de acreedores de las sociedades escindidas, lo que acontece frecuentemente en la práctica.* Y, por otro lado, destaca que *habiéndose optado en la transposición de la Directiva UE 2019/2121, por extender su ámbito de aplicación también a sociedades que se encuentren bajo marcos de reestructuración preventivos (planes de reestructuración/planes de continuación), es importante evitar que, colocado el pasivo más numeroso en la sociedad escindida, esta no pueda atender a su satisfacción, frustrándose la ejecución de dichos planes y viéndose abocada en su caso a un procedimiento judicial concursal (concurso de acreedores).*

Además, del régimen jurídico establecido en el Real Decreto-ley 5/2023 para las modificaciones estructurales de las sociedades mercantiles, en el ámbito del preconcurso y del concurso de acreedores, destaca la determinación de las limitaciones y exclusiones: *Artículo 3. Limitaciones y exclusiones. 1. Las sociedades en liquidación podrán realizar una modificación estructural siempre que no haya comenzado la distribución de su patrimonio entre los socios. 2. Las sociedades que se encuentren en concurso de acreedores o sometidas a un plan de reestructuración o, en su caso, a un plan de continuación, podrán proceder a una transformación, fusión, escisión o cesión global. La formación de la voluntad social, los derechos de los socios y la protección de los acreedores se ajustarán a lo previsto en el Real Decreto Legislativo 1/2020, de 5 de mayo, por el que se aprueba el texto refundido de la Ley Concursal. 3. A los efectos de la aplicación de la regla del mejor interés de los acreedores de las sociedades sometidas a un plan de reestructuración, la cuota hipotética de liquidación se calculará por referencia a lo que se obtendría en un procedimiento concursal abierto en España. 4. No podrán proceder a una transformación transfronteriza sociedades que se encuentren en liquidación concursal. 5. Este Real Decreto-ley no se aplica a las sociedades objeto de los instrumentos, competencias y mecanismos de resolución previstos en el título IV de la Directiva 2014/59 UE.*

MORATORIA CONTABLE

– El **Real Decreto-ley 4/2025, de 8 de abril, de medidas urgentes de respuesta a la amenaza arancelaria y de relanzamiento comercial,** establece: *Artículo 6. Suspensión de la causa de disolución por pérdidas provocada por diversos acontecimientos naturales. A los solos efectos de determinar la concurrencia de la causa de disolución prevista en el artículo 363.1.e) del texto refundido de la Ley de Sociedades de Capital, aprobado por el Real Decreto Legislativo 1/2010, de 2 de julio, no se tomarán en consideración las pérdidas de los ejercicios 2020 y 2021 hasta el cierre del ejercicio que se inicie en el año 2025. Si, excluidas las pérdidas de los años 2020 y 2021 en los términos señalados en el apartado anterior, en el resultado del ejercicio 2022, 2023, 2024 o 2025 se apreciaran pérdidas que dejen reducido el patrimonio neto a una cantidad inferior a la mitad del capital social, deberá convocarse por los administradores o podrá solicitarse por cualquier socio en el plazo de dos meses a contar desde el cierre del ejercicio conforme al artículo 365 de la citada Ley, la celebración de Junta para proceder a la disolución de la sociedad, a no ser que se aumente o reduzca el capital en la medida suficiente.*

– El **Real Decreto-ley 20/2022, de 27 de diciembre, de medidas de respuesta a las consecuencias económicas y sociales de la guerra de Ucrania y de apoyo a la reconstrucción de la Isla de La Palma y a otras situaciones de vulnerabilidad** modifica el apartado primero del artículo 13 de la Ley 3/2020, de 18 de septiembre. La parte expositiva del Real Decreto-ley 20/2022, de 27 de diciembre, señala que *a través del artículo 18 del Real Decreto-ley 16/2020, de 28 de abril, de medidas procesales y organizativas para hacer frente al COVID-19 en el ámbito de la Administración de Justicia, derogado y sustituido por el artículo 13 de la Ley 3/2020, de 18 de septiembre, de medidas procesales y organizativas para hacer frente al COVID-19 en el ámbito de la Administración de Justicia, se acordó una moratoria contable para excluir las pérdidas de 2020 a los efectos de la determinación de causas de disolución de sociedades de capital. Gracias a dicha medida se ha logrado evitar la liquidación de empresas que resultaban viables en unas condiciones de funcionamiento de mercado normales, lo que hubiera provocado un escenario indeseable tanto sobre la estabilidad económica como sobre la preservación del valor económico de las empresas y los puestos de trabajo. La medida se ha mostrado como un gran acierto que ha ayudado a limitar el impacto económico de la crisis sanitaria al permitir ganar tiempo a las empresas, acceder a financiación, pública o privada, e ir recuperando su actividad ordinaria. Dado el impacto de la crisis sanitaria sobre los resultados empresariales durante 2021, resultó imprescindible extender este tratamiento durante un ejercicio adicional para que los objetivos perseguidos por la misma continúen vigentes. Sin embargo, la crisis energética, acentuada por la guerra en Ucrania, junto a todos los efectos colaterales de este conflicto armado, aconsejan otorgar un margen de tiempo adicional para que las empresas viables que están pasando por mayores dificultades puedan resta-*

blecer su equilibrio patrimonial, evitando una innecesaria entrada en concurso. *En consecuencia, se prorroga la medida excepcional prevista en el artículo 13 de la Ley 3/2020, de 18 de septiembre y, en consecuencia, a los efectos de la causa legal de disolución por pérdidas, no se computarán las de los ejercicios 2020 y 2021 durante un período de 3 ejercicios contables; esto es, las pérdidas de los ejercicios 2020 y 2021 no se computarán ni en los ejercicios contables de 2022 y 2023 ni hasta el momento del cierre del ejercicio 2024. En el caso de que teniendo solo en cuenta el resultado de los ejercicios 2022, 2023 o 2024, resultaren pérdidas que dejen reducido el patrimonio neto a una cantidad inferior a la mitad del capital social, sí se apreciará concurrencia de la causa legal de disolución por pérdidas, debiendo actuarse por los órganos de administración en los términos previstos en el artículo 363.1.e) del Texto Refundido de la Ley de Sociedades de Capital, aprobado por Real Decreto Legislativo 1/2020, de 2 de julio.* De conformidad con lo indicado, se establece en el artículo 65 del Real Decreto-ley 20/2022, de 27 de diciembre, la modificación de la **Ley 3/2020, de 18 de septiembre, de medidas procesales y organizativas para hacer frente al COVID-19 en el ámbito de la Administración de Justicia**, reformando el apartado 1 del artículo 13: *1. A los solos efectos de determinar la concurrencia de la causa de disolución prevista en el artículo 363.1.e) del texto refundido de la Ley de Sociedades de Capital, aprobado por el Real Decreto Legislativo 1/2010, de 2 de julio, no se tomarán en consideración las pérdidas de los ejercicios 2020 y 2021 hasta el cierre del ejercicio que se inicie en el año 2024. Si, excluidas las pérdidas de los años 2020 y 2021 en los términos señalados en el apartado anterior, en el resultado del ejercicio 2022, 2023 o 2024 se apreciaran pérdidas que dejen reducido el patrimonio neto a una cantidad inferior a la mitad del capital social, deberá convocarse por los administradores o podrá solicitarse por cualquier socio en el plazo de dos meses a contar desde el cierre del ejercicio conforme al artículo 365 de la citada Ley, la celebración de Junta para proceder a la disolución de la sociedad, a no ser que se aumente o reduzca el capital en la medida suficiente.*

MOROSIDAD EN LAS OPERACIONES COMERCIALES

– La **Ley 3/2004, de 29 de diciembre, por la que se establecen medidas de lucha contra la morosidad en las operaciones comerciales**, dispone: *«Artículo 3. Ámbito de aplicación. (...) 2. Quedan fuera del ámbito de aplicación de esta Ley: (...) c) Las deudas sometidas a procedimientos concursales incoados contra el deudor, que se regirán por lo establecido en su legislación especial».*

MUTUALIDAD JUDICIAL

– El **Real Decreto 1026/2011, de 15 de julio, por el que se aprueba el Reglamento del mutualismo judicial**, establece: *«Artículo 40. Prelación de créditos. 1. Los créditos por cotizaciones individuales a la Mutualidad y, en su caso, los recargos o intereses que sobre aquéllos procedan, gozarán, respecto de la totalidad de los mismos, de igual orden de preferencia que los créditos a que se refiere el apartado 1.º del artículo 1924 del Código Civil y el apartado 2.º del artículo 91 de la Ley 22/2003, de 9 de julio, Concursal. 2. Los demás créditos del Mutualismo Judicial gozarán del mismo orden de preferencia establecido en el párrafo E) del apartado 2.º del artículo 1924 del Código Civil y en el apartado 4.º del artículo 91 de la Ley 22/2003, de 9 de julio, Concursal»*

NAVEGACIÓN AÉREA

– La **Ley 48/1960, de 21 de julio, sobre normas reguladoras de navegación aérea** establece: *«Artículo 133. Se considerarán créditos preferentemente privilegiados sobre la aeronave o sobre la indemnización que corresponda, en caso de seguro, y por el orden que se relacionan, los siguientes: Primero. Los créditos por impuestos, derechos y arbitrios del Estado, por la última anualidad y la parte vencida de la corriente. Segundo. Los salarios debidos a la tripulación por el último mes. Tercero. Los créditos de los aseguradores por las dos últimas anualidades o dividendos que se les adeuden. Cuarto. Las indemnizaciones que esta Ley establece en concepto de reparación de daños causados a personas o cosas, sin perjuicio de lo dispuesto en el artículo ciento diecinueve de esta Ley, párrafo último. Quinto. Los gastos de auxilio o salvamento de la propia aeronave, accidentada o en peligro. Para la prelación de los demás créditos, se estará a lo dispuesto en la legislación común. Los privilegios y el orden de prelación establecidos en los apartados anteriores regirán únicamente en los supuestos de ejecución singular. En caso de concurso, el derecho de separación de la aeronave previsto en la Ley Concursal se reconocerá a los titulares de los créditos privilegiados comprendidos en los números 1.º a 5.º del apartado primero».*

NAVEGACIÓN MARÍTIMA

– La **Ley 14/2014, de 24 de julio, de Navegación Marítima** establece: «*Artículo 140. Ejercicio del derecho de hipoteca. El acreedor con hipoteca naval podrá ejercitar su derecho contra el buque o buques afectos a su satisfacción en los casos siguientes: (…) b) Cuando el deudor fuese declarado en concurso (…)*». También establece: «*Artículo 404. Destino del fondo y paralización de otras medidas. 1. El fondo constituido regularmente solo podrá utilizarse para satisfacer las reclamaciones respecto de las cuales se pueda invocar la limitación de responsabilidad, incluso en caso de concurso del titular del derecho a limitar (…)*»

NORMAS PROCESALES

– **Ley 1/2000, de 7 de enero, de Enjuiciamiento Civil** (tras su modificación por la **Ley Orgánica 1/2025, de 2 de enero, de medidas en materia de eficiencia del Servicio Público de Justicia**) establece:

Artículo 7.8: Las limitaciones a la capacidad de quienes estén sometidos a concurso y los modos de suplirlas se regirán por lo establecido en la Ley Concursal

Artículo 17.3: La sucesión procesal derivada de la enajenación de bienes y derechos litigiosos en procedimientos de concurso se regirá por lo establecido en la Ley Concursal. En estos casos, la otra parte podrá oponer eficazmente al adquirente cuantos derechos y excepciones le correspondieran frente al concursado;

Artículo 98. Casos en que corresponde la acumulación de procesos singulares a un proceso universal. 1. La acumulación de procesos también se decretará: 1.º Cuando esté pendiente un proceso concursal al que se halle sujeto el caudal contra el que se haya formulado o formule cualquier demanda. En estos casos, se procederá conforme a lo previsto en la legislación concursal. 2.º Cuando se esté siguiendo un proceso sucesorio al que se halle sujeto el caudal contra el que se haya formulado o se formule una acción relativa a dicho caudal. Se exceptúan de la acumulación a que se refiere este número los procesos de ejecución en que sólo se persigan bienes hipotecados o pignorados, que en ningún caso se incorporarán al proceso sucesorio, cualquiera que sea la fecha de iniciación de la ejecución. 2. En los casos previstos en el apartado anterior, la acumulación debe solicitarse ante el tribunal que conozca del proceso universal, y hacerse siempre, con independencia de cuáles sean más antiguos, al proceso universal. 3. La acumulación de procesos, cuando proceda, se regirá, en este caso, por las normas de este capítulo, con las especialidades establecidas en la legislación especial sobre procesos concursales y sucesorios;

Artículo 551. Orden general de ejecución y despacho de la ejecución. 1. Presentada la demanda ejecutiva, el tribunal, siempre que concurran los presupuestos y requisitos procesales, el título ejecutivo no adolezca de ninguna irregularidad formal, no considere abusivas las cláusulas contenidas en los títulos extrajudiciales que sirven de fundamento a la ejecución o que determinan la cantidad exigible, y los actos de ejecución que se solicitan sean conformes con la naturaleza y contenido del título, dictará auto conteniendo la orden general de ejecución y despachando la misma. Con carácter previo el letrado o letrada de la Administración de Justicia llevará a cabo la oportuna consulta al Registro Público Concursal a los efectos previstos en los artículos 600 y siguientes del texto refundido de la Ley Concursal, aprobado por Real Decreto Legislativo 1/2020, de 5 de mayo. 2. El citado auto expresará: 1.º La persona o personas a cuyo favor se despacha la ejecución y la persona o personas contra quien se despacha ésta. 2.º Si la ejecución se despacha en forma mancomunada o solidaria. 3.º La cantidad, en su caso, por la que se despacha la ejecución, por todos los conceptos. 4.º Las precisiones que resulte necesario realizar respecto de las partes o del contenido de la ejecución, según lo dispuesto en el título ejecutivo, y asimismo respecto de los responsables personales de la deuda o propietarios de bienes especialmente afectos a su pago o a los que ha de extenderse la ejecución, según lo establecido en el artículo 538 de esta ley. 5.º Cuando la ejecución se fundamente en un contrato celebrado entre un empresario o profesional y un consumidor o usuarios, que las cláusulas que sirven de fundamento a la ejecución y que determinan la cantidad exigible insertas en los títulos ejecutivos extrajudiciales no son abusivas. 6.º En su caso, las actuaciones materiales propias del proceso de ejecución que se deleguen en el profesional de la procura de la parte ejecutante, a petición de la misma y a su costa, en los términos establecidos legalmente. 3. Dictado el auto por el juez o jueza, magistrado o magistrada, el letrado o letrada de la Administración de Justicia responsable de la ejecución, en el mismo día o en el siguiente día hábil a aquél en que hubiera sido dictado el auto despachando ejecución, dictará decreto en el que se contendrán: 1.º Las medidas ejecutivas concretas que resultaren procedentes, incluido si fuera posible el embargo de bienes. 2.º Las medidas de localización y averiguación de los bienes del ejecutado que procedan, conforme a lo previsto en los artículos 589 y 590. 3.º El contenido del requerimiento de pago que deba hacerse al deudor, en los casos en que la ley establezca este requerimiento, y si este se efectuara por funcionarios del cuerpo de auxilio judicial o por el procurador de la parte ejecutante, si lo hubiera solicitado. El letrado o letrada de la Administración de Justicia pondrá en conocimiento del Registro Público Concursal la existencia del auto por el que se despacha la ejecución con expresa especificación del número de identificación fiscal del deudor persona física o jurídica contra el que se despache la ejecución. El Registro Público Concursal notificará al juzgado que esté conociendo de la ejecución la práctica de cualquier asiento que se lleve a cabo asociado al número de identificación fiscal notificado a los efectos previstos en la legislación concursal. El letrado o letrada de la Administración de Justicia pondrá en conocimiento del Registro Público Concursal la finalización del procedimiento de ejecución cuando la misma se produzca. 4. Contra el auto autorizando y despachando la ejecución no se dará recurso alguno, sin perjuicio de la oposición que pueda formular el ejecutado. Cuando se incluya en el auto el examen de abusividad previsto en el numeral 5.º del apartado 2 se indicará expresamente al deudor que puede oponerse a dicha valoración y se le advertirá que en caso de no hacerlo en tiempo y forma no podrá impugnarla en un momento ulterior. 5. Contra el decreto dictado por el letrado o letrada de la Administración de Justicia cabrá interponer recurso directo de revisión, sin efecto suspensivo, ante el tribunal que hubiere dictado la orden general de ejecución;

Artículo 568. Suspensión en caso de situaciones concursales o preconcursales. 1. No se dictará auto autorizando y despachando la ejecución cuando conste al Tribunal que el demandado se halla en situación de concurso o se haya efectuado la comunicación a que se refiere el artículo 5 bis de la Ley Concursal y respecto a los bienes determinados en dicho artículo. En este último caso, cuando la ejecución afecte a una garantía real, se tendrá por iniciada la ejecución a los efectos del artículo 57.3 de la Ley Concursal para el caso de que sobrevenga finalmente el concurso a pesar de la falta de despacho de ejecución. 2. El Letrado de la Administración de Justicia decretará la suspensión de la ejecución en el estado en que se halle en cuanto conste en el procedimiento la declaración del concurso. El inicio de la ejecución y la continuación del procedimiento ya iniciado que se dirija exclusivamente contra bienes hipotecados y pignorados estarán sujetos a cuanto establece la Ley Concursal. 3. Si existieran varios demandados, y sólo alguno o algunos de ellos se encontraran en el supuesto al que se refieren los dos apartados anteriores, la ejecución no se suspenderá respecto de los demás;

Artículo 589.3. Si el ejecutado no señalare bienes susceptibles de embargo o el valor de los señalados fuera insuficiente para el fin de la ejecución, el letrado de la Administración de Justicia dictará decreto advirtiendo al ejecutado de que, en caso de probabilidad de insolvencia, de insolvencia inminente o de insolvencia actual, puede comunicar al juzgado competente el inicio o la voluntad de iniciar negociaciones con acreedores para alcanzar un plan de reestructuración, con paralización de las ejecuciones durante esa negociación en los términos establecidos por la ley; y que, si encontrándose en estado de insolvencia actual no lo hace, tiene el deber de solicitar la declaración de concurso de acreedores dentro de los dos meses siguientes a la fecha en que hubiera conocido o debido conocer ese estado de insolvencia;

Artículo 649.1. Desarrollo y terminación de la subasta. Aprobación del remate. 1. La subasta admitirá posturas que tendrán carácter secreto, durante el plazo improrrogable de veinte días naturales desde su apertura. La subasta no podrá finalizar en sábados, domingos ni en los días de fiesta nacional. Tampoco podrá finalizar en los días que median entre el 24 de diciembre y el 6 de enero, ambos inclusive, ni en el mes de agosto. En el caso de que el letrado de la Administración de Justicia tenga conocimiento de la declaración de concurso del deudor, suspenderá mediante decreto la ejecución y procederá a dejar sin efecto la subasta, aunque ésta ya se hubiera iniciado. Tal circunstancia se comunicará inmediatamente al Portal de Subastas;

Artículo 672.1. Destino de las sumas obtenidas en la subasta de inmuebles. 1. Por el Letrado de la Administración de Justicia se dará al precio del remate el destino previsto en el apartado 1 del artículo 654, pero el remanente, si lo hubiere, se retendrá para el pago de quienes tengan su derecho inscrito o anotado con posterioridad al del ejecutante. Si satisfechos estos acreedores, aún existiere sobrante, se entregará al ejecutado o al tercer poseedor. Lo dispuesto en este artículo se entiende sin perjuicio del destino que deba darse al remanente cuando se hubiera ordenado su retención en alguna otra ejecución singular o en cualquier proceso concursal;

Artículo 681. Procedimiento para exigir el pago de deudas garantizadas por prenda o hipoteca. 1. La acción para exigir el pago de deudas garantizadas por prenda o hipoteca podrá ejercitarse directamente contra los bienes pignorados o hipotecados, sujetando su ejercicio a lo dispuesto en este título, con las especialidades que se establecen en el presente capítulo. 2. Cuando se reclame el pago de deudas garantizadas por hipoteca naval, lo dispuesto en el apartado anterior sólo podrá ejercitarse en los casos descritos en el artículo 140.a) y e) de la Ley de Navegación Marítima. En los casos indicados en las letras c) y d) del referido artículo, la acción solo podrá ejercitarse previa constatación de la situación real del buque a través de certificación emitida por la administración competente y en el caso de la letra b) será necesario que se presente testimonio de la ejecutoria en que conste la declaración de concurso;

Artículo 690.5. Cuando la ejecución hipotecaria concurra con un proceso concursal, en materia de administración o posesión interina se estará a lo que disponga el tribunal que conozca del proceso concursal, conforme a las normas reguladoras del mismo;

Artículo 691. Convocatoria de la subasta de bienes hipotecados. Anuncio y publicidad de la convocatoria. 1. Cumplido lo dispuesto en los artículos anteriores y transcurridos veinte días desde que tuvieron lugar el requerimiento de pago y las notificaciones antes expresadas, se procederá a instancia del actor, del deudor o del tercer poseedor, a la subasta de la finca o bien hipotecado. 2. La subasta se anunciará y dará publicidad en la forma determinada por los artículos 667 y 668. 3. Cuando se siga el procedimiento por deuda garantizada con hipoteca sobre establecimiento mercantil el edicto que se publique en el Portal de Subastas indicará que el adquirente quedará sujeto a lo dispuesto en la Ley sobre arrendamientos urbanos, aceptando, en su caso, el derecho del arrendador a elevar la renta por cesión del contrato. 4. La subasta de bienes hipotecados, sean muebles o inmuebles, se realizará con arreglo a lo dispuesto en esta Ley para la subasta de bienes inmuebles. 5. Cuando le conste al Letrado de la Administración de Justicia la declaración de concurso del deudor, suspenderá la subasta aunque ya se hubiera iniciado. En este caso se reanudará la subasta cuando se acredite, mediante testimonio de la resolución del Juez del concurso, que los bienes o derechos no son necesarios para la continuidad de la actividad profesional o empresarial del deudor, siendo de aplicación lo dispuesto en el apartado 2 del artículo 649. En todo caso el Registrador de la Propiedad notificará a la Oficina judicial ante la que se siga el procedimiento ejecutivo la inscripción o anotación de concurso sobre la finca hipotecada, así como la constancia registral de no estar afecto o no ser necesario el bien a la actividad profesional o empresarial del deudor. 6. En los procesos de ejecución a que se refiere este Capítulo podrán utilizarse también la realización mediante convenio y la realización por medio de persona o entidad especializada reguladas en las Secciones 3.ª y 4.ª del Capítulo IV del presente Título;

Artículo 692. Pago del crédito hipotecario y aplicación del sobrante. 1. El precio del remate se destinará, sin dilación, a pagar al actor el principal de su crédito, los intereses devengados y las costas causadas, sin que lo entregado al acreedor por cada uno de estos conceptos exceda del límite de la respectiva cobertura hipotecaria; el exceso, si lo hubiere, se depositará a disposición de los titulares de derechos posteriores inscritos o anotados sobre el bien hipotecado. Satisfechos, en su caso, los acreedores posteriores, se entregará el remanente al propietario del bien hipotecado. No obstante lo dispuesto en el párrafo anterior, cuando el propietario del bien hipotecado fuera el propio deudor, el precio del remate, en la cuantía que exceda del límite de la cobertura hipotecaria, se destinará al pago de la totalidad de lo que se deba al ejecutante por el crédito que sea objeto de la ejecución, una vez satisfechos, en su caso, los créditos inscritos o anotados posteriores a la hipoteca y siempre que el deudor no se encuentre en situación de suspensión de pagos, concurso o quiebra. 2. Quien se considere con derecho al remanente que pudiera quedar tras el pago a los acreedores posteriores podrá promover el incidente previsto en el apartado 2 del artículo 672. Lo dispuesto en este apartado y en el anterior se entiende sin perjuicio del destino que deba darse al remanente cuando se hubiera ordenado su retención en alguna otra ejecución singular o en cualquier proceso concursal. 3. En el mandamiento que se expida para la cancelación de la hipoteca que garantizaba el crédito del ejecutante y, en su caso, de las inscripciones y anotaciones posteriores, se expresará, además de lo dispuesto en el artículo 674, que se hicieron las notificaciones a que se refiere el artículo 689;

– Ley 2/2021, de 21 de mayo, de defensa, asistencia jurídica y comparecencia en juicio de la administración de la Comunidad Autónoma de Extremadura: «*Artículo 6. Disposición de la acción procesal. 1. Los allanamientos a las pretensiones de contrario, las transacciones sobre cuestiones litigiosas y los desistimientos de acciones jurisdiccionales iniciadas, en todo caso, previo informe preceptivo de la Abogacía General, requerirán autorización expresa del Presidente de la Junta de Extremadura, o del Consejo de Gobierno en los supuestos previstos en el artículo 17 de la Ley 5/2007, de 19 de abril, General de la Hacienda Pública de Extremadura. 2. Se exceptúan de la necesaria autorización, así como de lo dispuesto en el artículo 17 de la Ley 5/2007, de 19 de abril, General de la Hacienda Pública de Extremadura prevista en el párrafo anterior los siguientes supuestos: a) Las transacciones debidas a procedimientos concursales, que únicamente requerirán de la Consejería competente del crédito afectado. b) Las transacciones a que se refiere el artículo 77 de la Ley 29/1998, de 13 de julio, reguladora de la Jurisdicción Contencioso-Administrativa siempre que el acuerdo sea inferior a 50.000 euros, en cuyo caso únicamente se precisará la propuesta de gasto debidamente fiscalizada. c) Las transacciones o acuerdos a que lleguen las compañías aseguradoras de la Administración dentro del límite de la cobertura de la póliza suscrita. d) Las transacciones sobre la responsabilidad civil a las que pueda llegarse en los expedientes de reforma seguidos ante los Juzgados de Menores en los que comparezca la Junta de Extremadura en calidad de tutor del menor siempre que el acuerdo no afecte a cuantías superiores a 3.000 euros, las podrá realizar el/la letrado/a director del asunto, dando cuenta inmediata posterior al Letrado General. En todos estos supuestos se precisará informe previo del letrado director del asunto con el visto bueno del Letrado General*».

OFERTAS PÚBLICAS DE ADQUISICIÓN DE VALORES

– **Real Decreto 1066/2007, de 27 de julio, sobre el régimen de las ofertas públicas de adquisición de valores**: *«Artículo 8, letra d): Adquisiciones u otras operaciones procedentes de la conversión o capitalización de créditos en acciones de sociedades cotizadas cuya viabilidad financiera esté en peligro grave e inminente, aunque no esté en concurso, siempre que se trate de operaciones concebidas para garantizar la recuperación financiera a largo plazo de la sociedad. Corresponderá a la Comisión Nacional del Mercado de Valores acordar, en un plazo no superior a quince días a contar desde la presentación de la correspondiente solicitud por cualquier persona interesada, que no resulta exigible una oferta pública. No será necesario el acuerdo de dispensa cuando las operaciones descritas en esta letra se hubieran realizado como consecuencia directa de un acuerdo de refinanciación homologado judicialmente conforme a lo previsto en la Disposición adicional cuarta de la Ley 22/2003, de 9 de julio, Concursal, siempre que hubiese sido informado favorablemente por un experto independiente en los términos previstos por el artículo 71 bis 4 del citado texto legal».*

ORDENACIÓN FARMACÉUTICA

– La **Ley 3/2019, de 2 de julio, de ordenación farmacéutica de Galicia** establece: *«Artículo 44. Transmisión inter vivos (...). 2. La transmisión de una oficina de farmacia a favor de otro/a/s farmacéutico/a/s solo podrá llevarse a cabo cuando lleve abierta al público, bajo titularidad del/de los/las transmitente/s, un mínimo de tres años, a contar desde la fecha de la autorización de funcionamiento, salvo en los supuestos de declaración judicial de ausencia, incapacitación física o jurídica del/de los/las farmacéutico/a/s titular/es o de uno/a de los/las titulares de la oficina de farmacia, en los que bastará que la oficina esté abierta al público en la fecha de producción de estas circunstancias, las cuales habrán de quedar acreditadas en el expediente. También se considerarán excepción a este período de tiempo mínimo la declaración de la oficina de farmacia como de viabilidad económica comprometida o la solicitud por parte del/de la titular o cotitulares de la oficina de farmacia de la declaración de un concurso de acreedores (...)».*

ORDENACIÓN MINERA

– La **Ley 10/2014, de 1 de octubre, de ordenación minera de las Illes Balears**, establece: *«Artículo 48. Transmisión de los derechos mineros. 1. Los derechos que otorgan una autorización, una concesión o un permiso de una explotación o actividad minera regulada en esta ley podrán ser transmitidos por el titular por cualquier medio admitido en derecho, de acuerdo con la Ley 22/1973 y el reglamento que la desarrolla, aprobado por el Real Decreto 2857/1978, de 25 de agosto, y con las especificidades que prevé esta ley. 2. Con carácter general, cualquier modificación sustancial en la titularidad de un derecho minero, incluyendo la defunción o el cambio de un socio o socia de la comunidad de bienes, el cambio de administradores de la sociedad, la declaración de concurso de acreedores o la misma disolución de la sociedad, ha de ser comunicada a la autoridad minera (...)».*

PATENTES

– El **Real Decreto 316/2017, de 31 de marzo, por el que se aprueba el Reglamento para la ejecución de la Ley 24 /2015, de 24 de julio, de Patentes**, establece: *«Artículo 77. Contenido de la solicitud de inscripción de cesiones. (...) 3. Si el cambio en la titularidad se produce por una fusión, reorganización o división de una persona jurídica, por imperativo legal, por resolución administrativa o por decisión judicial, la solicitud de inscripción deberá acompañarse de testimonio emanado de la autoridad pública que emita el documento, o bien copia del documento que pruebe el cambio, autenticada o legitimada por notario o por otra autoridad pública competente. No obstante, para la inscripción de embargos, concursos y demás medidas judiciales bastará el oportuno mandamiento emitido al efecto por el Juez o Tribunal que haya dictado o por el órgano administrativo competente. La petición de inscripción de las cesiones previstas en este apartado, se regirá en lo que sea aplicable por lo establecido por el apartado 1 de este artículo (...)». «Artículo 80. Contenido de la solicitud de inscripción de otros negocios jurídicos. (...) 2. En el supuesto de inscripción de concurso de acreedores, embargos u otras medidas de ejecución forzosa, la solicitud de inscripción en el Registro de Patentes, presentada por la autoridad competente, no estará sujeta al pago de tasas. En particular, de existir un concurso de acreedores inscrito en la Oficina quedará suspendida cualquier actuación tendente a la extinción del derecho afectado hasta tanto en cuanto no se reciba la correspondiente autorización judicial. Recibida la autorización judicial se abrirá un plazo de dos meses para la regularización del derecho afectado».*

PERSONAS CON DISCAPACIDAD

– El **Código Civil** establece: «*Artículo 217. La autoridad judicial no podrá nombrar a las personas siguientes: 1.º A quien haya sido excluido por los progenitores del tutelado. 2.º A quien haya sido condenado en sentencia firme por cualquier delito que haga suponer fundadamente que no desempeñará bien la tutela. 3.º Al administrador que hubiese sido sustituido en sus facultades de administración durante la tramitación del procedimiento concursal. 4.º A quien le sea imputable la declaración como culpable de un concurso, salvo que la tutela lo sea solo de la persona. 5.º A quien tenga conflicto de intereses con la persona sujeta a tutela»; «Artículo 275. 1. Podrán ser curadores las personas mayores de edad que, a juicio de la autoridad judicial, sean aptas para el adecuado desempeño de su función. Asimismo, podrán ser curadores las fundaciones y demás personas jurídicas sin ánimo de lucro, públicas o privadas, entre cuyos fines figure la promoción de la autonomía y asistencia a las personas con discapacidad. 2. No podrán ser curadores: 1.º Quienes hayan sido excluidos por la persona que precise apoyo. 2.º Quienes por resolución judicial estuvieran privados o suspendidos en el ejercicio de la patria potestad o, total o parcialmente, de los derechos de guarda y protección. 3.º Quienes hubieren sido legalmente removidos de una tutela, curatela o guarda anterior. 3. La autoridad judicial no podrá nombrar curador, salvo circunstancias excepcionales debidamente motivadas, a las personas siguientes: 1.º A quien haya sido condenado por cualquier delito que haga suponer fundadamente que no desempeñará bien la curatela. 2.º A quien tenga conflicto de intereses con la persona que precise apoyo. 3.º Al administrador que hubiese sido sustituido en sus facultades de administración durante la tramitación del procedimiento concursal. 4.º A quien le sea imputable la declaración como culpable de un concurso, salvo que la curatela lo sea solamente de la persona»; «Artículo 1393-1.º Si respecto del otro cónyuge se hubieren dispuesto judicialmente medidas de apoyo que impliquen facultades de representación plena en la esfera patrimonial, si hubiere sido declarado ausente o en concurso, o condenado por abandono de familia. Para que la autoridad judicial acuerde la disolución bastará que el cónyuge que la pidiere presente la correspondiente resolución judicial»; «Artículo 1700-3.º Por muerte o concurso de cualquiera de los socios y en el caso previsto en el artículo 1699»; Artículo 1700-5.º Cuando respecto de alguno de los socios se hubieren dispuesto medidas de apoyo que impliquen facultades de representación plena en la esfera patrimonial. Se exceptúan de lo dispuesto en los números 3.º, 4.º y 5.º de este artículo las sociedades a que se refiere el artículo 1670, en los casos en que deban subsistir con arreglo al Código de Comercio»; «Artículo 1732. El mandato se acaba: 1.º Por su revocación. 2.º Por renuncia del mandatario. 3.º Por muerte o por concurso del mandante o del mandatario. 4.º Por el establecimiento en relación al mandatario de medidas de apoyo que incidan en el acto en que deba intervenir en esa condición. 5.º Por la constitución en favor del mandante de la curatela representativa como medida de apoyo para el ejercicio de su capacidad jurídica, a salvo lo dispuesto en este Código respecto de los mandatos preventivos».*

– La **Ley 20/2011, de 21 de julio, del Registro Civil** establece «*Artículo 72. Resolución judicial de provisión de apoyos y declaración del concurso de persona física. 1. La resolución judicial dictada en un procedimiento de provisión de apoyos, así como la que la deje sin efecto o la modifique, se inscribirán en el registro individual de la persona con discapacidad. La inscripción expresará la extensión y límites de las medidas judiciales de apoyo. Asimismo, se inscribirá cualquier otra resolución judicial sobre las medidas de apoyo a personas con discapacidad. La inscripción de la modificación judicial de la capacidad expresará la extensión y límites de ésta, así como si la persona queda sujeta a tutela o curatela según la resolución judicial. 2. Se inscribirán en el Registro Civil la declaración de concurso, la intervención o, en su caso, la suspensión de las facultades de administración y disposición, así como el nombramiento de los administradores concursales».*

– La **Ley Hipotecaria, aprobada por Decreto de 8 de febrero de 1946** establece: «*Artículo 242 bis. 1. En el Libro sobre administración y disposición de bienes inmuebles a que se refiere el número cuarto del artículo 2 serán objeto de asiento las resoluciones dictadas en los expedientes de declaración de ausencia y fallecimiento, las de concurso establecidas en la legislación concursal, así como las demás resoluciones y medidas previstas en las leyes que afecten a la libre administración y disposición de los bienes de una persona. Podrán ser objeto de asiento también en este libro las resoluciones sobre personas con discapacidad a las que se refiere el artículo 755.2 de la Ley de Enjuiciamiento Civil. 2. El asiento en el Libro sobre administración y disposición de bienes inmuebles expresará las circunstancias contenidas en la resolución correspondiente. En el caso de las medidas de apoyo, el asiento únicamente expresará la existencia y el contenido de las medidas. 3. El Colegio de Registradores de la Propiedad, Mercantiles y de Bienes Muebles de España llevará a sus expensas y bajo la dependencia del Ministerio de Justicia un Índice Central Informatizado con la información remitida por los diferentes Registros relativa a los asientos practicados en el Libro sobre administración y disposición de bienes inmuebles, que estará relacionado electrónicamente con los datos correspondientes, si los hubiera, del actual fichero localizador de titularidades inscritas».*

– **Ley 3/2024, de 13 de junio, de Modificación del Código del Derecho Foral de Aragón en Materia de capacidad jurí-dica de las personas,** modifica el texto refundido de las leyes civiles aragonesas aprobado, con el título de «Código del Derecho Foral de Aragón», por el **Decreto Legislativo 1/2011, de 22 de marzo.** Entre las modificaciones se introduce un nuevo título III en el libro primero —normas comunes a las relaciones tutelares y medidas de apoyo— que incluye un capítulo IV —capacidad, excusa y remoción— que en el artículo 124 establece: *Artículo 124. Causas de inhabilidad. 1. No pueden ser titulares de funciones tutelares o medidas de apoyo (...): j) Las personas que hayan sido inhabilitadas para administrar bienes ajenos, mientras dure la inhabilitación, salvo que la tutela o curatela lo sea exclusivamente de la persona. k) Las personas a quienes les sea imputable, de forma directa o como cómplices, la declaración como culpable de un concurso, salvo que la tutela o curatela lo sea exclusivamente de la persona (...).*

PERSONAS JURÍDICAS

– La **Ley 4/2008, de 24 de abril, del libro tercero del Código Civil de Cataluña**, relativo a las personas jurídicas, recoge diversas normas que se refieren y remiten a la legislación concursal: *«Artículo 314-5. Órgano de liquidación. 1. Las fun-ciones de liquidación son asumidas por el mismo órgano de gobierno, que mantiene la composición que tenía en el mo-mento de la disolución, excepto en los siguientes casos: (...). d) Si la disolución se produce en un procedimiento concursal, en cuyo caso deben cumplirse las disposiciones de la legislación correspondiente»; «Artículo 315-2. Constancia registral de las personas jurídicas. En la hoja registral abierta para cada persona jurídica deben inscribirse o anotarse, según corresponda, los siguientes actos: (...). g) La declaración de concurso y las circunstancias establecidas por la legislación concursal»; «Artículo 322-10. Composición del órgano de gobierno y requisitos para ser miembro (...) 3. Las personas inhabilitadas de acuerdo con la legislación concursal no pueden ser miembros del órgano de gobierno de las asociacio-nes que realizan una actividad económica mientras no haya finalizado el período de inhabilitación»; «Artículo 324-4. Causas de disolución. Las asociaciones se disuelven por las siguientes causas: (...) f) Apertura de la fase de liquidación en el concurso»; «Artículo 332-11. Responsabilidad. (...) 2. La acción de responsabilidad contra los patronos puede ser ejercida por: (...). e) Los administradores concursales, de acuerdo con la ley»; «Artículo 335-4. Causas de disolución. Las fundaciones se disuelven por las siguientes causas: (...). d) Apertura de la fase de liquidación en el concurso».*

PLAN DE APOYO A EMPRENDEDORES

– La **Ley 5/2013, de 8 de julio, de apoyo a los emprendedores y a la competitividad e internacionalización de las pequeñas y medianas empresas (PYMES) de la Región de Murcia**, establece: *«Artículo 27. Plan de apoyo a empren-dedores. (...) 3. Este Plan deberá cumplir los siguientes objetivos: (...) c) Poner en marcha las herramientas de alerta y monitorización que permitan a los pequeños empresarios conocer su situación económico-financiera a fin de evitar futuros procesos de insolvencia o concursales».*

PLAN ESTADÍSTICO

– El **Real Decreto 72/2025, de 4 de febrero**, aprueba el Programa anual 2025 del Plan Estadístico Nacional 2025-2028 e incluye la Estadística del Procedimiento Concursal (Nº PEN. 9342 / Nº IOE 30219):
9342 Estadística del Procedimiento Concursal
Organismos que intervienen: MPJC (CORPME), INE.
Trabajos que se van a ejecutar en el año 2025:
Explotación del Registro Público Concursal y elaboración de resultados.
Difusión trimestral de resultados provisionales.
Envío trimestral de los datos a EUROSTAT.
Envío trimestral de los datos a las comunidades autónomas que lo han solicitado.
Créditos presupuestarios necesarios para su financiación en el año 2025: 43,05 miles de euros previstos en el Presu-puesto del MPJC.

– **Real Decreto 1225/2024, de 3 de diciembre, por el que se aprueba el Plan Estadístico Nacional 2025-2028:**
9342 Estadística del Procedimiento Concursal
Fines: Información trimestral y anual sobre los procedimientos concursales.
Organismos que intervienen: MPJC (CORPME).
Descripción general (principales variables): Número de deudores concursados (personas físicas o jurídicas), tipo de con-curso (voluntario, necesario), clase de procedimiento (ordinario, especial o sin masa). Actividad económica de la empre-sa, condición jurídica de la empresa, tramo de asalariados y antigüedad.

Colectivo: Deudores concursados.
Ámbito territorial: Todo el territorio nacional.
Créditos presupuestarios necesarios para su financiación en el cuatrienio 2025-2028: 184,09 miles de euros previstos en el Presupuesto del MPJC.

– Ley Foral 2/2025, de 3 de marzo, por la que se aprueba el Plan de Estadística de Navarra 2025-2028, y se modifica la Ley Foral 11/1997, de 27 de junio, de Estadística de Navarra, de la Comunidad Foral de Navarra.

PLANES Y FONDOS DE PENSIONES

– El **texto refundido de la Ley de Regulación de los Planes y Fondos de Pensiones, aprobado por el Real Decreto Legislativo 1/2002, de 29 de noviembre**, establece: «*Artículo 34.3. En todo lo demás, será de aplicación en materia de medidas de control especial a adoptar sobre entidades gestoras y planes y fondos de pensiones lo dispuesto en los artículos 164 y 165 de la Ley 20/2015, de 14 de julio, de ordenación, supervisión y solvencia de las entidades aseguradoras y reaseguradoras sobre procedimiento administrativo de adopción de medidas de control especial y sustitución provisional de los órganos de administración, pero entendiéndose hechas a la comisión de control o, en su caso, a la entidad gestora las referencias a los órganos de administración de la entidad aseguradora, cuando las medidas a adoptar lo sean sobre planes y fondos de pensiones. El juez que declare en concurso a una entidad gestora o depositaria de fondos de pensiones procederá de inmediato a la notificación de la resolución a la Dirección General de Seguros y Fondos de Pensiones. Esta última podrá solicitar a los jueces de los concursos información acerca del estado y evolución de los procedimientos concursales que afecten a entidades gestoras y depositarias de fondos de pensiones*».

– Ley 21/2021, de 28 de diciembre, de garantía del poder adquisitivo de las pensiones y de otras medidas de refuerzo de la sostenibilidad financiera y social del sistema público de pensiones.

PRESTADORES DE SERVICIOS ELECTRÓNICOS DE CONFIANZA

– La **Ley 6/2020, de 11 de noviembre, reguladora de determinados aspectos de los servicios electrónicos de confianza**, incluye, entre las obligaciones de los prestadores de servicios electrónicos de confianza, la comunicación al órgano de supervisión de la apertura de cualquier proceso concursal que se siga contra él: *Artículo 9. Obligaciones de los prestadores de servicios electrónicos de confianza (...) Igualmente, comunicará al órgano de supervisión cualquier otra circunstancia relevante que pueda impedir la continuación de su actividad. En especial, deberá comunicar, en cuanto tenga conocimiento de ello, la apertura de cualquier proceso concursal que se siga contra él (...).*

PUERTOS

– La **Ley 10/2019, de 23 de diciembre, de puertos y de transporte en aguas marítimas y continentales, de la Comunidad Autónoma de Cataluña**, establece: «*Artículo 42. Extinción (...) 3. El título habilitante puede ser declarado caducado si se incumple cualquiera de sus condiciones esenciales y, singularmente, si concurren las siguientes circunstancias: (...) b) La declaración de concurso o la declaración de insolvencia en cualquier otro procedimiento (...)*».

PYMES

– La **Ley 5/2015, de 27 de abril, de fomento de la financiación empresarial**, contempla la obligación de las entidades de crédito de notificar a las PYMES, por escrito y con antelación suficiente, su decisión de cancelar o reducir significativamente el flujo de financiación que les haya venido concediendo: «*Artículo 1. Preaviso por terminación o disminución del flujo de financiación a una pyme. 1. Las entidades de crédito notificarán por cualquier medio que permita tener constancia de la recepción y con una antelación mínima de tres meses, su intención de no prorrogar o extinguir el flujo de financiación que vengan concediendo a una pyme o de disminuirlo en una cuantía igual o superior al 35 por ciento. 2. El plazo de tres meses previsto en el apartado anterior se computará atendiendo a la fecha de vencimiento del contrato de crédito de mayor cuantía de los que componen el flujo de financiación. 3. A efectos de lo previsto en este título, se entenderá por: a) Flujo de financiación, el conjunto de contratos de crédito bajo la forma de apertura de crédito, descuento comercial, anticipo, pago aplazado, cesión de créditos o cualesquiera otros que cumplan con una función equivalente de financiación otorgados a una pyme por una misma entidad de crédito. b) Prórroga del flujo de financiación, la prórroga de los contratos de financiación o la celebración de unos nuevos, en condiciones y por un importe global similares, teniendo en cuenta las condiciones del mercado. c) Disminución en un 35 por ciento o más del flujo de financiación, la prórroga de todos o algunos de los contratos en vigor o la celebración de otros nuevos, cuando las prórrogas o los nuevos contratos que se celebren en un periodo de tiempo de tres meses supongan, en términos agregados, que el importe* *global de financiación sea inferior en al menos un 35 por ciento con respecto al existente en el momento en el que se debía notificar el preaviso. d) Pyme, microempresa, pequeña o mediana empresa de acuerdo con la Recomendación 2003/361/CE de la Comisión, de 6 de mayo de 2003, sobre la definición de microempresas, pequeñas y medianas empresas, incluyendo a las personas físicas que ejercen actividades económicas, de acuerdo con el artículo 1 de la Ley 20/2007, de 11 de julio, del Estatuto del trabajo autónomo. 4. Se excluyen de la obligación recogida en los apartados 1 y 2 los siguientes supuestos: a) Cuando el plazo de duración máximo del flujo de financiación, incluidas las posibles prórrogas de los contratos que lo componen, sea igual o inferior a tres meses. b) Cuando la pyme sea declarada judicialmente en concurso de acreedores, cuando se hayan iniciado negociaciones para alcanzar un acuerdo de refinanciación de los previstos en el artículo 71 bis y en la disposición adicional cuarta o un acuerdo extrajudicial de pagos de los previstos en el título X de la Ley 22/2003, de 9 de julio, Concursal. c) Cuando la entidad de crédito haya resuelto el contrato por incumplimiento de la pyme de sus obligaciones. d) Cuando los contratos que componen el flujo de financiación hayan sido rescindidos de común acuerdo o cuando este no sea prorrogado o sea disminuido en una cuantía igual o superior al 35 por ciento de común acuerdo. e) Cuando la entidad de crédito ponga fin a las relaciones de negocio u operaciones con la pyme en virtud de lo previsto en la Ley 10/2010, de 28 de abril, de prevención del blanqueo de capitales y de la financiación del terrorismo. f) Cuando la entidad de crédito justifique en razones objetivas que las condiciones financieras de la pyme, o, en su caso, del tercero deudor cuyos créditos han sido cedidos por parte de la pyme a la entidad de crédito, y siempre y cuando la financiación otorgada en base a dichos créditos cedidos represente un importe sustancial al flujo de financiación, han empeorado de manera sobrevenida y significativa durante los tres meses posteriores a la fecha en la que se debería haber realizado la notificación. Esta justificación deberá ser notificada por escrito a la pyme»; «Artículo 2. Información Financiera-PYME. 1. Dentro de los diez días hábiles a contar desde el siguiente a la notificación prevista en el artículo anterior, la entidad de crédito proporcionará gratuitamente a la pyme un documento denominado "Información Financiera-PYME" basado en toda la información que hubiere recabado de ella en relación con su flujo de financiación. La información se asentará en los datos históricos a disposición de la entidad de crédito y deberá incluir, al menos, los siguientes elementos: a) Las cuatro últimas declaraciones de datos relativas a la pyme, así como las correspondientes al final de cada trimestre de los últimos cinco años anteriores a la notificación, remitidas por la entidad de crédito declarante a la Central de Información de Riesgos conforme a lo dispuesto en la Ley 44/2002, de 22 de noviembre, de Medidas de Reforma del Sistema Financiero, y en sus normas de desarrollo. b) Los datos que, en su caso, hayan sido comunicados por la entidad de crédito a aquellas empresas que se dediquen a la prestación de servicios de información sobre la solvencia patrimonial y el crédito previstas en el artículo 29 de la Ley Orgánica 15/1999, de 13 de diciembre, de Protección de Datos de Carácter Personal[1]. c) El historial crediticio, que deberá incluir los siguientes datos referidos a los cinco años anteriores a la notificación: 1.º Una relación de los créditos históricos y vigentes y de los importes pendientes de amortización, 2.º una relación cronológica de las obligaciones impagadas con sus detalles o, en su defecto, la declaración expresa de que la pyme ha cumplido íntegramente con sus obligaciones, 3.º un estado de la situación actual de impagos, 4.º una relación de los concursos de acreedores, acuerdos de refinanciación o extrajudiciales de pagos,*

---

[1]   La Ley Orgánica 15/1999, de 13 de diciembre, de Protección de Datos de Carácter Personal, ha sido derogada por la **Ley Orgánica 3/2018, de 5 de diciembre, de Protección de Datos Personales y Garantía de los Derechos Digitales**, que establece: «Disposición derogatoria única. Derogación normativa. 1. Sin perjuicio de lo previsto en la disposición adicional decimocuarta y en la disposición transitoria cuarta, queda derogada la Ley Orgánica 15/1999, de 13 de diciembre, de Protección de Datos de Carácter Personal. 2. Queda derogado el Real Decreto-ley 5/2018, de 27 de julio, de medidas urgentes para la adaptación del Derecho español a la normativa de la Unión Europea en materia de protección de datos. 3. Asimismo, quedan derogadas cuantas disposiciones de igual o inferior rango contradigan, se opongan, o resulten incompatibles con lo dispuesto en el Reglamento (UE) 2016/679 y en la presente Ley Orgánica». «Disposición adicional decimocuarta. Normas dictadas en desarrollo del artículo 13 de la directiva 95/46/CE. Las normas dictadas en aplicación del artículo 13 de la Directiva 95/46/CE del Parlamento Europeo y del Consejo, de 24 de octubre de 1995, relativa a la protección de las personas físicas en lo que respecta al tratamiento de datos personales y a la libre circulación de estos datos, que hubiesen entrado en vigor con anterioridad a 25 de mayo de 2018, y en particular los artículos 23 y 24 de la Ley Orgánica 15/1999, de 13 de diciembre, de Protección de Datos de Carácter Personal, siguen vigentes en tanto no sean expresamente modificadas, sustituidas o derogadas». «Disposición transitoria cuarta. Tratamientos sometidos a la Directiva (UE) 2016/680. Los tratamientos sometidos a la Directiva (UE) 2016/680 del Parlamento Europeo y del Consejo, de 27 de abril de 2016, relativa a la protección de las personas físicas en lo que respecta al tratamiento de datos personales por parte de las autoridades competentes para fines de prevención, investigación, detección o enjuiciamiento de infracciones penales o de ejecución de sanciones penales, y a la libre circulación de dichos datos y por la que se deroga la Decisión Marco 2008/977/JAI del Consejo, continuarán rigiéndose por la Ley Orgánica 15/1999, de 13 de diciembre, y en particular el artículo 22, y sus disposiciones de desarrollo, en tanto no entre en vigor la norma que transponga al Derecho español lo dispuesto en la citada Directiva».

embargos, procedimientos de ejecución y otras incidencias judiciales relacionadas con la pyme en los que sea parte la entidad de crédito, y 5.º una relación de los contratos de seguros vinculados al flujo de financiación. A estos efectos se considerarán seguros asociados los contratados dentro del plazo de 6 meses anteriores o posteriores al perfeccionamiento de cualquiera de los contratos de préstamo o crédito que componen el flujo de financiación o de cualquiera de sus prórrogas. d) Extracto de los movimientos realizados durante el último año en los contratos del flujo de financiación de la pyme. e) La calificación del riesgo de la pyme en los términos estandarizados que se establezcan de conformidad con lo previsto en el apartado 3 de este artículo. 2. Sin perjuicio de lo previsto en el apartado anterior para los supuestos de terminación o disminución del flujo de financiación, las pymes tendrán asimismo el derecho a solicitar la Información Financiera-PYME en cualquier momento y de forma incondicionada. En estos casos: a) La entidad de crédito podrá exigir a la pyme un precio por este servicio que, en ningún caso, superará el coste de la elaboración y puesta a disposición de la Información Financiera-PYME. El Banco de España podrá fijar el precio máximo a percibir por este servicio. b) La entidad de crédito deberá poner dicha información a disposición de la pyme en el plazo de quince días hábiles, a contar desde el día siguiente al de la solicitud. 3. El Banco de España especificará el contenido y formato de la Información Financiera-PYME. Elaborará un modelo-plantilla que deberán completar las entidades para trasladar esta información de manera clara y fácilmente comprensible. Asimismo, el Banco de España establecerá el modelo-plantilla y la metodología para la elaboración del informe estandarizado de evaluación de la calidad crediticia de la pyme al que se refiere el apartado 1.e) de este artículo». Además, recoge el régimen jurídico de los establecimientos financieros de crédito: «Artículo 7. Régimen jurídico. 1. Los establecimientos financieros de crédito se regirán por lo dispuesto en este título y su normativa de desarrollo y, para todo lo no previsto en la citada normativa, su régimen jurídico será el previsto para las entidades de crédito. 2. En especial se aplicará a los establecimientos financieros de crédito la regulación sobre participaciones significativas, idoneidad e incompatibilidades de altos cargos, gobierno corporativo y solvencia contenida en la Ley 10/2014, de 26 de junio, de ordenación, supervisión y solvencia de entidades de crédito, y su normativa de desarrollo, así como la normativa de transparencia, mercado hipotecario, régimen concursal y prevención del blanqueo de capitales y la financiación del terrorismo prevista para las entidades de crédito. 3. En todo caso, resultará de aplicación a los establecimientos financieros de crédito lo dispuesto en la disposición adicional tercera de la Ley 3/2009, de 3 de abril, sobre modificaciones estructurales de las sociedades mercantiles, sobre el régimen aplicable a las operaciones de cesión global o parcial de activos y pasivos entre entidades de crédito[2]».

– La **Circular 6/2016, de 30 de junio, del Banco de España, a las entidades de crédito y a los establecimientos financieros de crédito, por la que se determinan el contenido y el formato del documento «Información Financiera-PYME» y se especifica la metodología de calificación del riesgo previstos en la Ley 5/2015, de 27 de abril, de fomento de la financiación empresarial,** se divide en tres capítulos. El capítulo I establece el objeto y ámbito de aplicación, que incluye a las entidades de crédito y, de acuerdo con lo dispuesto en la Ley 5/2015, de 27 de abril, a los establecimientos financieros de crédito. El capítulo II regula el contenido mínimo del documento «Información Financiera-PYME», que abarca desde las declaraciones a la Central de Información de Riesgos del Banco de España hasta la calificación del riesgo, incluyendo un exhaustivo historial crediticio, los datos comunicados a empresas que presten servicios de información sobre la solvencia patrimonial y el crédito, y los extractos de movimientos del último año. El capítulo III establece una metodología cuyo fin esencial es la estandarización de la calificación del riesgo que deberán otorgar las entidades a las pymes y trabajadores autónomos. En particular, la Circular se refiere a la inclusión sobre la relación de concursos de acreedores, acuerdos de refinanciación o extrajudiciales de pago: «Norma 6. Historial crediticio. (...) d) Una relación de los concursos de acreedores, acuerdos de refinanciación o extrajudiciales de pagos, embargos, procedimientos de ejecución y otras incidencias judiciales relacionadas con el acreditado en los que sea parte la entidad. En relación con los

---

[2]   El **Real Decreto-ley 5/2023, de 28 de junio, por el que se adoptan y prorrogan determinadas medidas de respuesta a las consecuencias económicas y sociales de la guerra de Ucrania, de apoyo a la reconstrucción de la Isla de La Palma y a otras situaciones de vulnerabilidad; de transposición de Directivas de la Unión Europea en materia de modificaciones estructurales de sociedades mercantiles y conciliación de la vida familiar y la vida profesional de los progenitores y los cuidadores; y de ejecución y cumplimiento del Derecho de la Unión Europea,** deroga la Ley 3/2009 de 3 de abril, sobre modificaciones estructurales de las sociedades mercantiles. El libro primero del Real Decreto-ley 5/2023, de 28 de junio, transpone al ordenamiento jurídico español la Directiva (UE) 2019/2121 del Parlamento Europeo y del Consejo, de 27 de noviembre de 2019, en lo que atañe a las transformaciones, fusiones y escisiones transfronterizas intracomunitarias, estructurándose en cuatro títulos, que suponen una nueva regulación de las modificaciones estructurales de las sociedades mercantiles. Así, las previsiones del libro primero del Real Decreto-ley 5/2023 conforman el nuevo régimen de modificaciones estructurales.

concursos de acreedores y los acuerdos de refinanciación o extrajudiciales de pagos, se aportarán los siguientes datos: i) Situación del acreditado. ii) Fecha de inicio de la situación. iii) Fecha de finalización de la situación. Adicionalmente, si en algún momento durante los cinco años anteriores a la fecha de la notificación o a la fecha de la solicitud previstas en el artículo 1 y en el artículo 2.2, respectivamente, de la Ley 5/2015, de 27 de abril, el acreditado hubiera sido objeto de embargo, procedimiento de ejecución u otra incidencia judicial en los que la entidad hubiera sido parte, se aportarán los siguientes datos: i) Código de la operación. ii) Fecha de inicio del procedimiento. iii) Trámites legales realizados para recuperar la operación. Esta información se incluirá en el documento "Información Financiera-PYME" siguiendo los formatos, notas y definiciones establecidos en el apartado 4.iii), "Relación de concursos de acreedores, acuerdos de refinanciaciones o extrajudiciales de pagos, embargos, procedimientos de ejecución y otras situaciones judiciales", del anejo 1, "Modelo-plantilla del documento 'Información Financiera-PYME'", y en el anejo 2, "Instrucciones para la elaboración del apartado 4. Historial crediticio del documento 'Información Financiera-PYME'" (...)». Además, se establece en el «Anejo 1. Modelo-Plantilla del documento "Información Financiera-PYME" (...) 4. Historial crediticio i) Relación de los créditos históricos y vigentes, y de los importes pendientes de amortización. ii) Relación cronológica de las obligaciones impagadas y situación actual de impagos. iii) Relación de concursos de acreedores, acuerdos de refinanciación o extrajudiciales de pagos, embargos, procedimientos de ejecución y otras incidencias judiciales. iv) Relación de contratos de seguros vinculados al flujo de financiación (...)» y en el «Anejo 2.1 Relación de los concursos de acreedores, acuerdos de refinanciación o extrajudiciales de pagos, embargos, procedimientos de ejecución y otras situaciones judiciales. A continuación se detallan los conceptos y definiciones que hay que considerar para la cumplimentación de la relación de los concursos de acreedores, acuerdos de refinanciación o extrajudiciales de pagos, embargos, procedimientos de ejecución y otras incidencias judiciales relacionadas con el acreditado, en los que sea parte la entidad, que se incluyen en el historial crediticio del documento "Información Financiera-PYME", tal y como se establece en la norma 6 de la presente circular (...)».

RECURSOS

– La **Ley Orgánica 6/1985, de 1 de julio, del Poder Judicial** (tras su modificación por la **Ley Orgánica 1/2025, de 2 de enero, de medidas en materia de eficiencia del Servicio Público de Justicia**) establece:

Artículo 75. La Sala de lo Social del Tribunal Superior de Justicia conocerá: 1.º En única instancia, de los procesos que la ley establezca sobre controversias que afecten a intereses de los trabajadores y trabajadoras y empresarios y empresarias en ámbito superior al de una Sección de lo Social del Tribunal de Instancia y no superior al de la comunidad autónoma. 2.º De los recursos que establezca la ley contra las resoluciones dictadas por las Secciones de lo Social de los Tribunales de Instancia de la comunidad autónoma, así como de los recursos de suplicación y los demás que prevé la ley contra las resoluciones de las Secciones de lo Mercantil de los Tribunales de Instancia de la comunidad autónoma en materia laboral, y las que resuelvan los incidentes concursales que versen sobre la misma materia. 3.º De las cuestiones de competencia que se susciten entre las Secciones de lo Social de los Tribunales de Instancia de la comunidad autónoma.

Artículo 82 (...). 2. Las Audiencias Provinciales conocerán en el orden civil: 1.º De los recursos que establezca la ley contra las resoluciones dictadas en primera instancia por las Secciones Civiles de los Tribunales de Instancia de la provincia. Para el conocimiento de los recursos contra resoluciones de las Secciones Civiles de los Tribunales de Instancia que se sigan por los trámites del juicio verbal por razón de la cuantía, la Audiencia se constituirá con un solo magistrado o magistrada, mediante un turno de reparto. 2.º De los recursos que establezca la ley contra las resoluciones dictadas en primera instancia por las Secciones de Familia, Infancia y Capacidad y en materia civil, por las Secciones de Violencia sobre la Mujer y las Secciones de Violencia contra la Infancia y la Adolescencia de los Tribunales de Instancia de la provincia. A fin de facilitar el conocimiento de estos recursos, y atendiendo al número de asuntos existentes, podrán especializarse una o varias de sus Secciones de conformidad con lo previsto en el artículo 82 bis y 80.3 de la presente Ley Orgánica. 3.º De los recursos que establezca la ley contra las resoluciones dictadas en primera instancia por las Secciones de lo Mercantil de los Tribunales de Instancia, salvo las que se dicten en incidentes concursales en materia laboral. Asimismo, conocerán de los recursos contra aquellas resoluciones que agoten la vía administrativa dictadas en materia de propiedad industrial por la Oficina Española de Patentes y Marcas (...). Además, establece: «Disposición Adicional Decimoquinta. Depósito para recurrir. 1. La interposición de recursos ordinarios y extraordinarios, la revisión y la rescisión de sentencia firme a instancia del rebelde, en los órdenes jurisdiccionales civil, social y contencioso-administrativo, precisarán de la constitución de un depósito a tal efecto. En el orden penal este depósito será exigible únicamente a la acusación popular. En el orden social y para el ejercicio de acciones para la efectividad de los derechos laborales en los procedimientos concursales, el depósito será exigible únicamente a quienes no tengan la condición de trabajador o beneficiario del régimen público de la Seguridad Social (...)». En relación con el depósito para recurrir, Real Decreto 467/2006, de 21 de abril, por el que se regulan los depósitos y consignaciones judiciales en metálico, de efectos o valores.

– La **Ley 36/2011, de 10 de octubre, reguladora de la jurisdicción social** establece: «*Artículo 7. Salas de lo Social de los Tribunales Superiores de Justicia. Las Salas de lo Social de los Tribunales Superiores de Justicia conocerán (...): d) De los recursos de suplicación contra las resoluciones de los jueces de lo mercantil previstos en los artículos 64.8 y 197.8 de la Ley Concursal (...)».*

REGISTRO CIVIL

– La **Ley 20/2011, de 21 de julio, del Registro Civil establece**: «*Artículo 4. Hechos y actos inscribibles. Tienen acceso al Registro Civil los hechos y actos que se refieren a la identidad, estado civil y demás circunstancias de la persona. Son, por tanto, inscribibles: (...) 14.º Las declaraciones de concurso de las personas físicas y la intervención o suspensión de sus facultades (...)».* Además, «*Artículo 72. Resolución judicial de provisión de apoyos y declaración del concurso de persona física. 1. La resolución judicial dictada en un procedimiento de provisión de apoyos, así como la que la deje sin efecto o la modifique, se inscribirán en el registro individual de la persona con discapacidad. La inscripción expresará la extensión y límites de las medidas judiciales de apoyo. Asimismo, se inscribirá cualquier otra resolución judicial sobre las medidas de apoyo a personas con discapacidad. La inscripción de la modificación judicial de la capacidad expresará la extensión y límites de ésta, así como si la persona queda sujeta a tutela o curatela según la resolución judicial. 2. Se inscribirán en el Registro Civil la declaración de concurso, la intervención o, en su caso, la suspensión de las facultades de administración y disposición, así como el nombramiento de los administradores concursales».*

REGISTRO PÚBLICO CONCURSAL

– La **Ley 15/2015, de 2 de julio, de la jurisdicción voluntaria**, al regular los expedientes de subastas voluntarias —aplicables siempre que deba procederse, fuera de un procedimiento de apremio, a la enajenación en subasta de bienes o derechos determinados, a instancia del propio interesado (art. 108)— dispone que el secretario judicial consultará el Registro Público Concursal, antes de resolver sobre la solicitud: «*Artículo 111. Tramitación. 1. El Secretario judicial, antes de resolver sobre la solicitud, consultará el Registro Público Concursal a los efectos previstos en la legislación especial. 2. A la vista de la documentación, resolverá lo que proceda sobre la celebración de la subasta. Si acordare su procedencia, el Secretario judicial pondrá en conocimiento del Registro Público Concursal la existencia del expediente con expresa especificación del número de identificación fiscal del titular persona física o jurídica cuyo bien vaya a ser objeto de la subasta. El Registro Público Concursal notificará al Juzgado que esté conociendo del expediente la práctica de cualquier asiento que se lleve a cabo asociado al número de identificación fiscal notificado a los efectos previstos en la legislación concursal. El Secretario judicial pondrá en conocimiento del Registro Público Concursal la finalización del expediente cuando la misma se produzca. 3. Acordada su celebración, si se tratare de la subasta de un bien inmueble o derecho real inscrito en el Registro de la Propiedad o bienes muebles sujetos a un régimen de publicidad registral similar al de aquéllos, el Secretario judicial solicitará por procedimientos electrónicos certificación registral de dominio y cargas. El Registrador de la propiedad expedirá la certificación con información continuada por igual medio y hará constar por nota al margen del bien o derecho esta circunstancia. Esta nota producirá el efecto de indicar la situación de venta en subasta del bien o derecho y caducará a los seis meses de su fecha salvo que con anterioridad el Secretario judicial notifique al Registrador el cierre del expediente o su suspensión, en cuyo caso el plazo se computará desde que el Secretario judicial notifique su reanudación. El Registrador notificará, inmediatamente y de forma telemática, al Secretario judicial y al Portal de Subastas de la Agencia Estatal Boletín Oficial del Estado el hecho de haberse presentado otro u otros títulos que afecten o modifiquen la información inicial. El portal de subastas recogerá la información proporcionada por el Registro de modo inmediato para su traslado a los que consulten su contenido. 4. La subasta se llevará a cabo, en todo caso, de forma electrónica en el Portal de Subastas de la Agencia Estatal Boletín Oficial del Estado, bajo la responsabilidad del Secretario judicial, por lo que serán de aplicación las disposiciones de la Ley de Enjuiciamiento Civil al respecto, en cuanto sean compatibles con lo previsto en este Título. 5. La publicidad y celebración de la subasta se ajustará a lo establecido en la Ley de Enjuiciamiento Civil en todo aquello que no esté previsto en el pliego de condiciones particulares. En los edictos se expresará el pliego de condiciones. 6. Terminada la subasta, el Secretario judicial, mediante decreto, aprobará el remate en favor del único o mejor postor, siempre y cuando cubra el tipo mínimo que hubiera fijado el solicitante o no se hubiere reservado expresamente el derecho a aprobarla, en cuyo caso se le dará vista del expediente para que en el término de tres días pida lo que le interese. Igual comunicación se dará en el caso de que por algún licitador se hiciere la oferta de aceptar el remate modificando algunas de las condiciones. Si el solicitante aprueba el remate o acepta la* *proposición, se resolverá teniendo por aprobado el remate en favor del licitador de la misma. 7. Cuando en la subasta no hubiere ningún postor o el solicitante no hubiera aceptado la proposición, se sobreseerá el expediente. 8. El decreto de adjudicación contendrá la descripción del bien o derecho, la identificación de los intervinientes, expresión de las condiciones de la adjudicación y los demás requisitos necesarios, en su caso, para la inscripción registral. Un testimonio de dicha resolución, que se entregará al adjudicatario, será título suficiente para la práctica de las inscripciones registrales que, en su caso, correspondan».*

RESERVA DE DOMINIO

– La **Ley Foral 21/2019, de 4 de abril, de modificación y actualización de la Compilación del Derecho Civil Foral de Navarra o Fuero Nuevo,** establece: «*Ley 483. Concepto. Efectos. Por el pacto de reserva de dominio el vendedor conserva la propiedad de la cosa vendida hasta que el precio sea pagado por completo, y podrá ejercitar las tercerías de dominio y demás acciones en defensa de su derecho. El contrato queda perfeccionado desde su celebración, pero el efecto de transmisión de la cosa quedará diferido hasta el pago total. Mientras tanto, corresponde al comprador la posesión y disfrute de la cosa vendida, con las limitaciones pactadas en su caso, así mismo estarán a su cargo el riesgo y todos los gastos inherentes a aquella; el vendedor, por su parte, queda obligado a no disponer de la cosa. Inscrita la venta en el Registro de la Propiedad u otro registro, todo acto de disposición de la cosa por parte del vendedor será sin perjuicio del derecho del comprador. En caso de embargo de bienes o concurso del vendedor, quedará a salvo el derecho del comprador para adquirir la propiedad mediante pago íntegro del precio en los plazos convenidos».*

– La **Resolución de 5 de junio de 2012, de la Dirección General de los Registros y del Notariado**, por la que se responde la consulta presentada en nombre y representación de FCE BANK PLC Sucursal en España y de FORD ESPAÑA S.L. acerca de la inscribilidad en el Registro de Bienes Muebles de las reservas de dominio expresamente pactadas en el marco de un contrato de concesión comercial celebrado entre el vendedor/fabricante y el comprador/concesionario constituidas en favor del financiador subrogado por el vendedor e impuestas sobre vehículos de cierta marca comercial destinados a la reventa, establece:

PRIMERO.– Descripción de la operativa comercial. En un contrato de concesión de marca de vehículos de motor suscrito entre el fabricante («el vendedor») y el concesionario («el comprador») se conviene, en lo que aquí interesa, que el primero se compromete a suministrar al segundo los vehículos que éste solicitara para su posterior reventa al público. En ejecución de dicho contrato, se establecen con cada concesionario «unas condiciones generales del contrato de compraventa mercantil y cesión de reserva de dominio sobre vehículo». En su virtud, el vendedor contempla subrogar en su derecho de reserva de dominio sobre los vehículos suministrados a una entidad financiera en los términos previstos en el artículo 10 de la Ley 3/2004, de medidas de lucha contra la morosidad en las operaciones comerciales. Interesa resaltar las siguientes condiciones generales del contrato de compraventa mercantil de vehículos que funciona a nuestros efectos como «contrato marco de duración indefinida» sobre bienes muebles registrables «destinados a sufrir modificaciones y ampliaciones en su objeto» tal y como se contempla en el artículo 4.f) de la Orden de 19 de julio de 1999 por la que se aprueba la Ordenanza para el Registro de Venta a Plazos de Bienes Muebles:

1.º Financiación a concesionario. La financiación del precio de venta de los vehículos por parte del «Financiador» se realiza mediante la línea de crédito que el financiador abre al Comprador con la finalidad de financiar la compra de los vehículos nuevos que adquiera aquél del vendedor para el negocio de concesión de la marca (el «contrato de crédito de financiación a concesionario»).

2.º Pacto de reserva de dominio en bienes destinados a reventa. El título de propiedad de los vehículos vendidos es retenido por el vendedor en méritos de un pacto expreso de reserva de dominio hasta que se haya realizado el pago de cada vehículo por el comprador o por cuenta del mismo —pago que deberá efectuarse a su puesta a disposición (INCOTERM «ex works»)—; teniendo el vendedor el derecho a recuperar su posesión mientras no hayan sido completamente pagados los correspondientes vehículos, haciéndose constar la existencia de la reserva de dominio en su factura de venta conforme a lo previsto en el artículo 17.2, párrafo tercero, de la Ley de Ordenación de Comercio Minorista.

3.º Subrogación al financiador por el vendedor en los derechos contra el comprador No obstante lo anterior, habiéndose financiado el pago del precio por el financiador, y al amparo de lo previsto en el artículo 10 de la Ley 3/2004, de 29 de diciembre, sobre medidas de lucha contra la morosidad en las operaciones comerciales, la reserva de dominio que recae sobre los vehículos hasta el completo pago de su precio de venta se transmite al financiador, junto con todos los demás derechos y garantías del Vendedor sobre los mismos.

4. Obligaciones del vendedor frente al comprador. Sin perjuicio de la subrogación por el vendedor al financiador de la reserva de dominio contra el comprador una vez que los vehículos hayan sido pagados al vendedor por el financiador;

el vendedor seguirá asumiendo frente al comprador todas las obligaciones que le corresponden en virtud del contrato de compraventa, incluidas las de evicción y saneamiento.

5. Inscribibilidad del contrato en el Registro de Bines Muebles. Vendedor y comprador autorizan y apoderan expresa e irrevocablemente al financiador para que pueda éste remitir telemáticamente al Registro de Bienes Muebles los correspondientes documentos electrónicos en el que se formalizan la altas y bajas de los vehículos adquiridos individualmente y sujetos a la reserva de dominio a medida que se vayan produciendo.

SEGUNDO.– Marco normativo de la operación. Las compraventas descritas tienen por objeto (un conjunto) de bienes muebles registrables por ser susceptibles de perfecta identificación registral: se trata de vehículos aún no matriculados pero identificables a efectos registrales por su marca impresa, modelo y número de chasis o bastidor ex arts. 1.2 Ley de venta a plazos de bienes muebles; artículos 4.a), 6.1 b) y 6.2 Ordenanza.

Así las cosas, las reservas de dominio pactadas quedan sujetas a lo previsto en el artículo 17.2, párrafo tercero, de la Ley de Ordenación de Comercio Minorista y en el artículo 10 de la Ley 3/2004, de 29 de diciembre, sobre medidas de lucha contra la morosidad en las operaciones comerciales.

No obstante imponerse sobre bienes muebles registrables, tales operaciones comerciales quedan fuera del ámbito objetivo de la Ley de Venta a Plazos en aplicación de lo previsto en su artículo 5.1 en que se ordena queden excluidas de dicha regulación «Las compraventas a plazos de bienes muebles que, con o sin ulterior transformación o manipulación, se destinen a la reventa al público y los préstamos cuya finalidad sea financiar tales operaciones».

TERCERO.– Inscribibilidad de la reserva de dominio en el Registro de Bienes Muebles. La exclusión de estas operaciones de la Ley de Venta a plazos de bienes muebles, no significa que las reservas de dominio en los contratos de concesión comercial no sean inscribibles en el Registro de Bienes Muebles. La exposición de motivos del Real Decreto 1828/1999, describe la finalidad perseguida por la creación del Registro de Bienes Muebles: «En este Real Decreto se procede a la creación del Registro de Bienes Muebles, como verdadero Registro de titularidades sobre bienes muebles y no meramente gravámenes, en base a la habilitación concedida por las normas anteriores, si bien se añade también el Registro de Condiciones Generales de la Contratación como una sección diferenciada dentro de él»

El Registro de Bienes Muebles es por tanto, un registro de titularidades y no sólo de gravámenes con la finalidad de conseguir la necesaria seguridad jurídica para el tráfico jurídico de bienes muebles, según se establece en los Apartados 2 a 6 de la Disposición Adicional Única del Real Decreto 1828/1999: «2. El Registro de Bienes Muebles es un Registro de titularidades y gravámenes sobre bienes muebles, así como de condiciones generales de la contratación. Dentro de cada una de las secciones que lo integran se aplicará la norma específica reguladora de los actos o derechos inscribibles que afecten a los bienes, o a la correspondiente a las condiciones generales de contratación. 3. El Registro Central de Venta a Plazos de Bienes Muebles y el Registro Central de Condiciones Generales de la Contratación son secciones de un único Registro de Bienes Muebles Central, que podrá estar a cargo de más de un registrador en régimen de división personal en los términos que determine el Ministerio de Justicia. 4. Una vez practicada la inscripción en cada una de las secciones, el registrador competente remitirá copia al registrador central en el plazo máximo de los dos días hábiles siguientes. (...) 6. En lo demás no previsto se estará, en cuanto sea aplicable, a lo dispuesto en la Ordenanza del Registro de Venta a Plazos de Bienes Muebles, el Reglamento del Registro Mercantil y el Reglamento Hipotecario».

En el mismo sentido, los párrafos tercero y cuarto de la introducción a la Ordenanza del Registro recogen, por primera vez, la idea de la creación de un Registro de Bienes Muebles destinado a convertirse en un «registro de titularidades»: La Ley 28/1998 configura el Registro de Venta a Plazos de Bienes Muebles como un registro de contenido amplio destinado a integrarse en el Registro de Bienes Muebles (cfr. disposición adicional tercera). Ahora serán objeto de inscripción en aquél no sólo las garantías a favor del vendedor o financiador, sino también las titularidades sobre los bienes financiados o dados en arrendamiento, de forma que a todos los efectos legales se presumirá que los derechos inscritos existen y pertenecen a su titular en la forma determinada por el asiento respectivo (cfr. art. 15.2). Como corolario, anotaciones de embargo y de demanda sobre bienes muebles también accederán al mismo (cfr. disposición adicional segunda).

Es cierto que el artículo 10 de la Ley 3/2004 parece contemplar una eficacia meramente interna del pacto expreso de reserva de dominio sujeto a dicha Ley pues empieza diciéndose en su primer párrafo: «En las relaciones internas entre vendedor y comprador (.../...) Con todo, no es menos cierto que el recto propósito de una tal "garantía" en atención a su finalidad típica es que pueda hacerse valer frente a terceros. Así, en una tercería de dominio o por ejemplo, como privilegio especial del art. 90.1.4.º Ley Concursal en el concurso del concesionario. Ni que decir tiene que inscrita la reserva de dominio en el Registro de Bienes Muebles se da cumplimiento al requisito establecido en el art. 90.2 Ley Concursal en cuanto se exige de los créditos asegurados con reserva de dominio para que gocen de la consideración de "privilegio especial" "que la respectiva garantía esté constituida con los requisitos y formalidades previstos en la legislación específica para su oponibilidad a terceros"».

Pues bien, a pesar de que las compraventas descritas no estén sujetas a la Ley de venta a plazos de bienes muebles, las correspondientes reservas de dominio previstas en el «contrato-marco» tienen acceso al Registro de Bienes Muebles competente para su oponibilidad, concursal y extraconcursal, a terceros.

La inscripción en el Registro de Bienes Muebles cabe al amparo de lo previsto en los apartados 4 b) Ordenanza —que declara inscribibles los contratos de venta de bienes muebles registrables con precio total o parcialmente aplazado, en unos o varios vencimientos en tiempo superior a tres meses desde su perfección— y en su apartado o) en que se permite la inscripción de cualquier acto análogo a los expresados en el artículo (estamos ante un préstamo de financiación a concesionario análogo al contrato de financiación a consumidor). Por lo demás, desde siempre, la legislación de Hipoteca Mobiliaria y Prenda sin Desplazamiento ha permitido el acceso registral de los «títulos de adquisición de bienes muebles susceptibles de hipoteca (como son los vehículos de motor ex artículos 34 y siguientes de Ley Hipoteca Mobiliaria y Prenda Sin desplazamiento de posesión) cuyo precio se hubiere aplazado y garantizado con pacto de reserva o de resolución de dominio» (cfr. Artículo 13 del Reglamento de Hipoteca Mobiliaria y Prenda sin desplazamiento de posesión aprobado por Decreto de 17 de junio de 1955).

CUARTO.– Régimen de la publicidad registral de los respectivos contratos. A los efectos de la publicidad registral de los correspondientes contratos cabe distinguir:

1.º Las condiciones generales del contrato de concesión que pueden acceder al Registro de Condiciones Generales de la Contratación correspondiente al domicilio social del predisponente en aplicación de lo que se establece en el art. 11 de la Ley 7/1998, de 13 de abril, sobre condiciones generales de la contratación y su reglamento aprobado por Real Decreto 1828/1999, de 3 de diciembre.

2.º El «contrato marco» celebrado con cada concesionario puede inscribirse en el Registro de Bienes Muebles correspondiente al domicilio de este último (art. 9.1.ª Ordenanza). En dicho «contrato marco» se incluirán los pactos necesarios que permitan la perfecta individualización de las compraventas singulares suscritas a su amparo. Todo ello en aplicación de lo previsto en el artículo 4 f) párrafo 2 de la Ordenanza por analogía. Como quiera que el objeto de la «garantía» es un conjunto dinámico de bienes muebles registrables futuros será conveniente que en dicho contrato se apodere irrevocablemente al financiador para practicar las altas y las bajas de las reservas de dominio correspondientes a los contratos individuales por vehículos respectivamente comprados y revendidos.

En la medida que el contrato marco —y la compraventas realizadas en su ejecución— están fuera del ámbito de aplicación de la normativa de venta a plazos de bienes muebles y no existen modelos oficiales para la constancia registral del citado «contrato marco», éste deberá acceder al registro competente por escritura pública (cfr. art. 13 Reglamento de la Ley de Hipoteca Mobiliaria y Prenda Sin Desplazamiento) o al menos por póliza notarial (art. 3 Ley Hipoteca Mobiliaria y Prenda Sin Desplazamiento por analogía; Resolución de este Centro Directivo de 12 de marzo de 2001, de prenda sin desplazamiento de «stock» de vehículos, también por analogía). Ahora bien, bastará un solo instrumento notarial e inscripción para toda la vigencia del contrato de concesión.

3.º Las compraventas individuales de vehículos o de lotes de vehículos podrán darse de alta en el Registro de Bienes Muebles en méritos de los correspondientes documentos acreditativos de las compraventas singulares. En ejecución de lo previsto en la correspondiente cláusula autorizatoria del «contrato marco» inscrito al que deben referir, las compraventas individuales pueden remitirse telemáticamente por el financiador en aplicación de lo que se establece en las Instrucciones de la DGRN de 23 de octubre de 2001 y de 3 de diciembre de 2002, o mediante el sistema de remisión previsto en la reciente Resolución-Circular DGRN sobre formalización en documento electrónico con firma digitalizada de 13 de septiembre de 2011.

A estos efectos, podrá utilizarse el modelo de contrato de compraventa de bienes muebles aprobado por Resolución DGRN de 18 de 2 de 2000 —«Modelo V»— en que no sólo se describirán los bienes en la forma habitual sino que, además, se recogerán las cláusulas pertinentes de la reserva de dominio contenidas en el contrato marco inscrito que será de obligatoria referencia. Ni que decir tiene, que podrán utilizarse también los modelos que específicamente puedan aprobarse en el futuro para comunicar al Registro de Bienes Muebles las altas (compras de vehículos por el concesionario con sujeción a la reserva de dominio en favor del financiador subrogado) y la bajas (cancelaciones de la reserva de dominio cuando se produce la venta por el concesionario al consumidor final) de la flota en ejecución de los contratos marcos de concesión.

No obstante, sería conveniente la aprobación de un modelo específico para la formalización de estas operaciones derivadas del contrato de concesión comercial y de las reservas de dominio resultantes de la misma, a propuesta de las entidades consultantes o de cualquier otra interesada.

QUINTO.– Subsistencia del modelo de prenda sin desplazamiento de vehículos en stock. *La utilización de modelos específicos en el marco de contratos de concesión comercial no excluye la utilización del modelo de prenda sin desplazamiento de posesión aprobado por Resolución de este Centro Directivo de 12 de marzo de 2001.*

– La Resolución de 18 de marzo de 2008, de la Dirección General de los Registros y del Notariado, por la que se responden las consultas presentadas por la Asociación Española de Banca y por la Confederación Española de Cajas de Ahorro relativas al párrafo tercero del artículo 54 de la ley de 16 de diciembre de 1954, de hipoteca mobiliaria y prenda sin desplazamiento según la redacción dada por la ley 41/2007, de 7 de diciembre, establece:

«En las consultas presentadas por la Asociación Española de la Banca (en adelante, AEB) y por la Confederación Española de Cajas de Ahorro (en lo sucesivo, CECA), relativa al párrafo tercero del artículo 54 de la Ley de 16 de diciembre de 1954, de hipoteca mobiliaria y prenda sin desplazamiento (en adelante, LHMPSD), según la redacción dada por la Ley 41/2007, de 7 de diciembre.

Hechos

Único.– Los pasados días 28 y 29 de febrero de 2008, tanto CECA como AEB, presentaron ante este Centro directivo sendas consultas sobre el mismo objeto. De hecho, las citadas consultas son idénticas en cuanto a su contenido, razón por la que, por un mero criterio de economía procedimental y celeridad, se procede a contestar las mismas de modo conjunto.

FUNDAMENTOS DE DERECHO

PRIMERO. Acerca de la competencia de esta Dirección General.– La primera cuestión que debe reexaminarse es si este Centro Directivo es competente para resolver una cuestión como la planteada por las entidades consultantes. A tal fin, no es ocioso recordar que esta Dirección General es, en principio, competente para resolver sobre diferentes tipos de consultas.

Así, existe un primer tipo de ellas —las reguladas en el artículo 103 de la Ley 24/2001, de 27 de diciembre— que se denominan vinculantes porque su contenido es de obligado acatamiento para notarios y registradores "quienes deberán ajustar la interpretación y aplicación que hagan del ordenamiento al contenido de las mismas" y que, por tal razón, sólo pueden ser presentadas por el Consejo General del Notariado y por el Colegio de Registradores de la Propiedad y Mercantiles de España.

Una segunda tipología de tales consultas son las que pueden presentar los notarios o su organización corporativa sobre cuestiones atinentes a la función pública notarial. Tales consultas se regulan en el Reglamento Notarial —así, y sin ánimo exhaustivo, se prevén en los artículos 70 y 344.C).8 del Reglamento Notarial—, respecto de las que este Centro Directivo tiene una competencia específica (artículo 313.3.º del Reglamento Notarial).

La tercera variedad de consultas son las que pueden plantear directamente los registradores (artículo 273 con relación al 260.3.º, ambos de la Ley Hipotecaria), cuyo contenido está tasado. Sólo pueden referirse "a la inteligencia y ejecución de esta Ley (Hipotecaria) o de su Reglamento, en cuanto que verse sobre la organización o funcionamiento del Registrador, y sin que en ningún caso puedan ser objeto de consulta las materias o cuestiones sujetas a su calificación". En otras palabras, estas consultas no pueden referirse a dudas relativas a la calificación de un título presentado en el registro del que sean titular, lo que no impide que la doctrina de esta Dirección General expuesta en recursos frente a calificaciones negativas sea vinculante para todos los registradores (artículo 327, párrafo décimo, de la Ley Hipotecaria), aparte del que se contenga en la resolución de consultas vinculantes (vid. ut supra).

La última modalidad no está regulada en la normativa notarial o registral, si no que está prevista en el artículo 4.1.e) del Real Decreto 1475/2004, de 18 de junio, por el que se desarrolla la estructura orgánica básica del Ministerio de Justicia. Con arreglo a ese precepto este Centro directivo tiene una competencia general de resolución de aquellas consultas que se le planteen, sea quien sea el presentante, siempre que las mismas se refieran a materia notarial y registral, por ser ésta la competencia general de este Centro Directivo.

En este sentido, las consultas presentadas pretenden de esta Dirección General que exponga su criterio acerca de un párrafo de un artículo de la LHMPSD; más en concreto, se pretende con dicha consulta que este Centro Directivo resuelva las dudas de las entidades consultantes acerca del alcance de la reforma operada en la LHMPSD, en el sentido de si a partir de su entrada en vigor tan solo se amplía el ámbito de los bienes objeto de pignoración a través de la modalidad de prenda sin desplazamiento o, si por el contrario, tras su entrada en vigor es preciso que cualquier prenda ordinaria de créditos sea objeto de inscripción en el Registro de Bienes Muebles para que surta efecto frente a terceros.

Examinado el objeto de las consultas, en principio, las mismas pueden ser resueltas por este Centro directivo con expresa invocación de ese artículo 4.1 e) del Real Decreto 1475/2004, dado que i) la materia sobre la que recae las mismas afecta por igual al ámbito notarial y registral y, ii) es preciso dotar de seguridad jurídica al tráfico en una materia como la relativa a la pignoración de créditos que es de frecuente uso en las operaciones bancarias como medio de prestación de garantías.

SEGUNDO. Criterio de las entidades consultantes.– Brevemente, el criterio de las entidades consultantes se puede sintetizar del modo siguiente:

Existen dos posibles interpretaciones del párrafo tercero del artículo 54 de la LHMPSD, según la redacción dada por la Ley 41/2007; así, o bien "(i) se ha limitado a introducir una nueva categoría de activos susceptibles de ser pignorados *sin desplazamiento (los derechos de crédito), sin afectar a las prendas tradicionales (con desplazamiento) o (ii) (si) por el contrario su efecto ha sido el de unificar en una sola modalidad las prendas de créditos (a través de la prenda sin desplazamiento con inscripción en el Registro de Bienes Muebles), obligando a realizar todas según el nuevo párrafo tercero del artículo 54 antes transcrito, si se desea que las mismas tengan efectos frente a terceros".*

A juicio de tales entidades consultantes, la segunda interpretación no resulta admisible, entre otras razones, *"por el potencial impacto negativo que podría tener en caso de concurso del deudor pignorante".*

Por el contrario, y también a juicio de las entidades consultantes, la primera interpretación antes citada estaría sustentada por las siguientes razones:

La existencia de numerosas menciones en la LHMPSD a la prenda ordinaria, por contraposición a la prenda sin desplazamiento. A tal fin, se invoca la Exposición de Motivos de la LHMPSD y el artículo 59 de su texto.

A su juicio, "la diferencia básica entre la prenda ordinaria (con desplazamiento de la posesión) y la prenda sin desplazamiento reside en que en esta última el desplazamiento de la posesión, inherente a la primera, se sustituye por la publicidad registral".

Por ello, y dado que entre los bienes o derechos susceptibles de ser pignorados a través de la modalidad de prenda sin desplazamiento no se encontraban los créditos, sólo cabía la posibilidad de acudir a la denominada prenda con desplazamiento u ordinaria.

En apoyo de tal afirmación, las entidades consultantes citan numerosas sentencias, para terminar concluyendo que "hasta la fecha, con plena validez, han venido constituyéndose sobre derechos de crédito prendas ordinarias con desplazamiento de la posesión, efectuándose esta última a través de la notificación al deudor" y que la citada posibilidad —pignoración de créditos—, había tenido un expreso reconocimiento legal en la Ley 9/2003, de 22 de septiembre, concursal (en adelante, LC). Es más, en el artículo 90.1.6.º de tal LC tan sólo se exigía un requisito a los efectos de gozar de la preferencia en concurso; a saber, que dicha prenda conste en documento de fecha fehaciente.

Por si lo anterior no fuera suficiente, entienden que la reforma de dicho artículo 54 carece de una conexión lógica con el objeto de la reforma introducido por la Ley 41/2007, pues esta norma, respecto de las garantías reales mobiliarias reguladas en la LHMPSD se limitaba a "permitir la movilización de los créditos garantizados con hipoteca mobiliaria y prenda sin desplazamiento, emitiendo valores con cargo a los mismos", siendo ésta "la única mención recogida en la exposición de motivos de la Ley 41/2007 a la prenda sin desplazamiento".

En consecuencia, las entidades consultantes afirman que el mejor sentido de la reforma pasa por sostener que la Ley 41/2007 se ha limitado a incorporar un nuevo bien (derecho de crédito) susceptible de ser pignorado a través de la prenda sin desplazamiento y ello porque "nada dice la Ley 41/2007 sobre el régimen de la prenda ordinaria de créditos con desplazamiento de la posesión, que no modifica ni suprime".

De ese modo, convivirán dos tipos de prenda: la ordinaria en la que la desposesión del crédito se efectúa por la notificación y la prenda sin desplazamiento en la que la desposesión se efectúa por su publicidad registral.

En el sentido precedente resaltan, nuevamente, que en el ámbito bancario sin perjuicio de que nos encontremos ante una auténtica garantía real (la prenda ordinaria) más "que de un desplazamiento de la posesión,..., lo que suele producirse en el ámbito bancario es una limitación en la capacidad de disposición por parte del titular, de modo que esos bienes quedan 'bloqueados',..., En este sentido, al producirse una limitación en la capacidad de disposición del titular de los bienes pignorados, parecería más bien que nos encontramos ante prendas con desplazamiento de posesión y, por tanto, ajenas a la LHMPSD".

Por ello, "entendemos que la afirmación de la subsistencia del régimen primitivo para la constitución de prendas de crédito en el ámbito bancario encuentra respaldo en los preceptos de la propia Ley objeto de comentario. En primer lugar, en la Disposición derogatoria única de la Ley no se hace referencia alguna a los preceptos y normas que, con anterioridad a su promulgación, regulaban esta materia, es decir, al Código Civil, el Código de Comercio o el Real Decreto-Ley 5/2005, de 11 de marzo, de reformas urgentes para el impulso a la productividad y para la mejora de la contratación pública", de donde "mal podría sostenerse que no será posible realizar prendas de crédito con arreglo al régimen anteriormente vigente cuando las disposiciones legales que establecían ese régimen no han ni derogadas ni tan siquiera modificadas".

Como conclusiones finales, y en apoyo de una de las dos primeras interpretaciones anteriormente expuestas, finalizan con un análisis gramatical del precepto reformado (artículo 54 de la LHMPSD), para afirmar que su misma dicción avala la tesis expuesta ya que tal precepto utiliza reiteradamente la expresión "podrán", de donde no se impone para todo tipo de prenda tal inscripción en el Registro de Bienes Muebles.

De ahí que, "en razón de todos los argumentos esgrimidos, entendemos que, antes y después de la modificación del artículo 54 LHMPSD, existían diversas posibilidades para la constitución y formalización de las prendas de crédito y que éstas subsisten tras dicha modificación".

TERCERO. Acerca de la prenda de créditos: requisitos y efectos.– Es de sobra conocido que en nuestro ordenamiento jurídico la prenda de créditos es un producto de elaboración jurisprudencial. Así, no es ocioso recordar que hasta la conocida Sentencia del Tribunal Supremo de 19 de abril de 1997, nuestro Alto Tribunal había mantenido una tesis contraria a su admisibilidad, sea de modo absoluto o relativo. Es igualmente cierto que alguna doctrina sostiene que no había sido esa la tesis primitiva del Tribunal Supremo el cual de antiguo ya admitió una prenda de créditos [Sentencia de 25 de noviembre de 1886, con expresa invocación de Las Partidas (Partida 5.ª, Ley 13.1) o bien la ulterior de 28 de diciembre de 1935].

Sea como fuere, lo cierto es que desde la citada Sentencia de 19 de abril de 1997, el criterio del Tribunal Supremo ha sido constante en lo relativo a la posibilidad de que el objeto de una garantía prendaria fuera un crédito (sin ánimo exhaustivo, Sentencias de 7 de octubre de 1997, 13 de noviembre de 1999, 25 de junio de 2001, 26 de septiembre de 2002, 10 de marzo de 2004 y 30 de noviembre de 2006).

Por ello, parece adecuado recordar mínimamente cuáles son los requisitos de constitución de una prenda ordinaria, por más que el objeto pignorado sea un bien intangible (derecho de crédito), así como los derechos y obligaciones que se derivan para el acreedor pignoraticio.

Hemos de comenzar señalando que la prenda ordinaria, al igual que sucede con la hipoteca inmobiliaria, es un contrato con capacidad de desplegar efectos "erga omnes", si se constituye de modo debido.

Como es conocido, tal constitución (concepto en el que aunaremos los tradicionales de perfección y constitución) exige como paso previo inexcusable la existencia de consentimiento de los contratantes ex artículo 1261 del Código Civil; que la cosa pignorada pertenezca en propiedad al pignorante, sea o no obligado de la deuda cuyo pago garantiza (artículo 1857.2.º del CCv); la plena disposición sobre el bien objeto de pignoración —sea corporal o intangible— ex artículo 1857.3.º del CCv; la existencia de causa que no es otra que "asegurar el cumplimiento de una obligación principal" (artículo 1857.1.º del CCv) y, para que dicho contrato despliegue la antedicha eficacia erga omnes, la existencia de desplazamiento posesorio, ya se produzca éste a favor del acreedor o de un tercero de común acuerdo (artículo 1863 del CCv) y, lo que es esencial, una forma determinada, esto es instrumento público ya que "no surtirá efecto la prenda contra tercero si no consta por instrumento público la certeza de su fecha" (artículo 1865 del CCv).

La prenda posesoria así constituida conlleva como efecto inmediato la reipersecutoriedad del objeto pignorado, al quedar éste sujeto al cumplimiento de la obligación principal que garantiza, pudiendo el acreedor pignoraticio, entre otras facultades, desconocer la división de la cosa pignorada antes de la ejecución e, incluso, del vencimiento de la obligación garantizada (artículo 1860 del CCv). Igualmente, y respecto del acreedor pignoraticio, sea o no el depositario del objeto pignorado, su posición le permite ejercer las acciones que competan al dueño de la cosa pignorada para defenderla de cualquier reivindicación o detrimento (párrafo segundo del artículo 1869 del CCv), pudiendo reclamar el abono de los gastos efectuados en la conservación de la cosa gravada (artículo 1867 del CCv) y usar de la cosa dada en prenda, si así se hubiera pactado (artículo 1870 del CCv). Es más, dicho acreedor pignoraticio es titular de un derecho de retención "hasta que se le pague el crédito" (artículos 1866 y 1871 del CCv), teniendo la facultad de extender dicho derecho a aquellas deudas que el deudor contrajere con el acreedor constante la deuda garantizada con prenda (párrafo segundo del artículo 1866 del CCv). Igualmente, el acreedor pignoraticio disfruta de la denominada facultad anticrética (artículo 1868 del CCv), consistente en, como es conocido, la posibilidad de compensar los intereses que produzca la prenda con los que, en su caso, devengue el crédito garantizado.

Por último, e incumplida la obligación garantizada, el acreedor disfruta de la posibilidad de ejecutar el bien dado en prenda a través de los procedimientos legalmente previstos, incluida la subasta ante notario (artículo 1872 del CCv y 220 del Reglamento Notarial), lo que obviamente, conlleva una preferencia para el cobro de la deuda garantizada sobre el bien pignorado que atribuye al acreedor la condición de singularmente privilegiado (artículo 1922.2.º del CCv) —posteriormente, se analizará ese régimen concurrencial—.

Las obligaciones del acreedor pignoraticio son también conocidas: esencialmente, las de conservación de la cosa gravada con "la diligencia de un buen padre de familia", respondiendo de su "pérdida o deterioro conforme a las disposiciones de este Código" (artículo 1867 del CCv). Obviamente, al estar obligado a adelantar los gastos derivados del coste de conservación de la cosa gravada, el acreedor pignoraticio es acreedor de los mismos, protegido con la preferencia derivada del artículo 1922.1.º del CCv.

Expuesta muy sintéticamente la teoría general aplicable a la prenda posesoria, y admitida la prenda de crédito ya que "es un valor del patrimonio del (deudor) imponente" (STS de 19 de abril de 1997), los matices de tal prenda derivan, no de los requisitos de constitución de la misma, sino del objeto gravado, que es un incorporal o intangible.

Quiere decirse con ello que la prenda posesoria de crédito exige los mismos requisitos que si el bien gravado fuera corporal, otorgando, por tanto, al acreedor pignoraticio de un incorporal los mismos derechos y obligaciones que al que lo es de un corporal.

Eso sí, la inexistencia de corporeidad obliga a que de alguna forma se manifieste la desposesión del deudor, para lo que surge el instituto de la notificación de la prenda al deudor cedido. Ahora bien, este requisito que tiende a alcanzar, en la medida de lo posible, la publicidad de esa prenda, no adquiere el rango de requisito de constitución de la misma. En otras palabras, dicha notificación es, desde la perspectiva fáctica, útil para el acreedor puesto que si la prenda no es notificada al deudor éste podrá liberar pagando al acreedor primitivo y al acreedor pignoraticio no se le reconocerá legitimación a ningún efecto. Ahora bien, la inexistencia de esa notificación no priva a la prenda constituida de ninguno de los derechos antes analizados. No es, pues, un requisito de constitución, ni de eficacia "erga omnes"; tan es así, que la misma normativa concursal en su artículo 90.1.6.º de la LC en modo alguno exige esa notificación, ni siquiera a los efectos concurrenciales.

Y, por ello, la doctrina señala la conveniencia de que en los casos de imposibilidad práctica de desplazamiento posesorio del objeto pignorado por ser éste un intangible, se entregue, al menos, al acreedor pignoraticio la representación documental de tal incorporal, como puede ser el contrato del que se derivan los derechos de crédito pignorados o la libreta que sirve de soporte contable en caso de prenda de cuentas y depósitos bancarios, impidiendo además y de este modo al pignorante la restitución de lo pignorado en tanto la prenda no se libere la prenda por el íntegro cumplimiento de la obligación que garantiza; mas en cualquier caso, y se insiste en ello, tal notificación será útil para el acreedor por motivos fácticos, pero no alcanza el carácter de requisito constitutivo.

En resumen de cuanto antecede, es obvio que: a) un incorporal (derecho de crédito) es un bien perteneciente al patrimonio del pignorante hábil para ser gravado con una prenda; b) que nos encontramos ante una prenda "strictu sensu"; c) que los requisitos de constitución para que sea eficaz "erga omnes" son los mismos que los de la prenda posesoria y d) que esa prenda atribuye al acreedor pignoraticio un haz de derechos específicos.

CUARTO. Breve referencia a la prenda no posesoria o sin desplazamiento.– Resulta aconsejable, al igual que se acaba de efectuar con la prenda posesoria, resaltar cuáles son los requisitos de la prenda sin desplazamiento y los derechos que otorga al acreedor pues, se debe afirmar desde el inicio, que el haz de derechos que otorga la prenda posesoria al acreedor no son los mismos que los que otorga la prenda sin desplazamiento. Quiere decirse con ello que son dos figuras distintas con efectos distintos.

Al igual que sucedía con la prenda posesoria, es igualmente conocido el origen de la prenda sin desplazamiento. Hasta la promulgación de la LHMPSD en nuestro ordenamiento jurídico ya existieron garantías mobiliarias prendarias sin desplazamiento —así, la prenda agrícola y ganadera (Real Decreto de 22 de septiembre de 1917); la prenda aceitera (Decreto de 29 de noviembre de 1935) y la prenda industrial (Ley de 17 de mayo de 1940)—, puesto que se consideraba que determinados elementos del patrimonio del deudor gozaban de un valor que en sí mismos permitían constituir sobre ellos un gravamen. Ahora bien, dado que la desposesión de esos elementos privaba al deudor de un elemento de su activo importante para proseguir con su actividad, se entendió que era aconsejable crear una garantía mobiliaria en la que esa desposesión no existiera.

Surge así la hipoteca mobiliaria y la prenda sin desplazamiento que en lo relativo al bien susceptible de ser gravado con una y otra se diferencian en que en la primera tales bienes son de una identificación superior a lo que sucede con los susceptibles de ser gravados con prenda sin desplazamiento. Ahora bien, las diferencias entre una y otra garantía mobiliaria (hipoteca mobiliaria y prenda sin desplazamiento) no terminan ahí, porque, por citar un solo ejemplo a la hipoteca mobiliaria es consustancial como efecto la reipersecutoriedad del bien (artículo 16 de la LHMPSD), circunstancia que no se da en la prenda sin desplazamiento, a pesar de su reflejo tabular.

Por ello, y retomando los requisitos de la prenda sin desplazamiento y sus efectos, cabe destacar que a la prenda sin desplazamiento le es de aplicación las disposiciones comunes de la LHMPSD (título I, artículos 1 a 11) y las específicas del título III (artículos 52 y ss). También le es de aplicación a dicha prenda sin desplazamiento los artículos relativos al Registro de Hipoteca Mobiliaria y Prenda sin Desplazamiento (actualmente, Registro de Bienes Muebles), del que, por lo que interesa a la prenda sin desplazamiento, debe destacarse que es un registro de gravámenes, que no de titularidades [artículo 68.a)] de la LHMPSD), con una calificación delimitada a determinadas cuestiones (artículo 72 de la LHMPSD) en el que, al contrario de lo que sucede con la hipoteca mobiliaria (se lleva por el sistema de folio real), cada prenda sin desplazamiento se inscribe en un folio propio, sin consideración a los bienes que se pignoran (párrafo segundo del artículo 74 y artículo 30 de su Reglamento), determinando el artículo 70 de la LHMPSD el Registro competente para su inscripción.

Esta última cuestión es esencial tratándose de derechos de crédito, pues a la dificultad objetiva de determinar el lugar donde se encuentra el mismo, se añade el de la fijación de la competencia territorial del Registro de Bienes Muebles, lo que implica de por sí otra dificultad, ya que al llevarse la prenda sin desplazamiento en un folio propio, tratándose de derechos de crédito al acreedor pignoraticio le puede resultar muy complejo la determinación de si ése derecho está previamente gravado, porque le conllevaría la consulta de todos los Registros de Bienes Muebles en los que el deudor hubiera podido previamente gravar el intangible.

Pues bien, para constituir una prenda sin desplazamiento se requiere, además, de la condición del bien pignorado en los términos del artículo 1 de la LHMPSD, una forma pública (artículo 3 de la LHMPSD), pues es inexcusable que se documente en escritura pública o en póliza, lo que a su vez conlleva consecuencias fiscales diversas (por todos, artículo 30 del TRITPAJD).

Obviamente, dicho instrumento público habrá de inscribirse en el Registro de Bienes Muebles competente, siendo éste un requisito de eficacia, que no de constitución (artículo 3 de la LHMPSD), pues al contrario de lo que sucede con la hipoteca inmobiliaria (artículo 1875.1 del CCv), en el que la inscripción es un requisito de validez, en la prenda sin desplazamiento es un requisito de eficacia, ya que la ausencia de inscripción "privará al acreedor… pignoraticio de los derechos que, respectivamente, les concede esta Ley" (párrafo último del artículo 3 de la LHMPSD).

Esta contundente afirmación de la LHMPSD no se ve alterada por el inciso final del párrafo tercero del artículo 54 de la LHMPSD, según la redacción dada por la Ley 41/2007, pues aparte de que hubiera requerido una reforma específica para dicha garantía mobiliaria del artículo 3 de la LHMPSD, ese entendimiento implicaría una reforma en profundidad de esa Ley, lo que extravasa con mucho el objeto de la reforma que, como se expondrá, es más limitado. Si se afirma que esa prenda sin desplazamiento de intangible (derecho de crédito) requiere para su eficacia de inscripción, es por la simple razón de que, existiendo dificultades objetivas de determinación de los elementos indispensables para su constancia tabular (artículo 57 de la LHMPSD), tal inscripción tiene una mayor importancia, lo que en modo alguno dota a la misma de requisito de validez. Sigue siendo un requisito de eficacia.

En idéntico sentido, no es equiparable la notificación de la prenda posesoria a la inscripción de la prenda sin desplazamiento, pues ambos actos jurídicos no tienen igual valor, ni otorgan idénticos derechos al acreedor pignoraticio, dada la naturaleza e una inscripción de prenda sin desplazamiento que en modo alguno se equipara, ni tiene el valor, que se le atribuye a la inscripción de una garantía real inmobiliaria.

Por lo demás, la escritura pública o póliza deberá describir los bienes objeto de pignoración en los términos del artículo 57, lo que, aplicado al supuesto de prenda no posesoria de créditos, exige concretar aspectos tales como su descripción, con las lógicas dificultades derivadas de una adecuada determinación del crédito pignorado, valor, identificación, por ejemplo, de la entidad en donde se efectuó la imposición si el objeto pignorado es una imposición a plazo fijo, la duración de ésta, los intereses, etc.

El haz de derechos del acreedor prendario sin desplazamiento y del deudor pignorante es diverso al de una prenda posesoria. Así, el deudor no puede enajenar los bienes gravados (artículo 4 de la LHMPSD) y deberá pagar las primas del seguro, si procede éste (artículo 6 de la LHMPSD). En cuanto al acreedor, en principio, carece de facultades anticréticas, así como de la posibilidad de que el acreedor acometa los gastos o deberes de que se trate para evitar perjuicio o detrimento al bien gravado. A lo más, podrá dar por vencido el crédito si el deudor hace mal uso del bien gravado (párrafo segundo del artículo 62 de la LHMPSD). Además, el acreedor podrá comprobar la existencia de los bienes pignorados e inspeccionarlos (artículo 63 de la LHMPSD). Por último, la prenda sin desplazamiento inscrita dota al acreedor prendario de la preferencia del artículo 1922.2.º del CCv y de la prelación del 1926.1.º del CCv y le atribuye la posibilidad de ejecutar la prenda a través de unos procedimientos determinados.

Con todo, no sólo se trata de la existencia de un haz de derechos distintos para el acreedor, según se trate de una prenda posesoria o sin desplazamiento, sino de la evidencia de que la prenda sin desplazamiento, a pesar de su reflejo tabular, carece de la facultad de reipersecutoriedad y de oponibilidad de lo inscrito, de la que, al contrario, sí disfruta una hipoteca inmobiliaria o una prenda posesoria de las reguladas con carácter general en el Código Civil.

Que la prenda sin desplazamiento carece de reipersecutoriedad, es una obviedad a la luz del artículo 16 de la LHMPSD que sí le atribuye tal efecto a la hipoteca mobiliaria y no a la prenda sin desplazamiento —véase, asimismo lo dispuesto para las hipotecas inmobiliarias en los artículos 1876 del CCv y 104 de la LH—.

Que no tiene reconocido el efecto de la oponibilidad de lo inscrito es también evidente, pues así se deriva del artículo 56 de la LHMPSD. Este precepto afirma que "la constitución de la prenda no perjudicará, en ningún caso, los derechos legítimamente adquiridos en virtud de documento de fecha auténtica anterior, por terceras personas sobre bienes pignorados", lo que dota de sentido, por otra parte, a la prohibición de gravar con una prenda posesoria el bien previamente sujeto a prenda sin desplazamiento del artículo 55 de la LHMPSD; pero es más, el juego conjunto de los artículos 59 —el deudor pignorante tendrá la consideración de depositario—; 60 —imposibilidad de traslado del bien pignorado sin consentimiento del acreedor—, y 63 de la LHMPSD obligan a considerar que la inscripción no se impone frente al adquirente del bien pignorado siempre que éste lo sea de buena fe.

El resumen de cuanto antecede es evidente: la prenda ordinaria y la prenda sin desplazamiento no son figuran homogéneas en cuanto a los derechos que se derivan de cada una. No se trata, por tanto, de que en la primera no hay reflejo

tabular y sí en la segunda. Tampoco son equiparables la naturaleza y efectos de la notificación y de la inscripción. Esas no son las únicas diferencias, ya que, como ha quedado expuesto los derechos y obligaciones que se derivan de cada garantía son distintos. Por último, y con ser ése el elemento esencial, no es trasladable a la prenda sin desplazamiento los efectos tradicionales derivados de una hipoteca inmobiliaria o del sistema registral inmobiliario, pues el Registro de Bienes Muebles, en lo relativo a la prenda sin desplazamiento cuenta con matices sustanciales que lo separan de aquél: es oponible lo no inscrito frente a lo inscrito (artículo 56 de la LHMPSD); no goza de presunción de exactitud en los mismos términos que el Registro de la Propiedad [artículo 68.a)] de la LHMPSD), pues exceptuado aeronaves no es preciso "previa inscripción alguna a favor de la persona que otorgue los títulos mencionados (los de constitución de la prenda sin desplazamiento)" en el Registro de Bienes Muebles y, además, es un Registro de gravámenes que no de titularidades.
QUINTO. *Concurrencia entre prenda sin desplazamiento y con desplazamiento.– La posibilidad de que un mismo bien haya podido ser objeto de ambos tipos de prenda exige analizar cuál es su régimen concurrencial, a los efectos de resolver qué derecho prima y, sobre todo, cuál es el criterio al que debe atenderse.*
Si como ha quedado dicho para la prenda ordinaria o con desplazamiento es requisito esencial de oponibilidad, entre otros, la forma documental pública, su preferencia vendrá dada por la fecha del instrumento público.
Igualmente, y como ha quedado expuesto, para que la prenda sin desplazamiento goce de los derechos que le confiere la LHMPSD es requisito previo su inscripción, su preferencia vendrá dada por la fecha de la misma.
Por tanto, los momentos homogéneos a tener en cuenta son los expuestos; en el caso de que se constituya una prenda sin desplazamiento sobre un crédito previamente pignorado con una prenda ordinaria, si la fecha de éste consta en un instrumento público y es anterior a la de la inscripción, prevalecerá la prenda con desplazamiento u ordinaria. Por el contrario, si la inscripción es de fecha anterior, primará ésta como regla general, si bien que existen matices evidentes, vista la literalidad del artículo 90.1.6.º de la LC, en la que la preferencia se deriva de la fecha del documento público. En este punto, y si la concurrencia se produce sobre un intangible, como es una prenda de créditos, la regla del artículo 55 de la LHMPSD —imposibilidad de pignorar de modo ordinario lo ya pignorado sin desplazamiento— se relativiza notablemente, dadas las dificultades objetivas de un adecuado reflejo tabular de una prenda sin desplazamiento de créditos y del sistema de llevanza del Registro de Bienes Muebles cuando de esta garantía mobiliaria se trata.
SEXTO. *Mantenimiento o supresión de la posibilidad de pignorar créditos a través de la prenda ordinaria o con desplazamiento. Reforma del artículo 54 de la LHMPSD.– Si se ha expuesto con extensión el régimen de la prenda ordinaria y sin desplazamiento es porque tal recorrido permite abordar con fiabilidad el contenido de la consulta presentada por AEB y CECA.*
En efecto, y en una primera aproximación, se podría haber deducido que la reforma del artículo 54 de la LHMPSD impide que se pueda constituir una prenda ordinaria de créditos. Esa afirmación tendría un cierto sustento en la identidad de derechos y de obligaciones dimanantes de una y otra garantía mobiliaria. A identidad de derechos y de obligaciones entre la prenda sin desplazamiento y la ordinaria, la reforma ulterior del artículo 54 de la LHMPSD podría fundar una suerte de interpretación derogatoria tácita de la posibilidad de pignorar con desplazamiento posesorio un derecho de crédito, a pesar de ser un intangible.
Pero ya se ha visto que de tales garantías no se derivan idénticos derechos u obligaciones para deudor y acreedor, de donde, sin más, esa interpretación resulta de todo punto inadmisible, ya que para que tal efecto se pudiera producir, la norma posterior debería regular idéntica materia que la anterior, lo que no es el caso.
Además, a idéntica conclusión se llega si se atiende una simple interpretación sistemática de nuestro ordenamiento jurídico, que no se ha visto alterado o modificado en este punto.
Tal interpretación sistemática se basaría en las siguientes evidencias:
La ausencia de una derogación expresa del artículo 1868 del CCv. Recuérdese que sobre su inciso inicial —"si la prenda produce intereses"—, se elaboró por el Tribunal Supremo la posibilidad de pignorar de modo ordinario créditos.
La inexistencia de una derogación de la normativa concursal. Carecería de sentido que la reforma del artículo 54 de la LHMPSD conllevara la del artículo 90.1.6.º de la LC; pero lo que tendría aún menor sentido es que, derivándose de las garantías mobiliarias, en general, una determinada preferencia en ejecución singular y universal, si ése hubiera sido el deseo de la reforma no se hubiera modificado el artículo citado de la LC que específicamente se refiere a la prenda de créditos dotando a su acreedor de la condición de singularmente privilegiado, exigiendo sólo un requisito, como es conocido: constancia documental pública.
La normativa de Derecho Civil especial; a tal fin debe recordarse como la prenda ordinaria de crédito tiene una regulación sustantiva específica en el ámbito de Cataluña. Así, el apartado tercero del artículo 569-13 de la Ley 5/2006, de 10 mayo, afirma que "la prenda de créditos debe constituirse en documento público y debe notificarse al deudor o deudora de crédito empeñado".

En idéntico sentido, la ausencia de una derogación o afectación al régimen específico previsto del Código de Comercio, del Real Decreto-Ley 5/2005, de 11 de marzo, o de la misma normativa de contratación pública, ya sea la todavía vigente, o la Ley 30/2007, de 30 de octubre, que entrará en vigor el próximo 1 de mayo de 2008.

Por los argumentos expuestos —existencia de dos garantías mobiliarias con derechos y obligaciones diversas—, así como dada la ausencia de efecto derogatorio alguno, sea de modo tácito o expreso, es preciso concluir que el sentido de la reforma es muy simple: abrir la posibilidad a que se pueda constituir prenda sin desplazamiento de créditos, mas en modo alguno impedir, limitar o menoscabar la posibilidad de prenda ordinaria de tales créditos; y sin que la posibilidad de pignorar créditos sin desplazamiento implique un mejor trato concurrencial a dicha garantía por el hecho de su reflejo tabular, que a la misma prenda ordinaria o con desplazamiento de posesión. Lejos de ello, y como se ha expuesto en el apartado quinto de esta consulta, la concurrencia entre ambas figuras es de fecha, en un caso la del documento público y, en otro, la de la inscripción y no de naturaleza, ya que no es de mejor condición la prenda sin desplazamiento que la posesoria.

Y todo lo anterior sin considerar los efectos dimanantes del reflejo tabular de una prenda sin desplazamiento de créditos, dados los diferentes efectos de dicha inscripción en el Registro de Bienes Muebles, respecto del que se deriva de una hipoteca inmobiliaria en el Registro de la Propiedad, pues como quedó expuesto la inscripción de la prenda sin desplazamiento no conlleva reipersecutoriedad del bien y a la misma es oponible lo no inscrito, ya que el Registro de Bienes Muebles en este punto es de gravámenes y no goza de la presunción de exactitud de lo inscrito».

RESPONSABILIDAD MEDIOAMBIENTAL

– La **Ley 26/2007, de 23 de octubre, de responsabilidad medioambiental** establece: «*Artículo 13. Responsables solidarios y subsidiarios. 1. Serán responsables solidarios del pago de las obligaciones pecuniarias que resulten de esta ley los sujetos a los que se refiere el artículo 42.2 de la Ley 58/2003, de 17 de diciembre, General Tributaria. 2. Serán responsables subsidiarios de los deberes impuestos en esta ley y, en particular, de las obligaciones pecuniarias correspondientes, los siguientes sujetos: a) Los gestores y administradores de hecho y de derecho de las personas jurídicas cuya conducta haya sido determinante de la responsabilidad de éstas. b) Los gestores o administradores de aquellas personas jurídicas que hayan cesado en sus actividades, en cuanto a los deberes y obligaciones pendientes en el momento de dicho cese, siempre que no hubieran hecho lo necesario para su cumplimiento o hubieran adoptado acuerdos o tomado medidas causantes del incumplimiento. c) Los que sucedan por cualquier concepto al responsable en la titularidad o en el ejercicio de la actividad causante del daño, con los límites y las excepciones previstos en el artículo 42.1.c) de la Ley 58/2003, de 17 de diciembre. d) Los integrantes de administraciones concursales y los liquidadores de personas jurídicas que no hubieran realizado lo necesario para el cumplimiento de los deberes y las obligaciones devengadas con anterioridad a tales situaciones. 3. Estas responsabilidades pecuniarias se declararán y exigirán en los procedimientos de ejecución, en los términos establecidos en la legislación tributaria y de recaudación de ingresos de Derecho público».*

SALARIOS DE TRAMITACIÓN

– El **Real Decreto 418/2014, de 6 de junio, por el que se modifica el procedimiento de tramitación de las reclamaciones al Estado por salarios de tramitación en juicios por despido** establece: «*Artículo 5. Documentación exigida. 1. Al escrito de reclamación, en el que deberá indicarse el periodo considerado de salarios de tramitación a cargo del Estado, así como la cuantía en que se valoran los mismos, deberá acompañarse, en todo caso: a) Copia testimoniada de la demanda de despido, de la sentencia que declare su improcedencia y de la resolución judicial por la que se determine la readmisión del trabajador, o comparecencia al efecto. b) Certificación expedida por la Secretaría del órgano jurisdiccional o Tribunal Superior de Justicia correspondiente, haciendo constar la cronología del procedimiento ante el mismo a efectos del cómputo del tiempo que exceda de los noventa días hábiles en los supuestos a que se refiere el artículo 119 de la Ley 36/2011, de 10 de octubre, reguladora de la jurisdicción social, especificando el motivo de la suspensión, en su caso, o la no existencia de ésta. En todo caso, deberán figurar las fechas de: despido, presentación de la demanda, sentencia y notificación y firmeza de la misma. c) Documentación que acredite fehacientemente el pago al trabajador de los salarios que se reclamen, así como certificación original de la Tesorería General de la Seguridad Social relativa a las cuotas ingresadas respecto del trabajador despedido por la empresa reclamante, con desglose mensual de cuota patronal y cuota obrera, referida al periodo comprendido entre la fecha del despido y la de la notificación de la sentencia por la que se declara el despido improcedente. d) Informe de vida laboral del trabajador. En caso de haber prestado servicios para otra empresa en el período de responsabilidad estatal, deberá aportarse documentación acreditativa de los salarios percibidos durante ese período. Si, en estos casos, el empresario no pudiera obtener el informe de vida laboral del trabajador, habrá de ser el correspondiente Área o Dependencia de Trabajo e Inmigración quien lo solicite de oficio.*

2. Se exigirá documentación adicional en los siguientes casos: a) En el supuesto de que se nombre un representante para la tramitación, poder notarial en que se haga constar expresamente el otorgamiento de dicho poder. Se podrá sustituir este apoderamiento notarial por el otorgamiento de poder efectuado ante funcionario competente de la Delegación o Subdelegación de Gobierno, debiendo personarse, a tal fin, en sus dependencias, representante y representado. b) En caso de que quien reclame sea el trabajador de una empresa declarada insolvente, copia testimoniada del auto de insolvencia provisional del empresario, con expresión de la fecha de su firmeza. c) Si el trabajador reclamante lo fuera de una empresa en concurso de acreedores, deberá presentar certificado del administrador concursal en el que éste manifieste tener conocimiento de la reclamación formulada por parte del trabajador, y en el que se indique el estado del procedimiento concursal, y que el trabajador no ha cobrado cantidad alguna a cargo de la masa del concurso».

SAREB

– La **Circular 5/2015, de 30 de septiembre, del Banco de España, por la que se desarrollan las especificidades contables de la Sociedad de Gestión de Activos procedentes de la Reestructuración Bancaria, S. A.**, entre los criterios relevantes para el desarrollo de la metodología de valoración por la Sareb (norma cuarta) hace referencia a los instrumentos de patrimonio emitidos por sociedades e instrumentos de patrimonio propio emitidos por fondos de activos bancarios: «*Norma cuarta. Criterios relevantes para el desarrollo de la metodología de valoración por la Sareb.1. La Sareb desarrollará la metodología para estimar las correcciones valorativas por deterioro de valor según los criterios establecidos en esta circular. 2. La metodología de valoración deberá ser aprobada y periódicamente revisada por su consejo de administración, y será acorde con los criterios aprobados en el capítulo III del Real Decreto 1559/2012, de 15 de noviembre, por el que se establece el régimen jurídico de las sociedades de gestión de activos, para fijar su valor de transferencia, con objeto de asegurar su coherencia con la evolución de los precios de mercado en el momento de la estimación y con los horizontes temporales previstos en el plan de negocios de la Sareb. 3. Los detalles de la metodología, así como sus cambios, deberán estar suficientemente documentados (...). 6. Instrumentos de patrimonio emitidos por sociedades e instrumentos de patrimonio propio emitidos por fondos de activos bancarios. a) Negociados en mercados activos. El valor de los instrumentos de patrimonio adquiridos por la Sareb será, cuando se negocien en un mercado activo, su valor de mercado en la fecha de valoración. b) No negociados en mercados activos. i. La Sareb estimará el valor de los instrumentos de patrimonio no negociados en un mercado activo según la información pública disponible en la fecha de valoración. ii. En el caso de sociedades que hayan presentado solicitud de concurso voluntario o que hayan sido declaradas en concurso por auto judicial, el valor de sus instrumentos de patrimonio se reputará nulo. iii. Para el resto de sociedades, el valor de los instrumentos de patrimonio será, como máximo, el valor de la parte alícuota del patrimonio neto contable de la sociedad a la que dichos instrumentos representan, salvo que el valor total del activo exceda de 10 millones de euros y su parte alícuota fuera superior a 3 millones de euros, en cuyo caso deberá realizarse una valoración específica a cargo de un experto independiente. iv. Los instrumentos de patrimonio propio emitidos por fondos de activos bancarios se valorarán —al menos, de forma anual— con la presentación de las cuentas anuales. El valor en libros de estos instrumentos no podrá superar la parte alícuota del patrimonio neto que les corresponda*».

SECTOR ELÉCTRICO

– La **Ley 24/2013, de 26 de diciembre, del Sector Eléctrico** establece: «*Artículo 7. Garantía del suministro (...) 6. Cuando el incumplimiento de las obligaciones de los sujetos definidos en el artículo 6 pueda afectar a la continuidad y seguridad del suministro eléctrico, y a fin de garantizar su mantenimiento, el Gobierno podrá acordar la intervención de la correspondiente empresa de acuerdo con lo previsto en el artículo 128.2 de la Constitución, adoptando las medidas oportunas para ello. A estos efectos serán causas de intervención de una empresa las siguientes: 1.º Cuando medie declaración de concurso de acreedores y la empresa no se halle en condiciones de cumplir con sus obligaciones, y, en todo caso, si se ha producido la apertura de la fase de liquidación. 2.º La gestión irregular de la actividad cuando le sea imputable y pueda dar lugar a su paralización con interrupción del suministro a los usuarios. 3.º La grave y reiterada falta de mantenimiento adecuado de las instalaciones que ponga en peligro la seguridad de las mismas. En estos supuestos, si las empresas que desarrollan las actividades destinadas al suministro de energía eléctrica lo hacen mediante instalaciones cuya autorización sea competencia exclusiva de una Comunidad Autónoma, la intervención será acordada por ésta, salvo que esté en riesgo la seguridad de suministro, en cuyo caso, también podrá ser acordada por el Gobierno, quien lo comunicará a la Comunidad Autónoma (...)*».

SECTOR FERROVIARIO

– La **Ley 38/2015, de 29 de septiembre, del sector ferroviario**, establece que el concurso de acreedores conforma una circunstancia que, en determinadas circunstancias, impide la obtención de la licencia de empresa ferroviaria. A este respecto, no pueden obtener esta licencia las entidades cuyos administradores o miembros de su personal directivo hayan sido declarados en situación concursal o inhabilitados o suspendidos para ejercer cargos de administración en sociedades. Ni tampoco las entidades incursas en un procedimiento concursal: «*Artículo 50. Requisitos para la obtención de la licencia. 1. Las licencias se obtendrán previa acreditación por el solicitante del cumplimiento de los siguientes requisitos: a) Revestir la forma de sociedad anónima, de acuerdo con la legislación española, o ser una empresa pública. La sociedad o empresa deberá haberse constituido por tiempo indefinido. En el caso de las sociedades, sus acciones habrán de tener carácter nominativo. En caso de que la sociedad esté o vaya a estar controlada, de forma directa o indirecta, por una o varias personas domiciliadas en un Estado no miembro de la Unión Europea, podrá denegarse la licencia o limitarse sus efectos cuando las empresas ferroviarias españolas o comunitarias no se beneficien, en el referido Estado, del derecho al acceso efectivo a la prestación del servicio ferroviario. b) Contar con capacidad financiera para hacer frente a sus obligaciones presentes y futuras. c) Garantizar la competencia profesional de su personal directivo. d) Tener cubiertas las responsabilidades civiles que puedan serle exigibles. 2. Las entidades que pretendan prestar servicios de transporte ferroviario habrán de tener por objeto principal la realización de dicha actividad. 3. No podrán obtener una licencia las siguientes entidades: a) Aquéllas cuyos administradores o miembros de su personal directivo sufran o hayan sufrido, en España o fuera de ella, pena privativa de libertad hasta que transcurran cinco años desde su íntegro cumplimiento, los declarados en situación concursal o los inhabilitados o suspendidos para ejercer cargos de administración en sociedades o los sancionados o condenados mediante resolución o sentencia firme por las infracciones a que se refieren los párrafos b), c) y e) siguientes, en tanto dicha declaración, inhabilitación o suspensión estuviera vigente. b) Las sancionadas por infracciones penales graves, en el plazo de cinco años desde la firmeza de la sanción. c) Las que estén incursas en un procedimiento concursal. d) Las sancionadas o condenadas, mediante resolución o sentencia firmes, por infracciones muy graves cometidas en el ámbito de la legislación específica de transportes, o por infracciones muy graves o reiteradas de las obligaciones derivadas de las normas sociales o laborales y resultantes de convenios colectivos vinculantes, en particular de la legislación sobre seguridad y salud en el trabajo, en el plazo de cinco años desde la firmeza de la última resolución sancionadora. e) Las que, prestando servicios de transporte transfronterizo de mercancías sujetos a trámites aduaneros, hayan sido sancionadas por infracciones muy graves o graves o reiteradas por incumplir las normas que regulen el régimen aduanero, en el plazo de cinco años desde la firmeza de la resolución sancionadora*». Por otro lado, el apartado primero del artículo 56 dispone: «*1. Son causas de revocación de la licencia concedida a una empresa ferroviaria las siguientes: a) El incumplimiento sobrevenido por la empresa ferroviaria de los requisitos exigidos en el artículo 50.1 para su otorgamiento, así como el hallarse incursa en alguna de las causas enumeradas en el artículo 50.3, epígrafes d) y e) cuando el hecho ilícito cometido afecte gravemente a la seguridad ferroviaria o al derecho a la movilidad de las personas. No obstante, cuando la licencia sea revocada por incumplimiento del requisito de capacidad financiera, la Agencia Estatal de Seguridad Ferroviaria podrá, por razones de interés general, conceder a la empresa ferroviaria una licencia temporal, siempre que no se comprometa la seguridad del servicio de transporte ferroviario. Dicha licencia temporal tendrá validez durante un período máximo de seis meses. b) La declaración en estado concursal, salvo que la Agencia de Seguridad Ferroviaria constate que dentro de un plazo razonable la empresa podrá tener viabilidad financiera. La apertura de la fase de liquidación dará lugar a la revocación siempre que la Agencia Estatal de Seguridad Ferroviaria llegue al convencimiento de que no existen perspectivas realistas de saneamiento financiero. c) La obtención de la licencia en virtud de declaraciones falsas o por otro medio irregular. d) La extinción de la empresa pública o el acaecimiento de alguna de las causas de disolución forzosa de la empresa ferroviaria previstas en el artículo 363 del texto refundido de la Ley de Sociedades de Capital, aprobado por Real Decreto Legislativo 1/2010, de 2 de julio*».

SEGURIDAD PRIVADA

– La **Ley 5/2014, de 4 de abril, de Seguridad Privada** establece «*Artículo 22. Representantes legales. (...) 2. Los representantes de las empresas de seguridad privada, que se inscribirán en el Registro Nacional de Seguridad Privada o en el correspondiente registro autonómico, deberán: (...) e) No haber sido administrador de hecho o de derecho o apoderado general, en los diez años anteriores, en una empresa que haya sido declarada en concurso calificado como culpable, o condenada mediante sentencia firme por delitos de insolvencia punible, contra la Hacienda Pública, contra la Seguridad Social o contra los derechos de los trabajadores, por intromisión ilegítima en el ámbito de protección del derecho al honor, a la intimidad personal y familiar o a la propia imagen, vulneración del secreto de las comunicaciones o de otros derechos fundamentales (...)*».

SEGURIDAD SOCIAL DE LAS FUERZAS ARMADAS

– El **Real Decreto 1726/2007, de 21 de diciembre, por el que se aprueba el Reglamento general de la seguridad social de las fuerzas armadas**, establece: *«Artículo 37. Prelación de créditos. Los créditos por cuotas individuales de este Régimen especial y en su caso los recargos o intereses que sobre aquéllos procedan, gozarán, respecto de la totalidad de los mismos, de igual orden de preferencia que los créditos a que se refiere el apartado 1.º del artículo 1924 del Código Civil. En caso de concurso, los créditos por cuotas de la Seguridad Social y conceptos de recaudación conjunta y, en su caso, los recargos e intereses que sobre aquellos procedan, así como los demás créditos de Seguridad Social, quedarán sometidos a lo establecido en la Ley Concursal».*

SERVICIOS DE PAGO Y ENTIDADES DE PAGO

– El **Real Decreto 736/2019, de 20 de diciembre, de régimen jurídico de los servicios de pago y de las entidades de pago y por el que se modifican el Real Decreto 778/2012, de 4 de mayo, de régimen jurídico de las entidades de dinero electrónico, y el Real Decreto 84/2015, de 13 de febrero, por el que se desarrolla la Ley 10/2014, de 26 de junio, de ordenación, supervisión y solvencia de entidades de crédito**, establece: *«Artículo 16. Requisitos de garantía. (...) 3. Cuando las entidades opten por el procedimiento señalado en el artículo 21.1.b) del Real Decreto-ley 19/2018, de 23 de noviembre, la póliza de seguro o la garantía comparable de una entidad aseguradora o de una entidad de crédito deberán cumplir en todo caso las siguientes condiciones: a) La garantía será directa y a primer requerimiento. Los términos del seguro deberán tener un efecto equivalente. b) El alcance de la garantía o seguro estará definido con claridad y será jurídicamente válido y eficaz. c) La garantía o seguro alcanzará a todos los servicios de pago enumerados en los apartados a) a f) del artículo 1.2 del Real Decreto-ley 19/2018, de 23 de noviembre y cubrirá la totalidad de los fondos pertenecientes a los usuarios de servicios de pago que se hallen en poder de la entidad de pago, incluidos los correspondientes a situaciones transitorias por operaciones de tráfico, en el momento en que se dicte el auto de declaración de concurso, en caso de producirse. Cubrirá asimismo los fondos en poder de los agentes de la entidad de pago. d) Sin perjuicio de lo establecido en los artículos 10, 12 y 15 de la Ley 50/1980, de 8 de octubre, de contrato de seguro, el acuerdo de garantía o seguro no contendrá cláusula alguna cuyo cumplimiento escape al control directo de la entidad de pago y que permita al proveedor de la garantía o seguro, cancelar unilateralmente o reducir el vencimiento de dicha garantía o seguro. De manera similar, las garantías comparables no podrán contener dicho tipo de cláusulas. e) La garantía o seguro se hará efectiva en caso de que haya sido dictado auto de declaración de concurso de la entidad de pago. Declarado el concurso, y salvo que la administración concursal dispusiera otra cosa, los servicios de pago que se hubieran solicitado a la entidad de pago serán inmediatamente ejecutados. f) La entidad de crédito o aseguradora que preste la garantía o seguro mencionados en este apartado deberá estar autorizada para prestar servicios en España, y no podrá pertenecer al mismo grupo, de acuerdo con lo que dispone el artículo 42 del Código de Comercio, que la entidad de pago garantizada o asegurada».*

– El **Real Decreto-ley 19/2018, de 23 de noviembre, de servicios de pago y otras medidas urgentes en materia financiera**, establece: *«Artículo 21. Protección de los fondos de los usuarios de servicios de pago. 1. Las entidades de pago que presten los servicios de pago a que se refieren las letras a) a f) del artículo 1.2 protegerán los fondos recibidos de los usuarios de servicios de pago o recibidos a través de otro proveedor de servicios de pago para la ejecución de las operaciones de pago, sujetándose a uno de los dos procedimientos siguientes: a) Los fondos no se confundirán en ningún momento con los fondos de ninguna persona física o jurídica que no sean usuarios de servicios de pago en cuyo nombre se dispone de los fondos y, en caso de que todavía estén en posesión de la entidad de pago y aún no se hayan entregado al beneficiario o transferido a otro proveedor de servicios de pago al final del día hábil siguiente al día en que se recibieron los fondos, se depositarán en una cuenta separada en una entidad de crédito o se invertirán en activos seguros, líquidos y de bajo riesgo en los términos que se establezcan reglamentariamente. Una vez depositados los fondos en una cuenta separada, los fondos quedarán protegidos y los usuarios de servicios de pago, en caso de concurso de la entidad de pago, gozarán de un derecho absoluto de separación sobre las cuentas y activos mencionados en el párrafo precedente, con respecto a posibles reclamaciones de otros acreedores de la entidad de pago. b) Los fondos estarán cubiertos por una póliza de seguro u otra garantía comparable de una compañía de seguros o de una entidad de crédito que no pertenezcan al mismo grupo que la propia entidad de pago, por una cantidad equivalente a la que habría sido separada en caso de no existir la póliza de seguro u otra garantía comparable, que se hará efectiva en caso de que la entidad de pago sea incapaz de hacer frente a sus obligaciones financieras. El procedimiento adoptado por la entidad se hará público en la forma que se determine reglamentariamente y figurará en el registro especial a que se refiere el artículo 13. 2. En caso de que una entidad destine una fracción de los fondos a los que se refiere el apartado anterior a operaciones* *de pago futuras, y el resto se utilice para servicios distintos de los servicios de pago, la fracción destinada a operaciones de pago futuras también estará sujeta a los requisitos establecidos en el apartado 1. En caso de que dicha fracción sea variable o no se conozca con antelación, se aplicará el presente apartado sobre la base de una hipótesis acerca de la fracción representativa que se destinará a servicios de pago, siempre que esa fracción representativa pueda ser objeto, a satisfacción del Banco de España, de una estimación razonable a partir de datos históricos».*

SERVICIOS POSTALES

– El **Real Decreto 437/2024, de 30 de abril, por el que se aprueba el Reglamento de los servicios postales, en desarrollo de lo establecido por la Ley 43/2010, de 30 de diciembre, del servicio postal universal, de los derechos de los usuarios y del mercado postal**, aprueba el reglamento de los servicios postales, con la finalidad de desarrollar la regulación en materia de prestación de servicios postales y su sistema de garantías. Entre sus previsiones, recoge las que denomina *otras condiciones especiales de entrega de envíos postales* en el artículo 32, en las que la entrega de los envíos postales puede efectuarse a persona distinta del destinatario en una serie de circunstancias y condiciones, entre las que se incluye encontrarse en situación de concurso de acreedores, que remite a las condiciones de la legislación concursal. El referido artículo 32.b) del Real Decreto 437/2024, de 30 de abril, establece: *La entrega de los envíos postales podrá efectuarse a persona distinta del destinatario en las siguientes circunstancias y condiciones (...): b) Los envíos postales dirigidos a personas en situación de concurso de acreedores se entregarán, en las condiciones normativamente establecidas, al administrador concursal o a las personas designadas al efecto por la autoridad competente (...).*

SIMPLIFICACIÓN ADMINISTRATIVA

– La **Ley 2/2025, de 2 de abril, de Simplificación Administrativa de Cantabria, de la Comunidad Autónoma de Cantabria** recoge diversas medidas de simplificación administrativa. En el capítulo VI, «Entidades colaboradoras de certificación», establece la posibilidad de encomendar el ejercicio de funciones de certificación, informes y control a entidades colaboradoras debidamente habilitadas para ello. Para agilizar los procedimientos administrativos se regulan las entidades colaboradoras de certificación, su acreditación y registro y sus obligaciones. Entre las previsiones recogidas respecto a las entidades colaboradoras de certificación en sede de acreditación y registro se encuentra la referida a los requisitos que, como mínimo, deben cumplir las entidades solicitantes para obtener la acreditación, entre los que se incluye no encontrarse en situación de concurso que impida el ejercicio de su actividad de conformidad con lo establecido en la normativa concursal: *Artículo 34. Acreditación y Registro de entidades colaboradoras de certificación (...) Para obtener la acreditación, las entidades solicitantes deberán cumplir, como mínimo, los siguientes requisitos: a) Contar con profesionales habilitados en el número que se determine reglamentariamente para ejercer las funciones propias de las entidades colaboradoras de certificación en el ámbito de actividad de que se trate y con experiencia profesional efectiva plasmada en trabajos propios de la respectiva profesión, tales como proyectos o dirección facultativa o de informe o dictamen técnicos sobre construcciones, edificaciones e instalaciones, entre otros. b) No haber perdido la condición de entidad colaboradora ni tener prohibido el desarrollo de la actividad de certificación regulada en esta ley en virtud de resolución administrativa o judicial firme. c) Tener suscrita y en vigor póliza de cobertura de los riesgos por responsabilidad profesional en los términos que se determinen reglamentariamente. d) Los requisitos específicos que puedan establecerse para cada actividad en la que hayan de ejercer sus funciones. e) No encontrarse en situación de concurso que impida el ejercicio de su actividad de conformidad con lo establecido en la normativa concursal. f) Los requisitos que, en su caso, se determinen reglamentariamente (...).*

– La **Ley 6/2024, de 5 de diciembre, de simplificación administrativa, de la Comunitat Valenciana**, adopta medidas de simplificación administrativa y mejora de la calidad regulatoria para la reactivación económica. En el ámbito de las entidades colaboradoras de certificación, establece: *Artículo 19. Designación y publicación. 1. El procedimiento de designación de las entidades colaboradoras de certificación será único. Su resolución corresponderá al órgano directivo competente en materia de simplificación administrativa, a propuesta del departamento competente por razón de la materia o entidad del sector público correspondiente sobre la viabilidad de la designación. 2. Podrán ser designadas como entidades colaboradoras de certificación: a) Los colegios profesionales, cuyas personas colegiadas ejercientes, individualmente o asociadas en las formas que autoricen las normas profesionales, estén legitimadas para actuar en el ámbito de competencias profesionales que les confiera legalmente el título que ostenten. b) Las cámaras de comercio, en su ámbito territorial de actuación. c) Los organismos de certificación administrativa y las entidades colaboradoras previstas en la regulación sectorial correspondiente. d) Aquellas otras personas jurídicas o entidades que se determine reglamentariamente o en la normativa sectorial de aplicación. 3. Para obtener la designación, las entidades solicitantes* *deberán cumplir, como mínimo, los siguientes requisitos: a) Contar con profesionales habilitados en el número que se determine reglamentariamente, para ejercer las funciones de estas entidades en el ámbito de actividad de que se trate y con experiencia profesional efectiva en trabajos propios de la respectiva profesión. b) No estar suspendidas ni tener prohibido el desarrollo de la actividad de certificación regulada en el presente título del decreto ley, en virtud de resoluciones administrativas o judiciales firmes. c) Tener suscrita y en vigor una póliza de cobertura de los riesgos por responsabilidad profesional, en los términos que se determinen reglamentariamente. d) No encontrarse en situación de concurso que impida el ejercicio de su actividad, de conformidad con lo establecido en la normativa concursal. e) Los requisitos específicos que puedan establecerse para cada actividad en la que hayan de ejercer sus funciones. Los requisitos mínimos para la designación de las entidades colaboradoras de certificación podrán demostrarse mediante declaración responsable, en los términos que se establezca en la normativa reglamentaria de desarrollo. El incumplimiento sobrevenido de cualesquiera de los requisitos de designación determinará la pérdida de esta, previa tramitación de expediente contradictorio. 4. Mediante el decreto del Consell se establecerán los requisitos y el procedimiento de designación de las entidades colaboradoras de certificación, de acuerdo con los distintos ámbitos de actuación, y se creará el Registro General de Entidades Colaboradoras de Certificación. El plazo máximo de vigencia de la inscripción en el registro no podrá ser superior a cinco años. Transcurrido este plazo, deberá solicitarse una nueva inscripción. El registro será público y estará accesible en el portal de transparencia de la Generalitat. La inscripción no alterará la naturaleza jurídica previa de las entidades colaboradoras de certificación. 5. La prestación de servicios por las entidades designadas podrán ser retribuidos de acuerdo con la normativa sectorial aplicable.*

SOCIEDADES DE CAPITAL

– El **Real Decreto Legislativo 1/2010, de 2 de julio, por el que se aprueba el Texto Refundido de la Ley de Sociedades de Capital**, deroga, entre otros, el Real Decreto Legislativo 1564/1989, de 22 de diciembre, por el que se aprueba el texto refundido de la Ley de Sociedades Anónimas y al que se refería la disposición final vigésima de la derogada Ley Concursal de 2003. En la legislación de sociedades de capital son varios los artículos que, con distinto alcance, se remiten a la Ley Concursal: «*Artículo 16. Contratación del socio único con la sociedad unipersonal. (...) 2. En caso de concurso del socio único o de la sociedad, no serán oponibles a la masa aquellos contratos comprendidos en el apartado anterior que no hayan sido transcritos al libro-registro y no se hallen referenciados en la memoria anual o lo hayan sido en memoria no depositada con arreglo a la ley*»; «*Artículo 213. Prohibiciones. 1. No pueden ser administradores los menores de edad no emancipados, los judicialmente incapacitados, las personas inhabilitadas conforme a la Ley Concursal mientras no haya concluido el período de inhabilitación fijado en la sentencia de calificación del concurso y los condenados por delitos contra la libertad, contra el patrimonio o contra el orden socioeconómico, contra la seguridad colectiva, contra la Administración de Justicia o por cualquier clase de falsedad, así como aquéllos que por razón de su cargo no puedan ejercer el comercio. 2. Tampoco podrán ser administradores los funcionarios al servicio de la Administración pública con funciones a su cargo que se relacionen con las actividades propias de las sociedades de que se trate, los jueces o magistrados y las demás personas afectadas por una incompatibilidad legal. 3. A los efectos de lo dispuesto en este artículo, podrá tomarse en consideración cualquier inhabilitación o información pertinente a efectos de inhabilitación vigente en otro Estado miembro de la Unión Europea*»; «*Artículo 348 bis. Derecho de separación en caso de falta de distribución de dividendos. 1. Sin perjuicio de lo dispuesto en la disposición adicional undécima, salvo disposición contraria de los estatutos, transcurrido el quinto ejercicio contado desde la inscripción en el Registro Mercantil de la sociedad, el socio o socia que hubiera hecho constar en el acta su protesta por la insuficiencia de los dividendos reconocidos tendrá derecho de separación en el caso de que la junta general no acordara la distribución como dividendo de, al menos, el veinticinco por ciento de los beneficios obtenidos durante el ejercicio anterior que sean legalmente distribuibles siempre que se hayan obtenido beneficios durante los tres ejercicios anteriores. Sin embargo, aun cuando se produzca la anterior circunstancia, el derecho de separación no surgirá si el total de los dividendos distribuidos durante los últimos cinco años equivale, por lo menos, al veinticinco por ciento de los beneficios legalmente distribuibles registrados en dicho periodo. Lo dispuesto en el párrafo anterior se entenderá sin perjuicio del ejercicio de las acciones de impugnación de acuerdos sociales y de responsabilidad que pudieran corresponder. 2. Para la supresión o modificación de la causa de separación a que se refiere el apartado anterior, será necesario el consentimiento de todos los socios, salvo que se reconozca el derecho a separarse de la sociedad al socio que no hubiera votado a favor de tal acuerdo. 3. El plazo para el ejercicio del derecho de separación será de un mes a contar desde la fecha en que se hubiera celebrado la junta general ordinaria de socios. 4. Cuando la sociedad estuviere obligada a formular cuentas consolidadas, deberá reconocerse, salvo disposición contraria en los estatutos, el mismo derecho de separación al socio o socia de la dominante, aunque no se diere el requisito establecido en el apartado primero, si la junta general de la citada sociedad no acordara la distribución como divi-*

dendo de al menos el veinticinco por ciento de los resultados positivos consolidados atribuidos a la sociedad dominante del ejercicio anterior, siempre que sean legalmente distribuibles y, además, se hubieran obtenido resultados positivos consolidados atribuidos a la sociedad dominante durante los tres ejercicios anteriores. 5. Lo dispuesto en este artículo no será de aplicación en los siguientes supuestos: a) Cuando se trate de sociedades cotizadas o sociedades cuyas acciones estén admitidas a negociación en un sistema multilateral de negociación. b) Cuando la sociedad se encuentre en concurso. c) Cuando, al amparo de la legislación concursal, la sociedad haya puesto en conocimiento del juzgado competente para la declaración de su concurso la iniciación de negociaciones para alcanzar un acuerdo de refinanciación o para obtener adhesiones a una propuesta anticipada de convenio, o cuando se haya comunicado a dicho juzgado la apertura de negociaciones para alcanzar un acuerdo extrajudicial de pagos. d) Cuando la sociedad haya alcanzado un acuerdo de refinanciación que satisfaga las condiciones de irrescindibilidad fijadas en la legislación concursal. e) Cuando se trate de Sociedades Anónimas Deportivas»; «Artículo 361. Disolución y concurso. 1. La declaración de concurso de la sociedad de capital no constituirá, por sí sola, causa de disolución. 2. La apertura de la fase de liquidación en el concurso de acreedores producirá la disolución de pleno derecho de la sociedad. En tal caso, el juez del concurso hará constar la disolución en la resolución de apertura de la fase de liquidación del concurso»; «Artículo 363. Causas de disolución. 1. La sociedad de capital deberá disolverse: (...) e) Por pérdidas que dejen reducido el patrimonio neto a una cantidad inferior a la mitad del capital social, a no ser que éste se aumente o se reduzca en la medida suficiente, y siempre que no sea procedente solicitar la declaración de concurso. (...) 2. La sociedad comanditaria por acciones deberá disolverse también por fallecimiento, cese, incapacidad o apertura de la fase de liquidación en el concurso de acreedores de todos los socios colectivos, salvo que en el plazo de seis meses y mediante modificación de los estatutos se incorpore algún socio colectivo o se acuerde la transformación de la sociedad en otro tipo social»; «Artículo 365. Deber de convocatoria. 1. Cuando concurra causa legal o estatutaria, los administradores deberán convocar la junta general en el plazo de dos meses para que adopte el acuerdo de disolución. Cualquier socio podrá solicitar de los administradores la convocatoria si, a su juicio, concurriera causa de disolución. 2. La junta general podrá adoptar el acuerdo de disolución o, si constare en el orden del día, aquél o aquéllos que sean necesarios para la remoción de la causa. 3. Los administradores no estarán obligados a convocar junta general para que adopte el acuerdo de disolución cuando hubieran solicitado en debida forma la declaración de concurso de la sociedad o comunicado al juzgado competente la existencia de negociaciones con los acreedores para alcanzar un plan de reestructuración del activo, del pasivo o de ambos. La convocatoria de la junta deberá realizarse en el plazo de dos meses desde que dejen de estar vigentes los efectos de esa comunicación»; «Artículo 367. Responsabilidad solidaria por las deudas sociales. 1. Los administradores que incumplan la obligación de convocar la junta general en el plazo de dos meses a contar desde el acaecimiento de una causa legal o estatutaria de disolución o, en caso de nombramiento posterior, a contar desde la fecha de la aceptación del cargo, para que adopte, en su caso, el acuerdo de disolución o aquel o aquellos que sean necesarios para la remoción de la causa, así como los que no soliciten la disolución judicial en el plazo de dos meses a contar desde la fecha prevista para la celebración de la junta, cuando ésta no se haya constituido, o desde el día de la junta, cuando el acuerdo hubiera sido contrario a la disolución, responderán solidariamente de las obligaciones sociales posteriores al acaecimiento de la causa de disolución o, en caso de nombramiento en esa junta o después de ella, de las obligaciones sociales posteriores a la aceptación del nombramiento. 2. Salvo prueba en contrario, las obligaciones sociales cuyo cumplimiento sea reclamado judicialmente por acreedores legítimos se presumirán de fecha posterior al acaecimiento de la causa de disolución o a la aceptación del nombramiento por el administrador. 3. No obstante el previo acaecimiento de causa legal o estatutaria de disolución, los administradores de la sociedad no serán responsables de las deudas posteriores al acaecimiento de la causa de disolución o, en caso de nombramiento en esa junta o después de ella, de las obligaciones sociales posteriores a la aceptación del nombramiento, si en el plazo de dos meses a contar desde el acaecimiento de la causa de disolución o de la aceptación el nombramiento, hubieran comunicado al juzgado la existencia de negociaciones con los acreedores para alcanzar un plan de reestructuración o hubieran solicitado la declaración de concurso de la sociedad. Si el plan de reestructuración no se alcanzase, el plazo de los dos meses se reanudará desde que la comunicación del inicio de negociaciones deje de producir efectos»; «Artículo 372. Especialidad de la liquidación concursal. En caso de apertura de la fase de liquidación en el concurso de acreedores de la sociedad, la liquidación se realizará conforme a lo establecido en el capítulo II del título V de la Ley Concursal»; «Artículo 376. Nombramiento de liquidadores. (...) 2. En los casos en los que la disolución hubiera sido consecuencia de la apertura de la fase de liquidación de la sociedad en concurso de acreedores, no procederá el nombramiento de los liquidadores».

– En el proceso de armonización de las Normas Internacionales de Contabilidad (que incluyen las «Normas Internacionales de Contabilidad» en sentido estricto (NIC), las «Normas Internacionales de Información Financiera» (NIIF), así como las interpretaciones de unas y otras), la Ley 16/2007, de 4 de julio, sustituye el término «patrimonio» por el de «patrimonio neto». La reforma y adaptación de la legislación mercantil en materia contable para su armonización internacional con base en la normativa de la Unión Europea, requería la aprobación del Plan General de Contabilidad y como norma complementaria de éste, el Plan General de Contabilidad de Pequeñas y Medianas Empresas. Ambos textos han sido aprobados, respectivamente, por el **Real Decreto 1514/2007, de 16 de noviembre** y por el **Real Decreto 1515/2007, de 16 de noviembre**.

SOCIEDADES DE GARANTÍA RECÍPROCA

– La **Ley 1/1994, de 11 de marzo, de Régimen Jurídico de las Sociedades de Garantía Recíproca** establece: *«Artículo 43, apartado 2. Todos los miembros del Consejo de Administración de las sociedades de garantía recíproca deberán ser personas de reconocida honorabilidad comercial y profesional, poseer conocimientos y experiencia adecuados para ejercer sus funciones y estar en disposición de ejercer un buen gobierno de la entidad. Los requisitos de honorabilidad y conocimiento y experiencia deberán concurrir también en los directores generales o asimilados, así como en los responsables de las funciones de control interno y en las personas que ocupen puestos claves para el desarrollo diario de la actividad de la entidad. A estos efectos, la valoración de la idoneidad se ajustará a los criterios y procedimientos de control de la honorabilidad, experiencia y buen gobierno establecidos con carácter general para las entidades de crédito. Las sociedades de garantía recíproca deberán establecer unidades y procedimientos internos adecuados para llevar a cabo la selección y evaluación continua de los miembros de su Consejo de Administración, de sus directores generales o asimilados, y de los responsables de las funciones de control interno y de las personas que ocupen otros puestos claves para el desarrollo diario de la actividad bancaria conforme a lo establecido en esta Ley»; «Artículo 59.g). Por la apertura de la fase de liquidación, cuando la sociedad se hallare declarada en concurso»; «Artículo 59, apartado 3. «En el supuesto previsto en el párrafo g) del apartado primero, la sociedad quedará automáticamente disuelta al producirse en el concurso la apertura de la fase de liquidación. El juez del concurso hará constar la disolución en la resolución de apertura y, sin nombramiento de liquidadores, se realizará la liquidación de la sociedad conforme a lo establecido en el capítulo II del título V de la Ley Concursal».*

SOCIEDADES DE GESTIÓN DE ACTIVOS

– El **Real Decreto 1559/2012, de 15 de noviembre, por el que se establece el régimen jurídico de las sociedades de gestión de activos**, establece: *«Artículo 12. Criterios de valoración específicos para los instrumentos representativos del capital social. 1. El valor económico de los instrumentos representativos del capital social que se han de transmitir será el valor de mercado calculado en la fecha de valoración cuando se negocien en un mercado activo. 2. Para determinar el valor económico de los instrumentos de capital que se han de transmitir, que no se negocien en un mercado activo, se tendrá en cuenta lo siguiente: a) En el caso de sociedades que hayan presentado solicitud de concurso voluntario o que hayan sido declaradas en concurso por auto judicial, el valor económico de sus instrumentos de capital se reputará nulo (...)».*

SOCIEDADES GESTORAS DE FONDOS DE TITULIZACIÓN

– La **Ley 5/2015, de 27 de abril, de fomento de la financiación empresarial**, establece, respecto a las sociedades gestoras de fondos de titulización: *«Artículo 33. Sustitución forzosa. 1. Cuando la sociedad gestora hubiera sido declarada en concurso deberá proceder a encontrar una sociedad gestora que la sustituya, según lo previsto en el artículo anterior. 2. Siempre que en el caso previsto en el apartado anterior hubiesen transcurrido cuatro meses desde que tuvo lugar el evento determinante de la sustitución y no se hubiese encontrado una nueva sociedad gestora dispuesta a encargarse de la gestión, se procederá a la liquidación anticipada del fondo y a la amortización de los valores emitidos con cargo al mismo y de los préstamos, de acuerdo con lo previsto en la escritura pública de constitución».*

SUBASTAS

– La **Ley del Notariado de 28 de mayo de 1862,** al regular el expediente de subasta notarial, contempla la previa consulta al Registro Público Concursal: *«Artículo 73.1. El Notario, a requerimiento de persona legitimada para instar la venta de un bien, mueble o inmueble, o derecho determinado, procederá a convocar la subasta, previo examen de la solicitud, dando fe de la identidad y capacidad de su promotor y de la legitimación para instarla. La subasta será electrónica y se llevará a cabo en el Portal de Subastas de la Agencia Estatal Boletín Oficial del Estado. En todo caso corresponderá al Notario la autorización del acta que refleje las circunstancias esenciales y el resultado de la subasta y, en su caso, la autorización de la correspondiente escritura pública de venta. 2. El solicitante acreditará al Notario la propiedad del bien* *o derecho a subastar o su legitimación para disponer de él, la libertad o estado de cargas del bien o derecho, la situación arrendaticia y posesoria, el estado físico en que se encuentre, obligaciones pendientes, valoración para la subasta y cuantas circunstancias tengan influencia en su valor, así como, en su caso, la representación con que actúe. 3. El Notario, tras comprobar el cumplimiento de los anteriores extremos y previa consulta al Registro Público Concursal a los efectos previstos en la legislación especial, aceptará, en su caso, el requerimiento. Si acordare su procedencia, el Notario pondrá en conocimiento del Registro Público Concursal la existencia del expediente con expresa especificación del número de identificación fiscal del titular persona física o jurídica cuyo bien vaya a ser objeto de la subasta. El Registro Público Concursal notificará al Notario que esté conociendo del expediente la práctica de cualquier asiento que se lleve a cabo asociado al número de identificación fiscal notificado a los efectos previstos en la legislación concursal. El Notario pondrá en conocimiento del Registro Público Concursal la finalización del expediente cuando la misma se produzca. 4. Acordada su celebración, si se tratara de un inmueble o derecho real inscrito en el Registro de la Propiedad o bienes muebles sujetos a un régimen de publicidad registral similar al de aquéllos, el Notario solicitará por procedimientos electrónicos certificación registral de dominio y cargas. El Registrador expedirá la certificación con información continuada por igual medio y hará constar por nota al margen de la finca o derecho esta circunstancia. Esta nota producirá el efecto de indicar la situación de venta en subasta del bien o derecho y caducará a los seis meses de su fecha salvo que con anterioridad el Notario notifique al Registrador el cierre del expediente o su suspensión, en cuyo caso el plazo se computará desde que el Notario notifique su reanudación. El Registrador notificará, inmediatamente y de forma telemática, al Notario y al Portal de Subastas de la Agencia Estatal Boletín Oficial del Estado el hecho de haberse presentado otro u otros títulos que afecten o modifiquen la información inicial. El Portal de Subastas recogerá la información proporcionada por el Registro de modo inmediato para su traslado a los que consulten su contenido».* También se contempla la posible suspensión de la subasta notarial que cause una venta forzosa, y en su caso cierre del expediente, entre otras causas, por la declaración de concurso del deudor o la paralización de las acciones de ejecución, en determinados supuestos: *«Artículo 76.1. La subasta notarial que cause una venta forzosa solo se podrá suspender, y en su caso cerrar el expediente, con base en las siguientes causas: a) Cuando se presentare al Notario resolución judicial, aunque no sea firme, justificativa de la inexistencia o extinción de la obligación garantizada y en el caso de bienes o créditos registrables, certificación del registro correspondiente acreditativa de estar cancelada la carga o presentada escritura pública de carta de pago o de la alteración en la situación de titularidad o cargas de la finca. El ejecutante deberá consentir expresamente en su continuación pese a la modificación registral del estado de cargas. Tratándose de acciones, participaciones sociales o partes sociales en general, certificación, con firma legitimada notarialmente del administrador o secretario no consejero de la sociedad, acreditativa del asiento de cancelación del derecho real o embargo sobre los derechos del socio. b) Cuando se acredite documentalmente la existencia de causa criminal que pudiere determinar la falsedad del título en virtud del cual se proceda, la invalidez o ilicitud del procedimiento de venta. La suspensión subsistirá hasta el fin del proceso. c) Si se justifica al Notario la declaración de concurso del deudor o la paralización de las acciones de ejecución, en los supuestos previstos en la legislación concursal aunque ya estuvieran publicados los anuncios de la subasta del bien. En este caso solo se alzará la suspensión cuando se acredite, mediante testimonio de la resolución del Juez del concurso, que los bienes o derechos no están afectos, o no son necesarios para la continuidad de la actividad profesional o empresarial del deudor. También se alzará en su caso, cuando se presente la resolución judicial que homologue el acuerdo alcanzado o la escritura pública o la certificación que cierre el expediente junto con su comunicación al Juez competente y al Registro Público Concursal. d) Si se interpusiera demanda de tercería de dominio, acompañando inexcusablemente con ella título de propiedad, anterior a la fecha del título en el que base la subasta. La suspensión subsistirá hasta la resolución de la tercería. e) Si se acreditare que se ha iniciado un procedimiento de subasta sobre los mismos bienes o derechos. Siendo notarial, esta acreditación se realizará mediante copia autorizada o notificación de los sistemas informáticos del Consejo General del Notariado. Estos hechos podrán ponerse en conocimiento del Juzgado correspondiente, a juicio del Notario. 2. En los casos precedentes, si la causa de la suspensión afectare sólo a parte de los bienes o derechos comprendidos en la venta extrajudicial, podrá seguir el procedimiento respecto de los demás, si así lo solicitare el acreedor o promotor del procedimiento. 3. Para el caso de préstamos o créditos personales, o cualquier otro instrumento de financiación hipotecaria o no hipotecaria, sin perjuicio de lo previsto en su normativa especial, se suspenderá la venta extrajudicial cuando se acredite haber planteado ante el Juez competente el carácter abusivo o no transparente de alguna de las cláusulas que constituya el fundamento de la venta extrajudicial o que hubiese determinado la cantidad exigible. Una vez sustanciada la cuestión y siempre que, de acuerdo con la resolución judicial correspondiente, no se trate de una cláusula abusiva o no transparente que constituya el fundamento de la ejecución o hubiera determinado la cantidad exigible, el Notario podrá proseguir la venta extrajudicial a requerimiento del acreedor o promotor del mismo. 4. La suspensión de la subasta por un periodo superior a 15 días llevará consigo la liberación de las consignaciones o devolución de los avales prestados, retrotrayendo la situación al momento inmediatamente anterior a la publicación del anun-*

cio. La reanudación de la subasta se realizará mediante una nueva publicación del anuncio y una nueva petición de información registral como si de una nueva subasta de tratase. 5. Tratándose de bienes registrables, si la reclamación del acreedor y la iniciación de la venta extrajudicial tuvieran su base en alguna causa que no sea el vencimiento del plazo o la falta de pago de intereses o de cualquier otra prestación a que estuviere obligado el deudor, se suspenderá dicho procedimiento siempre que con anterioridad a la subasta se hubiere hecho constar en el Registro de la Propiedad o de bienes muebles la oposición al mismo, formulada en juicio declarativo. A este efecto, el Juez, al mismo tiempo que ordene la anotación preventiva de la demanda, acordará que se notifique al Notario la resolución recaída».

– La **Ley 15/2015, de 2 de julio, de la jurisdicción voluntaria**, al regular los expedientes de subastas voluntarias —aplicables siempre que deba procederse, fuera de un procedimiento de apremio, a la enajenación en subasta de bienes o derechos determinados, a instancia del propio interesado (art. 108)— dispone que el secretario judicial consultará el Registro Público Concursal, antes de resolver sobre la solicitud: «*Artículo 111. Tramitación. 1. El Secretario judicial, antes de resolver sobre la solicitud, consultará el Registro Público Concursal a los efectos previstos en la legislación especial. 2. A la vista de la documentación, resolverá lo que proceda sobre la celebración de la subasta. Si acordare su procedencia, el Secretario judicial pondrá en conocimiento del Registro Público Concursal la existencia del expediente con expresa especificación del número de identificación fiscal del titular persona física o jurídica cuyo bien vaya a ser objeto de la subasta. El Registro Público Concursal notificará al Juzgado que esté conociendo del expediente la práctica de cualquier asiento que se lleve a cabo asociado al número de identificación fiscal notificado a los efectos previstos en la legislación concursal. El Secretario judicial pondrá en conocimiento del Registro Público Concursal la finalización del expediente cuando la misma se produzca. 3. Acordada su celebración, si se tratare de la subasta de un bien inmueble o derecho real inscrito en el Registro de la Propiedad o bienes muebles sujetos a un régimen de publicidad registral similar al de aquéllos, el Secretario judicial solicitará por procedimientos electrónicos certificación registral de dominio y cargas. El Registrador de la propiedad expedirá la certificación con información continuada por igual medio y hará constar por nota al margen del bien o derecho esta circunstancia. Esta nota producirá el efecto de indicar la situación de venta en subasta del bien o derecho y caducará a los seis meses de su fecha salvo que con anterioridad el Secretario judicial notifique al Registrador el cierre del expediente o su suspensión, en cuyo caso el plazo se computará desde que el Secretario judicial notifique su reanudación. El Registrador notificará, inmediatamente y de forma telemática, al Secretario judicial y al Portal de Subastas de la Agencia Estatal Boletín Oficial del Estado del hecho de haberse presentado otro u otros títulos que afecten o modifiquen la información inicial. El portal de subastas recogerá la información proporcionada por el Registro de modo inmediato para su traslado a los que consulten su contenido. 4. La subasta se llevará a cabo, en todo caso, de forma electrónica en el Portal de Subastas de la Agencia Estatal Boletín Oficial del Estado, bajo la responsabilidad del Secretario judicial, por lo que serán de aplicación las disposiciones de la Ley de Enjuiciamiento Civil al respecto, en cuanto sean compatibles con lo previsto en este Título. 5. La publicidad y celebración de la subasta se ajustará a lo establecido en la Ley de Enjuiciamiento Civil en todo aquello que no esté previsto en el pliego de condiciones particulares. En los edictos se expresará el pliego de condiciones. 6. Terminada la subasta, el Secretario judicial, mediante decreto, aprobará el remate en favor del único o mejor postor, siempre y cuando cubra el tipo mínimo que hubiera fijado el solicitante o no se hubiere reservado expresamente el derecho a aprobarla, en cuyo caso se dará vista del expediente para que en el término de tres días pida lo que le interese. Igual comunicación se le dará en el caso de que por algún licitador se hiciere la oferta de aceptar el remate modificando algunas de las condiciones. Si el solicitante aprueba en remate o acepta la proposición, se resolverá teniendo por aprobado en remate en favor del licitador de la misma. 7. Cuando en la subasta no hubiere ningún postor o el solicitante no hubiera aceptado la proposición, se sobreseerá el expediente. 8. El decreto de adjudicación contendrá la descripción del bien o derecho, la identificación de los intervinientes, expresión de las condiciones de la adjudicación y los demás requisitos necesarios, en su caso, para la inscripción registral. Un testimonio de dicha resolución, que se entregará al adjudicatario, será título suficiente para la práctica de las inscripciones registrales que, en su caso, correspondan*».

SUBVENCIONES

– La **Ley 20/2023, de 21 de diciembre, reguladora del régimen de subvenciones, de la Comunidad Autónoma del País Vasco** incluye un artículo 13 relativo a las prohibiciones para la adquisición de la condición de persona beneficiaria o entidad colaboradora, entre las que incluye diferentes situaciones concursales: *Artículo 13. Prohibiciones para la adquisición de la condición de persona beneficiaria o entidad colaboradora. 1. No podrán obtener la condición de persona beneficiaria de las subvenciones o de entidad colaboradora reguladas en esta ley las personas o entidades en quienes concurra alguna de las circunstancias siguientes, salvo que por el objeto de la subvención se exceptúe de forma justificada por sus bases reguladoras (...): b) Haber solicitado la declaración de concurso voluntario, haber sido declaradas* *insolventes en cualquier procedimiento, hallarse declaradas en concurso, salvo que en este haya adquirido la eficacia un convenio, estar sujetos a intervención judicial o haber sido inhabilitadas conforme a la Ley 22/2003, de 9 de julio, Concursal, sin que haya concluido el período de inhabilitación fijado en la sentencia de calificación del concurso (...).*

– El **Decreto Legislativo 2/2023, de 3 de mayo, del Gobierno de Aragón, por el que se aprueba el texto refundido de la Ley de subvenciones de Aragón,** regula el régimen jurídico de las subvenciones que se concedan en el ámbito territorial de la Comunidad Autónoma de Aragón, por alguno de los sujetos que enumera, en el marco de la normativa básica estatal (se excluyen de su ámbito de aplicación las aportaciones dinerarias entre diferentes Administraciones públicas para financiar globalmente la actividad de la Administración a la que vayan destinadas y las aportaciones dinerarias que en concepto de cuotas, tanto ordinarias como extraordinarias, realicen las entidades que integran la Administración local o comarcal a favor de las asociaciones que dichas entidades pueden constituir, de ámbito estatal o autonómico, para la protección y promoción de sus intereses comunes). La referida norma regula los pagos anticipados y a cuenta, incluyendo diversas situaciones concursales que impiden estos pagos anticipados: *Artículo 45. Pagos anticipados y a cuenta. (...) 5. En ningún caso podrán realizarse pagos anticipados a personas beneficiarias cuando hayan solicitado la declaración de concurso voluntario; hayan sido declaradas insolventes en cualquier procedimiento; hayan sido declaradas en concurso, salvo que en este haya adquirido la eficacia un convenio; estén sujetas a intervención judicial; o hayan sido inhabilitadas conforme a la normativa en materia concursal, sin que haya concluido el periodo de inhabilitación fijado en la sentencia de calificación del concurso (...).*

– **Ley 6/2011, de 23 de marzo, de subvenciones de la Comunidad Autónoma de Extremadura** (arts. 12 y 21).

– **Ley 5/2008, de 25 de septiembre, de subvenciones de la Comunidad de Castilla y León** (art. 6.2.a).

– La **Ley 9/2007, de 13 de junio, de subvenciones de Galicia,** establece en la letra b) del apartado 2 del artículo 10: *«Solicitar la declaración de concurso, ser declarados insolventes en cualquier procedimiento, hallarse declarados en concurso, salvo que en este hubiese adquirido la eficacia un convenio, estar sujetos a intervención judicial o ser inhabilitados conforme a la Ley Concursal, sin que concluya el período de inhabilitación fijado en la sentencia de cualificación del concurso».* Además, el párrafo tercero del apartado 6 del artículo 31 dispone: *«En ningún caso podrán realizarse pagos anticipados a beneficiarios cuando se hubiese solicitado la declaración de concurso, hubiesen sido declarados insolventes en cualquier procedimiento o se encuentren declarados en concurso, salvo que en este hubiese adquirido la eficacia un convenio, estén sujetos a intervención judicial o sean inhabilitados conforme a la Ley 22/2003, de 9 de julio, concursal, sin que hubiese concluido el período de inhabilitación fijado en la sentencia de cualificación del concurso. La realización de pagos a cuenta o pagos anticipados, así como el régimen de garantías, deberán preverse expresamente en la normativa reguladora de la subvención».*

– El **texto refundido de la Ley de subvenciones, aprobado por el Decreto Legislativo 2/2005, de 28 de diciembre, de la Comunidad Autónoma de las Islas Baleares,** establece: *«Artículo 10. Prohibiciones para ser beneficiario. 1. No pueden ser beneficiarias de las subvenciones que regula esta ley las personas o las entidades en las que se dé alguna de las siguientes circunstancias, a no ser que por la naturaleza de la subvención lo exceptúe la normativa reguladora: a) Haber sido condenadas mediante sentencia firme a la pena de pérdida de la posibilidad de obtener subvenciones o ayudas públicas, o por delitos de prevaricación, soborno, malversación de fondos públicos, tráfico de influencias, fraudes, exacciones ilegales o delitos urbanísticos. b) Haber solicitado la declaración de concurso, haber sido declaradas insolventes en cualquier procedimiento, estar declaradas en concurso, estar sujetas a intervención judicial o haber sido inhabilitadas de acuerdo con la Ley concursal sin que haya concluido el período de inhabilitación fijado en la sentencia de calificación del concurso. c) Haber dado lugar, por una causa de la que hayan sido declaradas culpables, a la resolución firme de cualquier contrato suscrito con la administración. d) Que la persona física, los administradores de las sociedades mercantiles o los que tengan la representación legal de otras personas jurídicas estén sometidos a alguno de los supuestos de la Ley 3/2015, de 30 de marzo, reguladora del ejercicio del alto cargo de la Administración General del Estado; de la Ley 2/1996, de 19 de noviembre, de incompatibilidades de los miembros del Gobierno de las Illes Balears y de los altos cargos; de la Ley 53/1984, de 26 de diciembre, de incompatibilidades del personal al servicio de las administraciones públicas; o que se trate de cualquiera de los cargos electivos que regula la Ley Orgánica 5/1985, de 19 de junio, del régimen electoral general; y la Ley 8/1986, de 26 de noviembre, electoral de la comunidad autónoma de las Illes Balears, en los términos que establezca esta normativa. e) No estar al corriente en el cumplimiento de las obligaciones tributarias o ante la Seguridad Social a que se refiere la letra f) del artículo 11 de esta ley, en la forma que se determine por reglamento. f) Tener la residencia fiscal en un país o territorio calificado por reglamento como paraíso fiscal. g) No estar al corriente de pago de obligaciones por reintegro de subvenciones en los términos que se determinen por reglamento. h) Haber* *sido sancionadas mediante sentencia o resolución firme con la pérdida de la posibilidad de obtener subvenciones según esta ley o la Ley general tributaria. i) Haber sido sancionadas mediante sentencia o resolución firme con la pérdida de la posibilidad de obtener subvenciones de acuerdo con lo que prevén los artículos 27.1 y 38.3 de la Ley 2/2018, de 13 de abril, de memoria y reconocimiento democráticos de las Illes Balears. j) Incumplir los requisitos a que se refiere la letra a) del artículo 42 de la Ley de promoción de la seguridad y la salud en el trabajo de las Illes Balears, o haber sido sancionadas mediante sentencia o resolución firme por las faltas a que se refiere la letra b) del mismo precepto legal. Tampoco pueden acceder a la condición de beneficiarias las agrupaciones previstas en el segundo párrafo del apartado 3 del artículo 9 de esta ley cuando concurra alguna de las prohibiciones anteriores en cualquiera de sus miembros. Asimismo, las prohibiciones de obtener subvenciones a que se refieren las letras anteriores de este apartado afectarán también a las empresas en las que, por razón de las personas que las rigen o por otras circunstancias, se pueda presumir que son continuación o que derivan por transformación, fusión o sucesión, de otras empresas en las que hubieran concurrido las prohibiciones. 2. En ningún caso pueden ser beneficiarias de las subvenciones que regula esta ley las asociaciones sometidas a las causas de prohibición que prevén los apartados 5 y 6 de la Ley Orgánica 1/2002, de 22 de marzo, reguladora del derecho de asociación. Tampoco pueden obtener la condición de beneficiarias las asociaciones respecto de las cuales se haya suspendido el procedimiento administrativo de inscripción por haberse hallado indicios racionales de ilicitud penal, en aplicación de lo dispuesto en el artículo 30.4 de la ya citada Ley Orgánica 1/2002, mientras no se dicte resolución judicial firme en virtud de la que se pueda practicar la inscripción en el correspondiente registro. 3. Las prohibiciones que contienen las letras b), d), e), f) y g) del apartado 1 y el apartado 2 de este artículo se aprecian de manera automática y subsisten mientras concurran las circunstancias que, en cada caso, se determinen. 4. Las prohibiciones que contienen las letras a), h), i) y j) del apartado 1 de este artículo se aprecian de manera automática. El alcance de la prohibición es el que determine la sentencia o la resolución firme. En su defecto, el alcance se fijará de acuerdo con el procedimiento determinado por reglamento, sin que pueda exceder de cinco años en caso de que la prohibición no derive de sentencia firme. 5. La apreciación y el alcance de la prohibición que contiene la letra c) del apartado 1 de este artículo se determinan de acuerdo con lo que establece el artículo 72 en relación con la letra d) del artículo 71 de la Ley 9/2017, de 8 de noviembre, de Contratos del Sector Público, por la que se transponen al ordenamiento jurídico español las directivas del Parlamento Europeo y del Consejo 2014/23/UE y 2014/24/UE, de 26 de febrero de 2014. 6. La justificación por parte de las personas o entidades de no estar sometidas a las prohibiciones para obtener la condición de beneficiarias señaladas en los apartados 1 y 2 de este artículo podrá realizarse mediante testimonio judicial, certificados telemáticos o transmisiones de datos, conforme a lo establecido en la normativa que regula la utilización de técnicas electrónicas, informáticas y telemáticas por las administraciones públicas, o certificación administrativa, según los casos, y cuando dicho documento no pueda ser expedido por la autoridad competente podrá ser sustituido por una declaración responsable otorgada ante una autoridad administrativa o un notario público».*

– La **Ley 38/2003, de 17 de noviembre, General de Subvenciones** establece en el *Artículo 13. Requisitos para obtener la condición de beneficiario o entidad colaboradora. 1. Podrán obtener la condición de beneficiario o entidad colaboradora las personas o entidades que se encuentren en la situación que fundamenta la concesión de la subvención o en las que concurran las circunstancias previstas en las bases reguladoras y en la convocatoria. 2. No podrán obtener la condición de beneficiario o entidad colaboradora de las subvenciones reguladas en esta ley las personas o entidades en quienes concurra alguna de las circunstancias siguientes, salvo que por la naturaleza de la subvención se exceptúe por su normativa reguladora: a) Haber sido condenadas mediante sentencia firme a la pena de pérdida de la posibilidad de obtener subvenciones o ayudas públicas o por delitos de prevaricación, cohecho, malversación de caudales públicos, tráfico de influencias, fraudes y exacciones ilegales o delitos urbanísticos. b) Haber solicitado la declaración de concurso voluntario, haber sido declarados insolventes en cualquier procedimiento, hallarse declarados en concurso, salvo que en éste haya adquirido la eficacia un convenio, estar sujetos a intervención judicial o haber sido inhabilitados conforme a la Ley 22/2003, de 9 de julio, Concursal, sin que haya concluido el período de inhabilitación fijado en la sentencia de calificación del concurso. c) Haber dado lugar, por causa de la que hubiesen sido declarados culpables, a la resolución firme de cualquier contrato celebrado con la Administración. d) Estar incursa la persona física, los administradores de las sociedades mercantiles o aquellos que ostenten la representación legal de otras personas jurídicas, en alguno de los supuestos de la Ley 3/2015, de 30 de marzo, reguladora del ejercicio del alto cargo de la Administración General del Estado, de la Ley 53/1984, de 26 de diciembre, de incompatibilidades del Personal al Servicio de las Administraciones Públicas, o tratarse de cualquiera de los cargos electivos regulados en la Ley Orgánica 5/1985, de 19 de junio, del Régimen Electoral General, en los términos establecidos en la misma o en la normativa autonómica que regule estas materias. e) No hallarse al corriente en el cumplimiento de las obligaciones tributarias o frente a la Seguridad Social impuestas por las disposiciones vigentes, en la forma que se determine reglamentariamente. f) Tener la residencia fiscal en un* *país o territorio calificado reglamentariamente como paraíso fiscal. g) No hallarse al corriente de pago de obligaciones por reintegro de subvenciones en los términos que reglamentariamente se determinen. h) Haber sido sancionado mediante resolución firme con la pérdida de la posibilidad de obtener subvenciones conforme a ésta u otras leyes que así lo establezcan. i) No podrán acceder a la condición de beneficiarios las agrupaciones previstas en el artículo 11.3, párrafo segundo cuando concurra alguna de las prohibiciones anteriores en cualquiera de sus miembros. j) Las prohibiciones de obtener subvenciones afectarán también a aquellas empresas de las que, por razón de las personas que las rigen o de otras circunstancias, pueda presumirse que son continuación o que derivan, por transformación, fusión o sucesión, de otras empresas en las que hubiesen concurrido aquéllas. 3. En ningún caso podrán obtener la condición de beneficiario o entidad colaboradora de las subvenciones reguladas en esta ley las asociaciones incursas en las causas de prohibición previstas en los apartados 5 y 6 del artículo 4 de la Ley Orgánica 1/2002, de 22 de marzo, reguladora del Derecho de Asociación. Tampoco podrán obtener la condición de beneficiario o entidad colaboradora las asociaciones respecto de las que se hubiera suspendido el procedimiento administrativo de inscripción por encontrarse indicios racionales de ilicitud penal, en aplicación de lo dispuesto en el artículo 30.4 de la Ley Orgánica 1/2002, en tanto no recaiga resolución judicial firme en cuya virtud pueda practicarse la inscripción en el correspondiente registro. 3 bis. Para subvenciones de importe superior a 30.000 euros, las personas físicas y jurídicas, distintas de las entidades de derecho público, con ánimo de lucro sujetas a la Ley 3/2004, de 29 de diciembre, por la que se establecen medidas de lucha contra la morosidad en las operaciones comerciales, deberán acreditar cumplir, en los términos dispuestos en este apartado, los plazos de pago que se establecen en la citada Ley para obtener la condición de beneficiario o entidad colaboradora. Cualquier financiación que permita el cobro anticipado de la empresa proveedora se considerará válida a efectos del cumplimiento de este apartado, siempre y cuando su coste corra a cargo del cliente y se haga sin posibilidad de recurso al proveedor en caso de impago. Salvo que las bases reguladoras prevean otro plazo o momento de acreditación, ésta se efectuará en el plazo de 10 días hábiles desde la notificación de la propuesta de resolución provisional a los interesados para los que se propone la concesión de la subvención. En el caso de que se prescinda del trámite de audiencia por no figurar en el procedimiento ni ser tenidos en cuenta otros hechos ni otras alegaciones y pruebas que las aducidas por los interesados, la acreditación se efectuará en el plazo de 10 días desde la notificación del requerimiento dirigido al efecto por el órgano instructor previo a la propuesta de resolución definitiva. No obstante, si la certificación de auditor o el informe de procedimientos acordados no pudiere obtenerse antes de la terminación del plazo establecido para su presentación, se aportará justificante de haber solicitado dicho medio de acreditación y una vez obtenido se presentará inmediatamente y, en todo caso, antes de la resolución de concesión. La acreditación del nivel de cumplimiento establecido se realizará por los siguientes medios de prueba: a) Las personas físicas y jurídicas que, de acuerdo con la normativa contable pueden presentar cuenta de pérdidas y ganancias abreviada, mediante certificación suscrita por la persona física o, en el caso de personas jurídicas, por el órgano de administración o equivalente, con poder de representación suficiente, en la que afirmen alcanzar el nivel de cumplimiento de los plazos de pago previstos en la citada Ley 3/2004, de 29 de diciembre. Podrán también acreditar dicha circunstancia por alguno de los medios de prueba previstos en la letra b) siguiente y con sujeción a su regulación. b) Las personas jurídicas que, de acuerdo con la normativa contable no pueden presentar cuenta de pérdidas y ganancias abreviada, mediante: 1.º Certificación emitida por auditor inscrito en el Registro Oficial de Auditores de Cuentas que contenga una trascripción desglosada de la información en materia de pagos descrita en la memoria de las últimas cuentas anuales auditadas, cuando de ellas se desprenda que se alcanza el nivel de cumplimiento de los plazos de pago establecidos en la Ley 3/2004, de 29 de diciembre, determinado en este apartado, en base a la información requerida por la disposición adicional tercera de la Ley 15/2010, de 5 de julio, de modificación de la Ley 3/2004, de 29 de diciembre. Esta certificación será válida hasta que resulten auditadas las cuentas anuales del ejercicio siguiente. 2.º En el caso de que no sea posible emitir el certificado al que se refiere el número anterior, «Informe de Procedimientos Acordados», elaborado por un auditor inscrito en el Registro Oficial de Auditores de Cuentas, que, en base a la revisión de una muestra representativa de las facturas pendientes de pago a proveedores de la sociedad a una fecha de referencia, concluya sin la detección de excepciones al cumplimiento de los plazos de pago de la Ley 3/2004, de 29 de diciembre, o en el caso de que se detectasen, éstas no impidan alcanzar el nivel de cumplimiento requerido en el último párrafo de este apartado. A los efectos de esta Ley, se entenderá cumplido el requisito exigido en este apartado cuando el nivel de cumplimiento de los plazos de pago previstos en la Ley 3/2004, de 29 de diciembre, sea igual o superior al porcentaje previsto en la disposición final sexta, letra d), apartado segundo, de la Ley 18/2022, de 28 de septiembre, de creación y crecimiento de empresas. 4. Las prohibiciones contenidas en los párrafos b), d), e), f), g), h), i) y j) del apartado 2 y en los apartados 3 y 3 bis de este artículo se apreciarán de forma automática y subsistirán mientras concurran las circunstancias que, en cada caso, las determinen. 5. Las prohibiciones contenidas en los párrafos a) y h) del apartado 2 de este artículo se apreciarán de forma automática. El alcance de la prohibición será el que determine la sentencia o resolución firme. En su defecto, el alcance se fijará de acuerdo con el procedimiento determinado reglamen-*

tariamente, sin que pueda exceder de cinco años en caso de que la prohibición no derive de sentencia firme. 6. La apreciación y alcance de la prohibición contenida en el párrafo c) del apartado 2 de este artículo se determinará de acuerdo con lo establecido en el artículo 21, en relación con el artículo 20.c) del texto refundido de la Ley de Contratos de las Administraciones Públicas, aprobado por el Real Decreto Legislativo 2/2002, de 16 de junio. 7. La justificación por parte de las personas o entidades de no estar incursos en las prohibiciones para obtener la condición de beneficiario o entidad colaboradora, señaladas en los apartados 2 y 3 de este artículo, podrá realizarse mediante testimonio judicial, certificados telemáticos o transmisiones de datos, de acuerdo con lo establecido en la normativa reglamentaria que regule la utilización de técnicas electrónicas, informáticas y telemáticas por la Administración General del Estado o de las comunidades autónomas, o certificación administrativa, según los casos, y cuando dicho documento no pueda ser expedido por la autoridad competente, podrá ser sustituido por una declaración responsable otorgada ante una autoridad administrativa o notario público. Además, el párrafo tercero del apartado cuarto del artículo 24 establece que «En ningún caso podrán realizarse pagos anticipados a beneficiarios cuando se haya solicitado la declaración de concurso voluntario, haber sido declarados insolventes en cualquier procedimiento, hallarse declarado en concurso, salvo que en éste haya adquirido la eficacia un convenio, estar sujetos a intervención judicial o haber sido inhabilitados conforme a la Ley 22/2003, de 9 de julio, Concursal, sin que haya concluido el período de inhabilitación fijado en la sentencia de calificación del concurso».

SUCESIONES

– La **Ley Foral 22/2023, de 26 de diciembre, de modificación de diversos impuestos y otras medidas tributarias modifica algunos preceptos del Texto Refundido de las disposiciones del Impuesto sobre Sucesiones y Donaciones, aprobado por Decreto Foral Legislativo 250/2002, de 16 de diciembre.** Entre éstos: Artículo 11.c), modificación de la letra b'), con efectos a partir del 1 de enero de 2024: b') Que la adquisición se mantenga durante los cinco años siguientes al fallecimiento del causante, salvo que el adquirente falleciere dentro de este plazo o que se liquidara la empresa o entidad como consecuencia de un procedimiento concursal; y Artículo 12 d), modificación del apartado 1 de la letra c'), con efectos a partir del 1 de enero de 2024: 1. Deberá mantener la adquisición durante los cinco años siguientes a la fecha de la escritura pública en la que se documente la operación, salvo que falleciera dentro de este plazo, o que se liquidara la empresa o entidad como consecuencia de un procedimiento concursal (...).

– La **Ley 5/2015, de 25 de junio, de Derecho Civil Vasco**, entre las cuestiones que desarrolla se encuentra la relativa a las sucesiones. Así, en la sucesión testada se establece: «*Artículo 21. Gastos de la sucesión y beneficio de separación. 1. Se pagarán con cargo al caudal relicto: a) Los alimentos debidos a los hijos y descendientes del causante cuando esta obligación no corresponda a otras personas, b) las cargas y deudas de la herencia, y c) los gastos de conservación de los bienes, los tributos, primas de seguro u otros gastos a que se hallen afectos aquéllos, así como de las obligaciones contraídas por el administrador en la gestión de los negocios del causante, o que se derivan de su explotación, cuando no hayan de ser satisfechos por el cónyuge usufructuario. 2. El heredero responde de las obligaciones del causante, de los legados y de las cargas hereditarias hasta el valor de los bienes heredados en el momento de la delación. 3. A los efectos de la responsabilidad de los herederos se establece el beneficio de separación que los acreedores hereditarios, dentro del plazo de seis meses, a contar de la fecha del fallecimiento del causante, podrán solicitar del juez la formación de inventario y la separación de los bienes de la herencia, con el fin de satisfacer con los mismos sus propios créditos, según su respectivo rango, excluyendo a los acreedores particulares del heredero hasta la total satisfacción de aquellos créditos. Hasta tal momento, no se confundirán las deudas y créditos existentes entre el heredero y el causante, ni se extinguirán las correspondientes garantías. Los legatarios tendrán ese mismo derecho para asegurar el cumplimiento de los legados con el remanente de la herencia después de quedar satisfechos aquellos acreedores. A salvo la normativa concursal, la separación de bienes hereditarios afectará éstos para el pago preferente a los acreedores y legatarios que la hubieran solicitado. El juez, a petición de los interesados, señalará plazo para la formación de inventario y decretará las anotaciones y embargos preventivos, notificaciones y demás medidas de aseguramiento. Una vez satisfechos los acreedores de la herencia y legatarios que hubieren solicitado la separación, serán pagados los acreedores y legatarios que no la hubieren solicitado, sin más preferencia entre ellos que la que les corresponda por la naturaleza de sus créditos o conforme a lo dispuesto en la Ley Hipotecaria. En las sucesiones en las que el causante haya designado comisario, se estará a lo dispuesto en el artículo 43»; «Artículo 43. Ejercicio del poder testatorio y cautelas en favor de terceros. 1. El comisario podrá ejercitar el poder testatorio por acto inter vivos o mortis causa en testamento ante notario o por pacto sucesorio, a título universal o singular, sin más limitaciones que las impuestas por la ley al testador. 2. El cónyuge viudo o miembro superviviente de la pareja de hecho podrá hacer uso en su propio testamento ante notario del poder concedido por el causante, pero sólo para disponer entre los hijos o descendientes comunes. En este caso podrá dar* *carácter revocable a la disposición realizada en nombre de su cónyuge o miembro de la pareja de hecho superviviente. 3. El cónyuge viudo o miembro superviviente de la pareja de hecho designado comisario, representante y administrador del patrimonio hereditario satisfará las obligaciones, cargas y deudas de la herencia, gestionará los negocios que formen parte del caudal, podrá cobrar créditos vencidos y consentir la cancelación de las fianzas y derechos que los garanticen, y realizar cualesquiera de los actos propios de todo administrador, así como ejercer las facultades de gestión que el comitente le haya atribuido. Igualmente estará legitimado activa y pasivamente respecto de cualesquiera acciones referidas al patrimonio hereditario. Los acreedores hereditarios, dentro del plazo de seis meses, a contar de la fecha del fallecimiento del causante podrán solicitar al comisario y, en su defecto, al juez competente, la formación de inventario y la separación de los bienes de la herencia, con el fin de satisfacer con éstos los propios créditos de los primeros, según su respectivo rango, excluyendo a los acreedores particulares del heredero hasta la total satisfacción de aquellos créditos. Hasta tal momento no se confundirán las deudas y créditos existentes entre el heredero y el causante, ni se extinguirán las correspondientes garantías. Los legatarios tendrán ese mismo derecho para asegurar el cumplimiento de los legados con el remanente de la herencia después de quedar satisfechos aquellos acreedores. A salvo la normativa concursal, la separación de bienes hereditarios afectará éstos para el pago preferente a los acreedores y legatarios que la hubieran solicitado. Al efecto el comisario o, en su caso, el juez, a petición de los interesados, procederá a la formación de inventario y adoptará las medidas de aseguramiento, formación de inventario, administración, custodia y conservación del caudal hereditario que procedan. Una vez satisfechos los acreedores de la herencia y legatarios que hubieren solicitado la separación, serán pagados los acreedores y legatarios que no lo hubieren solicitado, sin más preferencia entre ellos que la que les corresponda por la naturaleza de sus créditos o conforme a lo dispuesto en la Ley Hipotecaria. 4. El cónyuge viudo o miembro superviviente de la pareja de hecho designado comisario, representante y administrador del patrimonio hereditario podrá disponer de los bienes o derechos hereditarios si el comitente le hubiera autorizado para ello o para atender a las obligaciones, cargas y deudas de la herencia, o cuando lo juzgue oportuno para sustituirlos por otros. La contraprestación obtenida se subrogará en el lugar de los bienes enajenados, salvo que se destine al pago de las obligaciones, cargas y deudas de la herencia. 5. Si existieran legitimarios y los actos de enajenación a título oneroso realizados por el cónyuge viudo o miembro superviviente de la pareja de hecho designado comisario representante y administrador del patrimonio hereditario se refiriesen a bienes inmuebles, empresas y explotaciones económicas, valores mobiliarios u objetos preciosos, será necesaria la autorización de cualquiera de los legitimarios con plena capacidad de obrar y, siendo los legitimarios menores o incapaces, la autorización judicial».*

– La **Ley 10/2008, de 10 de julio, de Libro Cuarto del Código Civil de Cataluña,** relativo a las sucesiones establece en su artículo 461-22: «*Concurso de la herencia. Las disposiciones sobre responsabilidad del heredero por las deudas del causante, derivada de la aceptación de la herencia, se aplican sin perjuicio de lo establecido por la legislación concursal*».

TASAS Y PRECIOS PÚBLICOS

– El **Decreto Legislativo 1/2025, de 20 de marzo, por el que se aprueba el Texto Refundido de la Ley de Tasas y Precios Públicos de la Administración de la Comunidad Autónoma del País Vasco,** mantiene la estructura existente procediéndose a la renumeración del articulado y en algunas de sus previsiones se refiere al concurso de acreedores.

De un lado, al regular la prescripción respecto de la gestión y liquidación de las tasas: *Artículo 24. Prescripción. 1. Prescribirán a los cuatro años los siguientes derechos en materia de tasas: a) El derecho de la Administración para determinar la deuda tributaria por tasa mediante la oportuna liquidación. b) El derecho de la Administración para exigir el pago de las deudas tributarias liquidadas y autoliquidadas. c) El derecho de la Administración para imponer sanciones tributarias. d) El derecho a solicitar las devoluciones de ingresos indebidos derivadas de la presente ley y el reembolso del coste de las garantías. e) El derecho a obtener las devoluciones de ingresos indebidos derivadas de la presente ley y el reembolso del coste de las garantías. 2. El plazo de prescripción comenzará a contarse en los distintos casos a los que se refiere el apartado anterior conforme a las siguientes reglas: En el caso a), desde el día siguiente a aquel en que finalice el plazo reglamentario para presentar la correspondiente declaración o autoliquidación. En el caso b), desde el día siguiente a aquel en que finalice el plazo de pago en período voluntario, sin perjuicio de lo dispuesto en el apartado 3 de este artículo. En el caso c), desde el momento en que se cometieron las correspondientes infracciones tributarias. En el caso d), desde el día siguiente a aquel en que se realizó el ingreso indebido o desde el día siguiente a la finalización del plazo para presentar la autoliquidación si el ingreso indebido se realizó dentro de dicho plazo; o desde el día siguiente a aquel en que adquiera firmeza la sentencia o resolución administrativa que declare total o parcialmente improcedente el acto impugnado. En el caso e), desde el día siguiente a la fecha de notificación del acuerdo donde se reconozca el derecho a percibir la devolución o el reembolso del coste de las garantías. 3. El plazo de prescripción para exigir la obliga-*

ción de pago a las responsables solidarias comenzará a contarse desde el día siguiente a la finalización del plazo de pago en período voluntario de la deudora principal. Tratándose de responsables subsidiarios, el plazo de prescripción comenzará a computarse desde la notificación de la última actuación recaudatoria practicada a la deudora principal o a cualquiera de las responsables solidarias. 4. Interrupción de los plazos de prescripción. A) El plazo de prescripción del derecho a que se refiere el párrafo a) del apartado 1 de este artículo se interrumpe: a) Por cualquier acción de la Administración, realizada con conocimiento formal de la obligada tributaria, conducente al reconocimiento, regularización, comprobación, inspección, aseguramiento y liquidación de todos o parte de los elementos de la obligación tributaria. b) Por la interposición de reclamaciones o recursos de cualquier clase, por las actuaciones realizadas con conocimiento formal de la obligada tributaria en el curso de dichas reclamaciones o recursos, por la remisión del tanto de culpa a la jurisdicción penal o por la presentación de denuncia ante el Ministerio Fiscal, así como por la recepción de la comunicación de un órgano jurisdiccional en la que se ordene la paralización del procedimiento administrativo en curso. c) Por cualquier actuación fehaciente de la obligada tributaria conducente a la liquidación o autoliquidación de la deuda tributaria. B) El plazo de prescripción del derecho a que se refiere el párrafo b) del apartado 1 de este artículo se interrumpe: a) Por cualquier acción de la Administración, realizada con conocimiento formal de la obligada tributaria, dirigida de forma efectiva a la recaudación de la deuda tributaria. b) Por la interposición de reclamaciones o recursos de cualquier clase, por las actuaciones realizadas con conocimiento formal de la obligada en el curso de dichas reclamaciones o recursos, por la declaración del concurso de la deudora o por el ejercicio de acciones civiles o penales dirigidas al cobro de la deuda tributaria, así como por la recepción de la comunicación de un órgano jurisdiccional en la que se ordene la paralización del procedimiento administrativo en curso. c) Por cualquier actuación fehaciente de la obligada tributaria conducente al pago o extinción de la deuda tributaria. C) El plazo de prescripción del derecho a que se refiere el párrafo c) del apartado 1 de este artículo se interrumpe: a) Por cualquier acción de la Administración, realizada con conocimiento formal de la persona interesada, conducente a la imposición de la sanción tributaria. Las acciones administrativas conducentes a la regularización de la situación tributaria de la obligada interrumpirán el plazo de prescripción para imponer las sanciones tributarias que puedan derivarse de dicha regularización. b) Por la interposición de reclamaciones o recursos de cualquier clase, por la remisión del tanto de culpa a la jurisdicción penal, así como por las actuaciones realizadas con conocimiento formal de la obligada en el curso de dichos procedimientos. D) El plazo de prescripción del derecho al que se refiere el párrafo d) del apartado 1 de este artículo se interrumpe: a) Por cualquier actuación fehaciente de la obligada tributaria que pretenda la devolución, el reembolso o la rectificación de su autoliquidación. b) Por la interposición, tramitación o resolución de reclamaciones o recursos de cualquier clase. E) El plazo de prescripción del derecho al que se refiere el párrafo e) del apartado 1 de este artículo se interrumpe: a) Por cualquier acción de la Administración dirigida a efectuar la devolución o el reembolso. b) Por cualquier actuación fehaciente de la obligada tributaria por la que exija el pago de la devolución o el reembolso. c) Por la interposición, tramitación o resolución de reclamaciones o recursos de cualquier clase. 5. Producida la interrupción, se iniciará de nuevo el cómputo del plazo de prescripción, salvo lo establecido en el apartado siguiente. 6. Cuando el plazo de prescripción se hubiera interrumpido por la interposición del recurso ante la jurisdicción contencioso-administrativa, por el ejercicio de acciones civiles o penales, por la remisión del tanto de culpa a la jurisdicción competente o la presentación de denuncia ante el Ministerio Fiscal o por la recepción de una comunicación judicial de paralización del procedimiento, el cómputo del plazo de prescripción se iniciará de nuevo cuando la Administración reciba la notificación de la resolución firme que ponga fin al proceso judicial o que levante la paralización o cuando se reciba la notificación del Ministerio Fiscal devolviendo el expediente. Cuando el plazo de prescripción se hubiera interrumpido por la declaración del concurso de la deudora, el cómputo del plazo de prescripción se iniciará de nuevo en el momento de aprobación del convenio concursal para las deudas tributarias no sometidas al mismo. Respecto a las deudas tributarias sometidas al convenio concursal, el cómputo del plazo de prescripción se iniciará de nuevo cuando aquellas resulten exigibles a la deudora. Si el convenio no fuera aprobado, el plazo se reiniciará cuando se reciba la resolución judicial firme que señale dicha circunstancia. Lo dispuesto en este apartado no será aplicable al plazo de prescripción del derecho de la Administración para exigir el pago cuando no se hubiera acordado la suspensión en vía contencioso-administrativa. 7. Interrumpido el plazo de prescripción para una obligada tributaria, dicho efecto se extiende a todas las demás obligadas, incluidas las responsables. No obstante, si la obligación es mancomunada y solo se reclama a una de las obligadas tributarias la parte que le corresponde, el plazo no se interrumpe para los demás. Si existieran varias deudas liquidadas a cargo de una misma obligada al pago, la interrupción de la prescripción solo afectará a la deuda a la que se refiera. 8. La prescripción ganada aprovecha por igual a todas las obligadas al pago de la deuda tributaria salvo lo dispuesto en el apartado 7 anterior. 9. La prescripción se aplicará de oficio, incluso en los casos en que se haya pagado la deuda tributaria, sin necesidad de que la invoque o excepcione la obligada tributaria. 10. La prescripción ganada extingue la deuda tributaria.

De otro lado, al regular la tasa por inspección y control de animales y sus productos, determina los responsables subsidiarios: *Artículo 167. Responsables subsidiarios. Serán responsables subsidiarias las administradoras de las sociedades y las síndicas, interventoras o liquidadoras de quiebras, concursos, sociedades y entidades en general que se dediquen a las actividades cuya inspección y control genera el devengo de las tasas.*

– La **Ley Foral 2/2021, de 11 de febrero, de Tasas y Precios Públicos de la Comunidad Foral de Navarra y de sus Organismos Autónomos**, tiene por objeto la regulación del régimen jurídico de las tasas y de los precios públicos propios de la Administración de la Comunidad Foral y de sus Organismos Autónomos. Entre éstas regula la Tasa por inspecciones y controles sanitarios oficiales de animales y sus productos (art. 42) en la que recoge como subsidiariamente responsables del tributo en el apartado quinto: *5. Responsables del tributo. Serán, subsidiariamente, responsables del tributo: a) Los administradores de las sociedades, que hayan cesado en sus actividades, respecto de las tasas pendientes. b) Los síndicos, interventores o liquidadores de quiebras, concursos, sociedades y entidades en general, cuando, por negligencia o mala fe, no realicen las gestiones necesarias para el íntegro cumplimiento de las obligaciones tributarias devengadas con anterioridad a dichas situaciones y que sean imputables a los respectivos sujetos pasivos.*

– La **Ley 10/2012, de 20 de noviembre, por la que se regulan determinadas tasas en el ámbito de la Administración de Justicia y del Instituto Nacional de Toxicología y Ciencias Forenses**, establece: *«Artículo 2. Hecho imponible de la tasa. Constituye el hecho imponible de la tasa el ejercicio de la potestad jurisdiccional originada por el ejercicio de los siguientes actos procesales: (...) b) La solicitud de concurso necesario y la demanda incidental en procesos concursales (...)»; «Artículo 4. Exenciones de la tasa. 1. Las exenciones objetivas de la tasa están constituidas por: (...) b) La solicitud de concurso voluntario por el deudor (...) f) Las acciones que, en interés de la masa del concurso y previa autorización del Juez de lo Mercantil, se interpongan por los administradores concursales (...) 2. Desde el punto de vista subjetivo, están, en todo caso, exentos de esta tasa: a) Las personas físicas. b) Las personas jurídicas a las que se les haya reconocido el derecho a la asistencia jurídica gratuita, acreditando que cumplen los requisitos para ello de acuerdo con su normativa reguladora. c) El Ministerio Fiscal. d) La Administración General del Estado, las de las Comunidades Autónomas, las Entidades locales y los organismos públicos dependientes de todas ellas. e) Las Cortes Generales y las Asambleas Legislativas de las Comunidades Autónomas»; «Artículo 5. Devengo de la tasa. 1. El devengo de la tasa se produce, en el orden jurisdiccional civil, en los siguientes momentos procesales: (...) d) Presentación de la solicitud de declaración del concurso por el acreedor y demás legitimados. e) Presentación de demanda incidental en procesos concursales. (...)».* Téngase en cuenta la **Sentencia del Pleno del Tribunal Constitucional, de 21 de julio de 2016**.

– El **Decreto Legislativo 3/2008, de 25 de junio, por el que se aprueba el Texto refundido de la Ley de tasas y precios públicos de la Generalidad de Cataluña**, establece: *«Título III bis Administración de justicia. Capítulo I Tasa por la prestación de servicios personales y materiales en el ámbito de la administración de la Administración de justicia. Artículo 3 bis.1.1 Hecho imponible. 1. Constituye el hecho imponible de la tasa la prestación de servicios personales y materiales en el ámbito de la administración de la Administración de Justicia de competencia de la Generalidad, a instancia de parte, en los órdenes jurisdiccionales civil y contencioso-administrativo, en órganos judiciales con sede en Cataluña. La producción del hecho imponible se manifiesta mediante la realización de los siguientes actos: a) La presentación del escrito iniciador del procedimiento en primera o única instancia. b) La presentación del escrito iniciador del incidente en el proceso concursal. c) La presentación del escrito iniciador de la segunda o superior instancia del procedimiento principal que deban resolver órganos judiciales con sede en Cataluña (...). Artículo 3 bis.1-3. Exenciones. 1. Exenciones objetivas. Está exenta de la tasa la presentación de solicitud de declaración de concurso. 2. Exenciones subjetivas. Están exentos de la tasa: a) Las personas físicas. b) Las personas jurídicas que tengan reconocido el derecho a la asistencia jurídica gratuita. c) Las entidades totalmente o parcialmente exentas del impuesto sobre sociedades. d) Los sujetos pasivos que estén exentos del impuesto sobre actividades económicas, de acuerdo con la normativa reguladora de las haciendas locales. e) El Ministerio Fiscal. Artículo 3 bis.1-4. Devengo. 1. En el supuesto al que se refiere el apartado 1 del artículo 3 bis.1.1, el devengo de la tasa coincide con el momento de la realización de los actos que se describen (...) Artículo 3 bis.1-5. Cuota. 1. Es exigible la cantidad fija que, en función de cada tipo de procedimiento, se determina en la siguiente tabla: En el orden jurisdiccional civil: Procedimiento monitorio: 60 euros. Procedimiento en primera o única instancia diferente del procedimiento monitorio: 90 euros. Incidente del proceso concursal: 90 euros. Procedimiento en segunda o superior instancia del procedimiento principal que deban resolver órganos judiciales con sede en Cataluña: 120 euros. En el orden jurisdiccional contencioso-administrativo: Procedimiento en primera o única instancia: 90 euros. Procedimiento en segunda o superior instancia del procedimiento principal que deban resolver órganos judiciales con sede en Cataluña: 120 euros. 2. En el supuesto al que se refiere el apartado 2 del artículo 3 bis.1.1, el importe de la cuota es de 10,50 euros».*

– **El texto refundido de las Tasas de la Comunidad Autónoma de Aragón, aprobado por Decreto Legislativo 1/2004, de 27 de julio, del Gobierno de Aragón**, contempla la tasa por servicios prestados por el Registro de Cooperativas de Aragón (Capítulo XLV, arts. 211 a 215), en los que se recoge como hecho imponible la anotación preventiva o inscripción de cualquiera de las fases del concurso de acreedores.

– El **Decreto Legislativo 1/2004, de 9 de julio, por el que se aprueba el texto refundido de la ley de tasas, precios públicos y contribuciones especiales, de la Comunidad Autónoma de la Región de Murcia**, en relación con la Tasa *«T850 Tasa por inspecciones y controles sanitarios de los productos pesqueros destinados al consumo humano»*, establece: *«Artículo 4. Responsables de la percepción de las tasas. Serán responsables subsidiarios, en los supuestos y con el alcance previsto en el artículo 43 de la Ley General Tributaria, los administradores de las sociedades y los síndicos, interventores o liquidadores de quiebras, concursos, sociedades y entidades en general que se dediquen a las actividades cuya inspección y control genera el devengo de las Tasas».* Y en relación con la Tasa *«T510. Tasa del Boletín Oficial de la Región de Murcia»*, establece: *«Artículo 6. Exenciones. Estará exenta del pago de esta tasa la inserción de las siguientes publicaciones (...): 5. Los anuncios y edictos procedentes de la Administración de justicia relativos a (...): b) Procedimientos de la jurisdicción social, tanto para la defensa en juicio como para el ejercicio de acciones para la efectividad de los derechos laborales en los procedimientos concursales de los trabajadores y beneficiarios del sistema de Seguridad Social (...)».*

– La **Ley 6/2002, de 18 de octubre, de tasas y precios públicos de la Comunidad Autónoma de La Rioja**, en relación con la *Tasa 06.05. Tasa por inspecciones y controles sanitarios de carnes frescas y otros productos de origen animal*, establece: *«(...) V. Responsables del tributo. Serán, subsidiariamente, responsables del tributo (...): b) Los síndicos, interventores o liquidadores de quiebras, concursos, sociedades y entidades en general, cuando, por negligencia o mala fe, no realicen las gestiones necesarias para el íntegro cumplimiento de las obligaciones tributarias devengadas con anterioridad a dichas situaciones y que sean imputables a los respectivos sujetos pasivos (...)».*

– Orden HAP/2662/2012, de 13 de diciembre, por la que se aprueba el modelo 696 de autoliquidación, y el modelo 695 de solicitud de devolución por solución extrajudicial del litigio y por acumulación de procesos, de la tasa por el ejercicio de la potestad jurisdiccional en los órdenes civil, contencioso-administrativo y social y se determinan el lugar, forma, plazos y los procedimientos de presentación.

TESORERÍA GENERAL DE LA SEGURIDAD SOCIAL

– El **Real Decreto Legislativo 8/2015, de 30 de octubre, aprueba el texto refundido de la Ley General de la Seguridad Social**, establece:

«Artículo 25. Prelación de créditos. Los créditos por cuotas de la Seguridad Social y conceptos de recaudación conjunta y, en su caso, los recargos o intereses que sobre aquellos procedan gozarán, en su totalidad, de igual orden de preferencia que los créditos a que se refiere el artículo 1924.1.º del Código Civil. Los demás créditos de la Seguridad Social gozarán del orden de preferencia establecido en el apartado 2.° E) del referido precepto. En caso de concurso, los créditos por cuotas de la Seguridad Social y conceptos de recaudación conjunta y, en su caso, los recargos e intereses que sobre aquellos procedan, así como los demás créditos de la Seguridad Social, quedarán sometidos a lo establecido en la legislación concursal. Sin perjuicio del orden de prelación para el cobro de los créditos establecido por la ley, cuando el procedimiento de apremio administrativo concurra con otros procedimientos de ejecución singular, de naturaleza administrativa o judicial, será preferente aquel en el que primero se hubiera efectuado el embargo»;

«Artículo 27. Transacciones sobre los derechos de la Seguridad Social. 1. No se podrá transigir judicial ni extrajudicialmente sobre los derechos de la Seguridad Social ni someter a arbitraje las contiendas que se susciten respecto de los mismos, sino mediante real decreto acordado en Consejo de Ministros, previa audiencia del Consejo de Estado. 2. El carácter privilegiado de los créditos de la Seguridad Social otorga a la Tesorería General de la Seguridad Social el derecho de abstención en los procesos concursales. No obstante, la Tesorería General de la Seguridad Social podrá suscribir en el curso de estos procesos los acuerdos o convenios previstos en la legislación concursal, así como acordar, de conformidad con el deudor y con las garantías que se estimen oportunas, unas condiciones singulares de pago, que no pueden ser más favorables para el deudor que las recogidas en el convenio o acuerdo que ponga fin al proceso judicial»;

«Artículo 32. Imputación de pagos. Sin perjuicio de las especialidades previstas en esta ley para los aplazamientos y en el ordenamiento jurídico para el deudor incurso en procedimiento concursal, el cobro parcial de la deuda apremiada se imputará, en primer lugar, al pago de la que hubiera sido objeto del embargo o garantía cuya ejecución haya producido dicho cobro y, luego, al resto de la deuda. Tanto en un caso como en otro, el cobro se aplicará primero a las costas y luego a los títulos más antiguos, distribuyéndose proporcionalmente el importe entre principal, recargo e intereses»;

«*Artículo 153 bis. Cotización en los supuestos de reducción de jornada o suspensión de contrato. En los supuestos de reducción temporal de jornada o suspensión temporal del contrato de trabajo, ya sea por decisión del empresario al amparo de lo establecido en los artículos 47 o 47 bis del texto refundido de la Ley del Estatuto de los Trabajadores, o en virtud de resolución judicial adoptada en el seno de un procedimiento concursal, la empresa está obligada al ingreso de las cuotas correspondientes a la aportación empresarial. En caso de causarse derecho a la prestación por desempleo o a la prestación a la que se refiere la disposición adicional cuadragésima primera, corresponde a la entidad gestora de la prestación el ingreso de la aportación del trabajador en los términos previstos en el artículo 273.2 y en dicha disposición adicional, respectivamente. En estos supuestos, las bases de cotización a la Seguridad Social para el cálculo de la aportación empresarial por contingencias comunes y por contingencias profesionales, estarán constituidas por el promedio de las bases de cotización en la empresa afectada correspondientes a dichas contingencias de los seis meses naturales inmediatamente anteriores al mes anterior al del inicio de cada situación de reducción de jornada o suspensión del contrato. Para el cálculo de dicho promedio, se tendrá en cuenta el número de días en situación de alta, en la empresa de que se trate, durante el período de los seis meses indicados. Las bases de cotización calculadas conforme a lo indicado anteriormente se reducirán, en los supuestos de reducción temporal de jornada, en función de la jornada de trabajo no realizada. No obstante, en los supuestos en que la persona trabajadora haya causado alta en la empresa en el mes anterior al inicio de cada situación, o en el mismo mes del inicio de la situación, para el cálculo de dicho promedio se tomarán las bases de cotización en la empresa afectada correspondiente al mes inmediatamente anterior al del inicio de la situación, o al mes del inicio de situación, respectivamente. Durante los períodos de suspensión temporal de contrato de trabajo y de reducción temporal de jornada, respecto de la jornada de trabajo no realizada, no resultarán de aplicación las normas de cotización correspondientes a las situaciones de incapacidad temporal, descanso por nacimiento y cuidado de menor, y riesgo durante el embarazo y la lactancia natural*»;

«*Artículo 207. Jubilación anticipada por causa no imputable al trabajador. 1. El acceso a la jubilación anticipada derivada del cese en el trabajo por causa no imputable a la libre voluntad del trabajador exigirá los siguientes requisitos: a) Tener cumplida una edad que sea inferior en cuatro años, como máximo, a la edad que en cada caso resulte de aplicación según lo establecido en el artículo 205.1.a) sin que a estos efectos resulten de aplicación los coeficientes reductores a que se refieren los artículos 206 y 206 bis. b) Encontrarse inscrito en las oficinas de empleo como demandante de empleo durante un plazo de, al menos, seis meses inmediatamente anteriores a la fecha de la solicitud de la jubilación. c) Acreditar un período mínimo de cotización efectiva de 33 años, sin que, a tales efectos, se tenga en cuenta la parte proporcional por pagas extraordinarias. A estos exclusivos efectos, solo se computará el período de prestación del servicio militar obligatorio o de la prestación social sustitutoria, o del servicio social femenino obligatorio, con el límite máximo de un año. d) Que el cese en el trabajo se haya producido por alguna de las causas siguientes: 1.ª El despido colectivo por causas económicas, técnicas, organizativas o de producción, conforme al artículo 51 del texto refundido de la Ley del Estatuto de los Trabajadores. 2.ª El despido por causas objetivas conforme al artículo 52 del texto refundido de la Ley del Estatuto de los Trabajadores. 3.ª La extinción del contrato por resolución judicial en los supuestos contemplados en el texto refundido de la Ley concursal, aprobado por el Real Decreto Legislativo 1/2020, de 5 de mayo. 4.ª La muerte, jubilación o incapacidad del empresario individual, sin perjuicio de lo dispuesto en el artículo 44 del texto refundido de la Ley del Estatuto de los Trabajadores, o la extinción de la personalidad jurídica del contratante. 5.ª La extinción del contrato de trabajo motivada por la existencia de fuerza mayor constatada por la autoridad laboral conforme a lo establecido en el artículo 51.7 del texto refundido de la Ley del Estatuto de los Trabajadores. 6.ª La extinción del contrato por voluntad del trabajador por las causas previstas en los artículos 40.1, 41.3 y 50 del texto refundido de la Ley del Estatuto de los Trabajadores. 7.ª La extinción del contrato por voluntad de la trabajadora por ser víctima de la violencia de género o violencia sexual prevista en el artículo 49.1.m) del texto refundido de la Ley del Estatuto de los Trabajadores. En los supuestos contemplados en las causas 1.ª, 2.ª y 6.ª, para poder acceder a esta modalidad de jubilación anticipada, será necesario que el trabajador acredite haber percibido la indemnización correspondiente derivada de la extinción del contrato de trabajo o haber interpuesto demanda judicial en reclamación de dicha indemnización o de impugnación de la decisión extintiva. El percibo de la indemnización se acreditará mediante documento de la transferencia bancaria recibida o documentación acreditativa equivalente. 2. En los casos de acceso a la jubilación anticipada a que se refiere este artículo, la pensión será objeto de reducción mediante la aplicación, por cada mes o fracción de mes que, en el momento del hecho causante, le falte al trabajador para cumplir la edad legal de jubilación que en cada caso resulte de la aplicación de lo establecido en el artículo 205.1.a), de los coeficientes que resulten del siguiente cuadro en función del período de cotización acreditado y los meses de anticipación (...). A los exclusivos efectos de determinar dicha edad legal de jubilación, se considerará como tal la que le hubiera correspondido al trabajador de haber seguido cotizando durante el plazo comprendido entre la fecha del hecho causante y el cumplimiento de la edad legal de jubilación que en cada caso resulte de la aplicación de lo establecido en el artículo 205.1.a). Para el cómputo de los períodos de cotización se tomarán períodos completos, sin que se equipare a un período la fracción del mismo»;*

«Artículo 262. Objeto de la protección. 1. El presente título tiene por objeto regular la protección de la contingencia de desempleo en que se encuentren quienes, pudiendo y queriendo trabajar, pierdan su empleo o vean suspendido su contrato o reducida su jornada ordinaria de trabajo, en los términos previstos en el artículo 267.2. El desempleo será total cuando el trabajador cese, con carácter temporal o definitivo, en la actividad que venía desarrollando y sea privado, consiguientemente, de su salario. A estos efectos, se entenderá por desempleo total el cese total del trabajador en la actividad por días completos, continuados o alternos, durante, al menos, una jornada ordinaria de trabajo, en virtud de suspensión temporal de contrato o reducción temporal de jornada, decididas por el empresario al amparo de lo establecido en el artículo 47 del texto refundido de la Ley del Estatuto de los Trabajadores o de resolución judicial adoptada en el seno de un procedimiento concursal. 3. El desempleo será parcial cuando el trabajador vea reducida temporalmente su jornada diaria ordinaria de trabajo, entre un mínimo de un 10 y un máximo de un 70 por ciento, siempre que el salario sea objeto de análoga reducción. A estos efectos, se entenderá por reducción temporal de la jornada diaria ordinaria de trabajo, aquella que se decida por el empresario al amparo de lo establecido en el artículo 47 del texto refundido de la Ley del Estatuto de los Trabajadores o de resolución judicial adoptada en el seno de un procedimiento concursal, sin que estén comprendidas las reducciones de jornadas definitivas o que se extiendan a todo el período que resta de la vigencia del contrato de trabajo»;

«Artículo 267. Situación legal de desempleo. 1. Se encontrarán en situación legal de desempleo los trabajadores que estén incluidos en alguno de los siguientes supuestos: a) Cuando se extinga su relación laboral: 1.º En virtud de despido colectivo, adoptado por decisión del empresario al amparo de lo establecido en el artículo 51 del texto refundido de la Ley del Estatuto de los Trabajadores, o de resolución judicial adoptada en el seno de un procedimiento concursal. 2.º Por muerte, jubilación o incapacidad del empresario individual, cuando determinen la extinción del contrato de trabajo. 3.º Por despido y por la extinción del contrato por motivos inherentes a la persona trabajadora regulada en la disposición adicional tercera de la Ley 32/2006, de 18 de octubre, reguladora de la subcontratación en el Sector de la Construcción. En el supuesto previsto en el artículo 111.1.b) de la Ley 36/2011, de 10 de octubre, reguladora de la jurisdicción social, durante la tramitación del recurso contra la sentencia que declare la improcedencia del despido el trabajador se considerará en situación legal de desempleo involuntario, con derecho a percibir las prestaciones por desempleo, siempre que se cumplan los requisitos exigidos en el presente título, por la duración que le corresponda conforme a lo previsto en los artículos 269 o 277.2 de la presente ley, en función de los períodos de ocupación cotizada acreditados. 4.º Por extinción del contrato por causas objetivas. 5.º Por resolución voluntaria por parte del trabajador, en los supuestos previstos en los artículos 40, 41.3, 49.1.m) y 50 del texto refundido de la Ley del Estatuto de los Trabajadores. 6.º Por expiración del tiempo convenido en el contrato formativo o en el contrato de trabajo de duración determinada, por circunstancias de la producción o por sustitución de persona trabajadora, siempre que dichas causas no hayan actuado por denuncia del trabajador. En el supuesto previsto en el artículo 147 de la Ley 36/2011, de 10 de octubre y sin perjuicio de lo señalado en el mismo, los trabajadores se entenderán en la situación legal de desempleo establecida en el párrafo anterior por finalización del último contrato temporal y la entidad gestora les reconocerá las prestaciones por desempleo si reúnen el resto de los requisitos exigidos. 7.º Por resolución de la relación laboral durante el período de prueba a instancia del empresario, siempre que la extinción de la relación laboral anterior se hubiera debido a alguno de los supuestos contemplados en este apartado o haya transcurrido un plazo de tres meses desde dicha extinción. 8.º Por extinción del contrato de trabajo de acuerdo con lo recogido en el artículo 11.2 del Real Decreto 1620/2011, de 14 de noviembre, por el que se regula la relación laboral de carácter especial del servicio del hogar familiar. b) Cuando se suspenda el contrato: 1.º Por decisión del empresario al amparo de lo establecido en el artículo 47 del texto refundido de la Ley del Estatuto de los Trabajadores o en virtud de resolución judicial adoptada en el seno de un procedimiento concursal, en ambos casos en los términos del artículo 262.2 de esta ley. 2.º Por decisión de las trabajadoras víctimas de violencia de género o de violencia sexual al amparo de lo dispuesto en el artículo 45.1.n) del Texto Refundido de la Ley del Estatuto de los Trabajadores. c) Cuando se reduzca temporalmente la jornada ordinaria diaria de trabajo, por decisión del empresario al amparo de lo establecido en el artículo 47 del texto refundido de la Ley del Estatuto de los Trabajadores o en virtud de resolución judicial adoptada en el seno de un procedimiento concursal, en ambos casos en los términos del artículo 262.3 de esta ley. d) Durante los períodos de inactividad productiva de los trabajadores fijos-discontinuos. e) Cuando los trabajadores retornen a España por extinguírseles la relación laboral en el país extranjero, siempre que no obtengan prestación por desempleo en dicho país y acrediten cotización suficiente antes de salir de España. f) Cuando, en los supuestos previstos en los párrafos e) y f) del artículo 264.1, se produzca el cese involuntario y con carácter definitivo en los correspondientes cargos o cuando, aun manteniendo el cargo, se pierda con carácter involuntario y definitivo la dedicación exclusiva o parcial. 2. No se considerará en situación legal de desempleo a los trabajadores que se encuentren en alguno de los si-

guientes supuestos: a) Cuando cesen voluntariamente en el trabajo, salvo lo previsto en el apartado 1.a) 5.º. b) Cuando, aun encontrándose en alguna de las situaciones previstas en el apartado 1, no acrediten su disponibilidad para buscar activamente empleo y para aceptar colocación adecuada, a través del acuerdo de actividad. c) Cuando, declarado improcedente o nulo el despido por sentencia firme y comunicada por el empleador la fecha de reincorporación al trabajo, no se ejerza tal derecho por parte del trabajador o no se hiciere uso, en su caso, de las acciones previstas en el artículo 279 de la Ley 36/2011, de 10 de octubre, reguladora de la jurisdicción social. d) Cuando no hayan solicitado el reingreso al puesto de trabajo en los casos y plazos establecidos en la legislación vigente. 3. La acreditación de la situación legal de desempleo en los supuestos que se citan a continuación se realizará del modo siguiente: a) Las situaciones legales de desempleo recogidas en los apartados 1.a) 1.º, 1.b) 1.º y 1.c) de este artículo, que se produzcan al amparo de lo establecido, respectivamente, en los artículos 51 y 47 del texto refundido de la Ley del Estatuto de los Trabajadores, se acreditarán mediante una de las siguientes formas: 1.º Comunicación escrita del empresario al trabajador en los términos establecidos en los artículos 51 o 47 del texto refundido de la Ley del Estatuto de los Trabajadores. La causa y fecha de efectos de la situación legal de desempleo deberá figurar en el certificado de empresa considerándose documento válido para su acreditación. La fecha de efectos de la situación legal de desempleo indicada en el certificado de empresa habrá de ser en todo caso coincidente con, o posterior a la fecha en que se comunique por el empresario a la autoridad laboral la decisión empresarial adoptada sobre el despido colectivo, o la suspensión de contratos, o la reducción de jornada. Se respetará el plazo establecido en el artículo 51.4 del texto refundido de la Ley del Estatuto de los Trabajadores para los despidos colectivos. 2.º Acta de conciliación administrativa o judicial o resolución judicial definitiva. En los dos casos anteriores la acreditación de la situación legal de desempleo deberá completarse con la comunicación de la autoridad laboral a la entidad gestora de las prestaciones por desempleo, de la decisión del empresario adoptada al amparo de lo establecido en los artículos 51 o 47 del texto refundido de la Ley del Estatuto de los Trabajadores, en la que deberá constar la fecha en la que el empresario ha comunicado su decisión a la autoridad laboral, la causa de la situación legal de desempleo, los trabajadores afectados, si el desempleo es total o parcial, y en el primer caso si es temporal o definitivo. Si fuese temporal se deberá hacer constar el plazo por el que se producirá la suspensión o reducción de jornada, y si fuera parcial se indicará el número de horas de reducción y el porcentaje que esta reducción supone respecto a la jornada diaria ordinaria de trabajo. b) La situación legal de desempleo prevista en los apartados 1.a).5.º y 1.b).2.º de este artículo cuando se refieren, respectivamente, a los supuestos de los artículos 49.1.m) y 45.1.n) del texto refundido de la Ley del Estatuto de los Trabajadores, se acreditará por comunicación escrita del empresario sobre la extinción o suspensión temporal de la relación laboral, junto con la orden de protección a favor de la víctima o, en su defecto, junto con cualquiera de los documentos a los que se refieren el artículo 23 de la Ley Orgánica 1/2004, de 28 de diciembre, de Medidas de Protección Integral contra la Violencia de Género, o el artículo 37 de la Ley Orgánica de garantía integral de la libertad sexual. c) La situación legal de desempleo prevista en el apartado 1.f) de este artículo se acreditará por certificación del órgano competente de la corporación local, Junta General del Territorio Histórico Foral, Cabildo Insular, Consejo Insular o Administración Pública o sindicato, junto con una declaración del titular del cargo cesado de que no se encuentra en situación de excedencia forzosa, ni en ninguna otra que le permita el reingreso a un puesto de trabajo»; «Artículo 269. Duración de la prestación por desempleo. (...) 5. En el caso de desempleo parcial a que se refiere el artículo 262.3, la consunción de prestaciones generadas se producirá por horas y no por días. A tal fin, el porcentaje consumido será equivalente al de reducción de jornada decidida por el empresario, al amparo de lo establecido en el artículo 47 del texto refundido de la Ley del Estatuto de los Trabajadores o de resolución judicial adoptada en el seno de un procedimiento concursal. (...)»;

«Artículo 331. Situación legal de cese de actividad. 1. Sin perjuicio de las peculiaridades previstas en el capítulo siguiente, se encontrarán en situación legal de cese de actividad todos aquellos trabajadores autónomos que cesen en el ejercicio de su actividad por alguna de las causas siguientes: a) Por la concurrencia de motivos económicos, técnicos, productivos u organizativos determinantes de la inviabilidad de proseguir la actividad económica o profesional. En caso de establecimiento abierto al público se exigirá el cierre del mismo durante la percepción del subsidio o bien su transmisión a terceros. No obstante, el autónomo titular del inmueble donde se ubica el establecimiento podrá realizar sobre el mismo los actos de disposición o disfrute que correspondan a su derecho, siempre que no supongan la continuidad del autónomo en la actividad económica o profesional finalizada. Se entenderá que existen motivos económicos, técnicos, productivos u organizativos cuando concurra alguna de las circunstancias siguientes: 1.º Pérdidas derivadas del desarrollo de la actividad en un año completo, superiores al 10 por ciento de los ingresos obtenidos en el mismo periodo, excluido el primer año de inicio de la actividad. 2.º Ejecuciones judiciales o administrativas tendentes al cobro de las deudas reconocidas por los órganos ejecutivos, que comporten al menos el 30 por ciento de los ingresos del ejercicio económico inmediatamente anterior. 3.º La declaración judicial de concurso que impida continuar con la actividad, en los términos de la Ley 22/2003, de 9 de julio, Concursal. 4.º La reducción del 60 por ciento de la jornada de la totalidad de las personas en *situación de alta con obligación de cotizar de la empresa o suspensión temporal de los contratos de trabajo de al menos del 60 por ciento del número de personas en situación de alta con obligación de cotizar de la empresa siempre que los dos trimestres fiscales previos a la solicitud presentados ante la Administración tributaria, el nivel de ingresos ordinarios o ventas haya experimentado una reducción del 75 por ciento de los registrados en los mismos periodos del ejercicio o ejercicios anteriores y los rendimientos netos mensuales del trabajador autónomo durante esos trimestres, por todas las actividades económicas, empresariales o profesionales, que desarrolle, no alcancen la cuantía del salario mínimo interprofesional o la de la base por la que viniera cotizando, si esta fuera inferior. En estos casos no será necesario el cierre del establecimiento abierto al público o su transmisión a terceros. 5.º En el supuesto de trabajadores autónomos que no tengan trabajadores asalariados, el mantenimiento de deudas exigibles con acreedores cuyo importe supere el 150 por ciento de los ingresos ordinarios o ventas durante los dos trimestres fiscales previos a la solicitud, y que estos ingresos o ventas supongan a su vez una reducción del 75 por ciento respecto del registrado en los mismos períodos del ejercicio o ejercicios anteriores. A tal efecto no se computarán las deudas que por incumplimiento de sus obligaciones con la Seguridad Social o con la Administración tributaria mantenga. Se exigirá igualmente que los rendimientos netos mensuales del trabajador autónomo durante esos trimestres, por todas las actividades económicas o profesionales que desarrolle, no alcancen la cuantía del salario mínimo interprofesional o la de la base por la que viniera cotizando, si esta fuera inferior. A tal efecto no se computarán las deudas que por incumplimiento de sus obligaciones con la Seguridad Social o con la Administración tributaria mantenga. En estos casos no será necesario el cierre del establecimiento abierto al público o su transmisión a terceros. b) Por fuerza mayor, determinante del cese temporal o definitivo de la actividad económica o profesional. Se entenderá que existen motivos de fuerza mayor en el cese temporal parcial cuando la interrupción de la actividad de la empresa afecte a un sector o centro de trabajo, exista una declaración de emergencia adoptada por la autoridad pública competente y se produzca una caída de ingresos del 75 por ciento de la actividad de la empresa con relación al mismo periodo del año anterior y los ingresos mensuales del trabajador autónomo no alcance el salario mínimo interprofesional o el importe de la base por la que viniera cotizando si esta fuera inferior. c) Por pérdida de la licencia administrativa, siempre que la misma constituya un requisito para el ejercicio de la actividad económica o profesional y no venga motivada por la comisión de infracciones penales. d) La violencia de género o la violencia sexual determinante del cese temporal o definitivo de la actividad de la trabajadora autónoma. e) Por divorcio o separación matrimonial, mediante resolución judicial, en los supuestos en que el autónomo ejerciera funciones de ayuda familiar en el negocio de su excónyuge o de la persona de la que se ha separado, en función de las cuales estaba incluido en el correspondiente Régimen de la Seguridad Social. 2. En ningún caso se considerará en situación legal de cese de actividad: a) A aquellos que cesen o interrumpan voluntariamente su actividad, salvo en el supuesto previsto en el artículo 333.1.b). b) A los trabajadores autónomos previstos en el artículo 333 que tras cesar su relación con el cliente y percibir la prestación por cese de actividad, vuelvan a contratar con el mismo cliente en el plazo de un año, a contar desde el momento en que se extinguió la prestación, en cuyo caso deberán reintegrar la prestación recibida»;*

«Disposición transitoria cuarta. Aplicación de legislaciones anteriores para causar derecho a pensión de jubilación. 1. El derecho a las pensiones de jubilación se regulará en el Régimen General de acuerdo con las siguientes normas: 1.ª) Las disposiciones de aplicación y desarrollo de la presente ley regularán las posibilidades de opción, así como los derechos que, en su caso, puedan reconocerse en el Régimen General a aquellos trabajadores que, con anterioridad a 1 de enero de 1967, estuvieran comprendidos en el campo de aplicación del Seguro de Vejez e Invalidez, pero no en el Mutualismo Laboral, o viceversa. 2.ª) Quienes tuvieran la condición de mutualista el 1 de enero de 1967 podrán causar el derecho a la pensión de jubilación a partir de los sesenta años. En tal caso, la cuantía de la pensión se reducirá en un 8 por ciento por cada año o fracción de año que, en el momento del hecho causante, le falte al trabajador para cumplir la edad de 65 años. En los supuestos de trabajadores que, cumpliendo los requisitos señalados en el apartado anterior, y acreditando treinta o más años de cotización, soliciten la jubilación anticipada derivada del cese en el trabajo como consecuencia de la extinción del contrato de trabajo, en virtud de causa no imputable a la libre voluntad del trabajador, el porcentaje de reducción de la cuantía de la pensión a que se refiere el párrafo anterior será, en función de los años de cotización acreditados, el siguiente: 1.º Entre treinta y treinta y cuatro años acreditados de cotización: 7,5 por ciento. 2.º Entre treinta y cinco y treinta y siete años acreditados de cotización: 7 por ciento. 3.º Entre treinta y ocho y treinta y nueve años acreditados de cotización: 6,5 por ciento. 4.º Con cuarenta o más años acreditados de cotización: 6 por ciento. A tales efectos, se entenderá por libre voluntad del trabajador la inequívoca manifestación de voluntad de quien, pudiendo continuar su relación laboral y no existiendo razón objetiva que la impida, decida poner fin a la misma. Se considerará, en todo caso, que el cese en la relación laboral se produjo de forma involuntaria cuando la extinción se haya producido por alguna de las causas previstas en el artículo 267.1.a). Asimismo, para el cómputo de los años de cotización se tomarán años completos, sin que se equipare a un año la fracción del mismo. Se faculta al Gobierno para el desarrollo reglamentario de los supuestos previstos en los párrafos anteriores de la presente regla 2ª, quien podrá en razón del carácter

voluntario o forzoso del acceso a la jubilación adecuar las condiciones señaladas para los mismos. Los coeficientes reductores de la edad de jubilación a los que se refieren los artículos 206 y 206 bis no serán tenidos en cuenta, en ningún caso, a efectos de acreditar la edad exigida para acceder a la jubilación regulada en la presente regla 2.ª Tampoco será de aplicación a la jubilación regulada en la presente regla el coeficiente del 0,50 previsto en el artículo 210.4 de esta ley. 2. Los trabajadores que, reuniendo todos los requisitos para obtener el reconocimiento del derecho a pensión de jubilación en la fecha de entrada en vigor de la Ley 26/1985, de 31 de julio, de medidas urgentes para la racionalización de la estructura y de la acción protectora de la Seguridad Social, no lo hubieran ejercitado, podrán acogerse a la legislación anterior para obtener la pensión en las condiciones y cuantía a que hubieren tenido derecho el día anterior al de entrada en vigor de dicha ley. 3. Asimismo, podrán acogerse a la legislación anterior aquellos trabajadores que tuvieran reconocidas, antes de la entrada en vigor de la Ley 26/1985, de 31 de julio, ayudas equivalentes a jubilación anticipada, determinadas en función de su futura pensión de jubilación del sistema de la Seguridad Social, bien al amparo de planes de reconversión de empresas, aprobados conforme a las Leyes 27/1984, de 26 de julio sobre reconversión y reindustrialización, y 21/1982, de 9 de junio, sobre medidas para la reconversión industrial, bien al amparo de la correspondiente autorización del entonces Ministerio de Trabajo y Seguridad Social, dentro de las previsiones de los programas que venía desarrollando la extinguida Unidad Administradora del Fondo Nacional de Protección al Trabajo, o de los programas de apoyo al empleo aprobados por Orden de dicho Ministerio, de 12 de marzo de 1985. El derecho establecido en el párrafo anterior también alcanzará a aquellos trabajadores comprendidos en planes de reconversión ya aprobados a la entrada en vigor de la Ley 26/1985, de 31 de julio, de acuerdo con las normas citadas en dicho párrafo, aunque aún no tengan solicitada individualmente la ayuda equivalente a jubilación anticipada. 4. Los trabajadores que, reuniendo todos los requisitos para obtener el reconocimiento del derecho a la pensión de jubilación en la fecha de entrada en vigor de la Ley 24/1997, de 15 de julio, de Consolidación y Racionalización del Sistema de Seguridad Social, no lo hubieran ejercitado, podrán optar por acogerse a la legislación anterior para obtener la pensión en las condiciones y cuantía a que hubiesen tenido derecho el día anterior al de entrada en vigor de dicha ley. 5. Se seguirá aplicando la regulación de la pensión de jubilación, en sus diferentes modalidades, requisitos de acceso, condiciones y reglas de determinación de prestaciones, vigentes antes de la entrada en vigor de la Ley 27/2011, de 1 de agosto, de actualización adecuación y modernización del sistema de la Seguridad Social, a las pensiones de jubilación que se causen, en los siguientes supuestos: a) Las personas cuya relación laboral se haya extinguido antes de 1 de abril de 2013, siempre que con posterioridad a tal fecha no vuelvan a quedar incluidas en alguno de los regímenes del sistema de la Seguridad Social. b) Las personas con relación laboral suspendida o extinguida como consecuencia de decisiones adoptadas en expedientes de regulación de empleo, o por medio de convenios colectivos de cualquier ámbito, acuerdos colectivos de empresa, así como por decisiones adoptadas en procedimientos concursales, aprobados, suscritos o declarados con anterioridad a 1 de abril de 2013. Será condición indispensable que los indicados acuerdos colectivos de empresa se encuentren debidamente registrados en el Instituto Nacional de la Seguridad Social o en el Instituto Social de la Marina, en su caso, en el plazo que reglamentariamente se determine. c) No obstante, para el reconocimiento del derecho a pensión de las personas a las que se refieren los apartados anteriores, la entidad gestora aplicará la legislación que esté vigente en la fecha del hecho causante de la misma, cuando resulte más favorable a estas personas. 6. Se seguirá aplicando la regulación para la modalidad de jubilación parcial con simultánea celebración de contrato de relevo, vigente con anterioridad a la entrada en vigor de la Ley 27/2011, de 1 de agosto, de actualización, adecuación y modernización del sistema de la Seguridad Social, a pensiones causadas antes del 1 de enero de 2030, siempre que se acrediten los siguientes requisitos: a) Que el trabajador que solicite el acceso a la jubilación parcial realice directamente funciones que requieran esfuerzo físico o alto grado de atención en tareas de fabricación, elaboración o transformación, así como en las de montaje, puesta en funcionamiento, mantenimiento y reparación especializados de maquinaria y equipo industrial en empresas clasificadas como industria manufacturera. b) Que el trabajador que solicite el acceso a la jubilación parcial acredite un período de antigüedad en la empresa de, al menos, seis años inmediatamente anteriores a la fecha de la jubilación parcial. A tal efecto, se computará la antigüedad acreditada en la empresa anterior si ha mediado una sucesión de empresa en los términos previstos en el artículo 44 del texto refundido de la Ley del Estatuto de los Trabajadores, aprobado por el Real Decreto Legislativo 2/2015, de 23 de octubre, o en empresas pertenecientes al mismo grupo. c) Que en el momento del hecho causante de la jubilación parcial el porcentaje de trabajadores en la empresa cuyo contrato de trabajo lo sea por tiempo indefinido, supere el 75 por ciento del total de los trabajadores de su plantilla. d) Que la reducción de la jornada de trabajo del jubilado parcial se halle comprendida entre un mínimo de un 25 por ciento y un máximo del 67 por ciento, o del 80 por ciento para los supuestos en que el trabajador relevista sea contratado a jornada completa mediante un contrato de duración indefinida. Dichos porcentajes se entenderán referidos a la jornada de un trabajador a tiempo completo comparable. e) Que exista una correspondencia entre las bases de cotización del trabajador relevista y del jubilado parcial, de modo que la del trabajador relevista no podrá ser inferior al 65 por ciento del promedio de las bases de cotización correspondientes a los seis últimos meses del período de base reguladora de la pensión de jubilación parcial. f) Que se acredite un período de cotización de treinta y tres años en la fecha del hecho causante de la jubilación parcial, sin que a estos efectos se tenga en cuenta la parte proporcional correspondiente por pagas extraordinarias. A estos exclusivos efectos, solo se computará el período de prestación del servicio militar obligatorio o de la prestación social sustitutoria, o del servicio social femenino obligatorio, con el límite máximo de un año. En el supuesto de personas con discapacidad en grado igual o superior al 33 por ciento, el período de cotización exigido será de veinticinco años. g) Sin perjuicio de la reducción de jornada a que se refiere la letra d), durante el período de disfrute de la jubilación parcial, empresa y trabajador cotizarán por el 80 por ciento de la base de cotización que, en su caso, hubiese correspondido al jubilado parcial de seguir trabajando este a jornada completa. Esta cotización se aplicará de forma gradual de acuerdo con la siguiente escala: – 1.º Durante el año 2025, la base de cotización será equivalente al 40 por ciento de la base de cotización que hubiera correspondido a jornada completa. – 2.º Durante el año 2026, la base de cotización será equivalente al 50 por ciento de la base de cotización que hubiera correspondido a jornada completa. – 3.º Durante el año 2027, la base de cotización será equivalente al 60 por ciento de la base de cotización que hubiera correspondido a jornada completa. – 4.º Durante el año 2028, la base de cotización será equivalente al 70 por ciento de la base de cotización que hubiera correspondido a jornada completa. – 5.º Durante el año 2029, la base de cotización será equivalente al 80 por ciento de la base de cotización que hubiera correspondido a jornada completa. A efectos de la aplicación de lo establecido en este apartado, la compatibilidad efectiva entre trabajo y pensión permitirá la acumulación del tiempo de trabajo en periodos de días en la semana, semanas en el mes, meses en el año u otros periodos de tiempo, de conformidad con lo dispuesto en pacto individual o, en su caso, en la negociación colectiva, en todas sus expresiones, incluido el acuerdo de centro de trabajo, sin que en ningún ámbito se pueda limitar o impedir su uso. 7. A los solos efectos del cálculo de la base reguladora de la pensión de jubilación, cuando el hecho causante se produzca con posterioridad al 31 de diciembre de 2025 y antes de 31 de diciembre de 2040, la entidad gestora aplicará en su integridad lo previsto en el artículo 209.1 en su redacción vigente el día 1 de enero de 2023 cuando dicho cálculo resulte más favorable que el vigente en la fecha en que se cause la pensión. Para los hechos causantes que se produzcan durante el año 2041, la entidad gestora aplicará, en su integridad, lo previsto en el artículo 209.1, en su redacción vigente el día 1 de enero de 2023, con una base reguladora que comprenderá las bases de cotización de los últimos 306 meses entre 357, cuando dicho cálculo resulte más favorable que el vigente en la fecha en que se cause la pensión. En 2042, la entidad gestora aplicará, en su integridad, lo previsto en el artículo 209.1 en su redacción vigente el día 1 de enero de 2023, con una base reguladora que comprenderá las bases de cotización de los últimos 312 meses entre 364, cuando dicho cálculo resulte más favorable que el vigente en la fecha en que se cause la pensión. En 2043, la entidad gestora aplicará, en su integridad, lo previsto en el artículo 209.1 en su redacción vigente el día 1 de enero de 2023, con una base reguladora que comprenderá las bases de cotización de los últimos 318 meses entre 371, cuando dicho cálculo resulte más favorable que el vigente en la fecha en que se cause la pensión. A partir de 2044, se aplicará lo previsto en el artículo 209.1 en la redacción vigente desde el 1 de enero de 2026».

– El **Real Decreto-ley 18/2019, de 27 de diciembre, por el que se adoptan determinadas medidas en materia tributaria, catastral y de seguridad social** dispone: «*Disposición adicional cuarta. Pago de deudas con la Seguridad Social de instituciones sanitarias cuya titularidad ostenten las Administraciones Públicas o instituciones sin ánimo de lucro. Las instituciones sanitarias cuya titularidad ostenten las Administraciones Públicas o instituciones públicas o privadas sin ánimo de lucro, acogidas a la moratoria prevista en la disposición adicional trigésima de la Ley 41/1994, de 30 de diciembre, de Presupuestos Generales del Estado para 1995, podrán solicitar a la Tesorería General de la Seguridad Social la ampliación de la carencia concedida a veinticinco años, junto con la ampliación de la moratoria concedida hasta un máximo de diez años con amortizaciones anuales. Cuando las instituciones sanitarias a que se refiere el párrafo anterior sean declaradas en situación de concurso de acreedores, a partir de la fecha de entrada en vigor de este real decreto-ley, la moratoria quedará extinguida desde la fecha de dicha declaración*».

– La **Ley 31/2022, de 23 de diciembre, de Presupuestos Generales del Estado para el año 2023** establece: *Disposición adicional quincuagésima quinta. Pago de deudas con la Seguridad Social de instituciones sanitarias cuya titularidad ostenten las Administraciones Públicas o instituciones sin ánimo de lucro. Las instituciones sanitarias cuya titularidad ostenten las Administraciones Públicas o instituciones públicas o privadas sin ánimo de lucro, acogidas a la moratoria prevista en la disposición adicional trigésima de la Ley 41/1994, de 30 de diciembre, de Presupuestos Generales del Estado para 1995, podrán solicitar a la Tesorería General de la Seguridad Social la ampliación de la carencia concedida a veintinueve años, junto con la ampliación de la moratoria concedida hasta un máximo de diez años con amortizaciones anuales. Cuando las instituciones sanitarias a que se refiere el párrafo anterior sean declaradas en situación de concurso* *de acreedores, a partir de la fecha de entrada en vigor de esta ley, la moratoria quedará extinguida desde la fecha de dicha declaración».*

– El **Real Decreto 1716/2012, de 28 de diciembre, de desarrollo de las disposiciones establecidas, en materia de prestaciones, por la Ley 27/2011, de 1 de agosto, sobre actualización, adecuación y modernización del sistema de la Seguridad Social**, establece: *«Artículo 4. Aportación de documentación a los efectos previstos en la disposición final duodécima de la Ley 27/2011, de 1 de agosto. 1. A efectos de la aplicación de la regulación de la pensión de jubilación vigente antes de 1 de enero de 2013, en los supuestos recogidos en el apartado 2.b) de la disposición final duodécima de la Ley 27/2011, de 1 de agosto, los trabajadores afectados, los representantes unitarios y sindicales o las empresas dispondrán hasta el día 15 de abril de 2013 para comunicar y poner a disposición de las direcciones provinciales del Instituto Nacional de la Seguridad Social copia de los expedientes de regulación de empleo, aprobados con anterioridad al 1 de abril de 2013, de los convenios colectivos de cualquier ámbito así como acuerdos colectivos de empresa, suscritos con anterioridad a dicha fecha, o de las decisiones adoptadas en procedimientos concursales dictadas antes de la fecha señalada, en los que se contemple, en unos y otros, la extinción de la relación laboral o la suspensión de la misma, con independencia de que la extinción de la relación laboral se haya producido con anterioridad o con posterioridad al 1 de abril de 2013. De igual modo, y a los mismos efectos, en los supuestos recogidos en el apartado 2.c), segundo inciso, de la disposición final duodécima de la Ley 27/2011, de 1 de agosto, los trabajadores afectados, los representantes unitarios y sindicales o las empresas, dispondrán hasta el día 15 de abril de 2013 para comunicar y poner a disposición de las direcciones provinciales del Instituto Nacional de la Seguridad Social los planes de jubilación parcial, recogidos en convenios colectivos de cualquier ámbito o acuerdos colectivos de empresas, suscritos antes del día 1 de abril de 2013, con independencia de que el acceso a la jubilación parcial se haya producido con anterioridad o con posterioridad al 1 de abril de 2013. Junto a la citada documentación se presentará certificación de la empresa acreditativa de la identidad de los trabajadores incorporados al Plan de Jubilación Parcial con anterioridad a 1 de abril de 2013. Cuando en cualquiera de los supuestos indicados, el expediente de regulación de empleo, el convenio colectivo de cualquier ámbito o acuerdo colectivo de empresa, o la decisión adoptada en el procedimiento concursal afecte a un ámbito territorial superior a una provincia, la comunicación tendrá lugar en la provincia donde la empresa tenga su sede principal. A estos efectos, la sede principal deberá coincidir con el domicilio social de la empresa siempre que en él esté efectivamente centralizada su gestión administrativa y la dirección de sus negocios; en otro caso, se atenderá al lugar en que radiquen dichas actividades de gestión y dirección. En el caso de los convenios colectivos de cualquier ámbito o acuerdos colectivos de empresa, junto a la copia de los mismos se presentará escrito donde se hagan constar los siguientes extremos: ámbito temporal de vigencia del convenio o acuerdo, ámbito territorial de aplicación, si estos no estuvieran ya recogidos en los referidos convenios o acuerdos, y los códigos de cuenta de cotización afectados por el convenio o acuerdo. A su vez, en el plazo de un mes desde que finalice el plazo de comunicación de los convenios colectivos de cualquier ámbito o acuerdos colectivos de empresa a que se refiere este apartado, las direcciones provinciales citadas remitirán a la Dirección General del Instituto Nacional de la Seguridad Social una relación nominativa de las empresas en las que se hayan suscrito dichos convenios o acuerdos, así como la información relativa a los expedientes de regulación de empleo y a las decisiones adoptadas en procedimientos concursales. Mediante Resolución de la Dirección General del Instituto Nacional de la Seguridad Social se elaborará una relación de empresas afectadas por expedientes de regulación de empleo, convenios colectivos de cualquier ámbito o acuerdos colectivos de empresa, o decisiones adoptadas en procedimientos concursales, en los que resulten de aplicación las previsiones de la disposición final duodécima de la Ley 27/2011, de 1 de agosto. 2. Las referencias que en el apartado anterior se efectúan a la Dirección General y a las direcciones provinciales del Instituto Nacional de la Seguridad Social se entenderán realizadas a la Dirección General y a las direcciones provinciales del Instituto Social de la Marina, en los supuestos de expedientes de regulación de empleo, convenios colectivos de cualquier ámbito o acuerdos colectivos de empresa, o decisiones adoptadas en procedimientos concursales, cuando, unos y otras, afecten a trabajadores incluidos en el campo de aplicación del Régimen Especial de Trabajadores del Mar. 3. Si los sujetos obligados hubieran omitido efectuar las comunicaciones y presentar la documentación relativa a los convenios colectivos, expedientes de regulación de empleo o de las decisiones adoptadas en procedimientos concursales a los que se refiere el apartado 1 en el plazo señalado, y la Administración de la Seguridad Social tuviere conocimiento por otra vía de la concurrencia de los requisitos previstos en la disposición final duodécima de la Ley 27/2011, de 1 de agosto, procederá a aplicar al solicitante de la pensión de jubilación, cuando ésta se cause, la legislación anterior a dicha ley. Por el contrario, en el caso de acuerdos colectivos de empresa, será preceptiva su comunicación al Instituto Nacional de la Seguridad Social o al Instituto Social de la Marina, en su caso, en el plazo señalado en el apartado 1».*

– El **texto refundido de la Ley sobre infracciones y sanciones en el orden social, aprobado por el Real Decreto Legislativo 5/2000, de 4 de agosto**, establece en el apartado 3 del artículo 22: *«No ingresar, en la forma y plazos reglamentarios, las cuotas correspondientes que por todos los conceptos recauda la Tesorería General de la Seguridad Social o no efectuar el ingreso en la cuantía debida, habiendo cumplido dentro de plazo las obligaciones establecidas en los apartados 1 y 2 del artículo 26 del texto refundido de la Ley General de la Seguridad Social, siempre que la falta de ingreso no obedezca a una declaración concursal de la empresa, ni a un supuesto de fuerza mayor, ni se haya solicitado aplazamiento para el pago de las cuotas con carácter previo al inicio de la actuación inspectora, salvo que haya recaído resolución denegatoria».*

– El **Reglamento General de Recaudación de la Seguridad Social, aprobado por Real Decreto 1415/2004, de 11 de junio**, establece en el *«Capítulo XIII, Concurrencia de acreedores: Artículo 48. Preferencia de créditos. 1. Los créditos por cuotas de la Seguridad Social y conceptos de recaudación conjunta y, en su caso, los recargos e intereses que sobre tales créditos procedan, de conformidad con lo dispuesto en el artículo 22 del texto refundido de la Ley General de la Seguridad Social, gozan, respecto de la totalidad de ellos, de igual preferencia que los créditos a que se refiere el artículo 1924.1.º del Código Civil. 2. Los capitales coste de pensiones y otras prestaciones a cargo de mutuas de accidentes de trabajo y enfermedades profesionales de la Seguridad Social en régimen de liquidación y de empresas declaradas responsables de su pago, además de los recargos sobre ellas, tendrán el carácter de créditos privilegiados y gozarán, al efecto, del régimen establecido en el artículo 32 del texto refundido de la Ley del Estatuto de los Trabajadores, conforme a lo dispuesto en el artículo 121.2 del texto refundido de la Ley General de la Seguridad Social. 3. Los demás créditos de Seguridad Social gozan del mismo orden de preferencia establecido en el artículo 1924.2.º e) del Código Civil, según lo dispuesto en el artículo 22 del texto refundido de la Ley General de la Seguridad Social. 4. El acreedor del deudor apremiado por la Tesorería General de la Seguridad Social que considere su derecho preferente al de ésta podrá hacer valer dicha preferencia mediante la tercería de mejor derecho regulada en el título III de este reglamento. Cuando la Tesorería General de la Seguridad Social embargue bienes que estuvieran ya trabados a resultas de otro procedimiento ejecutivo, judicial o administrativo, formulará, en su caso, las tercerías, acciones o incidentes que procedan en dicho procedimiento para la defensa del mejor derecho que pueda corresponder a la Seguridad Social. 5. A los efectos previstos en la Ley 22/2003, de 9 de julio, Concursal, los créditos de la Seguridad Social contra el concursado tendrán la preferencia que corresponda en aplicación de dicha ley»; «Artículo 49. Conflicto de procedimientos y concurrencia de embargos. 1. En los casos de conflicto entre el procedimiento de apremio regulado en el título III y otros procedimientos ejecutivos singulares, administrativos o judiciales, la preferencia para continuar la tramitación se determinará, respecto de cada bien objeto de apremio, por la prioridad temporal en el embargo de dicho bien. Si no fuese posible determinar la prioridad por aplicación de dicho criterio, se estará a la fecha de la providencia de apremio que iniciara antes el procedimiento de apremio. 2. No obstante lo dispuesto en el apartado anterior, si al efectuarse el embargo de bienes éstos estuvieran embargados a resultas de otro procedimiento ejecutivo, judicial o administrativo, la Tesorería General de la Seguridad Social podrá llevar a cabo la realización forzosa de los bienes embargados cuando los derechos de los embargantes anteriores no se vieran perjudicados por dicha realización, sin perjuicio de que se formulen las tercerías y se ejerciten las acciones que en defensa del mejor derecho de la Seguridad Social correspondan. 3. Cuando los bienes embargados sean objeto de un procedimiento de expropiación forzosa, se paralizarán las actuaciones de ejecución sobre los bienes afectados, comunicando a la Administración expropiante el embargo de los pagos a realizar al expropiado. A efectos de continuar o no el procedimiento ejecutivo respecto de otros bienes del deudor, se considerará realizado el embargo por el precio firme del bien expropiado; cuando no sea firme, por la parte en que exista acuerdo, y, de no haberlo, por el precio ofrecido por la Administración expropiante. 4. Cuando fuera preferente el derecho de la Tesorería General de la Seguridad Social sobre los bienes embargados, se comunicarán al órgano judicial o administrativo que haya decretado el reembargo las resoluciones administrativas que pudieren afectar a los acreedores reembargantes»; «Artículo 50. Procedimientos de ejecución universal. Concurso. 1. Si el responsable de la deuda con la Seguridad Social fuera declarado en concurso, la Tesorería General de la Seguridad Social se personará en el procedimiento y comunicará a la administración concursal los créditos de que sea titular mediante la correspondiente certificación administrativa. 2. Si no se hubiese dictado providencia de apremio cuando se declare el concurso, se seguirá el procedimiento recaudatorio establecido en este reglamento hasta la notificación de dicha providencia, cuando proceda, suspendiéndose cualquier actuación ejecutiva posterior a resultas de lo que se acuerde en el procedimiento concursal. 3. Si se hubiese dictado providencia de apremio antes de la declaración del concurso, se seguirá el procedimiento recaudatorio en los términos previstos en el artículo 55.1, párrafo segundo, de la Ley 22/2003, de 9 de julio, Concursal. 4. Sólo podrá iniciarse o proseguirse la ejecución administrativa de garantías reales constituidas sobre bienes de quien haya sido declarado en concurso cuando concurran algunas de las siguientes circunstancias: a) Cuando la garantía se haya constituido para asegurar el cobro de deudas ajenas al* *concursado. b) Cuando los bienes no se hallen afectos a la actividad profesional o empresarial o a una unidad productiva de titularidad del concursado. c) Cuando al tiempo de la declaración de concurso ya se hayan publicado los anuncios de subasta del bien objeto de la garantía, y éste no resulte necesario para la continuidad de la actividad profesional o empresarial del deudor. Si no concurriese ninguna de tales circunstancias, se suspenderán las actuaciones de ejecución administrativa de la garantía real y se instará del órgano judicial lo que conforme a Ley 22/2003, de 9 de julio, Concursal, pueda resultar procedente para su ejecución, sin perjuicio de la aplicación, en tanto ésta no proceda, de lo dispuesto en el apartado 3 de este artículo, para el cobro de la deuda garantizada. 5. La declaración de concurso suspende el devengo de intereses de las deudas anteriores a dicha declaración, salvo que dichas deudas se hallaran aseguradas con garantía real, en cuyo caso serán exigibles hasta donde alcance dicha garantía. 6. La Tesorería General de la Seguridad Social, conforme al reparto y reserva de competencias que determine su Director General, podrá suscribir o adherirse a los convenios o acuerdos previstos en la Ley 22/2003, de 9 de julio, Concursal, sometiendo su crédito a condiciones que no podrán ser más favorables para el deudor que las convenidas con el resto de acreedores. 7. Desde que se encomiende al Consorcio de Compensación de Seguros la liquidación de una entidad aseguradora, mediante el procedimiento previsto en la Ley 30/1995, de 8 de noviembre, de Ordenación y Supervisión de los Seguros Privados, y durante su tramitación, quedará en suspenso la ejecución de las providencias de apremio contra dicha entidad aseguradora a resultas de lo que en dicho procedimiento se acuerde».*

– La **Orden TAS/2865/2003, de 13 de octubre, por la que se regula el convenio especial en el sistema de la Seguridad Social** establece en el artículo 20: *«Artículo 20. Convenio especial a suscribir en procedimientos de despido colectivo que incluyan a trabajadores con 55 o más años. El Convenio especial celebrado en relación con los procedimientos de despido colectivo de empresas no incursas en procedimiento concursal que incluyan trabajadores con 55 o más años de edad que no tuvieren la condición de mutualistas el 1 de enero de 1967, a que se refiere el artículo 51.9 del texto refundido de la Ley del Estatuto de los Trabajadores, aprobado por el Real Decreto Legislativo 2/2015, de 23 de octubre, se regirá por lo establecido en la disposición adicional decimotercera del texto refundido de la Ley General de la Seguridad Social, aprobado por el Real Decreto Legislativo 8/2015, de 30 de octubre, así como por las disposiciones contenidas en el capítulo I de esta orden, con las particularidades señaladas en los siguientes apartados (...)».*

– El **Real Decreto 1314/1984, de 20 de junio, por el que se regula la estructura y competencias de la Tesorería General de la Seguridad Social** establece: *«Artículo 5. Subdirecciones Generales. Los servicios centrales de la Tesorería General de la Seguridad Social se estructuran en las siguientes subdirecciones generales: (...) g) Subdirección General de Procedimientos Ejecutivos y Especiales de Recaudación, a la que se atribuyen las funciones de dirección, impulso, control e impartición de instrucciones de servicio en materia de recaudación de los recursos del sistema de la Seguridad Social en período ejecutivo; aplazamientos de pago y derivaciones de responsabilidad; fraccionamiento de reintegros de prestaciones indebidamente percibidas; gestión de las moratorias legalmente previstas que supongan pago aplazado de deuda ya devengada; gestión y coordinación de los procedimientos concursales en que intervenga la Tesorería General de la Seguridad Social y del procedimiento de deducción sobre entidades públicas; adopción de medidas cautelares; gestión recaudatoria respecto a las empresas que, por razón de su número de trabajadores u otras circunstancias concurrentes, se determinen por el Director General, así como cualquier otra función que las normas atribuyan, en el procedimiento recaudatorio ejecutivo, a los servicios centrales de la Tesorería General de la Seguridad Social».*

– La **Resolución de 13 de mayo de 2024, de la Dirección General de la Agencia Estatal de Administración Tributaria, por la que se establece el procedimiento para efectuar telemáticamente el embargo de créditos derivados del cobro mediante terminales punto de venta en entidades de crédito y proveedores de servicios de pago,** regula el procedimiento que permite a los órganos de recaudación de la Agencia Estatal de Administración Tributaria llevar a cabo, telemáticamente y mediante el uso de procesos tecnológicos que permitan gestionar gran cantidad de envíos, las actuaciones de embargo de créditos derivados del cobro mediante terminales punto de venta, como son la puesta a disposición, recogida y contestación así como, en su caso, el levantamiento de esta modalidad de diligencias de embargo. Entre las normas que incluye:

Sexto. Procedimiento de embargo de TPV (...). 2. Procedimiento (...). 2.3 Tramitación y resultado de la diligencia de embargo (...). 2.3.3 La información de respuesta que consignarán las entidades adheridas a través de este sistema será la siguiente (...): c) Cuando la entidad adherida informe que se trata de una situación excepcional que no puede ser objeto de tratamiento por este sistema (opción MANUAL), tendrá que indicar uno de los siguientes códigos de respuesta atendiendo a la situación del crédito, conforme se describe a continuación (...). – «0008. Embargo TPV. El titular del contrato de TPV se encuentra en concurso de acreedores». Este código será utilizado en aquellos casos en que, a la fecha de recepción de la diligencia por la entidad adherida, el deudor se encuentre incurso en un procedimiento concursal, al haberse dictado auto de declaración de concurso o auto de apertura del procedimiento especial para microempresas (...). 2.3.4 Completados los campos indicados en el apartado 2.3.3. anterior, se producirán los siguientes efectos (...): – Cuando se indiquen los códigos «0007: Embargo TPV. Existe un bloqueo judicial de las operaciones de pago»; «0008. Embargo TPV. El titular del contrato de TPV se encuentra en concurso de acreedores»; o «0012: Otra situación especial», la diligencia de embargo será excluida del sistema de tramitación regulado en esta resolución, quedando finalizada en el mismo, y se pondrá a disposición de la entidad adherida en la Sede Electrónica de la Agencia Tributaria, de forma inmediata, que deberá recoger la misma en el plazo de cinco días desde su puesta a disposición en dicha Sede, para su contestación. En este último caso, la contestación a la diligencia de embargo se realizará por formulario en Sede Electrónica de la Agencia Tributaria en el plazo indicado en la propia diligencia. Los datos aportados en la contestación y, en su caso, la traba, deberán estar referidos al momento en que se haya producido la notificación de la diligencia de embargo recogida a través de la Sede Electrónica. Las diligencias de embargo contestadas con cualquiera de los códigos anteriores dejarán de estar disponibles en el servicio web de «Recuperación de diligencias de embargo de TPV pendientes de contestar» y cuando la entidad adherida conteste a través de la Sede Electrónica con alguno de los códigos que impliquen que sí se ha podido realizar el embargo (opción SÍ), dichas diligencias podrán ser consultadas a través del servicio web de «Recuperación de diligencias de embargo de TPV pendientes de finalizar».

Anexo I. Descripción general y especificaciones técnicas del intercambio telemático (...). 3. Contestación de diligencias de embargo de TPV (...). 3.1 Los datos de la petición serán los siguientes (...). □ 0008. Embargo TPV. El titular del contrato de TPV se encuentra en concurso de acreedores (...).

– La **Resolución de 7 de febrero de 2023, de la Tesorería General de la Seguridad Social, mediante la que se establece un procedimiento de colaboración de las entidades financieras en la gestión de obtención de información y práctica del embargo por medios telemáticos de los pagos efectuados a través de terminales de punto de venta a deudores de la seguridad social,** en la fase 5 del procedimiento —Levantamientos de embargo— dispone (...) *La TGSS no remitirá ninguna diligencia de levantamiento de embargo en los casos en que, en un anterior fichero de Fase 6, la entidad financiera haya informado que se ha realizado totalmente el embargo de TPV, que no existe ningún contrato vigente, que se ha cancelado el contrato de TPV con retención parcial o sin retención, que no se ha realizado el embargo por existir un bloqueo judicial de las operaciones de pago, que el titular del contrato de TPV se encuentra en concurso de acreedores o, en el caso, de que el deudor no sea cliente de la entidad financiera, es decir, cuando en el precitado fichero de Fase 6, sobre la actuación desarrollada en una concreta diligencia de embargo, se haya consignado uno de los códigos siguientes: – 0001: Embargo TPV realizado totalmente. – 0003: Embargo TPV realizado parcialmente y cancelación del contrato de TPV. – 0004: Embargo TPV no realizado por haberse cancelado el contrato. – 0006: Embargo TPV no realizado por no existir ninguna operación de pago y haberse cancelado el contrato de TPV. – 0007: Embargo TPV no realizado por existir un bloqueo judicial de las operaciones de pago. – 0008: Embargo TPV no realizado por encontrarse el titular del contrato de TPV en concurso de acreedores. – 0011: Embargo TPV no realizado debido a que el deudor no es, ni ha sido cliente de la entidad financiera. Cuando la entidad financiera haya consignado alguno de los precedentes códigos, la diligencia de embargo quedará sin efecto, aunque la TGSS no remitirá ninguna diligencia de levantamiento de embargo (...).* Por otra parte, en la Fase 6 —Resultado final de las retenciones. Información de detalle— se refiere al fichero que incluirá los códigos numéricos, siendo: *0008: Embargo TPV no realizado por encontrarse el titular del contrato de TPV en concurso de acreedores. El código 0008, aunque se informará en el fichero de Fase 6, se referirá a la situación de la diligencia de embargo en la fecha en que la entidad financiera efectúe el tratamiento del fichero de Fase 3 en el que se contiene tal diligencia.*

– La **Resolución de 16 de julio de 2004, de la Tesorería General de la Seguridad Social, sobre determinación de funciones en materia de aplazamientos de pago de deudas, reintegros de prestaciones indebidamente percibidas, compensación, desistimiento, convenios o acuerdos en procedimientos concursales y anuncios de subastas en Boletines Oficiales,** establece: *Novena. Actuaciones en procedimientos concursales. La gestión de los procedimientos concursales se llevará a cabo por la dirección provincial de la Tesorería General de la Seguridad Social en cuyo ámbito territorial radique el Juzgado de lo Mercantil que haya dictado el auto de declaración de concurso del deudor de la Seguridad Social; asimismo, se le encomienda la elaboración de los distintos certificados de deuda para su presentación en el concurso de acreedores. La Dirección General de la Tesorería General de la Seguridad Social, a través de la Subdirección General de Procedimientos Ejecutivos y Especiales de Recaudación, podrá asumir directamente la dirección de las actuaciones en los procedimientos concursales, en los supuestos en que se estime necesario. Las direcciones provinciales de la Tesorería General de la Seguridad Social serán competentes para la adhesión, solo por el crédito ordinario, a los convenios generales* de acreedores previstos en la Ley 22/2003, de 9 de julio, Concursal, siempre que en la propuesta de convenio concurran las siguientes circunstancias: a) Que la quita no exceda del 30 por ciento del crédito ordinario, siempre que dicho porcentaje no supere los 200.000 euros. b) Que la espera no exceda, en ningún caso, de los cinco años y no contenga más de dos años de carencia total de pago. En los demás supuestos se requerirá la previa autorización expresa del Director General de la Tesorería General de la Seguridad Social.

TRABAJO AUTÓNOMO

– La **Ley 7/2019, de 29 de marzo, de apoyo y fomento del emprendimiento y del trabajo autónomo en Aragón,** establece, en primer lugar: «*Artículo 3. Supuestos excluidos. Se entenderán expresamente excluidas del ámbito de aplicación de la presente ley aquellas prestaciones de servicios que no cumplan con los requisitos del artículo anterior, y en especial: (...) f) Tampoco se considerará emprendedor a aquella persona física o persona jurídica en la que alguno de sus socios se encuentre inhabilitado, en España o en el extranjero, como consecuencia de un procedimiento concursal, se encuentre procesado o, tratándose del procedimiento al que se refiere el Título III del Libro IV de la Ley de Enjuiciamiento Criminal, se hubiera dictado auto de apertura de juicio oral, o tenga antecedentes penales por delitos de falsedad, contra la Hacienda Pública y contra la Seguridad Social, de infidelidad en la custodia de documentos y violación de secretos, de blanqueo de capitales, de receptación y otras conductas afines, de malversación de caudales públicos, contra la propiedad, o esté inhabilitado o suspendido, penal o administrativamente, para ejercer cargos públicos o de administración o dirección de entidades financieras (...)*». En segundo lugar: «*Artículo 14. Ayudas en casos de suspensión de actividad. Segunda oportunidad (...). 1. El Gobierno de Aragón facilitará la creación de una comisión para el seguimiento de los casos de concurso de acreedores para las personas físicas, fomentando la mediación extrajudicial del autónomo con sus acreedores. 2. La Administración de la Comunidad Autónoma concederá ayudas sociales a quienes suspendan su actividad por cuenta propia por causas objetivas y debidamente acreditadas, especialmente dirigidas a la suspensión de la actividad por renovación de la actividad económica o profesional. 3. En tal caso, la solicitud de las ayudas por parte del titular de la actividad deberá venir acompañada del correspondiente proyecto de renovación o reforma de la actividad o establecimiento, así como del presupuesto y de la inversión personal por parte de las personas autónomas. 4. Los términos en que se concederán dichas ayudas serán objeto del correspondiente desarrollo reglamentario, dentro de las previsiones contempladas en la ley de presupuestos de la Comunidad Autónoma. 5. Asimismo, la Administración de la Comunidad Autónoma podrá poner en marcha un servicio específico de asesoramiento y tutela para las personas emprendedoras que hayan tenido experiencias fallidas anteriores y opten por emprender una nueva iniciativa empresarial, con objeto de acompañarle en el inicio de un nuevo proyecto como emprendedor*». En tercer lugar: «*Artículo 29. Mediador de emprendimiento (...) 2. El mediador de emprendimiento actuará como facilitador, ofreciendo soluciones prácticas, efectivas y rentables, en distintos ámbitos en los que pueda resultar oportuna la mediación para el emprendedor, como puede ser la mediación financiera, mediación para conseguir inversores, mediación en el proceso de transferencia de propiedad o de negocios, o incluso mediación en conflictos mercantiles que no tengan naturaleza concursal. La mediación de emprendimiento implica la intervención de un profesional neutral que facilita las relaciones entre los promotores del proyecto o las relaciones de comunicación y negociación con otros agentes externos en procesos de inversión, de financiación, de adquisición o venta, de fusión o de finalización de la actividad (...)*». Por último: «*Disposición final primera. Fondo Especial para la Segunda Oportunidad. 1. El Gobierno de Aragón, a través del departamento correspondiente, dotará un Fondo Especial para la Segunda Oportunidad con partida presupuestaria anual suficiente para, entre otros casos, la intervención en los procesos de acuerdos extrajudiciales de pagos y mediación concursal de trabajadores autónomos. 2. A través de este fondo se financiarán la comisión de seguimiento de los casos de segunda oportunidad, así como las asistencias técnicas para el estudio de las insolvencias y formalización de la documentación necesaria para la mediación extrajudicial. 3. Asimismo, bajo la supervisión de las asociaciones intersectoriales de autónomos, este fondo podrá servir para financiar parte del proceso de segunda oportunidad de los trabajadores y profesionales autónomos*».

– La **Ley 20/2007, de 11 de julio, del estatuto del trabajo autónomo** establece en el artículo 10.5: «*A efectos de la satisfacción y cobro de las deudas de naturaleza tributaria y cualquier tipo de deuda que sea objeto de la gestión recaudatoria en el ámbito del Sistema de la Seguridad Social, embargado administrativamente un bien inmueble, si el trabajador autónomo acreditara fehacientemente que se trata de una vivienda que constituye su residencia habitual, la ejecución del embargo quedará condicionada, en primer lugar, a que no resulten conocidos otros bienes del deudor suficientes susceptibles de realización inmediata en el procedimiento ejecutivo, y en segundo lugar, a que entre la notificación de la primera diligencia de embargo y la realización material de la subasta, el concurso o cualquier otro medio administrativo de enajenación medie el plazo mínimo de dos años. Este plazo no se interrumpirá ni se suspenderá, en ningún caso, en los supuestos de ampliaciones del embargo originario o en los casos de prórroga de las anotaciones registrales*».

Además, establece en el artículo 11 «*1. Los trabajadores autónomos económicamente dependientes a los que se refiere el artículo 1.2.d) de la presente Ley son aquéllos que realizan una actividad económica o profesional a título lucrativo y de forma habitual, personal, directa y predominante para una persona física o jurídica, denominada cliente, del que dependen económicamente por percibir de él, al menos, el 75 por ciento de sus ingresos por rendimientos de trabajo y de actividades económicas o profesionales. 2. Para el desempeño de la actividad económica o profesional como trabajador autónomo económicamente dependiente, éste deberá reunir simultáneamente las siguientes condiciones: a) No tener a su cargo trabajadores por cuenta ajena ni contratar o subcontratar parte o toda la actividad con terceros, tanto respecto de la actividad contratada con el cliente del que depende económicamente como de las actividades que pudiera contratar con otros clientes. Lo dispuesto en el párrafo anterior, respecto de la prohibición de tener a su cargo trabajadores por cuenta ajena, no será de aplicación en los siguientes supuestos y situaciones, en los que se permitirá la contratación de un único trabajador: 1. Supuestos de riesgo durante el embarazo y riesgo durante la lactancia natural de un menor de nueve meses. 2. Períodos de descanso por nacimiento, adopción, guarda con fines de adopción y acogimiento familiar. 3. Por cuidado de menores de siete años que tengan a su cargo. 4. Por tener a su cargo un familiar, por consanguinidad o afinidad hasta el segundo grado inclusive, en situación de dependencia, debidamente acreditada. 5. Por tener a su cargo un familiar, por consanguinidad o afinidad hasta el segundo grado inclusive, con una discapacidad igual o superior al 33 por ciento, debidamente acreditada. En estos supuestos, el Trabajador Autónomo Económicamente Dependiente tendrá el carácter de empresario, en los términos previstos por el artículo 1.2 del texto refundido de la Ley del Estatuto de los Trabajadores. En lo no previsto expresamente, la contratación del trabajador por cuenta ajena se regirá por lo previsto por el artículo 15.1.c) del texto refundido de la Ley del Estatuto de los Trabajadores y sus normas de desarrollo. Para los supuestos previstos en los números 3, 4 y 5 anteriores, el contrato se celebrará por una jornada equivalente a la reducción de la actividad efectuada por el trabajador autónomo sin que pueda superar el 75 por ciento de la jornada de un trabajador a tiempo completo comparable, en cómputo anual. A estos efectos se entenderá por trabajador a tiempo completo comparable lo establecido en el artículo 12 del texto refundido de la Ley del Estatuto de los Trabajadores. En estos supuestos, la duración del contrato estará vinculada al mantenimiento de la situación de cuidado de menor de siete años o persona en situación de dependencia o discapacidad a cargo del trabajador autónomo, con una duración máxima, en todo caso, de doce meses. Solamente se permitirá la contratación de un único trabajador por cuenta ajena aunque concurran dos o más de los supuestos previstos. Finalizada la causa que dio lugar a dicha contratación, el trabajador autónomo podrá celebrar un nuevo contrato con un trabajador por cuenta ajena por cualquiera de las causas previstas anteriormente, siempre que, en todo caso, entre el final de un contrato y la nueva contratación transcurra un periodo mínimo de doce meses, salvo que el nuevo contrato tuviera como causa alguna de las previstas en los números 1 y 2. No obstante, en los supuestos de suspensión del contrato de trabajo por incapacidad temporal, nacimiento, adopción, guarda con fines de adopción o acogimiento familiar, riesgo durante el embarazo o lactancia natural o protección de mujer víctima de violencia de género, así como en los supuestos de extinción del contrato por causas procedentes, la persona trabajadora autónoma podrá contratar a un trabajador o trabajadora para sustituir a la persona inicialmente contratada, sin que, en ningún momento, ambas personas trabajadoras por cuenta ajena puedan prestar sus servicios de manera simultánea y sin que, en ningún caso, se supere el período máximo de duración de la contratación previsto en el presente apartado. En los supuestos previstos en los números 3, 4 y 5, solamente se permitirá la contratación de un trabajador por cuenta ajena por cada menor de siete años o familiar en situación de dependencia o discapacidad igual o superior al 33 por ciento. La contratación por cuenta ajena reglada por el presente apartado será compatible con la bonificación por conciliación de la vida profesional y familiar vinculada a la contratación, prevista en el artículo 30 de esta Ley. b) No ejecutar su actividad de manera indiferenciada con los trabajadores que presten servicios bajo cualquier modalidad de contratación laboral por cuenta del cliente. c) Disponer de infraestructura productiva y material propios, necesarios para el ejercicio de la actividad e independientes de los de su cliente, cuando en dicha actividad sean relevantes económicamente. d) Desarrollar su actividad con criterios organizativos propios, sin perjuicio de las indicaciones técnicas que pudiese recibir de su cliente. e) Percibir una contraprestación económica en función del resultado de su actividad, de acuerdo con lo pactado con el cliente y asumiendo riesgo y ventura de aquélla. 3. Los titulares de establecimientos o locales comerciales e industriales y de oficinas y despachos abiertos al público y los profesionales que ejerzan su profesión conjuntamente con otros en régimen societario o bajo cualquier otra forma jurídica admitida en derecho no tendrán en ningún caso la consideración de trabajadores autónomos económicamente dependientes*».

TRANSPORTES

– La **Ley 6/2011, de 1 de abril, de Movilidad de la Comunitat Valenciana**, en su Título II al regular el transporte de viajeros, Sección tercera, contratación de los servicios públicos de transporte, establece: «*Artículo 35. Extinción de los con-*

tratos de servicio público de transportes. 1. Los contratos de servicio público de transportes se extinguirán por cumplimiento o por resolución. 2. Las causas de resolución son las siguientes: (...) c) La declaración de concurso o la declaración de insolvencia en cualquier otro procedimiento, o circunstancias que impidan el normal cumplimiento del contrato (...)».

VIVIENDA

– La **Ley 5/2025, de 30 de mayo, de medidas fiscales, de gestión administrativa y financiera, y de organización de la Generalitat**, de la Comunitat Valenciana, recoge diversas medidas referentes a aspectos tributarios y fiscales, de acción administrativa y de carácter organizativo. Entre éstas, se da contenido al artículo 50 de la Ley 8/2004, de 20 de octubre, de la vivienda de la Comunitat Valenciana que regula los derechos de adquisición preferente de la Administración, exceptuando las transmisiones realizadas en el ámbito de un procedimiento concursal: *Artículo 50. Derechos de adquisición preferente de la Administración. 1. La Generalitat es titular de los derechos de tanteo y retracto respecto de todas las viviendas de protección pública y sus anejos, de acuerdo con la ley, en tanto se mantenga dicha calificación. El ejercicio de los citados derechos se ajustará a las condiciones y el procedimiento señalado en esta ley. 2. Los derechos de adquisición preferente serán de aplicación a las segundas y sucesivas ventas, incluidas las derivadas de un procedimiento de ejecución patrimonial o realización patrimonial extrajudicial, de viviendas de protección pública y sus anejos. Se exceptúan las transmisiones realizadas en el ámbito de un procedimiento concursal ya sea en la fase de convenio o ya sea en la fase de liquidación, así como las transmisiones efectuadas en cumplimiento de un acuerdo extrajudicial de pagos. 3. La Generalitat será titular de los derechos de tanteo y retracto respecto de las ventas efectuadas durante todo el período de vigencia del régimen de protección que corresponda, a contar desde la calificación definitiva. 4. La Generalitat ejercitará los derechos de tanteo y retracto con cargo a sus presupuestos y en el supuesto de las viviendas de promoción pública y sus anejos lo hará a través de la Entidad Valenciana de Vivienda y Suelo o quien asuma sus competencias. 5. Cuando se ejerzan los derechos de adquisición preferente, el precio de adquisición de las viviendas de protección pública será el que se hubiere fijado para la transmisión objeto de tanteo o de retracto. El precio de adquisición de las viviendas de protección pública no podrá superar en ningún caso el precio máximo legalmente establecido en los casos de viviendas protegidas sujetas a dicha limitación. Si el precio fijado fuera superior al precio máximo legalmente establecido, la Generalitat podrá ejercitar los derechos de tanteo y de retracto por este último precio.*

– La **Ley 10/2017, de 27 de octubre, por la que se consolidan las disposiciones legales de la Comunidad Autónoma de La Rioja en materia de impuestos propios y tributos cedidos**, establece: «*Artículo 58 bis. Adquisición de la vivienda habitual (...). 3. Si, como consecuencia de hallarse en situación de concurso, el promotor no finalizase las obras de construcción antes de transcurrir el plazo de cuatro años a que se refiere el apartado 1 de este artículo o no pudiera efectuar la entrega de las viviendas en el mismo plazo, este quedará ampliado en otros cuatro años. En estos casos, el plazo de doce meses a que se refiere el artículo anterior comenzará a contarse a partir de la entrega. Para que la ampliación prevista en este apartado surta efecto, el contribuyente deberá presentar, durante los treinta días siguientes al incumplimiento del plazo, una comunicación a la que acompañarán tanto los justificantes que acrediten sus inversiones en vivienda como cualquier documento justificativo de haberse producido alguna de las referidas situaciones. En los supuestos a que se refiere este apartado, el contribuyente no estará obligado a efectuar ingreso alguno por razón del incumplimiento del plazo general de cuatro años de finalización de las obras de construcción (...)».*

– La **Ley 6/2015, de 24 de marzo, de la vivienda de la Región de Murcia** establece: «*Artículo 59 ter. Procedimiento de mediación extrajudicial para la resolución de situaciones de sobreendeudamiento. 1. Los consumidores que se encuentren en una situación de sobreendeudamiento derivada de una relación de consumo en relación con su vivienda habitual, así como cualquiera de sus acreedores, podrán solicitar el inicio del procedimiento de mediación establecido en el artículo 59.bis de la presente ley para la resolución de dicha situación de sobreendeudamiento, salvo que se encuentren inmersos en un procedimiento judicial concursal. 2. Los procedimientos de mediación para la resolución de situaciones de sobreendeudamiento serán coordinados por la dirección general competente en materia de vivienda. 3. Si durante la tramitación del procedimiento de mediación para la resolución de una situación de sobreendeudamiento se inicia un procedimiento judicial concursal, el deudor debe comunicarlo a la dirección general competente en materia de vivienda, que procederá al archivo del procedimiento de mediación. 4. El procedimiento al que se refiere el presente artículo es un procedimiento de mediación en los términos en que se establecerá en el reglamento de desarrollo de la presente ley».*

– El **Real Decreto-ley 8/2011, de 1 de julio, de medidas de apoyo a los deudores hipotecarios, de control del gasto público y cancelación de deudas con empresas y autónomos contraídas por las entidades locales, de fomento de la actividad empresarial e impulso de la rehabilitación y de simplificación administrativa**, eleva el umbral de inembargabilidad cuando el precio obtenido por la venta de la vivienda habitual hipotecada en un procedimiento de ejecución hipotecaria sea insuficiente para cubrir el crédito garantizado. Si bien, con carácter general, el mínimo inembargable de cualquier deudor coincide con el salario mínimo interprofesional, a partir de este real decreto-ley y, exclusivamente, para los deudores hipotecarios que han perdido su vivienda habitual, se eleva ese mínimo hasta el 150% del salario mínimo interprofesional y un 30% adicional por cada familiar de su núcleo que no perciba ingresos superiores a dicho salario mínimo interprofesional: *«Artículo 1. Inembargabilidad de ingresos mínimos familiares. En el caso de que, de acuerdo con lo dispuesto en el artículo 129 de la Ley Hipotecaria, el precio obtenido por la venta de la vivienda habitual hipotecada sea insuficiente para cubrir el crédito garantizado, en la ejecución forzosa posterior basada en la misma deuda, la cantidad inembargable establecida en el artículo 607.1 de la Ley de Enjuiciamiento Civil se incrementará en un 50 por ciento y además en otro 30 por ciento del salario mínimo interprofesional por cada miembro del núcleo familiar que no disponga de ingresos propios regulares, salario o pensión superiores al salario mínimo interprofesional. A estos efectos, se entiende por núcleo familiar, el cónyuge o pareja de hecho, los ascendientes y descendientes de primer grado que convivan con el ejecutado. Los salarios, sueldos, jornales, retribuciones o pensiones que sean superiores al salario mínimo interprofesional y, en su caso, a las cuantías que resulten de aplicar la regla para la protección del núcleo familiar prevista en el apartado anterior, se embargarán conforme a la escala prevista en el artículo 607.2 de la misma ley».* Téngase en cuenta, además, el **Real Decreto-ley 6/2012, de 9 de marzo, de medidas urgentes de protección de deudores hipotecarios sin recursos** y la **Ley 1/2013, de 14 de mayo, de medidas para reforzar la protección a los deudores hipotecarios, reestructuración de deuda y alquiler social.**

ÍNDICE ANALÍTICO

D

E

F

G

H

I

J

L

M

N

O

P

R

S

T

U

V

tirant
PRIME

Inteligencia jurídica
en expansión

Trabajamos para
mejorar el día a día
del **operador** jurídico

Adéntrese en el universo
de **soluciones jurídicas**